상지대 민주화 투쟁 40년

이 도서의 국립중앙도서관 출판예정도서목록(CIP)은 서지정보유통지원시스템 홈페이지(http://seoji.nl.go.kr)와 국가
자료공동목록시스템(http://www.nl.go.kr/kolisnet)에서 이용하실 수 있습니다. (CIP제어번호: CIP2017011767)

상지대 민주화 투쟁 40년

한국 사학의 미래를 향한
투쟁과 실험의 생생한 기록

정대화 지음

한울

차 례

/

차 례

/

차 례

/

차 례

/

책을 펴내며
누가 상지대를 모르시나요?

1983년 KBS가 〈이산가족찾기〉 특별 생방송을 시작했다. 6월 30일에 시작해 11일 14일까지 계속된 이 방송의 타이틀은 '누가 이 사람을 아시나요'였고 이 방송을 이끌어간 주제가는 「누가 이 사람을 모르시나요」였다.

상지대는 한국전쟁의 포연이 채 가시지 않았던 1955년에 '관서대의숙'이라는 이름으로 시작해 올해로 설립 62년이 되었다. 이후 모진 풍파를 겪으며 유명한 대학이 되었다. 과연, 누가 상지대를 모르시나요?

상지대는 강원도 원주에서 우리나라 고등교육의 한 축을 담당하는 교육기관이다. 그런데 그 상지대가 한국 사학의 매우 상징적인 존재가 되었다. 특히 2015년에 김문기가 총장직에서 해임되고 2016년에 김문기 구재단 이사회가 다시 해체되면서 국민적 이슈로 부각되었다. 그러나 이것은 어제오늘의 문제가 아니었다. 2014년에 김문기가 느닷없이 상지대 총장에 선임되었을 때는 사학의 최대 이슈가 되었다. 1993년 집권당 민자당의 3선 의원이었던 김문기가 구속되어 쫓겨날 때는 가히 국가적 이슈였다. 그 후에도 상지대는 간단없이 우리 사회의 이슈가 되었다. 그 배경에 사학이 있다.

상지대가 오랫동안 이슈가 되었던 이유는 숭고한 교육이 김문기로 대표되는 부패사학의 벽에 갇혀 신음하고 있었기 때문이고, 최근 다시 이슈가 되는 이유는 상지대 구성원들이 숭고한 교육의 이름으로 부패사학의 벽을 넘어서고 있기 때문이다. 이런 점에서 상지대는 사학비리와 사학 민주화라는 두 주제를 포괄하고 있고 사학비리의 상징인 김문기와 사학 민주화의 상징인 상지대 구성원이라는 두 주체를 포괄하고 있으며, 상지대의 상징성은 여기서 비롯된다.

1993년 김영삼 정부가 문민정부의 이름으로 출범한 직후 사정개혁이 진행되었다. 그 과정에서 상지학원 이사장 김문기가 사정개혁 제1호로 구속되면서 상지대와 김문기에 관한 이야기가 전국 언론에 대대적으로 보도되었다. '김문기'는 사학비리 주범이자 부동산 거부로, '상지대'는 김문기가 만든 동토의 왕국이자 사학비리 종합선물세트로 이름을 날렸다. 강원도 원주의 이름 없는 상지대가 언론에 보도되면서 대학의 역사가 함께 알려졌다. 상지대는 김문기가 설립한 대학이 아니라 '관서대의숙'이라는 생경한 이름으로 1955년 원홍묵에 의해 설립되었다는 사실과 1972년 임시이사로 파견되었던 김문기가 권력을 등에 업고 1974년에 인수했다는 사실도 알려졌다.

일반적으로 상상할 수 있는 모든 종류의 사학비리를 김문기가 상지대에서 저질렀다는 사실이 국민들의 관심을 끌었다. 그 김문기가 어마어마한 규모의 부동산을 소유한 부동산 거부라는 것이 알려지면서 관심은 더욱 증폭되었고 이야기의 소재도 한층 풍부해졌다. 사학비리와 부동산 취득에 대해서도 끊임없이 이야기가 만들어졌다. 언론 보도의 결론은 김문기가 학교를 돈벌이에 이용했다는 것이다. 돈벌이를 위해 학생들이 낸 등록금을 유용하고 입시부정을 저질렀다는 사실이, 이에 저항하는 학생들을 간첩으로 몰아간 용공조작 사건을 일으키고 교수들을 탄압했다는 사실이, 그리고 이를 위해 강고한 족벌체제를 구축했다는 사실이 속속 드러났다. 그 결과가 김문기 구재단의 전격적인 퇴출과 임시이사 파견이었다. 그러나 이야기의 각도만 바뀌었을 뿐 상지대에 관한 이야기는 여기서 끝나지 않았다. 미래의 상지대 사태가 준비되고 있었기 때문이다.

김문기가 떠난 상지대는 임시이사체제에서 빠르게 발전했다. 대학의 발전이야 일반인들의 관심사가 아니므로 모든 사람들이 구체적으로 알기 어렵지만 자식을 대학에 보내야 하는 학부모들과 학생을 대학에 진학시켜야 하는 고등학교 선생님들에게는 큰 관심사일 수밖에 없었고 이들에게 상지대는 떠오르는 대학으로 평가되었다. 나날이 증가하는 입시 경쟁률과 점점 높아지는 입학생들의 수준이 상지대의 발전을 입증했다. 김문기 퇴진 후 일시적으로 혼란에 빠졌던 상지대가 빠르게 안정을 회복한 후 대학을 민주적으로 투명하게 운영하면서 상지대의 교육환경은 비약적으로 개선되었다. 김찬국, 한완상, 강만길, 김성훈, 유재천, 이돈명, 변형윤, 문선재, 이상희 등 기라성 같은 석학들이 상지대 총장과 이사장을 거쳤다.

대학운영의 성과는 상지대의 안정적 발전으로 나타났고 그 당연한 결과로 상지대는 10년간의 임시이사체제를 청산하고 2004년 정이사체제로 전환했다. 임시이사가 파견된 어떤 대학도 시도하지 못한 성과를 거둔 것이다. 정이사체제로 전환한 직후에는 오랫동안 논란이 되었던 설립자 문제를 매듭지어 상지학원의 설립자가 원홍묵 선생이라는 사실을 대법원에서 최종적으로 확정받았다. 교육환경은 비교할 수 없을 정도로 개선되었고 대학평가와 연구 실적에서도 괄목할 만한 성과를 거두었다.

이 시기에 상지대는 시민사회에 개방된 민주적인 시민대학을 대학 발전의 목표로 설정해 추진하면서 그 재정적 토대가 될 발전기금을 자체적으로 모금해 큰 성과를 거두었다. 사학비리의 상징이라는 오명을 뒤집어썼던 상지대가 민주적인 대학운영을 기반으로 임시이사 파견 10년 만에 설립자를 바로잡고 정이사체제로 전환하면서 중부권의 명문 대학으로 부상하자 국민들의 관심이 집중되었다. 특히 자체적으로 모금한 발전기금을 바탕으로 시민대학을 추진하면서 상지대가 창안한 시민대학이 사학 발전의 새로운 모델로 평가되었다. 상지대가 널리 알려지고 상지대 모델도 함께 알려졌다.

그러나 2007년 5월 대법원이 상지대 정이사체제를 부정하는 판결을 내리면서 상지대 모델은 흔들리기 시작했다. 임시이사가 정이사를 선임하는 방식으로 정이사체제로 전환한 상지대 정상화가 대법원에 의해 부정된 것이다. 김황식 대법관이 주심이 된 이 판결은 법조계의 강한 비판을 받았지만 그렇다고 대법원 판결이 부정되는 것은 아니었다. 그리고 두 달 후인 2007년 7월에는 미리 준비되었던 사립학교법 개정안이 통과되어 사학분쟁조정위원회(이하 사분위)라는 생소한 기구가 신설되었다. 이후 엄청난 사회적 논쟁을 야기하게 될 불씨가 지펴진 것이다.

사분위가 2010년 8월 김문기 구재단이 포함된 정이사를 선임함으로써 상지대는 정이사 전환 6년 만에 다시 정상화되었다. 그러나 말이 정상화이지 사분위에 의한 정상화는 극단적인 비정상화였다. 이런 사실을 알고 있었기 때문에 상지대 구성원들은 사분위가 추진한 정상화에 격렬히 반대했고 상상을 뛰어넘는 수준으로 거세게 저항했다. 처음으로 국민들에게 상지대 사태를 알린 이 시기의 저항은 수많은 정치적·사회적 논쟁을 야기했지만 권력과 집권 여당, 사법부, 정부가 야합한 정상화를 막아내기에는 역부족이었다.

사분위의 정상화로 구재단이 복귀한 이후 상지대 사태는 장기화의 길로 접어들었다. 정상화에 반대하면서 저항했던 대부분의 대학이 정상화 이후 투쟁력을 상실한 것과 달리 상지대는 잘못된 정상화체제에 거세게 저항했다. 정상화된 체제에 포함된 구재단이 본성을 드러낼수록 저항의 강도는 높아졌고 구재단이 이사회를 장악하자 저항은 더욱 고조되었다. 이후 김문기가 상지대 총장에 선임되자 상지대 사태는 일거에 폭발하고 말았다. 그 결과 상지대 사태는 사학의 가장 상징적인 사건이 되었고 중요한 정치사회적 현안으로 부각되었다. 언론이 수도 없이 상지대 관련 사설을 게재하고 국회

| 김문기 체제의 종식을 선언하는 기자회견 |

가 두 차례 청문회를 개최하며 교육부가 연이어 두 차례 특별종합감사를 실시한 것만으로도 상지대 사태가 갖는 정치사회적 상징성을 엿볼 수 있다.

이 오랜 투쟁과 논란의 연장선상에서 교육부가 특별종합감사를 실시한 후 일련의 절차를 거쳐 김문기 구재단의 이사 전원을 해임하겠다고 통보했다. 상지대 사태가 새로운 국면으로 접어든 것이다. 교육부 감사처분이 발표된 직후에는 대법원에서 2010년 사분위 정상화 과정에서 선임된 이사 전원을 취소하는 판결을 내렸다. 재판을 시작한 지 6년 만의 판결이자 쾌거이다. 대법원 판결로 권한 없는 이사들에 의해 선임된 현재의 이사들도 무효가 되었다. 이어서 사분위가 임시이사를 선임함으로써 상지학원의 이사회가 전면적으로 교체되어 임시이사체제가 되었다. 상지대가 새로운 출발을 시작하게 된 것이다.

이 상황에서 상지대는 1993년 이후 민주적 발전의 경험을 반성적으로 성찰하면서 새로운 대학 발전 전략을 모색하고 있다. 이 전략은 2000년대의 시민대학 모델을 2020년대의 공영대학 모델로 확대·발전시키는 방향으로 추진될 것이다. 공영대학 모델이 시민대학 모델과 구별되는 점은 시민대학이 상지대만의 특수한 모델이었다면, 공영대학은 사학 전체에 적용할 수 있는 보편적인 모델이라는 점이다. 바로 여기에 상지대 민주화 운동의 상징성이 있다.

상지대 민주화 운동은 그 출발이 상지대를 위한 운동이지만 그 과정에서 상지대를 넘어 사학 전체를 아우르는 운동으로 지평을 확장했다는 점에서 상징성과 보편성을 갖게 되었다. 상지대 민주화 운동은 사학의 본질에 관한 문제를 제기해 사학이 사유재산일 수 없다는 명제를 확립했다. 또한 사학이 국가 공교육체제의 일환인 만큼 사학의 자율성은 교육의 공공성에 우선할 수 없다는 중요한 명제를 확립했다. 사학의 설립과 운영에 있어 교육의 공공성이 관철되어야 한다는 맥락에서 사학의 개방성과 사학에 대한 국가의 재정적 지원이라는 과제가 도출되었다.

지금의 상지대 사태는 2010년 사분위의 정상화에 대응한 투쟁에서 시작된 것이지만 이는 1993년 김문기 구재단의 퇴출로부터 비롯된 투쟁이자 1974년 김문기의 상지대 인수에서 연원한 투쟁이다. 그러므로 상지대 민주화 운동은 40년 이상의 경험을 갖는 매우 오래된 역사이다. 이 사학 민주화 운동의 역사는 상지대 투쟁에서 상징적으로 드러난 것일 뿐 모든 사학에 공통적으로 적용되는 운동이기도 하다.

상지대는 오랜 투쟁의 결과로 고단했던 학내분규를 마감하고 새로운 출발의 기회를 포착했다. 이제는 사학비리와의 투쟁을 대학의 민주적 발전을 위한 또 다른 투쟁으로 전환해야 할 시점이다. 새롭게 전개될 투쟁에서 상지대는 다른 사학들보다 조금 앞서갈 수는 있지만 결코 혼자 갈 수 없다는 사실을 잘 알고 있다. 사학 문제가 상지대만의 문제가 아니기 때문이다. 상지대의 선택이 앞으로 꽃피울 사학의 민주화와 공공성 회복에 작은 돌파구가 될 수는 있지만 사학 민주화와 공공성 없이 상지대의 실험은 결코 완성될 수 없다. 다소 위안이 되는 것은 상지대가 포기하지 않고 여기까지 왔다는 것과 그간의 노력과 경험이 앞으로의 전진에 나침반이 될 것이라는 점이다.

우리는 자주 교육을 국가의 백년대계라고 말한다. 교육이 바로 서야 정치, 경제, 국가 안보 또한 바로 설 수 있다는 말이다. 교육이 국가 발전과 국민 행복의 출발점이자 토대라는 뜻이다. 교육이 바로 서기 위해서는 사학이 바로 서야 한다. 교육에서 사학이 차지하는 비중이 매우 높은데도 불구하고 사학의 문제점이 심각하기 때문이다. 이런 점에서 상지대 민주화 운동은 상지대를 바로 세움으로써 사학을 바로 세우고, 나아가 교육을 바로 세움으로써 국가의 백년대계에 이바지하는 역사적 과제의 작은 부분을 차지하고 있다.

『상지대 민주화 투쟁 40년』은 이러한 문제의식하에서 김문기 구재단 복귀 후의 지난 3년간의 상지대 사태를 중심으로 상지대 민주화 40년의 역사를 사실적으로 기록한 글이다. 따라서 사학에 관한 이론적이거나 분석적인 글이 아니라 상지대 민주화가 진행되는 과정에서 그 치열한 투쟁의 현장을 생생하게 정리한 기록이라 할 수 있다.

이 책에 포함된 글은 대부분 2015년 8월 이후에 쓰였고, '상지대 민주화 일기'라는 제목으로 ≪프레시안≫에 시리즈로 연재되었다. 이 글을 책으로 묶어내는 과정에서 제목을 일부 변경하거나 중복된 내용을 정리하는 등 부분적으로 수정을 가했지만 원문의 취지는 가급적 유지했다. 책의 후반부에 해당하는 '상지대학교의 비전', '사학분쟁조정위원회는 어떻게 사학 민주화를 파괴했나?', '상지대학교의 민주화 역사', '상지대학교와 나' 등 네 편은 평소에 써놓았던 글을 그대로 옮겨 실었다. 몇 편의 칼럼이 글 중간중간에 삽입되었는데 ≪한겨레≫, ≪경향신문≫, ≪오마이뉴스≫, ≪민중의소리≫, ≪미디어오늘≫, ≪원주투데이≫에 기고했던 글이다. 언론에 게재되었던 글은 모두 출처를 밝혔다.

이 책은 상지대 사태가 전개된 시간 순서대로 진행되지만 첫 번째 글에서는 상지대가 지난한 투쟁 끝에 다시금 '대학 민주화의 성지'를 자임할 수 있게 된 2017년의 상황을 먼저 다룬다. '사학 민주화의 상징, 상지대 정이사 무너지다'에서는 김문기 구재단을 복귀시킨 2010년 사분위 정상화를 다루고, '비리재단 옹호하는 사학분쟁조정위원회를 고발한다'부터 '2016년 상지대 대법원 판결과 임시이사 파견'까지의 글에서는 구재단 복귀 후 민주대학 체제의 붕괴와 대학운영의 극단적인 파행으로 상징되는 구재단 복귀 이후의 상황, 이에 대한 구성원들의 치열한 저항, 교육부와 국회, 사법부의 역할, 그리고 대법원 판결과 임시이사 파견 등 상지대 사태를 사건 및 상황별로 시간의 흐름에 따라 정리했다. '상지대학교의 비전', '사학분쟁조정위원회는 어떻게 사학 민주화를 파괴했나?', '상지대학교의 민주화 역사'에서는 상지대 민주화와 관련해 중요한 주제인 상지대 공영대학의 비전, 사분위 정상화의 문제점, 상지대 민주화의 역사를 다룬다. 마지막으로 '상지대학교와 나'에는 상지대 상황에 대한 내 개인적인 견해를 담았다.

우리 교육사에서 사학비리는 일상적인 현상이자 사학의 가장 본질적인 쟁점이며 시급히 해결해야 할 현안이다. 하지만 특정 대학의 사학비리와 민주화 투쟁을 구체적으로 다룬 책은 아직 없다. 상지대의 민주화 과정을 다룬 책이 갖는 의미를 여기서 찾을 수도 있을 것 같다. 이런 점에서 민주화 투쟁이 진행되는 과정을 생생하게 기록할 수 있도록 지면을 제공해준 ≪프레시안≫과 상지대 사태를 기록으로 남길 수 있도록 기회를 준 한울엠플러스(주)에 감사드린다. 아울러 2년에 걸친 ≪프레시안≫ 연재를 도와준 허환주 기자와 쫓기는 일정에도 불구하고 차분하고 능숙하게 작업해준 이예은 편집자에게 특별히 감사드리며, 원고를 읽는 수고를 기꺼이 허락해준 오혜숙 교수, 방정균 교수, 김누리에게도 고마움을 전한다.

2017년 5월
치악산 아래 농성천막에서 정대화

감사의 말

정가(政街)에 유행하던 춘래불사춘(春來不似春)이라는 말이 있다. 당나라 왕실 후궁으로 있다가 흉노에게 시집간 왕소군의 사연을 노래한 동방규의 시에서 유래한 것으로 원하는 바가 아직 이루어지지 않았다는 뜻이다. 상지대에서 김문기 구재단이 다시 퇴출되었지만 아직 새로운 체제는 수립되지 않았으니 지금의 상지대 사태를 의미하는 말로도 손색이 없을 것 같다. 그러나 봄이 오는 길목에서 봄을 시샘하는 꽃샘추위도 있는 법이지만 꽃샘추위가 봄을 막을 수는 없는 것이니 봄 또한 머지않았다.

이 책은 내 이름으로 출간하지만 나만의 개인적인 기록은 아니다. 오랫동안 상지대 민주화 투쟁에 참여한 교수, 학생, 직원, 동문들의 헌신적인 노력의 산물이며 이들의 땀과 눈물의 결정체이다. 무엇보다도 김문기 복귀 후 파면, 해직, 징계, 재임용 탈락 등의 고초를 겪은 구성원들은 말할 것도 없거니와 대학이 대학답지 않게 퇴락해버린 무간지옥의 상황에서도 희망을 잃지 않고 끝까지 버티며 함께 싸워온 상지대 구성원 모두의 생생한 기록이다. 나는 그 오랜 투쟁을 함께하면서 대신 기록한 것일 뿐이다.

1992년에 총학생회장으로서 영어(囹圄)의 몸이 되면서까지 김문기 퇴출에 앞장섰고, 그 후 모교의 직원이 되어 다시 복귀한 김문기 구재단과 두 번째 진검승부를 벌이고 있는 진광장, 2009년에 총학생회장을 한 이후 지금까지 중단 없이 활동하고 있는 김근주, 2010년 사분위 정상화 과정에서 온몸으로 저항했던 이병석, 2011년 내가 비상대책위원장을 할 때 함께 활동하다가 경찰과 검찰, 법정에 동행했던 박강민과 이승현, 2012년에 총학생회장을 한 이후 상지대 민주화 투쟁을 영화로 기록하고 있는 박주환, 2014년 김문기 총장 복귀에 앞장서서 저항하다 무기정학을 당했던 윤명식과 박준성, 2015년 총학생회장을 시작하기도 전에 무기정학을 당하고 결국 부당하게 제적된 전종완, 같은 시기에 부총학생회장을 시작하기도 전에 무기정학을 당하고 그 후 다시 어머니를 여의는 아픔까지 겪은 김승룡, 2016년 총학생회를 이끈 정성훈과 배준, 2017년 총학생회를 이끌고 있는 원진섭과 김용준의 헌신과 희생은 민주화된 상지대에서 오래도록 기억될 것이다.

상지대 학생들은 놀랄 만한 투쟁을 보여주었다. 대학 민주화를 향한 학생들의 열정과 헌신적인 투쟁의 배경이 무엇인지는 나도 잘 알지 못한다. 다만 내가 상지대 교수로 부임했던 해의 가을날, 10년 전에 있었던 상지대 용공조작 사건의 진상 규명을 요구하며 시위하던 학생들의 처절한 외침은 지금도 잊을 수 없다. 1986년 10월 14일 저녁에 있었던 그 참혹했던 사건에 대한 잊을 수 없는 분노가 상지대 민주화 투쟁의 배경일지도 모르겠다. 그 과정에서 김문기 구재단이 학생 150여 명을 간첩으로 몰아간 용공조작 사건의 진상을 밝히기 위해 20년 세월을 바친 홍석진의 수고는 결코 잊지 못할 것이다. 또한 일일이 이름을 거론하지 않더라도 수천수만 명의 학생들이 상지대 민주화 투쟁에 헌신적으로 참여했다는 사실도 기억하고 있다.

상지대 교수와 직원들은 이 상황의 당사자이자 주체이므로 감사의 말보다는 긴 시간 수고했다는 위로의 말을 전하는 것이 옳을 것 같다. 그중에도 김문기를 두 번 겪은 교수와 직원들이 있다. 1980~1990년대에 김문기를 겪고 20년 이상의 세월이 흘러 나이가 훌쩍 들어서도 여전히 변하지 않은 김문기를 또 겪게 되었을 때, 그 질긴 악연에 대해 어떻게 생각했을지 궁금하다. 그러나 누구 하나 물러서지 않고 당당하게 대학 민주화를 외쳤다. 이제는 원로 교수가 되어버린 이분들의 노고와 변함없는 열정에 진심으로 깊은 감사의 말씀을 드린다. 상지대의 역사도 모르고 김문기의 존재도 모른 채 상지대 교수로 부임했다가 날벼락을 맞았지만 굴하지 않고 싸워온 수많은 젊은 교수들에게도 위로의 말을 전한다. 이들에게는 상지대의 미래가 걸려 있다. 특별히 학생 신분으로 김문기를 겪었다가 졸업 후 김문기를 다시 만나게 된 동문 교수와 직원들에게도 위로를 보낸다.

역사에서 중요한 사건과 인물은 두 번 되풀이되는 경향이 있는데 한 번은 비극이고 또 한 번은 희극이라고 했다. 김문기에게는 두 번 모두 비극이 되었다. 그렇다고 우리가 희극을 본 것도 아니다. 1990~1991년에 김문기가 재임용 탈락을 기도했던 김정란 등 21명의 교수들, 1992년에 실제로 재임용에 탈락해 상지대 민주화의 기폭제가 되었던 박정원 교수, 내가 파면된 후 뒤이어 파면된 방정균·박병섭·공제욱 교수, 결국 징계를 피해가지 못한 류만희·유수정·이꽃메·김혜림·최종덕·강이수·이윤경 교수, 두 번 징계받은 우영균 교수, 재임용과 재계약 탈락을 겪은 조원희, 류동표, 류혜숙, 권해윤, 엄태원, 임일혁, 이종우 등 많은 교수들이 김문기의 폭압에 노출되었다. 산학협력단 직원인 박재현과 이광희는 해고되었다.

구재단이 복귀하고 탄압이 고조되면 교수협의회가 나설 수밖에 없고 대표들이 선두를 양보하기 어렵다. 불행히도 이 시기에 교수협의회 대표를 맡아 싸움의 최전선에 서는 것을 마다하지 않는 용기를 보여주었던 교수들의 역할을 잊어서는 안 된다. 박병섭, 박수완, 이용범(2010년), 정대화, 김승탁, 김명연(2011년), 박병섭, 심상용, 이은(2012년), 홍성태, 이꽃메(2013년), 최동권, 노병철, 주진만(2014년), 방정균, 류만희, 유수정(2015년), 김명연, 박정원(2016년) 등의 교수들과 2017년 대표를 맡고 있는 조원희·박상균·조우 교수 등은 상지대 민주화를 이끌어온 투쟁의 중심에 있었다. 교수협의회는 교수들의 중심일 뿐만 아니라 학생, 직원, 동문 등 상지대 구성원들과 함께 지역사회와 협의하고 국회와 협력하면서 민주화 투쟁을 이끄는 책무를 담당했다.

장대비가 내릴 때는 비를 피하기 어려운 것처럼 징계를 피한다고 편한 것은 아니었다. 매 맞는 것보다 바라보는 것이 더 힘들기도 한 법이다. 농성천막과 집회장에서 젊은 교수들을 격려하면서 우리가 대학 민주화의 큰 원칙을 잃지 않도록 등대 역할을 해준 김형방, 장재화, 김갑태, 이상은, 이상혁, 장영민, 김은철, 구혜영, 김정란, 최현숙, 원향례, 오혜숙, 이희남 등 많은 원로급 교수들이 교수협의회의 든든한 버팀목이 되어주었다. 교수협의회가 배라면 이들은 바다였다. 모든 일이 그런 것처럼 공식적인 대표와 징계받은 사람들만으로는 대학 민주화를 성사시킬 수 없다. 양파 껍질처럼 수많은 사람들이 나름대로의 방식으로 연결될 때 하나의 거대한 흐름이 만들어진다. 이런 점에서 교수협의회는 드러난 공식 조직과 드러나지는 않지만 큰 역할을 하는 비공식 조직의 이원적 구조를 가지고 있다.

상지대 민주화는 상지대만의 것이 아니라 원주 지역사회의 것이기도 하다. 과거에도 그랬던 것처럼 원주 지역사회는 김문기 비리재단의 복귀에 저항하는 상지대 민주화 투쟁을 지역사회의 과제로 삼아 헌신적으로 참여했다. 원주 지역의 원로와 주요 시민운동단체가 중심이 되어 결성된 원주범시민대책위원회는 상지대 문제를 지역의 가장 중요한 현안으로 간주해 지난 몇 년간 상지대 구성원들과 함께 움직였다. 원주범시민대책위원회의 지속적인 참여와 많은 지원이 있었기에 오늘날의 상지대가 있는 것이다. 원주의 정신적 지주인 최기식 신부님과 서재일 목사님은 말할 것도 없거니와 원주범시민대책위원회를 이끌어온 최정환 선생님을 비롯해 이관복, 이규삼, 윤

| 비리재단 복귀 반대 팻말을 든 학생 |

금옥 등 집행부, 동문인 곽도영, 김현, 장승완 등 감사해야 할 분들이 많다.

상지대 민주화를 지원하고 격려해준 교육시민운동단체들의 역할도 마땅히 평가되어야 한다. 특히 사립학교 개혁과 비리 추방을 위한 국민운동본부(이하 사학개혁국본), 민주화를위한전국교수협의회, 전국교수노동조합, 참여연대, 전국대학노동조합, 전국교직원노동조합, 참교육을위한전국학부모회, 민주사회를위한변호사모임의 연대 활동은 상지대 민주화는 물론 사학 민주화에 중요한 주춧돌이 되었다. 이들의 지원과 동참이 오늘의 상지대를 만들었다. 그중에서도 비리재단 복귀에 맞서 결성된 사학개혁국본은 전국의 사학비리에 맞서 사학 민주화를 추진하는 역할을 담당하고 있다. 시민운동가들이 주로 참여하는 6월민주포럼과 미래넷은 상지대 민주화 투쟁을 열성적으로 성원해주었을 뿐만 아니라 개인적으로 내가 포기하지 않고 앞으로 나아갈 수 있도록 든든한 버팀목이 되어주었다.

김문기가 총장으로 복귀해 투쟁이 본격적으로 전개되는 과정에서 파면, 해고, 재임용 탈락, 승진 탈락, 중징계, 경징계, 무기정학, 제적 등 부상자가 속출했다. 1년 만에 51명이 징계받는 대기록을 수립했다. 교수들은 교원소청심사위원회로, 직원들은 지방노동위원회와 중앙노동위원회로 향했고, 학생들은 민사소송을 위해 법원으로 달려갔으며 그 후에도 행정소송과 민사소송이 줄을 이었다. 구재단 측에서 고소, 고발, 가처분, 손해배상 등 줄줄이 소송을 걸었다. 이런 상황에서 민주사회를위한변호사모임 소속의 송상교, 손영실, 하주희, 이광철, 김자연 등 변호사들이 공익 소송의 차원에서 지원해주는 것은 물론 온갖 복잡한 법률적 문제들을 해결해주었다. 특히 손영실 변호사는 높은 헌신성과 집중력으로 교수들의 징계 사건 대부분을 맡아 동분서주하며 정성을 다해 지원해주었고 성과도 매우 좋았다. 이 자리를 빌려 감사의 말씀을 전한다.

사분위 정상화에 불복해 시작한 행정소송은 장장 6년의 세월이 걸렸다.

서울행정법원에서 시작해 서울고등법원, 대법원으로 갔다가 다시 서울고등
법원과 대법원을 거치는 동안 서울고등법원장을 역임한 법무법인 '원' 소속
이태운 대표 변호사와 유선영·채영호·오정익 변호사는 선명한 철학과 명확
한 논리로 길고 지루한 재판을 여유 있게 진행했다. 이를 통해 교수와 학생
의 대학운영 참여권 확보라는 엄청난 결과를 얻었고 결국 사분위의 상지대
정상화가 불법이라는 놀라운 성과를 거둠으로써 상지대 민주화에 획을 긋
는 한편 사학 민주화에 새로운 지평을 열어주었다. 비록 위헌 판결을 받아
내지는 못했지만 사분위가 위헌이라는 굳은 확신을 가지고 위헌법률심판제
청과 헌법소원을 진행해준 법무법인 '덕수'의 이석태·김형태·송상교 변호
사께도 감사의 말씀을 드린다.

이 책은 상지대 민주화에 관한 기록이지만 결코 상지대만의 것일 수 없
다. 1990년대 임시이사 파견 이후에 대학의 민주적 발전을 위해 함께 노력
하다가 사분위 발족 이후 정상화 문제로 고민을 나누며 오랫동안 연대 투쟁
을 진행해온 전국의 수많은 대학의 교수와 학생, 직원들의 투쟁과 고민이
이 속에 녹아 있다. 2010년 이전에는 임시이사 파견 대학 공동대책위원회
로, 2010년에는 상지대 지키기 긴급행동으로, 2011년에는 사학비리 척결 국
민행동으로, 그리고 그 후에는 사학개혁국본으로 활동을 이어오고 있는 전
국의 수많은 대학이 이 일에 함께하고 있다.

조선대, 영남대, 대구대, 덕성여대, 동덕여대, 세종대, 경기대, 서일대, 광
운대 등은 앞서거니 뒤서거니 상지대와 고락을 함께했다. 우리는 사학비리
발생, 학내분규 발생, 교육부 감사, 임시이사 파견으로 이어지는 과정을 공
통적으로 거쳤다. 그 후 사분위 정상화 과정을 거쳐 비리재단이 다시 복귀
하는 과정도 거쳤다. 이 시기에 신흥사학비리가 발생하면서 서남대, 청주
대, 수원대, 수원여대, 동국대, 건국대, 성신여대, 대덕대, 경주대, 광주여대,
청암대, 한영대, 제주한라대, 대구미래대, 영산대, 전주기전대 등도 함께하

고 있다. 직접 참여하지는 못했지만 대성고, 한마음고, 하나고, 양천고, 한영고, 충암고, 대원여고, 동구마케팅고 등도 우리와 함께하고 있다.

여기에 이름을 열거하지 않았지만 내가 운영하는 페이스북에서 상지대 상황을 함께 지켜보며 성원해준 5000명의 페이스북 친구와 5000명이 넘는 팔로우들은 상지대 민주화의 든든한 응원군이었다. 누구보다도 열심히 상지대 사태를 국민들에게 알리고 공론을 만드는 일에 참여한 ≪한겨레≫, ≪경향신문≫, ≪한국일보≫, ≪한국대학신문≫, ≪교수신문≫, ≪프레시안≫, ≪오마이뉴스≫에도 고마운 마음을 전한다. 원주에서는 KBS와 MBC, ≪연합뉴스≫, ≪원주투데이≫가 적극적으로 보도해주었다. ≪한겨레≫와 오승훈 기자는 50억 원의 손해배상 소송에 형사고소까지 당하는 적반하장의 일을 겪고 있다.

상지대와 같은 사학비리 반열에는 들지 않지만 성공회대, 한신대를 비롯한 사학의 교수들과 서울대, 강원대 등 국립대 교수들, 그리고 우리와 이웃한 연세대, 한림대, 강릉원주대, 한라대 교수들도 우리를 열렬히 지원해주었다. 상지대 민주화 과정에서 더불어민주당의 역할은 특별했다. 교육문화체육관광위원회 혹은 교육과학기술위원회 소속의 설훈 위원장, 김상희·박홍근·유기홍·안민석·김태년·유은혜·도종환 의원은 상지대가 김문기 체제에서 벗어나는 데 결정적인 역할을 했다. 그중에서도 2016년 상지대 민주화의 결정적 계기를 만들어준 우상호 원내대표에게는 특별히 감사의 말을 전하고 싶다. 이 일로 우상호 원내대표는 김문기가 제기한 30억 원 손해배상 소송에 피소되었다. 국민의당 소속 유성엽 위원장도 관심을 가지고 적극 지원하고 있다. 정의당 소속의 교문위원이었다가 잠시 원외에 나가 있는 정진후 전 의원의 역할도 기억해야 할 것이다. 조희연 서울시교육감, 민병희 강원도교육감, 이재정 경기도교육감, 장휘국 광주시교육감 등 많은 교육감들과 김상곤 전 경기도교육감, 곽노현 전 서울시교육감도 늘 관심을 가지고 지원해주었다.

가족은 개인의 가장 친밀한 관계망이다. 삶의 애환을 가장 가깝게 나누는 점에서 가족을 대신할 수 있는 사회조직은 없다. 내가 상지대 민주화 운동에 앞장서 참여하고 징계, 파면, 고소, 고발, 재판의 과정을 거칠 때 실제로 고초를 겪은 사람은 아내이다. 옆에서 모든 상황을 지켜보면서 내가 느끼지 않으려고 애써 외면했던 내 몫의 고통까지 온몸으로 받았다는 것을 알고 있다. 연일이와 민영이에게는 아빠의 상황을 말하지 못하고 서로 모른 척하며 지냈다. 어머니께는 차마 말씀드릴 엄두도 내지 못했다. 결국 아시게 되었지만 서로 내색하지 않은 채 마음으로 교감할 수밖에 없었다. 그러나 가족이라는 든든한 울타리가 있었기에 견딜 수 있었다.

우리가 사람인 것은 세상 속에서 다른 사람과 함께 살아가기 때문이다. 상지대라는 그리 크지 않은 대학의 민주화 운동을 하는 과정에서 수많은 사람들을 만나고 함께했다. 고마운 마음을 일일이 표하기 어려울 정도로 많은 도움을 받았다. 다시 새로운 출발을 하게 된 시점에 이르러 좋은 교육과 좋은 대학의 중요성을 새삼 절감한다. 상지대를 민주적인 대학으로 만들어 새로운 교육과 새로운 대학의 주춧돌을 놓는 것으로 수많은 사람들에게서 받은 지원과 격려에 보답해야겠다고 생각한다. 그렇게 되도록 노력하겠다고 약속드린다.

상지대는 끈질기게 살아 생동하는 갈대

오늘날 우리 상지대가 처한 상황을 생각해봅니다.

전국에 수많은 사학비리가 있고 사학분규가 있지만 상지대는 특별합니다.

이만큼 참혹한 탄압이 있을까 싶지만

상지대만큼이나 끈질긴 대학이 또 있을까 생각합니다.

이 참혹한 상황에 말 한마디 하지 않는 사람을 보면

너 나 할 것 없이 우리가 한없이 나약해 보이기도 하지만

이 참혹한 상황에서도 대학을 대학답게 만들기 위해 속으로 분노하고 울부짖는 것을 보면서

상지대만의 강인함을 느낍니다.

일찍이 파스칼(Blaise Pascal)은 인간을 갈대와 같다고 했습니다.

　　인간은 연약한 갈대에 지나지 않는다.

　　모든 자연 중에서 가장 약한 존재이다.

그러나 그것은 생각하는 갈대이다.

인간을 무찌르기 위해 전우주가 무장할 필요는 없다.
한 줄기의 수증기, 한 방울의 물만으로도 그를 죽이기에 충분하다.

그러나 우주가 그를 무찌른다 해도 인간은 자기를 죽이는 자보다 더
고귀하다.
왜냐하면 인간은 반드시 죽어야만 한다는 사실과 우주가 자기보다 강
하다는 사실을 알지만,
우주는 그것을 전혀 모르고 있기 때문이다.

생각하는 갈대,
갈대는 바람에 휘날려도 결코 꺾이지 않습니다.
바람이 불면 갈대는 이리저리 하염없이 흔들리지만 결코 꺾이는 법이 없
습니다.

신경림 시인이 갈대에 대해서 이렇게 말했습니다.

언제부턴가 갈대는 속으로
조용히 울고 있었다.

그런 어느 밤이었을 것이다.
갈대는 그의 온몸이 흔들리고 있는 것을 알았다.

바람도 달빛도 아닌 것,

갈대는 저를 흔드는 것이 제 조용한 울음인 것을
까맣게 몰랐다.

산다는 것은 속으로
이렇게 조용히 울고 있는 것이란 것을
그는 몰랐다.

한 시대를 치열하게 살았던 김수영 시인은 풀을 이렇게 형상화했습니다.

풀이 눕는다
비를 몰아오는 동풍에 나부껴
풀은 눕고
드디어 울었다
날이 흐려서 더 울다가
다시 누웠다

풀이 눕는다
바람보다도 더 빨리 눕는다
바람보다도 더 빨리 울고
바람보다도 먼저 일어난다

날이 흐리고 풀이 눕는다
발목까지
발밑까지 눕는다
바람보다 늦게 누워도

바람보다 먼저 일어나고
바람보다 늦게 울어도
바람보다 먼저 웃는다
날이 흐리고 풀뿌리가 눕는다

우리는 작은 갈대에 불과합니다.
우리는 한 끼 밥에 목메고 승진과 재임용에 고달파
아무 소리 못하고 숨죽이고 있지만
그러나 한시도 스스로를 버린 적은 없습니다.

우리는 흔들리는 갈대와 같습니다.
오라면 오고 가라면 가지만
그러나 우리 마음까지 흔들리는 것은 아닙니다.

우리는 힘없는 갈대입니다.
때리면 맞고
협박하면 위축되지만
그러나 하늘을 원망하지는 않습니다.

우리는 누구를 비난하지도 못합니다.
우리는 누구를 공격하지도 못합니다.
그러나 세상 누구도 우리를 꺾지는 못합니다.
우리는 갈대이기 때문입니다.

우리는 힘들면 제일 먼저 누워버립니다.

그러나 언제든지 제일 먼저 일어납니다.

우리는 생각하는 갈대이기 때문입니다.

지금 비록 누워 있지만 언젠가 제일 먼저 일어날 갈대들에게 찬사를 보냅니다.

2017년 상지대의 새로운 출발

/

여기는 대학 민주화의 성지 상지대학교입니다

김문기 구재단과의 투쟁 10년 만에 다시 시작된 임시이사체제. 그리고 임시이사 파견 2개월. 김문기 구재단체제가 완전히 붕괴되었고, 불안정하지만 상지대는 임시이사체제하에서 새로운 출발을 모색하게 되었다. 구재단과 구성원이 일촉즉발의 대결 상태를 유지하면서 수시로 강 대 강으로 부딪치는 사학비리 투쟁의 최전선 상지대에서 김문기 구재단체제가 퇴출되면서 상지대가 드디어 새로운 출발을 하게 된 것이다. 매우 역사적인 순간이다.

김문기 구재단 이사회를 대신해 들어선 임시이사회가 잘못된 결정을 하기도 했고 더러는 사태 수습에 필요한 시간을 지체해 골든타임을 놓치기도 했다. 임시이사회로서는 상지대 사태의 역사와 성격에 대한 이해 부족에서 비롯된 초기의 한계라고 변명할 수도 있지만, 이것은 이사회 구성의 한계이자 임시이사를 파견한 교육부의 한계에서 비롯된 것이었다. 교육부가 적합한 이사들을 선임하지 못했기 때문이다. 특히 이사장에게서 그 한계가 뚜렷하게 나타났다. 그러나 상지대 민주화 과정의 일시적인 종속변수에 불과한 6개월 임기의 임시이사회가 상지대 민주화의 흐름에 막대한 지장을 줄 정도는 아니었다.

　상지대에서 김문기 구재단체제는 김문기 본인, 김문기 구재단 이사회, 김문기 족벌보직체제라는 세 가지 요소로 구성되었다. 2010년 사분위 정상화 과정에서 김문기가 추천한 이사 네 명이 이사회에 참여하면서 김문기 구재단 복귀가 시작되었고 2014년 3월 김문기 구재단이 이사회를 완전히 장악하면서 김문기 구재단 이사회가 완성되었다. 그다음에 2014년 8월 김문기 본인이 상지대 총장에 선임되었고, 그의 하수인들로 족벌보직체제를 구축하면서 김문기 구재단체제가 성립되었다. 이로써 2010년 8월에 시작된 김문기 구재단체제는 4년이 지난 2014년 하반기에 완성된 형태로 나타났다.

　그러나 오르막이 있으면 내리막도 있는 법. 김문기 구재단체제는 완성된 그 순간부터 무너져 내리기 시작했다. 먼저 2014년 11월 교육부가 특별종합감사로 김문기 총장 해임을 요구한 후 2015년 7월 김문기가 총장직에서 해임되었고, 2015년 7월 대법원 판결과 2016년 6월 서울고등법원 판결을 토대로 한 2016년 10월 대법원 판결로 김문기 구재단 이사회가 취소되었다. 이후 11월 28일 사분위에서 임시이사가 선임되고 12월 8일 임시이사회가 출범하면서 김문기 구재단 이사회가 해체되었고, 2017년 2월 7일 이사회에서 총장직무대행을 교체한 것을 시작으로 김문기 족벌보직체제가 해체되면서 김문기 구재단체제는 완전히 붕괴되었다. 2010년 사분위 정상화 이후 상지대는 김문기 구재단체제를 상대로 가열찬 대학 민주화 운동을 전개했고, 거의 7년 만에 상지대 민주화 운동의 제1단계에 해당하는 김문기 구재단 퇴출이라는 목표를 달성했다.

　2007년 정이사체제 붕괴 이후 상지대 민주화 운동은 크게 세 단계를 거쳐 진행된다고 볼 수 있다. 제1단계는 사분위 정상화로 복귀한 김문기 구재단체제를 퇴출시키는 단계이고, 제2단계는 김문기 구재단에 의해 황폐화된 대학을 안정화하고 살리는 단계이며, 제3단계는 상지대를 진정한 민주대학인

| 상지대 정문에 걸린 현수막 |

공영대학으로 발전시키는 단계라고 할 수 있다. 상지대는 이제 제1단계를
완성하고 대학을 살리는 제2단계의 과정에 접어들었다.

대학의 안정화와 대학 살리기는 무엇보다 파괴된 대학의 교육체제와 연
구체제를 회복하는 것으로 시작해야 한다. 몇 년간 실패를 거듭하고 있는
대학평가에서 성공하는 것도 매우 중요하며 계속 미달 사태를 겪고 있는 대
학입시에서도 성공해야 한다. 김문기 구재단의 잔재를 청산하고 김문기 구
재단이 흩뜨려놓은 인사와 규정을 정비하는 것도 시급한 과제이다. 이런 과
제들이 처리되면 대학은 안정을 되찾고 정상적인 대학으로 작동하게 될 것
이다. 당연한 말이지만, 이 과정에서 가장 중요한 것은 교수, 학생, 직원 등
대학 구성원들이 단결해 최대한 참여하고 헌신하고 노력하는 것이다. 구성
원의 참여와 헌신, 노력 없이는 성공할 수 없기 때문이다.

상지대는 2013년에 최초로 정부재정지원 제한대학에 선정되어 어려움을
겪다가 다음 해에 벗어났지만 2015년에 대학구조개혁평가에서 D- 등급을
받고 다시 정부재정지원 제한대학에 선정되었고 2016년에도 연이어 정부재

정지원 제한대학이 되었다. 2017년에 다시 평가를 받아 정부재정지원 제한 대학 여부를 통보받게 되는데 여기서 성공하는 것이 필수 과제이다. 대학평가에 성공해야 대학입시에서도 성공할 수 있다. 대학기관 인증평가, 한의대 인증평가, 간호학과 인증평가도 올해 상반기에 치러야 한다. 더구나 2018년 2월에는 제2주기 대학구조개혁평가가 시작되므로 올해 대학평가에서 성공하지 못하면 제2주기 평가에서도 성공할 수 없는 상황이다. 상지대로서는 대학의 존망을 가를 절체절명의 상황에 직면한 것이다.

물론 어려움이 많다. 김문기 구재단체제가 무너지고 대신 들어선 임시이사회가 대학의 본질을 제대로 이해하지 못해 구성원의 의사를 반영하는 방식으로 대학을 운영하지 못하고 있다. 이사회의 한계 중에서도 이사장 문제가 가장 크다. 분규 대학을 전전하면서 재단 측 입장을 대변해온 편호범 이사장은 상지대 민주화에 부적합한 인물이라는 것이 판명되었다. 이런 점 때문에 우리는 편호범 이사장의 사퇴를 강력하게 요구하는 동시에 임시이사회에 대해서는 이사회가 대학 정상화를 위한 기능을 제대로 수행해줄 것을 촉구하고 있다.

이사장과 이사회는 김문기 구재단 족벌보직체제를 대체한 새로운 보직 구성에서도 한계를 보이고 있다. 이사회는 구성원의 의사를 배제하고 독단적으로 총장직무대행을 선임해 상지대의 민주화 열망에 찬물을 끼얹었다. 지난 15년간 대학운영에 기여한 바가 전혀 없고 지난 10년간 지속된 대학 민주화 투쟁에도 참여한 바 없는 오승석 총장직무대행이 상지대 민주화에 대해 올바른 견해를 가지고 있다고 보기 어렵고 상지대가 직면한 긴급한 과제를 슬기롭게 처리해나갈 경륜과 역량이 있다고 기대하기도 어렵기 때문이다.

쫓겨난 김문기 구재단의 준동 역시 우리가 극복해야 할 과제이다. 김문기의 나이가 이미 86살 고령인 데다 복귀했다가 다시 퇴출된 상황인 만큼 영향력이 예전 같지는 않겠지만 그가 복귀 공작을 중단할 것으로 보이지는 않는다. 과거 1993년 구속되어 퇴출된 상황에서도 20년간 집요하게 복귀 공작을 전개했던 정황을 감안하면 김문기의 복귀 공작이 대학을 살리는 일에 큰 걸림돌로 작용하리라는 것은 불문가지의 사실이다.

또 다른 문제점은 임박한 사분위 정상화를 둘러싼 논란이다. 사분위가 임시이사를 선임하면서 임시이사의 임기를 6개월로 제한하고 임기 전에 원칙적으로 상지대를 정상화한다는 결정을 했다. 사분위의 이 결정은 현실적으로 실현 불가능한 것이지만 실현 여부와 무관하게 정상화 논란이 부각될 것이므로 이것이 대학 안정화에 끼칠 악영향을 우려하지 않을 수 없는 상황이다. 사분위가 정상화 논의를 시작할 경우 기준이 되는 것은 이른바 '사분위 정상화 심의 원칙'인데 사분위의 정상화란 특별한 사정이 없는 한 구재단에 학교를 돌려주는 것이므로 이 원칙에 따르면 쫓겨난 김문기에게 다시 상지대를 돌려주어야 한다는 극히 모순적인 논리가 등장할 수도 있기 때문이다.

그러나 과거 사분위 결정으로 상지대에 복귀한 후 다시 쫓겨난 김문기에게 사분위가 또다시 상지대를 돌려주는 것은 정상적이지도 않고 자연스럽지도 않다. 법률적이고 실질적인 문제점은 물론 사회적 여론도 이러한 결정을 용납하기 어려운 상황이다. 더구나 '사분위 정상화 심의 원칙'에는 비리를 저지른 자나 사회적으로 지탄을 받는 파렴치범인 경우 복귀를 제한할 수 있는 조항이 포함되어 있으므로 사분위로서는 이런 점을 고려하지 않을 수 없다. 또한 최근 탄핵 국면에 이은 조기 대통령선거로 정권 교체가 이루어진 만큼 사분위의 정상화는 전혀 다른 국면을 맞을 수밖에 없다.

우리는 상지대 민주화를 둘러싼 이 모든 상황들을 종합적으로 고려해 대학의 안정화와 대학 살리기를 추진하려 한다. 먼저 해야 할 일은 상지대 구성원들의 마음을 하나로 모으는 일이다. 김문기 구재단이 퇴출된 상황에서 대학을 안정화하고 대학을 살려야 한다는 목표를 제시하고 이 목표를 실현하는 데 모든 구성원이 참여할 수 있도록 조직해야 할 것이다. 그러나 그렇게 하기 위해서는 무엇보다도 김문기 구재단의 잔재를 청산하고 그들이 저지른 적폐를 신속하게 청산해야 한다. 지난 몇 년간 김문기 체제에 부역하면서 구성원을 탄압하고 대학을 나락으로 빠뜨린 부역자들에게는 응분의 책임을 묻고, 김문기 족벌체제에 의해 훼손된 정관과 규정은 원상회복시키며, 구재단 족벌체제가 만든 잘못된 제도와 인사를 재정비해 상지대를 학생과 교육과 연구를 중심으로 한 새로운 대학 공동체로 만들어야 할 것이다.

이제 상지대는 대학 민주화의 상징이었던 정이사체제가 2007년 김황식 판결로 붕괴된 지 10년 만에 다시 새로운 민주체제로 복귀하는 민주화 제2단계로 나아가게 되었다. 10년에 걸쳐 진행된 제1단계는 다시 세 개의 소시기로 구분된다. 이 시기는 상지대 정이사체제가 무너지고 구재단이 복귀를 추진한 시기(2007~2010), 구재단 복귀로 상지대가 혼란을 겪은 시기(2010~2016), 구재단에 저항하면서 다시 민주화를 추진하고 회복한 시기(2016~2017)로 구분할 수 있다.

임시이사가 파견되고 구재단 보직이 교체된 상지대의 현 상태를 새로운 민주체제로 평가하기는 어렵다. 그러나 새롭고 완전한 민주체제가 아직 등장하지 않았다 하더라도 김문기 구재단체제가 붕괴된 것은 사실이므로 넓은 의미에서 민주체제의 초기 상태라고 볼 수 있다. 말하자면 구체제는 사라졌지만 새로운 체제는 아직 등장하지 않은, 더 정확하게 말하면 새로운 체제의 등장을 둘러싼 갈등이 계속되고 있지만 조만간 새로운 체제의 등장이 예상되는 단계라고 할 수 있다.

따라서 앞에서 이미 언급한 것처럼 이것은 끝이 아니라 새로운 시작이다. 상지대 민주화는 10년에 걸친 제1단계 과제를 거의 마무리하고 이제 제2단계 진입을 준비하는 상태이며, 이 단계에서는 김문기 구재단과의 대결과는 성격을 달리하는 '대학 살리기'라는 새로운 과제에 직면하게 된다. 더구나 김문기 구재단체제가 붕괴되어 제1단계 과제를 마감해야 하는 시점임에도

제1단계 민주화 운동의 시기 구분

구분	시기		상황
	년	월	
정이사 해체기	2007년	5월	대법원 판결로 정이사체제 붕괴
		7월	사립학교법 개악과 사학분쟁조정위원회 신설
		12월	사학분쟁조정위원회 발족
	2010년	8월	상지대 정상화(구재단 복귀)
구재단 복귀와 혼란기	2011년	1월	이사회 가동
	2014년	3월	구재단의 이사회 완전 장악
		8월	김문기 총장 선임
			김문기 체제에 대한 저항 시작
		9월	국회 국정감사에서 상지대 청문회 개최
		11월	교육부 특별종합감사 실시
	2015년	3월	교육부 감사처분 발표(김문기 해임 요구)
		7월	상지학원 이사회의 김문기 해임
		9월	상지대 학생들 5주간의 수업거부
		10월	국회 국정감사에서 상지대 청문회 개최
대학 민주화 회복기	2016년	8월	교육부 특별종합감사 실시
		9월	교육부 감사처분 발표(이사 전원 해임)
		10월	대법원 판결로 김문기 구재단 이사회 해체
		11월	사학분쟁조정위원회 임시이사 선임 의결
		12월	교육부 임시이사 선임 발령
	2017년	2월	상지대 보직 개편(김문기 보직 해체)

임시이사체제가 불완전하게 구성되어 있어 새로운 민주체제 수립을 추진하면서 동시에 대학 살리기를 진행해야만 하는 상황이다.

우리가 두 과제를 동시에 추진할 수밖에 없는 이유는 학생 수가 급감하는 대학 대란이라는 변화된 환경과 김문기 구재단에 의해 극도로 황폐화된 대학의 위기적 상황 때문이다. 정상적인 상태라면 민주체제를 완성한 후 대학 발전을 추진하는 것이 맞다. 하지만 연이은 대학평가 및 입시 실패로 대학이 존망의 위기에 직면한 상황이라는 점을 감안해 대학을 살리는 일을 동시에 추진할 수밖에 없는 상황에 직면한 것이다. 임시이사회와 대학보직체제의 한계를 묵과할 수는 없지만 이 문제는 대학을 살리는 일을 진행하면서 함께 해결해나가기로 했다.

따라서 우리는 구성원이 최대한 단결하고 참여하는 것을 바탕으로 대학을 정상화하고 대학을 살리는 일에 집중하면서 임시이사회와 대학보직의 한계를 동시에 극복해가는 병행 전략으로 대학 민주화를 추진하기로 결정했다. 물론 대학을 살리는 것이 주된 과제이며 이사회와 보직은 부차적이고 수단적인 과제이다. 이 과정에서 임시이사회와 대학보직이 대학 살리기에 적극적으로 나서고 순기능적인 역할을 수행하면 상호 협조하는 관계를 구축할 수 있겠지만, 그렇지 못할 경우에는 비판적으로 견인하거나 부득불 교체하는 방향으로 나아가야 할 것이다.

이러한 문제의식을 가지고 교수협의회, 총학생회, 노동조합은 상지대발전추진위원회(이하 상발위)를 구성해 진상조사위원회, 대학평가준비위원회, 대학입시지원위원회, 대외협력위원회, 대학발전기획위원회 등 다섯 개의 위원회를 중심으로 상지대가 당면한 주요 과제를 추진해나가기로 했다. 상발위가 지난 10년간의 투쟁 과정에서 전체 구성원의 구심점으로서 투쟁 주체 역할을 수행한 상지대 비상대책위원회(이하 비대위)를 대체하는 것은 아니지만 대학의 안정과 발전이 목표가 되는 민주화 제2단계의 국면에 부합하는 활동 방식으로 조직된 것이다.

상발위는 대법원 판결 이후 대학 민주화의 국면이 전환되던 시점에 이미 기본 조직을 구성해 내부적으로 활동을 시작했다. 따라서 민주화 제2단계의 초기 국면에는 두 기구가 병존하면서 비대위는 투쟁기구로서, 상발위는 대학 발전 등 대학의 주요 과제를 추진하는 기구로서 역할을 분담했다. 두 기구의 이런 차이점을 고려해 비대위에는 구성원 단체의 대표가 참여하는 반면 상발위에는 구성원의 전문성을 고려해 더 많은 구성원들이 자유롭게 참여하는 방식으로 설계되었다. 물론 비대위가 전체 상황을 주도하는 위치이므로 상발위의 위원장들은 비대위에 참여해 활동의 일관성이 유지되도록 하고 있다.

우리나라 사학의 상황에서 상지대가 사분위의 불법적인 정상화와 김문기 족벌체제의 반교육적인 탄압에 맞서 10년간 투쟁하며 김문기 구재단체제를 붕괴시킨 것은 상지대 민주화의 역사에 매우 중요한 의미를 갖는 동시에 사학 민주화와 관련해서도 상당한 중요성을 갖는다고 할 수 있다. 특히 사학 재단을 비호하는 보수정권 아래에서 구성원들이 주체가 되어 비리재단을 퇴출시킴으로써 사학의 주체가 누구인지, 사학의 바람직한 모습은 무엇인지, 사학에서 구성원의 지위는 어떤 것인지, 교육부는 어떻게 재구성되어야 하고 사립학교법은 어떤 방향으로 개정되어야 하는지 등 수많은 쟁점들을 제기하고 그 해결의 단초를 제공해준 사례가 되었다.

이 모든 쟁점들이 대학 안에서 자기 완결적으로 해결될 수는 없다. 그렇지만 대학 구성원들의 지속적인 투쟁과 거듭된 요구가 국회와 사법부를 움직이고, 다시 정부와 언론을 움직이고, 궁극적으로는 국민을 움직임으로써 전반적인 사학개혁의 방향으로 확산되어 문제가 해결되는 과정을 거칠 것이다. 여기서 가장 중요한 것은 대학 구성원의 역할이며, 상지대는 그 점에서 가장 상징적이고 모범적인 역할을 수행해온 셈이다. 돌이켜보면 그간 정부가 사학재단을 비호하고 사학비리를 은폐하는 반교육적인 상황에서도 구성원의 투쟁에 반응해 국회와 사법부, 언론은 사학개혁에 부합하는 역할을 수행했다. 따라서 정권이 교체되고 정부의 정책 기조가 교육의 공공성을 강화하는 방향으로 전환되면 사학개혁의 강력한 흐름이 새롭게 형성될 것으로 예상된다.

이러한 전환기 국면에서 상지대 민주화의 성과는 우리 사회에서 '대학이란 무엇인가'라는 해묵은 쟁점을 국민적 토론의 영역으로 다시 끌어올리는 역할을 담당하게 될 뿐만 아니라 구체적으로 우리 대학과 우리 사학이 나아가야 할 이정표를 제시하는 역할을 수행하게 될 것이다. 상지대는 대학 민주화를 심화·발전시키는 과정에서 공적 교육기관으로서 대학의 공공성을 함양하고, 대학 구성원의 참여를 통해 대학의 민주성과 투명성을 증진하는 역할을 수행하게 될 것이다. 또한 대학은 개인의 사유재산이 아니라 사회의 공적 재화인 만큼 사회적 개방성을 확장하는 방향으로 이사회를 구성하고 대학의 재정 역시 이러한 취지에 부합되는 공적 재정과 사회적 재정의 비중을 증대시켜나갈 것이다.

상지대는 이러한 문제의식을 대학운영에 적극 반영하기 위해 몇 가지 과제를 준비하고 있다. 첫째, 이사회의 개방성을 확장하기 위해 이사 정수를 30명 이상으로 늘리고 각계각층 인사들이 고르게 참여해 대학 발전에 기여하도록 할 계획이다. 둘째, 이사회가 대학의 최고 의사결정기구인 것은 맞지만 구성원의 참여가 전제되지 않는 이사회 결정의 한계를 극복하기 위해 대학운영에서 구성원의 참여를 보장하고 적극적으로 확대해나갈 계획이다. 대학의 존재 목적인 교육과 연구의 수준을 질적으로 제고하기 위해서라도 구성원의 자발적이고 능동적인 참여는 필수적이다. 셋째, 대학 발전에 필요한 재원을 충당하기 위한 사회적 재정의 방법으로 법인과 대학이 사회적 기부금을 적극적으로 조성해나갈 계획이다.

여기서 중요한 것은 대학과 사회가 분리된 상태에서 대학이 일방적으로 사회적 기부금을 강요하는 타자화된 공여 방식은 수혜의 범주를 벗어나지 못하므로 성공하기 어렵다는 사실이다. 따라서 대학이 사회에 스스로를 완전히 개방해 대학을 사회의 일부로 만들어놓은 상태에서 사회가 자기의 필요에 의해 대학에 재정을 배분하는 방식이어야 성공할 수 있는 것이다. 이것을 고등교육을 위한 사회적 재정이라고 할 수 있는데, 이 실험에 성공하면 대학 민주화도 성공하게 될 것이므로 앞으로 상지대가 이 실험에서 중요한 리트머스 역할을 수행하게 될 것이다.

싱지대 정상화가 아니라 교육부 해체가 답이다

박근혜와 최순실 국정농단 사건이 종착역에 이르렀다. 이를 가능하게 한 힘의 원천은 국민들 수백만 명이 만들어낸 거대한 촛불이다. 촛불혁명은 4월혁명 이후 군사 쿠데타 주모자들이 진행한 이승만 정권에 대한 처리와 6월항쟁 이후 야당이 주도한 5공청산을 잇는 대사건임에 틀림없다. 특히 과거의 죽은 권력에 대한 심판과 달리 지금은 국정농단을 저지른 살아 있는 권력에 대한 국민적 심판이라는 점에서 의미가 더욱 각별하다.

국정농단을 보면서 국가란 무엇이며 정부는 중립적인가라는 질문을 다시 떠올리게 된다. 군사정권이 조작한 간첩단 사건들, 납북 어민을 간첩으로 몰아간 정부, 아직도 묻혀 있는 군 의문사 사건들, 수십 년간 계속되는 사학비리, 최근의 세월호 대참사에 이르기까지 국가가 국민의 편이 아니고 정부가 선한 의지를 가진 중립적인 기구가 아니라는 사례는 차고 넘친다. 이 모든 사례를 모으면 정부는 난지도의 거대한 쓰레기장으로 전락하고 말 것이다.

대학은 진리의 배움터이고 우리나라 대학의 85%는 사학이다. 여기서 비리가 발생하면 구제받을 길이 없는데 우리나라는 사학의 천국이자 또한 사학비리의 천국이다. 사학비리가 만연하고 전염병처럼 창궐하는 것도 문제지만 정부가 앞장서서 사학비리를 비호하고 저지른 죄까지 사해주니 이만한 지상천국이 따로 없다. 이 엄청난 일을 담당하는 정부기구가 교육부이고 사학분쟁조정위원회라면 과연 믿을 수 있을까?

2007년 사립학교법 개악으로 발족한 사학분쟁조정위원회가 지난 9년간 60개 학교를 정상화했다. 여기서 정상화란 쫓겨난 비리재단에게 학교를 다시 돌려준다는 매우 나쁜 말이다. 더구나 그 정상화의 대부분이 불법이었음이 상지대 대법원 판결로 드러났다. 교육부와 사학분쟁조정위원회가 비리재단에게 학교를 돌려주어 분규를 재연하고 사학을 망치는 것도 부족해서 공공연하게 불법을 저질렀다는 것이니 도둑놈에게 곳간을 맡긴 꼴이다. 그런데도 불법 행위에 대한 반성과 사과는커녕 덮기에 급급하다. 상지대가 교육부와 6년간 소송한 끝에 김문기 비리재단을 몰아냈는데 파견된 임시이사는 교육부의 대리인에 불과하고 사학분쟁조정위원회는 또 상지대를 정상화하겠다고 달려든다. 이들이 금과옥조로 삼는 비리재단 복귀 공식에 따르면 상지대를 또 김문기에게 돌려주겠다는 것인데, 정부가 이렇게 막 나가도 되나? 도둑놈 잡아달라고 경찰 불렀더니 경찰이 도둑놈과 한통속인 격이다.

이명박, 박근혜 정권 아래에서 교육부와 사학분쟁조정위원회는 사학 정상화라는 미명하에 사학비리를 부추겨 사학을 회복 불능의 만신창이로 만들었다. 이들의 눈에 사학은 교육기관이 아니라 건물과 토지와 등록금을 납부하는 학생들로 구성된 알짜배기 수익사업체이자 이사장의 신성한 사유재산일 뿐이다. 여기서 어떤 교육이 가능하고 어떤 창조가 가능하겠는가? 창조경제는 돈 빼먹기, 창조교육은 사학 죽이기에 다름 아니었다.

국정농단을 계기로 나라를 바로 세우려면 먼저 교육부에 대한 대수술이 불가피하다. 사학비리, 이대 사태, 대학평가 세 가지만 봐도 교육부가 수명을 다했다는 것을 알 수 있다. 그러므로 교육부의 수명을 연장하는 미봉책이 아니라 국민적 합의제 기구인 국가교육위원회로 전환하는 것이 유일한 해법이다. 정부개편에서 중앙선거관리위원회나 방송통신위원회와 같은 합의기구가 발족한 이유를 참고하면 된다. 사학분쟁조정위원회는 당연 폐지 대상이다.

따라서 지금 해야 할 일은 교육부와 사학분쟁조정위원회의 불법을 은폐하기 위한 기만적인 상지대 정상화가 아니라 교육을 좀먹고 나라를 망치는 교육부와 사학분쟁조정위원회를 시급하게 정상화하는 것이다. 교육부는 정부기구로서 시효 만료되었고 사학분쟁조정위원회는 애초에 태어나지 말았어야 할 기구이므로 교육부 해체와 사학분쟁조정위원회 폐지가 답이다. 상지대 정상화는 그다음에 추진해도 늦지 않다.

≪경향신문≫, 2017년 2월 27일

사학 민주화의 상징, 상지대 정이사 무너지다

/

2007년 상지대 대법원 판결과
사립학교법 개악

"로마는 하루아침에 이루어지지 않았다." 오래전에 세르반테스(Miguel de Cervantes Saavedra)가 말했고 시오노 나나미(しおのななみ)는 이 말을 그녀의 책『로마인 이야기』제1권의 제목으로 차용했다. 이 말은 기번(Edward Gibbon)이 『로마제국 쇠망사』에서 말했고 케네디(Paul Michael Kennedy)가 『강대국의 흥망』에서 말했던 것처럼 로마의 멸망도 하루아침에 이루어지지 않았다는 뜻을 포함한다. 이 거대한 제목을 상지대 상황에 빗대는 것은 무리겠지만 상지대 사태의 두 측면, 즉 민주화와 좌절이 하루아침에 이루어진 것이 아니라는 사실을 강조하는 데는 유용할 것 같다. 상지대 정이사는 하루아침에 우연히 무너진 것이 아니기 때문이다.

지금으로부터 8년 전, 노무현 대통령과 참여정부의 위기가 가속화되고 대통령선거를 겨냥한 정치적 대결이 본격화되던 2007년 5월 17일. 대법원은 사학을 둘러싼 20년간의 논란을 일거에 잠재워버릴 역사적인 판결을 선고했다. 이미 원심인 서울고등법원 판결이 그 전해인 2006년 2월 14일에 선고되어 있었기 때문에 기대 반 실망 반의 상태로 지켜보고 있던 상황이기는 했지만 결국 일말의 기대는 사라지고 실망은 배가되었다. 대법원이 상지대 정이사체제를 부정해 붕괴시키는 확정판결을 내렸기 때문이다.

대법원 판결은 크게 두 가지로 요약할 수 있다. 첫째, 김문기로 대표되는 종전이사는 이사회 결의의 효력을 다툴 소의 이익이 있다. 그러므로 이 소송을 제기할 권한, 즉 원고적격성을 갖는다. 둘째, 임시이사가 정이사를 선임할 권한은 없다. 그러므로 상지대 정이사를 선임한 2003년 12월의 이사회 결의는 무효이다. 이 판결은 퇴임한 이사는 원고 자격이 없다는 것과 민법상 임시이사는 정이사와 동등한 권한을 갖는다는 것 등 기존의 대법원 판례를 수정하고 새로운 판례를 수립한 것이다. 대법원의 결정은 다음 두 인용문에 명시적으로 표현되어 있다.

학교법인에 인정되는 헌법상의 사학의 자유는 순차로 선임되는 관계에 있다는 점에서 연결선상에 있다고 볼 수 있는 이사들에 의해 실질적으로 구현되는 것이고, 그중 종전이사는 보통 학교법인의 자주성과 정체성을 확보하는 임무와 가장 근접한 위치에 있는 자라 할 수 있으므로 …… 종전이사들은 위와 같은 이사회의 결의에 대해 법률상의 이해관계를 가진다고 할 수 있으므로, 그 무효 확인을 구할 소의 이익이 있다.

임시이사는 이사의 결원으로 인해 학교법인의 목적을 달성할 수 없거나 손해가 생길 염려가 있는 경우에 임시적으로 그 운영을 담당하는 위기관리자로서, 민법상의 임시이사와는 달리 일반적인 학교법인의 운영에 관한 행위에 한해 정식이사와 동일한 권한을 가지는 것으로 제한적으로 해석해야 할 것이고, 따라서 정식이사를 선임할 권한은 없다.

이 역사적인 판결은 재판장인 대법원장 이용훈과 대법관 고현철, 김용담, 김영란, 양승태, 김황식, 박시환, 김지형, 이홍훈, 박일환, 김능환, 전수안,

안대희 등 모든 대법관이 참여한 전원합의부에 의해 내려진 결정이었다. 주심은 김황식 대법관이 맡았다. 그러나 전원합의부의 결정이라고 대법관 전원이 찬성한 결정은 아니었다. 대법관 김영란, 박시환, 김지형, 이홍훈, 전수안 등 다섯 명은 다수 의견을 정면으로 비판하는 반대 의견을 제출했다. 종전이사에게 소의 이익을 인정하는 결론을 도출하는 과정이 적절하지 않으며 임시이사의 권한을 제약하는 법률적 규정이 존재하지 않는다는 이유였다. 결국 대법관 13명이 8 대 5의 비율로 다수 의견을 채택한 것이다.

다수 의견에 대한 보충 의견에서 김황식과 박일환은 다수 의견이 '학교법인을 단순히 설립자나 그 이사들의 사유재산으로 보고자 하는 시각에서 비롯된 것이 결코 아니다'라는 점을 애써 강조하면서 이것이 상지대만의 문제가 아니라 많은 사학에 임시이사가 파견되어 있는 현실을 감안해야 한다는 정황론을 개진했다. 그러나 다수 의견에 대한 또 다른 보충 의견에서 양승태는 임시이사의 정이사 선임은 국가권력에 의한 '재산권 침해'라는 점을 분명히 했다. 다수 의견이 외형상 사학의 자율성과 정체성을 내세우지만 그 본질은 재산권이라는 시각을 반영한 것이다.

대법원 판결은 다수 의견, 다수 의견에 대한 반대 의견, 다수 의견에 대한 보충 의견, 반대 의견에 대한 보충 의견 등을 통해 치열한 법리 논쟁의 속살을 드러냈다. 사학문제를 둘러싼 갈등구조가 대법원에 반영된 것이다. 이 논쟁에는 사학의 자율성과 공공성의 관계, 임시이사 제도의 성격, 이사 제도의 본질 등 사학을 관통하는 주요 논점들이 망라되어 있었다. 특히 이사 제도의 본질이 중요한 논쟁점으로 부각되었다. 다수 의견이 먼저 이사 제도의 인적 연속성론을 근거로 논쟁의 포문을 열었다.

학교법인의 설립 목적은 …… 이사들에 의해 실현되는 것이므로, 설립자가 최초의 이사들을, 그다음에는 그 이사들이 후임이사들을, 또 그다음에는 그 후임이사들이 자신의 후임이사들을 선임하는 방식으로 순차적으로 이사를 선임함으로써 학교법인의 설립 목적이 영속성 있게 실현되도록 하는 것이 학교법인의 이사 제도의 본질이라 할 수 있다.

반면 대법관 이홍훈은 반대 의견에 대한 보충 의견에서 사학의 설립 주체를 학교법인으로 한정하고 정관을 두는 것은 교육에 대한 사적 지배나 인적 지배를 방지하는 것이 목적이라고 주장했다. 또한 다수 의견에 반대하는 다섯 명의 대법관과 함께 이사 제도의 인적 연속성론을 비판하고 설립 정신이 화체(化體)된 정관에 의한 기능적 연속성론을 강조했다. 참고로 이 논점은 대법원 판결이 나고 6년 후 헌법재판소 판결로 다시 부각된다. 헌법재판소는 대법원 다수 의견의 인적 연속성론을 부정하고 정관에 의한 연속성론을 다시 살려냈다. 이 점은 '사학은 세습의 대상인가?'(124쪽)에서 살펴보기로 한다.

대법원 판결의 법리 문제를 문외한인 정치학자가 법률적으로 길게 설명하는 것은 감당하기 어려운 일이므로 이 정도로 마무리하려고 한다. 다만 대법원 판결의 핵심은 사학비리를 저질렀든 말았든 쫓겨난 비리 주범 김문기에게 원고 자격이 있다는 것이고, 임시이사는 정이사를 선임할 권한이 없으므로 정이사를 선임한 상지학원 이사회의 결의는 무효라는 것이다. 결국 이 판결로 김문기는 사학비리로 퇴출된 지 14년 만에 법률적 이해관계자의 지위를 확보했고 대학 민주화의 상징적 성과로 간주되었던 상지대 정이사 체제는 붕괴되고 말았다.

겉으로는 김문기의 손을 들어주었지만 실상은 쫓겨난 모든 비리재단을 포함해서 사학재단 전체의 손을 들어준 이 소송은 상지대 정이사체제가 출범한 직후인 2004년 1월 8일에 춘천지방법원 원주지원에서 시작되었다(2004가합52). 김문기와 그의 부인 김옥희 등 다섯 명을 원고로 하고 법무법인 '태평양'과 '송백'이 소송대리인으로 참여한 이 소송은 3개월 만에 원고적

| 김문기 반대를 외치는 광화문 집회 |

격 문제로 각하되었다. 그러나 같은 해 5월 18일 서울고등법원에서 시작된 항소심(2004나30776)에서는 법무법인 앞 순위에 오르내리는 '태평양'과 '바른'이 참여했고 2년 만인 2006년 2월 14일에 김문기에게 회심의 승리를 안겨주었다. 상고심은 2006년 3월 20일에 시작되어 다음 해인 2007년 5월 17일에 끝났고 결과는 항소심과 같았다. 김문기가 승리한 것이다. 대법원 상고심에서 김문기는 '광장', '바른', '서울', '로고스' 등 내로라하는 법무법인을 총동원했다. 이런 점에서 이 재판은 김문기와 상지대만의 싸움이 아니라 사학을 둘러싼 재단과 구성원의 싸움, 사학의 자율성과 공공성을 둘러싼 싸움이자 유력 법무법인들 사이의 대리전이기도 했다.

　대법원 판결은 우리 사회에서 수많은 논란과 비판을 야기했다. 사학을 사유재산으로 간주한 판결이라는 비판에서부터 사학재단과 비리재단을 옹호하는 판결이라는 비난까지 쏟아졌다. 이 재판의 주심은 김황식 대법관이 맡았는데 김황식은 동신대학교를 운영하는 김필식 총장의 동생으로 사학재단에 이해관계를 가진 인물이라는 의혹을 받았다. 더구나 이 판결 이후 발족한 사분위는 대법원 판결은 물론 특히 김황식과 박일환 대법관의 보충 의견을 자의적으로 해석해 비리로 쫓겨난 구재단을 복귀시키는 근거로 사용했다.

실제로 상지대 정상화는 이 왜곡된 해석에 근거해 2010년 8월에 김문기 구재단이 복귀하는 방식으로 이루어졌고 김황식은 그다음 달에 국무총리 후보로 내정되었다. 마침 상지대 정상화 문제로 사회적 쟁점이 뜨겁게 형성되어 있던 시점이었기 때문에 국회 국무총리 인사청문회에서 이 문제는 매우 중요한 쟁점으로 부각되었다. 2010년 9월 28일 자 ≪머니투데이≫ 기사는 당시 청문회 상황을 다음과 같이 보도했다.

김황식 국무총리 후보자가 대법관 재직 시절 사학재단을 운영하는 친누나의 영향을 받아 상지대 사건 판결을 내렸다는 의혹이 제기되었다. 국회 국무총리인사청문특별위원회 소속 정범구 민주당 의원은 28일 보도자료를 내고 "김 후보자의 상지대 사건 판결을 분석한 결과 2006년 누나인 김필식 동신대 총장이 이사인 한국대학법인협의회의 의견서를 제출받았더라"며 "의견서 내용은 상지대 재단을 옹호하는 것이었다"고 비판했다. 정 의원에 따르면 한국사학법인연합회는 2006년 11월 상지대 사건을 두고 대법원에 사학재단의 입장을 전하면서 한국대학법인협의회의 의견서도 첨부했다. 의견서에는 "임시이사를 정이사로 전환할 경우 설립자의 추천에 의해 정이사를 선임하도록 해 설립자의 경영권을 인정하라"는 내용이 담겼다. 정 의원은 "한국대학법인협의회가 상지대 사건 판결이 나오기 전에 이 같은 의견서를 제출한 점, 장녀와 아들의 유학비용, 장녀의 결혼비용을 누나에게서 지원받은 점을 고려하면 김 후보자는 평소 교류가 깊었던 누나의 입장을 반영해 상지대 판결을 했다는 의문을 제기할 수 있다"고 지적했다.

그러나 상지대 대법원 판결을 작성하는 과정에서 김황식 대법관이 누나 김필식 총장과 어떻게 협력했는지, 사학재단이 어떤 역할을 했는지, 사학재단의 주장이 어떻게 전달되고 반영되었는지는 당장 확인하기 어려운 문제이다. 다만 추측만 할 수 있을 뿐인데 이 소송이 대법원에 계류 중이던 2006년에 한국사학법인연합회(4월 26일), 강원도사립중고등학교장회(11월 6일), 한국사립초중고등학교법인협의회(11월 15일), 한국전문대학법인협의회장(11월 15일), 대한사립중고등학교장회(11월 20일) 등 사학재단의 탄원서와 의견서가 대법원에 무더기로 접수되었다.

대법원 판결로 상지대 정이사체제는 붕괴되었고 임시이사는 정이사를 선임할 수 없게 되었다. 상지대 정이사는 예외로 치더라도 한국외국어대나 한성대 등과 같이 임시이사체제하에서 교육부 주관 아래 정이사로 전환한 사례도 있었지만 이것 또한 불가능하게 되었다. 임시이사에서 정이사로 건너가는 길목이 철통같이 봉쇄된 것이다. 사학재단 입장에서는 20년 넘게 장기화되고 있는 임시이사체제를 그대로 방치할 수 없었다. 법 개정이 불가피했고 바로 이 대목에서 사립학교법 개정과 사분위가 해법으로 등장했다.

상지대 대법원 판결로 정이사체제가 붕괴된 지 두 달 후인 2007년 7월 27일, 국회는 사분위를 신설하는 사립학교법 개정안을 의결했다. 사분위는 임시이사가 정이사를 선임할 수 없지만 그렇다고 교육부가 임시이사체제를 정이사체제로 전환하는 작업도 감당하기 어렵다는 현실적 상황을 감안했다. 또한 임시이사체제가 장기화되어선 안 된다는 사학재단의 요구를 반영해 임시이사체제의 정상화를 담당할 특수 임무를 수행하기 위한 특별기구로 발족되었다. 이 방안은 애초에 한나라당 제안을 토대로 한 것이지만 실현되지 못하다가, 로스쿨 도입을 추진한 참여정부의 요구를 한나라당이 수용하는 조건으로 당시 집권 여당인 열린우리당이 이 방안을 받아들여 실현 가능하게 되었다. 정치적 거래의 산물인 셈이다. 그러나 거래가 철저하지 못했다.

임기 말 상황에 직면한 참여정부와 열린우리당은 로스쿨에 집착한 나머지 한나라당의 사분위 요구를 수용하면서도 사분위가 어떤 모습으로 나타날지, 어떤 역할을 수행할지 전혀 예상하지 못했다. 당시 사립학교법 개정안은 김진표 열린우리당 정책위원회 의장의 주도로 한나라당과 협의해 교육위원회와 법사위원회를 거치지 않고 의장 직권상정 방식으로 처리되었다. 이 때문에 정작 개정안의 소관 위원회인 교육위원회 소속 열린우리당 교육위원들은 이 법안이 통과될 때까지도 개정안의 내용조차 파악하지 못하고 있었다. 이 과정에서 대학평의회의 권한으로 입법되었던 개방이사 추천에 이사회의 참여를 허용함으로써 개방이사 제도 역시 무력화되었다.

충격이 클수록 충격에 대한 실감은 늦게 나타난다고 한다. 우리는 정이사 체제를 붕괴시킨 상지대 대법원 판결에 적잖이 충격을 받았고 크게 실망했지만 이것은 곧 다가올 거대한 쓰나미의 예고편에 불과했다. 우리는 상지대 대법원 판결 두 달 만에 사분위가 신설된 이유를 알아차리지 못했다. 사분위가 무소불위의 난폭한 괴물로 등장할 것이라는 예상은 꿈에도 하지 못했다. 하물며 1980년대 이후의 민주화 국면에서 교육 민주화의 결과로 등장한 모든 임시이사체제가 비리재단의 예외 없는 복귀로 거대한 체제 붕괴를 겪을 것이라고 상상이나 했을까.

그러나 가혹한 현실은 때때로 상상 없이도 다가오는 법. 상지대는 곧 미증유의 혼란으로 빠져들었고 그 상황은 고스란히 우리에게 고통으로 다가왔다. 대법원 판결로부터 7년 후 모든 상황을 남김없이 모질게 겪은 다음에야 김문기가 상지대 총장이 되어 우리 눈앞에 등장하는 꿈같은 현실을 목격하게 되었으며 나는 즉시 교수직에서 파면되었고 헤아릴 수 없는 고소·고발과 탄압에 노출되었다. 2014년 하반기와 2015년을 뜨겁게 달군 그 유명한 상지대 사태는 여기서부터 시작되었다.

≪프레시안≫, 2015년 8월 14일

사학의 위기는 국가 위기의 뿌리

총체적 난국인가 망국전야인가? 지금이 권문세족의 토지 겸병으로 나라가 무너지던 여말도 아니고 연이은 농민봉기 이후 망국으로 내달렸던 조선 말엽도 아닐진대 나라가 이렇게 혼란스러울 수 있을까 싶다. 권력의 정당성은 바닥이고 정치불신은 하늘인데 경제와 남북관계는 파탄지경이다. 국민들의 얼굴에 웃음 사라진 지 오래고 이제 희망마저 사라지고 있다.

이 전대미문의 난국에 교육 문제를 거론하는 것이 과연 타당한 일인지 심히 우려스럽지만 그 바탕에 교육 문제가 있고 사학문제가 있다고 생각하자. 나는 감히 말한다. 교육은 가르치는 것이 아니라 배우며 성장하는 것이므로 원칙과 다양성이 생명이다. 교육이 원칙을 저버리면 타락한 것이요 다양성을 잃으면 경직된 것이다. 그러나 근자 우리 교육은 이 두 가지를 모두 상실해버렸다. 가르치고는 있지만 배움과 성장은 없다.

교육이 돈벌이가 아닌데 우리 교육은 사학을 중심으로 영리사업처럼 운영되었고 지금은 더욱 노골적이다. 그 속에서 교육은 재벌의 위탁을 받아 고등기술자를 양성하는 취업훈련소로 전락해버렸다. 사회는 다양성을 필요로 하고 대학은 미래 한국사회를 떠받칠 다양한 인재를 양성하는 국가적 기관인데 어째서 기업맞춤 로봇형 자원만 길러내라고 강요하는지 모르겠다.

나는 감히 주장한다. 말세가 온들 교육은 청정지역으로 보호되어야 하고 부패 제로지대로 남아야 한다. 세상이 아무리 혼탁해도 교육은 끝까지 맑고 깨끗해야 한다. 교육이 부패하면 나라의 미래가 없다. 교육이 썩은 냄새 풍기는 약육강식의 정글이 된다면 희망이 없다. 도둑질하는 아비도 자식에게는 올바르게 살아야 한다고 가르치는 것이 세상의 법일진대 교육이 앞장서서 부패를 선도하는 것이 될 말인가?

대학의 85%를 사학이 차지하고 있다. 사학의 정신이란 얼마나 숭고한 것인가? 그러나 사학 모리배들이 시류를 틈타 다시금 부패의 아수라판을 벌이면서 사학의 고귀한 정신을 훼절하고 있다. 부패사학들이 부활해 마치 권력의 비호를 받는 양 호가호위하면서 사학을 난장판으로 만들고 있다. 그 틈바구니에서 어중떠중의 사학들도 앞서거니 뒤서거니 부패행렬에 가담하고 있다. 그 중심에 사학분쟁조정위원회라는 사학비리 전도사가 있다.

결국 대통령이 사학비리 엄단을 선언하고 나섰다. 대덕대 이사들이 해임되고 청암대에 특별감사가 시작되었다. 수원대와 건국대 총장이 법의 심판대에 섰다. 그 전에 서남대 이홍하, 광운대 조무성, 수원여대 이재혁 등 사학 운영자들이 사법부의 심판을 받았고 상지대 김문기는 해임되었다. 제주한라대, 덕성여대, 동덕여대, 경기대, 청주대의 이름이 계속 언론에 오르내린다. 고등학교도 예외가 아니다. 나는 다시 묻는다. 이것이 정부가 사학을 탄압한 결과인가 방치한 결과인가, 아니면 비호한 결과인가?

자랑할 일도 아니지만 나는 상지대에서 김문기에 의해 파면된 해직교수이다. 내 파면 이후 일 년 사이에 44명이 추가로 파면, 해임, 재임용 탈락 등 징계를 받았다. 지옥도 아니고 전쟁터도 아닌데 사학에서 말죽거리잔혹사가 재연되는 이유를 모르겠다. 더구나 교원소청, 행정소송, 민사소송 등 대한민국 정부가 제공하는 모든 법적 절차를 거쳐 파면 무효 판결을 받았는데도 아무런 변화가 없다. 나라가 있고 법이 있고 엄연히 정부가 있는데 어째서 사학이 저렇게도 안하무인으로 미쳐 날뛰는가?

국가 백년대계를 짊어진 사학이 부패의 온상이 되어 밤거리 뒷골목 범죄자들의 소굴처럼 방치된다면 교육은 죽은 것이다. 사학이 바로 서야 교육이 바로 서고, 그 바탕 위에서 국가가 바로 선다. 교육은 교육다워야 하고 대학은 대학다워야 한다. 부패한 교육에는 민주주의가 없고 미래도 희망도 없다. 교육은 국가존망지사이다. 그러므로 부패를 일소해 사학을 바로세우는 일은 곧 국가를 구하는 일이다.

≪경향신문≫, 2016년 3월 1일

비리재단 옹호하는
사학분쟁조정위원회를 고발한다

/

비리재단을 교육의 현장으로 불러들이는
사분위 정상화의 실상

식민지 치하에서 일본 순사는 호랑이보다 무서운 존재였다. 맹자가 가혹한 정치는 호랑이보다 무섭다는 가정맹어호(苛政猛於虎)의 정치 원리를 설파했는데 만약 맹자가 식민지 시대를 관찰했더라면 순사맹어호(巡査猛於虎)라고 말했을지도 모를 일이다. 순사의 위세는 해방 후 권력과 결탁한 정치 깡패를 거쳐 권력의 주구로 전락한 남산으로 이어졌다. 남산은 중정의 또 다른 이름이다. 2007년 발족한 사분위는 일반 국민에게 잘 드러나지 않는 음지에서 사학에 대해 무소불위의 권한을 행사하는 순사이자 정치 깡패이자 남산 같은 존재였다.

순사는 조선에 대한 일본의 식민지 지배에 복무한다. 정치 깡패는 독재권력에 봉사하고 남산은 군사독재체제에 복무한다. 그렇다면 사분위는 무엇을 위해 복무할까? 사학 정상화를 위해 복무한다고 되어 있다. 사분위가 말하는 사학 정상화란 무엇일까? 사학비리를 저질러 쫓겨났던 비리재단에 학교를 돌려주는 것이 사분위가 말하는 사학 정상화이다. 그러므로 사분위는 비리재단의 옹호자, 하수인, 멘토 그 자체이다. 그러나 사분위의 모태인 사립학교법에는 여전히 점잖은 표현으로 기술되어 있다. 점잖은 고양이 부뚜막에 먼저 올라가 똥 싸고 문지르는 격이다.

사분위는 일반 국민들에게 매우 생소한 조직이므로 간략하게 소개하고 시작하는 것이 좋겠다. 사분위는 임시이사의 선임 및 해임과 임시이사가 파견된 학교의 정상화를 심의하는 교육부 장관 소속의 행정기구로 설립되었다. 사학분쟁과 관련해 종래 교육부 장관이 다루었던 업무를 위임받은 셈이다. 사분위는 대통령 추천 3인, 국회의장 추천 3인, 대법원장 추천 5인 등 11인으로 구성되는데 반드시 대법원장이 추천하는 인사가 위원장을 맡도록 되어 있다. 교육부의 업무인데 교육부 장관은 사분위 구성에 일절 관여할 수 없다. 대통령 관할의 교육에 관한 업무를 다루지만 대법원장이 대통령보다 많은 5인을 추천하고 대법원장 추천 인사가 위원장을 맡도록 설계되어 있다. 조직 구성 자체가 기형적이라는 것을 어렵지 않게 알 수 있다.

사분위의 정상화 심의 결과에 대해서는 교육부 장관과 교육감이 재심을 요구할 수 있지만 재심 결과에 대해서는 기속(羈束)되도록 되어 있다. 사분위가 형식상 교육부 산하의 행정위원회로 편제되어 있지만 실제로는 교육부 장관의 지휘 계통에서 벗어나 있다는 것을 알 수 있다. 이 사실적 관계를 반증하는 것은 재심인데 지난 8년간 교육부 장관이 사분위에 재심을 요구한 사례는 전무하다. 현실적으로 재심을 요구하지 않고 재심을 요구해도 재심 결과에 기속되니 재심은 사문화된 조항이다.

사분위의 탄생 설화에 문제가 있는 것은 알고 있지만 그렇다고 사분위가 처음부터 막 나가는 조직으로 출발한 것은 아니다. 사분위가 참여정부 말기에 열린우리당과 한나라당 간의 부당거래의 산물로 잘못 태어난 조직인 것은 사실이다. 하지만 참여정부 말기에 제1기 사분위원들이 선임되었기 때문에 초기에는 조직 구성의 의도가 사분위원 선임에 의해 억제되어 비교적 조신하게 작동했다. 노무현 대통령이 3인을 추천하고 국회의장이 추천하는

3인 중 2인을 열린우리당이 추천했기 때문이다. 대법원장 추천 인사 5인과 한나라당 추천 인사 1인이 모두 동일한 생각을 가진 것도 아니었으므로 사분위가 비리재단을 일방적으로 옹호하기 어려운 구성이었다. 사분위 조직에 작용한 음모적 구상이 현실 인사에 의해 단기적으로 통제되었다는 말이다.

이 시기에는 사분위의 조직 의도와 무관하게 사학 정상화를 정상적으로 추진하려는 정상화파가 과반수를 차지하고 있었기 때문에 비리재단 옹호파는 당분간 발톱을 숨겨야 했다. 이들 두 파의 합의로 학교별 사정을 고려한 맞춤형 정상화를 추진한다는 것과 사분위 안에서 합의제 방식으로 사학 정상화를 추진한다는 원칙이 수립되었다. 아름다운 원칙이고 아름다운 합의였다. 그러나 후일 드러나지만 첨예한 갈등구조를 내장한 사학 정상화가 합의제 방식으로 추진될 수 있는 것은 아니었다. 오히려 초기에 정상화파가 다수를 점한 상황임에도 합의제 원칙에 발목이 잡혀 정상화를 추진하지 못했다. 굳이 표현하자면 비리재단 옹호파의 지연작전에 걸려든 것이다.

노무현 정부에서 이명박 정부로 권력이 넘어가면서 숨겨두었던 날카로운 발톱이 드러났다. 먼저 정상화파 중에서 건국대 주경복, 상명대 박거용, 한신대 김윤자 등이 친사학 세력에 의해 제거되었다. 그 자리를 이우근 위원장과 강민구 서울고등법원 부장판사 등 친사학 세력이 대체하면서 2009년의 제2기 사분위체제로 넘어갔다. 그리고 제1기의 맞춤형 정상화 원칙은 즉시 폐기되고 비리재단에 학교를 돌려준다는 원칙이 수립되었으며 사분위의 합의제 운영 방식도 폐기되었다. 친사학파는 좌고우면하지 않았다. 사분위 최대 강성으로 이름을 떨친 강민구 판사가 법률특별위원회 간사를 맡아 비리재단에 학교를 운영할 수 있는 과반수의 이사를 배정한다는 '정상화 심의 원칙'을 9월 10일에 만들었고 조선대와 영남대에 먼저 적용한 후 상지대에도 끼워 넣었다.

사분위에서 상지대 문제는 조선대, 영남대, 대구대, 세종대 등과 더불어

사분위 정상화 심의 원칙

① 합의 또는 합의에 준하는 이해관계자(구성원) 2/3 이상의 찬성이 있는 경우 합의를 존중해 합의안대로 처리
② 합의가 이루어지지 아니하거나 2/3 이상의 구성원 사이에 찬성이 없는 경우
- 종전이사 측에 지배구조의 큰 틀을 변경시키지 않는 최소한(과반수)의 정이사 추천권을 부여
- 다만, 사회 상규와 국민의 법 감정 등에 비추어 도저히 용납될 수 없는 경우는 제외(제외 조항 적용 예시: 파렴치범, 반인륜범, 강력 범법 행위자 등)
- 나머지(과반수 미만) 정이사는 중립적인 인사를 추천해 사분위 검증 과정을 거쳐 선임
- 위의 원칙을 준수하되, 대학별 사정 등을 종합, '대학별 구체적 선임 방안' 마련

초기부터 논의가 시작되었다. 그러나 논의는 전체회의와 소위원회를 오락가락하면서 가닥을 잡지 못했고 소위원회에서 추진한 이해관계자 의견 청취도 실행하지 못하고 계속 연기되었다. 정상화 문제가 가닥을 잡지 못하게 되자 임시이사를 파견하는 방안이 거론되어 한동안 논란을 거듭하다가 사분위 가동 1년 6개월이나 지난 2009년 5월에 6개월 임기의 임시이사가 파견되었다. 그러나 이 기간에도 정상화 문제를 매듭짓지 못해 다시 임시이사가 파견되었다. 결국 이우근 위원장 체제가 들어서고 강민구 판사 주도로 정상화 심의 원칙을 결정하면서 정상화 논의가 급물살을 탔다.

정상화 방침을 결정한 후에도 상지대 문제는 계속 지연되었다. 그러다 해를 넘겨 2010년 4월에 정상화 원칙에 따라 구재단 다섯 명, 구성원 두 명, 교

육부 두 명 등 5 대 2 대 2의 정상화 배분 비율이 결정되었고 이 원칙을 바탕으로 6월에 청문을 실시했다. 그러나 배분 비율을 결정한 다음에도 계속 결정을 연기하다가 8월 9일 최종적으로 구재단 네 명, 구성원 두 명, 교육부 두 명, 임시이사 한 명 등 4 대 2 대 2 대 1의 비율로 정상화를 결정했고 8월 30일 이주호 장관이 취임하는 날 퇴임하는 안병만 장관에 의해 행정처분이 내려졌다.

그러나 사분위가 상지대에 정상화 심의 원칙을 적용하던 2010년 여름, 비리재단 복귀에 반대하는 상지대 구성원의 강력한 저항에 부딪혔다. 상지대의 저항은 야당과 교육단체, 참여연대 등 시민단체의 저항은 물론 언론의 저항을 초래했다. 갈등이 고조되면서 국회 교육과학기술위원회는 상지대 정상화에 대한 현안보고를 개최해 이우근 사분위원장의 출석을 요청하고 회의록 등 관련 자료의 제출을 요구했다. 그러나 사분위는 스스로를 준사법적 기구라고 강변하면서 출석을 거부하는 동시에 회의록 제출을 거부하고 속기록을 폐기하는 등 안하무인의 자세로 대응했다. 상지대 정상화 결정에 대한 비판이 고조되자 사분위가 9월 9일 발표한 성명서는 사분위가 얼마나 무소불위, 안하무인의 기구인지를 말해준다. 사분위는 먼저 자신의 위상을 정리했다.

사분위는 사립학교법에 따라 대통령·국회의장·대법원장 등 3부 요인의 제청으로 임명된 11인 위원으로 구성되는 **준사법기관적 독립 위원회**이며, 사분위의 조정결정은 재판절차에 준하는 합법적 절차에 따라 내려지는 **창설적·준사법적 성격의 강제조정결정** ……(강조는 필자).

사분위가 스스로 설정한 기구의 성격과 위상이 말짱 거짓말이라는 것은 3년 후 헌법재판소 판결에서 드러나지만 안하무인의 사분위는 자기들의 결정에 누구도 관여하지 말라고 요구하는 동시에 현안이 된 국회 청문회에도 부르지 말라고 으름장을 놓았다. 참으로 대단한 사분위가 아닐 수 없다.

특정 안건에 대한 사분위의 심의·결정에 관해 사분위원장이 법정 외에서 설명 내지 해명을 하는 일이 선례가 되고 관행이 된다면, 이는 사분위의 결정에 사법부 이외의 제3자가 사실상 관여하는 것이 되어 사분위의 독립성이 심각하게 훼손될 수밖에 …… 현재와 같이 사분위의 특정 결정에 대한 장외에서의 끊임없는 위법한 공세가 지속되고 심지어는 정치적 투쟁으로까지 확산되는 상황에서는 사분위원들은 현재 심리 중인 어떠한 분쟁사학에 대해서도 독자적이고 소신 있는 심의와 결정을 할 수 없어 사분위의 존재이유는 없다고 사료됩니다. 이에, 이와 같은 위법한 공세가 중단되지 않는다면, 사분위원들은 향후 전원 중대한 거취상의 결단을 고려하지 않을 수 없음을 밝힙니다.

사분위의 이러한 태도에 국회 교육과학기술위원회 야당 간사인 안민석 의원은 사분위 폐지를 위한 사립학교법 개정안을 제출했고 김상희 의원 역시 폐지에 준하는 개정안을 제출하는 등 사분위 문제가 국회의 쟁점으로 부각되었다. 회기 만료로 개정 법안이 자동 폐기된 2012년 후에는 유은혜 의원이 다시 개정 법안을 제출했다. 야당이 중심이 되어 국회가 사분위 폐지를 추진하는 또 다른 이유는 사분위원에 선임되었거나 재직한 변호사들의 심각한 도덕적 일탈 때문이다.

유은혜 의원이 2014년 10월에 발표한 보도자료에 의하면 2007년 12월부터 2014년 10월까지 사분위원을 역임한 44명 중 15명이 '바른', '동인', '케이시엘' 등 법무법인 소속의 현직 변호사였다. 이들은 정상화가 진행 중이거나 정상화 대상인 대학의 구재단이 제기한 소송을 수임하거나 정상화 과정에서 구재단 측 정이사로 선임되는 등 불법적이거나 부적절한 유착 활동을 반복했다. 고영주 사분위원이 대표 변호사로 재직한 '케이시엘'은 김포대와 대구대, 대구미래대 등의 소송을 대리하거나 정상화 후 소속 변호사가 구재단

| 사분위 결정에 반대하는 상지대 구성원의 보신각 집회 |

측 정이사로 선임되었다. 제3기 사분위원장을 지낸 오세빈 변호사는 법무법인 '동인'의 대표 변호사로서 동덕여대 구재단이 제기한 소송을 수임하고 소속 변호사가 구재단 측 정이사로 선임되었다. 강훈 사분위원이 대표 변호사로 재직 중인 '바른'은 덕성여대 구재단 측 소송을 맡았고, 서원대 구재단 측 소송을 대리한 경력을 가진 이재교 변호사는 사분위원에 선임된 후 소속을 옮겨 다시 서원대 구재단 측 소송을 맡았다.

　헌법에 따라 행정부를 감시·감독할 권한을 지닌 국회의 통제까지 거부하며 사학재단의 이익에 충실히 복무한 사분위는 이 과정에서 을의 관계에 처한 구재단의 소송을 수임함으로써 막대한 상업적 이익을 챙기고 대학의 이사로 선임되는 영광을 누렸다. 물불을 가리지 않은 사분위의 노력으로 1980년대 이후 임시이사가 파견되어 대학 민주화를 이룩한 조선대, 영남대, 상지대, 대구대, 세종대, 경기대, 덕성여대, 동덕여대, 서일대, 광운대 등 주요 대학들에 예외 없이 구재단의 복귀가 이루어졌으며 전국의 초·중등학교 역시 예외가 아니었다. 모든 임시이사체제의 대학과 학교에 구재단이 복귀하면서 교육 민주화는 1980년대 이전으로 퇴행했다.

지난 20년간 공들여 이룩한 사학 민주화를 4~5년의 극히 짧은 기간에 완전히 후퇴시켜버린 사분위의 역할은 실로 대단한 것이다. 그러나 이 대단한 역할로 사분위는 사학분쟁을 조정하는 중립적인 기구가 아니라 사학분쟁을 조장하고 비리재단을 옹호하고 복귀시키는 기구라는 오명을 뒤집어쓰게 되었다. 사학 민주화를 파괴한 반교육적 기구라는 불명예도 얻었다. 교육단체와 시민단체는 사분위를 부정하고, 언론은 사분위를 비판하고, 국회는 사분위 폐지를 추진하는 등 사면초가의 상황이 형성되었다. 사분위에서 악역을 수행한 변호사들의 역할을 두고 법조계 안에서도 적잖은 비판이 제기되었으며 강민구의 대법관 탈락은 이러한 흐름을 반영하는 것이다.

그중에서도 가장 뼈아픈 비판은 헌법재판소의 비판일 것이다. 헌법재판소는 2013년 5월과 11월에 일련의 사립학교법 위헌 관련 판결을 통해 사분위의 논리는 물론 사분위가 금과옥조로 인용한 2007년 상지대 대법원 판결의 논리를 조목조목 비판했다. 무엇보다도 사분위가 스스로 강조한 준사법적 강제조정기구를 부정하고 사분위를 교육부 산하의 행정기구로 격하시켰다. 헌법재판소 판결 이후 사분위는 국회의 증인 출석 요구나 회의록 등 자료 제출 요구에 고분고분 순응하는 편이다. 그러나 사분위가 고분고분해진다고 과거의 잘못이 덮어지는 것은 아니다. 2015년 7월 23일의 상지대 대법원 판결에서 강조한 것처럼 개방이사제를 적용하지 않은 사분위 정상화가 불법으로 확정될 경우 지난 8년간 사분위가 해온 무소불위의 불법적인 정상화는 모두 무효 처리될 것이며, 이렇게 될 경우 사분위는 폐지의 운명을 피해가지 못할 것이다.

≪프레시안≫, 2015년 8월 18일

사학비리 척결 첫 단추는 '사분위' 폐지

'등록금 혁명'이 일어날 것처럼 대학 등록금 문제가 국가의 중대 현안으로 부각되고 있다. 그러나 등록금 문제 못지않게 중요한 이슈가 사학비리이다. 등록금 폭탄의 주범이 사학의 비민주적인 운영 구조라는 점을 감안한다면, 사학비리 척결 없는 반값 등록금은 깨진 독에 물 붓기와 다를 바가 없다.

우리나라는 봉건적인 사학 왕국이다. 사학은 고등교육의 85%를 차지하고 있는데, 수많은 사학이 족벌경영체제를 구축해 교육의 공공성을 도외시하고 온갖 비리를 저질러왔다. 다행히 우리 사회가 민주화되는 과정에서 여러 대학에서 비리재단이 물러가면서 대학 민주화가 추진됐다. 그러나 이명박 정부가 들어서면서 사회의 모든 영역에서 역주행이 일어났던 것처럼 사학에서도 역주행이 일어났다. 과거 비리로 쫓겨났던 사학비리의 주범들이 권력을 등에 업고 속속 민주화된 대학에 복귀하기 시작했고, 그 결과 이들 대학은 다시 지난날의 악몽 같았던 학내분규를 답습하고 있다. 이 반교육적인 악역을 사학분쟁조정위원회(사분위)라고 불리는 무소불위의 정부기구가 담당하고 있다.

이명박 정부와 사분위는 영남대, 조선대, 서일대에 이어 상지대, 세종대, 광운대를 비리재단에 돌려주었다. 작년 여름 사분위가 상지대 문제를 처리할 때, 상지대의 교수와 학생 수천 명이 석 달이 넘도록 교육과학기술부(교과부) 앞에서 삭발단식에 철야농성을 하면서 반대했지만 사분위는 끝내 상지대를 족벌사학비리의 대명사인 김문기에게 돌려주는 만행을 저지르고 말았다.

그런데 사분위가 상지대를 김문기에게 돌려줬던 그 시기에 김문기는 불법 정치자금을 무차별 살포하는 범죄를 저질러 중앙선관위에 의해 검찰에 고발됐을 뿐만 아니라 자신이 경영하는 강원상호저축은행 자금을 불법으로 집행한 횡령죄로 고발됐다. 사분위와 교과부가 족벌사학비리 주범일 뿐만 아니라 중대한 범죄행위를 반복해서 저지른 현행범에게 멀쩡한 대학을 돌려주는 과오를 저지른 것이다. 그러나 정작 파렴치한 결정을 한 사분위는 눈 하나 깜짝하지 않고 있으며 대한민국의 교육을 책임지고 있는 교과부 장관은 김문기의 범죄행위는 개인 범죄이므로 아무 문제없다는 태도로 일관하고 있다.

더욱 심각한 문제는 사분위 결정에 중대한 흠결이 드러나고 비리재단의 복귀가 심각한 사회문제가 되고 있음에도 23일 사분위는 상지대에 이어 다시 대구대, 덕성여대, 동덕여대를 비리재단에 돌려주기 위한 작업을 진행 중이라는 사실이며, 주무장관인 교과부 장관은 그것은 사분위의 업무니까 나에게 물어보지 말라는 태도로 수수방관하고 있다. 어떻게 이런 일이 가능한가?

이런 교과부를 교과부라고 불러야 하는 현실, 이런 사분위에 국민의 혈세를 지원해야 하는 현실이 개탄스럽고, 이러한 상황을 알고 있으면서도 대책을 제시하지 않는 정치권이 원망스럽다. 우리가 난민도 아닌데 우리는 어느 정부, 어느 정당을 믿어야 하나?

사분위의 위험한 불장난을 막고 대학을 정상화하기 위해서는 사분위를 즉시 폐지하고 사학비리를 척결하는 작업을 시작해야 한다. 이명박 정부에 바란다. 사분위가 더 이상의 잘못을 저지르지 않도록 오는 23일로 예정된 사분위 회의를 즉각 중지시켜주기 바란다. 각 정당에 바란다. 사분위가 더 이상 대학을 황폐화시키지 않도록 사분위를 폐지하는 입법절차를 진행해주기 바라며 사분위의 희생양이 된 상지대 등 해당 대학을 구제하기 위한 국회 청문회를 즉각 추진해주기 바란다.

≪경향신문≫, 2011년 6월 22일

민주대학의 붕괴(1)

/

구재단의 목적은
학원 장악과 구성원 배제

역사는 전진하는가, 후퇴하는가? 인류 역사의 매우 오래된 질문이다. 이 질문에 대해서는 어렵지 않게 답이 내려졌다. 역사는 장기적인 관점에서 진보의 방향으로 전진한다는 것이 인류사의 결론이다. 그렇다면 역사는 직진하는가, 우회하는가? 그다지 오래되지 않은 따끈따끈한 질문이다. 여러 논란이 있었고 아직도 완결되었다고 보기 어렵다. 그러나 단기적 후퇴를 포함해 역사는 직진과 우회를 모두 포함하는 것으로 보아야 하지 않을까 싶다.

2010년 8월 9일 사분위의 정상화 결정과 8월 30일의 교육부 행정처분으로 새로운 상지대 이사회가 꾸려졌다. 구재단 추천 인사 네 명, 구성원 추천 인사 두 명, 교육부 추천 인사 두 명, 그리고 임시이사 한 명 등 아홉 명으로 구성되었다. 2010년 4월 29일 정이사 구성 비율을 결정하는 단계에서는 구재단에 과반수인 다섯 명을 배정했지만 결과에 자신이 없었던 모양이다. 사분위는 이사 선임 과정에서 구재단 몫 한 명을 임시이사로 파견하는 변형된 결정을 내렸다. 상지대 사태의 폭발성을 우려했기 때문일 것이다.

복잡한 결정을 간단하게 요약하면 이렇다. 원칙적으로 상지대 운영권을

상지대 이사회 명단

이름	경력	추천	비고
김길남	상지문학원 이사장	구재단	김문기 둘째 아들
이영수	건국대 홍보실장	구재단	
이석호	성신회계법인 대표	구재단	변석조로 대체
박윤환	변호사	구재단	
임현진	서울대 교수	구성원	
한이헌	청와대 경제수석	구성원	
채영복	과학기술부 장관	교육부	
한송	강릉원주대 총장	교육부	
이종서	교육과학기술부 차관	교육부	임시이사

장악할 수 있는 과반수인 다섯 명을 구재단에 배정하되 정상화 초기의 불확실성을 감안해 완충용으로 임시이사 한 명을 파견한 후 상황이 호전되면 임시이사를 정이사로 바꿔준다는 것이다. 그러므로 사분위 결정에 의해 김문기 구재단은 상지대에 복귀한 것이며 사실상 이사회 운영권을 회복한 셈이다. 구재단 추천이 네 명인 데 반해 구성원 추천은 두 명에 불과하고 정이사 두 명과 임시이사 한 명 등 세 명은 교육부가 추천한 것이니 구재단이 이사회를 장악했다고 평가하는 것이 옳다. 구재단이 상지대에 입성한 것이고 20년 민주대학의 꿈은 무너진 것이다. 이것이 사분위가 추구한 상지대 정상화의 본질이다.

정상화 과정에서 김문기는 본인이 정이사로 참여해야 한다고 강하게 주장했다. 그러나 다른 대학에 미칠 역효과를 우려한 사분위에 의해 거부되어 뜻을 이루지 못했다. 소탐대실을 보지 못하는 김문기의 욕심 때문에 사학재단 전체의 이익이 침해받아서는 안 된다는 판단이었을 것이다. 대신 둘째 아들 김길남에게 정이사 자리를 주는 것으로 무마했다. 행정처분 직후 구재단이 추천한 성신회계법인 이석호 대표가 이사 수락을 거부해 변석조로 대체된 것 외에는 각본대로 진행되었다. 그러나 사분위 정상화가 결정되던 그 날 사분위 정상화에 결연하게 반대해온 구성원들은 사분위 결정을 인정하지 않는다는 거부 입장을 공식적으로 표명했고 학생들은 학교로 돌아오는 즉시 이사장실과 상지학원 사무국을 점거한 후 무기한 농성체제에 돌입했다.

이런 사정 때문에 사분위는 상지대 정상화를 결정하면서 구재단과 구성원이 협력해 대학을 정상화해달라는 사분위의 의견을 피력했다. 정상화 과정에서 갈등이 폭발적으로 고조되었고 구성원의 저항이 맹렬했다는 사실을 감안한 매우 이례적인 행동이라고 생각되었다. 그러나 그렇게 될 가능성은 별로 없었다. 구성원이 아니라 구재단 때문이었다. 구재단은 구성원과 협력할 의사가 전혀 없었다. 상지대 바깥에서는 협력적인 새로운 관계 구축의 가능성을 기대했을 수도 있다. 상지대 안에서도 그런 희망사항이 없지 않았을 것이다. 그러나 근거 없는 기대와 추상적인 희망은 언제나 구체적인 현실에 배신당한다. 사분위 정상화로 구재단이 복귀한 것은 결과적으로 구재단의 본질을 일깨워주는 반면교사 역할을 했다.

이사회는 정이사로 선임된 이사들에 대한 신원 조회와 약간의 내부 조정을 거쳐 2011년 1월부터 가동되기 시작했다. 교육부 추천 채영복 이사가 이사장을 맡았다. 대법원에 의해 정이사체제가 붕괴된 지 3년 6개월 만에 다시 정이사체제가 들어서고 이사회가 가동을 시작한 것이다. 그러나 이사회 가동과 동시에 사분위 정상화가 결코 정상화일 수 없다는 증거들이 속속 드러났다. 자연스러운 일이지만 이사회는 학교 안에서 개최되지 못했다.

상지대 정상화를 둘러싼 폭발적인 갈등이 구재단의 학원 복귀로 끝나고 새로운 이사회가 구성될 무렵 상지대 교수협의회는 차기 대표를 선출하는 정기총회를 개최했다. 같은 시기에 나는 다음 해 연구년을 위한 준비를 시작했다. 상지대 교수로 부임해서 받은 첫 연구년을 2004년 노무현 대통령 탄핵반대활동에 써버린 상태였기 때문에 두 번째 연구년은 제대로 보내려

| 단식농성을 하고 있는 정대화 교수 |

고 준비하던 참이었다. 그런데 교수협의회 총회에서 연구년 준비 중인 나를 교수협의회 공동대표의 한 사람으로 선출해버렸다. 경영학과 김승탁 교수와 법학부 김명연 교수가 함께 선출되었다. 이것도 운명이라면 운명인 것일까? 결국 그 운명에 순응하고 말았다. 이 운명은 그 후 무수한 고소·고발, 지루한 조사와 긴 재판, 징계와 파면으로 이어지는 지름길이 되었다. 이것이 섶을 지고 불에 뛰어드는 것이 될지, 아니면 폭탄을 안고 적진에 투입되는 것이 될지는 아직 모를 일이었다.

교수협의회 대표가 된 후 비상대책위원장을 맡았다. 대학평의회 의장이 되고 개방이사추천위원회 위원장까지 맡았다. 관운이 구름처럼 밀려왔다. 일찍이 우리 가문에 이런 대단한 관운은 없었다. 그리고 즉시 임무가 주어졌다. 구재단이 상지학원 정관 개정을 추진하기 시작했다. 대부분의 대학이 그렇듯이 교수의 임면권은 이사장에게 있지만 재임용과 승진은 총장에게 위임되는 경우가 많다. 더구나 총장과 함께 일하는 대학의 주요 보직의 임면권은 대개 총장에게 부여된다.

그러나 구재단은 교수 인사권과 대학 본부의 보직 인사권 일체를 이사회로 이관하기 위한 정관 개정을 추진했다. 이사장과 다른 이사들도 구재단과 협력이 필요하다고 말한 사분위 논리에 발목이 잡혀 정관 개정 작업에 동의하는 분위기였다. 우리는 교수협의회 총회와 전체교수회의를 잇달아 개최해 의견을 수렴한 결과, 정관 개정에 찬성하지 않는다는 압도적 다수의 반대 의견을 확인하고 그 결과를 이사장에게 전달했다. 그러나 이사회의 합리적인 판단을 기대하기 어렵게 되었다.

우리는 전체 교수들의 뜻을 이사회에 직접 전달하기로 했고 그 후 몇 차례 이사회에 갔다. 이사회는 양재교육문화회관(현 더케이호텔)이나 팔레스호텔 등에서 열렸고 그때마다 참석 여부를 둘러싸고 약간의 소란이 일었지만 우리는 이사회에 참석해 정관 개정의 부당성을 차분하고 합리적으로 개진했다. 이사회가 서너 차례 중단되었음에도 결국 2011년 11월 팔레스호텔에서 열린 이사회에서 구재단 이사들의 농간으로 정관 개정안 일부가 처리되고 말았다. 이사장이 시급한 교원 충원 안건을 처리한다고 해 학교 업무에 협조하는 차원에서 자리를 비워준 사이 구재단의 요구로 안건 순서를 변경했고 정관 개정안 일부를 몰래 처리해버린 것이다. 이사회의 농간에 속았다는 생각에 분개한 학생들은 학교로 돌아와 그날 즉시 이사장실을 다시 점거했고 이사회는 우리를 업무방해로 고소했다. 나를 포함한 교수협의회 공동대표 세 명, 총학생회장과 부회장, 전국대학노동조합 지부장, 학생지원부장 등 일곱 명은 2011년 구재단에 의해 11차례 고소·고발되었고 2012년 말까지 내내 경찰과 검찰 조사를 받았다.

구재단은 정관 개정과 동시에 '상지학원 정상화 방안'을 추진했다. 김길남이 제안한 이 방안은 김문기에게 반대하는 교수협의회, 총학생회, 직원노동조합을 배제하고 다른 협조적인 유령단체를 만든 후 협의기구를 구성해 대학 정상화를 추진한다는 것이었다. 물론 교수협의회와 총학생회 등에 대해서는 협의에서 배제한 후 고소·고발로 강력 대응한다는 방침도 정했다. 그러나 교수협의회와 총학생회를 배제하고 학원 정상화를 추진한다는 것이 상식적이지 않았고 현실적으로도 가능하지 않은 방안이었으며 더욱이 상지대 상황에 적용할 수 없는 것이었기에 이를 둘러싸고 이사회 안에서 마찰이 일어났다. 그 결과 채영복 이사장을 중심으로 한 이사들과 김길남을 중심으로 한 구재단 이사들 간의 갈등구조가 형성되었고 이는 점차 뚜렷해졌다. 구체적인 경험을 통해 구재단의 실체가 드러나기 시작한 것이다.

비리재단을 복귀시키는 데 앞장섰던 사분위는 비리재단에 대한 반대가 강한 상지대에서 예기치 못한 학내분규가 발생할 것을 우려해 구성원과 구재단 간의 화합을 강조했다. 채영복 이사장 등 교육부 추천 이사들과 구성원 추천 이사들도 이러한 화합에 동조하는 분위기였다. 상지대 역사를 모르고 구재단을 전혀 모르는 외부 이사들로서는 그럴 수도 있을 것이다. 그러나 구재단은 사분위의 도움으로 학원에 복귀했지만 사분위가 당부한 화합 요구는 귓등으로 흘려들었다. 이들은 화합할 생각이 추호도 없었고 대학을 대학답게 운영할 생각도 없었다.

구재단 복귀 일성은 민주대학의 상징인 상지학원 정관을 변경하는 것이었다. 정관을 변경하는 것은 대학운영의 기조를 바꾼다는 것이자 민주대학의 정체성을 부정하는 것이다. 여기서 그치지 않고 구재단은 자신들을 반대하는 구성원을 배제한 구재단식 정상화 야욕을 노골적으로 드러냈다. 저항하면 탄압하고 제거하겠다고 공공연하게 선전포고했다. 한편으로는 교수협의회, 총학생회, 직원노동조합에 불만을 가진 일부 구성원들과 접촉해 구성원 단체를 소수화하거나 소외시키기 위한 작전도 병행했다.

구재단이 아닌 다른 이사들이 구재단의 이런 저급한 행태에 공감하기는 어려운 일이다. 그러나 한 달에 한 번 꼴로 이사회에 참석해 학교 사정을 정확하게 알지 못하는 만큼 구재단의 음모를 포착하기 어려웠다. 설사 안다고 하더라도 학원 복귀와 장악이라는 목적으로 똘똘 뭉쳐 있는 구재단과는 달리 각기 개별화되어 있는 이사들로서는 딱히 대응할 수단도 없었다. 더구나 이사들은 구재단의 본질을 아직 접하지 못한 상황에서 이사회를 원만히 운영해 대학을 조속히 안정시키는 것을 자신들의 사명으로 간주하고 있었기 때문에 갈등을 회피할 목적으로 구재단의 무리한 요구를 눈감아주거나 일부 요구를 수용하기도 했다. 구성원의 의사도 중요하지만 이사회 운영도 중요하다는 생각을 했던 것이다. 이런 이유 때문에 구성원들의 저항적인 행동을 무리하다거나 무례하다며 비판하는 상황도 발생했다.

그러나 밀가루로 분칠해 양으로 위장한 늑대의 모습은 오래가지 못하는 법. 구재단은 초기부터 자신들의 의도를 애써 감추지 않았지만 그렇게도 빨리 늑대의 본색을 노골적으로 드러낼 줄은 몰랐다. 이사회 안에서 학식과 덕망을 갖춘 이사들 간의 아름다운 화합과 협력에 대한 기대는 곧 물거품처럼 사라지고 갈등과 반목의 노골적인 투쟁이 줄을 이었다. 그리고 우리는 욕설과 인신공격, 고소·고발이 난무하는 가히 시정잡배만도 못한 이사회를 목도하게 되었다.

≪프레시안≫, 2015년 8월 22일

시민대학의 상징 상지대, 구재단 복귀 후 갈등 계속

상지대 상황을 한마디로 표현하면 대학운영이 일시정지 상태라는 것이다. 현재 상지대학교에는 대학의 책임자인 총장과 부총장이 없으며, 강원도에서 유일한 대학한방병원인 상지대학교 부속한방병원에는 병원장이 없다. 총장, 부총장, 병원장이 없는 지도부 공백 상태를 맞고 있다. 게다가 상지대에는 2013년도 예산안이 없다. 대학 예산은 통상 학기가 시작되기 전에 의결되어 3월부터 집행되는데 4월이 다가도록 예산안이 의결되지 않고 있으며 단기적으로 의결될 가능성도 희박하다. 왜 이렇게 되었을까?

대학운영의 결정권을 독점한 이사회가 총장을 선출하지도 않고 예산안 의결도 거부하고 있기 때문이다. 전임 총장의 임기는 이미 3개월 전에 만료되었는데도 후임 총장 선출을 위한 절차를 진행하지 않고 있다. 학기는 이미 시작되었는데 예산안을 통과시킬 생각조차 않고 있다. 부총장은 작년 중반부터 이미 공석이며 연초에 병원장이 사퇴했음에도 후임 병원장을 선임하지 못하고 있다. 지금 상지대는 선장도, 항해사도, 기관사도 없이 망망대해를 표류하는 난파선의 형국이다. 이사회가 직무를 유기하고 있기 때문이다.

그러나 이사회 전체가 직무를 유기하는 것은 아니며 상지학원 소속 이사 전원이 업무를 거부하는 것도 아니다. 이사회의 일부인 구재단 측 이사들이 말도 안 되는 이유를 내세워 집단적으로 이사회에 불참하는 등 업무를 거부하면서 발생한 상황이다. 상지대학교 비리 주범 김문기가 추천한 4명의 이사들은 현재의 이사장에게 사퇴를 요구한 후 이사장이 사퇴하지 않는 한 후임 총장 선출에 협조하지 않겠다고 공언하면서 아예 이사회 출석 자체를 거부하고 있다. 이 과정에서 올해 예산안 처리도 발이 묶였다.

그나마도 1학기 수업에 맞추어 임용하기로 되어 있던 신임 교수 임용은 4월이 되어서야 겨우 임용절차를 마쳤다. 신임 교수 임용을 위해 이미 작년에 추천 과정과 총장 면접을 거쳐 이사회에 상정했으나 차일피일 미루다가 학기의 1/4이 지나버린 4월에야 임용한 것이다. 이미 학기가 시작되고 수업이 배정되었는데 한 달이나 늦게 임용하면 학생들의 수업에 차질이 발생할 것은 불을 보듯 뻔한 일이다. 그것도 신임 교수 임용 지연으로 상지대가 막대한 피해를 입을 것을 우려한 교육 당국의 개입으로 늦게나마 억지로 임용절차를 마쳤다.

이 모든 상황은 지난 2010년 8월 사학분쟁조정위원회가 정상화라는 미명하에 사학비리 주범인 김문기 구재단을 상지대에 복귀시키는 반교육적인 결정을 내리면서 시작되었다. 당시 사분위는 상지학원 이사회를 구성하면서 이사 정수 9명 중 김문기 구재단 5명, 학교 구성원 2명, 교육부 2명으로 추천권을 배분하였다. 김문기에게 과반수의 추천권을 부여해 상지대를 구재단에게 돌려준 것이다. 그러나 구재단과 비구재단의 비율을 5 대 4로 할 경우 구재단이 학교를 장악함으로써 상지대가 혼란에 빠질 것을 걱정한 사분위가 구재단 몫 1명을 임시이사로 파견해 구재단과 비구재단의 비율을 4 대 4로 균형을 맞추는 미봉책을 구사했다. 그럼에도 김문기가 추천한 4명의 구재단 측 이사들은 이사회 운영과정에서 사사건건 문제를 일으켰으며 급기야는 이사장 사퇴를 전제로 이사회 운영을 전면 봉쇄하는 상황에 이른 것이다.

그리고 2010년 8월의 사분위 결정 다음 해인 2011년도부터 이사회가 가동되기 시작했다. 그러나 이사회가 구성되자마자 구재단 측 이사들은 상지학원의 정관 개정을 집요하게 추진했다. 구재단 이사들이 요구한 정관 개정 내용은 총장의 권한인 학장과 처장 등 보직임명권의 박탈, 총장이 행사하는 교원의 승진 및 재임용권의 박탈, 개방이사 추천권을 가진 개방이사추천위원회에서 구성원 몫의 축소 등 대학운영에서 총장과 구성원의 역할을 축소해 헌법이 보장한 대학자치를 위축시키는 것이었다. 구재단의 무리한 정관 개정에 대응하는 과정에서 구재단이 교수와 학생 등 구성원을 대상으로 고소·고발을 남발해 현재 재판이 진행 중이기도 하다.

상지대를 비롯해서 영남대, 조선대, 대구대, 세종대, 경기대, 덕성여대, 동덕여대, 광운대, 서일대 등은 1980년대 이후 사학비리가 가장 극심하게 터져 나왔던 대표적인 비리사학들이다. 김문기가 이사장으로 있던 상지대의 경우 '사학비리 종합선물세트'라는 밀을 들을 정도로 비리기 심각했다. 결국 정부가 사학비리에 대한 책임을 물어 이사장과 이사들이 물러나 대학이 정상적으로 운영되면서 이들 대학은 비약적인 발전을 이룩했다. 특히 상지대의 경우 임시이사체제하에서 대학 구성원의 노력과 시민사회의 협조로 대학 민주화의 체제를 갖추었을 뿐만 아니라 스스로 시민대학이라는 독자적인 대학 발전모델을 구축하는 등 커다란 성과를 보였다. 그러나 이명박 정권 들어 정상화라는 미명 하에 사학비리로 물러난 비리 주범들을 예외 없이 대학에 복귀시키면서 결국 오늘과 같은 제2의 '상지대 사태'를 초래한 것이다.

사분위에 묻고 싶다. 사학비리를 자행했던 비리 주범들에게 학교를 되돌려주는 것이 대학의 정상화일까? 다른 방식의 정상화는 불가능한 것이었을까? 이들 비리 주범들에게 학교를 되돌려주면 학교가 정상화될 수 있을 것으로 기대했을까? 아마도 사분위원들은 사학의 현실을 모르는 지극히 순진한 사람들이거나 아니면 현실의 사학에 깊이 발을 담근 동조자일 것이다. 학교에 복귀한 구재단에게도 묻고 싶다. 이들은 교육에 대한 최소한의 철학이라도 가지고 있는 것일까? 사학비리로 학교에서 쫓겨난 후 일말의 반성이라도 했을까? 다시 학교로 돌아왔으면 과거와는 다른 방식으로 학교를 운영하겠다는 생각을 할 수는 없었을까? 그사이에 20년 세월이 흘렀고 엄청난 정치사회적 변화가 있었는데, 왜 이들은 전혀 변하지 않는 것일까? 교육을 비즈니스로 생각하고 학교 운영을 돈벌이 수단으로 간주하는 구재단의 시대착오적인 반교육관은 세월이 흘러도 변함이 없는 것 같다.

더구나 김문기는 상지학원의 설립자가 아니다. 그 자신 임시이사로 파견되었다가 모종의 과정을 거쳐 정이사가 된 사람이다. 김문기는 상지학원의 발전을 위해서 특별히 의미 있는 정도의 사재를 기부한 것도 없다. 오히려 입시부정 등 사학비리를 자행하고 구성원을 억압하는 등 학교발전을 가로막은 사람이다. 이런 사람이 권력의 지원을 받아 20년 만에 학교에 복귀하면서 상지대는 어처구니없게도 다시 20년 전의 원시교육시대로 돌아갈지도 모르는 위급한 상황에 빠져들었다.

김문기의 구재단의 복귀 결과 상지대는 다시금 혼란에 빠졌고, 이에 대항하는 구성원들의 고통은 말할 수 없는 수준이며, 상지대의 미래는 매우 불투명하게 되었다. 그러나 우리는 어떤 경우에도 대학 민주화를 위한 우리의 노력을 멈추지 않을 것이며 대학 민주화를 훼손하고 대학 발전을 가로막는 세력의 학원 장악을 용인하지 않을 것이다. 지금의 상지대 사태를 만든 일차적인 책임이 있는 교육 당국은 상지대 사태를 통해 비리재단이 학교에 복귀한 결과가 어떤 것인지를 확인해야 하며, 파국적 위기에 직면한 상지대 사태를 해결하기 위한 조치를 시급하게 마련해야 할 것이다.

≪오마이뉴스≫, 2013년 4월 23일

민주대학의 붕괴(2)

/

임원 간 분쟁과 구재단의 이사회 장악

2010년 사분위 정상화는 부패권력과 부패사학이 유착해 저지른 반교육적 쿠데타였다. 1980년대 이후 대학 민주화 과정에서 형성된 임시이사체제를 무력화시키기 위한 사학재단의 쿠데타였다. 말이 정상화였지 내용은 '비정상화'였으며 쫓겨난 사학비리 주범들을 다시 학교에 복귀시키는 공작이었다. 그러나 복귀한다고 모든 것이 끝나는 것은 아니었다. 당연히 이사회 자체가 불완전했다. 불완전하기 때문에 불안정했고 시간이 흐르면서 변화할 수밖에 없었다. 상지대 정상화 이후 이사회의 변화를 추적해보자.

사분위 정상화 시점에서 이사회 구성은 구재단 네 명, 구성원 두 명, 교육부 두 명, 임시이사 한 명으로 구성되었다. 이사장 선출에서는 구성원 추천 이사와 교육부 추천 이사의 묵시적 연대로 구재단 4, 비구재단 5의 구도가 만들어져 교육부가 추천한 채영복 이사가 이사장이 되었다. 상지대를 구재단에 말아먹은 교육부가 구성원과 협력한다는 것은 웃기는 이야기이지만 추천된 이사들은 교육부도 아니고 구성원도 아니므로 일정한 협력이 가능했다. 더구나 학교 상황이 위태로운 데다 구재단의 공세가 도를 넘는 비상식적인 행태를 보이는 형편이므로 교육부가 구재단을 노골적으로 지지하는 것은 불가능했다. 구재단을 지지할 경우 교육부의 친사학 본색이 드러나는 것은 말할 것도 없거니와 학교가 즉시 분규 상황으로 빠져들 것이 뻔했기 때문이다.

그런데 이 위태롭고 절묘한 균형이 구성원 추천 이사의 배신으로 무너지게 되었다. 구성원의 추천을 받아 이사가 된 한이헌이 엉뚱하게도 김문기를 지지하고 나섰다. 한이헌은 김문기 지지를 넘어 구재단보다 더 구재단스럽게 행동했다. 구성원을 대하는 태도는 말할 수 없이 싸늘했다. 김문기를 구속했던 문민정부의 경제수석을 지냈던 사람의 행동이라고 하기에는 매우 유감스럽고 실망스러웠다. 한이헌의 변심이 이사회 구도에 지각변동을 초래할 변수로 떠오른 것이다. 그러나 김문기 추천 이사인 이영수가 채영복 이사장을 지지하면서 이사회 구도는 그대로 유지되었다. 왜 이런 일이 발생했는지 우리는 그 배경을 알지 못한다. 모종의 거래가 있었을까? 그러나 확인하기 어려운 일이다. 마음속으로 짐작하고 그냥 묻어둘 뿐이다.

한이헌에 대해서는 하나의 기억이 있다. 내가 교수협의회 공동대표로 있을 때 김성훈 전 농림부 장관이 우리 대학 총장에 선임되었는데, 김성훈 총장이 음악을 전공하는 사람을 추천했고, 학과 회의를 거쳐 외래교수가 되었다. 나중에 알았는데 그 사람은 한이헌의 사위였고 김성훈 총장은 한이헌과 잘 아는 사이였다. 그 후 사분위 정상화 과정에서 김성훈 총장의 제안으로 한이헌이 구성원 추천 정이사 명단에 들어갔다. 상지대 총장과 친분이 있는 사람이 정이사가 되어 김문기 편을 들면서 구성원을 소 닭 보듯 홀대하니 억장이 무너지는 듯했다.

다시 이사회로 돌아가자. 2012년 하반기에 이영수는 다시 김문기 쪽으로 복귀했다. 한이헌은 변심한 상태를 그대로 유지했다. 이영수가 김문기에게 복귀한 이유는 알지 못한다. 그사이에 유명을 달리했기 때문에 확인할 수도 없다. 결국 이사회 구조에 변화가 생겼다. 구재단이 네 명에서 다섯 명으로 늘고 비구재단이 다섯 명에서 네 명으로 줄어 구재단에 유리한 구도가 만들어졌다. 이사회 의결에 약간의 지장을 줄 정도가 된 셈이다. 하지만 채영복 이사가 이사장을 맡고 있고 네 명을 확보한 상황이어서 큰 문제는 발생하지 않았다.

그러나 이 상태가 오래가지는 못했다. 우리가 2010년 사분위 정상화에 반대해 서울행정법원에 소송을 제기한 시점에서 김문기 역시 자신이 이사로 선임되지 못한 것에 항의해 소송을 제기했다. 2012년에는 사분위가 이종서 임시이사를 선임한 것이 부당하다며 다시 소송(2012구합31922)을 제기하는 동시에 이에 대한 가처분 소송(서울행정법원 2012아3327) 및 그 항고(서울고등법원 2012루302)를 제기했는데 2012년 11월 15일 재판부가 이 가처분을 받아들이면서 이종서 임시이사의 직무가 정지되었다. 구재단 몫은 그대로였지만 비구재단 몫의 이사가 한 명 줄어들어 구재단 5, 비구재단 3의 불리한 이사회 구도가 형성되었다. 서울행정법원의 본안 판결 역시 2013년 2월 5일에 임시이사 파견 무효로 결정되었다.

이 상황은 구재단에 매우 유리한 구도였고 구재단은 이사장에 대한 압박으로 학원 장악 의도를 관철하고자 했다. 이사회 의결도 어렵게 되었다. 그러나 이사장이 구재단의 의도대로 움직이지 않자 구재단은 이사장 사퇴로 전략을 전환한 후 쉴 새 없이 이사장 사퇴를 요구하며 강하게 압박했다. 이사장이 사퇴를 거부하자 이사회 안건 심의와 이사회 참석을 거부하거나 이사회 참석 후 집단으로 퇴장하는 등의 방법을 구사하며 이사회를 파행으로 몰아갔다. 급기야는 이사장을 배제한 채 구재단 단독으로 이사회를 진행할 목적으로 이사회 소집 요구서를 교육부 장관에게 보내 승인 요청을 했다.

이렇게만 했다면 매우 신사적이었을 것이다. 구재단은 채영복 이사장의 업무상 지출을 문제 삼고 수하들을 동원해 이사장을 고소·고발하는가 하면

이사장 집 앞에서 연일 시위를 벌이는 등 이사장을 개인적으로 괴롭혔다. 이사장을 지지하는 이사는 두 명뿐이었고 그나마도 이사회 회의에서나 만나는 정도였지만 구재단은 하루가 멀다 하고 이사장을 괴롭혔다. 결국 이사회가 정상적으로 가동될 수 없는 상황이 조성되었다. 이사들은 만나기만 하면 싸움질이고, 이사회는 열리기만 하면 파행이었으며, 이사회에서 처리해야 할 안건은 하나도 처리되지 않았다. 그 결과 이사회 안건 처리가 지연되어 수십 건의 안건이 계속 표류했고 대학운영에 막대한 피해를 주었다. 당시 이사회의 파행 상황은 78쪽 표에 나타나 있다. 특히 2013년에는 이사회가 허구한 날 싸움질한 것 외에는 무엇 하나 제대로 한 것이 없을 정도였다.

그러나 이사회의 극단적인 파행 역시 그리 오래가지 않았다. 2012년부터 시작된 임시이사선임취소 소송에 대한 서울고등법원 항소심(2013누9139)이 2013년 12월 20일에 기각되고 교육부가 상고를 포기하면서 임시이사 파견은 최종적으로 무효로 확정되었다. 따라서 임시이사 후임의 정이사를 선임해야 하는 상황이 왔고, 수많은 논란 끝에 사분위는 2014년 3월 24일 김문기가 추천한 삼일회계법인의 조영재를 정이사로 선임했다. 결국 사분위 정상화 3년 7개월 동안 파행을 거듭하던 상지학원 이사회는 한이헌의 배신과 조영재의 정이사 선임으로 사분위가 의도했던 5 대 4의 구도를 넘어선 6 대 3의 구도로 바뀌었다. 조영재 선임 직후 개최된 6 대 3의 이사회에서 구재단이 이사장에 대한 마지막 일격을 가하자 더 이상 버틸 수 없다고 판단한 채영복 이사장과 임현진·한송 이사가 3월 30일 전격적으로 사퇴서를 제출하면서 상황은 끝났다.

이사장 등 3인이 사퇴서를 제출하자 구재단 이사 여섯 명은 3월 31일 이사회를 즉시 소집해 이사 3인의 사퇴서를 수리하는 동시에 김문기의 둘째 아들 김길남을 이사장으로 선출했다. 2010년 사분위 정상화에서 추진했던 5 대 4의 과반수 구도는 정상화 4년이 채 안 되어 구재단이 상지학원을 완전

사분위 정상화 이후 상지학원 이사회의 파행 상황

회차	일자	김길남	변석조	박윤환	한이헌	결과
193	11.2.7				불참	
194	11.2.18	교원 임용안건 상정 반대			불참	
195	11.3.8	교원 안건 반대, 퇴장		반대		
196	11.4.20			퇴장	불참	
197	11.5.25					
198	11.6.20				불참	
199	11.8.9	안건 상정 반대			불참	
200	11.9.6	퇴장	퇴장			
201	11.10.19			안건 반대		
202	11.11.28	교원 안건 반대		퇴장		2012년 교원 임용 파행
203	12.1.30					
204	12.3.20	집단 불참				이사회 무산
205	12.4.24	불참			불참	
206	12.5.23	불참	퇴장		퇴장	
207	12.6.27	불참				
208	12.7.25	교원 안건 반대				
209	12.10.24	퇴장	퇴장		퇴장	
210	12.11.7	안건 상정 반대				
211	12.11.28	안건 상정 반대				
212	12.12.13	퇴장				
213	13.1.15	퇴장	퇴장			
214	13.1.30	퇴장		불참	퇴장	
214 속개	13.2.8	집단 퇴장				이사회 무산
(215)	13.2.21	집단 불참				이사회 무산
(215)	13.3.6	집단 불참				이사회 무산
215	13.3.29	퇴장	반대	퇴장	불참	이사회 파행
(216)	13.4.18	집단 불참				이사회 무산
216	13.5.3	불참	퇴장	불참	퇴장	이사회 파행
217	13.5.23	불참				
218	13.7.25	집단 퇴장				이사회 파행
(219)	13.7.29	집단 불참				이사회 무산
(219)	13.8.29	집단 불참				이사회 무산
(219)	13.9.23	집단 불참				이사회 무산
(219)	13.10.28	집단 불참				이사회 무산
219	13.11.19	불참	불참	퇴장	불참	이사회 파행
(220)	13.11.28	집단 불참				이사회 무산
(220)	13.12.12	집단 불참				이사회 무산
220	14.1.20					
(221)	14.2.28	집단 불참				이사회 무산

하게 장악하는 구도로 바뀌었고 사분위가 특별 주문했던 구재단과 구성원의 협력은 불필요한 헛주문이 되어버렸다. 구재단 천하가 된 것이다. 2007년 대법원의 김황식 판결로 상지대 정이사체제를 붕괴시키고 사분위를 발족해 구재단 복귀를 추진한 지 7년 만에 '구재단 복귀'라는 거사가 완벽하게 성공했다.

그러나 4년에 걸친 이사회의 파행은 상지대 사태의 일부에 불과했다. 구재단은 유재천 총장의 사퇴를 집요하게 요구하면서 총장의 업무 수행을 방해했다. 교원 신규임용을 반복적으로 지연시키거나 부결하거나 요구한 인원보다 대폭 감축해 교원 확보율을 현저하게 떨어뜨렸고 이것이 결국 2013년도에 정부재정지원 제한대학에 선정되도록 하는 이유가 되었다. 한방병원장 승인 지연, 예산안의 반복적인 승인 지연, 대학자치활동에 대한 부당한 개입, 공공기숙사 사업과 방과 후 학교 사업의 승인 지연에 따른 사업 반납 등 대학운영이 심각한 파행 상태로 들어갔다. 이사회가 하루도 거르지 않고 싸움질을 하고 대학운영을 방해하는 데 혈안이 되어 있고, 이사회와 대학의 모든 관심이 반교육적인 파행에 노출되어 있는 상황에서 대학평가가 좋은 점수를 받을 것으로 기대하는 것은 연목구어(緣木求魚)에 불과했다.

더욱 심각한 문제는 사분위 정상화 이후 이사회가 4년 내내 파행을 겪었고 대학운영이 심각한 지장을 받았는데도 관할청인 교육부가 팔짱만 낀 채 수수방관했다는 사실이다. 참다못한 유재천 총장이 직접 교육부 장관을 만나 감사 및 행정지도를 요구했고, 교수협의회도 여러 차례 교육부에 시급한 행정지도를 요청했다. 사립학교법상 이사회 업무를 감사하도록 되어 있는 노영록 법인 감사가 교육부 장관에게 공식적으로 감사보고서를 제출했음에도 교육부는 강 건너 불구경이었다. 교육부의 눈에는 상지대가 존재하지 않거나 상지대에 아무 일도 일어나지 않는 것처럼 보이는 듯했다. 아마도 보고 싶지도 않고 알고 싶지도 않았던 모양이다. 우리는 그 기간 내내 교육부

| 김문기 구재단 복귀에 반대하는 학생들의 집회 |

에 하소연했지만 교육부는 무기력하고 무능력한 모습만 보였다. 저런 교육부가 왜 필요한지 궁금했다. 차라리 없는 편이 훨씬 나았다.

사분위 정상화 이후 이사회 파행으로 시작된 상지대 사태는 상지대가 조금도 정상화되지 못했고 사분위 정상화는 잘못되었다는 것을 단적으로 증명했다. 달리 말하면 사분위는 정상화된 상지대를 고의적으로 비정상화시킨 것에 불과하다. 사분위가 말하는 정상화란 교육의 정상화나 대학의 정상화가 아니라 구재단의 복귀를 의미하는 것이었다. 상지대 정상화 과정에 대한 비판이 쏟아지자 사분위는 '지난 1993년 문민정부 시절 행해진 대학입시 부정 단속을 계기로 학교 비리가 단죄되고 사학이 상당히 건전해지고 투명화되었기에 과거와 같은 비리가 다시 발생할 수 있는 상황이 아니다'라는 취지의 참고 자료를 발표했다. 자신들이 결정한 정상화를 두둔하기 위해 구재단을 옹호한 것이다. 사분위가 상지대에 대해 지금도 이런 내용의 참고 자료를 발표할 수 있을까?

78쪽 표에 정리되어 있는 것처럼 구재단에 의한 이사회의 반복적이고 고의적인 장기 파행은 사립학교법 제20조의2에서 적시한 '임원 간 분쟁'에 해당한다. 또한 이사회의 파행에서 비롯된 공공기숙사 등 국가사업의 반납과 교원 임용 및 예산안의 지연 등은 이 법이 규정하고 있는 '현저한 부당'에 해당한다. "임원 간의 분쟁, 회계부정 및 현저한 부당 등으로 인해 당해 학교 운영에 중대한 장애를 야기한 때"에는 임원취임승인을 취소할 수 있도록 되어 있다. 학사행정에 관해 총장의 권한을 침해할 때도 마찬가지이다. 이 정도면 이사 해임이 필요하고 가능하다는 말이다.

이 문제에 대해 4년간 상지대 유재천 총장, 상지학원 노영록 감사, 상지대 교수협의회가 지속적으로 문제를 지적하면서 요구하고 읍소하고 항의했지만 교육부는 오불관언 미동조차 하지 않았다. 업무 태만도 이런 업무 태만이 없고 직무 유기도 이런 직무 유기가 없었다. 그 결과 사분위가 선임한 정이사체제가 일거에 무너지고 상지대는 구재단 일색의 공룡 백만 년 시대로 복귀했다. 1993년 4월 김문기가 퇴출된 지 21년 만에, 사분위 정상화 4년 만에 김문기 구재단은 화려하게 복귀했고 민주 상지대는 어이없이 무너지고 말았다. '사분위 정상화 = 구재단 복귀 = 구재단의 학원 장악 = 민주대학의 붕괴'라는 예정된 등식이 현실화된 것이다. 상지대는 이렇게 무너졌다.

그러나 나중에야 알게 되었지만 이것은 붕괴의 끝이 아니었다. 구재단의 학원 장악은 상지대 사태의 시작과 민주대학의 붕괴를 알리는 예고편이었고 이제 겨우 서론의 도입부를 지난 단계였다. 누구도 상상하지 못한 제2의 붕괴, 세3의 붕괴가 기다리고 있었으며 구재단의 파격적인 선택은 상지대를 이 세상에서 가장 극단적인 파국 상황으로 몰고 갔다. 이 과정에서 상지대 구성원들은 상상할 수 없는 고통을 감내해야 했지만 동시에 대한민국은 말로만 듣던 김문기 사학비리 구재단의 전설을 목도하게 되었다.

죽을 때까지 신과 인간의 문제를 붙잡고 씨름했던 톨스토이(Aleksey Konstantinovich Tolstoy)는 1872년 그 고민의 일부를 '신은 진실을 알지만 때를 기다린다(God sees the truth, but waits)'라는 제목의 단편소설로 표현했다. 여기서 톨스토이는 신으로부터 연유해 인간에게 다가오는 진실이 어떻게 현실로 나타나는지를 감동적으로 서술했다. 만약 김문기에게 일말의 진실이 있다면 김문기에게 진실은 무엇이고 김문기로부터 연유된 상지대 사태의 진실은 무엇일까? 이런 점에서 2007년 상지대 대법원 판결, 사립학교법 개정과 사분위 발족, 2010년의 상지대 정상화라는 일련의 과정을 거쳐 2014년에 이루어진 구재단의 완전 복귀는 이제 김문기와 상지대가 찾아가야 할 진실이 무엇인지 그 실체가 드러나기 시작하는 사학 다큐멘터리의 후반부에 해당한다.

≪프레시안≫, 2015년 8월 25일

세월호엔 해수마피아, 상지대엔 교육마피아

2014년 4월 16일. 세월호 참사로 국민 모두가 이루 말할 수 없는 아픔을 겪고 있다. 일각에서는 세월호의 침몰이 아니라 대한민국의 침몰이라는 진단으로 그 심각성을 강조하기도 한다. 이 참사의 배경과 원인, 사고 발생 이후 정부의 무능한 대처, 수백 명에 달하는 고귀한 생명의 훼손, 그리고 이 사고가 사회에 미치고 있는 엄청난 파장을 생각하면 대한민국의 침몰이라는 진단이 과장이 아닐 것이다. 한강의 기적과 경제성장에 가려진 대한민국의 추악한 민낯을 남김없이 드러내주고 있기 때문이며 그 민낯에 드리워진 부패와 부조리의 어두운 그림자와 검은 유착관계를 개선하는 것이 결코 만만치 않은 일이기 때문이다.

2014년 3월 31일. 세월호 참사 직전에 강원도 원주의 상지대학교에 김문기 구재단이 입성했다. 지난 세월 사학비리에 맞서 대학 민주화를 앞장서 실천하며 대학 민주화의 성지로 불렸던 민주화된 상지대가 결국 구재단의 수중으로 떨어진 것이다. 김문기 구재단은 1972년 임시이사로 상지대와 인연을 맺었다. 그 후 21년 동안 상지대를 동토의 공화국으로 만들어 족벌경영체제를 바탕으로 온갖 부조리한 사학비리를 자행하다가 1993년 문민정부의 사정개혁으로 물러났다. 그 김문기 구재단이 퇴출 21년 만에 다시 상지대로 돌아온 것이다.

그러므로 올봄 진도 앞바다에서 세월호가 침몰했다면 강원도 원주에서는 지금 민주 상지대가 침몰하고 있다. 그 원인과 과정도 세월호와 다르지 않다. 세월호를 둘러싼 검은 유착이 있다면 사학을 둘러싼 검은 유착도 존재한다. 그곳에 해수마피아가 있다면 여기에는 교육마피아가 존재한다. 정부와 언론이 주목하는 해운업계의 부조리와 부패가 사학의 부패보다 더 심각한 것도 아니다. 그곳에 돈벌이에 혈안이 된 인명의 경시가 있었다면 여기에도 돈벌이에 혈안이 된 교육의 경시가 존재한다. 무엇하나 다를 것이 없는 판박이 붕어빵이다.

그러나 수많은 공통점에도 불구하고 딱 한 가지의 차이점은 있다. 세월호의 침몰을 권력이 사주하지는 않았을 것이다. 아무리 무능하고 부패한 권력일지언정

배를 빠뜨려 대량살상을 하지는 않을 것이기 때문이다. 반면 사학비리 주범의 귀환에는 겹겹이 권력의 힘이 작용하고 있다. 김문기 구재단이 자력으로 상지대에 복귀한 것이 아니고 박근혜 구재단이 영남대에 자력으로 복귀한 것이 아니고 주명건 구재단이 세종대에 자력으로 복귀한 것이 아니라는 사실은 만천하가 알고 있다. 이들은 한결같이 권력의 비호 아래 권력의 작용으로 복귀했다.

사학비리로 구재단이 쫓겨나 임시이사로 운영되면서 민주화되었던 대학에 구재단이 복귀할 수 있는 통로를 열어준 것은 대법원이었다. 2007년 5월 김황식 전 대법관이 주심재판관이었던 대법원에서 비리재단의 복귀가 가능하도록 판결을 해주었다. 그로부터 두 달 후 박근혜 당시 한나라당 대표의 주도로 사립학교법이 개악되어 사학분쟁조정위원회가 설치되었다. 노무현 정부 아래서 중립적 위치를 가장하던 사학분쟁조정위원회는 정권이 바뀌자 이명박 정부 아래서 비리재단 복귀에 박차를 가했다. 그 결과 영남대, 조선대, 광운대, 서일대, 상지대, 대구대, 경기대, 동덕여대, 덕성여대, 세종대 등 전국의 모든 대학과 이름이 알려지지 않은 수많은 초·중등학교에서 비리재단의 복귀가 이루어졌다.

그러나 비리재단이 복귀했을지언정 비리재단이 학교 운영권을 완전히 장악하지 못한 상태에서 학내갈등이 재연되었다. 이 과정에서 권력에 가까이 있던 영남대와 세종대에서 비리재단이 먼저 대학운영권을 장악했다. 상지대의 경우 비리재단이 이사회의 과반수를 차지했음에도 불구하고 대학 구성원들의 저항으로 대학운영권을 장악하지는 못했다. 대학 민주화를 지키려는 구성원들의 저항과 대학운영권을 장악하는 데 혈안이 된 비리재단의 시도가 충돌하면서 학내 갈등이 격화되었다. 이 파국적 균형 상태에서 이사회는 제 기능을 수행하지 못해 상지대는 피폐해져갔고 결국 정부재정지원 제한대학에까지 포함되었다.

상지대가 이사회 안에서 임원 간 분쟁을 반복하고 이사회 바깥에서 비리재단과 구성원이 갈등하는 사학분규로 끝없이 침몰하는 위기 상황에서도 정부는 오로지 사태를 수수방관할 뿐이었다. 이사회에 경고를 하든 이사회를 교체하든 긴급한 구난조치가 절실한 상황에서 교육부는 팔짱을 낀 채 바라보기만 했다. 그러다가 갑자기 공석이 된 이사 1명을 김문기 구재단 추천 인사로 선임해 9명이 정원인 이사회에서 비리재단이 2/3를 차지하도록 만들었고, 교육부의 이 조치에 나머지 이사 3명이 반발해 사퇴함으로써 비리재단이 이사회를 완전히 장악하도록 만들었다.

교육부는 이 조치가 합법적인 조치였다고 강변하고 있다. 그러나 합법성을 가장한 명백하게 부패한 조치였으며 비리재단을 복귀시키는 조치였다. 상지대가 심각한 임원 간 분쟁 상황인 것을 알면서 구재단 추천 인사를 선임한 것은 무엇으로도 설명되지 않는다. 법적인 시한에 쫓겼던 것도 아니고 시급한 상황에 몰린 것도 아니었다. 이사 1명의 결원을 보충하는 것이 시급했다면 조선대가 15개월간 이사 전원의 부존재 상황에 있었음에도 아무런 조치를 취하지 않은 것은 무엇으로 설명할 것인가?

교육부의 결정이 장관의 단독 판단에 의한 것인지 윗선의 지시에 의한 것인지는 알지 못한다. 그러나 교육부의 행위가 균형을 잃고 넘어지려는 배를 고의적으로 침몰시킨 것과 같은 작위에 의한 대학 침몰이자 비리재단의 복귀를 공공연하게 부추긴 것이라는 사실은 분명하다. 교육부 장관은 이 사태를 이미 알고 있었고 예상하고 있었다. 그러므로 교육부 장관은 교육을 살리려고 한 것이 아니라 비리재단을 편들려고 한 것이며 상지대의 관점에서 정책을 펼친 것이 아니라 김문기 구재단의 입장에서 선택을 한 것이다.

세월호 참사는 무리한 객실 증축의 위험성, 해운업계의 부조리, 선장과 승무원의 직업윤리의 부재를 말해주는 사고가 아니다. 고도성장 위에 세워진 부패하고 부조리한 대한민국의 실상을 드러내준 사고이다. 또한 상지대 사태는 어느 지방대학의 운영자가 교체된 사건이 아니라 부패하고 부조리한 대한민국의 암덩어리가 교육영역에까지 퍼져 있다는 것을 알려준 사건이다. 그러므로 바다와 땅에서 발생한 세월호와 상지대 두 사건은 부패한 대한민국이라는 뿌리에서 시작된 같은 사건이다. 문제는 이 촉수가 대한민국 모든 영역에 뻗쳐 있다는 사실이다. 그러기에 진단은 명확하지만 해결은 쉽지 않다.

《민중의소리》, 2014년 5월 14일

민주대학의 붕괴(3)

/

김문기는 상지대를 어떻게 말아먹었나?

2015년 8월 25일, 개강을 일주일 앞둔 상지대 안에는 긴장이 감돌았다. 작년 12월에 부당하게 무기정학 처분을 받았던 전종완 총학생회장(영문학과)과 김승룡 부총학생회장(체육학부)이 다시 징계에 회부되어 본인 출석 소명을 하는 날이었다. 총학생회 김성진 기획국장도 징계에 회부되었다. 오전 10시 30분부터 30분 단위로 출석 소명이 진행되었다. 김승룡 부총학생회장은 어머니가 위독해서 병원에 있다가 출석 소명을 위해 참석했다. 마음이 착잡했다. 그러나 학생들은 당당하게 자신들의 행동을 소명했다. 우렁찬 목소리가 회의장 밖에까지 들렸다. 부당징계에 항의하는 교수와 학생들은 회의장 밖에서 대열을 이루어 소명하는 광경을 지켜보았다.

오후에 다시 징계위원회를 열어 징계 양정을 한다고 했다. 교수와 학생들은 점심을 먹고 비대위 회의를 개최해 2학기 개강 후 상황에 대한 종합적인 대응 방안을 협의했다. 다음 주가 개강이기 때문에 새로운 국면이 전개될 것이므로 이에 맞추어 대책을 수립하려고 모인 것이다. 징계위원회가 소집되었다는 소식을 회의 도중에 들어 징계 양정에 촉각을 곤두세웠다. 그러나 징계위원회가 징계 양정을 하지 않고 미루었다는 이야기를 들었다. 이유를 알아보려고 했지만 확인하기 어려웠다.

대학에 긴장감이 감돌았던 또 다른 이유가 있었다. 오늘이 대학평가 결과가 발표되는 날이었기 때문이다. 이미 1차 평가에서 하위 그룹에 포함되었으므로 특별히 기대할 것이 없었지만 평가 결과에 따라 대학과 학생들이 감당해야 할 피해가 너무 엄청난 것이기 때문에 촉각을 곤두세우지 않을 수 없었다. 여러 언론사를 통해 단편적인 소식이 날아들었다. 당연히 결과는 실망스러웠다. 그러나 공식적이고 종합적인 결과는 알 수 없었다. 대학으로 평가 결과가 통보되었겠지만 늘 그랬듯이 대학에서는 교수와 학생들에게 알려주지 않았기 때문이다.

저녁 해거름 무렵에 상황이 분명해졌다. 본부의 보직교수 전원이 사퇴한다는 밑도 끝도 없는 짧막한 안내문이 대학 홈페이지 게시판에 올라왔다.

2015년도 대학구조개혁 평가 결과에 대한 책임을 통감하며 교무위원
전원은 보직을 사임하고자 합니다.

2015.8.25
상지대학교 교무위원 일동

대학구조개혁평가 결과에 책임을 통감하며 교무위원 전원이 보직을 사임한다는 내용이었다. 이 글에 대해 어느 교수가 짧막한 논평을 달았다. "보직만 사임하면 책임을 다하는 걸까?" 그렇다. 이틀 후에 전체교수 하계연수가 있고, 다시 나흘 후면 2학기 개강인데 보직교수 전원이 사퇴하면 대학은 어떻게 되나? 그런데 사퇴 안내문 자체가 말짱 거짓말이었다. 그들은 사퇴하지 않고 허위사실만 유포했다.

머릿속이 매우 복잡했다. 결국 이렇게 되는 것인가? 이미 예상한 결과였고 예정된 방향이었지만 막상 결과를 접하고 보니 상황이 간단치 않았다. 올해 대학평가의 1차 결과는 이미 6월 5일에 발표되었고 166개 4년제 대학을 대상으로 한 평가에서 상지대는 하위 그룹에 포함되었다. 그 상황에서 2차 평가를 위한 준비를 해야 했는데 대학 본부에서는 누구도 책임지려고 하지 않았다. 오히려 뻔뻔하게 2차 평가를 대비해야 한다면서 보직에서 사퇴하지 않겠다고 선언했다. 지금껏 대학을 망가뜨려온 데다 대학평가에서도 아무런 능력을 보여주지 못한 무능한 인사들이 이미 1차 평가에서 치욕을 당했음에도 자리를 지키겠다고 고집부리는 모습을 보면서 참담한 마음을 가누기 어려웠다.

2010년 8월에 김문기 구재단이 복귀한 이후 상지대는 단 하루도 바람 잘 날이 없었다. 2014년 3월 31일 구재단이 이사회를 완전히 장악하고 김문기의 둘째 아들 김길남이 이사장이 된 후 상지대는 폭풍 속으로 빨려 들어갔다. 그러다 2014년 8월 14일 상지대 사학비리 주범이자 대한민국 사학비리의 가장 상징적인 존재인 김문기가 상지대 총장으로 선임되는 상상을 불허하는 환란에 직면해, 상지대는 우리가 예상할 수 있는 가장 최악의 상황으로 빠져들었다.

김문기는 유신체제하에서 권력을 동원해 상지대를 강탈한 자이고, 그 후 20년 동안 상지학원 이사장을 지내면서 상지대를 '동토의 왕국'으로 불리는 '사학비리 종합선물세트'로 만든 사람이며, 그 죗값을 받아 문민정부 사정개혁 제1호로 구속되어 1년 6개월을 선고받고 상지대에서 축출되었던 부패인사이다. 그의 사학비리 전력은 명백하고 도덕성 부재는 분명하지만 학력은 불투명한 사람이다. 그는 대학교를 1965년에 졸업한 반면 고등학교는 1992년에 졸업한 특이한 학력의 소유자이다. 그는 미국 어느 대학에선가 명예박사 학위를 받았다고 박사로 불린다. 그러나 어느 것 하나 확인할 수 있는 것이

| 김문기를 비판하는 대학 본관 앞 농성천막과 현수막 |

없는 투명인간이다. 이사도 아니고 이사장도 아닌 사람이 박사모를 쓰고 박사를 자처하며 고등교육기관의 총장으로 등극하면서 상지대는 파국으로 빨려 들어갔다. 따라서 오늘 우리가 직면한 대학평가 결과는 그 당연한 귀결이었다.

김문기와 그 구재단은 이미 2013년에 상지대를 정부재정지원 제한대학으로 몰아넣었다. 현행 대학평가 방식에 수많은 문제점이 있는 것이 사실이고 반드시 개선되어야 하지만, 대학으로서는 현실적으로 대학평가를 거부할 수 없다. 전국의 모든 대학들이 혼신의 힘을 다해 대학평가를 준비할 때 상지대는 복귀한 구재단이 학원 장악을 위해 부리는 온갖 횡포 앞에서 망연자실할 수밖에 없었다. 앞 장에서 이미 밝힌 것처럼 2013년 한 해는 구재단의 학원 장악을 위한 음모와 공작의 결과로 이사회가 난장판이 된 해였다. 당시 이사회가 17차례 열렸는데 안건을 제대로 심의한 이사회가 한두 차례에 불과한 정도였고 나머지는 무산·파행의 연속이었다. 교원 임용도 예산심의도 파행을 거듭했다. 그러고도 재정지원 제한대학에 걸리지 않는 것이 이상할 정도였다.

정부재정지원 제한대학에 포함되면 학생들은 국가장학금을 받을 수 없고 학자금 대출도 받을 수 없으며 대학과 교수들은 정부가 지원하는 사업에 참여할 수 없게 된다. 등록금을 제외하고는 국가장학금, 학자금 대출, 정부재정사업에 의존할 수밖에 없는 사립대학으로서는 치명적인 타격을 받게 되는 것이다. 그러나 당시 재정지원 제한은 1년간 적용되는 것이었기에 상지대는 혼신의 노력을 다해 이 질곡에서 벗어났다. 그런데 1년 만에 또다시 대학평가에서 하위 그룹에 포함되었고 이번 평가는 3년 주기의 평가이므로 대학이 받게 될 피해가 과거의 평가와는 비교할 수 없을 정도로 크다. 더구나 이 시기에 고등학교를 졸업하고 대학에 입학할 학생 수가 대폭 감소하게 되므로 평가에서 실패한 대학들은 신입생 모집에서 막대한 타격을 받을 수밖에 없는 상황이다. 상지대에서 구재단의 복귀가 대학을 정신적으로 무너뜨린 데 이어 대학의 물적 토대를 허물어버리는 결과를 초래한 것이다.

이런 상황에 대해 우리는 정부와 교육부에 하고 싶은 말이 많다. 특히 대학을 관할하는 교육부에 할 말이 많다. 상지대 등 비리재단이 복귀한 대학은 말할 것도 없거니와 수원대, 수원여대, 서남대, 청주대, 제주한라대 등 전국의 수많은 사립대학과 대성고, 한마음고 등 사립 초·중등학교에서 창궐하는 사학비리를 방관한 채 어떻게 교육 발전을 추구하겠다는 것인지 묻고 싶다. 정상적으로 총장을 선출한 경북대 등 국립대학의 총장 임명 제청을 거부하면서 대학 총장 직선제를 폐지하는 데 골몰한 결과가 부산대 교수의 투신자살로 나타난 상황에서 과연 교육부가 고등교육을 정상화할 수 있는 방법이 무엇인지 묻고 싶다.

이런 맥락에서 보자면 지금 상지대가 겪고 있는 이 참담한 반교육적인 상황 역시 전적으로 교육부의 책임이다. 비리재단을 다시 학교에 복귀시킨 것도 교육부이고, 사학비리 주범 김문기에게 학교 운영권을 부여한 것도 교육부이다. 학교로 복귀한 구재단이 임원 간 분쟁을 일으켜 대학을 극단적인 파행으로 몰아가는데도 수수방관해 학교를 나락으로 빠뜨린 것도 교육부이다. 김문기의 전횡을 방치하다가 마지못해 떠밀려서 감사에 착수했지만 4년간 계속된 임원 간 분쟁과 이사회의 파행을 감사에서 누락시켜 면죄부를 부여한 것도 교육부이다. 그리고 김문기가 총장이 된 지 1년이 지나도록 상지대 사태를 끌어온 결과, 상지대를 지금의 상태로 몰아넣은 것도 결국 교육부이다. 김문기는 사학비리의 대명사이지만 교육부가 그의 충실한 숙주 노릇을 해온 것이다.

교육부의 죄과는 앞으로 국회와 언론이 밝혀낼 것으로 믿는다. 머지않아 사회적인 진상 규명도 이루어질 것이다. 그러나 미래의 진상 규명보다 시급한 과제는 대학의 극단적인 파행을 해소하면서 상지대의 끝없는 추락을 중단시키는 응급조치이다. 이것은 하수인들에 불과한 보직교수 사퇴만으로는 해결될 수 없다. 김문기의 완전 퇴진과 김문기의 하수인들로 구성된 이사회를 해체하는 것만이 유일한 길이다. 이 길 외에는 달리 선택할 것이 없다.

이런 마음을 담아 우리의 입장을 발표했다. 국회가 관심을 기울여주고 교육부가 즉각적인 조치를 취해주기를 기대한다. 그러나 교육부의 조치를 마냥 기다리지만은 않을 생각이다. 교육부가 필요한 조치를 취하지 않는다면 이제는 우리가 대학과 학문의 자유의 원천이자 대학운영의 정당한 주체로서 정당방위의 자구책을 강구할 수밖에 없다.

≪프레시안≫, 2015년 8월 28일

교육부의 타협적 선택의 대가

『시경(詩經)』에 진퇴유곡(進退維谷)이란 앞으로 나아가지도 뒤로 물러서지도 못하는 곤란한 상황을 일컫는 말로 나온다. 상지대 분규를 처리하는 교육부의 상황도 그렇다. 상지대 해법으로 임시이사 파견론과 사학 자율성론이 대립했는데, 임시이사 파견론은 정의적 관점을 내세우고 사학의 자율성론에는 현실적 이해관계가 개입되어 있어 일도양단(一刀兩斷)하기 어려운 점이 있다. 황우여 부총리도 이 대립하는 양론 사이에서 적잖이 고심했을 것이다.

그 교육부가 상지대 감사 3개월 만에 고심참담한 타협주의적 해법을 내놓았다. 김문기는 해임하되 임시이사는 파견하지 않는 방안이다. 임시이사를 파견하지는 않지만 김문기를 해임하는 것으로 전자의 요구에 부응하고 김문기를 해임하는 대신 이사회를 보장해주는 것으로 후자의 요구에 부응하는 절묘한 정치적 타협책을 제시한 것이다. 이 해법을 받아든 대립하는 양자는 울지도 못하고 웃지도 못할 테니 과연 교육부는 성공한 것일까?

먼저, 교육부가 사학비리의 상징이자 상지대 분규의 핵심 인물인 김문기 총장을 해임하기로 결정한 것은 매우 잘한 일이다. 복잡한 이론이나 논거를 들먹일 필요 없이 잘한 일이고 이렇게 해야 한다. 사학비리를 저지르고 분규를 유발해 학교의 본질적 책무를 소홀히 하면서 교수와 학생을 괴롭히는 운영자에게는 일벌백계의 조처를 취한다는 단호한 정책의지를 표방할 필요가 있다. 우리 사학의 적폐인 사학비리를 엄단하는 것보다 더 시급한 비정상의 정상화가 어디 있겠는가?

그러나 타협이 대가를 요구한다는 사실은 이미 알고 있을 것이다. 이 절묘한 타협책으로 교육부는 스스로 시험대에 올라섰다. 첫 시험대는 정책의 균형성 문제다. 김문기 총장 3개월 시점의 감사로 김문기 총장을 해임하게 되었는데 김문기의 잘못이 이사회 4년 동안의 잘못보다 중하다는 주장은 납득하기 어렵다. 학교를 파행으로 내몰고 김문기를 총장으로 선임한 것도 이사회다. 김문기가 해임 사유라면 이사들은 마땅히 구속 사유인데 이 불균형을 설명할 길이 없다.

두 번째 시험대는 김문기 총장의 해임을 관철하는 정책의 지속성 문제다. 교육부는 60일 안에 김문기를 해임하라는 행정지시를 내렸는데, 실현 가능성이 미지수다. 이사회가 거부할 수도 있고, 법적 투쟁을 선택할 수도 있고, 논리적인 이유를 들어 시한을 무기한 연장할 수도 있고, 해임 요구를 무시하고 경징계로 낮추어 결정할 수도 있다. 과연 교육부가 60일 시한을 엄수해 해임을 관철할지 두고 볼 일이다. 60일 후에 김문기 해임이 실현되지 않으면 교육부가 '해임 논란'에 직면할 것이다.

세 번째 시험대는 사학 정상화를 향한 정책의 확장성 문제다. 사학에서 총장과 이사회는 한 몸으로 연결되어 있지만 최종 책임은 이사회가 진다. 사학의 문제는 총장직에서 불거질 수도 있고 이사회에서 불거질 수도 있는데 피선임자인 총장에게 책임을 묻는다면 이사회의 정상화를 도모하기 어렵다. 교육부의 결정은 사학이 아무리 문제를 일으켜도 이사회의 지배구조를 겨냥하지는 않을 것이라는 잘못된 신호를 사학재단에 전달할 가능성이 있다.

교육부의 결정으로 지난 5년간 분규를 겪어온 상지대는 대학 정상화의 실낱같은 희망을 발견하게 되었지만 동시에 교육부로부터 더 긴 고통을 요구받게 되었다. 혼란은 더욱 격화될 것이다. 교육부가 승인한 이사들이 이사회 첫날 교수 4명을 징계 회부했다. 교육부가 교육의 원칙을 포기하고 어정쩡한 타협적 해법을 선택한 후폭풍이다.

교육부의 이번 결정은 최종 결정이 아니라 긴 과정의 첫 결정에 불과하다. 마지막 결정이 내려지는 날까지 교육부는 상지대와 공동운명체가 될 수밖에 없다. 교육부는 사학문제를 어떻게 처리해야 하는지 근본적인 재검토에 착수해야 할 것이다.

≪한겨레≫, 2015년 3월 13일

교수 테러 및 납치 미수사건의 전모

/

심야에 대학교수 연구실을 습격한 자들은 누구인가?

영화의 마지막 장면이었다. 남윤경, 최호철, 안광수, 도광희라는 이름을 가진 4인조가 새벽 5시 어둠을 틈타 연구실 문을 부수고 침투했다. 매우 건장한 자들이었다. 어제 이미 전기와 전화를 차단한 상태에서 전격적으로 쳐들어왔다. 누구인지 알 수 없고 얼굴이 보이지 않는 깜깜한 어둠 속에서 4 대 1의 사투가 벌어졌다. 힘과 수에서 도저히 대적할 수 없어 책상 밑으로 피신했고 여기서 다시 엎치락뒤치락 난장판이 되었다. 발목이 잡히고 팔이 잡혀 더 이상의 저항은 불가능하다고 생각하며 책상다리를 잡은 손의 힘이 빠져나가는 순간 경찰이 등장했다. 5시 50분에 모든 상황이 정리되었다. 토요일 새벽 5시 10분에 시작된 한밤의 활극은 이렇게 40분짜리 영화가 되었다. 경찰서에서 피해자 조사를 받고 나왔다.

이 글은 김문기가 고용한 남윤경 등 네 명이 연구실에 침투한 사건이 벌어진 후 원주경찰서 형사과로 가서 피해자 조사를 받고 원주의료원 응급실에 입원한 다음 내 페이스북에 올린 글이다. 병원 입원실에서 당시 상황을 짧은 시간에 압축적으로 표현한 것이기 때문에 상황 전체를 제대로 묘사하지 못한 부분이 있어 일부 내용을 보충한다. 먼저 사건 경위부터 시작한다.

2014년 12월 15일, 이사회가 내 파면을 의결했다. 파면을 통보받은 직후 교원소청심사위원회에 파면 취소를 청구했다. 해를 넘겨 2015년 1월 7일 자로 연구실을 폐쇄한다는 공문을 받았다. 교수협의회 및 학과에서 교원소청이 진행 중이므로 연구실 폐쇄는 그 이후에 해달라는 취지의 공문을 발송했다. 다시 1월 15일 자로 연구실 폐쇄 공문을 받았고 이어 2월 3일 자로 폐쇄 공문을 또 받았다. 무엇인가 시도할 분위기가 감지되었지만 아무 일 없이 지나갔다.

2월 4일 수요일, 비상대책위원회 회의를 하고 연구실로 돌아와 교수들과 점심을 먹은 후 작업을 하고 있는데 오후 4시에 남윤경 등 약 십여 명이 연구실로 몰려왔다. 즉시 방정균 교수에게 연락했고 이후 전종완 총학생회장이 먼저 도착했다. 이어 윤명식, 김승룡 등 총학생회 간부 7~8명과 방정균, 박병섭, 박수완, 최현숙, 한기종 등 교수들이 연구실로 왔다. 박병섭 교수가 112에 신고해 우산동 지구대에서 순찰차가 출동했고 그 직후 원주경찰서에서 상지대 사건을 담당하고 있는 정보과 박경원 형사가 도착했다. 박경원 형사는 교원소청이 진행 중인 데다 이런 식으로 강제로 연구실을 폐쇄하는 것은 법적으로 문제가 있으니 법적 절차를 밟아 처리해야 한다고 설명한 후 돌려보냈다. 남윤경 등은 내일 다시 오겠다면서 돌아갔다.

다음 날인 2월 5일 목요일에는 교수와 학생들이 연구실을 교대로 지켰다. 전원을 차단했기 때문에 리드 선을 이용해 다른 곳에서 전기를 끌어다 썼다. 2월 6일 금요일 오전 9시경 다시 전원이 차단되었다. 11시에 교수협의회 사무실에서 비상대책위원회 회의를 하고 돌아오니 전화가 차단되어 있었다. 오후에 국회에서 업무가 있어 다른 교수들에게 연구실을 맡기고 서울로 갔다. 이날은 연구실을 박수완·노병철 교수가 지켰고 저녁에는 최현숙 교수 부부, 연세대 강준원 교수 부부, 류만희 교수가 지켰다. 밤 11시 30분에 연구실로 돌아오니 다른 사람들은 가고 류만희 교수 혼자 있었다. 잠시 이야기를 나누다가 류 교수도 돌아갔다. 리드 선을 가지고 다른 곳으로 가서 전기를 끌어와 컴퓨터를 켜고 작업을 하다가 새벽 2시가 넘어 잠자리에 들었다.

2월 7일 토요일 새벽, 잠을 자다가 이상한 소리를 들었다. 무슨 소리가 났는데 분간하기 어려웠다. 꿈인가 해서 다시 잠이 들었는데 계속 소리가 들렸다. 일어나서 두리번거리다가 연구실 문 쪽으로 귀를 기울이니 문 바깥에서 소리가 났다. 직감적으로 누가 왔다는 것을 깨달았다. 문을 열려고 하는 소리라는 것을 알 수 있었다. 소파에서 내려가 신발을 신고 조끼를 입었다. 문으로 다가가 손잡이를 잡고 소리에 귀를 기울여보았다. 연장을 사용해 문을 열려고 하는 소리가 분명했다.

연구실 안도 깜깜하고 바깥의 복도도 깜깜한 상황이다. 칠흑 같은 밤에 사람들이 온 것이다. 이럴 때는 어떻게 하는 것이 좋을지 매우 당황스러웠다. 한 번도 경험해보지 못한 영화 같은 상황에 직면했다. 토요일 새벽에는 학교에 아무도 없다. 더욱이 동악관에는 올 사람이 없고 총학생회 사무실도 모두 비었다. 아무도 없는 주말 새벽 시간에 누군가가 왔는데 어떻게 대응할 수 있을지 판단이 안 된다. 더구나 밖에 누가 온 것인지, 몇 사람이나 온 것인지, 무슨 목적으로 이 시간에 온 것인지 알 수 없는 상황이었다.

다시 손잡이를 꽉 잡고 심호흡을 한 다음 문 바깥을 향해 누구냐고 물었다. 누군데 새벽에 왔느냐고 물었지만 아무 대답이 없었다. 다시 물었지만 역시 대답이 없었다. 아무 대답도 없었지만 문을 열려고 하는 시도는 그치지 않고 계속되었다. 순간적으로 공포를 느꼈다. 보고 들은 과거의 경험이 떠올랐고 약간의 전율 같은 것이 느껴졌다. 이런 식의 느낌은 처음이었다. 좋지 않은 상황이라는 것을 직감할 수 있었다. 대비해야 할 필요성을 느꼈다.

자다가 일어난 것이기 때문에 복장이 허술했다. 문에서 떨어져 말을 계속하면서 연구실 안쪽으로 뒷걸음쳤다. 실내화를 구두로 갈아 신고 안경을 쓰고 옷을 제대로 입었다. 시계를 차고 책상 위에 있는 휴대전화기를 들고 시간을 보았다. 새벽 5시 15분을 조금 지난 시간이었다. 다시 문 쪽으로 다가가서 무엇 때문에 새벽에 이렇게 하느냐고 말을 걸었다. 역시 아무 말이 없었다. 내가 안쪽에서 문을 발로 걸어차면서 중단하라고 소리쳤다.

그때서야 바깥에서 남윤경의 목소리가 들렸다. 나와 면담을 하자고 했다. 면담을 하려면 낮에 오라고 했다. 그러나 낮에 오면 학생들 때문에 안 되니 지금 하자고 했다. 그러지 말고 돌아가라고 했다. 대답 대신 문을 열기 위한 소리만 더욱 커졌다. 휴대전화를 꺼내들었다. 계속 이러면 경찰을 부르겠다고 경고했다. 마음대로 하라는 소리가 들렸다. 112를 눌러 경찰에 연락했고 상지대로 와달라고 요청했다. 새벽 5시 22분이었다.

경찰 부르는 소리를 바깥에서 들었기 때문에 소리가 더욱 요란해졌다. 문을 부술 기세였다. 한 손으로 문손잡이를 잡고 버티면서 한 손으로 휴대전화를 꺼내들었다. 이 상황을 녹음하든지 동영상으로 촬영해야겠다고 느꼈다. 한 손으로 휴대전화기 어플을 찾아보았는데 녹음 어플이 보이지 않았다. 그도 그럴 것이 전원이 차단되어 전화기 충전을 할 수 없으므로 배터리 소모를 줄이기 위해 어제 저녁 사용하지 않는 어플을 모두 비활성화시켜 놓았기 때문에 어플이 화면에 뜨지 않았다. 난감했다.

녹음하는 것을 포기하고 다시 문을 두 손으로 잡았다. 그러나 소용없었다. 꽝 하는 소리와 함께 손잡이가 부서지고 문이 열렸다. 나는 문 뒤에서 문을 붙잡고 있다가 뒤로 밀렸다. 문이 갑자기 열리면서 문에 가슴 부위를 맞았지만 아프다는 느낌은 없었다. 문이 열리자 깜깜한 복도에 네댓 명의 모습이 보였다. 어두워서 정확하게 몇 명인지는 알 수 없었다. 아주 많은 숫자는 아니었지만 몇 명쯤 된다는 것은 알 수 있었다. 어렴풋이 보이는 희미

| 심야 침입으로 부서진 정대화 교수의 연구실 출입문 |

한 그림자로 미루어볼 때 덩치가 큰 친구들이었다.

머릿속이 복잡해졌다. 문이 열렸고 여럿이 왔는데 학교에는 아무도 없는 상황이니 이제 어떻게 해야 하나? 내가 할 수 있는 일이 있나? 저항이 가능할까? 남윤경이 내게 나오라고 요구했다. 이 친구들이 무슨 말인가를 하면서 연구실 안으로 들어섰다. 나는 즉시 뒤로 물러섰다. 그 자리에 그냥 있으면 잡힐 상황이었으므로 물러설 수밖에 없었다. 숫자로 보나 덩치로 보나 맞붙어 힘자랑할 상황은 아니라고 판단했다.

연구실은 책장과 테이블 때문에 입구가 매우 좁았다. 여러 명이 한꺼번에 들어오기 어려운 조건이었다. 더구나 연구실 안팎의 불이 모두 꺼져 있어 내부 지형을 파악하기 어려웠다. 물론 나는 내가 사용하는 연구실이므로 내부를 잘 알고 있었다. 가스난로 뒤로 물러나서 가스난로를 붙잡고 대치했다. 가스난로가 켜져 있었기 때문에 잠시 주춤했다. 누군가가 이를 빼앗아 갔다. 다시 물러났다. 이번에는 라디에이터가 있었다. 그러나 라디에이터는 너무 작아 장애물이 되지 못했다. 다시 뒤로 물러났다. 테이블 의자가 두 개 있었다. 잠시 실랑이를 벌였지만 의자 두 개도 그 친구들 손에 들어갔다. 이미 연구실의 절반 이상을 점령당했다. 뒤에는 책상이 있었다.

책상 옆에 가스난로가 하나 더 있었다. 불은 켜져 있지 않았지만 책상과 책꽂이 사이가 매우 좁고 그 사이에 가스난로가 놓여 있었기 때문에 가스난로만 붙잡으면 쉽게 들어오기 어려운 조건이었다. 지형상 가스난로를 앞이나 뒤로 치울 수도 없었다. 앞으로 당겨서 치우기는 힘들고 뒤에는 내가 있기 때문에 밀기도 어려운 상태였다. 그러나 건장한 사람이 가스난로를 제압하는 것은 그다지 어렵지 않았다. 결국 책상 쪽으로 밀렸다. 책상 앞에는 내가 작업하는 큰 회전의자가 놓여 있었다. 이것으로 막았다. 두 사람이 의자를 들어 소파 있는 곳으로 던져버렸다.

이제 장애물은 아무것도 없었다. 나는 기역 자로 배치된 두 책상 사이에 갇혀버렸다. 더 이상 물러날 곳도 없고 나를 막아줄 장애물도 없었다. 남윤경이 다가오더니 나가자면서 나를 잡아끌려고 했다. 다른 친구들도 나를 잡으려고 했다. 순간 잠시 망설이며 생각하다가 책상 밑으로 들어갔다. 기역 자의 바깥쪽 책상은 서랍이 있는 책상이어서 들어갈 수 없지만 안쪽 책상은 서랍이 없고 다리만 있어서 내 몸이 충분히 들어갈 수 있었다. 책상 밑으로 들어가 옆으로 누운 상태에서 눈앞에 있는 두 개의 책상다리를 두 손으로 잡았다. 차가운 감촉이 느껴졌지만 손에 꼭 잡았다. 손에 힘을 주어 반쯤 누운 몸을 지탱했다. 방어 태세를 갖춘 것이다.

내가 책상 밑에 있었기 때문에 책상 바깥에 누가 있는지는 알 수 없었지만 누군가가 나를 잡으려고 했다. 나는 있는 힘을 다해 두 발로 저항했다. 두 손으로 책상다리를 꼭 잡고 옆으로 누웠기 때문에 발을 사용하는 것이 용이했다. 마치 2단 옆차기를 하는 것처럼 발을 놀리면서 저항했다. 책상 아래 공간이 좁았기 때문에 움직임이 용이하지 않았다. 그러나 계속해서 나를 잡으려고 했기 때문에 나도 저항을 멈출 수는 없었다. 그러다가 오른쪽 발이 잡혔다. 끌어내려고 힘을 주는 것을 알 수 있었다. 허리를 들어 온 힘을 다해서 몸을 비틀었다. 발이 손에서 빠져나왔다.

손으로 잡기 어렵다고 판단했는지 여러 개의 발이 들어왔다. 발을 넣어서 내가 움직이는 것을 막은 다음에 잡으려고 하는 것 같았다. 계속 저항했다. 그러다가 엉겁결에 발과 손을 하나씩 잡혔다. 손과 발이 하나씩 잡히니 움직이는 것이 어려워졌다. 힘을 썼지만 빠져나오는 것이 쉽지 않았다. 여러 명이 내 손과 발을 잡고 끌어내리려고 힘을 주었다. 나는 결사적으로 저항했다. 책상의 여러 조건 때문에 얼마간의 저항은 가능했다. 그러나 한 손이었기 때문에 계속 버티기는 어려울 것 같았다. 책상다리를 잡은 손에서 힘이 빠져나가는 것을 느꼈다. 더 이상 버티기 어렵겠다고 생각하면서 마지막 힘을 주고 있는데 신고를 받은 경찰이 출동했다.

경찰 두 명이 연구실로 들어왔다. 지금 무엇을 하는 것이냐고 물었다. 남윤경 등은 멈칫하면서도 계속 나를 끌어내리려고 했다. 이들을 뿌리치면서 일어났다. 이 사람들이 나를 연구실에서 끌어내 납치하려고 한다고 말했다. 경찰은 무척 어리둥절해하는 표정이었다. 이런 경우의 실행 매뉴얼을 익히지 못했거나 이런 일에 익숙하지 않은 사람으로 보였다. 이 사람들은 야간 납치 현행범이니 체포하라고 요구했다. 그러나 경찰은 아무 조치도 취하지 않고 본서에 연락만 했다.

이 상황에서도 남윤경 등은 나를 연구실 밖으로 끌어내리려고 했다. 경찰에게 요구해 남윤경 등을 연구실 밖으로 내보냈다. 침입자들이 연구실 밖으로 나가고 나와 경찰 한 명만 남았다. 경찰이 내게 외투를 가져다주면서 입으라고 했다. 왜 그러냐고 물었더니 내가 몹시 추워 보인다고 했다. 경찰과 이야기를 나누다가 내가 입이 바싹 말라 있다는 사실을 깨달았다. 입안에 물기가 없어 혓바닥을 움직이는 것조차 어려울 지경이었다. 물을 여러 컵 벌컥벌컥 마셨다. 무척이나 긴장했던 모양이다.

상황이 조금 정리되고 긴장이 풀리자 외투를 입고 의자에 앉아 특공대 카카오톡에 상황을 간단하게 올렸다. 이때가 5시 52분이었다. 112에 신고한 것이 5시 22분이고 그와 동시에 문이 부서졌으니 그 후 약 30분가량 연구실 안에서 침입자들과 사투를 벌인 셈이다. 문이 부서진 후부터 조금씩 밀리면서 후퇴하다가 결국 연구실 끝까지 밀려 책상 밑으로 가서 발버둥친 것은 알겠는데 이 시간이 30분이나 되었다니 놀라웠다.

본서에서 사람이 연결되지 않는다고 했다. 아마도 박경원 형사를 찾는 듯한데 박 형사가 감기에 심하게 걸려 올 수 없는 모양이었다. 그사이에 졸업생 박주환이 카메라를 메고 헐레벌떡 도착했다. 새벽에 갑자기 눈이 떠져 메시지를 확인한 후 세수도 않고 왔다는 것이다. 박주환을 보니 무척 안심이 되었다. 이어서 우산동 지구대 간부가 도착했다. 이 사람은 들어오자마자 인사를 하며 아는 척을 했다. 알고 보니 10여 년 전 서울시민연대를 할때 은평구 뉴타운 문제로 고발당한 적이 있었는데 그때 서대문경찰서에서 나를 조사했던 사람이라고 한다. 그러나 이름은 알지 못한다.

이 사람이 상황을 파악한 후에 남윤경을 불렀다. 남윤경을 통해 내 연구실에 침입한 네 명의 인적 사항을 확인한 후 지금 이 상황은 불법적인 행위라는 것을 고지했다. 이 사건의 조사가 마무리될 때까지 이와 같은 일을 다시 일으키면 안 된다는 사실을 강조해서 경고한 다음 내가 원주경찰서에 가서 조사를 받도록 조치하고 현장을 떠났다. 조금 후 홍석진, 윤명식, 전종완 등이 연구실로 왔다.

그 후 두 시간 정도 연구실에서 멍하니 앉아 있었다. 갑자기 당한 사건에 정신이 없기도 했고 이런 일이 도대체 어떻게 일어날 수 있는 것인지 당혹스럽기도 했다. 주말 한밤중에 대학 직원을 가장한 깡패 같은 친구들에게 테러를 당하는 사건이 발생하다니 도저히 납득할 수 없었다. 김문기가 끝까지 가자는 것이구나 하는 생각이 들었다. 김문기는 조금도 변하지 않았다는 것도 다시금 확인할 수 있었다. 1985년에 전문대 교수 세 명을 납치해 분리·감금한 후 파면시킨 일이나 1999년엔가 비가 심하게 내리던 날 대낮에 경제학과 교수를 연구실에서 납치해 상지대 사거리까지 운반해간 일이 결코 우연이 아니었던 것이다.

오전 9시에 원주경찰서의 연락을 받고 홍석진과 함께 경찰서 형사과로 가서 간단하게 피해자 조사를 받았다. 가해자에게는 폭처법과 재물손괴죄가 적용되어 있었다. 조사를 받다가 알게 되었는데 나를 담당한 함영현 형사가 내 페이스북 친구였고 페이스북을 통해 그간의 상황을 자세하게 알고 있었다. 그러니 길게 설명할 것도 없었다.

조사를 마치고 다시 연구실로 돌아와 쉬다가 점심이 조금 지나 원주의료원에 입원했다. 의료원장에게는 박병섭 교수가 미리 연락해두었다. 이날은 한의대 김병우 교수 혼사가 있는 날이었고 의료원장이 김병우 교수나 박병섭 교수와 서울고등학교 동문이기 때문에 다들 서울에 모여 있었다. 의료원 응급실에서 간단한 조사를 마치고 5층 입원실로 갔다. 입원실에 도착해 인적 사항을 확인한 후 병원 측에 외출 허락을 받아 다시 연구실로 왔다. 연구실을 정리하지 않고 입원한 상태였기 때문에 정리할 것이 있었다. 마침 저녁 무렵 덕성여대 이소연 교수와 방송대 정준영 교수 부부가 소식을 듣고 급하게 연구실을 방문해 잠시 시간을 보냈다.

2015년 2월 7일 토요일 새벽의 기록

부패사학의 밑동을 통째로 뒤흔든 2015년 상지대 대법원 판결

/

2015년 7월 23일, 대법원이 사학의 역사를
새롭게 고쳐 쓰다

역사는 필연과 우연의 의도하지 않은 조합의 산물이라고 한다. 역사에서는 때때로 의미를 모르고 한 행동이 역사 발전의 중요한 계기가 되기도 한다. 이는 역사에서 우연성을 강조하는 말이다. 그러나 다시 들여다보면 역사에서 필연성과 우연성의 차이는 눈에 보이는 것과 눈에 보이지 않는 것의 차이일 것이다. 우리의 인식과 시각이 제한적이라는 사실을 인정한다면 우연성은 필연성의 뒷면이거나 확장된 부분이라고 해야 할 것이다.

어느 날 갑자기 고목나무에 새순이 돋아나는 것처럼, 혹은 어둠 속에서 한 줄기 빛을 발견한 것처럼 우리는 전혀 새로운 상황과 마주하게 되었다. 희대의 사학비리 전과자 김문기가 상지대 총장으로 선임되었다가 위장해임 되었고 해임의 진실성 여부가 커다란 사회적 쟁점으로 떠올라 우리의 관심이 온통 이 문제에 집중되어 있던 2015년 7월 23일, 대법원의 '느닷없는' 판결이 오랜 투쟁에 지친 우리를 한껏 놀라게 했다. 우리는 많이 놀랐지만 우리 사회는 아직 이 판결의 의미를 충분히 인식하지 못하고 있음이 분명하다.

3년을 끌어온 대법원 심리지만 이날의 대법원 판결은 얼마 전에 예고되어 있었다. 그러나 1심에서 구성원 원고적격 문제로 각하되고 서울고등법원에서 항소가 기각된 처지여서, 소망하는 바가 있지만 기대는 크지 않은 '불감청(不敢請)이되 고소원(固所願)'의 상황이었다. 원고적격 문제를 해결하기 위해 헌법재판소에 위헌 소송을 제기한 상태인데, 위헌 여부에 대한 헌법재판소의 결정이 나오기도 전에 대법원 판결이 먼저 선고되는 것이었기에 더욱이 판결을 크게 기대할 만한 상황이 아니었다. 그러나 왕왕 그렇듯 우리의 판단이 틀렸다. 예상을 깨고 대법원이 엄청난 판결을 내린 것이다.

대법원의 판결은 크게 두 가지로 요약할 수 있다. 우선 중요한 것은 원고적격 문제와 관련해 대법원은 상지대 교수협의회와 총학생회의 원고 자격을 인정했다. 재단 소송에서 구성원의 원고 자격을 인정한 것은 우리나라 사학 역사상 처음 있는 획기적인 판결일 뿐만 아니라 앞으로 사학에 미칠 파장의 크기를 섣불리 예측할 수 없을 정도로 폭발력이 큰 엄청난 파격이다. 대법원은 원심인 서울고등법원이 원고적격 문제를 제대로 다루지 못했다는 점을 적시하면서 이 사건을 서울고등법원으로 파기환송하는 결정을 내렸다.

또 하나는 개방이사와 관련된 것으로 사립학교법에 규정된 개방이사 선임은 어떤 경우에도 지켜져야 하며, 특히 임시이사에서 정이사로 정상화되는 경우에도 이 원칙이 훼손되어서는 안 된다고 못 박았다. 사실 개방이사 문제는 사분위의 정상화 과정에서 누차 위법성 논란이 야기되었던 논점이다. 상지대 정상화 과정에서 우리가 이 문제를 제기하자 사분위는 정상화 과정에서는 개방이사 규정을 지키지 않아도 된다는 자의적인 판단을 내렸다. 상지대뿐만 아니라 모든 대학과 초·중등학교의 정상화 과정에서도 개방이사 원칙은 지켜지지 않았다. 이 문제는 소송의 본안에 해당하는 문제이고 파기환송심에서 본격적으로 심리해야 할 문제이기는 하지만 대법원에서 개방이사에 대한 기본적인 판단을 제시한 만큼 사분위의 정상화 과정 자체가 통째로 흔들릴 가능성을 배제하기 어렵게 되었다.

사분위나 사학의 정상화는 일반 국민들에게 생소한 문제이다. 그렇지만

| 상지대 사태 해결을 촉구하는 교수 및 시민사회 기자회견 |

2010년 여름 사분위에서 상지대 문제를 다룰 때, 즉 상지대 정상화 과정에서 상지대 구성원들이 전개했던 한여름의 치열한 투쟁을 기억하는 사람들은 적지 않을 것이다. 이미 5년 전 일이지만 지금도 뇌리에 생생하게 남아 있는 큰 사건이다. 그러나 그 뜨거웠던 여름의 치열한 저항에도 불구하고 무소불위의 사분위는 상지대 정상화라는 미명하에 김문기 구재단이 상지대에 복귀하는 길을 열어주었다. 더구나 사학비리로 단죄되어 쫓겨났던 김문기에게 이사회 과반수의 지분을 보장해주는 터무니없는 결정을 내렸다. 사분위에서 이 결정을 주도한 인물은 당시 서울고등법원 부장판사로 재직 중이던 강민구 부산지방법원장인데, 대법관 후보로 추천되었다가 낙마했음에도 이번에 다시 대법관 후보로 거론되고 있다.

소송은 여기서부터 시작되었다. 사분위의 결정에 따라 교육부(당시 교육과학기술부)가 김문기 구재단 인사들을 이사로 선임하는 행정처분을 하자 그해 11월 24일 우리는 서울행정법원에 이사 선임 처분의 취소를 요구하는 행정소송을 제기했다(2010구합44085). 소송은 상지대 교수협의회, 총학생회,

노동조합, 총동문회, 개방이사추천위원회, 유재천 총장의 공동 명의로 제기했고 법무법인 '원'의 이태운·유선영·채영호 변호사가 소송을 대리했다. 이 재판은 사분위의 정상화 결정에 불복해 대학 구성원이 제기한 첫 번째 소송이라는 점에서 사회의 이목을 끌었고 2011년 한 해 동안 일곱 차례의 변론을 통해 쟁점이 뜨겁게 표출되었다. 그러나 정상화 과정을 주도한 교육부는 우리 측에서 요구하는 사분위 관련 자료의 제출에 일체 불응하는 등 방어적인 태도로 일관했고, 결국 2011년 10월 21일 재판부는 원고적격 문제로 소송을 각하했다.

우리는 지체하지 않고 2011년 11월 23일 서울고등법원에 항소했고(2011누40402) 구성원의 원고 자격을 거부하는 것이 국민들의 재판받을 권리를 침해하는 것이라는 판단에 따라 위헌 심판을 받아보기로 했다. 이 문제는 사분위원을 역임한 김형태 변호사와 계속 상의해오던 사안인 데다 송상교 변호사가 사분위의 위헌성에 대해 이미 논문으로 정리해 국회에서 발표한 바 있었다. 따라서 법무법인 '덕수'의 이석태·김형태·유선호·송상교 변호사를 항소심의 변호인으로 추가 선임해 재판부에 위헌법률심판제청을 요구했다. 그러나 재판부는 위헌법률심판제청을 기각했고 2012년 5월 23일 딱 한 차례의 변론으로 종결한 후 7월 11일 우리의 항소를 기각했다. 역시 원고적격 문제에서 걸렸다. 재판도 위헌 심판도 뜻대로 되지 않았다. 사분위를 상대로 한 다른 재판에서도 같은 결론이 나오고 있었기 때문에 재판을 계속할 필요가 있는지 회의가 들기도 했다.

그러나 여러 차례 논의 끝에 질 때 지더라도 대법원의 최종 판단을 받아보자는 쪽으로 결론을 내리고 2012년 7월 31일 이 사건을 대법원에 상고했다(2012두19496). 상고와 동시에 8월 14일 헌법재판소에 위헌 소송을 제기했다(2012헌바300). 위헌 소송의 실무는 송상교 변호사가 맡았다. 구재단 이사들이 이사선임처분취소를 요구하는 소송에 유재천 총장이 원고로 참여하는 문제에 대해 정상화 직후부터 계속 거칠게 항의했다. 이 때문에 총장 업무 수행에 지장이 많았고, 원고 측의 협의로 항소심부터 유재천 총장을 원고에서 제외했다. 비대위에 소속되어 있던 총동문회는 상고 다음 해인 2013년 7월 24일에 우리와 아무런 협의도 없이 대법원에 상고취하서를 제출했다. 구재단이 이사회에 참여한 상황에서 총동문회가 생각을 바꾼 것이다. 이 시기를 즈음해서 총동문회는 비대위에서도 탈퇴하는 등 김문기 복귀 반대 노선에서 이탈했다.

결국 소송을 시작한 지 5년 만에, 상고 3년 만에 대법원 판결이 나왔다. 길고 긴 법정 싸움을 전개한 셈인데, 그사이에 김문기가 총장으로 선임되었다가 해임되고 나를 비롯해 교수 네 명이 파면되었으며 학생 대표 네 명이 무기정학에 처해지는 등 많은 변화가 있었고, 이 소송 외에도 수많은 법정 싸움이 진행되었다. 참으로 극단적인 상황이었고 역동적인 변화였다. 작은 대학 하나를 둘러싼 싸움이 이렇게 복잡하게 전개될 것이라고는 누구도 짐작하지 못했을 것이다. 이렇게 된 이유는 상지대가 사학문제의 가장 중심에 놓여 있고 상지대 사태가 상지대만의 문제로 끝나는 것이 아니라 사학 전체와 연결되어 있기 때문이다. 그렇기에 상지대 대법원 판결의 의미가 중요한 것이다. 대법원은 이렇게 말했다.

헌법 제31조 제4항이 대학의 자율성은 법률이 정하는 바에 의해 보장된다고 규정하고 있는 취지는, 내학에 대한 공권력 등 외부 세력의 간섭을 배제하고 대학 구성원 자신이 대학을 자주적으로 운영할 수 있도록 함으로써 대학인으로 하여금 연구와 교육을 자유롭게 해 진리탐구와 지도적 인격의 도야라는 대학의 기능을 충분히 발휘할 수 있도록 하려는 데 있으므로(헌법재판소 2006.4.27 선고 2005헌마1047 전원재판부 결정 참조), 학문의 자유의 주체인 교원들이 그 중심이 되는 것이지만, 공권력 등 외부 세력의 간섭을 배제하고 대학을 자주적으로 운영한다는 측면에서는 교원뿐만 아니라 역시 대학의 구성원인 직원, 학생 등도 원칙적으로 대학자치의 주체가 될 수 있다고 보아야 한다. 그러므로 고등교육법령은 교육받을 권리의 주체인 학생들이 자치활동을 위해 구성한 학생회와 학문의 자유의 주체인 교수들로 구성된 교수회의 성립을 예정하고 있으므로, 학생이나 교원의 법률상 이익을 보호하기 위한 법령의 규정은 대학자치나 학문의 자유를 실현하기 위한 수단으로 기능하는 학생회나 교수회의 법률상 이익을 보호하는 역할도 함께 한다고 보아야 한다. 아울러 구 사립학교법령이 개방이사 제도를 통해 교직원·학생 등의 학교운영 참여권을 보장한 취지는 학교법인이 위기사태에 빠져 임시이사가 선임되었다가 정상화되는 과정에서도 훼손되어서는 아니 될 것이다.

참으로 아름다운 문장이 아닐 수 없으며 학문의 자유와 교육받을 권리 및 그것을 실현하는 수단으로서의 대학자치의 의미에 대한 명료한 판결이라 아니할 수 없다. 이것은 유럽에서 시민혁명 전후 시기에 대학의 정신으로 자리 잡게 된 대학의 자유와 학문의 자유에 대한 본질적인 사유와 그것을 실천한 칸트(Immanuel Kant)와 훔볼트(Karl Wilhelm Humboldt) 등 선각자들의 대학 이념에 근접한 것이다. 그러므로 이 판결은 짧은 역사를 가진 우리의 형식화된 고등교육의 결과로서 나타난 극단적인 부패와 비교육적인 전횡에서 벗어나 고등교육의 본질을 찾아가는 과정의 일환이라는 의미를 갖는다.

이 판결은 2007년의 상지대 대법원 판결(일명 '김황식 판결')에 대한 전면 부정이라는 의미를 가진다. 과거의 김황식 판결이 사학을 특정인의 사유재산으로 간주하는 바탕 위에서 사학문제를 다루었다면 이번 판결은 그것과 반대로 사학을 국가 공교육체제의 일환으로 간주해 공공성 관점에서 사학을 다룬다는 점에서 대비된다. 따라서 사분위가 김황식 판결에 근거하면서도 그 취지를 극단적으로 왜곡하는 방식으로 사학의 정상화를 추진해온 상황에서 이번 판결은 사분위의 사학 정상화 원칙과 방식을 전면적으로 비판한 것이라 할 수 있다. 다만 김황식 판결과 이번 대법원 판결이 사학 관련 이해 당사자의 폭을 확대하고 있다는 점에서는 일치하는 측면이 있다. 김황식 판결이 현직이사로만 제한되었던 소송권을 퇴임한 종전이사에게도 허용한 것인데, 이번 판결에서는 교수와 학생 등 사학의 구성원에게까지 소송권을 확대했다는 의미를 갖는다.

그런 만큼 이번 대법원 판결은 상지대 사태 하나를 해결하기 위한 판결을 넘어 고등교육을 바로 세우고 부패하고 타락한 사학을 정상화하는 출발점이 될 것이다. 이 판결은 좁게는 사분위에 의해 오도된 사이비 정상화를 바로잡는 계기가 될 것이고 그 과정에서 사분위의 공과를 심판하는 잣대로 원용될 것이다. 넓게는 사학을 규율하는 사립학교법의 잘못된 부분을 교정하면서 사립학교법이 간과하거나 외면하고 있는 사학의 본질적인 내용을 채워나가는 기준이 될 것이며, 이것이 더욱 확장되어 공사립을 막론하고 교육 전반을 재설계하는 출발점으로 작용하게 될 것이다.

제비 한 마리가 날아온다고 봄이 오는 것은 아니지만 봄이 예견되지 않는한 결코 제비는 날아오지 않는다. 한 마리의 제비는 수많은 제비를 예고하는 것이자 곧 도래할 봄에 대한 약속이다. 우리 사회가 수십 년 부패족벌사학의 터널에서 조금씩 벗어나고 있는 것이며 지난 30년간 온갖 소모적인 논란 속에 지루하게 전개되었던 사학비리 척결과 사학 정상화 논쟁을 해결할 희미한 빛을 발견한 것이다. 이 변화의 중심에 우리나라 사학문제의 상징성을 가장 뚜렷하게 담지하고 있는 상지대가 있으며 봄이 오는 길목에서 제비를 불러오는 길잡이 역할을 하고 있는 것이다.

≪프레시안≫, 2015년 8월 11일

상지대 교수들, 22년 만에 김문기와 만나다

/

상지대 2015년 하계 교원연수의 풍경

옛날이야기는 들어도 들어도 재미있고, 특히 할머니가 머리맡에서 해주는 이야기는 더욱 재미있다. 그러나 고집스러운 할아버지가 출연하는 이야기는 재미없다. 2015년 8월 27일 오전부터 원주 인터불고호텔에서 진행된 상지대 하계 교원연수는 자상한 할머니 대신 자기 이야기만 되풀이하는 고집스러운 할아버지가 억지로 출연한 재미없는 날이었다.

상지대는 매년 여름방학에 교수 전체가 참여하는 하계 교원연수를 진행한다. 김문기가 쫓겨나고 김찬국 총장이 온 이후 하계 교원연수는 대학이 교수를 연수시키는 곳이 아니라 대학의 중요한 문제를 함께 논의하면서 앞으로의 추진 방향에 대한 의견을 듣고 공론을 모으는 '하의상달'의 매우 중요한 자리로 활용되었다. 더구나 대학 본부의 정책 결정보다 더 중요한, 결정 이전의 공론 형성의 장으로서 충분한 가치를 지니고 있었다.

어디 그뿐이겠는가. 사람 사는 세상에서 잘 노는 것은 열심히 일하는 것만큼이나 중요하다. 1박 2일의 연수 과정에서 교수들이 서로 교류하고 이야기를 나누면서 사귐을 이어가고, 관계를 도탑게 하는 또 다른 효과가 있었다. 삼삼오오 거닐며 이야기하고, 즐거이 노래하고, 한잔 술을 마시면서 세상 이야기를 나누는 것은 연수 이상의 효과가 있고 어떤 연수에서도 기대할 수 없는 여운을 남긴다. 목적과 취지가 그런 만큼 연수 장소도 설악산이나 동해안 같은 산 좋고 물 맑은 곳으로 정했다. 상지대 교수로 부임한 이후 나는 단 한 번도 교원연수에 빠지지 않았다.

그러나 김문기 구재단이 학교를 접수한 이후 두 차례 연수는 무박 1일의 무미건조한 상의하달 시간으로 추락했다. 작년에는 원주시 문막읍에 위치한 오크밸리에서 했는데 초청된 외부 강사가 자기 자랑한 것 빼고는 기억에 남는 것이 없다. 이때는 김문기의 둘째 아들 김길남이 이사장이었다. 김문기가 총장되기 직전이었다. 특별한 사정이 없었더라면 이번 연수는 김문기가 총장으로서 주관할 수도 있었을 텐데, 아쉽게도 7월 9일에 징계 해임되어 불발에 그쳤다. 그러나 11개월 동안 재직하던 총장실을 '설립자실'로 바꾸고 교육부를 속이면서 계속 학교로 출근하던 김문기가 교원연수에 인사말을 하러 온다는 말을 들었다. 교원연수 분위기가 궁금해졌다.

궁금할 수밖에 없는 또 다른 이유도 있었다. 이틀 전인 8월 25일 교육부가 대학평가 결과를 각 대학에 통보했고 이미 예상했던 것처럼 상지대는 하위 그룹에 포함되었다. 앞서 이야기한 것처럼 그날 저녁 모든 보직교수들이 사퇴한다는 성명서가 대학 홈페이지 게시판에 올라왔다. 보직교수들이 사퇴했는데 누가 교원연수를 주관할까? 대학평가 결과에 대해 어떻게 이야기할까? 만약 김문기가 출연한다면 이 상황을 어떻게 설명할까? 궁금하기 짝이 없었다. 그래서 재미없는 연수이지만 참석하기로 했다.

8월 27일 오전 10시. 인터불고호텔 주차장에 차를 세우고 행사장으로 향하던 길목에서 가장 먼저 마주친 것은 학생들의 대열이었다. 총학생회와 단과대 학생 20여 명이 현수막과 피켓을 들고 김문기가 들어올 길목에서 항의 시위를 하고 있었다. 학생들이 들고 있는 현수막에는 "학교 망친 김문기, 이

사회, 보직교수 전원 즉각 사퇴하라"라는 글귀가 선명하게 인쇄되어 있었다. 피켓은 교수·학생·직원 탄압을 반대하는 문구와 사학비리 전과자 김문기의 퇴진과 대학 민주화를 염원하는 익숙한 내용이었다.

학생들의 대열을 지나 행사장 근처로 가니 교수들이 여기저기에서 담소를 나누고 있었다. 방학을 지나 오래간만에 만나는 얼굴들이어서 반갑게 인사를 나누었다. 내가 파면된 이후 처음 만나는 교수들은 멋쩍게 악수를 청하기도 했다. 고생한다는 말도 들었다. 내가 먼저 파면되고 이어서 교수 세 명이 파면되고 한 명이 중징계를 받았는데, 그중 나를 포함해 파면 교수 세 명이 연수에 참석했다. 학교에서 우리를 어떻게 대할지 궁금했다. 더구나 나는 파면 직후 교원소청심사위원회에서 파면이 취소되었지만 학교가 복직 조치를 하지 않고 있는 상황이어서 더욱 궁금했다.

장면 1 10시 30분경 갑자기 바깥이 소란스러워졌다. 고개를 돌려 바깥을 보니 학생들이 우르르 이동하는 모습이 눈에 들어왔다. 김문기를 태운 벤츠 승용차가 들어오는 것이 보였고 학생들이 그 옆을 따라 붙었다. 승용차가 행사장 출입문 앞에 멈춰 섰고 김문기가 내리자 학생들이 항의했다. 몇몇 학생들은 출입문 안으로 들어가 구호를 외치기도 했다. 김문기는 차에서 내리자마자 교원연수 행사장 옆에 붙은 신부 대기실로 들어가 버렸다. 왜 김문기는 '신부 대기실'로 들어갔을까?

장면 2 시간이 되자 교수들이 행사장 안으로 들어가기 시작했다. 최근에 파면된 공제욱 교수, 방정균 교수협의회 대표와 함께 나도 안으로 들어섰다. 그때 갑자기 일부 직원들이 막아섰다. 막는 직원들은 교원연수를 담당하는 교무부 직원이 아니라 행사와 무관한 시설부나 총무부 소속의 김문기 측근들이었다. 김문기가 처음으로 참석하는 행사이니 신변 경호를 위해 출동했거나 우리를 막기 위해 나온 모양이었다. 약간의 실랑이가 일었다. 나와 직원 몇 명이 실랑이하는 사이에 공제욱 교수는 먼저 들어갔고 이어서 나도 그들을 뿌리치고 행사장 안으로 들어갔다. 방정균 교수협의회 대표는 결국 직원들에게 막혀 입장하지 못했다.

장면 3 좌석 앞줄에 앉아 있는 나에게 일부 직원들이 와서 나가달라고 요구했다. 물론 내가 나가야 할 이유가 없었다. 행사장에 모든 교수들이 앉아 있는데 덩치 큰 직원들이 들어와서 나를 쫓아내려고 하니 분위기가 고요해졌다. 경제학과 황신준 교수가 교원연수장에 왜 교수 아닌 사람이 들어왔느냐고 사회자인 교무처장에게 항의하며 소리쳤다. 그런데 총명하지 못한 교무처장이 말귀를 거꾸로 알아듣고는 나를 내보라는 소리인 줄 알고 용기백배해 직원들에게 나를 내보내라고 독려하는 웃지 못할 해프닝이 있었다. 교원연수장에 직원들이 들어와서 행패를 부리는 것을 방치한다고 항의한 것인데 감각이 미숙한 교무처장이 아전인수 격으로 해석한 것이다.

조금 더 설왕설래하다가 결국 직원들은 밀려나고 연수는 시작되었다. 아무리 김문기 측근이라지만 보는 눈이 400개가 넘는데 눈총이 따가울 수밖에 없었을 것이다. 그러나 김문기가 설립자를 참칭하며 인사말을 할 예정이라고 들었는데 김문기는 들어오지 않았고 이현규 총장직무대행이 인사말을 했다. 차분하게 인사말을 시작했지만 차분하게 이야기할 상황은 아니었다.

장면 4 직무대행의 인사말이 시작되고 채 몇 마디 하지도 못한 상황에서 교수들의 항의성 질문이 여기저기에서 빗발쳤다. 직무대행은 더 이상 말을 이어가지 못했다. 교원연수가 아니라 즉석 생생 토크가 되어버렸다. 왜 교수들을 자꾸 징계하느냐? 대학평가를 망친 것을 어떻게 수습할 것이냐? 김문기가 대학 설립자가 아닌데 왜 자꾸 설립자라고 거짓말을 하느냐? 보직들

| 징계받은 교수들이 징계 취소를 요구하는 교내 시위 |

은 25일 자로 사퇴했는데 왜 여기 보직으로 참석해 있느냐? 질문이 끝없이 이어졌다. 질문이라기보다는 항의였고 분노의 표시였다.

한동안 소란한 상태가 가시질 않았다. 교원연수가 어떻게 진행될지 뻔히 예상되는 상황이었다. 분위기를 겨우 수습해서 2학기에 새로 임용된 신임 교수들을 소개했다. 얼마나 어색하고 민망했을까? 능히 짐작할 수 있다. 앞으로 나온 신임 교수들에게는 인사말을 할 기회도 주지 않고 소개를 하는 둥 마는 둥 어정쩡하게 진행을 마치고 예정된 성희롱 예방 교육을 시작했지만 분위기는 한없이 냉랭했다. 상당수 교수들이 행사장을 빠져나가버렸고 장소를 지키고 있는 교수들도 강의에는 관심이 없었다. 나도 행사장을 나와버렸다.

행사장 바깥 로비에서 보니 신부 대기실에서 대기하고 있던 김문기가 큰아들 김성남을 데리고 승용차를 타고 나가는 모습이 보였다. 물어보니 미리 행사장을 나온 여 교수 세 명이 김문기가 앉아 있는 신부 대기실로 들어가 항의했다고 한다. 김문기가 어떤 표정으로 응대했을지 짐작이 간다. 그중한 교수는 너무 답답하다며 울면서 나왔다고 한다. 그 상황이 눈에 선하다. 그 직후에 김문기가 신부 대기실에서 나온 모양이다.

봄에 이사가 된 큰아들 김성남은 지난달 이사회에서 상임이사로 선임되었다. 김문기 아들이 상임이사가 되었으니 사실상 이사장 노릇을 할 것임은 짐작할 만하다. 상임이사의 급여가 2015년 기준 9314만 원이 책정되어 논란이 일었다. 연봉으로 쳐도 엄청난 액수인데 겨우 반년치 급여가 억대 수준이라면 도대체 급여를 얼마로 책정했단 말인가? 몇 조 원인지 모를 엄청난 재산을 가진 김문기 일가이지만 법인의 재산과 수입은 형편없는 지경이어서, 법으로 정한 법정 부담금도 납부하지 못해 학생들의 등록금으로 대납하는 빈궁한 처지였다. 그런 김문기가 아들 김성남에게 거액의 급여를 지급하다니. 역시 족벌체제는 어쩔 수 없는 모양이다.

이렇게 오전 행사가 끝나고 점심시간이 되었다. 예약된 식당으로 가니 비빔밥이 마련되어 있었다. 메뉴가 비빔밥이다 보니 길게 먹을 것도 없었다. 간단하게 때우고 호텔 안 찻집에 모여서 연수 이야기를 나누었다. 순식간에 30여 명의 교수들이 둘러앉았다. 오후 1시가 넘었을 때쯤 찻집을 나와 행사장으로 가던 중 화장실에서 총장직무대행과 마주쳤다. 일전에 동료 교수를 조문하는 자리에서 이야기를 길게 나눈 적이 있기도 해서 잠시 이야기하는 자리를 마련했다.

장면 5 호텔 복도에 비치된 좌석에 이현규 총장직무대행, 중국학과 이상은 교수와 함께 앉아 최근의 학교 상황을 중심으로 이야기를 했다. 김문기가 총장직에서 해임된 7월 9일 이후에 직무대행으로 선임되었으니 한 달 남짓 직무대행을 한 셈인데, 그런 그에게 두 가지 주문을 했다. 지금까지 일년간 대학 본부를 장악하고 호가호위해온 사람들(교수, 학생, 직원들은 그중에서도 특히 부총장, 교무처장, 기획처장을 김문기 측근 3인방이라고 부른다)과는 다르게 대학을 정상적으로 운영해주기 바란다는 것과 진실에 기초해 중심을 잡고 대학 업무를 수행해달라는 것이었다. 이렇게 해야 대학도 살고 우리도 살 수 있다고 강조했다. 그렇게만 하면 우리도 업무에 협조하겠다고 말했다. 이현규 교수가 그렇게 하겠다고 하지는 않았지만 경청하는 태도로 우리 이야기를 들었다.

이현규 교수는 1989년 가을에 상지대에 부임한 산림과학자이다. 김문기가 쫓겨나기 네 해 전, 그때는 상지대의 썩은 종기가 곪아터지던 시절이자 교수협의회가 창립된 해이기도 했으니 김문기에 대한 반대 정서가 있을 법도 한데 그는 일찍이 김문기 사람으로 분류되었다. 아마도 부임 초기에 김문기와 연을 맺은 방식 때문이 아닌가 싶다. 그때는 또한 상지대가 종합대학으로 승격되던 시기였고 부족한 교수를 보충하기 위해 그해 전·후반기에 교수를 30명 가까이 초빙했다. 전반기에 초빙된 교수들이 대거 교수협의회에 가입해 김문기 퇴진의 중심에 섰고 김문기 축출 이후에는 대학 본부와 교수협의회의 중심으로 자리 잡고 활동한 반면 후반기에 초빙된 몇 명의 교수들은 교수협의회에 가입하지 않거나 가입하더라도 거리를 두고 지냈다. 그는 후자에 속하는 교수였다. 이현규 교수는 크게 모난 성격의 인물은 아니지만 김문기와의 관계 때문에 교수협의회와는 다른 공간에서 생활했다. 아마도 그 오랜 관계 때문에 이번에 총장직무대행에 선임되었을 것이다.

장면 6 이현규 교수가 오후 일정 준비차 먼저 일어서고 이어서 우리도 행사장으로 이동했다. 별 생각 없이 행사장에 들어가려는데 10여 명의 직원들이 앞을 가로막았다. 오전에는 불과 몇 명이 막았지만 오후에는 인원이 많아졌다. 오전에 실패한 것 때문에 인원을 보강한 모양이었다. 그러나 교수들도 많았기 때문에 일순간 매우 소란스러워졌다. 안 들어가도 그만인 자리였기에 돌아갈까 생각하다가 그냥 들어가기로 했다. 실랑이와 몸싸움이 있었지만 우리가 들어가는 것을 막지 못했다. 들어오는 과정이 소란스러웠기 때문에 미리 들어온 교수들이 이 광경을 지켜보았다. 분위기는 싸늘할 정도로 조용했다. 인사, 담소, 덕담 등 일상적인 관계는 모두 실종되었다.

오후 일정은 예정에도 없는 질의응답으로 시작되었다. 무슨 생각을 한 것인지 오전에 있었던 질의응답에 이어서 보충적인 토론 시간을 갖겠다고 했다. 3인방의 한 사람인 부총장이 마이크를 잡고 질문받고 답변하는 자리가 만들어졌다.

부총장인 조재용 교수는 미국에서 학위를 받은 미생물 전공자인데 구재단 복귀 후 법인사무국장, 총장직무대행, 부총장 등 요직을 이어가고 있다. 나이나 학교 경력을 감안하면 매우 이례적인 보직 선임인데 상황에 잘 편승한 현실주의적인 처신 때문인지도 모르겠다. 경력 등 미심쩍은 대목은 있었지만 아직은 진면목이 드러나지 않았던 2011년도에 내가 비상대책위원장으로 있으면서 한두 차례 마주한 적이 있었는데 자연과학을 하는 사람치고는 말이 무척 번드르르한 사람이라는 인상을 받았다. 그러나 기름 바른 말주변이 콘텐츠에 의해 뒷받침되지는 못했고, 임기응변에 지나치게 능하다는 인상이었으며, 진실과는 한참 거리가 먼 행위 유형의 사람이라는 느낌을 받았다. 주변에서 더러 볼 수 있는 하나의 유형이기도 했다.

장면 7 이날도 그랬다. 사회를 보는 부총장에게 교수 징계, 대학평가 결과, 설립지 문제 등 질문이 쏟아졌다. 부총장은 예의 알맹이 없고 사리에도 맞지 않는 아전인수 격 답변을 끝없이 이어갔고 이에 대한 항의가 빗발쳤다. 설립자가 누구냐는 질문에 법리적 설립자와 실질적 설립자가 다르다는 식의 창조적인 대답을 했다. 어린 학생들에게도 차마 하지 못할 소리를 선배가 즐비하고 사립학교법과 대학의 역사에 정통한 교수들 앞에서 천연덕스럽게 했다. 본인의 본색이 드러나고 있다는 생각은 하지 못하고 본인이 매우 유능하게 대응하고 있다고 생각할 것 같아 측은한 마음도 들었다.

이 상황을 보다 못한 총장직무대행이 대신 마이크를 잡고 이야기를 바꾸어 설득조로 말을 돌렸다. 교수들에게 도와달라고 호소했다. 그러나 두 차례의 교수 징계에 이어 다시 며칠 전 이사회에서 징계 요구된 일곱 명의 교수들 중에서 세 명의 여 교수가 차례로 일어나 자신이 왜 징계를 받아야 하는지에 대해 울분에 찬 목소리로 발언을 이어갔다. 교수, 학생, 직원을 가리지 않고 무자비하게 징계하는 파렴치한 인면수심의 사람들을 향한 예리한 칼날이었다.

그러나 우리가 모르는 사실이 있었다. 김문기는 오후에 행사장에서 발언하기로 예정되어 있었고 김문기의 지령을 받은 총장직무대행 등 보직들은 김문기의 참석과 발언을 관철하려고 작정하고 있었다. 마이크를 잡은 이현규 교수가 설립자 운운하며 김문기의 인사말을 듣자고 교수들을 설득했다. 아무리 설득해도 통하지 않자 강경한 태도로 돌변했다. 징계 대상자로서 발언하던 몇몇 교수들은 더 이상 연수를 받을 이유가 없다며 행사장에서 퇴장해버렸다. 많은 교수들이 함께 혹은 뒤이어 나가버렸다. 이때 뒤를 돌아보니 김문기는 이미 행사장에 들어와서 뒤편에 서 있었다. 그제야 이들의 의도를 알아차렸다. 이현규 교수는 계속 설립자 운운하며 인사말을 듣자고 했다.

나는 이날 아무 발언도 하지 않기로 되어 있었다. 내가 결심한 것이 아니라 젊은 교수들의 요청을 받아들인 것이다. 젊은 교수들이 대학평가 문제와 교수 징계 문제를 중심으로 발언하려고 하니 지켜봐달라고 부탁을 받은 상황이어서 그렇게 하는 것도 좋겠다고 생각해 시종일관 침묵으로 지켜보기만 했다. 그러나 이미 2/3 이상의 교수들이 행사장을 떠났고 추가로 발언할 교수들도 없는 데다 김문기는 입장해서 인사말을 하려는 상황이었기 때문에 더 이상 침묵하기 어렵게 되었다.

장면 8　나는 김문기를 돌아보면서 자리에서 일어나 김문기의 참석과 발언은 불가능하다고 말했다. 그리고 김문기는 설립자가 아니고 상지대를 오욕으로 물들인 사학비리 전과자이며 지금의 상지대를 파행으로 이끈 주범이라고 역설했다. 행사장 분위기는 가라앉았다. 그 순간 직원들이 행사장 안으로 다시 들이닥쳤고 나를 둘러쌌다. 내 발언을 저지하면서 끌어내려고 했다. 그러나 뿌리치면서 계속 발언했다. 옆에 앉아 있던 방정균 교수협의회 대표도 일어나 발언했다. 행사장의 앞자리에 앉아 있던 우리 둘은 자리에 선 채로 김문기의 부당함을 웅변했다. 그사이에 김문기는 앞으로 이동해서 자리에 앉았다. 나는 김문기를 바라보면서 또한 김문기를 가리키면서 김문기 때문에 발생한 문제들을 하나하나 지적했다. 당황한 총장직무대행이 직원들에게 강한 어조로 지시했다. "내가 총장직무대행으로서 모든 책임을 질 테니 정대화 교수를 끌어내!" 그러나 설령 깡패라고 한들 교수들의 이목이 집중된 대낮의 행사장에서 나와 방정균 교수를 끌어내기는 쉽지 않았을 것이다. 결국 이현규 교수가 자리에 앉든지 나가든지 해달라고 읍소했다. 그러나 우리는 앉지도 않을 것이고 나가지도 않을 것이라며 맞섰다. 내가 파면되었기 때문에 나가야 한다면 총장에서 해임된 김문기와 함께 나가겠다고 말했다.

　이렇게 한동안 실랑이를 하다가 우리는 행사장에서 나가기로 했다. 김문기에 대한 반대와 상지대 민주화의 필요성을 역설한 후 이 자리에 더 있을 이유가 없다고 선언하고는 자리를 떠났다. 앞자리에서 뒤로 이동하면서 남아 있는 교수들을 바라보았다. 이미 대다수 교수들이 떠나 자리는 썰렁했고 일부 남아 있는 교수들은 우리를 쳐다보지 않았다. 몇몇 교수들은 고개를 숙이고 있었다. 문을 열고 밖으로 나오니 행사장 바깥에 있는 로비 여기저기에 교수들이 모여 있었다.

　우리가 나간 후에도 계속해서 교수들이 자리를 떴다. 이미 정상적으로 교원연수를 진행할 수 없는 상황이었다. 그 텅 빈 공간에서 김문기는 설립자를 참칭하며 무슨 말인가를 했지만 무슨 말을 하는지 알아듣기 어려웠다고 한다. 외부 강사로 불러온 뉴라이트 논란의 주역 공주대 이명희 교수가 무엇인가를 말하고, 그다음에 대학평가에 대한 보고가 있었다고 한다. 그러나 이미 다수의 교수들이 빠져나간 다음부터 행사가 끝날 때까지 질문도 토론도 없었다고 한다. 질문할 사람도 없고 토론할 사람도 없었기 때문이다. 벽 보고 절한 꼴이다.

이렇게 상지대는 김문기의 아집과 전횡에 무너지고, 김문기에 빌붙어 호가호위하는 파렴치한 인사들에 의해 무너지고, 대학평가로 무너지고, 부당한 대량 징계로 무너지고, 학내분규로 무너지고 있다. 하나의 이유로 무너지는 것이 아니라 다방면에서 무너져 내리고 있으며 총체적 부실의 단계로 접어들었다. 더구나 이제 대학평가에서 하위 그룹에 들어갔으니 당장 2016년도 신입생 모집에서 초비상 상태를 경험할 것이다. 헤어날 수 없는 깊은 늪 속으로 빠져든 셈이다. 대학도 모르고 교육도 모르고 도덕성도 없는 파렴치한 자들이 대학을 좌지우지한 결과이다. 대학에 진정한 배움이 없고, 학문과 연구가 없고, 토론이 없다면 그것은 대학이 아니다. 상지대는 이미 교육과 연구가 없고 진실과 진리가 실종된 학문의 폐허로 변했다.

여기서 꼭 강조하고 싶은 말이 있다. 세상에 도둑이 창궐하는 이유는 사람들의 심성이 특별히 나쁘고 도둑놈이 많아서가 아니라 사회가 도둑질을 강요하거나 도둑을 방치하기 때문이다. 권력이 도둑질을 하면 국민들도 도둑질을 한다. 정부가 무능하면 도둑이 번성할 수밖에 없다. 하물며 정부가 도둑을 양산하고 경찰이 도둑과 한통속이라면 그야말로 도둑놈 천하가 될 수밖에 없다. 그때는 도둑놈이 현명한 사람이고 도둑을 직업으로 선택하는 것이 현명한 처신이 된다. 바야흐로 도둑질 못하는 사람이 사회적으로 무능한 사람으로 낙인찍히는 뒤집힌 세상이 도래하는 것이다. 이것은 인류가 반복해서 경험한 역사의 원리이다.

상지대와 김문기의 관계 역시 마찬가지이다. 김문기는 결코 교육자일 수 없는 사람이다. 이것은 불변의 진리이다. 그러나 상지대가 김문기 때문에 곤욕을 치르는 이유는 비단 김문기의 무절제한 욕심 때문만은 아니다. 김문기를 상지대에 복귀시킨 또 다른 파렴치한 조직인 사분위와 교육부가 배후세력이고 그 뒤에는 더 큰 그림자 배후인 부패권력이 도사리고 있다. 이들이 김문기의 배후이자 숙주인 것이다.

그러나 역사에서 도둑이 결코 성공할 수 없었던 것처럼 김문기 역시 성공할 수 없다. 은폐된 도둑도 성공하지 못하는데 대한민국에서 가장 유명세를 떨치고 있는 희대의 사학비리 전과자가 성공할 가능성은 전혀 없다. 앞으로 두고 보면 알겠고 시간이 조금 더 지나면 더욱 분명하게 드러나겠지만 김문기는 이 상황의 최대 희생양이 될 것이다. 이것은 피할 수 없는 김문기의 운명이다. 김문기의 복귀 자체가 김문기에는 불운인 것이다. 섶을 지고 불구덩이 속으로 뛰어든 불나방이 무엇을 기대할 것인가?

≪프레시안≫, 2015년 9월 1일

김문기와 상지대, 그리고 벌거벗은 임금님

국민들 누구나 알고 있는 안데르센의 동화 '벌거벗은 임금님'은 진실을 호도하는 어른들의 이야기다. 원제목은 '황제의 새로운 옷'인데 우리나라에서는 '벌거벗은 임금님'이라고 한다. 임금님에게 지어 바친 옷이 없는데도 새로운 옷이라고 속이니 임금님이 벌거벗은 상태가 될 수밖에 없다.

우리나라에도 '벌거벗은 임금님'이 있다. 대학의 85%가 사학이고 상당수 사학이 사학비리로 몸살을 앓고 있다. 옷이 없는데 옷을 입었다고 하는 것이나 대학답지도 않은 사학을 대학이라 부르는 것은 같은 거짓말이다. 학문과 지성의 전당인 대학을 사학비리의 경연장으로 만들어버린 비리사학 재단이나, 이 참혹한 상황을 방치한 채 대학의 자율성만을 외치는 정부가 '벌거벗은 임금님'과 다를 것이 무엇인가?

하버드나 예일이 미국의 명문사학이라는 것은 알지만 이들이 어떤 정신으로 어떻게 운영되는지 주목하지 않는다. 미국 사학에는 주인도 없고, 전횡도 없고, 부패도 없다. 문제의 핵심은 정부가 사학문제를 정면으로 바라보지 않고 회피하는 데 있다. 사학비리의 숙주 노릇하던 시절보다는 나아졌지만 여전히 소극적이다. 사학개혁은 실종되었고, 신흥사학비리가 발생하는 데다, 이미 오래전에 퇴출된 비리재단들까지 부활해 복귀하니 사학비리가 창궐하지 않을 도리가 없다.

상지대는 사학개혁의 가장 상징적인 대학이다. 문민정부 출범 직후 김문기 씨가 사정개혁 1호로 구속되면서 '사학비리 종합선물세트'에서 민주대학으로 발전했다. 김문기 퇴출 이후 상지대는 자력으로 정이사체제를 구축했고 시민대학이라는 새로운 사학 모델을 창안해 무명의 지방대학에서 일약 중부권 명문사학으로 발돋움했다. 교수와 학생들이 행복하고 학부모가 만족하고 지역사회가 환영하는 대학, 학생들에게 꿈과 끼를 키워주는 대학으로 거듭났다.

그러나 기쁨도 잠시, 천사들이 애너벨 리를 시기했던 것처럼 상지대를 시기하는 기운이 일어났다. 상지대 대법원 판결(일명 김황식 판결)로 정이사체제가 무너지고, 사학분쟁조정위원회가 구재단을 복귀시키고, 교육부와 사학세력의 엄호를 받아 김문기 구재단이 이사회를 완전히 장악한 연후에, 작년 8월 14일 대한민국 사학 비리의 가장 상징적인 존재인 김문기 씨가 언감생심 대학 총장으로 등극하는 경천동지할 사건이 발생했다.

고난이 시작되었다. 박정희와 전두환 시대의 낡은 사고방식을 민주화된 상지대에 강제이식하면서 민주대학은 20년 만에 극단적인 분규 대학으로 전락했고 교수와 학생에 대한 탄압이 자행되었다. 보다 못해 황우여 교육부 장관이 여섯 차례나 김문기 씨의 총장직 사퇴를 촉구했지만 오불관언, 다수의 언론사가 12개의 사설로 비판했지만 마이동풍, 교육부가 대학 정상화 방안을 제출하라고 요구했지만 동문서답이었다. 국회가 상지대 청문회를 개최해 김문기 씨를 증인으로 불렀지만 두 차례 모두 출석을 거부했다. 결국 교육부가 특별종합감사를 실시했다.

교육은 세속과 구별되고 대학은 소학과 구별된다. 특히 대학은 대학다워야 대학이다. 그러나 김문기 체제의 상지대는 세속보다 세속적이고 소학보다 유치하다. 김문기 체제는 상지대를 나락으로 인도하는 체제이다. 끝없는 분규 끝에 무너질 체제이다. 상지대의 불이 온 산을 불태울 수도 있다. 상지대의 실패는 사학의 실패가 되고 교육의 실패가 되고 또한 정부의 실패가 될 것이다.

그러므로 결론은 분명하다. 임금님이 벌거벗었다고 말해야 하는 것처럼 김문기 체제는 안 된다고 말해야 한다. 입지 않은 옷을 입었다고 기만하면서 진실에 다가갈 수는 없다. 김문기의 존재, 김문기의 방식, 김문기의 체제로는 답을 발견할 수 없다. 교육부가 그렇게 생각하고 있고 황우여 장관도 이미 그렇게 공언했다. 임금님의 혜안이 필요하다.

≪경향신문≫, 2015년 1월 16일

사학은 세습의 대상인가?

/

아버지와 아들 둘이 총장, 이사장, 상임이사인 대학

2015년 3월 교육부는 김문기의 큰아들 김성남을 상지학원 이사로 승인했다. 연초에 이사회가 승인을 요청했지만 보류하다가 상지대 감사 결과를 발표하는 자리에서 아버지 김문기의 총장직 해임을 요구하면서 대신 큰아들을 이사로 승인한 것이다. 상지대 구성원들은 부당한 선임에 반대했지만 무심한 교육부는 아버지와 아들을 교환하듯 그냥 승인하고 말았다.

그러나 실제로는 큰아들 김성남을 아버지 김문기와 교환한 것이 아니라 둘째 아들 김길남과 교환한 것이다. 김길남은 2010년 상지대 정상화 시점에서 이사가 되었다. 사분위가 만들어준 자리이다. 3년 이상 이사를 하던 김길남은 채영복 이사장 등이 임원 간 분쟁으로 동반 사퇴한 직후 상지대 이사장이 되었다. 이사장이 된 지 반년도 안 되어 아버지 김문기를 총장으로 선임하는 대가로 이사장직에서 물러났다. 이사직은 그대로 유지했다. 그러나 2014년 8월에 이사 임기가 만료되자 이사회에서 연임 신청을 했지만 교육부가 거부했다. 김길남이 이사가 될 가능성이 없어지자 큰아들 김성남이 교체 등장한 것이다.

지난 6월 16일에는 이사회가 김성남을 상임이사로 선임했다. 이사장실 옆에 별도의 상임이사실도 만들어주었다. 장광수 이사장이 김문기의 측근이고 85세의 고령이라는 점을 감안하면 상임이사인 김성남이 이사회를 장악한 것으로 봐야 할 것이다. 김길남이 이사장으로 상지학원을 장악했다면 김성남은 상임이사로 장악한 셈이다. 아버지가 총장인 상태에서 아들이 이사장을 할 수 없으니 상임이사직을 신설하는 묘수를 고안해낸 것으로 보인다.

7월 29일 이사회에서는 상임이사에게 보수를 지급하기로 의결하고 바로 그 자리에서 추가경정예산안을 처리해 김성남의 급여를 9314만 원으로 결정했다. 김성남이 6월 16일에 상임이사가 되었으니 회계연도인 2016년 2월 말까지 8개월 보름 동안 급여를 지급하게 된다. 이 급여 총액이 9300여 만 원이면 월 급여는 1100만 원이 넘고 연봉은 1억 3000만 원을 상회하는 고액이다. 이 금액은 확인되지 않은 수당 등을 제외한 순수 급여이다. 여기에 4대보험 부담금까지 합치면 상당한 액수가 될 것이다. 주목할 만한 경력도 없고 교육 경력이나 상지대 근무 경력도 없는 쉰 살 새내기 이사 김성남에게 고액 급여를 지급하는 이유가 무엇일까?

물론 법인의 재정이 넉넉하고 학교가 융성하는 상태라면 혹 이런 정도는 무시할 수 있을지도 모르겠다. 그러나 법인에는 돈이 없다. 김문기는 돈이 많겠지만 법인은 아주 가난하다. 법인에 돈이 없어서 4대보험 부담금 등 법인에서 반드시 부담해야 하는 법정 부담금도 학생들의 등록금으로 대납하는 처지이다. 부속한방병원 직원들은 이미 오랫동안 급여가 체불되어 어려움을 겪고 있다. 학생들에게 돌아가야 할 소액의 교육 경비까지 줄였다가 대학평가에서 참담한 성적을 받고 대학의 미래가 불투명해진 상황에서 과연 이래도 되는 것인지 묻고 싶다.

김성남은 건설업과 부동산업을 하는 제왕건설과 구택건설에서 대표를 하다가 아버지 김문기가 운영하는 강원상호저축은행 부행장을 맡았던 사람이다. 처음부터 교육과는 인연이 없는 사람이었다. 그 시절 여야 의원 16명에게 거액의 불법 정치자금을 공여한 혐의로 중앙선거관리위원회에 의해 고발되었고 이어서 강원상호저축은행 자금을 배임 횡령한 혐의로 금융감독원에 의해 고발되었던 전력을 가진 사람이다. 물론 두 건 모두 아버지 김문기와 함께 고발되었다. 특별한 경력도 없는 사람이 특별한 수익도 없는 고등교육기관의 이사가 되고 상임이사가 되어 고액 연봉을 받는 것이 과연 정상적인 것일까? 아버지와 큰아들, 둘째 아들이 번갈아가며 총장, 이사장, 상임이사를 맡는 족벌세습의 현실이 만들어낸 기형적인 결과이다.

최근 롯데그룹의 후계자 문제가 불거졌고 신동주와 신동빈의 세칭 '왕자의 난'이 세간의 주목을 받은 바 있다. 삼성그룹도 후계 과정을 거치는 중이고 그 전에 현대그룹과 LG그룹 등 다수의 재벌 그룹들이 비슷한 과정을 거쳤다. 재벌 그룹만 후계 과정을 거치는 줄 알았더니 대학도 같은 길을 걷고 있다. 영남대는 박정희에서 박근혜로, 세종대는 주영호에서 주명건으로, 서일대는 이용곤에서 이문영으로, 경희대는 조영식에서 조인원으로, 한양대는 김연준에서 김종량으로, 수원대는 이종욱에서 이인수로, 조선대는 박철웅에서 딸과 며느리로 학교 운영권을 세습하고 있다. 학교가 재벌처럼 기업처럼 움직이는 상황이다.

그렇다면 학교와 기업은 같은 것인가? 재벌 세습 자체가 시대착오적인 발상으로 눈총받는 상황인데 교육기관의 세습이 국민들에게 어떻게 받아들여질지 궁금하다. 사학을 가족에게 세습하는 것이 과연 가능한 것인가? 세습은 사유재산을 전제로 하는 전근대적인 관행인데, 사학을 기업의 사유재산과 마찬가지로 개인이 마음대로 처분할 수 있다고 생각하는 발상이 괴기스럽다. 사학의 사유재산권과 세습 문제가 오늘날 우리 사회에서 커다란 논쟁점으로 떠오르는 상황이니 검토가 필요하다. 먼저 권력의 세습 문제부터 따져보자.

권력은 인간사회의 영원한 화두이다. 오랫동안 권력은 세습의 대상이었고 세습은 정당한 것으로 간주되었다. 권력이 세습될 수 있었던 이유는 권력의 사유화와 가문의 혈통에 대한 믿음 때문이었다. 권력은 왕의 것이고 왕의 가문은 뛰어난 혈통에 의해 다른 가문과 차별화된다는 믿음이 존재했기 때문이다. 중세 유럽에서 권력 세습은 왕권신수설에 의해 이론적으로 뒷받침되었다. 왕의 자리는 신이 내려준 권한이라는 뜻이다. 왕권과 신권의 절묘한 타협의 결과라고 할 수 있다.

그러나 왕권신수설이 범람하던 그 유럽이 종교개혁에 이은 시민혁명의 터널을 지나면서 입헌군주론으로 옷을 갈아입었다. 국민들의 의지를 표상하는 헌법이 신의 뜻을 대신하게 된 것이다. 전체 국민들의 의지를 대표하는 헌법의 등장은 정치와 권력에서 주권재민론의 등장으로 이어졌다. 국민들이 주권자라는 것이며 왕의 권력은 국민들의 권력으로 전환되었다. 그리하여 권력은 신과 소통하는 왕의 소유에서 국민들의 소유로 그 원천이 이동했다. 국민들이 권력을 소유한다는 것은 누구도 소유하지 않는다는 것이다.

자본주의가 등장하면서 중세 이전의 관념인 권력의 사유화는 부의 사유화에 자리를 내주게 되었다. 중세가 권력 사유화의 시대였다면 근세는 부의 사유화로 대표되는 시대가 된 것이다. 자연스럽게 권력의 세습은 폐지되고 재산권이라는 이름으로 부의 세습이 나타났다. 왕족과 귀족의 전유물이었던 권력을 대신해 부르주아지의 전유물인 부가 시대의 아이콘으로 등장한 것이다. 자연스럽게 왕족이 지배하는 봉건사회는 부르주아지가 지배하는 자본주의사회로 바뀌었다. 이것은 프랑스 혁명과 그에 앞선 영국 시민혁명의 성과이다.

프랑스 혁명은 인권선언을 통해 인간의 차별을 부정함으로써 봉건사회의 해체를 선언하고(제1조), 자연권에 기초한 인간 권리의 하나로 재산권을 명시함으로써 자본주의사회의 등장을 알렸다(제2조). 프랑스 혁명의 이러한 정신은 영국에서 1628년의 권리청원과 1689년의 권리장전에서 공통적으로 표현된 "의회의 동의 없는 과세 금지"라는 원칙과 부합하는 것이다. 이 정신에 따라 재산은 새로운 시대의 권력 원천이 되었고 재산권은 신성불가침의 영역으로 자리 잡았다.

재산은 사유재산과 국공유재산으로 구분된다. 사유재산은 개인의 재산이나 주식회사와 같은 사법인의 재산을 이르는 말로 개인의 사적인 처분이 허용되는 재산이다. 이는 사적 소유권이라고도 한다. 국공유재산은 국가의 목적 혹은 공공의 목적에 이바지하는 재산이다. 이런 점에서 사유재산은 국가, 사회, 정부가 소유한 국공유재산과 본질적으로 구별된다. 전자가 개인 소유의 관점을 강조한다면, 후자는 공공 이용의 관점을 강조한다.

그러나 자본주의가 발달하면서 사유재산의 성격도 변화했다. 근대 초기 유럽에서 자유방임주의를 배경으로 한 재산권은 신성불가침의 권리로 인정되었으나 자본주의가 초래한 빈익빈 부익부의 심각한 사회적 모순을 해결하기 위해 재산권에 대한 절대불가침의 원칙이 수정되었고, 재산권 행사에 공공복리적합성이 요구되었다. 사유재산에 공적 성격이 부가되었다는 뜻이다.

20세기 들어 최초로 독일 바이마르 헌법에 도입된 재산권 행사의 공공적 요구는 그 후 대다수 국가의 헌법에 수용되었으며 우리나라 역시 이 원리를 따르고 있다. 공적 이익이 사적 소유를 제한한 결과인데 혼자 잘 먹고 잘 사는 것보다 다 함께 행복하게 살아야 한다는 공동체 정신이 반영된 것이다. 그 결과 사유재산제를 원칙으로 인정하면서도 사회 전체의 복리를 위해 재산권에 일정한 규제를 가하는 사회적 법치국가의 원리가 보편적 원칙으로 적용되고 있다.

이제 다시 질문해보자. 재산권이 존중되는 자본주의사회에서 학교는 사유재산인가? 당연히 그렇지 않다. 이 문제에 답하기 위해 자본주의사회를 유지시키는 핵심 개념 중 하나인 공공재(public good)에 대해 먼저 검토해보

| 교내 집회에서 김문기 반대를 외치는 구성원들 |

자. 공공재란 여러 사람이 동시에 소비할 수 있으며, 어떤 사람의 소비가 다른 사람의 소비 가치를 감소시키지 않고 똑같은 소비 수준을 가지는 것을 가리킨다. 이와 동시에 잠재되어 있는 모든 소비자를 배제할 수 없는 재화나 용역을 의미한다. 이런 점에서 공공재는 특정인을 배제하지 않는 비배제성(non-exclusivity)과 소비자들끼리 경합하지 않는 비경쟁성(non-rivalry)을 양대 특징으로 한다.

비배제성과 비경쟁성을 모두 충족시키는 공공재를 순수 공공재라고 하는데 경찰, 국방, 소방, 국민 보건, 공원, 도로, 교육 등 국민 복지의 측면에서 핵심적인 역할을 하는 서비스들이 여기에 해당된다. 순수 공공재는 그 속성상 시장경제를 통한 공급이 허용되지 않기 때문에 정부가 적극적으로 개입해 무료로 공급하며 비용은 세금으로 충당한다. 비배제성과 비경쟁성 중 어느 하나를 충족하는 공공재를 준공공재라 하며 전기, 수도, 전화와 같은 비경쟁적 공공재와 하수 정화시설이나 폐수 처리시설과 같은 비배제적 공공재가 여기에 해당된다.

이렇게 볼 때 교육, 특히 의무교육이나 초·중등교육은 공공재의 두 측면인 비배제성과 비경쟁성을 모두 충족시키는 순수 공공재임을 알 수 있다. 국공립 교육이 이 목적을 위해 존재한다. 국공립을 중심으로 발달한 유럽의 교육체제는 순수 공공재의 성격이 가장 잘 드러나는 경우이다. 이것은 교육이 국가 발전의 필수 불가결한 토대라는 믿음 때문이다.

그렇다면 국공립과 구별되는 사학도 공공재라 할 수 있을까? 당연히 그렇다. 미국에서 사학이 발달했지만 미국의 사학은 사유재산으로 간주되지 않는다. 우리에게 잘 알려진 명문 사립대학인 하버드대나 예일대를 설립자의 사유재산이라고 말하는 정신 나간 사람은 없을 것이다. 이 점에 대해서는 2013년 11월 28일 헌법재판소가 정확한 판결을 내렸다(헌재 2013.11.28. 2007헌마1189).

(1) 사립학교는 그 설립자의 특별한 설립이념을 구현하거나 독자적인 교육 방침에 따라 개성 있는 교육을 실시할 수 있을 뿐만 아니라, 공공의 이익을 위한 재산출연을 통해 정부의 공교육 실시를 위한 재정적 투자능력의 한계를 자발적으로 보완해주는 역할을 담당한다.

헌법재판소는 사립학교에 대한 위와 같은 인식을 바탕으로, 비록 헌법에 명문의 규정은 없지만 학교법인을 설립하고 이를 통해 사립학교를 설립·경영하는 것을 내용으로 하는 사학의 자유가 헌법 제10조, 제31조 제1항, 제4항에서 도출되는 기본권임을 확인하는 한편, 학교 교육이 개인·사회·국가에 지대한 영향을 미친다는 점에서 사립학교도 국·공립학교와 본질적으로 다를 바 없음을 밝힌 바 있다(헌재 2001.1.18. 99헌바63, 판례집 13-1, 60, 68 참조, 강조는 필자).

(2) 헌법 제31조는 국민의 교육을 받을 권리를 실질적으로 보장하기 위해 국가나 공공단체가 적극적·능동적으로 주도하고 관여하는 교육체계, 즉 공교육제도를 전제하고 있음(헌재 1992.11.12. 89헌마88, 판례집 4, 739, 751~752 참조)에 따라 학교 교육의 제도와 그 운영에 관해서 법률에 위임하고 있으며, 이러한 헌법의 위임에 따라 교육기본법, 초·중등교육법 등의 교육 관련 법률들도 학교, 교원, 학생선발, 교육내용, 학교에 대한 공적 지도·감독 등 학교 및 교육의 거의 모든 영역에 걸쳐 사립학교를 공립학교와 동일하게 규율하고 있으므로, 법제상 우리나라 사립학교는 공교육제도의 체계에 철저히 편입되어 있다고 할 수 있다(강조는 필자).

사학은 설립 주체의 측면에서 국가가 설립한 국립 교육기관이나 지방자치단체가 설립한 공립 교육기관과 형식적으로만 구별될 뿐 동일하게 국가 공교육체제의 일부로서 존재하는 것이므로, 사립학교는 그 본질상 국공립학교와 동일하다. 따라서 사학 역시 국공립과 마찬가지로 순수 공공재에 속한다.

공공재로서 교육이 추구하는 공익 목적을 실현하기 위해 국가는 공익법인이라는 개념을 발전시켰다. 공익법인이란 주식회사와 같은 사법인과 구별되는 법인으로 사회복지, 종교, 교육, 장학, 의료 등 공익 실현을 목적으로 설립된 비영리법인을 말한다. 공익을 목적으로 설립되었기 때문에 개인이나 단체가 출연하는 자산에 대해서는 상속세나 증여세를 부과하지 않는 조세 특례가 적용된다. 법률에 따라 국가와 지방자치단체가 재정을 지원하는 것도 가능하다. 국가의 예산 지원이나 세금 면제와 같은 특혜가 주어지기 때문에 공익법인은 주무 관청의 허가를 받아 설립되며 임원의 취임, 정관 변경, 재산의 처분 등 주요 업무에 대해 주무 관청의 감독을 받는다. 또한 공익법인이 추구하는 공익성을 보장하기 위해 민법과는 별도로 '공익법인의 설립·운영에 관한 법률'을 제정해 지원하고 있다.

특별히 다른 공익법인과 달리 교육기관인 사학의 경우 상당한 국가재정이 투입된다. 초·중등 교육기관의 경우 일부 특수 목적 고등학교나 자율형 사립 고등학교를 제외하면 학교 운영비의 대부분을 결손 보조금의 형태로 국가에서 지원한다. 설립만 일반인이 할 뿐 운영 측면에서는 국공립과 다를 바 없다는 뜻이다. 사립대학의 경우 학생 등록금이 주된 재원이지만 국가의 재정 지원도 결코 적지 않은 수준이다. 그러므로 국가 재정투입의 관점에서 보더라도 사학은 공공재임이 분명하다.

사립학교를 위해 출연된 재산에 대한 소유권은 학교법인에 있고, 설립자는 학교법인이 설립됨으로써, 그리고 종전이사는 퇴임함으로써 학교 운영의 주체인 학교법인과 사이에 더 이상 구체적인 법률관계가 지속되지 않는다 (헌법재판소 2009.4.30. 판결 2005헌바101).

대법원과 헌법재판소가 정당하게 판결한 것처럼 사학에 출연한 재산은 출연과 동시에 특정인의 사유재산이 아니라 학교법인, 즉 공익법인의 재산이 된다. 학교법인의 재산은 개인의 사유재산과 구별된다. 사유재산이 공공재로 전환되는 것이다. 물론 재산을 출연한 사람의 명예를 높이 기리기 위해 학교법인 정관에 설립자로 예우한다. 그러나 설립자에 대한 예우는 당사자에 국한되며 그 가족이나 유족에게 세습되지 않는다. 그러므로 학교가 기업처럼 매매되지 않는 것과 마찬가지로 세습되지도 않는다. 그럼에도 기업처럼 학교가 매매되고 세습되는 것이 용인되는 우리의 현실은 공공재의 파탄 혹은 변질이라 할 것이며 우리 사학이 파행성으로 치닫는 근본 원인이라 할 수 있다.

　이미 앞에서 여러 차례 언급한 것처럼 김문기는 상지대 설립자가 아니다. 대학 설립을 위해 특별히 재산을 출연한 바도 없을 뿐만 아니라 온갖 사학 비리를 저질러 대학 발전에 막대한 지장을 초래했다. 이런 사람이 대학운영에 관여하게 된 것 자체가 문제의 출발점이지만 온갖 비리를 저질렀음에도 다시 대학에 복귀한 것은 더 큰 문제이며, 이제 와서 자신의 소유권을 주장하며 아들에게 학교를 세습하려는 것은 본말이 전도된 발상이다. 학교를 사유재산으로 간주해 폭압과 전횡을 일삼고 자식에게 세습하려는 김문기의 태도도 잘못된 것이지만 이 상태를 용인하고 조장하는 교육부의 잘못은 더욱 심각하다.

　따라서 학교를 사유재산으로 간주해 전횡을 일삼으며 세습을 획책하는 사학 관계자들의 구시대적인 관념이 사라지지 않는 한, 사학을 사유재산으로 간주하고 세습을 용인하는 정부 당국자들의 불법적인 태도와 정책 기준이 수정되지 않는 한, 잘못된 사학 관행을 바로잡기 위한 국회의 법령 정비 노력이 시급히 추진되지 않는 한 사학을 둘러싼 소모적인 논쟁과 갈등은 결코 사라지지 않을 것이다.

다시 한번 강조한다. 학교는 개인의 사유재산이 아니다. 학교는 개인이 소유하고 세습할 수 있는 대상이 아니다. 학교는 돈벌이의 수단이 아니다. 초·중등학교든 고등교육기관이든 학교는 국리민복의 목적에 이바지하는 우리 사회의 대표적인 공공재이다. 그런 만큼 우리 모두가 함께 보호하고 발전시켜야 할 책무가 있다. 이 사실을 잊지 말고 여기서부터 출발해야 할 것이다.

≪프레시안≫, 2015년 9월 3일

무엇이 심화진 성신여대 총장을 구속시켰나?

아무런 관계가 없는 두 개의 사건이 한군데로 모이면서 큰 사건이 되었다. 바로 심화진 사건과 전인범 사건이다. 전인범 사건은 원래 사건이 아니었다. 문재인 더불어민주당 전 대표가 특수전 사령관을 역임한 전인범 장군을 영입하면서 언론에 보도되었고 관심을 끌었던 정도였다. 그 과정에서 전인범이 영원한 특전맨이냐 아니냐를 두고 양념 삼아 약간의 논란이 일었을 뿐이다. 그렇게 끝나는 사건 아닌 사건이었다.

그러나 전인범 장군이 사학분규로 몸살을 앓고 있는 심화진 성신여대 총장의 남편이라는 사실이 알려지면서 관심의 각도가 틀어졌다. 문재인 전 대표가 부적절한 인물을 영입한 것 아니냐는 것으로 논란이 다시 확대되었고 전인범 장군이 이 논란에 대처하는 과정에서 권총으로 쏴 죽인다는 극단적인 발언을 한 사실이 공개되면서 사건으로 발전했다. 장군답지 않은 부적절한 표현이 여론을 자극한 것이다.

그러다가 심화진 총장이 7억여 원에 달하는 횡령죄로 징역을 선고받고 법정 구속되는 진짜 사건이 발생하면서 결국 대형사건으로 비화되고 말았다. 구속된 심화진 총장은 이사장을 거쳐 세 번이나 성신여대 총장을 역임하면서 학내분규를 야기했고 그 과정에서 교비를 소송비로 사용하지 못하도록 엄격하게 금지하는 사립학교법을 위반한 불법행위를 수다히 저질렀음이 드러나버린 것이다. 더구나 작년 총장 선임 과정이 불법이었다는 사실까지 겹쳐졌다.

성신여대 관계자의 말에 의하면 이사회 안에서 교비를 소송비로 사용해서는 안 된다는 내부 경고도 있었다고 한다. 대학 구성원들도 이 점에 대해서 문제제기를 했다고 한다. 그러나 심화진 총장은 이사회와 구성원의 경고를 무시하고 수십 건에 달하는 소송비용을 교비로 사용했고 결국 법원에서 횡령죄를 물어 징역을 선고하고 법정 구속하는 사태로까지 발전했다. 사학비리가 총장에게 징역을 선고하고 법정에서 구속하는 사건이 되어버린 것이다. 왜 이렇게 되었을까?

먼저, 이 사건을 성신여대 사건으로 축소해버리면 해답을 발견할 수 없다는 점을 지적해야 한다. 성신여대만의 문제가 아니기 때문이다. 한국외국어대 박철 총장은 같은 혐의로 1천만 원의 벌금을 선고받았고, 수원대 이인수 총장은 징역 4개월에 집행유예 1년을 선고받았으며, 청주대 김윤배 총장은 징역 6개월에 집행유예 2년을 선고받았다. 드러난 사건이 이런 것이고 드러나지 않은 사례는 부지기수로 많은 것이 현실이다.

그러나 사학에서 교비를 소송비로 사용하는 것은 사학비리의 극히 부분적인 사례이다. 교비인 공금을 제 돈 쓰듯 횡령하고, 입시부정을 저지르고, 인사비리를 저지르고, 물품과 대금을 착복하고, 회계를 조작하는 등의 사례는 어제오늘의 일이 아니고 한두 학교의 일도 아니다. 사학비리를 비판하거나 고발하는 학교 구성원을 징계해 내쫓는 일도 일상적으로 일어나고 있으니 사학비리는 우리 사학의 일상적인 풍경이다.

이런 엄청난 사학비리의 원조는 1980년대에 인천대학교의 전신인 과거 선인재단의 백선엽과 백인엽, 조선대학교의 박철웅, 상지대학교의 김문기라 할 수 있고 당시에 언론은 이들을 사학비리 3인방이라고 불렀다. 비슷한 시기에 영남대, 대구대, 세종대, 광운대, 덕성여대, 동덕여대, 경기대 등 수많은 대학들도 비리사학의 반열에 올랐다. 사학비리로 문제가 된 전문대와 초·중등학교는 일일이 이름조차 거론하기 어려울 정도로 많다.

그중에서도 광운대 조무성 이사장은 20년 전에 사학비리로 쫓겨났다가 복귀해 다시 사학비리를 저질러 부부가 함께 구속되기도 했다. 상지대 김문기 이사장 역시 사학비리로 문민정부 사정개혁 제1호로 구속되어 쫓겨났다가 세월이 지나 총장으로 복귀했지만 다시 총장에서 해임되었고 김문기가 선임한 이사회까지 해체되었다. 이들의 반교육적인 불법행동으로 사학비리에는 반성이 없다는 사실이 확인되었다.

그런데 더욱 중요한 점은 1980년대 이후 사학비리로 쫓겨났던 인사들이 2000년대 이후 모두 학교로 복귀했다는 전설 같은 사실이다. 이것이 대한민국 사학의 현실이다. 여기에는 단 하나의 예외도 없었다. 우리나라가 사학비리의 천국이 아니고서는 있을 수 없는 일이 민주화된 대한민국에서 백주대낮에 벌어진 것이다. 이 일을 사학분쟁조정위원회라고 하는 교육부 산하기구에서 담당하고 있다. 그래서 사람들은 사학분쟁조정위원회를 비리재단복귀추진위원회라고 부른다.

이렇게 되다 보니 사학들은 마음 놓고 비리를 저지르게 된다. 족벌사학으로 유명한 경동대학교의 전재욱이나 서남대학교의 이홍하가 대표적이다. 1천억 원대의 교비횡령으로 징역 9년을 선고받은 이홍하는 지금도 징역을 살고 있지만 조금도 바뀌지 않았다. 명지대 유영구 이사장도 수천억 원대의 교비횡령으로 감옥에 있다. 최근에는 총장 형제와 학교 간부들이 기소된 백석대, 이사장이 징역 5년을 선고받은 서해대, 총장이 징역 5년을 구형받은 청암대 사례도 있다.

구속된 총장과 이사장이 부지기수고 기소되어 재판에 넘겨진 규모나 교육부 감사에서 지적된 규모는 이루 다 헤아리기가 어려울 정도이다. 사학비리가 발생한 학교를 열거하기보다는 사학비리가 없는 학교를 열거하는 것이 오히려 손쉬울 지경이다. 교육기관은 이사장의 사유재산이 되었고, 학생들이 납부한 등록금은 쌈짓돈이 되었고, 학교는 설립자나 이사장의 가업으로 전락해버린 것이 우리 교육의 현실이다.

왜 이렇게 되었을까? 이유는 너무 간단하다. 사학이 썩어도 너무 썩었기 때문이다. 사학이 왜 썩었을까? 사학을 설립하고 운영하는 사람들이 사학을 교육기관으로 보지 않고 돈벌이 수단으로 간주하기 때문이다. 그렇다면 왜 학교를 돈벌이 수단으로 간주하게 되었을까? 여기에 우리 사학문제의 본질적인 기원이 있다.

역사를 거슬러 올라가면 이승만 대통령 시절에는 학교 부지에 편입된 토지를 토지개혁에서 제외시켜주는 예외가 주어지면서 토지개혁을 피하기 위해서 너도나도 학교를 설립했다. 박정희 대통령 시절에는 학교에 엄청난 특혜를 부여하면서 사학비리를 양산했고 사학비리에 대해서는 철저하게 눈감아주었다. 그 결과 돈벌이용 학교가 우후죽순으로 늘어나고, 사학비리가 창궐하고, 정부가 사학비리를 눈감아주는 아비규환의 반교육적인 상황이 만들어졌다.

지금은 이런 상황이 국회의 입법과 정부의 정책으로 전환되어 사학비리의 제도화로 굳어버렸다. 사학비리를 당연한 것으로 받아들이게 되었다는 뜻이다. 사학을 규율하는 사립학교법에는 사학비리라는 말이 없다. 사립학교법에 사학비리가 없으니 사학비리를 규제하는 것이 불가능하다. 교육부는 사학비리를 단속할 의지가 없을 뿐만 아니라 오히려 비리재단을 열성적으로 비호한다. 국회도 사학비리 척결에는 별 관심이 없다. 보수정권은 전통적으로 사학재단을 옹호한다. 이만한 사학 천국은 전 세계 어디에도 없을 것이다.

그러니 사학 운영자들은 마음 놓고 사학비리를 저지른다. 혹 문제가 불거지면 정권과 국회를 동원해서 무마한다. 사건이 터져서 문제가 되더라도 교육부를 잘 구슬려 문제를 축소한다. 재수 없게 교육부 감사를 받거나 검찰의 조사를 받더라도 몸통은 피해서 깃털만 건드리고 아무 일도 없었던 것처럼 지나간다. 언론의 협조도 받을 수 있다. 최악의 경우 처벌을 받더라도 교육부와 사학분쟁조정위원회를 통해서 다시 복귀할 수 있으니 너무 걱정할 일은 아니다. 혹여 문제가 생기더라도 아들과 딸에게 물려줄 수 있으니 더욱 안심이다. 대한민국만큼 사학비리 보장제도가 촘촘하게 마련되어 있는 사학비리복지국가도 없을 것이다.

우리나라는 사학의 천국이다. 대학의 85%가 사학이고 고등학교의 40% 이상도 사학으로 구성되어 있다. 이렇게 많은 사학들이 마음 놓고 사학비리를 저지르니 우리나라는 또한 사학비리의 천국이다. 김영삼 대통령 이후 한때는 사학비리를 엄단한 적이 있었다. 사학비리를 단속하기 위해서 사립학교법을 전향적으로 개정한 적도 있었다. 그러나 이명박, 박근혜 정권이 들어서면서 정책은 사라지고 법은 다시 옛날로 되돌아가고 말았다.

그렇다면 상황은 절망적인가? 사학비리를 엄단하고 추방하는 방법은 진정 없는 것인가? 전혀 그렇지 않다. 제대로 된 교육을 위해서는 많은 일이 필요하지만 창궐하는 사학비리를 근절하기 위해서는 두 가지 조건만 있으면 간단하게 해결할 수 있다. 하나는, 정책적 관점에서 대통령이나 교육부 장관이 어떤 경우에도 사학비리를 용인하지 않겠다는 정책 의지를 공개적으로 표명하면 된다. 또 하나는, 사립학교법을 개정해 사학비리에 대한 처벌 규정을 명문화하고 사학비리를 저지르면 어떤 경우에도 다시는 교육현장에 복귀할 수 없도록 하면 된다. 이 두 가지 조건만 갖추어지면 사학비리는 더 이상 우리 교육에서 발붙일 수 없게 된다.

결국, 사학비리를 근절하겠다는 정책 목표를 가진 정부가 들어서고 사학비리를 엄하게 처벌하는 법률이 만들어지면 된다는 것이다. 이것은 쉽고도 어려운 문제이다. 보이는 사람에게는 쉬운 문제지만 보이지 않는 사람에게는 어려운 문제이며 부패세력에게는 더욱 어려운 문제이다. 그간 해결이 지연된 것도 이런 점 때문이다. 그러나 계속 미루기 어렵게 되었고 대통령 탄핵으로 대통령선거가 임박했으니 또 한 번의 기회가 주어질 상황이다.

사립학교법 개정은 오랫동안 논의되어 왔으며 조만간 본격적인 토론이 전개될 것이다. 사학분쟁조정위원회를 폐지하거나 자문기구로 변경하는 방안도 유력하게 검토되고 있다. 교육부가 기능상 불필요하고 정책적으로 무능하므로 폐지하고 국가교육위원회로 바꾸어야 한다는 요구도 매우 높은 상황이다. 교육부 무용론은 어제오늘의 주장이 아니다. 더구나 초·중등교육을 교육청으로 이관하면 교육부가 할 일은 별로 없는 셈이니 교육부 폐지가 그렇게 어려운 일은 아니다.

정부가 무능하고 법률이 미비한 그간의 상황에서 창궐하는 사학비리로 학교와 구성원들은 큰 고생을 했다. 다행히 생각 있는 언론의 보도와 양식 있는 사법부의 판결로 조금씩 앞으로 나아가고 있다. 이 과정에서 총장과 이사장이 하나둘씩 구속되었다. 이 상황이 바뀌지 않으면 앞으로도 구속되고 징역 사는 총장과 이사장을 계속 보게 될 것이다. 국민들의 존경받는 지위여야 할 사학의 총장과 이사장이 날마다 검찰에 불려가고 구속되는 일을 막기 위해서라도 정부와 국회가 사학개혁의 고삐를 다잡아야 할 시점이다.

《민중의소리》, 2017년 2월 12일

상지대 사태는 김문기와 교육부의 합작품

/

상지대를 분규 대학으로 만들고 파국으로 몰아간
교육부의 20가지 과오를 고발한다

2000년대 상지대는 교수의 연구 실적이 전국 최상위급에 속하는 대학, 입시 경쟁률이 도내에서 가장 높은 대학, 학생들에 대한 교육과 특성화로 주목받는 대학이었다. 비리재단이 물러난 후 자력으로 정이사체제를 구축한 후 대학 발전의 새로운 모델을 창안해가는 중이었다. 무엇보다도 활력이 넘치는 대학이었다. 그러나 이 모든 것이 사분위의 발족과 2010년 상지대 정상화라는 이름으로 행해진 구재단의 복귀에 의해 전면적으로 좌절되었다.

김문기 구재단은 복귀와 동시에 학원 장악에 혈안이 되어 대학을 분규로 몰아갔고 구성원에 대한 탄압을 바탕으로 대학운영을 파행으로 몰아갔다. 그리고 그 결과는 2013년 정부재정지원 제한대학으로 나타났다. 구성원들이 단합해 뼈를 깎는 노력으로 이 상황을 극복하고 대학운영을 정상화했지만 김문기 구재단이 이사회를 완전히 장악하고 김문기가 총장에 선임된 후 상지대는 더 깊은 나락으로 떨어졌다.

김문기가 총장에 선임된 후 상지대는 전쟁터를 방불케 하는 대표적인 분규 대학으로 전락했다. 교수 네 명 파면, 직원 다섯 명 해임, 학생 네 명 무기정학에 이어 추가로 열 명 이상의 구성원들이 징계를 기다리는 공포의 상황이 만들어졌다. 교수와 학생의 자치활동은 완전히 거부되었고 교정에는 폭력과 비인도적이고 반교육적인 언행이 난무했다. 학내 폭력과 전횡을 가능하게 하는 거대한 족벌체제가 형성되었으며 이를 바탕으로 김문기 1인의 독선적 행위가 자행되고 있는 것이 오늘날 상지대의 현실이다.

물론 족벌체제의 중심은 김문기이다. 상지대 사태는 김문기를 제외하고는 상상할 수 없다. 이 족벌체제에서 대학의 최고 의사결정기구인 이사회는 김문기의 들러리이자 거수기로 전락해버렸다. 그 증거는 무궁무진하다.

- 이사회는 김문기의 학원 장악을 위해 3년 동안 임원 간 분쟁을 일으켰다.
- 김문기는 아무 자격도 없이 이사회를 들락거렸다.
- 둘째 아들 김길남을 이사장으로 선임했고 김길남의 연임이 거부되자 큰 아들 김성남을 상임이사로 선임했다.
- 교육부가 감사처분에서 김문기의 해임을 요구했지만 응하지 않고 처음에는 정직 1개월로, 다음에는 정직 2개월로 결정했다. 그러다가 결국 징계위원회 의결도 없이 김문기 해임을 결정했다.
- 상임이사 김성남의 급여를 총장보다 많은 액수로 결정했다.
- 김문기 측근을 특별 채용하고 학교 상징물과 개교기념일을 무단으로 바꿨다.
- 징계 시효가 지나고 검찰에서 무혐의 처리된 사안인 것을 알면서도 대학에서 김문기가 요구한 대로 교수들에 대한 무더기 징계를 의결했다.
- 가장 결정적인 것은 정관의 설립자 조항에 대한 불법적인 변경이다.

이사회는 김문기가 설립자가 아니라는 사실을 뻔히 알고 있으면서도 김문기의 요구대로 설립자를 김문기로 변경했다. 정상적인 이사회라면 결코 할 수 없는 일을 반복했다.

대학의 보직은 김문기 1인체제를 떠받드는 하수인들로 가득 채워져 있다. 본부 보직은 교육과 연구의 중심이다. 그러나 이들에 대해서는 교육과 연구를 담당하는 보직이 아니라 김문기 1인체제를 보위하는 호위무사라고 부르는 것이 더 타당할 것이다. 이들이 자임한 호위무사의 역할은 징계 과정에서 명백하게 입증되었다. 부총장, 교무처장, 기획처장, 학생처장 등 보직교수들은 교수 징계, 학생 징계, 직원 징계 등 거의 모든 징계에 단골 징계위원으로 참여했다. 이사회가 거수기로 의결한 모든 사안에 실무를 맡았다. 모든 사안에 대해 교수들의 비판과 반대가 있었지만 오불관언이었다.

이런 상황에서 교육과 연구가 진작될 수 없는 것이 현실이며, 대학이 본연의 업무를 수행할 수 없는 것도 사실이다. 그 결과가 대학구조개혁 평가에서 D- 등급을 받아 대학의 존망이 위협받는 상황으로 나타난 것이다.

지금 상지대가 처한 상황은 김문기 1인 족벌체제가 대학을 어떻게 망치고 있는지를 여실히 보여준다. 사학비리 전과자 김문기가 대학을 운영할 최소한의 자격과 조건을 구비하지 못하고 있다는 사실을 입증해주는 증거이기도 하다. 김문기와 그 하수인들이 추구하는 것은 대학의 안정화나 발전이 아니라 대학을 소유권적으로 지배하려는 것이고 이에 장애가 되는 구성원들을 제거해 대학을 폭력적으로 지배하고자 하는 것이다.

상지대가 직면한 이 반교육적인 상황은 일차적으로 김문기 때문이다. 그러나 김문기만으로는 이 일을 성사시킬 수 없다. 교육부가 김문기를 비호하거나 김문기의 전횡을 수수방관하지 않고서는 결코 성사될 수 없는 일이다. 상지대를 우리나라 최악의 분규 대학으로 만들어 사태를 이 지경으로까지 악화시킨 교육부의 과오를 이해하기 위해서는 지금까지 교육부가 해온 일을 열거하는 것만으로도 충분하다.

먼저 사분위 정상화 이후 분규가 끊임없이 되풀이되고 있는 최근 5년간의 상황을 되돌아보자. 교육부의 태도와 역할이 일목요연하게 드러날 것이다.

사분위와 연합해 비리로 쫓겨난 구재단의 복귀를 조장했다

김문기 퇴출 이후 대학 민주화를 추진하면서 자력으로 정이사체제로 전환한 상지대를 뒤흔든 것은 김황식 대법관을 주심으로 한 2007년 대법원 판결이었다. 상지대 대법원 판결은 상지대 정이사체제를 붕괴시키고 다시 임시이사체제로 되돌려놓았다. 그러나 대법원 판결이 구재단의 복귀를 선언한 것은 아니었다. 구재단 복귀를 공식화한 것은 교육부 산하의 행정위원회로 발족한 사분위였다. 사분위는 대법원 판결을 멋대로 왜곡해 대법원 판결이 구재단 복귀를 결정한 것이라고 강변하면서 공공연하게 구재단 복귀를 추진했다. 이런 이유로 사분위는 사학분쟁조정위원회가 아니라 사학분쟁을 조장하는 위원회이자 비리재단 복귀를 추진하는 위원회라는 비판을 받았다. 교육부는 조용히 침묵했다. 결국 사분위가 앞장서고 교육부가 맞장구치는 방식으로 구재단의 복귀를 조장했다.

사분위에 대해 관할청으로서의 최소한의 책무도 수행하지 않았다

사분위의 정상화가 구재단 복귀로 이어지면서 사학분규를 조장하자 국회, 언론, 교육계, 시민사회에서 사분위에 대한 비판이 쏟아졌고 교육부가 제 역할을 해야 한다는 요구가 비등했다. 그러나 교육부는 사분위가 독립적인 위원회라는 이유로 관할청으로서의 책임을 방기했을 뿐만 아니라 사립학교법에 명시되어 있는 재심 권한을 단 한 번도 행사하지 않았다. 특히 상지대 정상화로 사회적 이목이 집중되었을 때 안병만 교육부 장관은 사분위 결정이 잘못되었다고 평가하면서도 필요한 조치를 취하지 않았으며 이주호 장관은 정치자금 비리와 저축은행 비리를 저지른 김문기 복귀에 대해 김문기의 비리는 개인 비리에 불과한 것이라는 무책임한 태도를 보였다. 개인 비리는 아무리 많이 저질러도 아무 문제가 없다는 것이 교육부 장관의 입에서 튀어나온 것이다.

구재단의 학원 장악을 위한 음모와 공작을 방치하고 조장했다

2010년 사분위 정상화로 구재단이 상지대 이사회에 복귀한 이후 지난 4년 간 상지대 이사회는 임원 간 분쟁으로 끊임없이 파행을 겪었다. 이사회 갈 등은 극에 달했고 대학 업무는 마비되었으며 교원 충원과 예산심의가 수시 로 지연 혹은 파행되었다. 이러한 상황에 대해 상지대 총장과 교수협의회는 물론 이사회 감사가 누누이 교육부에 대책을 촉구했다. 그러나 교육부는 끝 까지 상지대 사태를 수수방관하고 방치했다. 이사회 갈등은 결국 채영복 이 사장, 임현진 이사, 한송 이사 등 교육부 추천 이사와 구성원 추천 이사가 일 거에 동반 사퇴하는 양상으로까지 악화되었지만 교육부는 여전히 침묵했 다. 교육부가 이사회의 파행을 증폭시키고 사태를 악화시킨 책임이 있는 것 이다.

임원 간 분쟁과 현저한 부당을 야기한 구재단 측 이사들을 방치했다

사립학교법 제20조의2에는 '임원 간의 분쟁·회계부정 및 현저한 부당 등 으로 인해 당해 학교 운영에 중대한 장애를 야기한 때'에는 임원취임의 승인 을 취소하도록 규정되어 있다. 상지대 이사들은 3년간 지속적으로 임원 간 분쟁을 일으켰다. 명백한 해임 사유를 저지른 것이다. 상지대 이사들은 교원 충원과 예산심의를 지연시킨 것은 말할 것도 없거니와 공공기숙사 사업과 방과 후 학교 사업 등을 무산시키는 현저한 부당을 저질렀고, 그 결과 상지 대가 2013년 정부재정지원 제한대학에 선정되도록 하는 결정적인 과오까지 저질렀다. 그러나 교육부는 감독 기능을 포기하고 이 모든 사태를 방치했다.

김길남 이사장의 위장 사퇴를 용인했다

2014년 8월 14일, 김문기의 총장 선임 직전에 둘째 아들 김길남이 이사장 직을 사퇴했다. 직계존비속이 이사장과 총장을 겸할 수 없다는 사립학교법

규정을 피해간 것이다. 그러나 김길남의 이사장 사퇴는 이사회 회의록에만 존재할 뿐 법인등기부에는 여전히 이사장으로 등재되어 있었다. 학내에서는 조만간 김길남이 이사장으로 복귀할 것이라는 소문이 나돌았다. 김길남이 등기부상 이사장으로 등재되어 있고 이사장 복귀 소문이 파다해 이사장 위장 사퇴 논란이 제기되는 상황임에도 교육부는 아무런 조치를 취하지 않았다.

특별종합감사에서 구재단 이사들의 문제점에 눈을 감았다

교육부는 김문기가 총장에 선임되어 대학운영이 파국에 직면한 다음에야 상황의 심각성을 인지하고 김문기 사퇴를 촉구했다. 그러나 김문기가 사퇴를 거부하는 상황에서 정치사회적 압력이 집중되자 마지못해 감사에 착수했다. 16명의 감사 인력을 동원해 3주에 걸친 특별종합감사를 벌이는 등 생색을 냈지만 실제로는 겉핥기 감사에 머물렀다. 상지대 사태의 원인이자 문제의 근원인 이사회의 파행과 임원 간 분쟁에 대해서는 거들떠보지도 않고 선임된 지 3개월밖에 되지 않은 김문기의 비리에만 주목했다. 국회와 언론에서는 이사회에 대한 감사를 촉구했지만 교육부는 마이동풍이었다. 총장된 지 3개월에 불과한 김문기에게 무슨 대단한 비리가 있다고 김문기 비리만 파헤친 것인지 도무지 납득할 수 없는 요령부득의 감사를 한 것이다.

상지대 상황을 국회 및 사분위에 허위 보고했다

교육부는 2015년 초에 상지대 상황을 사분위에 보고하면서 이사회의 임원 간 분쟁, 이사장 위장 사퇴, 임시이사 파견, 긴급처리권 등 상지대가 제기한 문제점들에 대해 사실과 전혀 다른 내용을 적시해 상지대 상황을 오도했다. 그 후에는 감사처분 이후의 상황을 국회 교육문화체육관광위원회에 보고하면서 마치 김문기가 상지대에 거액을 출연하기로 한 것처럼 허위 보고했다. 기숙사와 한방병원 분원을 설립하기 위한 자금 조달을 논의한 이사회에서 김문기 개인의 출연은 없다고 분명하게 못 박았음에도 교육부는 없는 사실을 꾸며서 마치 김문기가 사재를 출연한 것처럼 보고했다.

상지대 안정화를 위한 조치를 포기하고 권력과 정치권 눈치 보기에 급급했다

감사가 끝나고 감사처분을 발표하는 데 3개월이 걸렸다. 1~2개월 안에 감사처분을 발표한다고 했지만 발표는 계속 지연되었다. 2014년 12월에 끝난 감사에 대한 처분이 2015년 3월에야 발표되었다. 감사처분의 이행에 다시 4개월이 걸렸다. 무슨 이유에서인지 교육부는 계속 미적거렸다. 상황이 발생할 때마다 법률 자문을 받는 등 시간을 끌었다. 그 후에도 사태를 종결 짓지 못하고 미적거렸다. 교육부가 김문기 구재단을 비호하는 것이거나, 사태를 해결할 의지가 없거나, 아니면 사태 해결에 무능한 것이다. 어느 쪽인지 교육부는 알고 있을 것이다.

김길남, 김성남을 이사로 승인함으로써 족벌체제 구축을 유도했다

사분위 정상화 과정에서 교육부는 김문기의 이사 선임을 배제하고 둘째 아들 김길남을 이사로 선임했다. 김길남이 이사장이 된 후에 김문기를 총장으로 선임한 책임을 물어 연임을 거부하면서 다시 큰아들 김성남을 이사로 승인했다. 교육부가 김문기의 아들을 이사로 앉히겠다는 의지를 표출한 것이다. 그러나 김성남이 과거 정치자금 비리와 저축은행 비리에 연루된 인물이라는 점을 감안한다면 교육부의 처사는 납득할 수 없는 반교육적인 결정이다. 결국 김성남은 상임이사의 실권을 쥐게 되었고 김붕기, 권영상 등 족벌체제가 만들어지는 단초를 제공했다.

김문기의 위장해임에 모르쇠로 일관하면서 대학의 파국을 방치했다

교육부의 감사처분에 대해 상지대 이사회는 정직 1개월로 대응했다. 교

| 상지대 구성원 총력 결의대회 |

육부가 재심의를 요구하자 정직 2개월로 대응했다. 교육부가 계고를 하자 결국 김문기를 해임했다. 그러나 이번에는 사립학교법에 규정된 징계 절차를 위반해 징계위원회 의결도 없이 이사회 결정만으로 김문기를 해임하는 절차상 흠결을 만들었다. 징계 절차를 위반한 해임은 당연히 무효라는 사실을 악용한 것이다. 이것은 대법원 판례와 교원소청심사위원회 결정 사례로 명백하게 확인된 것임에도 교육부는 위장해임에 대한 판단을 유보했다.

대량 징계와 폭력적인 탄압 등 상지대 사태의 극단적인 악화를 방치했다

교육부 감사가 끝나지미지 김문기는 나를 파면하고 전·현직 총학생회상과 부회장을 무기정학에 처했다. 내 파면이 교원소청에서 취소되고 학생 대표의 무기정학이 사법부에서 무효가 되었다. 다시 김문기는 방정균 교수 등 교수협의회 전·현직 대표 네 명을 징계에 회부해 세 명을 파면하고 한 명을 중징계했다. 이어 직원 다섯 명을 해임했다. 여기에 그치지 않고 학생 대표에 대해 2차 징계를 추진하면서 다시 현직 교수협의회 대표를 포함한 교수 일곱 명을 중징계 회부하는 등 부당한 대량 징계로 학내 사태는 극단적으로 악화되고 있었다. 하지만 교육부는 아무런 조치를 취하지 않았다. 교육부가 교육기관에 대한 관할청으로서 이렇게 무책임할 수는 없는 것이다.

상지대가 대학평가에서 D- 등급을 받도록 만든 공동정범이다

상지대 사태가 악화되던 시기에 전국 대학을 대상으로 대학구조개혁평가가 진행되었고 1단계 평가에서 상지대는 하위 그룹에 포함되었다. 다시 2단계 평가를 거쳐 최종적으로 하위 그룹의 하위에 해당하는 D- 등급을 받았다. 교육부는 감사처분에서 김문기 해임을 요구하면서 김문기를 대상으로 평가를 진행하는 모순을 저질렀다. 해임을 요구받은 김문기가 평가를 제대로 준비할 수 없다는 것은 자명한 사실이었다. 김문기의 하수인들로 구성된 보직들이 교수와 학생에 대한 징계에 혈안이 되어 있는 상황에서 우수한 점수를 기대할 수 없었다. 이 같은 특수한 사정을 감안해 상지대를 평가 대상에서 제외하거나 평가를 연기해 줄 것을 요청했지만 거부되었다.

2010년 사분위 정상화를 전후한 시점부터 지난 5년간 교육부가 보여준 태도는 결코 새로운 것이 아니다. 쫓겨난 비리재단을 옹호하면서 구재단의 복귀를 조장하고 구재단의 횡포를 방치하면서 상지대를 파국으로 몰아간 교육부의 처사가 비단 어제오늘의 일이 아니라는 뜻이다. 이 일련의 상황은 상지대와 아무런 연고도 없는 젊은 사업가 김문기가 상지대 임시이사로 파견되어 상지대를 무상으로 인수한 후 온갖 부정과 비리를 저지르던 시절에도 그대로 나타났다. 역사가 20년 만에 다시 반복되고 있는 것이다.

김문기의 상지대 인수는 교육부의 작품이었다

첫 단추부터 잘못 끼워졌다. 첫 만남이 악연이 되었다. 상지대의 전신은 원주대이고 법인은 청암학원인데 원주대에 임시이사를 파견하고, 김문기를 임시이사로 추천하고, 임시이사회의 이사장으로 만들고, 김문기가 청암학원을 인수하도록 계획하고 추진한 것은 문교부였으며, 문교부 장관은 김문기의 평생의 멘토였던 민관식이었다. 당시 강원도에는 사립대학이 원주대와 관동대 두 곳뿐이었는데 김문기는 고향에서 가까운 관동대 인수를 생각하고 있었던 것으로 알려져 있다. 그러나 관동대가 서울의 명지학원으로 운영권이 넘어가자 원주대 인수를 추진했고 민관식 장관의 지시를 받아 김수근 강원교육감이 적극 지원했다. 상지대는 이렇게 김문기 수중으로 넘어갔다.

1970~1980년대 내내 교육부는 김문기의 보호막이었다

김문기는 개교 직후 강의 과목이 없다는 이유로 교수 다섯 명을 해임하고, 다음 해에는 전체 교수 13명 중 아홉 명을 재임용에 탈락시켰다. 당시 상지학원은 갓 설립된 상지대, 원주실업전문학교, 신입생 모집이 중지된 원주대 등 세 개의 대학을 운영하면서 등록금은 두 배로 올린 반면 교육환경은 말할 수 없이 열악해서 학생 시위가 끊이지 않았고, 지역 유지들이 박정희 대통령에게 탄원서를 제출하는 상황까지 발생했다. 1980년 이후에는 전조영 교수를 사상범으로 몰아 해직시키고, 전문대 교수 세 명을 납치·감금해 파면했으며, 학생 150명을 간첩으로 몰아간 상지대 용공조작 사건을 일으켰다. 거의 매년 입시부정이 자행되었음에도 교육부는 모르는 척했다. 교육부가 김문기의 사학비리를 은폐하고 비리를 키우는 든든한 숙주 노릇을 한 것이다.

교육부는 김문기의 설립자 불법 변경을 용인했다

1981년 김문기는 정관 변경 과정에서 원홍묵으로 되어 있는 설립자를 김문기 본인으로 불법 변경했다. 사학에서 설립자는 변경 불가능한 것임에도 김문기는 설립자를 본인으로 불법 변경했고 교육부는 모르는 척 눈감아주었다. 1999년에 이 불법의 전모가 드러나 김문기가 교육부를 기망해 설립자를 변경한 것으로 정리되었지만, 설립자가 변경 불가능한 조항이라는 사실을 감안하면 기망이 아니라 교육부와의 공모 혹은 교육부의 묵인이었다고 보는 것이 더 정확하다. 당시는 군사독재 시절이었고 교육부가 민관식 라인으로 구성되어 있는 데다가 대학정책실장을 지낸 모영기 등 김문기를 비호하는 세력들이 교육부 안에 포진한 상황이었기 때문에 이 정도의 공모나 묵인은 어렵지 않았을 것이다.

김문기가 구속된 상황에서도 교육부는 봐주기 감사에 그쳤다

1993년 3월 31일 문민정부 사정개혁으로 김문기가 구속되었다. 김문기를 구속하기 위해 대검찰청 중앙수사부가 예고 없이 상지대를 방문한 3월 27일에 교육부는 상지대에 대한 실태조사를 시작했다. 이날은 토요일이었다. 토요일과 일요일에는 실태조사가 불가능하다는 사실을 감안하면 교육부가 급하게 움직였다는 것을 알 수 있다. 결국 4월 1일까지 6일간, 실제로는 사나흘간의 짧은 겉핥기 실태조사를 한 후 김문기가 구속 수감된 다음인 6월 4일에 이사 해임 조치를 내렸다. 이어 6월 12일에는 실태조사 결과 처분서를 발송했다. 교육부가 이사들을 해임하고 처분을 요구한 내용을 보면 당시 언론에서 보도하고 검찰에서 조사한 부정입학, 공금횡령, 회계부정, 용공조작, 인사비리 등 온갖 사학비리 혐의는 대부분 누락되었다. 교육부는 겨우 이사회 운영상의 문제점을 지적해 사후적으로 김문기와 그 하수인들을 해임하는 선에서 그쳤다. 교육부는 뒷북을 친 것도 아니고 뒷북치는 흉내만 낸 것이다.

1993년 임시이사 파견은 눈 가리고 아웅 하는 격이었다

교육부는 김문기 구재단 이사들을 해임하고 임시이사를 파견했다. 김상준 전 교육부 차관이 이사장으로 선임되었고 고화영 원주시의회 의장, 원제윤 원주시 번영회장, 서효원 원주시 교육장, 김대호 원주전문대학장, 장윤 대성학원 이사장, 김영중 강원도 교육청 관리국장 등이 임시이사에 포함되었다. 이들 중 다수는 김문기를 지지하는 인사였는데, 김문기는 감옥에서 출소한 후 자신이 임시이사 선임에 개입했다고 실토했다. 임시이사도 김문기 편이었던 것이다. 정권 출범 초기에 김영삼 대통령의 사정개혁 의지가 서슬 퍼렇게 작동하는 상황이라 교육부는 어쩔 수 없이 흉내는 냈지만 뒤로는 여전히 김문기 숙주 노릇을 했다. 이 불완전한 가짜 임시이사체제는 임시이사들이 김찬국 총장을 부당하게 해임시키면서 자신의 본색을 드러냈고 결국 모두 해임되고 새로운 임시이사들로 재편되었다.

김영삼 정부의 청와대가 김문기 복귀를 추진했다

김영삼 정부의 임기는 1993년 3월부터 1998년 2월까지였다. 임기 첫해인 1993년에 사정개혁 과정에서 김문기를 구속한 문민정부는 임기 마지막 해인 1997년에 김문기를 상지대에 복귀시키기로 했다. 청와대에서는 김문기를 복귀시키기로 결정 내리고 이를 교육부에 지시했다. 이 결정 과정에 청와대와 교육부 관료들이 개입했을 것이다. 그러나 당시 교육부 장관은 연세대 행정학과 교수 출신의 안병영 장관이었는데, 안 장관이 복귀 지시를 거부하면서 실패로 돌아갔다. 이 숨겨진 사건은 문민정부 사정개혁의 한계를 보여준다. 그 한계는 문민정부의 경제수석을 역임했던 한이헌이 그 후 정상화 과정에서 구성원의 추천으로 상지대 정이사가 되었음에도 구성원을 배신하고 김문기를 지지한 사건을 통해 재차 입증되었다.

김대중 정부의 교육부 장관이 직접 김문기 복귀를 추진했다

김영삼 정부에 이어 김대중 정부에서도 같은 일이 반복되었다. 김대중 정부의 두 번째 교육부 장관으로 김덕중 아주대 총장이 임명된 것은 1999년 5월이었다. 김 장관은 장관 취임 두 달 만에 장관으로서는 도저히 할 수 없는 대형 사고를 쳤다. 그해 7월 29일 김 장관은 상지대 이상희 이사장과 김찬국 총장을 교육부로 불렀다. 영문도 모르고 참석한 자리에 김문기도 와 있었다. 이 자리에서 김 장관은 "사립대학은 주인이 있어야 발전할 수 있고, 그 주인은 설립자이다. 상지대도 설립자에게 돌려주어야 한다"라는 예의 유명한 '사립대 주인론'을 거론했다. 이 발언이 빌미가 되어 결국 취임 7개월 만에 장관직에서 물러났지만 민주주의와 개혁을 강조한 김대중 정부에서 교육부 장관이 앞장서서 김문기 복귀를 주장한 것은 매우 이례적인 사건이 아닐 수 없다.

노무현 정부가 사분위 설립을 추진했다

노무현 정부 중반인 2005년에 사립학교법이 전향적으로 개정되어 사학 재단에 대한 공적 통제가 가능해졌다. 그러나 2007년 당시 박근혜 한나라당 대표와 황우여 교육위원장이 중심이 되어 사립학교법을 후퇴시키는 재개정을 추진했다. 이 과정에서 사분위 신설 조항이 포함되었는데 한나라당의 요구를 참여정부와 열린우리당이 수용한 결과였다. 당시 열린우리당 김진표 정책위원회 의장이 주도한 사립학교법 재개정은 열린우리당 내부 논의나 국회 교육위원회와 법제사법위원회 절차를 생략하고 국회의장 직권상정 방식으로 처리되었다. 이것은 열린우리당이 참여정부가 추진하던 로스쿨 도입을 위해 한나라당이 요구하는 사립학교법 재개정을 수용하는 정치적 거래 방식으로 추진되었기 때문이다. 그 결과 열린우리당 교육위원들은 법 개정 조항도 확인하지 못한 채 법안을 통과시켰다.

마지막 세 사례는 권력의 논리가 교육을 망칠 수 있다는 사례이다. 김문기를 구속한 김영삼 정부는 구속영장의 잉크가 마르기도 전에 김문기 복귀를 추진했고, 김대중 정부에서는 교육부 장관이 앞장서서 김문기 복귀를 주장했으며, 노무현 정부에서는 청와대와 여당이 함께 사분위 설립을 추진했다. 이것은 민주주의와 개혁을 표방하는 권력이 교육 문제에 취약하다는 증거인 동시에 권력에 대한 사학재단의 로비가 매우 막강하다는 사실을 입증해주는 사례이기도 하다.

김문기 등장 이후 상지대 40년사는 사학비리와의 투쟁사이고 김문기와의 투쟁사가 되었다. 이 과정에서 상지대는 대학을 밥벌이로 간주한 김문기의 무한한 욕심 때문에 말할 수 없는 고통을 겪었지만 그 뒤에는 언제나 교육부가 있었다. 상지대는 김문기의 무절제한 욕심과 교육부의 잘못된 정책 판단, 무능함 때문에 파국적 상황에 직면하게 되었으며, 그 피해는 오로지 교수와 학생 등 구성원들에게 전가되었다. 김문기와 교육부는 과거는 물론 지금까지도 상지대 사태를 야기한 공동정범이며 교육부는 비리 주범 김문기의 충실한 숙주로 존재하고 있다.

교육부에는 교육이 없고 철학이 없고 정책이 없다. 그러므로 교육부는 맹탕이다. 교육부는 국민과 교육을 위해 존재하는 정부 부처가 아니라 권력에 기대어 재단에 기생하는 숙주에 불과하다. 세상에 둘도 없는 역사 국정교과서를 강행하고 합법적으로 선출된 국립대 총장 후보의 임명 제청을 거부하는 교육부에 사학비리 척결을 요구하는 것이 가당키나 한 일인가? 우리는 상지대 역사에서 교육부가 더 이상 존속해서는 안 되는 이유를 발견한다. 교육부 자체가 문제의 화근이기 때문이다. 교육부 폐지를 위한 국민적 토론이 다시 시작되어야 할 것이다.

≪프레시안≫, 2015년 9월 7일, 2015년 9월 9일

교육부의 굴욕

공자 말씀이 아니더라도 배우고 익히는 일은 기쁜 것이다. 나라에서 이 일을 맡고 있는 부처가 교육부이니 필경 교육부는 국민에게 기쁨을 주는 부처일 것이다. 교육은 바른생활 사나이를 양성하는 업무이기 때문에 또한 교육부는 바른생활 부처일 것이다.

오늘 사학분쟁조정위원회(사분위) 회의가 열린다. 1개월 전에 회의가 공지됐고 1주일 전에 안건이 확정됐다. 그런데 어제 느닷없이 긴급안건 하나가 뚝 떨어졌다. 상지대와 김문기 안건이다. 김문기를 상지대 정이사로 선임하는 안건이 긴급안건으로 추가된 것이다. 이 안건 때문에 상지대에 평지풍파가 일고 있다. 아무리 생각해도 그 이유를 납득할 수 없기 때문이다.

첫째, 사분위 회의 일정이 한 달 전에 정해졌고 안건이 지난주에 확정돼 사분위원들에게 배부됐다. 이런 상황에서 회의 하루 전날 갑자기 상지대와 김문기 안건을 끼워 넣는 무리를 하는 이유를 모르겠다. 어떤 긴급하고도 말 못할 사정이 있단 말인가?

둘째, 사분위는 2010년 상지대 정상화 과정에서 비리 주범 김문기에게 정이사 자격을 부여하지 않았다. 비단 상지대뿐만 아니라 대구대, 조선대, 세종대 등에서도 비리 주범에게는 정이사를 허용하지 않았다. 그런데 이제 와서 김문기를 정이사로 만드는 안건이 왜 필요할까?

셋째, 한 달 전 사분위는 상지대의 학내갈등이 심각하니 공석인 정이사는 구재단과 학교 구성원 양측이 모두 신뢰할 수 있는 객관적이고 중립적인 인물로 선임할 수 있도록 교육부가 노력해달라고 당부했다. 과연 교육부는 어떤 노력을 했으며 김문기는 얼마나 중립적인 인물인가?

넷째, 사분위는 오늘 회의에 상지대 안건을 올리라고 요구하지 않았다. 그렇기 때문에 상지대 안건 없이 회의를 준비했다. 그런데 사분위의 요구도 없는 상황에서 교육부가 김문기를 정이사로 선임하는 상지대 안건을 비정상적인 방법으로 상정하는 이유가 무엇인가?

다섯째, 교육부는 구재단이 안건 상정을 요구하기 때문이라고 답변한다. 참으로 눈물 나는 일이다. 수많은 대학에서 사학비리가 발생해 교육부의 긴급한 조치를 요구할 때 교육부는 눈썹 하나 까딱하지 않았다. 조선대와 대구대의 개방이사 선임 요구가 일 년을 넘고 조선대의 이사 부존재 상태가 13개월이 넘어도 모르쇠로 일관했던 교육부가 구재단 앞에서 이렇게 순한 양이 되다니 놀랄 일이다.

여섯째, 사분위원 11명 중 7명이 사흘 후인 19일 자로 임기 만료된다. 오늘 회의가 임기 사흘을 앞둔 사분위 마지막 회의인데 물러가는 사분위원들에게 김문기를 정이사로 선임하는 마지막 봉사를 요구한 후에 문제가 되면 전임 사분위원들의 결정이라고 발뺌할 셈인가?

일곱째, 교육부 간부들은 이구동성으로 말한다. 김문기는 중립적인 인사가 아니니 사분위 회의에 상정돼도 부결될 것이므로 걱정하지 말라고. 부결이 예상되는 안건이 긴급안건이라니 실성할 일이다. 아니라면 교육부가 정신 실종 상태인 것이 분명하다.

무리수와 변칙에 대한 설명이 궁색하다면 답은 다른 곳에 있다. 교육부가 미쳤거나, 아니라면 교육부 바깥에 원인이 있는 것이다. 막강한 힘의 외압이 작용했거나 권력의 하명이 내려온 것이라고 생각할 수밖에 없다. 이렇든 저렇든 교육부는 미친부이거나 깃털부의 오명을 벗어나기 어렵게 되었다.

상지대와 김문기, 오랫동안 들었던 사학비리와 사학분규의 대명사이다. 수많은 세월이 흐른 다음에도 변함없이 그 이름을 들어야 하는 현실이 안타깝지만 더욱 안타까운 것은 이 문제를 이렇게 다룰 수밖에 없는 교육부의 딱한 처지이다. 마지막 순간까지 교육부의 개과천선을 기다리겠지만, 그것이 어렵다면 사분위 회의를 기대할 수밖에 없다. 요행히도 사분위원 11명 중에서 위원장 손기식(전 성균관대 로스쿨 원장), 정재량(여의도여고 교장), 민경찬·정인권(연세대), 박균성(경희대), 우형식(우송대), 전형수(대구대) 교수 등 7명이 교육자이다. 다시 현장으로 돌아가 올바른 교육을 역설할 교육자들의 판단을 기대한다.

≪경향신문≫, 2014년 1월 16일

김문기와 2015년 국회 국정감사 청문회

/

아직도 설립자 타령하는 상지대 청문회

2015년 9월 10일, 재개발 공사판 같은 너른 벌판에 자리 잡은 세종시 정부청사. 지구가 태양을 돌고 돌아 입추가 지난 지 한 달, 처서를 지나 모기의 입이 비뚤어진 지 보름이 지난 초가을이지만 아직도 한여름의 따가운 햇살은 사그라들지 않고 위용을 과시했다. 내리쬐는 햇살을 받으며 정장을 말쑥하게 차려입은 사람들이 정부청사로 속속 몰려들었다. 분위기는 분주한 가운데 딱딱했고 무더운 가운데 스산했다. 국회 국정감사가 시작되는 날이었다.

교육부 건물로 들어섰다. 오늘은 교육부 본부에 대한 감사를 하는 날이고 상지대 문제가 안건으로 채택되어 있었다. 면회실에서 간단한 방문 절차를 거친 후 안으로 들어갔다. 사람들이 많았고 여기저기에서 분주한 냄새가 진하게 풍겼다. 4층으로 올라가 대학정책실에 들러 사학제도과 공무원들과 이야기를 나누었다. 국정감사 첫날인 데다 다들 긴장한 상태로 준비에 여념이 없어 이야기에 집중하기 어려웠다. 사학제도과를 나와 국정감사 회의실로 갔다. 복도를 지나가면서 여러 의원들을 만났다. 잠시 인사를 나누고 회의실로 들어갔다.

회의실에서 안면이 있는 사람들과 인사를 나눈 후 국정감사 증인 대기실로 갔다. 곧 시작한다는 안내방송이 나왔다. 작년에는 증인으로 출석했지만 오늘은 방청객으로 왔으므로 대기실에서 중계방송을 시청하기로 했다. 국정감사는 오전에 개회했지만 역사교과서 국정화 문제로 논란이 일어 정회를 한 후에 정오 무렵 속개되었다. 오후에도 이 문제가 불씨가 되어 학교 문제가 제대로 다뤄질지 의심스러웠다. 더구나 증인과 참고인이 많아 상지대 문제가 얼마나 밀도 있게 다뤄질지에 대해서도 회의감이 들었다.

대기하던 중에 교원소청심사위원회 소식을 들었다. 어제 김문기에 대한 소청이 있었는데 기각되었다고 한다. 지난 7월 9일 상지대 이사회가 김문기를 해임하자 김문기가 부당해임이라며 교원소청심사위원회에 소청을 제기했는데 어제 김문기의 소청을 기각한 것이다. 기각 사유를 확인하지는 못했는데 소청이 기각된 상황에서 김문기가 국정감사에 출석할지 의문이 들었다. 증인 출석 문제를 담당하고 있는 교육부 직원에게 김문기의 출석 여부를 물어보았다. 출석하는 것으로 되어 있는데 휴대전화가 꺼져 있어 연락이 안 된다고 알려주었다. 출석하지 않을 것이라는 예감이 들었다.

오후 3시경 증인 대기실로 아는 얼굴이 등장했다. 상지대 상임이사를 맡고 있는 김문기 큰아들 김성남이었다. 오늘 아버지 김문기와 증인으로 출석하기로 되어 있다. 김성남의 등장을 보고 김문기가 출석할 것으로 생각했다. 김문기의 오랜 충복 상지대 총장직무대행과 상지영서대 총장 등 네 명의 모습도 보였다. 김문기의 출석을 수행한 모양이다. 그러나 여전히 김문기의 모습은 보이지 않았고 끝내 나타나지 않았다.

오후 4시. 진행 중인 국정감사 일정을 잠시 중단하고 증인 심문에 들어갔다. 출석한 증인들을 확인하고 증인 선서를 한 후 유은혜 의원의 질의를 시작으로 증인 심문이 시작되었다. 유 의원이 김성남을 불러 세웠다. 아버지의 불출석 이유를 물었다. 오늘 아침 갑자기 현기증과 호흡곤란으로 병원에 입원했다고 대답했다. 김성남을 상대로 상임이사의 업무, 상지학원의 연간 수입, 상임이사의 급여에 대해 물었다. 월급이 왜 이렇게 많은지 물었고, 이어서 김문기가 설립자인지 물었다. 우물우물하면서 설립자라고 대답했다.

유 의원이 교수협의회 대표로 증인 출석한 방정균 교수를 호명해 김성남의 답변에 대해 다시 물었다. 방 교수가 김성남의 대답을 조목조목 비판하면서 김문기가 총장으로 선임된 이후의 상지대 상황을 일목요연하게 정리해 답변했다. 일순간 김성남은 거짓말쟁이가 되어버렸다. 김태년 의원이 의사진행발언을 통해 모든 사학을 대상으로 가짜로 설립자 행세하는 상황을 조사해 즉시 보고할 것을 장관에게 요구했다.

정진후 의원도 김성남에게 설립자 문제로 질의를 시작했다. 김성남이 본인의 월급에 대한 질문에 답변하지 않고 이상한 태도를 취하다가 혼났다. 총장도 아니고 설립자도 아닌 김문기가 학교 업무에 관여하는 행위에 대한 질의응답 도중에 보수를 받지 않고 무보수로 관여한다고 대답했다가 다시 혼났다. 무보수면 아무나 학교 일에 관여할 수 있다는 말인가? 이 문제에 대해 다시 방정균 교수에게 확인 질의를 했다.

김태년 의원이 다시 의사진행발언을 했다. 김문기는 작년부터 상습적으로 국회 국정감사에 불출석하는데 10월 8일 종합감사에 반드시 출석시켜야 한다고 요구했다. 이어서 총장도 아니고 설립자도 아닌 김문기가 학교에서 멋대로 전횡을 해 학교가 심각하게 비정상적인 상황이니 상지대에 대한 재감사를 해야 한다고 요구했다. 이를 여야 간사 간에 협의하기로 했다.

이어 유기홍 의원이 의사진행발언으로 김성남이 위증하고 있으므로 검증을 해야 한다고 요구했다. 박주선 교문위원장이 김성남을 일으켜 세운 후 위증 고발되지 않도록 주의하라고 경고했다.

다시 질의가 시작되었다. 박홍근 의원이 상지대 사태와 관련한 동영상을 준비했다. 김성남에게 설립자 문제를 또 물었다. 아버지가 설립자라고 말했

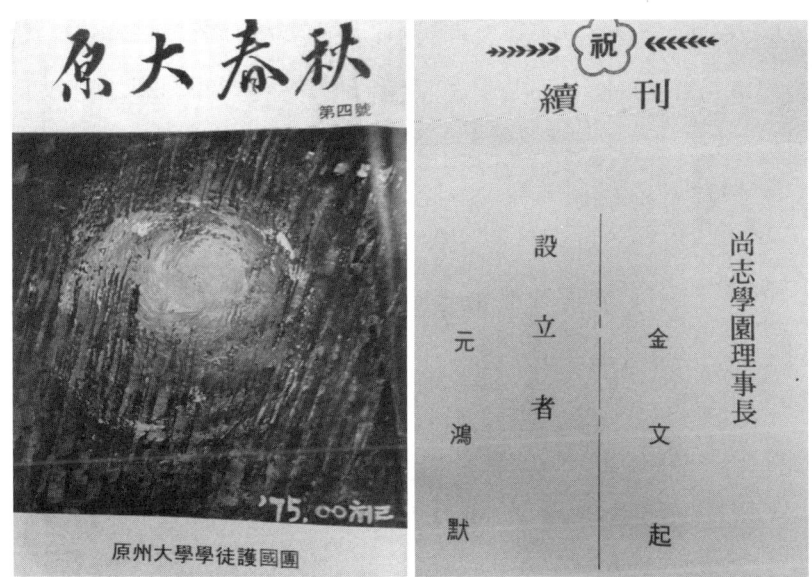

| '설립자 원홍묵', '이사장 김문기'라고 기재된 1975년 원주대 교지 |

다. 대법원 판결과 교육부 입장을 부정하는 것이냐고 물었다. 김성남이 양심에 따라 말하는 것이라고 대답했다가 다시 엄청 혼났다. 박 의원은 장관에게 상지대 상황은 이사 해임에 해당한다고 강조하면서 상지대에 대한 재감사를 요구했다. 장관이 종합감사 때까지 입장을 정해서 보고하겠다고 하자 그 전에 재감사를 결정해달라고 재촉했다.

얼마 전까지 교문위원장이었고 오랫동안 교육위원을 지내 상지대 문제에 정통한 설훈 의원이 상지대 역사를 하나하나 거론하며 김성남에게 질의했다. 1962년 청암학원 설립, 청암학원의 설립자는 원홍묵, 1972년에 김문기 임시이사로 파견, 1974년에 김문기 청암학원 인수해 상지학원으로 명칭 변경, 1981년에 김문기가 불법으로 설립자를 본인으로 변경한 사실 등 상지대 역사에 관한 질문 전체에 대해 김성남은 모른다고 대답했다. 심지어 작년 11월에 다시 설립자를 본인으로 변경했다가 교육부의 행정지도를 받고 원홍묵으로 환원한 사실까지도 모른다고 대답했다. 결국 상임이사가 아는 것이 단 하나도 없다는 것이다. 아는 것은 없어도 월급은 많다. 설 의원이 방정균 교수의 발언을 통해 설립자 문제를 확인한 후 장관에게 상지대 문제를 조속히 해결하라고 요구했다. 설 의원은 즉시 임시이사를 파견하는 것 말고는 길이 없다고 말했다.

안민석 의원이 김성남에게 질의했다. "김문기는 사학비리의 원흉입니다. 억울합니까? 상지대는 비리사학입니다. 억울합니까? 상지대는 족벌사학입니다. 억울합니까?" 김성남이 중언부언하며 억울하다고 대답했다. 다시 물었다. "상지대는 누구 것입니까?" 안 의원은 2010년에 김문기에게 상지대가 누구 것이냐고 묻자 본인 것이라고 대답했다는 사실을 상기키시면서 김성남에게 이것이 맞는지 물었다. 김성남은 아버지 것이라고 잘라 말하지 못했다. 안 의원은 아들을 보니 상지대가 다시 비리사학이 될 것으로 예견된다고 말했다. 이어서 김성남에게 김문기가 입원한 병원을 물었다. 모른다고 하다가 또 혼났다.

막간을 이용해 새누리당 박대출 의원이 김성남의 구원투수로 나섰다. 김문기는 이사회에서 만장일치로 총장에 선임되었다, 교육부 감사가 부당하지 않냐, 김문기 퇴출 후 상지대에 문제가 많다는 등 김문기가 주로 하는 말을 되풀이했다. 박 의원은 상지대 탈취자가 누구냐고 물었고 김성남이 우물우물하다가 좌파 세력이라고 대답했다. 당연히 야당 의원들에게 엄청 혼났다. 박 의원이 도움을 주려고 의도했던 것인지는 모르겠으나 마지막 질문으로 아무 소용없게 되어버렸다. 조정식 의원이 다시 하나하나 따져 물으면서 국정감사 분위기를 추스렀다.

박주선 위원장이 김성남에게 아버지 김문기가 위중하다는데 무슨 병이고 어느 병원에 입원해 있는지 대답하라고 다그쳤다. 결국 안민석 의원과 유은혜 의원의 보좌관들이 김문기가 입원한 병원을 알아냈고 김문기의 입원 사실도 확인했다. 그리고 현장을 즉시 방문해 중환자실에 입원한 위중한 김문기가 아니라 양복을 말쑥하게 차려입고 외출했다가 병원으로 돌아오는 생생한 김문기를 확인한 후 동영상을 촬영해 보냈다. 안 의원은 국정감사장에서 이 동영상을 공개하면서 김문기의 위장 불출석을 질타했다. 김성남이 강조한 중환자의 모습은 어디에도 없었다. 김문기가 국회를 속이고 불출석한 것이 순식간에 들통났고 김성남의 위증까지 확인되었다.

김문기는 작년에도 작은아들 김길남과 함께 두 차례 증인으로 채택되었고 두 차례 연거푸 불출석했다. 작년 10월 8일 국정감사에서 증인으로 채택되었으나 불출석했다. 결국 10월 27일 종합감사에 다시 증인으로 채택되었지만 역시 불출석했다. 김문기와 둘째 아들 김길남 모두가 이유 없이 불출석하자 국회는 김길남에게 동행명령장을 발부했고 김문기는 형사고발을 하기로 했다. 국회 고발로 김문기는 재판을 받았으며 지난 7월에 벌금 500만 원을 선고받고 항소해 2심이 진행 중인 상황에서 이번에 다시 허위로 불출석했으니 상황이 간단하지 않게 되었다. 더구나 큰아들의 위증까지 겹쳤으니 매우 심각했다.

김문기와 큰아들 김성남은 2010년 상지대 정상화를 전후해서 여야 국회의원 16명에게 정치자금을 무차별적으로 공여한 혐의로 중앙선거관리위원회에 의해 고발되었다. 김성남은 아버지 김문기가 은행장으로 있던 강원상호저축은행의 부은행장 직함으로 은행 돈을 유용한 것이 적발되어 역시 아버지와 함께 금융감독원의 조사를 받았고, 그 후 법정에도 나란히 출석했다. 그런 상황에서 다시 아버지와 함께 국정감사 증인에 채택되어 아버지는 불출석하고 본인 혼자 출석했다가 위증 혐의까지 더해졌으니 기구한 운명이 아닐 수 없다.

김문기는 과거에도 두 차례 국회 청문회에 증인으로 출석을 요구받았다. 그때는 지금과 달리 출석했다. 지금은 벼랑 끝에 몰린 상황이지만 당시는

| 김문기의 국회 청문회 불출석을 규탄하는 기자회견 |

복귀를 추진하는 유리한 상황이었기 때문이다. 지금은 나가면 손해를 보지만 그때는 나가서 복귀를 주장해야 할 상황이었다.

　김문기가 열성적으로 상지대 복귀를 추진하던 시절인 1999년에 임시이사 파견 대학들을 대상으로 청문회가 열렸다. 그러나 전날 참여연대에서 상지대 용공조작 사건에 대한 양심선언이 발표되어 청문회 당일 전국 언론에 대대적으로 보도되었고, 이것 때문에 청문회장에서 김문기와 양심선언을 한 직원을 대상으로 대질심문이 열렸다. 이때 이재오 의원이 질의를 주도했다.

　상지대 용공조작 사건은 1986년 10월 14일 초저녁에 발생했다. 이날 오전에는 국회에서 유성환 의원의 통일국시 발언이 문제가 되어 국회의원직이 박탈된 날이다. 김문기가 이사장으로 있는 상지대가 사학비리에 항의하며 농성 중인 학생들을 음해할 목적으로 '가자 북의 낙원으로'와 같은 용공 유인물을 작성·배포해 학생 150여 명을 간첩으로 몰아간 엄청난 사건인데, 경찰 수사 도중에 알 수 없는 이유로 수사가 중단되면서 진실이 묻혀버렸다. 학교의 자작극이라는 사실을 확인하고 묻어버린 것이다. 그 후 13년 만에 당시 이 사건의 실무를 맡았던 직원이 양심선언을 하면서 학교가 계획적으로 저지른 범행이라는 것이 드러났다. 청문회에서 양심선언한 직원과 김문기의 대질심문이 이루어졌다. 그러나 김문기는 모르는 일이라고 딱 잡아뗐다.

다시 11년이 지난 2010년 11월 8일, 김문기가 청문회에 출석했다. 구재단 복귀를 허용한 상지대 정상화 문제를 둘러싸고 상지대 사태가 초미의 관심사로 떠오르자 국회가 김문기와 사분위원장을 출석시켜 상지대 사태의 원인과 해결 방안을 모색하는 자리를 마련했는데, 여기서도 김문기는 스스로 설립자를 자처하며 상지대가 자기 것이라고 우겨 논란을 빚었다. 설립자, 사재 출연, 모함, 무죄, 좌파 교수 등은 김문기가 자주 쓰는 말이다. 사실이 아닌 것도 여러 번 반복하면 사실처럼 된다는 것을 체험적으로 아는 듯하다.

김문기는 상지학원에 임시이사로 파견되었다가 권력의 힘을 빌려 대학을 무상으로 인수한 후 이사장이 되어 사학비리를 저지르다 구속되었다. 다시 부패권력의 힘을 빌려 복귀해 총장에 선임되었다가 지난 7월에 해임당했다. 이 와중에 둘째 아들 김길남이 잠시 이사장을 지냈지만 교육부가 연임을 거부했다. 둘째 아들을 대신해서 큰아들 김성남이 상임이사가 되었지만 국정감사 청문회에 불려와 위증 혐의를 얻어 걸친 상황이 되었다. 아버지와 두 아들이 다섯 차례나 국회 청문회에 불려간 전무후무한 사례는 기네스북에 오를 만하다. 비리사학·족벌사학의 업보가 아버지와 두 아들의 삶을 통째로 옥죄고 있다는 사실을 느끼고나 있을까?

이날 교육부 국정감사장에는 수많은 증인과 참고인들이 출석했다. 상지대 사태 외에도 사분위, 대학평가, 중앙대 사태 등 굵직한 현안들이 많았다. 그러나 상지대 증인으로 출석한 김성남과 불출석한 김문기 문제가 청문회의 최대 쟁점으로 부각되면서 다른 증인들에게 할애된 시간은 극히 적었다. 그러나 증인 누구도 불평하지 않았다. 칭찬받기 위해 증인으로 나오는 사람은 없으니 김문기와 김성남에게 집중된 청문회가 이들에게 뜻밖의 호재였을 것이다.

교육부에서 진행된 국정감사 청문회 풍경은 상지대 사태가 교육 영역에서 얼마나 폭발력이 큰 현안인지를 다시 한번 확인시켜주었다. 교육부 장관이 10월 8일 종합감사 전까지 상지대 사태 해법을 마련해서 보고한다고 했으니 한 번 더 폭발할 기회가 예정된 셈이다. 이날 김문기가 다시 증인으로 출석한다면 더욱 크게 폭발할 것이다. 물론 김문기는 안 나올 수 있고 국회 역시 더는 김문기를 국회로 부르지 않을 것이다.

≪프레시안≫, 2015년 9월 14일

학생들을 수업거부로 내모는 김문기와 교육부

/

학생들이 저항하는 이유

2015년 9월 15일 화요일의 상지대 풍경. 오전 7시를 조금 넘겨 해가 뜨기 직전의 시간. 학생들 200여 명이 동악관으로 모여들었다. 총학생회와 각 단과대학 학생회의 간부들이다. 어제 전체학생총회에서 투표를 통해 수업거부를 결의하고 밤늦은 시간에 중앙운영위원회를 열어 구체적인 실행 방침을 정했는데, 그 결정 사항을 실행에 옮기기 위해 모인 것이다. 총학생회와 각 단과대 학생 간부들은 물론 동악관에 학생회 사무실을 둔 각 학과의 학생들도 함께 모였다. 출입문과 복도에 수업거부를 알리는 홍보 전단을 부착하고 현수막을 걸고 강의실의 책걸상을 복도로 들어냈다. 단 두 시간 만에 동악관의 풍경이 완전히 변해버렸다.

오전 8시 30분. 학생회 간부 30여 명과 교수 다섯 명이 대학 정문으로 갔다. 김문기 퇴진을 촉구하는 현수막과 피켓을 들고 정문 앞에서 홍보 활동을 시작했다. 이 시간은 대학의 모든 직원 및 조교들과 1교시 수업이 있는 교수들, 학생들이 출근하는 시간이기 때문에 차량이 꼬리를 물고 분주하게 들어온다. 정문으로 들어오는 차량을 대상으로 김문기 퇴진을 홍보하고, 걸

| 수업거부 결의를 위한 학생총회 |

어서 들어오는 학생들과는 피켓과 눈으로 교감한다.

오후 1시. 학생들은 동악관 앞에서 수업거부 결의대회를 진행했다. 강의동 입구와 강의동 앞 도로를 가득 메운 학생들이 맨바닥에 앉아 땡볕을 받으며 김문기 퇴진을 외친다. 학생들의 외침이 멀리서 상지대를 굽어보고 있는 치악산 정상에까지 울려 퍼질 듯하다. 상지대 역사가 새로 쓰일 것만 같은 분위기이다.

2015년 9월 14일 월요일 오후 1시. 전체학생총회가 노천극장에서 시작되었다. 행사 1시간 전부터 학생들은 강의실과 본관 앞에서 전체학생총회를 알리는 홍보 활동을 시작했다. 다른 곳에서는 이 행사와 무관하게 김문기 퇴진과 이사회 해체를 촉구하는 교수들의 행사가 열렸다. 학교가 온통 김문기 문제로 충만하고 김문기 퇴진을 외치는 소리가 교정을 가득 메우고 있었다. 이 시대 어느 대학에서도 볼 수 없는 특별한 풍경이었다.

12시 30분을 넘어서자 교정 여기저기에서 노천극장으로 향하는 학생들의 대열이 이어졌다. 학과 깃발을 들고 대열을 이루어 참가하는 학과도 있었고 친구들과 삼삼오오 짝을 지어 참가하는 학생도 있었다. 따가운 햇살을 피하려고 우산을 쓰거나 손자보를 든 학생도 있다. 노천극장 입구는 금세 학생들로 가득 찼다. 마치 아이돌 가수들의 공연을 보려고 몰려든 공연장 풍경처럼 유쾌하고 발랄하다. 여기저기서 웃고 재잘거리며 장난치는 모습이 생동감 있고 보기 좋았다. 주제는 무겁지만 몸놀림은 경쾌한 것이 묘한 대비를 이루었다.

전체학생총회에 입장하는 학생들의 숫자를 세느라 입장이 지연되어 1시로 예정된 행사는 2시 가까이 되어서야 시작되었다. 노천극장은 학생들로 메워졌다. 실로 오래간만에 노천극장이 꽉 찼다. 전종완 총학생회장이 경과보고를 했다. 지난주 전체학생대표자회의에서 수업거부를 위한 전체학생총회를 결의했고 그 결의에 따라 전체학생총회를 개최하게 되었다고 보고했다. 이어서 안건을 상정하고 제안 설명을 한 후에 토론을 거쳐 표결에 들어갔다.

2시 30분을 조금 지난 시간에 표결이 끝났다. 투표 결과는 재석 1897명, 투표 참여 1764명, 찬성 1268명, 반대 496명이었다. 총학생회에서 제안한 수업거부가 70% 이상의 압도적 지지로 가결되었다. 실제로 총회에 참석한 학생들은 훨씬 많았지만 따가운 날씨에 입장이 지체되고 투표가 지연되면서 중간에 퇴장한 학생들도 있었다. 처음으로 실시한 전체학생총회에서 2000명이 훨씬 넘는 학생들의 숫자를 세고 찬반 투표자를 세는 것이 쉽지 않아 보였다.

투표 결과를 확인한 후 총학생회장은 총장 이하 본부 보직 총사퇴, 구성원이 참여하는 대학구조개혁평가 진상조사위원회 설치, 구성원 부당징계 즉각 철회, 상지학원 이사 전원 사퇴, 교육부 재감사 및 임시이사 파견 등 다섯 가지 과제를 수업거부의 5대 요구 사항으로 내걸었다. 이어서 이 요구 사항이 완전히 관철되어 우리 대학이 정상화될 때까지 무기한 수업거부에 돌입한다고 선언했다. 매우 단호한 결의였고 매우 민주적인 결정 과정이었다.

2015년 9월 10일 목요일 오후 4시. 세종시 교육부 청사에서 상지대 청문회가 열리던 그 시간 상지대 교정에서는 전체학생대표자회의가 열렸다. 전체학생대표자회의는 총학생회장과 부회장, 각 단과대 학생회장과 부회장, 각 학과 학생회장과 학년별 과대표 등 모두가 선출직 학생 대표로 구성된다. 전국적인 규모의 정당에서 운영하는 중앙위원회 수준의 의사결정기관이다. 2학기 개강 직후인 9월 3일에 전체학생대표자회의가 한 차례 열렸지만 학기 초인 데다 일부 학과의 불참으로 성원이 미달되어 무산되었다가 오늘 다시 열린 것이다. 안건은 수업거부를 위한 전체학생총회 개최 건이었다. 학생 대표 171명이 참석해 찬성 155명, 반대 15명, 기권 1명으로 가결되었다. 전체학생총회는 9월 14일 월요일에 개최하기로 했다.

2학기는 8월 31일 월요일에 개강했다. 그리고 정확히 보름 후에 학생들은 수업거부를 결의하고 시행에 들어갔다. 나는 정치학을 가르치는 교수로서 학생 8000명을 대상으로 이루어지는 이 결정 과정을 민주주의의 관점에서 관심 있게 지켜보았다. 학생들은 다소 느린 듯하지만 차분하게 자신들의 의견을 민주적으로 집약해내고 있었다. 여기서 거론한 것은 전체학생대표자회의와 전체학생총회이지만 그 과정에서 확대운영위원회를 여는가 하면 중앙운영위원회를 반복해서 개최하기도 했다. 여기서 논의된 안건은 각 단과대학으로 전달되어 단과대학운영위원회를 거치고 다시 각 학과로 전달되어 학과 학생들의 의견을 집약하는 매우 복잡한 논의 구조를 거친다.

수업거부 결의와 무관하게 학생들이 보름 사이에 진행한 의사결정 과정을 보면서 작지만 명백한 직접민주주의의 작동을 확인할 수 있었다. 의견 차가 있는 것이 사실이었지만 찬성하는 학생도 반대하는 학생도 모두 회의 구조에 참여했다. 의견 차이에 대해 서운한 마음이 있을지언정 서로 비난하거나 목소리를 높이지 않았다. 이 광경은 현대 민주주의를 가장 높은 수준에서 체현하고 있는 정당이나 국회에서도 보기 어려운 성숙한 민주주의 과정이었다. 나는 생각했다. 이런 학생들을 어리다고 말하거나 아무것도 모른다고 말하는 것이 과연 타당한 것인가? 학생들만큼만 하면 아무 문제가 없을 것이라고 생각했다.

과거 상지대는 1993년 김문기 퇴출 직전인 1992년에 한의학과 학생들이 무기한 수업거부를 결행한 적이 있다. 김문기가 저지른 잘못에 대한 항의의 표시였다. 김문기가 퇴출된 후 지난 20년 동안 수업거부가 없었다. 우리는 조금의 수업 결손도 허용하지 않았으며 수업의 질을 최고로 높이기 위해 노력했다. 그러다가 학생들은 2010년 1학기와 2014년 2학기에 수업을 거부했고 이번에 다시 수업거부를 결행했다. 최근 세 번의 수업거부는 모두 김문기 구재단 복귀와 직접 관련된 것이다.

2010년 수업거부는 사분위 정상화 과정에서 사분위가 김문기 구재단 복귀를 강행하려고 하자 학생들이 이에 저항해 기말고사까지 반납하면서 수업을 거부한 것이다. 이 저항은 여름방학을 포함해 석 달이나 계속되었다. 2014년 2학기 수업거부는 김문기가 총장에 선임되자 김문기 총장 선임을 반대하며 시작한 것이었다. 그리고 이번 2015년 수업거부는 김문기가 총장직에서 해임되었음에도 대학행정에 개입하며 구성원을 대량 징계하는 사태에 항의해 김문기의 완전 퇴진을 목표로 결행한 것이다.

여기서 하나의 상식적인 공통점을 발견하게 된다. 상지대는 김문기가 있으면 수업거부가 일어나고 김문기가 없으면 수업이 잘된다는 공식이다. 이는 김문기가 상지대와 조화를 이루지 못한다는 뜻이고 김문기와 학생들이 소통하지 못한다는 뜻이고 학생들이 김문기를 거부한다는 뜻이며, 김문기가 젊은 학생들의 마음을 얻지 못하고 있다는 뜻이다. 아무리 돈이 많으면 무엇할까? 상지대의 모든 학생들이 김문기를 반대하는데. 1992년의 수업거부가 김문기의 퇴진을 촉발했던 것처럼 이번 수업거부 역시 김문기 퇴진의 출발점이 될 것이다.

학생들은 왜 수업을 거부할까? 학생이 아닌 우리가 깊이 생각해볼 일이다. 학생들이 공짜로 수업 듣는 것도, 수업 받기를 싫어하는 것도 아니다. 놀면서 졸업하면 미래가 보장되지 않는다는 것쯤은 학생들도 잘 알고 있다. 열심히 공부해서 좋은 학점을 받아도 취직이 어렵고 미래가 불투명한 현실에서 수업을 거부한다는 것이 얼마나 고통스러운 일인가? 그런데도 학생들은 결연한 자세로 수업거부를 결정하고 실행한다.

대학은 학문과 연구를 통해 진리를 탐구하는 도장이고 교육을 통해 나라의 미래를 짊어지고 나갈 동량(棟梁)을 양성하는 신성한 교육의 장이다. 그런데 학문과 연구가 억압되고 교육이 황폐화되는 상황에서 대학의 주체인 교수와 학생이 잘못된 대학운영을 바로잡기 위해 분연히 일어서는 것은 대학의 주체로서 의당 당연한 권리이자 책무이다. 대학에서 교수는 학원 강사가 아니며 학생은 학원 수강생이 아니기 때문이다. 지난 7월 23일의 대법원 판결에서도 교수와 학생을 대학운영의 주체로 판시한 바 있다.

상지대 학생들은 1974년 김문기가 상지대를 강제로 인수한 이후 열악한 교육환경 속에서 고통받으면서도 대학의 정상화를 위해 투쟁해온 자랑스러운 전통을 가지고 있다. 그러다 전두환의 광주학살 이후 조성된 공포정치하에서 큰 시련을 겪었다. 특히 1986년 10월에 김문기가 자행한 용공조작 사건으로 150여 명의 학생들이 간첩으로 몰리는 고통을 겪어야 했다. 이 사건은 상지대 역사에서 가장 가슴 아픈 사건으로 남아 있다. 그러나 김문기는 지금까지도 사과하지 않았다.

학생들은 군사독재권력과 김문기 족벌재단의 탄압 속에서도 대학 민주화를 향한 열망을 포기하거나 중단하지 않았다. 때로는 잦아들고 때로는 분출하는 변동은 있었지만 중단하지 않고 꾸준히 노력한 결과, 마침내 대학 민주화를 쟁취하는 끈질긴 생명력을 보여주었다. 하루아침에 이루어진 역사가 아닌 것이다. 대학 민주화 이후에는 대학의 당당한 주체로서 등록금 심의와 학생복지 증진 등 학생들과 직간접적으로 관련된 사안에 적극적으로

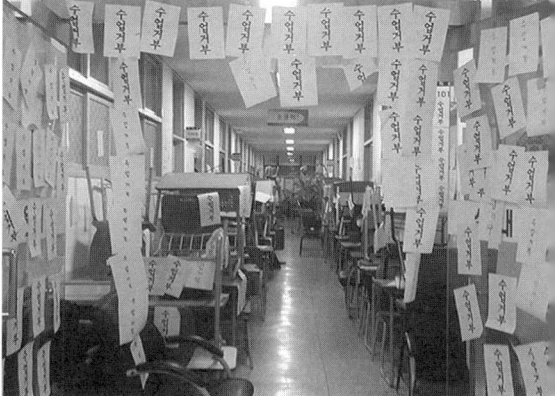

| 강의실 복도에 쌓인 책걸상 |　　　　　　　　　　| 수업거부를 시작한 상지대 강의실 모습 |

참여하는 대학운영의 주체로서 활동을 이어나갔다. 이것은 겉으로 드러나지 않지만 상지대를 떠받치며 면면히 흐르는 상지대의 역사적 전통이요 정신이다. 오늘 학생들은 자신들의 혈관 깊숙이 흐르는 그 정신을 다시 깨워 일으켜 세운 것이다.

학생들의 수업거부는 배움의 과정에 있는 학생들로서는 매우 불행한 일이다. 수업은 대학에서 학생들이 결코 포기할 수 없는 최후의 권리이며 권력도 함부로 관여할 없는 신성불가침의 영역이라 할 수 있다. 그러나 학생들은 스스로 그 권리를 포기하고 있다. 학생들이 자신의 최후 권리를 포기하면서까지 무기한 수업거부에 나서는 이유는 학생들의 학습권이 김문기 구재단에 의해 전면적으로 침해되고 대학이 누란의 위기에 직면했다고 판단했기 때문이다. 파국적인 상황에서 학생들은 대학의 주체로서 대학을 위기에서 구하기 위해 자신의 권리를 유보하면서 희생적이고 헌신적인 자세로 대학 민주화의 길에 나선 것이다.

이 대목에서 우리가 생각해보아야 할 것이 있다. 요즘 학생들은 집단행동을 좋아하지 않는다. 다른 사람들과의 소통도 제한적이다. 개인주의적인 성향이 증가하고 있다는 연구 결과도 있다. 그럼에도 상지대 학생들이 수업거부라는 집단행동을 하는 이유가 무엇일까? 아니 다시 물어야 하겠다. 누가, 무엇이, 학생들을 수업거부로 내모는 것인가? 대답은 간단하고 명료하다. 김문기와 교육부이다.

그러나 이 상황에서 김문기의 책임을 거론하며 자성을 촉구하는 것은 이미 무망하고 물 건너간 일이다. 우리는 오랫동안 김문기의 교육적 성찰을 촉구하며 기대했다. 그러나 이제 돌이켜 생각건대 그것은 절대적으로 불가능한 일이었다. 강태공의 고사에서 유래된 복수불반분(覆水不返盆)의 상황이 되어버렸다. 그래서 우리는 더 이상 김문기의 반성과 회개를 기대하지 않기로 했다. 그러므로 이 상황에서 반성해야 할 대상은 오직 하나, 관할청인 교육부뿐이다. 교육부가 상지대 사태의 처음이자 끝인 것이다.

사학비리를 저지르고 구속되어 학교에서 퇴출되고 실형을 살았음에도 반성하지 않는 그를 다시 학교로 복귀시켜 전횡을 일삼도록 허용한 것은 교육부이다. 또한 김문기가 과거보다 더욱 악랄한 방식으로 구성원을 탄압하며 대학을 파국으로 몰아가고 있음에도 김문기를 감싸고 비호하면서 사태를 악화시킨 책임은 오직 교육부에 있다. 상지대 구성원들은 물론 국회와 언론, 시민사회가 한목소리로 상지대 사태의 해결을 연일 촉구해도 오매불망 수수방관한 것은 교육부이다. 교육부가 상지대 사태의 중심에 있다.

그러므로 교육부가 책임져야 한다. 교육부는 김문기를 원망할 자격이 없다. 김문기의 뒤에 숨어서도 안 된다. 교육부가 결자해지의 자세로 상지대 사태의 매듭을 풀어야 한다. 지금 진행되고 있는 학생들의 수업거부를 해결할 수 있는 것 역시 교육부이다. 교육기관의 본질적인 책무인 수업이 전면적으로 거부되는 이 상황에서 교육부가 어떤 처방을 제시하는지 지켜볼 것이다.

≪프레시안≫, 2015년 9월 17일

상지대의 봄, 교육부가 막겠다는 것인가?

상지대 특별종합감사처분을 보면 교육부가 상지대 사태의 성격을 제대로 파악하지 못한 것이거나 대책 없는 보신주의로 일관한다는 인상을 준다. 사태를 해결하려면 문제가 발생한 지점에 주목해서 문제를 야기한 근원을 해결하는 것이 상식인데 교육부는 상식에 벗어난 처분을 내렸다.

교육부가 사학비리 전과자 김문기를 해임하라고 요구한 것은 맞는 말이다. 그러나 김문기의 해임을 김문기 일파에게 맡긴 것은 이치에 맞지 않는다. 김문기를 해임하려면 이사들을 교체하거나 임시이사를 파견하는 방식으로 해임의 주체를 만들어주어야 하는데 김문기의 하수인들에게 내맡겨버렸다. 교육부의 처분에는 정책의 일관성도 우선순위에 대한 고려도 없다. 대증요법과 땜질 처방이라는 말에 딱 들어맞는 처분이다. 교육부가 무슨 생각을 하는 것인지 알 수가 없다.

상지대 사태를 해결하려면 임시이사 파견이 불가피하다고 했다. 상지대는 물론이고 국회, 교육단체, 언론이 한목소리로 말했다. 그러나 교육부는 처음부터 임시이사 파견에 관심이 없어 보였다. 분규사학에 대한 관리감독을 잘하는 것도 아니면서 임시이사 파견을 거부하는 이유가 무엇인지 모르겠다. 사태를 파악하지 못한 것도 아니고 능력이 없는 것도 아니다. 알면서도 하지 않는 이유가 무엇인지 궁금하다.

교육부가 김문기 해임을 요구하면서도 이사회를 존치한 것은 임시이사 파견을 막기 위한 고육책으로 보인다. 이 목적으로 김문기에게 책임을 물으면서도 장기간 명백하게 드러난 이사회의 문제점은 덮은 것이다. 상지대 분규는 어제오늘의 일이 아니고 김문기가 총장이 되면서 시작된 문제도 아니다. 지난 4년간 상지대 분규의 근원은 이사회였고, 그 이사회에서 김문기를 총장으로 선임한 것인데, 문제의 근원인 이사회의 책임을 덮어버린 것이다.

왜 교육부는 지난 4년간 이사회가 저지른 잘못을 덮어버린 것일까? 이유는 두 가지로 간단하다. 그 이사회를 만든 것이 교육부와 사학분쟁조정위원회이기 때문이다. 문제의 근원인 이사회는 교육부와 사분위가 구성한 이사회이고 교육부와 사분위기가 책임져야 하는 이사회이다. 또한 그 이사회가 잘못을 저지르는 동안 수수 방관하고 은폐한 것도 교육부이기 때문이다. 그러므로 교육부와 사분위는 지금의 상지대 사태를 야기한 공동정범으로서의 책임이 있다.

이사회를 해체하고 임시이사를 파견하는 것은 2010년 사분위의 정상화 조치가 잘못되었다는 것과 여기에 동조한 교육부가 잘못했다는 것을 인정하는 것이고, 나아가 그 이후의 전 과정에서 교육부가 관할청으로서 관리감독업무를 태만히 했다는 사실을 자백하는 결과가 될 것이기 때문에 임시이사 파견을 거부하는 것이다. 따라서 상지대 사태의 모든 책임을 사학비리 전과자로 국민들에게 각인되어 있는 김문기 한 사람에게 전가하는 간편한 방식으로 처리함으로써 상지대 분규에 대한 교육부와 사분위의 근원적인 책임과 관리책임을 덮고자 하는 것이다.

선임 6개월 된 김문기 총장의 비위를 중징계 해임으로 처리하면서 4년 넘게 학내분규를 야기한 이사들의 반복적인 잘못과 이사회의 구조적인 문제점을 불문에 붙이는 것을 누가 공정한 처분이라고 말하겠는가? 교육부의 판단처럼 김문기의 잘못이 해임에 해당하는 사항이라면 임원 간 분쟁과 학사파행을 야기하면서 김문기를 총장으로 선임한 이사들의 잘못은 구속 사항에 해당된다고 말해야 공정하다 할 것이다.

그러나 이 사실을 누구보다도 잘 알고 있는 교육부가 임원 간 분쟁이 있었지만 이미 종료되었다는 말도 안 되는 이유로 불문에 부치고, 이사의 불법행위를 적발하고도 임기만료를 이유로 불문에 부치고, 임기 만료된 이사들이 긴급처리권으로 학교를 파행으로 몰아가는 것을 수수방관했다. 재단의 불법 비리를 감싸는 과거의 봐주기식 감사이자 재단에 편향된 반쪽 감사가 아닐 수 없다.

그나마 교육부가 요구한 김문기의 해임이 처리된다면 반쪽이라도 실현되는 것이지만 과연 그렇게 될지 확신하기 어렵다. 교육부가 새로 승인한 이사회가 교육부의 해임 요구를 거부하고 법률적으로 대응하거나, 이유 없이 무한정 징계를 지연하거나, 해임을 경징계로 낮추어 의결할 경우 과연 교육부가 어떻게 대응할지 궁금하다. 과거 1985년의 상지대 감사에서도 부정입시를 이유로 교육부가 학교장의 해임을 요구했으나 실현되지 않은 사례가 있다.

　이번 교육부의 감사 발표로 김문기가 더 이상 상지대를 운영해서는 안 된다는 국민적 공감대를 확인한 것은 그나마 성과라 할 수 있다. 그러나 학교의 정상화와 관련해서는 현금 없이 어음만 받은 셈인데 부도 처리될 가능성이 우려되는 상황이다. 교육부의 후속 대책에서 곧 판가름날 일이지만, 교육부가 여전히 사학비리의 숙주로 남을지, 단호한 정책집행의지로 문제를 해결할지 알 수 없다. 정책의 효율적인 집행을 위해 어떤 심모원려를 가지고 있는지도 지켜볼 일이다.

≪민중의소리≫, 2015년 3월 16일

상지대, 하나의 대학 두 개의 체제

/

사학비리와 분규가 만들어낸
우리 대학의 일그러진 현실

상지대는 분규 중이다. 그것도 아주 오랫동안 계속되고 있다.

상지대는 대학평가에서 D- 등급을 받았다. 복귀한 김문기가 받은 초라한
성적표이다.

상지대에는 교육과 연구, 학문이 없어졌다.

상지대의 모든 사람들은 우울하다. 아주 심하게 우울하다. 웃지도 않고 웃
을 일도 없다.

지금의 상지대 상황을 어떻게 표현할 수 있을까? 상지대 사태를 표현할
수 있는 가장 적확한 용어가 무엇일지에 대해 무척 고민했다. 오랫동안 고
민하다가 결국 위의 네 가지로 정리해보았다. 내가 문학도라면 더욱 맛깔나
게 표현할 수 있을 텐데 부족함을 많이 느낀다. 그래서 다른 방식으로 보충
해보았다. 지금 상지대에는 무엇이 있을까?

상지대는 김문기의 복수심으로 가득 차 있다.

상지대는 갈등과 분노로 가득 차 있다.

상지대는 원망과 좌절로 가득 차 있다.

상지대는 허위와 기만으로 가득 차 있다.

상지대의 하늘을 온통 지배하고 있는 이기적인 복수심이나 지극히 반교육적인 허위와 기만은 오로지 김문기만의 것이다. 반면 교수와 학생들은 갈등과 분노, 원망과 좌절로 고통받고 있다. 정상적인 대학의 모습이 아니다. 그렇다면 복수심에 밀리고 기만에 치여 없어져버린 것은 무엇일까?

상지대에는 배움이 없다.

상지대에는 영혼이 없다.

상지대에는 진실이 없다.

상지대에는 목표가 없다.

상지대에는 희망이 없다.

그 결과 상지대는 사학비리가 판치고, 가짜가 횡행하고, 징계와 탄압이 난무하고, 불의와 거짓이 득세하는 황폐한 교정이 되었다. 고등교육기관의 교정에 학문과 연구가 없고 배움과 진실이 없는 반면 온갖 사이비가 난무하는 상황으로 타락한 것이다. 이것이 오늘날 상지대의 현실이다. 그 중심에 김문기가 있고 사학비리가 있다.

상지대는 단 하루도 쉴 날이 없는 싸움터요, 전쟁터로 변해버렸다. 대학 운영권을 틀어쥔 한 줌의 사학비리 세력과 이에 분노하고 저항하면서도 나날이 좌절하는 다수의 구성원들 사이에서 갈등과 싸움이 끊임없이 만들어지고 있다. 그리하여 상지대는 배움의 공간이 아니라 교육의 무덤이요, 학문의 폐허로 전락해버렸다. 다른 대학은 몰라도 적어도 상지대는 지금 죽었

| 민주주의의 죽음을 상징하는 제례를 진행하는 한의대 학생 간부들 | (좌)
| '상지대 민주화는 죽었다'는 의미의 교내 분향소를 찾은 학생들 | (우)

다. 아직 죽지 않았다면 아주 빠른 속도로 죽어가고 있다. 교육부는 구경꾼
처럼 멀뚱멀뚱 지켜보고 있다.

상지대는 대학이다. 그러나 상지대에는 두 개의 체제가 존재한다. 학문과
교육을 지향하는 체제와 부동산인 양 소유를 추구하는 체제, 현재에서 미래
로 나아가려는 체제와 과거로 회귀하려는 체제, 진실에 입각해서 진리를 추
구하는 체제와 진실을 은폐하면서 허위를 유포하는 체제, 협동과 단결을 추
구하는 체제와 분열과 갈등을 촉발하는 체제로 나뉜다. 하나의 교육기관,
두 개의 체제가 상지대가 처한 현실이다. 이 두 개의 체제가 끊임없이 갈등
한다. 그곳에서 우리는 매우 피곤하다. 한숨이 난다. 앞날이 까마득하다. 차
라리 꿈이라면 좋으련만 깨어보면 현실이다.

상지대 교정 한가운데는 본관을 중심으로 대학원관, 민주관, 동악관이 모
여 있다. 민주관은 학생회관이고 동악관은 강의동이다. 본관의 1층과 2층에
는 총장실, 부총장실, 설립자실(가짜 설립자가 있는 곳), 기획처장실, 교무처
장실이 있는데 점령군처럼 똬리를 틀고 앉아 징계와 탄압을 모의하는 음습

한 공간이다. 대학원관 4층에는 교수협의회가 자리 잡고 있다. 지난 30년간 대학 민주화의 중심이었고 지금도 그렇다. 민주관에는 총학생회 사무실이 있다. 이곳은 학생 활동의 중심지이지만 학교에서 총학생회를 인정하지 않고 사무실 전기를 끊어버려 암흑천지가 되었다. 민주관 앞에는 학생들의 오랜 투쟁 공간인 해방뜰이 자리 잡고 있다. 동악관은 상지대에서 강의가 가장 많이 이루어지는 상지대의 교육의 중심이자 교수와 학생들의 활동 중심지이다. 여기에 교수 농성천막과 학생 농성천막이 설치되었다.

오전 8시 30분, 교수들이 김문기 퇴진 피켓을 들고 대학 정문에서 김문기 퇴진을 외치는 정문 시위를 시작한다. 같은 시간, 학생들은 동악관 앞에서 등교 학생들을 대상으로 홍보 활동을 전개한다. 교수천막과 학생천막에는 농성하는 교수와 학생들이 모여든다. 점심시간에는 다시 동악관 앞에서 교수와 학생들이 징계에 반대하는 홍보 활동을 하면서 징계 철회를 위한 서명운동을 시작한다. 학생들은 오후에도 다시 한번 홍보 활동을 한다. 또한 이 시간에는 여기저기에서 교수협의회, 총학생회, 비대위, 각 학과가 모임 혹은 회의를 하거나 대책을 협의한다. 저녁이 되고 어둠이 몰려들면 동악관 앞 두 개의 천막만이 남아 인적이 끊긴 학교를 지킨다. 다음 날이 밝아올 때까지. 상지대의 하루는 이렇게 시작되고 끝이 난다.

그러나 이 일상은 평화롭게 진행되는 것이 아니다. 지난 1년 사이에 김문기와 그 하수인들은 교수와 학생들이 설치한 농성천막 12동을 무자비하게 훼손했다. 교수와 학생들이 항의하든 말든, 경찰이 옆에 있든 없든, 그곳에 있는 사람이 남학생이든 여학생이든 사정없이 천막을 철거하고 부순다. 재개발 현장에서 용역 깡패들이 했던 일을 학교에서 버젓이 자행한다. 이 과정에서 뜯겨나간 현수막도 수백 장에 이른다. 181쪽 표를 보면 교내 폭력이 일상적으로 자행되고 있다는 것을 알 수 있다. 많을 때는 한 달에 서너 차례씩 폭력을 행사했다. 이것을 정상적인 대학 풍경이라 할 수 있을까?

구성원에 대한 탄압 일지

일자	세부 내용
2014.9.17	새벽 4시경 학생들이 직접 만든 현수막 수십 장을 총무부장 남윤경 등이 무단으로 훼손
2014.9.24	학생천막농성장 주변에 설치된 현수막 훼손
2014.9.26	시설부장과 총무부장의 지시로 청소용역업체를 동원해 농성천막 무단 철거
2014.10.13	교직원 30여 명이 동원되어 교수·학생천막농성장 무단 철거
2014.11.23	동악관 앞에 설치한 교수·학생 농성천막 두 동을 칼 등의 도구를 이용해 난도질하고 현수막 5장 훼손
2014.11.26	교육부 특별종합감사 개시일에 학내 상황을 담은 현수막 50여 장을 직원들이 무단 훼손
2014.11.29	학생 농성천막 무단 철거. 이를 목격한 학생들이 저지하자 경찰력을 동원해서 해산 시도
2014.12.19	학생들의 컨테이너 농성장을 지게차로 강제 철거
2015.1.8	교직원 10여 명이 학생 농성천막 강제 철거. 학생들 물품을 고의적으로 훼손
2015.1.9	교직원 및 보안대 20여 명이 학생 농성천막 강제 철거, 집기물품 훼손, 100만 원 이상의 재산피해 발생
2015.5.11	학생 궐기대회 현수막 무단 훼손
2015.5.26	새벽 3시경 총학생회 건물 앞에 게시한 현수막 10여 장 무단 철거 오전 9시 20여 명의 교직원이 학생 농성장 천막 강제 철거
2015.6.1	총학생회 건물에 게시한 현수막 무단 훼손
2015.6.4	단과대 학생회에서 강의동 앞에 게시한 현수막 무단 훼손
2015.6.6	오전 9시, 오후 4시, 오후 6시 등 하루 3차례 천막 강제 철거 시도 사무처장이 전 직원 동원령을 내림. 이 과정에서 폭언과 폭행이 난무했고 학생 일부 부상
2015.6.24	총무부 직원 및 계약직 직원들이 동원되어 교수 농성천막을 훼손
2015.8.22	토요일 아침 9시, 직원 20여 명이 교수 학생천막 2동 강제 철거

　단순히 천막이나 현수막을 훼손하는 정도가 아니라 직접적인 폭력도 행사한다. 폭행당한 학생이 병원에 입원한 것이 한두 번이 아니다. 김문기에게는 별반 이상한 일도 아니다. 1986년에는 학내 비리에 항의하는 학생들의 활동을 탄압할 목적으로 용공조작 사건을 일으켜 학생 150명을 간첩으로 만들어버린 대학이다. 그 전해인 1985년에는 김문기 이사장실에서 인사 문제로 농성하던 전문대 교수 세 명을 소방 호스로 물을 뿌려 제압한 후 여주와 이천, 장호원 등으로 분리·감금해 파면한 대학이다. 추운 겨울에 교수를 물에 빠진 생쥐처럼 취급한 것이다.

구성원에 대한 폭력 행사 사례

일자	사건 개요
2014.9.29	총학생회장이 학생 대표자들과 함께 총장 면담을 요청하는 과정에서 인문사회과학대학 학장으로부터 얼굴을 가격 당함
2015.2.7	정대화 교수 연구실에 총무부장 남윤경을 비롯한 4인이 새벽 시간 아음을 이용해 잠금 장치를 부수고 무단 침입해 폭력을 행사함
2015.5.18	학생 대표자들이 총장 면담을 요청하기 위해 총장실로 이동하던 중 보직교수가 무력을 행사함. 총학생회 간부가 발목 인대 부상으로 5일간 병원에 입원해 치료를 받음
2015.5.26	교직원들을 동원해 천막농성장을 무력으로 강제 철거하는 과정에서 총무부 직원이 무력을 행사했고, 이 때문에 총학생회 간부가 발목 인대 부상을 당함
2015.6.5	교직원들을 동원해 천막농성장을 강제 철거하는 과정에서 총학생회 간부가 왼쪽 팔 타박상으로 전치 2주의 상해를 입음. 하루 동안 세 차례에 걸쳐 무력으로 농성장 철거 시도함
2015.6.5	총학생회장이 총장과의 면담을 요청하는 과정에서 학생지원부 직원이 무력을 행사해 허리에 부상을 입음. 전치 2주 진단이 내려져 5일간 입원 치료받음
2015.6.22	본관 로비에 농성천막을 설치하던 중 시설부 계약 직원이 총학생회장 얼굴에 침을 뱉고 부총학생회장 얼굴에 담뱃재를 털고 얼굴을 가격하는 등의 폭력을 행사함

　　교수협의회와 총학생회를 인정하지 않거나 탄압하는 것도 다반사이다. 고등교육법과 교육기본법에 명시된 대학자치의 정신을 이해하지 못하는 김문기는 옛날에 그랬던 것처럼 자치단체의 활동을 일상적으로 탄압한다. 교수와 직원들의 급여에서 자발적으로 납부하는 대학발전기금 이체를 끊는 것은 물론 교수협의회의 회비 이체도 거부한다. 총학생회에 예산을 지급하지 않는 정도가 아니라 전기까지 끊는 대학이다. 상지대 교비는 학생들의 등록금으로 마련된 것이고 그 일부가 학생 활동비인데 교비의 주인인 학생들의 활농비까지 막아버리는 후안무치를 어떻게 이해해야 할까?

　　다시 한번 물어보자. 왜 이렇게 되었을까? 김문기가 이렇게 만들었을까? 아니면 교육부가 이렇게 만들었을까? 교육부가 한 일이 아니라면 이런 상황을 수수방관하는 것이 과연 옳은 일인지 교육부에 묻고 싶다. 이런 일이 하루가 멀게 빈번하게 자행되는데도 마치 아무 일도 없는 것처럼 평온하다면 그것이 제대로 된 교육부란 말인가?

대학자치활동에 대한 탄압

대상	내용
교수	• 전·현직 교수협의회 대표들에 대한 징계(파면 4, 정직 1) • 교수협의회 회비 이체 중단 • 상지발전기금재단 기부금 이체 중단 • 최근 현직 교수협의회 대표 2인을 포함한 교수 7인에 대한 징계 절차 착수
학생	• 전·현직 총학생회장단 무기정학 처분 • 총학생회를 인정하지 않으며 모든 회의에서 배제 • 총학생회 교비 및 학생회비 예산 지급 거부 • 총학생회실 전기 차단, 학생 게시물 및 천막 무단 철거 • 학보사 취재 및 편집권 침해에 따른 발행 중단 사태 초래 • 김문기 반대활동을 이유로 단과대 학생회비 및 실험·실습비 지급 고의 지연 • 법원의 징계 무효 판결 이후 2차 징계 절차 진행 중

그사이에 교수 네 명이 파면되고 한 명이 중징계를 받았다. 다시 교수 일곱 명이 중징계 회부되었다. 징계 사유도 없는데 일단 징계부터 한다. 가장 먼저 징계 파면당한 나는 교원소청심사위원회에서 징계가 취소되었는데도 복직 처리를 할 생각도 않는다. 학생 대표 일곱 명이 중징계 회부되어 그중 네 명이 무기정학을 받았다. 학생 대표 네 명의 무기정학 처분은 법원에서 취소되었다. 이들 네 명 중 총학생회장과 부총학생회장 등 두 명은 다시 중징계 회부되었다. 징계 중인 학생을 왜 다시 징계하느냐고 항의하자 학교가 재판에서 패소한 직후 징계를 종료했다는 답변이 돌아왔다. 징계를 종료했는데도 당사자인 학생에게는 알려주지 않은 것이다. 직원 두 명이 해임되고 다시 세 명이 해임되었으며, 두 명이 중징계를 받았다. 더 많은 직원들이 징계 대기 중이다. 과연 얼마나 많은 교수, 학생, 직원을 징계해야 속이 풀릴까?

그사이에 또 수십 건의 고소·고발이 있었다. 물론 김문기의 하수인들이 구성원을 상대로 고소·고발한 것이다. 이 사람들은 무조건 고소·고발부터 하고 본다. 나는 도대체 몇 건이나 고소·고발되었는지 파악조차 못할 지경이다. 경찰과 검찰에 수없이 들락거리고 법정에 나가야 한다. 폭행과 폭언 등 폭력행위가 다반사이다. 이 일을 하기 위해 '보안대'라고 불리는 정체불

학생복지 예산 축소 현황

사업명	2014년 예산	2015년 예산
학과별 취업역량 강화 사업	17,000,000	
학년별 상시 진로지도 프로그램 사업	15,400,000	
취업연계 커리어 코칭 프로그램	150,000,000	
취업과 진로 1, 2 교양 교과목 운영	41,800,000	
취업연계 커리어 코칭 프로그램	15,400,000	
상지 JOB Festival	33,176,000	
자격증반 운영 사업	20,000,000	
직무능력 향상 프로그램(매경TEST)	34,610,000	전액 삭감
진로 취업 캠프	69,940,000	
진로 취업 전문 상담실 운영	20,000,000	
국내 인턴십 취업 장려 장학금	180,000,000	
상지 JOB Festival 장학금	8,300,000	
진로지도 집단 프로그램	42,540,000	
자격증(ICDL) 취득 프로그램	4,800,000	
소식지 제작	5,000,000	
합계	657,966,000	

명의 직원들을 대거 채용했고 친인척과 측근들로 족벌체제를 구축해 징계와 탄압의 도구로 사용하고 있다.

족벌체제를 구축하고 보안대를 고용해 김문기를 방어하기 위해 학생들에게 돌아가야 할 예산을 가위질하듯 삭감했다. 학생들을 위한 15개 이상의 사업에서 6억 원 이상의 사업비가 전액 삭감되었다. 삭감된 돈이 학생들을 위한 용도로 사용되지 않았을 것임은 능히 짐작할 수 있다. 이렇게 엉뚱한 짓을 하는데 대학평가에서 좋은 결과가 나올 리 만무하다.

학생들에게 돌아갈 장학금도 30%나 삭감되었다. 특히 근로 장학금, 포인트 장학금, 학업봉사 장학금은 전면 중지되었다. 경제 상황이 어려워 휴학하는 학생이 속출하고, 휴학하지 않는 학생들도 아르바이트로 근근이 학업을 이어가는데 이렇게 교내 장학금을 삭감하면 학생들은 어떻게 해야 하나?

학생 장학금 삭감 현황

구분	2014년 본예산	2015년 본예산	증감액
교내 장학금	1,407,000,000	1,049,601,000	-357,399,000

학업을 계속해야 할지 고민하는 학생이 무더기로 늘고 있다.

김문기 구재단과 그 반교육적 족벌체제의 전횡과 탄압으로 상지대 교수와 학생들이 겪는 고통을 얼마나 더 말해야 할까? 상지대에서 벌어지는 처참한 상황을 얼마나 더 자세히 설명해야 이해가 될까? 상지대가 얼마나 더 참혹하게 망가져야 교육부가 실상을 알게 될까? 누군가가 극단적인 선택을 할 때까지 교육부가 기다리기라도 하는 것일까? 도대체 김문기는 무엇을 믿고 이렇게도 방자하게 구는 것이며 교육부는 무엇 때문에 이렇게도 미적거리며 수수방관하는 것일까?

결국 학생들은 더는 참지 못하고 무기한 수업거부를 결의했다. 대학에서 수업은 학생들의 마지막 권리인데 그 권리까지 포기하면서 대학의 정상화를 요구한 것이다. 학생들은 보직교수 총사퇴, 이사 전원 사퇴, 구성원 징계 철회, 대학평가 진상조사위원회 구성, 상지학원 재감사와 임시이사 파견 등 다섯 가지 요구 사항을 내걸었다. 요구 사항을 한마디로 요약하면 '김문기 족벌체제 해체'이다. 이 문제가 해결되지 않고서는 상지대가 정상화될 수 없다는 것이다.

돌고 돌았지만 상황은 거의 막바지에 이르렀다. 김문기는 위장해임되었다. 김문기는 또다시 국정감사 청문회에 위장 불출석했다. 김성남은 청문회에서 위증했다. 김문기의 거수기 이사회는 무능력하고 김문기의 하수인 보직들은 제정신이 아닌 상태이다. 구성원에 대한 대량 징계로 학교는 극도로 황폐화되었다. 학생들은 대학의 존망에 위협을 느끼며 무기한 수업거부를 결의했다. 국정감사에서 의원들은 상지대 사태 해결을 요구하며 교육부의

교내 장학금 축소 현황

구분	현행(2014학년도)	변경(2015학년도)
근로 장학	행정 부서, 학과, 실습실 등에 배정해 근무시간에 따라 장학금 지급	전면 중지
포인트 장학	학업 성취, 학교 기여, 취업 활동, 사회봉사의 각 영역별 결과 또는 관련 부서 확인서에 따른 포인트 점수 부여 및 장학금 지급	전면 중지
학업봉사 장학	행정 부서장의 추천을 받은 그린 캠퍼스 실천단, 장애 학생 도우미, 홍보 도우미, 성평등 서포터스 등 활동에 따라 장학금 지급	전면 중지 (그린 캠퍼스 실천단은 2015년 1학기까지 실시)

처신을 질타했다. 상지대에 대한 재감사와 임시이사 파견을 한목소리로 촉구했다. 황우여 교육부 장관은 2015년 10월 8일 종합감사 이전까지 대책을 보고하겠다고 약속했다.

공은 다시 교육부로 넘어갔다. 교육부가 상황에 맞는 결정을 하기 바란다. 상지대를 안정시킬 대책을 제시하고 즉각 실천하기 바란다. 교육부가 해야 할 일은 이것뿐이다. 그러나 우리는 오랫동안 충분히 교육부를 지켜보았다. 따라서 교육부가 결정할 때까지 마냥 기다리지는 않을 생각이다. 우리 대학은 우리의 힘으로 지킬 것이다. 장학금 폐지 등 학생복지 축소에 대한 저항이 고조되고 국회에서 비판이 제기되자 사후 예산안이 일부 수정되었다. 그러나 이러한 미봉책으로 무너지는 둑을 막을 수는 없다.

≪프레시안≫, 2015년 9월 21일

상지대 사태, 고지가 바로 저기다

/

대학 민주화의 원동력은 구성원의 단결된 힘

오랜 세월을 끌어온 상지대 사태가 서서히 마무리 단계로 접어드는 형국이다. 천년만년 끝없이 지속될 것 같았던 비리재단의 복귀가 채 일 년을 버티지 못하고 자기모순에 의해 스스로 무너져 내리고 있다. 대학 민주화가 하나의 사이클을 그리며 전개되는 것이라고 가정한다면 지금은 하강기와 침체기를 지나 상승기의 징후를 보여주고 있다.

당연한 말이지만 '상지대 사태'가 만들어지는 과정에는 수많은 요인이 작용했다. 어느 하나가 결정적이었다고 말하기 어렵다. 그러나 그중에서 기본 축은 김문기 구재단과 상지대 구성원의 대립이며 국회와 교육부는 제2축이 되었고, 법원과 검찰, 정당과 언론, 학계와 시민사회가 보조 축이 되어 다양한 방식으로 개입하고 참여했다. 이들 힘의 복합적인 작용이 '상지대 사태'라는 하나의 거대한 흐름을 만들었다.

그러나 힘의 복합적인 작용은 곧 교착상태로 발전해 길고도 지루한 공방으로 이어졌다. 누구도 힘의 우위를 확보하지 못한 가운데 소모적인 분규가 지속되었다. 이 상태에서 균형을 깨뜨린 것은 김문기였다. 김문기가 상지대 총장으로 선임된 것과 징계의 포문을 연 것이 사태를 본격화한 출발점이었다. 그것은 누구도 흉내 낼 수 없는 대단한 파격이었다.

같은 시기에 비리재단이 복귀한 세종대나 동덕여대에서는 주명건이나 조원영이 이사로 선임되는 것만으로도 감지덕지했다. 그러나 김문기는 달랐다. 대한민국 최고의 사학비리 주범이자 사학비리의 가장 상징적인 존재인 김문기는 어느 날 느닷없이 이사장인 아들을 제치고 일거에 대학 총장에 올랐다. 이후 교착상태는 무너져버렸다. 김문기가 총장에 선임되던 그날 김문기 복귀를 앞장서서 비판했던 나는 징계에 회부되었다. 3개월 후에는 직위해제되고 다시 1개월 후에는 파면되었다.

여기서 끝나지 않았다. 이어서 현직 총학생회장과 부총학생회장, 차기 총학생회장과 부총학생회장 등 학생 대표 네 명을 무기정학에 처했다. 나를 파면시킴으로써 과거에도 그랬던 것처럼 교수들의 반대를 불관용하겠다는 노선이 확인되었다. 전·현직 총학생회 대표 네 명을 무기정학에 처함으로써 학생들의 활동을 원천적으로 봉쇄하겠다는 노선이 드러났다. 김문기가 세상을 향해 전면전을 선포한 셈이다.

구재단 일각에서는 온건론을 조언하는 의견도 있었다. 김문기가 총장을 맡는 것은 무리수라는 의견과 적정 규모의 사재 출연으로 여론을 환기시키자는 의견, 구성원과 대립하지 말고 화합하는 모양을 보여야 한다는 의견 등이 그것이다. 이미 이사회를 장악한 마당에 굳이 무리할 필요가 없으며 학내외 여론을 감안해서 움직이는 것이 좋겠다는 것이었다. 오랫동안 김문기를 지지했던 소수의 학내 교수들이 이렇게 조언한 것으로 알려졌다.

그러나 김문기는 반대 방향으로 내달렸다. 복귀에 대한 본인의 판단이 일차적이겠지만 이것을 부추긴 사람들의 입김도 강하게 작용했다. 그들은 김문기가 직접 총장직을 맡아 진두지휘해야 하고 사재 출연은 필요 없으며,

김문기에게 반대하는 교수와 학생들은 가차 없이 징계해도 무방하다는 식으로 말했다. 또한 학내의 반대 움직임은 소수에 불과하고 다수는 침묵하거나 결국에는 김문기에게 굴종할 것이라고 말했다. 이들은 김문기와 동고동락하던 인사들이 아니므로 신흥세력이라고 부르자. 김문기는 신흥세력의 달콤한 강경 노선에 빠져들었다.

김문기가 강경 노선을 선택한 것이 결정적인 패착이었다는 것이 드러났다. 오랫동안 김문기를 지지했던 정통파 구재단 교수들은 대학을 알고 상지대를 알기 때문에 온건타협적인 대응을 조언했지만 대학도 모르고 상지대도 모르는 젊은 신흥세력은 조급한 김문기의 복수심을 부추기고 여기에 편승했다. 그러나 이보다 더 중요한 이유가 있다. 강경 노선을 주장해야 신흥세력이 정통파 구재단 인사들을 제치고 대학운영권을 장악할 수 있기 때문이다. 자기 욕심을 채우기 위해 김문기의 욕심에 불을 질렀으니 탐욕과 탐욕이 만난 셈이다.

김문기의 총장 선임과 구성원 탄압은 실로 전광석화와 같았고 거칠 것이 없었다. 상지대는 일거에 김문기 독점체제로 전환되었다. 이사회와 본부 보직은 김문기 총장을 중심으로 한 강고한 친정체제로 구축되었고 행동대로 나설 측근들이 특별 채용되었으며, 반대를 무력으로 제압하기 위해 다수의 보안대를 고용했다. 20년 전 상지대에서 쫓겨나기 전의 상태로 빠르게 회귀했다. 동토의 왕국이 재현될 것처럼 보였다.

여기까지는 김문기가 승리한 것으로 보였다. 역시 김문기는 대단한 사람이라는 평가도 나왔다. 그러나 승리의 기쁨은 매우 짧았다. 학생들이 즉시 움직였다. 김문기 총장실 앞에서 농성에 들어갔다. 뒤이어 교수들도 농성에 돌입했다. 사학비리 전과자가 총장으로 복귀한 것에 대한 언론의 비판은 생각보다 강했다. 교육부도 김문기 불가 입장을 천명했다. 국회가 문제를 삼았다. 교육단체와 시민사회단체들이 나섰다. 결국 국정감사 청문회가 열리고 교육부가 특별종합감사를 시작했다. 김문기 족벌체제에 대한 반격이 시작된 것이다. 그 반격의 종점은 2015년 7월 9일 김문기 해임으로 나타났다.

김문기는 해임되었다. 그러나 정말로 해임되었을까? 여기에 상지대 사태의 해답이 존재한다. 첫째, 김문기는 해임되었지만 아직도 위장해임 의혹이 가시지 않고 있다. 언제 다시 복귀할지 모르는 상황이다. 둘째, 총장직에서 해임되자마자 총장실을 설립자실로 바꾸고 설립자 행세를 하면서 대학운영에 개입하고 있다. 셋째, 이사회와 대학 본부가 김문기 하수인들로 가득 차 있다.

결론은 김문기 해임으로 상지대 사태를 해결할 수 없다는 것이다. 김문기가 총장이든 아니든 상지대는 변한 것이 별로 없다. 김문기가 해임된 상지대는 과거와 마찬가지로 구성원을 징계하며 김문기 없는 김문기 체제를 유지하고 있다. 교육부는 김문기 해임 외에는 아무런 대책이 없고 국회가 할 수 있는 조치에도 한계가 있다. 이런 해임이 무슨 의미가 있을까?

결국 구성원들이 나설 수밖에 없게 되었다. 박근혜 대통령이 결단할 수 없는 상황이라면 우리가 결단할 수밖에 없다. 황우여 교육부 장관이 결정할 수 없는 상황이라면 우리가 결정할 수밖에 없다. 국회가 조치를 취할 수 없는 상황이라면 우리가 나설 수밖에 없는 것이다. 우리는 이 상황에서 우리의 단호한 결심과 우리의 굳건한 실천이 상지대 민주화를 위한 유일한 길이라고 판단하게 되었다.

그 실천이 학생들의 수업거부로 나타났다. 오랜 고민 끝에 학생들은 무기한 수업거부에 돌입했다. 그리고 16일째 전면적인 수업거부를 이어가고 있다. 수업이 완전히 중단되었고 언제 재개될지 알 수 없는 상태였다. 2014년에도 일주일 동안 수업거부를 했지만 그때와는 성격이 완전히 다르다. 불확실한 미래 때문에 성적과 스펙에 연연하던 학생들이 강의실을 박차고 거리

| 부서진 천막에 앉아 있는 총학생회 간부들 |

로 뛰쳐나왔다는 것은 매우 의미심장한 일이다. 더 이상 김문기 체제를 용인할 수 없고 김문기가 강요하는 반교육적인 행위를 교육으로 받아들일 수 없다고 판단한 것이다.

농성이 급격히 확대되었다. 2014년 8월 김문기 총장 선임 이후 교수천막과 학생천막 두 개로 400여 일간 농성을 이어오던 교수와 학생들은 대학 본관과 동악관 사이에 35개의 천막을 설치했다. 한두 개의 천막은 예사로 볼수 있는 일이지만 35개의 천막은 결코 예사로운 일이 아니다. 주간과 야간을 합쳐 학과가 40개도 되지 않는 대학에서 35개의 천막이 설치되었다는 것은 거의 모든 학과가 농성에 참여했다는 뜻이다.

학생이 거리로 나오자 교수들도 움직였다. 지금까지는 김문기를 반대하거나 징계에 반대하는 소극적인 수준의 활동을 했는데 학과장들이 자발적으로 사퇴서를 제출하기 시작하면서 적극적인 집단행동으로 발전했다. 대학의 수업과 연구는 학과 단위로 움직인다. 대학운영의 모세혈관 역할을 담당하는 학과장들 대부분이 사퇴서를 제출했다는 것은 대학운영이 전면적으로 중단된다는 뜻이다. 학과장들의 집단 사퇴는 교수들이 김문기 체제를 거부한다는 뜻이기도 했다.

교수에 이어 대학 직원들이 학교 행정을 비판하면서 농성에 합류했다. 구재단이 이사회를 장악하고 김길남이 이사장이 된 시점부터 직원들은 침묵하기 시작했다. 김문기가 총장이 되어 구성원을 탄압하는 상황에서도 직원들은 움직이지 않았다. 그러던 직원들이 대학 본부를 비판하고 이사회 사퇴를 요구하면서 드디어 거리로 뛰쳐나왔다. 대학행정을 담당하는 직원들이 움직이면 대학행정은 파행을 피할 수 없게 된다.

이런 상황에서 김문기는 10월 8일 국회 국정감사에 증인으로 출석해야 한다. 실제로 출석할지, 작년과 올해 국정감사 청문회에 불출석했던 것처럼 다시 출석을 거부할지는 알 수 없다. 그러나 김문기가 출석하든 출석을 거부하든 상황에는 아무런 변화가 없을 것이다. 출석하면 국회의 지탄을 받고 그 상황이 언론에 대대적으로 보도될 것이고 출석을 거부하면 그것 자체가 논란이 되어 국회가 형사고발할 것이다.

김문기는 2014년에 두 차례 국회 국정감사 출석을 거부한 바 있다. 그것 때문에 작은아들 김길남에게는 동행명령장이 발부되었고 김문기는 형사고발되어 기소된 상태에서 현재 재판을 받고 있다. 2015년 9월 10일 국정감사 청문회에는 큰아들 김성남만 출석했다가 위증 혐의를 받았고 김문기는 허위 불출석한 것이 드러난 상태인데, 다시 불출석한다면 가중처벌을 면하기 어려울 것이다. 출석해도 문제이고 출석을 거부해도 문제이니 진퇴양난, 진퇴유곡은 이런 상황에 쓰라고 만든 말이다.

검찰이 다시 김문기를 기소했다. 지난 3월에 금융감독원이 고발한 저축은행 불법 대출 건으로 기소한 것인데 김문기가 딸에게 5억 원을 불법 대출한 것이 확인되었다. 2011년에 드러난 저축은행 배임 횡령 건 재판이 진행 중인 상황에서 유사한 사건으로 다시 기소되었고 작년 국회 증인 불출석

건으로 기소된 사건의 재판도 진행 중이니 설상가상의 상황이다. 같은 시기에 큰아들 김성남과 함께 고발된 정치자금 비리는 며느리가 책임지노록 하고 빠져나갔지만, 이 상황에서 김문기가 빠져나갈 길이 과연 있을지 궁금하다.

김문기 족벌체제 내부에서도 균열이 발생하고 있다. 큰아들과 작은아들은 상지대를 놓고 '형제의 난'을 진행 중이고, 김문기가 선임한 이사들은 제살 길을 모색하는 형국이다. 김문기가 선임한 보직교수 일부는 이미 족벌체제에서 이탈했고 남아 있는 보직들 사이에서는 이권을 놓고 갈등이 커지고 있다. 침묵을 지키고 있는 나머지 보직들은 비겁하게도 상황을 회피하거나 각자도생의 길을 찾는 것으로 보인다.

국회와 언론은 교육부의 미온적인 대응자세를 비판하면서 재감사를 촉구하거나 임시이사 파견을 요구하고 있다. 2014년 11월의 특별종합감사에도 불구하고 상지대 사태가 해결되기는커녕 오히려 악화 일로에 있다는 사실이 명백하게 드러난 만큼 근본적인 대책을 강구해야 한다는 여론이 거세지고 있다. 언론에서도 연일 상지대 사태를 보도하면서 교육부의 결단을 촉구하는 상황이다.

그렇다면 교육부는 왜 미적거리는 것일까? 황우여 장관이 김문기를 옹호하는 것은 아닐까? 그러나 교육부가 김문기를 비호하는 것으로 판단되지는 않았다. 교육부는 이미 김문기를 버렸다. 교육부는 김문기를 옹호하는 것이 아니라 사학을 옹호하는 것이며 비리재단의 안정적인 복귀를 옹호하는 것이다. 김문기도 비리재단의 일원이니 옹호할 수 있지만 김문기의 존재가 사학의 안정화에 걸림돌이 된다면 버릴 수밖에 없다. 결국 김문기가 총장이 되어 상지대 분규가 재연된 시점에서 교육부는 김문기를 포기했다.

2014년 특별종합감사에서 교육부가 상지대 이사회의 파행과 임원 간 분쟁을 감사 대상에서 제외하고 오직 김문기 한 사람에게만 초점을 맞추었던 것은 이 때문이다. 김문기 한 사람에 대한 표적 조치로 상지대 문제를 해결하면서 전체 사학의 안정성을 도모하고자 했던 것이다. 김문기 때문에 상지대에 임시이사를 파견함으로써 다시 사학의 운영체제가 변경되는 것을 회피하려고 했던 것이다. 이것은 교육부의 뜻이 아니라 권력의 뜻이며 권력에 줄을 댄 사학 일반의 뜻이다.

그러나 교육부의 판단은 완전히 틀렸다. 지난 1년간의 교육부의 여러 행정조치는 형편없는 졸작이 되어버렸다. 교육부의 조치에도 불구하고 상지대 사태는 조금도 개선되지 않고 날로 악화되었다. 김문기는 공공연하게 교육부의 조치를 거부하고 건건이 재판을 걸면서 교육부 장관을 능멸하는 지경에까지 이르렀다. 더구나 청주대, 수원대, 수원여대, 한마음고, 대성고, 하나고 등 전국의 수많은 대학교와 고등학교에서 새로운 사학비리가 터져 나오고 있다. 교육부가 무능하고 무기력한 상태로 빠져든 것이다. 교육부의 실패는 교육부의 정책적 실패 때문이고 그 배경에는 교육부의 세 가지 심각한 오판이 자리 잡고 있다.

첫째, 교육부는 자기모순적 판단착오에 빠졌다. 교육부가 김문기를 비호하고 비리재단을 비호하는 것은 자유이다. 그러나 김문기를 비호하고 비리재단을 비호하는 한 교육부는 비리재단의 숙주라는 오명에서 결코 벗어날 수 없다. 교육부가 사학비리를 옹호하는 것은 검찰이 도둑놈을 옹호하는 것과 같은 것이어서 스스로 제 수명을 단축하는 것이다. 이런 초보적인 사실판단도 못하는 교육부가 성공할 수 없는 것은 너무도 당연하다. 물론 그 실패의 책임은 후일 교육부가 고스란히 짊어지게 될 몫이다.

둘째, 교육부는 김문기를 너무 우습게 봤다. 김문기는 선인재단의 백인엽과 다르고 조선대의 박철웅과 다르다. 하물며 세종대의 주명건이나 동덕여대의 조원영, 경기대의 손종국과 비교하는 것은 금물이다. 김문기는 맨손으로 자수성가해 부동산 거부를 일군 사람이고 40대에 통일주체국민회의 대의원이 되고 50대에 3선 국회의원이 되어 정치와 권력을 움켜쥐었던 사람이다. 하물며 이런 사람을 청주대의 김윤배나 수원대의 이인수, 수원여대의 이재혁 정도로 보아 사퇴를 촉구하는 것은 김문기를 지나치게 과소평가하는 것이다. 경동대의 전재욱이나 서남대의 이홍하도 김문기에게는 한참 못 미친다.

셋째, 교육부는 김문기와 김문기 체제를 구별하지 못했다. 교육부는 족집게처럼 상지대에서 김문기만 솎아내면 외형상 상지대가 안정되고 교육부도 성공할 것이라고 믿었다. 그러나 이런 판단은 정치학의 상식인 비결정(non-decision)의 원리에 대한 무지에서 비롯된 판단이다. 권력의 힘은 지위에서 나오기도 하지만 지위를 창출하는 본원적 권력은 지위와 무관하게 작동한다. 그러니 김문기가 총장직에서 해임되면 문제가 해결될 것이라는 교육부의 판단은 실로 어리석은 것이다. 김문기가 총장이기 때문에 힘을 갖는 것이 아니라 스스로를 총장으로 만들 만큼 권력을 가진 것이며 그 힘은 총장에서 해임되어도 의연히 작동하는 것이다.

그러므로 이 시점에서 교육부가 반드시 알아야 할 것이 있다. 상지대 정이사체제를 무너뜨린 2007년 상지대 대법원 판결과 사립학교법 개정을 통한 사분위 발족에서 본격화된 김문기의 상지대 복귀 작전은 이제 실패로 대단원의 막을 내리게 되었다는 사실이다. 그것도 볼 것 못 볼 것 다 보여주고 처참하게 끝나가는 국면이다. 교육부의 의지와 무관하게 우리 사회의 2000년대를 수놓았던 비리재단의 화려한 복귀 물결은 상지대에서부터 허망하게 스러질 운명에 처했다.

우리는 김문기 사학비리와 40년을 싸웠다. 그 과정에서 김문기와 교육부를 알게 되었다. 김문기에게 대학을 잘 운영해달라고 요구하는 것이 가능하지 않은 주문이라는 사실을 뼈저리게 깨달았다. 교육부가 그 책무를 이행하지 않을 것이라는 사실도 알게 되었다. 그러므로 우리는 오직 우리의 힘으로 대학 민주화를 달성할 것이다. 수명이 다한 상태에서 마지막 거친 숨을 헐떡이며 버티고 있는 쇠잔한 김문기 족벌체제를 우리가 우리 스스로의 힘으로 정리할 것이다. 그날이 다가오고 있다. 교육부와 함께 그 상황을 지켜보려고 한다.

≪프레시안≫, 2015년 9월 29일

김문기 총장 해임은 상지대 사태의 새 출발점

자격 없는 자가 무리하게 총장으로 선임돼 상지대 사태를 극단으로 몰고 갔던 사학비리 전과자 김문기 씨. 그가 결국 이사회에서 해임됐다. 김문기 씨는 1993년 김영삼 문민정부의 사정개혁으로 구속돼 대학에서 퇴출된 지 21년 5개월 만에 총장으로 화려하게 복귀했다. 하지만 복귀 11개월 만에 다시 해임되는 상황에 처해졌다. 영화보다 더 영화 같고 드라마보다 더 드라마 같은 극적인 상황이 현실에서 연출된 것이다.

대한민국 사학비리의 절대강자 김문기 씨는 가구점으로 부를 쌓은 뒤, 그 부를 기반으로 군사독재권력에 줄을 대어 작은 권력을 얻었다. 그리고 그 권력을 바탕으로 다시 '거부'를 일군 입지전적인 인물이다.

김문기 씨는 유신 초반, 유신체제를 등에 업고 상지대의 전신인 원주대와 그 법인인 청암학원에 임시이사로 파견됐다가 1974년에 학교를 무상으로 인수해 청암학원을 상지학원으로 명칭 변경했다. 이후 19년 동안 무소불위의 이사장으로 군림하면서 상지대를 동토의 왕국으로 만든 장본인이자 상지대에 '사학비리 종합선물세트'라는 오명을 뒤집어씌운 인물이다.

김문기 씨가 상지대 복귀에 성공한 이면에는 사학을 비호하고 사학비리를 은폐해준 부패권력과 부패 정치권의 힘이 크게 작용했다. 또한 권력의 하수인 노릇을 한 사법부의 존재도 김문기 씨의 복귀에 큰 도움을 줬다.

권력과 정치권 그리고 사법부가 '사학비리 천국'을 조성하기 위한 환경을 만든 후에 상지대 정이사체제를 붕괴시키고, 사립학교법을 개악해 이사회의 투명성 확보를 위한 조치를 약화시키고, 사학비리를 두둔하는 사학분쟁조정위원회를 설치해 비리재단의 합법적인 복귀가 가능하게끔 만들었다. 이 구조 아래서 김문기 씨의 집요한 복귀 공작을 통해 지난해 8월 14일 그는 상지대 총장으로 화려하게 복귀했다.

그러나 김문기 씨의 화려한 복귀는 몰락 드라마의 출발점이 됐다. 그가 복귀한 그날, 그를 향한 비판의 파도는 거세게 몰아쳤다. 수많은 신문과 방송이 사설과 논평으로 총장 선임을 비판했고, 황우여 교육부 장관도 여섯 차례나 공식적으로 그의 총장직 사퇴를 촉구했다. 정치권도 그의 무리한 복귀를 비판했다. 교육단체를 비롯한 사회단체들도 마찬가지였다.

그러나 김문기는 '오불관언'에 '마이동풍'이었다. 정부와 정치권, 언론과 사회단체들의 비판에도 그는 총장직에 집착했을 뿐만 아니라 자신의 복귀를 비판하는 교수·학생들에게 파면과 중징계의 칼을 들이댔다.

그는 군사독재 시절에 행해졌던 방식으로 권력을 틀어쥐고 족벌체제를 구축해 대학을 파국으로 몰아넣었다. 보다 못한 국회가 두 차례나 상지대 청문회를 개최했지만, 김문기 씨는 출석을 거부했다. 결국 교육부는 특별종합감사를 실시, 그의 해임을 요구하게 됐다. 교육부의 해임 요구에 차일피일 시간을 끌며 4개월을 버티던 김문기 씨는 결국 해임을 받아들였다.

교육부의 해임 요구와 상지학원 이사회의 해임 결정은 사학비리 전과자 김문기 씨에 대한 국민적 심판의 의미를 지닌다. 이미 1993년에 사법적 심판을 받아 퇴출됐던 김문기 씨의 입장에서는 두 번째 국민적 심판이다. 역사적 심판의 의미도 있다. 더군다나 앞으로 세 번째 심판은 없을 것이므로 그에겐 최후의 심판이라고도 할 수 있다.

이 상황은 김문기 씨와 같은 사학비리 주범이 교육계에 발을 들여서는 안 된다는 우리 사회의 공감대가 표현된 것이라고 할 수 있다. 이런 점에서 김문기 씨의 해임은 매우 중요한 의미를 가지고 있다. 이 의미는 비단 상지대 사태의 측면에서 뿐만 아니라 사학과 교육의 측면에서도 그렇다.

그러나 놓치지 말아야 할 것이 있다. 김문기 씨의 해임은 역사적 의미를 갖는 것이지만, 지금 시점에서 김문기 씨의 해임이 상지대 사태의 종결을 의미하는 것은 아니다. 이미 대학의 최고 의사결정기구인 이사회가 김문기의 하수인들로 가득 차 있고 김문기의 큰아들이 상임이사의 자격으로 이사회를 장악하고 있다.

상지대는 물론 상지학원 산하기관인 전문대와 병원 및 고등학교 역시 김문기의 충복들이 장악하고 있다. 특히 각 학교의 행정라인이 과거처럼 김문기 씨의 사람들로 채워져 있다. 비록 김문기 씨는 해임돼도 상지학원은 '김문기 체제'로 운영되도록 준비돼 있는 상황이다. 상지대 사태는 여전히 현재진행형이다.

하지만 비관할 필요는 없다. 새벽은 오직 어둠속에서만 오고 봄은 차디찬 겨울 바람을 뚫고 오기 때문이다. 비록 아직 상황이 끝난 것은 아니지만 김문기 씨의 퇴출이 의미하는 바는 상상 이상으로 크다.

김문기 없는 김문기 체제는 힘이 약하다. 정당성과 동력을 갖지 못한다. 이 체제는 구성원과 대화해 대학 민주화를 수용하거나 아니면 대학 민주화를 거부함으로써 결국 몰락의 길을 갈 수밖에 없는 한시적인 체제다.

상지대 사태는 새로운 국면에 접어들었다. 김문기 씨의 몰락은 개인의 몰락이 아니라 비리사학의 몰락이자, 비리로 점철된 한 시대의 몰락을 의미한다. 비록 상지대가 조금 더 인고의 시간을 견뎌내야 하겠지만 결국에는 대학 민주화의 길로 들어설 것이다.

김문기 없는 상황에서 이사회와 그 하수인들이 저항을 하면 할수록 그 시기는 앞당겨질 것이다. 항간에 나도는 소문처럼 김문기 씨의 해임 과정에 모종의 음모와 절차적인 흠결이 개입돼 있다면, 그 시기는 더욱 앞당겨질 것이다.

《오마이뉴스》, 2015년 7월 10일

상지대가 미증유의 파국 상황에 직면했다

/

김문기가 원하는 것은 상지대 폐교인가?

상지대 사태는 사학비리 전과자가 대학을 어떻게 망칠 수 있는지를 극명하게 보여주는 상징적인 사례가 되었다. 교육부의 정상화 정책으로 비리재단을 대학에 불러들인 결과가 대학의 몰락이라는 사실이 입증되고 있다. 사학비리 전과자 김문기와 김문기에 붙어먹고 사는 하수인들이 얼마나 사악하고 어느 정도까지 무능할 수 있는지를 보여주는 경연장이 되어버렸다.

지금 학생들은 21일째 수업거부 중이다. 수업이 전면 중단되었다. 교육기관인 대학에서 수업이 중단되었다는 것은 대학의 본질적인 기능이 멈추었다는 뜻이다. 이런 상황에서 교수들이 연구를 할 수 있을까? 이런 상황에서 학문의 탐구가 가능할까? 지금의 상지대는 토지와 건물만 덩그러니 남아 있는 죽은 부동산일 뿐 살아 있는 교육기관이라고 할 수 없다.

김문기 체제에 반대하는 농성천막 35개가 교정에 설치되어 있다. 천막만 설치된 것이 아니라 여기서 교수, 학생, 직원들이 농성과 철야를 하면서 김문기 반대를 몸으로 실천하고 있다. 어느 대학이나 한두 개의 천막은 있을 수 있다. 그러나 대부분의 학과가 강의실과 연구실을 버리고 천막으로 나온 전례는 어느 나라, 어느 대학에도 없었다.

학과에서 수업과 연구 등 학사행정을 실제로 담당하고 있는 학과장 39명이 김문기 체제의 독단적인 행정을 거부하면서 학과장 보직을 사퇴했다. 전체 49명의 학과장 중 39명이 사퇴했으니 학사 업무의 80%가 중단된 것이다. 그렇다고 남은 열 명이 열심히 하고 있을까? 대학 본부와 교수들을 연결하고 대학 본부와 학생들을 연결하는 고리가 끊어져버린 상황이다.

대학 본부와 단과대학에서 일반 행정을 담당하는 직원들이 대학 본부 옆에 천막을 치고 농성을 하면서 대학행정을 비판하고 있다. 대학 본부나 단과대에서 행정을 담당하는 직원들은 업무와 조직 체계의 특성상 김문기 체제를 반대하는 데 한계가 있어 그동안 침묵으로 일관했는데 결국 대학 본부에 반기를 들면서 거리로 나왔다.

그렇다고 대학 본부가 일사불란하게 작동하는 것도 아니다. 사퇴한 교무처장 자리에 한의대 학장을 임명했는데 임명되자마자 사퇴하면서 교무행정의 책임자인 교무처장과 한의대 학장 자리가 동시에 공석이 되었다. 몇몇 교무위원들이 이미 사퇴했고 사퇴가 확산될 조짐을 보이고 있다. 이 상황에서 두 차례나 긴급하게 교무위원회를 소집했는데 정족수 미달로 회의가 열리지 못했다. 대학 본부 자체가 의사결정 불능의 식물 대학이 되어버린 것이다.

왜 이렇게까지 사태가 악화되었을까? 이유는 간단하다. 김문기와 그 하수인들로 구성된 이사회와 대학 본부 때문이다. 이들이 1년 6개월 동안 상지대 행정을 담당했다. 그 결과가 2015년 8월에 낙제점으로 결론이 났다. 3년 주기의 대학구조개혁평가에서 D- 등급을 받아 대학의 생존이 위태로워졌기 때문이다. 장학금을 받지 못하고 학자금 대출을 받지 못하면 학생들이 오지 않는다. 국가의 재정 지원을 받지 못하면 연구활동이 심각하게 위축될 수밖에 없다. 결국 대학의 지속 가능한 생존이 위협받게 된 것이다.

한의대와 간호학과에 대한 인증평가 준비가 진행 중인데 매우 위험한 상

| 교정에서 지내는 한가위 합동 차례 |

황이다. 국가가 주관하는 인증평가는 최고를 요구하는 것이 아니라 최소한의 기준을 요구하는 것인데 이 기준을 충족시키지 못하면 학과의 존속 자체가 어려워진다.

구성원들을 대상으로 한 무차별 대량 징계와 원칙 없는 인사도 파행의 중요한 원인으로 작용하고 있다. 이미 교수 네 명을 파면하고 한 명을 중징계한 상태에서 다시 교수 일곱 명에 대한 중징계를 강행하고 있다. 직원 다섯 명을 해임하고 두 명을 중징계했다. 총학생회장 등 학생 대표 네 명에게 무기정학을 강요했던 대학이 법원 판결에 따라 무기정학을 취소하자마자 재징계에 착수했다. 징계전문대학이 아니고서야 이럴 수는 없는 일이다. 규정을 무시하면서 교수 승진을 자기들 멋대로 거부하고 직원 전보와 승진을 입맛대로 하는 부당 인사는 차라리 애교스러운 수준이다.

이 상황의 중심에 김문기가 있다. 김문기가 파국에 직면한 상지대 사태의 처음이자 끝이다. 그러나 그 김문기는 2015년 7월 9일 자로 해임된 상태이다. 교원소청심사를 요청했는데 교원소청심사위원회에서 기각했다. 김문기는 2014년 10월 두 차례 국정감사 출석 거부로 국회에 의해 형사고발되어 재판 중인데 저축은행 불법 대출로 금융감독원에 의해 고발되어 다시 검찰에 기소되었다. 이 상황에서 김문기는 10월 8일 국정감사에 다시 증인으로 출석해야 한다. 세 차례나 출석 거부하고 이제 네 번째 출석 요구인데 김문기의 선택에 이목이 집중될 수밖에 없다.

더욱 가관인 것은 총장에서 해임된 김문기가 여전히 설립자를 참칭하며 대학운영을 좌지우지하고 있다는 사실이다. 작년에 정관을 변경해 설립자를 자신으로 바꾸려다가 교육부의 제지를 받고 포기했음에도 여전히 설립자라고 주장하고 있다. 2015년 7월에 총장에서 해임되자마자 자기가 근무하던 총장실을 설립자실로 바꾸어 계속 설립자 행세를 하다가 여론의 뭇매를 맞았다. 그래도 김문기는 요지부동 설립자이다. 대단한 집념이 아닐 수 없다.

이 상황에서 대학은 무엇을 하고 있을까? 상황이 이 지경으로 악화되었는데도 이사회와 대학 본부는 징계를 강행하고 있다. 이사회를 열어 직원 징계를 재검토한다고 했다가 다음 날 자정 무렵에 심야 이사회를 열어 징계를 의결해버렸다. 불난 집에 부채질하는 것도 이 정도는 아닐 것이다. 교수와 학생들이 김문기 반대 서명을 받으니 본인들은 김문기 지지 서명을 받는다며 촌극을 벌인다. 부총장과 학생처장 등 주요 보직교수들이 교정에서 학생들 대상으로 서명을 받다가 학생들의 항의를 받는 볼썽사나운 풍경도 벌어졌다. 상지대에서는 교수, 학생, 직원 누구의 서명을 받는 것도 불가능해지니 옆에 있는 전문대에서 서명을 받고 있다. 일부 교수들이 학생들을 선동해 김문기 설립자님의 숭고한 뜻을 왜곡하고 있다며 항변한다. 거의 제 정신이 아닌 상태이다.

대학이든 다른 단체든 문제가 발생하면 먼저 문제의 원인을 파악하고 대책을 마련하는 것이 순서이다. 이 과정에서 의견을 수렴하는 것은 기본 중에서도 기본이다. 그러나 이사회나 대학 본부는 의견을 수렴할 생각이 없다. 교수들은 좌파이고 학생들은 일방적으로 교수들에게 선동당한다고 생각한다. 김문기 설립자님의 뜻을 파악하는 것만으로도 충분하다. 더구나 이들에게 원인을 파악하고 대책을 수립하는 기능은 애당초 존재하지 않는 것 같다.

사정이 이러니 상지대가 최악의 파국 상황에 직면했다는 것이다. 과거에도 분규가 있었고 다른 대학에서도 더러 분규가 있지만 교수, 학생, 직원이 한목소리로 반발한 사례는 흔치 않다. 더구나 대부분의 학과장들이 보직을 사퇴해버리고 대학의 유일한 심의기구인 교무위원회조차 열 수 없는 상황은 어느 대학에서도 없던 일이다.

더욱 심각한 문제는 지금의 이 상황이 조금도 개선될 조짐을 보이지 않고 있다는 사실이다. 대학을 바라보는 관점이 다르고 현 사태에 대한 진단이 다르니 개선될 리 만무하다. 사태에 대한 진단이나 제대로 하는지 모르겠다. 불난 집에 물 대신 기름을 끼얹으며 부채질하는 격이니 해결책이 나올 수가 없다. 그래서 우리는 두 가지 질문을 하고 싶다.

먼저 김문기에게 묻는다. 이것이 김문기가 원하는 목표인가? 대학을 회복 불가능한 파탄 상황으로 몰아가서 폐교시키고 싶은 것인가? 호랑이 담배 피우던 옛날과 달리 공공연히 교비를 횡령한다든지 부정입시와 불법 인사를 자행하는 식으로 사학비리를 저지르기가 어려워지니 부동산이라도 챙기자는 것인가? 폐교된 대학을 재개발해서 아파트 단지를 만들어 원주 시민들에게 마지막 봉사라도 하려는 심모원려인지도 모르겠다.

교육부 장관에게 묻는다. 김문기가 이렇게 할 줄 미처 몰랐는가? 지난 20년간 김문기가 대단한 반성이라도 했다고 생각했는가? 김문기가 다시 복귀하면 상지대 발전을 위해서 사재를 출연하고 대학을 정상적으로 운영할 것으로 기대했는지 모르겠다. 대학을 정상적으로 운영하라고 촉구하고 특별감사를 해도 요지부동인 데다 외려 장관에게 대드는 적반하장의 상황이다. 하는 수 없이 김문기를 총장직에서 해임시켰는데도 아무 효과가 없고 사태만 걷잡을 수 없이 악화되고 있다. 이 상황에서 교육부가 동원할 수 있는 정책 수단은 과연 무엇일까?

이제 김문기는 돌아올 수 없는 다리를 건넜다. 자기 스스로 다리를 불살랐으니 건너올 다리도 없다. 항우가 했던 파부침주(破釜沈舟)를 김문기도 결행한 셈이다. 교육부도 마찬가지로 다리 한쪽 끝에 섰다. 김문기와 다정하게 손잡고 다리를 건너든지 김문기를 붙잡아주었던 손을 뿌리치든지 결단할 순간에 이르렀다. 수원대 사태로 망신당하고 중앙대와 서해대 사태로 만신창이가 된 교육부가 상지대 사태에서 어떤 선택을 할지 궁금하다. 국정감사에서 황우여 장관이 무슨 말을 할지 기다려진다.

≪프레시안≫, 2015년 10월 5일

대학이 부끄럽다. 그러나 변함없이 사랑한다.

설립자도 아닌 자가 설립자를 자처하는 낯 뜨거운 현실이 부끄럽다.

자칭 설립자가 정부기관으로부터 고발당하고도 뉘우치지 않는 범죄인식 상황이
부끄럽다.

사분위라는 정부기관이 5·17 쿠데타보다도 더한 대학 학살을 자행하는 나라의 현
실이 부끄럽다.

25년간 대학 민주화를 염원했는데도 아직도 제자리걸음인 우리 현실이 부끄럽다.

20년 전, 15년 전, 국회와 교과부를 무시로 드나들던 교수가 지금도 그 일을 끝내
지 못한 현실이 부끄럽다.

교수가 연구실과 강의실을 떠나 거리에서 끊임없이 부르짖어야 하는 교육 현실이
부끄럽다.

학교가 깨어지더라도 정관은 개정되어야 하는 뒤집어진 현실이 부끄럽다.

정관 개정의 이유로 총장의 치매가 거론되는 막장 드라마 같은 현실이 부끄럽다.

무엇보다도 모든 사람이 아니라고 하는 일이 강행되는 현실이 부끄럽다.

그러나 이루 헤아릴 수 없는 부끄러움에도 불구하고 나는 우리 대학을 사랑한다.

함께 부끄럽기에 사랑하고 더불어 이 치욕스러운 부끄러움에서 벗어나야 하기에
사랑한다.

무엇보다도 함께 동행할 수 있는 사람들이 있는 이 대학을 사랑한다.

사랑한다, 사랑한다, 끝까지 사랑할 것이다.

공자 말씀에 세 사람이 길을 가면 반드시 스승이 있다고 했으니

이 많은 사람들과 함께 같은 길을 가는데 어찌 스승이 없을까?

진실에 귀 기울이는 학생, 어려움을 함께하는 동료, 즐거움을 나누는 좋은 이웃이
있으니

진실에 눈멀고, 어려움에 귀 멀고, 함께함에 마음 먼 사람들을 탓할 리 없다.

삼봉은 일찍이 민심은 천심이라고 했다.
600년도 더 된 호랑이 담배 먹던 시절 이야기다.
민심이 천심인 것은 민심의 바다에 가보면 안다.
알량한 권한에 찌든 자의 멍한 눈과 식어버린 가슴으로는 민심이 보일 리 없다.

자식의 고통을 외면하는 부모에게 부모 자리는 없다.
청년의 고통을 이해하지 못하는 기성세대는 돌아갈 날을 세어야 한다.
백성의 고통을 깨닫지 못하는 군주는 물러갈 자리를 준비해야 한다.
자식 이기는 부모 없고 백성 이기는 지도자 없는 법이다.
어리석은 늙은이가 태산을 옮기는 이치를 외면하지 말아야 할 것이다.

하물며 피로 맺어진 부모도 아니고 철갑으로 무장한 권력자도 아닌 사람들이
저물어가는 달빛에 뜨거워 데일까 제 얼굴 가리고 음지에서 호가호위한다면
그 결론이 허무할 뿐이다.

다시 톨스토이에 의존해 말하거니와
"신은 진실을 알고 있다. 다만 때를 기다릴 뿐이다(God sees the truth, but waits)".

진실 앞에 외로운 영혼은 없다.
상지대학교의 진실은 한 점 의혹 없이 명백하다.
김문기는 안 된다는 것이고 구성원을 외면하는 정관 개정은 불가하다는 것이다.
불가능한 정관 개정을 가능하게 하는 유일한 유혹은 오직 하나 자멸뿐이다.
알수록 무섭고 모를수록 두려운 것이 진실이다.

'열린광장', 2011년 10월 1일

국회를 네 번 능멸한 대단한 김문기

/

사학비리 주범 김문기에게 짓밟힌 국회 청문회

김문기가 또 국정감사에 나오지 않았다. 재판 때문에 못 나온다고 했다. 중앙대 사건으로 증인 신청된 박용성도 나오지 않았다. 박용성은 두 번째지만 김문기는 작년 가을부터 네 번째 불출석이다. 정확하게 말하면 불출석이 아니라 출석 거부이다. 설훈 의원은 김문기의 출석 거부를 지적하며 동행명령장 발부를 요구했고 김학용 의원은 박용성의 출석 거부에 대해 법적 조치를 요구했다. 두 사람 모두 사학비리로 출석을 요구받았는데 못 나오는 사유가 재판 때문이라는 점도 동일하다.

김문기는 대단한 사람이다. 관할청인 교육부의 수장 황우여 부총리가 김문기의 총장직 사퇴를 촉구하고 특별감사를 통해 해임을 요구하니 부총리에게 맞서 싸웠다. 대법원이 상지대의 설립자를 원홍묵이라고 확정판결 내렸는데도 대법원의 판결에 저항한다. 국회가 국정감사에 나오라고 했더니 국회와도 대결한다. 도대체 뒷배가 얼마나 막강하고 배짱이 얼마나 두둑하길래 권력 3부에 저항할까? 현존하는 권력이 뒷배일까, 아니면 떠오르는 다음 권력이 뒷배일까?

2014년 국정감사 당시 김문기와 둘째 아들 김길남이 국정감사 출석을 요구받았다. 10월 8일 국회가 국정감사 출석을 요구하자 김문기는 중국에 간다며 출석하지 않았다. 아들 김길남은 치아 수술을 핑계로 출석하지 않았다. 10월 27일에 국회가 다시 출석을 요구했지만 이번에도 중국 간다며 출석을 거부했다. 아들 김길남에 대해서는 국회가 동행명령장을 발부했지만 소재를 확인하지 못해 무산되었다.

2015년 9월 10일 국정감사에서는 김문기와 큰아들 김성남의 출석을 요구했다. 김성남은 출석했지만 김문기는 마지막까지 가타부타 말이 없다가 결국 출석하지 않았다. 아버지 없이 혼자 출석한 김성남은 국회에서 집중포화를 맞았다. 아버지의 후광으로 고액 연봉을 받는 상지대 상임이사 자리를 꿰찼지만 상임이사를 할 만큼 준비되지 않았다는 사실이 확인되었다. 김문기는 불출석 사유서를 제출하지 않았다. 총장에서 해임되었으니 해외 출장을 둘러대기도 어려웠다.

김문기가 출석하지 않은 이유를 큰아들 김성남의 입을 빌려 알게 되었다. 출석을 요구받은 날 아침, 아버지 김문기가 어지럼증과 호흡곤란으로 쓰러져 급하게 병원에 입원했다는 것이다. 김성남은 이 상황을 매우 감동적으로 전했다. 아버지가 병원에 입원한 위급한 상황이지만 국법이 지엄해 병원에 가지 못하고 불효를 저지르고 있다고 했다. 더 이상 질문하거나 추궁하기 어려운 상황이었다. 위독한 상황에 처한 84세의 노인을 상대로 시시비비 곡절을 따지는 것은 동방예의지국의 법도에 어긋나는 처사가 아닐 수 없다.

그러나 위독한 노인을 다시 부르지는 못할지라도 국법이 지엄한 국정감사이므로 상황을 파악하는 것은 필요했다. 김성남에게 아버지가 입원한 병원을 물었다. 그러나 큰아들인 김성남은 아버지가 입원한 병원을 알지 못했다. 아버지가 위독한데 아들이 아버지가 입원한 병원을 모른다는 것이 가능한 일일까? 의원들의 집요한 요청에 김성남은 아버지가 입원한 병원 이름을 불확실하게 답변했고 결국 국회에서 병원을 확인한 후 관계자들을 현장으로 파견했다.

불운이라고 해야 할까, 사필귀정이라고 해야 할까? 김성남의 진술은 채 30분도 안 되어 거짓으로 판명되었다. 병원에 도착한 국회 관계자들은 중환자실에 입원해 생사의 기로를 헤매는 김문기가 아니라 말쑥하게 양복을 차려입고 병원 엘리베이터를 타는 김문기와 조우한 것이다. 김문기의 위장 불출석과 김성남의 위증이 즉각 확인되었다. 국법이 지엄해 위독한 아버지에게 가지 못하고 있다는 김성남의 울먹거림은 서투르기 짝이 없는 악어의 눈물이었다.

국회가 국정감사 마지막 날 다시 김문기의 출석을 요구했다. 출석 요구서는 본인에게 미리 전달되었다. 출석 여부에 대해서는 가타부타 말이 없었다. 김문기 본인은 연락이 두절되었다. 국회가 김성남에게 확인하니 출석할 예정이라고 대답했다. 당연히 불출석 사유서는 제출하지 않았다. 그러나 김문기가 출석하지 않기로 했다는 말이 상지대 안에서 나돌았다. 김문기의 출석 여부에 관심이 집중되었다.

관심이 집중된 이유는 상지대 사태가 악화된 데다 이번에 불출석하면 네 번째 불출석이 되며, 지난 9월에 고의적으로 국회를 속이고 위장 불출석했기 때문이다. 더구나 2014년 두 차례 불출석으로 국회가 김문기를 형사고발해 재판이 진행 중이고 이미 1심에서 벌금 500만 원을 선고받은 상태였기 때문에 다시 불출석할 경우 같은 혐의로 가중처벌될 가능성도 있었다.

증언감정법(국회에서의 증언·감정 등에 관한 법률)에 의하면 증인 불출석, 동행명령 거부, 위증죄는 매우 무겁다. 증인이 이유 없이 불출석하면 3년 이하의 징역 혹은 1000만 원 이하의 벌금에 처한다. 동행명령을 거부하면 5년 이하의 징역에 처한다. 위증을 하면 1년 이상 10년 이하의 징역에 처한다. 증인 불출석에는 벌금형이 있지만 동행명령 거부와 위증에는 오로지 징역형만 있다. 김문기는 이미 세 차례 불출석했고 김성남은 위증을 한 상태이니 김문기의 출석에 관심이 집중되지 않을 수 없는 것이다.

그러나 이러한 중벌 규정에도 불구하고 김문기는 10월 8일 국정감사 마지막 날에도 출석하지 않았다. 오전부터 역사교과서 국정화 문제로 국정감사는 파행을 거듭했지만 김문기 출석 문제는 여전히 초미의 관심사였다. 그러나 국회가 출석을 요구한 시간인 오후 4시까지 김문기의 모습은 보이지 않았고 결국 불출석했다. 그러나 나중에 알게 된 사실이지만 김문기가 대책 없이 막무가내로 불출석한 것은 아니었다.

국감이 정회와 속개로 파행을 거듭하던 오후 7시 10분, 김문기가 국회에 불출석 사유서를 서면으로 제출했다. 김문기가 출석해야 할 오후 4시를 세 시간이나 넘긴 시점이었다. 김문기 총장 시절 비서실장을 맡았던 권영상이 대리로 제출했다. 왜 뒤늦은 시간에 불출석 사유서를 제출했을까? 여기에 두 개의 트릭이 작동한 것으로 판단된다. 먼저 불출석 사유서의 내용을 보자.

증인 불출석 사유서

수신: 국회 교육문화체육관광위원회 위원장님
증인: 김문기(상지대학교 전 총장)
일시: 2015. 10. 8 16:00
장소: 국회 교육문화체육관광위원회 전체회의장(본청 506호)

증인 김문기는 귀 국회로부터 2015. 10. 8(목) 16:00에 개최되는 국회 교육문화체육관광위원회에 증인으로 채택되어 출석을 요구받은 바 있습니다.

그런데 증인 김문기는 같은 날 15:40 춘천지방법원 원주지원에서 진행되는 상지대학교 총장 해임처분 효력정지가처분 사건에 심문 기일이 지정되어 재판에 출석해 본인 심문을 받기로 예정되어 있습니다.

이에 위 김문기는 법원 재판 출석으로 부득이 위 국정감사 증인 출석 기일에 참석하기 어려우므로 이를 보고 드리오니 넓으신 혜량 있으시길 탄원드립니다.

첨부 – 대법원 나의 사건 검색

2015.10.6

전 상지대학교 총장 김문기
위 소송대리인 변호사 오병주
변호사 이래영
변호사 이기윤
변호사 정승준

불출석 사유서는 김문기가 직접 작성한 것이 아니라 위 소송대리인들이 소속된 OK연합법률사무소(대표 변호사 오병주)에서 작성한 것이다. 불출석 사유서를 당사자가 아닌 변호사가 작성해 제출한 것이 이례적이다. 법률적 판단을 받았다는 뜻이다. 당일 재판 때문에 출석할 수 없다는 사실을 입증하기 위해 대법원 홈페이지의 '나의 사건 검색'에서 김문기 관련 재판 자료를 출력해 첨부했다.

사건 번호 2015카합90, 사건명 '징계처분의 효력정지가처분'으로 되어 있는 이 사건은 춘천지방법원 원주지원에 2015년 7월 21일 접수되어 제1민사부에 배당된 사건이다. 김문기가 7월 9일에 해임되었으니 7월 21일 사건 접수는 이해할 수 있다. 그런데 이 사건에 대한 심문 기일이 9월 17일에 재판 당사자들에게 발송되었고 공교롭게도 10월 8일 오후 3시 40분으로 되었다. 이것이 과연 우연의 일치일까?

김문기는 9월 10일 국정감사에 위장 불출석한 것이 드러나 크게 문제가 되었다. 국회에서는 김문기를 다시 국정감사에 불러야 한다는 분위기였다. 김문기를 다시 증인으로 부른다면 그 날짜는 10월 8일에 열리는 마지막 종합감사뿐이다. 작년 국정감사에서도 감사 첫날 불출석하자 감사 마지막 날 다시 불렀다. 일정상 그렇게 할 수밖에 없다. 예상대로 국회는 9월 22일에 김문기를 다시 증인으로 채택했고 날짜는 마지막 날인 10월 8일이었다.

국회가 김문기 재출석을 의결하기 전에 김문기 재판의 심문 기일이 결정되었다. 그렇다면 김문기 증인 출석과 심문 기일이 맞아떨어진 것은 의도된 결과가 아니라고 보아야 할까? 심문 기일이 먼저 결정되었으므로 우연의 일치라고 주장할 여지도 있다. 그러나 국회의 의결은 심문 기일 지정보다 뒤에 이루어졌지만 김문기의 증인 출석과 출석 일자는 이미 예정되어 있는 상태였으므로 순서는 무의미하다. 국정감사 마지막 날에 동시에 심문 기일이 잡혔다는 사실에 대해서는 의혹을 가질 만하다.

이 의혹을 부추기는 또 다른 심증도 있다. 춘천지방법원 원주지원 제1민사부는 나를 비롯해 김문기에게 파면당한 상지대 교수들이 파면 처분에 대한 효력정지 가처분 재판을 제기했던 재판부이다. 2014년에는 내가 파면당하기 전에 직위해제된 사건에 대한 직위해제 효력정지 가처분을 진행했던 재판부이기도 하다. 그러나 우리는 가처분 재판을 진행하던 도중에 재판을 취하하고 나는 서울중앙지방법원에, 다른 네 명의 교수들은 서울동부지방법원에 다시 재판을 신청했다. 원주 제1민사부의 태도와 재판 진행 방식으로 볼 때 최소한의 공정한 재판을 받는 것이 불가능하다고 판단했기 때문이다. 우리가 공정한 재판을 기대할 수 없다고 판단해 사실상 기피한 그 재판

| 복직을 요구하는 정문 시위 |

부가 김문기 사건을 맡아서 심문 기일을 10월 8일로 지정했다는 사실인데, 과연 이것이 우연의 일치일까?

물론 물증에 의해 뒷받침되지 않는 심증은 심증일 뿐이다. 그러나 의혹은 여전히 남는다. 불출석 사유서에 의하면 김문기 사건을 수임한 변호사들이 김문기의 불출석 사유서를 작성한 날짜는 10월 6일이다. 국정감사에 증인으로 출석하도록 요구받기 이틀 전에 사유서를 작성했다는 것이다. 그러나 출석 일자인 10월 8일 출석 시간까지 사유서를 제출하지 않았다. 서면으로 우송할 수도 있고, 인편으로 보낼 수도 있고, 팩스나 이메일을 이용할 수도 있는데 무슨 이유 때문인지 제출하지 않았다. 그러다가 당일 출석 시간을 세 시간이나 넘긴 오후 7시 10분이 되어서야 제출했다. 왜 미리 작성하고 뒤늦게 제출했을까? 그 이유가 무엇일까?

역사교과서 국정화 문제로 파행을 거듭하던 교육문화체육관광위원회 국정감사가 오후 6시에 다시 속개되었다. 박주선 위원장은 국정감사를 진행하겠다고 선언했다. 그러나 새누리당에서 신성범 간사를 제외하고는 모두 불참한 상태였고 여당이 반대하는 상황이었기 때문에 국정감사를 정상적으로 진행하는 것은 사실상 불가능했다. 결국 6시 15분에 위원장이 출석한 증인들을 귀가하도록 조치하면서 출석하지 않은 김문기에 대해서는 의결 정족수 미달로 동행명령 의결이 불가능하므로 불출석에 따른 고발 문제는 다음 회의에서 의논해 의결하겠다고 했다.

여기서 세 가지 문제가 중요하다. 첫째, 교육문화체육관광위원회가 출석한 증인들을 귀가시킨 것은 증인 심문을 더 이상 진행하지 않겠다는 것이다. 둘째, 여당의 불참으로 의결정족수가 충족되지 않아 동행명령장 발부가 불가능하게 되었다. 셋째, 김문기 불출석에 따른 고발 문제를 다음 회의에서 다루기로 했다. 증인 심문이 끝났고 별도로 김문기에 대한 증인 심문을 한다고 하더라도 동행명령장 발부가 불가능해진 시점에 불출석 사유서를 제출한 것이다. 국회에서 강제로 부르는 것이 불가능한 시점을 택해 재판에 대비할 목적으로 불출석 사유서를 제출한 것이라고 볼 수밖에 없다.

작년 국정감사에서 김길남에게 동행명령장이 발부되었다는 사실을 감안할 때 국정감사가 정상적으로 진행되는 올해의 상황에서 김문기가 출석하지 않거나 사전에 불출석 사유서를 제출할 경우 동행명령장이 발부되리라는 것은 삼척동자도 짐작할 수 있는 일이었다. 그래서 머리를 썼다. 국정감사에 증인으로 출석하는 것은 최대한 피하되 예상되는 재판에 대비해 불출석 사유서를 제출하는 방향으로 추진한다는 것이다.

김문기와 변호사들이 실제로 어떻게 협의했는지는 알 수 없다. 그러나 하나의 시나리오를 만들어보는 것은 가능하다. ① 국회가 김문기를 다시 증인으로 채택할 것이고 그 날짜는 10월 8일이니 이 날짜에 맞추어 불출석 사유를 만든다, ② 총장이 아니므로 해외 출장은 불가능하고 다시 병원에 입원해도 국회가 믿지 않을 테니 다른 이유를 찾는다, ③ 마침 계류 중인 재판이 있으니 재판의 심문 기일을 이 날짜로 맞춘다, ④ 재판 심문 기일에 맞추어 변호사가 불출석 사유서를 작성한다, ⑤ 국회의 분위기로 보아 사전에 불출석 사유서를 제출하면 동행명령장을 발부할 가능성이 매우 높으니 미리 제출하지 않는다, ⑥ 당일 국정감사 진행 상황을 감안해 적당한 시간에 제출한다.

김문기 재판이 오후 3시 40분이고 사건의 내용이 간단하므로 아무리 길어도 오후 4시 30분 이전에는 끝난다. 원주에서 국회까지 이동하는 시간이 2시간이므로 국회에서 재판 시간을 감안해 김문기에 대한 증인 심문 시간을 오후 6시 30분 이후로 조정할 수 있다. 이 경우 재판이 끝난 김문기가 불출석을 주장하는 것은 불가능하다. 그러므로 오후 4시든 그 이후든 증인 심문이 완료되어 김문기를 다시 부르는 것이 불가능한 시점에 불출석 사유서를 제출한다. 물론 국회가 폐회하기 전에는 제출해야 한다. 하지만 이것은 시나리오일 뿐이다. 이 시나리오의 실재성을 확인하는 것은 가능하지 않을 것이다.

그런데 이날 예기치 않게 다른 상황이 발생했다. 역사교과서 국정화 문제가 쟁점으로 끼어들면서 국정감사가 파행을 보이자 진행 상황을 지켜보다가 증인 심문이 불가능해진 시점에 불출석 사유서를 제출했다. 이 일은 비서실장 권영상이 맡았다. 권영상은 오후 7시 10분에 사유서를 제출했지만 증인 출석 시간인 오후 4시 이전에 이미 국회에 들어와 있었을 것으로 추정된다. 본청 면회실 출입기록을 확인하면 입증이 가능할 것이다.

김문기가 국회를 네 번이나 능멸하면서까지 국정감사에 불출석한 시나리오는 이렇게 대단원의 막을 내렸다. 김문기의 전략은 멋지게 성공했다. 그러나 한 가지 의문점 때문에 이 시나리오는 아직 완성되지 못했다. 국정감사를 속개하자마자 박주선 위원장이 증인 출석을 확인했다. 6시 3분에 속개해 6시 4분부터 6시 7분까지 3분 동안 위원장이 김문기의 출석을 세 차례 확인했다.

〈1차 확인〉(6시 4분)
위원장: 김문기 증인 나오셨습니까?
답변: 예
위원장: 김문기 증인 나오셨습니까?
답변: 예
위원장: 어디 계십니까?
답변: 오시고 계십니다.

〈2차 확인〉(6시 6분)
위원장: 김문기 증인 나오셨습니까?
답변: 없음

〈3차 확인〉(6시 7분)

위원장: 김문기 증인 나오셨습니까?

답변: 없음

6시 4분에 위원장이 김문기의 출석을 확인했을 때 김문기가 출석했다고 대답한 사람이 국정감사장 안에 있었다. 위원장이 두 번 물었는데 두 번 모두 출석했다고 대답했다. 그러다가 위원장이 사람을 확인하자 오고 있다고 말을 돌렸다. 국정감사장 안에는 여야 국회의원과 보좌진, 교육부 간부들과 증인들, 언론사 기자들, 소수의 방청객만 있었는데 이 중에서 누군가가 대리 출석을 하다가 위원장이 확인하니 오고 있다고 대답한 것이다. 그러나 6시 6분과 6시 7분에 다시 추가로 확인했을 때는 대답하지 않았다. 국법이 지엄한 국정감사장 안에서 위원장까지 속이면서 대리 출석한 이 용감한 사람은 과연 누구일까?

≪프레시안≫, 2015년 10월 12일

상지대 민주화의 길고 긴 여정

/

대학 민주화를 향한 시련과 고난의 길

상지대는 '머나먼 쏭바강' 아니면 '콰이강의 다리'인지도 모르겠다. "상지대 문제가 아직도 해결되지 않았어요?", "김문기가 아직도 상지대에 있나요?" 상지대 문제와 관련해 대학 바깥의 사람들이 우리에게 묻는 질문은 이두 가지로 요약된다. 글로 공개하기에는 적절하지 않은 김문기의 신상에 관한 질문이나 지나치게 오랫동안 계속되고 있는 상태를 가리키는 '지겹다'는 말이나, 상지대 구성원들을 위로하는 '고생한다'는 표현들도 크게는 이 범주에 포함된다.

그렇다. 상지대 사태는 아직도 끝나지 않았다. 사학비리 때문에 발생한 상지대 사태의 전개과정은 한국전쟁보다도 길고 제1차 세계대전이나 제2차 세계대전보다도 길다. 유럽에서 가톨릭과 개신교 사이에서 벌어졌던 30년 전쟁이나 영국에서 벌어졌던 왕위 쟁탈전인 장미전쟁보다도 길다. 아마도 상지대 사태보다도 긴 전쟁은 십자군 전쟁이나 영국과 프랑스 사이의 백년전쟁뿐일 것이다.

상지대 사태가 왜 이렇게 장기화되는 것일까? 상지대에 문제가 있는 것일까? 그렇지 않다. 그렇다고 김문기가 훌륭하기 때문에 오래 버티는 것도 아니다. 김문기가 집요하기는 하지만 김문기도 비빌 언덕이 없이는 이렇게 오래 끌 수 없다. 사학이 대학의 85%를 차지하고, 사학의 상당수가 부패했고, 권력과 정치권이 사학과 연결되어 기득권 구조를 형성하고 있기 때문이다. 사립학교법은 이 구조에 맞게 엉성하게 만들어져 있다.

백년전쟁이 3기로 나뉘어 진행되었던 것처럼 상지대 사태 역시 3기로 나뉜다. 상지대 사태의 제1기는 김문기가 임시이사로 파견되어 학교를 인수한 후 문민정부의 사정개혁으로 구속되면서 쫓겨나는 1972~1993년에 해당한다. 제2기는 학교에서 쫓겨난 김문기가 상지대 복귀를 위해서 음모와 공작을 꾸미며 집요하게 복귀를 추진하던 1993~2009년에 해당한다. 지금 진행되고 있는 제3기는 사분위 정상화로 구재단이 복귀해 이사회를 장악하고 김문기가 총장으로 선임되었다가 다시 해임된 2010~2015년에 해당한다.

교육 문제는 전 국민이 당사자이고 이해관계자라 할 수 있지만 그렇다고 모든 국민이 교육 문제를 소상하게 알 수 있는 것은 아니다. 대체로 국민들은 먹고사는 문제로 너무 바쁘기 때문에 아이들을 학교에 믿고 맡길 수밖에 없다. 학교는 국공립과 사립으로 나뉘지만 모두 국가가 관리하고 있으므로 국가가 알아서 잘해줄 것으로 믿는다. 이런 점 때문에 교육 문제의 심각성에도 불구하고 한편으로는 국가에 대한 믿음 때문에, 다른 한편으로는 살기에 바빠서 관심을 기울이기 어렵다.

물론 교육 문제는 사학문제로 한정되지는 않는다. 사교육 문제나 학벌주의 문제도 매우 심각하다. 그러나 사학에서 발생하는 학교의 사유화와 족벌운영 및 여기서 비롯된 사학비리는 두 가지 이유로 우리 교육의 최대 쟁점이 되었다. 하나는 사학비리가 교육에 정면으로 반하는 저질의 심각한 범죄행위라는 점 때문이다. 교육에 관한 철학이나 방법론의 차이는 토론으로 풀수 있는 문제이지만 사학비리는 토론 이전의 근본적인 문제인 것이다. 또 하나는 사학의 비중이 너무 크기 때문이다. 유럽처럼 사학이 극소수라면 큰 문제가 되지 않는다. 그러나 우리나라에서 사학은 국가 공교육의 절반에 이를 정도로 엄청난 비중을 차지하고 있다. 특히 대학의 85%, 고등학교의 41%를 차지할 정도로 비중이 크다. 사학 중심의 공교육체계에서 사학이 부패했다면 사학은 교육 문제의 처음이자 끝일 수밖에 없는 것이다.

미리 전제할 것은, 사학이 많다고 반드시 문제가 된다는 말은 아니다. 사학이 많은 것이 문제가 아니라 사학이 교육기관답게 운영되지 않는 것이 문제이다. 엄청나게 많은 사학에서 하루가 멀다 하고 사학비리가 터져 나오는 상황이니 사학문제가 교육 문제의 핵심 현안이 될 수밖에 없다.

상황을 잘 모르는 사람들은 바로 질문한다. 사정이 그렇다면 사학비리를 근절하기 위한 조치를 취하면 되지 않는가? 정부가 공권력을 동원해서 사학비리를 엄단하고 국회가 필요한 법률을 만들면 되지 않는가? 맞는 말이다. 그러나 이 맞는 말이 현실에서 잘 적용되지 않는 것이 우리 실정이다. 앞에서 말한 사학을 둘러싼 유착구조 때문이다. 이것은 두 가지 측면에서 설명될 수 있다.

첫째, 우리 사학의 다수는 사학의 본고장인 미국과 달리 교육을 위해 설립되기보다는 처음부터 사익을 목적으로 설립되었다. 일제 식민지하에서 독립운동의 일환으로 설립되었던 극소수의 사학을 제외하면 다수의 사학은 해방 직후 토지개혁을 회피하기 위한 목적으로 설립되었고, 다시 급속한 산업화 과정에서 정부의 온갖 특혜와 묵인 속에 산업인력을 공급하는 역할을 담당하면서 몸집을 불렸다. 교육기관인 사학은 법적으로는 사유재산이 아니지만 현실에서는 개인의 사유재산으로 간주되었고, 사유재산에서 영리를 추구하는 것이 묵인되었으며, 최대한의 영리 추구를 목적으로 족벌체제가 형성되었다. 당연히 사학에서 비리가 싹텄고 정부는 모른 척 눈감아주는 유착구조가 형성되었다.

참고로 미국의 경우 유럽에서 이주한 이민자들이 유럽에서 받았던 공교육을 기대할 수 없는 식민지 상황에서 필요에 의해 스스로 교육기관을 설립했다. 유럽의 전통을 이어받아 개신교가 중심이 되어 목회자 양성을 목적으로 하는 학교들이 설립되었다. 정부가 지원하고 사회적 기부금이 보태지면서 학교가 발전하고 교육의 영역이 점차 확대되었다. 오직 교육만을 목적으로 설립되었고 처음부터 설립자 개인의 독단이나 전횡이 개입될 여지가 없었다. 사학이라고 하지만 사실상 사회적 공공기관으로 설립되고 발전한 것이다. 그러므로 같은 사학이지만 사유재산처럼 간주되는 우리의 사학은 미국과 근본적으로 다르다. 우리 것을 사학이라고 한다면 미국 사학은 특별히 공영사학이라고 불러야 할 것이고, 미국 것을 사학이라고 부른다면 우리 사학은 사학의 범주에도 들지 못하는 사설학원 수준이라고 해야 할 것이다. 그러나 실제로는 사설학원만도 못한 것이 현실이다.

둘째, 사학은 교육기관이기 이전에 하나의 이익집단이 되었으며 지금은 우리 사회에서 무시할 수 없는 막강한 권력집단이 되었다. 추상적인 관점에서 사학은 개별적인 교육기관이지만 이들이 모인 사학집단은 현실 사회에서 이익집단으로 변질되어 권력기관화한 것이다. 더구나 이들이 권력 및 정치권과 결탁해 권학유착, 정학유착의 구조를 형성하게 된 결과 정부는 사학비리를 두둔하고 국회는 사학비리를 엄단할 입법을 하지 못하게 되어버린 것이다. 결국 전 국민이 알고도 못 잡는 도둑이 바로 사학인 셈이다.

40년을 끌어온 상지대 사태는 바로 이 두 가지 상황의 산물이다. 오로지 교육을 목적으로 설립되었던 상지대가 사업가 김문기에게 넘어가면서 영리목적의 사기업체보다 못한 학교로 변질되어버렸고, 여기에 부패권력과 부패 정치권이 결탁하면서 끈질기게 생명력을 유지하게 된 것이다. 상지대 사태 제1기에 해당하는 1970년대와 1980년대의 김문기의 사학비리는 이 구조 하에서 만들어졌다. 그 후 1980년대 후반의 민주화 흐름이 문민정부로 이어지면서 김문기의 퇴출로 이 비리구조가 막을 내린 것처럼 보였다.

그러나 이것은 드라마의 시작이었을 뿐이다. 우리 사회의 불완전한 민주화는 김문기에게 복귀의 공간을 제공해주었다. 민주화와 민주정부의 출범에도 불구하고 이 틈새를 노려 김문기는 복귀 공작을 줄기차게 이어갔다. 상지대 사태의 제2기에 해당하는 민주정부 시절에 김문기의 복귀는 실현되지 못했지만 끊임없는 복귀 공작으로 학교를 흔들었고 부패 정치권과 손잡고 집요하게 복귀를 추진했다.

결국 민주정부의 시대가 끝나고 이명박·박근혜 정부가 출범해 정부의 정책 기조가 민주정부 이전의 노선으로 회귀하면서 김문기의 복귀가 현실화되었다. 상지대 사태 제3기가 시작된 것이다. 제3기는 부패권력의 재등장, 김문기의 복귀, 상지대 분규의 재연으로 대표된다. 부패권력 없이는 상지대에서 김문기의 복귀를 상상할 수 없다. 이런 점에서 사학문제는 교육 차원을 벗어나 정치 문제가 되고 권력의 문제로 변질되어버렸다.

1980~1990년대에 민주화되었다가 다시 비리재단이 복귀한 모든 대학들은 사학비리 → 분규 → 임시이사 파견과 민주화 → 비리재단 복귀와 민주화 후퇴 → 분규라는 공통의 과정을 겪고 있다. 특히 상지대는 이 과정을 가장 극적인 방식으로 겪고 있다. 첫째, 사학비리나 분규의 정도가 가장 심각했다. 사학비리가 가장 극심했고, 구성원의 반대는 가장 적극적이었으며, 구성원에 대한 탄압은 가장 극단적이었다. 둘째, 매우 상징적인 방식의 민주화를 성취했다. 구성원의 참여를 확대하고, 스스로 발전기금을 납부하고, 시민대학이라는 새로운 대학모델을 창출했다. 셋째, 비리재단의 복귀 방식은 가장 거칠고 반교육적이었다. 김문기는 직접 총장으로 복귀했고, 즉시 족벌체제로 전환했고, 구성원들에 대한 무자비한 탄압으로 일관했다.

이러한 상황은 2010년 사분위 정상화를 전후한 과정에서도 확연히 드러났다. 2008년 사분위 발족 이후 상지대를 포함해 모든 대학들은 개별적으로 사분위에 대응했다. 그러나 상지대는 이것을 개별 대학의 차원을 넘어서는 문제로 파악해 대학들 간의 공동 대응을 제안하고 주도적으로 실천했다. 2010년 사분위가 상지대를 정상화하는 과정에서 상지대는 매우 감동적인 방식으로 대응했다. 또한 강력한 반대에도 불구하고 일단 사분위 정상화가 이루어지고 나면 학내 구성원들의 대응이 침체되는 것이 일반적이지만, 상지대는 정상화 이후에도 복귀한 구재단에 대한 대응의 고삐를 조금도 늦추지 않았다.

상지대는 사분위 정상화 이전 단계에서 '임시이사 파견 대학 공동대책위원회'를 구성해 함께 대응했다. 정상화 과정에서는 원주 지역을 중심으로 '상지대 지키기 원주범시민대책위원회'를, 서울 지역 시민사회단체를 중심으로 '긴급행동(상지대 지키기 긴급행동)'을 결성했다. 정상화 이후에는 '상지대 지키기 긴급행동'에 참여했던 교육시민단체들과 비리재단이 복귀한 대학들을 결속해 '국민행동(사학비리 척결과 비리재단 복귀 거부를 위한 국민행동)'을 발족했고, 이 기구는 지금의 '사학개혁국본(사립학교 개혁과 비리 추방을 위한 국민운동본부)'으로 전환되었다. 이처럼 상지대는 언제나 개별 대학의 차원을 넘어선 사회적 대응의 관점에서 대학 민주화를 추진하고자 했다.

상지대가 사학비리에 대응해 사회적 연대를 추구한 이유는 상지대 상황을 겪으면서 사학문제는 개별 대학의 문제가 아니라 사학 전체의 문제이며, 또한 정치의 문제이자 권력의 문제이기 때문에 개별 대학 구성원의 힘만으로는 해결하기 어렵다는 사실을 절감했기 때문이다. 실제로 1970~1980년대의 사학비리가 대학운영자들의 개인적인 비리 때문에 발생한 것이 아니기 때문에 대학운영자들의 개별적인 반성이나 양보를 촉구하는 방식으로 접근하는 것이 불가능했다. 또한 사학 민주화가 진행되는 과정에서도 전체 사학재단이 결속해 권력 및 정치권과 단단한 유착구조를 형성하고 있다는 사실도 확인되었다.

1987년 6월민주항쟁에서 시작된 우리 사회의 민주화는 교육 분야로 그 영역이 확대되었다. 그러나 정치개혁이나 노동개혁의 속도에 비해 교육 민주화의 과정은 크게 지체되었다. 지금의 인천대가 된 과거의 선인재단이나 영남대, 조선대 정도에서 학내 문제가 드러났을 뿐 대부분의 사학에서는 학내 민주화가 시작되지 못하고 있었다. 상지대의 경우에는 김문기가 집권 여당의 국회의원 신분이었기 때문에 더욱 느렸다.

그러다가 1993년 문민정부 출범과 동시에 시작된 사정개혁에서 상지대 사태가 처음으로 국민적 관심사로 부각되었다. 김영삼 대통령의 재산 공개에 이어 민정당 의원들의 재산 공개가 추진되면서 민자당 3선 의원이었던 김문기의 막대한 부동산 규모가 공개되었고 그것이 사학비리와 관련이 있다는 사실이 드러나면서 오랫동안 권력 아래 은폐되어 있던 상지대 상황이 수면 위로 드러나게 되었다. 그 과정에서 김문기가 권력을 동원해 상지대를 인수한 후 온갖 사학비리를 저지르면서 거부를 축적했다는 사실이 언론 보도를 통해 낱낱이 확인되었다. 대학이 축재의 발판이 된 것이다. 결국 김문기는 구속되고 김문기를 포함한 상지대 이사들은 해임되었으며 임시이사가 파견되면서 상지대 민주화가 시작되었다.

그러나 문민정부의 사정개혁에 힘입어 경천동지할 정도로 언론 보도가 줄을 잇고 김문기의 개인 비리와 상지대 사학비리가 폭로되었음에도 결과는 태산명동(泰山鳴動)에 서일필(鼠一匹)이었다. 상지대 사태는 김문기가 구속되어 상지대에서 퇴출되고 형식적으로 임시이사가 파견되는 선에서 마무리되었다. 초기의 서슬 퍼런 기세와 달리 검찰은 김문기의 사학비리를 발본색원하지 않았고, 교육부의 조치는 뒷북 행정에 머물렀으며, 교육부가 파견한 임시이사는 김문기 추종자들 일색으로 구성되었다. 김문기는 쫓겨나고 임시이사는 파견되었지만 상지대는 여전히 혼란스러웠다.

김문기 퇴출 직후의 혼란스러운 사태는 김찬국 총장에 대한 부당해임 사

| 삭발하는 교수들 | | 삭발하는 총학생회 간부들 |

건이 터진 후 마무리되었다. 사태가 수습되는 과정에서 이사회에 책임을 물어 임시이사들이 전면 교체되었다. 임시이사회가 교체된 다음에야 대학 민주화를 제대로 시작할 수 있게 되었다. 필요한 제도를 정비하고, 잘못된 대학 역사를 바로잡고, 교수와 직원을 충원하는 등의 작업이 진행되었다. 설립자가 김문기가 아니라 원홍묵이라는 사실도 알게 되었다.

사람과 제도가 갖추어지고 설립자를 복원하면서 대학 민주화가 탄력을 받았다. 이 동력을 바탕으로 상지대는 시민대학을 새로운 대학모델로 결정하고 시민대학의 재정적 토대가 될 발전기금을 모금하기 시작했다. 먼저 구성원들이 십시일반으로 기금을 모금해 발전기금재단을 구성한 다음 점차 대상을 확대해나갔다. 이 모든 조건이 갖추어진 상태에서 임시이사체제를 정이사체제로 전환하기로 결의하고 교육부와 협의를 진행했다.

이 시점에서 시민대학, 발전기금, 정이사는 상지대 민주화의 조건으로 간주되었다. 설립자가 복원되었고 대학이 안정화되어 정상적으로 운영되고 있으므로 정이사체제로 전환하지 않을 이유가 없었으며 오랜 임시이사체제를 벗어나 정이사체제로 전환해야 최종적으로 대학 민주화가 완성되는 것

으로 판단되었다. 그러나 민주정부임에도 교육부는 정이사체제로의 전환을
받아들이지 않았다. 부득불 사법부의 판단을 받아보기로 했다. 법원에서 상
지대의 정이사 전환을 거부할 이유가 없다는 판단이 나온 다음에야 교육부
가 정이사체제를 인정했다. 그 결과 2004년에 상지대는 정이사체제로 전환
되었다.

상지대가 정이사체제로 전환한 것은 여러 측면에서 중요한 사건이었다.
무엇보다도 상지대 구성원들이 합심 단결해 발전기금과 시민대학을 토대로
자력으로 정이사체제로 전환한 것이라는 점에서 의미가 남달랐다. 같은 시
기에 한성대와 한국외국어대가 정이사체제로 전환했지만 이것은 교육부가
주관해 구성원들이 구재단과 타협한 결과였다. 반면 상지대는 사학비리 구
재단을 배제한 상태에서 스스로 대학 재정의 토대를 구축하고 시민대학이
라는 전향적인 대학모델을 창안해 정이사체제로 전환한 것이다. 이런 점에
서 상지대는 대학 민주화의 매우 중요한 사례에 해당한다.

그러나 대학 민주화가 한창 성과를 일구어가던 시점에서 상지대는 두 가
지 도전에 직면했다. 하나는 외부로부터 김문기 구재단의 도전이었고, 또
하나는 내부로부터 일부 교수들의 도전이었다. 본질적인 것은 김문기 구재
단의 도전이었지만 내부 도전도 적지 않은 상처를 남겼다.

내부 도전이란 교수사회 내부의 갈등을 말하는데 이 때문에 교수협의회
가 와해되거나 대학 민주화의 기조가 부정되거나 심각한 내분을 초래할 정
도는 아니었으므로 무시할 수도 있는 것이지만 반성적 검토가 필요한 대목
이 있다. 하나는 민주대학을 표방하는 상황에서 소통을 통해 이러한 이견과
갈등을 해소하는 노력을 적극적으로 추진하지 못했다는 사실이다. 우리 스
스로가 반성해야 할 대목이다. 또 하나는 어려운 조건에서 대학 민주화를
추진하던 상황에서 갈등은 내부 단결을 저해하고 추진력을 약화시키고 대
외적으로 부정적인 인식을 유포하는 등 상당한 장애 요인으로 작용한 것이

사실이다. 이것은 남들에게 잘 알려지지 않은 우리 내부의 한계이다.

　대학 민주화를 둘러싸고 이견이 제기된 배경을 한 가지로 잘라 말하기는 어렵다. 대학 민주화에 대한 순수한 관점의 차이일 수도 있고, 대학운영권을 둘러싼 이해 다툼일 수도 있고, 경우에 따라서는 김문기 구재단과 연계된 것일 수도 있다. 다만 분명한 것은 시민대학, 발전기금, 정이사로 구성된 대학 민주화 방향에 이견을 제기했던 교수들은 그 후 지금까지 김문기 구재단의 복귀 반대나 대학 민주화 운동에 일절 참여하지 않고 있으며 그 일부는 대학 민주화에서 이탈해 복귀한 김문기 구재단에 봉사하고 있다는 사실이다.

　외부 도전은 김문기의 도전을 말하는데 내부 도전과 거의 동시에 시작되었다. 김문기는 2004년 1월 정이사가 출범한 직후 이사회의 결의 무효를 주장하며 행정소송을 제기했다. 4월에 1심 재판부가 김문기가 원고 자격이 없다는 이유로 각하 판결했다. 김문기가 패소한 것이다. 김문기는 즉시 항소했고 2년을 끌어 2006년 2월에 항소심인 서울고등법원은 김문기의 손을 들어주었다. 이번에는 우리가 대법원에 상고했다. 그리고 참여정부를 둘러싸고 정치사회적 논란이 거세던 2007년 5월 17일 대법원은 결국 김문기의 주장을 받아들여 상지대 정이사체제를 무너뜨리고 말았다. 해임된 김문기는 소송 자격이 있고 임시이사는 정이사를 선임할 수 없다는 것이었다.

　통탄할 일이었다. 첫째, 이 결정으로 상지대 정이사체제가 무너진 것이 통탄할 일이었다. 둘째, 대한민국의 최고법원인 대법원이 학교를 사유재산으로 간주한 것이 통탄할 일이었다. 셋째, 대법원이 판례를 변경해 유신시대에도 지켜졌던 임시이사의 지위를 부정한 것이 통탄할 일이었다. 넷째, 대법원이 판례를 변경해 이미 사학비리로 쫓겨나 임기까지 종료된 과거 이사들의 소송 자격을 인정한 것이 통탄할 일이었다. 다섯째, 이 판결로 20년간 이루어졌던 사학 민주화가 일거에 무산되었다는 것이 통탄할 일이었다. 이것은 단순한 판결이 아니라 사학에 대한 대법원의 법정 쿠데타였다. 우리나라의 모든 사학은 다시 길고 긴 어둠의 터널 속으로 빨려 들어갔다.

그러나 통탄하기에는 아직 일렀다. 5월 17일에 나온 대법원 판결의 잉크가 채 마르기도 전인 7월 27일에 사분위가 설치되도록 사립학교법이 개정되었다. 사분위는 대법원이 마련해준 판결을 토대로, 그러나 실질적으로는 그 판결을 근본적으로 곡해해 비리재단을 복귀시키는 행동대를 자임하도록 설계되었다. 이런 점에서 사립학교법 개정은 사학에 대한 국회의 쿠데타였다. 결국 사학에 대한 쿠데타는 대법원와 국회를 거치는 2단계 쿠데타로 진행된 것이다.

사분위의 구성과 역할에 대해서는 다른 장에서 상세하게 언급하고 있으므로 재론하지 않아도 될 것이다. 중요한 문제는 비리재단의 복귀로 현실화된 사학의 반격이 사학재단과 새누리당과 대법원의 야합에 의해 추진 및 완성되었다는 것이고 참여정부와 집권 여당인 열린우리당은 속절없이 이 야합구조에 편승했다는 사실이다. 그 후 정권이 바뀌고 새누리당이 집권해 이명박·박근혜 정부로 이어지면서 결국 사학의 반격은 100% 차질 없이 완성되었다. 이것이 오랜 시간이 지나도 해결되지 않는 상지대 사태의 본질이자 사학문제의 본질이다.

그러나 권불십년에 화무십일홍이라고 했다. 과유불급이라는 말도 있다. 과거의 비리를 반성하지 않은 채 복귀한 비리재단은 속도 조절에 실패해 다시금 사학분규를 양산하는 1980년대의 상황으로 되돌아갔다. 비리재단이 복귀한 학교에서만 사학분규가 발생한 것이 아니라 멀쩡한 학교에서도 새로운 사학비리가 창궐했다. 권력이 사학재단을 옹호하는 상황에 편승해 여기저기에서 사학비리가 터져 나온 것이다. 조선대, 영남대, 상지대, 세종대, 동덕여대, 덕성여대, 대구대, 광운대, 경기대, 서일대, 김포대 등 비리재단이 복귀한 대학의 분규에 더해 서남대, 명지대, 신경대, 동국대, 건국대, 성신여대, 수원대, 수원여대, 제주한라대, 한영대, 청암대, 광양보건대 등에서 새로운 사학비리가 드러났고 양천고, 진명여고, 서울외고, 숭실고, 청원고, 대신고, 우신고, 서울예고 등에 이어 최근에 하나고, 충암고, 한마음고, 대성고 등에서도 사학비리가 발생한 것이 그 증거이다. 여기에 이름이 거론되지 않은 전국의 수많은 대학과 고등학교에 사학비리가 없다고 누구도 자신할 수 없는 상황이 되었다.

그러므로 이제 상지대 사태는 상지대만의 문제가 아닌 것이 되었다. 상지대는 이 사태의 가장 정점에 위치해 있는 것뿐이다. 상지대 사태가 해결된다고 사학비리가 해결되는 것은 아니지만 상지대 사태를 해결하지 않고서는 창궐하는 사학비리와 만연한 사학분규를 해결하는 것이 결코 가능하지 않게 되어버린 것이다. 이것은 상지대 사태의 해결이 사학문제를 해결하는 리트머스가 된다는 뜻이다.

이 대목에서 강조하고 싶다. 늘 하던 이야기지만 반복하지 않을 수 없다. 학교는 돈벌이하는 곳이 아니다. 학교는 장사하는 곳이 아니라 우리 사회의 미래를 준비하는 숭고한 곳이다. 여기에 비리와 부패가 끼어들 여지가 어디 있겠는가? 그러므로 학교에는 사학비리가 있어서는 안 된다는 사실에 정부와 국민들이 함께 공감하고 사학비리를 없애기 위한 공동선언을 해야 한다. 또한 국회가 부실한 사립학교법을 개정하고 교육부가 사학의 정상화를 위한 원칙을 다시 만들어야 한다.

≪프레시안≫, 2015년 10월 15일

우리 상지대의 고지가 바로 저깁니다

고난의 운명을 지고 역사의 능선을 타고
이 밤도 허위적거리며 가야만 하는 대학이 있다.
민주화가 바로 저긴데 예서 말 수는 없다.

넘어지고 깨어지고라도 한 조각 심장만 남거들랑
부둥켜안고 가야만 하는 대학이 있다.
새는 날 피 속에 웃는 모습 다시 한번 보고 싶다.*

이 시점에서 지난날을 되돌아봅니다.
22년을 싸워왔습니다.
그동안 선배 교수님들이 부끄럽지 않게 싸웠습니다.
마지막 싸움, 이제 우리가 마감할 때입니다.

사람 사는 세상에 어찌 이견과 갈등이 없겠습니까?
그러나 지금은 이해하고 용서하고 단결할 때입니다.
대한민국에 내놓아도 자랑스러운 민주 상지대학교를 만신창이로 만들 수는 없
는 일이며
이 소중한 역사를 저 부패한 무리들이 짓밟도록 내버려둘 수는 없는 일입니다.

한 번만 더 분발합시다.
한 번만 더 이해하고 격려합시다.
이 상황을 멋지게 마무리하고 하계교원연수에서 찐하게 회포를 풀면 얼마나 좋
겠습니까?

분명한 목표가 세워졌고

눈앞에 고지가 보이는데 예서 말 수는 없는 일 아니겠습니까?

지친 마음 다독이며 한 걸음만 더 가봅시다.

* 노산(鷺山) 이은상의 「고지가 바로 저긴데」를 개사한 시이다.

'열린광장', 2010년 6월 16일

상지대 민주화의 광장, 구성원 대토론회

/

대학 공동체의 가능성을 확인한 진정한 교육의 장

2015년 10월 14일 수요일 오후 3시. 수업거부를 시작한 지 30일째 되는 날. 학생회관으로 사용되는 민주관 3층 대강당에 학생들이 구름처럼 몰려들었다. 교수와 직원들도 함께 모였다. 1층과 2층의 300~400석 좌석은 순식간에 다 차버렸고 자리를 잡지 못한 학생들은 계단과 복도, 입구를 빼꼭히 메웠다. 장사진이라는 말이 실감 났다.

순식간에 시간이 흘러 밤 9시. 장장 6시간에 걸친 뜨거웠던 토론회가 끝났다. 쉬지도, 먹지도 않고 화장실도 가지 못한 채 한 편의 긴 영화를 본 것처럼 시간이 지나가버렸다. 참석자들이 입구와 계단으로 몰려나오면서 서로 손잡아주고 등을 토닥이며 격려하는 모습이 여기저기에서 목격되었다. 지정 토론자로 참석했던 총학생회장과 부총학생회장, 그리고 청중석에서 격정적으로 질문을 한 윤명식 전 총학생회장은 연단 위에서 뜨거운 눈물을 쏟아내고 있었다. 이들을 둘러싼 다른 학생들의 눈시울도 덩달아 붉어졌다. 누가 이들에게 눈물을 강요하는 것일까?

이 토론회를 설명하기에 앞서 느낌부터 말하는 것이 좋겠다. 우선 수백 명의 학생들이 토론회장에서 여섯 시간 동안 거의 미동조차 않고 처음부터 끝까지 자리를 지켰다. 25년간 학생들을 가르쳐온 내가 처음 본 광경이었다. 통상 수업을 할 경우 두 시간을 넘어서면 지루함을 느끼기 마련이다. 그런데 수업도 아니고 출석도 부르지 않는 이 자리에서 수백 명의 학생들이 초롱초롱한 눈망울로 이 광경을 응시하고 있었다. 너무 신기한 일이다.

교수와 직원 몇 사람이 질문한 것을 제외하고는 학생들이 거의 모든 토론을 주도했다. 학생들은 서로 질문하겠다고 손을 높이 들었고 여기저기에서 발언하겠다고 나섰다. 더욱 놀라운 것은 질문하는 학생들이 학교 상황을 매우 정확하게 인지하고 있을 뿐만 아니라 교수가 들어도 놀랄 만큼 질문을 잘한다는 사실이었다. 빼어난 말솜씨로 아주 재치 있게 질문한 학생들도 있었지만 나머지 다른 학생들도 대체로 질문을 아주 잘했다. 나는 교수로서 이렇게 당당하게 질문을 잘하는 학생들을 예전에는 미처 본 적이 없다.

반면, 학생들의 질문에 대답해야 할 위치에 있던 부총장과 교무처장은 질문의 핵심에 제대로 답하지 못했다. 핵심을 비켜가는 답변을 하거나 현문우답을 하거나 자기변명으로 일관하는 모습이 역력했고, 그럴 때마다 학생들은 품위를 갖추어 점잖게 항의했다. 아마도 다른 자리에서는 대학 본부의 보직이라는 이유로 혹은 교수라는 이유로 학생들에게 군림했을지도 모르지만 이 자리에서는 한없이 초라한 모습이었다.

나는 이 토론회를 보면서 이것은 단순한 토론회가 아니라 대학운영을 둘러싸고 진행되는 거대한 실험장이라는 생각을 했다. 대학의 운영 주체들이 대학 문제를 주제로 열띤 토론을 벌이는 모습은 살아 있는 대학 공동체의 모습 그 자체였다. 이 자리에서는 교수와 학생의 차이, 본부와 구성원의 차이, 교수와 학생과 직원의 차이가 존재하지 않았다. 모두가 평등하고 모두가 주체인 하나의 완전한 수평적 공동체가 실현되고 있다는 느낌을 받기에 충분했다. 이것이 민주주의이고 민주주의가 이렇게 작동하는 것이구나 하

| 구성원 토론회에 참석한 학생들 |

는 생각을 하게 되었다.

　토론회의 경위는 이렇다. 수업거부가 3주 차로 접어들던 어느 날, 몇 명의 교수와 학생들이 장기화되는 학내 사태의 해결에 접근하는 하나의 방법으로 학내 토론회의 필요성에 공감하게 되었다. 마침 직원노동조합도 천막농성에 돌입한 상황이었으므로 교수, 학생, 직원이 대학 본부와 함께 학내 토론회를 할 필요가 있겠다고 생각하고 구성원 단체들이 공동으로 대학 본부에 토론회를 제안하자고 했다.

　그러나 결과에 대해서는 확신할 수 없었다. 그 전에 이미 학내 토론회를 제안했다가 대학 본부로부터 거절당하고 구성원 단체들만 조촐하게 토론회를 했던 경험이 있고 교수들이 전체교수회의를 제안했지만 대학 본부의 일방적인 진행으로 파행되었던 적이 있기 때문이다. 다만 그때와는 상황이 많이 달라졌으므로 대학 본부가 가볍게 무시하기는 어려울 것이라고 판단해 제안서를 대학 본부에 제출했다.

　구성원 단체의 제안에 대해 대학 본부가 대답을 하지 않고 시간이 흘렀다. 그 사이 결정권자인 이현규 총장직무대행이 갑자기 사퇴했다. 총장이 공석이니 결정이 쉽지 않을 것으로 생각되었다. 대학 본부가 응하지 않을 경우를 가정해 구성원들만 참석하는 토론회로 할지 고민하면서 국회로 갔다. 상지대 문제를 국정감사 청문회에서 다루기로 되어 있었고 김문기가 증인으로 출석해야 하는 날이기 때문이다. 그러나 역사교과서 국정화 문제로 국정감사는 파행되었고 김문기는 끝내 나타나지 않았다.

국정감사가 파행을 거듭하던 10월 8일 목요일 오후. 일과 시간이 끝난 6시 12분에 예고 없이 단과대 학생회장들 앞으로 학생처장의 문자가 날아들었다. 다음 주 월요일 오후 1시 20분에 체육관에서 토론회를 개최한다는 공지 문자였다. 무슨 업무를 이렇게 할까 의아했다. 토론회는 교수협의회가 공문을 통해 교수협의회, 총학생회, 노동조합의 공동 명의로 요청한 것이다. 구성원 대토론회를 하려면 일정한 절차가 필요한 만큼 사전 협의도 있어야 하는 상황이다. 그러나 가타부타 말 없이 개최 문자만 보냈다.

다음 날은 한글날이고 그다음 날은 주말이므로 따로 의논할 시간이 없었다. 구성원 대표들이 주말에 의견을 교환하고 일요일에 총학생회에서 중앙운영위원회를 개최해 토론회를 수용하기로 하되 시간과 장소를 변경하고 진행 방식을 대학 본부와 사전에 협의하기로 했다.

10월 12일 월요일 오전에 구성원 대표들이 조재용 부총장을 만나 시간과 장소 변경을 요구했다. 10월 14일 수요일 오후 3시, 민주관 대강당으로 최종 결정되었다. 그리고 몇 차례 실무 협의를 거쳐 진행 방식을 정했다. 대학 본부가 발표와 토론을 맡아서 진행하고 대학 본부 세 명, 교수협의회 두 명, 노동조합 두 명, 총학생회 세 명이 지정 토론자로 참석하기로 했다. 시작 시간은 오후 3시로 하되 끝나는 시간은 따로 정하지 않았다. 일종의 끝장 토론으로 한다는 것이었다. 그리고 월요일 오후와 화요일에 토론회 준비에 들어갔다.

토론회 당일 오후 3시에 행사장으로 갔다. 학생들이 너무 많이 참석해 장내 정리를 하는 데 시간이 걸렸다. 대강당이 좁지는 않았지만 참석자들이 너무 많아 계단이든 입구든 모든 빈 공간에 학생들이 편안하게 앉을 수 있도록 조치했다. 드디어 토론회가 시작되었다. 그러나 먼저 처리해야 할 두 가지 문제가 발생했다.

조재용 부총장, 조윤애 교무처장, 이상석 기획처장이 본부 측 발표자 겸 토론자로 참석했는데 토론자인 조재용 부총장이 사회를 맡겠다고 주장해 논란이 일었다. 더구나 조재용 부총장은 전날 총장직무대행으로 선임된 상태였다. 질문에 답해야 할 위치에 있는 패널이자 총장직무대행인 조재용 교수가 사회를 보는 것은 적당하지 않으므로 현장에 참석한 다른 교수로 대체하자고 주장했다. 논란 끝에 결국 이상석 기획처장이 사회를 보기로 했다. 단상의 발표 및 토론 시간을 줄이고 참석자들과의 질의응답에 더 많은 시간을 할애하자고 해 어렵지 않게 합의되었다. 장황한 질문과 답변을 막기 위해 발언시간을 3분으로 제한하기로 했다.

발표는 조윤애 교무처장이 했다. 그러나 바로 전날 기획처장에서 교무처장으로 보직을 바꿨고 기획처장 당시에도 대학구조개혁평가 업무에 직접 관여하지 않았기 때문에 충실한 발표를 할 수 있을지 의문이었다. 발표 내용은 대학구조개혁평가에 한정되었다. 학생들이 토론 의제로 요구한 5대 요구 사항 중 이사회 사퇴, 보직 사퇴, 대학평가 진상조사위원회 구성, 징계 철회 등 학내 주요 현안에 대해서는 아무런 언급이 없었다. 결국 학내 현안은 구성원 단체 대표로 참석한 토론자들에 의해 개진되었다.

교수협의회 대표로 참석한 방정균 교수는 대학구조개혁평가의 문제점을 조목조목 지적하면서 상지대가 부실대학에 선정된 것에 대한 대학 본부의 책임을 질타했다. 노동조합 대표로 참석한 이관섭 지부장은 직원 징계 문제와 대학행정의 난맥상을 지적하면서 보직 사퇴를 요구했다. 총학생회 대표로 참석한 전종완 총학생회장은 학생들이 수업을 거부하는 이유를 하나하나 설명하면서 학교의 총학생회 불인정과 부당한 학생 징계에 강하게 항의했다. 토론회의 진행 기조가 엿보이는 대목이었다.

발표와 패널 토론에 이어 참석한 교수, 학생, 직원들의 질문과 이에 대한 본부의 답변 시간으로 넘어갔다. 처음에는 대학 본부가 발표한 대학구조개혁평가에 대한 질문이 많았다. 교수와 직원들도 간간이 질문했다. 그러나 이내 토론회는 학생들이 주도했고 질문의 주제도 학내 모든 현안으로 확대되었다. 질문과 답변에 박수가 쏟아지기도 하고 야유나 항의성 고함이 나오기도 했지만 진행을 방해할 정도는 아니었다. 오히려 자칫 지루해질 수도 있는 긴 토론회에 활력소 역할을 했다.

발표와 지정 토론이 끝난 후 네 시간 넘게 오간 그 수많은 질문과 답변을 모두 기억하거나 기록하는 것은 불가능한 일이므로 생략하는 것이 좋겠다. 다만 이 시간이 그렇게 길게 느껴지지 않았고 조금도 지루하지 않았다는 사실은 말할 수 있다. 학생들이 자리를 뜨는 일도 많지 않았다. 학교 사태가 위중하니 학생들이 의무감 때문에 끝까지 자리를 지켰을 수도 있지만 이보다는 흥미진진한 토론 풍경이 학생들을 붙잡았다고 하는 것이 옳겠다. 질문하는 학생들이 각자의 개성을 살려 서로 다른 방식으로 재치 있게 질문을 하니 다음에는 어떤 질문이 나올지 자못 기다려지기까지 했다.

조재용 부총장이 소속된 제약공학과 학생 두 명이 부총장을 비판하는 기조의 질문을 할 때는 분위기가 사뭇 진지해졌다. 소속 학과의 학생이 이렇게 질문하는 것이 결코 쉬운 일은 아니었을 테지만 학생들은 당당한 자세로 자연스럽게 질문했다. 학보사를 맡고 있는 전우재 편집장이 학보사에 대한 언론탄압 사례를 밝히면서 중지를 요구했다. 부총장은 그 당시 발행인이 김문기였는데 어떻게 발행인을 비판하는 기사를 게재할 수 있느냐고 답변했다. 그것이 말이 되느냐고 항의성 질문을 재차 했더니 그렇다면 발행인 없이 발간하면 어떻겠느냐고 동문서답했다. 교지를 맡고 있는 김누리 교지편집위원장이 비유를 들어 대학 본부를 비판할 때는 후련하다는 느낌이 들었다.

그러나 어느 정도 예상했던 바이지만 대학 본부의 발표와 토론 과정에서 나온 답변은 학내 사태의 위중함을 조금도 반영하지 못했다. 대학 본부의 보직들이 학교 사태를 해결할 의지가 없다는 것이 명확해졌다. 학생들의 질문이 정곡을 찌르거나 부총장을 비판하는 수위에 이르자 이에 답변해야 할 부총장이 팔짱을 낀 채 화난 표정으로 답변을 거부하는 진풍경도 속출되었다.

구성원 단체가 제안한 토론회를 대학 본부에서 받아들일 때는 나름대로 이유가 있었을 것이다. 5주 차에 접어든 학생들의 수업거부를 어떻게 해서든 중단시키는 것이 목적이었을 것이고, 이를 위해서 무엇인가를 해야 할 상황이었다. 그 이유가 조재용 부총장의 입에서 나왔다. 수업거부를 포함한 모든 학내 사태를 해결하기 위한 협의체를 구성하자고 제안했다. 그러나 토론자들과 학생들이 제기한 수많은 질문에 대해서는 답변을 기피한 채 협의체만 구성하자는 제안은 받아들여지지 않았고 중요하게 다루어지지도 않았다.

토론회가 중반쯤 접어들었을 때 조재용 부총장이 사회를 보는 이상석 기획처장에게 쪽지를 보냈다. 그 장면을 총학생회장이 목격해 쪽지 내용을 결국 공개했는데 시간을 너무 끌지 말고 토론회를 정리하자는 것이었다. 모든 참석자들이 항의해 시간제한 없이 토론회를 하기로 했다. 그러나 대학 본부가 학생들의 요구 사항이나 질문에 만족할 만한 답변을 주지 않고 계속 변죽을 울리며 시간을 보내자 분위기가 조금씩 가라앉기 시작했다. 이미 시간은 8시를 넘어섰다.

더 이상의 진행이 무의미하다고 판단한 방정균 교수가 마무리 토론을 제안했다. 사회자가 각 구성원 대표들의 마무리 토론에 이어 마지막으로 대학 본부가 학생들의 5대 요구 사항에 대한 답변을 하는 식으로 마무리하겠다고 했다. 그러나 즉석에서 의사진행발언으로 대학 본부가 5대 요구 사항에 관해 답변한 후에 구성원 대표들이 마무리 토론을 하기로 했고, 방정균 교수

| 구성원 토론회에 참석한 구성원 대표들 |

가 구성원 단체들의 뜻을 모아 토론하는 것으로 정리했다.

조재용 부총장은 학생들의 요구 사항 중에서 대학구조개혁평가 진상조사위원회 구성, 본부 보직 총사퇴, 징계 철회 등 대학 본부와 관련된 사항에 대해 수용 의사를 밝히지 않고 협의체 구성만 요구했다. 반면 이사회 사퇴에 대해서는 명확하게 거부 의사를 표명했다. 학생들의 요구 사항을 받아들일 수 없다고 대답한 셈이다. 결국 여섯 시간의 토론을 통해 많은 문제점이 지적되었지만 대학 본부를 통해 해결책을 찾은 것은 아무것도 없었다.

방정균 교수가 마지막 토론을 하기 위해 마이크를 잡았는데 전종완 총학생회장이 예정에 없이 발언 신청을 했다. 총학생회장은 조재용 부총장을 응시하면서 천천히 발언을 시작했다. 교수로서, 선생으로서, 교육자로서, 부총장으로서 이렇게 하는 것이 정당하느냐는 취지의 말을 차분하게 이어나갔다. 분위기가 숙연해졌다. 지금까지와는 전혀 다른 분위기가 만들어졌다. 말을 이어가던 총학생회장의 눈에서 굵은 눈물방울이 떨어졌다. 더 이상 말을 계속할 수 없게 되었다. 노동조합 지부장이 그 공백을 이어 본부 보직의 사퇴를 강하게 요구했다.

방정균 교수가 마무리 발언을 했다. 이사회는 물론 본부 보직들은 지금의 학내 사태를 해결할 의지도 능력도 없다는 것이 확인되었다고 진단했다. 즉시 대학구조개혁평가 진상조사위원회를 구성하고 이달부터 시작될 교육부의 컨설팅에 대비하기 위한 컨설팅 대책팀도 구성해 내일부터 즉시 가동에 들어가겠다고 선언했다. 여기에는 대학 본부도 참여해야 하지만 현재의 보직은 참여할 수 없다고 정리했다. 그러므로 보직이 교체될 때까지 본부의 자리는 비워두기로 했다. 보직 사퇴를 가장 실질적인 방법으로 천명한 것이다.

이렇게 장장 여섯 시간의 구성원 대토론회가 끝이 났다. 토론회를 통해 구성원과 대학 본부 사이에서 어떤 합의도 도출하지 못했고 어떤 의견 접근도 이루어지지 않았다. 그렇다면 무의미한 토론회, 실패한 토론회일까? 그렇지 않다. 그 반대라고 해야 할 것이다. 토론회는 대학의 주체가 누구인지를 확인하는 과정이었고 그 주체들이 스스로가 진정한 구성원임을 자각하고 책임 있는 구성원으로 성장해가는 과정이었다. 이 토론회는 김문기가 상지대의 주인이 아니라 수백, 수천 명의 학생들이 상지대의 진정한 주인이라는 사실을 확인시켜준 소중한 자리였다. 교수의 시각에서 이러한 과정을 통해 젊은 학생들이 학교의 주인이자 미래사회의 주역으로 빠르게 성장하고 있다는 것을 느낄 수 있었다. 그러므로 이 자리는 어떤 수업, 어떤 강의보다도 소중했다. 이보다 더한 교육이 어디 있단 말인가!

토론회가 끝나자 학생과 교수, 직원들이 단상으로 몰려갔다. 서로 끌어안고 얼싸안고 위로하고 격려했다. 울고 있는 총학생회장, 부총학생회장, 전 총학생회장을 위로했다. 단상 아래에서도 한동안 자리를 떠나지 않고 머물러 있었다. 나가는 보직교수들을 둘러싸고 원망 어린 눈초리로 말을 주고받았다. 반면 학교 측이거나 학교에서 동원한 극히 일부의 보직교수와 직원들은 처음부터 끝까지 아무 말 없이 있다가 고개를 숙이고 자리를 떠났다. 지난 1년간 구성원들을 괴롭히고 천막을 훼손하는 데 앞장섰던 보안대 등 직원들도 더러 참석했지만 무표정한 얼굴로 있다가 조용히 사라졌다.

토론회가 진행되던 그 시간 방정균, 공제욱, 박병섭, 우영균 등 교수 네 명의 파면 및 정직 1개월에 대한 교원소청심사위원회의 2차 심사가 진행되고 있었다. 그리고 네 명의 교수에 대한 징계 취소 결정을 다음 날 오전 교원소청심사위원회로부터 받았다. 이 소청심사는 9월 23일에 결정될 예정이었는데 조재용 부총장 등이 소청심사에 참석해 서류 제출을 이유로 기일 연기를 고집해 2주 이상 연기된 것이지만 예상대로 대상자 네 명 전원 징계가 취소되었다.

교수 네 명의 징계 취소를 오전에 확인하고 이어서 오후에는 서울행정법원 선고에서 나에 대한 교원소청심사위원회 결정을 취소하는 판결을 받았다. 2015년 3월 11일 교원소청심사위원회에서 나에 대한 파면을 취소하는 대신 정직 1개월로 감경하는 결정을 한 것에 대해 김문기(2015구합5078)와 내가(2015구합65377) 모두 행정소송을 제기했는데 김문기는 패하고 나는 승소한 것이다. 그 전에 직원들의 해임 징계도 노동위원회에서 모두 취소되었으므로 구성원에 대한 김문기의 부당징계 시도가 모두 실패로 끝난 셈이다.

≪프레시안≫, 2015년 10월 19일

상지대 6년 만의 승리

/

2016년 서울고등법원 파기환송심 선고

2016년 3월 23일. 오후 2시가 가까워지자 상지대 교수와 학생, 졸업생들 50여 명이 서초동 서울고등법원 제1별관 306호실로 속속 모여들었다. 중법정의 넓은 방청석이 눈망울이 초롱초롱한 젊은 학생들로 가득 찼다. 오후 2시 정각. 재판장인 윤성원 부장판사가 입정했다. 재판장은 법정을 가득 메운 학생들을 바라보며 약간 놀라는 눈치였다.

방청석을 꽉 채운 우리는 재판장을 주목하며 귀를 쫑긋했다. 이날 예정된 16건의 선고 중에서 우리 사건이 맨 처음이어서 재판장의 첫 마디가 운명을 가르는 말이 되기 때문이다. 우리가 이 사건의 원고이자 항소인이기 때문에 재판장이 "원고의 항소를 기각한다" 혹은 "이사 선임을 취소한다"라고 말할 것으로 예상했다.

처음에는 재판장의 입에서 나온 말을 바로 이해하지 못했다. 오해를 유발할 만한 발언이 먼저 나왔는데 이어서 누구누구를 이사로 선임한 처분을 모두 취소한다고 말해 승소한 것인가 반신반의하는 사이에 재판장이 원고가 승소했다고 부연 설명했다. 학생들이 많은 데다가 우리가 선고 내용을 정확하게 파악하지 못했다고 느꼈기 때문인지 재판장이 이례적으로 선고 결과를 다시 확인해준 것이다.

그렇다. 우리가 이겼다. 2010년 8월 9일 사분위 정상화에 불복해 제기한 소송이 해를 여섯 번이나 넘겨 서울행정법원, 서울고등법원, 대법원을 거쳐 다시 서울고등법원으로 파기환송된 끝에 2016년 6월 23일 드디어 승소했다. 그 결과 2010년 8월의 정이사 선임이 취소되었다. 사분위 정상화가 취소되고 구재단의 복귀가 무효가 된 것이다. 판결문 주문은 다음과 같다.

주문

제1심판결 중 피고보조참가인들, 박윤환, 한이헌, 임현진, 채영복, 한송에 대한 이사선임처분취소청구부분을 취소한다.

피고가 2010.8.30. 피고보조참가인 김길남, 피고보조참가인 이영수, 박윤환, 한이헌, 임현진, 채영복, 한송을, 2011.1.10. 피고보조참가인 변석조를 각 학교법인 상지학원의 이사로 선임한 처분을 모두 취소한다.

상고심에서 상고 기각된 부분의 소송비용을 제외한 나머지 소송 총비용 중 보조참가로 인한 부분은 피고보조참가인들이 부담하고, 나머지는 피고가 부담한다.

너무도 당연한 결정이지만 우리에게는 기적 같은 승리였다. 그러나 처음부터 승소에 대한 가능성을 가지고 소송을 시작한 것은 아니었다. 사분위 정상화가 잘못된 것이 분명한데도 권력과 교육부가 안하무인으로 강행하는 반면 국회를 통한 해결이 가능하지 않으니 마지막 수단으로 행정소송에 의존한 것뿐이었다. 소송을 하면서도 사분위를 구성한 위원 다수가 현직 판사를 비롯한 법조인들이라는 점 때문에 내심 불안했다.

그러다가 작년 대법원에서 우리가 원고 자격을 인정받아 서울고등법원으로 파기환송되면서 비로소 승소에 대한 기대를 갖게 되었다. 물론 승소에 대한 기대는 있었지만 확신은 없었고, 선고일이 가까워질수록 전망은 엇갈렸기 때문에 잠을 이루지 못했는데 드디어 승소한 것이다.

이 판결은 대법원의 최종 판단을 받아야 할지도 모르므로 아직은 확정판결이 아니다. 그러나 이미 대법원에서 서울고등법원으로 파기환송된 것이고 서울고등법원에서 대법원의 선고 취지를 그대로 인용한 것이기 때문에 피고인 교육부가 상고해야 할 소의 이익이 없다. 또한 상고한다고 해도 특별한 변화가 없을 것으로 예상되어 사실상 확정된 것으로 보아도 무방하다. 이런 점에서 이번 판결은 크게 다섯 가지의 중요한 의미를 담고 있다.

첫째, 상지대 차원에서 개방이사를 적용하지 않은 사분위의 정이사 선임은 위법하므로 2010년 상지대 정상화는 무효이다. 둘째, 비리재단 복귀 차원에서 사분위가 주도한 대부분의 학교 정상화 역시 불법이다. 셋째, 사학재단의 이사 선임 등 재단 운영 차원에서 교수와 학생은 재단 문제에 대해 소송할 자격이 있고 이 소송에서 처음으로 이겼다. 넷째, 시야를 넓혀 사학차원에서 사학을 설립자나 이사장 등 개인의 사유물로 바라보는 관점이 부정되었다. 다섯째, 사학의 정상화 차원에서 드러난 불법성으로 사분위의 정당성이 부정되었다.

따라서 이번 판결은 좁게는 상지대 정상화 과정의 위법성에 대한 판결이지만 넓게는 비리재단 복귀 전반에 영향을 끼칠 수밖에 없는 중요한 판결이다. 비록 다른 학교가 상지대처럼 소송을 제기하지 않아 이들 학교의 정상화가 법적으로 취소되지는 않는다고 하더라도 이들 학교의 정상화가 불법이라는 사실에는 변함이 없다. 또한 이 판결로 사분위의 정당성은 결정적으로 실추되었으며 앞으로는 더 이상 지금과 같은 권한을 행사하기 어려울 것이다. 나아가 이 판결은 사학 운영에서 구성원의 권한을 확대하는 출발점이

상지대 정이사 선임 관련 소송 경과

심급	법정	사건 번호	접수일	선고일	판결
1심	서울행정법원 (제1행정부)	2010구합44085	2010.11.24	2011.10.21	각하
		2011구합11891(병합)	2011.4.8		
2심	서울고등법원 (제6행정부)	2011누40402	2011.11.23	2012.7.11	항소 기각
		2011누40419(병합)			
		2012아242 (위헌법률심판제청)	2012.6.22	2012.7.11	기각
대법원	대법원 (특별3부)	2012두19496	2012.8.28	2015.7.23	일부 승소 파기환송
		2012두19502(병합)			
파기환송심	서울고등법원 (제7행정부)	2015누1535	2015.8.3	2016.6.23	승소
		2015누1542(병합)			

주: 2010년 8월 9일 정상화 시점에서 선임된 구재단 측 이사 한 명이 사퇴해 공석인 상황에서 행정소송(2010구합44085)을 제기했고 2011년 1월에 재차 선임된 한 명을 대상으로 추가로 행정소송(2011구합11891)을 제기해 두 사건이 병합되어 소송이 진행되었다.

될 것이며 사학을 특정 개인의 소유물로 보는 관점에서 탈피하는데도 크게 기여할 것이다.

2010년 11월 서울행정법원에서 시작된 재판은 구성원의 원고적격 문제로 난관에 봉착했다. 우리는 상지대 구성원을 대표하는 총장, 교수협의회 공동대표, 총학생회장, 노조지부장, 동문회장, 개방이사추천위원장 등 여섯 개 단체를 원고로 재판을 시작했다. 나는 교수협의회 공동대표 겸 개방이사추천위원장의 자격으로 원고로 참여했다. 그러나 우려했던 것처럼 원고적격 문제로 각하되었다. 원고적격 문제가 제기되었기 때문에 항소 여부를 심각하게 고민하다가 결국 항소하기로 했다.

서울고등법원의 항소심은 2011년 11월에 시작되어 한 차례의 변론으로 종결되었다. 복귀한 구재단 이사들이 이사회를 상대로 재판하는 것을 달가워하지 않았기 때문에 총장은 원고에서 사퇴했다. 재판 진행의 어려움을 직감한 우리는 사립학교법상 사분위 규정이 삼권분립을 위배하고 국민들의

| 파면 후 연구실에서 농성 중인 정대화 교수 |

재판받을 권리를 침해한다는 것 등을 이유로 재판부에 위헌법률심판을 제청했다. 그러나 재판부는 우리의 신청을 기각했다. 다시 우리는 헌법재판소에 헌법소원(2012헌바300)을 청구했다. 그러나 위헌 소송의 결정 이전에 서울고등법원은 우리의 항소를 기각했다.

다시 대법원에 상고하기로 결정하고 2012년 8월에 상고장을 제출했다. 이사회에서 구재단 이사들의 발언권이 강화되면서 2013년 7월 동문회가 다시 상고를 취하하고 원고에서 빠졌다. 원고는 교수협의회, 총학생회, 직원노동조합, 개방이사추천위원회로 줄어들었다. 더구나 2015년 10월에는 헌법소원이 각하되어 재판의 전망이 더욱 어두워졌다. 그러나 상고 3년 만에 대법원은 원고 중에서 교수와 학생의 원고 자격을 인정해 사건을 서울고등법원으로 파기환송하는 결정을 내렸다. 뜻밖의 상황 변화가 발생한 것이다.

파기환송심은 2015년 8월부터 시작되었다. 우리는 다시 심기일전해 재판에 임했다. 이미 1심에서 여러 차례 심리가 있었기 때문에 재판은 순조롭게 진행되었다. 우리는 대법원에서 판시한 개방이사제 미적용 문제를 중심으로 구재단에 과반수 이사를 배정한 위법성, 종전이사의 범위, 사분위의 재량권 일탈 남용 등을 정상화의 문제점으로 제시했다.

재판 과정에서 피고인 교육부는 소극적으로 대응했다. 헌법소원이 기각된 사분위의 위헌성 문제는 별론으로 하더라도 교육부는 사분위가 구재단에 과반수를 배정하지 않았다는 엉뚱한 주장을 했다. 그러면서도 이것을 확인하기 위한 사분위 회의록 제출 요청에는 응하지 않았다. 그러나 이미 국회가 사분위를 통해 회의록을 입수한 상태였으므로 사분위 결정 과정을 확인하는 것은 어렵지 않았다. 한 차례 재판부가 바뀌고 다섯 번의 변론을 거쳐 드디어 사분위 정상화를 취소한다는 판결을 받았다.

이렇게 해서 6년을 끌어온 재판은 우리의 승소로 끝났고 김문기 구재단 이사들에 대한 선임은 취소되었다. 그러나 아직 상황은 종결되지 않았다. 교육부의 대법원 상고 여부가 아직 결정되지 않은 상황인 데다 이 선고 전날 김문기 해임 사건 재판의 항소심에서 김문기가 승소해 김문기의 복귀 가능성이 예상되는 등 상황이 매우 복잡해졌기 때문이다. 더구나 교육부가 상지대에 대한 감사 여부를 검토하고 있는 상황까지 겹쳐 있다.

여전히 미해결의 과제도 있다. 6년에 걸친 재판 과정에서 사분위가 개방이사제를 적용하지 않았다는 위법성을 확인한 것은 중요한 성과라 할 수 있지만 이것 이상으로 논란이 되었던 사분위 구성의 위헌성 문제가 해결되지 않았다. 더구나 파기환송심 재판부가 대법원에서 미리 판시한 개방이사제 미적용 문제 외에 종전이사 개념의 문제나 사분위의 재량권 일탈 남용 문제를 검토하지 않고 묵혀버린 것 또한 아쉬운 일이다. 결국 남은 문제는 국회가 입법권 차원에서 해결할 수밖에 없게 되었다.

≪프레시안≫, 2016년 6월 27일

국회, 다시 상지대를 주목하다

/

2016년 6월 국회 교육문화체육관광위원회 풍경

20대 국회의 첫 임시국회가 시작되었다. 해방 후 우리 정치사에서 4월혁명 직후 제2공화국의 국회, 6월항쟁 직후의 제13대 국회, 노무현 대통령 탄핵 직후의 제17대 국회에 이은 네 번째 여소야대의 국회이자 12년 만에 도래한 여소야대라는 상황 때문에 기대하는 바가 많았다.

6월 28일, 교육문화체육관광위원회의 두 번째 전체회의가 교육부 업무보고로 시작되었다. 첫 회의에 참석하지 못했던 의원들에 대한 간단한 소개와 교육부 간부 및 산하기관장에 대한 소개를 하고 이어서 교육부 장관의 업무보고를 시작했다. 업무보고의 마지막은 현안보고였는데 사회적 이슈가 되었던 도서·벽지 여교사 성폭행 문제부터 상지대 사태까지 다섯 가지 현안이 보고되었다.

장관은 상지대 사태의 현안을 세 가지로 보고했다. 첫째, 김문기 해임 관련 재판에 대해서 상지학원에 상고를 권고하겠다. 둘째, 사분위 정상화 관련 파기환송심은 검찰의 지휘를 받아 상고 여부를 결정하겠다. 셋째, 상지대에 특별감사를 실시할 예정이다. 장관의 보고로 교육부가 상지대에 특별감사를 실시할 것이라는 사실이 먼저 확인되었다.

이어서 국사편찬위원회를 필두로 산하기관장들의 업무보고를 듣고 의원들의 질의가 시작되었다. 새누리당 의원들은 대체로 업무보고 내용을 중심으로 포괄적인 질의를 했고 민주당과 국민의당 의원들은 현안을 중심으로 구체적인 질의를 했다. 여야의 입장 차가 반영된 질의였다.

이날 8시간에 걸친 질의응답은 역사교과서 국정화 문제, 누리과정 예산, 대학구조개혁, 국립대 총장 임명 제청 문제, 그리고 상지대 사태 등 다섯 가지 현안에 집중되었고 야당 의원들이 주도했다. 상지대 사태에 대한 첫 질의는 노웅래 의원이 시작했다. 질의 내용을 속기록으로 살펴보면 다음과 같다.

노웅래 의원 상지학원 관련해서 묻겠습니다.

지난달에 재판 판결이 나왔는데요, 상지학원의 이사선임처분취소 소송의 파기환송 건 아시지요?

부총리 겸 교육부 장관 예, 알고 있습니다.

노웅래 위원 2010년, 2011년 상지대 이사선임 처분이 모두 취소되었습니다. 이것은 대법원이 파기환송한 사건인데, 대법원의 파기환송 취지를 전부 수용해서 사실상 확정판결이 난 것입니다. 그렇다면 상고의 실익이 없어요. 그렇다면 교육부가 상고할 필요가 없는 것이지요?

부총리 겸 교육부 장관 예, 그렇습니다.

노웅래 위원 그렇지요?

부총리 겸 교육부 장관 예.

노웅래 위원 상고할 필요 없습니다. 그러니 빨리 조치하세요.

부총리 겸 교육부 장관 정확하게 말씀드리면 검찰의 지휘를 받아서 결정해야 될 내용입니다.

노웅래 위원 그러니까 절차는 밟더라도 이것은 상고 실익이 없으니까 불필요하지 않습니까? 그리고 2010년 사분위가 선임한 이사가 전원 취소되었기 때문에 자격 없는 이사들이 선임한 현재 이사들도 마찬가지로 자격이 없습니다. 현 이사들이 자격이 없어요. 그러니까 현 이사들의 직무를 즉각 정지시켜야지요. 그렇지요?

부총리 겸 교육부 장관 예

노웅래 위원 즉각 정지시키고 교육부는 임시이사 파견해야 합니다. 교육부 정말 이게 됩니까? 상지대 사태는 23년 된 겁니다. 이것 빨리 정상화시켜야 됩니다. 그렇게 하서야지요?

부총리 겸 교육부 장관 그 부분에 대해서는 저희가 특별감사를 해서……

노웅래 위원 특별감사 하시기로 하셨잖아요. 아까 보고하셨잖아요. 그렇지요?

부총리 겸 교육부 장관 이사 취임을 취소할 수 있는 근거를 마련해서 임시이사를 추진하도록 하겠습니다.

노웅래 위원 임시이사를 파견하시고요, 그렇게 하시는 것이 맞는 것이고요. 그리고 김문기 총장 해임 소송에서 학원 측이 일부러 패소해서 교육부의 감사 결과, 징계 요구 모두 무시하고 불응했고, 김문기 총장 후임 선임하지 않고 학교 운영에 장애를 준 것이지요? 징계 요구 불응한 것은 사립학교법 위반입니다. 그렇지요? 사립학교법 위반이지요?

부총리 겸 교육부 장관 예, 법률……

노웅래 위원 법률을 위반하고 학교 정상 운영 못하도록 총장 선임 노력 안하고 그렇게 하면 법률 위반이잖아요. 그렇지요?

부총리 겸 교육부 장관 예, 그 부분이……

노웅래 위원 이것도 조치하세요.

부총리 겸 교육부 장관 법적으로 위반인지는 저희가 감사를 통해서 확인하도록 하겠습니다.

노웅래 위원 그러니까 자꾸 이렇게 저렇게 말하지 마시고 정확하게 하세요. 상지대 사태 23년씩 끄는 교육부는 없는 것보다 못하지요. 이런 식으로 하면 안 되지요. 교육부가 왜 존재합니까? 23년간 분규 끌려고 존재합니까?

부총리 겸 교육부 장관 하여튼 사학비리에 대해서는 행정·재정적인 모든 수단을 동원해서 엄정하게 처리하도록 하겠습니다.

노웅래 위원 그리고 총장 해임 무효 소송 관련해서도 아까 보고하신 대로 교육부가 상지학원 측에 상고 요구 당연히 해야지요. 그렇지요?

부총리 겸 교육부 장관 예, 그렇습니다. 그렇게 하겠습니다.

노웅래 위원 그렇게 조치하시고요.

부총리 겸 교육부 장관 예.

노웅래 의원의 질의는 ① 사분위 정상화 관련 파기환송심에 대해서 교육부가 상고할 필요가 없다, ② 2010년 이사 선임이 취소되면 현 이사도 취소되므로 자격정지 시켜야 한다, ③ 상지대에 대한 특별감사를 실시해야 한다, ④ 임시이사 파견해야 한다, ⑤ 김문기 해임 소송을 일부러 패소한 것은 사립학교법 위반이다, ⑥ 김문기 해임 소송 관련해 대법원에 상고하도록 권유해야 한다 등 여섯 가지였다.

이 질의에 대해 교육부 장관은 ① 검찰의 지휘를 받아 파기환송심에 관한 상고 여부 결정하겠다, ② 현 이사 자격정지 하겠다, ③ 상지대 특별감사 실시하겠다, ④ 임시이사 파견은 특별감사 결과를 보고 결정하겠다, ⑤ 김문기 총장 해임 패소의 사립학교법 위반 여부는 특별감사에서 확인하겠다, ⑥ 김문기 해임 소송 대법원 상고를 상지학원에 권유하겠다고 답변했다. 현 이사 자격정지, 상지대 특별감사 실시, 김문기 해임 소송 상고 권유 등 세 가지는 즉시 답변했고 파기환송심 상고 포기 여부, 임시이사 파견, 김문기 해임 소송의 사립학교법 위반 여부 등 세 가지는 검토 후 처리하겠다고 답변했다.

　노웅래 의원은 상지대 관련 모든 내용을 질의에 담았고 장관으로부터 매우 긍정적인 답변을 이끌어냈다. 한두 가지 미흡한 대목이 있기는 했지만 대체로 긍정적인 결과였다. 오후에는 송기석 의원이 질의를 이어갔다. 노웅래 의원의 질의에 대한 답변을 재확인하는 것으로 시작했다. 이사직무정지와 임시이사 파견에 대해서는 특별감사 후에 판단하겠다고 정정했다. 송기석 의원은 상지대 문제가 23년 된 사안이라는 점을 강조하면서 최우선적인 해결을 요구했고 장관도 그렇게 하겠다고 했다. 만약 장관이 제대로 하지 않으면 국회에서 청문회를 하겠다면서 잘 해결하라고 거듭 당부했다. 장관은 모든 조치를 취하겠다고 답변했다.

　이어서 도종환 의원이 질의를 했다. 도종환 의원은 먼저 상지대 사태의 문제점을 하나하나 또박또박 열거하는 것으로 시작했다.

대학구조개혁평가 D- 등급 받은 것 아시냐?

구조조정 약속을 이행하지 않아 지방대학 특성화 사업이 취소된 것을 아시냐?

대학기관인증평가가 유보될 위기에 처한 것 아시냐?

학생들이 35일 동안 수업을 거부한 것을 아시냐?

실습목장 한우를 헐값에 매각한 사실을 아시냐?

학과장들이 총사퇴하고 한의과대학 인증이 취소될 위기라는 것을 아시냐?

교수 대량 징계가 교원소청에서 모두 취소되었는데도 복직을 거부하고 있는 상황을 아시냐?

직원 대량 징계가 지방노동위원회 등에서 취소되었는데도 복직되지 않고 있는데 아시냐?

학생 징계가 민사소송에서 취소되었고 학생자치활동이 심각하게 탄압받고 있는데 아시냐?

장관은 모두 안다고 했다. 재판 결과를 기다리고 있다는 대답도 했다. 무슨 재판을 말하는 것인지는 말하지 않았다. 도종환 의원이 이 상황의 최대 피해자가 누구냐고 물었더니 학생이라고 올바르게 대답했다. 도종환 의원은 학생들이 장학금을 받지 못하고 학자금 대출도 제한되는 상황이라고 강조하면서 상지대를 방문한 자리에서 총학생회장이 좋은 교수님 밑에서 좋은 수업을 듣고 싶다고 말한 대목을 인용하며 상지대 상황이 절박하다고 힘주어 강조했다.

그런 연후에 특별감사 실시에 대해 다시 장관의 확인을 받았다. 김문기 위장해임과 사기 재판이 감사처분에 대한 불응이므로 임원취임승인 취소 사유라는 점을 지적하자 법률 검토를 거쳐 조치하겠다고 답변했다. 임시이사 파견에 대해 물으니 사유가 되면 정상화 조치를 취하겠다고 답변했다. 도종환 의원은 마지막으로 학생들이 교육부 직원을 만났을 때 "상지대가 없어져야 한다"라고 말한 대목을 언급하며 이런 부적절한 발언에 대해 자체 조사를 하고 보고해달라고 하면서 질의를 마쳤다.

김병욱 의원은 상지대 인성교육의 문제점을 구체적으로 질의했다. 김 의원은 김문기가 쓴 『상지정신』이라는 책을 보여주면서 허위사실로 가득 찬 책으로 하는 인성교육의 문제점을 날카롭게 지적했다. 시급한 행정지도가 필요하다고 강조하자 확실하게 조치하겠다고 대답했다. 배성근 정책실장에게 물으니 특별감사에서 조치하겠다고 말했다. 상지대가 지금 매우 특별한 상황에 처해 있으니 책임감 있는 조치가 필요하다는 점을 강조했다.

유은혜 의원 역시 조속한 특별감사와 이사직무정지 및 임원취임승인 취소를 요구했다. 장관은 최대한 조속하게 감사를 실시하겠으며 직무정지와 이사 해임의 법적 근거를 확인해 처리하겠다고 답했다. 파기환송심에 대해

| 김문기 우상화 교재를 설명하고 있는 우상호 더불어민주당 원내대표 | ⓒ ≪NSP통신≫

서는 상고의 실익이 없다는 본인의 의사를 표명했다. 유 의원은 상지대 문제와 사학의 근본적인 문제점을 파악하기 위해서는 상지대 청문회가 필요하다고 강조하면서 장관의 입장을 물었다.

이 대목에서 사회를 진행하던 유성엽 위원장이 장관에게 특별감사 일정을 질의한 후 가능한 한 빨리 특별감사를 해야 한다고 다시 촉구하면서 상지대 청문회 요구에 대해서는 여야 간사 간 협의를 진행하겠다고 정리했다. 이어서 전재수 의원도 장관에게 상지대 문제 확실하게 처리해 줄 것을 강하게 주문했다.

이날 회의를 마무리하면서 유성엽 위원장은 상지대 사태의 원인은 김문기의 복귀라는 점을 강조했다. 그리고 상지대와 서남대 사태를 예로 들면서 장관의 분발을 촉구했고 상지대 구재단을 옹호하지 말 것을 장관에게 단호하게 주문했다.

오전 10시에 시작한 교육부 업무보고는 오후 7시가 넘어서 끝났다. 그사이에 노웅래, 송기석, 도종환, 유은혜, 김병욱, 전재수 의원 등 여섯 명의 의원과 유성엽 위원장이 상지대 문제를 질의했고 장관은 의원들의 질의에 대체로 동의하면서 이 문제를 최대한 조속히 최선을 다해 처리하겠다고 답변했다. 국회가 결정할 사안인 상지대 청문회를 제외하고 특별감사, 이사직무정지, 임원취임승인 취소, 임시이사 파견에 대해 긍정적으로 대답했다. 반면 새누리당 13명의 의원들 중에서 상지대 문제를 질의한 의원은 단 한 명도 없었다. 늘 반복되고 있는 상황이지만 사학문제를 둘러싼 여야 정당의 입장 차이는 이날 교육부 업무보고에서도 여실히 드러났다.

그러나 6월 28일의 교육부 업무보고로부터 20일이 지난 현시점에도 상지대 특별감사 일정은 발표되지 않고 있다. 최대한 신속하게 상지대 문제를 처리하겠다는 장관의 답변이 무색해지는 상황이다. 더구나 사분위의 상지대 정상화를 둘러싼 위법성 여부를 다툰 서울고등법원 파기환송심과 관련해 대법원에 상고하는 것은 실익이 없다고 장관이 의견을 피력했음에도 교육부는 이 사건을 대법원에 상고하고 말았다.

그렇다고 교육부가 상지대 특별감사를 회피하지는 않을 것이다. 그러나 교육부가 이사직무정지, 임원취임승인 취소, 임시이사 파견의 문제를 어떻게 처리할지에 대해서는 확신하기 어렵다. 교육부, 청와대, 새누리당의 입장을 알기 때문이다. 물론 이들도 20대 국회가 여소야대 국회이고 곧 국정감사와 정기국회가 시작되는 상황을 모르지 않는다. 정부가 제 역할을 다하지 못하면 국회가 청문회나 사립학교법 개정 등의 방법으로 강하게 대응하리라는 것도 알고 있다. 그러므로 이 상황을 달리 피해갈 길은 없어 보인다.

≪프레시안≫, 2016년 7월 15일

사학비리의 사슬을 끊자

전염병이 창궐하는 것처럼 사학비리가 창궐하고 있다. 이명박 대통령이 교육비리 척결을 외치는 근자에도 명지대, 관동대, 성화대, 성결대, 명신대, 여주대, 수원여대는 물론 양천고와 진명여고를 비롯한 수많은 초·중등학교에서 사학비리가 발생하고 있다. 이러한 사학비리 창궐 현상은 최근 국가적 쟁점이 된 인화학교 문제나 15년 전 크게 부각되었던 에바다 사태와 결코 무관한 것이 아니다. 한마디로 대한민국은 사학비리의 온상을 넘어 사학비리의 천국이 되었다.

왜 우리 사회가 사학비리의 천국으로 전락했을까? 단순히 대학 교육의 85%를 사학이 점유하는 등 사학이 많기 때문은 아니다. 우리 교육의 중추기관이 된 사학이 교육목적보다는 영리목적으로 사학을 운영하는 데다 사학 운영을 관리·감독해야 할 교육과학기술부가 관리·감독을 소홀히 하는 정도를 넘어 비리재단과 긴밀하게 유착되어 있기 때문이다. 이런 상황에서 사학들이 교과부는 물론 부패한 권력 및 정치집단과 부적절한 관계를 맺고 학교를 부실하게 운영하면서 비리를 저지르는 일이 근절되지 않고 있다.

더 큰 문제는 사학비리 문제를 해결하기 위해서 출범한 사학분쟁조정위원회가 본래의 임무를 망각하고 사학비리를 공공연히 옹호하고 사학비리집단에 면죄부를 발급해주는 역할을 수행하면서 외려 사학비리 창궐을 부추기고 있다는 사실이다. 사분위는 사학비리로 임시이사가 파견된 대학의 정상화를 심의하는 정부기구인데 이 정상화라는 것이 과거 사학비리로 쫓겨났던 주범들에게 다시 학교를 되돌려주어 사학을 비리의 온상으로 만드는 일이다. 그 결과 임시이사체제하에서 지난날의 사학비리 오명을 벗고 안정을 되찾아 건실하게 운영되면서 발전을 거듭하던 수많은 사학들이 다시금 분규의 나락으로 떨어지는 퇴행적인 상황이 곳곳에서 일어나고 있다.

사분위가 정상화라는 미명 아래 비리재단의 복귀를 조장하는 것도 문제지만 이 과정을 수수방관하는 교과부 역시 책임을 면할 길이 없다. 사분위는 교과부의 소속 기구이며 사분위의 심의는 교과부 장관에 의해서만 실행되도록 되어 있다. 또한 교과부 장관은 사분위 심의에 문제가 있다고 판단될 경우 재심을 요청할 수 있는 권한을 가지고 있다. 그러나 교과부 장관은 수많은 대학의 요청에도 불구하고 단 한 건의 재심도 요청하지 않았다.

사학비리를 옹호하는 사분위와 사학비리를 방관하는 교과부의 태도 이면에는 사학을 국가교육의 백년대계를 담당하는 공공재화로 인식하는 것이 아니라 사학 설립자나 운영자의 사유재산으로 간주하는 저급한 인식이 깔려 있다. 사학을 사유재산으로 간주하는 사학 운영자들은 철옹성 같은 족벌체제를 구축해 그 기반 위에서 마음대로 비리를 자행하는 것이다. 그러나 사학비리 주범들이 알아야 할 것이 하나 있다. 자본주의 사회에서 사유재산의 전형으로서 이윤추구 동기에 의해 움직이는 기업들도 비리사학처럼 이렇게 부실하게 운영되지는 않는다는 사실이다.

사학비리를 척결하기 위해서는 사학이 개인의 잉여수취를 위한 사적도구가 아니라 국가의 교육목적을 실현하기 위한 공공재화라는 인식이 공유되어야 하며, 그 바탕 위에서 사학 운영의 틀이 엄격하게 재확립되어야 한다. 물론 이에 앞서 필요한 것은 정부의 단호한 정책의지다. 사학 운영의 관리감독 책임을 가진 대통령과 교과부 장관이 사학비리를 용납하지 않겠다는 명백한 정책의지를 표방한다면, 마피아를 자임하지 않는 한 정부와 맞서 비리를 저지를 사학집단은 없을 것이다.

그러나 이 모든 것에 앞서 최우선적으로 처리해야 할 과제는 사학비리의 숙주로 전락해버린 사분위의 기능을 시급하게 정지시키고 절차를 거쳐 사분위 제도 자체를 폐지하는 일이다. 사분위는 이미 입법취지에서 크게 벗어나 사학분쟁을 조정하는 기구가 아니라 사학분쟁을 조장하면서 사학비리 면죄부 발급기관으로 타락했다. 존재 자체가 반사회적이고 반교육적인 사분위의 폐지는 사학비리 척결의 가장 시급한 과제이다.

≪경향신문≫, 2011년 11월 7일

재판 거는 김문기, 재판받는 김문기

/

무차별적인 고소·고발과 소송을 통한 재갈 물리기

경찰서나 검찰청에서 조사받고 법원에서 재판받는 것이 마음 편한 일은 아닐 것이다. 법정보다 분위기가 더 싸늘한 징계위원회에 출석하는 것은 더욱 불편한 일이다. 이 과정에서 유형무형의 폭력과 폭언에 노출된다면 더욱 그렇다. 이러한 행위가 사람을 괴롭히고 심성을 파괴하는 결과를 초래하기 때문에 인권 문제가 되기도 한다. 경찰, 검찰, 법원과는 담쌓고 지내는 것이 좋다는 말이 괜히 나온 것이 아니다.

비리재단은 바로 이 점을 노린다. 불편을 극대화해 비리재단에 반대하는 교수에게 재갈을 물리고 잠재적인 동조자를 차단할 목적으로 국가 공권력을 적극 활용한다. 직업의 특성상 특별한 사정이 없다면 경찰서나 검찰청, 법정에 가본 일도 없고 갈 일도 없는 점잖은 교수를 이곳으로 의도적으로 불러내는 것은 매우 비인간적이지만 일견 효과적인 방법이다. 고소·고발을 당하면 마지막 결론과 무관하게 오랫동안 불려 다니며 조사받고 재판받아야 하기 때문이다.

이 설명은 그다지 어렵지 않다. 가급적 피하고 싶은 일을 반복적으로 강

| 교원소청위원회에 참석한 교수와 변호사들 |

요함으로써 비리재단에 대한 반대 의사나 반대 행동을 원천적으로 봉쇄하는 것이다. 이러한 반인권적인 괴롭힘은 반대 의사를 가진 당사자에게 직접 적용된다. 그러나 직접 매 맞는 것 못지않게 매 맞는 장면을 구경하는 것도 무서운 것이므로 괴롭힘의 효과는 구성원 전체에 폭넓게 미친다. 반기를 들면 철저하게 응징당한다는 것을 본보기로 보여준다.

인연이라고 해야 할까, 악연이라고 해야 할까? 나는 상지대 때문에 김문기를 만났지만 실제로는 검찰청과 경찰서에서 혹은 법정에서 자주 만나는 특별한 사이가 되었다. 김문기와는 크게 세 차례 만났다. 김문기가 상지대에서 퇴출된 후 내가 법인사무국장을 맡았던 1990년대 후반이 첫 번째이고, 구재단이 상지대에 복귀한 직후에 교수협의회 공동대표 겸 비상대책위원장을 맡아 구재단 퇴진 운동을 전개하던 2011년이 두 번째이며, 김문기가 총장이 된 2014년 8월 이후가 세 번째 만남이다. 이 시기에 무차별적인 고소·고발에 노출되었다. 내가 겪은 일이 표준적인 사례가 될 수는 없겠지만 비리재단이 자신을 반대하는 교수를 어떻게 다루는지를 판단하는 하나의 잣대는 될 수 있을 것 같다.

상지학원 사무국장 시기의 고소·고발

상지대 교수로 부임해 1997년부터 2001년까지 상지학원에서 법인사무국장의 보직을 맡아 일했다. 감옥에서 출소한 김문기가 재단 복귀를 위해 매우 맹렬하게 복귀 공작을 전개하던 시기여서 교수협의회가 여기에 적극적으로 대응하고 있었으므로 내 업무 역시 자연스럽게 이 일에 맞추어졌다. 이 시기에 왜곡된 상지학원의 역사를 복원하고 설립자를 바로잡는 일, 김문기 구재단이 저질렀던 사학비리를 정리하는 일, 구재단 치하에서 구성원들이 겪었던 탄압 사례를 정리하는 일을 진행하면서 김문기의 학원 복귀가 정당하지 않다는 사실을 입증하는 데 주력했다.

김문기는 설립자가 아니고, 무수히 많은 사학비리를 저질렀고, 구성원들을 탄압했기 때문에 교육자로서 자격이 없으므로 복귀해서는 안 된다는 취지의 활동을 하다 보니 김문기와 그 일파에 의해 명예훼손 등 대략 12건 정도 고소·고발을 당했다. 특히 1998년과 1999년에 고소·고발이 집중되었는데 원주경찰서와 춘천검찰청 원주지청을 제집 드나들듯 하니 경찰서나 검찰에서 상지대 때문에 업무가 마비될 지경이라고 푸념했다. 김문기와 대질심문도 했다. 결국 모두 무죄 혹은 무혐의로 종결되어 법정까지 가지는 않았다.

15년도 더 지난 일이지만 경찰서와 검찰청에서 조사받던 기억은 아직도 생생하다. 수사기관을 통해 사건 내역을 확인해보려 했지만 오래된 일이라 시간이 걸릴 것 같아 당시 상황을 정리하는 것은 포기했다. 261~268쪽에 나오는 조사 기록은 법무부 '형사사법포털'을, 재판 기록은 대법원 '나의 사건 검색'을 이용해 정리한 것이다.

상지대 정상화로 구재단이 복귀한 직후의 고소·고발

그 후 상당한 시간이 흐르는 동안 학교 일과 교수협의회 일을 했지만 이미 정이사체제가 수립된 상황이어서 더는 김문기와 직접 맞부딪힐 일이 없었다. 하지만 상지대 정이사체제가 무너지고 김문기 구재단이 복귀한 다음부터는 사정이 크게 달라졌다. 이제는 직접 몸으로 부딪쳐야 했기 때문이다.

사분위에 의해 상지대 정상화가 강제로 진행되던 2010년은 상지대 역사에서 커다란 격동의 시기였지만 사분위가 주된 관심사였기 때문이었는지 고소·고발이 그다지 빈번하지는 않았다. 상지대가 정상화되고 그다음 해인 2011년은 개인적으로 연구년이었는데 구재단이 복귀한 상황에서 교수협의회 공동대표로 선출되었고 상지대 비상대책위원장도 함께 맡게 되어 자의 반 타의반 연구년을 포기하고 말았다.

그렇다고 처음부터 구재단과 크게 부딪힐 일은 없었지만 구재단이 탐색기도 없이 본색을 드러내면서 상황이 달라졌다. 정상화로 이사회가 구성되어 가동되자마자 구재단이 상지학원 정관 개정을 무리하게 밀어붙였고 이에 구성원들이 반발하면서 예상보다 빨리 분규가 찾아왔다. 구재단이 구성원들의 의견을 무시하면서 힘으로 정관 개정을 강행하는 상황이 전개되자 우리 역시 구재단 퇴진을 주장하며 강하게 맞섰고 결국 구재단 측의 고소·

경찰 고소·고발 및 수사(7건)

접수 번호	사건 번호	혐의	접수 일자	입건 일자	종결 일자	검찰 송치
2011-12790	2011-9661	업무방해	2011.8.31	2011.9.6	2011.12.7	불구속 기소
2011-17428	2011-1431	명예훼손	2011.11.29	2012.2.13	2011.2.14	무죄
2011-17787	2011-14772	업무방해	2011.12.6	2012.12.31	2012.5.29	
2011-18359	2011-14581	업무방해	2011.12.16	2012.12.27	2012.6.25	
2012-264	2012-1431	모욕	2012.1.6	2012.2.13	2012.2.14	취하
2012-785	2012-1637	집시법 위반	2012.1.16	2012.2.17	2012.3.28	무혐의, 항고 기각
2012-3011	2012-2960	업무방해	2012.2.29	2012.3.19	2012.6.14	불구속 기소

검찰 고소·고발 및 수사(검찰 직고소 9건, 송치 8건)

사건 번호	수리 일자	저분 일자	혐의	접수처	처분	상급청
2011형제12851	2011.11.25	2012.6.29	명예훼손 외 3건	직고소	무혐의	항고 기각
2011형제13015	2011.12.2	2012.6.29	업무방해 외 1건	직고소	기소	
2011형제13258	2011.12.8	2012.6.29	집시법 외 2건		무혐의	항고 기각
2011형제13467	2011.12.13	2012.7.6	특수방실침입 외 2건	직고소	무혐의	
2012형제2150	2012.2.28	2012.6.29	업무방해		기소	
2012형제218	2012.1.4	2012.6.29	명예훼손 외 3건		기소	

고발에 직면하게 되었다.

　그 1년 동안 구재단은 내게 경찰 고소·고발 7건, 검찰 직고소 9건 등 16건에 달하는 고소·고발을 남발했다. 그중 상당수는 무죄 혹은 무혐의 처리되었지만 우리의 의견을 전달하기 위해 서너 차례 이사회에 참석한 일이 업무방해로, 구재단을 비판한 일이 명예훼손으로, 김문기가 장학금 지급을 명분으로 학교에 들어오는 것을 저지한 일이 업무방해와 교통방해죄로 기소되어 재판에 회부되었다.

　이 시기의 고소·고발은 업무방해가 중심이었다. 구재단이 정관 개정을 강행하는 것에 반대하면서 이사회에 가거나 이사장실에 가는 일이 많았기 때문이다. 우리는 검찰에 기소되어 재판에 회부될 때 업무방해가 주된 혐의라고 생각했다. 그러나 막상 검사의 공소장을 받고 보니 혐의가 폭력행위 등 처벌에 관한 법률(이하 폭처법) 위반이었다. 무척 놀랐다. 나를 비롯해 교수협의회 공동대표 세 명, 총학생회장과 부총학생회장, 직원노동조합 지부장, 학생지원처 부장 등 일곱 명이 재판에 회부되었다. 일곱 명의 혐의는 조금씩 달랐으며 비상대책위원장을 맡았던 내 혐의가 가장 무거웠다.

　우리 일곱 명은 2011년과 2012년 초반까지 열심히 원주경찰서를 드나들면서 조사를 받았고 그다음에는 검찰로 송치되어 검찰 조사를 받았으며

2011년 폭처법 사건의 재판 경과

심급	법원	접수	종결	구형	선고
1심	춘천지방법원 원주지원	2012.6.29	2013.11.19	징역 10개월	벌금 300만 원
2심	춘천지방법원	2013.12.9	2015.1.14	벌금 500만 원	선고유예
3심	대법원	2015.2.4	진행 중		

2012년 여름 재판에 회부된 이후 2013년 11월까지 1년 5개월 동안 춘천지방법원 원주지원에서 길게 재판을 받았다. 약 3년간 경찰, 검찰, 법원에 개근하듯 출입한 셈이다. 마지막 결심하던 날 검사는 내게 징역 10개월을 구형했다. 매우 놀랐다. 학내 문제에서 비롯된 사건에 교수 지위를 박탈하는 징역형을 구형한 것은 매우 이례적인 일이었다. 다행히 재판부가 벌금 300만 원을 선고해 교수직은 유지할 수 있었다. 재판부가 공정한 판결을 한 것이라고 생각했다.

우리는 1심 재판부의 공정한 재판 진행과 선처에 감사한 마음을 가지고 있었음에도 고등법원에 항소했다. 우리의 활동을 학교 정상화를 위한 공익적인 활동으로 간주해 무죄를 항변했기 때문이다. 다시 1년간 항소심 재판에 매달렸고 2015년 1월 14일, 한 명을 제외하고 모두 선고유예의 판결을 받았다. 무죄를 주장했지만 나쁘지 않은 판결이었다. 특히 그사이에 학생들은 졸업해 사회인이 되었는데 사회에 진출한 초년생들의 앞길에 장애가 되지 않아서 다행이었다.

2심 재판부는 1심 판결의 유죄 취지를 유지하면서도 우리의 활동이 사학비리 전과자가 학교에 들어오는 상황에서 학교의 정상화를 위한 공익적 차원의 활동이라는 점을 감안해 형의 선고를 유예한다고 판결했다. 아직은 사법부가 살아 있구나 생각하게 되었다. 직접 재판부에 의사 표현을 하지는 않았지만 고마운 마음이 들었다. 그러나 2심의 선고유예 판결에도 불구하고 우리는 다시 대법원에 상고했다. 사학비리에 대항해서 학교를 지키려고

한 활동에 대해서 무죄라는 신념을 가지고 있었던 만큼 이것을 대법원에서 확인받고 싶었기 때문이다. 그러나 대법원에서 무죄를 받아내지는 못했다. 2심의 선고유예로 만족해야 했다.

김문기 총장 선임 직후의 고소·고발

김문기는 2014년 8월 14일에 총장이 되었다. 김문기가 상지대 총장에 선임된 이후에는 상황이 매우 극적으로 진행되었다. 지금까지는 김문기가 학교 바깥에서 복귀를 노리며 고소·고발한 것이지만 이제는 학교에 복귀해서, 그것도 대학운영 책임자인 총장이 되어서 고소·고발을 진두지휘했기 때문이다. 고소·고발뿐만 아니라 징계에 회부되어 직위해제된 후 파면되었으며 파면을 빌미로 업무방해 금지 가처분 소송, 연구실 명도소송 등이 계속되었다. 파면 사건은 교원소청심사위원회로 이어졌고, 소청에서 파면이 취소되자 행정소송으로 이어졌다.

2015년부터 2016년 7월까지 김문기는 나를 27번 경찰에 고소·고발했다. 혐의의 대부분은 업무방해나 주거침입, 명예훼손이었다. 드물게 다른 교수들과 묶어서 고소한 경우도 있었지만 주로 단독 고소였다. 다행히도 기소되어 재판에 회부된 것은 없다. 여기서 말하는 고소·고발 주체로서의 김문기는 김문기 본인과 김문기의 하수인 역할을 하는 상지학원, 대학 본부를 모두 포함하는 말이다.

경찰이 미덥지 않아서인지 검찰에도 14차례나 직고소했다. 경찰 송치 사건을 포함해 41건이었다. 검찰 직고소 역시 대부분은 업무방해와 주거침입, 명예훼손이었다. 그중에서도 내가 언론에서 한 인터뷰, 언론사에 기고한 글, 내가 즐겨 사용하는 SNS의 내용, 대학 홈페이지에 올린 글 등을 모두 명예훼손으로 고소했다. 특히 작년 하반기에 ≪프레시안≫과 협의해 기고한 '상지대 민주화 일기'라는 주제의 20편에 달하는 글 대부분을 사이버 명예훼손

검찰 사건(21건: 직고소 14건, 송치사건 7건)

사건 번호	수리 일자	처분 일자	혐의	접수처	처분
2015형제2330	2015.3.5	2015.5.28	폭처법(공동주거침입)		무혐의
			업무방해		무혐의
2015형제3842	2015.4.10	2015.5.28	상해		기소유예
2015형제7253	2015.6.25	2015.12.8	폭처법(공동주거침입)	직고발	무혐의
			업무방해		무혐의
2015형제7270	2015.6.29	2015.7.29	업무상 횡령	직고소	각하
2015형제7271	2015.6.29	2015.12.8	업무방해	직고소	기소유예
2015형제8208	2015.7.17	2015.9.4	업무방해		무혐의
2015형제8649	2015.7.28	2015.11.24	주거침입	직고소	각하
			업무방해		무혐의
2015형제9654	2015.8.20	2016.5.25	상해	직고소	기소유예
			업무방해		기소유예
			업무방해		무혐의
			폭처법(공동주거침입)		무혐의
			폭처법(공동퇴거 불응)		기소유예
			재물손괴		무혐의
2015형제9781	2015.8.24	2016.9.22	업무방해		무죄
2015형제10799	2015.9.16	2016.5.25	상해		기소유예
			업무방해		기소유예
			업무방해		무혐의
			폭처법(공동주거침입)		무혐의
			폭처법(공동퇴거 불응)		기소유예
			재물손괴		무혐의
2015형제13038	2015.11.9	2016.5.25	업무방해	직고소	각하
			명예훼손		각하
2015형제13330	2015.11.12	2016.12.30	업무방해	직고소	각하
2015형제13442	2015.11.17	2016.6.30	정통망 명예훼손	직고소	무혐의
2015형제14627	2015.12.11	2016.5.25	폭처법(공동주거침입)	직고소	무혐의
			특수절도		무혐의
			폭처법(공동퇴거 불응)		무혐의
			업무방해		무혐의
2015형제14966	2015.12.18	2016.5.25	업무방해	직고소	각하
			명예훼손		각하
2016형제1654					
2016형제4257	2016.4.8	2016.6.30	업무방해	직고소	무혐의
2016형제5388			이제원 고소		
2016형제5958	2016.5.18		정통망 명예훼손	직고소	
2016형제7883	2016.6.27		정통망 명예훼손 외 1	직고소	
2016형제50501	2016.6.2		정통망 명예훼손	직고소	서울중앙지검

경찰 사건(27건)

접수 번호	사건 번호	혐의	접수	입건	종결	비고
2015-1587	2015-1203	폭처법 업무방해	2015.1.7	2015.2.6	2015.3.2	2015형제2330
2015-1628		연구실 난입	2015.2.7			피해자
2015-1645		재물손괴	2015.2.7			피해자
2015-2621	2015-2000	업무방해	2015.3.3	2015.3.3	2015.7.17	2015형제8208
2015-2878	2015-2410	공동주거침입	2015.3.9	2015.3.14	2015.4.28	
2015-4887		건조물침입	2015.4.17			피해자
2015-6089		주거침입	2015.5.11			
2015-6115		상해	2015.5.12			
2015-6239		퇴거 불응	2015.5.14			
2015-6382		업무방해	2015.5.18			
2015-6513	2015-5188	폭처법	2015.5.13	2015.5.20	2015.9.14	
2015-7623	2015-6146	업무방해	2015.6.1	2015.6.10	2015.8.21	2015형제9781
2015-8628	2015-7829	업무방해	2015.6.29	2015.7.20	2015.11.2	
2015-8681	2015-7356	업무상 횡령	2015.6.30	2015.7.8	2015.7.15	
2015-8685	2015-7347	업무방해	2015.6.30	2015.7.8	2015.9.9	
2015-10275	2015-8315	업무방해 주거침입	2015.7.29	2015.7.31	2015.11.12	
2015-11552	2015-12613	업무방해	2015.8.24	2015.11.6	2015.11.30	
2015-15139		물품횡령	2015.10.29			피해자
2015-15933	2015-13520	업무방해	2015.11.13	2015.11.26	2016.1.14	
2015-16123	2015-14325	업무방해	2015.11.17	2015.12.17	2015.12.30	
2015-16188		명예훼손	2015.11.18			
2015-16189	2015-14054	명예훼손	2015.11.18	2015.12.10	2016.5.30	
2015-17549	2016-744	주거침입	2015.12.16	2016.1.20	2016.2.20	
2015-17817	2016-672	업무방해	2015.12.22	2016.1.19	2016.2.19	
2016-1914	2016-2386	업무방해	2016.2.12	2016.3.5	2016.3.18	피해자
2016-5201	2016-5485	업무방해	2016.4.14		2016.6.1	
2016-7073	2016-6693	명예훼손	2016.5.20	2016.6.4		

주: 사건 번호 및 진행 상황을 확인하지 못한 사건은 공란으로 처리했다.

재판(7건)

사건 번호	사건명	법원	접수	선고
2014카합173	업무방해 금지 가처분	춘천지방법원 원주지원	2014.11.17	가처분 인용
2015카합30	가처분 이의	춘천지방법원 원주지원	2015.2.11	원결정 취소 기각
2015라30	가처분 이의 항고	서울고등법원(춘천)	2015.5.13	항고 취하
2015가단1474	연구실 명도소송	춘천지방법원 원주지원	2015.3.10	기각
2015구합5078	교원소청 결정 취소	서울행정법원	2015.4.21	기각
2015누65058	교원소청 결정 취소	서울고등법원	2015.11.10	항소 기각
2016카합1015	방해 금지 가처분	춘천지방법원 원주지원	2016.5.12	심리 중

으로 고소했다.

그러나 경찰과 검찰에 고소하는 형사적인 방법만으로는 만족스러운 결과를 얻지 못했다. 대부분의 고소·고발이 무혐의 처분되었기 때문이다. 그러자 김문기는 온갖 방법을 동원해 소송을 걸었다. 김문기가 직접 나서기보다는 주로 상지학원 이사장 명의나 대학 본부 보직자의 명의를 사용해 소송을 제기했다.

경찰이든, 검찰이든, 법원이든 처음에는 나 혼자 일방적으로 당했다. 그러나 시간이 흘러 김문기 체제의 문제점이 드러나면서 나도 한두 건 고소·고발을 하거나 재판을 걸기도 했다. 특히 교원소청심사위원회에서 파면이 취소된 후 교권 회복을 위해 행정소송, 민사소송, 간접강제, 채권 압류, 가처분 등의 방식으로 적극 대응했다. 그러다 보니 재판이 내 일상의 일부가 되었다. 교원소청을 제외하고 내가 원고이거나 피고인 17건의 재판이 1년 사이에 진행되었다. 이 중에서 파면 직후 상지학원이 제기한 업무방해 금지 가처분이 인용되면서 유일하게 한 번 패소했지만 이것 역시 교원소청에서 파면이 취소되면서 원결정이 취소되었으므로 모든 재판에서 승소했다.

이 글을 쓰는 도중에 서울고등법원에서 열린 파면무효확인 소송의 선고심 변론일에 출석했다. 나와 상지학원이 모두 항소한 소송으로 상지학원은

파면 관련 재판 기록

법원	사건 번호 / 사건명	원고	피고	접수일 선고일	결과
원주지원	(2014카합172) 직위해제효력정지 가처분	정대화	상지학원	2014.11.17 2014.12.16	취하
원주지원	2014카합173 업무방해 금지 가처분	상지학원	정대화	2014.11.17 2015.2.2	패소
원주지원	2015카합30 가처분 이의	정대화	상지학원	2015.2.11 2015.4.16	승소
서울고등법원 춘천재판부	2015라30 가처분 이의(항고)	상지학원	정대화	2015.5.13 2015.5.26	취하
원주지원	2015가단1474 건물명도 등	상지학원	정대화	2015.3.10 2015.7.8	승소
교원소청심사위원회	2014-594 파면 처분취소 청구	정대화	상지학원	2014.12.22 2015.3.11	파면 취소
행정법원(1심)	2015구합5078 교원소청심사위원회 결정 취소	상지학원	교원소청 심사위원회 정대화	2015.4.21 2015.10.29	승소
행정법원(1심)	2015구합65377 교원소청심사위원회 결정 취소	정대화	교원소청 심사위원회 상지학원	2015.6.9 2015.10.15	승소
서울고등법원 (행정2심)	2015누65058 교원소청심사위 결정 취소	상지학원	교원소청 심사위원회 정대화	2015.11.10 2016.4.29	승소
서울고등법원 (행정2심)	2015누65089 교원소청심사위원회 결정 취소	정대화	교원소청 심사위원회 상지학원	2015.11.10 -	심리 중
대법원 (행정3심)	201두40092 교원소청심사위원회 결정 취소	상지학원	교원소청 심사위원회 정대화	2016.5.25 -	심리 중
서울중앙지방법원 (민사1심)	2015가합555458 파면 처분 무효 확인 등	정대화	상지학원	2015.9.1 2016.1.19	승소
서울고등법원 (민사2심)	2016나2010412 파면 처분 무효 확인 등	정대화	상지학원	2016.2.17 2016.7.22	승소 위자료 지급
서울중앙지방법원 (가처분)	2015카합80984 지위보전 가처분	정대화	상지학원	2015.8.24 2015.11.24	승소
원주지원	2016타채10641 채권 압류 및 추심명령	정대화	상지학원	2016.3.21 2016.5.26	승소
서울중앙지방법원	2016타기10016 간접강제 신청	정대화	상지학원	2016.2.5 2016.5.9	승소
원주지원	2016카합1015 방해 금지 가처분	상지학원	정대화	2016.5.12 2016.8.26	학교 패소
원주지원	2016카합28 업무 수행 방해 금지 가처분	정대화	상지학원	2016.4.14 2016.8.26	승소 수업 배정

파면을 주장하고 나는 파면 무효와 위자료를 주장했는데 재판부가 파면 무효를 확인하는 동시에 위자료 1000만 원을 지급하라고 판결했다. 위자료 1000만 원도 결코 작은 금액이 아니지만 더욱 중요한 것은 불법 파면을 하면 위자료를 지급해야 한다는 판례가 만들어지고 있다는 사실이었다. 사학비리에 저항하는 교수에게 재갈을 물리기 위해 부당하게 파면할 경우 위자료를 지급해야 한다는 것이 판례로 확정되면 파면이라는 칼을 쉽사리 휘두르는 것이 차단되어 교권을 보호하는 효과를 기대할 수 있기 때문이다.

결국 초기에는 김문기가 나를 고소·고발하고 재판을 걸어 내 활동을 구속하려고 했지만 고소·고발은 아무런 효과를 보지 못했고 재판 역시 줄줄이 패소했을 뿐만 아니라 후기에는 오히려 내가 제기한 재판 때문에 김문기가 옥죄임을 당하는 상황이 만들어졌다.

더구나 학내분규가 고조되고 이것이 중요한 사회적 이슈로 부각되면서 김문기 본인이 이 상황을 피해가지 못하게 되었다. 우리가 직접 김문기를 고소·고발한 사건은 많지 않지만 우리를 대신해 국회, 교육부, 검찰, 금융감독원, 중앙선거관리위원회가 나서주었다. 그 결과 김문기 역시 검찰과 법정의 출입이 잦아졌고 현재 본인이 원고인 징계처분무효확인 소송과 본인이 피의자인 저축은행법 위반 사건 두 건과 국회증언감정법 위반 사건 두 건 등 다섯 건의 재판에 연루되어 있다.

김문기의 징계무효확인 소송

상지학원이 김문기를 총장직에서 해임한 사건에 대해 김문기는 징계처분무효확인 소송과 동시에 효력정지가처분 소송을 제기했다. 효력정지가처분 소송은 기각되었다. 그러나 춘천지방법원 원주지원에서 진행된 본안 소송인 징계처분무효확인 소송의 1심에서 김문기는 무변론 승소했다. 김문기를 해임한 상지학원이 무변론으로 패소를 자초한 것이다.

김문기 해임 사건 재판 기록

심급	법원	사건명	원고	피고	선고	결론
가처분	원주지원	효력 정지	김문기	상지학원	2015.10.19	기각
1심	원주지원	징계처분무효	김문기	상지학원	2015.11.5	무변론 승소
2심	서울고법(춘천)	징계처분무효	김문기	상지학원	2016.6.22	청구인낙 승소
3심	대법원	징계처분무효	김문기	상지학원	-	심리 중

김문기의 무변론 승소가 국회에서 논란이 되어 교육부가 상지학원에 항소를 권유하는 동시에 교육부가 피고보조참가를 신청했다. 그러나 교육부의 권유에 의한 항소에도 불구하고 상지학원의 태도는 변하지 않았다. 춘천지방법원에서 진행된 2심에서 상지학원은 원고인 김문기의 청구를 모두 수용한다는 청구인낙(請求認諾)의 의견서를 법정에 제출했다. 민사소송에서 피고가 원고의 청구를 인낙하면 재판은 끝난 것이다. 결국 김문기는 청구인낙 승소했다.

김문기가 2심에서도 승소하자 언론은 김문기의 총장 복귀가 임박했다고 보도했다. 그러나 상황은 그렇게 간단하지 않았다. 국회가 김문기의 청구인낙 승소에 대해 강하게 문제제기했고 교육부도 상고가 필요하다는 입장을 표명했다. 결국 피고 상지학원과 피고 보조참가자 교육부가 동시에 상고했다.

물론 대법원 상고는 형식적인 절차에 불과한 것이다. 이미 상지학원이 1심에서 무변론 패소하고 다시 2심에서 청구인낙 패소했기 때문이다. 그러므로 재판에 관한 한 김문기에게 절대적으로 유리하다. 그러나 재판이 김문기에게 유리한 만큼 전체 상황은 김문기에게 불리하다는 역설이 작용한다. 교육부가 감사처분으로 김문기 해임을 요구한 상황에서 상지학원이 보여준 태도는 교육부의 해임 요구에 대한 불응에 해당하고 상지학원 이사회가 그 책임을 감당해야 하기 때문이다.

상지학원은 감사처분 직후 교육부의 해임 요구를 거부하고 정직 1개월로 결정했다. 교육부가 재심의를 요구하자 정직 2개월로 변경 결정했다. 다시 교육부가 임원취임승인 취소를 예고하며 해임을 요구하자 징계 절차를 생략한 채 이사회 의결만으로 김문기를 해임하는 절차적 흠결을 만들었다. 그런 다음 1심과 2심 재판에서 스스로 패소했다. 그러므로 작년 3월 이후 상지학원의 행위는 다섯 차례에 걸쳐 교육부의 해임 요구를 거부한 것이며 이것은 사립학교법 제20조의2에 의한 관할청의 징계 요구에 불응한 것이 되므로 당연히 임원취임승인 취소에 해당한다. 교육부도 이러한 사실을 이미 알고 있다.

김문기의 저축은행법 위반 사건

김문기는 저축은행법 위반으로 두 건의 재판을 받고 있다. 2015년 9월 춘천지방법원에서 시작된 사건(2015고단908)은 셋째 딸 김용남에 대한 불법 대출 때문인데 2016년 6월 9일 김문기가 벌금 2000만 원, 김용남이 벌금 1500만 원을 선고받았다. 김문기 부녀와 검사는 항소했다(2016노594). 그러나 이것보다 2년 먼저인 2013년 4월에 서울중앙지방법원에서 시작된 재판(2013고정1917)은 김문기와 김문기의 장남이자 상지학원 상임이사인 김성남이 피의자인 사건으로 2013년 4월에 시작된 재판이 지금까지 3년 4개월이

김문기 일가의 형사재판 기록

사건	법원	심급	사건 번호	피의자	결과
저축은행법 위반(1)	춘천지방법원	1심	2015고단908	김문기	벌금 2,000만 원
				김용남	벌금 1,500만 원
	춘천지방법원	2심	2016노594	김문기 김용남	심리 중
저축은행법 위반(2)	서울중앙지방법원	약식	2013고약3524	김문기	벌금 700만 원
				김성남	벌금 500만 원
	서울중앙지방법원	1심	2013고정1917	김문기 김성남	심리 중

넘도록 1심이 진행 중이어서 의혹을 사고 있다.

이 재판은 김문기와 김성남이 악식명령으로 각각 벌금 700만 원과 500만 원을 선고받은 후 정식재판을 청구해 시작된 것인데 진행 과정이 매우 이상하다. 이 과정에서 20차례나 공판을 진행했고 수많은 사람을 증인으로 신청했는데 증인 불출석과 잦은 기일 변경으로 시간을 끌고 있는 흔적이 역력하다. 그사이에 재판부가 네 번 바뀌었고 검사가 여섯 번 바뀌었다.

김문기의 국회 증언감정법 위반 사건

김문기는 2014년 국회 청문회 증인 출석을 거부해 2015년에 고발되었고 다시 2015년 국회 증인 출석을 거부해 2016년에 고발되었다. 2015년에 고발된 이 사건은 1심에서 벌금 500만 원을 선고받고 김문기가 춘천지방법원에 항소했는데, 2015년 8월에 접수된 사건이 아직 단 한 차례의 공판도 열리지 않고 묵혀 있는 상태이다. 국회가 2016년 5월에 고발한 사건은 검찰 수사가 진행 중이다.

이 사건 이전에 김문기와 김성남은 정치자금법 위반 혐의로 중앙선거관리위원회에 의해 고발되었다. 법인 자금을 사용해 여야 국회의원 16명에게 불법 정치자금을 제공한 사건인데 검찰의 조사 과정에서 김성남의 처가 정치자금을 제공한 것으로 마무리된 사건이다. 김성남의 처가 정치자금을 제공했다고 진술해 그렇게 처리된 모양인데 법인 자금과 무관한 김성남의 처가 어떻게 법인 자금을 사용해 정치자금을 제공했는지 의문이다.

그 밖에도 강북구 우이동의 그린벨트를 훼손한 사건과 상지대 실습목장의 한우 95두를 헐값에 불법으로 매각한 사건이 있다. 우이동 그린벨트 훼손은 언론에 크게 보도되지 않았지만 한우 매각 사건은 ≪뉴스타파≫를 통해 보도되었고 최근에는 ≪한겨레≫가 인사동 건물의 임대차 분쟁을 다루면서 김문기의 토지 문제를 크게 보도했다.

김문기의 국회증언감정법 위반 사건 진행 상황

사건	법원	심급	사건 번호	피의자	결과
국회증언감정법 위반(1)	원주지원	1심	2015고단196	김문기	벌금 500만 원
	춘천지방법원	2심	2015노842	김문기	선고(미확인)
국회증언감정법 위반(2)	국회 고발 이후 진행 상황 미확인				

    김문기는 1932년생이니 우리 나이로 85세이고 국회의원 3선을 역임한 원로에 해당하는 사회의 공인이다. 이 정도면 사회적으로 존경받는 원로의 반열에 드는 사람이자 누구 못지않은 부자에 해당하는 사람이기도 하다. 무엇하나 남부러울 것 없는 사람이 억지로 대학에 복귀해 구성원을 탄압하고 대학을 황폐화시키는 것도 모자라 사립학교법 위반에 이어 정치자금법 위반, 저축은행법 위반, 국회증언감정 위반 등의 죄목으로 조사받고 기소되어 재판을 받는 것은 불행한 일이다. 결국 사학에 대한 김문기 한 사람의 잘못된 생각과 행동이 대학과 대학 구성원, 지역사회의 불행을 강요하고 있을 뿐 아니라 본인 스스로까지 불행하게 만들고 있다. 사학비리로 말미암아 발생한 이러한 사태가 다시는 재발되지 않기를 바란다.

≪프레시안≫, 2016년 7월 25일

정대화 최후진술

우리 교육을 좀먹는 사학비리는 언제까지 용인되어야 하며 우리 사학은 얼마나 더 비리와 부패를 감내해야 합니까?

저는 2011년 상지대학교 교수협의회의 공동대표이자 상지대학교 비상대책위원장을 역임했던 정대화입니다. 비상대책위원장이라는 중책을 역임했던 사람으로서 이 재판에 함께하고 있는 동료들을 대표하여 말씀드리고자 합니다.

현재 저희 7명은 상지대학교의 구성원이자 상지대학교의 학내자치기구인 교수협의회, 총학생회, 직원노조를 대표하는 대표자들로서 2011년 한 해 동안 전개되었던 상지대학교 비상대책위원회 활동의 결과로 오늘 이 자리에 서게 되었습니다.

저희는 2010년 사학분쟁조정위원회가 상지대를 구재단에 되돌려주는 잘못된 방식으로 정상화하려고 한 것에 대하여 반대활동을 하였으며, 그 연장선상에서 2011년 각각 교수협의회, 총학생회, 직원노조의 대표가 되어 대표자로서 활동하였으며, 그 활동으로 인해 2012년에 경찰과 검찰의 조사를 받았고, 이어 올해 2013년에 재판을 받고 있는 중입니다.

그사이에 4년의 시간이 경과하였습니다. 이 4년은 상지대가 과거 김문기 구재단의 반교육적이고 반인권적인 족벌전횡에서 벗어나 대학 민주화를 이룩하기 위해 노력했던 지난 30년 세월의 일부지만, 특별히 구성원들의 자발적인 노력으로 이룩한 대학 민주화가 구재단의 복귀와 지속적인 방해로 다시 분규의 나락으로 떨어진 상황에서 대학 민주화를 지켜내기 위해 매우 어려운 조건에서 활동했던 시기에 해당합니다.

이러한 상황에 직면하여 상지대학교의 민주화 역사와 전통을 이어받아 대학 민주화를 이루고 지키는 일에 무한한 책임감을 가질 수밖에 없는 저희 학내자치기구의 대표자들은 고민하지 않을 수 없었습니다.

다른 사람들도 별반 다르지 않은 상황이었습니다만, 개인적으로 저는 2011년

이 연구년으로 지정되어 아내와 함께 외국에서 1년간 연구활동을 수행하려고 미리 계획했고 또한 준비 중이었습니다. 이 상황에서 예상에 없던 교수협의회 공동대표로 선출되어 적잖은 고민이 있었습니다. 그러나 대학 민주화를 위해 활동해주기를 바라는 전체 교수들의 요구를 뿌리치기 어려웠고 대학 민주화의 중대한 기로에 봉착한 상지대의 현실을 외면하기도 힘든 상황에서 스스로의 헌신과 자기희생의 기반 위에서 대학 민주화를 지키는 일을 외면할 수 없다는 결론에 이르게 되었으며, 그 결과 이 자리에 서게 되었습니다.

2011년에 했던 저희들의 활동 및 이 사건과 관련된 사실들은 재판 과정에서 자료와 진술 등을 통해 적시되었고 재판장님께서도 이미 충분히 파악하고 계실 것이며, 또한 별도로 작성하여 제출한 진술문에도 정리되어 있으므로, 이 자리에서는 가급적 중복되지 않는 범위에서 저희의 의견을 말씀드리겠습니다.

먼저, 저희 활동의 기본 방향에 대하여 말씀드리겠습니다.

1. 2011년 저희의 활동은 이 활동에 참가한 개인들의 사익 추구를 위한 사적인 행위가 아니라 사학비리를 청산하고 대학 민주화를 이루어 우리 대학교를 대학다운 대학으로 만들어야 한다는 공익적 목적을 실현하기 위한 공익 활동이라는 관점에서 이루어진 것입니다.

2. 저희들은 사학비리를 자행하고 아무런 반성도 없이 학교를 다시 장악하려고 혈안이 되어 있는 김문기 구재단을 비판하는 동시에 대학의 상황에 대한 면밀한 고려가 없이 무리하게 정관 개정을 강행하는 이사회를 비판했지만, 이러한 활동은 '비판을 위한 비판'이 아니라 '대학상황의 개선을 위한 정당한 문제제기'의 성격을 갖는 것이었으며, 대화와 타협이 가능한 시점에서는 언제든지 대화한다는 생각으로 이 활동에 임했습니다.

3. 무리한 정관 개정 강행에서 비롯된 갈등 과정에서 저희들은 이사회 업무를 방해하겠다는 의도를 가지고 활동한 것이 아니며 이 활동을 수행하는 과정에

서도 이사회 업무를 방해하지 않으려고 노력했고 최대한 이사회 업무에 협조하고자 했습니다. 저희들의 이러한 취지는 이사회 회의 장소에 참가하여 활동한 방식과 저희들의 발언을 통해서 반복적으로 표현되었습니다.

4. 저희들은 이 활동을 수행하는 방식으로 폭력을 행사하거나 폭력에 준하는 폭언을 하는 등의 물리력을 행사해서는 안 된다는 확고한 생각을 가지고 있었으며 실제로 현장에서도 가장 평화적이고 토론지향적인 방식으로 저희들의 의견을 개진하였습니다. 특히 이사회 참석 당시 여러 학생들이 참석한 것은 물리력을 사용하거나 다중의 위력을 시위하기 위한 것이 아니라 각 단과대학을 대표하는 학생대표자들의 공론을 이사회에 입증하기 위한 것이었습니다.

5. 저희들은 이 활동을 수행하는 과정에서 이사회 소속의 이사든 구재단 소속의 인사든 누구를 막론하고 인신공격을 하거나 개인의 명예를 훼손할 목적으로 활동하지 않았습니다. 저희들은 최대한 감정을 자제하고 이성적으로 활동하였으며 가르치는 교수와 배우는 학생의 입장에서 저희들의 주장을 정당하게 개진하는 데 진력하였습니다.

다음으로, 저희 활동의 성격과 효과에 대하여 말씀드리겠습니다.

1. 초기에 이사장과 일부 이사들은 저희들의 활동을 '과거의 기억에 매몰된' 잘못된 행동으로 간주하면서 비판하는 태도를 보이기도 했습니다. 그러나 시간이 흘러 상지대학교의 역사적 상황과 김문기 구재단의 실체를 파악한 이후에는 저희 활동의 정당성과 불가피성에 대하여 다시 생각하게 되었습니다. 그 결과 지금은 상지대학교의 민주화를 위해서는 물론이거니와 상지대학교의 최소한의 안정적 운영을 위해서라도 학내자치기구의 활동이 필요하다는 생각에 이르게 되었으며, 이러한 관점에서 상호 추구하는 바 목표의 상이함에도 불구하고 서로를 이해하고 가능한 범위에서 소통하고 협력하는 관계로 진전되었습니다.

2. 2011년 이사회의 무리한 정관 개정 시도에 대한 저희들의 문제제기는 당시 정관 개정이 최소한의 수준으로 제한되도록 하는 방어막 역할을 했고, 그 이후 이사회가 더 이상의 추가적인 정관 개정을 강행하지 않는 학내 기반이 되었으며, 그 결과는 오늘에 이르러 구성원들이 이사장 및 이사회와 필요 최소한의 신뢰를 바탕으로 소통할 수 있는 기반이 되었습니다. 하나의 가정이지만, 만약 그 시점에서 상정된 모든 정관 개정안이 통과되고 물리적 충돌이 발생하였더라면 구성원과 이사회 사이에는 회복할 수 없는 대립 감정이 형성되었을 것입니다.

3. 상지대학교는 지난 8월 29일 교육부에 의해 2014년도 정부재정지원 제한대학으로 선정되는 커다란 시련에 직면하게 되었습니다. 정부재정지원 제한대학은 재학생 충원율, 전임교원 확보율, 교육비 환원율, 학사 관리, 장학금 지급률, 학생 취업률, 등록금 부담 완화, 법인 지표 등 8가지 지표를 기준으로 선정되는데 전임교원 확보율과 법인 지표, 학생 취업률의 세 가지 지표가 결정적인 작용을 했습니다. 이 세 가지 지표 중에서 전국 최하위 수준으로 뒤처진 전임교원 확보율은 구재단의 반대로 교원 신규임용이 제한된 결과가 현실화된 것이며 법인 지표 역시 최하위 수준이었습니다. 이러한 상황은 김문기 구재단의 복귀가 상지대학교의 발전에 장애물로 작용하고 있다는 엄연한 증거라 할 수 있는 것입니다.

4. 지난 7월 11일 사학분쟁조정위원회는 자신의 운영 내규인 '정상화 심의 원칙'을 수정하여 "비리 등으로 학교 경영에 중대·명백한 장애를 발생하게 하거나 파렴치 범죄, 반인륜 범죄, 강력 범죄 등의 범죄를 범한 종전이사는 비리의 정도 및 정상화를 위한 노력 등을 고려하여 정이사 추천권을 전부 또는 일부 제한"한다는 조항을 신설하였습니다. 지난 6년간 비리재단의 복귀를 앞장서 실천해온 사학분쟁조정위원회가 이 조항을 신설한 것은 비리재단의 무분별한 복귀로 인한 학내분규가 학교의 안정화에 도움이 되지 못하고 있다는 현실 판단에 근거한 것입니다.

5. 지난 9월 12일 대법원은 세종대 정상화와 관련된 판결에서 비리 주범 주명건에게 세종대를 돌려준 사학분쟁조정위원회의 결정이 세종대 설립 및 운영과 관련된 상황을 정확하게 파악하지 못한 결과라고 판시하면서 이 사건을 서울고등법원으로 파기환송하였습니다. 아직 최종 판결이 나오지 않은 상태지만, 이 사건은 임시이사가 파견된 모든 학교를 예외 없이 구재단 종전이사에게 되돌려준 사학분쟁조정위원회의 결정에 최초로 사법적 제동이 걸렸다는 의미를 가지고 있습니다.

이제 제출된 진술문의 말미에 기록된 내용을 다시 상기하면서 저의 진술을 마무리하고자 합니다.

오늘 이 자리에는 출석하지 않았지만 이 법정에 두 명의 젊은 학생이 저희와 함께하고 있습니다. 젊음과 열정을 가지고 배움의 길에 나선 이 학생들은 한편으로는 사학비리를 바로잡고 상지대학교의 역사를 바로 세워야 한다는 정의감으로, 다른 한편으로는 전체 학생들의 대표자로서 짊어질 수밖에 없는 책임감으로 비상대책위원회 활동에 참여했을 것으로 생각합니다. 모교가 사학비리로 고통을 받는 상황에서 4년 이상 자기를 직접 가르쳐온 교수들이 사학비리 투쟁에 앞장선 상황도 학생들에게 적지 않게 영향을 끼쳤을 것입니다.

이런 점에서 가정교육에서 부모와 자식의 관계가 그러한 것처럼 대학 교육의 현장에서 발생한 젊은 제자의 허물은 교수에게 책임이 있는 것이며 마땅히 스승인 교수가 그 책임의 전부를 감당해야 할 것으로 생각합니다. 더구나 이들은 올해 초 학교를 졸업하고 사회에 진출하여 이제 막 새내기 사회인으로서 자신의 삶을 개척해 나가야 하는 힘겨운 상황에 직면해 있습니다. 저희들로서는 검찰의 공소사실이 모두 무죄로 판명나리라는 소망을 가지고 있지만, 만일 재판장님께서 혹여 그중 일부라도 유죄라고 판단하시는 경우에라도 이 모든 상황을 감안하시어 이들이 과거의 힘들었던 기억을 잊고 사회인으로서 첫발을 내딛은 사회생활에 잘 적응하는 동시에 전도유망한 젊은이로서 앞으로 우리 사회의 발전에 크게 기여할 수 있도록 배려하고 선처해주실 것을 특별히 당부 말씀드립니다.

　존경하는 재판장님

　2007년 상지대 대법원 판결과 사학분쟁조정위원회 발족을 계기로 지난 5년간 상지대학교 구성원들은 한편으로는 어려운 조건에서 오랜 세월에 걸쳐 이룩한 대학 민주화의 성과를 지키기 위해서 또 한편으로는 위기에 처한 대학을 바로 세우기 위해서 길고도 고통스러운 역사를 써오고 있습니다. 터널 속으로 들어가 아직은 그 끝을 보여주지 않는 고통의 역사를 얼마나 더 길게 써야 할지 알 수 없습니다. 우리 교육을 갉아먹고 있는 사학비리의 재단 앞에 얼마나 더 많은 피와 땀과 눈물을 바쳐야 이 불의한 현실이 개선될 수 있을지 암담하기만 합니다. 그러나 현실이 어렵다고 낙담할 수만은 없을 것입니다.

　러시아의 대문호 톨스토이는 "신은 진실을 알고 있다. 다만 때를 기다릴 뿐이다(God sees the truth, but waits)"라는 말을 남겼습니다. 진실이 존재한다는 믿음과 언젠가는 진실이 세상에 그 모습을 드러낼 것이라는 강렬한 믿음이 그의 말을 뒷받침해줍니다. 그때까지 기다려야 할 것입니다. 격동의 프랑스 대혁명기를 온몸으로 경험한 뒤마는 한 많은 프랑스를 떠나는 에드몽 당테스의 입을 빌려 이렇게 외쳤습니다. "신이 인간에게 미래를 밝혀줄 그날까지 인간의 모든 지혜는 오직 다음 두 마디에 있다는 것을 잊지 말길 바란다. '기다려라, 그리고 희망을 가져라'(Until the day when God shall design to reveal the future to man, all human wisdom is summed up in these two words, 'Wait and hope')."

　살아 있음이 곧 삶이고 생존 자체가 희망이라면 진실의 존재를 부정할 이유가 없을 것이며 어느 날 우연히도 그러나 필연적으로 진실과 마주할 것이라는 믿음을 저버릴 이유가 없을 것입니다. 바로 그러한 믿음 때문에 오늘 이 자리가 역사의 법정이고 정의의 법정일 것이라는 소박한 희망을 가지고 이 자리에 섰습니다. 모든 고난을 과거로 돌리고 미래의 희망을 간구하는 미래지향적인 자세로 이 자리에 섰습니다. 그리고 우리가 바라는 그 모든 것이 당장 이루어지지 못한다고 할지라도 혼탁한 진흙 속에서 한 송이 아름다운 꽃을 피우듯 스스로의 노력을 다하고 하늘의 처분을 기다리는 진인사대천명(盡人事待天命)의 마음으로 학교가 학교답게 되고 교육이 교육답게 될 미래의 그날을 생각하며 이 자리를 나설 것입니다.

존경하는 재판장님

상지대학교 구성원들은 지난 30년간 사학비리로 말할 수 없는 고통을 겪었습니다. 겨우 대학 민주화를 이루었다고 생각했지만 다시 구재단의 복귀로 그 고통이 재연되고 있습니다. 설상가상으로 정부재정지원제한대학에 선정되어 이중삼중의 고통을 감내해야 할 상황입니다. 인간이 감내할 수 있는 고통의 한계가 어디까지인지는 알 수 없지만, 오늘 상지대학교가 처한 현실이 불원간 개선될 수 있도록, 이것을 위하여 상지대학교 구성원들이 다시 한번 대학 민주화와 대학 발전을 위해 심기일전하여 지혜를 모을 수 있도록 현명한 판단을 내려주실 것을 간곡하게 요청드립니다.

감사합니다.

2013년 10월 1일
피고인들을 대신하여 정대화

상지대를 정상화하는 세 가지 길

/

사학비리의 몰락과 상지대 정상화의 경로

2016년 6월 28일 국회 교육문화체육관광위원회 전체회의에서 의원들은 한결같은 목소리로 상지대 사태의 해결을 촉구했다. 이 자리에서 29명의 교문위원 중 일곱 명의 야당 의원들이 교육부 장관을 상대로 상지대 사태를 해결할 수 있는 여러 해법을 제시하면서 장관의 분발을 당부했다. 노웅래 의원은 상지대 사태가 23년 된 오랜 현안이라는 점을 들어 조속한 해결을 촉구했다. '23년'은 1993년 김문기가 구속되면서 상지대에서 물러난 이후 지금까지의 햇수를 말한다. 그때 김문기가 물러났는데 왜 아직까지도 상지대 사태가 해결되지 않았냐는 질책의 의미를 담고 있다.

그렇다. 상지대, 참으로 오래된 화두이다. 사학의 모든 문제가 상지대로 통한다. 상지대 문제는 사학문제의 가장 극단적인 사례이고, 사학비리의 최고 전형이며, 사학문제의 처음이자 끝이다. 그렇다면 질문해보자. 한 세대가 더 지나도록 상지대 문제가 해결되지 않는 이유를 어떻게 설명할 수 있을까? 세 가지 관점에서 설명이 가능하다.

첫째, 우리 사학의 본질적인 부패성 때문이다. 사학비리를 중심으로 한 사학문제는 우연히 발생하는 예외적인 일탈 현상이 아니라 사학에 만연한 부패에서 비롯된 것이다. 사학비리가 상지대만의 문제가 아니라는 말이다. 둘째, 사학비리를 감싸면서 사학비리와 공생하는 권학유착의 부패구조 때문이다. 권력이 사학비리를 비호하고 비리재단과 공생관계를 구축하고 있기 때문에 사학문제가 해결되지 않는다. 달리 말해서 권력이 사학의 뒷배가 되어 사학비리를 비호한다는 설명이다. 셋째, 사학을 중심으로 구조화된 우리 사회의 전방위적인 부패구조 때문이다. 단순히 사학비리가 문제가 아니라 사학이 정치와 언론, 종교, 재벌, 토호 등 사회의 모든 기득권과 복잡하게 얽혀 기득권 부패구조를 형성하고 있기 때문에 해결이 어렵다는 설명이다. 우리 사회의 온갖 부패구조가 사학과 결합되어 있는 것이 현실이다.

이 세 가지 설명은 모두 정답이다. 그러나 이는 모든 사학에 해당하는 일반적인 설명이지 상지대에 대한 것은 아니다. 상지대를 설명하기 위해서는 이 세 가지 조건이 김문기라는 특별한 인물과 극적으로 연결되어야 한다.

부동산 재벌급 부자에, 3선을 역임한 정치인이고, 폭넓은 기득권 네트워크를 가진 인물인 그는 자수성가한 사람의 고집과 집요함으로 상지대 사태를 여기까지 끌고 왔다. 그중에서도 소유권에 대한 최고도의 집착과 외골수의 자기중심적인 행동 양식이 지금의 상지대 사태를 만든 주된 원인이다. '상지대는 내 것이니 나 외에 누구도 건드리면 안 된다'는 확고한 신념체계가 '상지대는 내 영혼과 같다'는 철학으로 표현되어, 그의 영혼을 건드리는 사람에 대해서는 일체의 용서가 허용되지 않는 것이다. 여기에 3선 의원의 관록에서 비롯된 정치적 자원이 든든한 버팀목이 되어주었다. 김문기의 영원한 멘토라고 불러도 좋을 민관식 전 문교부 장관, 상지대 교수 출신으로 국회 교육위원장을 지냈던 함종한 전 의원, 평민당 국회의원으로 김문기의 사돈인 조찬형 전 의원과 같은 사람들은 김문기와 특별한 관계를 유지했다.

그렇다. 김문기는 확실히 대단한 사람이다. 그 대단함으로 여기까지 왔다. 그러나 이 진단은 옛날 호랑이 양담배 먹던 시절의 지나간 이야기에 불과하다. 정권이 뒷배가 되고 정치권이 힘을 빌려주던 시절은 이미 지나갔다. 모영기 같은 이가 있어 교육부가 뒤를 봐주던 시절도 아니다. 검찰이 죄를 덮어주고 사법부가 형량을 감해줄 상황도 아니다. 김문기를 지지해주는 충량한 단체가 있는 것도 아니다. 언론이야 더 말할 필요도 없다. ≪조선일보≫, ≪중앙일보≫, ≪동아일보≫가 상지대 사태를 보도하지 않는 것만으로도 감지덕지할 일이다.

국회는 연일 상지대 사태를 현안으로 다루고 있다. 교육부는 상지대 특별감사를 결정했다. 서울고등법원은 대법원 파기환송심에서 2010년 사분위가 의결한 상지대 정상화를 불법으로 판결했다. 중앙 언론은 하루도 거르지 않고 상지대 기사를 쏟아내면서 김문기를 비판하고 있다. 이것이 호랑이가 담배를 끊은 지금의 현실이다. 그렇다면 이 상황에서 상지대 사태를 해결하는 데는 어떤 길이 있을까?

이 질문은 상지대에 관한 것이지만 조금만 변용하면 모든 사학에 적용 가능한 질문이다. 사학분규의 양상이 다르고 재단의 상태가 다르고 이에 대한 구성원들의 대응 방법이 제각기 다르지만, 그 차이에도 불구하고 사학문제를 처리하는 방식에는 일정한 공통점이 있다. 먼저 상지대가 처한 현 상황에서 해결 방법이 무엇인지 찾아보자. 역시 세 가지 길이 있다.

첫째, 사법부가 결정하는 방법이다. 대법원에서 서울고등법원으로 파기환송된 사건에서 재판부는 2010년의 상지대 정이사 선임이 위법하다고 했다. 교육부와 사분위가 정이사 선임을 불법으로 했다는 뜻이다. 교육부가 대법원에 상고해 확정이 일시 지연되기는 했지만 파기환송 전에 이미 대법원에서 개방이사제를 적용하지 않은 정이사 선임은 위법하다고 판시한 상황이므로 확정판결은 시간문제일 뿐이다. 다만, 대법원이 언제 확정하느냐만 남았다.

상지대를 정상화하는 세 가지 방법

결정권사	항목	조치할 사항
사법부	서울고등법원 파기환송심	2010년 사분위 정상화 취소 판결 대법원에서 최종적으로 확정판결 예정
교육부	김문기 해임 소송 처리	교육부의 징계 요구에 대한 불응으로 간주해 임원취임의 승인을 취소하면 됨
교육부	상지대 특별감사	특별감사로 이사회의 비위 사실 적발해 조치

둘째, 교육부가 김문기 해임 사건을 근거로 상지대 이사들을 해임하는 방법이다. 교육부가 상지학원에 김문기 해임을 요구했지만 김문기는 해임되지 않고 있다. 서울고등법원 춘천재판부에서 김문기가 승소한 것이 그 증거이다. 이것 역시 교육부와 상지학원이 상고해 확정이 지연되고 있지만 대법원 판결이 달라질 가능성은 거의 없고, 2심 판결만으로도 상지학원이 교육부의 해임 요구에 불응한 것은 명백하다. 사립학교법에 학교가 교육부의 해임 요구에 불응하면 임원취임승인을 취소하도록 되어 있다. 지금이라도 교육부가 상지대 이사들을 해임하면 끝난다.

셋째, 교육부가 특별감사를 통해 상지대 이사들을 해임하는 방법도 있다. 조만간 상지대에 대한 교육부의 특별감사가 시작된다. 그냥 하는 정례적인 감사가 아니라 상지대 구성원의 청구와 국회의 요구에 따른 특별감사이다. 2014년 특별감사에서는 김문기를 해임했지만 지금 김문기가 없는 상황에서 교육부가 무엇을 할 수 있을까? 과녁은 이사회를 겨냥하고 있다. 이사들을 해임해야 할 이유는 지천으로 널려 있다. 이런 상황에서도 이사를 해임하지 못한다면 교육부는 스스로 해체하거나 교육부 간부들 모두가 사표를 쓰는 편이 나을 것이다.

지금까지의 상황과 관련 법리를 판단할 때 세 가지 모두 적용 가능한 상태이다. 교육부는 이 세 가지 방법 중에서 한 가지만 선택하면 되고, 이것으로 상지대 사태는 즉시 해결된다. 복수의 사유로 이사를 해임하는 방법도

서울고등법원 파기환송심 선거 이후 준비 중인 소송

단기 조치	조치 내용
이사선임무효확인 소송	2010년 정이사 선임의 취소를 근거로 현 이사들의 선임이 권한 없는 자에 의한 선임이므로 당연 무효라는 소송을 제기
이사직무집행정지 가처분	이사선임무효확인 소송을 전제로 장차 이사선임이 무효가 될 이사들을 상대로 이사들의 직무집행정지를 요구

있다. 이제 공은 교육부에 넘어갔다. 상황이 무르익었고 교육부가 할 수 있는 선택의 폭도 상당히 넓어졌다.

그러나 교육부가 우리 마음 같지 않다는 것은 알고 있다. 청와대, 새누리당, 사학재단의 요구에서 자유롭지 못하다는 사실도 잘 알고 있다. 그렇다고 교육부를 이해할 생각은 없고 마냥 교육부의 결정만을 기다리고 있을 수도 없다. 어느 정도는 교육부의 속성과 한계를 알기 때문이고, 더 중요하게는 사법부의 확정판결이나 교육부의 결정을 기다릴 만큼 상지대 상황이 여유롭지 않기 때문이다. 그래서 단기 해법이 절실하다.

먼저 서울고등법원 파기환송심에서 승소한 것을 근거로, 즉 2010년 상지대 정이사 선임이 무효라는 것을 근거로 현 이사들에 대한 이사선임무효확인 소송을 제기하는 방법이 있다. 현 이사들을 선임한 것이 2010년 정이사들인데 이들의 선임이 서울고등법원에 의해 취소되었으니 현 이사들은 권한 없는 자에 의해 선임된 불법 이사임에 분명하다.

이어서 이 소송이 진행되는 과정에서 이사직무집행정지 가처분 소송을 제기할 수 있다. 대법원에서 2010년 정이사 선임이 취소되면 현 이사들 역시 무효가 될 수밖에 없는 상황에서, 장차 무효가 될 이사들이 부당한 방법으로 학교 업무를 수행하는 것은 장래에 회복할 수 없는 손해를 초래할 가능성이 매우 높다. 따라서 이들의 직무를 정지시키는 것이 미래의 불확실성을 제거하는 가장 확실한 방법이다. 지난 6년간 이들이 민법 제61조에 규정된 이사의 선관의무(제61조 이사는 선량한 관리자의 주의로 그 직무를 행해야 한다)를 정면으로 거부해 내학을 파탄에 빠뜨린 사실은 이미 드러났다. 그 연장선상에서 이들이 앞으로 선량한 관리자로서 학교 업무를 수행할 것이라는 보장이 털끝만큼도 없으므로 직무집행정지는 당연한 조치이다. 이 두 가지 조치는 사법부가 할 수 있는 일이므로 우리가 사법부에 요구해야 한다.

그러나 앞에서 언급한 임원취임승인 취소는 교육부가 취할 수 있는 단기 해법이기도 하다. 더구나 교육부는 임원직무집행정지라는 강력한 단기 해법도 가지고 있다. 교육부의 김문기 해임 요구가 위장해임과 사기 재판으로 이어진 만큼 해임 요구는 무산된 것으로 보아야 한다. 사립학교법 제20조의2에 의하면 이사회가 교육부의 총장 해임 요구에 불응할 경우 임원취임의 승인 취소가 가능하다. 또한 사립학교법 제20조의3에 의하면 임원취임승인 취소를 위한 감사가 진행 중이거나 교육부의 시정 요구 기간에 학교 운영상 예상되는 손해를 방지하기 위해 임원의 직무집행을 정지할 수 있다.

특히 임원의 직무집행정지는 매우 현실적인 방안이다. 임원 간 분쟁, 회계부정, 현저한 부당 등으로 학교에 중대한 장애를 야기한 경우와 총장 해임 요구에 불응할 경우에 임원취임의 승인을 취소할 수 있고 이것을 전제로 감사가 진행될 경우 임원의 직무집행정지가 가능하다. 현재의 상지학원 이사회는 이 조항에 정확하게 부합한다. 곧 교육부 특별감사가 시작되니 직무집행정지 여부는 조만간 결정될 것이다. 우리가 사법적 대책으로 추진하는 이사직무정지 가처분 소송 역시 교육부의 선택에 작용할 것이다.

여기까지가 교육부와 사법부가 할 일이다. 사법부는 현재 기대 이상으로 자기 역할을 수행하고 있다. 2007년 상지대 대법원 판결이 현 상황의 단초를 만들었다는 점에서는 매우 유감스럽지만 그 후 정권이 제 역할을 포기한 상황에서 사법부가 부분적으로 사학 민주화의 보루 역할을 맡아주고 있다. 더구나 헌법재판소가 사립학교법 관련 일련의 위헌 소송을 통해 2007년 상

| 수업이 박탈된 정대화 교수의 길거리 강의 |

지대 대법원 판결을 사실상 폐기하는 수준의 결정을 내린 바 있다.

　그러나 교육부는 여전히 사학비리 무풍지대이다. 사학비리가 아무리 기승을 부려도 좀처럼 움직이지 않는다는 뜻이다. 비리재단이 속속 복귀할 때는 사분위의 박수부대로 전락하기도 했다. 따라서 현시점에서 교육부의 능동적인 자세를 요구하는 것까지는 무리한 일이다. 이런 점에서 국회가 교육부를 견인하는 것은 불가피하다.

　다행스럽게도 20대 국회가 야당이 주도하는 여소야대의 상황이고 야당들이 사학비리 척결을 강하게 주문하고 있는 상황이므로 국회의 역할이 과거 어느 때보다도 기대된다. 국회가 직접적인 정책 결정을 하지는 않지만 정부가 필요한 결정을 하도록 압박하고 견인한다는 점에서는 매우 중요하다. 특히 국회가 상지대 청문회나 사학 청문회와 같은 청문회 방식으로 사학비리 실태를 밝히고 해결 방안을 제시한다면, 여소야대 아래에서 교육부가 국회의 요구를 외면하기는 어려운 상황이다.

　다른 측면에서 당사자인 구성원의 역할을 살펴보자. 교육부, 사법부, 국회의 권한과 역할이 크다고 해서 외부 의존적인 방식으로 교육 문제를 해결할 수는 없다. 이런 점에서 교육의 주체이자 사학문제의 당사자인 구성원들의 역할이 전제되지 않고서는 문제 해결을 기대하기 어렵다. 이것을 상지대 사례로 살펴보자.

상지대의 경우 사학비리를 가장 오랫동안 집요하게 부각시켜온 사례에 해당한다. 상지대는 가장 전형적인 사학비리 유형으로 간주되어 김문기가 퇴출되었고, 그 후 임시이사체제하에서 대학 민주화를 매우 성공적으로 실현한 사례로 평가되고 있다. 또한 김문기의 집요한 도전으로 대학 민주화체제가 붕괴된 경우로서 그 붕괴의 출발점인 2007년 상지대 대법원 판결을 제공한 사례로도 유명하다. 그러나 여기까지는 과거지사일 뿐이다. 상지대를 상징적인 대학으로 만든 것은 최근의 상황이다.

사분위가 발족해 활동하기 시작한 이후 상지대는 사분위의 잘못된 정상화 음모에 맞서 가장 치열하게 저항한 대학으로 손꼽힌다. 2010년 상지대 정상화 당시에 보여준 상지대 구성원들의 저항은 거의 전설적인 수준이었다. 더구나 상지대는 2010년 사분위 정상화 이후 지금까지 6년 동안 김문기 구재단에 대한 저항의 끈을 놓은 적이 없다. 김문기 구재단이 이사회를 완전히 장악하고 급기야 김문기가 총장으로 복귀하자 이에 반대하는 상지대 구성원들의 저항이 일반 국민들의 예상을 뛰어넘는 수준으로 전개되었다.

이 투쟁은 상당한 성과를 거두었다. 먼저, 김문기를 총장직에서 해임시켰다. 대법원 판결로 대학 구성원이 재단 문제에 소송을 제기할 수 있는 원고 자격을 획득하는 쾌거를 얻어냈다. 2010년 사분위에 의한 상지대 정상화가 무효라는 서울고등법원 판결을 얻어냈다. 이 과정에서 1년 반 만에 교육부 특별감사를 연거푸 이끌어냈다. 김문기를 국회 청문회에 두 차례나 세웠다. 김문기 해임, 재단 문제에 대한 구성원의 소송 자격 획득, 사분위 정상화 취소 판결, 두 차례의 교육부 특별감사, 두 차례의 국회 청문회 모두 국회, 교육부, 사법부가 한 것이지만 그것을 가능하게 한 것은 상지대 구성원들의 지속적인 투쟁이었다.

상지대 구성원들이 이렇게 투쟁하는 이유를 어떻게 설명할 수 있을까? 무엇보다도 김문기의 존재가 투쟁의 근원이다. 구성원에 대한 무차별적인 탄압과 대학운영에 대한 거침없는 전횡은 저항의 기폭제로 작용했다. 물론 이 설명에는 반론이 가능하다. 가혹한 탄압이 구성원의 침묵을 강요하는 현실과 배치되기 때문이다. 그래서 상지대의 경우에는 두 가지 보완 설명이 필요하다.

하나는 상지대가 1980년대 중반 이후 대학 민주화의 정신을 단절 없이 이어왔고, 2000년을 전후한 시기에 대학 민주화의 성공을 실현시킨 경험이 있어 대학 민주화에 대한 열망이 유달리 강하다는 점이다. 또 하나는 김문기의 탄압에 저항하면서 대학 민주화의 불씨를 살려낸 교수사회의 집단적 리더십이 존재했고 그 리더십에 특별한 균열이 발생하지 않았기 때문이다. 이 집단적 리더십이 대학 민주화에 대한 열망에 불을 지펴 구성원들이 김문기의 가혹한 탄압에 맞서도록 하는 원동력으로 작용했다. 대학의 교수사회를 아는 사람들에게는 이 설명이 새롭게 다가올 것이다.

이 대목은 비단 대학사회뿐만 아니라 모든 사회적 활동을 관통하는 중요한 교훈을 제공한다. 사회과학적으로 설명하면 깨어 있는 대중과 헌신하는 지도자가 결합된 것이다. 기름 없이는 불 자체를 기대할 수 없지만 아무리 기름의 바다라고 해도 성냥 없이 불을 붙일 수 없는 것처럼, 깨어 있는 대중 없이는 저항을 기대할 수 없지만 그 대중을 일어나게 하고 하나의 힘으로 조직되어 움직이게 하는 리더십 없이는 성공적인 저항을 기대할 수 없는 것과 같다. 깨어 있는 대중 못지않게 중요한 것은 조직된 대중이다. 도덕적 정의감만큼이나 중요한 것은 승리에 대한 확신이다. 깨어 있는 대중, 조직된 대중, 승리를 확신하는 대중이 역사를 변화시킨다. 이러한 사실을 대중에게 제공하고 대중을 조직해야 운동이 성공하는데, 리더십이 이 역할을 담당한다.

최근 들어 상지대가 매우 적극적으로 움직이게 된 데는 또 다른 사정이 있다. 대학 민주화 운동의 환경이 근본적으로 달라졌기 때문이다. 과거에는 대학 민주화라는 단일 목표에 집중하면 되었지만 지금은 대학 대란의 여파로 대학의 생존 자체가 문제되는 상황이 되었다. 상지대의 경우 구재단 복귀 이후 2013년 정부재정지원 제한대학 선정, 2015년 대학구조개혁평가 D- 등급, 지방대학 특성화 사업 취소, 2016년 대학입시 실패 등 연이은 패착으로 대학의 생존 자체가 위협받는 상황에 처했다. 따라서 현재의 파행적 상황을 조속히 해결해 대학 발전을 위한 새로운 반전을 추진해야 하는 상황에 직면했고, 이러한 상황에 구성원들이 한마음으로 동의하고 있기 때문이다.

이제 상지대 사태는 매우 구체적인 초읽기 상황으로 접어들었다. 특별감사가 시작되었으니 교육부는 선택을 해야 한다. 국회도 감사 과정을 예의주시할 것이다. 상지대 구성원들도 감사 과정을 구경만 하고 있지는 않을 것이다. 결론은 이사회와 대학 본부의 교체로 귀결되고 책임질 인사는 책임지는 국면으로 전개될 것이다. 물론 이 과정은 교육부, 국회, 사법부, 상지대 구성원이라는 네 힘이 앞서거니 뒤서거니 개입하고 작용하고 상호 협력하면서 진행될 것이므로 상당히 복잡한 양상을 보일 것이다. 이 과정을 따라가면서 결론을 전망해보고 하나의 상징적인 사학비리가 몰락하는 최후의 광경을 지켜보는 것도 흥미로운 경험이 될 것이다.

≪프레시안≫, 2016년 7월 31일

상지대 사태, 교육부가 할 일

상지대, 이 세 글자는 많은 사람들의 기억 속에 여러 모습으로 각인되어 있다. 김문기 씨가 과거 저지른 사학비리, 김문기 씨 퇴출 후 상징적인 민주대학으로의 발전, 김문기 씨 복귀 후 최근의 심각한 분규 상황 등이 기억의 주된 내용이다. 상지대는 사학비리와 맞서 40년간 싸웠고 이제 상황을 종료할 시점에 이르렀다.

지난 6월23일 서울고등법원은 2010년의 상지대 정이사 선임을 취소하는 역사적인 판결을 내렸다. 사학분쟁조정위원회가 사립학교법을 위반해 개방이사를 배제하는 등 제멋대로 정이사를 선임한 상지대 정상화가 무효라고 판결한 것이다. 이 판결로 7년을 끌어온 상지대 사태는 끝을 보게 되었고 김문기 구재단은 다시 쫓겨나게 되었다.

김문기 비리재단의 퇴출은 사필귀정의 당연지사지만 교육부와 사학분쟁조정위원회가 고의로 법을 어기면서 정이사를 선임하는 불법을 저질렀음이 사법부에 의해 공식적으로 확인되었다는 사실과, 이로 인해 상지대가 지난 7년간 이루 헤아릴 수 없는 고통을 겪었다는 사실은 기억되어야 한다. 그러므로 이제 교육부가 책임지고 사태를 수습해야 한다. 지금 이 시점에서 교육부가 해야 할 일은 네 가지다.

첫째, 대법원 상고를 포기하고 재판을 즉시 종결지어야 한다. 이미 대법원에서 파기환송된 사건이고 서울고등법원의 판결은 파기환송 전 대법원의 판결을 그대로 인용한 것인 데다 사학분쟁조정위원회의 위법성이 명백하게 드러났기 때문에 무의미한 상고로 시간과 비용을 낭비하면서 상지대의 고통을 다시금 연장할 이유가 없다.

둘째, 감사 결과 총장에서 해임되었던 김문기 씨가 또 다른 소송을 통해 복귀가 임박한 것은 교육부의 징계 요구에 대한 불응에 해당하므로 즉시 이사 해임 절차를 진행해야 한다. 이사회는 처음부터 지금까지 김문기 씨 해임 거부, 징계 절차를 무시한 위장해임, 원고와 피고가 담합한 청구인낙의 사기 재판 등 온갖 기괴한 방식으로 교육부를 기망하면서 징계 요구에 정면으로 불응했다.

셋째, 7년째 분규를 겪고 있는 상지대 사태를 해결하기 위해 즉시 특별감사를 실시한 후 임시이사를 파견해야 한다. 상지대와 원주, 국회에서도 감사 요구가 빗발치고 있다. 상지대 정상화의 위법성이 확인됐고, 이사들이 교육부의 징계 요구에 거듭 불응하는 상황인 데다, 이들 이사가 학교를 파행으로 몰아넣은 정황이 백일하에 드러난 이상 교육부가 임시이사 파견을 머뭇거릴 이유가 없다.

넷째, 장기 분규로 대학행정이 파행 상태에 빠졌고 상지대가 폐교 직전의 위기 상황으로 내몰렸다는 점을 감안해 이사 해임이나 임시이사 파견에 앞서 이사들의 직무를 먼저 정지시켜야 한다. 이러한 긴급조치 없이는 구재단 이사들의 막바지 발악을 막을 수 없고 나빠질 대로 나빠진 상지대 상황을 수습하기도 어렵다.

국회의 역할도 중요하다. 국회는 교육부의 신속한 조치를 촉구하는 동시에 불법 정상화를 주도한 사학분쟁조정위원회에 대한 진상조사 등 처리 방안을 마련해야 할 것이다. 사학분쟁을 조정해야 할 기구가 권력에 편승해 불법적인 정상화로 비리재단을 복귀시키고 수많은 학교를 분규로 몰아넣은 죄상을 낱낱이 규명해 책임을 묻는 것은 국회의 책무이다. 더구나 불법 정상화에 대해 사분위원으로서 가장 무겁게 책임져야 할 강민구 부산지방법원장이 다시 대법관 후보로 거론되는 것은 온당치 않다는 점을 명확히 해야 한다.

상황이 명료한 만큼 교육부가 좌고우면하면 안 된다. 사태 수습은 빠를수록 좋고 손해에 대한 배상은 충분할수록 좋다. 교육부로서는 별반 어려운 일도 아닌데 지난 잘못을 은폐하기 위해 우물쭈물하거나 또 다른 잘못을 저지른다면 교육부의 존재 자체가 문제가 될 것이다.

≪경향신문≫, 2016년 6월 26일

상지대 사태, 마지막 국면에 이르다

/

2016년 교육부 특별종합감사 데자뷔

상지대는 상징적이다. 사학비리와 사학 민주화 도정에서 상지대의 상징성은 다음 세 가지로 구성된다. 김문기 자체의 상징성, 김문기가 저지른 사학비리와 무한 탄압의 상징성, 상지대 구성원들의 지속적인 투쟁의 상징성. 과거에는 상지대가 김문기와 사학비리로 상징적이었다면 지금은 상황이 바뀌어 김문기에 맞선 구성원들의 투쟁으로 상징성을 갖게 되었다. 이는 세 가지 측면에서 그렇다.

첫째, 상지대 구성원들의 지속적인 투쟁. 사분위에 의해 강제로 정상화된 학교는 60여 개이고 그중에서 대학이 20개 정도 되지만 정상화 이후에도 끊임없이 구재단의 사학비리에 저항한 대학은 상지대를 포함한 몇몇 대학들뿐이다. 상지대는 2010년 강제 정상화 과정에서 명불허전의 강력한 투쟁력을 보여주었을 뿐만 아니라 그 후 지금까지 6년 동안 단 하루도 쉬지 않고 불굴의 의지로 김문기 구재단에 맞서 싸우고 있다.

둘째, 상지대 구성원들의 조직적인 투쟁. 현재 대학 중에서 교수협의회, 총학생회, 노동조합의 세 주체가 단체의 이름을 걸고 사학비리에 맞서 투쟁하는 곳은 상지대 등 소수이다. 동문회도 투쟁에 참여하고 있다. 기존 동문회가 구재단 복귀 이후 투쟁 대열에서 이탈한 후에는 민주동문회가 빈자리를 메웠다. 이들 단체들이 비대위를 결성하고 하나의 힘으로 단결해 온갖 난관을 이겨내면서 앞으로 나아가고 있다.

셋째, 상지대 구성원들의 종합적이고 체계적인 투쟁. 상지대는 대학 안으로 고립되기 쉬운 투쟁을 교육부, 국회, 사법부, 언론, 시민사회로까지 확장하며 투쟁하고 있다. 교육부와는 멀지도 가깝지도 않은 거리를 유지하면서 소통했다. 국회 교육문화체육관광위원회가 열릴 때 상지대가 현안으로 보고되지 않은 때가 없었다. 2010년, 2014~2015년에는 상지대 청문회가 개최되었다. 상지대 상황은 늘 언론에 보도되었다. 원주시민사회는 물론 전국의 시민사회가 상지대 투쟁에 직간접적으로 참여하고 있다. 상지대는 최근에 사법부를 통해 두 개의 매우 중요한 판결을 이끌어냈다. 하나는 교수와 학생이 재단 문제에 관여할 수 있는 법적 자격을 가지고 있다는 2015년 대법원 판결이고, 또 하나는 2010년 사분위에 의한 상지대 정상화가 무효라는 2016년 서울고등법원의 파기환송심 판결이다. 이 두 개의 판결은 사학의 기본틀을 바꿀 수 있는 판결로 평가받고 있다.

그 상지대 민주화 투쟁이 2016년을 맞아 막바지 국면에 이르렀다. 상지대 사태의 해결에 결정적인 단서가 될 세 개의 조치가 동시에 마련되었기 때문이다. 그중 제3의 조치에 해당하는 3주간의 교육부 특별종합감사가 끝났다. 제1의 조치는 서울고등법원 파기환송심 선고이고 제2의 조치는 김문기 해임 소송에서 김문기가 승소한 서울고등법원 춘천재판부의 판결이다. 이 두 조치에 이어 교육부 특별종합감사가 시행되었다. 그러므로 파기환송심, 김문기 해임 소송, 교육부 특별종합감사의 세 가지가 올해 상지대 사태를 해결할 종합 해법이다.

제1의 조치인 서울고등법원 파기환송심은 6월 23일 우리의 승소로 끝났

| 정대화 교수의 단식농성장을 방문한 방정균 교수 |

다. 이 판결로 2010년의 상지대 정상화는 취소되었다. 비록 교육부와 구재단이 대법원에 상고했지만 확정은 시간문제이다. 제2의 조치인 김문기 해임 소송에서 김문기가 승소했기 때문에, 김문기를 해임한 상지학원 이사회는 교육부의 총장 징계 요구에 불응한 것이 되어 이사들이 해임당할 처지에 몰렸다. 상지학원과 교육부가 대법원에 상고했기 때문에 확정되지 못했지만 역시 시간문제일 뿐이다.

교육부는 2014년 11월에 상지대 특별종합감사를 실시했다. 2주 일정으로 시작했다가 일주일 연장해 12월 중순에 끝났고, 3개월 후인 2015년 3월 11일에 감사처분이 발표되었다. 그 결과 김문기는 해임되었다. 이 감사를 요구하면서 나는 윤명식 총학생회장 등 총학생회 간부 일곱 명과 함께 무기한 단식을 시작했고 감사 계획이 발표된 후 16일 만에 단식을 종료했다. 감사가 시작되자 교수들은 감사장 앞에 천막을 설치하고 감사 기간 내내 주간 농성을 했다.

두 번째 감사는 다르게 시작되었다. 우리가 먼저 5월 9일에 감사청구서를 교육부에 제출했다. 그 후 상지대 감사의 필요성이 국회에서 강력하게 제기되었고 교육부 장관이 동의했다. 그러나 교육부의 감사 일정 발표가 지연되자 총학생회장과 부총학생회장이 단식에 돌입했고 이어서 총학생회와 단과대 학생회 간부 십여 명이 원주에서 국회까지 국토순례대장정을 이어갔다. 14일간 계속된 학생들의 단식을 김명연 교수협의회 공동대표가 이어갔고 15일째가 되던 날 교육부가 감사 일정을 발표했다. 감사 시작 직전에 노동조합은 파업을 결의했고 교수들은 조를 편성해 주간 농성과 야간 철야 농성을 이어갔다. 농성장에는 김명연 교수 단식 천막을 포함해 교수, 학생, 직원이 사용하는 네 개의 천막이 설치되었다.

안팎의 상황을 비교해보면 이번 감사는 2014년 감사와 확연하게 구별된다. ① 2014년 감사가 실패로 판명된 상황에서 두 번째 감사가 시작되었다. 교육부가 부담을 갖지 않을 수 없는 상황이다, ② 2014년 감사에서는 김문기와 이사회의 더블 타깃이었지만 지금은 김문기가 해임되었기 때문에 이사회의 싱글 타깃이 되었다, ③ 여소야대라는 정치 구도와 상지대에 대한 두 야당의 높은 관심 등 정치적 환경에 변화가 발생했다, ④ 김문기와 그 아들인 김성남, 김문기의 아바타인 장광수와 조재용의 업무상 실책이 확연히 드러난 상황에서 감사가 시작되었다, ⑤ 김문기 해임과 교비 환수 등 2014년 감사처분의 주요 지적 사항이 이행되지 않은 상황이다, ⑥ 서울고등법원 파기환송심에서 우리가 승소해 2010년 정이사 선임이 무효로 판결되는 등 사법적 상황에도 변화가 있었다, ⑦ 박근혜 정권의 임기 말 상황에서 감사가 시작되었다, ⑧ 수원대, 서남대, 청주대의 분규 등 사학비리가 창궐하는 상황이다, ⑨ 단식, 국토 대장정, 철야 농성 등 구성원들의 민주화 열망이 높아진 상황에서 감사가 시작되었다, ⑩ 실패한 2014년 감사에 대한 책임을 물어 교육부 감사단이 전면 교체되었다.

이 상황에서 우리는 감사에서 반드시 다뤄야 할 주요 현안들을 정리해 감사단에 전달하면서 철저하고 성역 없는 감사를 거듭 촉구했다. 특히 임원 간 분쟁과 현저한 부당 등 이사회의 파행적 운영, 2014년 이후 110명에 달하는 교수 임용과 40여 명의 직원 채용 등 부당 인사, 구성원에 대한 무차별적인 탄압, 해임된 김문기의 대학운영 개입 등 네 가지를 핵심 쟁점으로 강조했다.

감사 중반에 '상지정신실천교수협의회'라는 급조된 어용단체가 구성원의 비리를 감사하라는 요구를 감사단에 전달했지만 그다지 중요한 일은 아니다. 김문기 체제의 하수인인 보직교수들이 중심이 되고 김문기 체제에서 특별 채용 등으로 임용된 신임 교수들이 다수 참여한 단체가 할 수 있는 일은 별로 없기 때문이다. 감사 과정에서 일부 직원은 도망 다니고, 일부 보직은 감사자료 제출을 거부하고, 일부 보직은 감사단과 다투고, 일부 인사는 확인서 작성을 거부하는 등 크고 작은 소동이 발생했는데 달라진 감사 분위기를 대변하는 풍경으로 해석되었다.

2주 예정으로 시작된 감사는 일주일을 연장해 3주 만에 끝났다. 감사 마지막 날인 8월 26일에는 감사가 제시간에 마무리되어 감사단 소속 공무원들이 서울이나 세종시로 퇴근하는 것이 정상이지만 감사받던 일부 인사들이 확인서 작성을 거부하는 통에 다음 날 새벽 2시를 넘겨서야 감사가 종료되는 진풍경이 벌어졌다. 감사 과정에서 적발된 비위 사실에 대해 확인서를 작성하든 작성하지 않든 그것은 중요한 일이 아니다. 비위 사실이 드러난 것이 중요하지 확인서가 중요한 것은 아니기 때문이다. 그럼에도 확인서 작성을 거부하고 다섯 시간씩 버티면서 감사단과 교수, 직원의 퇴근을 막은 것은 코미디에 가까운 일이다.

상지대를 제외하면 사학 역사에서 1년 8개월 만에 교육부 특별종합감사를 두 차례나 받은 대학은 어디에도 없다. 감사 이후에 새로운 비리가 발생한 것이 아니라 2014년 감사가 전반적인 부실 감사, 구재단에 대한 봐주기 감사, 이사회에 대한 면죄부 감사, 교육부의 책임을 모면하려는 면피성 감사였고, 그 결과 상지대 사태가 더욱 악화되었기 때문에 재감사를 받게 된 것이다.

우리는 2014년 감사가 시작될 때부터 이사회에 대한 철저한 조사를 요구했지만 감사단은 이사회를 우회하는 면죄부 감사를 했다. 결국 김문기를 해임하는 대신 이사회를 보호하는 결과가 되었는데, 해임된 김문기가 이사회를 통제하게 되니 상지대 사태가 해결될 수 없는 것이다. 더구나 해임된 김문기는 사기 재판을 통해 복귀가 임박한 상황이 되었다. 그 과정에서 상지대는 끝없이 추락했다. 누가 보더라도 실패한 감사였고 교육부의 정책적 실패가 여실히 드러났으니 재감사를 하지 않을 수 없었다.

교육부 감사를 두 차례 받았던 시기에 국회 청문회도 두 차례 열려 김문기 부자가 증인으로 채택되었다. 2014년 청문회에서 국회는 김문기와 둘째 아들 김길남을 증인으로 채택했는데 김문기는 중국 출장을 핑계로, 김길남은 치과 치료를 이유로 불출석했다. 국회가 김문기를 국회증언감정법 위반으로 고발했고 1심에서 벌금 500만 원이 선고되어 검찰과 김문기 모두 항소한 상태이다. 2015년 청문회에서는 김문기와 큰아들 김성남이 증인으로 채택되었는데 김성남은 출석한 반면 김문기는 변함없이 불출석했다. 출석한 김성남이 아버지 김문기가 갑자기 병원에 입원하게 되어 부득이 불출석했다고 증언했는데 채 30분도 지나지 않아 위증이 확인되었다. 국회는 재차 김문기를 고발했다.

이런 상황인데도 김문기는 구성원에 대한 탄압을 강화했다. 내가 먼저 파면되고, 이어서 교수 세 명이 파면되고 한 명이 징계받고, 교수 일곱 명이 징계 받고, 다시 교수 여섯 명의 재임용이 거부되고, 해를 넘겨 교수 12명의 재계약이 거부되고, 또 교수 한 명이 징계 받는 등 여섯 차례에 걸쳐 교수 31명이 징계를 받았다. 직원도 두 명이 해고되고 다섯 명이 징계를 받았다. 학생도 네 명이 무기정학을 받고 한 명이 제적되는 등 구성원 51명이 탄압을 받았다. 그 사이에 우리가 학내에 설치한 천막 15동이 철거되거나 부서졌다.

그 와중에 대학구조개혁평가에서 D- 등급을 받아 정부재정지원을 받지 못하는 상황이 되었고, 95억 원 규모의 지방대학 특성화 사업이 취소되어 이미 수령한 국고지원금을 반납하게 되었으며, 대학입시에서도 실패했다. 한술 더 떠서 이사회는 감사 결과에 따라 교비회계로 전출하도록 지시받은 6억 8000만 원을 전출하지 않았고, 김문기를 위장해임하고 사기 재판을 진행해 교육부의 해임 요구에 불응했으며, 교비회계에서 지출해서는 안 되는 소송비 2억 원가량을 교비에서 지출하는 등 2014년 감사처분의 이행을 정면으로 거부했다. 학사구조개편도 제멋대로 강행하고 교과과정 개편도 졸속으로 진행했다. 결국 교육부가 재감사를 하지 않으면 교육부가 김문기의 뒷배라는 지탄을 피할 수 없는 상황이 만들어졌다.

2016년 교육부 특별종합감사가 개강 전주에 끝났다. 그리고 바로 2학기가 시작되었다. 학교는 술렁이기 시작했다. 무엇인가 큰 일이 일어날 것만 같은 상황이 만들어지고 있었다. 상지대 사태는 어떻게 전개될까? 무엇이 상지대 사태를 결정하게 될까?

가장 중요한 것은 교육부 특별종합감사의 결론이다. 교육부가 2014년 감사에서 실패한 경험을 교훈삼아 잘 판단할 것으로 기대한다. 그 당시에는 김문기와 이사회의 더블 타깃이어서 그중에서 김문기를 선택해 해임을 요구하면서 면피했지만 지금은 이사회 싱글 타깃이니 좌고우면할 것도 없는 상황이다. 더구나 그 사이에 이사회가 대형 사고를 많이 쳤으니 행적에 걸맞게 처분하면 될 일이다. 교육부는 마땅히 그렇게 할 것이고 나 역시 응당 교육부가 그렇게 하리라 믿는다. 만약 이런 상황에서도 교육부가 교수 몇 사람만 벌주고 피라미 몇 마리 잡는 식의 감사처분을 내린다면 교육부는 문 닫고 교육부 공무원들은 즉시 보따리를 싸야 할 것이다.

그러나 우리가 교육부의 처분만 기다리며 수주대토(守株待兎)하는 일은 없을 것이다. 교육부가 상황을 늘 바르게 판단한 것도 아니고, 항상 옳은 것도 아니고, 필요한 시기에 필요한 처방을 내린 것도 아니기 때문이다. 어떤 면에서는 청개구리처럼 행동한 경우가 더 많았다. 2010년 상지대 정상화를 강요한 것이 대표적인 사례인데 우리는 잘못되었다고 목이 터져라 외쳤지만 교육부는 강행했고 결국 사법부가 뒤늦게 바로잡았다. 특별감사도 마찬가지이다. 우리가 줄기차게 감사를 요청해도 마이동풍이던 교육부가 여소야대 국회가 요구하자 즉시 감사에 착수했다.

그러므로 우리가 교육부 눈치만 보면서 애걸복걸하며 기다리는 일은 없을 것이다. 우리는 구재단 이사회의 시효가 소멸되었다는 판단을 근거로 교육부 특별감사 직후에 이사선임무효확인 소송과 이사직무집행정지 가처분 소송을 제기했다. 서울고등법원 파기환송심에서 2010년 정이사 선임이 무효라는 판결이 나왔고, 김문기 해임 소송에서 김문기가 연이어 승소함으로써 이사회가 교육부의 총장 해임 요구에 불응한 것이 확인되었고, 지난 6년간 이사회가 상지대 파탄의 주역이라는 사실이 특별감사에서 확인되었으므로 더 이상 이사회가 존속할 까닭이 없기 때문이다.

사법부에 김문기 하수인 이사들의 직무를 정지해주도록 요청하기에 앞서 우리는 교육부를 방문해 임원취임의 승인 취소와 더불어 임원의 직무집행 정지를 정식으로 요구했다. 사립학교법에 이사회가 제 기능을 수행하지 못할 경우 해임할 수 있도록 되어 있고, 이러한 목적으로 감사가 진행될 경우 교육부는 임원의 직무집행을 정지시킬 수 있기 때문이다. 임원의 직무집행을 정지시키는 이유는 선관의무를 저버리고 학교를 파탄 낸 이사들이 직무를 계속함으로써 발생할 손해를 미연에 방지하기 위한 것이다. 이런 점에서 본다면 구재단 이사들의 직무는 지금 당장 정지되어야 마땅하다.

사법부나 교육부가 어떤 결정을 내릴지 섣불리 예상할 수 없다. 엄정한 법률적 판단과 상지대 상황에 대한 정확한 판단을 토대로 결정할 것으로 기대한다. 다만 이 결정이 상지대 사태를 해결하는 데 미흡하다고 평가될 경우 상지대 문제는 9월 이후 국정감사와 정기국회에서 또다시 현안으로 부각될 것이라는 점은 충분히 예상할 수 있다. 국회가 오랫동안 상지대 사태를 현안으로 다루었고 그 연장선상에서 특별감사를 성사시킨 상황에서도 사태가 해결되지 않는다면 국회가 나설 수밖에 없는 상황이기 때문이다. 이렇게 되면 자연스럽게 상지대 청문회가 부각될 것이다. 이미 국회 교문위원장과 야당 간사들이 상지대 청문회의 필요성에 원칙적으로 동의한 상태이다.

그러나 지금까지 그랬던 것처럼 가장 중요한 것은 구성원인 우리의 역할이다. 우리는 법적 강제력도 없고 정책적 혹은 행정적 결정권도 가지고 있지 않지만 그 이상으로 중요한 역할을 한다. 우리가 대학의 구성 주체이자 운영 주체이기 때문이다. 대학은 사적 소유권이 인정되지 않는 교육기관이므로 소유권적 의미에서의 주인은 존재할 수 없다. 대신 우리 교수, 학생, 직원들은 고등교육기관의 정신에 부합하는 엄연한 구성 주체로서 존재한다. 우리는 상지대의 주체로서 상지대를 민주화하고 상지대를 살리는 데 앞장설 수밖에 없다.

2017학년도 대학입시가 임박한 상황에서 상지대가 또다시 교육부 평가에서 실패해 정부재정지원 제한대학에서 벗어나지 못한 것만으로도 구재단 이사회와 대학 본부는 정당성을 상실했다. 이런 상황인데도 김문기의 하수인 역할을 하는 구재단 이사회와 대학 본부가 지속된다면 상지대에 회복할 수 없는 재앙을 불러올 뿐이다. 우리는 2학기 개강과 동시에 김문기 구재단에 의해 파국으로 내몰린 상지대를 살리는 데 모든 노력을 집중할 것이다.

상지대 사태를 해결하기 위한 교육부, 국회, 사법부의 조치와 무관하게 개강과 더불어 상지대 사태는 이미 새로운 국면으로 접어들고 있다. 김문기 구재단에 대한 학내외의 평가와 정치사회적 평가는 일찌감치 끝난 상황인

만큼 민주화 요구가 먼저 일어나고 있다. 장광수 이사장체제와 조재용 대학 본부체제의 사퇴를 요구하는 강력한 물결이나. 이사회와 대학 본부는 이 힘에 밀려 사실상 작동 불가능한 상황에 내몰리고 있다.

대학 민주화를 위한 노력과 더불어 대학을 살리기 위한 노력도 시작되었다. 상지대가 김문기 구재단에 의해 극도로 황폐화되었으므로 우리는 파국 전야의 대학을 살리기 위한 노력을 신속하게 수행하지 않을 수 없는 상황에 직면했다. 그러므로 현시점에서 구성원들은 상지대를 민주화하는 동시에 상지대를 살리는 두 개의 과제에 직면해 있다. 상지대가 과거와는 전혀 다른 상황으로 접어든 것이다.

≪프레시안≫, 2016년 9월 2일

김문기 구재단의 반국가적 행태

/

우리 역사에서 9월 9일은 뜻깊은 날이다. 1945년 9월 9일 일본의 식민지 지배기구인 조선총독부가 미군에 항복했다. 그리고 71년이 지난 2016년 9월 9일에는 대법원의 확정판결로 내 파면이 최종적으로 취소되었다. 우리 역사에서 뜻깊은 날이 내게도 뜻깊은 날이 되었다.

내 파면 사건은 교원소청심사위원회 취소, 서울행정법원 취소, 서울고등법원 취소 등 학교의 거듭된 패소에도 불구하고 학교가 억지로 대법원에 상고한 것이다. 대법원 특별1부가 5월 25일 자로 접수한 파면 상고사건에 대한 법리 검토를 진행한 결과, 상고심 절차를 진행할 필요가 없다고 판단해 상고심 절차에 관한 특별법 제4조 및 제5조 규정에 따라 심리불속행 기각해 이 사건을 확정했으며, 그 결과 나는 당일 자로 자동 복직되었다. 사실은 교원소청심사위원회의 파면 취소 결정으로 이미 복직된 것이지만 학교가 행정소송 중이라는 말도 안 되는 이유를 핑계로 교원소청심사위원회 결정을 무시하고 복직 조치를 취하지 않은 것뿐이다.

돌이켜보면 2014년 11월 4일 직위해제되고 12월 15일 파면된 후 교원소청에서 파면이 취소되고(2015.3.11), 행정소송 1심에서 파면 취소가 확인되고(2015.10.15), 교수지위확인 가처분 소송에서 정교수의 지위가 확인되고(2015.11.24), 민사소송 1심에서 파면 처분이 무효가 되고(2016.1.19), 행정소송 2심에서 파면 취소가 재확인되고(2016.4.29), 교수 활동을 방해할 경우 1일 50만 원을 지급하라는 간접강제가 결정되고(2016.5.9), 급여 지급 불이행에 대해 채권 압류가 결정되고(2016.5.26), 민사소송 2심에서 파면 처분의 무효가 재확인되어 위자료 지급이 결정되고(2016.7.22), 2차 가처분 소송에서 정교수의 활동을 방해하지 말고 수업을 배정해야 하며 만일 수업을 배정하지 않을 경우 또 1일 50만 원을 지급하라는 간접강제가 결정된(2016.8.26) 후 9월 9일 자로 최종적으로 파면을 취소하는 확정판결이 나온 것이다.

이 시기에 나와 관련해 진행된 재판이 무려 20개이다. 또한 이 기간에 학교는 나를 원주경찰서에 27회 고소하고, 원주지검에 13회 고소하고, 서울중앙지검에 1회 고소하는 등 합계 41회에 걸쳐 고소·고발을 남발해 부당하게 파면당한 나에게 정신적·육체적으로 심대한 고통을 강요했다. 그뿐만 아니라 연구실 명도소송과 업무방해 금지 가처분, 방해 금지 가처분 등 7회의 소송을 제기했고 심야에 내 연구실 문을 부수고 무단으로 난입해 다중의 폭력을 행사하는 등 직접적인 위해를 가하기도 했다.

더구나 2014년 12월 15일 파면 후 21개월이 지난 634일 만에 복직이 결정되고 그 과정에서 10여 차례 파면 취소, 교수 지위 확인, 수업 배정 등의 결정이 있었음에도 학교는 아직도 수업을 배정하지 않고 있다. 2016년 7월 22일 수업 미배정에 대한 간접강제 결정이 나온 후에야 학교는 마지못해 일부 수업 배정 행위를 했다. 그러나 수업을 하기 위해서는 이사회 결의에 기초한 이사장의 복직 발령이 필수적인데도 아무런 절차 없이 수업 두 개를 배정해 시간강사로 임용하려는 변칙 행정을 시도했다. 하물며 시간강사 발령도 없었다. 이마저도 제동이 걸린 다음에는 아예 행정 행위를 중단했다.

물론 수업 미배정으로 인한 책임은 간접강제 결정에 따라 재정적으로 보상해야 할 것이다.

그러나 지금까지의 모든 결정은 내 개인에 관한 것이고 앞으로 이사회와 대학 본부는 더 큰 책임을 져야 한다. 8월 8일부터 26일까지 진행된 3주간의 교육부 특별감사에 대한 처분이 기다리고 있고 9월 1일 춘천지방법원 원주지원에 접수한 이사직무집행정지 가처분 재판도 9월 29일로 예정되어 있는 상황이므로 이사회와 본부가 지게 될 책임은 조만간 결정될 것이다. 교육부 처분이 먼저 나올지, 아니면 사법부 판결이 먼저 나올지가 문제일 뿐이다. 이 시기에 국회 국정감사가 진행되므로 김문기 등 누군가는 국회 청문회에 출석해 또다시 변명을 해야 할 상황이며 국정감사 상황이 교육부의 감사처분에도 크게 영향을 끼칠 것이다.

여기서 끝나지 않는다. 지금까지의 사법부 결정은 학교의 행정적 책임에 관한 것이어서 개인에게 책임을 묻지 않지만 이후에는 부당징계와 불법행위 및 학교를 파탄으로 몰아간 행위에 대해 이사, 교무위원, 징계위원, 인사위원, 담당 직원으로서 각자가 직위와 역할에 따라 책임질 일들이 기다리고 있으며 비위의 경중에 따라 돈으로 계산해 그 책임을 지게 될 것이다. 그러므로 지난 몇 년 사이에 있었던 모든 사건에 대해 직접적이든 간접적이든 당사자들은 자기가 행한 일에 대해 어떤 책임이 있고 어떤 면책 사유가 있는지 상세하게 정리해보는 기회를 갖게 될 것이다.

결국 20번의 재판과 41번의 고소·고발을 거친 다음에야 겨우 대법원의 최종 판결을 받아 복직이 이루어졌다. 사법부의 재판과 검찰의 수사는 물론 그 사이에 국회가 두 차례 청문회를 비롯해 부단히 개입했고 교육부가 두 차례의 특별감사 등을 통해 끊임없이 개입했지만 김문기에게는 통하지 않았다. 언론에서 수백 차례 기사를 썼지만 오불관언이었다. 이 정도라면 국가에 대한 정면 도전이라고 할 수밖에 없다. 두말할 것도 없이 반국가적인 상황이다.

우리나라에서 반국가단체에 관한 규정은 국가보안법 제2조에 명시되어 있다. 국가보안법에서 말하는 반국가단체란 정부를 참칭하거나 국가를 변란할 것을 목적으로 하는 국내외 결사 또는 집단으로서 지휘·통솔체제를 갖춘 단체를 말한다. 대표적인 반국가단체가 북한인데 이것은 국가보안법상 규정이 아니라 대법원 판결로 유지되고 있다.

국가보안법상 이 규정은 우리나라가 남북으로 분단되고 전쟁을 겪은 후 남북한 간 대결이 지속되는 매우 특수한 안보적 상황에서 만들어진 것이다. 그러나 독재정권이 안보 상황을 권력 유지에 악용하면서 국내에서도 수많은 반국가단체가 만들어졌다. 1950년대의 진보당, 1960년대 이후의 민청학련, 인민혁명당 재건위원회, 학림, 아람회 등이 그것인데 2000년대 이후 재심과정에서 예외 없이 무죄 판결을 받았다. 그러므로 해방 이후 국내에는 국가보안법상 반국가단체가 존재한 바 없다고 할 수 있다.

그러나 국가 안보의 좁은 시각을 넘어 전체 국가적 차원에서 바라보면 반국가의 양상이 크게 달라진다. 국가를 정치, 경제, 사회의 고차원적 종합이라고 할 때 안보란 정치의 한 측면일 뿐이고 안보 외에도 정치, 경제, 사회 영역에서 국가를 어지럽히는 다수의 행위들이 존재한다. 여기서 그 행위가 국가를 근본적으로 어지럽힌 것이라면 반국가적 행위가 되는 것이고 그 행위 주체가 일정한 수준으로 조직화된 단체라면 반국가단체의 혐의를 받을 수 있는 것이다.

예를 들어보자. 정치 영역에서 군사 쿠데타는 합법적으로 수립된 국가의 헌정질서를 근본적으로 유린한 행위이므로 매우 중대한 반국가적 행위이고 쿠데타를 주도한 단체는 반국가단체가 될 수 있다. 국가의 경제질서를 어지럽힌 행위나 사회질서를 교란한 행위 역시 마찬가지다. 국가경제를 파탄내서 미증유의 국가 부도사태를 유발한 행위는 안보적 위기 못지않게 심각한 위기를 초래한 것이므로 반국가적 행위에 해당한다.

마찬가지로 교육은 국가 백년대계로서 국가의 유지·발전에 토대가 되는 가장 근본적인 영역이므로 교육을 어지럽힌 행위 역시 반국가적 행위에 해당할 수 있다. 특히 사학비리는 교육을 좀먹는 수준을 넘어 국가의 미래를 좀먹는 심대한 반국가적 행위에 해당한다고 보아야 할 것이다. 그러므로 사학비리는 반국가적인 행위이고 사학비리를 저지르는 사람은 반국가적인 인물이다.

무엇보다도 사학비리 그 자체가 지극히 반국가적이다. 아무리 사학비리를 건강부회하는 사람이라도 그것이 국가와 국민들을 위한 일이라고 감히 강변하지는 못할 것이다. 사학비리가 교육에 끼치는 정신적 악영향 때문에 그 자체만으로도 선험적으로 반국가적이지만, 고등교육의 85%를 사학이 점유하고 있는 상황에서 우후죽순으로 사학비리가 창궐한다는 것은 사학비리의 반국가성이 도를 넘었다고 말할 수밖에 없다.

실상 사학비리는 이미 국가와 대립하고 있다. 누가 권력을 장악하든 사학비리 척결을 내세우지 않는 정부는 없다. 국회를 구성하는 복수의 정당들도 사학비리 엄단을 강조하고 있다. 사법부 역시 사학비리를 단죄하고 있다. 다만 정권에 따라 강조하는 바가 다르고 정당에 따라 정책 순위가 다를 뿐 누구도 사학비리를 미화하거나 두둔하지 않는다. 당연하다. 정권이나 정당이 사학비리를 두둔하는 것은 도둑질을 옹호하는 것과 다르지 않기 때문에 그것만으로도 정권과 정당의 정당성이 부정된다.

그렇다면 매우 이상하다. 정부가 사학비리 척결을 외치고 있는데 현실에서는 왜 사학비리가 없어지지 않을까? 오히려 사학비리가 창궐하면서 더욱 기승을 부리는 이유를 이해하기 어렵다. 검찰이나 경찰이 범죄와의 전쟁을 선포해도 범죄가 소멸되지 않는 것과 같은 것일까? 마피아나 그와 유사한 폭력조직이 사라지지 않고 계속 유지되는 것과 같은 이유일까?

이유는 간단하다. 적당한 온도와 습도가 갖추어지면 곰팡이나 세균이 증식하는 것처럼 사학비리가 창궐할 수 있는 사회적 조건이 구비되어 있기 때문이다. 단적으로 말하면 사학 운영을 규율하는 내부 조건과 외부 소선이 취약하기 때문이다. 사학 안에서 아무런 견제가 없이 얼마든지 부패와 전횡을 저지를 수 있다는 것이 내부 조건이고, 정부나 사회가 부패와 전횡을 용인해주는 환경이 외부 조건이며, 이 두 가지가 사학비리가 창궐하는 조건이다.

실제로 이 조건을 토대로 1960년대 이후 사학비리가 번성했다. 그러다가 1990년대 이후 민주화 시기에 구성원의 활동으로 내부 조건이 급변하고 사학에 대한 정치적 통제가 강화되면서 일시적으로 사학비리가 주춤했다. 그러나 내부 조건에 특별한 변화가 없음에도 정권 교체로 부패정권이 들어서는 등 외부 조건이 크게 악화되면서 2000년대 후반 이후 사학비리가 다시 고개를 빳빳하게 쳐들고 번성하고 있다.

사분위가 무리수를 거듭하면서 비리재단 복귀를 획책할 때만 해도 사학비리는 국가의 든든한 보호를 받았다. 상지대 정이사체제를 와해시킨 2007년 상지대 대법원 판결은 사학비리를 용인하겠다는 사법부의 선언이었다. 한나라당은 사립학교법 개악을 주도했고 국회는 사분위를 만들었다. 이런 환경을 배경으로 교육부와 사분위는 노골적으로 비리재단 복귀를 추진했다. 국가와 사학비리는 밀월의 시기를 구가했다.

그러나 허니문은 오래가지 못했다. 사학을 파탄으로 이끈 불륜이었기 때문이다. 국회가 먼저 사학비리와 비리재단 복귀에 제동을 걸었다. 한나라당과 그 후신인 새누리당은 어정쩡한 태도를 유지했지만 사학비리를 옹호한다는 속내를 드러낼 수는 없었다. 국회의 강경해진 태도는 사분위의 만행을 위축시켰다.

2013년 헌법재판소는 일련의 사립학교법 위헌 소송에 대한 판결을 통해 사학을 사유재산으로 규정한 2007년 상지대 대법원 판결을 정면으로 부정했다. 그 연장선상에서 2015년 대법원은 재단 문제에 대한 대학 구성원의 원고적격을 인정했고 2016년 서울고등법원은 파기환송심에서 2010년 상지대 정상화가 무효라고 판결했다.

상지대 정상화가 불법이라는 판결은 물론 상지대만의 문제가 아니다. 이것은 사분위가 강행한 모든 정상화가 불법이라는 것을 의미한다. 다른 학교의 경우 행정소송을 제기하지 않아 정상화 자체는 무효가 되지 않겠지만 그렇다고 해서 정상화가 불법이라는 사실 자체가 부정되는 것은 아니다. 행정소송을 대신한 민사소송의 길은 여전히 열려 있다. 결국 사분위가 잘못했다는 것이고 사분위는 존재의 정당성을 상실하게 되었다.

그러나 복귀한 비리재단은 안하무인에 요지부동이었다. 교육부가 비리재단을 단호하게 다루지 않았음에도 비리재단은 교육부의 행정명령을 거부했다. 국회가 비리재단에 가혹한 태도를 취하지 않았음에도 비리재단은 국회의 권능에 도전했다. 사법부가 어떤 판결을 내려도 비리재단은 수용하지 않았다. 국가의 존재를 부정하는 무국적자처럼 행동했고 정부의 권위를 부정하는 무정부 단체처럼 행동했다. 특히 같은 시기의 다른 대학들과 비교할 때 김문기가 복귀한 상지대는 가장 반국가적이고 무정부적이었다. 상지대에는 국가기구의 어떤 결정도 통하지 않았으니 이렇게 이름붙일 만하다. 실제로 김문기 구재단은 상지대 구성원의 사소한 흠결에도 징계의 철퇴를 내리친 반면, 국가의 결정은 그것이 무엇이든 따르지 않았다.

상지대 비리재단은 왜 국가기구에 저항하는 것일까? 일차적으로는 김문기 본인의 특성에서 비롯된 측면이 있는 것으로 보인다. 그러나 누울 자리 보고 발 뻗는다고 비빌 언덕이 없이는 할 수 없는 일이다. 김문기의 무모한 저항 뒤에는 비리재단을 떠받드는 네 가지 힘에 대한 오랜 믿음이 있다. 사학비리와 동맹을 체결한 부패권력, 사학비리를 비호하는 부패정치 세력, 사학비리를 묵인하는 교육부, 사학을 사유재산으로 간주하는 시대착오적인 판결을 내리는 사법부가 그 배경이다.

| 팻말을 든 상지대 학생 |

이 네 가지 조건은 한동안 힘을 발휘했다. 이 조건 때문에 김문기를 비롯한 비리재단이 복귀할 수 있었다. 부패권력과 집권 여당이 끌어주고 사법부가 받쳐주고 교육부가 실행하는 구조가 만들어졌다. 그러나 복귀한 비리재단의 나쁜 습성이 재연되자 대학 구성원들이 저항하고, 언론과 시민단체를 비롯한 사회 전반의 비판이 잇따르는 상황이 만들어지자 정치권과 사법부의 분위기가 일변했다. 10년 만에 반전이 시작된 것이다. 상지대 사태가 그 반전을 시작하고 이끌었다.

이렇게 10년의 세월이 지나갔다. 이 사건들과 관련된 수천수만 명의 학생들이 사학비리 반대에 대학생활을 바치고 청춘을 바쳤다. 적지 않은 교수와 교사, 교직원들이 자기 삶을 이 시간 속에 속절없이 묻었다. 그사이에 대학들은 어찌할 도리 없이 무너져갔다. 최근 몇 년간 정부재정지원 제한대학에 포함되고 대학구조개혁평가에서 낮은 점수를 받거나 부실대학으로 판정받은 대학들의 다수가 사학비리와 관련되어 있다. 이 손실을 어떻게 보상할 것인가?

그러나 지난 10년을 잃어버린 10년으로만 생각할 필요는 없다. 앞으로 진전될 대학 민주화가 보람으로 남을 것이기 때문이다. 이 일에 대학생활을 바친 젊은 학생들도 그 과정에서 많은 것을 배웠기 때문에 인생을 허비한 것만은 아니다. 더구나 이 과정에서 사학비리의 해악에 대한 사회적 공감대를 형성한 것도 중요한 성과라 할 수 있다. 흔들리지 않고 피는 꽃이 없는 것처럼 투쟁하지 않고 얻어지는 민주주의도 없는 것이다. 나아가 구체적인 성과도 있다.

상지대 사태가 진행되는 과정에서 상지대 구성원들은 세 개의 중요한 법적 결정을 이끌어냈다. 첫째, 2015년에는 대학의 교수와 학생은 재단 문제에 대해 소송을 제기할 수 있는 권한이 있다는 대법원 판결을 이끌어냈다. 둘째, 2016년에는 지난 10년간의 사분위 정상화가 불법이라는 서울고등법원 판결을 이끌어냈다. 셋째, 상지대를 비롯한 여러 대학들의 투쟁 성과로, 사학은 사유재산이 아니며 교육의 공공성은 사학의 자율성에 우선한다는 헌법재판소 결정을 이끌어냈다. 이 세 가지 결정은 사학의 틀을 근본적으로 바꿀 수 있는 매우 중요한 판결이다. 앞으로 이와 유사한 중요한 판결들이 더욱 많이 나올 것이며 국회를 거쳐 사립학교법을 비롯한 교육관계법에 반영될 것이다.

≪프레시안≫, 2016년 9월 13일

교육부, 상지학원 이사회를 해체하라

/

만시지탄 교육부, 결국 김문기 구재단 이사회 해체 결정

　드디어 김문기 구재단 이사회가 해체의 길로 접어들었다. 2010년 8월 사분위 결정으로 이사회에 복귀한 지 6년 1개월 만에, 2014년 3월 김문기 구재단이 이사회를 완전히 장악한 지 2년 6개월 만에, 2014년 8월 이사회가 사학비리 전과자 김문기를 상지대 총장으로 선임한 지 2년 1개월 만에 상지대 사태의 주역인 김문기 구재단 이사회가 전격적으로 해체되었고 김문기와 구재단은 1993년에 이어 23년 만에 상지대에서 다시 쫓겨났다. 상지대의 역사가 다시 시작되었다.

　2016년 9월 23일 교육부가 상지학원 및 상지대에 대한 특별종합감사 결과를 발표했다. 이사 전원에 대해 임원취임승인을 취소하겠다는 것이 발표의 핵심이었다. 이사 전원을 해임하겠다는 것이고, 현재의 김문기 구재단 이사회를 해체하겠다는 것이다. 상지학원 이사 정수가 아홉 명인데, 올 초에 내부 이견으로 한 명이 사직해 현재 여덟 명이 재직 중이다. 교육부는 사직한 전 이사 박도식을 포함해 현재 재직 중인 이사장 장광수, 상임이사 김성남, 이사 김길래, 이경행, 김일남, 최선용, 우찬명, 김재경 등 아홉 명 전원

을 해임한다고 발표했다.

　교육부는 김문기 구재단이 이사회를 완전히 장악한 2014년 3월 이후 두 차례 특별종합감사를 실시했고 그때마다 이사회가 핵심 감사 대상으로 지목되었다. 2014년 11월 감사에서는 이사회를 해산하는 대신 이사회에 김문기 총장의 해임을 요구했다. 그러나 김문기 총장 해임에도 불구하고 상지대 사태는 오히려 더욱 악화되었고 김문기는 공공연하게 대학운영에 개입했다. 이사회가 김문기의 하수인으로 구성되었기 때문이다. 더구나 김문기 총장 해임이 위장해임이고 김문기 총장의 해임을 둘러싼 재판에서 사기 재판 논란이 제기되었다. 교육부는 2016년 8월에 다시 특별종합감사를 실시할 수밖에 없었고 결국 이사회를 해체한다는 결정을 내렸다.

　이는 교육부가 마땅히 해야 할 일을 한 것이다. 그러나 만시지탄의 교육부 결정은 한 번에 갈 길을 돌고 돌아서 한참 에둘러간 것이다. 그사이에 상지대는 만신창이가 되었고 상지대 구성원들은 말과 글로 다 표현할 수 없을 정도의 고통을 감내해야 했다. 우리는 2014년 감사 당시 김문기 총장이 문제가 아니라 이사회가 문제라는 점을 귀에 못이 박히도록 강조했지만 교육부는 우이독경이었다. 교육부가 모른 것이 아니라 모른 체한 것이다. 종기가 곪아터지고 환부가 썩어 진물이 나도록 방치했다. 구성원들이 아우성을 치고 언론이 연일 보도해도 마이동풍이던 교육부는 20대 총선에서 여소야대가 된 국회가 상지대 사태의 전면에 나선 다음에야 겨우 문제의 핵심에 접근했다.

　교육부가 해임을 예고한 상지학원 이사회는 교육부가 2010년 8월 상지대를 정상화할 때 사분위의 결정으로 선임한 정이사들의 후임이사들이다. 정상화 당시에는 김문기 구재단 네 명, 상지대 구성원 두 명, 교육부 두 명, 임시이사 한 명 등 아홉 명으로 출발했지만 2014년 3월에 교육부가 추천한 이사와 상지대 구성원이 추천한 이사들이 모두 사퇴해 김문기 구재단 이사 일

| 임시이사 파견을 촉구하는 기자회견 |

색으로 바뀌었다. 이런 점에서 교육부의 이번 결정은 사분위의 정이사 선임이 잘못된 것이고, 교육부의 상지대 정상화가 잘못된 것이며, 김문기 구재단의 복귀가 잘못된 것이라는 세 가지 주장을 사실로 확인시켜주었다는 중요한 의미를 내포하고 있다. 교육부도 2010년 정상화가 잘못된 것임을 스스로 시인한 셈이다.

교육부는 정책적 실패를 여러 차례 거듭했다. 2010년 정상화 당시에 상지대 구성원들은 김문기 구재단에 상지대를 돌려주거나 교육부가 선임할 이사회에 김문기 구재단 인사들이 상당수 포함될 경우 상지대에 다시 분규가 일어날 것임을 누누이 강조했지만 교육부와 사분위는 아랑곳하지 않았다. 실제로 정상화 이후 분규가 발생하고 급기야는 이사회가 김문기 구재단 일색으로 재편되었는데도 무대책으로 일관했다. 그러다가 사학비리 전과자 김문기가 총장에 선임되어 분규가 폭발하자 허겁지겁 김문기를 총장직에서 해임했지만 이사회는 여전히 그대로 방치했다. 결국 김문기 해임에도 불구하고 상지대 사태는 더욱 악화되었고 해임된 김문기가 이사회의 사기 재판을 통해 복귀를 준비하자 뒤늦게 이사회 해임 결정을 내린 것이다. 전형적인 늑장대응에 뒷북 행정을 한 것이다.

교육부가 감사처분에서 이사 전원을 해임하기로 한 사유는 대학 정상화 방안 미이행, 김문기의 학사 개입 묵인, 법인 직원 인건비의 교비 집행 등 세 가지이다. 대학 정상화 방안 미이행에는 기숙사 신축 지연, 부속병원 분원 설립 지연, 부속병원 적자와 체불임금 등이 포함되어 있다. 별도로 장광수 이사장과 김성남 상임이사의 경우 교육용 토지 매각 대금을 상임이사 급여로 사용한 것과 신규임용 교원의 직급을 이사장이 직접 결정한 것이 해임 사유에 추가되었다.

사립학교법에 이사를 해임할 수 있는 조항은 네 가지로 규정되어 있다.

1. 사립학교법, 초·중등교육법 또는 고등교육법의 규정을 위반하거나 이에 의한 명령을 이행하지 아니한 때
2. 임원 간의 분쟁·회계부정 및 현저한 부당 등으로 당해 학교 운영에 중대한 장애를 야기한 때
3. 학사행정에 관해 당해 학교장의 권한을 침해했을 때
4. 관할청의 학교장에 대한 징계 요구에 불응한 때

사립학교법 제20조의2의 이 조항을 위반할 경우 교육부는 이사회에 시정을 요구하고 15일이 경과해도 응하지 않을 경우 이사들을 해임하도록 되어 있다. 다만 시정을 요구해도 시정할 수 없는 것이 명백하거나 회계부정, 횡령, 뇌물 수수 등 비리의 정도가 중대한 경우에는 시정 요구 없이 즉시 해임할 수 있다. 그리고 이 규정에 따라 이사들을 해임할 경우 사립학교법 시행령 제9조의2 규정에 따라 청문을 실시하도록 되어 있다.

교육부의 감사처분을 보면 이사회는 제1호의 사립학교법 위반, 제2호의

상지대 감사 10대 중점 사항

감사 대상	지적 사항
임원 간 분쟁(2012~2013년)	지적하지 않음
김문기 총장 해임 요구 불응	지적하지 않음
두 차례 총장 부존재 사태 야기	지적하지 않음
2014년 교육부 감사처분 미이행(7억여 원)	지적하지 않음
반복적인 총장 권한 침해	일부 사항 지적(이사장과 상임이사 해임)
해임된 김문기의 학교 행정 개입 방치	해임 사유로 지적(이사 전원)
각종 소송비의 교비 지출(2억여 원)	지적하지 않음
교원 임용비리(2014~2016년)	극히 일부 사례 지적(이사장과 상임이사 해임)
반복적이고 무차별적인 구성원 징계	비해임 사유로 지적
실습목장 한우 불법 판매 및 횡령 의혹	지적하지 않음

회계부정과 현저한 부당, 제3호의 총장 권한 침해 등의 잘못을 범했다. 더구나 감사에서 지적된 사항들은 시정을 요구해도 시정할 수 없는 내용이므로 별도의 시정 요구 기간을 부여할 필요가 없다. 따라서 간단한 청문 과정을 거쳐 해임하면 된다.

그러나 김문기 구재단 이사회를 해체하기로 한 교육부의 감사처분을 환영하면서도 감사 지적 사항은 납득하기 어렵다. 감사 기간에 우리가 감사단에 요구한 이사회의 심각한 임원 간 분쟁, 김문기 총장 해임 요구에 대한 불응, 두 차례의 총장 부존재 상태에 따른 대학의 파행 운영, 2014년 감사처분의 미이행, 2억여 원에 달하는 소송비 지출, 실습목장의 한우 불법 매각 등 여섯 건은 감사에서 아예 지적조차 하지 않았다. 구성원에 대한 무차별적인 징계는 비해임 사유로만 가볍게 짚고 넘어갔다. 총장 권한 침해와 교원 임용비리는 극히 일부만을 지적해 이사장과 상임이사에게만 책임을 물었다. 결국 감사 10대 중점 사항 중 제대로 지적한 것은 해임된 김문기가 학사 운영에 부당하게 개입한 것 한 건에 불과하다.

수많은 비리와 비위 행위가 있었고 우리가 여러 차례 강조해 요구했음에도 교육부는 최소한의 지적으로 상지학원 이사들을 해임하도록 처리했다. 반면 212명에 달하는 교수와 직원에 대한 징계 요구 등이 감사처분에 포함되었다. 교육부가 이사 해임과 동시에 교수와 직원에 대한 징계를 요구함으로써 인위적으로 기계적 균형을 유지하려 한 것으로 볼 수밖에 없다.

그러나 이사들의 해임과 관련된 두 건의 재판이 진행 중이고 한 건이 더 추가될 예정이므로 비록 교육부 감사처분이 미흡하다고 해도 김문기 구재단 이사회가 유지될 가능성은 전혀 없다. 그 이유는 첫째, 2010년 상지대 정상화가 위법하다는 서울고등법원의 판결이 현재 대법원에서 심리 중이므로 이 재판이 확정될 경우 이사 선임은 자동으로 무효가 된다. 둘째, 서울고등법원 판결에 기초해 이사선임결의 무효확인 소송과 이사직무집행정지 가처분 재판이 춘천지방법원 원주지원에서 진행 중이므로 이 재판도 이사 선임을 무효화할 수 있다. 셋째, 현재 대법원에서 심리 중인 김문기 해임 소송에서 김문기가 승소할 경우 이사회가 교육부의 해임 요구에 불응한 것이 되므로 역시 이사들을 해임할 수 있다.

1955년에 건학되어 올해로 개교 61년을 맞은 상지대는 그간 네 차례 임시이사체제를 겪었다. 제1단계는 1960년 후반의 재정 위기로 1972년에 임시이사가 파견되었을 때 임시이사로 파견된 김문기가 대학을 인수해 스스로 정이사가 된 것이다. 제2단계에서는 1993년 김문기가 사학비리로 구속되어 쫓겨나면서 임시이사가 파견되었고 상지대 민주화의 출발점이 되었다. 그 힘으로 정이사체제로 전환했다. 제3단계에서는 2007년 상지대 대법원 판결로 정이사체제가 무너지면서 임시이사가 파견되었고 사분위에 의해 정이사가 선임되었다. 그리고 지금은 다시 임시이사가 파견될 제4단계에 직면했다.

교육부가 이사 전원을 해임하기로 한 만큼 교육부의 신속한 후속 조치가 필요하다. 교육부는 조만간 사분위를 거쳐 상지대에 임시이사를 파견하는 절차를 밟게 된다. 상지대가 지난 6년간의 파행으로 만신창이가 된 상태이

상지대의 임시이사 파견 및 정상화 과정

임시이사 파견	정상화 시기	정상화 방식	정상화 결과	결론
1972년	1974년	김문기의 대학 인수	사학비리 대학	이사 해임
1993년	2003년	이사회의 정이사 선임	대학의 안정화	2007년 대법원 판결로 붕괴
2007년	2010년	사분위의 정이사 선임	학내분규	이사 해임
2016년	6개월 내	사분위의 정이사 선임	미정	미정

므로 교육부는 최대한 빨리 임시이사를 파견해 상지대를 정상화해야 한다. 그리고 임시이사를 파견하는 과정에서 김문기 구재단 이사를 철저하게 배제하고 공익적이고 교육적인 인물로 이사회를 구성해야 한다. 임시이사회에 구재단 인사나 구재단과 가까운 인사가 포함될 경우 또 다른 분규의 불씨가 될 수 있다는 사실을 명심해야 한다.

상지대 구성원들은 교육부의 조치를 환영하면서 이사회와 적극 협력해 피폐해진 상지대를 신속하게 재건하는 일에 앞장설 것이다. 먼저 잘못된 대학운영체제를 바로잡아 대학 본연의 책무인 교육과 연구 기능을 시급히 정상으로 회복하면서 김문기 구재단 아래에서 자행된 부당한 인사, 규정, 예산, 교과과정을 바로잡아 나갈 것이다. 아울러 구성원들에 대한 구재단의 부당한 탄압에 따른 피해를 신속하게 구제할 것이다. 또한 대학평가에 적극 대비하는 동시에 지역사회와의 협력을 더욱 강화해나감으로써 빠른 시일 안에 상지대를 중부권 명문사학으로 발전시킬 것이다.

앞으로 우리 상지대가 지향할 대학상은 구성원이 참여해 가장 민주적이고 투명하게 운영되는 대학, 학생들을 중심에 놓고 운영하는 학생중심주의의 대학, 학생들을 가장 잘 가르치는 대학, 지역과 사회의 발전에 적극적으로 기여하는 개방적인 대학, 캠퍼스가 아름답고 친환경적인 대학이다.

≪프레시안≫, 2016년 10월 4일

상지대가 제2민주화 위한 새로운 출발을 시작했다

교육부의 임원취임승인 취소 처분, 임시이사 파견과 상지대 제2민주화의 길 열어

우리나라 대학 재학생은 300만 명이고 그중 80% 이상은 사립대학에 다니고 있다. 그러나 사립대학에 어떤 문제가 있는지 아는 사람은 많지 않다. 우리나라에 세칭 일류 사립대학은 있지만 대학다운 대학은 많지 않다. 사람들은 지명도 높은 일류대학을 찾지만 제대로 된 대학을 찾는 사람은 많지 않다. 대학의 건강성보다 지명도를 중시하는 것은 교육을 개인적인 선택의 문제로 간주하고 대학을 출세의 기반으로 보는 경향이 강하기 때문이다.

상지대는 인 서울(in Seoul) 대학이 아니라 지방대학이다. 상지대는 일류대학에도 속하지 않는다. 그러나 상지대는 일류 민주대학이다. 대학 민주화를 위해서 가장 앞장선 대학이고, 대학운영에 대한 구성원의 참여가 가장 높고 활발한 대학이며, 대학의 투명성 역시 가장 높은 대학이다. 사회에 대한 책임성도 매우 높다. 이 기준으로 평가하면 전 세계에서 최고의 대학이라고 자부할 수 있다. 상지대를 민주적인 강소대학이라고 불러도 좋을 것이다.

지난 9월 23일 교육부는 상지학원 이사 전원에 대해 임원취임승인 취소의 감사처분을 내렸다. 이 처분에 따라 이의신청, 계고, 청문의 절차를 거쳐 이사들이 해임되고 임시이사가 파견될 상황에 이르렀다. 8월 8일부터 26일까지 3주에 걸친 특별 종합감사 결과 이사 전원을 해임할 사유가 드러났기 때문에 취해진 조치이다. 교육부의 감사처분으로 상지대는 1993년 이후에 전개했던 제1민주화에 이어 다시 제2민주화를 시작할 수 있게 되었다.

상지대는 1955년에 설립되었다. 그러나 1972년 김문기가 임시이사로 파견되었다가 대학을 인수한 후 20년간 비리대학의 오명을 뒤집어썼다. 결국 1993년 김문기가 퇴출되고 임시이사가 파견되면서 민주대학으로 발전했고 자력으로 정이사체제로 전환했다. 좋은 시절이었고 좋은 사례였다. 하지만 2007년 대법원 판결로 정이사체제가 붕괴된 후 2010년 사분위에 의해 구재단이 복귀하면서 다시금 가혹한 시련에 직면했다. 급기야 2014년에 김문기가 총장으로 복귀하면서 학내분규가 대폭발했다.

상지대 사태가 사회적 현안으로 부각되자 2014년 11월 교육부는 특별종합감사를 실시했지만 2010년 이후 상지대 분규의 원인인 이사회에 책임을 묻는 대신 쟁점으로 드러난 김문기를 총장직에서 해임하는 대증요법의 미봉책을 사용했다. 그러나 김문기 해임으로 상지대 사태가 해결되지 않고 사태가 더욱 악화되자 결국 2016년 8월에 재차 특별종합감사를 실시해 이사회를 해체하는 방향으로 결정을 내린 것이다. 김문기가 총장직에서 해임된 상황에서 김문기의 하수인인 이사회까지 해체되면 김문기 구재단은 완전히 퇴출되어 상지대는 민주화의 새로운 기회를 맞이할 것이다.

물론, 이사들이 해임된 것은 아니다. 교육부의 감사처분이 김문기 구재단 해체와 임시이사 파견으로 순조롭게 진행될지 아직은 속단하기 어렵다. 여러 절차가 있고 김문기의 저항도 예상되기 때문이다. 그러나 교육부 감사처분 외에도 여러 수단이 가동 중이기 때문에 적어도 김문기 구재단에게는 더 이상 기회가 없을 것이다. 원주지원에서 이사선임결의 무효확인 소송과 이사직무집행정지 가처분 소송이 이미 진행 중이고, 2010년 사분위 정상화가 무효라는 서울고등법원 판결도 대법원에 계류 중이며, 김문기 해임에 따른 소송 역시 앞으로 이사회 해체의 방향으로 움직일 것이기 때문이다.

사회적으로 상지대는 사학비리의 상징이자 사학 민주화의 상징이라는 두 개의 얼굴을 가지고 있다. 과거 오랫동안 상지대는 사학비리의 상징이었다. 그 중심에 김문기라는 인물이 있었다. 그러나 그 이후에는 사학 민주화와 사학 발전의 상징적인 대학이 되었고 그 속에 김문기는 없었다. 다시 21년 만에 김문기가 복귀하였지만 구성원의 지속적인 투쟁으로 상지대는 다시금 사학 민주화 운동의 중심이 되었다. 그 과정에서 김문기가 해임되었고 이어서 이사회 역시 해체의 운명을 피하기는 어려울 전망이다.

상지대가 민주화를 추진하는 과정에서 사학을 둘러싼 수많은 쟁점들이 부각되었다. 왜 우리나라에는 이렇게도 사학이 많은가? 사학은 특정인의 사유재산인가? 사학에서 교수와 학생 등 구성원의 권한은 무엇인가? 임시이사의 권한은 제한적인가? 국가는 왜 사학에 재정을 지원하는가? 그럼에도 불구하고 교육부는 왜 사학에 약한가? 사학에서 자율성과 공공성은 어떤 관계인가? 사학분쟁조정위원회는 왜 비리재단을 옹호하나?

최근 상지대 재판에서 두 가지 중요한 문제가 해결되었다. 대학의 교수와 학생은 재단 문제에 대해 소송할 자격이 있다는 2015년 대법원 판결과 개방이사를 고려하지 않은 사분위 정상화는 무효라는 2016년 서울고등법원 판결이다. 상지대 사건과 직접 관련된 것은 아니지만 사학은 사유재산이 아니며 교육의 공공성은 사학의 자율성에 우선한다는 헌법재판소의 판결도 매우 중요하다. 이 세 가지 판결은 하나의 흐름으로 통합된다. 학교는 돈벌이하는 곳이 아니라 교육하는 곳이라는 사실이다.

김문기 구재단 이사회를 해체하는 교육부의 감사처분에까지 이른 상지대 상황은 상지대 민주화를 위한 소중한 기회이다. 그러나 그 의미는 상지대에 한정되지 않는다. 첫째, 상지대 상황은 사학비리가 우리 교육에서 발붙일 곳이 없다는 사실을 알려주는 단초이다. 둘째, 상지대 상황은 2010년 사분위 정상화가 잘못된 정상화라는 것을 구체적으로 입증한 증거이다. 셋째, 상지대 상황은 구성원이 대학 민주화와 대학운영에서 중요한 역할을 담당한다는 것을 입증해준 사례이다. 그러므로 상지대 사례는 앞으로 다른 사학에 순차적으로 적용되어 국가적인 차원에서 사학 민주화의 출발점이 되고 표본이 될 것이다.

상지대는 대학 민주화의 오랜 투쟁 과정을 거쳤다. 그리고 이제 그 종착점에 도달했다. 그러나 이 종착점은 끝나는 지점이 아니라 대학의 민주적 발전을 위한 새로운 출발점으로 이해되어야 한다. 앞으로 상지대는 지난한 투쟁을 통해 획득한 대학 민주화를 성공적인 대학 발전으로 이어가야 하는 더욱 중대한 과제에 직면했다. 이 과정에서 상지대가 추구할 목표는 공영사학이다. 상지대가 공영사학의 실험에서 성과를 거둔다면 우리나라 사학의 기본틀이 바뀔 수 있다. 상지대가 그 역사적인 실험의 선두에 서게 되었고 이번 교육부 감사처분으로 그 실험이 앞당겨지게 되었다.

덧붙이는 이야기. 국공립이든 사립이든 교육은 공공성에 바탕을 둔 것이고 교육기관은 원래부터 공영이다. 나라가 설립했다고 국영일 수 없는 것처럼 개인이 설립했다고 사유재산일 수 없다. 교육이기 때문이다. 나라가 사학에 엄청난 국고를 지원하는 것도 교육의 이러한 성격 때문이다. 그러므로 사학은 애초에 그 성격이 공영사학일 수밖에 없는 것인데, 이제 와서 별도로 공영사학을 강조하는 것은 그간 많은 사학이 공영사학의 범주에서 크게 벗어나 있었기 때문이고 상당수가 사학비리를 저질렀기 때문이다. 따라서 공영사학은 새로운 사학을 만들자는 것이 아니라 원래 사학의 성격으로 돌아가자는 것이다.

≪민중의소리≫, 2016년 10월 4일

2016년 상지대 대법원 판결과 임시이사 파견

/

김문기 구재단 이사회 해체

2016년과 2017년은 상지대에 매우 뜻깊은 해이다. 답답하고, 복잡하고, 느린 가운데서도 상지대가 새로운 방향을 잡아가는 해가 되었기 때문이다. 복잡한 가운데서도 방향은 분명했고, 느린 가운데서도 길을 잃지 않았다. 10년간의 싸움에 지친 우리들은 말할 나위 없이 답답했지만 서두르지 않고 평상심을 유지하면서 상황을 예의주시했다.

2014년 11월의 교육부 특별감사와 2015년 7월의 김문기 해임은 큰 변화였지만 김문기 해임만으로는 상지대 사태를 해결할 수 없다는 사실이 확인되었다. 그 직후 학생들이 5주에 걸친 수업거부를 단행했지만 역시 마찬가지였다. 아무런 변화가 없는 가운데 학교는 파행의 늪 속으로 빠져들었다. 끝없이 이어지는 징계와 고소·고발에 무력하게 대응하는 길고 긴 소강상태가 지속되었다. 무엇인가 돌파구를 열어야 하는데 앞길이 보이지 않았다.

2016년 4월 총선이 야당의 승리로 끝나면서 정치 상황의 변화를 예감했다. 여소야대 상황이 우리에게 새로운 기회가 될 것으로 판단했다. 교육부를 상대로 아무리 요구해도 기다리는 답이 나오지 않는 상황이라면 차라리

감사원 감사를 청구하자고 했다. 처음에는 공익감사를 준비하다가 감사 대상의 폭이 넓은 국민감사로 바꾸어 준비했다. 그러다가 2014년에 이어 재감사 성격의 교육부 감사를 청구하는 것으로 방향을 바꾸어 5월에 교육부에 감사청구서를 접수했다. 감사청구서를 국회 교육문화체육관광위원회에 참고 자료로 보냈다.

판단이 주효했다. 6월이 그 출발점이 되었다. 6월 임시국회에서 국회는 상지대가 교육부에 감사를 요청한 사실을 확인한 후 교육부 장관으로부터 감사를 검토하겠다는 답변을 이끌어냈다. 재감사가 예고된 것이다. 나아가 민주당 우상호 원내대표와 교문위원 등 아홉 명의 국회의원들이 상지대 현장을 대거 방문해 김문기 구재단 퇴진과 사학비리 척결을 강하게 촉구했다. 이어서 서울고등법원은 2010년 사분위의 상지대 정상화가 불법이므로 취소한다는 판결을 내렸다. 이것은 2010년 사분위 정상화와 관련해 2015년 7월에 대법원이 서울고등법원으로 파기환송한 사건에 대한 선고였다. 교육부 감사와 사분위 정상화 재판이 상지대 사태를 해결할 두 축으로 부각되었다.

약간의 논란을 거쳐 드디어 8월 8일부터 3주간 교육부 특별감사가 시작되었다. 9월 23일에는 특별감사에 대한 처분이 발표되었다. 통상 3개월 걸리는 감사처분이 1개월도 채 안 되어 발표되었다. 기대하고 예상한 대로 김문기 구재단 이사 아홉 명 전원에 대해 교육부가 임원취임승인 취소의 결정을 내렸다. 이어서 10월에는 2010년 상지대 정상화에 대한 대법원의 최종판결이 나왔다. 대법원이 6월 23일의 서울고등법원 판결을 확정함으로써 결국 2010년 사분위가 선임한 정이사가 취소되었다. 이 판결로 2010년 정이사들이 선임한 후임이사들도 당연 무효가 되었다. 교육부 감사처분과 대법원 판결이 이중으로 김문기 구재단 이사회를 해체해버린 셈이다.

그러나 감사처분과 대법원 판결 이전에 우리는 2010년 사분위 정상화에 관한 서울고등법원 판결의 후속 조치로 현 이사들의 선임이 불법이라는 이사선임결의 무효확인 소송과 이사직무집행정지 가처분 소송을 춘천지방법원 원주지원에 제기했다. 이렇게 되면 김문기 구재단 이사회는 교육부 감사처분에 따른 임원취임승인 취소, 대법원 판결에 따른 이사 무효, 원주지원 가처분 결정에 따른 무효 등 삼중의 포위망 속에 갇히는 셈이 되고 이 중 어느 것에 걸리든 구재단 이사회는 무너질 수밖에 없는 사면초가의 상황이 조성되는 것이다.

그러나 교육부 감사처분으로 임원취임승인 취소를 위한 절차가 진행되는 상황에서 대법원 판결이 나오자 국면에 약간의 변화가 생겼다. 교육부는 감사처분서를 통지한 후 이의신청, 시정 요구, 청문의 절차를 진행하겠다고 했다. 이렇게 해서 감사 결과에 대한 이의신청이 진행되는 와중에 대법원이 2010년 이사 선임을 취소하고 그 후임이사 선임을 무효화함으로써 임원취임승인 취소의 대상이 사라져버리는 문제가 발생했다. 결국 교육부가 감사처분에서 가장 중요하게 제시한 임원취임승인 취소가 없어지고 원주지원에 제기한 가처분 소송도 무의미하게 되어 대법원 판결 결과만 남게 되었다.

여기서 하나의 논란이 발생했다. 교육부 감사처분으로 임원취임승인이 취소되거나 법원 결정으로 이사 선임이 무효가 될 경우에는 임시이사를 파견해야 하지만 대법원이 2010년 정상화를 취소할 경우에는 당시 정이사 선임이 잘못된 것이므로 재차 정이사를 선임해야 한다는 주장이 제기된 것이다. 교육부에서도 이와 같은 의견이 있었지만 김문기 구재단이 이러한 주장을 공식적으로 사분위에 제기하면서 논란이 커졌다. 우리는 정이사 선임이 부당한 여러 가지 이유를 근거로 제시하면서 즉각적인 임시이사 선임을 요구하는 공문을 교육부에 발송하고 담당 공무원들에게 그 필요성을 누이이 당부했다.

우리는 현 상황에서 사분위가 정이사를 선임하는 것은 전적으로 불가능한 일이라고 판단했다. 대법원이 사분위 정상화가 불법이라고 취소한 상황

상지학원 임시이사 명단(2016.12.8)

직함	이름	생년	현직	경력
이사장	편호범	1952	수원대 석좌교수	감사위원, 안진회계법인 부회장
이사	변창구	1951	서울대 명예교수	서울대 교육부총장
이사	이종원	1956	대전대 교수	교원소청심사위원장
이사	류지성	1958	단국대 교수	단국대 특임부총장
이사	배영찬	1958	한양대 교수	한양대 입학처장
이사	노명선	1959	성균관대 교수	부장검사
이사	박충화	1961	대전대 경영부총장	대전대 입학홍보처장
이사	이광석	1962	중앙대 재무회계팀장	
이사	강종수	1970	변호사	

인 데다 김문기 구재단 복귀로 상지대가 지난 6년간 고통을 겪었는데 김문기 구재단에 다시 상지대를 돌려주는 결정을 할 경우 교육부와 사분위에 쏟아질 정치적 비난을 감당할 수 없기 때문이다. 특히 대통령의 퇴진을 요구하는 국민들의 분노로 청와대와 새누리당이 절체절명의 위기에 직면한 상황에서 김문기에게 상지대를 돌려주는 것은 상상할 수 없는 일이었다. 그렇다고 사분위가 즉시 임시이사를 선임하기도 어려울 것으로 판단했다.

이러한 여러 가지 상황을 종합적으로 검토할 때 2~3개월 정도 긴급처리권에 의한 운영이 불가피할 것으로 판단했다. 이때 긴급처리권은 2010년 정이사 선임 직전의 임시이사들이 담당하게 된다. 그래서 우리는 당시 이사장이었던 구관서 이사장을 만나 긴급처리권의 행사를 요청하기도 했다. 그러나 우리의 예상과 달리 교육부와 사분위는 11월 28일 사분위 회의에서 긴 논란 끝에 상지학원에 임시이사를 파견하기로 하고 임시이사 아홉 명의 명단을 결정했다.

교육부와 사분위가 긴급처리권 대신 왜 임시이사 파견을 선택했는지에 대해서는 여러 의문이 있지만 논란이 되었던 정이사 선임이 무산되고 임시이사가 선임된 것은 매우 잘된 일이고 이것만으로도 족하다. 우리의 요구

사항이 임시이사 파견이었기 때문이다. 교육부는 사분위가 심의한 임시이사에 대한 신원 조회를 거쳐 12월 8일에 정식 발령을 냈고 12월 21일 오송역 회의실에서 첫 이사회를 소집해 편호범 이사를 이사장으로 선출했다.

김문기 구재단 이사회가 해체되고 임시이사가 파견되었다는 것은 김문기 체제가 붕괴되었다는 것이고 상지대가 새 출발하게 되었다는 사실을 의미하는 것이다. 김문기 체제가 붕괴된 것은 사실이다. 이는 매우 중요하다. 그러나 그다음은 모호하다. 김문기 체제는 붕괴되었지만, 즉 구체제는 붕괴되었지만 새로운 출발에 해당하는 새로운 체제를 수립하지 못했기 때문이다. 임시이사회의 문제점 때문이다. 임시이사회가 상지대의 새 출발을 막은 것이다. 특히 편호범 이사장이 그 중심에 있다.

편호범 이사장은 상지대 이사장으로 부적격일 뿐만 아니라 이사 자격조차도 의심스러운 사람이었다. 평생을 감사원에서 봉직하고 안진회계법인에서 부회장을 역임한 경력 때문에 일말의 기대를 갖기도 했지만 사학 분야의 경력은 최악이었다. 이 사람은 구재단 몫으로 대구대 임시이사로 파견되었고, 주명건이 지배하는 세종대에서 감사를 지냈고, 이인수가 총장으로 있는 세종대에서 석좌교수로 재직 중이며, 성신여대에서 재단을 지원하는 활동을 하는 등 재단 혹은 구재단 성향이 명백했다. 특히 성신여대에서는 심화진 총장의 불법 연임에 관여했고, 총장이 저지른 횡령 사건과 관련해 배임 혐의로 수사 중인 만큼 상지대 임시이사 혹은 이사장으로는 부적격 인사임에 분명하다.

임시이사가 파견되는 순간부터 상지대 구성원들은 임시이사회와 최대한 협조해 황폐화된 대학 상황을 정리하면서 대학 살리기에 집중한다는 계획을 세우고, 편호범 이사장을 포함한 임시이사들과 협의를 추진했다. 그러나 편호범 이사장은 상지대 구성원과 협의해 대학을 정상화한다는 구상에 동의하지 않았다. 반대로 김문기와 접촉하면서 일방적으로 본부 보직을 선임

| 상지대의 사분위 정상화 방안을 검토하기 위해 열린 국회 토론회 |

하는 등 대학운영에서 구성원을 배제하려는 방향으로 움직였다. 임시이사회는 구성원과 함께 우리 대학이 처한 어려움을 해결하는 일에 별 관심을 두지 않았다. 오히려 상지대를 통제하기 위해 교육부가 파견한 대리인처럼 행동했다. 임시이사회가 구성원을 배제하자 구성원들 역시 임시이사회를 거부할 수밖에 없었고, 일련의 과정을 거쳐 편호범 이사장 퇴진과 임시이사회 교체를 주장하기에 이르렀다.

2016년 11월 28일 사분위의 임시이사 결정에서부터 시작된 지난 석 달간의 과정은 구재단 보직을 교체하는 것으로 마무리되었다. 우리는 임시이사체제의 문제점 때문에 대학이 큰 혼란을 겪었던 지난 1993년과 같은 상황이 반복되지 않도록 무던히 애썼다. 그러나 결과는 만족스럽지 못했다. 비록 지금 상황이 1993년과 동일한 수준은 아니지만 결국 임시이사체제의 한계를 다시 겪게 되었기 때문이다. 매우 유감스러운 일이지만 이 모든 상황의 배경에는 교육부가 있다.

임시이사들은 상지대 이사가 아니라 철저하게 교육부 이사였다. 사학에 대한 이해는 높지 않고 일부 이사들은 재단 편향적인 색채를 노골적으로 띠고 있었다. 그중에서도 이사장은 최악의 인물이었다. 임시이사들은 상지대 상황을 고려하기보다는 교육부의 지침에 따라 움직이는 로봇이었다. 교육부의 한계를 다시금 절감했다. 교육부는 교육을 위해 존재하는 조직이 아니라 교육이라는 미명하에 자기 스스로를 위해 존재하는 교피아이자 사학 마피아 그 자체였다. 지난 10년간 끊임없이 교육부에 실망했지만 마지막 순간에도 교육부는 우리의 기대를 배신했다.

교육부는 2010년 사분위 정상화 문제로 우리와 6년간 법정투쟁을 벌인 끝에 대법원에서 최종적으로 패배했다. 상지대 정상화의 불법성이 공식적으로 확인된 것이다. 그러나 교육부는 불법성을 인정하는 대신 '절차상 하자'라는 말로 바꾸었다. 절차상 하자만 치유하면 된다는 식이다. 교육부가 대법원 판결을 축소·왜곡하는 이유는 사분위를 통한 모든 정상화가 불법이기 때문에 상지대 판결을 인정할 경우 걷잡을 수 없는 사태가 초래된다고 보았기 때문이다. 따라서 교육부는 절차적 하자를 치유하는 방식으로 조기에 상지대 정상화를 마무리함으로써 이 문제를 은폐하고 싶어 한다.

이렇게 하기 위해서는 임시이사들이 교육부의 지침을 따라 움직여야 하고 대법원 판결을 승리로 이끈 상지대 구성원들을 통제해야 한다. 교육부가 임시이사회를 통해 상지대를 통제해야 교육부가 원하는 방향으로 조기 정상화를 추진할 수 있기 때문이다. 특히 교수협의회가 대학운영에 참여해 발언권을 행사하는 것을 막아야 한다. 교육부는 이런 목적으로 임시이사체제를 구성했고 상지대에 파견된 임시이사들에게 이러한 미션을 부여했다.

총장직무대행을 교수협의회 바깥에서 선임하는 등 당장은 교육부의 구상대로 진행되는 것처럼 보인다. 그러나 교육부의 구상은 미션 임파서블이다. 교수협의회를 대학운영에서 배제하는 데 성공했다고 구상이 실현되는 것은 아니다. 우선 교수협의회를 계속해서 대학운영에서 배제하는 것은 불가능하다. 교수협의회를 보직에서 배제한다고 상지대를 통제할 수 있는 것도 아니다. 상지대 구성원들은 혹독한 탄압 상황에서도 김문기 구재단과 싸워 이겼고 김문기 구재단체제를 붕괴시켰는데 임기 6개월의 임시이사회를 두려워할 까닭이 없다. 따라서 이 상황은 과거에도 그랬던 것처럼 극히 일시적인 현상에 불과하다.

상지대 사태는 새로운 국면으로 접어들었다. 김문기가 해임되었고, 김문기 구재단 이사회가 해체되었고, 드디어 김문기 구재단 보직까지 교체되면서 김문기 구재단체제는 완전히 해체되었다. 교육부가 임시이사회를 조종하고 임시이사회가 구성원의 참여를 제한해 당장 새로운 대학체제를 수립하지 못한다고 해도 김문기 구재단체제가 붕괴되고 상지대 사태가 새로운 국면으로 접어들었다는 사실에는 변함이 없다. 이런 점에서 현 상황은 김문기 구재단체제에서 상지대 민주화체제로 전환되는 일시적인 과도기라고 보아야 할 것이다.

상지대학교의 비전

/

공영대학을 향한 구상과 과제

우리가 김문기를 반대하는 이유는 김문기가 미워서 그런 것이 아니다. 김문기가 대학을 운영할 자격이 없는 사람이고 무엇보다도 상지대와 대학을 망치는 사람이기 때문이다. 사람들은 묻는다. 김문기가 없으면 상지대가 어떻게 되겠냐고. 지나치게 과한 걱정이다. 상지대는 김문기가 없던 시절에 가장 민주적으로 운영되었고 가장 비약적으로 발전했다. 많아서 좋은 것이 있는가 하면 없을수록 좋은 것도 있는데 상지대에서 김문기는 후자의 존재이다.

상지대는 김문기와 맞서 대학 민주화를 추구하면서, 또한 김문기 없는 민주대학의 경험을 쌓으면서 대학 발전에 대한 비전을 창출했다. 상지대의 비전은 상지대의 정신, 상지대의 미래상, 실현 가능성과 과제의 세 가지로 나누어 정리할 수 있다. 먼저 상지대의 정신에 대해 살펴보려고 한다. 상지대의 정신은 대학 민주화를 추구해온 상지대의 과거 경험과 밀접한 관련이 있는 문제인 만큼 상지대의 역사적 경험에서 찾아야 할 것이다.

1. 상지대의 '40년 전쟁'

상지대 사태가 '40년 전쟁'이라는 말은 이미 앞에서 언급했다. 김문기가 상지대에 발을 들어놓은 그 순간부터 전쟁은 시작되었다. 때로는 드러나지 않는 내부저항으로 혹은 드러나는 방식으로, 때로는 조용한 저항으로 혹은 전면적인 저항으로 그 방식과 양상이 달라졌을 뿐 전쟁은 한시도 중단되지 않았다. 이 전쟁이 본격화되고 지속성을 갖게 된 것은 1985년부터이다.

김문기가 상지대를 접수한 후 처음 10년간은 저항 자체가 불가능했다. 박정희 유신체제와 전두환 신유신체제의 공포정치 때문에 상지대 구성원들은 저항할 엄두조차 내지 못했다. 그러나 군사독재에 대한 정치사회적 저항이 시작되던 그 시기에 구성원들이 김문기의 노골적인 사학비리 행각에 저항하면서 상지대 사태는 시작되었고 마침내 상지대의 울타리를 넘어섰다.

먼저 학생들이 나섰다. 대학에서 총학생회가 부활한 후 연이은 입시부정과 교원 인사비리에 항의하는 학생들의 활동이 시작되었다. 그러나 김문기가 학생운동을 탄압할 목적으로 1986년 10월 그 유명한 '상지대 용공조작사건'을 자행하면서 상지대 사태는 돌이킬 수 없는 상황으로 내달리기 시작했다. 이어서 침묵하며 자괴감을 느끼던 교수들이 1989년 교수협의회를 결성해 저항의 대열에 합류하면서 대학 민주화를 위한 상지대의 투쟁전선이 확대되었다.

이렇게 시작된 전쟁은 8년 만에 결실을 거두었고 1993년 봄 김문기는 문민정부의 사정개혁 제1호로 구속되어 상지대에서 퇴출되었다. 상지대는 민주화의 봄을 맞았고 민주화 초기의 온갖 우여곡절 끝에 임시이사체제를 안정화하면서 대학의 민주적인 발전을 추진하게 되었다. 시민이 중심이 되는 대학, 시민에게 개방된 대학, 시민과 함께 발전하는 대학을 목표로 한 시민대학을 새로운 민주대학의 발전상으로 설정했으며, 이를 위해 발전기금을 조성하면서 정이사체제를 지향했고, 결국 자력으로 임시이사에서 정이사체제로 전환했다. 그 과정에서 상지대의 민주화 실험은 사회적으로 크게 주목받았다.

그러나 상지대 상황은 역사가 일직선으로 발전하지 않는다는 진리를 보여주는 생생한 체험장이 되었다. 인류 역사에서 중요한 사건과 인물은 두 번 되풀이 되는 경향이 있다고 앞에서 말했는데, 상지대는 사학비리로 지탄받으며 퇴출되었던 김문기가 권토중래해 오히려 1970년대보다도 더욱 가혹한 현대판 '동토의 왕국'을 건설하는 참혹한 장면을 피해가지 못했다. 매우 유감스럽게도 퇴출 20년 만에 다시 김문기 시대가 도래한 것이다.

2007년 대법원 판결로 상지대 정이사체제가 붕괴되고 사립학교법 개정으로 사분위가 발족하면서 구재단은 2010년에 '합법적'으로 상지대에 복귀했고, 복귀 4년 만인 2014년에 상지학원을 완전히 장악했으며, 그 즉시 사학비리 주범 김문기를 총장 자리에 올려놓고 말았다. 그리고 상상하지 못했던 칼바람이 상지대 교정을 휩쓸고 지나갔다. 교수 네 명이 파면되고 직원 다섯 명이 해임되고 학생 네 명이 무기정학을 받았다. 교수 여덟 명, 학생 세 명, 직원 두 명이 징계를 받았다. 다시 교수 여섯 명의 재임용이 거부되고 12명의 재계약이 거부되었다. 김문기 복귀 1년 만에 상지대가 전쟁터를 방불케 하는 '징계대학'으로 전락해버린 것이다.

1) 김문기의 복귀는 양날의 칼

그러나 김문기의 칼바람이 모질다고 해서 모든 것이 추풍낙엽이 되어 쓸려가 버린 것은 아니다. 김문기가 거침없이 휘두른 칼바람에 떨어진 낙엽들이 하릴없이 허공을 맴돌 것처럼 보였지만, 어느 날 갑자기 이 낙엽들이 날카로운 비수와 무서운 폭탄이 되어 김문기를 사방에서 맹렬히 공격하기 시작했고, 마침내 김문기의 목을 겨냥했다. 결국 총장 선임 11개월 만에 김문기는 다시 퇴출되었다. 총장에서 '합법적'으로 해임된 것이다. 그러나 김문기의 몸통은 여전히 상지대 교정을 어둡게 느리우고 있다. 이제는 이 몸통을 치워야 할 상황이다.

우리나라에서 '상지대 사태'를 모르는 사람은 없을 것이다. 매우 오래된 전설적인 이야기이다. 40년 동안 대학을 이 지경으로 만든 김문기와 구재단에 몸서리를 칠 정도이다. 그러면서도 어떻게 저렇게 오랫동안 교수, 학생, 직원들이 대학 민주화를 위해 싸울 수 있는지 의아하다는 눈길을 보내기도 한다. 그 이유가 무엇일까? 소극적으로 보면 김문기가 스스로 자초한 측면도 있지만 무엇보다도 대학 민주화를 향한 구성원들의 뜨거운 열망이 교정 곳곳에 깊이 뿌리를 내리고 있기 때문이다. 그 열망이 과연 무엇일까?

상지대는 1993년부터 2010년까지 18년 동안 대학 민주화를 위한 매우 의미 있는 실험을 수행한 경험이 있다. 모든 실험이 장단점을 가지고 있으므로 성과를 과장하는 것은 좋지 않지만, 정이사체제를 기반으로 하며 시민대학으로 상징되는 상지대의 민주화 실험은 매우 가치 있는 것이었다. 이것은 우리 사학의 한계를 뛰어넘고자 했던 시도였고 우리가 지향하는 사학의 미래지향적인 모델을 탐색하는 실천적인 모색의 과정이었다.

이 실험은 2010년 구재단의 복귀로 일시적인 난관에 봉착했다. 구재단이 민주 상지대의 성과를 부정하면서 지우려 했기 때문이다. 그러나 이 경험은 구재단의 전횡을 차단하는 방어벽 역할을 했다. 2014년 구재단의 완전 복귀와 김문기의 총장 선임으로 대학 민주화 실험은 완전히 중단되었다. 김문기와 구재단은 상지대의 민주적 실험을 전면적으로 부정하면서 대학 민주화의 흔적 자체를 폐기하려고 했다. 그러나 상지대 구성원들이 체득한 대학 민주화의 정신은 면면히 살아 김문기와 구재단에 저항하는 최후의 보루가 되었다.

민주화를 경험한 상지대에서 김문기는 일시적으로 총장이 될 수는 있었지만 그 직을 오래 유지할 수는 없었다. 김문기는 잠시 상지대에 점령군처럼 진주할 수는 있었지만 상지대를 장악할 수는 없었으며 대학 민주화를 향한 상지대 구성원들의 열망을 점령하거나 제거하는 것은 불가능했다. 김문기는 일시적으로 구성원들을 파면·해임할 수 있었지만 구성원들을 제압할 수는 없었고 구성원들의 마음을 얻는 것은 더욱이 불가능했다.

역설적이지만 김문기가 전면에 나설수록 김문기에 대한 반대는 더욱 강해졌고 김문기의 탄압이 거셀수록 대학 민주화를 향한 열망은 더욱 높아졌다. 김문기가 부패권력의 힘을 빌려 상지대를 장악하고자 했지만 그것은 어떤 경우에도 실현 불가능한 꿈이었다. 왜 그럴까? 상지대는 대학이기 때문이다.

2) 대학이란 무엇인가?

그렇다면 대학 민주화를 향한 상지대 구성원들의 열망이란 과연 무엇일까? 도대체 그것이 무엇이기에 혹독한 탄압에도 굴하지 않고 오랜 세월 끈질기게 저항하는 것일까? 상지대 구성원들이 떨쳐 일어나 단결하도록 만드는 상지대의 꿈과 열망이 무엇인지 궁금하지 않을 수 없다.

공자 말씀에 대학이란 소학과 구별되는 과정으로 대인배, 즉 군자를 양성하는 교육기관이다. 기초 지식을 함양하는 곳이 아니라 나라를 떠받들 기둥인 나라의 동량을 만드는 곳이다. 군이 초·중등학교와 구별한다면 대학은 밝혀진 사실을 일방적으로 학습하는 곳이 아니라 밝혀지지 않은 사실을 탐색하고 진리를 탐구하는 공간이다. 대학에서는 익히고 학습하는 초·중등 수준을 넘어 현실을 부정하고 비판하면서 미래의 더 나은 대안을 탐구하는 것을 목표로 한다. 새로운 대안을 창조하기 위해서는 현실 세계를 부정하고 비판하는 안목을 길러야 한다. 비판에서 대안이 나오기 때문이다. 그러므로 비판적 지성은 대학의 가장 근본적인 소양이다. 이런 소양을 함양하는 것이 대학의 목적이며 이런 소양을 체득한 인재만이 더 나은 미래사회를 창조할 수 있다.

대학이 현실을 부정하고 비판하기 위해서는 권력과 금력으로부터 자유로 워야 한다. 권력이 개입하는 순간 현실 비판은 불가능해지고 금력이 개입하 는 순간 진리탐구는 중단된다. 대학의 이러한 특성 때문에 대학은 처음부터 국가권력으로부터 독립된 대학 공동체로 출발했으며, 돈으로부터 자유롭기 위해 국가가 대학 재정의 전부를 책임지도록 설계되었다. 우리 헌법에 또렷 하게 반영되어 있는 학문의 자유, 대학의 자치는 의미 없는 수사가 아니라 대학의 정신과 역사를 반영하는 것이다. 대학이 사설 교육기관인 학원과 구 별되는 것도 이런 점 때문이다.

대학의 목적이 이러할진대 대학을 돈벌이 수단으로 삼는 것은 있을 수 없 는 일이거니와 옛날 말로 표현하면 국가를 위태롭게 만드는 대역죄에 해당 하는 중대한 범죄행위이다. 대학이 돈벌이의 수단으로 전락하는 순간 국가 의 미래는 차단되는 것이며, 이것은 마땅히 국가를 위태롭게 만드는 것이므 로 대역죄로 처벌하는 것이 온당하다. 대학을 사유재산으로 간주하는 지극 히 잘못된 생각, 대학을 운영하면서 부당하게 사익을 추구하는 행위, 그것 도 모자라서 대학에서 온갖 해괴한 비리를 저지르는 처사는 국가적 차원에 서 단죄되어야 한다.

상지대는 이 문제를 해결하기 위해 40년을 싸웠다. 대학을 대학답게 만들 기 위해 구성원들이 노력했다. 대학은 사유재산이 아니고, 대학은 특정인의 사기업체가 아니고, 대학에서는 비리가 용납되어서는 안 된다는 생각을 굳 건하게 실천해온 것이다. 그리고 오랜 세월을 거쳐 이러한 생각들이 하나하 나 모여 오늘날 상지대의 정신으로 자리 잡았다.

2. 상지대의 정신

상지대는 한국전쟁 직후인 1955년에 창학되었다. 올해가 상지대 개교 61

년이 되는 해이다. 김문기는 개교 42주년이라고 주장하며 기념식을 했지만 그것은 자기가 이사장이 된 이후의 일부 역사일 뿐이다. 우여곡절이 많았던 파란만장한 역사지만 61년을 면면히 흘러온 상지대의 정신은 크게 민주주의, 학생중심주의, 교육중심주의, 복지주의, 자연주의의 다섯 가지로 정리할 수 있다. 글로벌 시대에 부합하는 세계화나 정보화 시대에 부응하는 모바일 시스템과 같은 최근의 흐름도 이 다섯 가지 정신 속에 녹아들어 있다.

1) 민주주의의 정신

상지대를 관통하는 정신의 처음과 끝은 민주주의이다. 민주주의는 상지대의 정신이기 이전에 혼과 같은 것이다. 민주주의를 빼고는 상지대를 말할 수 없고 이 당연한 것을 위해 40년을 싸웠으며 지금도 싸우고 있다. 민주주의는 단순한 절차를 의미하는 것이 아니라 그 절차의 기저를 이루는 민주적인 관계를 의미한다. 대학에서 민주주의는 대학의 구성원이 대학의 주체라는 사실을 의미한다. 국가, 국회, 정부, 법원, 방송국과 같은 공공기관에는 소유관계를 의미하는 주인이 존재하지 않는다. 누구의 소유도 아니며 굳이 말하자면 주권자인 국민들의 소유이다. 상지대도 마찬가지이다.

국공립과 사립을 막론하고 대학에서 소유관계로서의 주인은 존재하지 않는다. 존재할 수 없고 존재해서도 안 된다. 초·중등학교 역시 마찬가지이다. 미국 하버드대학과 예일대학의 주인은 누구인가? 설립자인가? 그렇지 않다. 그렇다면 그 대학의 이사들인가? 그것도 아니다. 특정할 수 있는 주인이 없다. 그러므로 모두가 주인이고 주체이다. 공영방송 KBS의 주인은 누구인가? 대통령인가, 이사장인가? 그렇지 않다. 국민들이 주인이며 그렇기 때문에 공영방송인 것이다. 이것은 나라의 주인이 대통령이 아닌 것과 동일한 이치이다.

대학에는 민법 제16조에서 정한 선량한 관리자로서의 이사들이 존재하고 그 이사들의 집합체인 이사회와 이사회를 최고 의사결정기구로 하는 학교 법인이 존재할 뿐이다. 대학은 개인이 설립하는 것이 아니라 학교법인이 설립하고 누구도 학교법인을 소유할 수 없다. 운영하고 관리할 뿐이다. 그러므로 대학에는 운영관계가 존재할 뿐 소유관계는 존재하지 않는다. 이사장은 법인 운영의 대표자이고 총장은 학사 운영의 대표자일 뿐이다.

대학에서 민주주의는 대학 구성원이 운영의 주체라는 것을 의미한다. 2015년 상지대 대법원 판결(2012두19496)에서 정확하게 정리해준 것처럼 구성원은 대학운영에 적극적으로 참여하고 결정할 권리를 갖는 운영의 주체이다. 대학은 사적 소유관계인 학원이나 회사가 아니기 때문에 누군가가 일방적으로 결정하고 지시하는 관계로 작동하지 않는다. 오직 함께 참여해 의논하고 결정하는 공동체적 운영관계로만 작동한다. 그러므로 상지대에서는 구성원을 대학의 정당한 주체로 설정해 대학운영에서 구성원들에게 최고의 참여를 보장하며 모든 의사결정이 구성원의 참여를 바탕으로 이루어지는 민주주의를 대학이 추구하는 정신 중의 정신, 최고의 정신으로 삼는다. 민주주의를 빼고는 상지대를 설명할 수 없다.

2) 학생중심주의의 정신

대학의 존재 이유는 학문의 연구와 교육에 있다. 이것으로 사회에 봉사하고 사회발전에 이바지한다. 그러므로 교육과 연구는 대학의 본령이다. 교육은 학생들을 미래 세대의 동량으로 육성하는 과정이다. 연구는 진리를 탐구하는 과정이지만 동시에 교육을 위한 것이기도 하다. 연구는 대학이 아닌 곳에서도 가능하며 사회봉사 또한 마찬가지일 테지만 교육은 오직 대학에서만 가능하다. 학문과 진리를 탐구하는 교수와 학생이 존재하기 때문이다. 이런 점에서 교수와 학생은 대학이 대학으로서 존재해야 하는 첫 번째 이유가 된다.

대학에서 교수는 가르치고 학생은 배우는 위치에 있지만 그렇다고 이것이 신분적 관계나 상하관계 같은 것은 아니다. 대학에서 교수는 가르치기 위해 존재하고 학생은 배우기 위해 존재하는 것이므로 대학에서는 주체적인 '가르침'과 주체적인 '배움'이 동시에 공존한다. 달리 표현하면 가르치는 교수는 능동적이고 배우는 학생은 피동적인 관계가 아니라 두 개의 능동적 목적이 공존하는 곳이 대학이라는 뜻이다. 대학은 사설학원이 아니기 때문이다.

학생 없이는 교육이 성립되지 않는다. 이런 점에서 대학이 학생을 중심에 놓고 운영하는 것은 지극히 당연하다. 교육의 단순한 소비자가 아니라 학문과 교육의 능동적 주체인 학생들이 중심이 되는 운영, 학생들의 필요에 기반을 둔 운영, 학생들과 함께하는 운영, 대학의 모든 성과가 궁극적으로 학생들에게로 귀결되는 운영이 대학의 진정한 모습인 것이다. 이런 점에서 학생이 주체가 되는 학생중심주의는 학생을 위하는 학생제일주의와도 구별된다. 학생중심주의가 주체의 개념이라면 학생제일주의는 시혜의 개념이기 때문이다.

상지대는 학생을 소비자나 수요자로 간주하는 것이 아니라 대학의 주체로 인정해, 링컨(Abraham Lincoln)이 '국민의, 국민에 의한, 국민을 위한 정부'를 미국인들에게 약속했던 것처럼 '학생의, 학생에 의한, 학생을 위한 대학'을 추구하는 학생중심주의를 약속하며 지향한다. 학생의 대학이란 학생을 대학운영의 주체로 인정한다는 학생주체론이다. 학생에 의한 대학이란 학생들이 대학운영에 참여할 수 있도록 배려한다는 학생참여론이며 이러한 참여의 과정을 통해 대학자치를 실현해나간다는 뜻이다. 학생을 위한 대학이란 대학운영의 성과가 궁극적으로 학생들에게 귀결되도록 한다는 학생복지론이다.

3) 교육중심주의의 정신

잘 가르치는 것은 대학의 일차적인 목적이다. 대학에서 잘 가르치는 것보다 중요한 일은 없다. 가르치기 위해 연구할 수는 있지만 연구하기 위해 가르치지는 않는다. 물론 연구도 중요하다. 연구 없이 가르치는 것은 불가능하다. 그러나 모든 연구가 교육과 직접 연결되는 것은 아니다. 더구나 연구는 연구소에서도 할 수 있지만 교육은 오직 대학에서만 할 수 있다.

모든 대학에서 교육과 연구가 동시에 이루어지므로 교육과 연구를 따로 분리해서 말하기는 어렵다. 운영 목적상 대학을 교육중심대학과 연구중심대학으로 구분할 수는 있다. 특별히 국가정책적 목적이나 대학의 결정에 따라 연구에 집중하는 대학이 있는 것도 사실이다. 유럽이나 미국의 유수한 대학들이 연구중심대학을 표방하기도 한다. 그러나 연구중심대학이라고 해서 교육이 등한시 되는 것은 아니며 소수의 연구중심대학을 제외한 대다수 대학은 교육에 집중하고 있다.

교육중심주의는 좋은 교육을 최고의 목표로 삼아 대학을 운영하는 것을 뜻한다. 교육을 통해 우리 사회가 필요로 하는 최고의 인재를 양성하는 것을 지향한다. 이때의 교육은 강의실에서 이루어지는 수동적인 지식 전수에 국한된 것이 아니다. 교수와 학생이 혼연일체가 되어 활발하게 토론하고 적극적으로 탐구하면서 학생이 전문지식과 사회적 교양을 능동적으로 축적해가는 과정을 의미한다.

여기서 중요한 것은 교육의 결과로서 학생들이 받는 성적이 아니라 학생들이 교육과정에서 얻게 되는 성취도와 만족감이다. 우수한 학생이 뛰어난 성적을 받는 것이 중요한 것이 아니라, 우수한 학생이 더욱 우수한 학생으로 성장하고, 학업에 미진했던 학생들이 학업에 흥미를 느끼고 만족하게 됨으로써 궁극적으로 우수한 학생으로 성장해가는 것이다. 이것이 바로 교육의 효과이며 상지대는 이런 점에서 교육중심주의를 지향한다.

4) 복지주의의 정신

대학은 학문과 지식의 공동체이다. 대학은 노동과 임금을 교환하는 회사가 아니며 특정한 지식 전수를 위해 단기적으로 거쳐 가는 사설학원과도 다르다. 대학은 짧게는 4년, 길게는 10년 이상의 긴 시간 동안 자신의 학문을 연마하고 인격을 함양하는 창조적 수련의 도장이다. 강의 외에도 학생 활동, 동아리 활동, 음악과 미술을 비롯한 취미 활동, 체육 활동과 축제, 봉사 활동, 각종 강연과 토론 등 수많은 활동이 활발하게 이루어지는 학문 공동체이다.

또한 대학은 수천 명의 학생 외에도 수백 명의 교수와 직원, 조교가 함께 생활하는 생활공동체이다. 규모가 큰 대학에는 수만 명이 함께 생활한다. 교수와 직원에게는 대학이 직장이자 삶의 터전이다. 그러므로 공동체 안에서 활동하는 구성원들에게 양질의 복지를 제공하는 것은 대학의 또 다른 책무이다. 학생들에게는 수준 높은 교육과 우수한 교육환경을 제공하고, 교수에게는 필요한 연구환경을 제공하며, 직원에게도 적절한 근무환경을 제공해야 한다.

이 모든 것을 교육복지의 관점에서 접근할 수 있다. 교육복지란 교육을 위한 소비적 성격의 지출이 아니라 더 나은 교육을 위한 생산적 투자라고 해야 할 것이다. 교육의 성과가 교육을 대하는 자세와 교육환경의 종합적인 결과라고 할 때 교육복지는 교수와 학생들이 열성적으로 교육에 참여하도록 촉진하는 동시에 교육의 효과를 배가시키는 역할을 하는 것이므로 그 자체로서 교육 발전을 위한 중요한 수단이라고 해야 할 것이다.

상지대는 교수와 직원들에게 충분한 교육 및 연구 환경과 근무환경을 제공하는 것은 말할 것도 없거니와, 특히 학업 과정에 있는 학생들이 가장 좋은 조건에서 마음 놓고 학업에 정진할 수 있도록 우수한 교육환경을 제공해 주고자 한다. 교육환경이란 강의실과 도서관을 포함한 기본적인 교육시설뿐만 아니라 장학금 혜택, 기숙사 사용, 체육시설, 충분한 휴식 공간과 양질의 식당 등 캠퍼스 안에서 요구되는 교육과 관련된 일체의 시설과 서비스를 모두 포함한다. 적성검사, 진로지도, 진학과 취업 지원 등도 모두 포함된다.

5) 자연주의의 정신

대학은 그 특성상 본질적으로 자연주의를 지향한다. 대학은 단순히 수업을 듣고 논문을 쓰는 좁은 공간이 아니라 사유하고 철학하고 비판하면서 새로운 가치와 내일을 창조하는 공간이다. 대학이 차지하는 공간은 좁지만 대학이 대상으로 삼는 공간은 국가와 사회를 포함한 세상이고 지구와 우주까지도 포괄하는 무한대의 공간이다. 대학은 좁게는 학생 한 사람의 삶을 구축하는 곳이지만 넓게는 국가와 사회의 내일을 준비하는 곳이다. 물질문명이 가장 고도화된 조건에서도 정신과 문화의 가치를 유지하고 재생산하는 곳이다. 이런 점에서 대학은 물질문명의 폐해와 부작용을 방지하고 극복할 수 있는 유일한 공간이다.

대학은 지리적인 관점에서도 자연주의를 지향한다. 대학의 캠퍼스는 도시 안에서 자연의 일부를 구현함으로써 자연과 가까워질 뿐만 아니라 도시인들에게 자연의 휴식을 제공한다. 대학의 캠퍼스는 회사나 공장과 구별되며 밀집된 도심에서도 자연과 가장 가까운 방식으로 설계된다. 그러므로 대학의 캠퍼스는 도시 속의 자연으로서 학생 등 구성원에게는 물론이거니와 근대화된 도시에 자연의 활기를 불어넣는 역할을 하며, 삶에 지친 도시민들에게 자연을 체험하고 편안하게 휴식할 수 있는 공간을 제공한다.

학문적인 측면에서나 지리적인 측면에서 대학은 인간과 자연의 일체화를 지향한다. 대학을 통해 인간은 자연의 분리 불가능한 일부가 되어 자연 속에서 그 일부로 인간을 파악함으로써 자연과 하나될 수 있다. 대학에서 인간에 대한 탐구는 자연에 대한 탐구와 분리될 수 없으며 인간과 자연에 대한 통합적인 학문 탐구를 통해 세계를 더욱 깊이 이해할 수 있게 된다. 대학의 구성원들은 자연을 깊이 받아들이고 친환경적인 생활 방식을 체득함으로써 궁극적으로 인간과 인간사회를 더욱 이해할 수 있게 되는 것이다.

이런 점에서 대학이 최고의 자연 친화적인 캠퍼스를 조성하는 것은 단순히 시각적인 아름다움을 추구하는 것 이상의 본질적인 의미와 가치를 갖는다. 상지대는 현대사회의 무한 경쟁과 무제한적인 소비가 자연 파괴와 인간 소외의 원인이라는 점을 반성하면서 인간과 자연의 조화로운 발전과 공존을 추구하는 것이 인간사회의 발전에도 필수적이라는 관점에서 자연주의 정신을 대학운영의 중요한 정신으로 추구한다.

3. 상지대의 미래상

상지대의 미래상은 무엇일까? 대학을 대학답게 운영하려는 사람들에게는 그다지 어려운 문제가 아니다. 민주적으로 운영하면서 사회에 개방적인 대학으로 만들면 된다. 학생을 잘 가르치는 것은 대학의 가장 기본적인 책무이므로 재론할 필요가 없다. 민주성, 개방성, 좋은 교육을 바탕으로 사회에 봉사하는 유능한 인재를 길러내며 미래를 향해 나아가는 대학으로 발전하겠다고 말하는 것이 그렇게도 어려운가? 상지대가 지향하는 대학의 미래상은 결코 어려운 문제가 아니다. 그러나 사학을 사유재산으로 간주하고 사학비리에 목마른 사람들에게는 불가능한 문제이다.

1) 가장 민주적이고 투명한 대학

• 총장은 구성원의 민주적 참여로 선출한다.
• 대학운영에 대한 구성원의 적극적인 참여를 보장한다.
• 대학행정을 투명하게 공개한다.

• 구성원의 학내 자치활동을 전면적으로 보장하고 지원한다.

대통령 중심제 국가에서 대통령 직선제가 민주주의의 상징인 것처럼 총장 직선제는 대학 민주화의 상징이다. 대학의 구성원인 교수, 학생, 직원이 참여해 총장을 선출하는 것은 지극히 당연한 일이다. 사립학교법 제16조에 이사회가 총장을 선임하도록 규정되어 있다고 해서 이사회가 구성원의 의사를 무시 혹은 배제하고 독단적으로 선임권을 행사해도 된다는 뜻은 아니다. 과거에는 이사회의 의결만으로 총장을 선임하는 것이 가능했다. 그러나 대학 민주화가 확대되었고, 대학의 규모가 수천수만 명 규모로 커졌고, 대학이 담당해야 할 역할이 매우 복잡하며, 대학 안에서 자치활동이 활발한 지금의 상태에서는 구성원의 의사를 반영하는 것이 불가피하다.

대학에서 교수, 학생, 직원은 대학운영의 주체로서 정당한 참여의 권리를 가지고 있다. 구성원 참여권은 사립학교법의 대학평의회와 개방이사추천위원회, 고등교육법의 등록금심의위원회 등으로 이미 명문화되어 있다. 이것 외에도 대학의 주요 의사결정이 이루어지는 각종 회의와 위원회에 적극적으로 참여할 수 있도록 제도가 정비되어야 한다. 다른 나라들처럼 앞으로는 교수, 학생, 직원도 이사회에 참여하게 될 것이다. 구성원의 활발한 참여는 대학운영을 공개한다는 것을 의미하므로 대학의 투명한 운영을 위한 가장 본질적인 요소라고 할 수 있다. 이를 위해서 대학자치활동은 전면적으로 보장되어야 할 뿐만 아니라 최대한 활성화되도록 지원해야 한다.

2) 대학 발전을 지원하는 개방적이고 민주적인 이사회

• 이사회는 30명 이상의 덕망 있는 이사들로 구성한다.
• 이사회에 구성원들이 참여한다.

- 대학 발전에 기여하는 이사회로 운영한다.
- 재정을 책임지고 인사권은 대학에 위임한다.

이사회는 대학의 최고 의사결정기구이다. 그러나 대학의 모든 운영은 대학과 총장을 중심으로 운영되고 이사회는 대학의 뒤에서 대학을 지원하는 '보이지 않는 기구'로 운영되어야 한다. 이사회나 이사장이 대학운영의 전면에 나서거나 대학운영을 좌지우지하는 것은 지극히 시대착오적인 발상이다.

이사회는 30명 이상의 덕망 있고 유능한 이사로 구성하는 것이 좋다. 이사회가 적절한 규모로 구성되면 족벌체제를 탈피할 수 있고 특정인의 전횡을 막을 수 있으므로 사학비리를 원천적으로 차단할 수 있다. 이사회에는 학자, 정치가, 행정가, 경제인, 사회운동가, 문화 예술인 등 다양한 사람들이 참여해야 하며, 미래에는 구성원들도 이사회에 참여할 수 있도록 사립학교법이 개정되어야 할 것이다. 사립학교법 개정 이전에라도 기업의 비등기 이사와 같은 방식으로 참여하는 것은 지금도 충분히 가능하다.

이사회가 대학의 최고 의사결정기구인 것은 예산권과 인사권을 가지고 있기 때문이다. 예산권을 행사한다는 것은 재정을 지원한다는 것과 같은 말이다. 그러나 재정을 지원하지 않으면서 예산권과 인사권을 독점하고 있는 것이 현재의 실상이다. 그러므로 이사회는 재정을 지원하고 재정 지원을 바탕으로 대학 발전을 지원할 수 있는 이사들로 구성되어야 하며, 이를 위해 사회 각계각층의 인사들이 참여하도록 문호를 개방해야 한다. 아울러 총장에 대한 최종적인 선임권을 제외한 인사권은 대학과 총장에게 위임하고 편성된 예산의 집행에 관여해서는 안 된다. 이런 점에서 이사회는 상징적으로는 최고 의사결정기구이되 실질적으로는 '최고 지원기구'가 되어야 한다.

3) 학생들을 가장 잘 가르치는 대학

- 상지대를 교육중심대학으로 발전시킨다.
- 학생들에게 특성화된 전인교육을 실시한다.
- 학생들의 꿈과 끼를 최고도로 계발하고 특기와 적성을 고도화한다.
- 사제동행의 전일교육을 실천한다.

대학의 가장 중요한 목적은 교육이다. 교육은 대학의 일차적 목적인 동시에 기본적인 목적이다. 대학은 학생을 가르치고 인간과 사회와 자연에 관한 고급 지식을 전수함으로써 미래를 담당할 유능한 주역을 양성하는 동시에 가치와 진리를 탐구하고 확산함으로써 사회가 건강하게 유지될 수 있도록 한다. 대학은 사회생활의 전 단계가 아니라 사회를 유지하고 발전시키는 핵심 축으로 기능하고 있다. 특히 지식과 정보가 중심이 되는 지식기반사회에서 대학의 역할은 더욱 중요해지고 있다.

상지대는 교육을 중심으로 운영되고 최고의 교육을 목표로 재정을 편성하고 교수진과 교육시설을 배치하는 교육중심대학을 지향한다. 학생들을 모든 분야의 상식과 소양을 갖춘 전인격체, 정의와 평등을 실천하는 참여적 인재, 건강한 민주사회를 이끌어갈 미래의 지도자로 육성한다. 학생들의 자질과 능력을 일깨움으로써 학생들이 가지고 있는 꿈과 끼를 고도화하고 미래의 자기 모습을 발견하고 준비하는 자기 주도적이며 자기 발견적인 교육을 실천한다. 이를 위해 학생들에게 특성화된 전인교육을 실시한다.

동시에 학생들의 특기와 적성을 적극적으로 계발하고 고도화하는 교육을 실천한다. 학생들의 적성을 발견하고, 적성에 부합하는 특기교육을 실시한다. 특히 전공과 일반교양 외에 체육, 음악, 미술, 문학 등에서 교양인의 소양을 갖추도록 교육하며 그 일환으로 동아리 활동이나 특별활동을 적극적으로 지원한다. 이를 위해 강의실 교육과 강의실 바깥 교육을 연계하고 멘토링 시스템을 적극 활용하는 등 사제동행의 전일교육을 실천한다. 대학 캠퍼스의 모든 시설을 교육용으로 활용하고 기숙사 제도를 대폭 확대해 학생들이 캠퍼스에 머물면서 학습할 수 있도록 교육 여건을 획기적으로 향상시킨다.

4) 나라와 사회의 발전에 이바지하는 대학

- 대학을 사회의 공공재산으로 환원한다.
- 대학의 역할과 자산, 시설을 사회에 개방한다.
- 사회가 필요로 하는 과제의 해결에 적극 참여한다.
- 대학 구성원의 사회참여를 촉진하고 지원한다.

국공립과 사립을 막론하고 대학은 사회의 공공재산이므로 사회에 환원해야 한다. 대학은 특정인 혹은 이사회의 사유재산이 아니고 구성원의 배타적인 독점물도 아닌 사회의 공공재산이기 때문에 그 특성에 맞게 운영되어야 한다. 이사장과 이사회는 공공재산의 운영 책임자로서 성실하게 대학을 운영해야 하고 구성원들은 그 운영 주체로서 적극적으로 참여해야 한다.

상지대는 대학이 보유하고 있는 모든 자산과 시설을 사회에 개방해 구성원과 함께 사용할 수 있도록 할 것이다. 평생교육의 관점에서 교육과정과 강의실을 개방하고, 지식과 정보를 공유할 수 있도록 중앙도서관과 장서를 개방하며, 회의와 토론 및 행사가 가능하도록 교육시설을 개방함으로써 지역사회와 시민들이 대학의 모든 자산을 최대한 활용할 수 있도록 할 것이다. 캠퍼스가 시민들에게 방문과 휴식, 모임과 훈련의 장소로 활용되도록 개방해야 한다. 더욱 중요한 것은 대학의 교육 및 연구 기능을 사회에 개방하는 것이다.

상지대를 시민사회에 개방해 시민들이 상지대의 자산을 적극적으로 활용하도록 하는 동시에 상지대 구성원들 또한 국가와 사회가 필요로 하는 과제 해결에 적극적으로 참여해 사회발전에 이바지하도록 지원할 것이다. 정부의 국정 과제나 지역사회 과제에 구성원들이 개별적으로 참여하는 것은 물론 대학 안에서 과제 해결을 지원하는 방식도 적극적으로 추진할 것이다. 그리고 이러한 참여가 촉진될 수 있도록 지원 방안을 마련할 것이다.

5) 미래를 준비하고 창조하는 대학

- 100년 후의 우리 사회를 전망하고 준비한다.
- 통일시대의 과제를 준비한다.
- 다가오는 아시아 시대를 준비한다.
- 세계가 하나로 통합되는 글로벌 시대를 준비한다.

국가 발전의 원동력은 경제력, 군사력, 기술력, 사회복지, 문화, 교육 등 매우 복합적이고, 상황에 따라 중요도의 우선순위가 달라지기 때문에 한마디로 단정할 수 없다. 그러나 어떤 경우에도 교육의 중요성을 간과해서는 안 된다. 교육이 경제, 기술, 군사, 문화의 토대이자 발전의 견인차 역할을 하기 때문이다. 인공지능, 로봇, 사물 인터넷 등으로 구현될 4차 산업혁명의 시대에 능동적으로 대응하기 위해서는 교육의 역할이 더욱 강조될 수밖에 없다.

지식과 정보를 기반으로 형성된 지식기반사회에서는 청소년기의 정규교육에서 출발해 각종 직업교육과 보수교육을 포함한 평생교육을 통해 필요한 지식을 습득하므로 과거 어느 때보다 교육의 중요성이 강조된다. 상지대는 생활 현장에 필요한 지식과 정보를 제공하는 실사구시의 실용적 교육, 현실 비판적 진리탐구에 이르는 심오한 이론에 접근하는 학문적 교육까지 다양한 수준의 교육과정을 맞춤형으로 제공한다.

특히 정보화 사회의 급변하는 추세에 부응해 미래의 한국사회의 발전 방향을 예측하고 대비하는 작업을 진행하며 이 과정에서 요구되는 사회경제적 과제들을 체계적으로 수행한다. 무엇보다도 민족사의 최대 과제인 통일 대비 작업을 체계적으로 진행하는 동시에 빠르게 진행되고 있는 아시아 차원의 교류와 협력을 강화하기 위한 작업도 진행한다. 상지대는 한반도의 통일과 아시아 각국의 교류 협력을 바탕으로 우리나라가 통합된 세계의 일원으로 발전하는 길을 모색한다.

4. 공영대학을 향한 전진

1) 대학의 두 유형, 유럽형과 미국형

대학의 목적은 어느 나라든 동일하다. 그러나 목적을 실현하는 방식은 크게 유럽형과 미국형의 두 유형으로 구분할 수 있다. 유럽형이 국가가 대학의 재정을 전적으로 지원한다면 미국형은 사회가 대학 재정을 지원하는 유형이라 할 수 있다. 유럽에서는 국가가 대학운영을 전반적으로 책임진다. 그렇다고 미국이 대학운영을 등한시한다는 뜻은 아니다. 유럽과 비교할 때 미국에서는 사회가 대학운영에 더 많은 책임을 지는 유형에 속한다. 사회가 국가와 공동으로 책임지는 유형이라고도 할 수 있을 것이다. 유럽형이 대체로 국공립의 형태라면 미국에는 국공립과 사립이 공존하는 형태로 발전했다.

국공립에서는 유럽형과 미국형이 본질적인 차이를 갖지 않는다. 두 유형의 실제적인 차이는 사학에서 나타난다. 유럽에서는 사학이 예외적인 형태인 반면 미국에서는 보편적인 형태이다. 최근 영국 등에서 '정부책임형 사립대학'이 등장하고 있지만 미국의 사학과는 크게 다르다. 운영상 국가로부터 상대적으로 자유로울 뿐 대학 재정은 여전히 국가에 의해 충당되기 때문이다. 유럽이 '정부책임형 사학'을 지향한다면 미국은 '사회책임형 사학'을 지향한다.

우리 사학의 시각에서 본다면 차이점은 더욱 현저하다. 유럽과 미국에서는 사학이 차별화된 건학 이념과 운영 방식을 바탕으로 질적으로 특성화되어 있는 반면 우리 사학은 개인이 설립했다는 점을 제외하고는 국공립과 운영 방식이 구별되지 않으며 사학 이념도 사실상 천편일률적이기 때문이다. 또한 우리와 달리 유럽과 미국은 사학비리가 거의 없다. 각 사학의 설립 목적이 명확하므로 사학비리가 개입될 여지가 없기 때문이다. 사학의 원조라 할 수 있는 미국 사학의 경우에는 더욱 그렇다. 국공립이든 사학이든 교육은 사회의 공공자산으로 인식되고 있다.

미국의 경우 독립전쟁이 일어나기 전인 식민지 시기에 이미 사학 교육이 시작되었다. 유럽의 이주민들로 구성된 미국에서는 유럽에서 체험했던 국공립 교육을 기대하기 어려운 조건이었다. 따라서 주민들 스스로의 힘으로 교육체계를 수립하기 시작했고 이것이 지금의 사학으로 발전했다. 기독교 국가인 유럽과 미국의 특성상 대부분의 사학은 기독교적 정신을 바탕에 두고 목회자를 양성하기 위한 교육기관으로 출발했다. 여기에 사회적 기부금이 추가되고 정부의 재정 지원이 더해져 대학 재정이 확충되었고, 대학이 포괄하는 분야가 확대되면서 오늘날의 종합대학으로 발전하게 되었다.

사립대학이 이렇게 발전하는 과정에서 대학을 누가 설립했느냐, 혹은 대학을 누가 소유하느냐고 질문하는 것은 어불성설이다. 수많은 사람이 참여하고 사회적 혹은 개인적 기부금으로 대학의 재정이 조성되면서 대학운영의 구조 또한 개방되고 확장되었다. 그 결과 누구의 대학이 아니라 지역의 대학, 사회의 대학이 되고 국가의 중요한 지적 자산으로 공유된 것이다. 이런 점에서 미국의 사학은 미국의 공유재산이지 어느 특정인의 사유재산이 아니다. 개방되고 확대된 이사회의 지배구조가 이러한 정신을 그대로 반영한다.

미국의 사학에도 설립자라는 개념은 존재한다. 오랜 역사를 가진 사학에서는 설립자의 직계 후손이 이사로 참여하고 있다. 그러나 이들은 명예로운 이사일 뿐 대학의 운영자나 운영 책임자로서 참여하는 것은 아니다. 이들 사학의 이사회는 학계는 물론 지방정부의 운영을 책임지는 행정가와 정치가, 경제계와 사회 각 분야의 저명인사들이 두루 폭넓게 참여하는 개방형 이사회로 구성되어 있으며, 대학의 구성원인 교수와 학생, 직원 또한 이사로 참여할 수 있다. 이러한 사학에서 족벌체제가 구축되거나, 사학비리가 발생하거나, 특정인의 전횡과 독재가 일어난다는 것은 상상할 수 없는 일이다. 이사장이나 이사들의 인격이 출중해서 비리가 발생하지 않는 것이 아니라 대학의 구조 자체가 비리와 멀기 때문이다.

이사회의 개방성은 족벌체제와 사학비리를 방지하는 소극적인 역할만 하는 것이 아니다. 이사회의 개방성은 대학의 개방성을 상징하며 대학과 이사회의 개방성은 수많은 사람의 참여를 가능하게 하므로 대학 자체가 특정인의 소유관계가 아닌 시민, 주민, 지역민의 대학으로 발전하는 원천이 되는 것이다. 그러므로 '누구의 대학'이 아닌 '우리 모두의 대학'과 '우리 지역의 대학'으로 간주되기 때문에 대학과 주민이 일체화되고 주민들이 대학을 자신들의 자산으로 인식하게 되며, 바로 여기에서 대학에 대한 개인적 혹은 사회적 기부가 활성화되는 것이다. 현재 미국의 명문사학이 보유하고 있는 엄청난 자산은 학생들의 등록금으로 축적된 것이 아니라 사회적 기부금으로 조성된 것이다. 하나의 사례로 하버드대학은 수백 억 달러의 자산을 운영하면서 그 수익으로 대학운영을 지원하고 있다.

통계적으로 엄밀한 수치는 아니지만, 미국 명문사학의 경우 대학 전체의 예산 중에서 학생들의 등록금이 차지하는 비율은 대략 1/4 수준에 불과하다. 미국의 경우 다른 어떤 나라들보다도 등록금이 비싼 편이어서 연간 액수가 5000만 원 정도에 이르지만 등록금에 의존한 대학운영은 불가능한 실정이다. 등록금만으로는 교육비, 연구비, 장학금, 학생복지, 교육환경 개선 등에 필요한 비용을 충당할 수 없기 때문이다. 실제로 대학 예산의 또 다른 3/4은 사회적 기부금, 사회적 기부금으로 조성된 대학 자산의 운영 수익금, 그리고 정부의 재정 지원금으로 충당된다.

대학 예산의 75%가 등록금 이외의 재정에 의해 충당되는 미국 사학을 결코 비정상적이라고 할 수 없으며, 이런 점에서 미국 사학은 '개인의 대학(私學)'이 아니라 '사회적 대학(社學)'이라는 의미에서 '사학'이라고 불러야 한다. 그러므로 만약 우리의 사학을 기준으로 평가한다면 미국의 사학은 사실상 국공립의 성격에 근접한 '공영사학'이라고 해야 하며, 미국의 사학을 기준으로 평가한다면 우리의 사학은 사설학원 수준에 불과하다고 말해야 할 것이다.

2) 새로운 대학모델 창출

유럽과 미국의 사학이 설립·운영되는 원리를 이해한다면 우리 사학이 가야 할 길도 어렵지 않게 이해할 수 있다. 유럽이나 미국의 방식을 그대로 따라할 필요는 없지만 그들의 장점을 우리의 실정에 맞게 도입하는 것만으로도 지금 우리 사학이 가지고 있는 문제점을 충분히 개선할 수 있다. 이는 크게 세 가지로 구분해서 살펴볼 수 있다.

첫째, 사학을 개인의 사유재산으로 바라보는 관점을 버려야 한다. 앞에서 누누이 말했듯이 사학은 개인의 사유재산이 아니다. 우리나라에서도 이미 공식화되어 있는 것처럼 사학을 위해서 출연된 자산은 출연 시점에 이미 개인의 손을 떠나는 것이다. 법인의 자산을 개인의 자산과 구별하지 못한다면 법인격은 의미를 잃게 된다. 법인에 출연하고서도 개인의 사유재산이라고 주장하려는 사람이나 돈벌이가 필요한 사람은 학교에 재산을 출연할 필요가 없으며 출연해서도 안 된다.

사학법인의 연합체인 한국사학법인연합회도 사학에 출연한 재산을 '국가에 바친 재산'이라고 말한다. 행동은 그렇게 하지 않았지만 이것이 정답이라는 것까지는 부정하지 않는 것이다. 2013년 11월 28일 헌법재판소 판결에서는 사학을 국가 공교육체계의 일부로 간주하면서 교육의 공공성이 사학의 자율성에 우선한다고 강조했다. 2015년 7월 23일 상지대 대법원 판결에서는 대학의 교수와 학생은 대학운영에 참여할 자격을 가지고 있다고 말했다. 개인의 사유재산이 아니기 때문에 공공성이 강조되며, 공유재산이기 때문에 교수와 학생의 참여가 보장된다.

둘째, 사학이 개인의 사유재산이 아니라 국가와 사회의 공유재산이므로 당연히 사회에 개방해야 한다. 이것은 지극히 자연스러운 일이다. 학교를 사회에 개방하는 첫 번째 조치는 이사회 개방이고, 두 번째 조치는 학교 자체를 개방하는 것이다. 학교는 특정 개인의 소유물이 아니지만 학교에 관계하는 학생이나 교수, 직원들의 것도 아니다. 말 그대로 학교는 사회의 것이며 또한 지역의 것이다. 학교를 사회에 개방하는 또 다른 중요한 취지는 학교 운영에 필요한 재정이 사회에서 나오기 때문이다. 이사회를 개방하고 학교를 개방하면 이 문제도 자연스럽게 해결될 수 있다.

학교를 사유재산으로 간주하며 학교에서 온갖 전횡을 하고 학교 경계에 울타리를 치고, 정문을 차단하면서 학교 발전기금을 요청하는 것은 기부가 아니라 기부를 빙자한 명분 없는 구걸에 불과하다. 특정인의 사유재산과 개인 활동에 사회가 기부해야 할 이유가 없다. 기부는 오직 그 행위가 공적이고 공공성을 가질 때만 성립하는 것이다. 사람들은 학교가 개인의 사유재산이 아니라 사회의 공적 재산이라고 여기고 학교가 사회를 위해 보람 있는 역할을 수행한다고 평가할 때만 기부를 하게 된다.

셋째, 사학에 대한 국가의 재정 지원이 당연히 확대되어야 한다. 대부분의 나라가 법적으로 의무교육을 시행하고 있고 발전된 나라에서는 무상교육을 실시하고 있다. 무상교육이나 의무교육이 아니더라도 교육에 대한 국가의 재정 지원은 필수적이다. 국가의 재정 지원은 국공립과 사학에 차등적일 수는 있지만 사학이라고 해서 국가의 지원에서 예외적이어야 할 이유가 없다. 사학은 국가 공교육체제의 한 축을 담당하고 있을 뿐만 아니라 현실에서 이미 초·중등 사학의 운영은 거의 전적으로 국가 재정에 의존하고 있다. 다른 나라에서는 대학 교육까지도 국가가 책임지고 있다.

대학 교육에 대한 국가의 재정 지원 면에서는 유럽의 국가들이 월등히 앞서 있는 것이 사실이다. 그러나 사학의 발상지인 미국에서도 교육에 대한 국가의 재정 지원은 상당하다. 교육은 개인의 출세를 위한 것이 아니라 나라의 인재를 양성하는 과정이기 때문이다. 우리나라에서 초·중등 교육과정의 운영비 전액을 국가가 책임지는 이유도 여기에 있다. 따라서 현재로서는 대학 교육에 필요한 재정 지원을 국가가 얼마나 더 감당할 것이냐의 문제만 남아 있다. 이미 2012년 대통령선거 과정에서 여야 정당의 후보들이 '고등교육재정교부금'이라는 명칭으로 대학 교육에 대한 국가의 재정 지원을 대폭적으로 늘리겠다고 약속한 바 있다. 이것은 2012년도 기준 고등교육에 대한 국가의 재정투자가 GDP 대비 0.6% 수준으로, OECD 평균인 1.1%에 크게 못 미치는 상황을 개선해 고등교육의 발전을 보장하자는 것이었다.

3) 앞으로의 과제

지금까지의 경험으로 볼 때 사학을 바로잡는 문제를 정부의 힘만으로 해결하기는 어렵다. 정부가 사학비리의 숙주 노릇을 하는 상황에서는 더욱 그렇다. 그러나 설령 정부가 제대로 하려고 해도 국회와 사법부의 인식이 바뀌지 않는 한 쉽지 않다. 국회가 사립학교법을 개정해 사학의 민주적 운영을 위한 법률적 토대를 만들고 사학비리를 엄단할 수 있는 기준을 세워야 한다. 이것은 국회의 역할이지만 그중에서도 특히 집권 여당이 해야 할 일이다. 이러한 법률적 기준 아래 사법부는 교육의 공공성이라는 관점에서 사학비리와 사학분규를 정리해야 한다. 국회의 입법적 지원과 사법부의 판결이 선행된다면 정부 역시 책임감을 가지고 업무를 추진할 수 있게 될 것이다.

그러나 행정부, 입법부, 사법부를 떠나 선행되어야 할 일은 교육에 대한 국민들의 인식을 재정립하는 것이다. 적어도 국민들이 정부와 학교를 믿고 학생들을 학교에 맡기는 이상 학교가 학교답게 정상적으로 운영되기를 기대할 것이다. 학교가 정상적으로 운영된다는 것은 국공립과 사립을 막론하고 학교가 민주적으로 투명하게 운영된다는 것을 의미한다. 학교가 학생들을 존중하고 학생들과 함께 학교의 발전을 위해 고민하고 토론한다면 어떤 문제도 발생하지 않을 것이기 때문이다. 이러한 요구가 특별히 사학에 필요하다는 것은 불문가지의 사실이다. 그러므로 국민들 모두가 학교를 개인의 재산으로 간주하지 않고 학교에서 발생하는 비리를 용납하지 않는 자세를 확고하게 구축해야 제대로 된 교육을 기대할 수 있다.

이런 조건이 마련된다면 각 학교에서는 구성원의 참여를 확대하기 위한 나름대로의 조치를 취할 것이고, 이사회를 개방하고 이를 민주적으로 운영하기 위한 방안을 구성원과 협의해 마련할 수밖에 없게 된다. 특히 학교의 민주적 운영이 가능해진 상황이라면 국가의 재정 지원과 다양한 사회적 기부금의 확대 또한 가능해질 것이고, 이렇게 된다면 우리 교육이 안고 있는 근본적인 문제들도 자연스럽게 해결될 것이다.

미국과 유럽의 사례를 생각해보면 공영대학 추진이 결코 어려운 일도, 먼 미래의 일도 아니라는 것을 알 수 있다. 국공립대학의 경우 공영대학의 조건을 기본적으로 갖추고 있으므로 권력의 불필요한 개입과 교육 관료의 간섭만 배제하면 된다. 문제는 사학에 있다. 사학 운영자들이 사학을 사유재산으로 간주하고 사학에서 영리를 추구하면서 족벌체제를 구축해 사학비리를 저지르는 것이 문제이다. 이 문제를 교육의 관점에서 해결하면 수십 년을 끌어온 사학문제도 해결되고 우리 사학 역시 공영대학으로 나아갈 수 있을 것이다.

상지대 정상화는 학생과 교육 중심의 개방된 지역대학 건설

교육부가 2014년 11~12월에 3주간 상지대에 대한 특별종합감사를 하고 올해 3월 11일에 감사 결과 처분을 발표하면서 상지대는 드디어 정상화의 길로 들어섰다. 교육부는 60일 내 김문기의 해임을 요구하면서 김문기의 아들 김길남 등 이사 4명에게 분규를 유발한 책임을 물어 이사 승인을 반려했다. 김문기와 김길남 부자가 상지대를 떠나게 된 것이다. 이것은 1993년에 이어 상지대가 다시 민주화의 길에 들어섰다는 것이며 이것은 상지대 제2의 민주화라 할 수 있다.

그러나 민주화의 길은 아직도 멀다. 김문기의 하수인들로 구성된 이사회는 김문기의 큰아들 김성남 등 친인척 3명을 이사로 선임해 족벌세습체제 구축을 시도하고 있다. 더구나 상지대에서 중심적인 역할을 하고 있는 교수협의회 전현직 대표 4명을 중징계 회부함으로써 구성원과 화합할 의사가 없음을 드러냈다. 학생 대표 4명은 여전히 무기정학 상태이고 직원 2명은 해고되었으며 다시 직원 7명이 징계에 회부될 예정이다. 작년에 파면된 나는 교육부 산하 교원소청심사위원회에서 파면이 부당하다고 취소했지만 학교가 이유 없이 복직을 거부하고 있다.

그렇다고 과거로 돌아가는 것은 아니다. 꽃샘추위가 봄이 오는 길목을 막을 수 없는 것처럼 김문기 구재단의 마지막 횡포가 상지대의 민주화를 막을 수는 없다. 사계절의 순환이 거역할 수 없는 자연의 순리인 것처럼 상지대가 정상적인 대학으로 발전하는 것은 우리 사회의 당연한 이치이다. 가정과 직장과 사회가 민주주의의 원리를 바탕으로 작동하는 상황에서 고등교육기관인 대학이 개인의 사유재산처럼 운영되는 것은 불가능하다. 더구나 상지대의 설립자도 아니고 재산을 출연한 것도 별로 없는 김문기가 상지대에서 전횡을 부리도록 사회가 용납하지 않을 것이다.

교육부의 감사처분에 의해 김길남은 이미 상지대를 떠났고 김문기는 5월 9일 이전에 총장직에서 해임되도록 되어 있다. 김문기가 상지대를 떠나면 상지대 구성원들은 이사회를 상대로 대학운영의 정상화를 요구할 것이다. 이사회는 상지대를 가장 투명하고 가장 민주적인 대학으로 운영하겠다고 약속하는 동시에 구성원 및 지역사회와 함께 손을 잡고 대학을 발전시키겠다는 선언을 해야 할 것이다. 이 선언의 첫 번째 실천으로 구성원이 참여하는 민주적인 방식으로 덕망 있는 다음 총장을 선출하는 것이 필요하다.

이사회는 김문기 족벌과의 관계를 단절하고 지역사회와 학계의 유능하고 도덕적인 인사들이 대거 참여하는 개방적인 체제로 구성될 것이다. 지역의 정치와 경제, 문화예술과 복지 등을 이끌어나가는 역량 있는 인사들이 이사회에 참여해야 이사회의 위상이 제고되고 상지대가 지역대학으로 탄탄하게 뿌리내릴 수 있는 것이다. 아울러 인사권 등 대학운영에 필요한 권한은 총장에게 모두 이관하고 이사회는 대학의 미래를 설계하면서 대학 발전을 지원하는 기관으로서 그 역할을 수행하게 될 것이다.

대학이 존재하는 이유는 학생의 교육이다. 대학이 학생 교육에 전념하지 않는다면 대학으로 존재할 이유가 없다. 앞으로 상지대는 모든 구성원들이 자유롭게 참여하는 민주주의와 우리 사회의 미래의 가치를 열정적으로 탐구하는 미래지향주의의 가치를 바탕으로 교수와 학생이 혼연일체가 되어 학생을 중심으로 운영되는 학생중심주의와 학생들을 위한 교육을 최우선적인 목표로 설정하는 교육중심주의를 실천해나갈 것이다. 이제 김문기 족벌체제를 벗어나게 된 상황에서 상지대가 해야 할 일은 오랜 분규를 끝내고 지역사회와 함께 상지대를 지역의 자랑스러운 대학으로 발전시킴으로써 지역사회의 발전에 이바지하는 일이다.

≪원주투데이≫, 2015년 4월 6일

사학분쟁조정위원회는 어떻게
사학 민주화를 파괴했나?

/

사분위 해체는 사학 정상화의 지름길

2007년 사립학교법 개정으로 사분위가 활동을 시작했으니 벌써 사분위가 발족한 지 10년이 되었다. 10년이면 평가가 가능한 기간이다. 그 시기에 우리 사회의 발전 방향을 둘러싸고 4대강 사업, 자원외교, 재벌개혁, 북한 핵문제 등 굵직한 쟁점이 있었고 교육 분야에서도 사립학교법 개정, 사학비리, 역사교과서 국정화 등의 논란이 있었다. 그러나 일반적인 주제가 아닌 정부기구와 관련해서는 사분위의 목적과 운영을 둘러싼 사분위 폐지 논란이 유일했다. 사분위가 왜 우리 사회에서 논란의 대상인지, 사분위에 어떤 문제가 있는지 검토할 필요가 있다.

1. 사분위 이전의 상황

우리나라는 사학 천국이다. 사학이 많아서 천국이기도 하지만, 사학이 교육기관으로서 최소한의 공공성도 담보하지 못한 채 운영자의 가처분 사유재산처럼 제멋대로 운영되면서 온갖 전횡과 비리가 가능하기 때문에 천국이다. 사학은 부패 비리의 대명사였고, 전횡의 상징이었다. 이것이 해방 후 최근까지의 상황이다.

비리사학의 관행에 제동을 건 것은 우리 사회의 민주화 흐름이었다. 1987년 6월민주항쟁으로 우리 사회에서 민주화가 시작되었고 사회 전반에 민주화의 흐름이 형성되면서 사학 민주화도 함께 추진되었다. 선인재단, 영남대, 조선대, 상지대 등 대표적인 비리사학이 민주화되면서 사학 민주화의 큰 흐름이 형성되었다. 이 흐름이 1990년대 이후의 임시이사체제로 나타났으며, 그 연장선상에서 2005년의 전향적인 사립학교법 개정이 가능하게 되었다.

그러나 2007년 상지대 대법원 판결과 사립학교법 재개정으로 사학비리 척결, 임시이사체제, 사립학교법 개정을 중심으로 진행되던 그간의 사학 민주화의 흐름은 일거에 역전되었다. 상지대 대법원 판결은 정이사에 관한 것이었지만 실제로는 사학 민주화에 대한 도전이었고, 사립학교법 재개정은 2005년 사립학교법 개정에 대한 부정이었다. 2007년의 두 사건은 사학 민주화에 대한 역사적 반동이라고 할 수 있다.

이 과정에서 사분위라는 기구가 탄생했다. 사분위는 제도상 교육부 산하의 행정위원회에 불과한 조직이지만 실제로 운영과정에서는 누구도 간섭할 수 없는 무소불위의 괴물기구가 되었다. 이 괴물기구가 작동을 시작하자마자 사학 민주화의 성과인 모든 임시이사체제를 파괴하기 시작했고 임시이사가 파견된 전국의 모든 대학과 초·중등학교를 비리재단에 돌려주기 시작했다. 여기에는 단 하나의 예외도 없었다.

2. 사분위 발족 이후의 상황

그 후 사분위가 강행한 비리재단 복귀를 둘러싸고 수많은 논란이 야기되었다. 이 논란은 근본적으로 사학비리의 문제이지만, 사학비리를 두둔하면서 비리재단 복귀를 강행하는 사분위의 안하무인의 태도가 논란을 부추겼다. 이에 대항해 대학과 교육단체, 언론이 사분위를 비판하고 국회에서 야당이 사분위 폐지 법안을 제출하면서 논란은 더욱 증폭되었다.

이러한 사회적 논란에도 사분위는 10년 사이에 사학 정상화라는 미명하에 20개 이상의 대학을 포함해서 60개 이상의 대학과 초·중등학교에 비리재단을 복귀시켰다. 비리재단이 복귀한 학교에서는 분규가 재연되었고, 학교 교육은 퇴락했으며, 구성원들은 갖은 고초를 겪었다. 이 과정에서 여러 대학과 초·중등학교들이 임시이사와 정이사를 반복했다.

임시이사체제하에서 민주화되었던 학교에 비리재단이 복귀하자 서남대, 수원대, 수원여대, 청주대 등 대학과 한마음고, 대성고, 하나고 등 초·중등학교에서 신흥사학비리가 우후죽순처럼 터져 나왔다. 부패권력이 부패사학을 용인한다는 신호를 보내자 사학의 부패 DNA가 발동한 것이다. 사학 전체가 부패의 늪 속으로 빠져들었다. 그러나 과유불급이라고 지나치면 화를 자초하기 마련인 것처럼 사분위에 대한 사회적 비판이 강하게 제기되었다.

그중 첫 번째는 사분위 발족 초기에 사분위와 직간접적으로 관련이 있는 김황식 전 대법관과 안병만 전 교과부 장관이 비판한 사분위의 정상화 방식이다. 김황식 전 대법관은 국무총리 인사청문회에서 자신이 주심이었던 2007년 상지대 판결은 구재단에게 학교를 돌려주라는 판결이 아니었다고 정면으로 비판했다. 안병만 전 장관은 국회 교육과학기술위원회 청문회에서 김문기 구재단을 복귀시킨 상지대 정상화는 잘못되었다고 지적했다.

둘째, 헌법소원에 대한 판결을 통해 헌법재판소가 사분위 정상화를 비판했다. 헌법재판소는 사립학교법상의 사분위가 위헌이라는 주장에는 동의하지 않았지만 사분위가 준사법적 기관이라고 자임하는 것에 대해서는 비판하면서 사분위의 위상을 교육부의 행정위원회로 정리했다. 또한 ① 사학은 국가 공교육체제의 일환이므로 교육의 공공성이 사학의 자율성에 우선한다, ② 사학은 이사에 의한 인적 연속성이 아니라 정관에 의한 기능적 연속성에 의해 정체성이 보장된다, ③ 정상화 과정에서 비리재단에게 지분을 보장할 필요가 없다 등 사분위가 정상화 과정에서 적용했던 일체의 논리를 전면적으로 부정했다.

셋째, 상지대 정상화 사건을 다루면서 대법원이 사분위 정상화를 비판했다. 상지대 구성원들이 교육부를 상대로 제기한 소송에서 대법원은 상지대 구성원의 원고 자격을 인정해 재판을 서울고등법원으로 파기환송하는 동시에 정상화 과정에서 사분위가 사립학교법에 명시된 개방이사 제도를 적용하지 않은 것은 위법하다고 판시했다. 대법원의 2015년 판결은 2016년 서울고등법원 판결과 대법원 판결에서도 그대로 승계되었으며, 결국 사분위의 상지대 정상화가 불법이라는 결론에 이르렀다.

3. 사분위 조직과 운영의 기형성

사분위는 사립학교법에 근거해 대통령, 국회의장, 대법원장이 각각 세 명, 세 명, 다섯 명씩 추천하는 11명의 위원으로 구성되고, 임명은 대통령이 한다. 사분위원의 임기는 2년이며 1회에 한해서 중임할 수 있다. 삼권이 참여하는 통상의 위원회 구성과 달리 사분위에서는 대법원장이 다섯 명을 추천하며 위원장은 반드시 대법원장이 추천한 인사 중에서 호선하도록 명시되어 있다.

사분위의 이러한 기형적 구성은 사학문제를 사법부에 이관해야 한다는 과거 한나라당의 주장이 반영된 것으로, 대법원장이 더 많은 수의 추천을 하고 대법원장이 추천한 인사가 위원장을 맡도록 입법되었다. 그 결과 사분위의 논의는 조정보다는 사법적 재판의 성격을 가지고 진행되었으며, 교육적 관점보다는 기업구조조정처럼 재산적 관점에서 지배구조의 종다수 안정성에 초점을 맞추어 구재단에 과반수의 정이사를 배정하는 방식으로 진행되었다.

사분위는 처음에 김대중 정부하에서 교육부 장관의 자문기구로 출발했다. 그러다가 2007년 사립학교법 개정으로 탄생한 새로운 사분위는 종래의 자문기구와 달리 심의기구로 위상이 격상되었고 위원 구성 방식도 변했다. 그러나 실제 운영과정에서 사분위는 심의기구를 훨씬 넘어섰고, 관할청인 교육부 장관을 사실상 기속하는 장관 이상의 의결기구로 작동했다.

사분위는 교육부 산하기구로 조직되었지만 교육부 장관은 사분위 구성과 운영에 일체 관여할 수 없다. 또한 형식적으로 장관은 사분위 심의 결과에 대해 재심을 요구할 수 있게 되어 있다. 그러나 재심의 정족수가 일반 심의의 정족수와 동일해 재심의 의미가 없고, 장관이 재심 결과를 반드시 수용해야 하기 때문에 임시이사 선임과 정상화 문제에 관한 한 사분위가 절대적인 권한을 행사한다. 실제로 교육부 장관이 재심을 요청한 적이 단한 번도 없다. 그 결과 사분위는 누구도 관여할 수 없는 무소불위의 기구로 변질되어버렸다.

더구나 사분위에서는 현직 서울고등법원 부장판사가 위원으로 참여하고, 전직 법원장이 위원장에 선임되고, 회의가 재판처럼 운영되기 때문에 모든 안건은 오로지 사법적 타당성에 의해서만 판단된다. 사분위에 참여하는 판사와 변호사 등 법조인들이 사분위의 위상을 강제조정력을 갖는 창설적인 준사법기구로 간주함으로써 이러한 경향은 더욱 심해졌다.

사분위 초기에 해당하는 제2기와 제3기에 서울중앙지방법원장과 서울고등법원장 출신의 대형 법무법인 대표 변호사(이우근, 오세빈)가 위원장을 맡고, 서울고등법원 부장판사(강민구, 이승영)가 위원으로 참여하면서 이러한 경향이 고착되었다. 그리고 2009년 4월을 전후해서 사분위에 참여한 이우근, 강민구, 고영주 등의 활약으로 비리재단에게 학교를 돌려주도록 하는 것이 사분위의 정상화로 정리되었다. 이들은 영남대, 조선대, 상지대, 광운대 등 주요 대학의 정상화 방향을 주도했으며, 그 이후 사분위는 '정상화 = 비리재단 복귀'라는 틀에서 벗어나지 못하고 있다.

4. 사분위의 반교육적 성격과 사회적 비판

비리재단을 비호하는 사분위의 특성이 드러나기 시작한 것은 이우근, 강민구, 고영주 등이 위원으로 활동하기 시작한 2009년 이후이다. 특히 현직 서울고등법원 부장판사인 강민구의 역할이 중요하다. 강민구는 2009년 4월 1일 위촉된 이후 강경한 발언을 거침없이 쏟아냈다. 2009년 5월 28일 영남대 정상화 추진 계획을 토론하는 제39차 회의에서 일부 위원들이 영남대 측 정상화 계획이 부실하다고 비판하면서 현장 확인을 요구하자 강민구가 다음과 같이 격하게 대꾸했다.

> 오늘 지금 표결 안 하면 앞으로는 모든 회의 진행 일체 없습니다. 내가 앞으로 전부 현장 조사하자 하고 전부 각자의 의견을 다 들어보자고 그럴 것입니다. ······ 오늘 결정을 안 하면 학교 정상화는 우리 임기 중에는 없습니다. ······ 오늘 표결 안 하면 앞으로는 정상화는 없는 겁니다. ······ 영남대뿐만 아니라 앞으로는 임시이사까지만 하고 정상화는 하지 맙시다. ······ 말씀대로 우리가 현장 조사를 합시다. 가서 일일이 구성원들 의견을 다 물어봅시다. 그리고 앞으로 모든 대학의 정상화를 하려면 그렇게 합시다. ······ 이제 모든 정상화하는 대학은 각 이해관계자들 의견 청취 다하고 현장 조사 다하고 그런 식으로 합시다.

법률특별위원회 간사를 맡고 있는 강민구는 2009년 6월 18일 제40차 회의에서 영남대에 대한 법률 검토 결과를 발표하면서 법률특별위원회와 관할청이 박근혜 중심의 정상화에 합의했다고 보고했다. 영남대 전신인 청구대와 대구대 문제는 무시하기로 했다고 말했다. 그러나 이것은 법률특별위원회의 회의 결과가 아니라 이메일을 통한 의견 수렴이었다. 여러 반론이 제기되자 강민구는 자신의 사견을 섞어 강하게 반론했다.

영남대 이사장은 장윤기 전임 행정처장님이고 제가 그분 밑에서 같이 근무도 했고 대구지방법원 부장판사할 때 수석부장님을 했습니다. …… 박근혜 측에서 네 명을 추천해서 과반수를 확보하는 것에 대해 전횡을 걱정하시는데, 대학 교수나 암센터 원장님은 모르지만 이분들 법조인들은 인격자 중의 인격자이고, 학교를 전횡하거나 박근혜 씨 측에서 시킨다고 로봇처럼 일을 할 사람들은 절대 아닙니다. …… 우리는 준사법기관이고 의결기관이기 때문에 극단적으로 대립하던 사람이 합의해온 것을 우리가 끼우고 빼고 섞고 하는 것 자체가 위법하다고 보는 입장입니다.

강민구의 발언으로 볼 때 사분위 운영은 자유로운 토론의 과정도 아니고 합의를 도출하는 장도 아니었다. 강민구는 이메일 의견 수렴을 특별위원회의 회의 결과라고 강변했고, 개인적인 의견을 바탕으로 박근혜 중심의 영남대 정상화를 요구했다. 그러나 사분위가 처음부터 비리재단 복귀를 방침으로 결정한 것은 아니었다. 사분위가 한나라당의 요구로 시작되었지만 참여정부 시절에 발족하면서 열린우리당의 추천권과 대통령의 임명권이 적용되었기 때문에 사분위의 인적 구성에서 어느 정도의 균형이 이루어졌다. 그러다가 권력이 이명박 정부로 넘어간 후 참여정부에서 추천한 인사들이 해촉되고 이우근, 강민구, 고영주가 그 자리를 차지하면서 비리재단 복귀가 노골적으로 추진되었다.

이렇게 되자 강력한 사회적 비판이 제기되었고, 국회에서도 사분위 위원장을 청문회 증인으로 불러내고 사분위 회의록을 요구하는 등 사분위에 대한 비판을 강화했다. 그러나 사분위는 국회의 청문회 출석 요구에 극도의 반감을 표시하면서 전원 사퇴의 배수진을 치는가 하면 속기록을 폐기했다고 주장하면서 회의록 제출을 거부하는 등 국회와 적대적인 대결 자세를 유지했다.

사분위의 고압적이고 대결적인 태도는 2010년 8월의 상지대 정상화를 계기로 최고 수준으로 고조되었다가 이후 조금씩 완화되었다. 여기에는 대체로 다섯 가지 이유가 작용했다. ① 국회와 언론, 교육계와 사회단체의 지속적이고 강도 높은 비판이 사분위에 상당한 부담으로 작용했다, ② 사분위 정상화의 기조가 비리재단 복귀로 결정되었고 그 원칙이 사실상 적용되었다, ③ 영남대, 조선대, 상지대, 세종대, 광운대 등 주요 대학에서 비리재단 복귀가 실현되었다, ④ 이우근, 강민구, 고영주 등 사분위 내 강경파의 임기가 만료되어 사분위를 떠났다, ⑤ 2013년 5월과 11월의 헌법재판소 판결로 사분위의 위상과 역할에 사법적 제동이 걸렸다.

그 결과 제3기의 이승영 부장판사 이후에는 현직 부장판사가 사분위원으로 선임되지 않고 있다. 그사이에 사분위의 정상화 심의 원칙도 일부 수정되었다. 나름대로 변화가 있었던 것이다. 그러나 이 변화는 별로 중요하지 않다. 이우근, 강민구, 고영주와 같이 비리재단 복귀를 주장하는 강경파가 없어도 사분위는 비리재단 복귀의 첨병으로 역할하고 있기 때문이다. 헌법재판소가 사분위에 대해 어떤 판결을 하든, 누가 사분위원으로 오든 사분위는 초기에 만들어진 비리재단 복귀의 기조를 철의 규칙으로 준수하고 있기 때문이다.

동덕여대 정상화 당시 종전이사 문제로 논란을 벌였던 2011년 4월 21일의 제62차 회의에서 '비리재단 복귀에 대한 사분위의 맹신을 확인할 수 있다. 그동안 사분위는 비리당사자를 복귀시키지 않는 것을 자신들의 정당성의 근거로 여러 차례 강조했는데 실상은 국민을 기만한 것이다.

상지대나 세종대의 경우 구재단에게 절대 다수의 추천권을 주면서도 종전 설립자를 이사로 임명하지 않은 것은 다음 임기 때 이사진에 합류하면 되는 것 아니냐는 취지……

일단 구재단 조원영 측에서 추천한 사람 다섯 명을 주면 한 텀 지나서 학교가 어느 정도 정돈된 후 들어가면 자연스럽게 정리됨.

정상화에 대한 사분위의 태도는 비단 동덕여대에만 국한되는 것이 아니었다. 이들은 비리재단에게 과반수 이사를 배정했을 뿐만 아니라 이것을 토대로 비리 주범들이 적당한 시기에 이사회를 장악하고 이사나 이사장에 선임되도록 정상화 과정을 설계한 것이다.

5. 사분위 정상화의 주요 쟁점

사분위는 발족과 동시에 임시이사가 파견된 대학과 초·중등학교를 대상으로 정상화를 추진했다. 이때 사분위가 가장 관심을 둔 곳은 영남대, 조선대, 상지대, 광운대, 세종대, 대구대, 동덕여대, 덕성여대, 경기대 등 비리재단을 상대로 거센 저항이 일어났던 주요 대학들이었다. 특히 영남대, 조선대, 상지대의 정상화를 다루었던 초기 과정에서 정상화를 둘러싼 수많은 쟁점들이 부각되었다.

1) 2007년 상지대 대법원 판결의 왜곡

2007년 상지대 대법원은 종전이사의 개념을 정의하면서 임시이사는 정이사를 선임할 수 없고 종전이사는 이사회 결의의 무효를 다툴 소의 이익이 있다고 판결했다. 판결 자체가 많은 문제점을 안고 있지만 사분위는 이것까지도 심하게 왜곡했다. 일부 사분위원들은 이 판결이 학교를 구재단 혹은 종전이사에게 돌려주라고 한 결정이라고 강변하면서 정상화 과정에서 종전이사에게 과반수의 정이사 선임권을 부여해야 한다고 주장했다. 교육부도 여기에 부화뇌동했다.

그러나 이 판결이 대법원 안에서 8 대 5로 논란이 많은 쟁점이라는 사실은 의도적으로 무시했다. 이 판결의 주심 재판관이었던 김황식 전 대법관이 국무총리 인사청문회에서 이러한 주장을 배격했다는 사실도 무시했다. 실제로 사분위 안에서도 논란이 많았다. 그러나 일부 사분위원들의 강경한 주장과 사분위 내의 다수결 논리로 대법원 판결에 대한 왜곡된 주장은 사분위의 원칙으로 결정되었다.

2) 사분위의 법적 위상에 대한 오해

사분위는 상지대 정상화 과정에서 사회적 논란이 거세게 일어나고 사분위에 대한 비판이 고조되자 참고 자료를 발표해 항변하면서 스스로를 강제조정 기능을 갖는 창설적인 준사법적 기구라고 주장했다. 이 주장은 사분위 초기부터 제기된 의견이고, 제2기 사분위를 주도한 강민구에 의해 더욱 강조되었다. 강민구는 회의록에 첨부한 별도의 보고서를 통해 "사분위의 성격이 심의기관이 아니고 의결기관이자 그 결정에 구속력을 가지는 준사법기관"이라고 강변했다. 그러나 2013년 5월 30일, 사립학교법 위헌 소송에 대한 판결에서 헌법재판소는 사분위가 사법기관 혹은 준사법기관이 아닌 행정기관에 불과하다고 판시했다.

사립학교법과 같은 법 시행령 제9조의9의 위임에 따라 제정된 '사학분쟁조정위원회 운영 규정'이 조정위원회의 심의 사항을 정함에 있어 분쟁의 양 당사자를 상정하지 않고, 심의 절차와 관련해 대심적 심리 구조를 전제하지 아니하며, 조정위원회 의결 자체의 효력에 대해서 전혀 규정하지 않고 있음을 고려할 때, 조정위원회는 사법기관 또는 준사법기관이 아닌 행정기관에 해당한다.

3) 개방이사 선임 절차의 자의적인 생략

개방이사는 사분위 정상화 과정에서 가장 핵심적인 쟁점의 하나로 떠올라 있는 주제이다. 사학의 민주성과 투명성을 보장해 교육의 공공성을 실현하기 위한 장치로 도입된 개방이사는 2005년 사립학교법 개정에서 대학평의원회나 학교운영위원회가 추천하도록 되었다가 2007년 개정에서 개방이사추천위원회를 통해 추천하는 것으로 변경되었다.

최초 개방이사의 적용은 이사의 임기가 만료되거나 이사가 사임하는 등 이사에 결원이 발생할 경우 우선적으로 적용하도록 설계되었다. 문제는 통상적인 경우가 아닌 정상화 과정에서 개방이사제를 어떻게 적용할 것이냐에 있다. 초기에 사분위는 정상화 과정에서 개방이사제를 적용하기로 했다. 부산동암학교, 신성중고, 철성고, 김포대, 서일대, 조선대, 광운대의 정상화 심의 과정에서 개방이사제를 적용하거나 적용하기로 했다.

그러나 초기에 개방이사제를 적용하기로 했던 기조가 조선대 정상화 과정에서 논란이 제기된 이후 변화되기 시작했다. 사분위 안에서는 구체적인 법률적 토론보다는 감정적 토론이 앞섰으며 교육부에서는 조선대, 영남대, 상지대, 광운대 등에 개방이사추천위원회가 구성되어 있지 않다고 허위 보고를 하고 개방이사제를 적용할 경우 정상화하자마자 분쟁이 일어날 가능성이 있다는 엉터리 예상을 했다.

일반적으로 대학의 구성원들은 개방이사제를 강력하게 요구한 반면 교육부는 반대하는 입장이었다. 개방이사제를 적용한 김포대의 문제점을 거론하면서도 영남외대의 성공 사례는 은폐했다. 결국 교육부의 허위 보고와 사분위원들의 자의적인 판단으로 정상화 과정에서 개방이사제를 적용하지 않기로 결정했고 그 이후 모든 학교의 정상화 과정에서 개방이사제를 배제했다. 그러나 사분위의 이 결정이 잘못되었다는 것이 2015년 상지대 대법원 판결에서 명백하게 드러났다. 대학에서 교수와 학생은 교육의 자유와 교육받을 권리의 주체로서 대학운영에 참여할 수 있다. 그 연장선상에서 참여의 중요한 일환인 개방이사제도는 정상화 등 어떤 경우에도 훼손되어서는 안된다는 것이다. 개방이사제와 관련된 2015년 대법원 판결은 '부패사학의 밑동을 통째로 뒤흔든 2015년 상지대 대법원 판결'(103쪽)에서 상세하게 다루고 있다.

4) 고무줄 잣대가 된 종전이사의 개념

2007년 상지대 대법원 판결에서는 종전이사를 '임시이사가 선임되기 전에 적법하게 선임되었다가 퇴임한 최후의 정식이사'라고 정의했다. 통상 종전이사는 사학의 자주성과 정체성을 대변하는 사람으로서 직전 이사가 가장 근접한 것으로 이해되는데 반드시 '적법하게 선임되었다가 퇴임한 사람'이어야 하는지의 문제가 정상화 과정에서 또 하나의 핵심적인 쟁점으로 부각되었다. 종전이사의 '적법성'을 강조하는 입장과 '직전 이사'를 강조하는 입장이 대립했기 때문이다.

초기에는 종전이사 개념을 추상적으로 규정했다. 그러나 개념의 모호성 때문에 늘 논란이 야기되었다. 핵심 쟁점은 임시이사 파견 직전에 적법하게 임기를 마친 정이사로 하느냐, 아니면 적법성 여부와 무관하게 임시이사 파견 직전의 정이사로 하느냐로 나뉘었다. 사분위원 다수는 임기를 마친 적법한 정이사를 종전이사로 할 경우 정상화 과정에 참여할 수 있는 대상이 지나치게 축소된다는 지극히 편의적인 관점에서 직전 이사를 종전이사로 해야 한다고 주장했다. 반면 이장희 교수나 김형태 변호사는 임기 만료된 적법한 정이사여야 한다는 입장을 강하게 피력했다.

이 문제는 사실상 영남대 박근혜, 조선대 박철웅, 상지대 김문기, 광운대 조무성, 세종대 주명건, 동덕여대 이원영, 덕성여대 박원국, 경기대 손종국 등 주요 대학의 비리 주범들에게 정상화에 참여할 자격을 부여하느냐라는 지극히 현실적인 문제와 직결된 것이었고, 구체적인 결정도 없이 사실상 부여하는 쪽으로 적용되었다.

5) 정상화 시점에 대한 판단 문제

사립학교법상 임시이사 선임 사유가 해소되면 정상화 과정에 들어선다. 그러나 임시이사 선임 사유의 해소를 누가 어떻게 판단할 것이냐의 문제와 더불어 임시이사 선임 사유의 해소 시점과 정상화 추진 시점이 일치하느냐의 문제가 제기되었다.

실제로 정상화 과정에서 임시이사 선임 사유가 해소되지 않았거나 정상화 단계에 접어들지 않았음에도 무리하게 정상화가 추진된 사례가 많다. 이런 사례들이 속출하자 사분위 안에서 임시이사 파견 사유 체크리스트가 필요하고, 임원 간 갈등의 해결 여부를 확인해야 하며, 의견 청취와 현장 방문 등 다양한 방식으로 검토가 필요하다는 의견이 제기되었지만 엄밀한 검토 없이 정상화가 추진되었다. 특히 구재단의 복귀를 전제할 경우 임시이사 선임 사유가 해소되었는지에 대한 판단이 매우 어려워졌다.

구재단의 비리로 임시이사가 파견된 상황에서 학교가 정상화되었다는 판단은 구재단의 부재를 전제로 한다. 그러나 정상화가 구재단의 복귀를 전제로 하는 것이라면 그 순간 임시이사 선임 사유 해소는 물거품이 될 수밖에 없다는 사실을 사분위가 간과했다. 비리재단이 복귀한 수많은 대학에서 분규가 재연되고 있다는 사실이 이것을 입증해준다.

상지대가 정상화되고 2년이 지난 2012년 9월 시점의 사분위 회의에서 "상지대는 사실은 정상화시키지 않았어야 되는 것인데 정상화를 시켜주면서 임시이사를 선임한 것"이라는 사분위원의 발언은 상지대 정상화가 정상적인 판단에 기초한 것이 아니었음을 입증해주는 증거이다. 정상화 이후 대학이 파국에 직면한 상지대 사태는 정상화가 잘못된 것이고 상지대는 정상화 단계가 아니었다는 주장의 근거가 된다. 지금까지도 계속해서 분규 상태를 벗어나지 못하고 있는 대구대, 조선대, 경기대, 덕성여대 또한 마찬가지이다.

6) 정이사 배분 비율의 문제

2007년 상지대 대법원 판결로 임시이사체제의 정상화가 예고되었지만 대법원은 정상화 과정에서 적용할 종전이사의 범위, 정이사 선임 방식, 정상화 추진 주체, 개방이사 적용 등 주요 기준을 특정하지 않았다. 특히 정상화 과정에서 누구를 정이사로 선임하고 어떻게 정이사를 배분해야 하는지에 대해서 아무런 언급이 없는 상태이다. 따라서 사분위 안에서 상당한 논란이 야기되었다.

정이사 선임 문제는 조선대에서 먼저 거론되었는데 정이사 선임 과정에서 종전이사의 의견을 반영할 것이냐, 아니면 참고하거나 배제할 것이냐를 두고 많은 의견이 제시되었다. 이 논의에서는 종전이사보다 구성원의 의견을 중심으로 정이사를 선임하는 쪽으로 방향을 잡았다. 그러나 영남대 정상화가 검토되는 과정에서 방향이 바뀌어서 종전이사인 구재단을 중심으로 정이사를 선임하기로 하고, 그러한 원칙을 종전이사에게 과반수를 배정하는 '정상화 심의 원칙'으로 정리했다. 사분위에 의한 비리재단 복귀가 공식화된 것이다.

그러나 구재단에 성이사 과반수를 배정하기로 한 사분위의 결정은 구성원에게 정이사 선임권을 부여하기로 했던 초기 논의와 배치되고 아무런 법률적 근거도 없는 결정이었기 때문에 그 이후에도 계속적으로 논란의 대상이 되었다. 특히 상지대 정상화를 계기로 국회가 사분위의 정상화 방식을 비판하자 '정상화 심의 원칙'을 일부 수정했지만 사분위 스스로 "정상화 심의 원칙이 수정된 것은 맞지만 단순히 자구만 수정되었을 뿐, 정상화 심의 원칙 수정 전후로 본질적인 것은 달라진 것이 없음"이라고 평가할 정도로 아무런 차이가 없었다.

그러므로 구재단에게 과반수의 정이사를 배분하는 사분위의 정상화 기준은 법률적 근거도 없고 원칙과 기준도 없는 자의적인 결정으로서 대법원 판결을 왜곡한 것이다. 근거 없이 개방이사제를 배제하고 종전이사 과반수 배분을 결정한 사분위는 기분 내키는 대로 각 학교의 정이사 비율과 명단을 결정했다. 이 과정에서 재산권의 관점에서 최대한 '주인'을 배려했으며 학교를 기업체를 다루듯 했다. 광운대 정상화를 심의하는 과정에서 제3자 인수에 대해 "600억 원을 내놓고 조 단위의 재산을 날로 먹으려는 의사가 보이기 때문에 기분이 나쁘다"라고 말한 것은 사분위 입장에서는 학교가 교육기관이 아니라 재산이라는 것을 말해준다.

7) 기타 쟁점

사분위에 참여하는 대형 로펌 소속의 변호사들은 상지대, 대구대, 세종대 등 정상화 대상이 된 비리재단의 소송을 수임하거나 법률 지원을 하는 등 비리재단과 유착관계를 형성했다. 일부 사분위원은 정상화된 대학의 이사로 선임되기도 했다. 이러한 유착관계는 사분위원들이 중립적인 입장에서 정상화를 추진하지 않는다는 증거가 된다.

정상화 과정에서 법조계 출신 사분위원들은 사분위 회의를 재판처럼 진행하면서 고압적인 태도로 다수결의 횡포를 부렸고 국회에 대해서는 증인 출석 거부, 회의록 제출 거부, 속기록 삭제, 간략한 회의록 작성 등 폐쇄적인 입장을 유지했다. 그러면서도 '주인론'의 관점에서 정상화를 '학교 주인 찾아주기'로 간주해 학교 구성원의 의사를 무시했다. 청문 등의 과정에서 사분위가 비리재단에게 여러 가지 편의를 제공한 것도 이런 이유 때문이다.

사분위는 영남대 구성원의 합의를 존중해 정상화를 진행했지만 영남대와 동일한 방식으로 구성원의 합의를 도출한 상지대, 동덕여대, 대구대, 경기대 등에 대해서는 수용을 거부했다. 영남대가 구재단인 박근혜를 지지한 반면 다른 대학에서는 구재단을 반대했기 때문이다. 이것은 사분위가 구성원 합의를 존중하는 것이 아니라 비리재단을 옹호한다는 증거이다.

6. 사분위 평가와 전망

사분위는 사학분쟁을 조정하는 정부기구로 발족했다. 그러나 지난 10년 동안 사분위는 단 한 건의 사학분쟁도 정상적으로 조정하지 못했다. 오히려 안정적으로 운영되던 학교를 비리재단에게 돌려줌으로써 분쟁을 일으키고 학교의 안정을 파괴했다. 이것은 사분위가 사학분쟁의 조정이라는 입법 취지를 달성하지 못했다는 것을 의미한다. 정확하게 말하면 입법 취지를 달성하지 못한 것이 아니라 철저하게 입법 취지에 반하는 방향으로 운영되었다.

사분위에 대한 이러한 평가가 제도상의 결함인지 운영상의 결함인지에 대해서는 검토가 필요하겠지만 사분위의 조직과 구성상 사학분쟁을 조정하는 것이 원천적으로 불가능하다는 것이 일반적인 평가이다. 지난 10년간의 운영과정에서도 이러한 결함이 적나라하게 드러났다. 그러므로 사학분쟁의 조정이라는 입법 취지에 반해 활동했고 앞으로도 개선될 가능성이 전혀 없는 사분위를 즉각 폐지한 후에 공정하고 중립적인 조정기구를 새롭게 수립하는 것이 필요하다.

사학개혁국본이 국회에서 개최한 〈사학비리·사학분규·교권 침해 보고대회〉 발표문 축약,

2015년 12월 3일

'괴물 사분위'는 제도·인물의 기형

지금까지 사분위를 주도했던 강민구, 고영주, 이우근 등 이른바 비리재단 복귀파가 퇴장한 상태이기 때문에 변화를 기대하는 것이 무리한 요구가 아니었다. 그러나 기대했던 변화는 나타나지 않았다.

회의 후 결정 사항이 공식적으로 발표된 것은 없지만 사분위가 이번에 대구대나 덕성여대를 다룬 방식이 작년에 상지대를 다루었던 방식과 크게 달라진 것은 없는 것으로 보인다. 기본적으로 비리재단에게 학교를 돌려준다는 강민구 논리가 강민구의 퇴장에도 불구하고 그대로 유지되고 있다는 것이다.

학교는 교육기관이지 사유재산이 아니다. 그러나 사분위는 대학을 개인의 사유재산으로 간주하고 있다. 사분위의 관점에서는 영리를 추구하는 회사와 공공 목적을 추구하는 대학이 별반 다르지 않은 것이다. 더욱 문제가 되는 것은 사분위가 상지대와 관련된 대법원 판결을 고의적으로 왜곡해 대법원 판결을 능멸하는 방향으로 운영되고 있다는 사실이다.

2007년의 상지대 대법원 판결은 임시이사가 정이사를 선임할 수 없다는 것과 쫓겨난 학교 운영자, 이른바 종전이사들에게도 일종의 문제제기 권한을 부여한 것에 불과하다. 학교를 비리재단에게 돌려주라는 내용은 없었다. 이런 사실은 당시 대법원 판결의 주심 재판관이었던 김황식 국무총리가 총리인준청문회에서 비리재단에게 대학을 돌려주라는 판결이 아니었다고 증언함으로써 분명해졌다.

그러나 강민구 등 사분위원들에게는 대법원 판결의 취지도, 김황식 당시 주심재판관의 증언도 중요하지 않았다. 이들은 대법원 판결을 왜곡하고, 주심재판관의 증언을 무시하고, 대학 구성원들의 요구를 묵살하면서 오직 대학을 비리재단에게 되돌려주는 일에만 골몰했다. 이 과정에서 대학의 공공성이 훼손되고 학사 운영이 파행을 겪는 등 대학 분규가 재연되는 현상에는 아랑곳하지 않고 있다.

우리 고등교육은 사학에 절대적으로 의존하고 있다. 그런데 상당수 사학이 족벌체제로 운영되고 있기 때문에 사학비리의 온상이 되고 있으며, 마치 저축은행에서 수많은 비리가 드러나고 있는 것처럼 앞으로도 사학비리가 발생할 가능성은 언제든지 열려 있다. 따라서 사분위가 임시이사 파견 대학의 정상화 문제를 제대로 다루지 못할 경우 다시금 사학비리와 사학분규로 수많은 대학이 몸살을 앓을 가능성이 높다.

그럼에도 불구하고 일부 언론을 제외한 대부분의 보수 언론이 사분위 문제를 의도적으로 무시하고 있으며 집권 여당인 한나라당은 사분위의 문제점을 인식하고 있으면서도 침묵하고 있는 것이 문제의 본질이다. 사실상 비리를 묵인하거나 방조함으로써 사학비리와 사학분규의 동조자 역할을 자임하고 있는 셈이다.

결론은 분명하다. 사분위가 대학을 비리재단에게 돌려준다는 잘못된 원칙을 폐기하지 않는 한 문제를 해결하기 어렵다. 이 원칙을 폐기하기 위해서는 사분위원들을 대거 교체하는 인적 쇄신을 단행하거나 사분위 제도 자체를 폐지하는 법제도적 수술을 단행해야 한다.

≪미디어오늘≫, 2011년 5월 19일

상지대학교의 민주화 역사

/

한국 사학의 이정표가 된 민주화 투쟁사

상지대는 다른 대학이 겪어보지 못한 어렵고 복잡한 민주화 과정을 거쳐 오늘에 이르렀다. 1955년 창학 이후 상지대는 오랫동안 대한민국의 변방 강원도 원주에 자리 잡은 이름 없는 소규모 지방사립대학에 불과했다. 그러나 1974년 김문기에 의해 인수된 후 상지대는 김문기를 상대로 '40년 전쟁'을 치렀으며, 특히 1993년 김문기 구속 이후 지난 23년간 다섯 차례의 계기를 통해 국민들에게 상지대의 존재를 알렸다.

상지대가 처음 세상에 이름을 알린 것은 김문기와 사학비리 때문이다. 1993년 봄, 김문기가 문민정부의 사정개혁으로 구속될 때 그가 자행한 엄청난 사학비리와 그의 막대한 부동산 때문에 국민적 관심사가 되어 낙양의 지가를 올렸다. 그 이후에는 대학 민주화를 성공적으로 추진하고 이를 바탕으로 빠르게 발전하면서 주목받는 대학이 되었다. 상지대는 민주화된 대학이 얼마나 발전할 수 있는지를 생생하게 보여주었다. 세 번째로, 김황식 판결에 의해 정이사체제가 무너지고 김문기 비리재단이 다시금 복귀하는 과정에서 구성원들의 강력한 저항을 통해 상지대를 알렸다. 네 번째로, 복귀한 김문기 구재단과 구성원들의 갈등이 6년간에 걸친 학내분규로 표출되면서 사학분규의 대명사가 되었다. 마지막으로, 상지대 구성원들이 온갖 탄압과 고통에도 굴하지 않고 싸워 마침내 김문기 구재단을 몰아내고 재민주화를 추진하면서 매우 유명해졌다. 그리하여 지금 상지대는 대학 민주화의 가장 상징적인 대학이 되었다. 상지대 역사는 한국 사학의 중요한 역사이며, 상지대의 민주화 투쟁사는 한국 사학 투쟁사의 매우 상징적인 부분으로 자리매김될 것이다.

김문기는 늘 자신을 학교법인 상지학원과 상지대의 설립자라고 주장한다. 이는 사실과 다를 뿐 아니라 대법원 판결까지 무시하는 새빨간 거짓말이다. 김문기는 설립자가 아니면서 설립자라고 말하고, 사재를 출연한 것이 거의 없으면서 자기 돈으로 학교를 설립하고 발전시켰다고 말하고, 온갖 나쁜 짓은 가리지 않고 하면서 마치 좋은 일만 한 것처럼 말하고, 사학비리로 1년 6개월 실형을 살았으면서도 대법원에서 무죄 판결을 받았다고 말한다. 최근에는 학교가 황폐화되어 미래를 예측할 수 없는 지경인데도 상지대가 무한히 발전하고 있다고 ≪조선일보≫에 대문짝만한 광고를 두 번이나 실었다. 이런 사정을 감안해서 먼저 상지대의 역사를 간단하게 설명하고자 한다.

상지대는 한국전쟁 직후인 1955년 원주에서 설립되었다. 한국전쟁의 포연이 채 걷히지 않았던 어려운 시기에 고등교육의 불모지인 원주에 강원도 최초의 사립대학으로 출발했다. 1955년 6월 10일, 설립동지회를 결성해 조선대와 같은 민립대학 방식을 추진했지만 뜻을 규합하지 못해 설립자 원홍묵 선생의 사재를 중심으로 시작할 수밖에 없었다. 설립 후 재정적 어려움, 군사독재 상황, 김문기의 등장 등 안팎의 여러 환경적 요인들이 작용했고 김문기에게 강제로 인수되어 20년간 비리대학의 오명을 뒤집어썼다가 어렵게 대학 민주화를 이루었지만 다시 김문기 복귀와 대학 재민주화라는 파란만장한 과정을 거쳐야 했다.

상지대 역사의 시기 구분

	구분	시기	특징
제1기	창학기	1955~1962	관동대와 함께 강원도 최초의 사립대학으로 출발
제2기	원주대 시기	1962~1973	원주대를 힘들게 운영하던 시절
제3기	사학비리 전성기	1974~1993	김문기 인수 이후 대학의 외형이 확대되었으나 사학비리가 창궐하던 시기
제4기	민주대학 시기	1993~2010	시민대학을 표방하며 구성원이 참여해 대학을 민주적으로 운영하던 때로, 상지대가 비약적으로 발전하던 시기
제5기	구재단 복귀와 혼란기	2010~2016	김문기 구재단의 복귀로 대학이 혼란을 겪고 황폐화된 시기
제6기	대학 재민주화 시기	2016~2017	대학 재민주화를 추진해 승리한 시기

상지대의 역사는 시기별로 크게 창학기(1955~1962), 원주대 시기(1962~1973), 사학비리 전성기(1974~1993), 민주대학 시기(1993~2010), 구재단 복귀와 혼란기(2010~2016), 대학 재민주화 시기(2016~2017)의 여섯 단계로 구분할 수 있다.

1. 창학기(1955~1962)

이 시기는 해방, 분단, 전쟁으로 점철된 우리 민족사의 커다란 고통을 딛고 고등교육이 기지개를 켜기 시작하던 때이자, 강원도에서 최초로 사립대학이 움튼 시기이다. 관서대의숙이 원주에서 그 역사적인 출발을 알렸다.

한국전쟁의 폐허 위에서 고등교육에 대한 국민들의 높은 열망에 부응하고자 1955년 설립자 원홍묵 신생이 대학실립기성회를 소식하고, 강원도지사의 인가를 얻어 강원도 원주시 봉산동 1082번지에 관서대의숙을 설립한 후 초대 숙장에 취임했다. 제1군사령부가 위치한 원주 지역의 특성상 야간대학에 대한 요구가 높았는데 관서대의숙은 이러한 교육 열망에 부응해 운영되었다. 같은 시기에 영동 지역에서는 가톨릭관동대의 전신인 관동대의숙이 설립되었다.

연도	월	일	연혁	비고
1955	6	10	관서대의숙 설립기성회 발족	강원도 최초의 사립대학
1960	8	13	홍익대 원주 분교	야간대학

　　관서대의숙은 고등교육의 불모지인 강원도와 원주에서 사학 교육의 불을 지폈다는 점에서 중요한 의미를 갖는다. 그 후 관서대의숙은 운영과정에서 문교부 장관의 인가를 받아 정규 4년제 야간대학인 홍익대 원주 분교가 되었고 국문학과, 영문학과, 법률학과, 경제학과, 상학과를 설치했다. 그러나 홍익대 분교체제는 오래가지 못했다.

2. 원주대 시기(1962~1973)

　　이 시기는 우리나라 사학 교육의 전환기에 해당한다. 순수하게 교육의 관점에서 시작된 사학들이 한국전쟁 이후의 거듭된 재정난을 극복하지 못하고 대학운영자가 바뀐 것도 이 시기였다. 원주대는 강원 지역에서 4년제 대학의 뿌리를 내렸으나 거듭된 재정난을 극복하지 못하고 권력의 비호를 받고 있던 젊은 사업가 김문기에게 넘어가게 되었다.

　　관서대의숙은 홍익대 분교를 거쳐 군사정권 시대에 새롭게 출발했다. 1962년 1월 재단법인 청암학원 인가를 신청한 후 3월에 청암학원의 설립 인가를 받아 고등교육의 법적 토대를 갖추었다. 초대 이사장은 설립자 원홍묵 선생이 맡았다. 이어 4월에 정규 4년제 야간대학인 원주대 설립인가를 신청해 다음 해인 1963년 1월에 4년제 야간대학인 원주대의 설립인가를 받았다. 학교는 원주시 봉산동에 두었다. 2대 이사장은 원봉훈 선생이 맡았고, 설립자 원홍묵 선생은 원주대 초대 학장을 맡았다. 바야흐로 학교법인 청암학원

원주대 시기의 역사

연도	월	일	연혁	비고
1962	1	12	재단법인 청암학원 인가 신청	
	3	6	재단법인 청암학원 설립	설립자 원홍묵
	4	30	원주대 설립 인가 신청	정규 4년제 야간대학
1963	1	17	원주대학 설립 인가	법률, 행정, 경제학
	3	18	제2대 이사장(원봉훈)	
	5	15	초대 학장(원홍묵)	
1964	1	25	학교법인 청암학원으로 조직 변경	1963년 사립학교법 제정
1972	5	9	임시이사 파견	김문기 포함
	12	29	원주대 신입생 모집 중지	1976년 2월 폐교 결정
			원주실업전문학교 설치	
1973	11	28	김문기 임시이사회 이사장 선출	
	12	15	김문기 임시이사장 취임	

과 원주대의 시대가 시작된 것이다. 1963년에는 사립학교법이 제정되면서 재단법인 형태로 운영되던 청암학원이 1964년 1월 재단법인의 특수법인인 학교법인으로 전환하면서 학교법인 청암학원으로 조직 변경되었다.

그러나 한국전쟁 직후의 상황에서 대부분의 사학이 그랬던 것처럼 원주대는 지속적으로 재정난에 시달렸다. 이 상황을 극복하기 위해 원주대는 원주시 태장동과 단계동의 땅을 학교 부지로 무상 양도받았고 태장동 부지에 새로운 캠퍼스를 설립하기 위한 계획을 추진했다. 그러나 이 계획은 극심한 재정난으로 성사되지 못했고 1972년 5월에 임시이사가 파견되면서 결국 무산되었다. 임시이사에는 김문기도 포함되어 있었다. 그해 12월 임시이사회는 청암학원 산하에 원주실업전문학교를 신설하는 동시에 원주대의 신입생 모집을 중지했다. 원주대는 3년 후인 1976년 2월에 폐교될 예정이었다. 이 듬해인 1973년 11월 김문기는 임시이사회의 이사장으로 선출되었다. 그리고 김문기의 청암학원 인수 작업은 일사천리로 진행되었다.

나이 마흔의 젊은 사업가이자 강릉 출신의 김문기가 왜 원주 지역의 작은 대학인 청암학원 임시이사에 포함되었는지에 대해서는 공식적으로 알려진 바가 없다. 그러나 당시 강원도에는 영서 지역의 원주대와 영동 지역의 관동대 등 두 개의 사립대학이 있었는데 김문기는 고향에 있는 관동대 인수를 희망했지만 관동대가 명지학원의 소유가 되면서 인수가 불가능해지자 원주대를 인수하게 되었다는 주장이 있다. 따라서 김문기가 청암학원 임시이사로 파견된 것은 우연이 아닌데다 단순히 임시이사를 하기 위해 온 것이 아니라는 사실도 분명해 보인다. 실제로 김문기 본인도 당시 박정희 대통령과 민관식 문교부 장관을 언급하면서 이들 권력자의 뜻에 따라 청암학원에 오게 되었다고 말했다.

3. 사학비리 전성기(1974~1993)

김문기의 상지대는 유신체제와 함께 시작되었다. 무소불위의 유신권력을 등에 업고 임시이사로 등장한 김문기는 청암학원을 인수해 명칭을 상지학원으로 변경하고, 폐교된 원주대를 부활시키는 대신 상지대를 설립하고, 대학 캠퍼스를 봉산동에서 우산동으로 이전해 우산동 상지대 시대를 시작했다. 그러나 명칭 변경이나 캠퍼스 이전보다 중요한 것은 상지대가 사학비리의 역사를 쓰기 시작했다는 사실이다. 김문기 체제하에서 상지대는 사학비리의 전성기이자 교육의 암흑기로 접어들었다.

유신체제는 1972년 12월부터 시작되었지만 그 흐름은 1971년 4월의 제7대 대통령선거에서 박정희가 김대중을 근소한 차이로 이기면서 이미 시작되었다. 대통령선거에서 박정희가 겨우 95만 표 차이로 김대중을 이긴 데다 이어진 5월 국회의원 총선거에서 야당인 신민당이 89석을 얻으면서 만들어진 정치적 불안정성이 유신체제의 단초가 되었다. 닉슨 독트린(Nixon Doctrine)과 미중 관계 개선 및 동서독 기본조약 체결 등 한반도를 둘러싼 국제정세의 변화와 박정희 장기집권에 따른 국민 불만의 증대도 유신체제의 배경이 되었다.

박정희는 1972년 10월 17일 대통령 특별선언으로 전국에 비상계엄을 선포해 국회를 해산하는 동시에 정치활동을 금지하고 10월 27일 비상국무회의에서 유신헌법을 의결한 후 11월 21일 국민투표를 실시했다. 국민투표는 91.9%의 투표율과 91%의 찬성률로 통과되었다. 유신헌법에 따라 단독 출마한 통일주체국민회의 선거에서 1972년 12월 23일 박정희는 99.9%의 찬성으로 대통령에 선출되어 나흘 뒤인 12월 27일에 제8대 대통령에 취임했다.

유신이 시작될 무렵인 1972년 5월에 청암학원에 임시이사가 파견되면서 김문기도 임시이사로 왔다. 유신체제가 시작된 지 이틀 후 원주대가 폐교되었다. 1973년 말에 김문기는 임시이사회 이사장이 되었고 1974년 1월에 청암학원을 인수하고 이사장이 되어 정이사체제로 전환했다. 동시에 청암학원의 명칭을 상지학원으로 변경한 후 폐교된 원주대를 부활시키는 대신 새로 상지대를 설립했다.

김문기가 임시이사로 파견되어 이사장이 되었다가 청암학원을 인수하는 데는 채 두 달도 걸리지 않았다. 그사이에 설립자 원홍묵과 임시이사 김문기 사이에 청암학원에 대한 인수인계 조서가 작성되었고 임시이사로 온 김수근 강원교육감이 이 과정에 입회했다. 서류는 당시 강원교육청에서 근무하다가 상지대 사무처장으로 자리를 옮긴 김연동이 작성했다. 이것만 보아도 강원교육청이 이 과정에 깊이 개입했다는 것을 알 수 있다. 김수근 교육감은 청암학원 인수가 김문기의 평생 후원자인 민관식 당시 문교부 장관의 지시에 의해 이루어졌다고 말했다. 민관식은 1971년 6월부터 문교부 장관이었고 김문기는 민관식이 국회의원이던 시절 동대문구 지구당의 수석 부위원장 및 선거사무장을 맡았다.

김문기 체제에서 1975년 캠퍼스를 원주시 봉산동에서 지금의 우산동으로 이전했다. 1980년대 후반에는 4년제 종합대학이 되었고, 한방병원을 설립했으며, 국립 대관령축산고등학교를 인수하는 등 일부 외형적인 발전을 이루었으나 동시에 가장 대표적인 사학비리 대학이라는 오명을 뒤집어썼다.

김문기가 청암학원을 인수한 첫해인 1974년에 40명의 부정입학이 있었다. 부정입학은 그 후에도 계속되었다. 교수들의 수난도 시작되었다. 우산동으로 이전한 1975년에는 강의할 과목이 없다는 이유로 교수 다섯 명을 해임했고 그 직후 김문기 퇴진을 요구하는 학내 시위가 발생했다. 1976년에는 국가관을 이유로 교수 아홉 명을 재임용에서 탈락시켰다. 1980년 '서울의 봄' 당시에는 전조영 교수에게 계엄포고령 위반의 혐의를 씌워 해임시켰다.

당시 봉산동 캠퍼스에는 세 개의 대학이 있었다. 신입생 모집은 중지되었지만 아직 폐교되지 않은 원주대, 원주대 신입생 모집 중지와 동시에 설립된 원주실업전문학교, 김문기 인수 후 새로 신설된 상지대가 그것이다. 세 개의 대학이 비좁은 대학 캠퍼스에서 생활하니 열악함은 이루 말할 수 없었다. 등록금을 두 배로 올렸지만 교육환경은 조금도 나아지지 않았다. 교수들을 대거 해임하니 수업은 대부분 시간강사에 의해 진행되었다. 이러한 열악한 환경이 학내 시위를 촉발했고 상지대는 문제 대학으로 전락했다. 원주 유지 28명이 김문기의 퇴진을 요구하는 진정서를 대통령에게 제출할 정도로 학내 상황이 악화되었다. 그러나 유신체제하에서 민관식의 비호를 받던 김문기에게 진정서 따위는 별 소용이 없었다.

김문기의 사학비리와 전횡은 박정희가 사망한 후에도 계속되었다. 오히려 광주학살로 집권한 전두환체제하에서 김문기의 부정 비리는 더욱 극심해졌다. 광주항쟁 다음 해인 1981년 8월 김문기는 7년간 유지해온 정관의 설립자 조항을 원홍묵에서 김문기로 변경했다. 설립자 변경은 합법적으로 이루어진 것이 아니라 정관 변경 문서를 허위로 조작해 교육부를 기망하는 방식으로 처리되었다. 그러나 김문기가 교육부를 기망한 것인지 교육부가 김문기와 협조한 것인지는 지금도 알 수 없다. 사학 마피아의 행태를 감안하면 거래가 있었을 것으로 짐작될 뿐이다.

그해에 김문기의 사위이자 후에 총장비서실장을 역임한 황재복이 35명의 불법 편입학을 자행해 학생 한 명당 100만 원씩 수수한 것이 교육부 특별감사에서 적발되었다. 그러나 별 문제없이 넘어갔다. 그 후 연례적으로 입시부정이 자행되었다. 1983년 38명, 1984년 43명, 1985년 53명의 입시부정이 적발되었다. 이것은 입시부정의 전모가 아니라 드러난 수치일 뿐이다. 그 후에도 입시부정 의혹은 거듭되었다.

1985년 11월에는 교원 부당 인사로 이사장실에서 36일간 농성하던 원유경, 이홍구, 이규천 등 전문대 교수 세 명을 소방 호스로 물을 뿌려 진압했다. 이후 이들을 여주, 이천, 장호원 등으로 분리해 납치·감금한 다음 징계에 회부해 해임했다. 이 사건으로 다시 교육부 특별감사를 받았지만 역시 별 문제없이 넘어갔다. 교육부 감사가 면죄부 감사라는 것이 일상적으로 입증되었다. 더구나 1975년 이후 네 차례에 걸친 교수 해임이 대법원에서 모두 취소되었음에도 단 한 명도 복직하지 못했다.

1986년에는 교수 채용을 미끼로 한 금품 수수 사건이 발생했고 이에 항의해 총학생회가 농성에 들어갔다. 김문기는 학생들의 농성을 해산하기 위해 불온 삐라를 제작했고, 학교 인근에 살포한 후 경찰에 신고해 학생 150여 명을 간첩으로 몰아간 '상지대 용공조작 사건'을 일으켰다. 전국을 떠들썩하게 만든 엄청난 용공 사건이었지만 며칠 만에 잠잠해졌고 사건의 진실은 묻혀버렸다. 같은 해에 강원도 평창 소재 국립 대관령축산고를 인수해 운영하다가 학생이 줄어든다는 이유로 폐교를 추진하던 중 주민들의 반대에 부딪혀 포기하기도 했다.

1986년은 통치 불능 상태에 이른 전두환 독재체제가 마지막 기승을 부리던 시절이었다. 독재정권은 남북 분단과 대결 상황을 악용해 이념 갈등을

사학비리 전성기의 역사

연도	월	일	연혁	비고
1974	1	27	김문기의 청암학원 인수, 이사장 선출	상지학원으로 명칭 변경
	2	14	상지대 설립 인가 신청	
	3	8	상지대 설립 인가	
	4	2	상지대 개교 및 입학식	
			40명 부정입학	
1975			(원주시 우산동으로 캠퍼스 이전)	
			교수 5명 해임	강의 과목이 없다는 이유
	4	7	김문기 이사장 퇴임 학내 시위	
1976			교수 9명 재임용 탈락	국가관 미흡이 이유
1977	12		원주 유지 28명이 대통령에게 진정서 제출	김문기 퇴진 요구
1979	1	1	상지실업전문학교, 상지대병설전문대 개편	
1980			전조영 교수 해임	계엄포고령 위반
1981	8	11	상지학원 정관의 설립자 조항 불법 변경	교육부 기망
	2		황재복 비서실장 35명 불법 편입학 주도	1981년 4월 감사 결과
	4		교육부 특별감사	
1983			신입생 38명 부정입학	1985년 11월 12일 감사 결과
1984			신입생 43명 부정입학	
1985			신입생 53명 부정입학	
	11	24	농성 중인 전문대 교수 3명 강제 납치·감금	징계 해임
			교육부 특별감사	
1986	7	26	교수 채용 금품 수수 사건	
	10	14	상지대 용공조작 사건	학생 150여 명 피소
1987	3	1	대관령축산고등학교 인수 협정 체결	
1989	3	30	상지대 교수협의회 결성	
	11	13	상지대 종합대학교 승격	
1990	3	8	교수 봉급 포기각서 사건 보도	《경향신문》
	8	26	교수 16명 재임용 탈락	철회
1991	2	28	교수 5명 재임용 탈락	철회
1992	8	25	교수 재임용 탈락(박정원 교수)	
	6	11	상지대부속한방병원 설립	
1993	3	29	김문기 구속	문민정부 사정개혁 1호

부추겼고, 전국의 대학에서는 이념 문제와 불온 삐라 문제가 쟁점이 되었다. 건국대에 모인 학생들을 진압하기 위해 헬리콥터를 동원한 건국대 사태가 있었고 북한이 남한을 공격하기 위해 금강산댐을 축조해 수공작전을 추진한다는 이른바 '금강산댐 사건'도 이 시기에 만들어졌다. 워낙 허무맹랑한 사건이다 보니 전두환 정권을 지지해온 미국이 금강산댐이 허구라고 폭로할 정도였다. 이 사건 직후에는 6월항쟁의 도화선이 된 박종철 고문치사 사건이 발생했다.

그해 10월 14일 오전, 국회에서는 신민당 유성환 의원이 대정부 질문에서 '우리나라의 국시는 반공이 아니라 통일이어야 한다'고 주장했다가 체포되어 의원직을 박탈당하고 징역을 사는 사건이 발생했다. 같은 날 저녁 상지대에서 발생한 용공조작 사건은 유성환 의원 사건과 같은 맥락에서 자행된 것이지만 오랫동안 사건의 전모가 드러나지 않았다. 그러나 사건 발생 13년 후인 1999년 10월에 이 사건에 관여했던 상지대 직원의 양심선언으로 실체가 드러났고 이어진 국회 청문회에서 진실이 밝혀졌다.

1987년 6월항쟁 시점에서 김문기는 민정당 비례대표 예비후보로 국회의원이 되었고, 1988년에는 강릉 지역구에 출마해 재선 의원이 되었다. 그 직후 상지대는 종합대학으로 승격되었고 한방병원을 설립하는 등 외형적으로 발전하는 모습을 보였다. 그러나 안으로 썩어 들어갔다. 이러한 상황에서 학생들에 대한 용공조작과 교권 탄압에 수수방관하던 교수들은 김문기의 전횡과 사학비리에 대응해 대학 민주화를 추진하기 위해 최초로 교수협의회를 창립했다. 그러나 재선 의원이 된 김문기 족벌체제의 전횡은 조금도 개선될 기미가 보이지 않았다.

김문기는 종합대학 승격을 위해 신규 채용한 교수들을 대상으로 봉급 포기각서를 받는가 하면 발족한 교수협의회를 와해시키기 위해 1990년, 1991년에 교수 21명에게 재임용 탈락이라는 무기를 들이댔으며 결국 1992년에는 박정원 교수를 재임용에서 탈락시켰다. 이 사건을 계기로 교수들이 본관 강의실을 점거하고 무기한 농성에 돌입했다. 총학생회에 이어 교수협의회가 대학 민주화의 깃발을 높이 든 것이다.

1992년 총선에서 김문기는 민자당 3선 의원이 되었고 대통령선거에서 민자당 김영삼 후보가 대통령에 당선되면서 김문기의 앞길은 탄탄대로인 것처럼 보였다. 그러나 1993년 2월 김영삼 대통령이 취임하자마자 부패와의 전쟁을 선포하며 사정개혁을 대대적으로 추진하는 과정에서 김문기의 비리가 백일하에 드러났다. 언론은 1974년 상지대 인수 후 김문기가 저지른 온갖 사학비리를 파헤쳤으며 상지대가 김문기의 돈벌이에 이용된 사실이 확인되었다. 언론은 상지대를 '동토의 왕국', '사학비리 종합선물세트'라고 불렀다. 결국 그해 3월 말 구속되면서 김문기는 권력을 이용해 상지대를 인수한 지 19년 만에 상지대에서 퇴출되었다.

4. 민주대학 시기(1993~2010)

김문기가 퇴출되면서 상지대는 민주대학으로 빠르게 발전했을 뿐만 아니라 강원도 원주의 이름 없는 지방대학에서 전국적인 수준에서 어깨를 겨누는 유명 대학으로 발전했다. 대학의 규모 등 외형적인 발전도 눈부셨지만 교육과 연구의 성과가 뛰어나고 무엇보다도 대학운영이 민주적이라는 점에서 주목받았다. 만약 대학의 개방성과 대학운영의 민주성을 기준으로 대학을 평가한다면 상지대가 단연 전국 1위를 차지했을 것이다.

1993년 3월 29일 김문기가 구속되면서 학교에서 퇴출되고 임시이사가 파견되자 구성원들은 이사회 및 지역사회와 협력해 대학을 안정화하면서 흐트러진 대학의 체제를 빠르게 정비했다. 과거 20년간의 김문기 체제에서는 김문기의 말과 존재가 대학운영의 지침이었기 때문에 별도의 규정이나 운영체제가 불필요했다. 그러나 김문기가 퇴출된 상황에서 이사회와 총장을 정점으로 모든 구성원들이 참여하는 민주적인 대학운영을 위해서는 대학체제의 정비가 반드시 필요했다.

사태를 관망하며 머뭇거리던 교육부는 김문기가 구속되자마자 실태조사를 실시한 후 김문기가 구속되기 직전에 선임한 후임이사들을 무효로 하고 임시이사를 파견했다. 이사회는 강원교육감을 역임한 김상준 이사를 이사장으로 선출했고 상지대는 1972년에 이어 21년 만에 다시 임시이사체제로 운영되었다. 교수들은 이사회와 협의해 총장을 추대하기로 결정한 후 일련의 논의 과정을 거쳐 연세대 부총장을 역임한 김찬국 목사를 총장 후보로 이사회에 추대했고 김찬국 목사는 상지대의 제1대 민주총장에 선임되었다.

그러나 김문기가 구속되었지만 학교 운영에는 김문기의 그림자가 짙게 드리워져 있었다. 김문기는 임시이사가 파견되자마자 상지대 복귀 작업의 일환으로 재단반환 소송을 제기했고 임시이사들 중에서 김문기를 지지하는 인사들은 사사건건 학교 운영을 방해했다. 임시이사 선임에 김문기가 깊이 개입했다는 의혹도 제기되었다. 이사회 안에서 갈등이 고조되면서 김상준 이사장이 사퇴하고 강원대 총장을 역임한 이춘근 이사장으로 교체되었고, 교육부는 상지대에 대한 감사를 시행했다. 교육부는 감사처분에서 김찬국 총장에게 경징계를 요구했는데 김문기를 지지하는 인사들이 징계위원회에서 총장을 부당하게 해임하는 사건이 발생해 상지대는 임시이사 파견 2년 만에 대혼란에 빠졌다. 아직도 풀리지 않는 수수께끼가 있다. 교육부는 자기들이 임시이사를 파견해놓고서 왜 상지대에 대한 감사를 했을까? 교육부가 교육의 관점에서 공정하게 업무를 수행했다고 보기 어려운 대목이다.

김찬국 총장 부당해임 사건은 결국 국회가 개입하고 교육부를 압박해 수습했고 학교 혼란의 책임을 물어 이사회를 전면 교체해 이상희 이사장체제가 들어선 후에야 안정 국면으로 접어들었다. 임시이사 파견 2년 6개월 만에 상지대가 겨우 안정된 체제를 갖춘 것이다. 그 후 상지대는 이상희 이사장과 김찬국 총장 두 체제를 발판으로 학교의 안정을 확보하면서 발전을 시작했다. 물론 김문기의 복귀 공작은 중단 없이 계속되었지만 학교가 안정되어 크게 흔들리지 않았고 김대중 정부와 노무현 정부로 이어지면서 김문기가 개입할 수 있는 여지도 줄어들었다.

김찬국 총장 부당해임 사건을 겪으면서 상지대 구성원들은 김문기의 복귀를 근원적으로 차단하기 위한 목적으로 상지대도립화추진위원회를 발족했고 도립화 작업을 전면적으로 추진했다. 도립화 작업은 인천의 선인재단이 인천시립대로 공립화한 것을 모델로 해 상지대를 강원도립대학으로 공립화한다는 계획이었다. 그러나 인천과는 여건이 다른 강원도에서 도립화는 현실적으로 불가능하다는 판단이 내려졌다. 인천의 경우 시장, 시의회, 시민단체가 시립화에 호의적이었고 시장이 대통령의 결단을 이끌어낼 정도였던 반면, 강원도에서는 도지사와 도의회 모두 도립화에 반대하는 극히 불리한 상황이었다.

구성원들은 도립화의 어려움을 현실적으로 감지했지만 쉽게 포기할 수는 없었다. 그렇다고 무작정 도립화만을 추진할 수도 없는 상황이어서 다른 대안들을 광범위하게 모색했고, 이 과정에서 정치환경의 영향을 받지 않는 시민대학 방식에 주목했다. 시민대학은 국공립이 아닌 사립대학이라는 점에서는 변함이 없지만 대학을 시민사회에 폭넓게 개방하는 것이므로 김문기 구재단 복귀를 차단하는 유용한 방법이라고 판단했다. 결국 이 방향으로 교수, 학생, 직원, 동문의 결의가 모아져 시민대학 추진을 공식적으로 결의했고 이사회에 협조를 요청했다.

시민대학은 상지대가 민주화 과정에서 창안한 상지대 민주화의 독특한 모델이다. 시민대학은 대학을 설립자나 이사장의 사유재산이 아니라 시민사회의 공적 자산으로 전환한다는 관점에서 대학의 개방, 구성원의 참여,

민주적 운영을 핵심적인 가치로 설정했다. 대학을 개방한다는 것은 대학 자체를 개방한다는 의미도 있지만 이사회를 개방해 족벌체제를 타파한다는 것을 의미하기도 한다. 그러나 개방성이라는 추상적인 가치만으로는 대학 발전을 기대할 수 없으므로 시민대학에 부합하는 대학의 재정적 토대를 갖추어야 한다는 판단에서 대학발전기금을 모금하기로 결의했다. 또한 외부기금을 조달하는 창구로 상지발전후원회를 설립하는 동시에 구성원에 의한 내부 기금 납부를 결의했다. 아울러 대학 안팎에서 모아진 기금을 관리할 공신력 있는 재단법인으로 상지학원발전기금재단을 설립했다.

이러한 작업을 추진하는 과정에서 구성원들의 뜻은 하나로 모아졌고 대학이 매우 역동적으로 움직였다. 상지대를 민주화시켰을 뿐만 아니라 대학의 내실을 다져 상지대가 중부권 명문사학으로 빠르게 발전해나가도록 했다. 이런 상황에서 시민대학을 표방하면서 지역사회와 협력해 스스로 발전기금을 모금하는 단계에까지 이르렀으니 대학의 수준이 높아질 수밖에 없는 일이었다. 이 일은 대부분 이상희 이사장, 김찬국 총장, 한완상 총장 시절에 이루어졌다. 상지대 상황은 사학비리만 없다면 임시이사체제에서 학생들의 등록금만으로도 대학이 아무 문제없이 발전할 수 있다는 사실을 입증하는 중요한 사례가 되었다. 물론 이는 사학재단이 가장 싫어하는 것이기도 했다.

그러나 김문기의 복귀 공작에 취약한 임시이사체제로는 중·장기적인 대학 발전을 기약할 수 없다는 사실을 부정하기 어려웠다. 1999년 10월 정기국회 시기에 진행된 임시이사 파견 대학 청문회가 그 단적인 증거였다. 이 청문회는 임시이사체제를 흔들기 위한 목적에서 시작되었다. 비록 청문회가 원하는 바를 달성하지는 못했지만 쫓겨난 구재단이 언제든지 임시이사체제를 흔들 수 있다는 사실은 확인되었다. 결국 임시이사를 정이사로 전환하는 것이 대학 안정화에 필수적인 요건인데, 관건은 임시이사체제를 어떻게 정이사체제로 전환할 것이냐의 문제였다.

우연치 않게 국회 청문회가 중요한 실마리를 제공해주었다. 상지대를 상대로 청문회가 진행되던 자리에서 당시 교육위원이던 노무현 의원이 교육부 장관을 상대로 정이사 선임 방법을 따져 물었다. 장관은 임시이사가 정이사를 선임하고 교육부 장관이 인가하는 방식을 통해 정이사체제로 전환할 수 있다는 사실을 확인해주었다. 민법과 사립학교법 조항에 따라 임시이사가 정이사를 선임할 수 있다는 판단이었다. 더구나 그 직전에 김문기가 제기한 재단반환 소송의 대법원 판결에서 학교가 최종적으로 승소함으로써 정이사 전환의 가능성은 더욱 높아졌다.

상지대 구성원들은 김문기 퇴출 이후 학교가 매우 안정되었고, 대학이 민주적으로 운영되면서 빠르게 발전하고 있으며, 재단반환 소송에서 승소해 김문기의 복귀 가능성이 차단되었다고 설명했다. 이뿐만 아니라 시민대학을 목표로 스스로 발전기금을 모금하는 등 대학 발전의 비전을 갖추었으므로 정이사체제로 전환할 수 있는 충분한 조건을 갖추었다고 주장했다. 이러한 상황을 이사회와 교육부에 설명하고 정이사체제로 전환할 것을 결의한 후 이사회와 협조해 후임 정이사를 선임하고 교육부의 인가를 요구했다. 일이 일사천리로 진행되었다. 그러나 교육부는 정이사 선임의 인가를 거부했다.

당시는 전임 한완상 총장이 교육부 장관을 맡고 있었고 이어서 노무현 대통령의 참여정부가 들어섰지만, 정치권과 사학재단의 요구에서 자유롭지 못한 교육부가 상지대 정이사 선임에 대한 인가를 보류하는 상황이었다. 교육부 장관이 앞장서서 인가할 수 없는 상황이라면 장관으로서도 거부할 수 없는 상황을 만들어줄 수밖에 없었고, 우리는 그 방법으로 인가를 거부하는 교육부 장관을 상대로 행정소송을 제기했다. 행정소송 1심과 2심에서 승소한 상태에서 교육부가 상고를 포기하면서 돌파구가 마련되었다. 마침 그 시점에 윤덕홍 교육부 장관이 정이사 선임을 인가해 상지대는 2004년 1월 1일부터 정이사체제로 전환되었다. 상지대가 자력으로 만들어낸 정이사체제에는 변형윤, 최장집, 박원순 등 유수한 인사들이 참여했다. 이 사건은 대학 민주화에서 상지대가 이룩한 커다란 성과였다.

그러나 호사다마라고 우리는 예상치 못한 역풍을 맞았다. 상지대는 노무현 정부가 사립학교법 개정을 추진하려는 시점에 정이사체제로 전환했는데 그 후 사립학교법 개정에 반대한 사학재단이 부패 정치권, 보수 언론, 종교 재단 등에 업고 사학 민주화에 정면으로 반기를 들었다. 김문기는 상지대 정이사체제 전환에 대한 소송을 제기했다. 임시이사가 정이사를 선임한 것은 불법이라는 주장이었다. 우리는 1심에서 이기고 2심에서 패배한 후 최종적으로 김황식 대법관이 주심인 대법원 판결에서 패배해 상지대 정이사체제는 3년 5개월 만에 붕괴되었다. 그 직후 박근혜 한나라당 대표와 황우여 교육위원장의 주도로 사립학교법이 개악되었고 이 과정에서 임시이사체제를 정이사체제로 전환하는 업무를 담당할 사분위 제도가 도입되었다.

정이사체제를 둘러싼 논란으로 학교의 안정성이 다소 흔들릴 때였음에도 대학 민주화의 효과가 다방면으로 나타났다. 상지대의 입시 경쟁률은 강원도 최고 수준을 유지했고 전국에서 우수한 학생들이 몰려들었다. 교육환경은 크게 개선되었고 교육의 질도 매우 높아졌다. 특히 교수들의 연구 실적이 비약적으로 높아져 전국에서 2~3위를 다투기도 했다. 교육환경 개선 사업을 추진하고 신규 교사를 신축하고도 적립금을 늘릴 만큼 재정적으로도 안정되었다. 대학이 안정되고 학내분규나 갈등이 없으니 교수와 학생들은 안심하고 교육과 연구에 전념할 수 있었으며 이러한 민주화된 환경이 입시와 교육과 연구에 그대로 반영되어 나타났다.

김찬국 총장 연임에 이어 한완상 총장이 부임했다. 한완상 총장은 교육부 총리로 자리를 옮기는 바람에 임기를 채우지 못했지만 민주화된 상지대의

민주대학 시기의 역사

연도	월	일	연혁	비고
1993	3	29	김문기 사정개혁 제1호로 구속, 이사들 해임	
	6	4	임시이사 파견(김상준 이사장)	
	8	30	김찬국 총장 취임	제1기 민주총장
			김문기, 재단반환 소송 시작	서울고등법원(1심)
1994	8	30	이사장 교체(이춘근 이사장)	
1995			(상지대 도립화 추진)	
	8	30	김찬국 총장 부당해임	도립화추진위원회 발족
	12	6	이사 전원 교체(이상희 이사장 취임)	
1996	7	4	김문기, 재단반환 소송 1심 패소	각하
1997	8	30	김찬국 총장 연임	
1999			(시민대학 추진)	
	6	11	김문기, 재단반환 소송 대법원 최종 패소	
	10	14	국회 교육위 청문회 개최(상지대 포함)	
	10	25	한완상 총장 취임	
2000	1	27	문선재 이사장 취임	
	10	16	설립자 원홍묵 선생으로 복원	교육부, 정관 변경 인가
	11	2	재단법인 상지학원발전기금재단 설립	
2001	3	3	강만길 총장 취임	
	11	1	시민대학추진위원회 발족	
2002	1	23	이돈명 이사장 취임	
2003	12	18	임시이사회에서 정이사 선출, 교육부 인가	
2004	1	1	정이사체제 출범(변형윤 이사장 취임)	
	1	8	김문기, 이사선임무효확인 소송 제기(1심)	
	10	28	대법원, 상지학원 설립자 원홍묵 판결	대법원 2002두10766
2005	3	1	김성훈 총장 취임	
2007	5	17	대법원, 상지대 정이사 무효 판결(김황식)	정이사체제 붕괴
	7	20	임시이사 파견	
	7	27	사립학교법 개정(사학분쟁조정위원회 신설)	
	8	8	이사장 선출(김범일 이사장 취임)	
	12	27	사학분쟁조정위원회 발족	
2008	3	19	설립자 청암 원홍묵 선생 흉상 제막식	
	12	12	사립대학교수회연합회 훌륭한 대학교상 수상	
2009	3	31	유재천 총장 취임	
	5	20	임시이사 선임	
	5	28	이사장 선출(구관서 이사장 취임)	
2010	5	9	상지대 정이사 비율 결정(구재단 5/9)	
	8	9	상지대 정상화(구재단 정이사 4/9)	김문기 구재단 복귀

품격을 외부에 잘 알렸다. 이어 강만길, 김성훈, 유재천 총장이 부임했다. 모두 구성원이 추대한 민주총장이었다. 이사회는 이상희 이사장이 연임해 4년을 채운 후 문선재 이사장, 이돈명 이사장으로 이어졌다. 이돈명 이사장은 조선대에 임시이사가 파견되었던 시절에 총장을 역임하기도 했다. 이돈명 이사장을 끝으로 임시이사가 정이사체제로 전환되면서 변형윤 교수가 정이사 최초의 이사장으로 선출되었다. 그러나 최초이자 마지막 이사장이기도 했다.

2007년 7월 20일, 대법원 판결 두 달 후 상지대에는 1972년과 1993년에 이어 세 번째로 임시이사가 파견되었고, 가나안농군학교의 김범일 교장이 이사장을 맡았다. 노무현 정부 말기인 2007년 12월 27일 사분위가 정식으로 가동되기 시작했다. 그러나 노무현 정부에서 출범한 사분위였던 탓에 특별히 문제점이 드러나지 않았고 우리 또한 임시이사를 정이사체제로 전환하는 작업을 담당하는 단순한 정부기구로 판단했다. 그러나 이명박 정부가 들어서고 일부 사분위원들이 교체되면서 사분위는 본색을 드러냈다.

사분위는 초기에는 사학분쟁을 조정하는 기구로 작동되는 듯했다. 그러나 이명박 정부가 출범하고 사분위원 일부가 교체되면서 사학분쟁을 조정하는 기구가 아니라 비리재단을 복귀시키는 기구라는 사실이 드러났다. 특히 강민구, 고영주, 이우근 같은 인사가 사분위원으로 들어와 활동하면서 비리재단 복귀가 노골화되었다. 2009년에 사분위는 쫓겨난 구재단에 학교를 되돌려준다는 내용의 '사분위 정상화 심의 원칙'을 만들었고 이 원칙에 따라 모든 학교를 예외 없이 구재단에 되돌려주었다. 이 과정에서 현직 서울고등법원 부장판사였던 강민구의 역할이 두드러졌다. 그러나 강민구 판사는 이 두드러진 역할 때문에 그 후 두 번이나 대법관 인사에서 탈락했다. 원수는 외나무다리에서 만난다는 말이 실감 나는 대목이 아닐 수 없다.

비리재단 복귀라는 사분위의 노골적인 의도에도 불구하고 조선대, 영남대, 상지대, 대구대, 세종대 등 쟁점이 된 대학들의 정상화 과정은 의도대로 쉽게 진행되지 않았다. 사회적 여론과 구성원의 강한 반발 때문이었다. 정상화 과정이 지연되자 교육부와 사분위는 2009년 5월에 상지대 임시이사를 교체했고 교육부 공무원 출신의 구관서 이사가 이사장으로 선출되었다. 그후에도 사분위 안에서 진통을 거듭했고 결국 해를 넘겨 2010년 5월이 되어서야 김문기 구재단에 이사 정수의 과반수인 다섯 명을 배정하는 원칙이 결정되었다.

그러나 이 배정 원칙에 대한 상지대 구성원들의 반발이 예상외로 커지자 6월과 7월 회의에서 결정하지 못하고 8월 9일에서야 결정했다. 더구나 구재단에 다섯 명을 배정한다는 원칙도 지키기 못해 구재단에 네 명을 배정하고 한 명은 임시이사로 돌려버렸다. 구재단에 과반수를 배정하지 못한 것이다. 구재단에 과반수인 다섯 명을 배정할 경우 상지대 사태가 즉시 파국으로 치달을 것을 우려한 결정이었다. 그러나 구재단에 과반수를 배정하지 않은 임기응변의 조치에도 불구하고 김문기 구재단이 합법적이고 공식적인 방법으로 대학에 복귀한 것은 사실이며 이 때문에 상지대에는 다시금 학내분규의 파란이 예고되었다.

상지대 정상화에 앞서 2009년에 영남대와 조선대가 먼저 정상화되었다. 정상화 방법은 구재단에 과반수를 배정하는 상지대 방식과 동일했다. 다만 이들 대학에서는 상지대와 같은 격렬한 저항이 없었기 때문에 임시이사도 없었다. 2010년 봄에는 세종대가 정상화되었는데 구성원 몫의 정이사가 없었다. 결국 이 시기를 전후해서 논란이 되었던 모든 대학에 비리재단이 복귀했다. 쫓겨난 비리재단의 복귀는 정권이 사학재단의 편이라는 신호가 되었고 권력이 사학비리를 비호한다는 시그널이 되어 전국 사학에서 신흥사학비리가 창궐하는 계기가 되었다. 사학은 다시금 문민정부 이전의 사학비리 천국의 암흑시대로 되돌아갔다. 이 과정에서 상지대는 가장 중심적이고 상징적인 존재가 되었다.

5. 구재단 복귀와 혼란기(2010~2016)

　상지대 구성원의 강력한 저항에도 불구하고 부패권력을 등에 업은 교육부와 사분위는 학교를 김문기 구재단에 돌려주는 잘못된 정상화를 강행했다. 상지대에 복귀한 김문기 구재단은 학교 운영권 장악을 목표로 대학을 파행으로 몰아갔으며, 이사회를 장악하고 김문기의 둘째 아들 김길남이 이사장이 되자 김문기를 총장으로 선임해 상지대를 과거로 복귀시키고 구성원을 탄압하는 극단적인 상황을 자행했다. 그러나 구재단 복귀와 김문기 총장 선임에 대한 학내외의 거센 반대 여론 속에 국회 청문회와 교육부의 특별종합감사로 2015년에 김문기가 총장직에서 해임되었고, 2016년에 다시 교육부 특별종합감사와 대법원 판결로 이사회가 해체되었다.

　오랜 논란 끝에 교육부와 사분위는 김문기 구재단이 상지대에 복귀하는 결정을 내렸다. 참으로 잘못된 결정이자 교육을 사유화하고 교육을 사학비리에 헌납하는 반교육적인 결정이었다. 이 결정으로 상지대는 대학 민주화 17년 만에 다시 분규 상황으로 되돌아갔을 뿐만 아니라, 사학비리에 저항하며 오랫동안 교육의 정상화를 위해 노력해온 전국의 모든 대학과 초·중등학교에 비리재단이 예외 없이 복귀하는 역사적 퇴행이 시작되었다. 상지대는 이러한 상황을 막기 위해 상상을 불허할 정도로 치열하게 싸웠지만 성공하지 못했다.

　사분위의 결정에 따라 교육부가 정이사 선임을 결정하자 우리 구성원들은 논의를 거듭한 끝에 교육부 결정에 불복했다. 결국 행정소송을 제기해 사법부의 판단을 받아보기로 하고 서울행정법원에 소송을 제기했다. 지난 3년 동안에는 교육부와 사분위를 상대로 대학의 정상화를 위해 싸웠지만 국가권력을 상대로 한 싸움이 비리재단 복귀로 일단락된 상황에서 사법부의 공정한 심판이 필요하다고 판단했기 때문이다. 반대로 김문기 역시 본인이 이사로 참여하지 못한 것 등을 이유로 행정소송을 제기했다. 그리고 6년에 걸친 기나긴 법정투쟁이 시작되었다.

해가 바뀌고 2011년 1월에 이사회가 소집되어 교육부가 추천한 채영복 전 과학기술부 장관이 이사장으로 선출되었다. 이사회 구성이 김문기 구재단 네 명에 구성원과 교육부가 각각 두 명으로 팽팽하게 균형을 이룬 상황에서 교육부가 추천한 임시이사가 구성원의 입장에 동의하는 상황이었기 때문에 이사장이 교육부 추천 이사에게 돌아간 것이다. 그럼에도 김문기 구재단 네 명의 이사들이 존재하고 이들이 이사회에서 사사건건 트집을 잡았기 때문에 이사회는 정상적으로 작동될 수 없는 선천적인 불구 상태였다.

이사회에서 김문기 구재단 이사들은 상지학원 정상화를 내걸고 교수협의회 등 김문기를 반대한 구성원을 대학운영에서 배제해야 한다고 주장했다. 또한 대학 민주화의 관점에서 상지학원이 지난 17년간 유지해온 정관을 협의 없이 일방적으로 변경하는 데 혈안이 되어 있었다. 채영복 이사장 등 교육부 추천 이사들도 이사회의 원만한 운영이라는 관점에서 이 주장에 동의하는 태도를 보였다. 교수협의회는 이사장을 전체교수회의에 초청해 교수들의 의견을 개진하는 등 다각적인 노력을 기울였지만 역부족인 상황이었다. 결국 우리는 이사회의 정관 변경을 직접 저지하기로 결정했고, 정관 변경이 이사회 안건으로 상정된 모든 회의에 참석해 직접 정관 변경을 저지했다. 그 과정에서 김문기 구재단 이사들과 채영복 이사장은 우리를 업무방해 등의 혐의로 10여 차례 고소했다.

교육부가 주도하고 사분위가 주관한 상지대 정상화 다음 해에 일어난 상지대 분규 사태는 비리재단이 복귀하는 방식의 대학 정상화가 얼마나 잘못된 것인지를 여실히 보여주는 증거가 되었다. 사분위 정상화를 둘러싼 서울행정법원의 소송에서도 이 점이 핵심적인 쟁점으로 지적되었다. 소송 당사자인 교육부는 사분위가 상지대 정상화를 결정한 회의록을 제출하는 것조차 거부할 정도로 폐쇄적이고 비협조적이었다. 그러나 서울행정법원은 원고인 우리가 사분위 정상화에 대해 법률적으로 다툴 자격이 없다는 이유로 소송을 각하했다. 당시 원고는 상지대 구성원을 대표하는 상지대 총장, 교수협의회 공동대표, 총학생회장, 직원노동조합 지부장, 총동문회장, 개방이사추천위원장 등 여섯 명으로 구성되었는데 법원이 이 모든 구성원 대표의 원고 자격을 부정한 것이다. 우리는 서울고등법원에 즉시 항소했다. 그 후 김문기가 제기한 행정소송에서는 김문기가 패소했다. 이에 김문기도 항소했다.

2012년 들어 사태는 더욱 악화되었다. 정관 변경을 둘러싼 이사회와 구성원의 갈등이 소강상태로 접어든 상황에서 이사회 내부 갈등이 불거졌다. 김문기 구재단 이사들은 유재천 총장의 사퇴를 집요하게 요구해 총장 사퇴 문제가 이사회에서 논란이 되었다. 2008년 3월에 구성원의 추대로 선임된 유재천 총장이 김문기 구재단에 협조적이지 않다는 이유로 총장 사퇴를 거론하기 시작한 것이다. 그러나 유재천 총장이 이에 응하지 않자 대학 업무에 대해 비협조적인 태도를 취했다.

행정소송은 계속 진행되었다. 먼저 김문기가 제기해 1심에서 패소한 행정소송의 서울고등법원 항소심에서 김문기가 일부 승소했다. 교육과학기술부가 정상화 과정에서 임시이사를 선임한 것이 잘못되었다고 법원이 김문기 손을 들어준 것이다. 반면 구성원이 제기한 행정소송은 서울고등법원 항소심에서도 구성원의 원고적격 문제로 기각되었다. 이 사건 선고 전에 사립학교법의 사분위 조항이 헌법에 위배된다는 취지로 위헌법률심판제청을 신청했지만 이것 역시 기각되었다. 하는 수 없어 헌법재판소에 헌법소원을 청구했다.

김문기 구재단은 서울고등법원의 일부 승소를 근거로 교육부의 임시이사 선임을 취소해달라는 행정소송 및 집행정지 가처분 소송을 제기해 승소했다. 이에 불복한 교육과학기술부가 항고했지만 패소함으로써 임시이사의 직무가 결국 정지되었다. 이렇게 되자 이사회는 형식상 김문기 구재단 네 명과 이에 반대하는 네 명의 구성으로 균형을 이룬 것처럼 보였다. 그러나 구성원이 추천한 한이헌 이사가 김문기 구재단과 협력하는 입장으로 선회함으로써 결국 이사회는 김문기 구재단 다섯 명과 이에 반대하는 세 명의 구도가 되어버렸다. 다행히 김문기 구재단에 반대하는 교육부 추천 이사가 이사장을 맡고 있어서 이사회가 구재단에 넘어가지는 않았지만 대신 어떤 결정도 할 수 없는 상황에 처했다.

이런 상황에서 2013년 3월에 유재천 총장의 임기가 만료되었다. 그 직전에 임시이사 소송에서 김문기가 승소했다. 이미 임시이사의 직무가 정지된 상태에서 1심 소송에서 승소하자 김문기 구재단의 기세는 더욱 높아졌다. 이런 상황에서 유재천 총장의 임기가 만료되어 후임 총장을 인선해야 하는 상황이 되자 김문기 구재단은 어떤 논의에도 협조하지 않겠다는 태도를 노골적으로 드러내면서 채영복 이사장의 사퇴를 요구했다. 채영복 이사장이 사퇴에 응하지 않자 재적 이사 과반수를 차지한 김문기 구재단은 이사회에 집단적으로 불참하거나, 참석하더라도 안건 처리에 협조하지 않는 방법으로 2013년도 이사회 회의의 거의 대부분을 무산시켰고, 이 과정에서 1년 내내 임원 간 분쟁이 발생했다. 이 상황에 대해 채영복 이사장, 이사회 감사, 상지대 교수협의회가 수차례 교육부에 사태 해결을 요구했지만 교육부는 철저하게 수수방관했다.

이 시기에 상지대는 교육부가 실시한 제1주기 대학구조개혁평가를 받았고 결국 정부재정지원 제한대학에 선정되는 어려운 상황에 빠졌다. 1년 내내 임원 간 분쟁이 지속되어 이사회가 어떤 결정도 하지 않는 무정부 상태에서 총장도 없이 좋은 평가를 받을 수 없는 것은 당연했다. 결국 총장직무대행을 비롯한 교무위원 전원이 총사퇴하는 상황이 벌어졌고 대학보직은 김문기 구재단에 가까운 사람들로 교체되었다. 구재단이 이사회 과반수를 차지한 상황에서 대학의 행정권이 사실상 김문기 구재단에 넘어간 것이다.

연말이 되면서 상황은 더욱 악화되었다. 김문기가 서울고등법원에서 일부 승소해 대법원이 교육부가 상고한 행정소송에 대해 교육부의 상고를 기각했다. 이어 임시이사 선임이 무효로 확정되었고 임시이사 선임 처분에 대한 취소소송 2심도 김문기의 승소로 확정되었다. 이 두 소송에서 김문기가 승소해 임시이사 문제가 종결되자 사분위는 임시이사 후임의 정이사를 선임하는 논의에 착수했다. 그리고 임시이사 후임의 정이사를 누가 추천할 것이냐를 두고 날카로운 대립이 시작되었다.

이렇게 갈등이 고조되는 상황에서 상지대가 오랫동안 공들여 추진했던 공공기숙사 사업까지 취소되었다. 공공기숙사 사업은 학생들의 면학 분위기를 조성하기 위해 정부가 재정을 지원해 기숙사를 설립해주는 것으로 상지대는 사학진흥재단에서 180억 원을 지원받아 20억 원의 자부담으로 기숙사를 신축하고자 했다. 이를 위해 이미 사학진흥재단의 사업인가를 받아두었지만 김문기 구재단이 다수를 차지한 이사회가 의결을 거부해 결국 자동적으로 무산되어 반납하고 만 것이다. 드디어 상지대가 구재단 복귀의 후유증을 겪기 시작했다.

2013년은 무효가 된 임시이사를 대신할 후임 정이사 선임을 둘러싼 갈등으로 시작되었다. 사분위는 김문기로부터 정이사 후보를 추천받기로 해 후보 명단을 받았으나 반려한 후 세 명을 추천하고 이에 대한 구성원의 의견서를 첨부하도록 했다. 그다음에는 다시 추천된 후보 세 명의 상세한 이력을 첨부하고 이에 대한 구성원의 의견서를 보충해 제출하도록 결정하는 등의 과정 때문에 의결이 지연되었다. 그러나 3월 24일 회의에서 결국 김문기가 추천한 인사를 정이사로 선임해 이사회는 김문기 구재단 여섯 명과 이에 반대하는 채영복 이사장 등 세 명이라는 극도로 불균형한 구조로 재편되었다. 이러한 조건에서는 더 이상 이사직을 유지하는 것이 무망하다는 판단에 따라 채영복 이사장 등 이사 세 명이 사퇴함으로써 상지대는 사분위 정상화 4년이 채 못 되어 완전히 김문기 구재단 수중으로 떨어졌다.

채영복 이사장 등 세 명이 사퇴하자 김문기 구재단은 그다음 날 이사회를 소집해 김문기의 둘째 아들 김길남을 이사장으로 선출했고 대학의 보직은 전면 개편되었으며 결원된 이사들은 개방이사로 보충했다. 이사회 보충이 완료되자 김문기 구재단은 이사회와 대학보직을 바탕으로 정관을 비롯한 규정 개정과 인적 교체에 즉시 착수했다. 김문기 구재단이 완전히 복귀하고 상지대는 이들에 의해 장악되었다. 반면 새해 들어 전광석화처럼 진행된 상황 변화에 구성원들은 체계적으로 대응하지 못했다.

필요한 작업을 완료한 구재단은 이사회를 개최하고 이사 한 명을 사퇴시켰으며 김문기를 이사로 선임해 교육부에 승인을 요청했다. 그러나 교육부가 승인하지 않자 이사회는 8월 13일 김문기의 아들 김길남을 이사장직에서 사퇴시키고 다음 날인 8월 14일 이사회를 개최해 김문기를 상지대 총장으로 선임하는 극단적인 선택을 했다. 과거 한 번도 총장을 역임한 적이 없고 총장을 할 만한 학식과 덕망을 갖추지 못한 김문기가 대학 총장 취임이라는 엄청난 일을 감행한 것이다. 김문기는 총장 취임 당일, 그간 자신을 반대하는 데 가장 앞장서온 나를 징계위원회에 회부했다. 탄압의 칼바람이 불기 시작한 것이다.

김문기 총장 선임 사흘 후, 상지대 총학생회가 대학 본관에 위치한 김문기 총장실 복도를 점거하고 김문기 총장 반대 점거농성에 돌입하면서 상지대 사태가 새로운 국면으로 접어들었다. 총학생회 점거농성 직후 교수협의회가 농성을 시작했고 한 달 후 본관 앞에 교수협의회와 총학생회의 천막농성장이 설치되었다. 기자회견과 학내 집회가 연이어 열렸다. 교육부 장관이 김문기 총장 선임을 비판하면서 사퇴를 촉구했고, 전국의 거의 모든 언론이 김문기 총장 선임을 비판하는 기사를 게재하면서 공개적으로 김문기 총장 사퇴를 촉구했다.

　김문기 총장 선임으로 상지대 사태가 크게 부각되자 국회가 정기국회의 국정감사 기간을 이용해 상지대 청문회를 개최했다. 김문기 총장과 내가 증인으로 채택되었으나 김문기 총장은 외유를 이유로 청문회에 불출석했다. 이에 국회가 국정감사 마지막 날 다시 증인으로 채택해 출석을 요구했지만 김문기 총장은 재차 불출석했다. 국회는 국회증언감정법에 의거해 김문기 총장을 형사고발했다. 청문회를 전후한 시기에 총학생회는 일주일간의 수업거부를 단행했고 이어서 나와 총학생회 간부 일곱 명이 무기한 단식농성에 돌입하는 등 저항의 고삐를 늦추지 않았다. 나는 징계가 진행되는 와중에 단식을 시작했고 단식 중 직위해제를 당했다. 단식 중 교육부 감사 계획이 발표되어 16일 만에 단식을 종료했다.

　김문기 총장 선임을 계기로 상지대 사태가 걷잡을 수 없이 확대되고 김문기가 두 차례 연이어 국정감사 청문회에 불출석하는 등 상황이 악화되자 드디어 교육부가 나섰다. 김문기 총장의 사퇴를 요구할 뿐 사태를 방관하기만 하던 교육부는 교육부 감사를 촉구하는 상지대 구성원과 국회의 거듭된 요구를 견디지 못하고 특별종합감사를 실시하겠다고 발표했다. 2주간의 일정으로 계획된 감사는 일주일을 연장해 3주간 계속되었다. 그러나 교육부 감사가 끝나자마자 김문기 총장은 즉시 나를 파면하고 이어서 전·현직 총학생회장과 부총학생회장 등 네 명을 무기정학에 처하는 징계를 자행했다.

　김문기 총장 선임으로 상지대 사태가 커다란 사회적 이슈로 부각된 가운데 2015년이 시작되었다. 상지대 구성원들은 학기와 방학을 가리지 않고 김문기 반대활동을 강도 높게 이어갔으며 이에 대한 김문기 총장의 탄압도 강도를 높였다. 김문기는 총학생회 사무실을 폐쇄하겠다고 위협하면서 총학생회에 공급되는 전기를 차단하는 등 학생 활동을 탄압했으며, 파면된

구재단 복귀 시기의 역사

연도	월	일	연혁	비고
2010	8	30	정이사 선임	
	10	4	김문기, 이사선임처분 취소소송	서울행정법원
	11	24	이사선임결의무효확인 소송 시작(행정소송)	서울행정법원
2011			(정관 변경을 둘러싼 갈등)	고소·고발 난무
	1	31	이사장 선출(채영복 이사장)	
	9	1	김문기, 이사선임처분 취소소송 패소	
	10	21	행정소송 1심 패소	원고 자격 불인정
2012			(총장 사퇴 논란)	
	6	22	서울고등법원에 위헌법률심판제청 신청	
	6	22	김문기, 이사선임처분 취소소송 2심 선고	김문기 일부 승소
	7	11	행정소송 2심 패소(위헌법률심판제청 기각)	원고 자격 불인정
	8	14	헌법재판소 헌법소원 청구	
	9	24	김문기, 임시이사선임취소소송 제기	이종서 임시이사 대상
	11	15	임시이사직무정지	
2013			(이사장 사퇴 논란과 임원 간 분쟁)	
	2	25	임시이사선임취소소송 선고(서울행정법원)	김문기 승소
	3	30	유재천 총장 임기 만료 퇴임	
	8	29	정부재정지원 제한대학 선정	보직 총사퇴
	11	28	김문기, 이사선임처분 취소소송 일부 승소	대법원, 교육부 상고 기각
	12	9	사분위, 임시이사 후임 정이사 논의	
	12	20	임시이사선임 취소소송 선고(서울고등법원)	항소 기각
	12	31	공공기숙사 사업 취소	
2014	3	24	사분위 정이사 선임(조영재)	
	3	30	채영복 이사장, 임현진 및 한송 이사 사퇴	
	3	31	김길남 이사장 선출	김문기 구재단 완전 복귀
	7	28	김문기 이사 선임	
	8	13	김길남 이사장 사퇴	
	8	14	김문기 총장 선임, 정대화 교수 징계 회부	
	8	17	총학생회 대학 본관 점거	
	8	22	교육부, 김문기 이사 승인 거부	
	8	27	교수협의회 농성 시작	
	9	4	국회 교문위원들, 상지대 현장 방문	

	9	29	교수, 학생 야외 천막농성 시작	
	10	8	국회 국정감사 청문회(김문기, 정대화 증인)	김문기 불출석
	10	27	총학생회 수업거부	
	10	27	국회 청문회(김문기 증인, 정대화 참고인)	김문기 불출석
	11	4	정대화 교수와 총학간부 7명 단식농성	
	11	4	정대화 교수 직위해제	
	11	17	교육부, 김길남 등 이사 5명 연임 신청 거부	
	11	24	교육부 특별종합감사	
	12	15	정대화 교수 파면	
	12	19	전·현직 총학생회장, 부총학생회장 무기정학	윤명식, 박준성, 전종완, 김승룡
2015	2	7	정대화 교수납치 미수사건	
	3	6	직원 2명 해고(박재현, 이광희)	
	3	11	정대화 교수 교원소청(파면 취소)	
	3	11	교육부 감사처분(김문기 해임 요구)	
	4	9	상지대발전시민대토론회(정대화 교수 발표)	원주시의회 대회의실
	5	8	징계위원회, 김문기 정직 1개월 의결	교육부에 보고
	5	13	교육부, 김문기 징계 재심의 요구	
	5	28	교육부, 김문기 징계 재심의 독촉	
	6	8	이사회, 김문기 정직 2개월 의결	
	6	22	교육부, 김문기 정직 2개월에 대한 계고	
	7	2	대학구조개혁평가 D - 등급	
	7	9	이사회, 김문기 해임	
	7	9	이사회, 교수 3명 파면	방정균, 박병섭, 공제욱
			우영균 교수 정직 2개월 추가 징계	
	7	23	사분위 정상화 대법원 판결(승소)	원고 자격 인정, 파기환송
	9	10	국회 국정감사 청문회	김문기 불출석
	9	15	총학생회 수업거부(5주)	
	9	23	임호근 등 직원 5명 징계	
	10	8	국회 국정감사 청문회(국정교과서 파행)	김문기 불출석사유서 제출
	12	17	지방대학특성화사업 취소	3개 사업단 취소
	12	30	류만희 교수 등 7명 징계	
			류혜숙 교수 등 6명 재임용 탈락	
2016	1	15	이종우 교수 등 12명 재계약 탈락	

나의 연구실을 폐쇄하는 데 혈안이 되었다. 내가 연구실 폐쇄를 거부하며 연구실에서 농성을 시작하자 컴퓨터, 전기, 전화를 순차적으로 차단하더니 급기야는 주말 새벽에 연구실 문을 부수고 난입해 나를 납치하려는 시도를 감행했다.

김문기 총장 선임 이후의 상지대 사태가 연일 언론에 보도되고, 국회에서 상지대 사태를 계속 다루는 상황에서, 교육부가 김문기 해임을 요구하는 감사처분 결과를 발표했다. 나의 파면 역시 교원소청심사위원회에서 취소되었다. 그러나 학교가 복직 요구를 거부하고 교원소청 결과에 불복해 행정소송을 제기하면서, 행정소송과 민사소송으로 이어지는 길고 긴 법정투쟁이 시작되었다. 이런 와중에 이사회는 김문기 해임 요구를 거부하고 정직 1개월의 징계를 의결했다. 교육부가 재심의를 요구하자 정직 2개월로 변경했다. 김문기를 해임하지 않을 경우 이사회를 해체하겠다는 교육부의 계고장이 날아들자 그제야 이사회는 마지못해 김문기를 해임했다. 이것이 2015년 7월 9일의 일이다. 드디어 김문기가 총장에서 해임되었다. 총장에 선임된 지 11개월 만에 김문기는 해임되었다. 1993년 3월 사학비리로 구속되어 상지대에서 퇴출된 지 22년 만에 또 쫓겨난 것이다.

그러나 김문기의 총장직 해임은 문제 해결의 작은 출발점은 될지언정 문제 해결은 아니었다. 김문기를 해임하던 날 이사회는 방정균 등 교수 세 명을 파면하고 한 명을 징계했다. 그 전에는 직원 두 명을 해고했다. 그다음에는 교수 일곱 명을 징계하고, 여섯 명의 재임용을 거부하고, 교수 12명의 재계약을 거부하고, 다시 교수 한 명을 징계하는 등 교권 탄압이 줄을 이었을 뿐만 아니라 직원 다섯 명에 대한 징계도 강행했다. 김문기는 해임되었지만 김문기의 지시를 받는 이사회와 대학 본부가 구성원에 대한 탄압의 고삐를 조금도 늦추지 않은 것이다. 더구나 김문기는 총장에 선임된 후 자격도 없는 다수의 사람들을 교수와 직원으로 특채해 김문기 족벌체제를 구축했고,

이 족벌체제는 구성원 탄압의 직접적인 도구로 악용되었다. 이들은 구성원을 징계하는 행동대로 나섰고 구성원이 설치한 농성천막을 부수고 철거하는데도 맹목적으로 앞장섰다.

김문기 해임에도 불구하고 징계와 파면 등 구성원에 대한 탄압이 강화되자 2학기 개강과 동시에 총학생회가 대대적인 행동에 나섰다. 총학생회는 9월 초, 수업거부를 안건으로 전체학생대표자회의를 개최해 수업거부를 결의한 후 학생총회에 회부하기로 했고, 즉시 학생총회를 개최해 학생들 총의로 수업거부를 결정한 다음 곧 실행에 옮겼다. 학생들은 이사회 퇴진, 본부 보직 사퇴, 징계 철회 등 다섯 개 항의 요구 사항을 내걸고 5주간에 걸친 수업거부를 단행했다. 이 시기에 국회는 국정감사에서 또다시 해임된 김문기를 증인으로 채택했지만 불출석했고 국회는 또 김문기를 고발했다.

이어 대학구조개혁평가 결과가 발표되었다. 상지대는 D- 등급이라는 참혹한 성적표를 받아 정부재정지원 제한대학이 되었다. 이사회의 임원 간 분쟁으로 시끄럽던 2013년에 정부재정지원 제한대학이 되었다가 2014년에 겨우 벗어났는데 다시 정부재정지원 제한대학이 된 것이다. 구재단 복귀와 김문기 총장 선임이 대학운영에 엄청난 생채기를 내고 있다는 사실이 대학평가에서 연거푸 입증되었다. 과거와 달리 대학평가에서 실패하면 재정 지원에서 불이익을 받을 뿐만 아니라 입학 정원을 감축해야 하므로 대학이 받는 타격이 이만저만이 아니다. 결국 상지대가 빠르게 나락으로 빠져들고 있다는 사실을 부정할 수 없었다.

6. 대학 재민주화 시기(2016~2017)

김문기 구재단이 김문기 체제에 저항하는 교수, 학생, 직원 등 51명에게 파면, 해고, 재임용 탈락 등의 가혹한 징계를 가하고 구성원들을 대상으로 무차별적으로 고소·고발을 남발하는 극단적인 상황이었지만, 모든 징계에 대해서는 교원소청, 행정소송, 민사소송 등에서 구성원의 손을 들어주었고 모든 고소·고발은 무혐의 처분되었다. 그러나 김문기 구재단의 공격은 무위로 돌아갔지만 우리로서도 성공적으로 방어하는 것 외에는 학교 상황을 달리 주도적으로 이끌어가지 못했다. 2015년 9월, 5주간의 수업거부가 소득 없이 끝난 후 학교 상황은 긴 소강상태로 접어드는 것처럼 보였다. 교육부는 김문기 해임으로 할 일을 다 했다는 태도였고 국회도 뾰족한 대책을 마련하지 못했다. 지루한 장기전이 시작되는 조짐이 보였다.

2016년 겨울방학을 거치면서 긴 모색의 시간을 가졌다. 그리고 교육부 감사를 대신해 감사원 감사를 추진하기로 결정했다. 처음에는 공익감사를 추진하다가 방향을 바꾸어 대상이 넓은 국민감사를 청구하기로 했다. 교수 여럿이 분담해 청구서를 작성하고 감사원 관계자를 만나 협의도 했다. 감사 청구서를 제출할 무렵 4.13 총선거가 야당의 승리로 끝났다. 국회에서 야당의 발언권이 강화되는 여소야대의 새로운 정치지형이 만들어졌다. 그 직후에 우상호 의원이 더불어민주당 원내대표로 선출되었다. 이 상황을 적극적으로 활용할 필요가 있다는 판단하에 먼저 교육부 감사를 청구하고 교육부가 거부할 경우 이 상황까지 포함해 감사원 감사를 청구하는 쪽으로 방향을 정했다. 드디어 우리가 정당방위의 공세에 해당하는 반격을 가할 시점이 되었다.

감사원 감사청구서를 재정리하는 등 준비 과정을 거쳐 선거 후 한 달이 지난 시점에 교육부를 방문해 감사청구서를 접수했다. 교육부에 접수한 감사청구서를 국회 교문위원들에게도 전달했다. 교육문화체육관광위원회의 더불어민주당 간사는 교육 문제를 잘 아는 도종환 의원이 맡았고 국민의당 간사는 판사 출신의 송기석 의원이 맡았다. 이들을 포함해 야당 소속의 모든 교문위원들을 만났다. 또한 우상호 원내대표를 만나 상지대 사태를 설명하고 지원을 요청했다. 우상호 대표가 흔쾌히 응했다. 국회와의 협조가 한층 원활하게 진행될 것 같은 분위기가 만들어졌다.

제20대 국회 원구성이 완료되고 첫 교육문화체육관광위원회 전체회의가 개최되었을 때 의원들이 상지대 사태에 대해 장관에게 질의했다. 특히 상지대 구성원들이 접수한 감사청구서에 대한 장관의 의견을 물었다. 장관은 감사할 사안이 있으면 감사하겠다는 원론적인 수준의 답변을 했다. 그러나 여러 의원들이 장기화된 상지대 사태에 대해 계속해서 질의를 하자 장관도 감사를 실시하는 쪽에 무게를 두고 답변을 했다. 2014년에 이어 두 번째 교육부 감사가 가시권에 들어오는 듯 했다. 그러던 중 상지대 사태에 결정적으로 중요한 세 가지 사건이 연이어 발생했다.

6월 21일, 우상호 원내대표가 도종환 간사 등 더불어민주당 교문위원 일곱 명과 원주 송기헌 의원 등 국회의원 여덟 명을 대동하고 상지대를 방문했다. 국회의원 아홉 명이 상지대를 방문한 것은 처음 있는 일이었고, 상지대가 아니라 어느 대학에서도 이런 일은 없었다. 큰 사건·사고가 발생하거나 특별한 행사가 아니라면 이렇게 많은 국회의원이 한꺼번에 움직이기 어렵다는 점을 감안할 때 우상호 원내대표의 방문은 이례적인 사건이었다. 우대표 방문단은 교수협의회 사무실에서 간담회를 진행했다. 이 자리에는 교수, 학생, 직원, 동문 등 구성원 대표는 물론 원주 지역 시민단체 대표들까지 입추의 여지없이 많은 사람들이 참석했다. 언론의 취재도 뜨거웠다. 이 간담회에서 우 대표는 장기화된 상지대 사태를 조속히 해결할 수 있도록 당 차원에서 최선을 다하겠다고 다짐했다. 우 대표의 노력은 그 후 더불어민주당 최고위원회의와 교육문화체육관광위원회 활동에 그대로 반영되었다. 국회 제1당의 원내대표가 상지대 사태 해결을 약속했다는 사실은 매우 특별한 의미가 있었다.

6월 22일, 김문기 해임 소송의 선고가 서울고등법원 춘천재판부에서 열렀다. 예상대로 원고인 김문기가 1심에 이어 2심에서도 승소했다. 상지학원 이사회가 김문기를 총장직에서 해임했는데 이 해임 소송에서 김문기가 승소했다는 것은 상지학원의 김문기 해임이 실패했다는 것이고, 해임에 실패했다는 것은 김문기 해임을 요구한 교육부 감사처분의 미이행에 해당하는 것이어서 이사 해임 사유에 해당한다. 더구나 상지학원은 김문기 해임 당시 고의로 징계 절차를 누락하는 절차적 흠결을 만들었고, 1심에서는 무변론으로 일관해 스스로 패소를 자처했다. 이어 2심에서도 원고인 김문기의 청구에 동의한다는 청구인낙으로 다시 패소를 자처했으니 고의적으로 김문기 해임을 거부한 것과 다를 바 없게 되었다. 결국 이것만으로도 이사 전원을 해임할 수 있는 사유가 발생한 것이다.

6월 23일, 이날은 상지대 역사에서 매우 중요한 날이다. 우리 구성원들은 버스 한 대를 빌려 타고 재판이 열리는 서울고등법원으로 갔다. 2015년 7월 23일 대법원이 사분위 정상화에 대한 행정소송에서 교수와 학생의 원고 자격을 인정해 사건을 서울고등법원으로 파기환송한 후 11개월 만에 파기환송심 선고가 열리는 날이었다. 우리는 승소 가능성에 기대를 걸고 있었지만 워낙 큰 사건이어서 승소를 자신하지 못하고 조마조마한 마음으로 법정에 앉았다. 재판장이 판결문의 주문을 낭독했는데 우리가 금방 알아듣지 못하자 재판장이 원고가 이겼다고 말해주었다. 우리는 법정에서 함성을 지르며 밖으로 나와서 재판 결과에 대한 기자회견을 했다. 2010년에 행정소송을 시작해 6년 만에 승소한 것이다. 이것으로 상지대 사태의 가닥이 잡혔다. 우리는 서울에서 축하주를 한 잔 하고 원주로 내려와서 기다리고 있던 사람들과 또 한 잔 했다. 살다 보니 이런 날도 오는구나 싶었다.

서울고등법원의 판결은 대법원에서 파기환송된 것이고 대법원 판결을 인용한 것이기 때문에 피고인 교육부가 상고할 필요가 없다는 것이 우리의 주장이었다. 교육부가 대법원에 상고하지 않으면 그대로 확정되는 것이다. 이

재판 후에 열린 국회 교육문화체육관광위원회에서도 이 문제가 쟁점으로 부각되었다. 그러나 교육부 장관은 법률 검토를 거쳐 판단하겠다며 대답을 회피했고 결국 상고했다. 김문기 해임 소송에 대해서도 교육부는 상고했다. 교육문화체육관광위원회의 또 다른 쟁점은 상지대 감사에 관한 것이었는데 장관은 감사를 하겠다고 하면서도 일정은 제시하지 않았다.

결국 총학생회장과 부총학생회장이 교육부 감사를 촉구하며 삭발한 후 단식농성에 돌입했다. 농성 중 총학생회장이 건강 상태가 악화되어 단식을 중단한 반면 부총학생회장은 단식을 계속했다. 7월의 무더위에 학생이 단식하는 것을 말리고자 교수협의회 대표인 김명연 교수가 학생 단식을 중단시키고 단식을 이어갔다. 단식을 중단한 학생들은 잠시 몸을 추스르고 곧 국회까지 200km의 국토순례대장정을 시작했다. 교수는 단식하고 학생들은 국토대장정을 하면서 교육부 감사를 촉구하는 상황이 이어지자 교육부도 감사 계획을 발표했다. 8월 8일부터 2주간에 걸쳐 특별종합감사를 실시하겠다고 했다.

2014년에 이어 2년 만에 다시 감사단이 파견되었다. 2014년 감사단에 속했던 사람들을 제외하고 감사단을 구성했다고 한다. 우리는 2014년의 경험을 바탕으로 감사에 대한 요구를 체계적으로 진행했다. 특히 2014년 감사에서 이사회에 대한 감사를 생략한 사실을 강조하면서 이사회에 대한 철저한 감사를 거듭 촉구했다. 2주간으로 예정된 감사는 일주일 연장해 3주간 계속되었다. 감사 종료 후 한 달도 안된 9월 23일에 교육부가 감사처분을 발표했다. 다섯 가지 사유를 들어 이사 전원을 해임하는 임원취임승인 취소를 예고했다. 우리가 오랫동안 요구했던 바를 매우 이례적으로 빠르게 결정했다. 교육부가 상지대 사태를 둘러싼 상황을 종합적으로 정리하고 결심을 했다는 느낌이 들었다.

임원취임승인 취소의 절차를 둘러싸고 교육부와 우리 사이에 이견이 발생했다. 교육부는 한 달 간의 이의신청 기간을 부여하겠다는 것인 반면 우리는 임원취임승인 취소의 경우 계고와 청문 절차가 있으므로 별도의 이의신청이 불필요하다고 맞섰다. 그러나 6월 23일 서울고등법원 판결 후 교육부가 상고한 상지대 정상화 소송에 대해 10월 27일 대법원 확정판결이 내려지면서 감사처분은 무의미해졌다. 대법원 판결에서 2010년 사분위가 선임한 정이사를 취소하고 이들에 의해 선임된 후임이사를 무효화함으로써 상지대 사태는 결국 끝이 났다. 2010년 정이사가 취소되고 후임이사가 무효가 되었기 때문에 상지대에서는 2010년 이후에 이사 부존재 상태가 되는 것이고, 감사처분에서 임원취임승인 취소의 대상 또한 사라져버린 셈이므로 감사처분은 효력을 상실하게 된 것이다.

대법원 확정판결이 나오기 전에 우리는 서울고등법원 판결을 근거로 춘천지방법원 원주지원에 이사선임결의 무효확인 소송과 이에 기초한 이사직무집행정지 가처분 소송을 제기했다. 서울고등법원 판결만으로 무효 확인과 직무집행정지 가처분이 가능한지에 대해서는 논란이 있었지만 작은 가능성이라도 놓치지 말자는 차원에서 시도한 것이다. 또한 교육부 감사처분이나 대법원 판결로 이사들이 해임될 경우 김문기 측에서 불복해 소송을 제기할 가능성이 다분하므로 이에 선제적으로 대응한다는 측면도 있었다.

대법원 판결로 2010년 이사가 취소되고 그 후임이사가 무효가 되면서 상지학원은 이사 부존재 상태가 되었다. 이사가 후임이사를 선임하지 못하고 임기가 만료될 경우 민법 제691조에 의거해 임기가 끝난 이사들이 긴급처리권을 행사할 수 있도록 되어 있다. 상지대의 경우 2010년 선임된 이사가 취소되었기 때문에 그 이전 이사들이 긴급처리권을 행사할 지위에 있었다. 이 규정에 따라 우리는 2010년 정상화 직전의 이사장이었던 구관서 이사장을 만나 긴급처리권 행사를 요청했다. 그러나 교육부의 비협조로 긴급처리권 행사는 무산되었다.

대학 재민주화 시기의 역사

연도	월	일	연혁	비고
2016	2	26	감사원 국민감사청구 준비	
	2	28	전종완 총학생장 제적	
	3	16	이윤경 교수 징계	
	4	13	국회의원 총선거(여소야대 국면)	
	5	9	교육부에 감사청구서 제출	
	6	21	우상호 원내대표 방문	
	6	22	김문기 해임 소송 2심 선고	상지학원, 청구인낙 패소
	6	23	서울고등법원 파기환송심 판결(승소)	사분위 정상화 취소
	7	6	총학생회 단식농성	
	7	12	직원노동조합 집단 삭발	
	7	21	김명연 교수 단식농성(15일)	
	7	29	총학생회 국토순례대행진	
	8	8	교육부 특별종합감사	두 번째 특별종합감사
	9	1	이사선임무효확인 및 가처분 소송 제기	
	9	23	교육부 감사처분, 임원취임승인 취소 예고	
	10	27	사분위 정상화 대법원 판결(최종)	2010년 정이사 선임취소
	11	28	사분위 임시이사 선임	
	12	8	교육부 임시이사 발령	
	12	21	이사회 개최(이사장 선출)	편호범 이사장
	12	30	이사직무집행정지 가처분 소송 취하	
2017	1	6	이사회 개최	교수협의회와 간담회
	1	23	이사회 간담회(학내 문제 협의)	
	2	3	이사회 개최	보직 교체 안건 처리 무산
	2	7	이사회 개최	총장직무대행 선출
	2	16	대학 본부 보직 교체	김문기 구재단 보직 퇴출
	5	9	대통령선거일	
	6	7	임시이사 임기 만료	

교육부는 상지학원이 긴급처리권에 의해 운영되는 것을 원하지 않았다. 그 이유는 시간이 지난 다음에 알게 되었다. 교육부는 긴급처리권 행사를 막기 위해 조속한 임시이사 선임을 추진해 사분위 심의를 거쳐 임시이사를

발령했다. 임시이사가 선임되고 이사장이 선출되어 이사회를 개최하면서 상지대는 새로운 국면으로 접어들었지만 이사회가 보직 교체를 지연하면서 과도기의 혼란이 계속되었다. 이사회가 보직 교체를 지연한 이유는 보직 구성에서 교수협의회를 배제하기 위한 것이었다. 그 결과 임시이사회체제에서 대학운영을 담당할 보직은 교수협의회 바깥에서 구성되었다. 임시이사회가 교수협의회를 배제한 것이다.

상지대 민주화 역사는 상지대 구성원과 김문기 구재단 간의 대립이었다. 여기서 대학 민주화를 추구한 구성원들이 승리했음에도 대학 민주화의 주역인 교수협의회가 대학운영에서 배제된 것은 교육부의 농간 때문이었다. 교육부는 두 번에 걸친 감사처분에 이어 최종적으로 대법원에서 승소해 대학 민주화를 이룩한 상지대 구성원들을 인정하지 않았고, 상지대 구성원들이 대학운영에 참여하는 것을 차단했다. 상지대 대법원 판결로 '불법 정상화'가 확인된 상황에서 교육부의 불법 정상화가 다른 대학 등으로 확산되는 것을 차단하고자 했기 때문이다.

이런 목적으로 교육부는 상지대 구성원과 뜻을 같이하는 2010년 이전 이사들의 긴급처리권 행사를 막았고, 교육부 통제에 순응하는 인사들을 중심으로 임시이사회를 구성했으며, 그중에서도 교육부와 가장 가까운 편호범 이사가 이사장에 선출되도록 했다. 편호범 이사장은 이러한 교육부의 뜻을 보직 구성에 충실히 반영해 교수협의회와 무관한 교수를 법인사무국장과 총장직무대행에 선임했다. 당장은 교육부의 의도가 관철되는 것처럼 보였다. 그러나 교육부의 정책을 뒷받침하던 박근혜 대통령이 파면된 상황에서 새 정부가 출범하면 교육부의 정책은 전면적으로 수정될 수밖에 없는 상황이다. 그러므로 임시이사 파견 이후 상지대의 상황은 극히 짧은 과도기적인 상황일 뿐 상지대 민주화의 거대한 흐름을 차단하는 것은 불가능하다.

결국 2015년 김문기가 총장직에서 해임되고, 2016년 김문기 구재단 이사

구성원 탄압의 원상회복

구분	시작	종결
이사회 해체	구재단 이사회 복귀(2010.8.30)	구재단 이사회 해체(2016.10.27)
김문기 복귀 좌절	상지대 총장 복귀(2014.8.14)	총장 해임(2015.7.9)
족벌체제 해체	김문기 중심 체제(2014.8.14)	족벌체제 해체(2017.2.16)
김근주 사표 제출	사표 제출(2014.4)	복직(2017.3.20)
정대화 교수 파면	파면(2014.12.15)	복직(2016.9.9)
윤명식 등 총학 간부 징계	무기정학 등 징계(2014.12.19)	징계 취소(2015.8)
박재현, 이광희 해고	해고(2015.3.6)	복직(2016.10.26)
방정균, 박병섭, 공제욱 파면	파면(2015.7.9)	복직(2016.8.8)
최치원 등 직원 5명 징계	징계(2015.9.23)	징계 취소(2016.4.27)
류만희 등 교수 7명 징계	징계(2015.12.30)	징계 취소(2016.8.5)
조원희 등 교수 6명 재임용	재임용 거부(2015.12.30)	복직(2017.2.23)
이종우 교수 재계약 거부	재계약 거부(2016.1.15)	복직(2017.2.23)
전종완 제적	제적(2016.2)	제적 취소(2017.3.16)

회가 해체되고, 2017년 김문기 구재단 보직이 교체되면서 상지대는 1993년에 이어 24년 만에 다시 대학 민주화의 길로 접어들었다. 상지대는 제2민주화의 국면에서 김문기 구재단이 황폐화시킨 대학을 재정비하는 동시에 임박한 대학 대란에 대응해야 하는 시급한 과제에 직면하게 되었으며, 아울러 제1민주화 시기에 추진했던 시민대학 모델을 더욱 발전시켜 상지대를 공영대학으로 발전시키는 중·장기적인 과제를 안고 있다.

이 시기에 교육부 감사와 대법원 판결을 주도한 것은 상지대 구성원들이었다. 학내 활동을 중심으로 지속적으로 투쟁하면서 교육부에 감사청구서를 제출해 2014년에 이어 두 번째 특별종합감사를 가능하게 했으며, 사분위 정상화에 불복해 2010년에 제기한 행정소송의 원고로서 6년 만에 재판을 승소로 이끌었다. 이 과정에서 김문기 구재단체제가 무너지면서 김문기 구재단에 의해 구성원들이 받았던 파면과 징계 등 탄압도 모두 취소되고 원상회복되었다.

상지대 관련 주요 소송

사건	원고	피고	1심	2심	3심
재단반환 소송	김문기	교육부 장관		서울고등법원	대법원
				93구34802	96누10614
				원고 패(각하)	원고 패(각하)
설립자 소송	김문기	교육부 장관	서울행정법원	서울고등법원	대법원
			2000구34477	2001누4438	2002두10766
			원고 패	원고 패(항소기각)	원고 패(심리기각)
정이사 소송	김문기	상지학원	원주지원	서울고등법원	대법원
			2004가합52	2004나30766	2006다19054
			원고 패(각하)	원고 승	원고 승(상고기각)
정상화 소송	상지대 구성원	교육부 장관	서울행정법원	서울고등법원	대법원
			2010구합44085	2011누40402	2012두19496
			원고 패(각하)	원고 패(항소기각)	원고 승(파기환송)
			-	서울고등법원	대법원
				2015누1535	2016두803
				원고 승	원고 승(상고기각)
정상화 소송	김문기	교육부 장관	서울행정법원	서울고등법원	대법원
			2010구합40021	2011누33435	2012두16589
			원고 패	원고 일부 승 (임시이사 무효)	원고 일부 승 (불속행기각)

주: 당시의 행정심판전치주의 때문에 재단반환 소송은 1심이 서울고등법원이었다.

상지대 민주화 투쟁이 전개되는 과정에서 국회, 교육부, 사법부의 중요한 결정이 있었다. 국회의 정치적 결정이나 교육부의 행정적 결정은 결국 재판으로 연결되어 사법부에 의해 대법원에서 최종적으로 결정되곤 했다. 민주화 투쟁이 치열했던 만큼 대법원 결정도 많았고 거의 모든 결정이 사학 민주화의 이정표 역할을 했다.

대법원 판결까지의 다섯 차례 소송 중 네 차례는 김문기가 제기한 것이고 한 차례는 상지대 구성원이 제기한 것인데 상지대 구성원이 세 번, 김문기가 두 번 승리했다. 김문기는 2007년 상지대 정이사 소송에서 승리해 지난

10년간의 상지대 분규의 원인을 제공했다. 그러나 이 분규 과정에서 상지대 구성원들이 정상화 소송에서 승소함으로써 결국 구성원들이 최종적으로 승리하게 되었다. 김문기가 원고였던 정상화 소송에서 김문기가 일부 승소했지만 이것은 임시이사에 관한 것인 데다, 상지대 구성원이 원고였던 정상화 소송에서 상지대 정상화가 불법이라고 판결났으므로 무의미한 것이었다. 상지대 구성원들은 과거 재단반환 소송과 설립자 소송에서도 승소했다.

상지대 정상화 소송을 진행하는 과정에서 사립학교법의 사분위 조항이 위헌이라는 주장이 서울고등법원에 신청한 위헌법률심판제청에서 받아들여지지 않고, 이어서 헌법재판소에 제기한 헌법소원에서도 받아들여지지 않은 것은 매우 아쉬운 일이다. 그러나 사분위가 위헌기구라는 판단에는 여전히 변함이 없다. 그럼에도 지난 6년간의 소송을 통해 사분위 정상화가 불법이라는 판결을 받아낸 것은 매우 중요한 성과이다. 이 승소가 중요한 이유는 이 결과가 비단 상지대뿐만 아니라 사분위 정상화 과정을 거친 20개 이상의 대학을 포함해 약 60개 정도의 학교에 영향을 끼치는 것이기 때문이다.

무엇보다도 이 재판의 가장 중요한 성과는 사학이 우리나라 고등교육의 85%를 차지하고 있는 데다 다수의 사학이 비리와 전횡으로 몸살을 앓고 있는 상황에서 교수와 학생 등 대학 구성원들이 대학운영에 참여할 수 있는 권리를 가지고 있다는 사실을 확인한 것이다. 또한 이 권리를 바탕으로 구성원들이 이사회의 결정에 문제를 제기하고 재판을 제기할 수 있는 원고적격의 법률적 권리를 확보했다는 사실이다. 대학 구성원의 대학운영 참여권은 구성원이 대학의 객체가 아니라 대학운영의 주체라는 사실을 확인시켜 준 것으로, 앞으로 사학 민주화를 위한 결정적인 주춧돌로 작용할 것이다.

상지대학교와 나

/

나는 학생을 가르치고 대학은 나를 가르치고

2016년 12월 8일 교육부가 임시이사를 선임하면서 상지대가 새로운 출발을 시작했다. 2007년 5월 17일 대법원 판결로 상지대 정이사체제가 무너진 지 10년 만의 일이고 2010년 8월 9일 사분위가 상지대를 정상화한다는 명목으로 대학을 구재단에 돌려준 지 6년 만의 일이다. 지방의 작은 대학 문제를 해결하는 데 이렇게 많은 수고와 긴 세월이 필요하다는 사실이 믿기지 않는다. 도대체 사학이 무엇이길래 이렇게 많은 시간이 걸리는 것인지 모르겠다. 김문기 체제가 무너졌다고 해서 문제가 말끔하게 해결된 것도 아니다. 앞으로도 해결해야 할 과제들이 산적하다.

상지대 민주화 투쟁을 하면서 오랫동안 생각했다. 나는 상지대와 무슨 관계일까? 내가 상지대 교수로 부임한 것이나 상지대에서 김문기를 만난 것, 그 이후에 김문기와의 싸움에서 전면에 나서게 된 것에 무슨 사연이 있기나 한 걸까? 나와 상지대의 만남, 나와 김문기의 만남을 무슨 운명 같은 것이라고 해석해야 하는지 궁금했다. 그렇지는 않을 것이다. 다만 현실의 전개과정이 마치 후천적 운명이라도 작용한 것처럼 되어버린 것뿐이다.

김문기는 1972년에 상지대의 임시이사로 왔다가 1973년 말에 임시이사회의 이사장이 되었고 이듬해인 1974년 초에 대학을 인수해 정식으로 이사장이 되었다. 김문기의 시대가 시작된 것이다. 그러나 19년 만인 1993년 3월에 구속되어 상지대를 떠나면서 김문기의 시대는 끝나고 새로운 상지대의 시대가 시작되었다. 김문기의 역사가 상지대에서 종언을 고했다. 적어도 당시에는 그렇게 생각했다. 물론 지나고 보니 그렇지 않았다. 겨우 상지대 역사의 제1부가 끝난 상태였다.

김문기는 다시 시작했다. 감옥에 있었지만 쫓겨난 그 순간부터 복귀를 시도했다. 출옥하면서 더욱 활발하게 복귀를 추진했다. 그러나 김문기로서도 쉽지는 않은 상황이었다. 김문기 없는 임시이사체제하에서 상지대는 발전을 거듭했고 2004년에는 10년간의 임시이사체제를 마감하고 드디어 정이사체제로 전환되어 새로운 출발을 했기 때문이다. 그러다가 정이사체제가 시작되자마자 김문기가 소송을 걸었고 결국 2007년에 대법원 판결로 정이사체제가 무너졌다. 그리고 김문기가 승리하면서 제2부가 끝났다.

2010년 사분위 정상화를 통해서 김문기의 복귀가 일부 실현되었다. 아직 대학을 장악한 것은 아니었지만 장악하기까지 오래 걸리지는 않았다. 2014년 봄, 김문기는 이사회를 완전히 장악한 후 아들을 이사장으로 세웠다. 그리고 여름이 다 가기 전에 김문기는 상지대 총장이 되었다. 매우 공격적인 복귀였다. 1993년 쫓겨난 지 21년 만에 이사회를 장악하고 총장에 선임되면서 화려하게 복귀한 것이다.

그러나 과유불급이었다. 김문기의 화려한 복귀에 대한 반작용도 그만큼 강했다. 전국 언론이 김문기의 복귀와 총장 선임을 비판했다. 전국의 주요 신문이 사설로 김문기 복귀를 비판했다. 국회가 청문회를 열어 김문기를 증인으로 불렀다. 김문기는 출석하지 않았고 결국 교육부가 특별종합감사에 착수했으며 김문기를 총장직에서 해임했다. 2015년 7월의 일이다. 그러나 총장직 해임에도 불구하고 김문기는 상지대를 실질적으로 장악하고 있었다. 국회는 다시 김문기를 증인으로 불렀지만 또 출석하지 않았고, 교육부는 다시 특별종합감사를 실시해 이번에는 김문기의 조종을 받는 이사 전원을 해임하기로 결정했다. 2016년 9월의 일이다. 이로써 23년이 걸린 김문기의 역사 제3부가 끝났다. 이제 상지대에서 김문기의 역사는 더 이상 계속되지 않을 것이다.

나는 김문기가 감옥에서 나와 본격적으로 복귀를 시도하던 1990년대 중반에 상지대 교수로 부임해 교수협의회에서 활동하다가 법인사무국장을 맡았다. 김문기가 떠난 학교를 정상화하는 것과 그의 복귀를 저지하는 것이 핵심 업무였다. 많은 고소·고발이 있었지만 별 문제없이 복귀를 막아냈다. 그러나 세월이 흘러 상황이 변하면서 김문기 구재단이 사분위를 통해 복귀하는 상황이 만들어졌다. 최선의 노력을 다했지만 막아내지 못했다. 김문기 구재단이 복귀한 상황에서 저항의 대척점에 섰다. 3년 동안 노력했지만 결국 이사회는 김문기 구재단 수중에 떨어졌고 김문기는 총장으로 화려하게 복귀했다.

김문기가 총장이 되던 바로 그날 나는 징계에 회부되었다. 이사회가 김문기를 총장으로 선임한 것이 아니라 김문기가 이사회로 하여금 자신을 총장으로 선임하도록 했다. 그리고 내 징계를 승리의 전리품으로 요구했다. 총장이 된 김문기의 첫 번째 업무가 나를 파면시키는 것이었다. 징계가 진행되는 과정에서 직위해제되어 수업에서 배제되었고, 결국 교육부 특별종합감사가 끝난 직후인 2014년 12월 15일에 파면되고 말았다. 그리고 21개월이 지난 2016년 9월 9일 복직 인사발령을 받았다. 그사이에 김문기는 해임되었다.

요약해보면 이렇다. 김문기가 구속되어 학교에서 쫓겨난 직후에 내가 상지대 교수로 부임했다. 김문기가 총장으로 복귀하면서 나는 징계에 회부되고 곧 파면되었다. 그리고 김문기가 해임된 후에 나는 복직되었다. 마치 나와 김문기가 숨바꼭질이라도 하는 것 같은 상황이 만들어졌다. 돌이켜보면 우스운 일이다.

나는 1996년 3월에 처음 교수로 발령받고 20년 6개월 만에 재발령받았으니 교수를 두 번하는 셈이다. 20년 전에는 설레는 마음으로 이상희 이사장과 김찬국 총장으로부터 발령장을 받았는데 이번에는 법인에서 메일로 달랑 보내준 발령장이 전부였다. 인사발령 서류를 건네주는 사람도 없었고 축하 인사말을 해주는 사람도 없는 생뚱맞은 발령이었다. 오히려 복직된 9월 9일이 흥미롭다. 이날은 조선총독부가 미군에 항복한 날이고 북한 정권이 수립된 날이다. 그런가 하면 로마 황제 마르쿠스 아우렐리우스(Marcus Aurelius Antonius)가 탄생한 날이자 마오쩌둥(毛澤東)이 사망한 날이기도 하다. 이것이 내 복직과 무슨 상관이 있는 것일까?

작년에 환갑이 지났다. 환갑을 지냈다는 것이 아니라 환갑 날짜가 지났다는 말이다. 지금이야 명함도 못 내미는 환갑이지만 옛날 같으면 할아버지 반열에 오를 나이가 되었다. 육순이 되던 재작년에는 해직교수 상태였다. 공자 말씀에 따르면 사물의 모든 이치를 깨닫고 듣는 대로 이해할 수 있는 이순(耳順)을 거친 셈인데, 세상 이치에 따라 판단하고 행동한 결과 해직교수가 되었으니 세상이 이치대로만 움직이는 것은 아닌 모양이다. 대단한 부귀영화를 누리겠다고 시작한 일은 아니지만 이왕 시작한 일이므로 마무리를 잘 지어야겠다고 생각하고 있다.

돌이켜보면 누구나 그렇듯이 지난 60년간 나름 열심히 살았나. 가급적 올바른 마음으로 살려고 생각은 했고 가급적 옳은 일에 관심을 두려고 노력했다. 학교 일도 열심히 했고 학교 바깥일에도 게으름 피우지 않고 열심히 참여하려고 했다. 특별히 자랑할 만한 성과가 없어 아쉽기는 하지만 꼭 성과가 있어야 하는 것은 아니라고 스스로 애써 위로하고 있다. 민주화가 필요할 때는 민주화에 동참했고, 개혁이 필요할 때는 개혁을 위해 노력했고, 교수가 되어서는 학생들을 열심히 가르치면서 연구활동도 게을리하지 않았다. 학교가 어려움을 겪을 때는 비리재단과 싸우는 일에 마다하지 않고 나섰다. 김문기가 퇴출된 후에는 새로운 대학을 건설하는 일에 매진했는데, 비리재단이 복귀해 대학이 황폐화되니 비리재단과의 싸움에 나서지 않을 도리가 없었다. 특별한 이유 없이 그냥 그렇게 했다.

상지대 교수로 21년을 살았다. 내 삶의 1/3 이상을 상지대에서 보낸 셈이다. 학업과정을 제외한 사회생활로 보면 30년 사회생활의 2/3를 상지대에서 보낸 셈이고, 직장생활로 보면 잠깐의 별정직 공무원 생활을 제외하고는 대부분의 시기를 상지대 교수로 보냈으니 결국 내 인생의 중심은 상지대 교수라고 해야 할 것이다. 상지대는 내가 삶의 긴 여정에서 잠시 스쳐지나간 정거장이 아니라 내 삶의 전부였다. 그리고 나는 여기서 내가 할 수 있는 최선을 다하려고 노력했다.

상지대와의 만남

처음 상지대 교수로 부임한 날 교수협의회 대표를 만나 회원으로 가입했고 즉시 혹은 우연히 교수협의회 집행부의 일원이 되었다. 다음 해에도 교수협의회 집행부 일을 계속했다. 그러다가 임기도 없는 초대 법인사무국장이 되어 5년간 내리 일했다. 이 시기 나의 책무는 복귀하려고 발버둥치는 김문기를 막아내면서 김문기 없는 학교를 건설하고 발전시키는 것이었다. 그 과정에서 상지대, 전문대, 고등학교, 한방병원으로 이루어진 재단의 틀을 정비하는 일에 몰두했다. 너무 길어진 법인사무국장 업무를 끝내려고 하던 차에 엉뚱하게도 상지대 기획처장으로 자리를 옮기게 되면서 자의반 타의반으로 기획처장 업무를 맡게 되었다. 그러나 자의반 타의반으로 기획처장 업무는 길게 하지 못했다.

교수가 대학보직을 길게 맡으면 안 된다는 평소의 생각 때문에 기획처장을 벗어난 후에는 학교 일에서 의도적으로 멀어졌다. 낙선운동 전후로 추진하던 정치개혁운동에 매진했다. 그 시기에 첫 연구년을 맞았지만 노무현 대통령 탄핵 사건이 발생해 여기에 개입하느라 연구년을 포기해야 했다. 교수가 되어 받은 첫 연구년인 만큼 아쉬운 감은 있었지만 별 수 없었다. 연구년 다음 해에 교수협의회 대표가 되어 우리가 추진하고 있던 시민대학 건설에 매진했다. 상지대를 새로운 사학 모델로 만드는 일이었기에 혼신의 힘을 기울였다. 나로서는 사심 없이 시민대학 일을 추진했지만 예상치 못한 역풍으로 논란이 야기되는 특이한 경험을 하기도 했다.

1년간의 교수협의회 일을 마치고 다시 학교 바깥일에 눈을 돌렸다. 전공을 살려 정치개혁에 몰두했고 제대로 된 정부를 만들어야 한다는 결의를 바탕으로 민주정부 건설에 매진했다. 2~3년간 이 일에 시간과 노력을 모두 쏟아부었지만 성공하지 못했다. 6월민주항쟁으로 등장한 민주정부를 지속시키는 것의 중요성을 역설했지만 변화된 새로운 상황에서 민주정부에 실망한 국민들의 분노를 되돌리는 데는 한계가 있었다. 나는 민주정부가 지속되어야 한다고 강조했지만 많은 사람들은 민주정부에 대한 실망감을 감추지 못했다.

2000년대 첫 10년간 상지대 모델 구축과 정치개혁이라는 두 가지 과제를 붙잡고 씨름한 셈인데 상지대는 안정 속에서 발전을 구가했지만 정치개혁에는 성공하지 못했다. 더구나 정치개혁의 실패가 사학 분야에까지 검은 마수를 뻗치면서 상지대의 성공도 흔들렸다. 우리가 성공에 심취해 있을 때 패배자들은 역공을 준비했고, 우리가 생각하지도 못했던 어느 날 상지대에 위기가 닥쳐왔다. 대법원이 상지대 정이사체제를 무너뜨렸고 사립학교법이 개악되었다. 사분위가 설치되고 상지대의 운명이 풍전등화의 위기상황으로 내몰렸다.

김문기 복귀반대 투쟁

정치개혁의 과제가 워낙 큰일이었고 그 일이 진행 중인 상황이었기에 처음에는 사분위 일에 관여하지 않았다. 상황을 주시하기는 했지만 뛰어들 게 재가 아니었다. 그러다가 2010년 봄 상지대가 사분위의 주요 안건으로 다뤄지기 시작할 무렵에서야 학교 일에 뛰어들었다. 뛰어든 이상 열심히 하지 않을 수 없었다. 그해 무더운 여름 한 철을 광화문 정부종합청사 후문 길바닥에서 보냈다. 수많은 교수와 학생, 시민단체, 교육단체가 우리를 지원했다. 그러나 성공하지 못했고 김문기 구재단은 학교로 복귀했다. 열심히 노력한다고 다 이루어지는 것은 아니라지만 강력하게 조여 오는 권력의 아우라를 벗어날 수 없었다. 허탈했다. 사회정치적 민주화의 후퇴가 상지대 민주화의 후퇴로 나타났다.

2010년이 이렇게 지나갔다. 2011년은 교수로서 생애 두 번째 연구년이었다. 2004년에 연구년을 가지 못했기 때문에 이번에는 미리 준비했다. 분주한 일상에서 벗어나 못 다한 연구에 집중해 책을 집필하겠다는 계획을 세웠다. 상지대 교수 생활 15년 만의 휴가라는 생각에 구체적으로 계획을 짰고 마음도 부풀어 있었다. 미국으로 갈 생각이었다. 그러나 인생은 계획대로 되지 않았다. 구재단이 복귀한 상황에서 교수들이 나를 다시 교수협의회 대표로 선출했다. 연구년인 것을 뻔히 알면서도 대표로 선출한 것이다. 첫 번째 연구년을 못 간 것도 알고, 가족이 함께 미국으로 간다는 것도 알고 있는 상황이었지만 결국 일이 꼬여버렸다. 이것을 운명이라고 해야 할까, 불운이라고 해야 할까?

짧은 순간 번민했다. 교수로서 15년을 보낸 후 학문의 시간을 제대로 가져보려고 했는데, 학교 안팎의 일로 시간 내기 어려워 제대로 하지 못했던 과제에 집중해서 연구를 진행하고 책을 내려고 했는데, 가족과 함께 처음으로 시간을 보내려고 했는데, 이 모든 구상이 일순간 물거품이 될 상황이 온 것이다. 교수들이 연구년 1년을 교수협의회 일로 사용한 전례가 없었고 두 번의 연구년을 모두 낭비해버린 전례도 없었기 때문에 내가 거절하면 그만인 상황이었다. 그러나 못난 나는 그렇게 하지 못했다.

교수협의회 대표를 수락했다. 깊이 생각하고 내린 결정인지 모르겠고, 정확하게 판단한 것인지도, 잘한 것인지도 모르겠지만, 주어진 상황을 회피하지 않겠다고 생각했다. 이것이 내 운명이라면 순순히 받아들이기로 했다. 연구년을 연이어 포기하는 것이 말할 수 없이 아쉬웠지만 세상에는 교수 아닌 사람이 더 많고 연구년이라는 제도가 없는 직업이 대부분이라는 논리로 스스로를 위로했다. 그러나 함께 떠나기로 했던 아내에게는 아무런 위로가 되지 않았고, 나는 좋은 남편이 되지 못했다.

곧 활동을 시작했다. 교수협의회 대표 자격으로 상지대 비상대책위원장을 함께 맡았다. 상황은 예상했던 대로 진행되었다. 전년도 사분위 결정에 따라 구재단이 포함된 이사회가 구성되었고 우리가 활동을 시작할 무렵 이사회도 가동을 시작했다. 이사회에 참여한 구재단은 정관을 뜯어고치고 구성원을 학교 운영에서 배제하는 등 본심을 거침없이 드러냈다. 우리는 물러서지 않고 대응했다. 결국 우리는 1년 동안 11번 고소·고발되었다. 그해가 끝나갈 무렵부터 고소·고발에 대한 경찰과 검찰의 조사가 시작되었고 이 조사는 해를 넘겨 2012년에도 이어졌다. 활동 후에 남는 것은 부채와 재판이라는 말을 다시금 실감했다.

폭처법 기소와 길고 긴 재판

검찰이 우리를 기소했다. 업무방해와 명예훼손이라고 예상하고 있었는데 공소장에 죄목이 폭력행위 처벌에 관한 특별법, 이른바 '폭처법'이라고 기재되어 있었다. 폭처법이라니? 대학 민주화 활동을 폭처법으로 기소한다는 사실에 놀랐다. 우리가 했던 일이 폭력행위로 간주되고 있다는 사실이 우리를 무척 난감하게 만들었다. 폭처법에 벌금형이 없다는 말을 듣고 더욱 놀랐다. 그렇다면 무죄 아니면 징역형이었다. 징역형이면 교수직을 박탈당한다. 문제가 심각하다는 것을 깨달았다. 그러나 나중에 알게 된 사실이지만 폭처법에도 벌금형이 없는 것은 아니었다.

결과론적인 판단이지만 우리 활동에 폭처법을 적용한 검찰의 기소는 무리한 것이었다. 왜 그렇게 했는지는 알 수 없지만 학내 활동을 폭력행위로 기소하는 것은 극히 이례적이었다. 우리는 폭력행위로 의심받을 만한 행동을 하지도 않았다. 재판 과정에서 검사가 보여준 태도에서 이상한 낌새를 맡았다. 우리 측 변호사는 더욱 민감하게 받아들였고 한 번은 법정에서 검사를 강하게 몰아붙인 적도 있었다. 검사가 검사답지 않다는 판단을 하게 되었다. 우리는 이런 상황을 손 탔다고 말한다. 그러나 김문기에게는 더러 있는 일이었기에 특별히 이상하게 생각하지는 않았다.

형사사건으로 검찰에 기소된 후 재판에 회부되어 2013년 한 해를 춘천지방법원 원주지원에서 재판을 받으며 보냈다. 1월에 시작한 재판이 11월에 끝났다. 재판이 길어진 것은 재판부가 우리 사건을 진지하게 대했기 때문이다. 재판을 시작한 첫 공판일에 판사는 "그 유명한 상지대 재판을 맡게 되어 영광입니다. 이 명성에 누가 되지 않도록 열심히 공부하면서 성실하게 재판을 진행하겠습니다. 여러분들이 하고 싶은 말이 있으면 거리낌 없이 하시기 바랍니다. 여러분이 하시는 말씀을 토씨 하나 빼지 않고 경청하겠다는 약속을 드립니다"라고 말했다. 참으로 진지한 태도였다. 재판장은 재판이 끝날 때까지 자기 말에 대한 약속을 매우 성실하게 지켰다. 통상 형사재판은 검사와 변호사 사이의 공방으로 진행되는 것이지만, 판사는 우리가 충분히 말할 수 있도록 배려했고 우리 말을 끝까지 들어주었다. 1심에서 우리는 좋은 판사가 어떤 판사인지를 보게 되었다.

공판 과정에서 10월에 결심이 열렸다. 나는 장문의 최후진술서를 작성했다. 법정에서 다 읽으려면 30분은 족히 걸릴 분량이었다. 검사가 먼저 구형했다. 우리 변호사가 최후 변론을 하고 이어서 내가 피고 일곱 명을 대표해 최후진술을 했다. 최후진술문을 압축 요약해 20분 정도 진술했다. 이렇게 해서 길고 길었던 재판이 끝나고 선고를 기다리게 되었다. 문제는 검사의 구형량이었다. 일곱 명이 재판을 받았는데 다른 사람은 모두 벌금형이었지만 검사는 내게 수괴죄를 적용해 징역 10개월을 구형했다. 학내 문제로 이 사회에 가서 의견을 개진한 것을 두고 징역 10개월이라니 터무니없는 구형이었다. 검사가 폭처법으로 기소할 때부터 이상하게 생각했고 재판 과정에서 보여준 태도도 석연치 않았는데 결국 구형에서 본심을 드러낸 것이다.

다음달 11월 선고 기일에 참석했다. 판사가 선고 이유를 설명하기 시작했다. 매우 긴 시간을 할애해 조목조목 설명했다. 그리고 피고 일곱 명에 대해 형량이 낮은 순서대로 선고했다. 다른 사람들은 벌금형으로 구형되었기 때문에 선고의 쟁점은 벌금 액수의 조정 문제였다. 그러나 나는 징역형이었기 때문에 관심이 집중되었다. 벌금 50만 원에 선고유예, 벌금 70만 원, 벌금 120만 원, 벌금 200만 원, 그리고 내 차례가 왔다. 다시 재판장의 설명이 길게 이어졌다. 그리고 벌금 300만 원을 선고했다. 하느님 맙소사, 그나마 다행이었다. 징역 10개월에서 벌금 300만 원으로 깎였으니 이만한 할인도 없을 것이다.

우리는 원주지원 판사의 재판 과정을 긍정적으로 평가하고 재판장의 선고에 고마운 마음을 표하면서도 2심에 항소했다. 우리 활동의 정당성을 확인받고 싶었기 때문이다. 그러나 2013년 11월 말에 항소한 2심은 다음 해가 되고 시간이 한참 지나서도 시작될 기미를 보이지 않다가 구재단이 이사회를 장악한 이후인 7월이 되어서야 심리를 시작했다. 12월에 진행된 세 번째 심리에서 채영복 전 이사장이 우리 측 증인으로 출석해 증언한 후 내가 최후진술을 했다. 1심과 마찬가지 기조로 진술했다. 우리 행위의 정당성을 살

퍼달라는 것이었고 만약 죄가 있다면 학생들을 대신해서 우리 교수들에게 물어달라고 했으며, 비대위장인 내가 그 책임을 모두 지겠다고 말했다. 아뿔싸. 이렇게까지 말할 생각은 아니었는데 어쩌다 보니 그렇게 말하고 말았다.

2심은 춘천지방법원에서 진행되었다. 재판장은 머리가 희끗해서 1심 재판장보다 나이가 들어보였다. 피고인 우리에게 상당한 여유를 보였다. 그사이에 이미 졸업해서 사회생활을 하고 있던 학생들이 재판 기일에 출석하지 못하는 상황이 되어도 최대한 선처해주었다. 김명연 교수가 2심 재판 첫 공판일에 미국으로 연구년을 간다는 이야기를 하게 되었는데 이것도 편안하게 받아들여 주었다. 더구나 연구년 이야기를 하기로 예정되어 있던 당일 김명연 교수는 본인 부주의로 재판에 출석조차 하지 못했는데도 재판장은 김 교수의 연구년 출국을 인정해주었다. 법정에서 사람에 대한 예의를 느낄 수 있었다.

이 재판은 내가 파면된 다음에야 끝났다. 2015년 1월 14일 2심 판결이 선고되었다. 재판장은 우리 일곱 명을 법대 앞에 일렬로 불러 세웠다. 그리고 선고 이유를 조목조목 설명하기 시작했다. 1심에서 유죄로 인정한 사실들을 남김없이 받아들여 유죄라고 했다. 법정 분위기가 일순 영하로 냉각되었다. 그러나 재판장은 아랑곳하지 않고 말을 이어나갔다. 우리의 항소 주장과 관련된 법률적 판단을 모두 마친 판사가 갑자기 다른 이야기를 꺼냈다. 우리는 무죄 취지로 항소했기 때문에 1심의 형량에 대해서는 따로 언급하지 않았다. 그런데 재판장이 우리의 요구가 없었음에도 재판부 직권으로 형량을 검토하겠다고 선언했다. 그리고 사안의 성격상 형량이 너무 과중하다고 미리 선언했다. 분위기가 조금 호전되었다. 재판장은 우리가 활동 과정에서 폭력행위를 자제하기 위해 최대한 노력했고, 전과가 없으며, 개인적인 이득을 추구하는 행위가 아니었다고 우리의 활동을 긍정적으로 평가했다. 그리고 마지막으로 사학비리 세력이 학내에 진입하려는 것을 막는 등 교육의 공공성 확보를 위한 활동이었다는 사실이 분명하게 인정되므로 형의 선고를 유예한다고 선언했다. 전날 밤 꿈이 좋아 가벼운 마음으로 재판장에 갔는데 길몽이었던 모양이다.

우리는 춘천지방법원 제1형사부 최성길 판사의 사학에 대한 통찰력 있는 접근과 상지대 사태에 대한 깊은 이해를 긍정적으로 평가하면서 법원을 떠났다. 이런 판사들이 있어 사회가 그나마 정상적으로 유지되는 것이라고 이구동성으로 입을 모았다. 그러나 우리는 재판부의 선처에 깊이 고마움을 느끼면서도 우리가 2심에 항소한 논거가 무죄 취지였다는 점을 감안해 대법원에 상고하기로 했다. 다만 일곱 명 각자의 사정이 다른 만큼 일곱 명 중 세 명만 대법원에 상고하기로 했다. 상고를 하더라도 출석하지 않고 진행되므로 사실상 재판은 끝난 것과 다를 바 없었다.

이사회의 갈등

그러나 이제 겨우 2011년 당시의 사건이 마무리된 것일 뿐이다. 2011년 은 구재단이 복귀한 다음 해이지만 구재단이 아직 이사회를 장악한 것도, 대학을 장악한 것도 아니었으므로 본격적인 대립이 시작된 것은 아니었다. 운동경기로 치자면 본 시합에 앞서 오픈게임 하나 치른 정도였다. 이 재판 의 2심이 진행되던 2014년에 구재단이 이사회를 장악하고 이어서 김문기가 총장에 선임되면서 본 시합이 준비되고 있었다.

상지대는 2010년에 정상화 과정을 거쳤지만 2011년 이후에는 대구대, 덕 성여대, 동덕여대, 경기대 등에서 정상화 심의가 진행되고 있었기 때문에 우 리는 사학개혁국본을 중심으로 사학 민주화 운동을 추진했다. 나는 2012년 5월에 비상대책위원장 임무를 마치고 교수협의회의 대외협력위원장 업무 를 맡아 활동하면서 외부에서 사학개혁국본을 중심으로 상지대 문제를 지 원하고 사분위의 문제점을 비판하는 데 주력했다. 그러나 사학개혁국본의 적극적인 노력에도 불구하고 권력을 배경으로 진행되는 사분위의 정상화를 막을 수는 없었다. 성과도 없이 삭발과 단식만 반복했다.

2011년에는 이사회에 복귀한 구재단의 집요한 요구로 정관 개정이 강행되어 구재단과 우리가 치열하게 대결했지만, 2012년과 2013년에는 이사회 안에서 구재단 측 이사와 그 반대 측 이사들 사이에서 갈등이 고조되었기 때문에 우리와의 갈등은 상대적으로 잦아들었다. 반대 측 이사란 상지대 구성원 추천 이사와 교육부 추천 이사를 말하는 것인데 우리가 추천한 이사는 서울대 임현진 교수와 문민정부 시절에 경제수석을 역임했던 한이헌 이사였고, 교육부에서 추천한 이사는 과학기술부 장관을 지낸 채영복 이사장과 강릉원주대 총장을 역임한 한송 이사였다. 그런데 한이헌 이사가 이사회 초기에 김문기 구재단과 협력하는 관계로 돌아서버려 이사회 운영에 어려움이 많았다. 우리가 추천한 이사인데, 김문기 측 인물이 되었으니 전향한 셈이다.

교육부 추천으로 이사가 된 채영복 이사장은 초기에는 구재단과 우리 사이에서 균형을 잡으려고 노력했다. 균형을 잡는다는 것은 이사장 입장에서 구재단의 요구를 일부 수용한다는 것을 의미한다. 정관 개정 추진도 그 일환이다. 이 상황에서 우리가 구재단과 대결하게 되자 자연스럽게 이사장과 우리의 관계도 좋지 않게 되었다. 그러나 구재단이 무리하게 이사장을 압박하자 구재단 이사들과 나머지 이사들의 관계가 악화되었다. 구재단이 채영복 이사장의 협조를 얻는 것이 불가능하게 되었다고 판단하자 이사장 사퇴를 강하게 밀어붙였다. 그 결과 이사회 안에서 임원 간 분쟁이 시작되었다.

구재단은 2011년에는 정관 개정 문제로 우리 구성원과 대결했고 2012년에는 유재천 총장의 사퇴를 요구하는 등 총장과 갈등을 빚었다. 그러나 총장을 강제로 사퇴시키는 것이 여의치 않게 되자 이사장 사퇴로 방향을 바꾸었다. 2013년 봄에 유재천 총장의 임기가 끝나 후임 총장을 선출해야 하는 상황에서 구재단은 이사장이 사퇴하지 않는 한 총장 선임에 협조하지 않겠다고 버티며 1년 6개월 동안 총장 부존재 상태를 방치했다.

임원 간 분쟁

2013년에는 이사장 사퇴를 둘러싼 구재단의 공세로 이사회가 파행을 거듭했다. 구재단은 집단적으로 이사회에 불참하거나 이사회에 참석하더라도 의사진행발언으로 이사장을 비난한 후 집단 퇴장하는 방식으로 이사회 안건 처리를 방해했다. 이 해에 이사회가 17회 소집되었는데 그중 14회가 구재단 이사들의 집단 불참 혹은 집단 퇴장으로 무산되거나 파행되었다. 예산 심의가 지연되기 일쑤였고 교원 신규임용 역시 제대로 진행되지 못했다. 이런 지속적인 이사회 파행의 결과 상지대는 2013년에 정부재정지원 제한대학에 포함되었고 이미 승인된 공공기숙사 사업도 취소되는 등 대학운영이 파행을 거듭했다.

이 시기에 또 다른 문제가 발생했다. 2010년 정상화 당시에 사분위는 구재단의 전횡을 방지할 목적으로 구재단 몫 다섯 명 중에서 한 명을 임시이사로 파견하는 결정을 했다. 구재단에 과반수인 다섯 명을 배정할 경우 상지대 사태가 걷잡을 수 없이 악화될 것을 우려한 선택이었다. 상지대를 위한 배려가 아니라 사분위와 교육부를 위한 고육책이었다. 이종서 전 교과부 차관이 임시이사로 선임되었다. 그러나 김문기가 임시이사 선임에 대해 무효확인 소송을 제기한 후 가처분 소송에서 승소함으로써 이종서 이사는 직무를 수행할 수 없게 되었고 본안에서도 승소해 임시이사를 정이사로 선임할 수밖에 없게 되었다.

구재단의 이사회 장악

2013년 하반기부터 시작된 임시이사의 정이사 선임 문제가 해를 넘겼다. 결국 김문기가 추천한 삼일회계법인의 조영재 회계사가 정이사로 결정되면서 이사회의 균형추는 구재단으로 급격하게 기울어졌다. 구재단 이사 네 명에 한이헌 이사가 합류해 다섯 명으로 과반수를 확보한 상황에서 조영재 이사가 추가로 합류하자 구재단은 이사회의 2/3에 해당하는 여섯 명을 확보하게 되었고, 이 상황에서 달리 선택의 여지가 없다고 판단한 채영복 이사장, 임현진 이사, 한송 이사는 전격 사퇴하고 말았다.

우리는 2012년부터 시작되어 2013년에 본격화된 이사회 임원 간 분쟁을 해결하기 위해 여러 차례 교육부에 민원을 제출했지만 교육부는 미동조차 하지 않았다. 임시이사를 정이사로 대체하는 과정에서도 중립적인 이사를 추천해주도록 교육부에 요청했지만 김문기가 추천한 이사가 선임되었다. 이러한 상황에서 채영복 이사장 등의 사퇴를 극구 만류했지만 이미 불가항력적이라고 판단한 이사들의 집단 사퇴를 막을 수 없었다. 결국 2014년 3월 하순에 상지학원 이사회는 구재단 여섯 명만 남게 되었고 이사회는 사분위 정상화 3년 7개월 만에 완전히 구재단 수중으로 떨어졌다.

2014년 3월 31일, 구재단은 이사회를 개최해 김문기의 둘째 아들 김길남 이사를 이사장으로 선출했다. 이어서 대학 본부의 보직을 개편하고, 2011년에 마무리하지 못한 정관을 자기들 입맛대로 개정하고, 개방이사추천위원회를 구재단 일색으로 개편한 후 결원된 이사 세 명을 개방이사로 보충함으로써 이사회를 완전히 장악했다. 그 직후에 이사회는 김문기를 상지학원 이사로 선임해 교육부에 승인을 요청했지만 승인이 어렵다고 판단되자 다시 김문기를 상지대 총장에 선임했다. 점령군의 진압 작전을 방불케 하는 전격적인 결정이자 비리 주범을 대학 총장으로 앉히는 매우 파격적인 결정이었다.

이 시기에 복귀한 비리재단은 상지대 외에도 조선대, 영남대, 대구대, 덕성여대, 동덕여대, 경기대, 세종대, 광운대, 서일대 등 많았지만 극히 일부가 이사를 거쳐 이사장으로 참여했을 뿐 처음부터 이사장으로 선출되는 경우는 없었으며 상지대처럼 비리 주범이 직접 총장이 된 경우는 더욱이 없었다. 더구나 김문기는 총장을 역임한 바도 없고 총장을 할 정도로 학식과 덕망을 구비한 인물도 아니었다. 1965년에 건국대를 졸업한 후 1992년에 강릉상고를 졸업한 이상한 학력을 가진 김문기가 총장에 선임된 것은 지극히 비상식적인 결정이었다.

그러나 김길남이 이사장이 되고 김문기가 총장이 되던 2014년 상반기의 격랑에 상지대 구성원들은 제대로 대응하지 못했다. 구재단 복귀에 대해 국회 청문회가 합의되었지만 뒤이어 발생한 세월호 참사로 무기한 연기되었다가 결국 무산되었다. 엄청난 사태 변화와 미묘한 침묵 사이의 불균형이 조성되었다. 나는 이 미묘한 침묵의 공백을 깨려고 〈김현정의 뉴스쇼〉를 포함해 언론 매체 몇 곳과 연속적으로 인터뷰를 진행했다. 공포의 침묵을 깬 전격 인터뷰는 파문을 일으켰다. 더구나 이 시기에 김문기와 김성남이 저축은행법 위반으로 재판을 받고 있는 법정에 검사 측 증인으로 참석했다. 도드라질 수밖에 없는 상황이었다.

급격하게 변화된 상황에 대한 최소한의 대응력을 확보할 목적으로 교수협의회 전·현직 공동대표들이 일련의 긴급 회동을 가졌다. 여러 차례 논의를 거쳐 대외협력특별위원회를 구성하기로 했고 내가 위원장을 맡았다. 별개의 비상기구를 구성하는 방안이 검토되었지만 합의가 이루어지지 않아 대외협력특별위원회를 구성하는 것으로 결정했다. 그러나 대외협력특별위원회는 교수협의회의 조직이면서도 독립성을 갖는 특이한 위상을 가진 조직으로 출발했다. 모호한 결정을 할 수밖에 없었던 이유는 대외협력특별위원회가 교수협의회에 부담을 주지 않으면서 필요한 활동을 하자는 취지를 밝혔기 때문이다. 실제로 대외협력특별위원회는 상당히 자유롭게 움직였다.

김문기 총장 선임

그 직후 상황이 급변했다. 2014년 8월 14일, 김문기는 총장이 되었고 나는 징계에 회부되었다. 싸움이 본격적으로 시작된 것이다. 이제 싸움은 원거리 공방전이 아니라 근접전으로 변화되었다. 서울시교육청에서 회의를 하다가 김문기 총장 선임 소식을 들었다. 모든 사람들이 놀랐다. 김문기의 총장 선임을 둘러싸고 국회, 교육부, 언론, 사회단체는 한목소리로 비판했지만 김문기는 미동조차 하지 않았다. 국회가 국정감사 청문회에 증인으로 불러도 응하지 않았다. 교육부 장관이 공개적으로 총장 선임을 비판했지만 김문기는 외려 반발했다. 모든 언론이 사설로 총장 선임의 부당함을 지적했지만 오불관언이었다. 대단한 김문기였다. 싸움은 시작되었고 무척 시끄럽기는 했지만 달리 뾰족한 수가 없는 것처럼 보였다. 팽팽한 긴장이 조성되었다.

이 긴장 상태에 파열구를 낸 것은 교수도 아니고 직원도 아닌 학생들이었다. 여름방학이 끝나갈 무렵인 2014년 8월 17일에 학생들이 움직였다. 김문기 총장 선임 사흘 만에 총학생회가 대학 본관 농성으로 돌파구를 열었다. 일요일 오후 늦은 시간에 총학생회가 대학 본관 총장실 앞을 점거했다. 그때 나는 지리산에서 모임을 하고 있었다. 소식을 듣는 즉시 학교로 돌아왔다. 학생들은 비리 구재단의 복귀와 사학비리 주범 김문기의 총장 선임에 반대한다는 뜻을 공개적으로 밝혔다. 교수들도 학생들의 본관 농성에 대응할 필요가 있었다. 그러나 여름방학 중인 관계로 교수들이 본격적으로 대응하는 데는 한 달 정도의 시간이 걸렸다. 그리고 교정에 교수천막과 학생천막이 설치되었다. 기자회견과 항의 집회가 일상적으로 열렸다. 교육부 감사를 요구하면서 학생들은 수업거부를 단행했고 나는 학생 간부 일곱 명과 단식농성에 돌입했다. 내 징계도 진행되었다. 학내분규를 넘어 본격적으로 싸움이 시작되었다. 그 첫 싸움이 내 징계였다.

파면과 단식

징계는 엉터리로 진행되었다. 징계 요구권자인 변석조 이사장 직무대행이 징계위원장을 맡는 몰상식한 일이 벌어졌다. 이미 이사 전원의 임기가 만료된 상태에서 이사들이 긴급처리권에 의존해 징계위원으로 들어왔다. 멋모르고 이사로 선임된 삼일회계법인의 조영재 이사도 징계위원으로 참석했다. 변석조는 인사권자가 징계위원장을 맡으면 안 된다는 항의를 받고 징계위원이 되었다가 결국 빠졌다. 교수와 학생들이 삼일회계법인을 항의 방문하자 조영재는 징계위원에서 빠졌고 이어서 이사직도 사퇴했다. 다른 징계위원들도 여러 차례 교체되었다.

징계 절차의 마지막 단계는 당사자 의견을 듣는 소명 절차이다. 모든 징계 과정은 비밀리에 할 수 있지만 당사자 소명은 당사자의 출석 때문에 공개할 수밖에 없다. 교수와 학생들이 징계위원회가 열리는 장소로 몰려가서 부당징계에 강하게 항의하는 일이 벌어졌고, 이것 때문에 소명이 정상적으로 진행되지 않아 소명을 위한 징계위원회가 세 차례나 더 열렸다. 그러나 결국 소명이 이루어지지 않은 상태에서 징계위원회의 징계 양정과 이사회의 파면 결정이 강행되었다.

이 시기에 나는 징계에 항의하는 동시에 교육부 감사를 촉구하면서 16일간 야외 천막에서 단식했고, 단식을 하는 도중에 교육부 감사가 결정되었다. 이사회는 내가 중징계 회부되었다는 것을 이유로 직위해제를 추진했다. 이미 2학기 수업이 12주가 지나 3주만 더 하면 기말고사였지만 이사회는 교육부의 만류에도 불구하고 나를 학교 현장에서 배제할 목적으로 직위해제를 강행했다. 직위해제 직후에 교육부 감사가 시작되었고, 감사가 끝난 다음 주에 파면이 의결되었다. 같은 시기에 총학생회장과 부총학생회장, 차기 총학생회장과 부총장학생회장 등 학생 간부 네 명이 무기정학을 받았다. 학교가 감사가 끝나기를 기다려 징계를 의결한 것이다.

변석조가 맡았던 징계위원장 자리는 최창선 교수에게 돌아갔다. 김문기의 오랜 측근이었지만 김문기가 쫓겨난 후 2005년에 내가 교수협의회 회원으로 가입시켰던 교수였다. 징계 과정에서 만나자고 해서 한 차례 만났고 공정하게 진행하겠다는 말을 들었다. 그러나 마음은 공정했는지 모르겠지만 행동은 공정하지 않았다. 소명 과정에서 내가 단식 후유증으로 원주의료원에 입원하게 되었고 최창선 교수가 병문안을 왔다. 다음 날이 소명일이었는데 병원에 입원한 상태이니 소명 일자를 연기하겠다고 했다. 나는 발급받은 입원 확인서를 주었다. 그러나 그다음 날 징계위원회 회의에서 내가 소명에 불참한 것으로 처리한 후 결국 파면으로 양정했다. 내 징계 직후에 최창선 교수는 명예퇴직하고 상지대를 떠나버렸다.

김문기는 왜 이렇게 나를 집요하게 괴롭히는 것일까? 그러나 이해 못할 바도 아니었다. 내가 김문기를 집요하게 반대했기 때문이다. 김문기의 복귀를 가장 앞장서서 반대했고, 김문기가 상지대를 장악하는 데 가장 큰 장애물로 작용했기 때문이다. 앞장서서 반대하고, 조직적으로 반대하고, 언론을 통해 반대하고, 국회를 통해 반대하고, 시민단체를 통해 반대하고, 공공연하게 반대하고, 강력하게 반대하고, 정면에서 반대하니 미울 수밖에 없을 것이다. 사실 나도 이런 내가 밉기만 하다. 우리 집에서도 이런 나를 곱게 보지 않는다.

김문기를 반대하는 이유

그러나 김문기가 꼭 알아두어야 할 것이 있다. 반대한다고 징계·파면하고 직위해제하면 싸움이 더 커진다는 사실이다. 나는 한 치도 물러서지 않을 것이다. 나를 괴롭히면 나는 잠시 괴롭겠지만 그 영향은 더 크게 확대되어서 본인에게 돌아간다는 사실을 알아야 한다. 이것이 상지대 싸움의 원리이다. 웬만하면 나도 그냥 모르는 척 넘어가고 싶다. 그러나 교육에 관심 있는 사람이라면 결코 그렇게 할 수 없을 것이다. 내가 김문기와의 정면싸움을 마다하지 않는 이유도 마찬가지이다.

그 이유는 첫째, 김문기는 옳은 사람이 아니다. 평생을 비리와 부패, 특권과 반칙으로 일관해온 사람이다. 사학비리, 정치자금 비리, 저축은행 비리 등 일생이 불법으로 점철되었다. 이런 사람이 잘못되었다고 말하는 것은 정당하며 마땅한 일이다. 사회가 발전하기 위해서는 잘못된 일에 대해 잘못되었다고 당당하게 말할 수 있어야 한다. 이것이 개혁이고 발전이며 사회정의이다. 마음속에만 존재하는 정의로는 사회정의를 실현할 수 없다. 말하는 정의, 표현하는 정의, 실천하는 정의, 행동하는 정의가 필요하다. 나는 내가 할 수 있는 작은 정의 하나를 실천하는 것이다. 나는 그렇게 살아왔고 앞으로도 그렇게 살아갈 것이다. 이런 사람이 많아져야 사회가 더욱 정의롭게 발전한다.

둘째, 김문기는 교육자가 아니다. 김문기는 교육기관에 종사해서는 안 되는 사람이고 교육 분야에서 역할이 없는 사람이다. 사회가 온통 썩어도 교육만은 살아야 그 사회의 미래에 희망이 있다. 우리 사회에서 가장 부패한 인사가 가장 민주적인 대학을 장악하는 것도 부족해 총장이 되는 상황은 상지대 학생을 위해서도, 교육을 위해서도, 우리나라의 백년대계를 위해서도 결코 용납할 수 없다. 과거에는 온갖 비리를 저지르면서 학생들을 빨갱이로 몰았고 지금에 와서도 교수를 파면하고 학생을 무단으로 징계하는 사람이 어떻게 교육자가 될 수 있단 말인가? 교육을 교육으로 보지 않고, 교육 주체를 존중하지 않고, 대학을 돈벌이 수단으로 간주하는 사람은 교육 현장에서 물러나야 한다.

셋째, 김문기는 개전의 정이 없는 사람이다. 김문기가 상지대 설립자인지 아닌지 하는 논쟁은 무의미하다. 설립자든 아니든 상관없다. 설립자라고 해서 학교를 아무렇게나 운영해도 되는 것도 아니고 설립자가 아니라고 해서 배척받아야 할 이유도 없다. 그런데 김문기는 설립자가 아니면서 설립자를 참칭하고 설립자도 아니면서 대학을 악의 구렁텅이로 몰아가고 있으니 반대하는 것이 당연하다. 김문기가 과거에 죄를 지었다고 해도 이제 회개한다면 개전의 정이 있는 것이므로 재론의 여지도 있을 수 있다. 그러나 20년 만에 다시 마주한 김문기에게는 개선의 여지가 단 한 치도 없었다. 과거 1970~1980년대에 했던 그 방식 그대로다. 오히려 더욱 심해졌다.

넷째, 상지대에는 상지대의 길이 있다. 상지대는 설립자 원홍묵 선생에 의해 건학될 당시 홍익인간 정신으로 강원 지역의 자제를 교육한다는 목표가 있었다. 그러나 김문기가 대학을 강탈하면서 이 목표가 훼손되었다. 다시 김문기가 퇴출된 이후 상지대는 건학 초기의 정신으로 돌아가 민주적이고 투명한 대학, 모든 사학의 모델이 되는 시민대학을 추구했고 상당한 성과를 거두었다. 그러나 김문기가 또다시 학교를 장악하고 총장이 되면서 건학 정신은 실종되고 시민대학은 껍데기만 남게 되었다. 김문기는 상지대가 가야 할 길을 알지 못하는 사람이며 대학 발전을 가로막는 장애물이다. 그러므로 김문기에게 상지대는 맞지 않는 옷이다.

다행히 교육부가 감사권을 발동해 문제 해결의 단초는 제공되었다. 그러나 감사는 교육부의 자체 판단보다는 국회의 판단에 의한 것이었고 교육부는 확고한 정책 목표가 없었기 때문에 감사 결과를 신뢰하기 어려운 상황이었다. 따라서 감사는 끝났지만 상황은 여전히 불확실했고 상지대 사태는 끝을 알 수 없는 길고 어두운 터널 안으로 빨려 들어갔다. 이렇게 몸부림치다가 결국 빛을 보지 못할 수도 있겠다는 생각도 들었다.

연구실 농성

2014년 12월, 난생처음 파면 상태에서 연말을 맞았다. 징계의 목적을 이미 알고 있었고 파면 전에 직위해제를 당했으니 이러한 상황에 조금은 익숙해질 법도 했지만 파면은 다른 느낌으로 다가왔다. 감정선의 미묘한 변화를 느꼈다. 그러나 파면 그 자체보다는 이후의 상황이 파면을 더욱 실감 나게 만들어주었다. 나는 파면 전에 이미 수업에서 배제되었다. 파면과 동시에 연구실 폐쇄가 진행되었다. 연구실을 폐쇄하고자 하니 협조해달라는 공문이 연속 발송되었다. 실제로 직원이 연구실로 오기도 했다. 내가 학내에서 하는 집회나 기자회견 등을 막을 목적으로 업무방해 금지 가처분 소송이 제기되었다.

나는 직위해제가 부당하니 취소해달라는 가처분 소송으로 대응했다. 파면 이후에는 교원소청심사위원회에 파면이 부당하다는 소청을 제기했다. 그러나 상황은 좋지 않았다. 춘천지방법원 원주지원장이 재판장을 맡은 가처분 사건의 재판부는 가처분 소송에 어울리지 않게 시간을 끌었다. 결국 파면되면서 가처분 소송은 무의미해져 취하하고 말았다. 교원소청도 시간을 끌었다. 그사이 학교는 집요하게 내 연구실을 폐쇄하려고 시도했다.

고민하다가 연구실을 지키기로 결심했다. 연구실을 지켜야 활동을 계속할 수 있고 연구실을 지키기 위한 노력 자체가 중요한 활동이라고 판단했다. 파면에 대해 교원소청을 제기했으니 결정이 날 때까지 기다려달라고 학교에 정식으로 요구했다. 그러나 학교는 그럴 생각이 없었다. 연구실만 비면 강제로 폐쇄하려는 분위기였다. 막무가내였다. 어쩔 수 없이 직접 연구실을 지키는 도리밖에 없었다. 해를 넘겨 2015년 1월 5일부터 연구실에서 24시간 전일 농성을 시작했다. 연구실을 비울 수 없었기 때문에 퇴근하지 못하고 연구실에서 잠을 잤다.

주말에도 연구실에 상주했다. 외부 일로 부득이 연구실을 비워야 할 상황이 생길 경우 교수협의회 교수, 총학생회 간부, 졸업한 동문들이 나 대신 교대로 연구실을 지켜주었다. 그러자 학교에서는 연구실 앞에 CCTV를 새로 설치해 연구실 출입자를 감시했다. 그 후에는 연구실 전화를 끊고, 홈페이지 인터넷 아이디를 삭제하고, 연구실로 들어오는 전기를 끊고, 교수 연구실에 배정된 난방용 가스 지급까지 끊었다. 1월 한겨울에 전기와 가스를 끊어버리니 난방이 불가능해졌다. 다른 교수들의 가스 지급권을 이용해 난방을 했더니 가스 배달업체를 협박해 가스 배달까지 중단시켰다. 춥고 깜깜한 밤이 시작되었다.

상황이 악화되자 공대 교수들이 와서 직접 전기를 연결해주었다. 연구실과 연구실 주변 전기를 모두 차단했기 때문에 연구실에서 가장 가까운 강의실에서 전기를 끌어와 연결하고 전등을 가설해주었다. 낮에는 그럭저럭 전기가 들어왔지만 밤이 되면 어렵게 연결한 전기마저 학교에서 끊어버렸다. 전기가 끊어지면 밖으로 나가서 다시 연결하고, 연결하면 다시 끊는 일이 반복되었다. 같은 일이 반복되니 학교에서 아예 전깃줄을 절단해버렸다. 촛불로 조명을 대신했다. 그러나 전기와 가스가 없으니 난방은 할 수 없었다. 오랜만에 추운 겨울을 맞이했고 겨울밤이 춥다는 사실을 새삼 절감했다.

이렇게 한 달가량 실랑이를 벌이던 중 사고가 났다. 겨울방학이자 주말이었던 2월 7일 토요일 새벽 5시, 김문기가 특별 채용한 남윤경과 몇몇 보안대원들이 연구실 폐쇄를 위해 연구실로 쳐들어왔다. 학교에서 이미 연구실 안팎의 전기를 모두 끊어버린 상태였으므로 칠흑 같이 어두운 밤이었다. 전날 오후 교수들에게 연구실을 맡기고 서울에 갔다가 밤늦게 돌아와 새벽 늦은 시간에 잠이 들었다. 잠든 지 몇 시간 지나지 않아 이들이 조용히 연구실로 접근했다. 연구실 문을 사이에 두고 나와 그들 사이에 잠시 이야기가 오고갔다. 문을 부술 것 같은 분위기를 직감해 이야기로 시간을 끌면서 카카오톡에 비상사태라고 알린 후 112에 신고했다. 그들은 112에 신고하는 소리를 듣자마자 문을 부수고 들이닥쳤다.

참으로 기억하기 싫은 밤이다. 주말 한밤중에 대학에서 교수가 김문기의 하수인들에게 납치와 테러의 봉변을 당했다는 사실이 믿기지 않았다. 정확한 시간은 모르겠지만 문이 부서진 후 약 30분가량이 지나 경찰이 도착하면서 상황은 종료되었다. 이런 경험은 처음이었다.

소식을 듣고 아침 일찍 교수와 학생들이 속속 연구실로 왔다. 주말 한밤중에 김문기 하수인들이 교수에게 폭력을 행사하려 했다는 사실에 경악한 교수와 학생들은 내 연구실을 지키기 위한 계획을 세웠다. 나는 경찰서로 가서 피해자 조사를 받고 검사 및 휴식 차 원주의료원에 다시 입원했다. 2014년 11월에 단식을 마친 후 입원했는데 불과 석 달도 안 되어 또 입원한 셈이다. 이 사건은 교수납치 미수사건으로, 또 한밤중의 교수 테러 사건으로 언론에 보도되었다. 국회에서도 큰 논란이 되었다.

김문기 해임과 파면 취소

2015년 3월 11일에 교육부 특별종합감사에 대한 감사처분이 발표되었다. 교육부가 김문기에 대한 해임을 요구했다. 김문기 해임은 당연한 일이지만 이사회에 대한 처분이 생략된 감사 결과는 실망스러운 것이었다. 교육부가 이사회를 살리는 대신 김문기 해임을 선택을 한 것이다. 그러나 교육부의 해임 요구에도 불구하고 상지학원 이사회는 5월에 김문기에게 정직 1개월의 징계를 내렸다. 교육부가 재심의를 요구하자 6월에 정직 2개월로 바꾸었다. 김문기를 해임하지 않을 경우 이사들을 해임하겠다고 교육부가 최후통첩을 내리자 그제야 마지못해 김문기를 해임했다. 그러나 정직 의결 때와는 달리 징계위원회를 거치지 않고 김문기를 해임하는 절차적 하자를 만들었다.

감사처분이 발표되던 날 내 교원소청 결과도 발표되었다. 파면을 취소하고 정직 1개월로 감경한다고 했다. 파면이 취소된 것은 당연한 일이지만 정직 1개월은 부당한 결정이었다. 나는 나대로 학교는 학교대로 행정소송을 제기했고 이때부터 기나긴 법정투쟁이 시작되었다. 내가 제기한 행정소송, 학교가 제기한 행정소송, 내가 제기한 민사소송과 민사 가처분이 이어졌다. 민사소송과 민사 가처분에서 승소한 다음에는 채권 압류와 간접강제가 이어졌다. 이렇게 진행된 재판이 20건을 넘어섰다.

이 시기에 김문기에 대한 재판도 진행되었다. 저축은행법을 위반한 사건으로 두 건의 재판이 진행되었고 국회 청문회에 불출석한 사건으로도 재판이 진행되었다. 김문기를 총장직에서 해임한 사건에 대해서도 김문기는 징계처분무효확인 소송을 제기했다. 가처분에서는 김문기의 요구가 기각되었지만 1심과 2심에서는 김문기가 승소했다. 1심에서는 김문기를 해임한 상지학원이 변호사를 선임하지 않는 등 무변론으로 패소하고 2심에서는 상지학원이 김문기의 청구를 모두 받아들인다는 청구인낙으로 패소를 자처했다. 그래서 우리는 이 사건을 김문기에 대한 위장해임과 사기 재판이라고 불렀다.

2014년 12월 내 파면에 이어 2015년 7월에는 방정균·공제욱·박병섭 교수가 파면되고 우영균 교수가 중징계를 받았다. 가을에는 류만희·유수정·이꽃메·최종덕·김혜림·강이수 교수가 징계를 받았고 우영균 교수는 여기서에도 또 징계를 받았다. 연말에는 조원희·임일혁·류혜숙·권해윤·류동표·엄태원 교수가 재임용에서 탈락했다. 2016년 1월에는 이종우 교수 등 12명이 재계약에서 탈락했고 이어 이윤경 교수가 징계를 받았다. 산학협력단의 박재현과 이광희 등 직원 두 명이 해고되고 직원 다섯 명이 추가로 징계를 받았다. 학생들도 무기정학을 받은 네 명을 포함해 일곱 명이 징계를 받았다. 이렇게 2014년 말부터 2016년 초까지 1년 사이에 징계받은 구성원이 51명에 이르렀다. 가히 기네스북에 오를 탄압이다.

2015년과 2016년은 이렇게 무차별적인 대량 징계로 시작되어 지루한 법정투쟁 속에서 지나갔다. 이 기간에 나는 경찰 고소 27번, 검찰 직고소 14번 등 41번 고소당해 경찰과 검찰의 조사를 받았고 22번의 재판을 치렀다. 재판은 모두 파면 이후 김문기 구재단과 싸우는 과정에서 일어난 일이다. 41번 고소되어 조사를 받았지만 이것 때문에 재판에 회부된 것은 없었다. 그나마 다행이다. 그 후 다시 네 번 더 고소당했다. 그러나 이 시기에 상지대가 끝없이 추락한 것이 더 심각한 문제였다.

누군가가 좋은 대학을 만드는 것이 좋은 나라를 만드는 것보다 어렵다고 했는데, 지난 20년간 애써 만들어온 민주 상지대를 불과 몇 년 사이에 파국 수준의 대학으로 만들어버렸으니 이것이 정말 문제이다. 2010년 사분위 정상화로 김문기 구재단이 복귀했고 학교 운영권을 장악하기 위해 지루하게 싸움을 벌인 결과 대학이 파행을 거듭하다가 결국 2013년에 정부재정지원 제한대학이 되었다. 2014년에 겨우 여기에서 벗어났는데 김문기가 총장으로 다시 복귀한 이후 2015년에 대학구조개혁평가에서 꼴찌에 해당하는 D- 등급을 받았다. 그 후 지방대학특성화사업이 취소되었고 2016년에 다시 정부재정지원 제한대학이 되었다. 이는 대학입시에 고스란히 반영되고 있다.

이렇게 된 것은 물론 일차적으로 김문기 때문이지만 그보다 이 상황을 처리하지 않고 수수방관하면서 방치한 교육부의 책임이 더 크다. 사분위 정상화 과정에서 의도적으로 구재단 복귀를 추진한 것, 정상화 이후 학내분규를 방치한 것, 구재단이 이사회를 장악하도록 방치한 것 등은 전적으로 교육부의 책임이다. 그러나 지나간 일은 지나간 일로 보더라도 김문기가 총장이 된 후 착수한 특별종합감사에서 지난 몇 년간 학내분규를 야기한 이사회의 책임은 덮어버리고 총장이 된지 불과 3개월 된 김문기를 해임한 것은 가장 잘못한 일이다. 몸통을 두고 깃털을 손댄 것이다. 이런 배경으로 분규가 점차 격화되면서 구성원들은 모질게 탄압받았고 상지대는 더욱 어려운 상황으로 빠져들었다.

이 시기에 여러 생각을 하게 되었다. 이 상황에 어떻게 대응할 것인가, 협의를 통해 문제를 해결할 여지는 있는가, 국회나 정부가 문제 해결에 나설 것인가, 이 상황의 끝이 과연 무엇일까 등등의 생각이 들었다. 한 번도 포기하려고 한 적은 없지만 머리와 생각이 복잡했던 것은 사실이다. 정부가 미온적인 상황에서는 우리 구성원들이 단결해서 움직여야 하고 우리가 먼저 행동해야 국회와 언론이 움직인다는 것을 모르지 않으므로, 교수·학생·직원의 단결을 유지하면서 참여를 확대하는 데 많은 노력을 기울였다. 그러나 1980년대나 1990년대와는 다른 최근의 위축된 사회상황 때문에 큰 어려움을 느꼈다.

이러한 과제를 적극적으로 해결하면서 교착상태에 돌파구를 열 생각으로 특공대가 조직되었고, 기민하게 움직였다. 특공대란 '특별히 공부 잘하는 대학'의 약칭인데, 학교 상황에 대한 기본계획을 협의하면서 일차적 실천을 담당하는 역할을 했다. 교수, 학생, 직원, 동문, 지역사회를 포함해 열 명 안팎의 핵심 활동가들로 구성된 특공대는 특별한 사정이 없는 한 매일 만나 의견을 교환하면서 필요한 일을 즉각적으로 진행했다. 특공대는 상황이 급박하게 진행될 때 상당한 위력을 발휘했다.

김문기 해임, 그러나 끝나지 않은 싸움

2015년 7월 9일, 결국 김문기가 해임되었다. 김문기 해임은 우리가 요구한 바가 아니고 상지대 문제를 해결하는 방법도 아니었지만 그것 자체는 상당한 의미를 가졌다. 1993년에 문민정부 사정개혁으로 구속되어 퇴출되었다가 21년 만에 화려하게 총장으로 복귀했지만 복귀 11개월 만에 다시 해임되었다. 김문기 개인적으로도 결코 작은 일이 아닌 데다 사학의 관점에서도 가볍게 볼 일이 아니었다. 더구나 박근혜 정부처럼 사학비리에 우호적인 보수정권 아래에서 해임되었다는 것은 사학비리가 더 이상 기댈 언덕이 없다는 것을 의미한다고 받아들여졌다.

그러나 김문기 해임에도 불구하고 김문기가 공식적으로 총장이 아니라는 사실을 제외하고는 학교에 아무런 변화가 없었다. 해임된 김문기는 설립자를 참칭하면서 자기가 사용하던 총장실 간판을 설립자실로 바꾸어 그대로 사용했다. 이사회와 대학 본부에도 아무런 변화가 없었다. 대학을 운영하는 방식에도 아무런 변화가 없었다. 김문기가 총장실에서 하던 일은 설립자실이나 개인 사무실에서 그대로 진행되었다. 오히려 김문기가 해임된 직후에 대학구조개혁평가에서 D- 등급을 받고 지방대학특성화사업이 취소되는 등 상지대는 더욱 추락했다.

교육부는 김문기 해임으로 할 일을 다 했다는 태도였다. 국회가 요구한 특별종합감사가 이행되고 김문기까지 해임된 상황에서 국회도 마땅히 더할 수 있는 일이 없는 것처럼 보였다. 언론도 김문기 해임으로 상지대 사태가 해결되었다는 분위기였다. 그러나 상지대 상황은 끝나지 않았고 오히려대학은 빠르게 추락하고 있었다. 과연 이 상황을 어떻게 돌파할 것인가? 여름방학 내내 이 문제로 고민했고 특공대가 무엇을 할 것인지 끊임없이 논의했다. 결국 우리 스스로 문제를 해결하는 길밖에는 달리 방법이 없다는 결론에 도달했다.

2015년 여름방학이 지나고 개학과 동시에 학생들이 움직였다. 총학생회가 중앙운영위원회와 확대운영위원회를 거쳐 전체학생대표자회의에서 수업거부를 결의하고 그 안건을 학생총회에 부쳤다. 학생총회를 개최하는 것이 쉽지 않은 상황에서 총학생회가 학생총회를 성사시켰다. 노천극장에서 2500여 명의 학생들이 모인 자리에서 수업거부가 결의되었고 즉시 수업거부에 돌입했다. 그리고 장장 5주간에 걸쳐 수업거부가 진행되었다. 학생들은 이사회 퇴진, 교무위원 사퇴, 구성원 탄압 중단, 징계 취소, 진상조사 등 다섯 개 항의 요구를 내걸고 수업거부에 들어갔다.

5주간의 수업거부가 몰고 온 파장은 대단했다. 학생운동이 거의 소멸된 상황에서 상지대 학생들이 사학비리에 반대하며 수업거부를 결행했다는 것만으로도 사회적으로 큰 이슈가 되었다. 그러나 이사회와 대학 본부는 꿈쩍도 하지 않았고 학생들도 수업거부의 후속 대책을 가지고 있지 못했다. 학생들이 수업거부라는 집단행동을 통해 김문기와 구재단에 반대한다는 뜻을 명확하게 표명한 것은 그 자체로 의미가 있었지만 학교 문제의 해결이라는 관점에서는 특별한 성과를 거두지 못한 채 끝났다.

이 시기에 국회 국정감사에서 2014년에 이어 다시 김문기를 증인으로 채택했다. 상임이사인 큰아들 김성남도 함께 불렀다. 2014년에는 김문기와 둘째아들 김길남을 불렀지만 김문기가 총장 자격으로 중국에 출장 간다고 출석을 거부해 국회에 의해 고발되었는데, 김문기는 이번에도 출석을 거부했다. 그 대신 아들 김성남만 출석했는데 아버지 김문기가 갑자기 병원에 입원해 출석하지 못했다고 말했다. 그러나 의원들이 수소문한 결과 김문기는 입원하지 않았고 아들이 위증했다는 사실이 밝혀져 김문기는 재차 고발되었다.

2015년 7월 김문기 해임, 9월 수업거부, 10월 국회 국정감사 등 중요한 일정이 있었지만 서로 연결되지 못한 채 끝나고 한 해가 저물어가던 시점에서 교수 일곱 명이 징계받고, 여섯 명이 재임용 탈락하고, 해를 넘겨 다시 12명이 재계약 거부되고 한 명이 징계되는 등 탄압이 줄을 이었다. 직원 다섯 명도 징계를 받았다. 일련의 탄압으로 김문기 해임이 상지대 사태를 해결하는 방법이 되지 못한다는 사실이 거듭 확인되었다. 그러나 교육부는 여전히 수수방관했고 국회는 총선거 국면으로 넘어가면서 학교 상황은 돌파구를 찾지 못한 채 표류했다. 이 상황에서 다수의 구성원들은 무차별적인 고소·고발과 재판에 시달렸다.

51명의 교수, 학생, 직원이 징계되어 교원소청심사위원회나 노동위원회를 거쳐 행정소송, 민사소송을 진행하는 상황이었으니 재판이 매우 많았다. 하지만 나와 관련된 재판 역시 행정소송, 민사 가처분 소송, 민사소송 등 많았지만 다행히 문제가 순조롭게 풀려갔고 다른 구성원들의 소송 역시 좋은 결과를 얻었다. 정부가 사학문제를 제대로 다루지 못해 야기된 사학 운영상의 공백을 사법부가 대신 메꾸어주는 형국이었다. 같은 시기에 수원대, 수원여대, 건국대, 동국대, 청암대, 한영대, 광주여대 등에서 진행 중인 재판에서도 좋은 성과가 있었다. 우리는 이러한 상황을 사학개혁국본을 통해 서로 공유하고 공동으로 대응했다.

20대 총선과 상황 변화

그사이에 총선거가 끝나고 여소야대 국면이 형성되었다. 민주당을 탈당한 안철수 등이 국민의당을 창당해 호남 지역을 기반으로 상당한 성과를 거두었다. 민주당 역시 국회 제1당이 되는 이변을 연출했다. 민주당, 국민의당, 정의당을 포함해 야권이 국회의 다수 의석을 확보해 여소야대의 새로운 정치지형이 형성되었다. 우리 문제를 다루는 교육문화체육관광위원회에서도 야당 16명 대 여당 13명의 여소야대 구조가 만들어졌다. 국회에 대한 기대치가 한층 높아졌다. 새로운 상황이 만들어지고 있다고 판단했다.

선거가 끝난 직후, 우리는 교육부를 방문해 감사청구서를 공식적으로 접수했다. 교육부에 제출한 감사청구서를 국회에도 제출했다. 제20대 국회 원구성 후에 열린 교육문화체육관광위원회 회의에서 상지대 상황에 대한 장관의 현안보고가 있었고 상지대 감사가 쟁점으로 부각되었다. 장관은 감사를 검토하겠다는 원칙적인 답변을 했다. 2014년 특별감사에 이어 다시금 2차 감사가 현안으로 떠올랐다. 이 상황을 가능하게 만든 세 가지 일이 동시에 일어났다.

2016년 6월 21일, 우상호 원내대표가 민주당 교문위원 일곱 명과 원주의 송기헌 의원을 대동하고 전격적으로 상지대를 방문했다. 교육부 배성근 대학정책실장도 동행했다. 사학비리로 발생한 분규 실태를 현지 조사한다는 목적이었다. 우상호 대표 일행은 교수협의회 사무실에서 구성원 및 원주 지역사회 인사들과 만나 상황을 청취하고 해결 방안을 모색했다. 우상호 대표의 상지대 방문은 우상호 의원이 민주당 원내대표로 선출된 직후 우리가 우상호 대표를 만나 상지대 문제에 대해 협조를 요청한 것에 따른 것이었다. 그러나 상지대 방문은 전적으로 우상호 대표의 결정에 의해 이루어졌다. 우상호 대표는 학생 시절부터 상지대 상황을 잘 알고 있었고 이것이 상지대를 직접 방문하는 계기가 되었다. 이 방문은 교육문화체육관광위원회 활동으로 연결되었고 교육부가 특별종합감사를 결정하게 되는 중요한 계기로 작용했다.

6월 22일, 김문기 해임의 무효를 다투는 2심 재판이 춘천에서 열렸다. 또 김문기가 승소했다. 1심에서 상지학원이 무변론 패소한 상황에서 2심이 열렸고 상지학원은 청구인낙의 패소를 자처했으며, 언론은 김문기의 총장 복귀가 임박한 것으로 보도했다. 그러나 이것은 김문기의 패착이었다. 김문기가 소송에서 승리할 경우 사립학교법상 상지학원이 교육부의 해임 요구에 불응한 것이 되어 상지학원 이사들이 해임될 상황이었다. 따라서 김문기가 좋아할 일이 아니었다. 더구나 김문기의 복귀 가능성이 거론되는 것 자체가 김문기에게는 결코 유리한 일이 아니었다.

상황은 바로 반전되었다. 6월 23일, 서울고등법원 파기환송심에서 우리가 승소했다. 2015년 대법원에서 서울고등법원으로 파기환송한 사분위 정상화 소송에서 교육부가 패소하고 우리가 승소함으로써 사분위 정상화가 불법이라는 사실이 확인되었다. 2010년 사분위 정상화 이후 6년을 끌어온 소송에서 우리가 승소함으로써 상지대 문제가 해결될 가능성이 높아졌다. 더구나 이 소송은 이미 대법원에서 파기환송된 것이므로 대법원에서도 승소를 기대할 여지가 매우 높았다.

우연의 일치일까. 세 가지 사건이 6월 21일부터 6월 23일 사이에 연이어 일어났다. 모두가 상지대 사태를 해결하는 데 유리한 것이었다. 이 상황에서 우리는 교육부와 국회에 조속한 해결을 요구했다. 교육부에는 상지대에 대한 조속한 감사와 서울고등법원 판결에 대한 수용을 촉구했다. 우리의 요구를 받아 국회 교육문화체육관광위원회에서도 교육부 장관을 상대로 상지대 특별감사와 대법원 상고 포기를 촉구했다. 장관은 결국 감사 실시를 결정했다. 그러나 대법원에는 상고했다. 교육부의 대법원 상고는 유감이지만 교육부의 처지를 이해할 수는 있었다. 그나마 감사가 결정되었으니 다행이었다.

조속한 감사 요구에도 불구하고 감사 시기가 결정되지 않았다. 교육부와 국회를 통해 확인해도 답이 나오지 않았다. 결국 교육부 감사를 촉진하는 방법으로 우리가 다시 움직였다. 먼저 총학생회장과 부총학생회장이 본관 앞 천막에서 삭발·단식을 결행했다. 정성훈 총학생회장은 단식 도중 몸에 이상이 생겨 일주일 만에 중단했고 배준 부총학생회장은 14일간 단식을 계속했다. 그것을 교수협의회 대표인 김명연 교수가 이어받아 행정복합동 앞 천막에서 15일간 단식했다. 학생들이 단식을 진행할 때 학교가 천막을 강제로 철거해버렸기 때문에 김 교수가 단식할 때는 내가 보름간 야간에 천막을 지켰다. 김 교수의 단식이 진행 중일 때 총학생회장 등 학생 열 명은 교육부 감사를 촉구할 목적으로 원주에서 국회까지 도보로 200km 국토순례대장정을 진행했다.

이 시기에 감사 일정이 발표되었고 8월 8일부터 3주간의 특별종합감사가 실시되었다. 감사 기간 내내 우리는 감사단장을 만나 이사회에 대한 철저한 조사를 요구하면서 감사에서 반드시 밝혀내야 할 항목들을 정리해 제시했다. 교육부 감사는 8월 26일에 끝나기로 되어 있었지만 김성남 상임이사가 확인서 서명을 거부하는 바람에 자정을 넘겨 27일 새벽에 끝났다. 분위기는 좋았고 결과를 기대할 만했다. 감사가 종료된 지 채 한 달이 안 된 9월 23일 교육부는 국회에 감사 결과를 보고하고 상지학원에 감사처분서를 통보했다. 사임한 박도식 이사를 포함한 이사 아홉 명 전원에 대한 임원취임승인을 취소하겠다는 것이었다.

교육부가 국회에 미리 보고한 후 상지학원에 감사처분서를 통보한 것은 알았지만 대학에 통보한 감사 내용을 구체적으로 확인할 수는 없었다. 며칠 후 교육부가 국회에 보고한 공문을 통해 내용을 확인한 후 즉시 기자회견을 열어 감사처분 내용을 공개했다. 아울러 우리는 교육부의 임원취임승인 취소를 근거로 교육부에 이사직무집행정지를 요구하는 동시에 원주지원에 이사선임결의 무효확인 소송과 이사직무집행정지 가처분 소송을 제기했다.

그러나 감사처분의 내용 때문에 약간의 논란이 발생했다. 나중에 확인한 사실이지만 교육부가 국회에 보고한 공문에는 '임원취임승인 취소'가 명시된 반면, 상지학원에 통보한 감사처분서에는 임원취임승인 취소가 아니라 '대학정책실 별도 조치'로 되어 있었다. 이것 때문에 학교 측에서 나와 김명연 교수를 허위사실 유포에 의한 명예훼손으로 고소하는 상황이 발생했다. 학교는 이를 핑계로 나와 김명연·방정균 교수를 다시 징계에 회부하려고 진상조사에 착수했다. 또한 이 사건을 보도한 여러 언론사에 대해서도 언론중재를 요청했다. 교육부의 애매한 공문행위가 논란을 자초한 것이다.

감사처분서의 내용을 두고 논란이 제기된 상황에서 이 논란을 일거에 잠재운 사건이 발생했다. 10월 27일 대법원이 서울고등법원 판결에 대한 상고를 심리불속행으로 기각했다. 그리고 6년을 끌어온 사분위 정상화 논란이 최종적으로 우리의 승리로 확정되었다. 대법원 판결로 2010년 사분위에 의해 선임된 정이사가 취소되었고, 이에 따라 그 후임이사들의 선임이 무효가 되었기 때문에 더 이상 논란을 벌일 이유가 없었다. 드디어 상지대 사태가 끝난 것이다.

법률적인 문제이지만, 2010년 정이사 선임이 취소될 경우 그 후임이사들의 선임이 권한 없는 자에 의한 선임이어서 무효가 된다는 것은 알고 있었다. 그러나 자동으로 무효가 되는지 아니면 무효확인 소송을 거쳐야 하는 것인지에 대해서는 변호사들마다 의견이 달랐다. 교육부를 방문해 문의하니 교육부는 당연히 무효라는 입장이었다. 그에 따라 교육부는 예정되어 있던 상지학원 이사회 개최를 취소시켰다. 이사회에서 나를 포함한 세 명을 징계에 회부할 예정이었는데 다행히 징계에 회부되지 않았다. 이사회 개최 당일 이사회가 열리지 않은 것을 확인한 후 부총장실로 가서 부총장의 퇴거를 정식으로 요구했다.

구재단 이사회 해체

드디어 상지대가 이사 부존재 상태로 되었다. 교육부 감사처분으로 이미 임원취임승인 취소가 예고된 상황에서 대법원 판결을 통해 이사들의 선임이 무효가 되었기 때문이다. 이제 교육부가 사분위 심의를 거쳐 임시이사를 파견할 일만 남았다. 이사가 없기 때문에 임시이사를 파견해 사태를 수습하면 되는 일이다. 사분위 회의는 11월 28일로 예정되어 있는 상황이었다. 그런데 교육부가 다시 엉뚱한 소리를 해서 우리를 긴장시켰다. 사분위의 정이사 선임에 문제가 발생한 것이므로 정이사를 다시 선임할 수도 있다는 논리였다. 말도 안 되는 이야기였다.

그러나 교육부가 정이사를 선임하든 임시이사를 선임하든 현재 이사 부존재 상태라는 사실에는 변함이 없고, 이러한 경우 2010년 정이사 선임 이전의 임시이사들이 긴급처리권을 행사할 수 있다는 결론에 이르렀다. 교육부도 동의했다. 우리는 이러한 사실을 교육부가 상지학원에 공문으로 통보해줄 것을 요구했지만 긴급처리권은 법인 내부의 문제여서 교육부가 나서기 어렵다는 답변을 들었다. 그렇다고 상지학원의 김문기 측근들에게 요구할 일도 아니었다. 우리가 움직일 수밖에 없었다.

우리는 2010년 정이사 선임으로 임기가 종료된 이사장이 구관서 이사장이라는 것을 확인한 후 당시 총장으로 재직했던 유재천 총장에게 부탁해 구관서 이사장을 만났다. 교수협의회 대표인 박정원·김명연 교수와 교수협의회 운영위원인 최종덕·방정균·류만희 교수와 함께 서울로 가서 구관서 이사장을 만났고 최근의 학교 상황을 설명한 후 협조를 부탁했다. 그러나 구관서 이사장은 교육부의 언질이 없기 때문에 움직이기 어렵다는 입장이었다. 그 후에도 몇 차례 연락했지만 생각을 바꾸지 않았다.

교육부가 입장을 바꾸지 않으면 구관서 이사장이 움직이지 않을 것이라 판단해 다시 교육부를 방문해서 협의했다. 그러나 교육부도 쉽게 움직이려 하지 않았다. 사분위 회의 결과를 본 후에 판단하겠다는 입장이었다. 교육부가 이런 입장이었기 때문에 교육부 실장 출신인 구관서 이사장도 움직이지 않았다. 11월 28일 사분위 회의를 기다릴 수밖에 없었다. 사분위에서는 정이사 선임과 임시이사 선임을 두고 논란이 있었지만 결국 임시이사를 선임했다. 임시이사 선임이야 우리가 요구했던 것이니 우리로서는 더할 나위 없이 좋은 일이었다. 구관서 이사장의 긴급처리권은 결국 무산되었다.

임시이사 파견

교육부는 신원 조회를 거쳐 12월 8일 임시이사를 선임하는 발령을 냈고 12월 21일 세종시에서 이사장을 선출하는 임시이사회를 소집했다. 우리도 이사회 장소로 갔다. 교육부가 소집한 이사회였기 때문에 조용히 기다렸다. 편호범 이사가 이사장으로 선출되었다. 이사장 선출 후 우리는 상지대 구성원을 대표해 이사들과 인사를 나누었다. 그리고 이사회 장소를 나왔다. 이렇게 파견된 임시이사회가 임무를 수행하는 데는 두 달 이상의 시간이 걸렸지만 구재단 이사회가 해체되고 새로운 체제가 시작되었다는 사실에는 변함이 없었다. 이렇게 해서 10년에 걸친 짧지만 격렬했던 한 시대가 저물고 새로운 시대가 시작되었다.

우리 사회에서 상지대 사건은 아주 작은 문제이다. 세월호 사건에 비해 아주 작은 일이고 박근혜·최순실 국정농단과는 비교조차 할 수 없다. 그러나 이는 상지대만으로 끝나지 않는 매우 중요한 문제이기도 하다. 사학 일반의 문제와 연관되어 있기 때문이다. 그러므로 상지대 문제는 작지만 큰 문제이고 우리 사회의 근본에 관한 문제이다. 우리가 이 문제를 붙잡고 최근 10년을 씨름한 것이며 이제 드디어 해결의 돌파구를 열게 되었다. 나머지 문제는 앞으로 차근차근 해결하면 된다.

마지막으로 짧게나마 내 이야기도 곁들이고 싶다. 나는 22년간 상지대에서 교수로 활동했다. 결코 짧지 않은 시간이었다. 그냥 교수로 재직한 것이 아니라 대학 민주화를 위해서, 새로운 대학모델을 구축한다는 생각으로 재직했다. 그 희망이 한창 무르익어가던 시기에 김문기의 복귀로 모든 것이 좌절되었다. 내가 파면당하고 고통받는 것이 문제가 아니라 상지대의 꿈이 훼손되고 미래가 소멸되는 것이 안타까웠다. 수많은 사람이 20년간 공들여온 노력이 물거품처럼 사라질지도 모른다는 생각이 나를 힘들게 했다. 이런 노력이 하루아침에 사라져버리면 우리는 어디서 무슨 희망으로 다시 살아갈 수 있을 것이며, 우리 주변 사람들과 아이들에게 무엇을 희망이라고 말할 수 있을 것인가?

22년간 교수를 했으니 이제 그만해도 된다. 아무 미련도 없다. 다른 일을 해도 될 것이고 거기서도 의미를 찾을 수 있을 것이다. 그러나 상지대 60년의 역사에서 김문기와 맺어온 40년간의 악연은 정리해야 하지 않을까 생각했다. 이 질긴 악연을 끊고 상지대가 자유롭게 훨훨 날아갈 수 있도록 하는 것이 도리가 아닐까 생각했다. 이는 내가 22년간 상지대 교수로 봉직해온 목적일 것이며, 민주주의와 개혁을 표방하면서 살아온 그간의 삶의 가치가 아닐까 생각했다. 비록 민주화 과정에서 민주주의가 혼란을 겪고 있고, 세상이 거꾸로 뒤집어져 많은 사람들에게 고통을 강요하고 있지만, 이것 하나만이라도 제대로 만들어놓아야 하지 않을지, 오랜 세월 수많은 사람의 땀과 눈물이 밴 상지대 하나만은 제대로 만들어놓아야 다음 희망을 말할 수 있는 것 아닐지 생각했다.

언제부터인가 상지대는 직장이 아니라 삶의 일부가 되었고 상지대 민주화는 삶의 소중한 목표가 되었다. 따라서 나는 어떤 고통도 감내할 수 있고 어떤 어려움에도 굴하지 않고 김문기 퇴진 운동을 전개할 수 있는 것이다. 이곳에서 월급을 받느냐 마느냐는 이미 부차적인 문제가 되었다고 생각했다.

김문기가 알아야 할 것이 하나 더 있다. 내가 이런 생각을 가지고 있기 때문에 내가 교수로 있든 파면되든 정년을 채우든 내 활동에는 아무런 변화가 없을 것이라는 사실이다. 나는 상지대가 민주화되는 그날까지, 상지대가 민주화되어서 교수, 학생, 직원, 동문들이 지역사회와 협력해 자랑스러운 상지대를 만들어갈 때까지 내가 해왔던 이 노력을 조금도 멈추지 않겠다고 결심했다.

이런 생각의 배경에는 학생들이 있다. 강의실과 복도, 교정에서 만나는 학생들의 맑은 눈망울을 보면서 상지대를 대학답게 만들어야겠다고 생각했다. 저 학생들을 위해서라도 사학비리를 용납할 수 없다고 생각했다. 상지대에 와서 평생의 사표가 될 고귀한 분들을 만났던 것도 내가 흔들리지 않고 이 일을 할 수 있는 중요한 계기가 되었다. 김찬국 총장, 이상희 이사장, 한완상 총장, 강만길 총장, 이돈명 이사장, 변형윤 이사장, 김성훈 총장, 유재천 총장, 최기식 신부, 서재일 목사 등 우리 사회에서 이름만으로도 더 이상의 설명이 필요 없는 분들을 만난 것은 내 일생에 더없는 행운이었으며 당연히 이분들을 본받아야 한다고 생각했다.

상지대 민주총장

상지대에서 처음 만난 분은 김찬국 총장님이다. 이름 그대로 김과 찬과 국을 늘 가지고 다니는 재미있는 목사님인데 총장 면접에서 처음 뵈었다. 1980년대 중·후반 민주화 운동의 일환으로 학생운동이 활발하게 일어나던 시기에 연세대 부총장으로 계시던 그분의 성함을 익히 들어 알고 있었는데 상지대에서 만나니 반가웠다. 당시에는 서울 지역 대학생들의 연합집회가 잦았는데 각 대학이 정부의 압력을 받아 연합집회를 허용하지 않았지만 김찬국 부총장 때문에 연세대에서는 연합집회가 가능했다. 그런 이유로 공부 이외의 목적으로 연세대에 자주 들르게 되었고 그때마다 김찬국 부총장 이야기를 나누었던 기억이 있다. 그 일 때문에 연세대에 우호적인 생각을 갖게 되었는지도 모르겠다.

김찬국 총장님은 나보다 먼저 상지대에 부임하셨다. 우리 대학 표현으로 제1기 민주총장으로 모셨는데 김문기가 구속된 직후 임시이사가 파견되면서 총장으로 오셨다. 상지대가 아직 채 정비되지 않은 상황에서 부임해 상지대가 민주대학으로 명성을 드높이는 계기를 마련하셨다. 지금 돌이켜보면 김찬국 총장님은 세속적인 행정 능력이나 카리스마로 대학을 운영한 것은 아니었다. 그것보다는 넉넉한 덕장의 풍모로 총장 업무를 수행했기에 그분의 존재 그 자체만으로도 대학이 흔들리지 않고 자리를 잡을 수 있었다.

김찬국 총장님은 학생들을 특별히 좋아하셨다. 늘 웃고 다니셨기 때문에 학생들이 그 주변에 몰려들었다. 총장님이 학생들에게 다가가 스스럼없이 이야기를 나누기도 했지만 격의 없는 총장에게 학생들도 자연스럽게 다가 갔다. 나이 먹은 총장과 젊은 학생들이 어떻게 저렇게 자연스럽게 이야기를 나눌 수 있는 것인지 신기했다. 한번은 본관에서 회의를 마치고 점심 식사를 하러 나가는데 본관 앞에서 학생들을 만난 총장님이 학생들과 함께 학생 식당으로 들어가셨다. 우리 교수들과 외부에서 식사를 하기로 약속되어 있었는데 총장님이 학생 식당으로 가버리니 우리도 따라갈 수밖에 없었다. 학생 식당에서 학생들 십여 명에 둘러싸여 웃고 떠들며 식사하는 총장님과 학생들의 모습이 더없이 행복해보였다. 우리가 추구하는 민주대학의 모습이 달리 있는 것이 아니었다. 김찬국 총장님은 민주대학을 말과 개념이 아닌 행동과 표정으로 구현하고 계셨다.

그러나 임시이사들 일부와 상지대에 남아 있던 구재단 일파들이 대학을 혼들면서 결국 부당하게 해임되는 고초를 겪기도 했고, 김문기 구재단에 의해 허다하게 고소·고발되어 검찰을 드나드는 불편한 일을 겪으면서도 특별히 내색하지 않는 분이었다. 임기 4년을 마치고 다시 연임했는데 건강상 이유로 결국 임기 4년을 채우지 못하고 학교를 떠나게 되었다. 세월이 흘러 총장님의 부음을 들었을 때 국회 청문회에 모시고 갔던 일, 교육부 장관 면담에 모시고 갔던 일, 총장 사퇴 건으로 소란스러웠던 일들이 떠올라 마음속 깊이 차오르는 아쉬움을 감추기 어려웠다. 이미 유명을 달리하셨지만 김찬국 총장님은 상지대의 영원한 총장이며 내 마음의 사표로 남아 있다.

교원인사권자는 이사장이기 때문에 상지대에서 김찬국 총장님 다음으로 만나게 된 분은 이상희 이사장님이다. 개강 첫날 인사발령장을 받기 위해 이사장실로 가서 이상희 이사장님을 만났다. 내 전공은 정치학이고 이상희 이사장님은 언론학이기 때문에 대학에서는 만나 뵐 기회가 없었다. 다만 그 직전에 스쳐 지나가듯 만난 인연이 있다. 내가 박사 학위를 취득하고 서울대에서 강의를 하고 있었을 때 해군의 지원을 받아 독도를 방문하는 프로그램이 있었는데 여기에서 직전에 정년 퇴임한 이상희 이사장님을 처음으로 만났다. 그러고는 잊고 있었는데 나중에 알고 보니 내가 상지대 교원 임용 과정에 원서를 내던 시기에 임시이사체제의 상지대 이사장으로 부임하신 것이다. 엇비슷한 입사 동기뻘인 셈이다.

그리고 1년이 아무 일 없이 지났는데 느닷없이 다른 교수를 통해 법인사무국장을 맡으라는 제안을 받았다. 상지대 부임한 지도 얼마 되지 않은 데다 다른 일도 있었기 때문에 일언지하에 거절했다. 이렇게 반년을 피해 다니다 결국 법인사무국장 일을 맡게 되었다. 이상희 이사장님이 김찬국 총장님과 의논해 법인사무국장을 교수로 임명하기로 하고 정관까지 개정해놓은 상태에서 진행된 음모가 성공한 것이다. 법인의 업무가 별것 없다는 거짓말 아닌 거짓말에 속아 내리 5년 동안 이 업무를 담당하게 되었다. 법인 업무를 추진하면서 상지대의 역사와 현실을 구체적으로 알게 된 것은 다행이지만 그것은 곧 김문기와 정면으로 맞닥뜨리는 일이기도 했다.

김찬국 총장님과 이상희 이사장님은 모두 1920년대 후반 태생으로 일제와 해방, 한국전쟁은 물론 그 이후의 정치적 혼란을 두루 겪으신 분들이다. 군사독재 시절에는 함께 민주화를 위해 싸운 대표적인 지식인으로 사회적 귀감이 되는 분들이었다. 연세대와 서울대에서 봉직하셨고 전공도 달랐지만 사회 민주화를 위한 길을 함께 걸어오신 분이었고 개인적인 관계도 매우 원만해 초기에 대학을 안정시키는데도 크게 도움이 되었다. 이렇게 훌륭한 분들을 총장과 이사장으로 모시고 있고 두 분의 협력관계가 원만하니 대학역시 빠르게 안정되었다.

이분들과 관련된 일화가 하나 있다. 건강 때문에 김찬국 총장님이 총장직사퇴 의사를 밝혔다. 이미 70세를 훌쩍 넘겼고 험한 상지대에서 구재단과 싸우면서 6년을 보냈으니 힘드실 만도 했다. 총장님 가족들도 사퇴를 원했다. 그러나 교수들의 반대로 여의치 않은 상태였다. 그러던 어느 날 김찬국 총장님이 갑자기 사라져버렸다. 학교에서는 난리가 났지만 결국 총장님의 사퇴를 받아들일 수밖에 없는 상황이었다. 나중에 알고 보니 이 실종 사건은 계획된 것이었다. 김찬국 총장님의 건강을 염려한 총장님 사모님과 이상희 이사장님이 공모해 진행한 일이었다. 그러고도 이상희 이사장님은 시치미를 뚝 떼며 모른 체 하시다가 세월이 한참 흐른 후에야 당시 상황을 알려주셨다. 그러나 이상희 이사장님도 지금은 계시지 않는다.

1999년이 저물어가던 시기에 김찬국 총장님 후임으로 한완상 총장님이 오셨다. 한완상 총장님은 서울대 사회학과 교수로 재직하던 중 해직을 당했는데 문민정부 초기에 통일부총리를 역임했고 정년 퇴임 후에는 방송대 총장을 지내셨다. 이미 학문 활동이나 저서로 학계에서 잘 알려져 있는 분인데다 정부와 대학에서 일한 경험이 상지대 총장직을 수행하는 데 여러 모로 도움이 되었다. 더구나 이 시기에는 구재단 문제가 사실상 정리되어 지금까지 해왔던 구재단과의 싸움은 잦아들었고 미래의 상지대를 건설하는 문제에 관심이 집중되었다. 시민대학을 대학 발전의 모델로 결정해 대학발전기금을 모금하는 등 새로운 대학체제를 만들어가는 일에 모든 구성원들이 노력을 경주했다.

사회학과는 정치학과와 사촌 학과이고 사무실도 바로 옆에 있었기 때문에 나도 재학 중에 사회학과 강의를 많이 들었다. 그러나 그 당시 한완상 교수님의 명성은 익히 알고 있었지만 강의는 듣지 못했다. 그러다가 내가 국회 공무원으로 근무하던 시절에 국회에서 만났다. 당시 나는 외무통일위원회 정책연구위원이었는데, 문민정부 출범 후 한완상 교수님이 통일부총리가 되었다. 그 당시의 상임위원회 풍경이 지금도 생생하다. 김영삼 대통령은 민자당 소속이었고 민자당은 민정당, 통일민주당, 신민주공화당의 3당합당으로 이루어진 정당이었다. 개혁적인 한완상 부총리는 국회에서 야당인 민주당과 싸우는 것이 아니라 늘 민자당 소속의 보수적인 의원들과 싸웠고 민주당은 오히려 부총리의 우군 역할을 했다.

그러나 한완상 총장님은 상지대에 오래 머물지 못했다. 임기 중에 교육부총리로 부름을 받아 후임 총장을 선임하지 못한 채 학교를 떠났다. 어쩔 수 없는 일이었지만 문제가 하나 생겼다. 한완상 총장님이 학교를 떠나면서 나를 기획처장으로 발령 낸 것이다. 나는 그때 이미 법인사무국장을 5년째 맡고 있는 상황이어서 1년 전부터 이상희 이사장님에게 보직을 그만하겠다는 의사를 밝혔다. 그러나 이상희 이사장님의 임기가 끝나고 문선재 이사장님이 그 후임을 맡게 되어 어쩔 수 없이 법인사무국장 업무를 계속하다가 도저히 안 되겠다고 생각해 겨울방학을 맞아 아이들을 데리고 일본으로 도망가 있는 상황이었는데, 이런 나를 다시 기획처장으로 발령을 내니 문제가 심각해졌다.

인사권자인 총장이 보직 발령을 내고 교육부로 가버린 상황이어서 어쩔 수 없이 일본에서 돌아와 기획처장 업무를 시작했다. 그리고 교수들이 협의해서 강만길 선생님을 후임 총장으로 이사회에 추천했다. 그러나 총장 선출 전에 업무 차 북한을 방문했던 강만길 선생님이 방북 과정에서 대상포진에 걸려 총장 취임이 지연되었고, 총장이 공백인 상황에 본부 보직들 사이에서 갈등이 생겨 결국 부총장, 교무처장, 기획처장이 한꺼번에 그만두는 상황이 발생했다. 이 과정을 상세하게 언급할 필요는 없지만 결과적으로 내게는 잘된 일이었다. 나는 당면한 업무인 예산 편성 등 몇 가지 긴급한 과제를 처리한 후 기획처장에서 벗어날 수 있었다. 그 후 본부 보직과는 거리를 두고 활동했다.

이런 이유로 강만길 총장님과는 취임 초기에 짧게 업무를 한 것을 제외하고는 총장님을 모시고 업무를 하지는 못했다. 강만길 총장님 후임으로 김성훈 총장님이 오시고 그다음에는 유재천 총장님이 오셨지만 역시 마찬가지였다. 김성훈 총장님 취임 초기에는 교수협의회 대표로 만났고 유재천 총장님과는 사분위 정상화 문제로 만났다. 평소 존경해 마지않던 이돈명 이사장님과 변형윤 이사장님이 계실 때도 마찬가지였다. 2001년 이후에는 학교 업무에서 벗어나 시민운동, 대통령선거, 노무현 대통령 탄핵, 정치개혁 등 내 전공 영역의 활동에 집중했기 때문이다.

최기식 신부와 서재일 목사

처음 상지대에 왔을 때 최기식 신부님도 임시이사를 맡고 있었는데 법인사무국장이 된 후 이사회에서 자주 만났다. 상지대에 부임하기 전에 부산미문화원 방화 관련 사건으로 최 신부님에 대해 어렴풋이 들어서 아는 정도였는데, 이사회에서 자주 만나면서 자세하게 알게 되었고 최 신부님의 활동이 1974년 지학순 주교의 구속 사건에서부터 시작되었다는 것도 알게 되었다. 부산미문화원 방화 사건의 주범이었던 문부식은 사건 직후 도피하던 중 지학순 주교님을 만나기 위해 원주로 왔다가 지 주교님이 아닌 최 신부님을 만났고, 최 신부님이 위험을 무릅쓰고 문부식 일행을 숨겨주었다가 구속되었다. 가톨릭 사제로서 어려움에 처한 사람을 외면할 수 없다고 판단한 것이었다.

최 신부님은 이사회 회의 중에는 별말 없이 가만히 계시는 편이었지만 논란이 있거나 결정하기 어려운 일이 있을 때에는 조용히 짧게 한 말씀하시는 것으로 논란을 정리하는 해결사 역할을 하셨다. 이상희 이사장님도 이사회 운영에 어려운 일이 있을 때면 최 신부님과 우선적으로 상의하곤 했다. 이런 인연으로 최 신부님이 원장으로 있던 천사의 집을 알게 되었고 지학순 주교님의 뜻을 기리는 모임에 나가기도 했다.

영강교회 서재일 목사님도 우리 대학에서 이사를 역임하셨다. 서 목사님은 내가 법인사무국장을 할 때 이사를 맡으셨고 그 후에도 다시 이사직을 맡으셨는데 상지대 문제에 매우 열정적으로 참여하셨다. 상지대 문제뿐만 아니라 정치 문제나 사회정의에 대해서도 가차 없이 발언하시는 것으로 유명하다. 사람들이 어느 정도 사회적 지위에 오르게 되면 중립적인 태도를 취하거나 균형을 유지하려고 발언을 조심하는 경향이 있는데, 서 목사님은 옳다고 판단되는 일에 대해서는 단호하고도 명료한 태도를 취하셨다.

세월이 흘러 김문기가 학교로 복귀한 후에 다시 만나게 되었고 여러 차례 학교로 오셔서 상지대 민주화 투쟁을 격려해주셨다. 2014년 11월에 내가 징계 회부된 상태에서 16일간 단식을 하다가 원주의료원에 입원했는데 우연히 병원에서 서 목사님과 마주치게 되었다. 몇 마디 이야기를 나누고는 헤어졌는데 며칠 후 서 목사님이 다시 병원을 방문해 나를 위한 기도를 해주시면서, 고난에 굴복하지 말고 정의로운 일을 하면 반드시 이기게 될 것이라고 격려해주셨다. 그 후에는 상지대 총학생회를 원주시민상 수상자로 선정해 영강교회에서 시상식을 열어주시는 등 상지대 민주화를 열성적으로 성원해주셨다.

후일담

상지대에서 수많은 동료들을 만났다. 교수협의회 일을 하면서 여러 교수들을 알게 되었고, 법인사무국장을 하면서 직원은 물론 상지영서대와 상지대관령고를 알게 되었고, 대학 민주화 투쟁을 하면서 학생들과 원주시민사회를 알게 되었다. 상지대 민주화 투쟁은 내가 상지대 교수로 부임하기 훨씬 이전부터 진행된 일이지만 나 역시 이 투쟁에 적극 참여하면서 많은 사람들을 알게 되었다. 상지대 학생으로 대학 민주화 투쟁을 하다가 교수와 직원이 되어서도 계속하는 사람도 있고, 동문의 입장에서 이 투쟁을 함께하거나 지원하는 사람도 있다.

돌이켜보면 이렇게 본격적으로 대학 민주화 투쟁을 한 것이 벌써 30년이 되었다. 그 초기인 1980년대 중·후반에 학생으로 활동하다가 사회인이 되어서도 여전히 활동하고 있는 동문들을 비롯해 당시에 교수로서 김문기와 싸우면서 민주화를 경험하고 다시 김문기의 복귀 이후 고초를 겪은 교수들은 이 상황을 어떻게 받아들일지 궁금했다. 어찌 보면 인생의 중요한 시기를 김문기와 싸우면서 보낸 셈인데 회한이 없을까 하는 생각이 들었다. 지금은 탄압에 직면해 싸우느라 느끼지 못할 수도 있지만 세월이 흐른 후에는 여러 생각이 들 것이다. 후일 지나간 세월에 대해 아쉬움이랄까 연민 같은 마음이 들지 않도록 기필코 상지대 민주화를 완수해 좋은 대학으로 만드는 것이 우리가 해야 할 일일 것이다.

김문기 이야기도 빼놓을 수 없다. 김문기는 내 선친과 동갑이다. 내 아버지가 살았던 힘든 시기를 함께 산 동시대인이다. 내 아버지가 그랬던 것처럼 김문기도 어린 시절을 힘겹게 살았다. 그런 사람이 교육계에 몸을 담아 사학비리를 저지르다 구속되고 쫓겨나면서 만인의 지탄을 받는 처지가 되었다. 그 후 줄곧 복귀를 위해 몸부림치다가 21년 만에 총장으로 복귀했지만 다시 쫓겨났다. 그러나 처음 쫓겨날 때는 혼자 처벌받았는데 다시 복귀해서 쫓겨나는 과정에서는 두 아들과 딸도 청문회에 불려 다니거나 재판받는 처지가 되었다. 처음에는 사학비리였지만 지금은 정치자금법, 저축은행법, 국회증언감정법 위반이 겹쳤다. 김문기와 함께했던 사람들은 그때도 고초를 겪었는데 이번에는 더 많은 사람들이 고초를 피해가기 어렵게 되었다.

김문기는 본인이 상지대를 설립했고 사재를 털어 학교를 세웠다고 주장하지만 사실과 다르다. 학교는 설립한 것이 아니라 강제로 인수한 것이고 사재를 출연한 것도 별로 없다. 그런데도 집요하게 복귀를 추진하는 이유가 무엇인지 지금도 알 수 없다. 김문기는 과거 본인이 사학을 탈취한 셈인데도 우리를 사학 탈취자라고 주장하면서 복귀를 추진했지만 성공하지 못했고, 오히려 본인의 삶을 망치고 자식들을 고생시키며 주변 사람들에게 고통을 가했다. 이 때문에 상지대 구성원들에게 강요된 고통은 이루 헤아리기 어려울 정도이다. 교육을 모르고 대학을 모르는 김문기 때문에 대학과 대학 구성원은 물론 본인과 가족들까지 모두 피해자가 된 셈이다.

지금은 세상 모든 사람들이 다 아는 이야기지만 대학은 돈벌이하는 곳이 아니다. 돈 버는 곳도 아니고 돈벌이가 되는 곳도 아닌 대학에서 억지로 돈을 벌려고 하니 온갖 부조리가 싹트는 것이다. 김문기가 상지대를 인수한 후 돈 벌 욕심이 없었더라면 사학비리도 없고 사학비리를 둘러싼 갈등도 없었을 것이며, 본인은 물론 상지대와 구성원들이 이렇게 고통받는 일도 없었을 것이다. 김문기가 대학을 돈벌이하는 곳으로 생각한 것과 돈벌이를 위해 온갖 사학비리를 저지른 것이 잘못이었다. 더구나 이 일로 구속되어 학교에서 퇴출되었음에도 아무런 반성 없이 다시 학교로 복귀해 같은 잘못을 되풀이한 것이 잘못이다. 지금이라도 김문기가 반성하면 좋겠지만 그럴 기회가 다시 주어질지 의문이다.

그사이에 많은 교수들이 학교를 떠났다. 학생들도 매년 2000명씩 학교를 떠난다. 내가 이 학교에 머물 시간도 얼마 남지 않았다. 4년 후에는 나도 상지대를 떠나야 한다. 지나온 세월을 생각하면 짧은 시간이다. 더구나 대학을 둘러싼 환경도 과거와 달리 매우 열악하다. 남은 시간 대학을 안정시키고 민주대학으로 발전시켜야 할 책무가 우리들에게 있다. 그리하여 상지대를 거쳐 간 많은 사람들이 상지대를 아름답게 추억할 수 있고 상지대를 거쳐 가는 수많은 젊은 학생들이 상지대를 자랑스럽게 생각할 수 있다면 지금까지 우리가 했던 대학 민주화 투쟁이 보람 있는 일이 될 것이다. 그리하여 상지대 민주화를 위한 노력과 결실이 '작은 것이 아름다울 수 있다'는 하나의 증거가 되었으면 하는 마음이다.

책을 마치며
더디 가더라도 상지대 민주화를 생각합니다

상지대 62년 역사를 돌이켜보면 상지대가 대학 바깥의 정치환경에 영향을 많이 받았다는 것을 알 수 있다. 박정희 군사독재가 유신독재로 전환되던 1972년에 김문기가 임시이사로 파견되었고, 1년 남짓한 기간에 청암학원을 인수해 상지학원으로 명칭을 변경했다. 박정희 유신독재가 전두환 신유신독재로 이어진 시점에서 설립자가 아닌 김문기가 불법으로 설립자를 바꿔치기 해버렸다. 이 시기에는 대학 안에서 아무리 나쁜 일을 저질러도 독재권력의 비호를 받았다. 그리고 20년간 상지대의 암흑기가 전개되었다.

다행히도 문민정부의 출범으로 32년 군부독재가 막을 내리면서 김문기의 좋았던 시절도 막을 내렸다. 김문기는 구속되었고 상지대는 비약적인 발전을 이루었다. 그러다가 김대중·노무현 정부가 끝나고 이명박 정부가 들어서면서 상지대의 불행은 재연되었다. 이명박 정부 시기인 2010년 상지대는 또다시 김문기 구재단 수중에 들어갔고 박근혜 정부 시기인 2014년에는 김문기 구재단이 이사회를 완전히 장악하고 사학비리 주범 김문기가 상지대 총장으로 복귀하는 역사의 반동이 일어났다. 상지대에 제2의 암흑기가 닥쳐온 것이다.

그러나 이번에는 암흑기가 짧았다. 상지대 구성원들이 치열하게 싸웠고 상지대를 둘러싼 정치사회적 환경도 과거와 달랐기 때문이다. 구성원들의 저항이 치열한 만큼 김문기 구재단의 탄압도 가공할 만한 수준이었지만 상지대는 용케도 잘 견뎌냈다. 구성원들의 지속적인 대학 민주화 노력에 언론 보도, 사법부 판결, 시민사회의 지원이 가세했고 국회의 감시감독기능이 더해지면서 결국 교육부 특별종합감사와 대법원 판결로 상지대 사태가 마지막 해결 국면으로 접어들었다. 여기에 박근혜 정부의 국정농단이 국민촛불 혁명으로 비화되면서 환경은 더욱 유리해졌다.

지금 상지대는 최근 10년간 지속된 분규 사태의 해결을 위한 마지막 단계에서 일종의 과도기 국면을 지나고 있다. 교육부 특별종합감사와 대법원 판결로 임시이사가 파견되었지만 박근혜 정부의 교육부가 파견한 임시이사회가 상지대 사태의 파장을 축소해 대학 민주화의 흐름을 봉쇄하면서 사학에 대한 교육부의 정책적 실패를 은폐하는 데 초점을 맞추고 있기 때문이다. 임시이사회는 상지대 정상화를 추진하는 공익적 위기관리자가 아니라 교육부의 편협한 부처이기주의에 봉사하는 하수인 역할을 벗어나지 못하고 있는 형국이다. 그러나 역사교과서 국정화가 폐기된 것처럼 사학비리를 두둔하는 교육부의 나쁜 정책은 성공할 수 없을 것이다.

결국, 국회의 탄핵소추의결과 헌법재판소의 파면 결정으로 대통령에 대한 탄핵이 이루어졌으며, 이 상황에서 조기 대통령선거가 실시되어 문재인 대통령이 당선되어 새 정부가 출범했다. 선거 국면에서 사학개혁국본은 주요 후보들에게 사학정책을 질의했고 문재인 후보로부터 상지대 사태 해결에 대한 답변을 받았다. 사분위의 상지대 정상화 논의 중단, 상지대 정상화 추진계획 철회, 김문기 편향적인 임시이사회 교체, 향후 김문기를 배제한 정상화 추진 등이 답변의 요지였다. 이것은 상지대 구성원들의 요구사항인 동시에 상지대 민주화를 지지하는 지역사회와 교육시민단체의 요구와도 부

| 대통령선거 과정에서 상지대 학생들과 만나 대화하는 문재인 후보 |

합하는 것이다. 따라서 조만간 교육부 장관이 임명되면 교육부가 국회와 협의해 이 방향으로 정책을 추진할 것으로 기대한다.

　나아가 문재인 대통령은 사학개혁을 위한 주요 정책 방향도 밝혔다. ① 사학의 공공성을 강화하기 위해 대학평의원회와 개방이사추천위원회의 규정을 정비하는 등 대학의 민주적 운영 보장, ② 대학자치기구의 법적 근거를 마련해 대학자치를 강화하며 사회적 논란을 야기하고 있는 사분위의 자문기구화, ③ 사학비리를 척결하기 위해 교육부의 감사를 강화하고 감사 결과에 대한 이행을 강제하며 해임된 비리 주범의 복귀를 금지, ④ 사학의 건강한 발전을 위해 '공영형 사립대학'을 추진하고 지방대학을 살리는 방향으로 대학구조개혁평가 제도 개선, ⑤ 대학의 중·장기적 발전을 촉진하는 방향으로 대학에 대한 재정지원사업 개선, ⑥ 교원소청 결정에 대한 기속력을 강화하고 부당한 교권 탄압에 대한 구제책 마련 등이다. 사학에 대한 문재인 대통령의 정책은 이명박 정부와 박근혜 정부를 거치면서 한층 심화된 사학의 파행성을 극복하고 사학의 건강한 발전을 도모할 수 있는 정책 대안으로 평가된다.

김대중 정부와 노무현 정부 시기에 사학개혁의 일환으로 도입된 대학평의원회와 개방이사추천위원회 제도가 사학재단에 의해 유명무실한 제도로 전락했다는 사실을 감안할 때 이와 관련된 제도를 정비하는 것은 사학의 민주적 운영에 반드시 필요하다. 사분위가 사학분쟁의 해결이라는 애초의 입법 취지에서 벗어나 비리재단의 복귀 통로로 변질됨으로써 오히려 사학분쟁을 부추기고 있는 만큼 사분위를 자문기구로 전환하는 등의 제도 개선은 당연한 것이다. 사학에서 발생하는 온갖 비리를 차단하기 위해 사학에 대한 교육부의 감사를 강화하고 비리를 저지른 사학 운영자의 복귀를 금지하는 것은 사학의 건강한 발전을 위해서 불가피한 조치이다. 사학 길들이기에 악용되고 지방사립대학을 고사시키는 역효과를 초래하고 있는 대학구조개혁평가 제도와 대학에 대한 재정지원사업을 전면적으로 개선하는 조치 역시 마땅히 필요하다.

특히 사학의 건강한 발전을 위한 방안으로 문재인 대통령이 제시한 '공영형 사립대학'에 대한 방침은 사학의 개혁과 발전을 동시에 도모할 수 있는 획기적인 대안으로 평가된다. 고등교육의 85%를 사학이 차지하고 있는 우리의 교육 현실에서 사학이 설립자나 운영자의 사유재산으로 간주되어 사학비리와 전횡이 끊이지 않는 상황임을 감안할 때 '공영형 사립대학' 정책은 사학을 국가 공교육체제의 일환으로 판시한 헌법재판소의 판결 취지에 맞추어 사학의 공공성을 획기적으로 강화하는 조치인 동시에 사학을 사회적 공공자산으로 간주해 재정을 지원함으로써 사학의 민주적 운영과 건강한 발전을 도모하는 역사적인 계기로 작용할 것이다. 이런 점에서 새 정부가 추진할 '공영형 사립대학'은 상지대가 지난 40년간 대학 민주화를 위해 투쟁하면서 일관되게 주장했던 '공영대학의 비전'과 정확하게 일치하는 것이다.

문재인 대통령은 새 정부 출범과 동시에 박근혜 정부가 추진한 국정 역사 교과서 폐기, 5·18광주항쟁 기념식에 대통령 참석 및 행사장에서 「임을 위한 행진곡」 제창 허용, 세월호 참사로 사망한 기간제 교사의 순직 인정, 한국공항공사의 비정규직 직원 전원에 대한 정규직 전환, 국정농단 관련 미흡한 대목에 대한 재수사 검토 등 그간 정치사회적 논란이 되었던 몇 가지 현안을 신속하게 정리했다. 또한 정부 각료와 청와대 비서진 등 대통령이 임명하는 주요 공직자의 인선 과정을 공개하고 대통령의 업무공간을 청와대 본관에서 비서동으로 전환하는 등 국민의 눈높이에서 국민과 함께 국정을 운영하겠다는 약속을 실천하고 있다. 앞으로 이와 같은 방향으로 사학을 포함한 교육 분야에서도 많은 개혁이 이루어질 것으로 기대한다.

상지대는 2010년 사분위의 잘못된 정상화와 2014년 김문기의 총장 복귀 이후 엄청난 파행을 겪었고, 그 결과 대학 재정이 고갈되고 고등교육 본연의 책무인 교육과 연구 기능이 심각하게 훼손되어 대학의 존망을 걱정해야 할 상황에 직면했다. 그러나 교육부가 부적절한 임시이사들을 파견해 학내 분규가 수습되지 않는 데다 임시이사회가 대학의 위기를 해결하기 위한 어떠한 조치도 취하지 않아 상지대 사태가 불필요하게 장기화되고 있다. 더구나 이런 상황에서 교육부와 사분위가 상지대를 다시금 김문기 구재단에 되돌려주기 위한 재정상화에 혈안이 되어 있어 상황을 더욱 악화시키고 있는 실정이다. 특히 상지대 사태를 야기한 일차 책임자인 교육부와 사분위는 그간의 잘못된 정책과 그에 따른 정책적 실패에 대한 아무런 반성도 없이, 박근혜 대통령 탄핵 후 다음 대통령이 선출되지 않은 정치적 공백기를 틈타 상지대 문제를 과거 방식으로 편의적으로 처리하려는 의도를 노골적으로 드러내고 있는 것이 문제이다.

이런 사정 때문에 교육부 특별종합감사로 임원취임승인의 취소가 예고되고 대법원 판결로 사분위 정상화가 불법으로 판정되어 이사들의 선임이 취소되었음에도 아직도 상지대는 정상화되지 못하고 있다. 그중에서도 임시이사회가 구성원과의 소통구조를 단절하고 일방적으로 대학운영체제를 구성한 데다 임시이사회가 선임한 대학 본부의 보직들이 구성원들의 지지를 받지 못하는 상황이 조성되어 대학의 정상화가 다시금 지연됨으로써 상지대를 위기에서 구할 골든타임을 놓치고 있다. 특히 김문기 구재단에 의해 황폐화된 대학운영체제를 바로잡는 일, 교육과 연구를 정상화하는 일, 구재단의 적폐를 일소하고 잔재를 청산하는 일, 대학의 재정 결손을 해결하는 일, 임박한 대학평가에 대비하고 대학입시를 강화하는 일 등 대학을 위기에서 구하기 위해 시급하게 처리해야 할 일들이 하릴없이 방치되고 있다.

이러한 과도기 상황에서 대학을 지키기 위해 상지대 구성원들은 김문기 구재단의 퇴진에도 불구하고 투쟁의 고삐를 늦추지 못하고 있다. 무엇보다도 비리재단과 유착한 의혹을 받고 있는 편호범 이사장의 해임을 교육부에 강력하게 요구하는 동시에 임시이사들의 임기가 6월 7일 자로 종료되므로 구성원들과 협력해 대학의 위기를 수습할 수 있는 유능한 임시이사들을 다시 파견해줄 것을 요구하고 있다. 아울러 2016년 11월 임시이사 파견과 동시에 추진되고 있는 사분위의 상지대 조기 재정상화 정책의 여러 법률적 문제점을 들어 상지대 정상화 논의를 즉각 중단해줄 것을 사분위에 요구하고 있다. 따라서 조만간 교육부 장관이 임명되면 상지대가 처한 상황을 면밀하게 조사하고 상지대 정상화와 관련된 쟁점들을 재검토한 후에 상지대의 파국적인 상황을 해결할 수 있는 방향으로 정책을 수립해야 할 것이며, 그 결과에 따라 임시이사 파견과 상지대 정상화 문제를 추진해야 할 것이다.

과거 1970년대 민주화 투쟁 시기에 김영삼 대통령은 "닭의 목을 비틀어도 새벽은 온다"라는 유명한 말을 남겼다. 정치인으로서 모진 고초를 감내한 김대중 대통령은 '정의가 강물처럼 흐르는 나라'를 만들겠다고 했고, 노무현 대통령은 '특권과 반칙이 없는 나라'를 주창했다. 문재인 대통령은 기회가 평등하고 과정이 공정하며 결과가 정의로운 '나라다운 나라'를 만들겠다고 약속했다. 이 말은 상지대 투쟁에도 그대로 적용된다. 40년의 길고 긴 투쟁 과정을 거쳐온 상지대가 나아갈 방향 역시 사학비리와 전횡이 없는 대학, 학문과 정의가 살아 있는 '대학다운 대학'이다.

우리 상지대 구성원들은 오랫동안 이 꿈을 꾸었다. 꿈을 이루는 데 너무나 많은 시간이 걸렸고, 그 대가는 특별히 모질고 가혹한 것이었지만 우리는 결코 좌절하거나 중단하지 않았다. 그리고 수많은 난관을 거쳐 마침내 꿈을 이룰 수 있는 시점에 도달했다. 앞으로 우리는 함께 꾸었던 꿈을 상지대의 현실로 만드는 일에 매진할 것이다. 우리의 투쟁과 고통이 서린 상지대가 학생이 중심이 되고, 구성원이 참여하고, 지역사회와 협력하는 대학이 되고, 나라와 사회의 발전에 이바지하는 대학으로 발전하도록 모든 노력을 다할 것이다. 그리하여 우리가 대학 민주화 투쟁 과정에서 한 번도 잊지 않고 기억했던, '여기는 대학 민주화의 성지 상지대학교입니다'라는 구호가 상지대에서 영원히 기억되도록 할 것이다.

지은이

/

정대화

서울대학교 대학원에서 정치학 박사 학위를 취득했으며, 현재 상지대학교 교수로
재직 중이다. 사학개혁국본(사립학교 개혁과 비리 추방을 위한 국민운동본부)의 공
동대표이며, 교육시민단체와 연대해 사학 민주화를 추구하며 사학비리 척결과 사학
분쟁조정위원회 폐지를 위한 활동 등 사학을 사학답게 만들기 위한 활동을 전개하
고 있다. 참여연대 운영위원, 2000년 총선시민연대 대변인, 미래구상 집행위원장
등을 역임하면서 정치개혁과 사회 민주화를 위한 일에 관심을 두고 참여해왔다. 저
서로는 『(포스트 양김 시대의) 한국정치』(2002), 『우리는 부패의 사명을 띠고 이 땅
에 태어났다』(공저, 2000), 『김대중정부 개혁 대해부』(공저, 1998), 『한국민주주의
와 지방자치』(공저, 1998) 등이 있다.

상지대 민주화 투쟁 40년
한국 사학의 미래를 향한 투쟁과 실험의 생생한 기록

ⓒ 정대화, 2017

지은이 ｜ 정대화
펴낸이 ｜ 김종수
펴낸곳 ｜ 한울엠플러스 (주)

편집책임 ｜ 이수동
편   집 ｜ 이예은

초판 1쇄 인쇄 ｜ 2017년 6월 5일
초판 1쇄 발행 ｜ 2017년 6월 15일

주소 ｜ 10881 경기도 파주시 광인사길 153 한울시소빌딩 3층
전화 ｜ 031-955-0655
팩스 ｜ 031-955-0656
홈페이지 ｜ www.hanulmplus.kr
등록번호 ｜ 제406-2015-000143호

Printed in Korea.
ISBN 978-89-460-6348-8 03300

* 책값은 겉표지에 표시되어 있습니다.

고전사회학의 이해

마르크스, 베버, 뒤르켐

이 도서의 국립중앙도서관 출판예정도서목록(CIP)은 서지정보유통지원시스템 홈페이지(http://seoji.nl.go.kr)와
국가자료공동목록시스템(http://www.nl.go.kr/kolisnet)에서 이용하실 수 있습니다.
CIP제어번호: CIP2018006340(양장), CIP2018006339(반양장)

2ND EDITION

고전사회학의 이해

마르크스, 베버, 뒤르켐

존 A. 휴즈, 웨스 W. 샤록, 피터 J. 마틴 지음 | 박형신 옮김

한울
아카데미

Understanding Classical Sociology: Marx, Weber, Durkheim(Second Edition)
by John A. Hughes, Wes W. Sharrock, Peter J. Martin

머리말

이 책의 첫 번째 판과 마찬가지로 제2판도 예상했던 것보다 오랜 시간이 걸렸다. 그리고 다시 우리는 너그럽게 이해하고 기다려준 세이지출판사에 감사한다. 이번의 경우에 이렇게 지체된 주요 이유 중의 하나는 이 책의 자매편인 『현대사회학의 이해(Understanding Modern Sociology)』를 준비하고 있었기 때문이다. 그 작업 역시 이 책을 처음 쓰던 것만큼이나 엄청난 도전이었다. 늘 그렇듯이 복잡한 관념들을 가능한 한 분명하게 진술하기 위해 전력을 기울이면서 우리가 모든 주장과 논쟁을 적절히 다루었는지를 확인하는 일은 상당한 작업이었다.

초판에서도 말했듯이, 우리가 원래 이러한 종류의 책을 구상하게 된 것은 많은 학생이 고전 사상가들에 대한 지식을 충분히 가지고 있지 못하다고 느꼈기 때문이다. 그리고 이렇게 된 까닭은 실제로 그리고 그것의 적지 않은 부분이 '포스트모더니즘' 사상가들이 사회학적 전통이 지닌 관념들을 포기할 것을 재촉한 데 기인한다. '사회학의 고루한 인사들'인 우리는 그러한 무시에 적지 않게 분개했다. 하지만 우리는 또한 사회학적 전통은 그 자체로 그러한 새로운 생각과 주장의 중요한 원천이며, 그것을 무시하는 것은 우리의 인식을 메마르게 할 수 있을 뿐이라고 느꼈다. 우리가 여러 번 말했듯이, 사회학은 어떤 다른 학문보다도 확립된 원칙도, 모두가 동의하는 이론도, 모두가 보편적으로 승인하는 연구방법도 없는

머리말

논쟁적인 학문이다. 대신 사회학에 존재하는 것은 '사회적인 것'의 관념을 하나의 탐구주제로 정식화하고자 노력해온 전통적 관념들이다. 그리고 더구나 100년이 훨씬 넘게 그러한 시도가 계속되고 있다.

사회학 강의에서 고전 사상가들이 소홀히 취급되는 것처럼 보이는 또 다른 이유는, 우리가 제1판의 머리말에서도 말했듯이, 최근에 여러 학문을 보다 매력적인 학제적인 꾸러미로 재포장하고자 하는 노력이 이미 모호해진 학문의 경계들을 한층 더 희미하게 만들어왔기 때문이다. 우리는 그러한 노력에 반대하지는 않지만(결국 우리는 그것들을 가르치면서 생계수단의 많은 것을 번다), 거기에는 사회학적 전통이 상실될 위험이 존재한다는 것만 지적하고자 한다. 거기에는 또한 이미 지적했듯이 '포스트모더니즘적' 사유의 영향 또한 작용했다. 포스트모더니즘은 마르크스, 뒤르켐, 베버와 같은 사상가들의 업적이 포스트모던 시대에는 이제 더 이상 적합하지 않다고 폄하한다. 그러한 주장의 장점 또는 단점이 무엇이든 간에, 우리는 포스트모더니즘은 사회학 내의 하나의 관점일 뿐이라는 것, 게다가 이 고전 사상가들을 추동한 관심과 밀접한 친화력을 가진 관점의 산물일 뿐이라는 것을 상기할 필요가 있다.

하지만, 그리고 우리가 앞서의 우려를 여전히 공유하고 있음에도 불구하고, 초판의 판매는 우리의 예상을 훨씬 뛰어넘었다. 만약 이 같은 반응이 사회학적 전통에 대한 관심의 회복을 의미한다면, 좋은 일이다. 우리가 비록 이 책이 반드시 그러한 변화와 많은 관계가 있다고 주장하지는 않지만, 우리는 이 책이 그 나름으로 적게나마 도움을 주었다고 생각하고 싶다. 우리는 항상 사회학은 익히 알려진 것보다도 훨씬 더 어렵다고 주장해왔다. 우리가 앞서 말했듯이, 그리고 우리가 설명을 통해 분명하게 보여주려고 노력하겠지만, 마르크스, 베버, 뒤르켐 각각은 '사회적인 것'

이 학문적 탐구의 주제가 될 수 있다는 것을 정식화하는 데 그들 생애의 대부분을 보냈다. 그들이 이를 완전히 해결하지 못했다는 것은 그들의 야망이 과도했음을 보여주는 것이 아니라 그 작업이 얼마나 어려운지를 말해주는 것이다.

이 책에서 실제로 크게 수정된 부분은 마지막 결론의 장이다. 현명한 생각이든 그렇지 않든 간에, 우리는 이 세 사상가에 대한 다양한 논평을 갱신하는 것이 오늘날 사회사상의 테마들과 견주어 그들을 좀 더 직접적으로 비교하는 데 더 잘 기여할 수 있을 것이라고 느꼈다. 우리는 또한 각각의 장에서도 초판에서보다 좀 더 강하게 우리의 의견을 개진하고 논쟁적이 되게 했다. 개별 장에서의 변화는 제2장의 헤겔에 대한 절에서 헤겔 사상뿐만 아니라 헤겔이 마르크스에 미친 영향을 보다 분명하게 설명하기 위해, 또는 그러한 희망에서 대폭 고쳐 쓴 것을 제외하고는 별로 크지 않다.

아무래도 이 책을 쓰는 동안 도움과 충고를 아끼지 않은 많은 분들에게 감사를 표해야 할 것 같다. 초판에서 언급한 사람들에 더하여 캐런 (Karen), 캐스(Cath), 클레어(Claire), 페니(Penny)에게 감사를 표하고 싶다. 랭커스터 대학교에서 함께 일하고 있는 이들 모두는 이 작업을 몇 달이나 질질 끌고 있는 동안 강의, 모임, TQA, RAE, 사명선언, 학습 성과와 같은 다른 업무들을 챙겨주었다. 상당한 연구 부담을 떠맡아준 마크 (Mark)에게도 감사의 말을 전한다. 존 오건트(John O' Gaunt), 그래프턴 (Grafton), 셀본(Selborne)의 단골손님들이 제공해준 다양한 서비스에도 감사한다. 그리고 티나(Tina), 이본 마거릿(Yvonne Margaret), 마지막으로 하지만 특별히 우리의 사회학 동료들에게 감사한다.

차 례

서론

1

제
1
장
시
작
하
기

이 장에서 우리는 고전 저술가들 — 마르크스, 뒤르켐, 베버 — 의 배후에 깔려 있는 주요한 테마들을 개관할 것이다. 이 테마들은 19세기가 개막한 이래 사회사상을 사로잡고 있는 생각들이다.

- 사회학의 지적 성격, 그리고 하나의 학문으로서의 사회학이라는 관점 자체를 형성하는 데 중요한 역할을 수행한 관념들
- 사회학의 개인주의 비판, 그리고 계몽주의에 대한 그것의 '보수주의적' 반발
- 하나의 과학으로서의 사회학
- 사회의 성격 이해하기
- 사회학과 역사의 관계

일부 사회학자들이 사상이라는 '거대서사' — 이는 모든 것을 다 포괄하려는 이론적 도식을 지칭하기 위해 리오타르(Lyotard, 1984)가 사용한 표현이다 — 가 그 타당성을 상실했다고 주장하는 시대에, 카를 마르크스(Karl Marx), 막스 베버(Max Weber), 에밀 뒤르켐(Emile Durkheim)의 사고를 논의한다는 것 자체가 어쩌면 이상해 보일지도 모른다. 새로운 정체성, 새로운 형태의 지식, 새로운 유형의 사회관계, 새로운 불화의 원천 등 이 모든 것이 우

리에게 300여 년 전 계몽주의 시대에서 비롯된 사유양식이 틀지어놓은 과거와 결별할 것을 강요한다는 주장이 제기되고 있다. 마르크스, 베버, 뒤르켐은 빅토리아 시대의 학자들이다. 그 후 엄청나게 변한 오늘의 세계에서 그들이 어떤 적실성을 갖는지를 파악하기란 아마도 쉽지 않을 것이다.

물론 사회학적 사고가 민감하게 반응해온 하나의 두드러진 경향은 항상 존재해왔다. 그것은 바로 세계 또는 학문, 그리고 종종 양자 모두가 절박한 위기상태에 빠져 있다는 생각이었다. 실제로 19세기 초 사회학의 형성기에 중대한 역할을 한 것이 바로 그러한 인식이었다고 강력히 주장할 수도 있다. 당시 유럽 전역에서는 산업주의가 삶의 양식에 심대한 변화를 일으키고 있었다. 그 세기의 후반기에 사회적 삶의 불안정성이 증대하고 있다고 파악하고 그러한 불안정에 대해 지대한 관심을 기울인 프랑스의 젊은 철학교사가 있었다. 그의 눈에는 산업화와 도시화가 당시의 사회를 변화시킴에 따라 오랜 기간 확립된 가치와 생활방식이 붕괴되는 듯이 보였다. 한때 교회와 군주정치의 권위가 전혀 의심받지 않던 곳에 이제는 사회를 하나로 묶어줄 수 있는 아무런 권위도 존재하지 않는 것처럼 보였다. 고용주와 근로자들은 공공연하게 적대적으로 대결했고, 범죄율이 상승했으며, 개인들은 서로를 단순히 자신의 이기적 목표를 달성하기 위한 수단으로 간주하는 경향을 드러냈다. 가족 및 공동체와 맺고 있던 종래의 유대가 점차 약화됨에 따라 자살 역시 증대했다. 한 논평자의 말에 의하면, 이 젊은 프랑스인은 "근대사회는 …… 취약한 존재라는 생각, 즉 항시 혼돈 속으로 해체되기 직전에 있는 요소들로 이루어진, 잠재적으로 불안정한 혼합물이라는 생각에 사로잡혀 있었다". 그의 저술은 그러한 상황이 어떻게 야기되었는지를 이해하여, 그것을 바로잡고자 하는 노력이었다. 그는 "마치 점점 커져가는 무정부적 힘과 시간 경쟁이라도 하듯이, 그러한 과업의 긴급성"을 강조했다(Parkin, 1992: 59). 이 근심에 가득 찬 젊은 사상가가 바로 1893년 이 문제를 다룬 자신의 첫 주요 저작『사회분업론(The Division of Labour in Society)』을 출간한 에밀 뒤르켐이었다. 뒤르켐을 사로잡은 것과 동일한 종류의 관심이 최근에 '공동체주의(communitarianism)'(Etzioni ed., 1998)와 신뢰의 필요성 및 그것의 상실에 관한 주장(Fukuyama, 1999)을 불러일으켜왔다.

우리는 뒤르켐에게서 절박한 위기의식에서 비롯된 사회학적 사유의 동기뿐만 아니라 사회학의 중심 질문 — 즉, 어떻게 사회질서가 가능한가? — 을 강력하게 정당화하는 정식화를 발견한다. 비록, 그리고 우리가 앞으로 살펴보듯이, 이 질문을 정식화하는 서로 다른 많은 방식이 존재할 뿐만 아니라 서로 다른 답변들이 제시되었지만, 우리가 이 문제를 다루고자 할 때 우리가 큰 빚을 지게 되는 가장 체계적인 시도는 아마도 마르크스, 베버, 뒤르켐의 그것일 것이다. 그들의 생각은 계속해서 관심의 대상이 되고 있을 뿐만 아니라 여전히 적실성을 지닌다. 이를테면 후기구조주의자(poststructuralist)들이 '저술가들'이란 진정 자유롭고 자율적이며 창조적인 정신의 소유자가 아니라 자신의 말과 생각에 자신들이 사는 사회적 맥락을 각인하고 있는 사람들이라고 말할 때, 그들은 우리에게 뒤르켐 저작의 근간을 이루던 테마를 환기시킨다. 후기구조주의자들이 '메타서사(meta-narrative)' — 즉, 현실의 방대한 국면들을 포괄적으로 이해하려는 거대한 이론적 도식 — 를 포기해야만 한다고 주장할 때, 우리는 그러한 도식은 실제로 입증될 수 없고 또 모든 지식은 제한적이고 잠정적이며 오직 특정한 관점으로부터 산출된다고 주장한 베버의 메아리를 듣는다. 우리는 더 많은 예를 들 수 있다. 하지만 그럴 필요는 없다. 왜냐하면 우리가 지적하고자 하는 요점은 이 고전사회학 이론가들이 대결한 쟁점과 그것

으로부터 발전시킨 관념들이 사회학에 대해, 그리고 사회학이 이해하고
자 하는 세계에 대해 여전히 적실성을 지닌다는 것이기 때문이다.

사회학이 이 세 사상가로부터 계승한 이론적 경향들이 자주 당혹스러
운 형태를 띠기도 하지만, 그들의 생각은 사회학에서 계속해서 부지불식
간에 강력한 영향력을 행사하고 있다. 그러나 일부 후학들은 이들 사상
가가 말하고자 했던 것이 무엇인지, 그리고 그들이 똑같이 중요한 것으로
다루고자 했던 사회학적 문제가 무엇이었는지를 망각하고 있는 것으로
보인다. 그리하여 사회학이 현재 무엇에 대해 논쟁하고 있는지, 그 논쟁
이 어디에서 비롯되었는지, 그리고 그 논쟁이 사회학적 전통 내에서 어떤
연속성과 차이를 드러내는지에 대한 통찰이 상실될 위험에 처해 있기도
하다.

그렇다고 해서 마르크스, 뒤르켐, 베버의 목소리가 들리지 않게 되었
다고 생각한다면, 물론 그것은 아주 잘못일 것이다. 실제로는 정반대이
다. 오히려 이 세 사람이 받는 존경심은 그들이 처음 글을 쓴 이후 해를
거듭하며 계속 커져왔다. 1937년에 탤콧 파슨스(Talcott Parsons)가 『사회
적 행위의 구조(The Structure of Social Action)』를 출간하면서 뒤르켐과 베
버는 영어권 세계의 학자들 사이에서 확고히 자리 잡았다. 그들의 사상
에 대한 관심은 1950년대와 1960년대 강단사회학의 확장과 함께 탄력을
받았다. 게다가 1960년대와 1970년대에는 마르크스의 사상에 대한 관심
이 강렬하고도 광범하게 부활되었다. 실제로 이 제2판을 준비하면서 우
리가 자연스럽게 (1999년 이후에만 한정하여) 사회과학 출판물 국제 데이
터베이스에서 마르크스, 베버, 뒤르켐의 이름으로 관련 서적 목록을 검
색했을 때 각각 315개, 204개, 124개의 항목이 산출되었다. 만일 초록, 텍
스트, 토픽을 추가적으로 검색했다면 그 수치는 크게 늘어났을 것이다.

큰 주목의 대상이 되지는 않지만, 사회학 강의에서 이들 고전 저술가에 관한 관심은 확실히 여전히 강력하다. 우리는 결론에서 이 문제에 대해 더 많은 것을 이야기할 것이다.

우리가 보기에 못마땅하기는 하지만, 마르크스, 뒤르켐, 베버는 근대 사회학의 '창시자'로 널리 간주되고 있다. 사실 다른 무엇보다도 사회계층과 이동, 교육, 경제발전, 국가, 문화, 미디어 같은 분야에서 마르크스가 미친 영향을 과소평가하기는 어려울 것이다. 비마르크스주의 사회학자들조차 분명히 마르크스의 저술들로부터 도출된, 계급과 계급구조, 계급의식과 소외 같은 개념과 관념들을 채택한다. 뒤르켐의 영향력 또한 비록 조금은 간접적이기는 하지만 광범위했다. 이를테면 사회학과 사회인류학에서 기능주의(functionalism)는 근본적으로 사회학과 사회적 삶의 본성에 대한 뒤르켐의 가정을 반영하고 있다. 우리가 앞으로 살펴보듯이, 20세기 구조주의적 사고의 전반적인 전통은 뒤르켐의 후기 저작에 크게 빚지고 있다. 게다가 사회의 탐구에서 통계적 방법을 이용하는 양적 분석방법을 개척한 것 역시 뒤르켐이었다. 그것은 그에 앞선 대부분의 사회사상가들의 사변적이고 인상주의적인 접근방식 대신에 하나의 엄격한 과학으로서의 사회학을 발전시키고자 한 그의 야망에 의해 촉발된 것이었다. 베버 역시 사회과학의 발전에 누구 못지않게 헌신했다. 그러나 그는 사회를 구조(structure) ─ 즉, 그 구성요소들과는 독자적인 속성을 갖는 전체(whole) ─ 로 바라보는 견해의 타당성에 의문을 제기하는, 상이한 지적 전통에서 출발했다. 베버는 또한 개별 인간 그리고 그들의 생각과 행위를 사회학적 분석의 출발점으로 삼는 '해석적(interpretative)' 사회학의 전통을 개막했다. 산업화·합리화된 근대사회의 미래에 대한 베버의 다소 비관주의적인 결론은 특히 아도르노(Adorno), 마르쿠제(Marcuse), 호르크

15

하이머(Horkheimer) 등과 같은 프랑크푸르트학파의 비판이론가들에게
서, 그리고 보다 최근에는 그들의 지적 상속자로 널리 알려진 하버마스
(Habermas)의 사상에서 내내 메아리치고 있다. 오늘날 번성하고 있는 문
화연구 작업의 많은 영감과 많은 테마와 분석기법 역시 비록 프랑크푸르
트학파에 의해 매개되기는 했지만 마르크스와 베버로부터 직간접적으로
영향을 받았다. 게다가 오늘날 매우 많은 주목을 받고 있는, 그리고 때때
로 격렬한 반대에 직면하는 '지구화' 과정도 (마르크스가 확인한) 자본주의
의 오랜 역동적 팽창과정과 (베버가 강조한) 사회조직의 전면적 '합리화'
과정의 연속으로 볼 수 있다.

이 모든 이유들 때문에, 그리고 더 나아가 이 세 사상가가 근대사회학
에 발휘한 광범위한 영향력 때문에, 그들은 근대사회학의 성격을 독특한
문제의식, 이론, 관점들을 확립시킨 하나의 사상체계로 이해하고자 하는
모든 사람에게 필수적인 독해의 대상이 되고 있다. 그러나 우리가 이미
암시했듯이, 이 세 사람을 사회학의 '창시자'로 간주하는 것은 문제가 있
다는 점을 염두에 둘 필요가 있다. 사회학에 대한 그들의 기여가 중요한
것으로 판명되어왔지만, 비록 그럴 의도가 전혀 없다고 하더라도, 그것이
다른 학자들의 중요성을 가려버리는 결과를 가져와서는 안 된다. 빌프레
도 파레토(Vilfredo Pareto, 1848~1923)와 허버트 스펜서(Herbert Spencer,
1820~1903) 같은 인물들은 비록 오늘날 크게 주목받지는 못하지만 당대
에는 영향력 있는 인물들이었다. 반대로 게오르그 짐멜(Georg Simmel,
1858~1918)과 조지 허버트 미드(George Herbert Mead, 1863~1931)는 그들
이 살아있을 때나 사후 어느 때보다도 최근에 와서 큰 관심을 끌기 시작
했다. 하지만 그들 모두는 각기 근대사회학적 사고의 발전에서 중요한 역
할을 수행했다. 따라서 우리는 마르크스, 뒤르켐, 베버를 근대사회학을

창시한 3인방으로 간주하는 견해에 반대한다. 그럼에도 불구하고 그들의 영향력이 지대하기 때문에, 그리고 사회학적 의제들이 그들이 가졌던 관심의 많은 것을 아주 강력하게 반영하고 있기 때문에, 우리는 그들의 생각을 소개하는 것이 사회학적 사고의 성격을 이해할 수 있는 유력한 방법이라고 믿는다. 그들 각각은 자신만의 독특한 방법으로 인간은 본질적으로 사회적 창조물이라는 근본적인 통찰이 유발하는 분석적 난제들을 풀어나간다. 뒤르켐은 개인이 사회의 형식을 만들어내는 것이 아니라 사회의 형식이 개인을 만들어낸다고 주장했다. 이러한 논점은 구조주의적 마르크스주의(structural Marxism)의 거대한 일반이론으로부터 대인 간 상호작용에 대한 세세한 탐구에 이르기까지 모든 스타일의 사회학적 사유 속에서 다양한 방식으로 발전했다. 베버는 그러한 시각이 사람을 보이지 않는 사회적 힘에 의해 조종되는 꼭두각시에 불과한 것으로 전락시킬 위험을 분명하게 간파하고 자율적 개인의 관념을 보존하고 싶어 했지만, 베버조차도 그러한 개인들의 행위와 신념은 그들이 위치한 사회적 맥락이 지닌 구체적인 문화적 특징들을 고려함으로써만 이해될 수 있다고 주장했다. 사실 사회학적 사고의 근본적인 이론적 과제 중 하나가 개인적인 것과 사회적인 것, 사적인 것과 문화적인 것, 개인행위와 사회구조를 조화시키는 것이었다. 이와 관련한 쟁점들 역시 사회학적 탐구의 본질 및 형태에 대한 논쟁과 관련한 많은 문제와 마찬가지로 이 세 사상가 모두의 저작들 속에 명확하고 강력하게 표현되어 있다.

물론 우리 역시 죽은 백인 유럽 남성들(Dead White European Males: DWEMs)[역사적으로 지배적인 젠더 또는 인종집단에 속했다는 이유로 그 중요성과 재능이 과대평가되어온 남자들 _옮긴이]이 갖고 있던 생각과 선입견이 현대사회와 사회적 삶에 대한 우리의 사유를 지배하도록 해서는 안 된다는 비판을 받아들인다. 그들의 전기(傳記)에서 알 수 있듯이, 그들 각각은 당대를 지배했던 가부장제적 태도와 전제를 드러낸다. 또한 그들 중 어느 누구도, 심지어 마르크스조차도 오늘날의 '정치적 올바름(political correctness)' 테스트를 통과하지 못할 것이라는 것은 분명하다. 실제로 프랜시스 윈(Francis Wheen)이 1999년에 출간한 마르크스 전기는 마르크스가 셋 중에서 최악의 위반자일 수 있음을 암시한다(Wheen, 1999). 윈의 책은 같은 해에 베스트셀러가 되었고, '사이버 여론조사'에서 마르크스는 밀레니엄의 사상가로 선정되었다. 하지만 우리는 그 테스트를 통과하지 못한 것 자체가 그들의 사회학적 사고방식을 무력화하는 것은 아니라고 생각한다. 그들의 사회학적 관념은 사회학적 기준에 의해 평가되어야 하고, 그것에 준해 수용되거나 기각되어야 한다. 그렇지만 그들의 저작 속에는 또한 가부장제적 사회에 대한 페미니즘적 비판을 포함하여 오늘날의 비판적 사회사상에 적실성을 지니는 다양한 생각들이 담겨 있다. 이를테면 자본주의가 여성이 수행하는 부불 (그러나 필수적인) 가사노동에 의존하는 방식, 또는 자본주의가 부르주아 가계 내에서 여성의 재산상의 지위를 축소함으로써 유지되는 방식에 대한 마르크스와 엥겔스의 논의가 좋은 사례이다. 마찬가지로 사회적 삶에서 신분이 차지하는 중요성에 대한 베버의 인식은 물론, 모든 형태의 착취가 경제적인 것은 아니라는 그의 주장 역시 인종적 불평등과 젠더 불평등의 본질과 지속성을 이해하는 데 유용하다.

이렇듯 이들 고전이론가의 저작은 우리에게 사회학에 하나의 학문으로서의 일관성을 부여하는 지적 관심들을 평가하는 수단뿐만 아니라 사회학 내의 근본적인 이론적·방법론적 쟁점들을 이해하는 방법 또한 제공한다. 이 점은 여러 세력이 결합하여 사회학의 일관성에 얼마간 압박

고전사회학의 이해

을 가하고 있는 오늘날, 더욱 강조될 필요가 있다. 이를테면 포스트모더니즘의 영향과 문화연구의 대두가 사회학을 파편화시킴으로써 사회학의 중심적 전제가 갖는 분명한 시각이 소실될 위험에 처해 있다. 이미 지적한 바와 같이, 최근 사회이론 전반에 대한 관심의 부활이 낳은 역설적 결과 중의 하나는 이 고전 학자들을 우리가 지금 살고 있는 탈근대세계 — 그들이 주장하는 바대로의 — 에 대한 저술가라기보다는 '근대세계에 대한 저술가들'로 주변화시키는 경향이 있다는 것이다. 하지만, 그리고 우리가 앞서 제시한 것처럼, 최근 이론가들이 다루고 있는 쟁점과 문제들 중 많은 것이 최근 일반적으로 논의되고 있는 것 이상으로 사실은 원래 마르크스, 베버, 뒤르켐이 자주, 훨씬 더 명료하게 다루었던 것들이었다. 더 나아가 우리는 그들의 사고방식의 중요성을 강조하며, 그들이 심혈을 기울여 확립한 사회학적 전통의 타당성 또한 역설하고자 한다. 우리가 이미 살펴보았듯이, 포스트모던 이론가들은 모든 역사를 포괄적으로 설명하려던 '거대서사'의 시대는 끝났으며 모든 지식은 잠정적이며 부분적이라는 주장을 집요하면서도 설득력 있게 펼치고 있다. 이것은 베버의 견해이기도 했다. 그러나 베버의 반응은 달랐다. 그는 상대주의, 사변, 또는 자기명상(navel-gazing) 속으로 침잠하지 않고, 온갖 다양성과 복잡성 속에서도 사회세계를 체계적으로 분석할 수 있는 프로그램을 정교화하기 시작했다. 그런데 그것은 '포스트모더니즘적' 저술가들이 무익한 것으로 간주하는 과업이다. 하지만 베버는 그러한 프로그램을 정교화하기 위해서는 우리의 탐구를 안내할 하나의 일관된 관점을 발전시킬 필요가 있다고 추론했다. 사회학 자체가 그러한 관점의 하나이다. 그리고 사회학적 관점의 독특성은 마르크스, 베버, 뒤르켐의 저작에 많은 빚을 지고 있다.

우리는 하나의 사회학적 전통이라는 관념을 강조하면서 동시에 하나의 사회학적 교의에 상당하는 것 — 사회학을 정의하고 모든 사회학자들이 지지하는 일단의 원리 — 이 존재한다고 제시하지는 않는다. 우리가 이 책과 이 책의 자매편인 『현대사회학의 이해』(Sharrock et al., 2003) 도처에서 애써 지적하듯이, 사회학은 하나의 단일한 학문이 아니다. 가능한 한 일반적으로 말하면, 만약 그런 어떤 것이 있다면, 각기 사회조직을 체계적으로 분석하는 방법을 산출하기 위해 노력하는 다양한 프로그램의 집합체가 있을 뿐이다. 따라서 사회학적 접근방식들 간의 차이는 아주 자주 사회학의 성격 자체에 영향을 미치는 근본적인 문제 및 그것의 몇몇 기본 개념을 이해하는 방식과 관련되어 있다. 이 두 문제는 아래의 논의 도처에서 등장한다. 사회학은 하나의 전통을 가지고 있는데, 그것은 우리가 다른 무엇보다도 유대교, 로마 가톨릭교, 개신교는 의심할 바 없이 유대-그리스도교적 전통의 일부라고 말하고 싶은 것과 동일한 의미에서 그러하다. 각 교파들 간의 차이는 애석하게도 빈번히 극도의 경쟁관계에 있다고 말할 수 있을 정도로 매우 자주 근본적이지만, 그럼에도 불구하고 그 교파들은 우리가 그것들을 하나의 종교적 전통의 일부라고 보기에 충분할 정도로 테마적 공통성을 가지고 있다. 비록 이 비유가 우리가 사회학적 전통과 관련하여 말하면서 의도하는 바를 정확히 포착하기는 하지만, 아마도 이 비유를 너무 멀리까지 끌고나가지 않은 것이 최선일 것이다. 사회학이 어떻게 수행되어야 하는지에 대한 규정이 존재한다는, 또는 심지어 존재해야만 한다는 주장이 논점을 강화시켜주는 것은 아니다.

우선 우리는 사회학의 독특성을 구성하는 몇 가지 일반적인 테마를 개관함으로써 이어지는 장들에서 이루어질 보다 상세한 논의를 준비하고자 한다.

고전사회학의 이해

사회학의 지적 성격

분명 사회학적 관념은 초기 그리스 철학자들의 시대 이래로 수세기 동안 서구의 지적 전통의 일부를 이루어왔다. 하지만 사회사상사 전체를 개관하는 것은 여기서 우리의 목적이 아니다. 우리가 하고자 하는 것은 마르크스, 뒤르켐, 베버가 응답한 유럽 사상의 일부 측면만을 간략히 요약함으로써 논의의 장을 펼쳐놓는 것이다. 이러한 점에서 18세기 유럽 지성계가 방향을 전환했던 지점, 즉 계몽주의가 우리의 출발점을 이룬다. 그때부터 전통, 종교, 관습 모두의 권위가 '이성'에 의해 심문되어, 미신이나 신비화와 마찬가지로 결함이 있는 것으로 판명되었다. 단순한 사변적 지식이나 의문 없이 받아들여진 관습적 믿음이 아니라 면밀하게 그리고 체계적으로 조직화된 탐구와 실험을 통해 획득된 과학적 지식이 표준적인 지식이 되었다. 그 결과 17세기 이후 과학과 기술이 성장했고, 인간은 이제 전례 없는 방식으로 자연의 힘과 환경을 통제하고 이용할 수 있게 되었다. 실제로 바로 이러한 합리적 탐구정신이 근대세계를 특징짓는다고 주장되었다.

우리가 예상할 수 있듯이, 이성과 과학에 대한 이러한 새로운 믿음이 인간사(人間事)의 조직에 적절한 것으로 인식된 것은 그리 오래된 일이 아니었다. 사상가들은 점점 더 사회와 그 제도들을 예정되거나 불가피한 것으로서가 아니라 전반적인 복리를 위해 더 나은 상태로 변화시킬 수 있는 것으로 간주하기 시작했다. 프랑스의 급진적인 계몽주의 이론가들이 볼 때, 기존의 사회제도, 특히 교회와 국가는 인간해방에 중대한 장애물이었다. 장 자크 루소(Jean-Jacques Rousseau, 1712~1778)는 "인간은 자유롭게 태어났지만 지금 모든 곳에서 속박받고 있다"고 말했다. 그 시기 동안 스코틀랜드에서는 애덤 스미스(Adam Smith, 1723~1790), 존 밀러(John Millar, 1735~1801), 애덤 퍼거슨(Adam Ferguson, 1723~1816)을 비롯한 비범한 지식인 세대가 인간사회를 분석하는 데서 엄청난 능력을 발휘했다. 이를테면 퍼거슨은 사회는 분명한 구조를 가지고 있고 그 부분들과 전체의 관계가 사회과학의 '기본 대상'이라고 기술했다. 이러한 사회과학의 발전은 분명 우리가 자연세계에 대해 갖고 있던 믿음을 부식시켰던 것만큼 우리가 사회세계에 대해 갖고 있던 기존의 믿음과 관념도 부식시켰다. 아마도 새로운 사회이론가들의 사상에 사회적·정치적 질서의 토대에 도전하고자 하는 시도가 내포되어 있었기 때문에 더더욱 그러했을 것이다. 최고의 존재로서의 신이라는 관념이 의문의 대상이 되었고, 군주의 지배권도 의문시되었으며, 그간 받아들여졌던 전통적 사회질서의 위계도 점차 도전받았다.

물론 역사의 도처에서 권력과 특권을 박탈당한 사람들이 권력과 특권을 가진 사람들에게 대항하는 도전은 늘 있어왔다. 그러나 그러한 사건들이 사회 그 자체의 틀 — 일반적으로 신성한 것으로 규정되거나 인간이 바꿀 수 없는 것으로 간주된 틀 — 을 바꾸려는 시도로 간주된 적은 거의 없었다. 그러한 도전은 사회 자체를 근본적으로 재구조화해야 한다고 주장하기보다는 대체로 전통적 권리를 재확인하고자 하는 것이었다. 이와 대조적으로 18세기에는 일군의 사상가들이 사악함, 불운, 또는 천벌이 아니라 사회제도 자체가 인간의 고통과 불평등의 원천일 수 있다고 주장하고 나섰다. 앞서 시사했듯이, 일부 학자들이 도출한 결론은 사회 자체가 근본적으로 재구조화될 필요가 있다는 것이었다. 그렇다면 어떻게 사회가 재구조화되어야 하는가? 어떤 원칙에 의거하여 새로운 질서가 조직되어야 하는가? 사회를 변화시키기 위해서는 무엇보다도 먼저 사회를 이해해야 했다. 사회학이라는 학문의 이름을 만들어낸 오귀스트 콩트(Auguste Comte, 1798~1857)가 볼 때, 사회학은 사회를 이해하고 그것을 재구성하기 위한 토대를 제공하는 과학이 되어야 했다. 이처럼 콩트가 사회사상을 신학적·형이상학적 사변으로부터 해방시키고 그것을 합리적인 과학적 원칙 위에 새롭게 확립해야 한다고 강조했다는 점에서, 그는 중요한 차이가 있지만 계몽주의 전통의 상속자였다. 콩트는 루소처럼 사회제도를 부패하고 개인의 진정한 자유에 해로운 것으로 인식한 그의 프랑스 계몽주의자들에 대해 비판적이었다. 콩트는 사회를 개인들의 총합으로 분해하는 것은 인간해방을 가져다주기보다는 사회해체와 무정부상태, 그리고 혼돈을 초래할 것이라고 주장했다. 콩트가 볼 때, 일정한 형태의 응집적인 사회조직, 즉 얼마간 통합된 제도들의 체계가 인간생활의 전제조건이었다. 그리고 이것이 바로 그가 질서와 사회통제의 중요성을 강조하면서 이전의 프랑스 사상가들이 설파한 혁명적 이상주의에 그토록 단호하게 저항한 이유였다.

사회와 사회학에 대한 콩트의 정교한 설명의 세부사항에 우리가 관심을 기울일 필요는 없다. 우리가 주목해야 할 핵심적인 것은 사회는 그것을 구성하는 개별 성원들의 특성에 의해 설명될 수 없다는 그의 통찰력이다. 그는 『실증철학강의(Course of Positivist Philosophy)』(1854)에서 "과학적 정신은 우리가 사회를 개인들로 구성되는 것으로 간주하는 것을 금한다"고 주장했다. 콩트가 이러한 논지를 펴면서 실재하는 개별 인간들의 존재를 부정하고자 한 것은 아니었다. 그가 염두에 두고 있던 중요한 생각은 만약 사회생활의 독특하고 특수한 특성에 관심을 두는 과학적 사회학이 존재한다면, 그것은 무엇보다도 개인들 간의 관계, 즉 개인들을 하나로 연결시켜 그들을 일정한 통일체로 묶어내는 사회조직 유형에 관심을 가져야만 한다는 것이었다. 그리고 그는 과학적 사회학은 또한 개인들이 근본적이고 불가피한 방식으로 사회의 산물이 되는 방식 — 그 반대가 아니라 — 에도 관심을 기울여야만 한다고 보았다. 사회학이 계몽주의 사상에 퍼져 있는, 그리고 오늘날 다양한 인간과학의 많은 분과에서 지속되고 있는 개인주의에 대한 비판으로 간주될 수 있는 것도 바로 이러한 점 때문이다.

개인주의에 대한 비판으로서의 사회학

복잡한 관념체계를 단일한 테마와 관련하여 성격짓는 것은 항상 위험한 일이지만, 사회학의 발흥을 17~18세기 동안 계몽주의 사상 속에서 매우 두드러졌던 개인주의에 대한 반발의 일환으로 묘사하는 것은 그렇게 심한 왜곡은 아니다. 인간존재 및 그들과 사회의 관계에 대한 개인주의적 이론화 대부분의 근저에는 개인이야말로 궁극적으로 가치 있는 존재이며 따라서 국가나 사회의 요구에 희생되어서는 안 된다는 주장이 자리하고 있다. 그 시대에는 많은 사상가가 어쩌면 지나치게 낙관적일 정도로, 봉건적 책무의 오랜 속박으로부터 개인을 해방시키는 것, 그리고 그것을 통해 전통적으로 받아들여지던 관념의 노예상태로부터 정신을 해방시키는 것을 세계를 진보시키는 힘으로 보았다. 여기서 중심을 이루는 것이 바로 이성적 개인에 대한 신뢰였다. 철학자 르네 데카르트(René Descartes, 1596~1650)가 볼 때, 진리는 각 개인이 소유한 천부적 이성을 통해 추구되는 것이었다. 그는 실제로 그것이 바로 인간의 본질적 특성이라고 주장했다. "나는 생각한다. 고로 존재한다"는 것이 지식의 원천에 대해 그가 심사숙고하여 내린 결론이었다. 토머스 홉스(Thomas Hobbes, 1588~1679)가 볼 때, '자연상태'는 본래 공격적이고 경쟁적인 개인들이 끊임없이 '만인에 대한 만인의 전쟁'을 야기할 뿐이었고, 따라서 삶은 "고독하고, 곤궁하고, 고역스럽고, 야수적이고, 단명했다". 홉스는 문명, 사회질서, 그리고 진보는 사고하는 개인들이 법의 지배를 강제할 수 있는 권력을 지닌 군주, 즉 리바이어던(Leviathan)의 권위를 받아들임으로써 얻는 혜택을 깨달을 때에만 발생할 수 있다고 주장했다. 앞으로 우리가 살펴보듯이, 사회계약론으로 알려진 이 이론은 사회사상과 정치사상에서 엄청난 영향을 미쳤다. 그러나 여기서 우리는 데카르트와 홉스 간의 차이에도 불구하고 단지 그들은 둘 다 이성적 개인을 인간조건에 대한 자신들의 생각의 토대로 보는 견해를 취했다는 점만 강조하고자 한다.

또한 그 시기는 지금은 우리가 심리학이라고 일컫는 학문이 시작된 때이기도 했다. 즉, 당시에는 많은 사람이 개인의 이성적 능력에 대한 탐구를 자신의 중심 주제로 삼았다. 이를테면 존 로크(John Locke, 1632~1704)는 지식은 우리 각자가 가지고 있는 단순한 감각에 기초하여 우리가 형성한 세계의 모습으로부터 획득된다고 제시했다. 데카르트의 합리주의적 지식이론과는 대조적으로 로크의 이러한 경험주의에 기초한 지식이론 역시 다시 한 번 이성적 개인을 철학적 탐구의 기본 대상으로 삼고, 사회를 개인적 추론의 부산물로 간주했다.

데카르트, 홉스, 로크의 사상은 서구 세계에서 사회사상의 전개에 중대한 영향을 미쳤고, 오늘날에도 직접적인 후계자들을 거느리고 있다. 고전경제학자들은 경제인(homo economicus) ― 즉, 자기이익에 대한 합리적 계산에 의거하여 행위하는 개인 ― 의 견지에서 인간본성을 묘사했다. 우리가 살펴보았듯이, 정치이론가들은 국가와 사회질서의 기원을 이성적 개인들이 도달한 합의의 결과로서 파악했다. 철학자, 특히 19세기 철학자들은 인간행위를 '공리주의적' 계산의 결과로, 즉 개인들이 쾌락추구와 고통회피에 기초하여 무엇을 할 것인가를 결정한 결과로 이해했다. 그 결과 도덕과 정치는 제레미 벤담(Jeremy Bentham, 1748~1832)이 요약한 것처럼 '최대 다수의 최대 행복'을 추구하는 것으로 정리되었다. 그 후 발흥한 과학적 심리학은 사회세계를 개인들의 특성으로 이해할 수 있다는 믿음을 더욱 부추겼다.

우리는 개인주의 사상의 영향을 받은 사례들을 더 많이 나열할 수도 있다. 실제로 우리 각각이 자유의지와 양도 불가능한 특정한 권리를 소유한 유일하고 자율적인 인간이라는 (또는 그래야만 한다는) 것은 이제 근대 서구 세계에서는 상식에 속한다. 그러나 이러한 사고가 크게 부상하는 것과 동시에 개인주의 이론과 실천 모두는 공격받기 시작했다. 19세기의 1분기 즈음 개인주의 조류는 방향을 돌리기 시작했다. 『국부론(The Wealth of Nations)』(1776)에 표현된 애덤 스미스의 신념, 즉 개인적 자기이익의 추구, 분업을 통해 인간 노력이 산출한 효율성, 그리고 그로 인한 상업적·산업적 활동의 증대가 모든 사람의 복리를 전반적으로 향상시킬 것이라는 믿음은 현실주의적인 예측이라기보다 경건한 희망처럼 보이기 시작했다. 당시의 많은 관찰자들이 볼 때, 새로 산업화되고 있는 도시에서 모든 사람의 복리가 전반적으로 향상되었는지는 분명하지 않았다. 그들은 거기서 비참한 궁핍상태 속에서 살며 성스러운 권위나 세속적 권위 그 어느 것에도 충성심을 느끼지 못하는 거대한 노동계급을 얼마간 불안한 심경으로 목격했다. 자본주의 아래에서 재산은 비인격적인 주식의 소유로 전환되었고, 그것은 마찬가지로 많은 사람의 마음속에 원자화되고 파편화된 사회 — 홉스가 말한, 악몽 같은 '자연상태'의 이기적 개인들만이 존재하는 사회 — 의 이미지를 만들어냈다.

이러한 관심은 사회와 사회질서의 본질에 대한 새로운 사상의 물결을 불러일으켰다. 비록 정교한 사상의 조류들을 너무 단순하게 묘사하는 위험이 있기는 하지만, 개인주의에 대한 반발은 19세기 사상에서 보다 독특한 것이 되어갔다. 그것은 여러 가지 형태로 나타났다. 이를테면 낭만주의운동의 예술과 음악은 자주 상실감의 측면에서 해석되었다. 다시 말해 그것들은 거의 사라져버린 진정한 공동체를 탐색하고 새로운 사회질서에서 소속감을 모색하는 것으로 해석되었다. 한편 그러한 반발은 구질서의 안정성과 확실성을 회복하고자 하는 보수적인 사상가들과 다른 한편에서 근본적인 사회재구성 프로그램을 촉구하며 강력한 정치적 반향을 일으키는 일련의 유토피아적 전망을 생산하는 급진주의자들로 양극화되었다. 보수주의자들과 급진주의자들을 묶어준 것은 당시의 산업적 질서에 대한 혐오, 즉 기능과 기술을 소멸시키고 정보에 대한 욕구를 깎아내리고 가족생활을 파괴하고 도시와 농촌, 부자와 빈자를 격리시키고 노동자를 기계의 명령에 예속시키고 때로는 그것의 노예로 만드는 공장체계에 대한 강한 혐오였다.

우리의 현재 목적에서 이러한 지적 성찰과 관련하여 극히 중요한 논점은 그것이 '보수주의적'이든 '급진주의적'이든 간에 산업주의의 결과를 이해하고자 노력하는 과정에서 계몽주의 사상의 개인주의적 전제에 의해서는 포착될 수 없는 힘과 과정을 규명하기 시작했다는 것이다. 루소와 애덤 스미스 같은 인물들이 얼마간 상이한 방식으로 권고한 대로 개인을 전통적 제도와 믿음에 대한 순응이라는 족쇄로부터 해방시키는 것은 새로운 인간자유의 시대를 만들어내는 것이 아니라 오히려 종래의 구속을 새로운 구속 — 이를테면 대부분의 시민을 '시장의 힘'이라는 족쇄에 복속시키거나 가혹한 빈곤에 묶어두는 것 — 으로 대체하는 것처럼 보였다. 더욱이

제1장 서론

자본주의적 산업주의의 과잉은 중세 민간설화에 나오는 나쁜 왕이나 사악한 남작의 개인적 실패와 관련하여 설명될 수 있는 것이 아니라, 어느 누구도 통제할 수 없는 비인격적인 힘이 작동한 결과로 보였다. 이러한 관점에서 볼 때, 산업혁명과 그 여파는 계몽주의의 개인주의가 사회 및 사회변화와 관련한 지속가능한 이론을 제시하는 데 실패했음을 보여주는 결정적인 증거였다.

우리는 개인주의에 대한 비판의 맥락에서 오늘날 근대사회학적 사고의 중심을 이루는 많은 개념과 관념의 출현과 발전을 추적할 수 있다. 우리가 앞서 시사했듯이, 모든 개인은 자신이 살고 있는 사회질서에 의해 틀지어지고 영향 받고 제약받기 때문에 개인이 사회분석의 출발점이 될 수 없다는 관념이 사회학적 작업의 핵심에 자리한다. 조직화된 사회 및 그 사회의 가치가 고립되고 적대적이고 이기적인 개인들이 함께 모여 사회제도의 권위를 받아들인 결과라는 것은 사실일 수 없다. 뒤르켐이 주장했듯이, 그러한 관념은 설명을 필요로 하는 어떤 것들, 즉 사회질서와 공유된 가치를 그냥 전제한다. 따라서 19세기의 몇몇 사회·정치사상가들은 '사회적인 것'이라는 관념을 명료히 하고 발전시키기 시작하며, 개인주의의 개념과는 확연히 대조되는 일단의 개념들 — 즉, 사회, 공동체, 국가, 집단, 사회계급, 사회적 연대, 사회구조, 문화 등 인간경험의 개인적 성격보다는 집합적 측면을 표현하는 개념들 — 을 정교화했다.

이를테면 마르크스는 자본주의사회를 만들어낸 것은 소유욕이 강하고 경쟁적인 개인들이 아니라고 주장함으로써 고전경제학자들에 대해 이의를 제기한다. 마르크스가 볼 때, 그와는 반대로 경쟁적이고 탐욕적인 개인들을 만들어낸 것은 바로 자본주의사회이다. 뒤르켐의 저작을 관통하는 중심 테마는 그의 표현으로는 개인에 대한 사회의 우선성이다. 마르크스나 뒤르켐과 마찬가지로, 베버도 경제사상의 개념들은 근본적으로 사회학적 전제조건들을 가정하고 있으면서도 그것을 거의 인식하지 못한다고 주장했다.

물론 개인주의는 근대적 삶의 많은 '상식' 속에서뿐만 아니라 인간과학의 많은 영역에서도 사라지지 않고 여전히 참호를 구축하고 있다. 그런 까닭에 자기이익에 대한 합리적 계산에 의거하여 행위하는 개인사회학은 개인주의적 가정에 도전하면서, 어떤 의미에서는 일상적인 사고습관에 대한 반(反)직관적인, 따라서 종종 명확하고 정확하게 표현하기 어려운 관념들을 발전시켜왔다. 그러나 사회학적 작업은 지적인 관심의 초점에서부터 개인을 제거하는 것이 아니라 개인과 사회의 관계를 이해하는 방법을 찾아내는 것이었다. 이는 인간은 늘 그리고 불가피하게 보다 광범위한 일단의 조직화된 관계 — 지금까지 무수한 사변의 대상이었으나 거의 연구되지 않은 영역인 — 의 일부를 이루어왔다는 인식에 근거한 것이었다. 이 새로운 영역을 어떻게 연구할 수 있는가라는 질문이 우리를 우리의 다음 테마, 즉 사회학적 지식의 성격으로 인도한다.

과학으로서의 사회학

사회학 입문 강의와 그 교과서들에서는 자주 사회학을 '사회에 대한 과학(science of society)'으로 묘사한다. 하지만 이는 특별히 해명을 한 내용이 없는 용어이다. '사회'나 '과학'에 대한 보편적으로 받아들여지는 정의도 존재하지 않는다. 그리고 사회학 발전의 매 단계에서 사회학자들은 얼마간 매우 타당한 근거에 기초하여 이 두 개념을 놓고 수많은 논쟁을 벌여왔다.

우리가 살펴보았듯이, 사회에 대한 과학이라는 관념은 콩트가 합리적 원칙에 입각하여 사회를 전면적으로 개혁하고 재구성하기 위해 설정한 도식 속에서 하나의 본질적 요소로 구상한 것이었다. 콩트의 초기 영감에 영향을 미친 인물은 프랑스 사회주의 사상가 앙리 생시몽(Henri Saint-Simon, 1760~1825)이었다. 비록 후일 생시몽과 결별했지만, 콩트는 사회적 삶을 본질적으로 집합적인 것으로 바라보는, 그리고 사회를 개인들의 단순한 집합체라기보다는 유기적 전체로 바라보는 관념에 여전히 집착했다. 콩트의 정교한 관념체계가 이제는 대체로 잊히고 말았지만, 그는 사회를 자연과학의 방법 – 즉, 관찰, 실험, 계산 – 을 통해 이해할 수 있으며 그러한 수단을 통해 사회와 사회의 작동을 지배하는 보편법칙을 밝혀낼 수 있다고 주장함으로써, 사회학에 나름의 공헌을 했다. 그는 이러한 방식으로 획득된 자연세계와 사회세계 모두에 대한 '실증적' 지식이 과학과 '이성'의 등장 이전에 인간 사고를 지배했던 신학적 환상과 형이상학적 사변으로부터 인간을 해방시키는 데 사용될 수 있을 것이라고 주장했다. 사회학 내에서 사회세계에 대한 객관적 지식이 자연과학과 동일한 절차를 이용함으로써 획득될 수 있다는 주장에 '실증주의'라는 용어가 부여된 것도 대체로 콩트 때문이다.

물론 오늘날 사회의 재구성을 위한 콩트의 야심찬 계획은 그 자신이 조롱한 형이상학적 사변만큼이나 비현실적이며 순진한 것으로 간주된다. 그러나 사회에 대한 과학적 이해가 사회의 재생에 본질적이라는 그의 확신은, 비록 매우 다른 방식으로이기는 하지만, 마르크스와 뒤르켐도 공유하고 있던 것이다. 마르크스는 사회변혁이 정치적 수단, 실제로는 혁명적 수단에 의해 이루어질 것이라는 생각에 헌신한 것으로 널리 알려져 있다. 그러나 마르크스 역시 그러한 정치적 행위가 경건한 희망이나 유토피아적 꿈에 의해서가 아니라 자본주의사회에 대한 철저한 과학적 이해와 비판을 통해서 고취될 것이라고 확신했다. 콩트처럼 마르크스도 자연과학과 사회과학이 통합될 때, 그리하여 결국 사회발전의 모든 법칙이 밝혀질 때를 고대했다. 그러한 법칙을 발견하기 위해서는 지금까지 모든 사회에서 사람들이 자신들이 처한 상황에 대한 진실과 자신들이 당한 착취의 원천을 깨닫지 못하도록 가로막고 있던 신비적이고 종교적인 믿음의 장막을 걷어낼 것이 요구되었다. 사회를 형성하는 힘을 이해하기 위해서는, 첫째로는 인간과 그들의 삶의 물질적 조건을 과학적 관심의 기본 대상으로 복원하는 '탈신비화'가, 그리고 둘째로는 사회변동의 근저에 존재하는 실질적인 원인을 밝히기 위한 조사와 분석이 요구되었다. 마르크스의 친구이자 동료인 프리드리히 엥겔스(Friedrich Engels)는 마르크스의 묘비에 마르크스의 가장 위대한 업적은 인간사회의 운동법칙을 규명한 것이라고 썼다.

우리가 살펴보았듯이, 뒤르켐이 볼 때 자본주의 산업사회의 발전이 야기한 사회문제들은 시급한 교정을 요구하기에 충분할 정도로 심각한 것이었다. 하지만 그러한 치유책이 효과적이기 위해서는 사회가 작동하는 방식에 대한 과학적 이해에 기초해야만 했다. 여기서 콩트가 뒤르켐에게 미친 영향은 매우 분명하다. 뒤르켐이 개인주의적 설명을 거부하고, 사회를 그 개별 성원을 조월하여 존재하는 독특한(sui generis) 실체로 개념화하고, 사회학을 '사회적 사실(social facts)'에 관심을 기울이는 과학으로 개념화한 것이 특히 그러하다. 더 나아가 뒤르켐은 인간의 몸이 각기 전체 유기체의 기능에 기여하는 상호 관련된 부분들의 체계로 분석될 수 있는 것처럼, 사회를 다양한 제도, 즉 전체의 상태에 기여하는 체계의 구성부분으로 이루어지는 유기적 전체(organic whole)로 바라보는 관념을

31

발전시켰다. 이러한 사고양식은 사회학과 사회인류학 모두에서 기능주의 이론가들에 의해 크게 확장되었다. 하지만 여기에서 우리가 강조하고자 하는 것은 뒤르켐이 사회학적 연구를 의학과 유사한 것으로 이해한다는 것이다. 뒤르켐은 의학적 지식이 의사로 하여금 육체의 병리적 상태와 정상적 상태를 구별할 수 있게 해주는 것처럼, 사회학자는 사회의 질병의 성격을 진단하고 그 적절한 처방을 제시할 수 있어야만 한다고 추론했다.

마르크스가 사회문제에 대한 해결책을 직접적인 정치적 행위와 관련하여 바라보았던 반면, 뒤르켐은 사회제도의 신중한 재조직화를 통해 사회를 괴롭히는 병리적 상태를 효과적으로 치료할 것을 강조함으로써 보다 '임상적이자 관리주의적인' 견해를 취했다. 하지만 두 사람 모두 자신들의 과업이 사회질서의 조직을 지배하는 법칙을 발견하는 것이라고 믿었고, 그것을 자연과학이 자연의 법칙을 밝혀낸 방식에 비유했다. 그들은 또한 사회에 대한 과학적 지식이 인간조건을 향상시키는 데 사용될 수 있을 것이라고 믿었다. 이 두 사람은 개인주의를 거부하고 있음에도 불구하고, 이러한 점에서 계몽주의의 지적 전통의 상속자들이었다. 반면 베버는 사회과학의 가능성과 인간사에서 그것이 수행하는 역할에 대해 좀 더 회의적이었다. 그는 사회과정을 지배하는 일반 법칙이 존재한다는 생각을 받아들일 수 없었다. 반대로 그는 인간사에서는 상황성과 우연성이 중요하다고 강조했다. 그는 또한 인간의 행위가 실증과학의 인과적 연쇄와 관련하여 설명될 수 있다는 것을 부정하고, 대신에 행위를 이해하기 위해서는 행위자에게 영향을 미치는 가치와 주관적 의미를 행위와 연관지우는 해석과정이 요구된다고 주장했다. 이러한 생각들은 해석적 사회학(interpretivist sociology)이라는 그것 나름의 전통을 구축해왔다. 이

전통은 실증주의의 수칙을 거부하며, 그 대신 행위의 전개과정에서 의미가 수행하는 역할을 이해하기를 좋아한다. 이를테면 '자동차 구매'를 하나의 사회적 행위로 만드는 것은 특정 유형의 경제체계를 갖추고 있는 사회에서 그것을 하나의 제도적 거래로 만드는, 일단의 의미와 이해의 복합체이다. 하지만 베버가 사회적 탐구에서 이처럼 의미를 중심에 둔다는 것이 베버가 과학적 야망을 포기한다는 것을 함의하지는 않는다. 베버에 따르면, 행위자 자신이 부여한 의미를 고려하지 않는, 인간행동에 대한 설명은 그 어떤 것도 허구적이거나 비과학적이다. 적절한 과학적 사회학이 되기 위해서는 사회학은 그 자신에 적합한 방법론을 (그것이 자연과학이 승인한 관행과 일치하는지 여부와는 무관하게) 개발해야 한다. 베버는 사회과학이 다루는 주제의 성격이 사회과학을 불가피하게 자연과학보다 '더 소프트'하거나 덜 객관적이게 만든다고 보지는 않았다. 그는 모든 인간 지식은 특정한 관점으로부터 산출되는 것이며 기존의 이용 가능한 관념과 개념에 의존한다고 주장했다.

그럼에도 불구하고 베버는 사회학자는 항상 사실과 가치 — 맨 처음에 바로 그 사실에 관심을 갖게 했던 — 를 분리하기 위해 노력해야만 한다고 주장했다. 베버에 따르면, 사회학은 타당한 설명에 도달하려는 노력이라는 측면에서 자연과학보다 결코 덜 엄격하지 않다. 하지만 베버의 사회학은 콩트, 뒤르켐, 마르크스가 마음속에 그린, 사회의 재구성을 위한 거대과학보다 훨씬 신중한 작업임이 분명하다. 왜냐하면 그는 과학이 사실의 문제에 대해서는 결단을 내릴 수 있지만, 상이한 가치들을 판단할 수는 없다고 보고 있기 때문이다. 그에 따르면, '존재'와 '당위', 즉 사실의 문제와 도덕적 의무의 문제 간의 간극은 메울 수 없다. 가치의 문제가 논의되고 결정되어야 하는 것은 사회학이 아니라 정치학의 영역이다. 베버가 볼 때, 합리적 원칙에 입각하여 조직화되는 새로운 사회질서라는 꿈은 계몽주의 사상가들이 그토록 혐오했던 종교적 이데올로기만큼이나 하나의 환상일 뿐이었다. 실제로 그는 계몽주의의 근본적인 해방 원리로 의문 없이 받아들여지던 합리성 그 자체도 하나의 가치이며, 따라서 득이 될 수도 해가 될 수도 있다고 주장했다. 베버는 합리적 탐구가 과학과 기술에서 전례 없는 진보를 가져온 것도 사실이지만, 사회적 삶의 합리적 조직화 경향의 증대는 기계적인 효율성을 위해 자발성, 창조성, 사고와 표현의 자유가 제거되어버린, 영혼 없고 계획되고 관료제화된 세계를 야기할 것이라고 우려했다. 베버는 합리화가 사회의 재구성을 위한 희망을 제공하기는커녕, 합리성의 '쇠우리(iron cage)'를 가져올 것이라고 암울하게 전망했다.

사회의 본질

이 세 학자 모두는 각기 사회세계를 연구주제로 하는 과학이 당면할 온갖 명백한 어려움과 복잡성에도 불구하고 그러한 과학이 가능할 것이라고 믿었다. 그렇다면 그것이 다루는 주제는 정확히 무엇인가? 인간의 삶은 다른 사람들과의 관계를 포함한다는 점에서 인간의 삶이 사회적이라는 관념은 사회학의 발견물이 아니다. 근대사회학의 형성기 동안 그러한 관념에 대한 논의에서 독특한 것은 '사회적인 것'이 학문적 성찰의 주제가 될 수 있다는 강력한 시사였다. 이러한 맥락에서 볼 때, '사회적인 것'은 사회학자들이 중요하다고 고려한 일상적인 사회생활의 모습에 관심을 집중하기 위해 고안한 이론적 구성물이다. '사회질서', '사회조직', '사회' 등과 같은 용어가 그것의 중심적인 어휘들이다.

비록 이러한 용어들이 사회학적 프로젝트에 극히 중요하지만, 바로 이들 용어가 차지하는 중심적 지위 때문에 이 용어들은 논의를 필요로 하는 것이 된다. 우선 첫째로는 앞서 지적한 바와 같이, 이 용어들이 상식에 위배되는 것처럼 보인다는 점이다. 간단히 말해서 인간 삶의 과정에 관여하기는 하지만 그 삶을 살고 있는 실제로 숨을 쉬는 개인들의 특성이 아닌 어떤 것을 우리가 어떻게 인식할 수 있는가? 더구나 개인들이 인식조차 못하는 경우 개인에게 주요한 영향을 미치는 '어떤 것'을 어떻게 인식할 수 있는가? 우리는 이미 개인주의적 전제들로 충만한 문화에서 사회학적 관념이 봉착하는 강력한 저항에 대해 지적한 바 있다. 하지만 다른 면에서 보면, 인간 삶의 성격이 본질적으로 사회적이라는 것은 아주 분명하다. 한 가지 예만 들어보자. 우리가 사용하는 언어는 우리가 특정한 사회 내에서 성장한 덕분에 배우게 된 하나의 관행체계이다. 언어는 타고나는 것이 아니다. 우리는 다양한 언어를 배울 수도 있다. 그리고 우리는 언어를 학습하는 과정에서 의사소통하는 방법뿐만 아니라 타인들과 비슷한 방식으로 생각하고 경험하는 방법도 배운다. 이 과정에서 관습에 대한 우리의 믿음, 우리의 세계 이해방식, 우리의 자기 표현방식이 우리의 개인적 성격에 깊이 스며든다. 그리고 그것들은 우리의 삶의 많은 것이 사회적이라는 것을 반영한다.

또 다른 주요한 문제 중의 하나는 사회현상을 이렇게 인식하고 기술할지를 결정하는 것이다. 애덤 스미스조차 개인주의를 찬양한 것으로 널리 간주되는 『국부론』에서 개인적 자기이익을 진척시키는 데서 우리가 오늘날 '사회조직'이라고 부르는 것이 갖는 중요성을 지적했다. 그는 핀 만들기라는 단순작업에 대한 유명한 묘사에서 분업을 통해 일이 얼마간의 사람들에게 배분될 때 한 개인이 일을 수행하는 경우보다 일이 훨씬 더 생산적일 수 있다고 제시했다. 유사하게 경제활동은 모두의 이익을 위해 생산자와 소비자를 연결시키는 시장을 통해 효과적으로 조정될 수 있다. 그렇다면 그러한 조직 유형들은 어떻게 출현하는가? 스미스는 '보이지 않는 손(invisible hand)'이라는 은유를 이용하여, 보이지 않는 손이 그러한 경제활동을 인도하고 또 질서 있는 형태 ― 이는 자신들의 이익을 추구하는 개인들이 예기치 않은 결과이다 ― 로 만들어낸다고 설명했다. 비록 스미스는 보이지 않는 손을 단지 하나의 은유로만 사용할 생각이었지만, 사회학적 관점에서 볼 때, 은유만으로는 불충분하다. 그 은유는 사회조직을 암시하지만, 사회조직을 설명하지 않는다. 우리가 살펴보았듯이, 콩트와 뒤르켐 같은 이론가들은 그러한 모델이 기초하고 있는 개인주의적 가정을 거부하고, 냉혹한 자기이익의 추구는 사회적 조화가 아니라 그 정반대의 결과, 즉 '만인에 대한 만인의 전쟁'을 초래할 것이라고 주장했다. 사회주의 사상가들 역시 산업화에 대한 또 다른 비판가들과 함께 무제한적인 자본주의적 경쟁은 자유롭고 공정한 사회가 아니라 부유하고 권력을 가진 소수 계급과 비참한 곤궁 속에서 살아가는 거대 다수의 사람들로 이루어지는 사회를 초래할 것이라고 주장했다.

스미스의 저작은 '사회적인 것'을 설명하고자 할 때 직면하는 몇 가지 난점을 예증한다. 뒤르켐은 그러한 형태의 개인주의에 입각하여 사회현상의 본질을 규정하려는 시도에 반발하며, 정반대의 극단으로 나아갔다. 그는 몇몇 해석에 근거하여 사회를 개인과 독립적으로 존재하는 어떤 것, 그의 표현으로는 하나의 '독특한' 실체로 파악했다. 많은 19세기 사상가처럼, 그리고 우리가 앞서 언급했듯이, 뒤르켐은 생물학적 유기체와의 비유를 이용하여 사회는 상호 관련된 부분들의 체계이며, 개인들의 활동은 전체로서의 체계의 속성과 과정에 의해 산출되는 것이라고 파악했다.

마르크스의 관점도 이와 유사하게 '전체론적(holistic)'이다. 그는 사회를 비록 모순으로 가득 차 있기는 하지만 하나의 응집적인 총체라고 파악했다. 하지만 앞으로 마르크스 사상에 대한 상세한 설명에서 살펴보듯이, 사회를 그것을 구성하는 개인들과는 독립된 하나의 객관적 실체로 간주하는 정도는 논평자들마다 다르다. 이를테면 '구조주의적' 마르크스주의자들은 사회구성체를 사회의 경과를 결정하는 구조적 틀로 이해한다. 하지만 다른 학자들은 개인과 사회를 구분하는 것은 그릇된 구분이라고 주장한다. 뒤르켐에 대한 해석들도 유사한 난점을 제기한다.

베버는 사회 또는 어떤 다른 집합체들을 그것을 구성하는 살아있는 개인들과 독립적으로 존재하는 하나의 실체로 간주하는 것은 잘못이라고 주장했다. 그는 그러한 오류는 사회를 마치 사람처럼 행위할 수 있는 능력을 지닌 실체로 취급함으로써 사회라는 개념을 물화하는 결과를 초래한다고 주장했다. 베버에 따르면, 오직 개인만이 행위할 수 있다. 개인들은 사회적 또는 여타의 힘 — 자신의 행위를 결정하는 것으로 생각되기도 하는 — 에 수동적으로 반응하거나 단순히 반발하지 않는다. 베버가 볼 때, 사회조직의 유형은 개인의 주관성에 뿌리를 두고 있다. 그렇다고 해서 베버가 개인들의 행위를 개인심리학의 견지에서 설명할 수 있다고 주장한 것은 아니다. 반대로 베버는 모든 행위와 상호작용은 특정한 문화적 맥락 내에서 발생하며, 행위를 선개하는 과정에서 개인들은 기존의 관습과 의미를 고려할 뿐만 아니라 실제로 문화 속에서 기원하는 개념과 범주를 통해서도 사고한다고 강조한다. 앞으로 우리가 살펴보듯이, 이러한 사유양식으로부터 사회를 실제의 사람들과는 독자적으로 존재하는 모종의 구조 또는 체계로 바라보는 견해를 거부하고, 대신 사회조직의 유형이 일상생활의 일과를 통해 끊임없이 창출되고 유지되는 방식에 관심을 집중하는 사회학적 연구의 전통이 출현했다.

역사의 적실성

우리는 이 서론의 마지막 테마로 역사의 문제를 다루고자 한다. 여기에서 역사란 실제 인간사(人間事)의 시간적 경과를 의미한다. 우리 관심의 대상인 세 사상가 모두 사회학이 역사와 관련하여 무언가를 이야기해야 할 필요성을 절실히 깨닫고 있었을 뿐만 아니라 인간 역사에 대해 예리한 감각도 가지고 있었다. 그들 모두는 사회변화에 매우 깊은 관심을 가지고 있었을 뿐만 아니라 그 변화를 우리에게 익숙한 달력상의 시간 속에서 일어나는 사건 및 사람들의 역사적 경과와 관련하여 이해했다. 그들이 볼 때, 산업주의를 발생시킨 변화는 특정한 시기에 특정한 장소에서 시작되어, 현실적 삶을 살아가는 실제 사람들을 그 속으로 끌어들였다. 그들은 모두 역사가들이 자신들의 연구에서 사용하는 유형의 자료들, 즉 보고서, 통계, 전기(傳記), 다양한 종류의 기록 등을 활용했다. 실제로 마르크스와 베버의 경우, 그들의 사회학적 관심과 역사적 관심을 분리해내기는 쉽지 않다. 마르크스는 자신의 탐구의 많은 부분을 실제의 인간사가 왜 그러한 경과를 거치게 되었는지를 설명하는 데 할애했고, 그것이 우연히 일어난 일이 아니라 인간 역사를 추동하는 강력한 엔진이 작동한 결과라는 점을 보여주기 위해 노력했다. 반면 베버는 역사를 결정성(determination)의 문제가 아니라 상황성(contingency)의 문제로 이해했다. 그렇기는 하지만 그는 사회학의 중요성은 그것이 우리에게 역사의 거대한 복잡성의 일부나마 이해할 수 있게 해준다는 데 있다고 주장했다. 실제로 베버는 콩트처럼 사회학을 인간의 삶을 지배하는 과학으로 인식하기보다는 주로 역사적 이해에 복무하는 과학으로 이해했다. 흔히 몰역사적 사회학자로 제시되는 뒤르켐조차 부분적으로는 사회의 '병리현상'을 포함하여 사회변동을 설명하기 위한 이론을 발전시켰다.

하지만 사회학의 일반화 가능성과 역사의 특수성 간에는 불편한 긴장이 존재한다. 세 학자 중에서 이 점을 가장 명확하게 인식한 사람은 아마도 베버였을 것이다. 그는 사회학자들이 산출하는 일반화는 그것이 자연법칙의 지위를 결코 획득할 수 없다는 점을 제외하고는 자연과학의 일반화와 똑같이 인과적이라고 주장했다. 베버에 따르면, 사회학의 일반화가 수행하는 역할은 우리에게 역사변동의 상황구속적인 그리고 특수한 경과를 이해할 수 있는 근거를 제공하는 것이었다. 이와는 대조적으로 마르크스가 볼 때, 역사는 사회발전의 '보이지 않는' 법칙을 표현하는 것에 불과하며, 자본주의의 소멸과 함께 이 법칙의 작동이 중단되고 역사는 종말에 이르게 된다. 우리가 앞으로 살펴보듯이, 이것은 마르크스가 헤겔의 관념론을 철학적으로 거부하고 있음에도 불구하고, 그가 자신의 삶의 많은 기간 동안 헤겔적인 풍미를 강하게 풍기고 있었음을 보여준다. 그러나 이러한 차이에도 불구하고, 이 세 사상가 모두는 사회학과 인간 삶의 역사 간의 관계에 특별한 중요성을 부여했다. 그들이 볼 때, 인간 역사에 대해 아무것도 말해주지 않는 학문으로서의 사회학은 생각조차 할 수 없을 것이다.

결론

이 세 학자의 생각 중 많은 것이 현재 사회학의 표준적 지식의 요체를 이루고 있기 때문에(비록 때로는 상당히 희석되거나 그들에게 귀속시킬 수 없는 형태로 나타나기도 하지만), 이들 각각의 업적을 온당하게 평가하기란 어쩌면 어려울지도 모른다. 사회의 본질과 관련된 쟁점들을 다루는 체계적인 지적 장치를 발전시키는 일은 무척이나 어려운 작업이다. 그렇기 때문에 그들은 성인기 삶의 많은 시간을 이 문제에 대해 생각하고 저술하며 보낼 수밖에 없었다. 하지만 그들은 완전히 성공하지는 못했다. 그럼에도 불구하고 그러한 노력들이 지금도 계속되고 있다는 사실은, 비록 어떤 점에서는 나중에나 알게 된 것이지만, 그들의 시도가 얼마나 탁월했는지를 보여준다. 우리가 앞서 지적한 바를 되풀이하는 것이기는 하지만, 마르크스, 베버, 뒤르켐이 사회학의 '유일한 창시자들'은 아니라고 할지라도, 그들은 사회학의 질문을 정식화하고 다루는 것이 얼마나 어려운지를 여실히 보여주었다. 우리는 전체로서의 사회와 사회변화에 대한 사회학의 관심, 사회학의 획기적 발전, 그리고 사회학의 도덕적·정치적 감수성과 함께 오늘날 사회학이 지닌 기질의 많은 것을 그들에게 빚지고 있다. 하지만 이것이 사회학의 전부는 아니라는 것을 서둘러 첨언하고자 한다. '사회적인 것'에 대해 그들과는 매우 상이한 방식으로 주의를 기울여온 사회학들도 존재한다. 그중 아마 가장 두드러지는 것이 상징적 상호작용론(symbolic interactionism)과 민속방법론(ethnomethodology)일 것이다. 그럼에도 불구하고 우리가 다룬 세 학자가 속한 전통이 여전히 지배적인 전통을 이루고 있다.

이어지는 장들에서 우리는 이 세 학자 각각의 주요 사상을 철저하게 해설하고자 했다. 이런 점에서 우리의 목표는 그다지 대단하지는 않다. 우리는 그들 각각에 대해 포괄적이고 학술적이고 경중을 가늠하는 분석을 시도하지는 않는다. 그러한 작업을 수행한 책들은 이미 많이 나와 있다. 우리는 우리의 설명을 전개하며, 그러한 저작들 중 많은 책을 최대한 활용했다. 우리의 목적은 그들의 주요한 사상과 주장들에 사회학도들이 가능한 한 쉽게 접근할 수 있게 하는 것이며, 그렇게 함으로써 그러한 사상들이 얼마나 그리고 어떤 식으로 현대적 적실성을 지니는지를 보여주는 것이다. 다시 말해서 이 책은 마르크스, 베버, 뒤르켐의 사상에 대한 새로운 학문적 해석을 제시하려는 시도가 아니다. 오히려 우리의 목적은 그들이 가졌던 사회학적 사고의 특징을 가능한 한 명확하게 제시하는 동시에 그들 각각이 추구한 사회학적 프로젝트의 윤곽을 가능한 한 명확하게 그려내는 것이었다.

엄선한 참고문헌과 더 읽을거리

계몽주의 이후의 사회사상을 잘 설명하고 있는 책들은 많이 나와 있다. 오래전에 집필된 책이기는 하지만, Robert A. Nisbet, *The Sociological Tradition*(Heinemann, 1966)은 여전히 읽을 만한 가치가 있다. 보다 최근에 나온 책으로는 Jonathan Turner, *The Structure of Sociological Theory* (Dorsey Press, 1974)가 있다. 다른 사람들보다 홉스, 로크, 루소, 그리고 헤겔을 포함하여 사회학적 사고의 발전과 관련한 일련의 사상가들에 대한 유용한 입문서로는 조그만 편집서 Thomson(ed.), *Political Ideas* (Penguin, 1990)를 보라. 서로 다른 방식으로 저술된 훌륭한 사회학 입문서로는 다음의 것들이 있다. Anthony Giddens, *Social Theory and Modern Sociology*(Polity Press, 1987), E. C. Cuff, W. W. Sharrock and D. Francis, *Perspectives on Sociology*(Unwin Hyman, 3rd edition, 1990), 그

41

리고 R. Anderson, J. A. Hughes and W. W. Sharrock(eds), *Classic Disputes in Sociology*(Allen and Unwin, 1986).

Talcott Parsons, *The Structure of Social Action*은 1937년에 처음 출간되었다. 1968년 출간된 Free Press판은 두 권으로 이루어져 있다. 제1권에서는 마셜, 파레토, 뒤르켐을, 그리고 제2권에서는 베버를 다루고 있다. Jean François Lyotard, *The Postmodern Condition: A report on knowledge*(Manchester University Press, 1984)와 *Towards the Postmodern* (Humanities Press, 1993)은 계몽주의 프로젝트를 비판하고 있으며 그러한 비판이 사회학이론의 성격에 대해 갖는 함의를 논의한다.

- 17세기와 18세기 동안 계몽주의 사상이 사회적 상황은 종교, 전통, 관습에 의해 규정된 자연스러운 것이고 변경할 수 없는 것이라는 생각을 부식시키기 시작했고, 그 자리를 사회는 인간의 더 많은 이득을 위해 합리적으로 재조직화될 수 있다는 생각이 차지했다.
- 그 기간 동안에는 개인주의가 사회사상을 지배했다. 그리고 프랑스혁명 이후에 그리고 산업주의가 초래할 수 있는 공포에 대한 자각이 증대하면서, 개인주의는 점차 '보수적' 반동에 의해 의문시되었다. 보수적 반동세력은 무엇보다도 인간의 삶은 공동체, 전통, 종교, 가족에 대한 애착에 의해서도 동기를 부여받는다고 주장했다.
- 증대하는 산업주의에 대한 혐오는 '급진주의자'와 '보수주의자' 모두를 단합시켰고, 개인이 사회의 분석과 이해의 출발점이 될 수 있다는 생각을 거부하는 사고를 고무했다.
- 새로 출현하는 그러한 사상을 중요하게 뒷받침한 것 중의 하나가 자연과학이 점점

고전사회학의 이해

더 성공을 거두고 있었다는 것이다. 그리하여 '사회에 대한 과학이 가능한가?'라는 질문이 제기되었고, 이것은 다시 '사회란 어떤 종류의 실체인가?'라는 과학의 주제를 이루는 문제를 제기했다.

• 마르크스, 뒤르켐, 베버는 각기 그들 나름의 방식으로 그러한 문제들에 대해 오랫동안 열심히 생각했고, 그들이 생각했던 방식이 사회학에 지속적으로 영향을 미쳐 왔다.

카를 마르크스Karl Marx

마르크스를 사회사상가로만 평가해서는 곤란하다. 그는 사회학에 주요한 영향을 미쳤을 뿐만 아니라 사회학을 넘어 세상에도 커다란 영향을 미쳐왔다. 이 장에서 우리는 그의 사상과 삶의 다음과 같은 측면들을 살펴볼 것이다.

• 그의 삶의 간략한 전기와 런던에서의 마지막 망명생활

• 그의 지적 출발점과 헤겔의 관념론 비판. 우리는 이 부분에서 헤겔의 관념론을 꽤 상세하게 논의할 것이다. 왜냐하면 마르크스가 헤겔의 관념론을 거부하고 자신의 역사유물론을 전개했지만, 헤겔의 테마와 사상들이 마르크스의 생애 내내 그의 사상에 여전히 강력하게 남아 있었기 때문이다.

• 마르크스가 전개한 유물론과 그가 제기한 당대 정치경제학 비판

• 엥겔스와 함께 집필한 선언문에 제시된 그의 주요 사상에 대한 요약적 진술. 마르크스의 유물론적 역사관은 『공산당선언』에서 개진되었으며, 그의 후속 저술들에서 사회와 사회변동에 관한 이론으로 훨씬 더 세부적으로 구체화되고 발전되었다.

• 마르크스의 사상은 역동적이며, 사회적·철학적 분석에만 관심을 둔 경우는 거의 없다. 그의 목적은 세상을 변화시키는 것이었다. 게다가 그의 저작이 남긴 엄청난 유산은 지지자와 반대자 모두에 의해 논쟁되고 해석되고 수정되어왔다. 우리는 여기서 해석의 핵심적 쟁점 중 몇 가지 ― 이를테면 '소외', 토대-상부구조 구분, 이데올로기, 잉여가치 이론, 그리고 자본주의의 성격 변화 ― 를 논의한다.

뒤르켐이나 베버와 달리, 마르크스는 대하교수가 이니었다. 그는 유명한 사상가였을 뿐만 아니라 혁명가였다. 그는 전 생애를 자본주의 질서를 전복시키는 것과 관련한 연구에 전념했다. 그는 자본주의 질서가 그 성원의 절대 다수를 쇠락시키고 노예화한다고 보았다. 그는 가장 생산적인 성인 시기의 삶 대부분을 모국인 독일을 떠나 망명자로 보냈으며, 그중 30년 이상을 런던에서 지내며 빈궁한 망명생활을 했다. 그의 급진적인 이상은 자신과 가족에게 엄청난 비용을 치르게 했고, 오랜 기간 동안 그는 친구들, 그중에서도 특히 프리드리히 엥겔스(Friedrich Engels)의 경제적 도움과 얼마 안 되는 신문이나 잡지의 원고료 수입으로 살아갔다. 그의 저작 전체를 관류하는 논점은 사람들에게 자본주의의 본질을 이해시켜, 사람들이 자신의 삶에 대한 통제력을 되찾을 수 있게 하는 것이었다. 20대에 불과했던 1845년에 그는 다음과 같이 기술했다. "철학자들은 단지 세계를 다양한 방식으로 해석해왔을 뿐이다. 핵심은 세계를 변화시키는 것이다"(Marx, 1845: 158).

마르크스는 평생에 걸쳐 자본주의의 기원, 본질, 발전에 관해 연구하면서 오늘날 근대사회의 동학을 사회학적으로 이해하는 데서 근본적인 것이 된 몇 가지 관념을 정식화했다. '계급', '소외', '혁명', '공산주의', '변증법', '생산양식' 등은 전적으로 마르크스가 독창적으로 창안한 것은 아니었지만 그의 사상과 직접적으로 연관지어져왔다. 마찬가지로, 그리고 우리가 앞으로 살펴보듯이, 한 사회의 제도와 문화의 성격이 그 사회의 경제적 삶의 조직 – 마르크스의 용어로 '생산양식' – 에 의존한다는 그의 기본 명제는 실제로 엄청난 영향을 미쳤다. 마르크스가 경제 및 사회와 관련하여 탐구한 많은 관념이 이제는 일반적인 통념이 되었다. 그리고 자본주의의 발전 전망과 관련한 그의 예측 중 일부는 언젠가 들어본 적이 있는 것 같은 느낌을 받는다. 아마도 그것은 우리가 '호황', '불황', 투자자본의 전 지구적 이동, 생산과 분배의 집중 증대, 신기술 도입에 따른 실업 등에 관한 이야기를 들었던 때일 것이다.

마르크스의 생각들이 150년 전 오늘날에 비해 자본주의적 생산이 아직 소규모이고 초보적이던 사회에서 정식화되었다는 점을 고려할 때, 그의 업적은 감명적이다. 그는 자신의 이름이 붙어 있는 주요 정치운동들을 고무했고, 또 그 운동들은 20세기의 역사에 결정적인 영향을 미쳤을 뿐만 아니라 그러한 영향은 여전히 계속되고 있다. 하지만 그와는 전혀 별개로 마르크스는 사회학, 경제학, 역사학, 정치이론, 철학, 인류학, 문학비평, 예술사 등을 포함한 인간과학의 광범한 영역에 비견할 수 없는 영향을 미쳤다. 그것의 당연한 결과로 마르크스의 삶과 그의 시대, 그의 사상을 망라한 문헌들뿐만 아니라 그의 사상을 광범한 영역에 적용하고 해석한 문헌들도 무수히 출간되었다. 또한 그의 사상에 대한 주해들 역시 날로 늘어나고 있다. 이는 분명 우리에게 해석의 문제를 던져준다. 지금까지 제시된 상이한 버전의 마르크스주의적 사유 모두를 공정하게 다루면서 마르크스의 사상을 소개한다는 것은 불가능하다. 따라서 우리는 아래에서 **사회학적** 사고에 중요한 영향을 미친 관념들만을 설명할 것이다.

전기와 사회적 배경

마르크스의 이름은 '세계의 노동자'들과 영원히 동일시될 테지만, 마르크스 자신의 가정환경은 육체노동자나 무토지 농민들의 그것과 아주 달랐다. 그는 1818년 5월 5일 라인지방에서 장이 서는 마을인 트리에(Trier)에서 매우 존경받던 변호사 하인리히 마르크스(Heinrich Marx)의 아들로 태어났다. 하인리히의 양가(兩家)는 모두 유대 문화에 흠뻑 젖어 있었고, 조상 중에는 랍비의 후손도 있었다(McLellan, 1980: 28~29). 하지만 하인리히 마르크스는 카를 마르크스가 태어나기 이전에 프러시아 당국이 정부의 특별한 허가 없이는 유대인이 국가에서 어떠한 지위를 차지하는 것도 금지한 라인지방 법을 시행하자, 유대교와 단호하게 결별했다. 트리에 항소법원의 고위직을 유지하기 위해 하인리히 마르크스는 기독교인으로 세례를 받았다. 비록 하인리히가 개종하면서 크게 고민을 한 것 같지는 않지만, 이 이야기는 그 시대의 억압과 불관용을 얼마간 전해준다. 하인리히의 지적 성향은 자기 가문의 유대 전통을 떠나 프랑스 계몽주의, 특히 볼테르(Voltaire)와 루소(Rousseau) 쪽으로 기울어져 있었다. 그러한 사상가들은 신앙보다는 이성의 진보적인 힘을 강조했으며, 그러한 감상이 아들 카를의 성장기를 형성했을 가능성이 아주 높다. 보다 확실한 것은 마르크스가 트리에 사회의 유력인사였으며 1819년 이후부터 옆집에 살았던 바론 폰 베스트팔렌(Baron von Westphalen)으로부터 상당한 영향을 받았다는 것이다. 카를에게 관심을 갖던 바론은 카를이 성장하자 많은 시간을 함께 보내면서, 그에게 생시몽의 급진 정치사상을 소개했다. 마르크스로 하여금 호머(Homer)와 셰익스피어(Shakespeare)의 작품들에 평생 애착을 가지게 만든 것도 바로 바론이었다. 1836년에 마르크스는 바론의 딸 에니(Jenny)와 약혼했고, 1843년에 결혼한 후 그녀가 1881년 사망할 때까지 생을 같이했다.

이처럼 마르크스는 어린 시절을 안락한 중간계급 가정에서, 그것도 유럽 문화의 위대한 성과 속에서, 특히 무엇보다도 진보적 사상가들을 존경하는 분위기 속에서 보냈다. 그는 능력은 있었으나 뛰어난 학생은 아니었다. 본(Bonn) 대학교에서 지낸 첫 해 동안, 그는 학업에 열중하기보다는 결투와 음주, 그리고 시 쓰기에 더 많은 시간을 할애함으로써 참담한 실패를 맛보았다. 마르크스의 아버지는 그 해가 끝날 무렵 빚더미에 올라앉은 마르크스가 본을 떠나 베를린 대학교에서 새롭게 출발할 수 있게 해주었다. 이것은 그의 경력에서 중대한 전환점이었음이 입증되었다.

마르크스는 1836년 베를린에 도착하여 법학공부를 시작했다. 하지만 실제로 그는 철학과 역사에 점점 더 많은 관심을 가지게 되었다. 그 당시 독일의 지성계는 헤겔(G. W. F. Hegel, 1770~1831)의 거대하고 야심찬 철학체계에 의해 지배되고 있었으며, 마르크스 역시 처음에는 얼마간 의구심을 품었지만 결국 그의 저작에 빠져들었다. 그는 곧 "술 잘하고 거친 친구들"을 공급하는 젊은 지식인 집단인 '닥터스 클럽(Doctors' Club)'에 가입했다(McLellan, 1980: 50). 그 후 4년 동안 ― 그가 대학에서 자리를 잡을 생각으로 박사학위 논문을 썼던 기간의 일부이기도 한 시기 동안 ― 마르크스는 헤겔의 가르침에 영감을 얻은, 후일 '청년 헤겔리안(Young Hegelians)'으로 알려진 젊은 지식인 동아리의 일원이 되었다.

1841년에 박사학위를 받은 이후에도, 마르크스는 여전히 대학에서 자리를 잡기를 희망했다. 하지만 프러시아 당국은 청년 헤겔리안들의 급진적인 태도와 활동들을 점점 더 용납하지 않았다. 게다가 1842년에 마르크스의 친구이자 멘토였던 브루노 바우어(Bruno Bauer)가 교수직에서 쫓겨나자 마르크스가 학계에서 자리 잡을 가망성은 전혀 없어 보였다. 그즈음에 마르크스는 이미 저널리즘으로 이동해가고 있었는데, 그 활동이 그의 나머지 생애 동안 얼마간 돈벌이를 할 수 있게 해주었다. 청년 헤겔리안들은 자신들의 생각을 논설과 평론, 그리고 팸플릿을 통해 전파하고 있었기 때문에, 1842년 초에 마르크스가 《라인신문(Rheinische Zeitung)》으로부터 원고청탁을 받은 것은 자연스러운 일이었다. 《라인신문》은 라인지방에 사업적 관심을 가지고 있던 사람들의 재정적 지원을 받아 교역과 산업을 증진시키려는 목적에서 발간된 신문이었다. 상인 중간계급의 이익을 대변하던 이 신문은 당시 정부와 정치를 지배하던 농업부문 및 귀족들의 견고한 이해관계와 갈등을 빚고 있었다. 그 신문은 혁명적이기보다는 개혁적이었다. 그리고 1842년 10월 마르크스가 편집장이 되었을 때도 마르크스는 프러시아 검열관과의 정면대결만은 피하고 싶어했다.

그렇지만 마르크스가 편집장으로서 성공한 것 자체가 《라인신문》과 당국의 갈등을 가져왔다. 발행부수가 늘어나자 당국은 더 이상 그 신문을 무시할 수 없었고, 따라서 곧 신문을 폐간시켰다. 그럼에도 불구하고 마르크스가 편집장으로 활동한 기간은 그의 생애에 결정적 영향을 미쳤다. 이 경험은 마르크스로 하여금 청년 헤겔리안들의 사변적 철학을 떠나 사회적·정치적 현실문제들과 직접적으로 대결하는 쪽으로 나가게 했다. 이를테면 그는 무역형태의 변화가 어떻게 자신의 고향 근처인 모젤(Moselle) 계곡에서 포도를 재배하는 농민들의 전통적 생활양식을 대부분 파괴했는지를 직접 깨닫게 되었다. 마르크스의 결론에 따르면, 그들의 빈곤은 그들의 잘못이 아니었다. 그것은 "사적 개인들의 행위와 개별 당국들의 행위 모두를 결정하는" 관계의 필연적 결과였으며, 그러한 관계들은 "호흡하는 것만큼이나 의지와는 무관한 것이었다"(McLellan, 1977: 24에서 재인용). 그들의 생활방식을 유지해온 경제적 힘이 이제 변화되어 바로 그 생활방식을 파괴하고 있었던 것이다.

파리와 브뤼셀

신문이 탄압받은 후 마르크스는 크로이츠나흐(Kreuznach)로 여행을 갔다. 거기에서 그는 예니 폰 베스트팔렌(Jenny von Westphalen)과 결혼했고, 헤겔 정치사상에 대한 면밀한 연구에 전념하기 시작했다. 1843년 10월 마르크스 부부는 파리로 떠났고, 그곳에서 다른 급진적 지식인들과 한 집에서 함께 살았다. 당시 파리는 혁명적 사상가들을 끌어들이는 자석이었고, 마르크스는 그러한 우호적 분위기를 충분히 이용했다. 프랑스 사회주의자들의 저작에 익히 정통해 있던 마르크스는 그러한 코즈모폴리턴적 환경 속에서 활약하며, 그 당시 독일인들의 사상과 중대한 단절을 하게 되는 새로운 관념들을 발전시키는 데 몰두했다. 그 시기의 단연코 가장 중요한 저작이 『1844년 경제학·철학수고(The Economic and Philosophical Manuscripts of 1844)』 또는 단순히 『파리수고(Paris Manuscripts)』로 알려진 일련의 문건들이다. 마르크스가 경제생활의 분석에 자신의 철학적 관점을 적용하고 정통 정치경제학에 대한 근본적인 비판을 정교화하기 시작한 것도 바로 그 문건들에서였다.

비록 이 수고들은 1930년대에서야 출판되었지만, 마르크스는 1844년 8월에 수고를 완성했다. 그리고 그는 같은 달에 카페 드 라 레장스(Café de la Régence)에서 엥겔스를 만났다. 역시 라인지방 출신인 엥겔스는 마르크스보다 두 살 아래였다. 이 두 사람은 앞서 1842년에 엥겔스가 아직 청년 헤겔리안들과 어울리고 있었을 때 잠시 만난 적이 있었다. 마르크스는 "그의 미래의 친구이자 동반자가 될 엥겔스에게 냉담"했던 것 같다(Hunley, 1991: 15). 하지만 그 후 상황이 변했다. 마르크스는 점점 더 경제문제와 그것이 초래하는 사회적 결과들에 관심을 기울였다. 그리고 엥겔스는 초기 공산주의자이자 마르크스의 옛 동료였던 모제스 헤스 (Moses Hess)로부터 큰 영향을 받았다. 맨체스터에 공장을 갖고 있으며 고향 마을인 바르멘(Barmen)에서 번창하던 직물산업 동업자 중 한 사람의 아들인 엥겔스가 공산주의로 전환한 것은 아무리 보더라도 이례적이었다. 왜냐하면 그는 의욕적인 자본가이자 정치적 급진주의자였기 때문이다.

1842년 말부터 1844년 여름까지 엥겔스는 자신의 사업 훈련을 마치기 위해 맨체스터에 있던 에르멘-엥겔스 방적공장(Ermen and Engels' cotton mill)에서 사무원으로 일했다. 거기서 그는 공장노동자들의 빈곤과 비참함의 정도를 접하고 질겁했다. 독일로 돌아오는 길에 그것에 대해 기술한 책인 『영국노동계급의 상태(The Condition of the Working Class in England)』(1845)는 19세기 역사에 관한 위대한 문건 중의 하나가 되었다. 그 당시 영국은 세계에서 가장 부유하고 가장 강력한 국가였지만, 엥겔스가 목격한 것처럼 영국 사람들은 농장 가축보다도 더 비참한 상태로 점점 더 빠져들고 있었다.

엥겔스와 마르크스가 서로에게 어떠한 지적 기여를 했는지는 나중에 논의할 것이다. 그러나 엥겔스가 마르크스와 맺었던 관계가 많은 점에서 중요했다는 것에는 이론의 여지가 없다. 특히 엥겔스는 마르크스가 1849년 런던으로 망명한 후 마르크스와 그의 가족에게 재정적인 지원을 해주었다. 1844년부터 1848년까지의 저술들에서 그들은 마르크스주의 사상의 근간으로 간주되는 주요 관념들을 발전시켰지만, 그 저술 중 많은 것이 그들의 생애 동안에 출간되지 않았다. 따라서 막스 베버를 포함한 후대 학자들은 단지 마르크스 사상의 단편들만을 알 수 있었다. 19세기 후반 유럽 사회주의운동의 발전에 영향을 미친 마르크스주의 사상의 많은 것 중에서 상당 부분이 엥겔스에 의해 공개 - 비록 마르크스 사상에 대한 '올바른' 해석인가라는 문제를 불러일으켰지만 - 되었다. 어떠한 사상가의 저작을 몇몇 관념으로 단순하게 정리하는 것은 그러한 관념들이 아무리 근본적이고 또 본질적인 것으로 보일지라도 항상 문제가 있을 수밖에 없다. 마르크스를 이렇게 취급하는 것은 특히 더 위험하다. 우리는 나중에 마르크스와 엥겔스의 저작에 대한 독해 및 해석과 관련된 다른 쟁점들뿐만 아니라 그들의 접근방법 사이에 어떤 중대한 차이가 존재하는지에 대해서도 다시 논의할 것이다. 그 저작들 중 많은 것이 오랜 기간에 걸쳐 그들의 동시대인들 다수가 가지고 있던 관념들을 비판하기 위해 쓴 것이었기 때문에, 그 저작들 간에 비일관성이나 혹자가 지적하듯 모순되는 점들을 찾아내는 것도 가능하다. 따라서 수년간 광범위한 영역에서 마르크스에 대한 대조적인 해석들이 전개되어왔다는 것, 그리고 또한 그러한 해석들 모두가 원 텍스트의 권위를 주장하고 있다는 것은 그리 놀랄 만한 일이 아니다. 이러한 해석들 중 몇몇에 대해서는 아래의 논의에서 간략히 다룰 것이지만, 우리의 주요 관심이 마르크스 사상에 대한 어떤 유력한 해석을 옹호하거나 반박하는 데 있는 것이 아니라 마르크스와 엥겔스의 다양한 저작에서 나타나는 사회학적 테마들을 부각시키는 데 있다는 점을 다시 한 번 더 강조해두고자 한다.

1840년대 중반 마르크스의 급진적인 정치활동이 프러시아 당국에까지 널리 알려지자 그는 파리에서조차 자신의 혁명적인 동료들과 함께 감시를 받게 되었다. 그는 결국 프러시아 정부에 의해 추방되어 그 후 3년을 브뤼셀에서 보냈다. 혁명적 동요의 물결이 전 유럽에 퍼지면서 그의 입지는 점점 더 불확실해졌고, 1848년에 『공산당선언(Communist Manifesto)』이 발표된 지 얼마 안 되어 그는 다시 한 번 더 강제 추방당했다. 그 혁명적 외침은 프로이센 군주정치조차 위태롭게 하는 것으로 보였고, 마르크스는 ≪라인신문≫의 복간호 편집을 위해 쾰른으로 돌아올 기회를 잡았다. 하지만 당국은 다시 단속을 천명했고, 1849년 초 마르크스는 무장반란을 선동했다는 혐의로 다시 기소되었다. 재판에서 그는 자신의 이론적인 관점을 설득력 있게 표현하는 연설로 자신을 변호했다.

> 사회가 법에 기초하는 것이 아니라 …… 법이 사회에 기초해야만 한다. 법은 사회의 공통의 이익과 욕구 — 그것들이 다양한 물질적 생산방법으로부터 발생하듯이 — 의 표현이어야 한다. …… 내 손에 들려 있는 이 나폴레옹 법전이 근대 부르주아 사회를 만들어낸 것은 아니었다. 단지 부르주아 사회가 …… 법전 속에서 자신의 법적 표현을 발견할 뿐이다. (McLellan, 1976: 215에서 인용)

마르크스는 무죄를 선고받았지만, 그의 운명은 이미 정해져 있었다. 1849년 5월 그는 프로이센에서 추방되었다. 그는 혁명에 대해 여전히 낙관적 전망을 하고 있던 파리로 돌아왔다. 그러나 그즈음 파리에는 반동 세력들이 부상하고 있었고, 7월에 그의 가족은 그곳에서도 추방되었다. 그들은 영국을 향해 출항했고, 남은 생을 런던에서 지냈다.

런던에서의 망명생활

19세기 중엽의 영국만큼 근대 자본주의의 발전을 연구하기에 좋은 장소는 없었을 것이다. 영국은 세계 최고의 산업 강국이었다. 불과 한평생 남짓한 기간 만에 경제의 성격이 변화하면서 주요한 사회적 변화가 발생했다. 이를테면 1851년경에는 시골보다 도시에 더 많은 사람이 살았다. 인구의 3분의 1 이상이 주민 수가 5만 명 이상인 도시에 살았다. 한 세기 전만 해도 도시라고는 런던과 에든버러 두 곳뿐이었다. 마르크스는 이 같은 방대하고 전대미문의 사회적 변화가 자본주의적 산업화에 의해 야기된 것임을 깨닫고, 영국에 도착하고 나서 곧 파리 시절에 시작했던 정치경제학 연구를 재개했다. 극심하게 돈에 쪼들리고 소호(Soho)의 누추하고 비좁은 아파트에 살면서도 마르크스는 줄곧 대영박물관 열람실을 장시간 방문했고, 이것은 오랫동안 그의 일상적 작업습관이 되었다. 1850년 말에 그는 "상업 및 재정 위기가 모든 혁명의 불가피한 전제조건이 될" 것이라는 결론에 도달했다(McLellan, 1976: 281). 그가 생의 나머지 기간 동안 경제연구에 빠지게 된 것도 바로 이 같은 생각 때문이었다.

그의 원래 계획은 정통경제학에 대한 자신의 생각과 비판들을 정리하는 방대한 연구서를 집필하는 것이었다. 그러나 1852년에 그는 저널리즘의 일을 다시 시작할 수밖에 없었다. 그의 열정은 1857년에 오랫동안 예견했던 경제위기가 도래하면서 다시 살아났다. 1857~1858년 겨울 동안에 엄청난 활력이 폭발하면서 그는 오늘날 『강요(Grundrisse)』 ─ 말 그대로 '기본 계획' ─ 라는 책으로 출간된 일련의 노트들에 자기 생각의 전반적인 개요를 그려놓았다. 그 글들은 출판을 위해 집필한 것이 아니었다. 그리고 그 노트들은 실제로 1953년에 독일어판이, 그리고 1973년에 영어판이 출간되기 전까지는 쉽게 입수할 수 없었지만, 이제는 가장 널리 인용되는 저작의 하나가 되었다. 『강요』의 대부분에는 기존 경제사상에 대한 비판으로 자주 표현되는 마르크스의 경제사상이 담겨 있다. 하지만 그 저작은 또한 마르크스가 구상한 프로젝트의 엄청난 범위를 보여주는 것이기도 하다. 그는 여섯 권의 책을 계획했지만, 그중 국가, 대

55

외교역, 세계시장에 관한 세 권은 집필하지 못했다. 세 권으로 이루어진 『자본론(Capital)』은 마르크스가 첫 세 권의 책으로 의도했던 논제들의 대부분을 포함하고 있다. 하지만 『자본론』의 제1권만이 그의 생전인 1867년에 출간되었고, 나머지 두 권은 각각 1885년과 1894년에 엥겔스에 의해 편집되어 출간되었다. 『잉여가치 이론(Theories of Surplus Value)』은 1860년대 초에 마르크스가 경제사상을 비판적으로 검토할 목적에서 쓴 방대한 수고들을 편집한 것이다. 그 책은 1883년 마르크스가 죽은 후 20년이 더 지나서야 카를 카우츠키(Karl Kautsky)에 의해 간행되었다.

마르크스의 이론적 저작은 이론 자체를 위해서가 아니라 실천적 정치행위를 위한 지침으로 정교화되었다. 그는 1840년대 후반에 겪은 혁명운동의 실패를 성찰하고 나서, 무능한 지도력에도 실패의 일부 책임이 있지만, 자신이 사회발전의 기본 과정 ─ 본질적으로 경제적인 과정 ─ 이라고 간주한 것을 분명하게 이해하지 못한 데에도 똑같이 중요한 책임이 있다고 결론지었다. 비록 그의 위대한 이론적 프로젝트가 그의 정치적 야망과 마찬가지로 결코 어떤 완성된 형태로 실현된 적은 없지만, 그의 저술들은 그 과정들을 이해하는 데 바쳐졌다.

초기 시절: 헤겔의 관념론 비판

"카를 마르크스는 독일 철학자였다." 콜라코프스키(Kolakowski, 1978: 1)는 세 권으로 구성된 마르크스와 마르크스주의에 대한 연구서를 이 말로 시작한다. 이 말은 마르크스의 저작을 이해하기 위해서는 마르크스의 저작이 특정한 철학적 전통으로부터 출현한 것이며 따라서 그의 저작은 그 전통의 중심적인 개념과 테마들의 일부를 보유하고 있다고 보는 것이 매우 중요하다는 점을 지적하기 위한 것이었다. 하지만 마르크스는 서른 살 경에 일련의 평론과 논평에서 그 당시 정통 사상의 거의 모든 측면에 대해 의문을 제기하고, 그것을 자신의 연구에서 토대로 삼았다.

앞서 지적했듯이, 그 당시 독일의 지성계는 헤겔의 '관념론적' 철학의 영향, 아니면 그것에 대한 반발에 의해 지배되고 있었다. 일반적으로 관념론자들은 궁극적인 실재는 사람이나 물질적 대상 또는 우리를 둘러싸고 있는 물리적 환경으로 구성되는 것이 아니라, 그와 반대로 모든 사물(자연과 인간) 내에 현재하며 그것들을 존재하게 하는 것은 비물질적인 힘 또는 본질이라고 주장해왔다. 비록 이러한 생각이 이상하게 들릴 수도 있지만, 그리고 우리의 상식적인 경험과 모순되는 것으로 보이지만, 이러한 생각은 우리에게 더 익숙한 기독교에서의 신의 관념 ─ 신을 이 세상의 창조자인 전지전능한 비물질적 존재로 간주하는 ─ 과 다르지 않다. 헤겔은 물질세계를 존재하게 하고 또 물질세계 안에서 자신을 표현하는 존재인 '절대정신(Geist/Spirit)'이 궁극적인 실재라고 인식했다. 달마이어(Dallmayr, 1993: 23~24)는 "헤겔 철학의 중심적인 목적은 모든 실재 안에서 정신이 수행하는 역할, 즉 정신이 행위의 토대를 설정하고 진리를 생동시키는 방식을 입증하는 것이었다"고 기술한다. 하지만 '정신'이라는 관념이 의심할 바 없이 기독교적 관념과 연결되어 있음에도 불구하고, 정신 관념을 순전히 종교적인 또는 신비적인 관념으로 생각해서는 안 된다. 왜냐하면 그것은 '민족정신'이나 '협동정신'이라는 표현에서 나타나는 '정신' 관념과도 밀접히 관련되어 있기 때문이다. 그리고 많은 중요한 측면에서 정신이라는 관념은 '고급문화'라는 표현 속의 '문화'와도 거의 다를 것이 없다. 이러한 의미에서 문화는 또한 우리가 '고대 로마인들의 마음' 또는 '중세의 마음'에 대해 말할 때처럼 자주 '마음(mind)'과 동등하다. 이처럼 정신, 문화, 마음 모두는 사회에서 살아가는 사람들의 생각과 의식을 기술하기 위해 사용되어왔다.

헤겔의 관념론과 역사철학

헤겔의 저작과 사상은 어쨌든 독일 철학이 불필요할 정도로 복잡하고 추상적이며 모호하다고 생각하게 하는 데 큰 몫을 했다. 그의 저작과 사상은 방대하고 광범위하고 또 지나치게 상세하여, 그것을 몇 페이지로 축약한다는 것은 불가능하다. 그럼에도 불구하고 헤겔 저술의 특정 측면을 간략하게나마 논급할 필요가 있다. 왜냐하면 헤겔 철학이 마르크스의 초기 저작에 주요한 영향을 미쳤으며, 또 논란의 여지가 있기는 하지만 마르크스의 전 생애 동안 그의 사상에 영향을 미쳤기 때문이다. 그리고 무엇보다 마르크스가 자신의 유물론적 역사관을 구상하게 된 것도 헤겔의 관념론에 대한 반발에서였다. 하지만 마르크스의 헤겔 비판이 헤겔의 기본적인 사상 대부분을 보존하고 있다는 것을 인식해야만 한다. 마르크스가 헤겔 교의의 중심적 특징 중에서 한두 가지에 도전했지만, 그의 거부는 헤겔 사상의 나머지를 이해하는 방법을 근본적으로 변화시키는 결과를 가져왔다. 적절히 인식될 경우, 헤겔식의 사상은 헤겔 자신이 사회에 대해 마음속에 그렸던 것보다 훨씬 더 급진적인 정치적 비판에서 이용될 수도 있다.

여기서 가장 적실한 헤겔 철학의 측면이 그의 역사관이다. 헤겔은 인간의 삶을 역사적 맥락에서 이해할 필요성을 역설하면서 인간은 그 본성상 **본질적으로** 역사적이라고 선구적으로 주장한 인물의 한 사람이었다. 우리는 전체로서의 역사의 경과에 대한 장기적이고 전체적인 견해를 바탕으로 해서만 우리의 현재 상황을 적절히 이해하고 우리 자신을 이해할 수 있다. 우리는 우리 자신이, 그리고 우리의 삶의 방식이 인간 삶의 일반적 본성을 표현하는 것으로 생각해서는 안 된다. 왜냐하면 우리의 삶은 역사의 경과 동안 삶을 인도해온 많은 다른 방식 중의 하나에 불과하기 때문이다. 이전 사회의 삶이 그 당시의 방식으로 존재하지 않았다면, 우리의 삶의 방식도 현재의 방식으로 존재할 수 없다. 즉, 역사의 이전 시대가 우리의 시대로 이어지고, 우리의 시대를 가능하게 해준다.

헤겔의 초기 목적은 역사의 본성을 이해하는 것이 아니라 철학의 문제를 해결하는 것이었다. 그는 철학 역시 본질적으로 역사적 성격을 지니며 따라서 철학의 발전은 인간 역사 일반의 한 측면 — 비록 중요하기는 하지만 — 일 뿐이라는 것을 깨달음으로써 철학 문제의 해결은 단지 역사적 이해를 통해서만 가능하다고 생각하게 되었다. 철학자들이 자주 그러하듯이, 헤겔도 철학이 끝없이 계속되는 미해결의 의견불일치 상태에 있다는 것은 얼마간 수치스러운 일이며, 따라서 무엇보다도 철학자들을 서로 다투는 분파들로 배열하는 여러 종류의 이분법 — 유한/무한, 정신/물질, 진실/거짓, 양적/질적 — 을 해결하고 극복할 필요가 있다고 생각했다. 우선적으로 해야 할 일은 철학적 사유를 재고하는 것, 그리고 그러한 대립적 사유를 영원하고 불가피한 것으로 받아들이는 것이 잘못은 아닌지, 또 철학사상 — 헤겔 자신의 사상 — 이 그 대립이 반드시 영원한 것이 아니라 단지 인간 사상의 **일시적** 특징이라는 것을 보여줄 수는 없는지를 묻는 것이었다.

물론 그러한 분열이 철학에서만 발견되는 것은 아니다. 왜냐하면 철학자들은 자신들이 실재 그 자체의 특성을 규명해왔다고 (헤겔이 보기에는 옳게) 생각하기 때문이다. 철학에서 발견되는 대립은 세계 자체에, 즉 인간의 삶과 공동체 내에 존재하는 것이고, 인간의 삶 또한 상충하는 원리들로 분할된다. 그리고 그러한 원리들이 인간들로 하여금 그들이 실제로 극복할 수 없는 딜레마와 대결하게 하는 것으로 보인다. 만약 헤겔이 철학적 불일치를 야기하는 이분법들을 극복할 수 있는 철학을 발전시킬 수 있었다면, 그는 **동시에** 인간의 삶 내에 존재하는 분열을 극복하는 방법을 발견할 수 있었을 것이다. 왜냐하면 그것들은 동일한 분열이기 때문이다. 다시 말해 철학은 기본적으로 실제 삶에서 드러나는 분열을 성찰적으로 자각하는 것의 한 형태이다.

헤겔이 모든 것을 다 아는 현인 – 그를 흠이 없는 인간으로 만들어줄 수도 있는 – 이 아니었다는 것을 말해둘 필요가 있다. 그는 자신이 혼자서 인간의 삶 전체를 얼마간 바꿀 수 있다고 생각하지 않았다. 그는 단지 철학은 실제 삶의 조건에 대한 자의식적 자각 – 즉, 성찰 – 이라는 자신의 신념을 발전시켰을 뿐이었다. 따라서 만약 헤겔이 근본적 원리들의 충돌 – 인간의 삶을 흉하게 만드는 – 을 해결하는 철학을 발전시킬 수 있었다면, 그것은 현실 자체가 그러한 충돌을 극복할 수 있는 잠재력을 함유하고 있었기 때문일 것이 틀림없다. 헤겔의 철학은 단지 현실 자체를 구축하는 경향들을 분명하게 밝히는 것뿐이었을 것이다. 헤겔은 심지어 자신에 앞선 다른 철학자들이 자신만큼 총명했더라면 그것을 할 수 있었을 것이라고 생각할 정도로 자기본위적이지도 않다. 반대로 그들도 헤겔처럼 자신들의 시대와 장소의 제약 속에서 자신들에게 가능한 것을 생각할 수 있었을 뿐이다. 그리고 만약 헤겔이 그들이 할 수 없었던 것을 할 수 있다면, 그것은 단지 헤겔이 살았던 시대의 상황이 이전에는 그 조건이 무르익지 않았기 때문에 불가능했던 것을 그가 할 수 있게 만들어주었기 때문이다.

철학사상의 논리와 현실 — 인간 역사 — 의 발전이 하나이자 동일할 때에만, 철학은 성찰과 현실의 광범한 본성 사이에서 그러한 관계를 구축할 수 있다. 이것이 헤겔의 유명한 '변증법적' 접근방식의 토대이다. 철학은 논쟁적인 학문이다. 철학의 창시적 고전, 즉 소크라테스가 다른 철학자들 및 일반인과 벌인 **논쟁**을 플라톤이 **대화** 형식으로 기록해놓은 것을 살펴보라. 철학자들은 그러한 원리에 의거한 분열 — 이것이 철학의 특징이다 — 의 양편에 도열하여 그들 각자의 관점을 가지고 서로를 설득하기 위해 노력한다. 철학자들은 당면한 문제와 관련하여 주장의 양편에 장점과 단점이 존재하며 따라서 두 입장의 조합 또는 종합이 더 좋은 입장을 제공할 수 있다는 것을 인정함으로써 종종 얼마간 합의에 도달하기도 한다. 헤겔은 실제 삶 속에서도 사태가 유사한 방식으로 진행되고, 거기서도 사람들의 일이 서로 상충하는 대립되는 입장을 축으로 하여 조직된다고 주장했다. 사회에서도 분열은 철학자들이 논쟁하는 것과 동일한 종류의 근본적 원리들 — 즉, 관념들 — 사이에서, 이를테면 자유와 종속 사이와 같은 것들에서 발생한다. 모든 역사적 시기(또는 시대)는 전체 사회를 관통하며 그 시대의 삶의 모든 측면에 영향을 미치는 하나의 지배적 분열 — 이를테면 고대세계의 자유시민과 노예, 중세사회의 귀족과 소작농, 또는 근대시대의 고용주와 임금노동자 — 로 특징지어질 것이다. 실제 삶의 사건들을 추동하는 것도 바로 이리한 근본적 관념들 간의 충돌이고, 이는 또한 헤겔이 왜 현실이 관념 속에 존재하고 관념의 충돌이 사건의 경과를 이끈다고 생각했는지를 설명하는 데 도움을 준다. 그러나 그러한 관념들은 천상의 영역에 자리하고 있는 것(심지어는 철학자들이 제시하듯이 사상의 영역 내에 가두어져 있는 것)이 아니라 현실 세계에서 사람들이 수행하는 일들 속에서, 그리고 그것을 관통하며 스스로를 실현한다. 자유 관념과 종속

관념 간의 대립이 주인과 노예 간의 분열 형태를 취할 수 있는 것과 마찬가지로, 그러한 대립은 사회집단들 간의 투쟁과 연관되어 있다.

따라서 역사적 사건들 속에서도 동일한 종류의 변증법적 진보가 일어난다. 그곳에서도 철학에서와 마찬가지로 양측의 최고의 요소들이 새로운 입장 속에서 조합 ─ 즉, 종합 ─ 됨으로써 원리들 간의 대립에 대한 해결책이 발견된다. 이것은 논쟁을 새로운 수준으로 진전시키지만, 그 논쟁을 끝내지는 않는다. 왜냐하면 명백한 대립이 하나의 동일한 현실의 전개 및 발전 과정의 두 측면으로 인식될 수 있는 동시에 실제로 전혀 대립상태에 있지 않은 것으로도 인식될 수 있기 때문이다. 따라서 새로운 대립이 발전되고 동일한 논쟁과 해결의 과정이 다시 발생할 것이다. 헤겔이 해석한 것처럼, 철학의 역사는 이전의 대립들이 각각 종합되어 논쟁을 더 높은 수준으로 끌어올리는 **발전**의 역사이고, 역사 과정 자체도 동일한 유형을 따른다. 실제의 삶에서 대립과 종합은 순수한 지적 논쟁이 아니라 실제 사회적 투쟁의 형태를 취하며, 두 대립된 삶의 방식 간의 충돌은 그러한 투쟁을 통해 전체 사회의 조직을 변화시킴으로써 극복된다. 따라서 '종합'은 마르크스에게 엄청난 중요성을 갖는 이행기 ─ 봉건사회의 영주와 농노의 시대가 자본주의사회의 고용주/임금노동자 관계에 길을 내어준 때 ─ 처럼 사회를 구성하는 집단의 성격을 변화시키는 형태를 취할 수도 있다. 이러한 방식으로 이전의 집단들 간에 벌어진 갈등이 해소되고, 사회가 변화한다. 따라서 이 과정은 하나의 진보로 특징지어진다.

실제로 헤겔에게서 인간 역사의 경과는 각 단계가 개인의 자유를 증대시켰다는 의미에서 진보적이었다. 가장 초기의 문명에서는 인구의 큰 부문이 여전히 노예상태로 남아 있었지만 개인의 자유라는 **관념**이 처음으로 확립되었다. 이를테면 중세의 농노는 (자유라는 측면에서) 노예보다 형편이 더 나았다. 왜냐하면 농노는 다른 누군가에게 소유되거나 속해 있지 않았기 때문이다. 그러나 그럼에도 불구하고 농노는 다른 누군가(봉건 영주)에게 법적으로 종속되어 있었고, 그들의 책무에 의해 면밀하게 제약받는 매우 제한된 자유만을 가지고 있었다. 임금노동자는 법적으로는 자유롭다. 그리고 그러한 측면에서 자본주의는 봉건제에 비해 하나의 진보였지만, 그것이 갈등을 끝내지는 않는다. 즉, 법적 자유는 완전한 자유를 보장하지 않는다. 하지만 헤겔이 볼 때, '합리적' 방식으로, 즉 헌법이 **모든 사람**은 법적으로 자유롭다는 전제에 기초하는 방식으로 국가를 조직함으로써 모든 시민의 개인적 자유를 인정할 가능성이 존재한 것은 단지 근대 시대 — 특히 1789년 프랑스혁명 이후의 시기 — 에서뿐이었다. 이러한 의미에서 역사의 경과는 인간 '정신'의 실현과 인간해방을 낳았다. 헤겔은 "세계사는 자유 의식의 진보이다. …… 첫째는 동양인들의 자유로, 그들은 단지 **한 사람**만이 자유롭다는 것을 알았고, 그다음으로는 그리스·로마세계의 자유로, 그들은 **일부**가 자유롭다는 것을 알았다. 그리고 마지막으로는 우리 자신의 자유로, **모든** 사람이 그 자체로 자유롭고 인간은 그 본성상 자유롭다는 것을 알았다"라고 썼다(Hegel, 1975: 54~55). 이것으로부터 헤겔이 (일부 사람들이 가정하는 것처럼) 그 당시의 프러시아의 상태가 완전히 합리적이라거나 역사의 종말이 도래했다고 주장하지 않았다는 것은 분명해질 것이다. 오히려 그의 입장은 근대 시대가 근대 국가의 형태로 개인의 자유와 정치조직이 화해할 **가능성**을 만들어냈다는 것이었다. 미래에 대한 도전은 그 가능성을 현실로 만들고, 사람들로 하여금 자신들의 자유와 그것에 동반하는 책임을 다룰 수 있는 능력을 갖추게 하는 것이었다. 근대세계에서 개인들은 '윤리적 기량(ethical virtuosity)'을 연마해야만 했다. 그들은 더 이상 '주인의 규칙(master rule)'에 의존할 수 없기 때문에, 이제 일상적인 사회적 삶의 일부로서 무엇이 선하고 옳은지를 실제로 판단해야만 했다(Pinkard, 2000: 480).

헤겔 입장의 논리적 발전은, 철학의 본성을 이해하는 것은 역사의 경과를 이해하는 것과 동일하고, 역사는 일련의 갈등을 통해 인간의 삶이 한 시대에서 아주 다른 종류의 새로운 시대로 변화하는 것이며, 각각의 변화는 진보로 특징지어진다는 믿음으로 이어졌다. 새로운 시대는 갈등 없는 시대가 아니라 (역사의 종말 — 이에 대해서는 곧 다시 논의할 것이다 — 에 이를 때까지) 그 시대만의 독특하고 그 시대를 지배하는 갈등을 시작한다.

헤겔이 '정신' 또는 '마음'을 자기인식의 추동력으로 파악하고 자기인식을 향해 나아가는 과정에서 발생하는 관념들의 성장, 충돌, 변화를 역사 발전의 본질적 원료로 간주하기 때문에, 그리고 '정신'과 '마음'이 헤겔의 논리상 또한 '고급문화'라는 관념과 유사한 관념이기 때문에, 현실을 이해하기 위해 노력하는 사상과 가장 직접적으로 관련된 활동들, 그중에서도 가장 중요한 철학, 종교, 예술의 활동들을 통해 사상의 발전이 가장 잘 추적된다고 상정한 것은 자연스러운 일이었다.

그러한 노력이 성공할 때까지, 즉 완전하고 최종적인 이해에 도달할 때까지 인간은 자신을 알지 못하고 자신의 본성을 인식할 수 없다. 그러한 자기인식은 즉시 일어날 수 있는 것이 아니라 오랜 역사적 시간 동안 그것에 도달하기 위해 노력해야만 하는 것이다. 그러한 자기인식에 도달하고 나서야 완전한 자유 역시 획득될 것이다. 왜냐하면 헤겔의 도식에서 인간의 자기인식과 인간해방은 동일한 것이기 때문이다.

헤겔이 이해한 바에 따르면, 자유는 **모든** 외적 제약의 부재를 의미한다. 우리가 살펴본 바와 같이, 현실과 사상은 기본적으로 동일해야만 한다. 헤겔의 논의 속에서는, 그렇지 않으면 사상은 현실을 포착하거나 보여줄 수 없다. 그러나 이것은 사상이 헤겔 철학의 출현 이전에도 그리고 실제로는 당시까지도 인식하지 못했던 어떤 것이었다. 헤겔 철학의 요점은 사상과 현실 간의 이러한 동일성에 대한 최종적 자각을 이루어내는 것이다. 사상(인간)은 현실에 속박되어 있기 때문에 자신이 자유롭지 않다고 생각하지만, 그러한 생각은 기본적으로 하나의 착각이고, (헤겔 철학에 의해) 구원되어야 하는 착각이다. 정신(인간을 관류하는)이 역사의 실제 세계를 창조하지만, 인간은 처음에는, 즉 [인간의] 사상이 발전하기 시작하기 이전에는 정신이 만들어내는 것들 속에서 그 정신을 인식할 수 없다. 즉, 인간은 실제 세계를 마치 자신들의 능력과 아무 관련이 없는 것으로, 즉 정신의 통제를 벗어나 있는 힘(이를테면 자연)의 창조물인 것처럼 생각한다. 이것이 바로 그 유명한 '소원함' 또는 '소외'의 조건이다. 그러한 상태에서 인간은 자신의 창조물을 자신의 창조물로 인식할 수 없다. 즉, 인간은 자신이 만든 것 속에서 자신을 인식하지 못한다. 따라서 인간은 자신의 본성(의 이해)으로부터 단절되고, 그리하여 소외를 극복하지 않는 한 또는 소외를 극복할 때까지 자신의 본성을 위반하는 방식으로 살아갈 수밖에 없다. 그러한 본성을 회복하고 나서야, 그리고 현실(역사)이 인간과 분리되어 인간에 외재하는, 그리하여 인간을 제약하는 어떤 것이 아니라는 것을 깨닫고 나서야 인간은 인간에게 부여되는 외적 제약이 전혀 존재하지 않는다는 것, 즉 (헤겔의) 정의상 인간은 자유롭다는 것을 깨닫게 될 것이다.

하지만 인간의 본성은 처음에는 잠재력 속에 존재한다. 인간의 본성은 모든 시대와 장소에서 동일한, 고정되어 있는 것이 아니다. 인간의 본성은 변화하고 발전한다. 본질적으로 그 본성은 (마치 씨앗의 본성이 식물로 성장하듯이) 인간이 가진 모든 잠재력이 실현될 때 완전히 실현되는 것이다. 따라서 역사의 초기에 인간은 단지 식물이 씨앗의 잠재력을 실현하는 방식으로 자신을 발전시키고 실현할 잠재력만을 가진다. 인간은 초기에는 자신의 본성을 알 수 없고, 자신이 무엇이 될 수 있는지를 이해할 수 없다. 인간은 발전을 통해서만 그것을 알 수 있고, 자신이 할 수 있는 모든 것을 실현함으로써만 그것을 완전히 알 수 있다. 완전한 자기인식 능력은 인간이 자신의 모든 잠재력을 최종적으로 발전시킬 때 함께 온다. 왜냐하면 그 지점에 이르러서야 또한 인간의 자유를 속박하는 것으로 보였던 세계가 실제로는 전적으로 인간 자신의 창조물이라는 것, 그러므로 인간이 (헤겔의 의미로) 자유롭다는 것을 인식할 수 없다는 것이 진정으로 외적인 의미나 제한적인 의미에서 그러한 것이 아니라는 것을 인식할 수 있기 때문이다. 자유의 역사적 발전에 대한 헤겔의 구체적인 주장은 (오히려 오랜 시간이 지난 후 뒤르켐이 그랬던 것처럼) 초기의 사회들은 그 성원들에게 부족의 관습에 동조하도록 강요하는 억압적인 사회였음에 틀림없으며, 더 나아가 항상 자연의 힘에 속수무책이었다고 가정했다. 개인적 자유의 관념은 고대 그리스와 로마에도 분명히 존재하기는 했지만, 무엇보다도 노예제도가 지속되었기 때문에 그 관념은 전혀 실현되지 않았다. 하지만 근대사회에서 관념과 현실은 훨씬 더 조화를 이루게 되었다. 헤겔이 기술했듯이, "주체적 자유의 권리는 고대와 근대 간의 중추적이며 핵심적인 차이이다". 헤겔에 따르면, 개인의 권리에 대한 그러한 새로운 견해를 만들어내고 "새로운 형태의 세계를 위한 보편적이며 실제적인 원리"(Hegel, 1991: 151)를 확립시킨 것은 바로 기독교였다.

헤겔은 개인들이 그들 자신의 이익을 자유롭게 추구할 수 있는 새로운 근대적인 사회질서를 '시민사회(civil society)'라고 칭했다. 이 개념은 여러 가지 점에서 근대사회를 서로 다른 부분들 간의 상호의존 관계에 의해 하나로 결합되는 것으로 파악한 뒤르켐의 견해를 예기한다. 그리고 헤겔

고전사회학의 이해

은 뒤르켐처럼 무제한적인 이익의 추구는 곧 무질서와 불평등과 갈등을 초래할 것이라고 보았다. 따라서 권위에 의한 활동의 규제가 필요했다. 헤겔이 볼 때, 그것은 오직 근대국가에 의해서만 제공될 수 있었다. 그가 볼 때, 근대국가는 이전 시대처럼 강제에 기초하거나 유력자들의 이해관계에 의해 지배되는 것이 아니라 보편적인 합리적 원리를 구현하는 것이었다. 정의의 관념과 모든 시민은 법 앞에 평등하다는 관념이 바로 그러한 원리들이다. 그리고 근대국가에서 그러한 관념의 실현은 헤겔이 볼 때 현실 세계와 이상이 조화를 이룰 수 있다는 것을 보여주는 또 다른 사례였다. 더 나아가 그는 개인의 의식이 점점 더 합리적이 됨에 따라 우리가 개인의 이익과 집합체의 이익 간의 긴장도 초월할 수 있을 것으로 보았다.

> 국가는 객관정신이기 때문에, 개인은 오직 국가의 성원이 되어야만 객관성과 진리, 그리고 윤리적 삶을 향유할 수 있다. 단합 그 자체가 그것의 진정한 내용이며 목적이다. 그리고 개인들의 운명은 보편적 삶을 살아가는 것이다.(Hegel, 1991: 276)

인간에게 이것을 설명하는 것이 헤겔의 철학이기 때문에, 이것은 또한 헤겔 철학의 생산물은 여러 시대를 거쳐 발전해온 깨달음 과정의 최종 단계에 해당한다는 것, 그리고 철학은 그러한 완전한 자기인식의 도구라는 것을 의미한다. 역사는 헤겔이 그러한 철학을 발전시킬 수 있는 지점까지 발전해온 것으로 보인다. 역사가 자기인식을 통해 자신을 실현하기 위한 투쟁이었다면, 헤겔의 사상은 그러한 투쟁을 끝내고, **그런 의미에서** 역사의 종말을 가져온다.

따라서 헤겔의 주장은 개인의 자유는 실제로 개인들의 국가에 대한 복종 의무 속에서 실현된다는 점을 함축하고 있다. 이 결론은 많은 사람으로 하여금 헤겔의 정치철학을 온갖 형태의 전제체제에 대한 변명에 불과한 것으로 바라보게 해왔다. 어떤 사람들은 그것은 공정하지 않다고 주장한다. 그럼에도 불구하고 자유에 대한 헤겔의 교의가 역설적으로 권위주의 국가를 정당화하는 것이었다는 믿음은 헤겔 사후 여러 해 동안 자신들의 비판적 생각들을 발전시킨 청년 헤겔리안들의 저술들에서도 찾아볼 수 있다. 우리가 앞으로 살펴보듯이, 그러한 견해는 젊은 마르크스의 저술들 속에서도 확인된다.

청년 헤겔리안과 헤겔주의 비판

마르크스는 베를린에 온 지 얼마 되지 않아, 청년 헤겔리안의 일원이 되어 점점 더 헤겔의 사상에 마음을 빼앗기게 되었다. 하지만 청년 헤겔리안들은 스승의 가르침을 고수하는 제자들이 아니었다. 특히 그들은 인간해방의 궁극적 단계에 도달했다는 식의 주장에 대해 회의적이었다. 청년 헤겔리안들이 볼 때, 자신들이 살고 있는 세계는 헤겔이 마음에 그린 자유와 정의의 이상적인 세계가 아니라는 것이 분명했다. 게다가 인간 역사를 '이성의 간계'를 통해 실현되는 정신투쟁을 전개하는 것으로 바라보는 견해는 아무리 혐오스러운 행위도 그리고 아무리 부패한 제도도 자신을 정당화하기 위해 그것을 이용할 수 있다는 점 또한 분명해졌다. 즉, 그러한 입장은 모든 것을 정신진화의 필연적 단계로 설명해버릴 수 있다. 따라서 헤겔의 결론이 그의 철학적 방법에 의해 수반된 것인지, 아니면 헤겔의 이론적 비판의 방법이 그의 보수적 결론과는 무관하게 이용될 수 있는지에 관한 질문이 제기되었다. 청년 헤겔리안들이 끌린 것은 바로 후자의 견해였다.

젊은 신학 교수이자 마르크스의 가까운 동료였던 브루노 바우어가 볼때, 역사는 실제로 진보적이고 합리성이라는 엔진에 의해 추동되었다. 그러나 그것은 아직 완결되지 않았다. "역사는 존재와 당위(이 후자는 자의식을 추구하는 가운데 정신에 의해 표현된다) 간의 영원한 적대에 의해 결정된다"(Kolakowski, 1978: 89). 바우어의 비판 충동은 바우어로 하여금 기독교에 대해 급진적 비판을 가하게 했다. 그는 기독교 비판에서 헤겔의 주장 중의 하나를 이용하여 신에 대한 믿음은 자유를 가져다주는 것이 아니라 오히려 그 반대라는 사실을 보여주었다. 헤겔이 인간이 자신의 본질을 정신의 신비적 표현물인 신에게 투사하는 과도기적 단계에 대해 이야기했다면, 바우어는 신에 대한 관념 전체가 개인들로 하여금 자신을 신비적 인물의 통제에 굴복하게 한다고 주장함으로써 그러한 결론을 일반화했다.

포이어바흐와 종교 비판

마르크스는 브루노 바우어의 생각에, 그리고 루드비히 포이어바흐(Ludwig Feuerbach, 1804~1872)의 종교 비판에 감명을 받았다. 포이어바흐의 종교 비판에서 중심을 이루는 저작은 모든 청년 헤겔리안의 저작 중 가장 영향력 있는 책인 『기독교의 본질(The Essence of Christianity)』이다. 1841년에 출간된 그 책에서 포이어바흐는 "신학의 비밀은 인간학이다"라는 주장으로 기존의 종교관에 도전했다. 포이어바흐에 따르면, 신(또는 정신)이 세상의 창조자이기는커녕 그러한 관념들은 실제로는 인간의 발명품이다. 즉, 신은 인간이 자신들의 삶과 세계를 이해하기 위해 노력하는 과정에서 창조한 관념이다. 신에 대한 관념은 그 자체로 인간의 본질과 열망의 표현이다. 이를테면 신에 대한 기독교적 관념은 무한한 권능과 선(善)의 관념을 초자연적인 형태로 의인화한 것이다. 신이 세상을 창조했다는 믿음은 사태가 어떻게 하여 있는 그대로의 모습이 되었는지를 설명하는 하나의 신화이다. 인간이 신을 창조했지 그 반대가 아니다. 하지만 그러한 신화는 자신들의 진정한 상황을 이해하고 그 상황을 변화시키고자 하는 사람들에게 강력한 제약요인으로 작용한다. 만약 우리가 현 상태를 신의 의지로 이해하고 신을 자비롭고 전지전능한 존재로 믿는다면, 우리는 오직 현실 세계에서의 행위에 의해서만 인간조건을 향상시킬 수 있다는 것을 깨닫지 못할 것이다.

포이어바흐의 사상이 얼마만큼이나 헤겔에 도전하고 있는지를 보여주는 것이 바로 '현실 세계'라는 관념이다. 포이어바흐가 볼 때, 궁극적인 실재는 인간과 사물의 세계이지 절대정신이나 마음과 같은 어떤 추상적 관념이 아니다. 이러한 점에서 포이어바흐는 관념론자라기보다는 유물론자였다. 헤겔이 인간존재를 외화(外化)된 또는 소외된 정신으로 파악했던 반면, 포이어바흐는 정신을 소외된 인간으로 보았다. 더 나아가 포이어바흐에 따르면, 사람들은 신과 같은 신비한 인물을 창조하는 과정에서 자신의 진정한 본성을 신비화하고 자신들의 세계를 통제할 수 있는 자신들의 능력을 포기했다. 만약 '신의 의지'를 수행하고 '신'에게 복종하는 것이 인간의 의무라는 믿음이 우리의 삶을 지배한다면, 인간은 전적으로 그들 자신이 창조한 상상의 존재에게 자신들의 능력을 양도하게 된다. 포이어바흐가 볼 때, 인간 소외의 본질을 구성하는 것은 바로 그 같은 과정이다. 인간은 신의 관념과 같은 관념들을 외화하는 과정에서 신이 자신들을 지배하는 권능을 지닌 실재하는 독자적인 존재라고 믿기 시작했다. 신에게 권능을 부여하는 것은 인간에게서 그것을 빼앗는 것이다. 포이어바흐 저서가 출간된 이후 몇 년 동안 마르크스가 자신의 저술에서 '소외'라는 용어를 사용한 다음부터 그 용어는 대체로 이러한 의미로 사용되었다.

포이어바흐가 볼 때, 종교는 '모든 사회악의 근원'이었다(Kolakowski, 1978: 118). 그는 일단 종교의 이러한 실상과 신비적 성격이 이해되고 나면 사람들은 자신들이 양도했던 사회세계에 대한 통제력을 되찾을 수 있을 것이고, 따라서 진정으로 인간적인 방식으로 사회를 재조직화할 수 있을 것이라고 믿었다. 하지만 중요한 하나의 장애가 여전히 남아 있었다. 그것이 바로 헤겔의 철학체계였다. 1843년에 포이어바흐는 「철학의 개혁을 위한 예비적 테제(Preliminary Theses for a Reform of Philosophy)」를 발표했는데, 이것 역시 마르크스에게 큰 감명을 주었다. 포이어바흐는 이 '개혁'이 헤겔의 관념철학을 폐지할 것이며, 그 결과 다음과 같은 것을 깨닫게 될 것이라고 주장했다. "사고와 존재 간의 진정한 관계는 바로 이것이다. 즉, 존재가 주어이고 사고가 술어이다. 사고가 존재로부터 비롯되는 것이지, 존재가 사고로부터 비롯되는 것은 아니다"(McLellan, 1980: 107에서 인용).

헤겔의 국가관 비판

포이어바흐가 헤겔을 비판하고 나선 것은 마르크스의 지적 발전에 행운이었다. 우리는 이미 마르크스가 저널리즘 쪽으로 옮겨간 것이 어떻게 그로 하여금 청년 헤겔리안들의 사변적 철학으로부터 벗어나서 당대의 사회적·정치적 쟁점들에 주목하기 시작하게 했는지를 언급했다. 그는 ≪라인신문≫의 편집장으로서 처음으로 쓴 주요 기사에서 나무 도둑 문제에

71

대해 논의하였는데, 그것이 중요한 사회적 쟁점이 되어 관련 소송사건들이 법정을 가득 채우게 되었다. 전통적으로 사람들은 땅에 떨어진 죽은 나뭇가지들을 주워 모을 수 있었다. 하지만 당시 지주들이 그것에 대한 소유권을 강력히 주장하고 나섰다. 마르크스에게 그것은 한때 일반 사람들의 권리였던 것이 당시에 부자들의 재산으로 법적으로 재규정되고 있는 것으로 보였다. 그는 또한 재산권을 엄격하고 편협하게 규정하는 법이 그로 인해 발생하는 빈농들의 문제와 하찮아 보이지만 농민들에게는 극히 중요한 난방용 땔나무 부족 문제에 전혀 관심을 기울이지 않는다는 모순을 간파했다. 국가는 인민들의 상태를 개선하고 그들의 이익을 보호하는 행위를 하기는커녕 나무와 관련된 법을 통해 소수에게는 오직 이익을, 그리고 다수에게는 고통만을 주었다.

마르크스에게 국가는 헤겔의 의미에서 인민의 일반의지를 표현하는 것이 아니라 특정한 그리고 권력자들의 이익을 방어하기 위한 행위를 하는 것으로 보였다. 국가의 대변인들은 진리와 정의의 이상에 의해서가 아니라 특정 계급의 이익에 의해 동기화되었다. 다른 기사에서 마르크스는 그것을 헤겔식의 이상과 대비시켰다. 그는 언론과 관련된 법은 부자와 권력자를 보호하기 위해서가 아니라 만인을 위해 언론의 자유를 보장하는 장치로서 존재해야 한다고 주장했다. 인민의 자유를 보호할 수 있는 것은 국가가 아니라 언론이었으며, 언론은 인민의 자유를 보호하기 위해 국가와 공직자를 자유롭게 비판할 수 있어야만 했다. 두말할 필요도 없이 당국은 다른 견해를 취했고, ≪라인신문≫은 1843년 3월 말에 폐간되었다.

마르크스는 이에 헤겔의 정치철학에 대해 비판적으로 연구하는 책을 집필하는 것으로 대응했고, 그 속에서 포이어바흐 사상의 일부를 오직 국가의 본성과 관련해서만 발전시켰다. 포이어바흐가 헤겔에게서는 인간과 종교의 실제 관계가 전도되어 있다고 주장했던 것처럼, 마르크스는 국가가 일반의지를 구현하지 않는다고 주장했다. 반대로

> 헤겔은 국가에서 시작해서 인간을 국가의 주체적 측면들로 만든다. 민주주의는 인간에서 시작해서 국가를 객체화된 인간으로 만든다. 종교가 인간을 만드는 것이 아니라 인간이 종교를 만드는 것처럼, 헌법이 인민을 만드는 것이 아니라 인민이 헌법을 만든다.(Marx, 1843b: 28)

포이어바흐가 사람들이 신비적 표현에 불과한 '신들'에게 복종하는 종교적 소외의 상태를 진단했다면, 마르크스는 정치적 소외를 비록 인간의 창조물이지만 점점 더 인간으로부터 독립적이 되어가는 국가에 사람들이 예속되는 상황으로 규명했다. 국가는 일반이익을 대변하거나 경쟁하는 사회집단들 간을 중재하기는커녕, 실제로 대다수 인민의 요구에 반하여 소수의 부자와 권력자들을 방어하기 위해 행위했다. 국가가 일반이익에 따라 행위한다거나 중립적 중재자라는 관념 그 자체가 이데올로기적이다. 즉, 그러한 관념은 실제로 지배집단의 도구에 불과한 제도에 정당성을 부여하는 데 기여하는 하나의 믿음일 뿐이다. 마르크스는 헤겔의 국가관은 정치제도에 대한 신성한 분식이라고 주장하면서도 실제로는 지배적 이해관계를 보호하기 위해 그 제도를 신비화했다는 점에서 **이데올로기적**이라고 주장했다.

더 나아가 헤겔은 국가 관료제를 만인의 최대 이익에 따라 시민사회의 갈등과 경쟁을 조절하기 위해 독자적으로 공평하게 행위하는 공무원 단체로 간주했지만, 프러시아 검열관에 의해 좌절을 경험했던 마르크스는

국가 자체가 어떻게 스스로를 방어하고 가능한 한 비판을 어압하는 강력한 이기적 집단이 되어왔는지를 입증했다. 마르크스는 그의 후기 분석을 예견케 하는 구절에서 국가 공무원의 행위를 다음과 같이 특성화했다.

> 관료제가 국가의 정수(essence), 즉 사회의 정신적 정수를 소유하고 있다. 그것은 관료제의 사유재산이다. 관료제의 일반적 정신은 비밀스럽고 신비하며, 내부적으로는 위계질서에 의해, 그리고 외부적으로는 폐쇄된 단체로서의 성격에 의해 보호된다. 따라서 공개된 정치적 정신이나 정치적 심성도 관료제에게는 자신들의 비밀에 대한 하나의 배신으로 보인다. 그러므로 관료제적 지식의 원리는 권위이고, 그 심성은 권위 숭배이다. (Marx, 1843b: 31)

마르크스는 계속해서 관료제의 공직자들이 지닌 에토스는 일반의지를 구현하는 것이기는커녕, 실제로는 '수동적 복종', 순응주의, 그리고 경력지상주의의 풍조라고 주장했다. 따라서 국가는 권력자의 이해관계를 방어하기 위해 작동할 뿐만 아니라, 국가 자체가 그것과 하나가 되었다.

국가와 종교에 대한 비판은 그 기간 동안 마르크스의 저작 속에서 하나의 테마로 결합되었다. 그리고 그것은 그의 저작이 청년 헤겔리안의 저작을 급격하게 넘어서고 있음을 분명하게 보여준다. 그중 하나가 바우어의 논문에 대한 반응이었다. 바우어는 자신의 논문에서 유대인의 해방을 성취하기 위해서는 교회와 국가를 분리시키는 것, 그리고 유대교인과 기독교인 모두가 자신들의 종교적 믿음이 자신들을 노예화하고 있다는 사실을 깨닫는 것이 필요하다고 주장했다. 마르크스는 바우어에 동의했지만, 그의 분석이 충분히 나아가지 못했다고 주장했다. 마르크스는 『유대인 문제에 대하여(On the Jewish Question)』(1843a)에서 교회의 폐지가 문제를 해결할 것이라는 생각을 일축했다. 그가 볼 때, 교회를 시민사회의 장으로 이관시키는 것은 사람들에게 종교적 신화에 계속해서 예속될 '자유'를 주는 것일 뿐이었다. 그것은 종교에 대한 욕구를 창출하는 조건과 그로 인해 발생하는 소외를 변화시키는 데 전혀 도움이 되지 않는다. 문제의 본질은 국가의 정치제도들이라는 한편과 일상적이며 개인적인 이해관계의 장인 시민사회라는 다른 한편 간의 대립이 계속된다는 데 있다. 진정한 인간해방은 그러한 대립을 초월하고 공적 영역과 사적 생활이 조화를 이룰 때만 가능할 수 있을 것이었다.

마르크스는 계속해서 18세기 후반의 위대한 혁명적 텍스트들 속에 각인되어 있는 인간 자유의 이상에 대해 비난을 퍼부었다. 마르크스가 볼 때, 인간의 권리는 종교와 국가와 사유재산에 예속된 상태에 남아 있는 권리일 뿐이었다. "따라서 인간은 종교로부터 자유로워진 것이 아니라 종교의 자유를 부여받았다. 인간은 재산으로부터 자유로워진 것이 아니라 재산의 자유를 부여받았다. 인간은 교역의 이기주의로부터 자유로워진 것이 아니라 교역할 자유를 부여받았다"(Marx, 1843a: 56). 마르크스가 볼 때, 그러한 '권리'의 획득이 인간 자유의 조건을 실현시키는 것은 아니다. 반대로 그것은 인간해방이 성취해야만 하는 것과는 정반대인 고립되고 경쟁적이고 소외된 개인들의 사회를 확립할 뿐이다. 이를테면 봉건사회, 즉 구체제의 전복이 사회제도와 인간 본성이 하나가 되는 이상적인 사회를 가져오지 않았다. 마르크스는 국가가 시민사회로부터 분리되어 있는 한, "인간이 갖는 자유의 권리는 그것이 정치적 삶과 갈등관계에 들어가자마자 하나의 권리임이 중단된다"(Marx, 1843a: 54)라고 주장했다. 철학자들은 무엇보다도 특정한 역사적 형태의 사회를 인간해방의 실현과 혼동했다. 그들에게서 "인간은 시민으로서의 인가이 아니라 진정하고 진실한 인간으로 불리는 부르주아로서의 인간이다".

헤겔 철학 바로 세우기

마르크스의 초기 사상에서 그의 헤겔 '거부'는 많은 중요한 점에서 헤겔 도식의 전면적 폐기라기보다는 그것의 재가공이었다. 그의 초기 사상에서는 의심할 바 없이, 그리고 그의 후기 저작에서는 보다 논쟁의 여지가 있지만, 헤겔의 중심 관념의 많은 것이 마르크스에서 계속 유지되었다. 그러나 그 관념들은 원래의 관념과는 매우 다르게 적용되었다. 마르크스는 헤겔을 관념론자에서 유물론자로 변형시켰다. 마르크스는 역사를 하나의 발전과정으로 보는 헤겔의 전반적인 역사관, 알기 쉽게 말하면 종말에 도달한다고 언급되는 역사관, 그리고 인류가 모든 외적 필연성으로부터 완전한 해방을 성취할 수 있을 것이라는 역사관을 유지했다. 헤겔은 그 발전과정은 또한 매우 사회적이고 집합적인 과정이라고 가르쳤다. 그 과정은 인간 공동체들(국가들)이 연속되는 과정이었고, 개별 사상가들은 그것을 자신들의 공동체와 그 공동체에 독특한 갈등형태의 맥락에서만 이해할 수 있었다. 따라서 마르크스가 볼 때도 역사는 갈등으로 인해 분열된 사회들의 역사였으며, 그 갈등이 그 사회의 변화를 낳는 운동의 추동력이었고, 그 변화는 (헤겔에서처럼) 중심적 갈등의 극단적 재배치를 포함하는, 이전의 사회형태와의 급격한 단절을 통해서만 발생할 수 있었다. 그 발전은 또한 자기인식을 지향하는 과정, 즉 종국적으로는 하나의 이론 — 그러나 헤겔보다는 마르크스의 이론 — 을 통해 표현될 수 있는 과정이었다. 그리고 인간은 그 과정에서 자신들의 부자유가 전적으로 자신들의 창조물이라는 것, 즉 인간이 대립하고 갈등하는 집단들 ─ 그중 일부 집단이 다른 집단들을 지배하고 착취했다 ─ 로 내분됨에 따라 발생한 인간 분열의 산물이라는 것을 깨닫게 될 것이었다.

하나의 역사적 시대는 하나의 중심적 투쟁에 의해 규정되었지만, 그 투쟁은 결코 추상적 관념이나 원리들 간의 투쟁이 아니라 실제 인간들 간의 투쟁이었고, 그 투쟁이 인간들을 자신들의 현실의 물질적·실제적 이해관계에 의해 분열되는 대립하는 집단들로 끌어들였다. 헤겔이 보여주었듯이, 그 투쟁의 양측은 추상적인 일반적 원리에 호소함으로써 자신들을 정당화했지만, 마르크스가 이해한 바에 따르면, 그러한 원리들은 갈등의 **실제** 동력이 아니었다. 헤겔의 정치적 결론은 헤겔의 철학과 관련한 비밀을 헤겔 자신도 모르게 발설했다. 왜냐하면 헤겔이 공언한 자유는 정치적으로 실재하지 않았기 때문이다. 즉, 감옥은 정치적 죄수들로 가득 차 있었고, 이것은 결코 모든 인간의 진정한 자유를 보여주는 것일 수 없었다. 헤겔의 철학은 인간은 자유롭지만 아무것도 성취하지 못했다는 것을 '증명'했다. 한 개별 철학자가 세계를 변화시킬 수는 없다. 특히 그 철학자가 관념의 영역에 머물러 있고, 그 관념은 실재하는 어떤 것도 움직일 수 없기 때문이다. 관념론은 유물론에 길을 내주어야만 했는데, 그것은 역사를 만드는 것은 ('정신'의 수단으로서의 인간 존재가 아니라) 현실의 실제적인 인간존재이며 역사의 실제적 토대는 그러한 인간들의 실제적인 욕구와 이해관계라는 것을 인식했음을 의미한다. 그 과정은 문화제도(헤겔에서는 '정신'의 구현물)를 통한 발전과정으로 이해되기보다는, 오히려 (기본적으로는) 경제제도와 (파생적으로는) 정치제도에, 그리고 그러한 모든 것이 생겨나는 창조적 노력(노동)에 뿌리를 두고 있는 것으로 인식되어야만 한다.

77

인간을 소외된 정신으로 바라보는 헤겔의 인간관은 전도되어 있었다. 즉, 인간은 소외되어 있었지만, 그들의 소외는 그들 자신의 상황의 산물이었다. 그러한 소외 과정을 통해 인간 활동(정신적 활동과 신체적 활동 모두)의 산물은 명백히 독립적인 존재의 지위를 획득하여 신과 국가처럼 현실의 사람들 – 그러한 분명해 보이는 자립성이 단지 하나의 환상일 뿐이라는 것을 (아직) 인식할 수 없는 – 의 삶을 지배하게 된다. 이러한 생각은 마르크스가 살던 사회의 두 가지 중심 제도, 즉 교회와 국가를 공격하는 것이었으며, 이는 마르크스가 위험한 급진주의자라는 평판을 얻게 하고도 남았다. 또한 그는 포이어바흐, 바우어, 그리고 다른 청년 헤겔리안들의 비판적 사고 너머로 나아가고 있었다. 마르크스가 볼 때, 종교적 관용이 여전히 종교가 온전하게 존속할 수 있게 하고 있으며, 정치조직의 성과물들이 여전히 국가와 시민사회의 분리를 전제로 하여 국가가 시민사회를 지배할 수 있게 하고 있었다. 마르크스는 종교적 관용과 정치조직들을 인간 자유의 획득을 보여주는 것이라고 주장하는 사람들에 대해 국가와 시민사회 간의 대립을 극복한 진정한 공동체 생활로부터 사람들을 여전히 근본적으로 소외시키는 사회를 위해 변명하는 사람들이라고 생각했다.

따라서 마르크스가 볼 때, 이른바 '인간의 권리'라고 불리는 것을 획득하는 것만으로는 종교적·정치적 소외를 극복하기에 충분하지 못했다. 종교는 인간 억압의 원천이 아니라 그것을 보여주는 한 징후였다. 종교의 영향을 극복하기 위해서는 종교를 야기하는 인간의 고통을 제거해야 했다. 마르크스는 유명한 구절에서 다음과 같이 주장했다.

종교적 고통은 진정한 고통의 표현인 동시에 진정한 고통에 대한 저항이기도 하다. 종교는 억압받는 자의 한숨이고, 무정한 세계의 감정이며, 영혼 없는 상황의 영혼이다. 종교는 인민의 아편이다. …… 인민들의 환상적인 행복인 종교를 폐지하는 것은 인민들의 진정한 행복을 위한 요구이다.(Marx, 1844a: 64)

국가와 관련해서는 다음과 같이 주장했다.

인간의 권리라 불리는 어떠한 것도 이기적 인간, 즉 시민사회 속에 존재하는 인간, 다시 말해 자신의 사적인 이익과 변덕 뒤로 물러나서 공동체로부터 분리되어 있는 개인을 넘어서지 못한다. 인간의 권리가 인간을 유적(類的) 존재로 파악하지는 못한다. 그렇기는커녕 유적인 삶 자체가, 즉 사회가 개인 외부에 존재하는 하나의 틀로, 즉 개인들의 자족성을 제한하는 것으로 출현한다.(Marx, 1843a: 54)

마르크스는 국가와 시민사회의 분리를 개탄할 뿐만 아니라 후자가 공동체적 가치를 경쟁적인 개인주의적 가치로 대체함으로써 인간의 진정한 본질을 왜곡한다고 보았다. 따라서 마르크스가 볼 때, 국가는 홉스나 루소의 사회계약론에서처럼 각축하는 이해관계들 간의 중립적 중재자도 아니고, 국가를 일반의지의 표현으로 바라보는 헤겔에서처럼 하나의 통합된 전체도 아니었다. 여기에서 중요한 것이 사회, 그리고 사회 내에서 국가가 수행하는 역할에 대한 서로 다른 두 가지 개념화 양식 간의 차이이다. 헤겔의 관점에서 볼 때, 사회는 얼마간 통합된 하나의 전체로서, 그것을 구성하는 개인과 집단들의 총합 그 이상의 것이다. 이러한 이미지 속에서 국가는 전체 체계의 작동을 통제하는 데 기여하는 하나의 제도로 등장한다. 하지만 마르크스가 볼 때, 사회는 현실에서 자신들의 이익을 추구하는 사람들의 투쟁, 좀 더 정확히는 계급투쟁의 결과이다. 반면 국가는 지배계급이 대중을 통제하는 매우 효율적인 수단의 하나이며, 그것이 전체 사회의 이익을 구현하고 공평하게 행위하는 존재로 **인식된다**는 점에서 더욱더 효과적인 수단이다.

그 시기에 마르크스의 저작에서 점차 출현하기 시작한 보다 근본적인 사상이 바로 인간의 비참함과 소외의 근원적 원인은 종교적이거나 정치적인 것이 아니라 경제적인 것이라는 생각이었다. 따라서 필요한 것은 생산양식을 변형시키는 혁명이었고, 그것은 단지 직접행동을 통해서만 성취될 수 있었다. 독일이 영국이나 프랑스에 비해 경제적·정치적 면에서 상대적으로 낙후되었기 때문에, 독일은 이중혁명(dual revolution)이 요구되었다. 하나는 국가를 정치적·경제적으로 보다 높은 수준으로 진보시키는 것이었고, 다른 하나는 "독일 국민의 수준을 가까운 장래에 인간의 수준"까지 끌어올리는 것이었다. 마르크스는 그 가능성에 대해 낙관적이었다. 왜냐하면 독일이 사상의 생산지였기 때문이다. 그는 다음과 같이 말했다. "독일인들은 정치에서는 다른 민족이 생각한 것을 생각해왔다." 필요한 것은 이론과 실천을 통합하는 것이었다. "이론이 대중을 장악하자마자 그것은 곧 …… 물질적 힘이 될 것이다"(Marx, 1844a: 68~69). 시민사회의 혜택에서 배제된 계급이 혁명의 수레가 될 것이 틀림없다. 그들의 고통은 시민사회 수립의 직접적 결과이며, 그들의 해방이 전 인류의 해방일 것이다. 독일에서 산업화 정도가 미진한 것은 그러한 계급이 아직 형성되지 않았음을 의미했다. 그러나 프랑스와 영국에서는 "사회가 잔혹하게 해체되고 특히 중간계급이 해체되면서 형성된 사람들"이 그러한 계급을 구성했다(Marx, 1844a: 73). 마르크스는 그 계급이 프롤레타리아라고 믿었다.

마르크스의 혁명에 대한 관심이 이론적 행위와 실천적 행위를 융합시켰다. "철학이 프롤레타리아 속에서 자신의 물리적 무기를 발견한 것처럼, 프롤레타리아는 철학에서 자신들의 지적 무기를 발견한다"(Marx, 1844a: 73). 콜라코프스키(Kolakowski, 1978: 130)가 지적했듯이, 프롤레타리아가 자신의 해방을 추구하는 과정에서 보편적 인류를 해방시키도록 운명 지어졌다는 생각은 "관찰의 결과라기보다는 철학적 추론"이다. 그러나 마르크스가 프롤레타리아에 대해 저술하기 시작할 즈음에 그는 독일을 떠나 파리에 머물고 있었다. 그는 거기에서 자신과 같은 혁명적 지식인들뿐만 아니라 기존 사회질서에 대해 비판적인 일단의 사상을 이미 발전시키고 있던 일군의 사회주의 노동자들과도 처음으로 조우했다.

정치경제학 비판

우리가 앞서 지적했듯이, 파리는 급진적 사상가들의 집결지였으며, 마르크스는 이미 프랑스의 사회주의적 전통에 정통해 있었다. 실제로 마르크스가 '프롤레타리아'라는 용어를 사용하게 된 것은 그가 프랑스혁명을 연구한 것에서 비롯되었다는 주장이 제기되기도 했다(McLellan, 1980: 156). 우리가 살펴보았듯이, 『1844년 경제학·철학수고』에서 마르크스는 자신의 철학적 관점을 경제적 삶의 분석에 적용하기 시작했다. 헤겔의 관념론과는 대조적으로 마르크스는 현실 환경 속에 실제로 존재하는 인간 개념을 출발점으로 하는 유물론적 견해를 제시했다. 종교적 소외는 인간비극의 원인 ─ 포이어바흐가 상정하듯이 ─ 이 아니라 그 결과였다. 따라서 비판을 인간 삶의 근본적인 수준, 즉 경제활동으로까지 확장하는 것이 필요했다. 마르크스는 『파리수고』에서 다음과 같이 기술했다. "종교적 소외는 그 자체로 단지 의식의 영역에서만 발생하지만, 경제적 소외는 실제적 삶의 소외이다. 따라서 소외를 극복한다는 것은 이 두 측면 모두를 포함한다"(Marx, 1844b: 96). '인간의 권리'가 시민사회에서는 획득될 수 없다는 사실을 인식하지 못한 정치이론가들에게 비난을 퍼부었던 것처럼, 마르크스는 특정한 역사적 상황을 자연적인 보편적 인간 조건으로 잘못 인식하는 경제적 교의 — 자신이 그렇게 주장한 — 에 대해서도 몹시 비판적이 되었다.

정치경제학의 원리

당시를 지배하던 경제이론은 애덤 스미스(Adam Smith, 1723~1790)와 데이비드 리카도(David Ricardo, 1772~1823)의 이론이었다. 스미스는 『국부론』에서 아무 제약이 없는 상업의 추구가 국가가 번영을 성취하는 수단이며, 경제활동의 생산능력은 점진적 분업과 함께 증대된다고 주장했다. 오늘날에는 아주 친숙한 그러한 관념도 그 당시에는 국가독점을 용인하고 보호관세를 부과하여 무역을 규제할 것을 주장하던 '중상주의적(mercantilist)' 견해에 도전하는 급진적인 것이었다. 중상주의에서 무역의 주요 목표는 귀금속 형태로 부를 축적하는 것이었다. 그러나 스미스가 볼 때, 진정한 국부의 원천은 금과 은이 아니라 시장 판매를 위한 상품생산이었다. 스미스의 견해는 전통이나 정치 당국이 규제하는 것이 아니라 시장의 '보이지 않는 손'이 경제 사안들의 운용을 결정하도록 해야 한다는 것이었다. 그에 따르면, 개인이 자신의 부를 증대시키기 위한 수단으로 시장에서 상품을 판매하도록 동기지어지면, 그들은 다른 사람

고전사회학의 이해

들이 원하는 것을 생산할 것이다. 동시에 그들이 매기는 가격은 경쟁하는 생산자들 간의 불가피한 경쟁을 통해 낮춰질 것이고, 경쟁 이익을 얻기 위해 제품과 생산과정을 개선할 수밖에 없게 될 것이다. 따라서 개인들이 '시민사회' 내에서 자기 이익을 추구하는 과정에서 번영과 사회적 조화가 발생할 것이다. 그리고 국가가 덜 간섭할수록 시장은 더욱 효율적으로 작동할 것이다.

헤겔은 자신의 정치철학에서 스미스가 '시민사회' — 자기이익의 영역 — 와 '정치사회' — 집합적 이익의 영역 — 를 구분한 것을 이용하여, 이 둘은 오직 특수하고 분파적인 이해관계를 넘어서는 프러시아 군주제와 같은 강력한 제도에 의해서만 조화를 이룰 수 있다고 주장했다. 따라서 마르크스가 스미스와 여타 정치경제학자들의 생각을 철저하게 비판하기 시작한 것은 전혀 놀랄 만한 일이 아니다. 그리하여 경제문제에 대한 마르크스의 사고는 상당 부분 당대의 정치경제학에 대한 독해를 통해 형성되었다. 이를테면 그는 정치경제학으로부터 상품의 '사용가치'(즉, 그것의 실제적 효용)와 '교환가치'(즉, 시장에서 받을 수 있는 가격) 간의 구분을 받아들였다. 분명히 이 둘은 별개이다. 이를테면 금과 은은 낮은 효용가치를 가지지만, 높은 교환가치를 가진다. 이것이 정치경제학자들에게는 중요한 문제였고, 따라서 그들은 상품 일반이 갖는 가치의 궁극적인 원천을 발견하고자 했다. 마르크스가 받아들인 스미스의 해답은 재화의 교환가치는 그 재화의 생산에 포함된 인간 노동의 양에 의해 정해진다는 것이었다. 하지만 마르크스가 보기에는 노동자들이 자신들의 노력을 통해 상품에 자신들의 가치를 부여했기에 상품판매의 전체 수익금에 대한 권리는 노동자들의 것이어야만 했다. 따라서 상품판매로부터 자본가들이 뜯어내는 이윤은 착취에 불과했다. 현재 지적해야 할 가장 중요한 논점은 마르크스에 따르면 정치경제학자들은 인간 노동이 '잉여가치' ― 즉, 노동자에게 지불된 임금 가치를 초과하는 생산물의 가치 ― 를 생산할 수 있다는 사실을 이해하지 못했다는 것이다. 마르크스는 리카도가 자본가 이윤의 원천이 바로 이 '잉여가치'라는 것을 이해하지 못했다는 점에서 그에 대해 특히 비판적이었다.

마르크스에 따르면, 정치경제학 이론가들의 실패는 그들이 "자본주의적 생산이라는 실제적 사실"을 역사적으로 독특한 하나의 특수한 생산형태로 파악하기보다는 단순하게 당연한 것으로 간주한 데서 기인했다. 따라서 그들은 '사유재산'과 같이 실제로는 문화적으로 독특한 개념을 보편적 타당성을 갖는 것으로 가정해버렸다. 마르크스는 사유재산은 인간의 자연적 조건의 일부가 아니라고 강조했다. 사유재산은 모든 사회에서 발생하는 것이 아니라 우리 사회에서처럼 국가권력에 의해 뒷받침되는 확고한 법체계에 의해서만 유지될 뿐이다. 정치경제학자들이 볼 때는 사유재산의 취득이 사람들로 하여금 부를 생산하도록 동기지우는 것이었지만, 마르크스가 볼 때는 사적 소유는 진정한 사회적 관계를 붕괴시키는 것이었다. 어떤 대상에 대한 한 사람의 소유권은 그 대상이 다른 사람에게 줄 수 있는 혜택을 부정하고, 그들 사이에 기본적인 갈등을 낳고, 자원에 대한 경쟁을 야기한다. 마르크스가 볼 때, 그러한 재산이 실제로 다른 사람이 수행한 노동의 산물일 경우, 그것이 바로 인간 소외의 궁극적 조건이다. 그리고 그 속에서 노동하는 사람들은 자신들에게 '소외된' 형태로 나타나서 자신들을 지배하기 위해 작동하는 외부세계를 창출한다.

마르크스는 『파리수고』에서 '사적 소유', '임금', '노동', '자본', '토지', '이윤', '지대', '분업', '교환가치', '경쟁' 등과 같은 정치경제학의 기본 개념들을 상세하게 또 비판적으로 검토했다. 우리가 이미 언급했듯이, 정치경제학자들에 대한 마르크스의 주된 불만은 그들이 실제로는 역사적으로 독특한 성격을 지닌 경제적 관계를 보편적 타당성을 지니는 것으로 가정한다는 것이었다. 게다가 마르크스는 자신의 독서와 파리에서의 생활 경험, 급진적·사회주의적 사상가들과의 대화 덕분에 영국과 프랑스에서 발전하고 있던 자본주의적 산업생산의 사회적 효과를 점차 인식하게 되었다. 비록 자본주의에 대한 그의 완전한 분석은 그 후에 이루어졌지만, 그는 자신에게 명백하면서도 비인간적인 역설로 보이는 것을 지적함으로써 자신의 앞으로의 분석을 예기한다. 그것이 바로 자본주의적 생산이 사회의 부를 광범위하게 증대시킴에 따라 노동자들은 궁핍해진다는 것이었다.

> 노동자는 상품의 수준으로 전락하고, 실제로 가장 비참한 상품이 된다. …… 노동자의 비참함은 그의 생산 능력과 생산량에 반비례한다. …… 경쟁의 필연적 결과로 자본이 소수의 수중에 축적된다. …… 자본가와 지주 간의 차이는 결국 농부와 공장 노동자 간의 차이처럼 사라지고, …… 사회 전체가 재산 소유자와 무산 노동자라는 두 개의 계급으로 분열될 것이 틀림없다.(Marx, 1844b: 64)

이 비평 속에서 마르크스는 나머지 생애 동안 자신이 몰두할 많은 테마를 소개한다. 그가 그러한 테마들을 다루고자 했던 원래의 목적은 '소외된 노동' — 즉, 자본주의가 그것의 가장 고도로 발전된 형태에 도달한 상태 — 의 사회적 결과를 보여주기 위해서였다.

소외된 노동   마르크스는 소외된 노동의 네 가지 측면을 고찰한다. 첫 번째 형태는 노동자가 생산한 물건이 다른 누군가(이 경우에는 자본주의적 고용주)의 재산이 되어 '소외된' 세계의 창조에 기여할 때 발생한다. "노동자가 물건을 많이 생산하면 할수록 그는 더 적게 소유할 수 있고, 그리하여 그는 더욱 더 자신의 생산물, 즉 자본의 지배하에 떨어진다"(Marx, 1844b: 66). 노동자의 노력의 최종 산물이 그를 억압하는 사람들, 즉 자본가에게는 부와 권력을 부여하고 자신은 궁핍하게 한다. 마르크스의 두 번째 논점은 이것으로부터 나온다. 만약 노동의 산물이 생산자의 퇴락에 기여한다면, 노동 자체는 노동에 반하는 활동이 된다. 이것이 바로 마르크스의 표현으로 '자기소외(self-alienation)'이다. 노동자는 자신의 노동을 향유하지 못하거나, (마르크스에게 보다 중요한 것으로는) 노동 속에 존재하는 진정한 인간의 본성을 확인하지 못한다. 바로 그 강요된 고역이 그들의 개인적 감정과 객관적 이해관계를 부정한다.

우리는 여기서 마르크스의 사상에서 유물론적 관점이 헤겔의 관념론을 얼마나 대체하고 있는지를 볼 수 있다. 마르크스는 소외된 노동은 사람들을 그들의 노동의 산물과 그들의 진정한 자아로부터 분리시킬 뿐만 아니라 그들을 인간의 본질로부터도 분리시킨다고 주장한다. 사람들은 자연세계에서 살며, 생존과 의식주 등을 위해 자연자원에 의존한다. 인간의 모든 삶은 바로 그러한 생명유지에 필수적인 관계들에 의존한다. 물론 다른 종들 역시 그러한 자연환경에 의존하지만, 인간이 생활수단을 생산하는 **방식**이 인간을 다른 종들로부터 구별지어준다. 다른 종들은 자신들의 환경에서 자신들이 발견한 것에 의거하여 생존하거나 스스로 환경에 적응하지만, 인간은 자신들의 환경에 대해 **노동**을 가함으로써 자신보다는 환경을 변형시킨다. 세계 도처에 살고 있는 인간의 신체적 특질에서 나타나는 일련의 변이는 상대적으로 작지만, 인간은 극히 다양한 환경 ― 극지방에서부터 사막에 이르기까지 ― 속에서 자신들의 삶을 가능하게 해주는 문화를 창조해왔다. 이처럼 인간 문명의 역사는 자신들의 욕구를 충족시키기 위해 환경을 변형시킨 인간 능력의 역사이다. 수렵, 그다음의 농경, 그리고 그다음의 산업생산, 이것들 모두는 인간이 환경을 통제하고 환경으로부터 부를 창출하는 능력을 증대시키는 과정에서 창안한 인간의 발견물들이다. 우리는 더 이상 동굴에 피신하지 않고 집을 짓는다. 우리가 대양을 건너기를 원할 때, 우리는 물고기로 진화하는 것이 아니라 배를 만든다. 우리가 날고 싶을 때, 우리는 날개를 기르는 것이 아니라 비행기를 만든다. 이처럼 마르크스가 보기에 인간과 다른 동물 종들과의 결정적 차이는 그들이 환경과 관계 맺는 방식에 있다. "인간은 자신의 실제 행위를 통해 객체적 세계를 창조하는 과정에서, 즉 비유기적 자연을 가공하는 과정에서 그 자신이 하나의 의식적인 유적 존재임을 증명한다"(Marx, 1844b: 71). 그러므로 마르크스에 따르면, 노동활동은 우리가 인간으로서 지닌 가장 중요한 본질을 확인한다는 점에서 특별한 중요성을 지닌다. 하지만 소외된 노동의 상태하에서 그것은 부정된다.

> 노동의 목적은 …… **인간의 유적 삶을 객체화하는 것**이다. 왜냐하면 인간은 의식 속에서 지적으로뿐만 아니라 현실 속에서 실제로도 자신을 복제하고, 그리하여 자신이 창조한 세계 속에서 자기 자신을 바라보기 때문이다. 따라서 소외된 노동은 인간을 그의 생산의 목적으로부터 분리시킴으로써, 그를 **유적 삶**으로부터 분리시킨다. (Marx, 1844b: 72)

따라서 소외된 노동의 상태에서는 인간 삶의 궁극적 실현이어야 할 노동이 사람들을 노예화하고 궁핍화하는 과정으로 전락한다. 목적이어야 할 노동이 수단이 되고 만다.

마르크스가 규명한 소외의 마지막 측면은 이러한 생각을 더 확장한다. 소외된 노동은 인간을 인간의 본성으로부터 분리할 뿐만 아니라 인간을 서로로부터도 분리시킴으로써 동료들과 함께하는 진정한 공동체를 경험할 수 있는 가능성을 파괴한다. 노동의 산물은 그 자신이나 '신들'의 재산이 아니라 다른 사람의 재산이 된다. "노동자와 노동의 관계는 노동과 자본가의 (또는 사람들이 노동의 주인을 지칭하기 위해 선택한 그 어떤 이름과의) 관계를 발생시킨다"(Marx, 1844b: 75~76).

사회학적 관점에서 이는 대단히 중요한 주장이다. 마르크스는 노동과 자본이라는 근본적인 **경제**관계가 일정한 **사회적** 관계의 유형을 발생시키고 있는 사회를 이해하는 하나의 방법을 제시하는 중이었다. 그러한 사회에서 소외된 노동은 협동과 동료의식에 기초한 진정한 인간 공동체의 가능성을 파괴할 뿐만 아니라 서로 갈등하는 사회제도들을 만들어낸다. 노동자와 자본가 간에는 그것에 고유한 이해관계의 충돌이 자리하고 있다. 또한 우리가 앞으로 살펴보듯이, 일자리를 놓고 서로 경쟁해야만 하는 노동자들 사이에도 적대감이 존재하고, 시장에서의 이윤을 위해 경쟁해야만 하는 자본가들 사이에도 적개심이 존재한다. 자본주의적 생산의 환경에서 소외된 노동은 사회의 기본적 조직 원리로서의 인간 협동을 갈등으로 대체하고, 부를 생산하기 위해 노동하는 다수와 그 부를 사유재산으로 전유할 수 있는 소수 간에 근본적인 사회적 적대감을 유발한다.

정치경제학자들과는 완전히 대조적으로 마르크스는 사유재산의 취득이 인간으로 하여금 생산적인 행위에 종사하게 하는 근원적 자극일 수 없다고 주장했다. 오히려 "신이 **애초에** 인간의 지적 혼란의 원인이 아니라 결과였던 것처럼" 사유재산은 소외된 노동의 결과이다. 좀 더 일반적으로 말하면, 정치경제학 이론가들이 경제적 삶과 관련한 보편타당한 원칙을 제기하는 과학을 창조한 것은 아니었다. 그들은 단지 "소외된 노동의 법칙을 정식화했을" 뿐이었다(Marx, 1844b: 76). 이러한 관점에서 볼 때, 경제학은 하나의 과학이 아니라 마르크스가 곧 그렇게 불렀듯이 이데올로기 ─ 비록 일반적 진리를 표현한다고 주장하지만 실제로는 계급지배를 정당화하는 관념을 표현하는 일련의 관념들 ─ 로 이해되어야만 한다. 인간을 사태의 중심의 적절한 자리에 복원시키기 위해서는 헤겔의 철학을 소외의 표현으로 인식하고 그것을 전도시킬 필요가 있었듯이, 마르크스는 정치경제학 또한 동일한 방식으로 바라보게 되었다. 경제활동의 참된 목적은 소수를 위한 이윤의 생산과 그로 인한 다수의 궁핍이 아니라 인간 욕구의 충족과 보편적 복리의 생산이었다. 정치경제학에서 신은 인간의 삶을 지배하는 명백히 독자적인 실체인 자본으로 대체되었다. 그리고 헤겔 철학이 지속적이고도 필연적인 비판의 대상이 되었던 것과 마찬가지로, 마르크스는 정치경제학에 대한 비판에 착수했고, 그것에 대한 대안으로 소외되지 않은 경제적 삶에 대한 설명을 정교화하는 작업을 시작했다.

하지만 마르크스에서 늘 그러하듯이, 정치경제학에 대한 학문적 비판과 그의 실천적인 정치참여는 직접적으로 연관되어 있었다. 노동자의 퇴락이 궁극적으로 사적 소유에서 기인한다는 결론은 노동자들이 사유재산에 노예화되는 것을 막음으로써 인간을 소외된 상태로부터 보편적으로 해방시킬 수 있다는 것을 함축했다.

> 사적 소유로부터의 …… 그리고 예속으로부터의 사회의 해방은 **정치적 형태로는 노동자의 해방**으로 표현된다. …… 왜냐하면 인간의 모든 예속은 노동자와 생산의 관계에 연루되어 있고, 또 모든 예속관계는 단지 그

관계의 변형이거나 결과이기 때문이다.(Marx, 1844b: 77)

이론적·학문적 사회 비판에 머물러 있던 청년 헤겔리안과 같은 사람들 속에 결코 마르크스를 포함시킬 수는 없다. 마르크스가 볼 때, 정통 정치경제학을 탈신비화하는 지적 과업은 노동자운동을 지지하는 그의 실천적 정치활동에 상응하는 작업이었다. 그러한 헌신은 노동자를 해방시킴으로써 노동자가 인간을 소외로부터 해방시킬 수 있다는 이론적인 결론에 의해 다시 뒷받침되었다.

노동계급 운동이 보편적 인간해방의 서곡으로서의 사회의 혁명적 변혁을 낳을 수 있다는 생각은 마르크스가 『파리수고』에서 발전시킨 테마들 중 단지 하나에 불과하다. 마르크스가 인간이 삶의 조건 및 여타 관계의 조직기반을 산출하는 근본 방식으로 노동과 경제활동을 강조했다는 것은 이미 논의한 바 있다. 부의 생산자와 그의 노동의 산물을 수탈하는 사람들 간의 대립에 대한 생각 역시 중요하다. 그러한 근본적 갈등이 특정한 사회조직 유형을 유발한다. 정치경제학을 경제활동에 대한 중립적인 과학적 분석이 아니라 지배계급의 이해관계에 봉사하는 이데올로기적 표현으로 파악한 것 역시 중요하다. 그리고 무엇보다도 중요한 것은 자본주의하에서 인간존재의 본질은 소외될 수밖에 없다는 믿음이다. 사람들은 사적 소유라는 자본의 법적 형태와 화폐라는 자본의 상징적 형태 모두에서 자본에 의해 지배받게 된다. 자본주의체계의 목표는 인간 욕구의 충족이 아니라 자본의 창출이다. 개인의 야망은 행복해지는 것이 아니라 돈을 축적하는 것이다. 이처럼 정치경제학의 교의는 수단을 목적으로 전화시킨다. "자기부정, 즉 삶과 모든 인간 욕구의 부정이 정치경제학의 가장 중요한 교의이다. …… 당신이 더 못한 **존재**가 될수록 당신은 더 많은 것을 **소유**한다. 당신이 당신 자신의 삶을 더 적게 표현할수록 당신의 **소외된** 삶은 더 커지고 또 당신의 소외된 존재의 저장고는 더 커진다"(Marx, 1844b: 110).

엥겔스와의 협력관계

우리가 앞서 언급했듯이, 1844년 8월에 마르크스는 프리드리히 엥겔스를 만났다. 두 사람 모두는 헤겔의 관념론적 철학에 대해 초기에 가졌던 애착을 버리고, 그 대신 물질적 요소의 중요성을 강조했다. 후에 엥겔스는 "맨체스터에 있는 동안 나는 지금까지 역사 저술에서 아무런 역할을 하지 못했거나 단지 경멸받을 만한 역할만을 했던 경제적 사실이 적어도 근대 세계에서는 결정적인 역사적 사실이라는 것을 분명하게 깨달았다"라고 썼다(Rigby, 1992: 39에서 인용).

엥겔스가 마르크스에게 깊은 인상을 심어주었던 『정치경제학 비판 개요(Outlines of a Critique of Political Economy)』를 집필한 것은 그가 맨체스터에 처음 머물렀던 시기 동안이었다. 마르크스는 『파리수고』에서 자신이 그 책에 빚지고 있음을 인정했다. 엥겔스는 그 에세이에서 두 사람의 사고에서 중요한 역할을 하게 되는 많은 테마를 발전시켰다. 그는 정치경제학을 자유무역 옹호자들의 이데올로기로 묘사했다. 왜냐하면 자유무역 옹호자들은 종래의 중상주의 체계와 그것의 독점을 파괴하고자 했기 때문이다. 하지만 자유무역의 성공은 모든 것의 더 큰 독점, 다시 말해 사적 소유만을 초래했을 뿐이다. 엥겔스가 볼 때, "사적 소유의 지배하에서" 이루어지는 교역은 "허가받은 사기의 발전된 체계"에 불과했다(Engels,

1844: 166, 161). 그러한 체계에서 사람들은 오직 자기이익에 의해서만 동기지어지고, 불가피하게 다른 사람들과 적대적인 관계 속에 놓이게 된다. 그 결과는 기존 사회제도의 파괴이다. 인간이 "탐욕스러운 짐승의 무리(경쟁자들 이외에 그 무엇이겠는가?)"로 바뀜에 따라, 민족성은 해체된다. 공장 노동체계는 가족을 갈가리 찢어버리고, 가족 유대를 경제적인 거래로 전환시킨다. 하지만 정치경제학자들은 "그들이 자신들의 모든 분파적 이해관계를 해체함으로써, 세기적 대변혁 — 인류와 자연, 그리고 인간 자신들과의 화해 — 을 위한 길을 열고 있을 뿐이었다"는 사실을 깨닫지 못했다(Engels, 1844: 168).

엥겔스는 정치경제학을 공공연하게 비난하는 과정에서 근대 자본주의는 불행한 결말을 맞을 것이라고 여러 차례 지적했다. 그에 따르면, 사적 소유에 의한 인간 지배는 진정한 인간 공동체를 회복할 '대변혁'이 이루어지기 이전의 마지막 단계이다(여기에는 헤겔 사상이 분명하게 반향되어 있다). 그러나 이 최종적인 초월적 상황은 오직 물질적 경제활동 — 사고의 변화를 동반할 — 의 결과로서 다가올 수 있을 뿐이다. 자본가들의 격렬하고 끝없는 경쟁은 교역위기, 즉 호황과 불황의 순환을 발생시키고, 그것은 점점 더 심각한 위기를 수반하며 약한 경쟁자들을 제거한다. 시간이 경과함에 따라 자본주의 생산은 점점 더 소수의 대규모 기업에 집중된다. 사회구조 역시 변형된다. "중간계급이 점차 사라지고, 그 결과 세계는 백만장자와 가난뱅이, 대지주와 가난한 농업노동자로 분열될 것이 틀림없다"(Engels, 1844: 188).

마르크스와 엥겔스의 분석 사이에는 상당한 유사점이 존재한다. 1883년 마르크스가 사망할 때까지 이 둘은 절친한 친구이자 협력자였지만, 그들의 지적 동반자 관계의 성격이 정확히 어떠했는지는 그리 분명하지 않다. 엥겔스가 생각하기에 자신은 마르크스보다 훨씬 뒤지는 하위 동반자였고, 그렇기에 마르크스가 사망한 후에 주목을 끈 마르크스 사상을 단순화한 것에 대한 책임을 추궁당하기도 했다. 특히 마르크스와는 대조적으로 엥겔스는 모든 것을 '운동의 문제(matter in motion)'로 이해할 수 있다고 보는 (따라서 정신과 의식의 가능성을 부정하는) 급진적인 유물론적 세계관을 견지하고 있다는 이유로, 또한 사회적·정치적 변동을 일반법칙과 관련하여 설명할 수 있다고 보는 결정론적 역사관을 지니고 있다는 이유로 비난받았다. 그는 또한 19세기 말경의 유럽 사회주의운동에, 그리고 20세기 소련 공산당의 공식 교의가 된 해석에 영향을 미쳤다고 주장되는 '속류 마르크스주의(vulgar Marxism)'에 대해서도 책임이 있다는 비난을 받았다. 따라서 몇몇 논평자들은 마르크스의 입장과 엥겔스의 입장 사이에는 매우 커다란 차이가 있다고 주장해왔다. 한 논평자는 "엥겔스의 교의는 거의 또는 전부 마르크스의 교의에서 비롯된 것이 아니며", 마르크스주의에 대한 엥겔스의 해석은 "오늘날 우리가 마르크스의 접근방법과 주제들로 확인할 수 있는 것과 차이가 있는, 과학적으로 부적절한 측면을 지니고 있다"고 기술한다(Thomas, 1991: 41).

하지만 다른 저자들은 엥겔스의 평판과 공헌을 복원하기 위해 노력해왔다. 이를테면 콜린스(Collins, 1985: 56~62)는 엥겔스가 "상당한 독창성과 폭을 지닌 사상가로서, 어떤 측면에서는 마르크스의 사상을 능가했고", 종종 마르크스를 인도하기도 했으며, 그 둘 중에서 엥겔스가 훨씬 더 사회학적으로 인식했다고 주장한다. 최근에 엥겔스의 전기를 집필한 두 작가는 중간적 입장을 견지하고자 했다. 헌리(Hunley, 1991: 114)는 마르크스와 엥겔스가 모든 중요한 문제에서는 '근본적으로 일치'했지만, 두 사람의 관점이 일관되지 못했기 때문에 그들이 각기 다양한 방식으로 해석될 수 있었다고 주장한다. 이와 유사하게 릭비(Rigby, 1992: 236)도 두 사람 각각의 개별 작업 자체가 그처럼 내적으로 모순되는 경우 마르크스와 엥겔스를 균형잡고자 하는 것은 무의미하다고 결론지었다. 그들 각각의 상대적인 장점 및 마르크스주의 사상에 대한 공헌과 관련된 이러한 논쟁은 아직도 확실한 결론에 이르지 못하고 있다(Carver, 1983 참조).

엥겔스가 지적으로 어떤 세부적인 공헌을 했든 간에, 그와 마르크스의 관계는 매우 중요했다. 파리에서 만난 이후 이 두 친구는 개별적으로 또는 함께 일련의 저작을 출간하며, 마르크스주의 사상의 근본 테마들을 발전시켰다. 무엇보다도 그들은 다른 사람들, 특히 자신들의 옛 친구였던 청년 헤겔리안들의 사상을 엄격하면서도 가혹하게 비판하고, 그러한 비판을 자신들의 대안적 사상의 정식화를 위한 토대로 삼았다. 이를테면 『신성가족(The Holy Family)』(1845)에서 그들의 표적은 바우어에게 여전히 남아 있던 헤겔주의였고, 같은 해 마르크스는 『포이어바흐에 대한 테제(Theses on Feuerbach)』에서 포이어바흐와 자신의 차이를 구체화했다. 포이어바흐는 1846년 후반에서 1847년 초에 집필된 『독일이데올로기(The German Ideology)』에서도 첫 번째 표적이었다. 그 저작에서 마르크스와 엥겔스는 당시 자신들의 관점이 무엇인지를 충분히 상세하게 설명했는데, 그것이 바로 (주로 엥겔스 때문이지만) 유물론적 역사관으로 알려지게 된 접근방식이었다.

유물론적 역사관

마르크스의 다음 작업은 『경제적 모순의 체계: 빈곤의 철학(The System of

Economic Contradictions: The Philosophy of Poverty)』으로 불리는 책을 출간한 프랑스 사회주의자 프루동(Proudhon)을 공격하는 것이었다. 마르크스는 1843년에 『철학의 빈곤(The Poverty of Philosophy)』이라고 이름붙인, 프루동을 격렬하게 반박한 책에서 프루동 저작의 헤겔적 요소를 비판하고 정치경제학자들을 '부르주아적 생산의 과학적 대변자들'이라고 맹렬하게 비난했다. 그러나 가장 중요한 것은 마르크스가 그 책에서 경제적 생산의 유형과 그것이 발생시키는 사회조직 형태 간의 연계를 (자신이 보기에) 처음으로 체계적으로 표현하는 진술을 했다는 것이다. 마침내 그 시기에 마르크스와 엥겔스는 자신들이 관여하게 된 노동자 정당이던 공산주의동맹(Communist League)의 정책성명서를 공동으로 집필했다. 그 성명서는 드디어 1848년에 『공산당선언』으로 발표되었다. 이 문건은 그들의 입장을 가장 명확하고 간결하게 진술한 것으로 널리 인정받고 있으며, 아마도 지금까지 가장 영향력 있는 정치선언일 것이다.

1845년에서 1848년 사이에 마르크스와 엥겔스가 집필한 저작들은 역사와 인간 사회에 대한 포괄적이고 논리 정연한 분석으로, 오늘날 우리가 그러한 문제들을 생각하는 방식에 지대한 영향을 미쳤다. 마르크스는 그 후 10년이 지나 쓴 유명한 글에서 자신들이 발전시킨 주요한 생각들을 다음과 같이 요약했다.

> 인간은 자신들의 삶을 사회적으로 생산하는 과정에서 필요불가결하게 자신들의 의지와는 독립된 일정한 관계에 참여한다. 이 생산관계는 물질적 생산력의 일정한 발전단계에 상응한다. 그러한 생산관계들의 총합이 사회의 경제적 구조, 즉 실질적 토대를 구성하고, 그 위에 법적·정치적 상부구조가 세워지고, 일정한 형태의 사회의식이 그것에 조응한다. 물질

적 삶의 생산양식이 사회적·정치적·지적 과정 일반을 조건짓는다. 인간의 의식이 그들의 존재를 결정하는 것이 아니라, 반대로 그들의 사회적 존재가 그들의 의식을 결정한다. 사회의 물질적 생산력은 생산력 발전의 특정 단계에서 지금까지 그것 내에서 작동해온 기존의 생산관계 또는 (동일한 것의 법적 표현에 불과한) 소유관계와 충돌하게 된다. 생산력 발전의 형태에서 볼 때, 그러한 관계가 생산력 발전에 족쇄가 된다. 그때 사회혁명의 시대가 시작된다. 경제적 토대의 변화와 함께, 거대한 전체 상부구조가 다소 급속하게 변화된다.(Marx, 1859: 38)

마르크스와 엥겔스의 근본 사상에 대한 하나의 길잡이로 이 인용문에 요약되어 있는 다양한 주장을 차례로 살펴보는 것이 유용할 것 같다.

사회의 우선성

인간은 자신들의 삶을 사회적으로 생산하는 과정에서 필요불가결하게
자신들의 의지와는 독립된 일정한 관계에 참여한다.

인간은 본래 생존하기 위해서는 자신들의 자연환경 안에서, 그리고 그 환경을 대상으로 삼아 노동해야만 하는 **생산자**이다. 생산은 혼자 하는 활동이 아니다. 그것은 조직화된 인간 집단의 맥락에서 수행된다. 인간은 **사회적** 동물이고, 사회는 단순히 개인들의 집합체로 이해될 수 없다. 한 사회의 성원이라는 것은 개인의 성격이 그 사회의 문화에 의해 틀지어지고 만들어진다는 것, 또는 지금 우리가 말하려는 바와 같이 사람들이 그 사회의 방식으로 사회화된다는 것을 의미한다. 따라서 마르크스는 사회의 역

사적 우선성을 강조한다. 그는 다음과 같이 표현한다. "우리가 좀 더 깊이 역사를 회고할수록 점점 더 개인, 그러므로 생산하는 개인 역시 보다 큰 전체에 의존하는, 즉 그것에 소속되어 있는 존재로 나타난다. …… 인간은 사회 속에서만 자신을 개별화할 수 있는 동물이다"(Marx, 1973: 84).

사회조직의 물질적 토대

이 생산관계는 물질적 생산력의 일정한 발전단계에 상응한다. 그러한 생산관계들의 총합이 사회의 경제적 구조, 즉 실질적 토대를 구성하고, 그 위에 법적·정치적 상부구조가 세워지고, 일정한 형태의 사회의식이 그것에 조응한다.

여기에서 우리는 역사유물론의 핵심에 접근하게 된다. 마르크스는 어떤 한 사회에서도 사회조직 유형은 '생산력'과 연관되어 있으며, 실제로도 그것에 의존한다고 주장한다. 사회적 삶의 형태는 궁극적으로 물질적 경제과정에 의해 틀지어지고, 경제과정이 변화함에 따라 문화와 사회제도 또한 변화한다. 마르크스가 '물질적 생산력'이라는 말로서 의미하고자 한 것은 우리가 테크놀로지라는 말을 통해 이해하고자 하는 것과 얼마간 유사하다. 그것은 수렵채취사회의 도끼와 창처럼 매우 단순할 수도 있고, 자동화된 공장이나 위성통신처럼 매우 복잡할 수도 있다. 마르크스가 볼 때, 인간과 자연환경 간의 결정적인 연계고리가 바로 테크놀로지이며, 테크놀로지가 변화함에 따라 사회형태도 변화한다. 마르크스 입장의 이러한 측면에 대해서 후에 더 언급할 것이지만, 마르크스가 사회조직의 특정 유형을 발생시킨 기본적 힘을 규명하는 사회이론을 제공한다는 점은 여

97

기서도 강조할 만한 가치가 있다. 그에 따르면, 경제적 토대가 특정 형태의 '상부구조'와 그것에 상응하는 '사회의식'의 양식을 발생시킨다. 좀 더 현대적인 용어로 표현하면, 한 사회의 제도와 문화 모두는 그것의 기저를 이루는 경제과정으로부터 자신들의 형태를 취한다.

경제적 생산과 사회조직

물질적 삶의 생산양식이 사회적·정치적·지적 과정 일반을 조건짓는다.

이것은 경제적 생산과 사회조직의 관계를 진술한다. 즉, 전자가 후자를 '조건짓는다'. 하지만 '조건짓는다'라는 단어에 대한 해석이 문제를 야기한다. 일부 학자들이 가정하듯이, '조건짓는다'는 말이 문화와 사회제도의 특성이 생산기술의 성격에 의해 **결정된다**는 것을 의미하는가, 아니면 생산기술이 사회조직 유형들에서 변이가 발생하는 범위의 **한계를 설정한다**는 것을 의미하는가? 그것도 아니면 단순히 경제활동의 성격이 항상 여타의 사회적 삶에 일정 정도 영향을 미친다는 것을 의미하는가? 우리는 나중에 이 쟁점을 다룰 것이다.

의식의 형성

인간의 의식이 그들의 존재를 결정하는 것이 아니라, 반대로 그들의 사회적 존재가 그들의 의식을 결정한다.

98

여기에서 마르크스는 사람들이 속해 있는 사회적 상황 — 우리가 살펴본 것

고전사회학의 이해

처럼 '생산관계'에 의해 '조건지어진' 상황 ─ 과 그들이 발전시킨 관념 및 신념의 유형 간의 관계를 그가 파악한 바대로 다시 한 번 더 강조한다. 간단하게 말하면 인간 문화는 궁극적으로는 그 문화를 부양하는 경제과정의 성격에 의해 틀지어지고, 인간 개개인은 자신이 태어난 문화에 의해 형성된다. 달리 표현하면 인간경험은 전적으로 사회적이다.

마르크스가 이러한 방식으로 표현한 것은 그 당시의 헤겔리안 같은 사람들과 자신을 의도적으로 대비시키기 위한 것이다. 그들에 따르면, 인간의식은 사회적 또는 경제적 힘과 무관하게 설명될 수 있는 독자적이고 자율적인 영역이다. 정신 또는 의식의 삶은 자유롭고 비확정되어 있다. 즉, 그들은 인간은 스스로 생각하고 믿는 능력을 지닌 존재라고 생각한다. 하지만 마르크스가 볼 때, 그것은 하나의 환상이다. 사유하는 존재인 우리는 우리가 사회적 상황과는 무관하게 독자적으로 사고할 수 있다는 착각에 빠진다. 하지만 실제로는 우리로 하여금 생각할 수 있게 해주는 개념과 범주 자체는 "인간과 그 자신의 생존을 유지하는 (본질적으로) 실천적인 문제 간의 끝없는 대결"(Poggi, 1972: 94)로부터 파생된 것이다.

우리가 앞으로 살펴보듯이, 의식의 사회적 기원에 관한 마르크스의 견해에는 여러 종류의 난점이 존재한다. 하지만 우리가 이미 지적했듯이, 그 견해가 인간이 문화와 사회 속으로 사회화되는 방식과 문화 자체가 특정한 경제적 생산양식을 반영하는 방식 모두를 강조하는 인간과학에 지대한 영향을 미쳤다는 것은 부인할 수 없다. 마르크스의 견해는 보다 일반적인 사회학적 관점의 하나, 즉 우리로 하여금 일련의 인간사회들에서 지식, 신념, 제도가 왜 그처럼 다를 수 있는지를 이해할 수 있게 해주는 접근방식을 제공한다. 유물론적 관점에서 볼 때, 그 차이의 원천은 바로 생산양식과 그 변형들에 자리하고 있다.

사회변화의 원천

> 사회의 물질적 생산력은 생산력 발전의 특정 단계에서 지금까지 그것 내에서 작동해온 기존의 생산관계 또는 (동일한 것의 법적 표현에 불과한) 소유관계와 충돌하게 된다.

여기에서 마르크스는 근본적인 사회조직 원리에 대한 관심에서 사회변화가 발생하는 방식에 대한 고찰로 이동한다. 다시 한 번 '물질적 생산력'이 사태의 중심에 위치한다. 인간 역사는 본질적으로 생산력이 발전하는 과정으로 인식된다. 마르크스는 인간 욕구에는 어떤 고정된 한계가 없다고 주장했다. 일단 하나의 욕구가 충족되면, 다른 욕구가 생긴다. 자동차의 발명을 고찰해보자. 그것은 새로운 소재, 새로운 발명, 새로운 제조 기법, 새로운 연구에 대한 요구 등을 창출했다. 이처럼 생산력을 발전시키고자 하는 지속적인 압력이 존재한다. 그리고 자본주의사회에 이르러서는 기업이 경쟁을 통해 자신들의 생산과정을 끊임없이 혁신하고 합리화할 것을 강요당함에 따라 생산력이 최고점에 이른다.

'물질적 생산력'의 변화는 불가피하게 보다 광범위한 사회변화의 압력을 창출한다. 또는 마르크스의 표현으로는 생산력은 '기존의 생산관계'와 충돌하게 된다. 우리가 살펴보았듯이, 어떤 특정한 생산과정에는, 즉 어떤 특정한 기술 발전 수준에는 그것에 상응하는 일단의 사회적 관계, 즉 그 과정 자체의 요구에 의해 발생되는 분업이 존재한다고 주장된다. 이를테면 초기의 자동차는 마차가 만들어졌던 것과 마찬가지로 소규모 장인 팀에 의해 주로 수공으로 만들어졌다. 장인들은 대량생산의 발명과 그것이 요구하는 상대적으로 미숙련된 다수의 노동자에 의해 대체되었다. 다음에는 이 노동자들 역시 생산이 점점 더 자동화됨에 따라 사라질 것이다. 최근 우리는 새로운 기술이 출현함에 따라 옛 기술과 일자리를 대체하는 '신기술' 효과에 익숙해졌다. 때로는 18세기 영국에서 공장에 동력 방적기가 도입됨에 따라 손 베틀 방적공들이 기아선상에 내몰렸던 때처럼, 그러한 변화가 대재앙이 될 수도 있다. 다른 한편 새로운 발명은 전자정보와 커뮤니케이션 기술의 경우에서처럼 전적으로 새로운 경제활동 영역을 창출할 수도 있다. 하지만 그러한 새로운 영역의 효과가 어떠하든 간에 거기에도 마르크스의 용어로 말하면 생산력의 변화와 기존 사회관계 간의 끊임없는 갈등으로 이해될 수 있는 정도의 사회적 분열이 내포되어 있다.

하지만 마르크스가 생산의 사회적 관계에 대해 말할 때, 그것은 단순히 분업, 즉 모든 생산활동에 수반되는 과업의 전문화 이상의 것을 뜻한다는 것은 분명하다. 생산력과 연계된 '소유관계'가 그것에 덧붙여져야만 한다. 이를테면 '원시공산주의' 상태에서는 분업, 그리고 기술혁신으로 인한 변화 모두가 아주 적었다. 따라서 마르크스는 그곳에서는 생산이 진정으로 공동체적이며 사적 소유는 존재하지 않는다고 주장했다. 하지만 분업의 발전과 그 결과 발생한 생산성 증대와 함께 상황은 돌이킬 수 없게 변화했다. 마르크스가 볼 때, 분업의 진전은 앞서 언급한 과정과 함께 진행된다. 그리고 그 과정에서 원시사회의 사회적 존재들이 지니고 있던 "양의 무리 같은 의식 또는 종족의식"으로부터 근대적 개인의 관념이 출현한다. 마르크스는 '분업'과 '사적 소유'는 동일한 과정을 다른 방식으로 바라보는 것에 불과하다고 주장한다. 전자가 생산**활동**을 지칭한다면, 후자는 생산활동의 **산물**을 지칭한다. 분업의 진전 — 인구 증가와 인간의 새로운 욕구 증가뿐만 아니라 분업 자체가 가져다주는 생산성 증대에도 자극받은

— 은 또한 사적 소유, 그리고 일부 사람들이 다른 사람들의 노동을 전유하는 능력을 증대시킨다. 마르크스와 엥겔스는 『독일이데올로기』에서 분업의 기원에 대해 숙고하면서, 처음에는 그 기원을 '성차별적 활동'과 남성지배 가족 — 아버지가 그의 아내와 아이들을 통제하는 '잠재적 노예제도'의 성격을 갖는 — 에서 찾았다. 모든 노예처럼 그들도 그들 주인의 소유물이다(Marx and Engels, 1974: 51~53).

애덤 스미스는 『국부론』의 가장 유명한 구절 중 하나에서 핀 제조를 예로 들면서 분업의 이점을 분업이 성취한 엄청난 생산성 증대와 그 결과 생기는 개인과 사회 모두의 이익이라는 측면에서 찬양했다. 하지만 마르크스와 엥겔스가 볼 때, 그러한 이익 관념은 그 자체로 이데올로기적인 것으로, 소수에 의한 다수의 지배를 정당화하는 데 기여했다. 마르크스와 엥겔스는 오히려 인간이 분업을 통해 끊임없이 반복되는 단순 작업만을 강요받고 그로 인해 단지 기계의 부속품으로 전락할 때 야기되는 착취와 인간의 퇴락에 대해 이야기하기를 좋아했다. 마르크스가 '생산관계'의 맥락에서 '재산'에 대해 언급한 것은 경제활동이 파편화되고 재산이 창출되는 전 과정이 어떻게 사회적 분열을 야기하는지를 보여주기 위한 것이었다. 그에 따르면, 사회적 생산이 사유재산으로 전유되고 그것이 다시 시장을 위한 상품생산으로 전환됨에 따라 개인의 이익과 공동체 전체의 이익 간의 분리가 심화된다. 남성이 여성과의 관계에서 지배적 위치를 차지할 수 있었던 것이 처음에는 단순한 육체적 강점 때문이었을지도 모르지만, 경제적 잉여가 산출될 때마다 또 다른 형태의 사회적 분열이 뒤따랐다. 그리하여 모든 지역에서 일부 가족이나 종족이 다른 가족이나 종족보다 더 많은 재산을 획득하고 또 그러한 불평등이 상속을 통해 강화되는 것이 불가피해졌다. 신성한 존재의 권위를 전하는 권한을 지닌 덕분에 자신의 지배적 지위도 강화할 수 있었던 성직자들의 출현 또한 경제적 잉여 때문에 가능했다. 마르크스와 엥겔스가 "육체노동과 정신노동의 분할"에 대해 언급하면서 성직자를 궁극적으로는 관념론적 철학의 토대가 된 허위적 믿음 ─ 즉, '의식' 또는 '정신'이 물질세계와 독립적이라는 믿음 ─ 을 낳은 "첫 번째 형태의 이데올로기스트"(Marx and Engels, 1974: 51)라고 말한 것도 이러한 맥락에서이다.

역사적으로 중요한 사회적 분열의 토대들은 전사(戰士)라는 전문 집단이 출현할 때마다 발생했다. 애초에는 종족과 그 영토를 보호하기 위해 형성되어 다른 사람들의 노동에 의해 부양받던 그 집단은 무기와 강압수단에 접근할 수 있기 때문에 사회의 나머지를 지배하는 데 유리한 위치를 차지한다. 특히 그들이 성직자의 지지를 확보할 경우에는 더욱 그러하다. 정착 영토의 규칙적 경작에 기초한 농업생산이 발전하면서 군대의 사회적 역할은 기존의 토지를 보호하고 다른 사람들의 토지를 정복하는 것 모두에서 훨씬 더 중요해진다. 엥겔스는 우리가 근대국가의 기원을 간파할 수 있는 것도 바로 이러한 활동에서라고 주장했다. 국가권력은 공동체 전체를 방어하기 위한 수단으로서 발전하는 것이 아니라(비록 국가가 이러한 방식으로 자신을 정당화할 수도 있지만), 계급분열이 진전되는 상황에서 자신들의 토지와 경제적 이익을 보호하려는 지배집단의 노력으로부터 발전한다(Engels, 1884: 205~206). 이 주장에서 중요한 하나의 측면이 바로 사회적 권력은 생산력 ─ 이 경우에는 농업 생산력 ─ 을 통제한 결과로 생겨난다는 가정이다. 그 사회의 조직은 효과적인 농경 ─ 그것이 축산, 경작, 또는 다른 어떤 것이든 간에 ─ 을 수행하는 데 필요한 분업을 반영할 것이다. 그러나 그러한 기술적 생산관계 자체는 토지에서 단지 노동만을 하는 다수의 사람들과 토지의 이용을 통제하는 위치에 있는 상대적으로 소수인 사람들 간에 존재하는 보다 근본적인 관계와 관련하여 형성된다. 이러한 생산과정에서는 가장 중요한 요소인 토지가 재산이 되고, 부를 생산하는 사람과 생산자가 창출하는 잉여로 살아가는 사람들 간에는 본질적인 이해갈등이 존재한다. 무엇보다도 생산의 사회적 관계는 지배적 사회계급과 종속적 사회계급 간의 관계, 즉 생산력을 소유하거나 통제하는 사람들과 그렇지 못한 사람들 간의 관계이다. 생산력이 발전함에 따라 계급 간의 관계도 변화한다.

사회변화의 본질

생산력 발전의 형태에서 볼 때, 그러한 관계가 생산력 발전에 족쇄가 된다.

역사적 변화는 생산력의 발전에서, 그리고 그 생산력과 기존 생산의 사회적 관계 간의 양립 불가능성이 증대하는 데서 비롯된다. 생산관계는 비록 한때 경제적·사회적 발전을 촉진시켰지만, 불가피하게 점점 더 시대에 뒤진 것이 된다. 현실 사회 속에서 생산력과 생산관계의 증대하는 긴장은 사회**계급** 간의 갈등, 즉 기존 생산력을 통제하는 지배계급과 새로 발전하는 생산력으로부터 자신의 힘을 증대시키는 종속적이지만 도전적인 계급 간의 갈등으로 경험된다. 따라서 계급갈등이라는 관념이 유물론적 역사관의 핵심에 자리하고 있다. 그리고 그것은 『공산당선언』의 서두에 다음과 같이 강력하게 표현되어 있다. "지금까지 존재했던 모든 사회의 역사는 계급투쟁의 역사이다."

마르크스와 엥겔스는 『독일이데올로기』에서 이미 '분업의 발전단계'와 관련하여 인간 역사의 경과를 분석하는 일에 착수했다. 그들의 견해에 따르면, 분업은 "단지 서로 다른 수많은 형태의 소유권일 뿐"이었다. **종족사회**에서는 근대적 의미의 재산이 존재하지 않았다. **고대 도시국가**에서는 분업이 더욱 진전되었고, 점차 발전된 사유재산이 점진적으로 공동체적 감상과 제도를 부식시켰다. 도시와 농촌 간, 제조업과 해상무역 간, 시민과 노예 간의 갈등 같은 경제적 이해관계의 갈등에 기초하여 주요한 사회적 분열이 발생했고, 농민이 임금노동자로 전환되기 시작했다. **봉건제**에서는 귀족이 토지재산의 소유를 통해 농민을 지배했다. 도시에서는 길드에 의해 소규모 생산이 이루어졌다.

그러한 분업 단계들의 진전은 사유재산의 중요성이 점점 더 증가하고 (이는 공동체적 삶을 부식시키는 효과를 갖는다) 계급갈등이 격화된다는 것에 의해 특징지어진다. 하지만 사회변화 과정에 대한 마르크스와 엥겔스의 설명은 봉건제에서 분업의 네 번째 형태인 **자본주의**로의 이행에 관한 논의에서 가장 잘 예증된다. 그들의 분석에 따르면, 한때 농업지배적 사회에 적합했던 봉건제의 주요 제도들이 결국에는 그 제도를 분쇄해버릴 새로운 생산형태의 발전을 저해하는 '족쇄'가 된다. 자본주의의 요체는 사유재산이 생산과정을 지배하고, 따라서 전체 사회를 지배한다는 것이다. 생산과정에 대한 사유재산의 지배는 중세 도시에 전형적이었던 장인생산과 상업활동에 기원을 두고 있으며, '부르주아'에 의해 수행되었다.

마르크스와 엥겔스는 『공산당선언』에서 상업과 제조업의 급격한 팽창 및 그에 따른 봉건사회의 해체에 대해 매우 인상적으로 설명한다. "초기 도시의 공인된 시민"들의 상업활동은 처음에는 그 규모로 볼 때 제한적이었다. 그럼에도 불구하고 그들은 "봉건사회를 뒤흔드는 데서 혁명적 분파"가 되었다. 점점 더 인구가 증가하고 소재와 귀금속, 그리고 해외시장에 더 많이 접근할 수 있게 되고 통신수단이 발전하고 새로운 발명품이 등장함에 따라 상업은 점점 더 중요해졌다. 이러한 생산력 발전과 함께 그것에 상응하여 생산관계가 변화했다. 중세 길드는 더 이상 확대되는 수요에 대처하지 못하고, 자유시장이 성장하는 데 장애물이 되었다. 결국 "길드 마스터는 제조업 중간계급에 의해 밀려났으며", 그들은 다시 "산업계의 백만장자이자 전체 산업군단의 선구자인 근대 부르주아"에게 자리를 내주었다. 이제 당시까지 인간 사회에서 이용할 수 있었던 것 중 가장 강력하고 생산적인 기술이던 '증기와 기계'에 의해 혁명적으로 변화된 생산력을 소유하고 통제하게 된 부르주아 계급이 자본주의사회의 지배자가 되었다.

이러한 논의에는 엥겔스가 맨체스터에서 보았던 새로운 거대 공장의 생산능력에 대한 공포가 강하게 반영되어 있다. 그 경험은 마르크스와 엥겔스 모두로 하여금 산업생산의 엄청난 사회적 결과를 실감할 수 있게 해주었다. 그들이 볼 때, 근대 역사는 부르주아가 자신들의 성장한 경제적 지배력에 걸맞은 정치권력을 추구하고 성취한 역사였다. 이와는 대조적으로, 그리고 그 직접적인 결과로 한때 경제발전을 제약하는 '족쇄'였던 봉건사회의 제도들 — 군주제, 교회, 길드 등 — 은 더 이상 이전의 권위 있는 세력이 아니게 되었다. 비록 그것들이 이런저런 형태로 지위를 유지하고 있더라도, 그들 권력의 경제적 토대는 영원히 사라져버렸다. 즉, 그들의 경제적 토대는 농업생산에서 산업생산으로 이행함에 따라 해체되었다. 역사적으로 볼 때, 어떤 중대한 사건들은 사회적 권력의 전환을 상징했다. 그중에서도 특히 일시적으로 군주제를 종식시켰던 1789년의 프랑스혁명과 실질적 재산을 소유하고 있던 남성들에게 의회의 대표권을 부여한 1832년의 영국 개혁법안이 그러했다.

우리는 여기서 다시 한 번 더 헤겔의 부정을 발견한다. 근대국가는 전체 사회의 일반적 이익을 구현하지 않으며 또 그럴 수도 없다. 그와는 반

106

고전 사회학의 이해

대로 국가의 역할은 실제로는 지배계급의 이익을 추구하고 방어하는 것이다. 이 점은 『공산당선언』에 다음과 같이 직설적으로 언급되어 있다. "근대국가의 행정부는 전체 부르주아의 공동 업무를 관장하는 위원회에 불과하다."

여기서 우리가 제시하고자 하는 것은 생산력의 발전이 어떻게 생산력과 기존 생산관계의 갈등을 유발하는지에 대한 마르크스와 엥겔스의 설명이다. 갈등은 지배적인 사회계급과 그것에 도전하는 사회계급 간의 갈등으로 표출된다. 이 갈등 속에서 지배계급의 재산과 권력을 보호하는 기존 제도는 도전계급에게는 자신들의 성장과 발전을 저해하는 '족쇄'가 된다. 그러나 이는 오래가지 않는다. 부르주아의 개별 성원들은 단지 자신들의 경제적 이익을 합리적으로 추구하는 행위를 통해 계급 승리를 쟁취하고 그 결과 자본주의사회가 초래된다. 계급 활동이 혁명을 초래한다.

> 부르주아는 자신들이 우위를 확보한 곳이면 어디서나 봉건적·가부장제적·목가적 관계를 종식시켰다. 부르주아는 사람들을 그 '본래의 상전들'에게 속박시켰던 잡다한 봉건적 유대들을 무자비하게 분쇄하고, 적나라한 이기심, 즉 냉정한 '현금 지불' 이외에는 인간과 인간이 맺을 수 있는 어떤 다른 관계도 남겨놓지 않았다.(Marx and Engels, 1948: 223)

사회혁명

그때 사회혁명의 시대가 시작된다.

마르크스가 볼 때, 사회변화는 생산력과 생산관계 간에 긴장이 증대된 결과 발생한다. 생산력과 생산관계는 하나로 합쳐져 한 사회의 **생산양식**을 구성한다. 변화는 인간 사회의 정상적 조건으로 간주되고, 인간 역사의 커다란 사건들은 생산양식들이 내부에서 증대되는 모순을 더 이상 억제할 수 없어 붕괴되고 그리하여 새로운 생산양식에 길을 내어주는 혁명적 변혁들이다. 우리가 살펴본 것처럼, 이것이 바로 부르주아 권력이 증대하며 부르주아를 혁명적 행위자로 만듦으로써 발생한, 봉건적 생산양식에서 자본주의적 생산양식으로의 이행에 대한 마르크스와 엥겔스의 설명이다. 그러나 그들은 봉건제의 모순이 그것의 해체를 이끌었듯이, 마찬가지로 자본주의 역시 그 자신의 파멸의 씨앗을 뿌릴 것이라고 주장했다. 비록 부르주아가 자본주의 생산양식을 지배하지만, 그 성원들은 단지 자신들의 개인적 이익을 계속해서 추구한다는 것만으로도 집합적으로 자본주의의 몰락을 초래할 것이다. 왜냐하면 그들의 이익이 새로운 혁명적 행위자인 프롤레타리아의 등장을 자극하기 때문이다. "따라서 무엇보다도 부르주아가 생산하는 것은 자신의 무덤을 파는 일꾼들이다. 부르주아의 몰락과 프롤레타리아의 승리는 똑같이 불가피하다"(Marx and Engels, 1948: 231).

노동계급의 출현 근대 자본주의적 산업발전의 중요한 전제조건 중의 하나는 더 이상 봉건적 관습과 전통에 의해 토지에 결박되어 있지 않고 법적으로 어떠한 지주에도 예속되지 않으며 따라서 임금을 위해 자유롭게 고용될 수 있는 노동자 계급이 출현하는 것이다. 이 계급은 도시 인구를 팽창시키면서 중세 시대 동안에 발전하기 시작했다. 영국에서는 18세기 동안에 이 집단이 규모 면에서 급속하게 증가했다. 새로운 농업생산 기법이 생산성을 크게 향상시켰고, 지역에서 소비하기 위해서보다는 시장을 위해 생산하는 것이 더 많은 이윤을 획득할 수 있게 되었다. 개방 경작지들은 토지 소유자에 의해, 그리고 몇몇 소농장이 대규모 단위로 결합하는 '아주 흥미로운' 관행에 의해 폐쇄되었다. 오늘날의 일부 관찰자들은 이제 단지 상대적으로 부유한 사람들만이 독립적인 농민이 될 수 있었다고 걱정했다. "이제 오직 자본을 가진 사람들만이 비축할 수 있고 대규모 사업에 필요한 지대 요구를 감당할 수 있게 되었다. 다른 모든 사람들은 임금노동자 저수지로 하강할 것을 강요당했다"(Langford, 1989: 453).

마르크스는 이 임금노동자 집단이 자본주의사회의 혁명계급이 될 것이라고 믿었다. 프롤레타리아와 부르주아는 생산의 사회적 관계의 구현체로서 서로 대결한다. 이 대결이 궁극적으로 자본주의를 파괴로 이끌 것이다.

> 대규모 산업과 경쟁 속에서 개인의 존재조건, 한계, 그리고 성향이 통째로 두 개의 가장 단순화된 형태, 즉 사유재산과 노동으로 함께 융합된다.(Marx and Engels, 1974: 91)

자본주의적 경쟁이라는 정명은 부와 권력을 소수의 부르주아 손에 집중시키는 것과 동시에 훨씬 더 큰 무산 임금노동자 계급을 낳을 것이다. 이 노동자 계급은 자신들의 자본주의적 주인의 이해관계와 상반되는 이해관계를 가진다. 이들 노동자 계급은 정치활동을 통해 자신들의 진정한 상황을 점점 더 자각한다. 그리고 이러한 각성이 혁명적 **계급의식**을 낳고, 프롤레타리아를 '즉자적' 계급에서 '대자적' 계급으로 전환시킨다.

'사회혁명의 시대'는 지배계급이 다른 계급에 의해 전복되어 대체되는 시기이다. 하지만 마르크스에 따르면, 프롤레타리아 혁명은 인간 발전의

제2장 카를 마르크스

마지막 단계 ― 개인과 공동체의 분리가 극복된, 소외되지 않고 적대적이지 않은 공산주의 사회 ― 를 인도하는 최종적인 궁극적 변혁이다. 혁명은 처음에는 노동자가 부르주아로부터 권력을 빼앗아 인간의 우선성을 강요하는 '프롤레타리아 독재'를 확립한다. 이 시대는 사회주의 재건 단계에 길을 내어주지만, 결국 사적 소유의 폐지 및 개인적 이익과 집합적 이익의 조화와 함께 자본주의 제도는 사라진다. 특히 마르크스가 모든 사람의 이익을 대변한다는 구실로 자본가의 지배를 보장하는 수단이라고 파악한 국가는 '소멸'된다. 인간은 다시 한 번 자신의 본질적 인간성을 실현할 수 있게 된다.

프롤레타리아 혁명이 최종적인 혁명이 될 것이라는 마르크스의 결론은 그의 확신에서 비롯된 것이다. 즉, 그는 인간 역사의 각 단계가 분업의 점진적 증대 ― 생산의 사회적 관계를 결정하는 데서 사적 소유가 갖는 중요성의 증대와 상응하는 ― 와 그것으로부터 결과하는 인간 소외 ― 인간이 '사물'에 의해 지배되는 ― 의 심화를 보여준다고 확신했다. 마르크스에 따르면, 그 과정은 모든 것이 이윤계산에 기초하여 결정되는 자본주의 사회에서 그 한계에 도달한다. '금전관계'가 모든 것과 모든 사람을 결정한다. 사회적 삶이 시장의 힘에 의해 지배된다. 노동자는 비록 법적으로는 자유로운 행위자이지만, 자본가를 위해 노동하든가 아니면 굶어죽을 것이 강요된다. 자본가는 시장의 명령에 복종할 것을 강요받는다. 생산은 생산할 수 있는 것의 사용가치가 아니라 시장에서 팔릴 물건의 교환가치에 의해 결정된다. 사람은 이윤에 희생된다. 인간의 자유는 자본의 노예상태로 대체된다. 따라서 프롤레타리아는 자신을 해방시키는 과정에서 모든 인간을 해방시킨다.

지금까지의 모든 역사적 운동은 소수자들의 운동이거나 소수자들의 이익을 위한 운동이었다. 프롤레타리아 운동은 거대한 다수의 이익을 위한 거대 다수의 자의식이고 독자적인 운동이다. 현재 우리 사회의 최하층인 프롤레타리아는 공식 사회의 전체 상층부를 폭파하여 날려버리지 않고서는 움직일 수도 똑바로 일어설 수도 없다.(Marx and Engels, 1948: 230)

사회변화의 경제적 원천

경제적 토대의 변화와 함께, 거대한 전체 상부구조가 다소 급속하게 변화된다.

마르크스는 이 구절과 다른 구절에서 경제활동과 사회조직 간의 관계를 '토대(foundation)'와 '상부구조(superstructure)'의 은유와 관련하여 설명한다. 여기서 마르크스가 구상한 것이 바로 사회구조가 두 가지 수준으로 구성된다는 것이다. 그 두 가지 수준이 바로 생산력과 생산관계에 의해 도달된 발전 단계를 뜻하는 경제적 **토대**(base)와 생산양식에 상응하는 제도와 문화 형태들을 뜻하는 사회적 **상부구조**이다. 이 은유의 가장 중요한 요점은 사회조직의 근본 원리를 경제적 토대에서 찾고 있다는 것이다. 즉, 경제적 토대가 변화함에 따라 사회적 상부구조도 변화한다.

유럽 사회가 봉건제에서 자본주의로 이행하는 과정을 이해하는 데서 이 은유가 하나의 설명 수단으로서 갖는 힘을 과소평가해서는 안 된다. 경제적 토대가 전통적인 농업에서 자본주의적 산업생산으로 변화함에 따라 그 사회의 문화와 지배적 제도들 역시 변화되었다. 군주와 귀족의 정치적 권력은 근대 관료제적 국가와 그것의 대의민주주의 제도에 의해 파괴되고 대체되었다. 교회의 권력 또한 '금전관계'와 그것이 구현하는 세속적 가치에 직면하여 쇠퇴했다. 귀족과 소농 간의 전통적 분열은 생산수단과의 관계 — 그 사람이 자본의 소유자인가 아니면 생존을 위해 자신의 노동을 팔아야 하는가 — 에 의해 결정되는 계급구조로 대체되었다. 자급자족적 농업생산에 적합했던 확대가족은 개인주의적 형태의 노동과 집과 일터의 분리에 더 적합한 소규모의 독립적 핵가족으로 대체되었다. 교육은 더욱 공식화되었고, 산업화의 증대와 함께 대규모로 제공되면서 자본주의 생산에 요구되는 기술과 순종을 대중들에게 심어주었다. 근대 시대에는 다양한 대중매체를 통해 더 많은 메시지를 전달했고, 이는 마르크스주의자의 관점에서 볼 때 고용주를 존경하고 자신들을 착취하는 체계에 충성하는 수동적 노동자와 열성적 소비자를 생산하는 효과적인 수단이었다. 바로 이러한 제도들의 작동을 통해 "모든 시대에 지배계급의 관념이 지배적인 관념이다. …… 물질적 생산수단을 자신의 통제하에 두는 계급은 동시에 정신적 생산수단에 대한 통제력도 갖는다. 따라서 일반적으로 말하면 정신적 생산수단을 결여한 사람의 사상은 지배계급의 사상에 종속된다"(Marx and Engels, 1974: 64).

역사유물론과 헤겔비판

이러한 유물론적 역사관의 발전은 개별 인간이 그 사회의 창조물이라는 전제에서 출발한다. 유물론적 역사관에 따르면, 사회조직은 인간이 자신들의 자연환경 속에서 자신들의 삶의 조건을 확보하는 방법과 관련되어 있다. 또한 인간문화와 사고 형태, 그리고 신념은 그러한 경제활동이 수행되는 방식과 관련되어 있다. 사회제도들 간의 상호관계는 그 경제적 토대와 관련하여 설명되고, 사회변화는 무작위적이거나 우연적인 것이 아니라 그 토대에 체계적으로 연계되어 있다.

유물론적 역사관은 또한 마르크스와 엥겔스가 헤겔 철학을 포괄적으로 비판한 결과이기도 하다. 비록 그들의 목표가 관념론의 오류와 환상을 폭로하고 그러한 오류와 환상을 자신들이 객관적인 유물론적 분석으로 간주한 것으로 대체하는 것이었지만, 헤겔 사상의 중요한 요소는 여전히 남아 있었다. 헤겔과 당시 대부분의 사회철학자들처럼 마르크스의 사회발전관 역시 역사변동은 일정한 유형을 지니며 사회는 '더 낮은' 형태에서 '더 높은' 형태로 발전한다는 것이었다. 그러나 헤겔과 마르크스는 그러한 운동이 단순한 진화과정이 아니라 하나의 변증법적 과정으로 이해될 수 있는, 연속적인 갈등과 모순의 과정이라고 주장했다는 점에서 대부분의 동시대인들과 달랐다. 그것의 가장 분명한 예가 봉건제에서 자본주의로의 이행에 관한 마르크스의 해석이다. 그 과정은 봉건귀족(正)과 신흥 부르주아(反) 간의 갈등을 수반하고, 그 갈등은 옛 질서의 진보적인 요소들을 유지하고 있는 새로운 사회질서(合) 속에서 후자의 승리에 의해 해소된다. 다시 이제 지배계급이 된 새로운 부르주아(正)가 프롤레타리아(反)에 의해 도전받고, 그 최종적 혁명을 통해 무계급사회(合) ― 그럼에도 불구하고 특히 농업적·산업적 생산기법 등 과거 시대의 진보적 요소를 포함하고 있는 ― 가 출현하면서 그 대립을 초월한다. 이러한 암묵적인 헤겔적 분석틀 없이는 마르크스와 엥겔스가 왜 혁명을 불가피한 것으로 또는 심지어 역사적으로 필연적인 것으로 간주했는지, 그리고 왜 『독일이데올로기』에서 그들이 프롤레타리아를 인간을 해방시킬 '보편' 계급으로 묘사했는지를 이해하기 어렵다. 이러한 결론은 마르크스가 자본주의사

113

회를 인간의 진정한 사회적 삶의 완전한 부정으로, 그리고 자본주의사회의 전복을 '부정의 부정'으로 분석한 것으로부터 도출된다. 사후에 출간된 마르크스의 최후의 저작 중 하나인 『자본론』 제3권에서 그가 표현하듯이, 인간의 자유는 "사회주의화된 인간, 즉 결합된 생산자들이 자연과의 상호교환을 합리적으로 조정하여, 얼마간 맹목적인 힘인 그 교환에 의해 지배당하는 것이 아니라 그것을 그들의 공동의 통제 아래에 둠으로써만 가능하다". 마르크스는 이러한 '필연의 왕국'이 사람들을 덜 지배할수록, 사람들은 '진정한 자유의 왕국'을 더 많이 경험할 수 있다고 말한다 (Marx, 1909: 954~955).

이 구절은 또 다른 헤겔적 테마, 즉 소외의 극복이라는 문제를 시사한다. 우리는 마르크스가 포이어바흐를 따라 어떻게 헤겔의 소외 관념을 뒤집고 확장하여, 그것을 종교뿐만 아니라 국가, 그리고 무엇보다도 경제적 생산에 적용했는지를 살펴본 바 있다. 분업이 진전됨에 따라 사유재산은 더욱 창출되고 사물의 인간 지배 역시 진전된다. 이것이 마르크스의 소외 관념의 핵심이며, 그는 후일 이처럼 생명 없는 사물이 실제 인간 삶을 통제하는 것을 가리켜 '상품물신주의(fetishism of commodity)'라고 불렀다. 소외의 최종적 형태가 바로 자본주의사회이다. 자본주의사회에서는 '시장의 힘'이 사회적 삶의 모든 영역에 침투하여 사람들이 어떻게 살고 무엇을 해야 하는지를 결정한다. 시장의 명령이 인간의 삶과 자연환경을 아무리 파괴하더라도, 사람들이 시장의 명령에 복종함에 따라, 자본주의사회에서는 이윤이 사람에 우선하고 교환가치가 사용가치에 우선한다. 우리는 우리의 삶에 대한 통제력을 상실했다. 우리가 한때 우리의 목적이 지상에서 신의 뜻을 실행하는 것이라고 믿었던 것과 마찬가지로, 우리는 시장이 우리에게 명하는 것을 행해야만 한다.

이후의 많은 사회이론가가 산업자본주의하에서의 삶에 대한 마르크스의 암울한 평가에 공감했지만, 그들 모두가 변증법적 변화가 갖는 해방 잠재력에 대한 그의 믿음까지 공유한 것은 아니었다. 우리가 앞으로 살펴보듯이, 막스 베버는 역사가 어떤 궁극적인 목적을 가지고 있다는 생각을 단호히 거부하고, 사회혁명을 통한 인간해방의 가능성에 대해 심각한 의문을 품었다. 그는 산업주의의 결과인 관료제의 '쇠우리' 그 자체가 그 사회가 자본주의적인가 사회주의적인가와 무관하게 인간의 독특한 자질을 질식시킬 것이라고 보았다. 베버와 동시대인인 게오르그 짐멜(Georg Simmel, 1858~1918)은 인간의 사회적 삶을 창출하는 바로 그 과정이 하나의 소외 형태를 수반한다고 주장했다. 왜냐하면 사회적 삶을 창출하기 위해서는 우리가 기존의 문화적·제도적 삶의 형태에 동조해야만 하기 때문이다. 이를테면 개인으로서의 우리와 마주하는, 그리고 우리의 사고과정에 영향을 미치는, 하나의 객관적 실체로서의 언어 없이 우리가 어떻게 의사소통을 할 수 있겠는가? 짐멜이 볼 때, 그것은 우리가 벗어날 수 없는 '문화의 비극'이었다. 이와 유사한 비관주의는 훨씬 나중에 출현한 프랑크푸르트학파 비판사회이론가들의 저작들에서도 분명하게 드러난다. 그들은 근대적 삶이 소외의 속성을 지니고 있다는 마르크스의 믿음을 공유하면서도, 혁명적 사회변동이 가능하다는 그의 믿음은 버렸다. 이를테면 아도르노와 호르크하이머(Adorno and Horkheimer, 1979)는 '소외의 변증법(dialectic of alienation)' ─ 즉, 처음에는 물질적 결핍과 지적 암흑으로부터 사회를 해방시킬 수 있는 가능성을 제공했던 과학과 기술의 힘이 합리적으로 계획된 생산과 소비를 위해 대중에게 아무 생각 없는 순응적 존재이기를 강요하는 힘으로 전환하는 과정 ─ 을 강조했다. 계몽주의와 함께 출발한 이 프로젝트는 인간이 인간을 억압하는 수단이 되어버렸다. 하지만 비판이론가들

115

제2장 카를 마르크스

도 그들 이전의 마르크스나 헤겔처럼 자유롭고 성취지향적인 인간존재의 가능성과 대부분의 현대사회에서 경험되는 소외된 삶의 상태를 여전히 구분했다.

해석상의 쟁점들

마르크스와 엥겔스는 1844년에서 1848년 사이에 쓴 저작들에서 후에 마르크스주의 사상의 기초로 간주된 주요 관념들을 발전시켰다. 그러한 저작들 중 많은 것이 그들이 살아있던 동안에 출간되지 않았다는 것을 되새길 필요가 있다. 우리가 앞서 지적했듯이, 막스 베버와 같은 후대 학자들은 단지 마르크스 사상의 단편적 견해들만을 알 수 있었다. 당연한 이야기이지만, 이 저작들을 점차 입수할 수 있게 됨에 따라 해석상의 쟁점들이 더욱 부각되었다. 콜라코프스키는 '보수적인' 견해를 대표한다고 할 수 있다. 그는 1848년에『공산당선언』이 발표되면서 "마르크스의 사회이론과 그의 행동수칙은 명확하고 변함없는 윤곽을 지닌 형태로 완성되었으며 마르크스가 그의 후기 저작에서 초기 저작의 본질적 측면을 이루고 있던 어떤 것을 수정한 것은 아니었다"고 결론지었다(Kolakowski, 1978: 233).

하지만 다른 학자들은 그러한 결론을 거부한다. 대신 그들은 마르크스 사상이 주로 인간주의적이며 철학적인 것에 관심을 두었던 초기 단계에서 주로 경제분석에 몰두하였던 후기의 보다 성숙한 단계로 발전했다고 주장한다. 이러한 견해를 가장 눈에 띄게 옹호한 학자가 바로 프랑스 마르크스주의자 루이 알튀세(Louis Althusser, 1918~1990)였다. 그는 인간 소외에 대해 헤겔적 관심을 가졌던 초기 마르크스의 사상과 역사유물론이라는 과학을 전개한 후기 간에는 '인식론적 단절'이 존재한다고 주장했다 (Althusser, 1969). 이러한 견해는 라탄지(Rattansi)로 이어졌다. 그 또한 마르크스가 소외와 인간 해방에 관심을 가졌던 '초기 단계', 1847년의 『철학의 빈곤』으로 대표되는 '이행 단계', 그리고 마르크스가 생산과정에 대한 분석과 잉여가치 이론의 전개에 관심을 기울인 『강요』에서 시작되는 '성숙된 저술단계'에 대해 이야기한다(Rattansi, 1982: 59).

마르크스 사상의 역동적 측면을 인정하는 것이 일부의 불일치와 그로부터 발생하는 다른 해석상의 문제들을 해결하는 데 도움을 준다. 예를 들어 자본주의사회에서 우리가 인간의 본질로부터 소외된다는 마르크스의 가정이 사람들은 무엇보다도 자신이 살고 있는 사회의 산물이라는 마르크스의 보다 사회학적인 관찰과 모순된다는 주장이 제기되었다. 만약 라탄지처럼 마르크스의 보다 사회학적인 관념들이 마르크스 자신의 초기 인간주의를 비판하고 있는 것으로 독해될 경우, "소외 개념은 …… 그의 담론에서 그 중심성을 상실한다"고 주장한다면(Rattansi, 1982: 73), 그러한 불일치는 사라진다.

유사하게 마르크스에 대한 비판자들은 마르크스가 『선언』과 『독일이데올로기』에서 '양대 계급'을 강조하고 사회구조를 단순화하는 것과, 반면 『자본론』 제3권에서 "중간 및 이행 단계는 …… 모든 명확한 경계를 지워버린다"(Marx, 1909: 1031)고 인식한 것은 서로 양립할 수 없다고 간파하기도 했다. 또한 특히 『루이 보나파르트의 무월(霧月) 18일(The Eighteenth Brumaire of Louis Bonaparte)』(1852)에서는 파리의 '룸펜 프롤레타리아', 금융귀족, 산업 부르주아, 국가관료, 군대, 농민 등 '양대 계급'으로 직접 환원될 수 없는 사회집단과 이해관계들이 정치과정에서 수행하는 역할을 인정하기도 한다. 다시 한 번 두 계급 모델과 현실 사회에서 연합할 수 있는 일련의 사회적 이해관계들 간에 존재하는 명백한 모순은 전자를 마르크스 초기 단계의 일부로, 그리고 후자를 보다 '성숙한' 사고의 산물로 간주하면 해소된다.

초기 마르크스와 후기 마르크스를 구분하는 학자들은 1850년대 이후 마르크스가 점점 더 경제분석에 전념한 것과 그의 저작에서 헤겔적 용어들이 사라진 것에 상당 정도 의거한다. 하지만 그러한 사실에도 불구하고 그것들이 마르크스의 사고가 근본적으로 방향을 전환했음을 보여주는 것으로 결론짓기는 그리 쉽지 않다. 다음 구절을 살펴보자.

> 자본주의 생산양식의 결과인 자본주의적 전유양식이 자본주의적 사유재산을 산출한다. 이것은 소유자의 노동에 근거하는 것으로서의 개인의 사적 소유에 대한 첫 번째 부정이다. 그러나 자본주의적 소유는 냉혹한 자연법칙에 따라 그 자신을 부정한다. 그것은 부정의 부정이다.(Marx, 1954: 715)

그러한 모순의 '냉혹성'이 결국은 자본주의의 붕괴를 초래할 것이라는 생각에서 볼 수 있듯이, 이 인용문의 표현은 명백히 헤겔적이다. 실제로 이 구절은 『파리수고』와 아주 잘 들어맞는다. 사실 이 구절은 마르크스 전·후기 구분을 강조하는 사람들이 마르크스의 '성숙한' 시기의 위대한 작업으로 간주하는 (1867년 첫 출간된) 『자본론』 제1권 말미에 등장한다. 이러한 구절들은 마르크스 사상에 기본적 변화가 있다는 느낌을 그리 주지 않는다.

실제로 마르크스와 엥겔스 모두가 말년에는 헤겔에 대해 새로운 관심을 드러낸 것으로 보인다(Rigby, 1992: 97). 이것은 역사유물론과 대비되어 변증법적 유물론으로 일컬어지게 된 엥겔스의 이론적 전개 속에서 가장 분명하게 드러난다. 엥겔스의 변증법적 유물론은 변증법을 "자연, 인간사회, 사상의 운동과 발전에 관한 **일반**법칙의 과학"으로 파악하는 관점이다(Engels, 1878: 180). 마르크스 역시 헤겔에 대한 자신의 존경심을 특히 1873년 출간된『자본론』독일어판 제2판 '후기'에서 명백히 드러냈다. 거기서 그는 변증법적 분석 방법과 '헤겔의 손에서' 고통 받은 신비화를 분명하게 구분한다. 마르크스는 계속해서 자신의 과업은 '신비적인 껍질'에서 '합리적인 알맹이'를 추출하는 것이라고 밝히고, 동시에 자신이 여전히 '그토록 위대한 사상가' 헤겔의 제자임을 언명한다(Marx, 1954: 29).

우리가 지적했듯이, 역사유물론은 당시까지 대부분의 사회철학을 구성하던 사변적 형이상학과 결별했다. 하지만 역사유물론은 그 자신의 고유한 문제들을 낳았을 뿐만 아니라 수많은 비판을 불러일으켰다. 이제 그러한 문제들 중 일부를 다루어보자.

사회적 삶의 물질적 토대와 이데올로기

우리는 마르크스와 엥겔스가 사회의 본질과 발전을 어떻게 경제활동, (인간의 삶을 지속시키는) '사회적 생산', 그리고 (점진적으로 사회를 변화시키는) 기술발전 수준과 관련하여 설명하는지를 살펴보았다. 우리는 또한 그러한 유물론적 역사관이 당시의 관념론적 철학과 정치경제학에 대한 비판으로서 형성되었다는 점을 강조했다. 마르크스는 정치경제학자들에 반대하여 사람들이 본래 경쟁적인 개인들이 아니라 무엇보다도 사회에 의해 그들이 경쟁하도록 틀지어졌다고 주장했다. 경쟁적 개인들을 만들어낸 것은 바로 자본주의였다. 인간 의식의 본질적인 사회적 성격에 대한 이 같은 주장은 개인주의적인 사회질서 이론에 대한 비판과 함께 그 후 사회학적 사고에서 하나의 중요한 테마가 되었다. 하지만 역사유물론은 이를 넘어서서, 사람들을 사회화하는 문화 자체가 생산과정에 의해 틀지어진다고 주장한다. 이러한 논점들을 종합할 경우, 우리는 인간 의식은 궁극적으로는 경제과정, 즉 "인간과 현실의 실용주의적 대결"(Poggi, 1972: 94)의 반영이라는 명제에 도달하게 된다.

마르크스와 엥겔스가 경제적 요인에 우위성을 부여한 것은 분명 정신 또는 신이 인간의 기원이라는 신비적 관념을 가지고 있는 독일 관념론자들을 반박하는 것으로 이해되어야 한다. 하지만 일부 학자들은 마르크스와 엥겔스의 유물론이 정신을 물질로 환원시키는 데까지, 즉 인간의 관념에 전혀 독자성을 부여하지 않고 생산력에 의해 결정되는 것으로 보는 데까지 너무 멀리 나아갔다고 주장하기도 한다. 헤겔의 장대한 도식을 승인하지 않는 일부 사람들조차도 헤겔과 마찬가지로 인간에게 독특한 것은 창조적인 정신활동에 종사할 수 있는 능력이라고 주장했다. 이를테면 오직 인간만이 언어를 이용한 상징적 의사소통을 할 수 있다. 그리고 문화의 본질적인 조건이 바로 언어이다. 우리의 사상과 관념이 생산양식에 의해 강하게 영향 받을 수 있다고 주장하는 것과 그것들이 생산양식에 의해 조건지어지거나 결정된다고 주장하는 것은 전혀 다르다. 이 쟁점은 마르크스주의 사상을 해석하는 데서 끊임없는 논쟁의 대상이 되고 있다. 많은 비판가가 마르크스주의를 역사와 문화의 모든 측면에 대해 결정론적 설명을 제시하는 것으로 해석해왔다. 그러나 마르크스와 엥겔스 모두, 그리고 후일의 많은 마르크스주의자들 또한 그러한 주장을 부정하고, 자신들의 주요 목적은 어떤 실제적 상황에서는 문화적 요소와 물질적 요소가 상호작용할 것이라는 점을 인정하는 가운데 관념론적 설명을 비판하는 것이라고 강조한다.

한 사회 속에 확립되어 있는 관념과 믿음은 궁극적으로는 지배적인 생산양식을 반영한다는 주장은 커다란 영향력을 발휘해왔다. 이를테면 종교, 법규, 철학적·예술적 생산물 모두가 그러한 측면에서 검토되었다. 하지만 비판가들은 매우 유사한 생산양식을 갖는 사회들에서도 서로 다른 일련의 종교적 신념체계들이 분명하게 존재한다고 지적해왔다. 어떤 사람들, 특히 대표적으로 막스 베버는 특정한 종류의 종교적 신념은 경제변동 과정을 단순히 반영하기보다는 그 과정에 기여할 수 있다고 주장했다. 또 다른 사람들은 생산력이 사회변화의 원동력이라는 마르크스의 관념 속에 자리하고 있는 하나의 혼동을 간파했다고 주장했다. 특히 생산력의 발전은 무엇보다도 생산과정에 관념과 이성을 적용할 것을 요구하기 때문이다. 그러한 경우 물질적 힘에 설명적 우위성을 부여하기가 어려워진다.

"모든 시대에 지배계급의 관념이 지배적인 관념"(Marx and Engels, 1974: 64)이라는 주장 또한 많은 논쟁을 촉발했다. 이것이 의미하는 바는 지배계급의 성원은 자신들의 물질적 이해관계를 반영하고 고무하는 관념을 받아들이고 그리하여 "관념의 생산과 분배를 규제"할 가능성이 크다는 것이다. 따라서 근대사회에서는 텔레비전 네트워크, 뉴스매체, 오락산업 등을 보유한 덕분에 지배적인 자본가계급이 자신들의 이해관계를 정당화하는 문화적 분위기를 창출할 수 있는 위치에 있다는 주장이 제기되기도 했다. 이것은 직접적 강제, 검열, 또는 간섭을 통해서가 아니라 단지 어떤 관념들은 고무하고 다른 관념들은 하찮아 보이게 만들거나 주변화함으로써 이루어진다. 이러한 방식으로 지배계급은 종속계급이 자신들의 진정한 이해관계를 자각하는 것을 방해하는 지배 이데올로기를

121

확립하고 유지할 수 있다고 주장된다. 하지만 하나의 일관된 '지배 이데 올로기'라는 개념은 몇 가지 이유에서 비판받아왔다. 그 이유는 부분적으로는 그러한 개념의 주창자들이 그것이 실제로 어떻게 작동되는지를 아직까지 규명하지 못했기 때문이고, 부분적으로는 그 개념이 "과잉통합된 사회관을 산출하는 경향이 있기" 때문이다. 그러한 사회관은 "이데올로기가 하나의 완벽한 전체를 만들어낸다"고 바라보고, "대항문화 또는 종속문화의 영향력을 과소평가한다"(Abercrombie et al., 1980: 159).

이와 관련된 관념이 **계급의식**이라는 관념이다. 마르크스에 따르면, 사회계급의 성원들은 갈등 경험을 통해 자신들의 진정한 집합적 이해관계를 자각하게 된다. 이를테면 부르주아 의식이 귀족과 오랫동안 투쟁하는 가운데 형성되었듯이, 프롤레타리아의 계급의식도 자본주의의 기본 모순이 더욱 분명해짐에 따라 발전한다. 이러한 방식으로 왜곡된 '허위'의식이 사라지고 보다 정확한 자신들의 이해관계를 성찰할 수 있게 됨에 따라 '즉자적' 계급이 '대자적' 계급으로 전화된다. 하지만 문제는 서구의 성숙한 자본주의사회에서 노동계급 의식이 출현하지 않았다는 것이다. 게다가 많은 이론가가 비경제적인 요인들이 집합행위와 개인의 정체성 형성에 지속적으로 강력하게 영향을 미치고 있음을 지적해왔다. 다시 말해 젠더, 인종, 종교, 민족성 등이 사회적 차별화의 중요한 원천으로 여전히 남아 있고, 그것들은 마르크스주의 이론의 기본적 계급분열과는 쉽게 조화될 수 없다는 것이다.

토대와 상부구조

마르크스에서 등장하는 중요한 은유 중의 하나가 사회는 하나의 근본적인 경제적 토대를 가지며 그 사회의 사회적·문화적 제도가 경제적 토대에 근거한다고 묘사하는 것이다. 예상할 수 있다시피 이 이미지는 많은 비판을 받아왔다. 우리가 이미 개괄적으로 살펴보았듯이, 그 은유가 사회적 삶과 사회변동에 대한 결정론적 견해로 이어지며 인간 의식의 자율성을 부정하는 결과를 낳기 때문이었다. 일부 이론가들, 특히 알튀세 역시 미묘하고 복잡한 이론적 관점을 경직되게 그리고 지나치게 단순화하여 해석한다는 점에 근거하여 이러한 이미지를 거부한다. 그럼에도 불구하고 경제적 요인과 사회적 요인 간의 관계에 대한 개념화는 여전히 쟁점이 되고 있다. 우리가 앞서 제시한 바 있듯이, 마르크스는 실제 사회적 상황을 분석하면서 비경제적 요인의 중요성이 사건의 경과에 영향을 미칠 수 있다는 것을 인정했다. 그것은 특히 『루이 보나파르트의 무월 18일』에서 마르크스가 1851년 프랑스에서 발생한 루이 나폴레옹의 쿠데타를 해석하는 데서 가장 현저하게 나타난다.

거기에서 마르크스는 "3600만 명의 인구를 지닌 국가가 어떻게 아무 저항도 하지 못한 채 세 명의 사기꾼들에 의해 불시에 기습되어 점령될 수 있었는지"(Marx, 1852: 304)를 설명한다. 그는 장기적인 경제적 추세뿐만 아니라 정치적 사건들이 지닌 독자적이고 예측할 수 없는 계기들 — 루이 나폴레옹이 조직화되지 않은 수많은 농민은 물론, 파리의 룸펜 프롤레타리아, '금융귀족'과 같은 다양한 원천으로부터도 지지를 이끌어낼 수 있도록 해준 — 도 강조했다. 일부 학자들은 이 분석을 마르크스의 두 측면, 즉 경제적 요소와 프롤레타리아의 냉혹한 운명을 강조한 마르크스의 순수 이론적 저작 및 정치적 논증법이라는 한편과, 실제 사건들의 계기에 대한 그의 예리하고 감수성 있는 해석 — 정치적·문화적·개인적, 그리고 심지어는 우연적 요소들이 갖는 독자적 효과를 인정하는 — 이라는 다른 한편을 분명히 구분할 필요성을 보여주는 증거로 간주한다. 우리가 살펴보았듯이, 『루이 보나파르트의 무월 18일』은 또한 마르크스가 역사유물론과 계급 환원주의로부터 "상부구조, 특히 정치적 관료제의 상대적 자율성"(Rattansi, 1982: 107)을 인정하는 쪽으로 나아가고 있음을 보여주는 증거로도 독해되어왔다.

확실히 『루이 보나파르트의 무월 18일』에서 마르크스가 수행한 분석은 그보다 약 5년 전에 쓴 『철학의 빈곤』의 몇몇 유명한 구절로부터 상당히 벗어나 있는 것으로 보인다. 마르크스는 『철학의 빈곤』에서 "손절구가 봉건영주의 사회를 가져다주었다면, 증기제분기는 산업자본가의 사회를 가져다주었다"(Marx, 1847: 95)고 주장했었다. 그러나 토대-상부구조의 은유를 '상대적 자율성' 관념으로 대체하는 것은 그 자체의 문제를 야기한다. 그러한 요소들이 얼마나 자율적인가? 그리고 만약 '상부구조'가 '토대'에 영향을 미칠 수 있다면, 그 둘을 구분하는 것은 무엇인가? 엥겔스는 이러한 난점을 극복하고자 하는 시도 속에서 자신과 마르크스가 상부구조가 토대에 의해 결정되는 것으로 간주했다는 것을 부인하고, 그 대신 토대와 상부구조 간의 변증법적 '상호작용'에 대해 이야기하면서 경제적 요소가 승리하는 것은 "최후에 이르러서"뿐이라고 주장했다(Rigby, 1992: 167).

마르크스와 마르크스주의자들 그 어느 누구도 경제적 '토대'가 사회적 '상부구조'를 결정한다는 단순 모델에 합심하여 헌신하지 않았다. 실제로 그것들의 상호 효과, 특히 경제활동에 대한 국가의 영향과 이데올로기적 요소의 효과에 많은 주의를 기울여왔다. 하지만 그러한 분석이 방금 지적한 문제들을 극복했는지는 그리 확실치 않다. 럭비가 지적하듯이,

마르크스주의의 딜레마는 한편으로는 경제 환원주의적 역사철학이 갖고

있는 위험과 다른 한편으로는 사회적 상부구조에 너무 많은 자율성을 부여함으로써 더 이상 마르크스주의적인 것으로 인식되기 어려운 분석 사이에서 중간의 경로를 유지하는 것이다.(Rigby, 1992: 177)

마르크스와 엥겔스는 생산양식의 근본적 중요성을 강조함으로써 사회학적 사유에 엄청난 기여를 했지만, 경제제도와 다른 제도들 간의 관계의 정확한 성격은 마르크스주의 사회사상에서뿐만 아니라 보다 일반적인 사회학에서도 여전히 하나의 문제로 남아 있다. 우리가 앞으로 살펴보듯이, 이것은 또한 막스 베버가 몰두한 문제이기도 하다.

'토대'와 '상부구조'의 은유, 그리고 보다 일반적으로는 역사유물론과 관련하여 제기되는 마지막 의문은 궁극적인 사회변화가 기술변화의 결과인가 하는 것이다. 우리는 이미 기술발전이 통상적으로 지적 작업의 결과이기 때문에 '물질적인 것'과 '관념적인 것'의 구분은 유지되기 어렵다는 주장에 주목한 바 있다. 그것은 또한 마르크스주의자들이 자본주의 산업화의 결과로 바라본 다수의 사회제도와 문화적 발전이 사실 그 전에도 분명하게 존재했다는 역사적 사실에 의해 부정되어왔다. 이를테면 교구 기록에 대한 맥팔레인(MacFarlane, 1978, 1986)의 영향력 있는 분석은 봉건사회에 대한 기존의 일부 믿음과는 반대로 '근대적' 결혼과 친족 유형이 13세기에도 많이 발견될 뿐만 아니라 그 당시에도 토지시장이 광범하게 존재했다는 것을 보여준다.

이것은 경쟁자본주의의 결과이자 봉건적 삶의 안티테제로 여겨져왔던 개인주의적·경제합리적 지향들이 '산업혁명 **이전에도**' 이미 잘 확립되어 있었다는 것을 의미한다. 우리가 앞으로 살펴보듯이, 막스 베버는 16세기 이후 유럽의 종교적 관념의 변화를 경제변화의 결과가 아니라 자본주의적 경제활동이 발전하는 데 중요한 역할을 한 우연적 요소로 이해한다. 다른 학자들은 산업혁명이 자본주의를 촉진한 원동력이기는커녕 생산의 산업화 이전에도 자본주의 제도가 이미 잘 발전되어 있었다고 주장한다. 이를테면 브로델(Braudel, 1984: 621)은 15~18세기 유럽의 일상생활에 대한 자신의 방대한 연구를 다음과 같은 경고로 결론짓는다. 자본주의 발전을 일련의 질서지어진 단계 ― 상업자본주의, 산업자본주의, 금융자본주의 등 ― 로 이해하고 '진정한' 자본주의는 "그것이 생산을 인계받는 오직 마지막 단계에서" 출현한다고 보는 것은 '잘못'이다. "자본주의의 모든 형태 ― 상업자본주의, 산업자본주의, 금융자본주의 ― 는 이미 13세기에는 플로렌스에서, 17세기에는 암스테르담에서, 그리고 18세기 이전에는 런던에서 진전되었다."

게다가 경쟁이 증대된 결과 산업생산에서 발생한 최초의 엄청난 수익, 즉 '호황'이 19세기 초에 끝났을 때, 자본주의는 시장투기, 무역, 식민지 착취 등 초기 자본주의를 특징짓던 금융자본주의로 '복귀'하기도 했다(Braudel, 1984: 621). 이러한 관점에서 볼 때, 자본주의와 산업주의의 관계는 마르크스의 역사유물론이 인정하는 것보다 훨씬 더 복잡하다. '산업혁명'의 첫 번째 주목할 만한 단계 동안에 기술변동률이 실제로는 아주 낮았다는 경제사가들의 주장을 받아들일 경우, 그 관계는 훨씬 더 불확실하다.

이 논쟁에서 일반적으로 도출된 결론은, 자본가들은 증기제분기 이전에 출현했고 자본주의사회의 사회관계는 '생산양식'의 변혁 이전에 잘 발전되어 있었다는 것이다. 계급갈등으로 표출되는 기술변동을 사회변화의 궁극적 원천으로 간주하는 역사이론으로서의 역사유물론은, 비록 대부분의 마르크스주의자들이 반발하겠지만, '지속될 수 없을'지도 모른다

(Kolakowski, 1978: 369). 그럼에도 불구하고 우리의 일상적 경험에서 알 수 있듯이, 사회적 삶의 유형이 생산양식과 기술변동에 의해 일정 정도 근본적인 방식으로 틀지어진다는 주장이 터무니없는 것은 아니다. 사회학적 문제는 그 관계를 어떻게 구체화하는가 하는 것이다. 물론 이 주제는 뒤르켐과 베버 또한 상당한 관심을 기울인 테마이다.

변증법적 과정으로서의 역사변동

변증법적 방법은 여전히 마르크스 저작의 중심에 자리하고 있는 헤겔 사상의 원리들 중 하나이다. 역사는 인간이 처음에는 자연의 힘에 종속되고, 다음에는 자연을 극복하기 위해 투쟁하고, 마침내 자연에 대한 통제권을 획득함으로써 해방을 이룩하는 변증법적 과정으로 이해된다. 그 각각의 단계에는 대립하는 계급들 간의 갈등이 존재하고, 그 계급갈등을 통해 다음 단계로 넘어간다. 놀랄 것도 없이 이에 대한 주요한 반론들 중 하나가 이러한 변증법적 유형이 역사적 기록과 부합하지 않는다는 것이다. 다시 말해 역사는 서로 대립되는 단계들 중 하나의 유형으로 환원될 수 없다는 것이다. 게다가 일부 학자들은 역사가 어떤 특정한 유형 — 그것이 진보적이든 또는 그렇지 않든 간에 — 을 드러낸다는 관념을 거부하기도 한다. 또다시 베버가 그러한 학자들 가운데 한 사람이다.

다른 비판가들은 마르크스, 그리고 특히 엥겔스의 역사에 대한 설명이 사회변화에 관한 결정론적 견해를 포함하고 있다고 바라본다. 다시 말해 그들이 주요 사건과 역사 경로 자체가 경제적 요인들에 의해 결정된다고 파악한다는 것이다. 우리가 살펴보았듯이, 마르크스는 사회발전에 대해 논의하면서 '자연법칙의 냉혹성'을 언급한다. 인간 의식에 대한 유물론적 설명이 정신의 자율성을 부정하는 것과 마찬가지로, 그러한 견해는 인간의 자유의지를 부정한다고 주장된다. 반면 많은 마르크스주의자들은 역사유물론이 그러한 함의를 지니고 있다는 것을 부정하고, 그러한 사실은 마르크스와 엥겔스의 텍스트에서 뒷받침된다고 주장한다.

사회변화에서 혁명의 역할이 갖는 중요성 또한 논쟁의 대상이 되어왔다. 우리가 지적했듯이, 사회의 총체적 변혁이 초월적인 인간해방의 시대를 낳을 것이라는 주장이 역사에 대한 변증법적 설명으로부터 도출되었다. 그렇다면 역사가 왜 이 궁극적 단계에 도달해야 하고 역사는 왜 해피엔딩이어야만 하는가? 종교가 내세에서의 구원과 천년왕국에서의 해방 등을 약속함으로써 호소력을 지녔던 것과 거의 동일한 방식으로 그러한 전망이 억압받고 궁핍화된 사람들에게 호소력을 발휘한다는 것은 의문의 여지가 거의 없다. 그러나 혁명의 필연성에 대한 그러한 믿음은 엄격한 이론적 함의를 넘어서는 신앙의 한 항목이라고 지적되기도 했다 (Kolakowski, 1978: 373). 게다가 마르크스와 엥겔스는 언제 그리고 어떻게 혁명이 일어날 것인지를 분명히 밝히지 않았다. 혁명이 임박했다는 그들의 초기 믿음은 후기에는 확실히 희미해졌다. 자본주의가 본질적으로 불안정한 경제체계임을 보여주는 것이 자본주의의 붕괴가 필연적이라거나 그러한 붕괴가 공산주의사회의 수립으로 이어질 것임을 의미하지는 않는다.

그러나 자본주의 붕괴의 필연성을 받아들인다고 하더라도, 어떠한 종류의 사회가 그것을 계승할 것인지는 분명하지 않다. 공산주의사회에 대한 마르크스의 전망은 단일 정당에 의해 통제되는 관료제적 국가가 아니었다. 그와 반대로 그는 공산주의사회에서는 개인의 이해관계와 공동체의 이해관계가 조화를 이루고, 노동의 고통에서 해방된 자유로운 존재들이 자신들의 진정한 자아를 표현할 수 있으리라고 예견했다. 하지만 비판가들은 그러한 묘사는 마르크스가 격렬하게 공격했던 사회주의 사상가들의 묘사와 마찬가지로 유토피아적이라고 생각했다. 어떤 사람들은 분업이 종식되고 국가가 '소멸하고' 사적 소유가 제거된 사회가 실현 가능한지를 의심했다. 생산과 분배는 어떻게 이루어질 것인가? 그러한 사회는 어떻게 조직될 수 있을 것인가? "각자로부터 그의 능력에 따라, 각자에게 그의 필요에 따라"라는 원칙이 실제로 준수되리라는 것을 누가 보증할 수 있는가? 마르크스는 이 모든 것이 인간 소외 ― 경험적 분석이라기보다는 선험적인 철학적 몰입으로부터 도출된 관념인 ― 가 종식되는 것과 함께 일어날 것으로 보았다.

자본주의사회

1857~1858년 런던에 머물던 겨울 동안에 마르크스는 자신이 구상한 정치경제학 비판의 개요, 즉 『강요』를 저술했다. 비록 출판을 위해 쓴 것은 아니었지만, 이 저술은 그의 초기 저작에서 드러나는 보다 철학적인 관심과 후기에서 드러나는 경제적 관심 간의 연결고리는 물론 마르크스가 의도한 대작의 계획을 알려주는 중요한 문건이다. 자신의 접근방식과 정통 정치경제학자들의 접근방식을 설득력 있게 대비시키고 있는 『강요』의 서문은 사회학적으로 가장 중요한 마르크스 저술들 중의 일부를 담고 있다. 그는 모든 생산의 **사회적** 성격을 강조하는 것에서 시작하면서 정치경제학자들이 독립적인 개별 노동자 개념과 같은 기본 개념을 당연한 것으로 간주한다고 공격한다. 그것은 역사적으로 불가능할 뿐만 아니라 이론적으로도 허구이다. 자본, 사유재산, 임금노동, 가격, 교환과 같은 다른 개념

들도 객관적·보편적인 것이 아니라 특정한 생산양식, 즉 자본주의에만 관련된다. 마르크스는 이 모든 '추상적 범주'들은 명백한 일반성에도 불구하고 "역사적 관계의 산물로, 즉 오직 역사적 관계와 관련해서만, 그리고 그것 내에서만 완전한 타당성을 지니는" 것으로 이해되어야만 한다고 결론짓는다(Marx, 1973: 105).

정치경제학자들의 관념은 특정한 시간과 공간, 그리고 구체적 사회, 즉 자본주의사회의 산물이었다. 1850년대경에 마르크스가 자본주의에 대해 가지고 있던 관심의 성격이 변화한 것은 분명하다. 소외와 그 결과에 대한 초기의 관심이 점차 착취에 대한 몰두로 이전되었다(하지만 우리가 살펴보았듯이, 이러한 관심 전환이 갖는 중요성과 관련하여 일부 논쟁이 일기도 했다). 마르크스가 볼 때, 자본주의경제의 근본적 특징은 그것이 **상품**의 생산과 교환을 포함한다는 것이다. 즉, 재화는 시장에서 판매되기 위해 생산된다. 상품의 가치 척도는 화폐이다. 등가의 가치를 지닌 상품은 똑같은 화폐의 양, 즉 상품의 교환가치로 판매될 수 있다. 자본주의하에서의 상품을 다른 사회에서 생산된 종류의 유용한 물건과 구별짓는 것이 바로 교환가치이다. 교환가치는 조직화된 생산, 시장 등과 같은 특정한 일단의 사회적 관계를 전제로 한다. 자본주의에서는 교환가치에 대한 고려가 사용가치에 대한 고려를 능가한다. 왜냐하면 생산이 사람들이 실제로 필요로 하거나 원하는 것에 의해서가 아니라 시장수요에 의해서 규정되기 때문이다.

잉여가치 이론과 착취   시장에서 물건의 교환가치를 결정하는 것은 무엇인가? 우리가 앞서 살펴보았듯이, 마르크스는 일반적으로 그 당시 정치경제학자들의 설명, 즉 상품가치의 원천은 그 생산에 필요한 인간 노동의 양이라는 설명을 받아들인다. 이것은 생산이 이루어지는 일단의 사회적 관계를 전제로 한다. 그리고 마르크스는 다시 한 번 더 자본주의 생산에서 인간과 사물 간의 실제 관계가 전도되는 경향을 간파한다. "인간 노동의 사회적 성격이 그들에게는 그 노동의 산물에 각인된 대상의 성격으로 나타난다"(Marx, 1954: 77). 비록 상품가격이 상품에 내재된 가치를 표현하는 듯이 보이지만, 사실은 상품의 가치는 생산의 사회적 관계를 반영한다. 일단 물건이 상품이 되면 그 상품이 갖게 되는 '불가사의하고' '신비한' 속성에 대해 마르크스가 언급하는 이유도 바로 이것 때문이다. "인간 간의 일정한 사회적 관계가 …… 사물 간의 관계라는 환상의 형태를 …… 취한다"(Marx, 1954: 76~77). 마르크스는 계속해서 이러한 상황은 인간정신의 창조물이 인간이 복종해야만 하는 살아있는 독자적 존재로 간주되는 종교의 세계와 유사하다고 지적한다. 사실 포이어바흐의 종교 비판에 대한 반발에서 형성된 소외에 대한 그의 초기 생각과 『자본론』의 첫 출발점인 '상품물신주의'(Marx, 1954: 77)에 대한 그의 논의 간에는 유사성이 존재한다. 일단 상품생산이 정착되면, 사람들은 "인간의 힘을 발휘하기보다는 그것에 의해 노예화되는 것에 동의한다"(Kolakowski, 1978: 277). 시장이 어떤 물건이 언제 어떻게 생산되어야 하는지를 명령하게 되고, 합리적 인간 활동은 시장의 힘에 복종하도록 규정된다. 시장의 힘이 아무런 제약 없이 작동할 수 있게 됨에 따라 인간은 자신들의 삶과 사회에 대한 통제를 포기한다.

따라서 비록 상품의 가치가 상품에 내재하고 인간 활동과 무관하게 **보이**지만, 자본주의 생산에서 상품가치의 원천은 상품이 구현하고 있는 '사회적으로 필요한' 노동이다. 일단 노동 자체가 상품이 되고 나면, 그다음의 결과들이 이어진다. 다른 모든 상품과 마찬가지로, 자본가의 수요가

131

제2장 카를 마르크스

노동자의 공급에 의해 충족되는 노동시장이 출현한다. 노동의 가격은 자본가가 특정 용역의 대가로 노동자에게 지불하는 임금이다. 정통 정치경제학자들이 볼 때, 임금교섭은 다른 경우와 마찬가지로 시장거래이다. 어떤 경우에서든 자본가가 구입하는 것과 노동자가 제공하는 것이 동등한 가치를 갖는다면, 이윤의 원천은 무엇인가? 바로 여기서 마르크스는 정통 정치경제학자들과 결별한다. 마르크스는 인간노동의 독특하면서도 구체적인 속성인 노동의 '사용가치'가 소재의 가치에 덧붙여질 새로운 가치를 생산과정을 통해 생산한다고 주장한다(Mandel, 1983: 191). 그러나 모든 상품의 교환가치와 마찬가지로 노동의 교환가치도 노동의 생산과 재생산에 요구되는 사회적으로 필요한 노동비용을 반영한다. 노동자는 자신의 노동이 자본가에게 어떠한 가치를 지니기 위해서는 이 세상에 태어나서 성장하고 의식주를 해결하고 교육을 받아야 한다. 이 모든 것은 노동자가 받은 임금으로부터 지불된다. 그리고 이것이 아마도 마르크스 경제이론의 요체이기도 할 것인데, 노동의 '사용가치', 즉 생산과정에서 가치를 부가할 수 있는 노동의 능력이 노동의 가격이나 임금으로 표현되는 교환가치보다 일반적으로 더 크다. 그러므로 노동자를 고용하는 비용과 그들이 생산하는 가치 간에는 차이가 존재한다. 마르크스는 이 차이를 **잉여가치**(surplus value)라 부르고, 그것이 **모두** 자본가에 의해 전유된다고 지적한다. 왜냐하면 생산되는 것 모두가 자본가의 사유재산이 되기 때문이다.

마르크스는 잉여가치 이론을 통해 자신이 자본주의 생산에서 발생하는 이윤의 원천을 규명했다고 믿었다. 분명 잉여가치는 이윤과 다르다. 왜냐하면 생산된 재화는 시장에서 팔려야만 하고, 그것은 불가피하게 유통, 광고, 관리 등의 비용을 수반하기 때문이다. 게다가 재화가 희망 가격이하로 팔릴 수도 있고, 팔리지 않고 재고로 남을 수도 있다. 그럼에도 불구하고 생산품은 일반적으로 시장에서 이윤을 산출하고, 자본가가 그 이윤을 수취한다. 마르크스는 자신의 초기 저작에서처럼 자신의 이론에서 인간 노동에 특별한 지위를 부여한다. 하지만 이제 그가 자본주의 생산을 원칙적으로 거부하는 까닭은 그 속에서 사람들이 비인간화되기 때문뿐만 아니라 자본가와 노동자의 관계가 **본질적으로** 착취적이기 때문, 즉 프롤레타리아의 노동이 산출해낸 잉여가치가 자본가의 소유가 되기 때문이다. 이것이 지니는 정치적 함의는 프루동의 구호, 즉 "소유는 절도이다"로 요약된다.

그러므로 자본주의에서 착취는 문제가 된 임금이나 급여의 실제적 수준과 관계없이 어떠한 임금교섭에서도 본질적인 요소로 간주된다. 따라서 잉여가치 이론이 단지 착취가 자본가가 노동자를 빈곤하게 하는 문제 ― 비록 그러한 일이 꽤 발생하기는 하지만 ― 라고 제시하기만 하는 것은 아니다. 요점은 이러한 관점에서 보면 훨씬 많은 임금을 받는 경영자와 전문가들조차도 착취당하고 있다는 것이다. 왜냐하면 그들이 자신들의 노동가치보다 덜 지급받기 때문이다. 게다가 임금교섭은 자유롭게 참여할 수 있는 계약이 아니다. 아주 단순하게 말하면 자신들의 노동력이 유일한 재산인 노동자들은 노동력을 자본가에게 판매해야만 하며, 그렇지 않으면 굶주릴 수밖에 없다. 경제생활의 토대, 따라서 사회조직의 토대는 자유로운 선택이 아니라 (비록 겉으로 드러나지 않지만) 강제와 소외이다.

자본주의 구조의 숨은 동학　　예상할 수 있다시피 자본주의 사회의 경제적 토대에 대한 마르크스의 모델은 수많은 비판을 받아왔다. 최근 경제학자들은 그의 분석 기법을 진부하고 의심스러운 것으로 간주한다. 이를테면 사용가치와 교환가치의 구분이 실제로 유지되기 어렵다. 그러한 구분은 노동가치 이론처럼 사물이 실제적 또는 본질적 가치를 지닌다는 가정에 의거한다. 두 개의 상품이 동일한 시장가치를 갖는다고 해서 바로 그 상품들이 그러한 가치를 표현하는 어떤 공통의 속성을 공유하지는 않는다. 그것은 단지 특정의 사회적 조건하에서 사람들이 그 상품들을 동등한 양의 화폐로 교환할 준비가 되어 있다는 것을 의미할 뿐이다. 이를테면 콜라코프스키는 '실재적 가치'라는 관념 그 자체는 중세적 사고의 반향이며, "그것은 표면적인 현상 이면에 숨어 있는 '본질'을 밝힐 것을 주장하면서도 그것이 지칭하는 바에 대해 어떤 확인도 반박도 할 수 없는" 것이라는 의미에서 형이상학적이라고 지적한다(Kolakowski, 1978: 327).

하지만 다른 사람들은 부르주아 경제학자와 정치철학자들이 자유롭고 공정한 교환, 개인의 자유, 그리고 인간성 실현의 사회라고 묘사한 자본주의사회의 **현상**(appearance)과 마르크스가 자신의 분석에서 그 '신비적 베일'을 벗김으로써 착취와 강제와 비인간화 사회라고 폭로한 자본주의사회의 **실체**(reality)를 마르크스가 구분한 것에 매료되었다(Marx, 1954: 84). 마르크스가 다른 곳에서 지적했듯이, 만약 사물이 눈에 보이는 그대로라면 진리를 발견하기 위한 과학은 필요 없을 것이다. 왜냐하면 그것은 우리에게 아주 자명할 것이기 때문이다. 따라서 인간사회에 과학이 존재한다. 20세기 사회사상에서 매우 영향력 있었던 이 주장이 함축하는 것은 사회의 작동을 이해하기 위해서는 즉각적인 경험 너머로 나아가서 사회의 현상과 형태를 결정짓는 저변에 깔려 있는 진정한 구조와 과정을 탐색해야 한다는 것이다. 고들리에(Godelier, 1978: 78)가 지적하듯이, "마르크스에게서 자본주의체계에 대한 과학적 이해는 가시적인 기능 이면에 숨어 있는 내적 구조를 발견하는 것에 있다".

현상과 실체 간의 이러한 대비를 가장 잘 보여주는 최고의 사례가 임금교섭이다. 자본주의적 고용주는 임금교섭을 통해 노동자의 노동에 대해 임금을 지급한다. 우리가 살펴보았듯이, 부르주아 경제학자들이 당연한 것으로 간주하는 현상이 공정교환이다. 즉, 그들은 각 계급이 자신들이 가질 자격이 있는 것을 이윤 또는 임금의 형태로 취한다고 바라본다. 물론 마르크스가 볼 때, 실체는 전혀 다르다. 생산의 사회적 관계는 '잉여가치'의 전유를 통해 자본가가 노동자를 체계적으로 착취하는 것을 포함한다. 마르크스에 따르면, 정통 정치경제학자들의 개념들은 실제의 사회적 관계를 모호하게 신비화하고 있으며, 그것이 지배계급의 이익을 유지하는 데 기여한다는 점에서 이데올로기적이다.

사회적 삶에 숨어 있는 내적 논리 또는 근원적 구조가 존재한다는 생각은 사회사상에서 하나의 완연한 학파를 탄생시켰다. "마르크스가 구조를 가시적 관계와 혼동해서는 안 되며 그러한 관계의 내부에서 작동하는 논리를 설명해야 한다고 가정했을 때, 그는 근대 구조주의의 전통을 개막한 것이다"(Godelier, 1978: 80). 이러한 전통을 최초로 현시했고 여전히 가장 영향력을 발휘하고 있는 것 중의 하나가 1916년에 출간된 페르디낭 드 소쉬르(Ferdinand de Saussure)의 『일반 언어학 강의(Cours de linguistique générale)』이다. 구조주의적 사고는 언어학에서부터 인류학, 문학이론, 문화연구에까지 서서히, 하지만 지속적으로 확산되었다. 마르크스주의 학자들 가운데서는 1970년대에 프랑스 철학자 루이 알튀세의 작업을 통해 구조주의적 사상이 크게 부활했다. 앞서 언급한 것처럼, 알튀세는 마르크스의 초기 저작과 후기 저작 사이에는 명백한 분열, 즉 '인식론적 단절'이 존재한다고 주장했다. 초기 저작이 인간주의적이고 사변적이라면, 후기 저작은 철저히 과학적이라는 것이었다. 알튀세는 마르크스가 사회 또는 '사회구성체'에 대한 과학적 분석의 원리를 발전시키기 시작한 것은 바로 이 두 번째의 성숙 단계에서였다고 믿었다. 그 원리는 사회적 삶의 유형이 형성되는 과정을 지배하는 심층구조에 대한 규명과 검토를 포함했다. 따라서 알튀세와 구조주의자들에게서 사회과학자의 연구대상이 되는 실체는 인간과 그들에게 친숙한 일상세계가 아니라 그 친숙한 현상세계를 만들어내는 숨어 있는 근원적인 구조이다.

그것으로부터 다수의 중요한 이론적 결과들이 도출된다. 첫째, 상호 연관된 부분들의 복합체이자 서로 간의 상호작용에 의해 그 형태가 결정되는 하나의 총체로서의 사회 개념에 확고한 강조점이 두어진다. 둘째, 과학적 관심은 개별 인간보다는 전체를, 그리고 그 전체를 산출하는 구조를 지향한다. 실제로 서구의 사회적·정치적·철학적 사고에서 개별 '주체'는 '사회구성체'의 원인이라기보다는 결과로 인식된다. 사회적 존재인 우리는 사회구성체의 산물이다. 셋째, 구조주의에 대한 알튀세의 정식화에서 우리의 행위와 사고는 사회적 삶의 근원적인 구조들에 의해 결정된다.

그러나 알튀세의 사회적 총체성(social totality) 관념은 사회적 전체를 본질의 표현으로 파악한 헤겔의 관념에서 크게 벗어나 있다. 알튀세에서 단일 중심은 존재하지 않는다. 그리고 그는 사회적 삶을 설명하는 데서 경제적 요소에 우위성을 두고 '상부구조'에 대한 '토대'의 궁극적 우선성을 부여하는 방식으로 마르크스를 독해하는 것을 거부한다. 오히려 알튀세의 사회관은 당연히 서로 모순적일 수도 있는 구조들의 다층적 복합체로서의 '총체성' 개념으로, 이 개념 속에서 각 구조의 형태들은 다른 모든 구조들의 작용에 의해 영향 받거나, 또는 알튀세가 정신분석 이론으로부터 차용한 용어를 사용하면 '중층적으로 결정된다(over-determined)'. 따라서 사회구성체는 '탈중심화된다'. 하지만 어떠한 특정 시기에도 '지배적인 구조'가 존재하며, 근대 자본주의사회에서 가장 효과적인 구조는 경제와 국가이다. 국가는 군대, 경찰, 법정과 같은 '억압적 국가기구 (repressive state apparatus)'와 교회, 가족, 그리고 무엇보다도 교육제도 — 단지 지식을 전달하기만 하는 것이 아니라 "지배 이데올로기 또는 그것의 '관행' 의 지배에 종속되게 만드는"(Althusser, 1971) 방식으로 지식을 전달하는 — 와 같은 '이데올로기적 국가기구(ideological state apparatus)'를 통해 통제력을 행사한다.

구조주의적 마르크스주의가 산출한 분석 유형의 한 사례가 니코스 풀란차스(Nicos Poulantzas)의 국가 연구이다. 풀란차스(Poulantzas, 1973)는 자본주의사회에서 국가는 경쟁하는 이해관계들 간의 공정한 게임을 보장하는 중립적 심판자라는 부르주아의 주장과, 국가는 단지 자본가 계급의 이해관계를 반영할 뿐이라는 마르크스주의자들의 주장 모두에 반대하여, 국가의 기능은 항상 파편화 경향에 의해 위협받는 자본의 정치적 통일성을 보장할 뿐만 아니라 그것에 상응하여 생산이 점점 더 집중되며 계급의식이 발생하는 것을 막음으로써 프롤레타리아를 해체하는 것이라고 주장했다. 그러한 목적을 달성하기 위해서는 국가는 자본가 계급으로부터 상대적으로 자율적이어야만 한다. 즉, 자본의 전반적인 장기적 이해관계를 보호하기 위해서는 국가가 자본가 계급 내의 특정 개인이나 집단의 즉각적인 단기적 이해관계와 너무 긴밀하게 연결되어서는 안 된다. 풀란차스는 자신의 분석에서 국가의 '객관적' 성격 — 즉, 자본주의 생산양식을 보호하는 기능 — 과 '주관적' 측면 — 즉, 국가기구를 작동하고 통제하는 특정한 사람들, 그들의 계급적 기원과 제휴관계 등 — 을 구분한다. 이러한 점에서 풀란차스의 이론은 국가의 친자본주의적 성격을 고위 공무원의 사회적 배경, 엘리트 성원들 간의 대인적 연계고리 등과 관련하여 설명하고자 했던 사람들 - 이를테면 밀리반트(Miliband, 1969) - 을 무시한다.

　일부 비판자들이 볼 때, 구조에 대한 강조는 실제 사람들의 합목적적 행위를 무시하고 실체가 궁극적으로 무형적이며 비가시적인 구조 속에서 발견될 수 있다고 주장함으로써 관념론을 재생산한다(Thompson, 1978: 196). 실제로 이러한 비판의 많은 것 속에는 청년 헤겔리안들이 관념과 이론에 사로잡힌 나머지 현실 세계의 문제들을 다루지 않는 것에 대한 마르크스의 안타까움이 담겨 있다. "알튀세주의자들의 자기만족적 내성(navel-gazing)은 좀처럼 과거나 현재의 실제 역사를 다루는 이론으로 이어지지 않았다. 결국 그들이 주장한 과학으로서의 역사이론은 아무것도 산출하지 못했다"(Merquior, 1986: 155). 그 접근방식은 현실 사회에서의 실제 사람들의 행위와 믿음을 기껏해야 사회구성체에 대한 분석에서 부차적인 것으로 일축하면서 실제의 정치투쟁과 갈등, 그리고 모순을 평가절하하거나 무시했다. 게다가 구조적 '중층결정'과 사회계급의 재생산에 대한 강조는 본질적으로 정적인 사회모델로 귀착되고 말았다. 혁명적 변혁은 말할 것도 없이 사회변화가 어디에서 오는지도 이해하기 어려웠다. 이러한 점에서 톰슨은 구조적 마르크스주의가 아이러니하게도 1950년대 말과 1960년대 초의 기능주의 사회학 - 온갖 부정의와 불평등으로 가득한 기존 사회질서를 정당화하는 데 기여하는 이데올로기적 관점이라고 강력하게 비판받던 - 을 닮아가고 있다고 주장했다. 톰슨은 사회변화의 원천이 자기조절적인 체계나 '중층적으로 결정된' 구조 속에 존재하는 것이 아니라 자신들의 이해관계를 추구하는 실제 사람들의 행위 속에 존재한다고 말한다. 구조주의자들이 한 것이라고는 "인간의 투쟁 경험으로부터 형성되는 자기규정적인 역사적 구성물"인 계급을 "정적 범주로 또는 배후구조 - 인간이 형성자가 아니라 매개체일 뿐인 - 의 효과"로 환원시킨 것이다(Thompson, 1978: 238).

자본주의의 발전   마르크스는 자본주의가 변혁될 것이고 그 속에서 계급이 주요한 역할을 수행할 것이라는 확고한 신념을 계속해서 견지했다. 그는 자본주의적 생산에서는 화폐와 상품 간의 일반적 관계가 전도된다고 주장했다. 전(前) 자본주의적 생산에서는 생산자가 재화를 시장에 가지고 가서 화폐를 얻기 위해 재화를 판매하고, 그다음에 그 화폐를 자신과 가족들이 살아가는 데 필요한 다른 재화를 사기 위해 지출하는 식의 상품 → 화폐 → 상품의 순환을 되풀이한다. 화폐는 자본으로 기능하지 않는다. 즉, 화폐는 단지 동등한 가치를 지닌 상품을 교환하는 수단일 뿐이다. 하지만 자본주의에서 이 관계는 반대로 된다. 자본가는 화폐를 상품을 생산하기 위해 사용하고, 그 상품은 이윤을 위해 판매되어 더 많은 화폐를 산출한다. 즉, 화폐 → 상품 → 화폐의 순환이다. 자본주의 생산양식에서는 그 이름에서부터 화폐가 자본이다. 왜냐하면 화폐가 이윤을 낳을 것이라는, 즉 스스로를 증식시킬 것이라는 기대 속에서 생산과정에 투자되기 때문이다. 그것이 자본가를 유인하고 동기짓는다. 우리가 살펴보았듯이, 이윤은 자신의 재생산 비용보다 큰 가치를 생산하는 노동능력이 낳은 독특한 결과인 잉여가치를 전유하는 것에서 비롯된다.

하지만 이윤을 실현하는 과정에서 자본가들은 불가피하게 두 가지 근본적인 갈등에 빠지게 된다. 무엇보다도 그들은 다른 자본가들과의 불가피한 경쟁에 직면한다. 둘째로, 그들은 자신들이 의존하는 노동의 제공자인 노동자들과도 피할 수 없는 갈등상태에 빠진다.

자본가들 간의 경쟁   정통 정치경제학자들이 볼 때, 자본주의의 역동성은 자본주의의 장점 중 하나이며, 바로 그 역동성이 소비자들로 하여금 개선과 혁신을 통해 자신들의 생활수준이 나아질 것으로 기대할 수 있게 한다. 하지만 마르크스가 볼 때, 상황은 훨씬 덜 자애롭다. 생산에 대한 투자가 오직 이윤율이라는 기준에 의해 지배될 때, 특정 상품의 생산이 상품을 처리할 수 있는 시장능력을 능가할 가능성이 언제나 존재한다. 이윤의 측면에서는 최초의 생산자가 이점을 지니는 경향이 있지만, 그것도 단지 일시적일 뿐이다. 일단 많은 경쟁자들이 시장에 진입하면, 해당 상품의 평균 이윤율은 하락하는 경향이 있다. 따라서 마르크스는 시장을 인간 욕구의 충족을 보장하는 효과적인 조정자라기보다는 '무정부적'인 것으로 보았다. 생산이 이윤추구에 의해서만 통제되기 때문에 생산자와 소비자 간의 직접적인 연계는 깨진다. 따라서 우리가 살펴보았듯이, 자본주의 경제에서는 교환가치가 사용가치를 몰아낸다. 따라서 무엇을 생산할 것인지는 필요보다는 단지 이윤율에만 의존한다.

또한 자본주의 경제에는 과잉생산의 경향이 존재한다. 이윤추구는 생산자들을 특정 경제부문으로 몰리게 한다. 근대 기업의 규모와 생산성을 전제할 때, 수요는 곧 충족된다. 따라서 생산자들은 더 경쟁적이 되거나 이윤을 위해 다른 분야로 눈을 돌려야 한다. 전통적인 정치경제학에 따르면, 이러한 방식으로 수요와 공급은 일반적으로 균형 상태를 유지한다. 마르크스는 그러한 견해는 자본주의 시장을 정당화하는 데 유용한 이론적 가능태일 뿐이라고 경멸했다. 현실 세계의 자본주의 경제에서 과잉생산의 위기는 불가피하고, 공급과잉과 그로 인한 특정 경제부문의 이윤 붕괴는 불안정성과 함께 다른 부문에서 수요를 감소시킨다. 그 결과 경제활동의 전반적인 축소, 즉 '불황'이 발생한다. 마르크스식 관점에서 볼 때, 이윤율 하락 경향과 마찬가지로 연속적인 과잉생산위기의 발생은 정상성에서 이탈한 것 또는 자본가의 탐욕이나 무능의 결과가 아니라 자본가들이 이윤을 위해 합리적인 투자를 결정할 때 자본주의체계의 정상적 작동이 초래하는 불가피한 결과이다.

자본주의체계에 파괴의 씨앗을 뿌리는 것이 바로 경쟁을 유지하기 위한 이러한 냉혹한 동기이다. 이윤율 저하 경향과 주기적인 과잉생산 위기의 결과 가운데 특히 중요한 것이 자본의 집중이다. 다수의 개별 기업가들이 얼마간 독립적으로 자신들의 활동을 수행하던 초기 단계부터 자본주의 논리는 개별 자본가에 의해 소유되고 통제되는 자본의 양을 크게 증가시키면서 개별 자본가의 수를 감소시켜왔다. 경쟁과정은 더 약하고 덜 성공한 기업들을 제거하고, 따라서 이용 가능한 시장의 더 많은 지분이 소수의 생산자의 몫이 된다. 패자는 판매할 것이 오직 자신의 노동력뿐인 무산 프롤레타리아의 상태로 전락하고, 자본주의의 발전은 자본과 노동 사이의 중간에 위치하는 계급인 '프티부르주아'를 점차 소멸시킨다.

경쟁자본주의적 생산은 규모의 경제를 달성하여 단위비용을 낮출 수 있는 더 큰 규모의 생산자를 선호한다. 생산규모와 기술적 복잡성의 증대는 실제로 대규모 기업의 형성을 촉진하고, 또 실제로 대규모 기업을 필요로 한다. 그리고 거대 산업 프로젝트를 수행하기 위해서는 "그것의 실행에 앞서 그 일을 수행하는 데 필요한 자본이 집중될" 것이 요구된다. 그러한 프로젝트는 그것에 상응하는 대규모 은행과 관련 금융제도 또는 마르크스가 '신용제도'라 칭한 것이 발전되어야만 가능하다. 원래 상업거래를 촉진하기 위한 수단으로 형성된, "축적의 보잘것없는 보조자"였던 신용제도가 곧 "경쟁의 전장에서 새롭고 무시무시한 무기가 되어 마침내 자본집중을 위한 엄청난 사회적 메커니즘으로 전환된다"(Marx, 1954: 587). 마르크스가 볼 때 경쟁과 신용제도는 "두 개의 가장 강력한 집중 수단", 즉 "이미 형성된 자본을 집중시키고, 개별 자본의 상호의존성을 파괴하고, 자본가가 자본가를 수탈하고, 다수의 소자본을 소수의 대자본으로 전환시키는" 수단이다(Marx, 1954: 586).

마르크스에 따르면, 근대사회의 역사는 새로운 생산방법이 언제나 과거의 생산방법에 비해 더 많은 자본과 더 적은 노동을 이용한다는 것을 보여준다. 이를테면 한때 거의 전 인구를 고용했던 농업은 이제 과거 노동력의 적은 부분만으로 훨씬 더 많이 생산한다. 20세기에는 산업 육체노동의 수요조차도 사람들이 기계에 의해 대체됨에 따라 줄어들어왔다. 한때 수많은 '사무 노동자'를 흡수했던 사무·관리직 역시 점점 더 컴퓨터화된 시스템에 의해 처리되고 있다. 마르크스의 관점에서 볼 때, 이 모든 것은 자본주의적 생산의 합리성과 부합한다. 만약 노동비용이 최대의 단일 지출항목이라면, 생산비용을 낮추기 위해 기업이 사람들을 기계로 대체하는 것은 이해할 수 있다. 임금과 봉급 수준이 올라감에 따라 기계화와 자동화의 유인은 더 커진다. 마르크스가 표현한 경제 용어로 말하면, 이것은 불변자본 — 즉, 생산에 이용되는 공장과 기계 — 의 양이 상대적으로 증가하고, 가변자본(잉여가치를 산출할 수 있기 때문에 이렇게 명명되었다) — 또는 노동 — 의 양이 상대적으로 감소하는 과정이다(Marx, 1954: 202). 다시 말해 가변자본의 희생으로 불변자본이 증가함에 따라 생산에 이용되는 불변자본과 가변자본의 비율, 즉 '자본의 유기적 구성'이 변화한다(Marx, 1954: 574).

우리가 인간 노동이 잉여가치의 궁극적 원천이라는 마르크스의 주장을 받아들인다면, 산업자본주의의 특징으로 널리 관찰되는 가변자본에 대한 불변자본 비율의 증대는 중대한 결과를 수반한다. 생산에서 가변자본인 노동의 몫이 감소된다면, 잉여가치의 원천 또한 감소되고, 그 결과 이윤 역시 감소한다. 이러한 귀결을 마르크스는 이윤율 하락의 법칙이라고 표현했다.

> 물화된 노동 — 생산적으로 소비된 생산수단에 합체된 — 의 양에 비해 고용된 살아있는 노동의 양이 지속적으로 감소하기 때문에, 잉여가치를 표현하는 지불받지 않은 살아있는 노동의 몫 역시 투자된 총자본의 양과 가치에 비해 감소할 것이 틀림없다. 총투자자본의 가치에 대한 잉여가치의 양이 갖는 비율이 이윤율을 구성한다는 사실을 고려할 때, 이윤율은 지속적으로 하락할 것이 틀림없다.(Marx, 1909: 249)

이것이 하나의 경제적·사회적 체계로서의 자본주의가 파멸할 것이라는 마르크스 주장의 토대이다. 자본가는 자기 자신의 이익만을 추구함으로써 자본주의의 붕괴를 가져올 것이다.

분명 마르크스의 결론은 인간 노동력이 궁극적으로 이윤의 유일한 원천이라는 명제 — 우리가 살펴보았듯이 다수의 비판가들이 의심하는 — 를 수용하는 것에 의존한다. 자본주의의 최종적 붕괴에 대한 마르크스의 묵시록적 결론은 혁명적 변혁이 반드시 인간 소외를 필연적으로 종식시키고 새롭고 최종적인 인간해방 시대의 막을 열 것이라는 초기의 보다 철학적인 판단과 일치한다는 것 역시 분명하다. 마르크스의 초기 저작의 보다 철학적인 단계와 후기의 경제적인 단계 간에 상당한 차이가 있음에도 불구하고, 이 두 시기의 저작들은 모두 혁명을 통한 자본주의의 붕괴와 새로운 사회질서의 확립을 지적한다. 마르크스와 엥겔스에게는 자신들의 비판적 철학과 경제학의 이러한 일치가 단지 자신들의 주장을 강화하는 것으로 보였을 수도 있다. 하지만 많은 사람이 볼 때, 마르크스주의가 정치적 이데올로기이자 개혁운동으로서 그처럼 강력한 호소력을 갖게 된 것은 바로 그러한 사회변혁에 대한 약속 때문이었다.

자본주의가 어떻게 붕괴될 것인가에 대한 마르크스의 설명보다 더 영향력 있는 교의를 20세기에서 찾기란 분명히 어려울 것이다. 개괄적으로 말하면, 마르크스의 설명은 그가 전체 사회의 발전을 틀지을 것으로 믿었던 주요한 힘들을 개관한 것이라고 할 수 있다. 따라서 마르크스의 설명이 어떤 측면에서는 잘못되었고 또 다른 측면에서는 부적절하다고 해서 결코 놀랄 필요는 없다. 하지만 근대 자본주의 발전의 비교적 초기 단계에서 그가 자본주의가 산출할 수 있는 근본적인 힘을 명확하게 포착해낸 방식은 매우 인상적이다. 그가 사망한 지 한 세기도 더 지났지만, 그의 사상은 여전히 근대사회와 근대화 과정에 있는 사회 모두에게 하나의 분석 틀을 제공하고 있다.

자본주의의 성격 변화

자본주의의 필연적 자멸에 대한 마르크스의 결론은 당연히 논쟁의 대상이 되어왔다. 하지만 자본이 점점 더 소수의 대기업과 금융기관에 의해 통제되는 더 큰 사업체로 집중되는 경향을 의심하는 사람은 거의 없다. 이러한 생각은 오스트리아 경제학자 루돌프 힐퍼딩(Rudolf Hilferding)에 의해 그의 『금융자본(Finance Capital)』(1910)에서 더욱 발전되었다. 그는 그 책에서 한때 산업생산의 종복이던 은행과 금융회사가 이제 그것의 지배자가 되었다고 주장했다. 이는 자본주의의 발전에서 제조업보다 은행과 금융기관이 경제생활을 지배하는 새로운 단계가 출현했음을 시사했다. 이들 은행과 금융기관은 금융업에 참여함으로써 막대한 이윤을 발생시키고 중요한 투자결정을 할 수 있었다. 게다가 19세기 후반에 주식회사가 발전함에 따라 은행과 금융기관은 점점 더 산업회사의 이사회를 대표하게 되었다.

힐퍼딩의 영향은 레닌(Lenin)의 영향력 있는 책『제국주의: 자본주의의 최고단계(Imperialism: The Highest Stage of Capitalism)』(1916)에서 분명하게 드러난다. 거기서 레닌은 금융자본가는 자본가계급의 심장부에서 기업가를 대체했고 그러한 집중화의 필연적 결과로 경쟁은 독점에 그 자리를 내어주었다고 주장했다. 게다가, 그리고 마르크스가 예견했듯이, 점점 더 군사화된 선진 자본주의국가가 정복을 통해 원료와 노동의 원천으로 새로운 영토를 확보하고자 시도함에 따라 자본주의적 착취는 이제 그 규모 면에서 전 지구적이 되었다. 그러한 테마들은 이 세기 동안에도 마르크스주의 사상의 많은 것 속에서 울려 퍼지고 있다. 실제로 어떤 설명에서는 관심의 주요 초점이 부르주아의 프롤레타리아 착취에서 선진 세계의 소수 부유한 국가와 '제3세계'의 궁핍한 국가에 살고 있는 전 세계 대중 간의 갈등으로 이전하기도 했다.

그 후에는 '금융자본' 발전의 본질과 결과에 많은 관심이 쏠렸다. 왜냐하면 첫째로는 가족기업이 주식회사에 경제의 주도적 부문을 내어주었고, 둘째로는 주식회사가 다시 국영기업이나 다국적 기업에 흡수되었기 때문이다. 일부 저자들은 자기 자신의 기업을 소유하고 통제하는 개인 사업가의 쇠퇴와 익명의 주주집단을 대신해서 통제력을 행사하는 봉급 받는 경영자의 등장에 의해 자본주의의 성격이 급격히 변화했다고 주장했다. 개인 사업가가 단기 이윤율의 극대화에 주로 관심을 갖는 반면 봉급 받는 경영자는 기업의 장기적 번영이 자신의 경력과 성공을 공고히 하는 데 더 중요하다고 본다는 것이었다. 이러한 '경영혁명'의 효과를 검토한 사람들이 바로 이 표현을 처음 만들어낸 번함(Burnham, 1941)과 버얼과 민스(Berle and Means, 1991)였다. 하지만 다른 사람들은 '소유와 통제의 분리'가 자본주의 경제의 작동에 아무런 근본적인 변화도 수반하지 않는다고 주장했다. 왜냐하면 경영자는 결국에는 법적으로 주주의 최대이익을 추구할 것을 요구하는 이사진에 대해 책임을 져야 하고, 또 그 이사진에는 자주 투자자본의 최대수익률을 확보하는 것이 주된 관심사인 은행 및 금융자본이 파견한 이사들이 포함되어 있기 때문이다. 간단히 말하면, 그리고 마르크스의 기본적인 주장처럼, 독자적인 사업가와 봉급받는 경영자는 모두 직간접적으로 시장의 규율에 종속된다. 이러한 관점에서 볼 때, '경영혁명'이 탈자본주의 시대를 인도한다는 것은 잘못된 판단이거나 적어도 성급한 판단이다.

마르크스주의 이론가들과 비마르크스주의 이론가들은 자본의 집중이 경쟁의 쇠퇴를 가져온다는 데에는 좀 더 합의를 보고 있다. 이를테면 바란과 스위지(Baran and Sweezy, 1968)가 볼 때, 근대 자본주의의 두드러진 특징은 독점화 경향, 즉 소수의 거대 기업이 경제생산의 전 부문을 실제적으로 지배하고 점점 더 소기업들을 제거하여 새로운 경쟁자가 시장에 발붙이지 못하게 하는 것이었다.

오늘날 자본주의 세계에서 전형적인 경제 단위는 개성 없는 시장을 위해 동질적인 생산물의 극히 적은 부분만을 생산하는 소기업이 아니라 특정 산업 또는 여러 산업 생산물의 상당한 부분을 생산하며 가격과 생산량, 그리고 투자의 종류와 양을 통제할 수 있는 대규모 기업이다. 달리 표현하면 전형적인 경제 단위는 한때 독점기업만이 가진 것으로 이해되었던

속성을 지니고 있다.(Baran and Sweezy, 1968: 19)

만약 거대 기업이 경쟁을 제거할 수 있다면, 그들은 또한 시장의 규율로부터도 자유로울 수 있으며, 바란과 스위지가 시사한 것처럼 자신들 마음대로 가격 수준을 정할 수도 있다. 이것이 정통 마르크스주의이론에 대해 갖는 함의는 분명하다. 만약 대기업이 실제로 자기 마음대로 가격을 정할 수 있다면, 그들은 훨씬 더 높은 이윤을 추출해낼 수 있고, 이윤율 저하의 '법칙'은 의심받기 시작한다. 단지 소수의 대기업만이 재화와 용역을 제공할 수 있는 상황에서는 마르크스가 가차 없이 이윤폭을 저하시키는 것으로 간주했던 경쟁 압력은 더 이상 그러한 효과를 낼 수 없다. '가격전쟁'은 대기업이 정한 가격 수준에 동의하는 '암묵적 공모'로 대체된다. 따라서 "집단 전체가 산업의 이윤을 극대화하는 방향으로 가격을 정하기가 상대적으로 쉬워"진다. 이러한 일이 발생하면, "가격결정은 항상 이론적 독점가격에 상당히 근접할 것이라고 가정해도 무방할 것이다"(Baran and Sweezy, 1968: 71). 엄격하게 말하면, 이러한 상황은 과점 — 단일 기업이 독점하는 것이 아니라 소수의 대기업이 존재하는 상황 — 의 하나이지만, 바란과 스위지의 결론은 그 결과는 동일하다는 것이다. 이윤율 저하에 대한 마르크스의 주장은 잘못되었다기보다는 시대에 뒤진 것이다. 왜냐하면 마르크스의 그 같은 주장이 기초했던 경쟁적 시장경제가 독점자본주의에 의해 대체되었기 때문이다(Baran and Sweezy, 1968: 80~81).

바란과 스위지, 그리고 좀 더 최근의 몇몇 저자가 볼 때, 자본주의는 거대 (때로는 다국적) 기업이 경제의 전 부문을 지배하면서 더 이상 시장의 규율에 민감하게 반응하지 않는 새로운 국면에 들어섰다. 이를테면 경제학자 갤브레이스(J. K. Galbraith)는 이것을 '새로운 산업국가'로 묘사했다.

새로운 산업국가에서는 생산의 기술적·관리적 복합성과 엄청난 규모, 그리고 그러한 생산에 요구되는 막대한 양의 자본 때문에 대기업은 이제 더이상 시장을 위한 생산에 수반되는 위험을 감수할 수 없으며, 따라서 그러한 불확실성을 제거하기 위해 가능한 모든 수단을 사용한다. 간략하게 말하면 갤브레이스의 테제는 계획이 시장을 대체한다는 것이다(Galbraith, 1967: 26). 실제로 몇몇 프로젝트는 너무나도 대규모여서 개별 기업보다는 국가에 의해 재정적으로 지원되거나 보증되어야만 한다. 이것은 정부가 유일한 고객인 군수품 생산의 경우에 특히 그러하다. 어떤 사람들은 밀즈 (C. Wright Mills, 1956: 224)의 선구적 주장을 좇아 근대 산업경제가 시장이 아니라 산업 기업과 군부와 국가관료제 간의 긴밀한 유착관계에 기초한 '파워 엘리트'에 의해 지배되는 것으로 파악한다.

근대 자본주의사회에서는 국가 자체가 변했고 국가는 더 이상 (만약 예전에 그런 적이 있었다면) 자유주의이론이 전제하는 시장의 자유로운 작동을 보장하는 중립적 심판이 아니라는 주장도 제기되었다. 그리고 국가는 또한 마르크스가 묘사한 것처럼 부르주아의 업무를 관장하는 파당적인 위원회인 것만도 아니다. 국가는 이제 그 자체로 중요한 생산자이고, 자주 가장 큰 용역 제공자이며, 최대 고용주이자 소비자로서 현 경제 단계에서 가장 중요한 행위자가 되었다. 이러한 상황에서 정치적 힘과 경제적 힘을 결합한 국가는 자본투자에 대한 결정을 관료제적 계획으로 대체하는 등 시장의 힘을 충분히 능가할 수도 있다.

민주적인 국가들에서 그러한 계획은 이론적으로는 유권자에 대해 민감하게 반응하는 정치가들에 의해 통제된다. 하지만 실제로는 그 과정의 규모와 복잡성 때문에 실제 권력은 대기업의 고위 관리자와 긴밀한 연계를 맺고 있는 국가 공무원의 수중에 점점 더 집중된다고 주장되기도 했다. 이를테면 스콧(Scott)은 영국에서는 전통적인 비공식적 '기성' 권력 ─ 영국이 자본주의 강국으로 성장하면서 유착된 경제·정치·문화엘리트 ─ 이 보다 공식적이고 더 강력한 이해관계 결집체에 의해 대체되었다고 주장했다. 1970년대에는 공식 조직들이 산업 지도자, 금융기관, 정부부처, 그리고 다소 이질적인 노동조합들과 정기적으로 상의하고 협상했다(Scott, 1991: 148). 많은 마르크스주의자들에게 이러한 '조합주의(corporatism)'는 오늘날 국가와 독점자본이 분리할 수 없게 얽혀 있다는 자신들의 견해를 확인해주는 것일 뿐으로 보였다. 조합주의는 급진적 우파로부터도 비난받았다. 왜냐하면 그들에게는 조합주의가 시장의 힘을 제거하는 것으로 보였기 때문이다(Friedman, 1962; Hayek, 1949). 이를테면 1980년대 동안에 영국의 대처(Thatcher) 정부는 "국가의 권한을 제한하겠다"는 의사를 천명했다. 그러나 국가가 경제에서 차지하는 역할을 축소시키려는 노력은 상대적으로 미미한 성과만을 거두었다. 어떤 사람들에게 이것은 조합주의 국가가 독점자본주의의 정치적 표현이 되어온 정도를 보여주는 증거이다.

경쟁자본주의에서 독점자본주의로의 이행과 조합주의 국가의 성장에 대한 저술들은 매우 많다. 하지만 현재의 목적을 위해 우리는 그러한 발전이 자본주의 발전에 대한 마르크스의 설명에 대해 갖는 함의만을 강조하고자 한다. 우리가 살펴보았듯이, 자본가들 사이에 강요된 경쟁이 궁극적으로 이윤율의 저하를 가져오고 결국에는 자본주의의 전복을 초래할 것이라는 주장은 마르크스의 경제 분석에서 근본적인 것이었다. 다른 한편 시장지향적 경쟁이 독점자본주의에 의해 대체되었다는 주장이 옳다면, 그리고 조합주의적 국가제도가 그 결과의 하나로 발전했다면, 마르크스가 묘사한 과정은 더 이상 유효하지 않을 것이다. 이 경우 자본주의체제는 내부 모순에 의해 소멸할 운명에 처하기는커녕, 충분히 지기유지적이게 될 것이다. 이것이 곧 우리가 다룰 주제이다.

자본과 노동 간의 갈등

이제 우리는 마르크스가 자본주의체계의 붕괴를 가져올 것이라고 주장한 또 다른 과정, 즉 자본과 노동 간의 근본적 갈등으로 관심을 돌리고자 한다.

마르크스는 자신의 분석방법과 일관되게 자본과 노동 간의 갈등은 자본주의에 근원적인 경제적 과정의 결과로서 전개된다고 주장했다. 자본가는 이윤실현 과정에서 노동자의 임금인상 요구를 저지해야만 한다. 왜냐하면 임금이 높을수록 창출되는 잉여가치는 작아지고, 결과적으로 이윤이 낮아지기 때문이다. 이를 위해 자본가는 실업자들, 마르크스의 표현으로는 '산업예비군'을 유지하고자 한다. 왜냐하면 실업인구인 그들의 노동 이용 가능성이 임금인상 요구를 제약하는 요인으로 작용할 것이기 때문이다. 이 '산업예비군'은 생산이 기계화될수록 증가되는 경향이 있다. 일반적으로 기업은 저임금 일자리를 취할 수 있는 이민 노동자와 '외국인 노동자'의 유입을 장려하거나 임금률이 낮은 지역 또는 국가로 생산을 이전하는 등 항상 더 값싼 노동의 새로운 원천을 찾는다. 이러한 과정은 1950년대 이후 자본의 '지구화(globalization)'가 증가하는 것과 함께 보다 분명해졌다. 하지만 현재 아주 중요한 점은 거기서도 마르크스가 파악했던, 자본가가 노동자를 착취하는 것에서 비롯되는, 노동자와 자본가 간에 내재하는 이해관계의 갈등이 존재한다는 것이다.

자본주의적 산업생산의 조건 자체가 비조직화된 무산 노동자 대중을 변혁시켜 마침내 부르주아 억압자를 전복시킬 정치의식을 지닌 계급으로 전환시킨다는 주장 역시 마르크스 논지의 중요한 일부였다. 그러한 조건들로는 거대 도시에 노동자들을 함께 운집시키는 도시화의 증대와 공장생산 규모의 증대를 들 수 있다. 이 두 과정은 노동자들이 자신들의 억압과 착취의 집합적 성격을 더 잘 자각할 수 있게 하는 데 기여한다. 마르크스와 엥겔스는 『공산당선언』에서 "개별 노동자와 개별 부르주아 간의 충돌이 더욱 더 두 계급 간의 충돌의 성격을 띠게 되는" 방식에 대해 기술했다(Marx and Engels, 1848: 228). 노동자들은 점점 더 자본가들에게 대항하기 위해 노동조합을 결성함으로써 스스로를 조직화하고, 체계의 불안정성을 정치경제적 진보를 이룩하기 위한 지렛대로 이용한다. 그리고 그러한 과정 속에서 노동자들은 혁명의식을 발전시키기 시작한다. 이를테면 경제적 '호황'기 동안에, 즉 노동력이 희소할 때, 노동자들은 더 좋은 조건을 획득하기도 한다. 하지만 그러한 성공은 단지 일시적일 뿐이다. 왜냐하면 자본주의의 내재적인 경향은 노동자 대중을 빈곤에 빠뜨리는 것이기 때문이다. 그러한 투쟁의 실제적 혜택은 오직 장기적으로만, 즉 "노동자들의 단결이 지속적으로 확장되고"(이것은 의사소통의 진전에 의해 촉진된다) 이 정치적 경험을 지닌 조직화된 노동계급이 출현하여 "계급투쟁이 결단의 시기에 이르렀음"을 스스로 천명할 준비가 충분히 되어 있을 경우에만 분명하게 드러난다(Marx and Engels, 1848: 229).

부르주아는 경제적 상황의 논리에 의해 강요되는 그 자신의 이익을 추구함으로써, 필연적으로 그들 자신의 몰락을 초래하고 또 사유재산의 지배로부터 인간을 종국적으로 해방시키도록 운명지어진 계급을 만들어낸다. 마르크스와 엥겔스는 다음과 같이 기술했다. "이전의 모든 역사적 운동은 소수의 운동이거나 소수의 이익을 위한 운동이었다. 프롤레타리아

151

운동은 거대 다수의 이익을 위한 거대 다수의 자의식적이고 독자적인 운동이다"(Marx and Engels, 1848: 230). 게다가 자본주의적 발전논리는 두 개의 적대적 계급으로 사회를 '양극화'한다. 농민, 기능공, 소상인 등과 같은 옛 봉건적 질서의 잔존물들은 자본주의 초기에 번창하기도 했던 장인, 자영업자, 소규모 사업가들처럼 프롤레타리아 대열에 강제로 유입된다. 대규모 생산이 출현함에 따라 그러한 사람들은 이제 경쟁할 수 없다. 그들이 보일 수 있는 반응은 보수적인 정치사상에 매달려 "역사의 수레바퀴를 되돌리려고" 노력하는 것이다. 그러나 대다수는 자신들의 봉건적 선조들처럼 무산계급 대열로 추락할 운명에 처해 있다.

역사적 관점에서 볼 때, 물론 그들의 운명은 단지 일시적일 뿐이다. 왜냐하면 프롤레타리아의 궁극적 승리가 '불가피하기' 때문이다. 하지만 마르크스와 엥겔스가 혁명적 상황이 전개되는 데 필요한 것으로 규정한 두 가지 조건에 주목할 필요가 있다. 먼저 프롤레타리아의 계급의식의 발전이다. 즉, 프롤레타리아들이 집합적 억압에 대해 자각하여, 모든 노동자들은 자신들이 개인적·부문적·지역적 이해관계를 넘어서는 공통의 정치적 이해관계를 가지고 있음을 깨달아야 한다. 둘째는 자본주의 생산력의 가장 완전한 발전이다. 마르크스가 나중에 기술했듯이, "어떠한 사회질서도 모든 생산력이 광범하게 충분히 발전되기 전에는 소멸되지 않는다"(Marx, 1859: 4).

계급의식의 문제

마르크스의 테제에 내재하는 생각이 바로 "노동력 구매자 수의 감소와 노동력 판매자 수의 지속적 증대 사이에서 사회의 양극화가 증대한다"는 것

(Mandel, 1983: 199~200), 그리고 그러한 **경제적** 관계가 **사회**계급을 형성하고, 더 나아가 프롤레타리아 사이에서 혁명적 계급의식을 발생시킬 것이라는 것이다. 하지만 오래 전인 1899년 에두아르트 베른슈타인(Eduard Bernstein)은 자본가와 노동자 사이를 중재하는 중간계급은 사라지기보다는 선진 자본주의 국가에서 실제로 확대된다고 주장했다.

　'신'중간계급의 등장은 마르크스주의자와 그 비판자들을 줄곧 사로잡아온 문제였다. 하지만 마르크스 자신이 '양극화 테제'에 대한 어떠한 단순한 해석에 대해서도 동의하지 않았다는 것은 분명하다. 우리가 앞에서 지적했듯이, 마르크스는 『자본론』 제3권 말미에 등장하는, 현재는 널리 알려진 한 구절에서 명확한 계급경계를 없애는 "중간 단계와 이행 단계들"에 대해 언급한다. 하지만 그는 "이것은 우리의 분석에서 중요하지 않다"는 말을 의미심장하게 덧붙인다(Marx, 1909: 1031). 같은 책의 다른 곳과 『잉여가치론』에는 "마르크스가 '중간계급들'의 규모가 절대적·상대적으로 모두 증대할 것으로 인식하고 있었음"(Abercrombie and Urry, 1983: 50)을 분명하게 보여주는 구절들이 존재한다. 산업생산의 규모와 복잡성이 계속해서 증대함에 따라 미숙련 프롤레타리아 육체노동자의 이미지와는 쉽게 부합하지 않는 많은 수의 경영 및 관리 직원을 고용할 필요가 있게 되었다. 마르크스는 매우 예리한 분석가였다. 그렇기에 그는 관리자, 경영자, 과학자, 교사, 기술자, 그리고 온갖 유형의 전문가들이 빠른 속도로 계속해서 확대되어, 선진산업국가에서는 육체노동자들이 소수가 될 정도로 발전하리라는 점을 놓치지 않았다. 그리하여 산업화가 증대되면서 계급구조가 양극화되기보다는 **중간** 주변으로 수렴되리라는 주장이 제기되기도 했다. 더 나아가 노동인구 중 비육체노동 부문의 확장은 비록 자신의 노동력 판매에 의존하기는 하지만 상대적으로 부유하고 고용이

153

안정적인, 그러면서도 공식적 자격과 기술 모두를 지닌 인구의 비율을 상당한 크기로 산출해낸다는 주장이 나오기도 했다. 이러한 집단들이 프롤레타리아와 공통의 계급의식을 발전시킬 것 같지는 않다. 정반대로 여러 증거들은 중간계급이 우파 또는 중도적 정당을 지지하는 경향이 있음을 보여준다. 어쨌든 자본주의적 경제발전은 계급양극화와 혁명을 향해 거침없이 진군하지 않고 상대적으로 안정된 사회구조를 창출해냈다.

마르크스주의 이론가들은 마르크스의 생각과 근대 서구 경제에서 계급의식을 지닌 프롤레타리아가 출현하지 않았다는 명백한 현실 간의 격차를 조정하기 위해 다양한 방식으로 노력해왔다. 한동안은 엥겔스의 일부 논평을 좇아 대부분의 노동자가 '허위의식' 속에서 살고 있다고 주장되었다. 다시 말해 대안적인 잘못된 믿음이 노동자들로 하여금 착취의 진정한 본질을 깨닫지 못하게 한다는 것이었다. 그 후의 저작들은 사회적 위치, 믿음, 행위를 보다 정교한 방식으로 이해하려고 노력했다. 그리하여 이탈리아 학자 안토니오 그람시(Antonio Gramsci, 1891~1937)의 생각에 많은 관심이 집중되었다.

그람시는 1926년에 무솔리니(Mussolini) 체제에 의해 투옥되었다. 그는 옥중에 있던 1929년에서 1935년 사이에 일련의 노트를 남겼다. 그의 사후에 출간된 그 노트들에서 그는 마르크스주의 사상을 선진 자본주의의 성격에 맞게 재정립하는 일에 상당한 노력을 경주했다. 그람시가 볼 때, 선진자본주의 사회는 소수의 자본가계급이 순전히 경제적인 힘이나 물리적 강제를 통해 적대적인 프롤레타리아를 진압하는 것과 단순하게 관련지어 이해될 수 없었다. 그와는 반대로 지배계급이 다수의 동의를 통해 지배하는 것으로 보았다. 그들의 지배는 **헤게모니**(hegemony) ─ 즉, 단순하게 말해서 권력과 조직화된 동의의 결합 ─ 로 이해될 필요가 있었다. 자본주의 국가가 사회질서를 유지하는 법을 제정하고 집행하고 필요할 경우 물리적 강제력을 사용할 수 있지만, 대부분의 경우 그러한 권력행사는 불필요했다. 왜냐하면 사람들은 지배적인 사상과 가치와 신념 ─ 무엇보다도 지배적인 사회질서가 올바르다는 것과 관련한 신념을 포함하여 ─ 을 받아들이도록 유도되고 있었기 때문이다. 이것이 함축하는 바는 지배계급의 지배가 물질적 생산에 대한 그들의 통제뿐만 아니라 보다 결정적으로는 **문화적** 생산에 대한 그들의 통제능력으로부터도 나온다는 것이다. 이것은 "모든 시대에 지배계급의 관념이 지배적인 관념이다"(Marx and Engels, 1974: 64)라는 마르크스와 엥겔스의 주장을 되풀이하는 것이다.

그람시의 사상은 또한 프랑크푸르트학파 비판이론가들의 일부 사상과 '문화산업'이 노동자를 온순하고 순응적인 소비자로 전환시킨다는 그들의 주장을 예기한 것이기도 하다. 알튀세는 '이데올로기적 국가기구'의 역할, 특히 교육제도가 노동계급의 동조와 침묵을 확보하는 데서 수행하는 역할에 대한 분석에서 그람시에 의존했다. 또한 그람시의 사상은 문화영역 ─ 넓게 정의된 ─ 에서 많은 사회학적 연구를 자극함으로써, 그리고 통상적으로 분명하게 경제적인 것 또는 정치적인 것으로 간주되지 않는 제도와 관행들에 주목하게 함으로써, 소수의 마르크스주의 이론가 서클을 넘어 영향력을 발휘해왔다. "민간 소유 텔레비전 방송국, 가족, 보이스카우트 운동, 감리교회, 유치원, 영국재향군인회, ≪선(Sun)≫지, 이 모든 것이 강제보다는 동의에 의해서 개인을 지배권력에 속박시키는 헤게모니적 기구로 간주될 수 있다"(Eagleton, 1991: 113~114). 우리가 당연한 것으로 간주하는 사상과 믿음이 기존 사회질서를 암묵적으로 재가하는 관념들을 통해 퍼지고 있다는 것은 이제 일반적인 생각이다. 따라서 기존 질서에 도전하고 그것을 변화시키기 위해서는 물질적 생산 수준에서 변화를 일으키는 것 이상의 일을 해야 한다. 따라서 이글턴은 "가장 광의로 가장 일상적인 의미에서 규정되는 '문화'의 전 영역에서도 다툼을 벌여야만 한다"라고 기술한다(Eagleton, 1991: 114). 최근에 이러한 생각은 대중문화가 노동계급의 삶 — 반드시 매우 가난하지만은 않은 삶 — 에 미치는 영향에 대한 일련의 사회학적 탐구를 자극하는 데에도 영향을 미쳤다. 물론 마르크스주의자들이 볼 때, "노동계급이 어떻게 적어도 계급 다툼의 잠재력을 보유한 저항을 지속할 수 있었는지"(Nelson and Grossberg, 1988: 4)에 대한 의문은 여전히 남아 있었다. 이를테면 로큰롤 음악은 현대 일상생활의 '소외'를 폭로할 수 있는 능력을 지니고 있어서 본질적으로 저항적인 것으로 해석되었다(Bradley, 1992: 174). 그리고 보다 일반적으로 노동계급의 청년문화는 "의례를 통한 저항"을 축으로 하여 조직된 것으로 간주되었다(Hall and Jefferson, 1976).

대중매체에 대한 또 다른 연구들은 대중매체가 사람들에게 현재의 정치적·경제적 상황을 정당화하는 효과를 갖는 현실 이미지를 선택적으로 제공한다고 주장해왔다. 이를테면 텔레비전 뉴스에 대한 분석들은 '뉴스'의 생산이 지배이데올로기에 도전할 수 있는 사상과 쟁점들을 주변화하고 배제하는 방식을 강조해왔다(Glasgow University Media Group, 1980). 1980년대 동안에는 마르크스주의 사상의 경제적 측면과 대비되는 문화적 측면에 주목하는 경향이 눈에 띄게 증가했다. 그람시의 연구에 대한 관심의 부활이 가져온 가장 전반적인 결과는 두 가지 가정, 즉 문화적 관행과 형태들이 언제나 기본적인 경제과정에 의존하거나 부수하는 것으로 간주되어야 한다는 가정과, 신념과 가치는 궁극적으로 계급이익으로 환원될 수 있다는 가정을 폐기한 것이었다. '이데올로기 투쟁' 또는 의미의 정치(politics of meaning)에 대한 이러한 관심은, 한편으로는 지배기구가 대중매체의 도움을 받아 대중들의 동의를 조직화하는 방법을 탐구하고 다른 한편으로는 '대중'문화의 측면들이 지배적인 상징형태에 대해 저항하는 방법을 탐구하는 문화연구 분야의 작업들을 고취시켰다.

우리는 지금까지 자본주의에 내재하는 경제논리가 해체와 붕괴를 향해 나아갈 것이며 그러한 과정의 사회적 결과로 혁명적 노동계급이 형성될 것이라는 마르크스의 주장이 지닌 몇 가지 중심적 측면을 고찰해왔다. 하지만 우리가 이러한 발전을 자동적인 것으로 간주할 필요는 없다. 그와는 반대로 마르크스의 분석은 그와 엥겔스가 『독일이데올로기』에서 단언했던 원칙, 즉 역사의 과정은 자신들의 이익을 추구하는 실제 사람들의 행위 그 이상도 이하도 아니라는 원칙과 여전히 부합한다. 마르크스의 분석이 규명한 것은 그 자신이 합리적인 사람들로 하여금 체계의 붕괴를 이끄는 방식으로 행동하게 유도할 것이라고 믿었던 조건들이다. 잃을 것이 가장 많은 자본가조차 자신의 동료들과 경쟁에 빠져들 수밖에 없고, 마르크스에 따르면 그 과정이 결국에는 그들을 종국적인 파멸로 이끈다. 노동자 역시 자신들의 궁핍화된 조건 때문에 자신들의 자본주의적 고용주와 갈등상황에 돌입할 수밖에 없고, 그리하여 혁명적 프롤레타리아를 출현시키는 과정이 시작된다.

하지만 자본주의가 이러한 조건을 발생시키지 않을 수도 있다. 다시 말해 독점자본주의가 경쟁자본주의를 대체했다. 분노하고 굶주린 프롤레타리아 대신에 순종적인 중간계급이 자리하고 있다. 그리고 대중문화가 소비주의를 주입하고 도피주의적 환상을 판매한다. 마르크스가 사망한 후 한 세기가 넘게 지나면서 자본주의는 확실히 그가 살았던 시기보다도 더욱 안정적으로 정착한 것 같다. 마르크스가 비록 지배계급의 이데올로기적 권력과 신중간계급의 등장 같은 발전들을 인식했지만, 그는 자본주의가 궁극적으로 그 자신의 내재적 모순에서 비롯된 압력에 의해 붕괴될 것이라는 신념을 결코 버리지 않았다. 그는 그러한 과정을 『자본론』 제1권의 한 구절에서 그보다 20년 전에 저술한 『독일이데올로기』와 『공산당선언』에서와 유사한 용어로 다음과 같이 개관했다.

> 이제 수탈당할 자들은 더 이상 자기 자신을 위해 일하는 노동자가 아니라 다수 노동자들을 착취하는 자본가들이다. 이러한 수탈은 자본주의 생산 그 자체에 내재하는 법칙의 작동에 의해, 즉 자본의 집중에 의해 이룩된다. 한 사람의 자본가는 항상 다수의 자본가들을 살해한다. 이러한 집중 또는 소수 자본가가 다수의 자본가를 이처럼 수탈하는 것과 함께 노동과정이 보다 확대된 규모의 협동적 형태로 전화하고, 과학이 의식적으로 생산에 응용되고, 토지가 조직적으로 경작되고, 노동도구가 공동으로만 사용될 수 있는 노동도구로 변화되고, 모든 생산수단이 사회화된 결합노동의 생산수단으로 이용되어 절약되고, 모든 사람들이 세계시장의 망에 얽어 매이고, 또 그럼으로써 자본주의체제의 국제적인 성격이 발전한다. 이 변화과정의 모든 이익을 가로채고 독점하는 거물 자본가들의 수가 끊임없이 감소하는 것과 함께, 비참하고 억압받고 노예적이고 퇴락하고 착취받는 대중들이 성장한다. 그러나 이와 함께 그 수가 항상 증가하고 자본주의적 생산과정 그 자체의 메커니즘에 의해 규율되고 단결되고 조직화되는 계급인 노동계의 반란 역시 증가한다. 자본의 독점은 독점과 함께 그리고 독점하에서 성장하고 번성한 생산양식에 족쇄가 된다. 생산수단의 집중과 노동의 사회화는 마침내 자본주의적 외피와 양립할 수 없는 지점에 도달한다. 그 외피는 파열된다. 자본주의적 사적 소유에 조종이 울려 퍼진다. 수탈자가 이제 수탈당한다.(Marx, 1954: 714~715)

결론: 마르크스의 유산

마르크스는 1883년 3월 14일에 런던에서 사망했다. 한동안 그는 건강상태가 좋지 않았고, 1881년 아내 예니가 죽은 후 그의 에너지는 고갈되었다. 곧이어 아내와 같은 이름의 맏딸 예니가 1883년 1월에 38살의 나이로 세상을 떠나자 그는 다시 회복할 수 없는 충격을 받았다. 마르크스는 생애의 마지막 몇 해 동안 슬픔과 얼마간의 환멸에 빠져 있었지만, 혁명의 불가피성에 대한 믿음과 혁명의 대의에 대한 헌신을 버리지 않았다. 엥겔스는 마르크스가 죽고 나서 1895년 자신이 사망하기까지의 기간에 마르크스의 원고들을 편집하여 출간하는 데, 그리고 19세기 말 사회주의운동의 성장과 함께 커진 마르크스 사상에 대한 엄청난 관심의 물결에 응답하는 데 열성을 다했다. 우리가 살펴보았듯이, 많은 사람이 엥겔스의 펜에서 나온 마르크스주의 해석은 마르크스의 사상과 상당한 차이가 있다고 믿었다. 마르크스는 사망하고 난 후에 살아있을 때보다도 더 유명해졌다는 데에는 전혀 이론이 없다.

마르크스와 엥겔스의 해석 간에 근본적인 차이가 있다는 것을 받아들이든 그렇지 않든 간에, 그리고 최근의 대부분의 논평자들이 그러한 차이에 대해 의구심을 가져왔지만, 마르크스 사상 전반을 제대로 평가하기 위해서는 마르크스 사상이 처음 유포되던 시기에는 오늘날 마르크스 이론에서 중심적인 것으로 고려되는 많은 저작이 발견되지 않았거나 간행되지 않았다는 사실을 고려해야만 한다. 우리가 이미 지적했듯이, 이 문제는 중요하다. 왜냐하면 마르크스 사상에서 근본적인 것으로 간주되어온, 상대적으로 단순한 형태의 역사유물론이 『파리수고』나 『독일이데올로기』에서 나타나는 보다 정교하면서도 확실히 덜 유물론적인 주장과 쉽게

159

조화되지 않기 때문이다. 이 두 저작 중 어떤 것도 20세기가 시작되고 한참이 지난 후에도 출판되지 않았었다. 게다가 릭비(Rigby, 1992: 8)가 주장하듯이, 마르크스와 엥겔스의 방대한 저작들이 해석의 전 범위를 뒷받침하기에 충분할 정도로 일반적이지 못하며 모순을 포함하고 있다는 것도 의심의 여지가 거의 없어 보인다. 마르크스가 역사의 '법칙'을 규명한 것으로 간주하는 것은 더 이상 설득력이 없지만, 다렌도르프(Dahrendorf, 1959)처럼 마르크스의 사상을 후속 사건들에 의해 반증되어버린 이론일 뿐인 것으로 간주하는 것 또한 전혀 유용하지 않다. 현재의 맥락에서 우리는 근대사회에 대한 사회학적 분석에서 유지될 수 있는 것으로 판명된 요소들을 규명하는 데에 주로 관심을 두어야 한다.

따라서 인간을 사회적 생산자로 바라보는 마르크스의 인간관을 강조할 필요가 있다. 여기서 인간이 '사회적'인 것은 사회로부터 완전히 독립적인 고립된 인간과 같은 것은 존재하지 않기 때문이며, 인간이 '생산자'인 것은 인간이 물질적 대상과 문화적 대상 모두를 창조하기 위해 행위하기 때문이다. 그러한 인간들 없이는 어떤 사회도 존재할 수 없다. 실제로 마르크스가 지적했듯이, 우리가 우리의 의식이라고 부르는 것 그 자체는 우리의 사회적 존재의 결과이다. 이러한 기본 관점은 근대사회학적 사고에서 중심적인 것이 되어왔고, 또 사회적 경험에 앞서 존재하는 독립적인 전(前) 사회적 개인을 종종 전제하는 여타 인간과학과 사회학을 구별하는 데 중요한 방식으로 기여한다. 마르크스의 선도를 따라 대부분의 근대 사회학자들은 사회질서를 이해하기 위해서는 행위하는 개인이 그 출발점이 되어야 한다는 것을 받아들이고 있으며, 또한 그러한 개인들이 기존 제도와 문화적 유형 ― 비록 많은 사람들의 행위와 상호작용의 결과이지만 그럼에도 불구하고 객관적이고 불변인 것으로 보이는 ― 의 맥락 속에서 어떻게 행위하는지를 보여주고자 한다. 마르크스가 표현한 것처럼, "인간이 상황을 만드는 것처럼, 상황이 인간을 만든다"(Marx and Engels, 1974: 59). 달리 표현하면 역사를 만드는 것은 사람이지만, 사람들이 자신이 원하는 대로 역사를 만드는 것은 아니다.

하지만 역사 만들기의 문제는 자본주의사회의 동학에 대한 마르크스의 분석과 관련된 많은 논쟁 속에서 중요한 부분을 차지해왔다. 계급의식을 가진 프롤레타리아의 출현이 거듭 실패로 돌아가고 선진 자본주의사회에서 혁명이 임박했다는 징후가 나타나지 않자, 마르크스주의 학자들은 마르크스의 원래 사상을 수정하여 그것을 최근의 역사적 발전과 더 양립할 수 있게 만드는 데 많은 노력을 기울여왔다. 그들은 생산력(그리고 일반적으로는 자본주의)이 마르크스 시대 이후 온갖 전례 없는 방식으로 발전되었음에도 불구하고 마르크스의 근본적인 관점은 타당성을 지닌다고 주장한다. 이러한 관점은 1970년대와 1980년대 동안 사회학자들에게 상당한 영향을 미쳤다. 이를테면 브레이버먼(Braverman)이 『노동과 독점자본(Labour and Monopoly Capital)』(1974)에서 독점자본주의 조건하에서 노동력이 일반적으로 주장되는 것처럼 점점 더 숙련되고 분화되는 것은 아니라고 주장한 것은 중요한 공헌 중의 하나이다. 그와는 반대로 브레이버먼은 마르크스가 암시했던 바와 같이 경제적 합리화와 생산의 자동화가 전반적인 탈숙련화에 기여했다고 주장했다. 선진 자본주의사회에서 산업생산의 심장부에 다수의 기술적·과학적·공학적 전문가들이 자리하고 있다는 것은 사실이지만, 그러한 집단은 전체 노동인구의 단지 작은 부분만을 구성할 뿐이다(Braverman, 1974: 242). 그리고 비록 새로운 기술들이 요구되기는 했지만, 옛 기술들 중 많은 것 — 이를테면 다양한 종류의 기능공 — 이 실제로 파괴되었다. 무엇보다도 노동인구의 절대 다수는 여전히 그들의 기술, 소득, 또는 생활양식 수준이 어떠하든 간에 피고용자로 노동시장에 매여 있으며, 따라서 그들은 그 자체로 '프롤레타리아의 수탈 상태'(Braverman, 1974: 403)에 처해 있다.

초기 이론가들은 노동하는 사람들이 점차 중간계급의 가치와 소비생활양식을 받아들이는 '부르주아화(embourgeoisement)'과정에 대해 말했고, 그것에 근거하여 서구 민주주의 국가에서 좌파정당이 다수당의 위치를 차지하는 데 빈번히 실패하게 된 이유를 설명했다. 하지만 사회학적 연구들은 부르주아화에 대한 증거를 거의 발견하지 못했으며, 브레이버먼을 따라 선진사회의 계급구조가 프롤레타리아화 과정을 겪고 있다고 주장하기도 했다. 프롤레타리아화라는 관념은 '전자혁명'이 초래한 명백한 결과와 일치하는 것처럼 보였다. 전자혁명으로 인해 공장노동뿐만 아니라 모든 종류의 사무·관리노동이 점차 기계, 특히 컴퓨터에 의해 수행되었다. 한때 '신'중간계급의 핵심을 구성했던 사무노동자 집단은 전혀 필요하지 않을 것처럼 보이기도 했다. 브레이버먼이, 그리고 일찍이 마르크스가 예견했듯이, 그러한 직무에 남아 있는 사람은 '기계의 부속물'의 지위로 전락했다. 이처럼 노동계급뿐만 아니라 중간계급도 경제합리화와 기술혁신이라는 냉혹한 과정 앞에서 취약해졌다.

마르크스의 분석에 반대하는 사람들은 근대 자본주의 경제의 노동인구들이 점점 더 많은 교육을 받고 공식 자격증과 관련하여 분화된다는 점을 자주 지적해왔다. 그들은 자본주의적 생산은 무정한 기계 관리자 집단이 아니라 점점 더 정교화된 생산방법이 요구하는 지식과 기술을 갖춘 교육받은 인구를 만들어낸다고 주장해왔다. 하지만 브레이버먼의 분석이 함축하는 바는 자본주의사회에서 교육은 훈련보다는 주로 사회적 선택의 수단으로 기능한다는 것이다. 이는 보울스와 진티스(Bowles and Gintis)가

『자본주의 미국에서의 학교교육(Schooling in Capitalist America)』(1976)에서 미국 사회와 관련하여 발전시킨 주장이다. 알튀세와 마찬가지로 이 두 학자가 볼 때도 학교와 대학의 주된 기능은 개인의 재능과 직업요구를 능력에 입각하여 일치시키는 능력주의사회를 강화하는 것이 아니라 기존 계급구조를 재생산하는 것이다. 그들은 그 증거로 학생들의 사회계급 배경과 최종 교육 성취 수준 간에 강한 정(正)의 상관관계가 존재한다는, 기존에 확증된 그리고 지속적으로 확인되는 사회학적 연구들을 제시한다. 그들은 이것은 개인의 능력 차이를 반영하는 학교의 문제가 아니라 공정하고 평등해 보이지만 실제로는 전혀 그렇지 않은 체계의 결과라고 주장한다.

브레이버먼이 프롤레타리아 관념이 여전히 적실하다고 주장한 것과 마찬가지로, 다른 사람들도 마르크스가 예견한 유형의 부르주아가 경제의 지배적 부문을 실제로 소유하고 통제하고 있다고 주장해왔다. 상대적으로 소수인 집단이 자신들의 부와 그것으로 인해 경제적 의사결정에서 차지하는 핵심적 위치 덕분에 그 수에 어울리지 않는 권력과 영향력을 행사한다. 스콧(Scott, 1991: 151)은 다음과 같이 기술한다. "영국은 자본가계급에 의해 지배되고 있으며, 자본가계급의 경제적 지배는 국가활동에 의해 지탱되고, 그 계급의 성원들은 국가기구를 통제하는 파워 엘리트들 속에서 과잉 대표되고 있다. 즉, 영국에는 지배계급이 존재한다"(국제비교로는 Bottomore and Brym, 1989를 보라).

현재의 맥락에서 우리의 목적은 근대 자본주의사회가 마르크스가 개괄한 모델을 따르고 있는지의 여부에 관한 논쟁에 개입하는 것이 아니다. 오히려 우리의 목적은 마르크스의 분석틀이 논쟁과 연구의 기반으로, 그리고 어떤 사람들에게는 실천을 인도하는 이론적 방법으로 지속되고 있다는 점을 강조하는 것이다. 마르크스의 분석틀은 여전히 현대사회의 본질에 대한 연구와 이론화에서 극히 중요한 의제들로 남아 있다. 이를테면 근대 산업사회의 본질에 대해 아주 다른 관점을 가지고 있는 '부르주아화 테제'와 '프롤레타리아화' 관념 모두는 결국은 마르크스의 사상 및 개념들과 관련하여 정식화되었다. 더 나아가 마르크스의 관점을 무력화하는 것으로 자주 주장되어온 발전들 중 많은 것 ― 이를테면 신중간계급의 등장 ― 역시 그의 기본적인 방법, 즉 생산력의 변화가 생산의 사회적 관계를 변화시키는 것으로 바라보는 방법을 적용함으로써 이해될 수 있는 과정이다. 이 경우를 간략히 설명하면, 선진 기술과 대규모 생산의 도입은 전문가와 관리직원을 증가시키고 육체노동자의 수요를 감소시킨다.

현상과 실체 간의 구분에 의거하여 좀 더 최근에 이루어진 마르크스주의 분석들은 소득, 태도, 생활양식 면에서 중간계급과 노동계급 사이에 드러나는 명백한 차이는 그리 중요하지 않다고 주장해왔다. 왜냐하면 그러한 차이는 노동계급과 중간계급 모두가 자본가의 피고용인이며 생계를 위해 체계에 의존한다는 근본적인 사실에 비해 본질적으로 부차적이기 때문이다. 마르크스가 주장했듯이, '중간계급'과 '이행 단계'들은 "우리의 분석에서 중요하지 않다". 왜냐하면 근본적인 "자본주의적 생산의 발전경향과 발전법칙이 노동자로부터 생산수단을 점점 더 분리시킬 것이기 때문이다"(Marx, 1909: 1031). 마르크스는 이러한 과정은 중간계급 분파의 명백한 풍요에도 불구하고 지속적으로 작동할 것이며, 그들 역시 궁극적으로는 시장의 부침에 의존한다고 주장한다. 게다가 마르크스가 예견한 또 다른 발전경향인 지구경제가 1990년대 초 침체되기 시작하면서, 전혀 마르크스주의적이지 않은 전망을 가진 많은 관찰자가 개인과 그들의 가족뿐만 아니라 정부와 전체 국가까지도 국제금융시장과 통화운용을 통한 이윤추구에 휘둘리는 방식에 대해 논평했다. 청년 마르크스라면 이 모든 것을 소외의 상태로 기술했을 것이다. 이것은 또한 장년 마르크스가 자본의 집중과 '신용제도'의 힘이 증대할 가능성에 대해 예측한 것과 부합하는 것이기도 하다.

우리는 마르크스의 사상이 사회학적 탐구의 주요 영역들에서 시대의 검증을 받아왔고 계속해서 연구의 틀을 제공하고 있다고 제시해왔다. 물론 여러 점에서 마르크스의 예상은 그 후 발생한 일들로 인해 실현되지 않았다. 그러나 이러한 경우에서조차도 그의 작업체계를 기각하는 것은 아주 현명하지 못할 것이다. 카버(Carver)가 주장했듯이, 마르크스의 사상은 다윈(Darwin)의 사상과 마찬가지로 구체적인 검증 가능한 명제라기보다는 '일반 가설'로 간주될 수 있다. 하지만 그렇다고 해서 마르크스의 사상이 덜 과학적인 것은 결코 아니다. 왜냐하면 그 가설들이 연구를 위한 일반적·생산적 지침으로 작용하기 때문이다.

> 그러한 견해 또는 이론들이 연구 중인 실체들을 규정하고 그 실체들 간에 어떠한 관계가 **있을**지를 일반적 용어로 제시한다는 점에서 그것들은 가장 일반적인 의미에서의 가설로 기능한다. 어떤 특정한 사례에서 그러한 관계가 존재하는지의 여부가 바로 탐구해야 할 지점이다.(Carver, 1982: 35)

더구나 마르크스 저작의 범위와 그 유용성에 대하여는 의심의 여지가 거의 있을 수 없다.

근대사회학의 거대 테마들 — 산업화, 도시화, 세속화, 합리화, 개인화,

국가형성 ─ 은 모두 마르크스가 다루었던 것들이다. …… 근대성의 더 어두운 얼굴 ─ 근대적 삶의 덧없음과 불안전, 공동체의 해체와 이데올로기적 대체물에 대한 사회의 취약함, 뿌리 없는 개인들의 아노미적 고립, 세계의 '탈주술화', (수단이 목적을 찬탈하는) 합리성으로 봉인된 쇠우리 ─ 도 마찬가지이다.(Sayer, 1991: 12~13)

사회학자들이 볼 때, 마르크스는 사회학에서 중요한 연구전통들의 지침으로 작용해온 하나의 일관된 관점과 강력한 분석방법을 제공했다. 그것은 경험세계에 대한 반증 가능한 일단의 가설이기보다는 하나의 **모델**이며, 이러한 점에서 마르크스가 그렇게도 조롱했던 고전 정치경제학자들이 만들어낸 것과 아주 유사하다. 자신들의 이익을 극대화하기 위해 의식적으로 노력하는 전적으로 합리적인 개인들을 전제로 하는, 자유시장과 완전경쟁으로 이루어진 사회는 과거에도 없었고 앞으로도 없을 것이다. 그러나 훨씬 더 유용한 이론이 그러한 모델에 기초할 수는 있을 것이다. 우리가 살펴보았듯이, 마르크스는 경제학자들의 개인주의적 가정을 거부하고 그것을 훨씬 더 사회학적인 가정으로 대체했으며, 그렇게 함으로써 자본주의사회에 대한 우리의 이해를 틀지었을 뿐만 아니라 우리를 '근대성의 어두운 얼굴'과 대면시킨 이론체계를 정교화했다.

엄선한 참고문헌과 더 읽을거리

마르크스와 마르크스주의에 대한 문헌은 여기에 다 소개하지 못할 정도로 방대하다. 다음에 제시된 것들은 사회학적으로 사고하는 데 유용한 텍스트만을 선별한 것이다.

　마르크스의 생애와 사상에 관한 간결한 입문서들은 확고한 자리를 잡고 있는 Isaiah Berlin, *Karl Marx: His life and environment*(Oxford University Press, 1963, 3rd edn)를 비롯하여 많은 것들이 있다. 보다 최근의 저작들로는 Peter Singer, *Karl Marx*(Oxford, 1980), Peter Worsley, *Marx and Marxism*(Tavistock, 1982), David McLellan, *The Thought of Karl Marx: An introduction*(Macmillan, 1980)이 있다. Jon Elster, *An Introduction to Karl Marx*(Cambridge University Press, 1986)는 '합리적 선택 이론'에 입각하여 마르크스를 독해하고 있다.

　Leszek Kolakowski, *Main Currents of Marxism*(3 vols, Oxford University Press, 1978)은 마르크스주의 사상의 기원과 전개를 포괄적으로 설명하고 있다. *Volume 1: The Founders*는 마르크스와 엥겔스의 사상을 유럽의 철학적 전통의 맥락에서 검토한다. Peter Singer, *Hegel*(Oxford University Press, 1983)은 헤겔 사상의 주요 테마를 다룬 명료한 입문서이다. 반면 Fred R. Dallmayr, *G. W. F. Hegel: Modernity and politics*(Sage, 1993)는 헤겔의 정치철학을 호의적으로 독해한다. Charles Taylor, *Hegel and Modern Society*(Cambridge University Press) 또한 명료한 입문서이다. Hegel, *Elements of the Philosophy of Right*(Cambridge University Press, 1991)도 읽기를 시도해볼 만한 가치가 있다. Karl Popper, *The Open Society and its Enemies*, Vol. II(Routledge, 1945)는 헤겔과 마르크스를 매정하게 독해한다. Friedrich Hayek, *Individualism and the Economic Order*(Routledge, 1949)와 Milton Friedman, *Capitalism and Freedom*(University of Chicago Press, 1962)은 마르크스가 공격한 자본주의체계를 찬양한다.

또한 마르크스의 사회사상을 다룬 책으로는, Shlomo Avineri, *The Social and Political Thought of Karl Marx*(Cambridge University Press, 1968), Raymond Aron, *The Main Currents in Sociological Thought*, Vol. 1(Pelican, 1968), Terrell Carver, *Marx's Social Theory*(Oxford University Press, 1982), 그리고 뒤르켐과 베버도 함께 다루고 있는 Anthony Giddens, *Capitalism and Modern Social Theory*(Cambridge University Press, 1971)가 있다. 다른 눈여겨볼 만한 것들로는 G. A. Cohen, *Karl Marx's Theory of History: A defence*(Oxford University Press, 1978)와 P. Thomas, "Critical reception: Marx then and now," in Terrell Carver (ed.), *The Cambridge Companion to Marx*(Cambridge University Press, 1991)가 있다.

David McLellan, *Karl Marx: His life and thought*(Macmillan, 1973)는 철저한 지적 전기이다. 반면 S. H. Rigby, *Engels and the Formation of Marxism*(Manchester University Press, 1992)은 엥겔스의 기여를 살펴보는 데 유용하다. 마르크스와 엥겔스의 관계에 대한 하나의 대조되는 해석을 Terrell Carver, *Marx and Engels: The intellectual relationship* (Wheatsheaf, 1983)에서 발견할 수 있다. 카버는 마르크스 사상에 대한 표준적 해석들, 이를테면 그 해석의 헤겔적 측면들은 대체로 초로(初老)에 들어서서 엥겔스가 내린 해석이라고 주장한다. J. D. Hunley, *The Life and Thought of Friedrich Engels: A reinterpretation*(Yale University Press, 1991)은 엥겔스에 초점을 맞추고 있다는 점에서 유용하다.

의미 있는 마르크스·엥겔스 저작선집들도 여럿 있다. 그중에서도 특히 David McLellan(ed.), *Karl Marx: Selected writings*(Oxford University Press, 1977)는 좋은 전거이다. 이 장에서 언급한 마르크스의 저술들 중 다음의 것들도 이 선집에 실려 있다. "On the Jewish Question," "Critique of Hegel's Philosophy of Right," "Towards a Critique of Hegel's Philosophy of Right: Introduction," "Theses on Feuerbach," 그리고 "The Eighteenth Brumaire of Louis Bonaparte." 또한 이 선집에 실려 있는 중요한 것으로는 Engels, "Outlines of a Critique of Political Economy," 그리고 Marx and Engels, "The Holy Family"와 "The Communist Manifesto"가 있다. 좀 더 짤막한 선집으로는 Lewis Feuer(ed.), *Marx and Engels: Basic writings on politics and philosophy*(Anchor Books, 1959)가 있다. Tom Bottomore and Maximilian Rubel(eds), *Karl Marx: Selected writings in sociology and social philosophy*(Penguin, 1963)는 주제별로 핵심 구절들을 발췌하여 정리해놓고 있다. Derek Sayer(ed.), *Readings from Karl Marx*(Routledge, 1989)도 마찬가지이다.

Tom Bottomore(ed.), *Dictionary of Marxist Thought*(Blackwell, 1991)는 중요한 인물들과 그들의 사상에 대한 권위 있는 논의들을 담고 있다. Terrell Carver(ed.), *The Cambridge Companion to Marx*(Cambridge University Press, 1991)와 Bob Jessop and Charlie Malcolm-Brown(eds), *Karl Marx's Social and Political Thought: Critical assessments*(Routledge, 1990)에서는 현재 학계의 유익한 연구논문들을 찾아볼 수 있다. *Main Currents of Marxism, Vol. 3: The breakdown*(Oxford University Press, 1978)과 J. G. Merquior, *Western Marxism*(Paladin, 1986)에서는 근대 마르크스주의 사상들에 대한 비판적 연구들을 찾아볼 수 있다.

Fernand Braudel, *Civilization and Capitalism, 15th~18th Century*(3 vols, Collins, 1984)는 19세기 이전 유럽의 일상생활, 경제형태 및 그 전망들을 역사적으로 광범위하게 검토하고 있으며, 마르크스 저술 중 많은 것

의 역사적 근거를 판단할 수 있는 유용한 관점을 제공해준다. Alan Macfarlane, *The Origins of English Individualism: The family, property and social transition*(Blackwell, 1978)은 19세기 이전에 자본주의적 경제 형태가 존재했음을 예증한다.

프랑크푸르트학파의 비판이론을 설명하고 있는 문헌으로는 다음의 것들이 있다. David Held, *Introduction to Critical Theory: Horkheimer to Habermas*(Hutchinson, 1980), Susan Buck-Morss, *The Origin of Negative Dialectics*(Harvester, 1977), Martin Jay, *The Dialectic Imagination: A history of the Frankfurt School and the Institute of Social Research, 1923~1950*(Little Brown, 1973). 그리고 Theodor W. Adorno and Martin Horkheimer, *Dialectic of Enlightenment*(Allen Lane, 1979)와 Jürgen Habermas, *Knowledge and Human Interests* (Heinemann, 1971), *Legitimation Crisis*(Heinemann, 1976) 역시 중요한 문헌들이다.

최근 마르크스 사상이 문학 및 문화연구에 미친 영향에 대한 논의는 많은 부분 Terry Eagleton, *Marxism and Literary Criticism*(Methuen, 1976), Raymond Williams, *Marxism and Literature*(Oxford University Press, 1977), 그리고 Gary Nelson and Lawrence Grossberg(eds), *Marxism and the Interpretation of Culture*(Macmillan, 1988)에 의존했다. 또한 Stuart Hall and Tony Jefferson(eds), *Resistance Through Rituals* (Hutchinson, 1976)도 참조하라. 그람시의 저술들은 *Selections from the Prison Notebooks*(New Left Books, 1971)로 출간되었다. Nicholas Abercrombie, Stephen Hill and Bryan Turner, *The Dominant Ideology Thesis*(Allen and Unwin, 1980)는 지배이데올로기 관념에 대해 탐색한다.

마르크스에 대한 구조주의적 해석은 Louis Althusser, *For Marx*(Allen Lane, 1969)와 "Ideology and ideological state apparatuses," in *Lenin and Philosophy and Other Essays*(New Left Books, 1971, pp.121~173), Martin Godelier, "System, structure and contradiction in 'Capital'," in D. McQuarie(ed.), *Marx: Sociology, social change, capitalism*(Quartet Books, 1978), 그리고 Nicos Poulantzas, *Political Power and Social Classes*(New Left Books, 1973)에서 발견할 수 있다. 이러한 해석과 대(對)를 이루는 것으로는 Ralph Miliband, *The State and Capitalist Society* (Weidenfeld and Nicolson, 1969)와 E. P. Thompson, *The Poverty of Theory*(Merlin Press, 1978)를 보라.

물론 마르크스와 엥겔스의 저작들을 원문으로 읽는 것을 대신할 수 있는 것은 없다. 초보자들은 『독일이데올로기』, 『공산당선언』, 그리고 『파리수고』의 구절들부터 읽기 시작하는 것이 좋을 듯하다. 이것들은 다양한 편집서에서 이용할 수 있으며, David McLellan(ed.), *Karl Marx: Selected writings*(Oxford University Press, 1977)에도 편집되어 있다. 『강요: 정치경제학 비판의 토대』와 『자본론』(3 vols, Penguin, 1973; 1976)을 비롯한 마르크스의 주요 저작들도 출간되었다.

근대 산업사회에 대한 마르크스주의적 분석 및 마르크스주의로부터 영향을 받은 분석들로 석설한 문헌으로는 Rudolf Hilferding, *Finance Capital*(Routledge, 1910)과 Adolf Berle and Gardiner Means, *The Modern Corporation and Private Property*(Macmillan, 1932)가 있다. 특히 후자는 1932년에 초판이 발간되지만, Paul Baran and Paul Sweezy, *Monopoly Capital*(Penguin, 1968)만큼 읽어볼 가치가 있다. James Burnham, *The Managerial Revolution*(Doubleday, 1941)은 대기업의 경

영주의적 발전의 견지에서 마르크스의 분석을 갱신하고자 한 고전적 시도이다. J. K. Galbraith, *The New Industrial State*(Hamish Hamilton, 1967)는 마르크스주의적 설명은 아니지만 C. Wright Mills, *The Power Elite*(Oxford University Press, 1956)만큼이나 산업사회에 대한 마르크스주의적 분석의 맥락에 있는 유용한 자원이다. Ralf Dahrendorf, *Class and Class Conflict in an Industrial Society*(Routledge, 1959)는 마르크스의 계급분석과 베버의 계급분석을 혼합시키고자 한 중요한 시도였다. Samuel Bowles and Herbert Gintis, *Schooling in Capitalist America*(Routledge, 1976)는 마르크스주의 분석틀을 자본주의사회의 교육제도에 적용시켰다. Henry Braverman, *Labour and Monopoly Capital*(Monthly Review Press, 1974)은 자본주의하에서 숙련노동의 부식에 대한 마르크스주의적 분석을 웅변적으로 전개하고 있다. 계급문제와 관련한 보다 최근의 성과로는 Eric Olin Wright, *Classes*(Verso, 1985), Frank Parkin, *Marxism and Class Theory*(Tavistock, 1979), Gordon Marshall, David Rose and Howard Newby, *Social Class in Modern Britain*(Unwin Hyman, 1989), 그리고 국제적 비교로는 Tom Bottomore and Robert Brym(eds), *The Capitalist Class: An international study*(Harvester, 1989)가 있다. John Scott, *Who Rules Britain?*(Polity Press, 1991)은 영국의 이해관계와 권력을 분석한 비교적 최근의 책이다.

- 마르크스는 심오한 사상가이다. 그리고 그의 저작은 비록 고도로 추상적인 것처럼 보이지만, 그럼에도 불구하고 자본주의적 경제생산을 '비인간화하는' 힘으로부터 인간을 해방시키는 데 기여했다. 인간해방은 오직 혁명을 통해 자본주의 질서를 붕괴시킴으로써만 성취될 수 있다.

- 마르크스의 사상은 그의 생애 내내 출현하며 계속해서 발전했다. 그의 초기 사상은 헤겔의 관념론과의 대결을 통해 구축되었다. 하지만 헤겔적 테마는 여전히 그의 생애 내내 강하게 남아 있었다. 이를테면 소외의 관념과 역사의 변증법이 그러한 것으로, 이제는 마르크스의 역사유물론과 합체되어 있다.

- 마르크스 사상의 역동성은 단지 그의 사상이 그의 생애 동안 변화했다는 것뿐만 아니라 후학들에게 일부는 지지의 방식으로, 그리고 일부는 비판의 방식으로 해석할 수 있는 여지를 많이 남겨놓았다는 것을 의미했다.

- 마르크스의 유산은 명시적으로 그의 이름으로 확립된 국가였던 소련의 붕괴에도 불구하고 사회학에서 지속되고 있다. 그가 산업사회의 이해에 미친 영향은 문화, 지구화, 그리고 최근 생겨난 탈산업사회의 형태들에 대한 오늘날의 사회학적 형태들로 확장되었다.

막스 베버 Max Weber

마르크스와 뒤르켐에 비해 베버는 사회학이 사회의 지속적 진보에 기여할 수 있는 능력에 대해, 그리고 사회학이 사회적 현실에 대한 궁극적 지식을 제공할 수 있는 가능성에 대해 훨씬 덜 낙관적이었다. 이 장에서 우리는 베버 사회사상의 아래의 측면들을 검토할 것이다.

- 베버의 저작을 '실제적' 가닥과 '방법론적' 가닥으로 분리하는 것은 유용할 수 있다. 하지만 이 구분이 얼마간 인위적이라는 점을 염두에 둘 필요가 있다. 왜냐하면 두 가닥 모두가 사회학에 대한, 그리고 사회학이 무엇을 할 수 있는지에 대한 베버의 입장을 이해하는 데 아주 중요하기 때문이다.
- 그의 '실제적인' 역사적·사회적 연구들은 두 가지 주요 관심사에 의해 동기지어졌다. 하나가 서구의 지배적인 조직형태로서의 자본주의적 기업의 출현이고, 다른 하나는 관념과 행위의 관계이다.
- 베버는 방법론자가 되기를 꺼려했지만, 자주 그 시대의 지배적인 질문의 하나 ─ 즉, 사회적·문화적 연구들은 항상 진정한 과학일 수 있는가? ─ 에 적극적으로 관여했다.

카를 마르크스와 에밀 뒤르켐은 모두 사회이론이 장래에 거둘 수 있는 성과에 대해 비교적 낙관적이었다. 이에 비해 막스 베버는 비관적이었다. 마르크스와 뒤르켐은 자연과학의 이론적 성과에 고무받아, 만약 사회과학이 인간사회와 인간 역사에 대한 일반이론을 제시할 수 있다면, 사회과학도 그 범위와 위력에서 자연과학에 필적하는 성과를 거둘 수 있을 것이라고 예상했다. 실제로 마르크스는 젊은 시절에 자신의 지적 야망을 신화 속에서 신으로부터 불을 훔친 프로메테우스(Prometheus)의 업적과 견주기도 했다. 마르크스와 뒤르켐은 과학적 지식의 발전은 사회의 향상에 미증유의 기회를 제공할 것으로 확신했다. 이를테면 마르크스는 자신의 작업이 인류 전체의 완전한 해방에 기여할 것이라고 생각했다. 뒤르켐의 관심은 마르크스에 비하면 다소 소박했다. 그는 사회과학적 지식이 근대사회의 '병리현상'의 일부를 치유하는 방향으로 나아가도록 하는 데 관심을 가졌다. 그러나 베버는 사회학이 하나의 완전한 과학으로 발전할 수 있다는 것을 확신하면서도 그것에 도달할 가능성에 대해서는 마르크스와 뒤르켐보다 훨씬 덜 기대했고, 사회학이 모든 인류를 해방시키는 것은 고사하고 인간의 삶에서 발생하는 근본적 갈등을 극복할 수 있을 것이라고도 전혀 기대하지 않았다. 베버가 볼 때는 사회학이 굳이 근대사회의 조건을 개선해야 할 이유도 없었다. 사회학이 일반화를 발전시킬 수 있을지는 모르지만, 자연과학(또는 적어도 물리학)과 같은 방식으로 일반이론을 발전시키리라고 기대할 수는 없었다. 사회학의 주요한 역할은 많은 면에서 역사적 탐구를 지원하는 것이었다.

베버도 과학적 지식은 실천적 가치를 지니며 사회과학도 그러한 지식을 제공할 수 있다고 믿었지만, 그는 또한 과학적 지식의 확장이 자동적으로 이익을 가져다주지는 않는다고 주장했다. 그것이 환멸을 낳을 수도 있기 때문이다. 베버가 인식했듯이, 과학적 지식의 실천적 가치는 지식 그 자체의 질이 아니라 그 지식을 응용하는 목적과 정신에 달려 있다. 그리고 과학적 지식이 자비로운 동기에 의해 응용되리라는 보장도 전혀 없다. 실제로 자주 자신들이 지적으로 탁월하기 때문에 인간사(人間事)를 결정하는 데서 특권적 지위를 부여받았다고 믿었던 전문가들로부터 많은 공포가 초래되었다. 베버는 오늘날 우리가 '테크노크라트(technocrat)'라고 그 성격을 규정할 수 있는 인물들에 대해 반대했지만, 그렇다고 해서 그가 전문지식의 가치를 무시한 것은 아니다. 오히려 그는 그러한 전문지식의 소유가 정치적 리더십 자질의 한 유형이라는 관념에 이의를 제기했다. 정치적 문제에 관한 한, 과학적 전문가가 다른 사람들보다 어떤 자격을 더 많이 가지는 것은 아니다. 따라서 그들도 정치적 문제에서는 어떠한 특권도 부여받지 못한다.

따라서 베버는 사회학이 사회의 진보에 지속적으로 기여할 수 있다는 생각에 대해 마르크스나 뒤르켐보다 훨씬 더 회의적이었고, 사회학이 사회현실에 대한 최고의 지식을 제공할 가능성에 대해서도 덜 낙관적이었다. 그는 인간정신이 실재(reality)를 인식할 수 있는 능력에 한계가 있음을 누차 강조했다. 이러한 견해는 앞으로 우리가 살펴보듯이, 우리가 실재 '그 자체'를 결코 알 수 없다고 주장하는 그의 철학적 유산에서 파생된 것이었다. 베버는 외적 실재는 우리의 사고능력이 이헤할 수 있는 것보다 훨씬 더 복잡하고 세밀하며, 따라서 인간정신은 매우 선택적이고 부분적인 방식 이상으로 결코 실재를 설명할 수 없다고 주장했다.

비록 베버가 이러한 점에서는 '비관적'이었지만, 그가 사회과학 또는 정치학과 관련하여 절망적인 충고만 했던 것은 아니다. 전혀 그렇지 않다. 베버는 과학적 연구를 수행하는 데에 개입되어 있는 가치와 목적뿐만 아니라 정치참여의 목적과 가치 모두를 이해하고 있었고, 이 양사 산의 차이를 분명히 염두에 두어야만 한다고 주장했다. 베버가 볼 때, 지식의 추구는 그 자체로 가치 있으며, 학문에 진지하게 헌신하는 삶 또한 가치 있고 숭고한 것이었다. 비록 우리가 실재의 궁극적 본질을 이해하는 데까지는 결코 도달할 수 없을 테지만, 그것이 우리가 우리의 이해능력을 향상시킬 수 없다는 것을 의미하지는 않는다. 그리고 우리의 이해능력은 지적으로 보상받을 수도 있고, 어쩌면 실천적 가치를 지닐 수도 있다. 정치적 행동주의자들 역시 중요한 역할을 수행한다. 왜냐하면 행동주의자의 역할은 인간이 필연적으로 마주하게 되는 중요한 선택을 둘러싸고 발생하는 투쟁과 사회가 나아갈 방향을 결정하는 투쟁에 참여하는 것이기 때문이다. 이를테면 베버는 당시 독일의 정치적 전망에 대해서는 비관적이었는데, 그것은 전체 서구세계에 대한 그의 우울한 미래전망의 일부였다. 그러나 그가 볼 때, 정치에서 중요한 것은 자신들이 믿는 것을 위해 싸우는 것이고, 자신의 신념이 위협에 처해 있다는 사실이 그 싸움을 포기해야 한다는 것을 뜻하지도 않는다.

우리가 베버의 학문적 저작을 가장 효과적으로 제시할 수 있는 방법은 그의 저작을 두 부분, 즉 '실제적인 것'과 '방법론적인 것'으로 분리하는 것이다. 이 두 부분은 베버 저작의 두 가닥을 나타내며, 베버의 서로 다른 일단의 저술들과 관련되어 있다. 하나는 역사적·사회학적 연구들로 이루어지는 반면, 다른 하나는 철학적인 에세이들로 이루어져 있다. 그럼에도 불구하고 이 구분은 인위적인 것일 수밖에 없다. 철학적 에세이들은 사회과학(또는 베버 시대에 자주 불렸던 용어로는 '문화'과학) '방법론'에 대해 다루고, 사회과학을 수행하는 일반적 방법과 관련된 영원한 문제 ─ 사회과학은 자연과학을 따라야 하는가, 아니면 사회과학에는 매우 다른 방법이 요구되는가? — 와 논쟁을 벌인다. 베버는 그러한 논쟁을 시간낭비로 간주했다. 하지만 그러한 인식이 그가 그러한 논쟁에 적극적으로 개입하는 것을 막지는 못했다. 이 쟁점은 베버가 활동하던 시기의 독일에서 격렬한 논쟁거리였다. 따라서 그도 그 논쟁을 회피하는 것은 거의 불가능했다. 그럼에도 불구하고 그는 사회과학자들의 실제 업무는 사회과학의 과학적 지위에 대한 사변적 논쟁을 벌이는 것이 아니라 생산적인 경험적 탐구에 종사하는 것이라는 견해를 명확하게 개진했다. 만약 방법론이 논의되어야만 한다면, 탐구 자체를 형성하는 과정에 방법론이 아주 부차적인 활동임을 자각하는 것과 함께 사회적·역사적 연구에서 실제로 이용되어온 방법들을 자세히 설명하는 것만으로 족하다고 생각했다.

베버의 저술들 — 마르크스와 마찬가지로 자주 그의 생애 동안에 완성되지 않아 미간행되었던 — 이 하나의 통일된 체계를 이루고 있는가라는 문제가 논쟁의 대상이 되고 있다(비록 마르크스 사상의 통일성을 둘러싼 논쟁만큼은 전혀 아니지만). 오랜 기간 동안 베버의 저작은 일련의 부분 번역을 통해서만 영어로 읽을 수 있었다. 아무런 테마의 일관성도 없이 '관료제', '법', '사회학의 기초 범주' 등과 같은 별개의 주제들에 대한 연구를 한데 모은 선집이 감명을 불러일으켰던 것도 바로 이 때문이었다. 이러한 상황에 대한 반발로 마침내 베버 사상에는 하나의 일관된 통일성이 존재한다는 주장이 등장했다(Tenbruck, 1980). 하지만 그 내적 응집성의 정확한 본질이 다시 또 다른 논쟁의 초점이 되었다(Hennis, 1988). 우리는 베버 저작의 모든 부분에서 연관성을 찾는 것은 문제가 있다는 점을 인정하면서도, **설명의 목적상** 그 저작들을 비교적 통일된 것으로 취급할 것이다. 다시 말해 그의 연구의 대부분이 앞서 지적한 두 가지 상호 관련된 주요 관심사를 축으로 이루어져 있다고 간주할 것이다.

그중 첫 번째 관심사는 서구의 지배적 조직형태로서의 자본주의적 기업의 출현과 관련되어 있다. 그것은 자본주의적 기업조직 및 그와 관련된 문명 ─ 베버가 저술하던 당시에 서유럽과 미국에서 아주 현저했던 ─ 의 기원을 특히 자본주의적 기업의 '합리화'·도덕화된 형태와 관련하여 이해하는 데 관심을 두고 있다. '합리화(rationalisation)' 관념은 사물이 체계적으로 작동하는 경향을 지칭한다. 베버가 생각한 그러한 경향은 인간 역사의 어떤 다른 곳에서보다도 근대 서구에서 더 아무런 제약 없이 진척되고 있었다. 합리화 경향은 기업조직이 업무의 많은 것을 가능한 한 계산 가능하게 만듦으로써 자신의 내적 조직을 체계적으로 작동하게 하는 경향 속에서 점점 더 현저하게 드러났다.

두 번째 주요 관심사는 기본적인 사회학적 테마로, 인간행위에서 관념(idea)과 이해관계(interest) 간의 관계와 관련되어 있다. 그것은 어떤 점에서는 독일 사회민주당이 고무한 마르크스주의적 분석에 의해 자극받은 테마였다. 하지만, 그리고 우리가 마르크스를 다루던 장에서 설명했듯, 베버는 마르크스 저술의 단지 작은 부분만을 접할 수 있었고, 따라서 마르크스의 교의에 대한 베버의 생각 중 많은 것이 2차 자료로부터 나온 것이었다. 그 자료들은 마르크스의 이론을 '경제결정론적' 이론으로 해석하여, 자주 경멸적으로 '속류 마르크스주의자(vulgar Marxist)'로 불린 사람들의 저작이었다. 그 이론은 사회의 경제적 '토대' ─ 즉, 생산체계의 조직 ─ 가 사회의 '상부구조' ─ 즉, 사회의 다른 제도(이를테면 가족과 법체계)와 신념체계(이를테면 종교적 관념과 정치적 관념) ─ 를 결정한다고 보았다. 게다가 '경제결정론'의 관념은 인간 행위의 근본적 동기는 그 성격상 '물질적'이고, 본질적으로 실제적, 특히 경제적 이익의 증진에 관심을 가지며, 사회의 **모든** 갈등은 표면상으로는 이른바 종교나 민족주의를 둘러싸고 벌어진다고 하더라도 **실질적으로**는 경제적 이익과 관련되어 있다는 견해를 더욱 고무했다. 이것은 종교적·정치적 신념이 하나의 **합리화**로, 즉 물질주의적·이기적 동기에서 수행된 행위들을 보다 적실한 행동으로 보이게 하기 위해 정당화해주는 것으로 인식된다는 것을 의미한다.

그러한 '경제결정론적' 견해가 실제로 마르크스에서 나온 것이든 그렇지 않든 간에, 그것은 베버가 단호하게 거부한 견해였다. 그가 물론 그러한 견해를 **전적으로** 그릇된 것으로 파악한 것은 아니었다. 다시 말해 베버는 인간 행위가 경제적 이해관계에 의해 동기지어질 수 있다는 것을 분명히 인정했다. 베버가 경제결정론적 견해를 거부한 까닭은 그것이 인간 동기를 묘사하는 것으로는 너무나도 조야하여 실제의 역사적 상황을 야기하는 복잡한 인과적 조건들을 분석하는 데에는 그리 유용하지 않다고 판단했기 때문이었다. 베버의 경제적 배경은 그로 하여금 경제가 사회를 보다 광범하게 구조화하는 데서 수행하는 역할뿐만 아니라 경제적 동기가 개인의 행동에서 수행하는 역할에도 강한 관심을 가지게 했다. 그러나 '경제적' 요소의 실질적 중요성을 인정하는 것이 경제적 요소가 사회의 그 밖의 모든 것을 설명하는 **기본** 요인이라는 견해와 동일한 것일 수는 없다. 베버가 판단하기에는 '기본 요인'이라는 생각 또한 역사를 실질적으로 이해하기에는 너무나도 조야했다.

신념과 관념을 '합리화'로 바라보는 견해는 마르크스와 뒤르켐 모두에게서도 나타난다. 두 사람 모두 사회의 성원들은 자신들이 무엇을 하고 있는지를 알지 못하며 또 사회과학이 밝혀낸 자신들 행위의 진정한 원인을 가지고 있을 필요도 없다고 주장했다. 두 사람은 신념에 대한 설명은 사회적 실체의 본질 속에서 찾아야만 한다는 데 동의했다. 그들이 보기에 실체는 사회의 성원들에게 신비화되어 있고 감추어져 있다. 이것은 종교적 신념뿐만 아니라 다른 형태의 신념들에도 역시 적용되었다. 우리가 살펴보았듯이, 마르크스는 당시의 정치경제학이 자본주의적 경제관계의 합리화, 즉 하나의 이데올로기나 다름없다는 것을 논증하는 데 상당한 노력을 기울였다.

이 점에서 베버의 견해는 마르크스와 뒤르켐의 견해와 전적으로 반대이다. 베버가 볼 때, 사람들은 분명 자신의 신념과 생각에 근거하여 행동하고, 그들이 처신하는 방식은 그들이 찬동하는 종교적·정치적 관념을 따른다. 신이 존재하는지의 여부는 문제가 되지 않는다. 중요한 것은 신이 존재한다고 믿는 사람들은 신이 자신에게 바라는 대로 자신이 행동한다고 확신하기 때문에 어떤 특정한 방식으로 행위할 가능성이 크다는 사실이다. 사람들의 행위가 어떻게 구성되고 그 행위가 사회조직에 어떻게 영향을 미치는지를 분석하는 사회학자들의 관점에서 볼 때, 사람들이 종교적 교리의 가르침을 따르고 얼마간 실행한다는 사실은 그들의 행동유형과 그들이 살고 있는 사회제도의 조직화에 분명한 영향을 미칠 것이다. 따라서 사람들의 행위를 이해하고자 하는 사회학자들은 사람들이 집착하는 신념과 관념을 고려하고, 그러한 신념과 관념이 그들의 행위를 이끄는 방식을 이해하기 위해 노력해야만 한다.

이것이 바로 '이해(verstehen)'의 방법으로 알려진 베버의 사회학적 접근방법의 기본 전제였다. 이해의 방법은 주로 사람들의 사고방식(outlook) — 세계관 또는 기본적인 신념체계라 부를 수 있는 — 에 대한 이해를 통해 사회학적 설명을 추구한다. 이에 근거하여 베버는 행위가 경제적 이해관계에 의해서 동기지어질 뿐이라는 '속류 마르크스주의자'의 관념을 거부했다. **일부** 행위는 확실히 그러한 이해관계에 의해 동기지어지지만, 베버가 볼 때 **모든** 또는 **대부분의** 행위가 경제적 이해관계에 의해 동기지어지고 종교적·정치적 관념은 평판이 좋지 않은 자기이익 추구를 '은폐'해주는 것이라고 주장하는 것은 지나친 과잉단순화일 수 있었다. 사람들은 (정도는 다르지만 얼마간 사회학적으로 설명할 수 있을 만큼) 물질적 자기이익과 관련한 관념 외에 다른 관념들 — 특히 종교적 관념과 이상 — 을 신봉하고 또 그 관념에 입각하여 행동한다. 왜 그들이 그러한 관념을 받아들이는지, 그리고 무엇이 그들로 하여금 그러한 관념을 받아들이게 하는지는 단지 경제적 이해관계에만 초점을 맞추어서는 이해할 수 없다. 경제적 이해관계**와** 종교적 관념은 둘 다 사회 속에서 작동한다. 경제적 이해관계와 종교적 관념은 서로 상호작용하고, 많은 다른 요인과 함께 사회의 구조와 그 성원들의 행위의 경과를 역동적으로 틀짓는 데서 중요한 역할을 수행한다. 베버가 볼 때, 종교적 관념과 이상들은 인간의 삶과 세계 모두가 의미를 지닌다고, 즉 그 둘 모두 일정한 의미를 지니며 또 일정한 목적에 기여한다고 느끼고 싶어 하는 광범위한 인간 욕구로부터 발생한다. 거기에는 세상의 일과 인간의 삶은 단지 우연에 의해 '발생하는' 것이 아니라 어떤 더 거대한 원형(原型)의 일부이며 사람의 운명은 그 계획과 밀접한 관계가 있다고 느끼고 싶어 하는 공통의 욕구가 존재한다. 이를테면 베버는 많은 종교에서 '고통'이 갖는 중요성을 지적하며, 만약 그 고통이 뭔가를 위해 견뎌내야만 하는 것으로 인식된다면 그 고통은 완화된다고 주장한다. 따라서 종교는 때때로 현생에서의 고통은 다음 생에서의 구원을 위해 견뎌야 하는 것이라고 설명한다. 따라서 종교와 관련된 욕구는 음식, 옷, 또는 다른 사람에 대해 갖는 권력에 의해 충족되는 욕구만큼이나 진정한 것이다.

　따라서 베버의 '실제적' 연구의 주요 부분들이 종교연구에 집중되어 있다는 것은 그리 놀랄 만한 일이 아니다. 그가 원숙한 시기에 수행한 주요 연구 프로젝트들은 '세계종교', 즉 세계사(그리고/또는 서구 문명의 역사)에 결정적 영향을 미친 종교들의 비교연구에 관한 것이었다. 베버의 연구주제에는 기독교와 이슬람교가 포함되어 있었지만, 그는 그 종교들에 대한 연구를 크게 진전시키지는 않았다. 하지만 그는 유교[『중국의 종교(The Religion of China)』(1951년 영어로 출간)에서], 불교와 힌두교[『인도의 종교(The Religion of India)』(1958년 영어로 출간)에서]에 대한 (완전하지는 않지만) 방대한 연구를 수행했을 뿐만 아니라 『고대 유대교(Ancient Judaism)』(1922년 초판)도 출간했다. 그는 또한 종교적 신념과 관행의 형태들의 일반적 '진화'를 설명하는 연구[『종교사회학(The Sociology of Religion)』(1963)]를 하기도 했다. 베버가 신념과 관념(특히 종교적 관념), 경제적 이해관계, 그리고 좀 더 일반적인 사회적 조건 간의 상호작용을 검토한 것은 그러한 연구들을 통해서였다(비록 그러한 연구들만을 통해서는 아니지만). 그리고 우리가 베버의 저술들이 강력하게 통합된 하나의 테마를 이루고 있는 것으로 취급할 수 있는 것도 바로 그러한 연구가 베버 저술에서 대단히 중요한 부분을 차지하기 때문이다.

초기 경력

베버는 1864년 베를린에 살던 유복한 중간계급의 집안에서 변호사의 아들로 태어났다. 그의 아버지는 국가자유당(National Liberals)의 의원으로 적극적인 정치활동을 하고 있었다. 베버는 평생 현실정치에 관심을 가졌을 뿐만 아니라 정치에 영향력을 행사하고자 하는 강한 욕망도 가지고 있었다. 그의 정치적 견해는 매우 민족주의적이었고, 그의 학문적 연구도 부분적으로는 비스마르크(Bismarck)의 프러시아 통솔하에 막 통일된 독일사회의 복리에 관한 관심에 의해 동기지어졌다. 당시에 독일은 정치적으로는 어느 정도 근대화를 이루어 19세기 말경 주요 강력한 제국의 하나가 되었지만, 영국, 프랑스, 미국과 달리 산업화를 통해 정치적으로 독자적인 부르주아를 확립하지는 못했었다. 독일 국가의 통일과 근대화의 지적 토대를 제공했던 독일 자유주의는 자신이 창조에 기여했던 바로 그 창조물로 인해 심각한 위험을 받고 있었다. 비스마르크의 독일 제국이 발흥하면서 독일 프로테스탄티즘 속에 깊이 자리하고 있던 가치들 — 개인에 대한 존중, 인도주의적 학문에 대한 관심, 의무, 개인의 고결성, 개인의 책임성 — 을 가장 강력하게 신봉하던 중간계급이 정치적으로 패배했다. 독일이 급속한 산업화와 도시화를 이룩하던 시기 동안에 국가와 융커(토지귀족계급), 군부, 관료의 동맹으로 인해 자유주의가 몰락했다. 이들 동맹세력은 상관에 대한 맹종의 의무, 가부장주의, 그리고 개인의 자율성 희생과 국가에 대한 봉사를 찬양하고 강요했다. 19세기 후반경 독일은 권위주의적인 군사주의적 국가에 의해 지배되었고, 그리하여 사회적·경제적 삶의 대부분을 규제당했다. 베버는 자유주의 정책을 지지하는 경향을 보이면서도, 자유주의 정치철학의 요소들 중 많은 것 — 이를테면 진보에 대한 믿음 — 을 거부했다. 그는 감정적으로는 개인의 자율성과 책임의 미덕, 즉 사람들이 자신의 의무를 다하는 것과 공동체에 대한 자신의 책무를 충족시키는 것의 중요성을 강조했다. 그러나 그는 충분한 논거에 의거하여 그러한 가치들이 당대의 독일을 위험에 빠뜨리고 있다고 느꼈다.

　베버는 괴팅겐 대학교와 하이델베르크 대학교에서 처음에는 법학을 공부했다. 베버의 학업은 군사훈련 때문에 1년쯤 중단되었다. 그리고 후일 1886년 이후 베를린 대학교에서 학업을 속행할 때에는 법학과 법제사를 공부했다. 로마법에 대한 연구를 포함하는 그의 초기 연구의 일부는 산업화가 독일에서 융커의 지위에 미친 영향에 관한 것이었다. 1870년 이후 정치적 통일이 급속한 산업화를 촉진시켰지만, 동부 농업지역으로부터 노동력 ─ 융커의 부와 권력의 원천이었던 ─ 을 빨아들여 경제적으로 강력해진 것은 바로 남부와 서부였다. 그 결과 동부 농업지역은 상대적으로 쇠퇴했다. 자신들의 대농장으로부터 점점 더 많은 수익을 끌어내고 있음에도 불구하고, 융커들은 점차 자신들의 경제적 수단으로는 귀족 지위와 야심을 뒷받침할 수 없어서 정치권력에 의지해야만 했다. 그 시기에 또한 '사회문제'라고 알려진 것들이 출현했다. 즉, 산업프롤레타리아가 등장하고, 사회주의 이념이 확산되었다. 비스마르크는 당근과 채찍, 즉 복지입법과 억압을 함께 구사하여 '문제'를 해결하고자 시도했다(역설적이게도 그 복지입법이 근대 복지국가의 모델이 되었다).

독일의 농업문제

베버가 수행한 최초의 사회학적 연구는 동부 독일의 '농업문제'였다. 1897년에는 러시아와 미국의 값싼 곡물이 수입될 것에 대한 우려로 이전의 곡물 자유무역정책이 포기되었다. 융커들은 매우 민족주의적이었고 보호무역주의자들이었지만, 독일 농장 노동자들을 외국인 이주 노동자들로 대체하는 것을 장려해왔다. 농업노동문제는 대규모의 연구주제로 설정되었고, 학자, 정부 관리 및 기타 전문가들의 협회인 사회정책학회(Verein für Sozialpolitik)가 그 연구를 맡아 수행했다. 학회는 1890년에 독일 전역에 거주하는 3000명이 넘는 지주들에게 질문지를 보냈다. 베버는 엘베강 동부지역에서 회수된 질문지를 분석하는 책임을 맡았다. 그 연구는 농업노동자들의 지위에서 상당한 지역적 차이를 밝혀냈다.

동부 독일에서 노동관계의 자본주의적 전화는 노동자의 생활수준을 저하시키는 경향이 있었다. 그것은 부분적으로는 그들이 의지하고 있던 의사봉건적(quasi-feudal) 권리를 더 이상 가지지 못하게 되었기 때문이었고, 또 부분적으로는 러시아와 폴란드로부터 값싼 노동력이 유입되었기 때문이었다. 베버는 처음으로 민족적 가치와 경제적 합리성 간의 갈등을 직접 대면하게 되었다. 동부 독일의 대농장에서 진전되고 있던 폴란드인에 의한 독일 노동자의 대체라는 중심적인 문제는 순수하게 경제적인 측면만으로는 이해할 수 있는 것이 아니었다. 폴란드 노동은 경제적으로는 독일 노동에 비해 쌌지만, 민족주의적 가치의 관점에서 볼 때 폴란드 노동의 유입은 독일의 동부 변경을 폴란드인들에게 노출시키는 것이었다. 하지만 베버가 깨달았듯이, 경제적 삶에서 반민족주의적인 행위노선을 추구한 사람들은 바로 민족주의적 가치에 충성했던 동부 귀족들이었다. 마르크스가 '나무 도둑'에 대한 연구 이후에 깨달았던 것처럼, 자본주의적 경제관계는 전통적인 권리와 책임, 그리고 사회조직의 유형을 변화시키기 시작했다.

베버는 점점 더 역사적·사회학적 연구에 관심을 기울이기 시작했다. 베버는 사회학자로서 대학에 자리를 잡지 않았기 때문에 뒤르켐이 학문적 경력의 초기에 직면했던 것과 같이 자신의 사회학적 성향을 정당화하기 위한 투쟁을 할 필요는 없었다. 베버가 교육받고 또 후일 다시 그가 기여한 지적 풍토는, 학문적 전통이 고도로 발전되고 널리 존경받는 분위기였으며, 학문은 국가의 복리와 동일시되고 있었다. 잘 발전된 교육체계에 의해 뒷받침된 독일은 문화적·지적 명성이 급속히 높아지면서, 짧은 시간 내에 자연과학과 산업기술에 주요한 공헌을 하기 시작했다. 독일 학계는 하나의 독특한 탐구영역으로서의 '사회적인 것'을 소홀히 대하지도 않았다. 오히려 유럽 국가들과 비교해볼 때, 특히 독일 학자들은 사회적인 것이 학문적, 심지어는 과학적 연구의 대상이 될 수 있다는 것을 일반적으로 받아들이고 있었다. 경제학은 대학에 확고하게 자리 잡고 있었고, 법학은 법이 터하고 있는 사회적·문화적 상황에 관심을 기울이는 등 법이론과 법실무를 훨씬 넘어서는 것을 포괄적으로 다루고 있었다. 실제로 베버 시대 동안에 독일 학자들이 가장 두드러지게 관심을 기울였던 것 중의 하나가 소위 '문화과학(cultural science)'이라 부른 것의 본질에 관한 것이었다. 문화과학에는 특히 우리가 익히 알고 있는 경제학, 법학, 고고학, 어원학, 언어학, 사회학, 그리고 정치학이 포함되어 있었다.

그다음에 베버의 연구는 독일 사회의 내부조직뿐만 아니라 유럽과 북미 사회의 도처에서 발생하고 있던 광범위한 사회적·문화적 변화의 성격, 기원, 전망에 대해서도 관심을 가지기 시작했다. 마르크스와 뒤르켐 역시 인지했듯이, 그것은 무엇보다도 자본주의적으로 조직된 기업의 모험이 확산된 데 기인하는 것이었다. 베버는 바로 이 새로운 서구 문명의 특성과 기원, 그리고 그 전망을 이해하는 데 자신의 학문적 생애의 나머지를 바쳤다.

베버와 근대 자본주의

마르크스는 일찍이 이윤과 팽창 충동을 최우선시하는 기업조직을 19세기에 발전한 근대 서구 사회의 가장 현저한 특징으로 파악해왔다. 그는 자본주의적 생산이 상호파괴적 경쟁의 일부로서 스스로를 끊임없이 재조직하는 방식을 강조했다. 그러한 경쟁 속에서 자본가들은 시장을 침식해 들어오는 경쟁자들에 맞서 자신들의 시장이익을 지키고자 한다. 우리가 살펴보았듯이, 마르크스는 자본축적의 욕구가 자본가를 강제한다고 주장했다. 거기서 문제가 되는 것은 탐욕이라는 어떤 심리학적 특성이 아니었다. 개별 기업가는 선의를 가진 너그러운 사람일 수 있다. 그리고 그는 자신이 고용한 사람들의 복지에 진정으로 관심을 가질 수도 있다. 그러나 그것이 그가 사업에서 살아남는다면 그들의 노동력을 덜 착취할 수도 있다는 것을 의미하지는 않는다. 마르크스는 또한 '자본가계급'이 서구 사회에서 경제적으로뿐만 아니라 정치적으로도 지배계급이 되어가는 방식, 즉 정부정책에 영향력을 행사할 뿐만 아니라 보다 광범한 사회의 관념과 가치를 틀짓는 방식에도 관심을 기울였다. 서구 사회는 '부르주아적' 성격을 뚜렷하게 발전시키고 있었다.

앞서 언급한 바와 같이, 베버는 마르크스(또는 적어도 그가 이해한 마르크스)와 근본적으로 의견을 달리했지만, 중요한 점에서는 마르크스와 견해를 같이했다. 그것은 바로 역동적이고 지배적인 자본주의경제가 지구적 규모로 자신의 영향력을 확대하고 발전한 경우는 역사적으로 전례가 없다는 것이었다. 이 같은 사실이 요구하는 것이 바로 이 '급속한' 성장을 이해하는 것이었다. 그러나 마르크스와 베버 사이에 존재했던 공통의 근거가 무엇이든 간에 그러한 발전을 어떻게 이해할 수 있는가에 대한 생각은 매우 달랐다. 특히 마르크스는 자신의 초기 연구에서 근대 서구 자본주의의 발전을 인류 역사 전체의 진보에 관한 설명과 연관짓는 경향이 있었다. 그는 심지어 서구의 발전은 세계의 나머지 도처에서도 발생할 수밖에 없는 발전을 예기한다고까지 제시하며, 자본주의를 전 세계 역사에서 일어나는 **전반적** 발전의 한 단계로 파악했다. 이와는 대조적으로 베버는 역사에 대한 포괄적 설명에는 관심을 가지지 않았다. 그 대신에 그는 그 당시의 발전을 서유럽과 미국의 역사에 전적으로 독특한 것으로, 그 외 다른 곳과 비교할 수 없는 것으로 파악했다. 하지만 자본주의적 기업 그 자체가 그러한 독특성의 근원은 아니었다. 베버는 자본주의적 기업은 서유럽과 미국 외의 다른 곳에도 종종 존재했다고 주장했다. 역사의 도처에 이윤추구 조직은 존재해왔고, 그 조직들은 모두 마르크스가 서술했던 산업사회에서처럼 무자비하고 착취적일 수 있었다. 근대사회의 독특한 측면은 이윤추구의 **냉혹함**이었다. 다른 사회에서 자본주의적 기업은 산발적으로 발생하는 경향을 보여왔다. 사람들은 이윤추구적인 투기적 기업을 조직하여 그 기업을 통해 이윤을 얻었고, 충분한 이윤이 실현되면 적어도 일시적으로나마 투기적 기업 활동을 중단했다. 하지만 근대의 기업은 이윤이 끝없이 추구된다는 데 현저한 특징이 있다. 근대 기업은 그 작동을 유지하고 확장하기 위해 노력하며, 시장기회의 변화에 따라 위치를 이동하고 적응하며, 더 빠른 성장을 위해 다른 기업들과 끊임없이 경쟁한다.

마르크스가 자본주의의 이윤추구를 개인적 욕구와는 분리하여 생각해야 한다고 강조한 것은 옳았다. 자본가는 단지 자신의 생활수준을 향상시키기 위해 이윤을 추구하는 것은 아니다. 마르크스는 그러한 끊임없는 이윤추구를 기업조직의 생존을 위한 긴박한 필요성에서 기인하는 것으로 생각했다. 그러나 베버는 자본가의 입장에서 볼 때 이윤추구는 그 자체가 하나의 목적이라고 지적한다. 근대세계에서 기업활동의 요체는 바로 더 많은 이윤을 획득하고 더 큰 회사를 수립하는 것이다. 자본가는 획득한 이윤의 양과 통제하는 회사의 수에 의거하여 그 성과를 측정한다. 하지만 그러한 추동력이 순전히 실용주의적인 동기로만 물들어 있는 것은 아니다. 그것은 강한 **도덕적** 의미를 가진다. 이윤은 일에 대한 헌신의 정당한 보상으로 인식된다.

역사상 존재했던 모든 사회에서 나타난 노동에 대한 태도를 고려해볼 때, 가장 두드러지게 눈에 띄는 것이 고된 노동은 보상받을 만한 가치가 있다는 도덕적 훈령이다. 소유욕과 탐욕은 모든 사회에 공통적인 것이다. 어떤 사회에서는 노동과 부의 추구가 필요악으로, 즉 좋은 삶(good life)을 제공해주는 수단으로 간주된다. 하지만 노동과 부 자체가 좋은 삶을 구성하는 것은 아니다. 그와는 대조적으로 근대 자본주의에서 노동은 도덕적으로 긍정적인 성격을 갖는다. 하나의 일자리를 갖고 규칙적으로 일을 하러 가고 건실하고 헌신적이고 규율적인 방식으로 일하는 것은 우리 사회에서 가치 있는 삶의 방식에 본질적인 것으로 간주된다. 베버가 '자본주의 정신'이라 칭했던 것이 바로 가치 있는 일로서의 노동 — 경제적 성공으로 보상받는 — 에 대한 이러한 태도이다. 그는 이 윤리야말로 서구 자본주의의 성격에서 본질적 요소였으며 자본주의체계의 발흥에 극히 중대한 기여요인이었음에 틀림없다고 주장했다. 베버에 따르면, 결연하고 지속적인 노동동기가 없었다면, 그리고 노동 그 자체를 위해 일하지 않았다면, 근대 자본주의의 역동적 성장을 좌우한 경제적 및 여타 기회들을 지금처럼 포착하지도 또 이용하지도 못했을 것이다. 자본가의 이윤갈망과 피고용자들의 절제된 노동헌신 모두는 강력한 **도덕주의적** 성격을 가지고 있고, 베버가 판단하기에 이것은 마르크스주의적 도식으로는 설명할 수 없는 결정적 특징이었다.

근대 자본주의에는 우리가 이미 지적한 또 다른 독특한 요소가 있다. 자본주의가 '합리화된' 정도, 즉 사람들이 자신들의 일을 체계적으로 수행하고자 하는 정도가 그것이다. '합리화'는 이윤추구와 같이 모든 사회에서 그리고 삶의 모든 영역에서 발생할 수 있는 어떤 것이다. 사람들이 자신들의 신념체계를 보다 체계적으로 이해하고자 시도하거나 자신들의 실제 활동의 조직을 보다 체계적인 방식으로 고려하고자 했던 사례들이 역사 속에는 많이 존재한다. 근대 자본주의적 서구의 독특성은 이윤추구와 마찬가지로 '합리화'가 거의 목적 그 자체가 되었으며, 또 우리 삶의 광범하고 지배적 측면이 되었다는 점이다. 근대사회의 두 부문이 이러한 합리화를 가장 극적으로 예증한다. 그중 하나가 자연에 대한 우리의 이해였다. 근대과학은 자연에 대한 가장 체계적인 이해를 대표한다. 우리는 근대과학으로 인해 자연의 세부사항들을 가장 엄밀하게 추정된 방식으로 이해할 수 있다. 물론 다른 하나는 기업이다. 거기에도 또한 가장 효율적으로 기업을 조직하고 생산물을 송달하는 방식을 체계적으로 산정하고자 하는 강력한 그리고 끊임없는 욕구가 존재한다.

그러나 지금은 신념체계와 행동조직을 보다 체계화하고자 하는 욕구가 우리 삶의 대부분의 영역에 자리하고 있다. 우리가 제시했듯이, 근대 서구 사회에는 합리화, 그리고 여전히 더 많은 합리화를 그 자체로 바람직한 것으로, 즉 모든 활동을 지배해야만 하는 효율성의 이상으로 간주하는 경향이 현저하다. 베버가 볼 때, 근대 자본주의사회에서 추구하는 합리화의 강도는 분명 역사적으로 아주 예외적인 것이었으며, 따라서 설명이 요구되었다.

프로테스탄트 윤리와 자본주의 정신

베버 연구의 주요한 단계는 두 편의 에세이 — 후일 하나로 묶여 『프로테스탄트 윤리와 자본주의 정신(The Protestant Ethic and the Spirit of Capitalism)』이라는 제목으로 1904~1905년에 출간된 — 를 저술하는 것에 의해 시작되었다. 거기서 베버는 자본주의 사회에서 드러나는 노동에 대한 도덕주의적 견해와 삶의 모든 측면의 합리화 경향과 관련하여 자본주의 정신의 기원에 관한 하나의 가능한 설명을 모색하는 작업에 착수했다.

베버가 이해한 바에 따르면, 마르크스주의적 설명은 자본주의의 발전을 숙명적인 연속적 역사발전의 필연적 결과로 바라보고, 자본주의체계에 적합한 행동을 하는 데 필요한 신념의 발전 역시 그러한 신념의 경제적·정치적 전제조건이 발전함에 따라 자동적으로 출현한다고 파악했다. 마르크스주의의 도식적 정식화 속에서는 '물질적 토대'가 관념, 신념, 가치와 같은 '상부구조'의 직접적 원인이었다. 베버는 그러한 생각을 받아들일 수 없었다. 마르크스주의적 접근방법은 '자본주의 정신'의 기원을 설명할 수 없었다. 왜냐하면 그 접근방법은 역사적 설명 일반의 본질에 대해 잘못된 견해를 가지고 있었기 때문이다.

첫째로, 역사의 경과에 필연적인 것이라고는 아무것도 없다. 즉, 자본주의가 지금과 같은 특정한 형태를 취하면서 발전해야만 했던 또는 발전하고 있어야 할 필연성은 전혀 존재하지 않는다. 온갖 복잡한 인과적 조건들이 서유럽에서 수렴되어 자본주의의 발전과 팽창을 촉발하고 지속시켰지만, 그러한 조건들이 그때 반드시 그렇게 발생하여 수렴되어야**만 했던** 것은 아니다. 역사적 상황은 항상 상황에 구속되며, 따라서 다르게 진전될 수 있다. 그리고 서구 자본주의의 기여 원인들이 그러한 상황 속에 반드시 존재해야 할 이유도 없다. 역사적 상황이 왜 그러했는지를 이해하는 것은 그 상황이 역사발전을 인도하는 어떤 '마스터플랜'에 의해 제공되는 것으로 파악하는 것이 아니라 그 상황이 유발된 특정한 인과적 전제조건들을 확인하는 문제이다.

둘째로, 비록 자본주의적 발전의 물질적 조건이 존재한다고 하더라도,

마르크스주의자들이 '상부구조'의 요소라고 칭한 것 ― 즉, 자본주의적 활동을 할 수 있는 기회를 이용하는 데 필요한 가치와 신념 ― 이 **필연적으로** 발생되는 것은 아니다. 산업자본주의의 경제적·정치적 전제조건이 종교개혁기의 유럽에 존재했을 수도 있지만, 기회가 존재한다고 해서 그 기회가 반드시 포착되리라는 것까지, 이를테면 사람들이 그 기회를 활용하려는 동기를 가지리라는 것까지를 보장하지는 않는다. 종교개혁의 가치와 신념은 종교개혁이 실제로 지향했던 것과는 다른 방향으로 발전했을 가능성도 있으며, 그 결과 산업자본주의의 기회가 활용되지 못했거나 오늘날과는 아주 다른 '정신'을 가지고 발전했을 수도 있다. 사람들의 동기도 다른 것들과 마찬가지로 역사적 설명을 요구한다. 왜냐하면 우리가 지적했듯이, 근대 서구 자본주의에 공통적인 종류의 동기는 그 이외의 다른 곳에서 공통적이거나 통상적인 동기와는 전혀 다르기 때문이다. 베버가 볼 때, '자본주의 정신'을 유발하는 인과적 조건의 문제는 자본주의적 산업생산을 유발하는 인과적 조건의 문제와는 **별개의 문제**이다.

그러므로 자본주의의 발흥을 위해서는 온갖 종류의 물질적 조건들이 필요하다. 그중에서 많은 것이 이미 마르크스에 의해 확인되었다. 제조기술의 발전, 농촌인구의 도시화, 도시 상업계급의 정치적 독립성과 권력의 증대, 법률의 변화, 회계체계의 발달, 자유로운 자본 및 재화 시장, 전통적·귀속적 기준이 아닌 기술과 전문지식에 기초한 분업, 법적으로 규정된 시민 관념 등이 그것들이다. 그렇다면 우리에게 친숙한 유형의 자본주의적 활동에 처음으로 동기를 제공한 것은 무엇이었는가?

베버는 종교개혁, 특히 칼뱅주의의 교의에 영향을 받아 발생한 종교관념의 변화 속에서 그러한 동기의 근원을 발견할 수 있을 것이라고 추측했다. 그는 '자본주의 정신'과 고된 노동 및 부에 대한 프로테스탄트의 태도 간에는 유사성이 존재한다고 주장했다. 왜냐하면 후자 역시 의무와 금욕적 행위를 강조하고, 경제적 근면을 권고하고, 나태와 낭비를 비난하고, 검약과 생산의 덕목을 전파했기 때문이다. '자본주의 정신'과 '프로테스탄트 윤리' 간의 유일한 실제적 차이는 후자가 신의 이름으로 말하는 반면 전자는 전적으로 세속적인 용어로 말한다는 것뿐이다. 베버의 가정은 '자본주의 정신'은 '프로테스탄트 윤리'의 세속화된 계승자이고 프로테스탄트 윤리가 자본주의 정신의 원인이라는 것이었다. 만약 이것이 사실이라면, 프로테스탄트 윤리는 근대 서구 자본주의의 발흥에 결정적인 역할을 했을 것이다.

역사에서 관념의 역할　베버가 종교적 **관념**이 인과적 역할을 수행한다고 말하는 것으로 자주 받아들여진다. 그리고 베버가 마르크스와 일반적으로 대비되는 이유도 바로 이것에 근거한다. 즉, 관념이 사회변동에서 인과적 역할을 수행할 수 있다는 것을 한 사람은 거부하고 다른 한 사람은 확언한다는 것이다. 하지만 이 두 사람을 갈라놓는 것은 실제로는 이러한 식의 차이가 아니다. 베버는 사실 마르크스만큼이나 '유물론자'였다. 확실히 그는 사회변동을 자신의 내적 논리를 따라 작동하는 관념이 '발산'되는 것으로 이해할 수 있다는 헤겔적 관념에 격하게 반대했다. 그는 또한 창의적인 개별 사상가가 한 개인으로서 그리고 단지 새로운 사상을 생각해냄으로써 역사의 경과에 결정적인 영향을 미칠 수 있다는 생각에 대해서도 마르크스만큼이나 단호하게 거부했다. 마르크스와 베버 **모두**가 볼 때, 역사적 변화는 관념의 논리가 전개됨에 따라 발생하는 것이 아니라 현실에서 자신들의 이해관계를 추구하기 위해 부단히 노력하는 인간들의 활동을 통해서만 발생한다. 하지만 베버는 현실에서 분투하는 인간들은 그들의 실제적, 특히 경제적 이해관계뿐만 아니라 다른 것들에 의해서도, 특히 그들의 신념과 이상 ─ 그들의 영적 신념과 이상을 포함하여 ─ 에 의해서도 인도된다고 보았다. 그러한 신념과 이상에 대한 인간의 집착은 동물적인 생명유지와 안락의 욕구만큼이나 실제적이고 강력하며 그들에게 중요한 것일 수 있다. 따라서 개인들은 자신의 신념과 이상을 실현하는 데 관심을 가질 수 있다. 그러한 관심이 물질적 이해관계에 필적할 수도 또는 심지어는 그것을 능가할 수도 있다. 불멸의 영혼과 영원한 구원 관념을 제시하는 종교를 전적으로 신봉하는 신자들에게는 그러한 구원을 보증받고자 하는 관심이 일상적인 일만큼이나 또는 그것보다 더 중요할 수도 있다. 현세에서의 일시적인 불편함과 고통을 내세에서의 영원한 저주의 전망과 어떻게 비교할 수 있겠는가? 베버 역시 마르크스만큼이나 개인이 자신들의 이해관계를 추구하기 위해 행동하는 것으로 보았지만, 이해관계가 행위를 지배하는 범위는 마르크스의 이론이 허용하는 것보다 더 넓다고 주장했다. 사람들이 실제로 경제적 이해관계를 가지고 있고 또 그것이 역사에서 유력한, 그리고 때로는 가장 유력한 역할을 수행하기도 하지만, 그렇다고 경제적 이해관계가 사람들이 가지고 있는 **유일한** 이해관계인 것도, 또 **반드시** 가장 유력한 이해관계인 것도 아니다. 특히 베버의 관심사에서 보면, 사람들의 종교적 관심이 그들의 삶에서 가장 중요한 것일 수도 있으며, 그들의 행위의 방향을 틀짓는 데 가장 결정적인 것일 수도 있다.

앞서 언급했듯이, 베버는 개별 사상가의 관념 **자체**가 역사적 변화에 미치는 영향에 대해 마르크스만큼이나 회의적이었다. 베버가 '프로테스탄트 윤리'를 설명하면서 분명 장 칼뱅(John Calvin, 1509~1564)의 가르침에 상당한 중요성을 부여하지만, 그는 자본주의 정신을 발생시킨 것은 종교 지도자의 공식적 가르침과 훈계**보다는** 바로 그 윤리 자체라고 주장한다. 신자들이 칼뱅의 종교적 가르침을 따라 행동하게 된 것은 칼뱅 사상의 '본의를 거슬러' 신자들이 그의 가르침을 응용했기 때문일 뿐이었다. 관념은 단지 그것이 수많은 개인들의 이해관계를 구성하게 될 때, 그리고 더 나아가 집단들의 이해관계를 구성하게 될 때에만 결정적인 역사적 결과를 초래할 수 있다.

베버는 인간 행위의 설명에서 어떤 단일 요소가 전반적 우위를 부여받아야 한다는 생각을 단호하게 거부했다. 따라서 그가 종교적 관념 및 그 관념과 관련된 이해관계의 역할을 강조했다는 것이 그가 자신의 새로운 단일 요인 접근방식을 구성했다는 것을 의미하지는 않는다. 그에 따르면, 역사적 상황은 **항상** 다양한 요인들의 상호작용에 의해 발생한다. 따라서 종교적 이해관계에 대한 그의 강조는 단지 경제적 이해관계에 대한 과도한 강조를 교정하고자 한 것뿐이었다. 종교적 관념과 이해관계에 대한 베버의 관심이 두드러지게 부각되는 것은 단지 그것들이 다른 곳에서 부당하게 경시되어왔기 때문이지, 그가 그것들을 역사에서 가장 중요한 단일 요인으로 간주했기 때문이 아니었다.

베버의 구상 속에서 종교적 신념이 경제활동에 영향을 미칠 수 있다는 생각은 처음보다 약화되지 않았다. 종교적 신념이 경제활동에 직접적이고 결정적인 영향을 미칠 수 있다는 사실은 종교가 삶에서 매우 '주변화되어' 있는 우리 사회와 같은 곳에서는 별로 설득력이 없어 보일 수도 있다. 그러나 이것이 인간 조건의 일반적 특징은 아니다. 다른 사회에서는 종교가 사회적 삶에서 매우 중요한, 심지어는 지배적인 역할을 수행한다. 베버의 가정은 모든 종교가 경제활동, 생계를 위해 현세에서 하는 일, 교역 윤리, 고리대금업의 정당성 등에 대한 명확한 태도를 포함하고 있다는 것이었다. 그리고 베버가 특히 관심을 기울인 것도 바로 종교의 그 같은 '경제적 윤리'였다. 그러한 윤리는 종교가 현세에서의 삶에 어떤 의미와 가치를 부여하는지에 따라 다르다. 많은 종교가 노동을 평가절하하고, 경제생활을 무의미하고 하찮은 것으로 간주하고, 경제활동과 번영의 추구에 그리 중요성을 부여하지 않는다. 경제활동은 생존의 욕구를 충족시키는 데 필수적이지만, 그 이상을 추구하는 것은 가치 없는 노력으로 간주된다. 중세 가톨릭교회의 경제활동에 대한 태도가 그 일례이다. 당시 가톨릭교회의 이상은 삶의 실제적 필요조건을 충족시키는 데에는 단지 최소한의 필요 시간만을 쓰고, 거의 모든 시간을 종교활동에 전념하며 신을 섬기는 것이었다. 수도원생활이 그 이상을 충족시키는 데 가장 근접했다. 그와는 대조적으로 프로테스탄트 교파들은 특히 종교의식(儀式)과 관행을 몹시 비난했다. 그 대신 신에 대한 봉사정신을 가지고 자신들의 생계유지를 비롯한 실제적인 일상사를 수행할 것을 장려했다. 프로테스탄트의 이상적인 삶은 수도원에서 은둔하는 것이 아니라 사회에서 일상사를 열정적으로 끌어안는 것이었다.

또 다시 베버는 마르크스와 같이 근대 자본주의를 모든 전통의 파괴자, 즉 사회 내의 전례 없는 혁명적 힘이라고 인식했다. 합리화의 추동력은 합리화의 이름으로 모든 관행에 의문을 제기했다. 따라서 자본주의 정신의 기원에 대한 설명 역시 왕과 교회라는 매우 전통적인 제도에 의해 지배되던 사회에서 어떻게 전통이 그렇게 철저하게 거부될 수 있었는지를 설명해야만 했다. 우리가 앞서 말했듯이, 자본주의 정신의 독특한 특징들은 종교개혁 시기 프로테스탄트 교파들의 교의, 특히 금욕적 행위, 규율, 고된 노동에 대한 태도와 매우 유사했다. 따라서 만약 우리가 '자본주의 정신'과 유사할 뿐만 아니라 그 정신의 원인이 되었을 만한 하나의 동기체계를 찾고자 한다면, 우리는 프로테스탄트 교파들의 윤리가 자본주의 정신과 강한 유사성을 가질 뿐만 아니라 자본주의 그 자체가 발전한 바로 그 장소와 시간에 발전했다는 것을 발견할 수 있다. 그렇다면 그 교파의 교의가 물질적 관심에 비해 정신적 이상의 우위성을 강조하고 부의 추구와 소유에 적대적임에도 불구하고, 그 교파의 윤리는 어떻게 자본주의적 획득을 자극할 수 있었는가?

베버의 짤막한 답변은 프로테스탄트 교파들이 가톨릭의 종교생활관에 도전하면서 사람들이 일상생활의 세계 속에서 자신들의 삶을 인도하는 방식뿐만 아니라 일과 사업에 대한 사람들의 태도에도 심대한 변화를 초래했다는 것이었다.

금욕적 프로테스탄티즘과 사회변화   베버가 강조한 프로테스탄트 윤리의 가장 중요한 첫 번째 특징은 '소명'의 관념, 즉 사람들은 현세에서 자신이 차지한 자리로 "신에 의해 소명되었다"는 관념이었다. 가톨릭교회의 이상은 수도원 생활이었지만, 프로테스탄트 교도들에게 수도원 생활은 신에 의해 소명 받은 자리에서 벗어나는 것이었다. 이처럼 하나의 새로운 이상이 창조되었다. 일상생활 세계에서 자신들의 자리를 벗어나거나 그 책임을 실행하지 못하는 것은 전능한 신에 대해 불경을 드러내는 것이었다. 베버는 세속적인 직업에 전통적으로 요구되는 것들을 철저히 수행함으로써 우리가 신에 대해 헌신적으로 봉사하고 있음을 보여줄 수 있다는 생각을 최초로 표명한 사람이 마르틴 루터(Martin Luther, 1483~1546)였다고 믿었다.

일상생활에서 개인들의 책무로서의 '소명'이라는 관념은 이제 생계를 유지하기 위한 과업에서 종교적 의무로 전환되었다. 이것은 하나의 중요한 진전이었지만, 베버가 보기에 루터의 가르침은 모든 전통에 대한 거부 — 후일 '자본주의 정신'의 중요한 특징이 된 — 를 설명해주지 못했다. 왜냐하면 루터는 전통적으로 규정된 책무에 순응할 것을 권고했기 때문이다. 베버가 볼 때, 그것을 설명해주는 것은 칼뱅의 가르침이었다. 칼뱅은 오히려 현실 세계에서 자신들의 의무를 인도하던 권위와 전통을 거부하고 신의 인도 아래 올바른 행위의 척도로서의 개인의 양심에 전적으로 의지할 것을 촉구했다.

하지만 칼뱅의 교의에는 결정적인 모순이 존재한다. 그는 신은 전지전능하기 때문에 모든 유형의 창조물은 미리 예정되어 있음에 틀림없다고 가르쳤다. 어떤 사람이 신에게 영향을 미쳐 사태를 변화시킬 수는 전혀 없다. 왜냐하면 모든 것은 이미 정해져 있기 때문이다. 가톨릭의 의례와 '선행'은 그저 우상숭배에 지나지 않으며, 신의 뜻에 조금도 영향을 미칠 수 없다. 신의 결정은 최종적인 것이다. 신은 자신의 뜻을 드러내지 않으며, 신은 어떤 영혼을 구원할 것인지를 이미 결정했지만, 그게 누구의 영혼인지를 알 수 있는 방법은 없다. 신의 뜻을 안다고 해도, 그것은 이 세상에서 우리가 살아가는 방식에 아무런 차이도 만들어내지 못한다. 왜냐하면 그것이 신의 결정을 변화시킬 수 없으며, 심지어 우리가 신의 '선택받은 사람들'에 속하는지조차 알려주지 않기 때문이다. 위대한 신 앞에서 개인은 홀로 서 있다.

루터에서와 마찬가지로 칼뱅에서도 신의 위대한 영광을 위한 봉사는 일상적인 세속적 세계에서 수행된다. 칼뱅주의의 결정적 모순은 교의체계 그 자체 내가 아니라 교의와 그 교의가 발흥시킨 종교적 **관심** 사이에 존재했다. 영혼의 구원이 신자들에게는 매우 중요한 문제였음에 틀림없다. 왜냐하면 천당의 영광과 지옥의 공포 간의 차이는 어마어마하고 엄청나기 때문이다. 그러므로 구원은 신자들에게는 중요한, 심지어는 가장 중요한 관심사였다. 그러나 구원은 신자들이 쟁취할 수도, 심지어는 알 수조차 없는 것이었다. 베버는 영원한 구원과 같이 그들에게 매우 중요한 것에 대해 알 수 없다는 것은 심리적으로 견딜 수 없는 일이었다고 말했다. 구원의 확신에 대한 욕구와 칼뱅의 공식적인 가르침 간의 긴장은 심리적으로 해소되어야만 했다. 신에게 선택받은 사람의 불가시성에 관한 교의에도 불구하고, 많은 신봉자가 누가 실제로 구원받았는지를 보여주는 표지는 존재한다고 확신했다. 교의에서는 당신이 실제로 어떻게 행동하는가가 구원에 아무런 차이도 만들어내지 못한다고 말하고 있음에도 불구하고, 신자들은 사람들의 행동이 하나의 표지임에 틀림없으며 신을 기쁘게 하는 방식으로 행동하는 사람들이 선택받은 사람들이라고 확신했다.

사람들이 구원받았는지를 알 수 있다는 확신은 그에 상응하여 사람들의 구원은 사람들의 행위에 의해 영향 받지 않는다는 신앙체계를 수정하지 않은 채 발전했다. 만약 한 사람의 행동이 신에게 선택받은 사람이라는 표시라면, 신의 섭리로부터 이탈했음을 나타내는 증거는 무엇이든 그 사람의 구원에 대해 의문을 제기할 수 있는 사유가 되었다. 왜냐하면 그러한 이탈은 참회와 고해로 교정될 수 있는 것이 아니기 때문이었다. 따라서 신이 정한 길로부터 아주 경미한 이탈을 하는 것도 어떻게 해서두지 피하고자 했다. 따라서 개별 신자들은 실리주의, 타협, 융통성이 끝없이 요구되는 현실 세계의 일상사들 속에서 살아가는 동안 내내 아주 경미한 오점마저 드러내지 않기 위하여 매우 엄격한 자기통제를 유지하고 매우 체계적이고 엄격한 방식으로 자신들의 행동을 점검하고 자신들의 행동 기준을 매우 철저히 준수하도록 동기지어졌다.

베버가 볼 때, 루터주의와 칼뱅주의의 효과가 누적되면서 초래된 가장 현저한 결과는 당시까지 단지 최고의 전문 종교인이나 베버가 종교적 '거장'이라고 불렀던 사람들에게만 요구되었던 자기점검과 자기통제의 요구가 평신도들의 삶에까지 들어왔다는 것이었다. 감리교파, 경건파, 침례교파와 같은 그 후의 다른 프로테스탄트 교파들도 칼뱅주의의 엄격한 일관성을 결여하고 있기는 하지만, 구원은 선행, 성례, 또는 고해에 의해 성취될 수 없는 것이라는 관념을 견지하며, 신의 뜻에 부합하는 삶을 합리적으로 계획할 것을 설파했다. 프로테스탄트 교파들이 함께 만들어낸 것이 바로 실제적 삶의 모든 세목을 철저하게 규율하는 새로운 심성이었다. 베버는 프로테스탄트 윤리가 이처럼 일상생활을 엄격하게 관리하는 태도를 형성시킴으로써 '자본주의 정신'의 창출에 도움을 주었다고 주장했다. 포괄적인 삶의 영역의 '합리화' ─ 즉, 단지 특별히 경제적 행위의 영역만이 아닌 삶의 모든 부문으로의 계산과 통제의 확산 ─ 를 고무한 것이 '자본주의 정신'의 또 다른 특징이었다.

루터가 한 개인의 소명은 개인이 삶 속에서 자신의 직업에 부과된 책무를 충족시킬 것을 요구한다고 주장하기는 했지만, 그러한 주장은 근대 세계에서처럼 이윤추구가 어떻게 전통의 요구를 넘어설 수 있었는지를 설명해주지는 못한다. 칼뱅주의는 이와는 사뭇 달랐다. 칼뱅주의는 신의 세계는 인간들에게 자신의 소명을 충실히 수행함으로써 신을 더 위대하게 만들 수 있는 기회를 부여했다고 보았다. 그러므로 신이 부여한 최소한의 기회조차 취하지 않는 것은 죄악일 수 있었다. 따라서 전통적 책무 때문에 삶이 제공한 경제적 기회를 잡을 수 없다고 생각할 이유가 전혀 없었다. 그와는 반대로 그 기회를 잡지 않은 것은 신이 부여한 어떤 것을 거부하는 것일 수 있었다.

고전사회학의 이해

베버는 그의 에세이에서 이렇게 경제적 업무의 아주 작은 세부사항까지도 세세하게 주목할 뿐만 아니라 아주 작은 경제적 기회조차 소홀히 하는 것을 비난한 좋은 실례로 벤자민 플랭클린(Benjamin Franklin)의 낭비에 대한 비난을 인용한다.

> 시간이 돈임을 잊지 마라. 노동을 통해 하루에 10실링을 벌 수 있는 자가 반나절을 밖에 나가서 놀거나 앉아 빈둥거린다면, 그가 기분전환하거나 놀고 지내면서 단 6펜스만 지출했더라도 단지 그 비용만을 계산해서는 안 된다. 그는 실제로는 그 외에도 5실링을 더 지출한 것, 아니 내다버린 것이다.
>
> 한 마리의 육종 암돼지를 죽이는 자는 그 후 번식할 천대(千代)의 후손까지를 모두 말살하는 것이다. 5실링 은화를 사장시키는 자는 그 돈으로 생산할 수 있는 모든 것, 즉 수천 파운드를 없애는 것이다.(Weber, 1930: 48~49)

이러한 가차 없는 이윤추구의 필연적인 결과가 사업의 번창일 것이다. 그러나 베버는 이윤추구를 프랭클린과 마찬가지로 낭비의 죄악성, 즉 게으름과 나태의 사악성과 관련하여 설명하고, 그와 동시에 성공과 번창이 부추길 수도 있는 죄악에 대해서도 경고한다. 사업활동은 신의 영광을 실현하고자 하는 곳에서만 가치 있는 것이었다. 사업팽창과 축적의 동기는 개인적인 소유욕과 구분되었으며, 그 자체가 거의 하나의 목적이 되었다. 이윤추구의 도덕적 정당성은 신의 재가(裁可)에 기초하는 것이었으며, 순수한 이윤추구의 무한정성은 영원히 위대한 신의 위엄에 대한 끝없는 헌신이 가져다주는 필연적 결과였다.

베버의 테제: 비판과 계승

프로테스탄트 윤리 테제는 여전히 첨예한 논쟁거리로 남아 있다. 그중 많은 것이 그 자체의 해석뿐만 아니라 역사적 기록의 해석을 둘러싸고 계속 논란이 되고 있다. 이를테면 펠리카니(Pellicani, 1988)는 첫째, 자본주의 정신은 중세 유럽에서도 발견되고, 둘째, 프로테스탄트 교파들은 부의 축적에 반대했기 때문에, 그 테제는 틀렸다고 주장한다. 그러나 오크스(Oakes, 1988~1989)는 탐욕을 동기로 하는 투기적 유형의 중세자본주의를 냉철하고 투기적이지 않고 의무에 의해 인도되는 근대 자본주의와 대비시키면서 펠리카니를 논박한다. 그는 또한 자본주의 정신은 부의 추구 그 자체를 위한 부의 추구를 금지하는 교의가 낳은 의도하지 않은 역설적인 결과라는 베버의 논지를 되풀이한다. 같은 학술지(*Telos*, 1988~1989, no.78)에서 덜먼(Dulman)은 최근의 역사적 연구결과들과의 차이를 요약하며 다음과 같이 주장한다.

베버의 테제는 계속해서 열띤 토의의 대상이 되고 있다. 하지만 그 출발점이 새롭고 생산적인 경우에도 베버의 초기 생각들을 충분히 검토한 것은 찾아볼 수 없다. 오늘날 의심할 바 없이 우리는 개별 요소들을 별도로 고찰하고, 더 이상 루터의 직업 관념을 그리 높게 평가하지 않으며, 중요한 방식으로 칼뱅신학을 칼뱅주의와 구분하고, 초기 자본주의의 적극적 담지자와 금욕적 프로테스탄티즘의 전도사 간에는 어떤 직접적 연관성도 없다고 보고 있으며, 일반적으로는 칼뱅주의적-퓨리탄적 전통 내에서 더 많은 구별이 이루어지고 있고, 가톨릭이 근대성에 기여한 공헌을 서로 다르게 평가한다. 하지만 베버의 테제는 그것들과 직접적으로 맞닿아 있지 않다. 왜냐하면 베버는 기본적으로 하나의 지적 구성물로서가 아니라 행태적으로 표출되는 것으로서의 근대 정신의 기원을 분석하는 데 관심을 가지고 있었기 때문이다.(Dulman, 1988~1989: 80)

매키넌(MacKinnon, 1994)은 베버가 칼뱅주의 사상을 제대로 이해하지 못했고 그 후의 퓨리탄 사상의 전개는 베버의 전체 테제를 무력하게 했다고 주장함으로써 논쟁의 또 다른 장을 촉발시켰다. 베버의 논지는 칼뱅의 교의가 구원의 '증거'와 관련하여 신자들에게 심리적 위기를 발생시킨다는 주장에 근거한다. 다시 말해 신자들은 자신의 운명에 영향을 미칠 수 있는 어떤 것도 할 수 없으며, 또 자신들이 실제로 구원받았는지를 확인할 수도 없다는 것이다. 그러나 맥키넌은 칼뱅사상에서도 '선행'을 통해 얼마간의 자기확신을 얻을 수 있게 하기 위해 성직서임이 이루어졌다고 주장한다. 성직서임은 정신적 유형의 것으로, 현세에서 규율 잡힌 고된 노동을 통해 자기확신을 추구할 필요성에 대한 하나의 대안으로 제시된 것이었다. 매키넌에 의하면, 그 후 발전한 칼뱅주의 사상이 이를 예증하며, 따라서 신자들은 베버가 파악한 위기에 직면할 필요가 전혀 없었다. 매키넌을 비판하는 사람들은 다른 무엇보다도 특히 그가 칼뱅신학을 잘못 이해했으며, 원문연구의 기준을 칼뱅신학의 해석에 제대로 적용하지도 못했다고 주장한다(Zaret, 1994). 게다가 비판가들은 매키넌이 공식적인 신학적 저술들에 너무나도 집착한 나머지 신학적 저술과 신도들의 실제 믿음을 너무 쉽게 직접 연관짓고 있다고 주장한다. 비록 매키넌이 칼뱅 자신의 교의와 관련해서는 옳다고 하더라도, 그것이 베버의 테제가 타당하지 않다는 것을 보여주는 것일 수는 없다. 칼뱅의 사상 속에 위기를 피하는 방법이 제시되어 있을 수도 있지만, 신자들이 실제로 그러한 위기에 처해 있었다는 것도 여전히 사실일 수 있다(Oakes, 1994). '프로테스탄트 윤리'에 대한 탐구 전체가 전적으로 시간낭비였는지 아니면 여전히 도발적인 비옥한 테제인지에 대해서도 여전히 논쟁이 계속되고 있다(Moore, 1978; Poggi, 1994).

베버 자신은 프로테스탄트 윤리에 관한 자신의 글들이 근대 자본주의의 창출에서 프로테스탄트 교파가 수행한 결정적인 인과적 역할을 확증했다고 생각하지는 않았다. 기껏해야 그는 프로테스탄트 윤리와 자본주의 정신 간에는 친화성이 존재한다는 것을 보여주고, 어떻게 전자가 후자를 이끌 **수 있었는지**에 대한 하나의 그럴듯한 설명을 개관했을 뿐이었다. 그 설명은 '의미의 수준'에서는 설득력이 있었다. 그것은 프로테스탄트 윤리와 자본주의 정신 간의 관계를 '이해할 수 있게' 하기 위한 하나의 설명적 시도였다. 베버는 사람들이 자신들의 신념, 이상, 목적에 의거하여 행동하고 반응한다는 것을 어떻게 이해할 수 있는지를 보여주기 위해 노력한다. 하지만 그러한 인과적 연쇄가 가능하다는 것, 그러므로 프로테스탄트 윤리가 자본주의 정신 발생의 가능한 원인 가운데 하나였을 수 있다는 것을 보여주는 것이 '인과성의 수준'에서 사실을 확증했다는 것, 즉 그것이 실제로 인과적 결과였음을 입증하는 것과 동일한 것은 아니다.

또한 종교 교의가 사회경제적 변화에 결정적인 영향을 미칠 수 있다는 생각에 대해서도 일부 반론이 제기되었다. 주요 종교들의 전반적인 비교 연구를 통해 그 종교들의 '경제윤리'가 그들 각각의 사회의 경제발전에 미친 중요한 결과를 보여주는 것이 베버의 논지를 강화하는 하나의 방법일 수 있었다. 따라서 그는 '세계종교'를 연구하는 일에 착수했다. 그러한 연구에는 유교, 불교, 힌두교, 기독교, 이슬람교가 포함되었다. 그는 기독교와 이슬람교에 대한 연구는 실제로 진행하지 않고, 대신 '고대 유대교'에 대해 연구했다. 그것은 고대 유대교가 기독교의 형성에, 그리하여 서구 세계의 역사에 미쳤을 영향 때문이었다. 그 연구의 목적은 종교적 이상이 갖는 인과적 효과와 관련한 주장을 강화하고, 그것을 통해 프로테스탄트 윤리가 서구 자본주의의 기원에 하나의 인과적 요소였다는 자신의 주장을 확고히 하는 것이었다.

바로 앞 단락의 논의에서 시사되듯이, 서구 문명의 발흥은 여전히 베버의 관심에서 중심을 이루고 있었다. 그가 다른 문명에 대한 연구를 수행한 것은 자신의 인식을 강화하기 위한 것이었다. 게다가 베버의 관심은 종교의 '경제윤리'가 사회경제적 조직에 미치는 인과적 영향을 보여주는 것이었고, 이것은 그가 의식적으로 취한 '한쪽으로 치우친' 관심이었다. 베버 자신도 종교적 관념이 사회적 삶에 영향을 미치는 방식을 기술하는 것은 선택적이고 부분적인 진술이라는 것을 인식하고 있었다. 사실 베버의 비교연구는 결코 일방적인 것이 아니었다. 왜냐하면 베버가 종교적 관념이 수행하는 경제적 역할을 도출할 때에도, 그는 사회경제적 조건들이 종교적 관념과 관행들을 틀짓는 방식을 결코 적지 않게 강조했기 때문이다. 그는 인도, 중국, 고대 유대교의 연구들과 나란히 종교의 진화를 설명하는 일반적인 『종교사회학』을 저술하기도 했다. 그 책에는 일신교와 같은 구체적인 신앙의 출현에 유리한 조건, 예언자와 성직자의 역할, 종교 지도자와 신도들의 관계, 그리고 농민, 귀족, 도시 부르주아와 그가 '비특권적 계층'이라 부른 사람들과 같은 다양한 집단의 서로 다른 종교적 성향 등 매우 광범위한 주제들이 포함되어 있다. 베버는 또한 다양한 형태의 구원관과, 구원의 기법으로 이용되는 의례, 선행, 자기수양, 고행, 신비 체험 등과 같은 다양한 관례에도 주의를 기울였다. 이 모든 것은 그가 종교 교의와 경제, 정치, 섹슈얼리티, 예술과 같은 '세속적인' 문제들 간의 관계, 그리고 때로는 그러한 것들 간의 긴장을 이해하기 위한 것이었다. 또한 그 책 도처에는 어떤 사회적 조건이 특정 유형의 종교적 관념을 창출하는 데 유리한지, 어떤 상이한 삶의 조건들이 특정한 종교적 성향을 발전시키고(또는 결여케 하고) 또 사람들이 다른 종교적 신념이 아닌 그 종교적 신념을 신봉하게 하는지에 관한 관심이 함께 자리하고 있다.

우리가 사회학과 사회의 본성에 관한 베버의 구상을 파악할 수 있는 것도 바로 그의 종교 비교연구를 통해서이다. 베버는 결코 이론체계의 구축자가 아니었지만, 일단의 분석적 개념을 발전시켰다. 그는 그러한 개념들을 근대사회의 합리화가 지닌 특성들을 분석하는 데 매우 효과적으로 이용했다.

사회의 조직화

베버는 뒤르켐과 같은 사람들의 견해, 즉 사회는 개별 인간과 그들의 행위를 넘어서는 하나의 실체로서 존재한다고 상정하는 견해들을 경멸했다. 뒤르켐은 사회가 그것 나름의 하나의 실체가 아니라면 사회학은 독자적인 주제를 가질 수 없다고 주장했다. 반면 베버는 사회학은 다른 개인들을 지향하는 개인들의 행위를 자신의 적절한 주제로 삼아야 한다고 주장했다.

행위

베버는 '행위(action)'를 "주관적 의미를 지닌 행동(behaviour with a subjective meaning)"으로 정의한다. '주관적 의미'라는 관념을 명료하게 특히 간명하게 설명하기란 매우 어렵다. 그리고 여기서는 그것을 마음속에 어떤 의도나 목적을 가지고 어떤 일을 하는 것으로 생각하면 충분할 것이다. 개인이 행하는 행위들 중 많은 것이 타자를 지향하지 않는다. 자신의 건강을 위해 방에서 실내 운동용 자전거에 올라타 앉아 있는 사람은 행위를 하고 있는 것이지, 사회적 행위를 하고 있는 것은 아니다. 그러나 자전거를 타고 거리를 지나는 사람은 사회적 행위를 하게 될 것이다. 만약 그 사람이 자전거를 안전하게 타고 가려면, 그는 다른 사람들의 존재와 행동을 인식하고, 사람들이 어떻게 행위할 것인지를 예견하고, 자신의 행위를 그 예견된 행위에 따라 반응하며 조정해야 한다. 사회학이 특히 관심을 갖는 것은 서로에 대한 고려와 조정을 수반하는 그러한 행위들이다.

베버는 사회학의 기저에는 행위들이 취할 수 있는 기본 형태와 관련한 관념이 존재할 것이 틀림없다고 생각했다. 그는 그러한 네 가지 기본 유형을 다음과 같이 파악했다.

전통적인 사회적 행위   이는 우리가 어떤 행위를 하는 이유가 그렇게 하는 것에 익숙하기 때문인 경우를 말한다. 그 행위는 습관적 성격을 가지며, 우리는 아무 생각 없이 자동적으로 그렇게 한다. 왜냐하면 그것이 바로 우리가 관례적으로 어떤 일을 해온 방식이기 때문이다. 이를테면 우리는 사람들을 만났을 때, 악수로 인사한다. 왜냐하면 그것이 많은 사회에서 호의를 드러내는 기존의 전통적인 방식이기 때문이다.

감정적인 사회적 행위   이것은 우리의 느낌, 특히 감정으로부터 야기되어 표출되는 행동이다. 이를테면 우리는 어떤 사람 때문에 우리가 화가 났다는 것을 보여주기 위해 그에게 욕하고 소리 지른다. 또는 우리는 어떤 사람에게 느끼는 애정 때문에 그를 포옹하고 껴안는다.

우리는 베버에게서 행위는 어떤 목적을 지향하는 행동이라고 말했다. 따라서 이 두 가지 행위 유형은 베버가 내린 정의의 경계선 가까이에 있다. 습관적으로 어떤 것을 행한다고 해서 반드시 마음속에 어떤 목적을 가지고 있는 것은 아니다. 마찬가지로 감정적으로 반발하는 것 또한 어떤 목적을 추구한다기보다는 느낌을 표출하는 것이다. 베버의 도식에서는 아래의 두 형태가 보다 중심적인 사례들을 이룬다.

도구합리적 행위 이것은 본질적으로 실제적 목적을 갖는 행위이다. 즉, 어떤 일을 하기 위한 수단을 확보하는 데 전념하는 행위이다. 이를테면 텔레비전을 수리하기 위해 기술자를 부르는 것과 같은 것이다. 이러한 유형의 행위는 어떤 목적을 달성하기 위한 수단들을 선택하는 것과 관련된다. 그러한 행위는 적절한 목적에 가장 효율적인 수단을 찾는다는 점에서 '합리적'이다. 그러한 행위는 (우리가 앞으로 뒤르켐에 대한 논의에서 살펴보듯이) 인간 행위의 합리성을 **전적으로** 도구적이고 실천적인 관심과 관련하여 인식한다는 점에서 '공리주의적' 성향을 갖는다. 그러나 베버는 뒤르켐과 마찬가지로 모든 행위가 '도구적'이지는 않으며, 따라서 효율적인 수단/목적 관계의 논리가 합리성의 유일한 유형을 대표하지는 않는다고 인식했다.

가치합리적 행위 이 행위형태는 베버 자신의 표현을 사용하자면, "성공 전망과는 무관하게 어떤 …… 행동 형태 그 자체가 갖는 가치에 대한 자의식적 믿음에 의해 결정된" 행위를 말한다(Käsler, 1988: 154에서 인용). 베버가 볼 때, 사람들의 행위는 신념과 이상 ─ 즉, 사태가 진전되기를 바라는 방식에 관한 자신의 생각 ─ 에 의해 인도된다. 그는 이것을 '가치(value)'라 부른다. 많은 것이 사람들이 그렇게 하는 것이 옳거나 바람직하다고 믿기 때문에 행해진다. "배와 함께 가라앉는" 선장은 실제적인 관점에서 볼 경우 쓸데없이 자신의 생을 포기한 사람이며, 이러한 점에서 그것은 '비합리적인' 행위이다. 그러나 실제적 결과보다 중요한 것이 있다고 믿는, 그리고 실제로 인간의 삶보다 중요한 것이 있다고 믿는 사람에게는 그것은 행위의 합리적인 경과로, 즉 그러한 상황에서 장대하게 취할 수 있는 유일한 행위로 보인다. 그러한 경우 책임의식에 의해 가차 없이 취한 행동은 실질적인 성공 전망과는 무관하게, 그리고 심지어는 자신의 삶을 희생한다고 할지라도 그 자체로 높이 평가된다.

나중의 이 두 행위 유형 간의 구분은 인간이 추구하는 이해관계의 범위, 그리고 사람들이 긴장관계에 있는 목적들에 애착을 갖는 정도와 그 목적을 위해 실제적·공리주의적·물질적 고려를 초월할 수 있는 정도에 대한 베버의 또 다른 주장을 예증하는 것이기도 하다. '가치합리적 행위'에 대한 베버의 이러한 정의는 그러한 행위를 실질적인 물질적 이해관계에 대한 관심을 추구하는 행위들과 대비시킴으로써 그러한 이해관계를 넘어서 추구할 수 있는 행위들을 확인할 수 있게 해준다.

마르크스와 베버 모두는 인간을 실질적이 이해관계, 특히 경제적 이해관계를 추구하며 행위하는 존재로 본다. 그리고 물론 한 사람의 경제적 이해관계가 자주 다른 사람들의 희생하에서만 진척될 수 있기 때문에, 이것은 갈등을 유발한다. 베버는 '가치합리적 행위'를 갈등이 유발되는 또 다른 공통 원천으로 보았다. 특정한 행동 형태를 그 자체로 가치 있는 것으로 인식하는 사람은 대체로 그것이 자기 자신의 삶 속에서만 추구되어야 하는 것으로 전제하는 것이 아니라 다른 사람들의 삶 속에서도 역시 추구되기를 간절히 바라기도 한다. 이를테면 프로테스탄트 교도들은 다른 사람들을 그들이 원하는 방식대로 행동하도록 내버려두고 자신들만 신에 봉사하는 삶을 사는 것에 만족하지 않는다. 그와는 반대로 그들은 신의 복음을 전파하고 다른 사람들로 하여금 신의 계율에 따라 행동하게 하는 것을 자신들의 신에 대한 봉사의 일부로 삼았다. 사람들이 가지고 있는 가치는 매우 다양하다. 그리고 사람들이 그 가치들을 실행에 옮기는 과정에서 자신들이 선호하는 행위방식들을 서로에게 강요하고자 할 때, 갈등이 발생한다.

마르크스는 '계급투쟁' 형태로 전개되는 경제적 갈등을 사회변화의 추동력으로 보았다. 반면 베버가 경제적 갈등, 심지어는 계급투쟁의 중요성을 과소평가할 의도를 가지고 있던 것은 전혀 아니었지만, 그는 경제적 이해관계의 갈등이 유력한 사회적 투쟁의 유일한 원천은 아니며 많은 갈등이 가치의 차이에서 기원한다고 주장했다. 베버가 볼 때, 갈등의 가능성은 사회적 삶과 대인관계에 널리 산재한다. 따라서 사회적 삶 속에서 이루어지는 행동들은 개인들 및 소속집단들 간의 계속적인 투쟁으로 보이기도 한다. 베버가 들었던 예를 이용하면, 하나의 체스클럽조차도 오랜 파벌싸움의 장일 수 있다. 사회학에서 베버를 '갈등이론적' 접근방식의 선조로 꼽는 이유 — 우리가 잠시 후에 논의할 — 도 바로 그가 갈등의 편재성과 다양한 기원을 강조했기 때문이다.

베버가 사회는 개인들과 그들의 행위로만 이루어진다고 주장했지만, 그는 단일 개인들이 국가와 전체 사회의 발전에 커다란 차이를 만들어낸다고 생각하지는 않았다. 소수의 지도자들이 어떤 차이를 만들어낼 수도 있지만, 대체로 그러한 차이는 사회적 상황의 전반적 배치에 중요한 영향을 미치는 집합적 활동을 통해서만 발생한다. 베버의 사회학적 사고들은 집단행위의 조건과 성격에 더 많은 관심을 가지고 있었다. '사회계층'에 대한 그의 설명이 그러한 관심에서 중추를 이루었다.

사회적 불평등: 권력, 계급, 신분집단

베버가 비록 사회적 삶을 상이한 경제적 및 여타 이해관계를 가진 개인들 간의 격렬한 경쟁으로 보았지만, 그는 그러한 경쟁이 평등한 조건 위에서 이루어진다고 생각하지 않았다. 권력은 결코 균등하게 배분되지 않는다.

베버의 정의에 의하면, 권력은 한 사람이 다른 사람의 저항에도 불구하고 자신이 원하는 것을 성취할 수 있는 능력이다. 사회계층은 바로 사람들이 어떤 것을 획득할 수 있는 그리고 다른 사람들을 압도할 수 있는 능력의 불균등한 배분과 관련되어 있다. 따라서 사회계층은 본질적으로 권력분배 현상이다.

베버는 경제적 자원의 소유가 목적 달성에 가장 중요하다는 데 마르크스와 의견을 같이한다. 베버 역시 사람들이 경제적 자원과 관련하여 불평등하게 위치지어지는 정도가 그들의 '계급위치(class position)'를 특징 짓는다고 생각했다. 마르크스는 '계급'은 그 자신의 (그리고 그 성원들이 자신들의 이해관계라고 믿는 것과는 다를 수도 있는) 이해관계를 갖는 하나의 실체라고 주장했다. 하지만 베버는 오직 개인들만이 실재한다는 자신의 주장과 부합하게, 마르크스의 그러한 주장 속에서 제시된 어떠한 착상에도 동의하지 않았다. 베버가 볼 때, 계급은 그 성격상 하나의 실제적인 집단이 아니다. 계급은 하나의 범주, 즉 유사한 경제적 지위를 점유하고 있는 개인들의 집합체일 뿐이다. 그리고 그 개인들은 그러한 지위로부터 발생한 동일한 이해관계를 추구하기 위해 단결할 필요는커녕 서로를 인식할 필요도 없으며, 그리고 자신들이 동일한 지위를 점하고 있다는 사실을 인식할 필요도 없다.

베버는 사람들이 경제적 측면에서 "같은 위치에 있다"고 판단된다는 것은 그들의 '삶의 기회(life chance)', 즉 그들이 어떤 유형의 삶을 살게 될 가능성과 관련된다고 주장했다. 삶의 기회라는 개념은 개연성에 근거하는 개념이다. 즉, 그 개념은 어떤 일들이 일어날 가능성, 다시 말해 한 사람의 현재 지위를 전제할 때, 그의 생애 동안 그에게 어떤 일이 일어날 가능성과 관련된다. 이를테면 육체노동을 하는 직업에 종사하는 사람이 비육체노동에 종사하는 사람들보다 특정 질병으로 고통 받을 가능성이 크다는 것은 사회와 관련한 사실이다. 마찬가지로 육체노동자의 가정에서 태어난 사람은 전문직 종사자의 아이로 태어난 사람보다 대학교육을 받을 가능성이 적다. 물론 노동계급 일자리에서 일하는 사람들이 반드시 그러한 질병에 걸리고 그들 자녀의 일부만이 대학에 들어가는 것은 아니기 때문에, 그러한 관념은 개연적이다. 하지만 그러한 관념은 사람들이 자신들의 계급지위라고 **믿는** 것과는 무관하기 때문에, 사회적 삶에 대한 '주관적' 사실이라기보다는 '객관적' 사실이다. 오히려 그러한 관념은 그 사람이 믿는 것과 관련해서가 아니라 특정 개인과 관련하여 계산되고 판별될 것이 요구되는 속성의 것이다.

삶의 기회는 결코 무작위적으로 배분되는 것이 아니다. 마르크스는 계급의 성원의식은 경제적 생산과정 내에서 사람들이 차지하는 위치에 의해 결정된다고 주장했고, 베버도 그 주장에 반대하지 않았다. 마르크스는 경제적 생산과정 내에서 사람들이 차지하는 위치는 사람들이 생산수단과 맺는 관계에 의해 정해진다고 제시했다. 베버는 비록 많은 점에서 상당한 차이가 있는 것은 아니지만, 마르크스와는 약간 다른 제안을 했다. 베버가 볼 때, 계급위치를 정하는 데 결정적인 것은 사람들이 시장과 맺는 관계였다. 즉, 계급위치는 사람들이 시장에서 노동력을 사거나 파는지의 여부뿐만 아니라 팔거나 사려고 하는 노동력의 조건과도 관련된다. 이를테면 숙련노동자는 판매할 기술을 가지고 있지만, 미숙련노동자는 단지 팔려고 내놓은 미숙한 노동능력만을 가지고 있을 뿐이다. 하지만 기술을 가진 사람들은 처분할 서로 다른 기술을 가지고 있고, 그것이 서로 간에 불화를 일으킬 수도 있다. 이를테면 철도 기관사와 트럭 운전사는 판매할 서로 다른 기술을 가지고 있지만, 기관사가 상품수송이 철도에서 도로로 이전됨으로써 자신의 일이 빼앗기고 있다는 것을 발견할 때, 둘은 갈등관계에 놓이게 된다.

사람들이 시장에서 "같은 관계에" 있는지를 결정하는 데에는 어찌할 수 없는 하나의 자의적인 요소가 존재한다. 그것이 바로 같음을 결정하는 기준의 문제이다. 이것은 사회학적 분석가들이 최종적으로 결정해야만 하는 문제이다. 이를테면 같은 직업을 가지고 있는 사람들조차도 시장에서 같은 관계에 있지 않다고 주장할 수 있다. 왜냐하면 그들이 팔고자 하는 능력이 대체적으로 유사하다고 하더라도 그들 간에는 여전히 중요한 차이가 존재할 수 있기 때문이다. 이를테면 막노동자들 중에서도 젊고 건강한 막노동자와 늙고 지친 막노동자 간에는 차이가 있으며, 그 차이가 마침내는 젊은 막노동자는 직업을 유지하고 늙은 막노동자는 일자리를 잃는 결과를 가져올 수도 있다. 같음의 기준을 매우 엄격히 적용하면, 그것은 우리에게 실제로 무한한 수의 계급들을 남겨줄 수도 있다. 그러나 그처럼 세밀하게 차별화한 분류는 사회학의 실질적인 자원이 아니며, 별다른 실제적 용도도 지니지 못할 것이다. 사회학의 목적에서 볼 때도 매우 다양한 개인 간 차이를 무시한 덜 엄격한 기준이 일반적으로 더 적절하다. 다시 말해 같은 직업을 가진 사람들뿐만 아니라 대체로 동종의 직업에 속하는 사람들을 시장에서 같은 위치에 있는 것으로 바라보는 기준이 유용하다. 실제로 많은 사회학적 목적을 놓고 볼 때, 마르크스가 했던 것과 동일하게, 다시 말해 재산의 소유와 비소유에 근거하여 계급의 중심적 차이를 구별하는 것만으로 충분하다. 왜냐하면 어떤 사람이 시장에 다른 사람의 노동능력을 사러 가는지 또는 자신의 노동능력을 팔러 가는지를 결정하는 것은 바로 재산의 소유 여부이기 때문이다. 사람들의 소득과 자원에서, 그리고 그에 따른 특정 유형의 삶을 살아가는 능력에서 상당한 차이를 만들어내는 것도 바로 이것이다.

계급과 신분질서의 형성 마르크스와 베버가 여러 사회학적 목적을 위해 '계급'이 재산의 소유와 비소유의 문제라는 데에는 다소 동의했지만, 그들은 계급이 집합행위의 토대로서 갖는 중요성에 대해서는 의견을 달리했다.

마르크스는 오늘날 과학의 이론구성에서 '실재론적(realist)' 견해라고 불릴 수 있는 입장을 취했다. 분류는 실재 그 자체에 내재하는 분열을 포착하기 위해 기획된 것이며, 그러므로 '계급'은 이론가들이 규정한 개념과 관계없이 실제로 존재하는 어떤 것이다. 이러한 견해에 의거할 경우, 하나의 계급을 다른 계급과 구별짓기 위해 제안된 방식이 계급을 구별짓는 올바른 방식인지, 그리고 그 방식이 실제로 실체 속에 존재하는 분할선을 따르고 있는지를 묻는 것은 이해할 수 있다. 하지만 베버에게 그러한 의문은 아무런 의미가 없다. 개인들 간에는 많은 차이가 있지만, 실체를 구획하고 그들을 상이한 계급에 할당하는 분할선은 존재하지 않는다.

고전사회학의 이해

그리고 그들을 분할하는 것으로 제안된 어떠한 구분도 이론가의 편의에 따른 것이다. 앞서 언급한 바와 같이, 우리는 실제적으로는 무한히 많은 계급을 고안할 수 있지만, 그러한 구별은 이론가들에게는 너무나도 정교하고 불편해서 두 계급으로 조야하게 분할하는 것만으로 아주 충분할 때가 자주 있다. 베버는 이 문제에 무관심한 것이 아니라 오히려 자신의 '명목론적(nominalist)' 견해 — 이론적 구성물을 실재에 내재하는 사실을 대변하는 것으로서가 아니라 이론적 사유를 조직하기 위한 고안물로 간주하는 — 가 갖는 함의를 추구한다.

마르크스는 생산체계 내에서 공통의 위치를 차지하는 것으로부터 유발되는 경제적 이해관계의 차이가 사람들로 하여금 공통의 이해관계를 인식하고 그것을 추구하기 위해 단결하게 한다고 주장했다. 이러한 주장은 베버가 자신의 접근방식에서 제거하고자 했던 주장이다. 유사한 위치에 있는 사람들이 서로를 인식하고, 서로가 공통의 이해관계를 가진다고 생각하고, 또 그러한 이해관계를 더욱 효율적으로 진척시키기 위해 조직화에 착수할 수 있다는 점에서 '사회계급'은 하나의 집단이 될 수 있다. 그러나 베버가 볼 때, 그러한 일이 발생할 수도 있지만, 반드시 그렇게 하도록 운명지어진 것은 결코 아니었다. 그리고 대체로 그러한 발전은 가능할 것 같지도 않았다. 그렇게 되기 위해서는 유사한 상황, 공유된 이해관계, 그리고 행위의 필요성을 인식하도록 하는 구체적인 사회적·문화적 조건이 요구된다. 베버는 사회계급의 성원들이 공통의 경제적 위치와 그와 관련된 이해관계에 기초하여 자의식적으로 함께 행위하는 것은 역사에서 상대적으로 매운 드문 일이라고 주장했다. 그보다는 사회계급 성원들의 행동은 자주 '대중행동(mass action)'의 형태로 사회에 영향을 미친다. 즉, 같은 경제적 위치에 있는 사람들은 특정한 상황에 같은 방식으로 반응하는데, 그 까닭은 바로 같은 상황에 있는 사람들은 같은 방식으로 반응하는 경향이 있기 때문이다. 따라서 그들은 일반적으로 서로에 대한 인식이 전혀 없이 그저 같은 행동을 할 뿐이다.

경제적 불평등이 사회에서 유일한 불평등 유형인 것은 아니다. 사회에는 사람들이 서로에게 부과하는 가치의 불평등, 즉 사람들이 서로 보유하는 존경 또는 명예의 불평등도 존재한다. 사람들은 서로를 상급자, 동급자, 하급자로 바라보고 그러한 인식에 입각해 서로를 지향하는데, 이는 그들이 행동하는 방식에 중대한 영향을 미친다. 실제로 사람들은 자주 자신이 적어도 동급자로 간주한 사람들만을 동료로 받아들이고, 사회적 서열상 자신보다 하위에 있는 것으로 생각되는 사람들은 동료로 받아들이지 않는다. 이처럼 사회집단은 성원들이 서로에 대해 갖고 있는 존경의 평등에 기초하여 발생한다. 베버는 이것을 '신분집단(status group)'이라고 부른다.

신분집단은 '객관적'으로가 아니라 '주관적'으로 규정되는 집단이다. 하지만 이것이 신분집단이 어쨌든 계급보다 덜 실제적이라는 것을 의미하지는 않는다. 이와는 반대로 베버의 용어로 사회계급은 실제적인 사회집단을 구성하기 위한 잠재력, 그것도 자주 아주 적은 잠재력만을 가질 뿐이다. 그러나 신분집단은 정의상 실제적 집단이다. 신분집단이 '주관적'으로 규정된다는 것은 그것이 집단 성원들 서로 간의 상호 인정, 서로에 대한 인식, 그리고 공통의 지위와 이해관계에 대한 인식에 기초하여 서로를 지향하는 행위로 이루어진다는 것을 의미한다.

베버는 신분집단은 생산과 분배의 영역보다는 소비의 영역에서 형성되며, 성원자격의 기준이 되는 것은 '삶의 기회'가 아닌 '삶의 양식(lifestyle)'이라고 주장했다. 사람들은 자신들이 영위하는 삶의 유형에 기초하여, 즉 어떤 삶의 유형이 존중할 만한 것인지 아니면 경멸적인 것인지에 대한 느낌에 근거하여 서로의 동급자 여부를 판단한다. 베버가 지적했듯이, 어떤 사람을 동급자로 인식하기 위해서는 동등한 부를 소유하는 것만으로 충분하지 않다. 결정적인 것은 부를 가지고 처신하는 방법이다. 따라서 신흥부자는 오랫동안 부와 위세를 누려온 사람들에 의해 벼락부자로 경시되고 비난받았다. 왜냐하면 그들은 사회적 연고, 매너, 세련미를 결여하고 있었고 또 자신들의 부를 과시적이고 '천박한' 방식으로 소비하기 때문이었다. 그러한 경우에 하급자와 상급자를 구별짓는 표지가 된 것이 바로 그들이 구입한 집의 유형, 그들이 자식들을 교육하는 장소, 그들이 계발하는 문화활동의 유형 등이었다. 이것이 베버가 농업문제에 대한 자신의 초기 연구에서 탐지한 종류의 유형이었다. 엘베강 동부에서 신흥 부르주아에게 자신들의 경제적 이익을 침식당하고 있던 높은 신분의 융커들은 이 경제적 경쟁자들에 대한 자신들의 **사회적** 우월성을 유지하기 위해 노력했다.

경제적 차이가 신분차이의 토대인 것은 아니다. 그리고 비슷한 경제적 권력을 소유한 사람들이 상이한 신분지위(status position)를 차지할 수도 있다. 그러나 물론 상위의 '삶의 양식'을 누리는 데 필요한 소비를 유지하기 위해서 장기적으로 적정 수준의 부가 요구된다는 것만으로도 신분불평등은 경제적 불평등과 전적으로 무관할 수 없다. 계급의 경우에서와 마찬가지로 신분의 경우에서도 부와 신분층화 간에는 일정한 관계가 있지만, 이 두 경우에서 그 관계는 매우 다르며, 중요한 측면에서는 정반대의 모습을 보이기도 한다. '계급'층화는 시장관계에 근거한다. 그러나 강력한 신분분화의 전개는 시장의 작동을 제한한다. 만약 신분집단의 특징인 삶의 양식을 사람들이 단순히 시장에서 구매를 통해 획득할 수 있다면, 사람들이 단지 충분한 부를 소유하는 것만으로도 신분이 평등해질 수 있다. 따라서 신분집단이 성원자격의 중요한 기준으로 삼는 것은 시장에서는 그 자체로 구매할 수 없는 것이다. 이를테면 누군가가 대궐 같은 집을 사고 하인을 고용하는 등등을 할 수는 있지만, 부와 영향력을 가진 유서 깊은 가문을 사거나 과거로 거슬러 올라가 '명문'학교와 대학에서 교육을 받을 수는 없다. 신분집단은 심지어는 시장 그 자체가 작동하지 못하게 할 정도까지 자신들의 신분의 표지가 되는 것들을 시장으로부터 지키기 위해 투쟁한다.

가장 발전한 신분체계의 실례가 인도의 카스트제도이다. 카스트제도는 엄격한 위계와 뚜렷하게 구별되는 상호 폐쇄적인 집단들로 분할되어 있다. 그리고 그 속에서 어떤 사람의 가치는 전적으로 상속에 의해 결정된다. 직업은 카스트의 성원자격에 근거하여 할당되고, 결혼범위는 카스트집단 내로 제한된다. 만약 계급체계가 시장의 작동에 근거하고 신분체계가 시장의 작동을 제약하는 것이 틀림없다면, 신분체계의 발전은 계급체계의 발전을 방해할 것이다. 카스트의 경우에 사람들의 직업적 지위가 신분체계를 결정하는 기본적인 요인이 아니라 신분체계 내의 지위가 사람들의 직업을 명령한다. 베버는 사회조직의 두 토대는 서로 다른 조건 하에서 번성한다고 추정했다. 신분집단은 안정적인 사회에서 더욱 두드러지는 경향이 있는 반면, 계급층화는 보다 급속한 사회변동의 시기에 전면에 부각된다.

이처럼 베버는 '신분집단'이라는 개념을 통해 사회계층이 다른 많은 평가 기준을 축으로 하여 조직화될 수 있는 가능성을 열어놓았다. 경제적 상황은 분명 사람들이 서로를 서열짓는 토대의 하나이지만, 인종, 젠더, 종교 또한 중요한 요인들이다. 계급의 성원자격이 사회에서 사람들을 서

220

열짓는 근본적인 토대일 수 있지만, 베버가 보기에는 마르크스처럼 그것이 유일한 또는 심지어 주요한 토대라고 가정해야 할 이유는 전혀 없었다.

게다가 사회조직과 사회갈등에서 신분집단이 사회계급보다 더 중요할 때도 많다. 신분집단은 정의상 일정한 연대감을 갖는 실제적인 사회적 단위이다. 그 성원들은 서로를 동등하다고 인식하고, 경쟁하는 집단들의 침탈에 함께 맞서야 할 필요성을 인정한다. 그들의 연합행위가 그들의 공통의 이익과 그 이익을 획득할 수 있는 가장 도구합리적인 수단들에 대한 확실한 계산적 인식에 기초하기보다는 서로의 이해관계에 대한 막연한 인식에 기초할 가능성이 크지만, 그러한 집단의 성원들은 더 쉽게 일치된 방식으로 행동한다. 이처럼 신분집단은 집합행위의 토대로 작동할 수 있다. 그리고 베버가 이러한 계층형태를 세계종교의 경제윤리에 대한 그의 이해에서 중심적인 것으로 삼은 것 — 우리는 이에 대해 앞으로 간략하게 살펴볼 것이다 — 도 바로 이것 때문이었다.

권력과 지배의 형태 공통의 이해관계를 명확하게 자의적으로 인식하고 그 이해관계를 실현하기 위한 가장 효과적인 수단을 계산하는 것은 그 정의상 '파당(party)' — 베버가 계층화의 세 번째 요인으로 설명한 — 의 특성이다. 신분집단은 자신들의 지위, 즉 다른 집단들에 대해 갖는 자신들의 권력에 관심을 갖고, 그 권력지위를 유지하고 발전시키기 위해 행동한다. 그러나 신분집단은 파당처럼 권력투쟁을 위해 특별히 형성된 것이 아니다. 베버가 말하는 '파당'에는 '정당'이라고 불리는 선거제도의 구성물뿐만 아니라 권력을 놓고 경쟁하기 위해 특별히 설립된, 그리고 기본적으로 권력을 추구하기 위해 결성된 모든 유형의 조직도 포함된다. 이를테면 베버는 어떤 체스클럽에서 계속되는 형태의 파벌투쟁도 그 파벌에 속한 사

221

람들이 파벌을 클럽의 통제권을 장악하기 위해, 즉 그 안에서 누가 관리직을 차지할 것인가, 그리고 어떤 정책을 추진할 것인가를 결정하기 위해 결성했다면, 그 파벌은 파당 조직의 일례를 구성한다고 생각했다. 따라서 파당의 성원이 될 자격의 토대는 그 목적을 승인하는 것, 즉 다른 성원들과 함께하는 공통의 이해관계를 인식하는 것이다. 파당의 성원들은 같은 종류의 사회집단 출신일 수도 있지만, 꼭 그럴 필요는 없다. 어떤 파당은 특정한 사회층에 기초할 수도, 즉 특정한 사회계급이나 인종집단과 제휴하고 있을 수도 있다. 이러한 경우에 그 파당은 비록 배타적이지는 않더라도 그 집단으로부터 충원할 가능성이 크다. 그러나 파당이 그런 식으로 스스로를 규정할 필요는 없으며 사회적으로 이질적인 성원들을 충원할 수도 있다. 파당은 계급과 신분의 선을 넘나든다.

베버가 볼 때, 사회적 관계는 본질적으로 갈등적이며, 주요한 사회적 투쟁은 사회집단들 간에, 때로는 사회계급들 간에, 때로는 신분집단들 간에, 그리고 때로는 파당들 간에 발생한다. 그렇다고 그가 물론 사회적 삶이 항상 불평등과 드러내놓고 싸우고 전면적으로 투쟁하고, 모든 부분에서 다툰다고 생각한 것은 아니었다. 그것이야말로 역사적 현실에 대한 잘못된 묘사일 것이다. 왜냐하면 매우 많은 역사적 상황 속에서 사람들은 불평등과 지배에 조용히 순응했기 때문이다. 사람들은 자신들 앞에 놓인 불평등과 싸우지 않고 그것을 받아들이고, 상급자의 명령에 복종한다.

베버의 정의에 따르면, 권력은 어떤 사람이 다른 사람들의 저항에도 불구하고 자신의 목적을 성취할 수 있는 능력이다. 그러나 권력이 항상 저항에 직면하는 것도 아니고, 권력이 항상 그러한 권력의 강요에 분개하여 저항하는 사람들에게 행사되는 것도 아니다. 권력자들은 자주 다른 사람들이 권력자가 수행하는 프로젝트의 도구로서 기꺼이 행동하기 때문에 그 목적을 달성하기도 한다. 베버는 오직 목적을 달성하기 위한 권력 그 자체의 행사와, 권력자가 다른 사람들의 복종을 받을 권한이 다른 사람에 의해 승인된 '지배(domination)' ─ 또는 일반적으로 '권위(authority)'로 번역되기도 하는 ─ 의 상황을 구분했다. 일부 개인의 지배는 다른 사람들에 의해 정상적인 것으로, 즉 정당한 것으로 간주되었다. 따라서 베버에게 중요한 것은 지배를 정당한 것으로 정당화하는 주요 토대들을 규명하는 것이었다.

베버는 지배의 세 가지 주요 형태를 지적했다. 그것은 무엇이 기본적으로 지배를 정당화하는가라는 측면에서 뽑아낸 것이었다.

전통(tradition)은 그중에서 역사적으로 가장 광범위하게 그리고 오랫동안 작동해온 지배의 원천이었다. 왕이라는 통치자가 이 전통적 지배 유형의 주요한 실례이다. 왕은 세습을 통해 지위를 점유하고, 전적인 복종을 받을 권한을 부여받는다. 왜냐하면 전통적으로 그의 가족이 그 권한을 장악하고 있었기 때문이다. 왕의 명령권은 어떤 개인적 특성에서 기인하는 것이 아니라 전적으로 그가 선조들의 유전적 혈통을 정통적으로 계승한 사람이라는 사실에서 기인한다. 지배의 형태들은 사회적 사안들을 관리하는 방식을 취하고, 각각의 형태는 그것 특유의 행정장치와 연관되어 있다. '전통적 권위'는 일반적으로 왕실을 통해 작동하고, 왕의 가신들이 행정 직무를 수행한다. 왜냐하면 그들은 왕과 연고관계에 있고, 왕이 신뢰하기 때문이다. 그들은 왕의 명령에 따라 자신들의 직분을 수행한다.

카리스마적(charismatic) 지도력은 전통적 지배와 대조를 이룬다. 왜냐하면 카리스마적 인물의 권력은 전적으로 자신의 개인적 자질에 달려 있기 때문이다. 카리스마적 인물은 그 용어의 본래적 의미로는 '신의 은총'

을 부여받은 사람, 또는 베버의 용법으로는 다른 사람들이 그에게 복종하게 하는 타고난 특별한 재능 — 흔히 초자연적인 — 을 가지고 있는 사람으로 자신을 드러내는 사람이다. 따라서 카리스마적 인물들은 자신이 신 또는 민족의 숙명에 의해 보내졌다고 주장하고, 자신이 명한 것을 실현하기 위해 다른 사람들이 아무런 의심 없이 자신을 추종할 것을 요구한다. 카리스마적 인물들은 그 추종자들이 정상적인 삶을 포기하고 따르기에 충분할 만큼 그들에게 감동을 줄 수 있는 인성의 소유자라는 의미에서 예외적인 인물들이다. 그러한 인물들은 일반적으로 종교세계에서 발견되지만, 또한 정치세계나 전시(戰時)에도 발견된다. 카리스마적인 인물의 탁월한 하나의 예가 예수 그리스도이다. 예수는 자신이 구원이라는 특별한 임무를 부여받은 신의 아들로서, 다른 사람들이 일자리와 가족을 포기하고 그의 사도가 될 정도로 자신을 따르라고 요구할 수 있는 권한을 부여받았다고 주장했다. 카리스마적 인물은 그 작동기구의 관리자 역할을 하는 측근들에 둘러싸여 있다. 그러나 일반적으로 지도자들 개인은 정규 조직과 세속적 업무를 경멸하고, 따라서 일상의 행정문제를 다소 하찮게 다루는 경향이 있다.

베버가 '**합리적-법적**(rational-legal)' 유형이라 부르는 지배의 세 번째 유형은 지도자가 법적으로 용인되는 절차를 통해 선발된다는 사실을 강조한다. 이것이 바로 우리 사회의 지배 유형이다. 민주적인 선거과정이 경쟁하는 지도자들을 선택하는 수단이며, 지도자는 이처럼 법적으로 재가된 방식으로 지도자로 선택되었다는 사실로 인해 지도자의 지위를 차지하고 우리에게서 복종받을 자격을 부여받는다. 이러한 유형의 지도력은 전문가들로 이루어진 행정기구와 관련되어 있다. 그 전문가들은 정치적 지도자와 아무런 개인적 관계도 없으며, 자신의 자질에 근거하여 지위를 차지한다. 그들 또한 명시적인 절차, 그중에서도 특히 시험을 통해 그 지위에 선발되었다. 그리고 지위위계에서 승진은 행정업무를 성공적으로 수행했다는 것에 기초하여 이루어진다.

베버가 볼 때, 카리스마적 지도자는 중요한 사회변화를 촉발할 수 있는 강력한 잠재력을 가지고 있는 인물이다. 왜냐하면 그들은 일반적으로 파괴적이고 혁신적이기 때문이다. 카리스마적 인물들은 전통적 지배나 법적-합리적 지배하에서도 출현하여, 그들답게 기존 질서에 대결하고 도전할 수 있다. 이를테면 종교개혁 시대에 유럽에서 루터와 칼뱅이 그랬던 것처럼, 종교적 선지자들은 자주 새로운 윤리적 관념을 창출하여 전파했다. 그러나 카리스마적 지도자들이 강력한 영향을 미칠 수는 있지만, 그 영향은 단기적일 수도 있다. 카리스마적 지도력은 분명 왕조시대의 전통적 지도자들처럼 세대에 걸쳐 이어질 수 없다. 카리스마적 지배가 단명한 것은 두 가지 이유 때문이다. 우선 카리스마적 인물은 항상 자신의 능력을 입증할 필요가 있고, 다음으로 카리스마적 인물의 권력은 순전히 개인적이며 따라서 사라지기 마련이기 때문이다.

카리스마적 인물의 지위는 그러한 인물에게 자신만의 특별한 능력을 계속해서 입증할 것을 요구한다. 군사 지도자가 전쟁에 승리할 때만 특별한 능력을 주장할 수 있는 것과 마찬가지로, 예언가적 지도자는 오직 예언이 실현되는 한에서만 특별한 지위를 설득력 있게 주장할 수 있다. 따라서 카리스마적 지도자들은 운명의 가련한 진전에 취약하다. 사태가 카리스마적 지도자의 능력을 계속해서 '입증'해준다고 하더라도, 그 지도자는 조만간 죽을 것이고 따라서 계승의 문제가 발생한다. 카리스마적 인물의 권력은 개인적이기 때문에 다른 사람에게 이전될 수 없다. 그럼에도 불구하고 만약 카리스마적 인물이 창시했던 집단이 계속해서 유지되려면, 그 계승자를 찾아내야 한다. 하지만 그 계승자의 선발이 똑같이 위압적인 강력한 또 다른 인물의 발견을 보장할 수는 없다. 따라서 지도자의 지위를 점한 사람보다는 사망한 지도자의 카리스마가 지도자의 지위를 대체한다. 이를테면 로마교황은 그가 경외심을 불러일으키는 개인적 능력을 소유했기 때문이 아니라 그가 하나의 지위, 다시 말해 그리스도의 계승자로서의 지위를 점하고 있기 때문에 특별한 인물이다. 이러한 개인적 권력에서 지위권력(positional power)으로의 이전 ― 베버가 '카리스마의 일상화(routinisation of charisma)'라 부른 것 ― 은 카리스마적 지도력 시대의 종말을 뜻한다. 왜냐하면 진정한 카리스마에게서 일상성은 저주나 다름없기 때문이다. 카리스마는 불안하고 과도기적인 힘이기 때문에, 한 개인의 생애 이상 지속되지 못한 채 사라지거나 계승의 순간에 보다 안정적인 두 가지 지배 유형, 즉 전통적 지배와 합리적-법적 지배 중 하나로 흡수된다.

카리스마적 인물이 생존해 있는 동안에도 카리스마적 집단이 수행하는 행정은 불안정하다. 카리스마적 인물은 '신봉자들' ― 즉, 지도자 자신의 결정에 따라 선택된, 그리고 지도자에게 개인적으로 충성하는 개인적 추종자들 ― 로 둘러싸여 있다. 그들은 대체로 자신이 지닌 행정 역량에 의해 선발되지 않는다. 이는 특히 카리스마적 지도자가 일반적으로 자신의 집단이 통상적 업무를 수행하는 방식을 포함하여 일상의 문제에 무관심하기 때문이다. 게다가 카리스마적 지도자의 결정은 자주 변화무쌍하며, 하루하루의 활동 방향도 그리 안정적이지 못하다. 행정적 결정은 근시안적이고 피상적이며, 목적이 계속해서 변하고 그 목적을 달성하는 세부 방법에 별 관심이 없는 사람들의 명령에 의해 이루어지고, 어떤 입증 가능한 행정 능력으로 인해 선발된 사람이 아니라 지도자가 신뢰하는 신봉자에 의해 실행된다.

이와 대조적으로 관료제는 행정훈련과 행정경험에 기초하여 행정가를 선발하고 승진시킨다. 관료제는 장기간의 경력을 가진 공직자들로 인해 의사결정 환경이 안정적이고 예측 가능하며, 따라서 상급자의 자의적 결정도 일정 정도 막아낼 수 있다. 규칙과 서열의 체계는 개인들의 업무가 개인적인 명령보다는 비인격적인 규제를 따른다는 것을 의미한다. 관료들은 자신의 수입을 전적으로 관료제에 의존하기 때문에, 외부의 영향력으로부터 벗어나 있다. 그들은 다른 사람들의 호의에 좌우되지 않으며, 따라서 뇌물을 받을 여지도 없다. 그리고 그들은 행정적 판단을 하는 동안에 매수되는 경향도 별로 없다. 달리 표현하면 관료제적 환경에서는 행정이 하나의 전문화된 과업이 되고, 전문적인 행정지식이 그 중심을 차지하고, 의사결정 절차가 안정화되어 온갖 종류의 급박한 제약요인들에 좌우되지 않는다. 그러므로 베버가 주장했듯이, 그러한 구조가 이론적으로는 대규모 주민을 관리하는 데 우수하다고 주장하는 것은 잘못이 아니다. 물론 실제의 관료제는 많은 점에서 이러한 이상적 상태에서 벗어나 있다.

베버는 관료제의 성장이 초래할 정치적 위협을 인식했다. 즉, 행정체계와 그 체계를 감독할 의무가 있는 정치지도자들 간에 갈등이 발생할 수 있다는 것이다. 행정 그 자체는 목적이 아니라 수단이다. 그러나 베버가 인식한 위험은 공직자들이 자신의 행정적 전문지식 덕분에 자신의 지도자로 상정된 사람들을 지배할 수 있고, 또 정치인들 — 공직자들에게 목표를 설정해주고 공직자들의 과업을 통제해야만 하는 — 의 정치적 목적보다 자신들의 주요한 행정적 관심사를 우선시할 수 있다는 것이었다. 베버의 합리주의적 구상에 의거할 때, 공무원에게 조종당하지 않고 국민국가의 운명을 주도하는 것이 바로 정치인의 역할이다.

베버가 고안한 사회학적 개념은 무수히 많지만, 그중에서도 계층과 지배를 분석하기 위한 개념들이 세계종교에 대한 그의 비교분석에서 가장 중요했으며, 그 후에도 사회학에 가장 많은 영향을 미쳤다. '신분집단'의 개념은 특히 더 중요했다. 만약 사회가 사회집단들이 지배를 놓고 끊임 없이 투쟁하는 장으로 이해된다면, 내적 연대의 수단과 공통의 목적을 가지고 있는 사람들이 자신들의 이해관계를 추구하는 데서 성공을 거둘 가능성이 더 높다. 그리고 앞서 지적했듯이, 신분집단은 사회계급보다 그러한 특성들을 훨씬 더 많이 가질 수 있다. 게다가 신분집단을 통합하는 것은 '삶의 양식'이며, 이 삶의 양식이 가치를 포함한 강력한 문화적 요소들을 수반한다.

종교, 관료제, 그리고 중국의 문인계층　우리가 앞서 언급했듯이, 베버는 관념은 사회집단의 이해관계와 연관될 경우에만 사회경제적 변동에 유력한 영향을 미치는 것으로 파악했다. 따라서 베버는 자신의 연구에서 관념의 '담지자'로 행동하고 가치를 사회 전반에 소개하고 전달하는 데 유력한 매개체가 될 수 있는 사회집단들을 확인할 필요가 있다고 생각했다.

베버는 인도와 중국의 전통사회에 대한 자신의 연구에서 특히 그 사회의 중심부에 위치한 신분집단에 관심을 집중했다. 그러한 신분집단이 인도의 경우에는 승려와 교직자로 이루어진 최고의 카스트인 브라만(Brahmin)이었고, 중국의 경우에는 제국행정의 간부인 만다린(Mandarin)이었다. 그들과 관련하여 특히 흥미로운 것은 그들은 정치적 또는 경제적 측면에서 사회의 지배적인 지위에 있지 않지만 그럼에도 불구하고 사회 내에서 막강한 영향력을 행사하고 그 문화를 결정적으로 틀지으며,

어떤 경우에는 그들의 정치적 또는 경제적 상급자들보다 더 많은 권력을 소유하기도 한다는 점이었다. 이를테면 브라만은 카스트체계 내에서 결정적인 지위를 누렸다. 그리고 그들이 세속적인 측면에서 자신들이 복종해야 하는 사람들보다 자주 윗자리를 차지했던 것은 그들의 권위 때문이었다.

만다린은 중국의 종교에 대한 베버의 설명에서 중심을 차지하고 있었다. 왜냐하면 그들이 유교적 교의의 담지자들이었기 때문이다. 베버가 볼 때, 유교적 교의는 프로테스탄트의 교의와 극명하게 대비되는 것이었다. 프로테스탄티즘과 유교는 신과 속세의 관계를 체계적으로 통합하고 있지만, 그 윤리적 결과는 매우 달랐다. 그 둘은 모두 합리적 사고체계를 제공했으며, 각기 종교적 신념에 기초하여 인간의 삶에 대한 일관된 위계체계를 제시했다. 양자 모두 절제와 자제를 권장하고 부의 축적을 용인했다. 하지만 그 둘이 신봉하는 목적은 매우 달랐다. 유교 윤리는 '군자'를 만들어내는 것을 목적으로 했다. 군자는 학식 있고 교양 있고 매우 세련된 감성을 지닌 사람으로, 자기수양에 더욱 매진하고, 가족의 웃어른을 공경하는 효라는 전통적 태도를 일반적인 행동모델로 취하고, 특히 예의와 권위를 존중하는 삶을 살아가는 사람이었다. 유교의 핵심 덕목은 가족과 공직에 대한 전통적인 의무와 그것에 요구되는 의례를 수행함으로써 하늘과 땅을 조화시키는 것이었다. 현세와 그 속에서 살아가는 사람들은 전체 우주의 조화롭고 자비로운 통합의 한 부분일 뿐이었다. 이는 인간과 속세 모두를 본질적으로 악으로 바라보는 프로테스탄트의 이미지와는 대조된다. 유교는 세속적 책임을 수행함으로써 종교적 요구를 이행하라고 가르친다는 점에서 프로테스탄티즘과 유사하다. 하지만 유교는 전통과 의식(儀式)이 규정하는 수많은 제약 내에서 기존 질서를 승

229

인하고 질서에 순응하는 방식으로 종교적 요구를 이행해야 한다고 지시한 반면 프로테스탄티즘은 개인들로 하여금 신의 내적 체험과 신의 계율에 집중할 수 없게 만드는 모든 성례와 상징을 포함하여 그 어떤 속박도 거부하게 했다. 그러한 계율에 대한 복종이 가족에 대한 책무 등 그 어떤 것에도 우선했다.

만다린 — '전통적인' 관료제적 구조하의 관리들 — 이 소유한 중국제국의 유력한 지배자로서의 강력한 지위는 부(富)보다는 자질에서 기인했다. 그들은 '지식인' — 자신들이 소유한 문학적 소양 때문에 '문인계층(literati)'이라고 불렸던 — 이라는 더 광범한 신분집단의 한 하위 분파로, 중국 문명문화의 독점적 전달자라는 관념을 자신들에게 투영할 수 있었다. 그러한 투영에 성공함으로써 그들은 자신을 경제적 또는 정치적 활동보다는 교육적·문화적 활동, 즉 전체 문명의 숭고한 목적에 종사하는 군자라는 인물로 만들어냈다. 문인계층은 경쟁하는 군주들 — 결국은 통일제국 내에 복속된 — 에 대해 자신들이 갖는 행정적·정치적 쓸모 때문에 그러한 전략적 위치를 차지하고 있었다. 이러한 역사적 이유 때문에, 문인계층은 종교적 감정 쪽으로 크게 기울어지지 않았다. 그들이 볼 때, 종교의 중요성은 주로 대중을 위로하는 역할에 있었다. 따라서 그들 사이에서 종교로 발전될 가능성이 있던 어떤 것도 결코 하나의 종교가 될 수 없었다. 유교는 내세와 구원보다는 현세의 만족, 장수의 이익, 가족, 그리고 개인의 얼마간의 부를 한결같이 강조했다. 나아가 유교는 정치적 현상(現狀)을 신성한 것으로 바라보는 관념에 기여했으며, 따라서 전통의 신성성에 기여했다.

유학자들의 종교적 실천은 군자의 모든 덕성을 아우르는 '자기완성'을 지향했다. 다른 사람들의 구원의 문제는 제기되지 않았다. 자신의 종교를 사회 도처에 전파하는 것은 유학자들의 일이 아니었다. 사실 문인계층은 다른 종교적·마술적 관행에 매우 관대했으며, 국가의 이익에 위협이 되는 경우에만 그것들을 제한했다.

우리는 중국 종교에 대한 베버의 논의와 관련한 이 간략한 요약 속에서 그의 비교연구를 관통하는 많은 테마를 확인할 수 있다. 베버가 그 연구에서 관심을 기울인 것은 중국 문명문화의 "기질을 틀짓는' 데서 결정적이었던 신분집단 — 만다린 — 의 위상, 그들이 (통일국가의 형성을 가져온) 정치투쟁을 통해 강력한 지위를 획득한 방식, 그들의 지위의 성격이 그들의 종교성을 틀짓고 특정 유형의 교의 쪽으로 기울어지게 된 방식, 그들이 하나의 집단으로서 잠재적 경쟁자들에게 맞서 자신의 지위를 방어하고 증진시킨 방식 등이었다. 만다린이 자신들의 문명 내에서 차지하는 위치는 하나의 '상충하는' 관념과 관련하여 이해되었다.

베버가 중국 종교를 연구한 까닭은 그것 자체를 이해하기 위해서가 아니라 기본적으로 프로테스탄티즘이라는 종교와 유교라는 종교가 경제에 역동성을 부여하는 데서 수행한 역할을 **대비**시킴으로써 서유럽에서 발생한 자본주의 정신의 기원에 대한 이해의 타당성을 배가하기 위해서였다. 우리는 이미 프로테스탄트의 세계관과 유교의 세계관이 공히 세속적 활동을 통한 종교적 성취를 매우 합리주의적으로 강조하고 있음에도 불구하고 얼마나 다른지를 지적했다. 우리는 베버가 문인계층의 역할을 특성화하면서 전통적인 중국의 합리주의가 서유럽의 합리주의와는 매우 다른 방향으로 나아가게 하는 데 결정적이었다고 파악한 세 가지 사항을 지적했다. 첫째, 문인계층의 종교적 견해가 그들과 그들 사회를 전통으로부터 벗어나게 하기보다는 오히려 전통에 훨씬 더 단단하게 속박시켰다. 둘째, 그들의 종교적 전망이 지닌 관용과 무관심이 종교사상의 합리화 노력을 제약하고 미신타파 노력을 방해했다. 셋째, 학식 있는 군자라는 이상이 널리 퍼짐에 따라 그러한 이상은 부의 축적을 금한 것은 분명 아니지만 기업활동이 그 자신의 본질적 가치를 획득하는 것을 방해했다.

이 모든 것에 더하여 그들의 삶에서 '가족'이 갖는 중요성이 너무나도 커서 친족이 상업적 거래, 자발적 결사, 법, 그리고 공공행정까지를 지배했다. 친족에 대한 강조는 확대가족 밖에 있는 모든 사람을 불신하게 했다. 반면 프로테스탄티즘은 신앙을 같이하는 모든 사람을 신뢰할 것을 명했다. 베버가 볼 때, 친족의 요구보다는 사회생활의 다른 많은 영역의 비인격적 요구를 우선시하는 것이 자본주의가 발전하고 합리화가 진전될 수 있는 제도적 환경이 발전하는 데 매우 중요했다. 베버는 또한 관료제의 아주 철저한 발전은 '시민권' 관념에 기초한 법규가 존재하는 사회에서만 가능하다고 주장했다. 그는 그러한 발전은 도시의 정치적 독립에서 기인하며, 상당 부분 도시가 시민권에 기초하여 군대를 결성할 능력에서 파생된다고 보았다. 자체의 군대를 보유하고 있는 정치적으로 독립한 도시들은 그리스의 도시국가로까지 거슬러 올라가는 서구의 전통이었고, 중세의 도시들을 통해 계속되었다. 하지만 동양에서 도시는 그러한 종류의 독자성을 획득하지 못했다. 왜냐하면 도시가 이를테면 기존의 군사권력의 보호하에서 발전되었기 때문이었고, 또 낯선 사람과 연합하여 집단을 결성한다는 생각을 금하는, 따라서 단지 같은 도시에 같이 위치해 있을 뿐인 사람들로 구성된 군대를 결성한다는 생각을 금하는 종교 또는 친족 전통에 의해 지배되고 있었기 때문이었다.

자본주의, 합리성, 그리고 사회변화

서구 근대 자본주의체계의 발흥에 대한 베버의 전체 설명을 요약하기란 쉽지 않다. 그가 수행한 연구의 많은 것이 서구 문명과 다른 문명들을 비교분석하는 것이었다. 그는 그러한 분석에서 각 문명의 종교적 전통과 그것이 그들 문명 특유의 '경제윤리'를 발생시킨 방식을 특히 강조했다. 베버의 연구에서 『프로테스탄트 윤리와 자본주의 정신』이 중추적 위치를 차지한다는 점과 그 밖의 연구에서도 종교에 대한 연구가 크게 부각된다는 점에 의거하여 베버가 종교를 자본주의의 출현에서 가장 중요한 인과적 요소로 간주했다고 가정하기 쉽지만, 그것은 잘못이다. 그러한 견해에서 보면, 베버가 (자신이 알고 있던) 마르크스와 정반대되는 입장을 취해 관념의 역할과 경제적·정치적 요소에 의한 결정을 대비시키는 것처럼 보일 수도 있다. 하지만 마치 둘 중 어느 하나가 옳다는 것이 틀림없다는 듯이 어떤 한 극단을 취하여 다른 극단에 도전하는 것은 베버의 목적이 아니었다. 콜린스(Collins, 1986: 20~21)의 표현을 빌면, 실제로 베버는 자신의 마지막 강연에서 "자신의 전반적 도식 속에서 관념적 요소의 지위를 상대적으로 작은 지위로 격하시킨다". 그가 종교적 관심에 대한 자신의 강조를 '일면적인 것'으로 규정한 것은 자신의 설명이 역사적 상황에 대한 매우 부분적인 설명이라는 사실을 인정한 것이다. 베버는 종교가 경제조직에 대해 인과적인 결과를 유발할 수 있는 것처럼 경제조직도 종교에 대해 인과적 결과를 유발할 수 있다는 것을 기꺼이 인정한다. 그가 경제적, 정치적 및 다른 원인들을 **대신하여** 종교적 원인이 자본주의의 원인으로 상정되어야 한다고 주장하는 것은 아니다. 그는 다른 것들 **역시** 문명발전의 경과를 결정하는 수많은 요인 중의 하나로 상정될 수 있다고 주장한다.

베버 스스로가 극복해야 할 장애물로 인식한 것은 '합리화' 역할을 제외하고는 종교의 어떠한 역할도 부정하는 견해였다. 따라서 베버가 근대 서구 자본주의의 기원을 개괄할 때 '종교적 요인'이 그리 두드러지지 않는다고 해서 놀랄 필요는 없다. 결국 종교적 요인은 **많은** 요인 중 단지 **하나의** 요인이었을 뿐이다.

실제로 베버는 근대 자본주의의 기원을 추적하기 위해서는 유럽의 종교개혁 시대를 넘어서는 광범위한 시기에 대한 관찰이 필요하다고 주장한다. 종교개혁 시기에 유럽에 존재했던 자본주의의 많은 전제조건 ─ '물질적' 조건과 '관념적' 조건 모두 ─ 이 분명 자본주의 발전을 직접적으로 자극했지만, 물질적 조건과 관념적 조건이 갑자기 결합된 것은 아니었다. 그 자체는 서유럽 문명의 장구한 역사적 발전과정이 낳은 산물이었다.

자본주의사회, 그리고 특히 그것의 기업조직을 특징짓는 합리화는, 만약 적절한 사고방식과 기술이 이미 자리 잡고 있지 않았다면, 이를테면 문자해독 능력, 계산, 부기 등이 수세기에 걸쳐 이미 발전되어 사회적 중요성을 확보하지 못했더라면, 가능하지 않았을 것이다. 프로테스탄트 교파도 그러한 합리화에 결정적인 역할을 수행했지만, 프로테스탄트 교파 자체도 가톨릭교회에 대한 반발의 산물이었다. 가톨릭교회 또한 장구한 역사를 지니고 있고, 가톨릭교회의 특성 역시 두 개의 이전 문명, 즉 고대 이스라엘과 그리스의 유산으로부터 형성된 기독교의 성격에서 비롯된 것이었다. 실제로 베버는 서구에서 합리화를 강력하게 진전시킨 추동력 중 일부는 그러한 문명들에서 기원하는 것으로 보았다. 이를테면 신과의 관계에 대한 고대 유대교의 인식은 구원의 가능성이 선민에게만 있는 것이 아니라 보편적으로 모든 사람에게 있다고 간주하는 종교, 즉 기독교를 발생시켰다. 이는 다시 사람들이 보편적인 법적 성원권에 의해 서로 연관지어지는 것으로 바라보는 관념을 낳았다. 여기에 더해서 그리스의 지적 문화가 지닌 보편적 합리주의는 나중에 서유럽 문화에 강력한 영향을 미치며, 합리화를 증대시키는 강력한 힘으로 작동했다.

　베버의 비교연구는 다른 문명들을 서구의 전통적 '세계관'과 뚜렷이 대비시키기 위한 것이었다. 그는 다른 문명들이 열등하거나 합리적으로 사고할 수 없었기 때문에 자본주의를 발전시키는 데 실패했다고 주장하지 않았다. 그는 합리화 성향은 특정 문화의 상황에 따라 달리 나타나는 특징이라고 강조했다. 이를테면 중국의 만다린이 철저하게 자신의 세계관을 합리화하는 것도 가능했다. 그러나 합리화가 나아가야 하는 어떤 필연적인 방향이 존재하는 것은 아니라는 점을 인식할 필요가 있다. 중국의 만다린이 취한 합리화의 방향은 사업과 교역에 반하는 것이 아니라 그러한 활동에 우호적인 유형의 정신에 반하는 것이었다. 자본주의의 발흥과 관련하여 불가피한 것은 아무것도 없다. 자본주의는 상황 전개의 산물이었고, 상이한 방향으로 나아갈 수도 있었다. 가톨릭교회의 종교적 지배에 대한 반발이 없었더라도 자본주의가 여전히 발전했을 수도 있다. 그러나 베버는 그러한 경우 자본주의는 서구에서 자본주의를 추동한 강박적인 합리화 추동력을 가지지 못했을 것이라고 판단했다.

서구 합리성의 냉혹성

베버가 근대 자본주의 기원에 관심을 가진 것이 순전히 골동품을 수집하는 것과 같은 호기심 때문은 아니었다. 그의 정치적 전망, 그리고 독일 사회의 정치적 미래를 이해하고 그 미래를 틀짓는 데 가담하고자 했던 그의 관심 또한 영향을 미쳤다. 하지만 그의 분석이 갖는 정치적 함의는 그를 우울하게 했다. 합리화의 진전은 돌이킬 수 없어 보였으며, 삶의 질을 격하시킬 것으로 보였다.

서구에서 자본주의가 발흥한 것은 상황구속적이었다는 베버의 견해와 합리성이 갖는 냉혹성이 상충되는 것은 아니었다. 베버의 주장은 합리성이 근대 서구의 문화와 조직에 깊숙이 단단하게 자리 잡고 실제로 서구 사회에서 엄청난 성공을 거두면서 그러한 성공을 포함한 모든 것이 합리성을 삶의 전 영역으로 더욱 확장하게끔 해왔다는 것이었다. 하지만 합리성이 역사상 유례없는 물질적 안락을 제공하는 등 많은 기여를 했지만, 그것이 만족의 증대를 보장하지는 않았다. 베버가 볼 때, 서구 사회의 문제들 중 하나는 매우 많은 사람이 심각한 수준의 소외와 '의미 결핍상태'에 빠져 있다는 것이었으며, 이것 또한 합리화의 산물이었다.

종교에 대한 베버의 관심은 부분적으로는 종교적 관념이 인간의 삶에 '의미'를 제공해줄 수 있다는 생각, 즉 인간의 삶을 보다 원대한 삶의 모형에 합치시킴으로써 더 큰 목적과 의미를 부여해줄 수 있다는 생각에서 촉발된 것이었다. 종교적 신념은 자주 세계를 '주술화'함으로써 순전히 경험적으로 발생하는 것 이상의 것이 된다. 이를테면 자연현상이 신의 목적을 현시하는 것으로 이해될 때, 그것은 더 중요하고 경외심을 불러일으키는 것이 된다. 합리화의 결과 세계는 특히 과학의 진보를 통해 '탈주술화'된다. 세계는 점점 더 전적으로 경험적 현상들의 인과적 연관과 관련하여 이해된다. 과학의 진보는 자연을 더욱 실용적으로 이용할 수 있게 했지만, 물질적 욕구를 충족시키는 능력을 넘어 삶으로부터 어떤 '의의', 즉 의미나 가치를 박탈하는 작용을 하기도 했다. 많은 경우에 사람들은 물질적 욕구의 충족만으로는 만족하지 못하며, 그리하여 자신들의 삶이 공허하고 무의미하다고 느낄 수도 있다.

고전사회학의 이해

또한 합리화는 인간관계를 점점 더 객관인 관계로 만들었다. 왜냐하면 합리화가 진전됨에 따라 (이를테면 관료들 사이 또는 관료와 그들이 관리하는 사람들 사이에서처럼) 개인적 관계와 무관하게 적용되는 엄격한 규칙이 더 많은 삶의 영역에서 인간관계를 지배하게 되기 때문이다. 실제로 베버가 볼 때, 합리화의 냉혹한 행진이 초래하는 가장 큰 위협 중의 하나가 바로 관료제적 형태의 조직이었다.

관료제라는 쇠우리　베버가 볼 때, 합리화의 조직형태가 바로 관료제의 조직형태이고, 그것은 근대적 삶의 무의미성을 유발하는 데서 큰 몫을 한다. 그 거대한 행정구조 내에서 개인은 점점 더 무의미해지고, 비인격적인 기계의 톱니바퀴에 불과한 존재가 된다. 개인들이 행정적 강제에 종속되듯이, 조직 내에서의 작업은 규칙에 복속된다. 삶은 규제와 관리적 억압의 '쇠우리' 속에서 이루어진다. 관료제의 작동 자체조차도 무의미해 보이게 된다.

거기에는 정치적 위험 또한 존재한다. 관료제적 조직의 엄청난 힘과 효율성은 그 조직이 조직의 정치적 주인으로 상정된 사람들을 비롯해 다른 사람들의 이해관계를 넘어 조직 자체의 이해관계를 실제로 증진시킬 수 있다는 것을 의미한다. 베버가 근대세계의 정치적 삶에 커다란 위협이 되는 것 중의 하나로 두려워한 것도 바로 그러한 경향이었다. 관료제를 자신의 통제하에 둘 수 있고 또 관료제가 단지 그 자체를 확장하고 자신의 세력을 강화하는 것이 아니라 어떤 의미 있는 정치적 목적에 기여하게 할 수 있는 지도자, 그러면서도 강력한 감화를 주지만 민주적인 정치 지도자가 필요하다는 점을 역설한 것도 이 때문이었다.

베버는 이러한 '쇠우리'화 경향이 억제될 수 있을 것이라고 기대하지 않았다. 그 정치적 대안이 사회주의 운동이었지만, 베버가 보기에 사회주의 역시 관료제적 지배의 정도를 확장할 뿐이었다. 사회주의자들이 국가에 투영한 역할은 관료제적 규제를 한층 더 강화할 것으로 보였다. 비록 사회주의가 의도하는 것은 해방이었지만, 그것은 거의 불가피하게 사람들을 무감각하고 이기적인 관료제적 규칙에 더욱 복속시킬 수밖에 없는 것이었다. 베버와 동시대의 인물인 로베르토 미켈스(Roberto Michels, 1876~1936)도 1915년에 출간한 고전적 저작 『정당론(Political Parties)』에서 사회주의 정당 내에서 행정 관료제의 필요성이 어떻게 조직을 확대시키고 그리하여 정치강령을 희석시키게 되는지 보여줌으로써 사회주의에서 관료제가 약화되는 것이 아니라 강화될 것이라는 지적을 더욱 강화했다.

베버가 볼 때, 정치적 정명은 관료제의 이러한 상승 조류를 차단하는 것, 그리고 카리스마적 정치지도자가 출현하여 국가에 목적의식을 부여할 수 있는 기회를 만들어내는 것이었다. 앞서 지적했듯이, 그러한 일은 민주적인 맥락 속에서 이루어져야만 한다. 하지만 그것은 그러한 지도자에게 책략을 사용할 수 있는 상당한 여지를 허용해줄 수밖에 없다. 베버의 정치학은 민주적이면서도 엘리트주의적이다. 그는 민주정치에 전적으로 헌신하면서 당시 사회에 목적의식을 부여하고 관료제를 지배할 수 있는, 비범하고 탁월한 지도자가 필요하다고 보았다. 하지만 그는 독일의 상황은 그러한 희망을 실현할 가능성이 그리 크지 않다고 느꼈다. '쇠우리'가 여전히 제자리를 굳게 지킬 것으로 보였다.

우리는 근대 자본주의의 기원과 성격에 관한 베버의 견해와 그가 그러한 견해를 독일의 정치적 곤경에 적용시키며 제기한 논점들을 개관해왔다. 당시 독일 사회가 직면했던 문제는 오늘날의 사회들이 겪는 문제들

고전사회학의 이해

과 크게 다르지 않았다. 그러한 문제들에 대한 베버의 접근방법은 보다 총괄적이고 근원적인 철학적·방법론적 전제들과 관련되어 있다. 베버는 그러한 전제에 의거하여 우리가 사회과학적 작업으로부터 무엇을 기대할 수 있는지를 명시한다. 그리고 그것이 바로 우리가 지금부터 설명하고자 하는 것이다.

베버의 방법론

베버에게 중요한 것은 역사적·사회학적 연구였으며, 탐구의 근본 원리에 관한 방법론 논쟁은 분명 부차적이었다. 특히 방법론에 관한 사변적인 논쟁은 받아들일 수 없는 것이었다. 설사 방법에 대한 논의가 꼭 필요하더라도, 실제 조사에서 성공적인 것으로 판명된 방법은 그냥 내버려두어야 했다. 적어도 이것이 베버가 권고했던 것이다. 하지만 방법론 논쟁에 대한 경멸이 그가 논쟁에 적극적으로 개입하는 것을 막지는 못했다. 어떻게 보면 그가 작업하던 독일의 지적 환경이 사회학을 포함한 사회적·문화적 연구의 적절한 방법론을 탐색하는 데 매우 몰두하고 있었기 때문에, 그에게는 선택의 여지가 없었다. 원래 방법 논쟁(Methodenstreit)은 경제학 내에서 유발되었지만, 경제학뿐만 아니라 역사학, 법학, 언어연구를 포함한 전 영역의 학자들이 뛰어듦으로써 훨씬 더 일반적인 논쟁이 되었다. 베버 자신이 법학, 경제학, 역사학을 연구한 바 있기에 그는 이 논쟁에 대해 익히 알고 있었고, 자신의 연구를 인도하게 될 방법론에 대해 비교적 일관된 견해를 피력할 목적에서 그 논쟁에 가담했다.

본래 이 방법론 논쟁이 여전히 논쟁의 대상으로 남아 있는 문제, 즉 사회적·문화적 연구가 항상 진정한 과학일 수 있는가 하는 문제에 관한 것이었다는 것을 알게 되더라도, 그것은 전혀 놀랄 일은 아니다. 제1차 세계대전 이전의 25년 동안 이 쟁점은 자주 양극화된 입장 사이에서 복잡하면서도 다면적인 논쟁의 초점이었다. 베버는 그가 기꺼이 인정했듯이 철학자 하인리히 리케르트(Heinrich Rickert, 1863~1936)의 사상에 크게 의지하여 그 논쟁의 많은 것을 화해시키고자 했다. 본래 이 논쟁은 사회과학이 그 방법과 그것이 산출한 지식의 성질 면에서 자연과학과 같을 수 있는가, 즉 사회과학은 방법론적으로 자연과학과 별개의 것인가, 또는 심지어 사회과학이 과연 과학인가 하는 문제에 대한 것이었다.

사회과학의 본질

사회문화적 연구의 과학적 지위 문제에 대한 한 가지 접근방법, 즉 뒤르켐이 널리 채택한 접근방법은 자주 '실증주의(positivism)'라고 불리는 것이다. 실증주의는 과학에는 하나의 본질적인 일치점이 존재한다고 주장한다. 즉, 모든 과학은 본질적으로 일반법칙의 구성이라는 동일한 목적을 추구한다는 것이다. 따라서 어떤 학문이 과학이 될 수 있는 방법은 단 하나만이 존재한다. 즉, 그것은 자연과학에서 이미 성공을 입증받은 일반적 방법을 따르는 것이다. 따라서 사회적 삶에 대한 연구도 일반적인 과학적 방법을 따라 다른 자연현상과 동일한 방식으로 인간의 문화적 삶을 연구함으로써 스스로를 완전한 과학으로 전환시키기 위해 노력해야 한다.

실증주의적 입장이 자연과학의 명백한 성공에 의해 강력하게 뒷받침받기는 했지만, 그것은 사회적 삶을 연구하는 프로그램으로서는 그리 효과적이지 못했다. 그리고 19세기 말경 실증주의에 대한 반대도 불거졌다. 프리드리히 니체(Friedrich Nietzsche, 1844~1900)와 지그문트 프로이트(Sigmund Freud, 1856~1939) 같은 영향력 있는 사상가들은 인간의 본성은 이전에 가정된 것보다도 훨씬 더 '비합리적'이고 실증주의의 원리에 입각한 방법론은 지나치게 '합리주의적'이어서 그러한 비합리성을 인정할 여지가 없다고 주장하고 있었다. 게다가 독일 철학 내에는 적어도 인간에 대한 연구와 관련해서는 실증주의에 반대하는 주로 '관념론적' 성격의 확고한 사상적 전통이 존재하고 있었다. 그러한 반대는 상당 부분 임마누엘 칸트(Immanuel Kant, 1724~1804)에서 비롯되었다. 헤겔은 칸트의 관념론을 비판함과 동시에 그것을 극도로 확장시켰다. 그리고 방법론 논쟁의 주요 분파 가운데 하나로 베버에게 중요한 영향을 미친 것이 신칸트학파(neo-Kantians)였다. 하지만 베버가 그들의 모든 주장에 동의한 것은 물론 아니었다.

베버 사상 속의 칸트적 요소　칸트는 신앙에 길을 열어주기 위해 지식의 영역을 드러내놓고 제한하고자 했다. 형이상학적 철학자들은 궁극적 실재를 이해하는 것을 자신들의 목표로 삼았다. 만약 그 야망이 성공한다면, 그것은 종교적 신앙의 욕구를 제거할 수도 있었다. 칸트는 그러한 목표가 지나치게 주제넘은 것이라고 생각했고, 그것이 불가능하다는 것을 입증하고자 했다. 인간은 늘 자신에게 나타나는 대로의 실재만을 알 수 있기 때문에, 인간이 궁극적인 실재 — 즉, '그 자체'로서의 실재 — 를 이해하는 것은 불가능했다. 인간 지식의 본질상 실재 '그 자체'를 아는 것은 불가능했다.

칸트는 두 양극화된 철학, 즉 합리주의와 경험주의를 상보적이라고 생각하고, 그 둘을 통합하고자 했다. 이 두 입장은 지식이 '이성'으로부터 비롯되는가 아니면 '감각'으로부터 비롯되는가를 놓고 대립했다. 합리주의자들은 지식이 이성의 작동을 통해 정신에 의해 산출된다고 주장했다. 경험주의자들은 우리의 감각이 외부 세계와 접촉하는 것을 통해 지식이 산출된다고 주장했다. 칸트는 지식은 정신능력과 감각능력의 종합을 수반한다고 주장했다. 칸트는 우리가 세계의 본질에 대해 가지고 있는 유일한 증거는 우리의 감각을 통해 우리에게 다가오지만, 감각으로부터 오는 정보는 본질적인 구조적 속성을 전혀 지니고 있지 않다고 주장했다. 실제로 우리가 경험하는 것은 단지 유동하는 단절적인 느낌들, 즉 혼돈스러운 무의미한 감각들일 뿐이지, 우리가 시간과 공간 속에서 안정적인 자리를 차지하고 있는 사물들의 배열 양식을 지각할 수 있게 해주지는 않는다. 따라서 분출되는 감각적 인상들에 정신이 어떤 조직화된 양식을 **부여**해야만 한다. 이를테면 공간적 분포와 시간적 연속성, 그리고 인과적 연관성 간의 관계는 우리가 세계 내의 사물 속에서 발견하는 것이 아니라 이미 우리의 정신 속에 '내장되어' 있는 것으로, 우리는 그것을 통해 우리의 감각을 통해 들어오는 인상들을 해석하고 정돈한다. 뒤르켐도 동의했듯이, 사물들 사이의 시간적, 공간적, 그리고 인과적 질서에 대한 우리의 경험은 감각 정보를 통한 날경험(raw experience)으로부터 추상될 수 있는 것이 아니다. (하지만 뒤르켐은 여기서 칸트에게서 등을 돌리고 시간, 공간, 인과성의 관념은 개인의 정신에 내장되어 있는 것이 아니라 사회에 의해 제공된 것이라고 주장했다.) 따라서 칸트는 우리가 '지식'이라고 부를 수 있는 어떤 것 속에 들어 있는 원리는 항상 정신 그 자체로부터 도출되기 때문에 우리는 우리의 정신과 독립되어 있는 실재 '그 자체'는 알 수 없다고 주장할 수 있었다.

베버는 우리는 궁극적 실재를 알 수 없다는 칸트의 생각을 받아들여서 그것을 과학 — 자연과학과 사회문화과학 모두 — 의 한계에 대한 자신의 주장의 근거로 삼았다. 그는 또한 정신이 지식생산에서 적극적인 역할을 수행한다는 생각, 즉 정신이 무정형적인 경험현상에 질서를 **부여**한다는 생각도 받아들였다.

베버가 보기에 실재는 구체적인 개별 사물들로 구성된다. 그리고 그러한 개별 사물들 각각은 그것들 고유의 일단의 무한한 속성을 가진다. 우리는 그러한 사물들 중 어떠한 것에 대해서도 결코 망라적으로 기술할 수 없다. 인간 사고의 매개체는 바로 추상(abstraction)이다. 하지만 추상 그 자체도 실제의 사물들을 단지 선택적으로만 표현할 수 있다. 즉, 추상을 통해서도 사물 그 자체를 구성하는 실제로 무한히 다양한 특질 중 일부만을 언급할 수 있다. 따라서 우리가 추상을 통해 사유한다는 것은 우리에게 필연적으로 선택할 것, 구체적으로 말하면 사물이 가지고 있는 무수한 다른 속성들을 불가피하게 무시한 채 우리가 규명할 수 있는 그 사물의 특성을 그 사물의 일정한 특징으로 선택할 것을 요구한다. 따라서 우리가 가지는 관념 — 즉, 추상 — 은 단지 우리가 포착하고자 하는 실제의 사물이 지닌 구체성과 무한성의 아주 작은 부분만을 표상할 뿐이다. 현실의 사물에 대해 **어떻게** 생각할 것인지, 즉 그 사물이 어떠한 특성을 지니고 있다고 파악할 것인지는 우리의 사고의 필요성에 의해 결정된다. 우리는 하나의 사물을 규명하면서 그것과 연관되어 있는 것으로 선택할 수 있는 무한히 다양한 특징을 경험하기는 하지만, 우리는 단지 그러한 특징 가운데 일부만을 파악할 수 있을 뿐이기 때문에, 우리는 특정한 것을 선택해야만 하고, 우리의 선택은 우리의 사유 욕구와 관련된다. 이를테면 경찰에게 누군가를 묘사할 때, 우리는 대체로 피부색, 키, 체격, 흉터와 같은 가시적이고 특징적인 모습을 언급한다. 우리는 그들의 머리카락,

손톱모양과 색깔, 피부세포 등 그 사람이 지니고 있는 그 밖의 다른 모든 모습을 전부 설명하지 않으며 또 그럴 수도 없다. 우리가 묘사하는 특징들은 특정한 목적에 실제적으로 기여하는 것들이다. 이 경우 그러한 선택은 다른 사람들 중에서 그 사람의 신원을 외관상으로 확인할 수 있게 해주는 특징들을 알려줌으로써 개인을 **식별**하는 데 도움을 준다.

우리는 지금까지 베버의 '명목론(nominalism)'과 마르크스의 '실재론(realism)'이 어떻게 대비되는지를 언급해왔다. 베버는 과학의 일반적인 추상적 용어들은 어떤 실재를 지칭하는 것이 아니라고 주장했다. 현실세계에 일반적인 추상적 사물은 존재하지 않기 때문에, 그것이 실재를 언급할 수는 없다는 것이었다. 세계는 구체적인 개별 사물들로 구성될 뿐이며, 비록 우리가 그러한 구체적인 개별 사물들을 언급하기 위해 추상적인 일반적 용어들을 사용하기는 하지만, 우리가 그 사물들을 언급하기 위해 사용하는 용어와 그 사물 간의 연관은 본질적으로 자의적인 것, 즉 **우리의 편의를 위해** 만들어낸 것일 뿐이다. 우리는 구체적이고 개별적으로 독특한 수많은 사물들을 동일한 표제하에 함께 수집하기로 **결정**하는데, 이는 그 사물들이 공유하지 않는 다른 모든 특성을 무시한 채 공유된 소수의 특성을 부각시키는 것이 특정한 목적을 위해 유용하기 때문이다.

칸트의 주장에는 언급할 만한 가치가 있는 또 다른 측면이 존재한다. 자연과학이 성공적으로 비약적인 발전을 하면서 자연과학은 궁극적으로는 모든 것을 인과적 결정과 관련하여 설명할 수 있을 것이라는 주장이 제기되기도 했다. 자연현상은 점점 더 인과법칙과 관련하여 이해되었다. 즉, 자연현상의 작용은 물리적 원인에 의해 결정되는 것으로 파악되었다. 인간행위 역시 동일한 방법으로 설명할 수 있게 되는 것은 단지 시간문제인 것처럼 보였다. 그 결과 '도덕적 책임'과 '자유의지'라는 우리의 관넘이 위태로워질 수도 있었다. 만약 그러한 인과적 설명이 인정받게 된다면, 사람들이 인과적으로 결정된 행위를 했다는 이유로 그 행위자를 비난하는 것은 비합리적인 일이 될 것이다. 칸트는 자연과학을 적용하는 데에는 본질적인 한계가 있다고 주장하면서, 자연과학이 모든 영역을 포괄할 수 있다는 주장에 반대했다. 인간은 말하자면 두 영역 속에서 살고 있다. 인간은 물리적 존재이기 때문에 자연과학과 물리학의 법칙에 종속되고, 따라서 인간의 행위는 인과적으로 결정된다. 우리 몸의 움직임은 중력의 법칙에 종속되고, 우리의 생리작용은 우리의 생리활동을 지속적으로 작동시키는 인과적 조건에 의존한다. 그러나 인간은 또한 '자유의 영역', 즉 관념과 신념, 그리고 이성의 영역에 거주한다. 그리고 이 영역은 물리적 세계와는 다른 세계로서, 인과적 법칙으로부터 벗어나 있다. 인간은 자신의 생각과 신념에 입각하여 선택하고, 결정하고, 행위하고, 이성의 지시에 따른다. 따라서 인간은 자신의 행위에 대해 도덕적으로 책임을 질 수 있다(칸트의 견해에 따르면, 책임져야만 한다). 이처럼 칸트는 인간에 대한 과학적 연구를 둘러싼 논쟁 — '자유의 영역', 즉 정신과 관념의 세계도 과학적 연구의 대상이 될 수 있는가? — 에 특별 출연했다.

지식과 탐구관심 베버의 일부 선학들은 인간의 삶에 대한 탐구는 과학에서 완전히 분리되어야만 한다고 주장했다. 왜냐하면 탐구되는 현상이 신념, 관념, 그리고 가치의 세계(또는 자주 편리한 대로 의미의 세계라고 부르기도 하는)에 속하는 것으로, 자연과학의 현상과는 전적으로 다르기 때문이었다. 따라서 그것들은 본질적으로 서로 다른 방법을 요구한다. 자연과학과 사회문화적 연구 간에 확연히 대비되는 측면들 중의 하나가 탐구의 목적이다. 자연과학은 일반화를 제시하는 것(이른바 '법칙정립적' 학문)을 목적으로 하는 반면, 역사연구와 같은 것들은 기본적으로 특수한 개별 사례를 연구하는 것('개성기술적' 학문)에 전념한다. 하지만 베버는 그러한 '법칙정립적(nomothetic)' 학문과 '개성기술적(idiographic)' 학문 간의 구분이 자연과학과 사회과학 간의 구분과 완전히 등치된다고 생각하지는 않았다. 이를테면 그가 보기에 경제학이론과 사회학이론도 일반화를 추구한다.

또 방법의 측면에서도 이와 유사한 또 다른 대립이 존재한다. 자연과학은 인과적 설명(causal explanation)을 추구하는 반면, 역사과학은 사람들의 생각, 신념, 그리고 가치가 그들의 행위를 인도하는 방식을 파악하는 과정에서 '이해(understanding)'를 추구한다. 이해(Verstehen)의 방법으로 알려진 후자의 방법은 인과성을 밝히고자 하지도, 또 과학적 방법이라는 범주 아래 놓이기를 원하지도 않았다. 베버는 리케르트를 따라 인간은 다른 자연현상과는 다르며 인간에 대해 적절히 연구하기 위해서는 이해의 방법을 사용할 것이 요구된다는 칸트의 관점을 수용했다. 하지만 베버는 이해의 방법이 **인과적** 탐구과정의 일부로 이용될 수도 있다고 주장했고, 따라서 자연과학과 사회문화적 과학 간에 본질적인 차이가 존재한다고 결론짓지도 않았다. 베버에 따르면, 사회문화적 과학이 확실히 자연과학과는 구별되는 특질들을 지니고 있기는 하지만, 사회문화적 과학 역시 과학적 방법의 특정한 **일반적** 요건을 따라야 했다.

리케르트와 마찬가지로, 베버도 자연과학과 사회과학의 결정적인 차이는 각 학문의 주제나 방법론에서 비롯되는 것이 아니라 연구의 동기가 되는 관심에서 비롯된다고 생각했다. 주요 자연과학은 현상에 대한 고도로 일반화된 설명을 제공한다. 우리가 그러한 설명을 받아들일 수 있는 것은 우리가 대체로 개별적인 자연현상 — 이를테면 어떤 돌과 다른 돌 간의

고전사회학의 이해

차이 — 에 대해 그리 큰 관심을 가지지 않기 때문이다. 우리가 어떤 특정한 돌에 전적으로 관심을 가질 때, 그 관심은 대체로 그 돌이 쓰일 수 있는 어떤 용도와 관련된다. 즉, 우리가 그 돌이 유용하다고 보는 것은 그것이 **그 특수한** 돌이기 때문이 아니라 그냥 **하나의** 돌이기 때문이다. 자연과학은 이처럼 우리가 자연현상의 개별적 특징에 대해서는 대체로 관심을 가지지 않는다는 것을 반영한다.

이와는 대조적으로 역사적 연구가 인간을 그 대상으로 삼을 경우, 그것은 우리가 바로 **그 특정한** 개인에 관심을 가지고 있다는 사실을 반영한다. 우리는 그들에게 독특한 어떤 것, 즉 그가 다른 사람들과 공통적으로 가지지 않은 것에 관심을 갖는다. 이를테면 우리가 나폴레옹에게 관심을 가질 때, 우리가 다른 사람과 마찬가지로 그를 단지 **한** 개인으로 만드는 것, 즉 그가 반드시 먹어야 하고 숨 쉬어야 하고 말할 수 있다는 것 등과 관련하여 그에게 관심을 가지는 것이 아니다. 우리가 그에게 관심을 갖는 이유는 그가 군대를 이끌고 유럽의 대부분을 정복한 **특별한 개인**이었고 그의 행위가 우리 사회의 역사에 대해 예외적인 결과를 가져왔기 때문이다. 베버가 '개인'에 대해 언급할 때, 그가 반드시 개별 인간을 염두에 둔 것은 아니다. 때때로 그는 전체 인간과 그들의 문명에 대해서도 언급한다.

이를테면 개별 인간으로서의 나폴레옹에 대한 우리의 관심은 부분적으로는 그가 현저한 위업을 세웠기 때문만이 아니라 그의 위업이 **우리가 살고 있는** 일부 세계의 전체 역사에 영향을 미쳤기 때문이다. 서유럽과 영국을 포함하는 복합지대가 (또는 북미를 포함하는 보다 광대한 문명조차) 이러한 의미에서 하나의 '개인'을 구성할 수 있다. 이러한 이유 때문에 우리는 특정 개인의 역사에 대해서는 관심을 갖는 반면, 그에 필적할 만하지만 지리적으로 또는 역사적으로 멀리 떨어져 있는 어떤 '개인'의 역사에 대해서는 별로 관심을 갖지 않는다. 우리가 언급했듯이, 베버 연구의 초점은 근대 서구 자본주의사회라는 '개별적인 것'의 발전에 있었다. 그리고 베버가 인도와 중국 같은 더 멀리 떨어져 있는 문명에 대해 연구한 것은 그가 근대 서구문명에 대해 가졌던 것과 동일한 관심을 그러한 문명에 대해 가졌기 때문이 아니라 그 문명들을 이해하는 것이 서구에 대한 이해를 도와줄 것이라고 생각했기 때문이었다.

사회문화적 연구가 해명하고자 하는 문제는 특정한 역사적 상황으로부터 발생하는 것들이다. 이를테면 서구는 왜 다른 위대한 문명이 걸었던 길과는 다른 길을 걸어왔는가와 같은 것이다. 따라서 그것에 대한 답변은 그러한 사례들을 아주 구체적으로 탐구하는 것을 포함한다. 일반법칙의 산출이 자연과학의 주요한 목적인 것과 마찬가지로 사회문화적 연구에서도 그것이 목적인 것은 아니다. 그러나 이것이 일반적인 사회학적 개념을 발전시키는 것이 아무런 의미가 없다는 것을 뜻하는 것은 아니다. 베버 자신도 (영문으로는 1968년에 출간된) 『경제와 사회(Economy and Society)』에서 그러한 개념들을 발전시키기 위한 광범위한 (비록 완결되지는 않았지만) 연구를 수행하기도 했다. 하지만 개념화 작업이 그러한 탐구 작업의 **주된** 목적은 아니었다. 사회학적 개념의 가치는 궁극적으로 그 개념이 연구의 주요 대상이 되는 '개별적인' 역사적 사례를 이해하는 데 어떻게 기여하는지와 관련하여 판단되어야 한다. 베버에게서 사회학은 전적으로 자율적인 과학이 아니라 오히려 역사학의 부속물이었다. 매클레모어(McLemore, 1984: 278)가 지적하듯이, "베버는 대체로 역사학자였다. 그리고 그의 초기 방법론 저작의 기본 의도가 역사적 탐구의 지위를 방어하기 위한 것이었다는 사실이 지나칠 정도로 경시되고 있는 것 같다".

이처럼 베버는 자연과학과 사회과학 간의 차이는 우리가 자연세계를 구성하는 현상의 개별성에 대해서는 무관심한 반면 사회세계를 구성하는 동료 인간들의 개별성에 대해서는 강한 관심을 가지는 데서 기인한다고 주장했다. 사회과학의 관심은 당연히 모든 개인에게 균등하게 배분되지 않고 오히려 그들의 행위 자체 또는 그들의 행위의 결과가 우리에게 **중요한** 사람들에게 집중되는 경향이 있다. 누군가에게 무엇이 중요하다고 말하는 것은 자신이 가지고 있는 **가치**에 대해, 즉 무엇이 중요하고 가치 있는지에 대해서 자신이 가지고 있는 생각을 이야기하는 것이다. 따라서 베버는 지적 탐구는 다른 모든 활동과 마찬가지로 사람들의 가치에 의해 지배된다고 웅변적으로 말한다. 자연과학과 사회문화과학 **모두 가치관련적**(value-relative)이다. 두 가지 탐구 유형의 차이를 만들어내는 것은 개별 자연현상과 개별 인간존재가 우리에게 갖는 가치의 차이이다.

가치와 가치자유

자연과학과 사회문화적 연구 간의 차이는 그것들이 일반적인 개념체계를 발전시킬 수 있는 정도와 관련된다. 자연과학자들의 목적은 훨씬 더 많은 연속성을 지닐 수 있고, 따라서 그들이 발전시키는 개념들에는 훨씬 더 많은 일관성이 존재할 수 있다. 자연과학자들은 자연현상이 서로 유사한 경우에만 그 현상에 관심을 가지며, 따라서 개별 사례에 대한 연구는 단지 그러한 현상 일반을 연구하기 위한 수단일 뿐이다. 따라서 상이한 개별 현상을 연구하는 자연과학자들이 서로 일치하는 관심을 가질 수도 있고, 이는 그들로 하여금 자신들이 연구하는 개별 현상의 특정한 특징들로부터 그 현상들의 서로 관련된 측면들을 추상할 수 있게 해준다. 따라서 자연과학자에게 현상의 개별 사례 자체는 실제로 중요하지 않다. 하지만 인간존재에 대한 연구에서 일반적으로 더 큰 중요성을 갖는 것은 개인들이 공통적으로 가지고 있는 것보다는 그들 간의 차이이다. 그리고 한 개인이 특정 연구자에게 중요하다고 해서 그 개인이 다른 연구자에게도 똑같이 중요할 것이라고 가정할 수조차 없다.

베버가 서구 문명에 대해 관심을 가졌던 이유는 전적으로 그 자신이 서구 문명에 속해 있었으며, 또한 그가 서구의 미래와 운명 − 당시 독일의 발전과정에서 자신이 가진 특정한 가치가 마주칠 수도 있는 − 에 많은 관심을 가지고 있었기 때문이다. 따라서 베버와 다른 관심과 가치를 가진 학자는 베버의 생각, 개념, 분석양식이 자신에게 흥미롭지도 유용하지도 않다고 생각할 수도 있고, 그리하여 전혀 다른 방식으로 서구 문명의 발전에 관한 연구에 착수할 필요가 있다고 느낄 수도 있다. 추상적 개념의 **선택적** 성격을 볼 때, 우리는 베버가 구상한 개념들이 그가 가졌던 주요한 관심사들의 흔적을 담고 있을 것이라는 점을 알 수 있다. 왜냐하면 그의 개념들은 문명의 기원과 운명에 대한 그의 집요한 관심으로부터 나온 것이었기 때문이다. 일반적 관심이 서로 다른 사람들은 서로 다른 문제의식을 가지고 있을 것이고, 현상을 추상화하는 과정에서도 서로 다른 선택을 해야 할 것이다. 달리 표현하면 사회문화적 삶에 대한 모든 설명은 **불가피하게** 부분적이며, 결국 설명하는 사람들에게 가장 중요한 것을 반영한다. 따라서 만약 베버의 일반적인 관념이 널리 받아들여진다면, 그것은 그 관념이 실재 자체의 명백히 일반적인 특징을 포착했기 때문이 아니라 그의 연구의 동기가 된 가치와 문제의식이 광범위한 성격을 지니기 때문이다. 이를테면 비록 베버의 가치가 궁극적으로 독일 국민국가의 문제와 독일 내 지식인들의 책임을 지향하고 있기는 하지만, 그의 연구는 근대 서구 세계 전반의 좀 더 일반적인 관심사일 수도 있다. 이는 물론 독일의 많은 문제가 서구 세계 전체와 뒤얽혀 있기 때문이다.

비록 자연과학보다 사회과학에서 더 현저하기는 하지만, 이처럼 어떤 추상적 개념을 만들어내는 데에는 근본적으로 자의성이 개재된다. 추상적 개념의 수용은 그 개념이 특정 문제와 관련하여 갖는 유용성에 달려 있으며, 문제 그 자체의 타당성은 가치와 관련된다. 하지만 누구나 자신들이 옳다고 생각하는 길로 나아갈 수 있다는 점에서, 이것이 베버의 '방법론'을 불가피하게 상대주의적(relativist)으로 만드는 것처럼 보이기도 한다.

가치자유와 정치   베버는 지적 탐구는 본질적으로 가치관련적이라고 주장했다. 실제로 지식의 획득 자체가 하나의 가치이며, 모든 사람이 그 가치를 공유하는 것도 아니다. 따라서 베버가 때때로 과학과 가치 간의 단순 대비에 근거하는, 과학의 '윤리적 중립성(ethical neutrality)' 또는 '가치자유(value freedom)'의 관념을 신봉했다고 비난받는 것은 다소 역설적이다. 실제로 베버는 과학의 '윤리적 중립성'이 갖는 중요성을 주장했지만, 과학적 연구가 가치문제와 무관하다는 순진한 가정에 기초하여 그렇게 한 것은 아니었다.

과학이 '가치중립적'이라는 관념은 자주 과학자들이 자신들의 연구결과와 관련하여 전적으로 책임이 없으며 그 지식이 어떻게 이용되는지에 대해 전혀 신경쓰지 않고 지식 그 자체를 위한 지식을 자유롭게 추구할 수 있다는 것을 의미하는 것처럼 받아들여지고 있다. 베버는 그러한 무책임성을 부추기기는커녕 과학적 연구 — 특히 과학의 광범위한 결과를 통제하는 것과 관련하여 — 에 대한 '책임 있는' 그리고 '전문적인' 접근방식을 주창하는 데 관심을 기울였다. 그의 주장은 데이비드 흄(David Hume, 1711~1776)에서 비롯된 '사실'과 '가치' 간의, 즉 경험적 진술과 평가적 표현 간의 친숙하면서도 표준적인 구분에 근거한다. 전자가 사물의 상태를 기록한다면, 후자는 사물의 상태와 사물의 당위성 간의 관계와 관련되어 있고, 따라서 그것들을 '좋음', '나쁨', '옳음', '그름' 등으로 특성화한다. 흄은 평가적 진술은 사실 진술로부터 논리적으로 도출될 수 없다고 주장했고, 베버도 그 주장에 동의했다. 이러한 원칙을 위반하는 것을 일반적으로 '자연주의적 오류(naturalistic fallacy)'라고 일컫는다. 이것은 경험적 진술의 진위를 증명하는 것만이 가능하다는 것을 뜻하기 위해 취해진 용어이다. 다시 말해 우리는 어떤 사안의 상태가 이를테면 '나쁘다'는 것도 똑같이 확정적으로 입증할 수 없다. 이것은 가치 간의 차이는 **합리적으로** 결정될 수 없으며, 도덕적 차이는 논증이나 추론 또는 증거에 의해 해결될 수 없다는 것을 의미한다. 사실 가치는 매우 다양하고, 논리적으로 타협될 수 없는 것이며, 따라서 그 다양성은 논리적으로 더 이상 축소할 수 없다. 한 사람이 특정한 행위의 경과가 '옳다'고 믿는 반면 다른 사람은 그 동일한 경과를 '옳지 않다'고 생각할 수 있지만, 이러한 불일치는 증거나 논리에 의해 해결**될 수 없다**. 이처럼 사람들이 다른 가치가 아닌 특정한 하나의 가치체계를 선택하는 데에는 아무런 **논리적** 기반도 존재하지 않는다. 그럼에도 불구하고 사람들은 선택해야만 한다. 사람들은 이러저러한 방식으로 살아야만 한다. 즉, 하나의 방식이 자신들에게 다른 방식보다 더 옳기에 따르겠다고 결정해야만 한다. 무엇이 옳은지와 관련한 모든 관념은 서로 상충되기 때문에 만족될 수 없다. 따라서 두 개의 양립할 수 없는 생활방식 — 이를테면 수도사적 이상에 대한 가톨릭의 찬양과 프로테스탄트적인 비판 ― 사이에서 선택을 해야 하는 상황에 직면하면, 우리는 어떤 것이 우리에게 옳은지에 대해 자의적인 결정을 해야만 할 것이다. 베버의 견해가 때때로 '결단주의적(decisionist)'이라고 칭해지는 것도 바로 이 때문이다.

다양한 가치는 개인의 선택을 요구할 뿐만 아니라 중요하게는 앞서 논의한 것처럼 개인들이 속한 집단들 간에 대립을 초래하기도 한다. 우리는 이미 삶에 대한 평가방식이 자주 어떻게 개인적 요구와 헌신을 수반하는지, 그리고 또한 다른 사람들이 동의하지 않을 때조차 그들에게 그러한 삶을 살도록 강요하는지에 대해 언급한 바 있다. 그러한 가치갈등은 합리적 논쟁을 통해 해소될 수 없다. 그러한 갈등은 정치의 영역에 속한다. 한 가치체계의 주창자가 다른 가치체계의 지지자를 굴복시키거나 심지어 제거하려는 시도는 갈등, 투쟁, 대립, 전투를 통해서 이루어진다. 그 투쟁은 지배 자체를 위한 것일 수도 있지만, 그것은 권력 장악 자체에 관련된 것 못지않게, 그리고 종종 그것보다 훨씬 더 특정 가치의 지배 및 그 가치와 관련된 삶의 방식을 확보하는 것과 관련한 것이기도 하다.

이러한 점에서 베버와 마르크스 간에는 주목할 만한 중요한 차이가 존재한다. 우리가 살펴보았듯이, 마르크스는 고집 센 헤겔 추종자였으며, 그의 변증법적 철학은 특히 철학이 역사의 경과 속에서 화해할 수 없는 것으로 보았던 모든 '모순'이 극복될 수 있다는 것을 보여주고자 했다. 역사는 모순을 '마무리'짓는 것이었다. 마르크스는 계급갈등을 통해 그러한 '마무리'가 일어나고 그리하여 인간의 삶의 모순이 화해될 수 있을 것이라고 주장했다. 이 점에서 헤겔과 마르크스는 낙관주의자였다. 하지만 베버는 그렇지 않았다. 가치의 다양성 및 적대성과 관련하여 볼 때, 인간의 삶의 근본적 성격이 변화할 가능성은 전혀 없어 보였다. 서로 다른 사

253

람들의 서로 다른 원망들이 자주 적나라한 갈등을 초래했고, 그들의 서로 다른 요구는 어떠한 논리로도 '조정'될 수 없어 보였다. 대립되는 가치들로부터 야기되는 사회적 갈등은 역사의 항구적 모습으로 남을 것으로 보였다. 역사가 삶의 모든 모순을 극복할 수 있을 것이라는 생각은 고사하고, 역사가 단일한 목적을 갖는다는 생각조차 베버에게는 극히 낯선 것이었다.

정치투쟁은 가치들이 서로 각축을 벌이는 장이다. 정치 투쟁은 서로 경쟁하는 '신'과 '악마' 중 누가 우리의 삶을 지배하게 할 것인가를 우리가 결정하는 수단이다(또는 정치투쟁이 우리를 결정하기도 한다). 정치는 우리가 어떻게 살고 무엇을 할 것인가라는 문제와 관련된 것이다. 베버가 판단하기에 그러한 질문은 우리가 제기할 수 있는 가장 중요한 질문이다. 과학이 제기하는 경험적 질문들이 아무리 흥미롭고 유익하다고 하더라도, 그것들은 정치가 다루는 질문들만큼 중요하지는 않다. 왜냐하면 정치는 우리가 이용할 과학적 지식까지를 문제 삼기 때문이다.

베버는 이러한 주장에 근거하여 자신이 당시 대학의 바람직하지 않은 상황으로 바라본 것을 공격했다. 그곳에서는 베버의 동시대인들 중 많은 사람이 자신들의 학문적 연구가 마치 정치적 함의를 지니는 것처럼 제시하고 있었다. 사실의 문제와 가치의 문제는 확실히 구분되는 것이기 때문에, 하나의 가치문제가 다른 가치문제보다 우월하다는 것을 '과학적으로' 보여줄 수는 없다. 가치들 사이에서 선택하는 일은 필시 결정과 신념의 문제이다. 그러므로 아무리 뛰어난 과학자라고 할지라도, 그들은 자신의 전문 분야에 속하는 주제에서만 권위가 있을 뿐이지, 가치문제와 관련해서는 아무런 전문적 또는 특별한 능력도 가지고 있지 않다. '옳고' '그름'의 문제에 관한 한 전문가는 없고, 따라서 한 사람이 다른 사람보다 더 전문가일 가능성은 없다. 베버가 가졌던 근본적인 불만은 대학교수들이 자신들의 학문적 입장에서 자신들의 정치적 견해를 역설하는 것은 자신들의 권위를 남용하는 것, 다시 말해 저명한 학자라는 권위가 자신들에게 부여하는 기회를 이용하여 자신들의 가치를 감수성이 예민한 학생들에게 각인시키는 것이라는 것이었다. 베버가 볼 때, 그들은 자신들의 학문적 연구와 이데올로기적·정치적 견해 간의 차이를 무너뜨린 채, 사실이 아닐 수 있을 때조차 자신의 이데올로기적·정치적 견해가 마치 자신의 학문적 연구의 유력성에 의해 뒷받침되는 것처럼 제시하고 있었다.

베버가 '가치자유'를 외친 것은 많은 점에서 '존재'와 '당위' 간의, 즉 경험적 지식과 가치판단 간의, 그리하여 과학자의 과학적 연구와 정치개입 간의 구분과 그 논리적 간극을 승인하고 그 차이를 늘 염두에 둘 것을 요구함으로써 학문적·과학적 임무가 그처럼 남용되는 것을 막기 위함이었다. 하지만 앞으로 명확해지겠지만, 이것은 과학이 가치와 무관하다거나 과학자가 자신의 연구결과에 대해 책임질 필요가 없다고 주장하는 것은 아니다. 베버가 말하는 가치자유가 의미하는 것은 무엇보다도 강의와 설교 간에는, 즉 확고한 과학적 탐구의 기준과 절차에 따라 수행된 학문적 연구의 결과를 있는 그대로 제시하는 것과 특정한 전망에 의거하여 훈계하는 것 간에는 차이가 있다는 것이다. 과학자들은 이 구분을 존중해야만 한다. 이를테면 과학자들은 전문적인 맥락, 특히 강의실에서는 개인적 진술을 배제하고, 그러한 진술은 보다 적절한 장소, 이른바 정치적 포럼에서 해야 한다. 이것은 과학자들의 발언권을 부정하는 것이 아니며, 그의 과학적 연구가 의미하는 것을 가치의 용어로 말할 수 있는 기회조차 배제하는 것도 아니다. 이것은 정치적 포럼에서는 과학자들의 발언이 그 어떠한 특별한 특권도 박탈당한다는 것을 의미한다. 물론 과학자는 자신의 연구가 의미하는 바를 **과학적 용어**로 진술하는 것과 관련해서는 '특권'을 가진다. 이것은 과학자가 정치과정에서 어떤 역할을 수행할 수도 있다는 것을 의미한다. 그러나 그 역할은 단지 자문의 역할일 수 있다. 과학자는 과학적 연구를 일반인들에게 설명할 수 있고, 또 과학적 지식을 이용해서 정책결정의 경험적 결과에 대해 자문할 수도 있다. 하지만 그것을 통해 과학적 작업의 **정치적** 의미를 확보하고자 할 경우, 그 과학자는 더 이상 (과학자로서) 어떠한 특권도 가지지 못한다. 정치적 논쟁에서 과학자의 발언은 어떤 다른 사람들의 발언보다 결코 더 중요하지 않다. 왜냐하면 어떤 것이 행할 만한 가치가 있는지, 즉 그것이 다른 어떤 것보다 더 가치가 있는지에 관한 질문은 어느 누군가가 다른 사람보다 얼마간 더 잘 살펴볼 수 있는 문제가 아니기 때문이다.

과학적 탐구 자체는 인간 활동의 다른 형태들과 마찬가지로 그 자체가 합리적으로 선택될 수 없는 가치에 의해 동기지어진다는 점에서 '비합리적인' 고려사항에서 연유한다. '합리적'이라는 것은 베버의 용법에서 목적이 아니라 수단을 선택하는 데 적용되는 용어이다. 그러므로 과학적 탐구는 궁극적으로 객관적일 수 없다. 그러나 이것이 과학적 탐구가 전혀 객관적일 수 없다는 것을 의미하지는 않는다. 과학과 정치에 대한 베버의 주장에서 중심을 이루는 것은 바로 과학자들에게는 확고한 과학적 탐구 기준을 충실히 지킬 것이 요구된다는 것이다. 왜냐하면 탐구의 객관성을 보장해주는 것이 바로 과학적 기준이기 때문이다. 과학적 연구는 탐구자의 개인적 동기에서 비롯될 수도 있지만, 탐구활동에서는 모든 과학에 적용되는 비인격적인 기준을 따를 것이 요구된다. 이를테면 논지의 논리적 일관성과 그러한 주장을 뒷받침하는 충분하고도 적절한 증거의 제시 등이 요구된다. 그러한 공적인 증거 기준을 충실히 따라야지만, 과학자들이 서로의 연구를 면밀하게 그리고 객관적으로 검토한 후 최초의 문제제기에 입각하여 특정 과학자가 주장하는 결론을 승인할지의 여부를 합리적으로 결정할 수 있다.

사회학의 성격

베버는 결코 사회학을 일종의 '우두머리 과학(master science)'으로 간주하지 않았다. 그는 대체로 사회문화적 연구의 주된 관심은 실제의 역사적 상황을 이해하는 것이고, 따라서 탐구의 기본 형식 또한 특정 상황의 구체적인 것들을 지향하며, 탐구의 유형 또한 역사학이 수행하는 것을 지향한다고 주장했다. 그에게서 사회학은 보조적인 학문이었다. 하지만 그의 주장은 사회적 행위에는 법칙적인 일반성이 있을 수 없다는 것이 아니라, 앞서 논의한 이유 때문에 일반성이 그 자체로는 관심을 끌지 못한다는 것이었다. '계층'과 '지배'에 대한 베버 자신의 전반적인 생각이 근대 자본주의의 창출에서 작동한 인과적 상호작용, 특히 '물질적' 이해관계와 '관념적' 이해관계 간의 인과적 상호작용을 명백히 밝히기 위한 것이었듯이, 일반성의 가치는 역사적 탐구에서 복잡한 인과성의 문제를 풀어내는 데서 그것이 얼마나 유용한지에 달려 있다. 이러한 문제의식은 베버가 역사학계의 선학 베르너 좀바르트(Werner Sombart, 1863~1941)와 에른스트 트뢸치(Ernst Troeltsch, 1865~1923)로부터 물려받은 것이었다. 실제로 그리고 앞서 언급했듯이, 베버는 하나의 주요한 프로젝트 ―『경제와 사회』로 번역된 ― 에 착수했으나 완성하지 못했다. 그것은 바로 앞서 개괄한 사회적 행위 유형의 범주화에서 출발하여 일반적인 사회학적 개념체계를 구축하려는 것이었다. 그 저작에서도 베버는 경제학에 대한 자신의 초기 관심을 계속 유지하며, 경제조직의 요소와 사회조직의 요소 간의 관계들이 취할 수 있는 다양한 형태를 일반적으로 정교하게 설명하고자 했다. 근대 자본주의의 기원이라는 문제는 그러한 일반적 관계의 한 사례에 불과하다. 『경제와 사회』에서 베버는 다른 무엇보다도 특히 '합리적인 경제행위의 전형적 수단', '화폐사용의 주요 결과', '이윤추구의 개념과 유형', '교역의 개념과 그 주요 형태', '정치조직의 자금조달' 같은 주제들을 매우 일반적인 방식으로 고찰했다.

'베버의 방법론' 중에서 특히 관심을 두어야 할 부분은 사회학이 제공해야만 하는 일반성의 성격에 대한 그의 견해 — 즉, 지식과 과학에 대한 그의 생각으로부터 나온 견해 — 이다. 그것이 바로 그가 발명한 것이 아니라 사용한 용어로 표현하면 '이상형(ideal type)'이다.

이상형　실재를 조직화하는 것이 정신의 역할이었음을 상기하라. 실재 자체에 내재하는 추상적인 일반적 질서는 존재하지 않는다. 정신이 그러한 추상적인 일반적 질서를 실재에 투사해야 한다. 왜냐하면 구체적인 개별 실재 그 자체는 너무나도 복잡해서 정신이 그것 전체를 다 표현할 수 없기 때문이다. 오직 실재를 **단순화**함으로써만 사고가 실재를 이해할 수 있다. 실재를 구성하는 요소들의 상호관계는 인과적이지만, 관념들을 연결시키는 것은 논리적 관계이다. 그리고 사고과정을 조직화하고 구조화하는 것이 관념체계의 기능이다.

물론 개념의 구성은 실재에 대한 검토에 기초해야만 한다. 그리고 베버 자신도 충실하게 역사적 증거를 탐색했다. 그러나 개념의 전개과정은 불가피하게 '이상화(idealisation)'의 과정 — 즉, 실재 속이 아니라 오직 사고라는 '이상'세계 속에서만 존재할 수 있는 용어들로 마음속에서 사물을 그리는 과정 — 이다. 이상형에서 '이상'이라는 관념은 자연과학자들의 '마찰 없는 엔진'이라는 이상화 또는 경제학자들의 '완전경쟁' 개념 속에 포함된 관념과 동일하다. 마찰 없는 엔진 같은 것은 존재할 수 없지만, 그러한 기계가 있을 수 있다고 상상하는 것은 어떤 물리적 문제들을 꼼꼼히 생각해 보는 데 도움을 준다. 과학자들은 마찰 없는 기계를 상상하면서 마찰을 줄일 경우 그것이 가져올 결과를 추정하고, 그것을 극단으로, 즉 마찰이 전혀 없는 경우로까지 확장한다.

베버는 사회과학자 또한 현실에서 발견되는 사물을 취하여 그것을 논리적이고 비현실적인 극단으로 확장한다고 주장한다. 이를테면 관료제의 이상형은 당시의 프러시아와 전통적인 중국제국의 행정조직만큼이나 다양한 여러 사회의 행정조직들을 검토한 것에 토대하고 있다. 거기서 베버는 행정이 행정 전문가의 수중에 놓이게 만드는 경향들에 주목한다. 하지만 그는 그러한 경향을 서로 다른 무관한 현상으로 남겨두는 것에 만족하지 않고, 오히려 일반화의 수준을 확보하여 그러한 경향들 속에서 공통적인 것을 찾아내고자 한다. 그는 그렇게 함으로써 역사적 문헌에서 발견되는 전문 행정가 지향추세를 논리적으로 일관된 극단을 향해 투사한다. 이를테면 전문행정체계의 완전하고도 '순수한' 발전은 모든 문제를 효율적인 해결의 요청이라는 순전히 기술행정적 관점에서 아주 공정하게 고찰하는 행정가를 낳을 것으로 인식된다. 이는 행정이 그러한 기술적 고려를 방해할 수 있는 모든 영향으로부터 자유로워야 한다는 것을 의미한다. 하지만 현실 속에서 전문행정의 원칙은 항상 '이상화된' 상상 속에서처럼 완전히 준수될 수 없다. 이를테면 효율성의 원칙은 전통의 원칙과 충돌할 것이며 따라서 전통에 부응하기 위해 그것과 얼마간 타협할 것이다. 더욱이 현실의 행정가는 자신의 직업안정성과 승진에 관심을 가질 것이고, 그것이 그의 기술적 판단에 영향을 미칠 것이다. 따라서 우리가 베버가 열거한 모든 특징을 갖춘 '완전한' 관료제를 발견할 가능성은 현실 어디에서도 없다. 프러시아와 중국의 실제 관료제가 그가 구상한 유형과 완전히 일치하지 않는다는 것은 베버에게 전혀 놀라운 일이 아니었다. 왜냐하면 그의 유형은 단지 실제로 있을 법한 것을 **의도적으로** 왜곡한 이론적 모델일 뿐이었기 때문이다.

그렇다면 이 정교한, 그러면서도 외견상 에두르는 것처럼 보이는 절차의 요점은 무엇인가? 우리는 다음과 같은 베버의 주장을 상기해야만 한다. 우리는 우리의 지적 삶에 질서와 규율을 도입함으로써 실재에 질서를 부여한다. '이상형'은 탐구에 일관성과 방향성을 제공하여 논의를 집중시키는 역할을 한다.

우리는 '이상형'의 가장 분명한 실례들 중 하나를 사회학이 아닌 경제학으로부터 취할 수 있다. 그것이 바로 '경제인(homo oeconomicus)'이라고 알려진 이상형이다. 경제인은 자신의 자원으로부터 만족의 마지막 한 방울까지 추출하는 일에 전적으로 매달리는 사람을 상정한다. 그 사람은 끊임없이 자신의 만족을 극대화하고자 노력하고, 자신이 무엇을 하고 있는지 정확하게 알고 있고, 자신이 그것을 하면서 처해 있는 상황에 대한 완전한 지식을 가지고 있는 것으로 가정된다. 많은 사회학자가 이 구성물의 명백한 '비현실성'을 이유로 경제학자들을 비판한다. 이를테면 현실의 사람들은 자신들의 상황에 대해 충분한 지식을 갖고 있지 못하며, 물질적 만족보다 다른 것을 우선시하기도 한다. 그럼에도 불구하고 사람들은 경제적 극대화를 수행한다. 가격을 제외한 모든 것이 같은 동일 유형의 두 품목 앞에서 사람들은 둘 중 더 싼 것을 선호할 것이다. 경제학자들은 이러한 경향을 극대화하여 그것을 논리적 극단으로 과장한다.

경제학은 그렇게 함으로써 적어도 논리적으로 일관된 체계를 구성했다는 점에서는 상당한 소득을 얻었다. 경제학은 경제적 극대화가 끊임없이 추구된다고 가정했기 때문에, 그것이 어떻게 이루어질 수 있는지를 끊임없이 철저하게 규명할 수 있었다. 경제학은 이러한 방식으로 문제를 정식화함으로써 경제적 극대화가 어떻게 성취되며 그 결과는 무엇인가라는 공통의 문제를 연구하는 다수 경제학자들에게 탐구의 초점을 제공해주었다. 그 핵심적인 이상형적 구성물이 현실과 아무런 관련도 없다면, 그러한 이론화가 갖는 가치는 무엇인가? 베버식의 관점에서 볼 때, 그러한 구성물의 목적은 사람들이 실제로 어떻게 행동하는지를 조사하는데 도움을 주는 것이다. 가장 단순하게 말하면 이상형은 사람들이 행동하는 방식을 어디서부터 설명해야 할지에 대한 실마리를 제공해준다.

이를테면 사람들은 다른 것들이 동일하다면 두 개의 선택지 중 경제적으로 보상이 가장 큰 것을 선호할 것이다. 이것이 논의의 전제이다. 이렇듯 경제적 모델은 우리에게 '합리적인' 수단, 즉 '이상적으로' 가장 효과적인 수단을 추구하기 위해서는 사람들이 어떻게 행동해야 하는지를 말해준다. 사실 사람들은 자주 모델이 예견하는 것과 다른 어떤 것을 한다. 이는 다음과 같은 의문을 제기한다. 사람들은 어떤 방식으로 그러한 이상, 즉 합리적 행위의 경과로부터 벗어나게 되는가? 그리고 그들은 왜 그렇게 하는가? 사람들이 합리적 경과를 따르지 못하게 방해하는 무언가가 존재하는가? 이를테면 그들은 전통을 따르고 있는 것인가, 아니면 어떤 강요를 받거나 적절한 고려를 하지 못하고 있는 것인가? 다시 말해 우리는 어느 지점에서 모델의 가정이 성립되지 않는지를 살펴봄으로써 사람들이 행한 행위의 원인에 대한 얼마간의 단서를 가지게 된다.

베버의 관료제 개념도 이와 유사하게 효율적인 행정의 필요요건들을 하나로 묶고 전문가를 한데 모으고 그 전개과정을 효율적으로 규제하는 데 실제적인 문제가 전혀 없을 것이라는 가정에 입각하여 개발되었다. 따라서 공직자는 행정적 효율성이라는 이상에 전적으로 헌신하고 그 이상을 개인적 이해관계보다 우선시하는 것으로, 그리고 공직자들 간의 관계를 규제하는 규칙이 명확하고 일관되게 규정되어 있는 것으로 가정된다. 이러한 가정은 매우 비현실적이다. 하지만 이상형을 구성하기 위해서는 효율적인 전문행정의 조직적 조건들을 논리적으로 일관되게 만들 필요가 있다. 이를 달성한 후 사람들은 그 개념을 현실에 적용함으로써 현실의 관료제가 얼마나 그리고 어떤 식으로 '이상형'으로부터 벗어나 있는지를 판별하고, 설명이 필요한 측면을 지적하고, 설명해나갈 방향을 모색할 수 있다. 이를테면 관료제의 비효율성을 유발하는 원인을 적절한 의사결정에 요구되는 조건과 공직자의 개인적 이해관계 간의 갈등에서 찾을 수도 있다. 그다음에 우리는 그러한 갈등에 대한 보다 충분한 이해를 통해 관료제의 '기획'이 개인적인 고려와 전문적인 고려를 분리시키는 데 실패하는 방식 등을 탐구할 수 있을 것이다.

이처럼 이상형은 그것이 다루는 것을 경험적으로 일반화하여 묘사하기보다는 실재를 명시적으로 왜곡하여 논리적 극단을 상정한다. 이상형의 역할은 탐구를 조직화하는 데 있다. 즉, 이상형은 제기될 수 있는 질문들에 탐구를 집중시키고, 매우 복잡한 실제 사례들 속에서 적절한 인과적 연관을 찾을 수 있는 지점으로 탐구를 안내하는 역할을 한다.

베버가 '이상형' 만들기를 자신의 연구의 독특한 특징이라고 주장하지 않았다는 것도 인식할 필요가 있다. 지식과 과학에 대한 그의 견해를 고려할 때, 그가 모든 일반적인 관념을 실제로 불가피하게 실재를 왜곡할 수밖에 없는 '이상형'이라고 보고 있음에 틀림없다. 따라서 베버는 자신의 생각과 논리를 자세히 설명하면서 자신과 다르게 생각하는 사람들은 그들이 사용하는 개념의 성격에 대해 착각하고 있는 것이라고 주장한다. 베버는 그들이 실재의 본질적 속성을 포착했다고 믿는다고 생각했다. 그는 이것이 바로 마르크스가 '사회계급' 및 여타 개념들에 대해 '실재론적' 견해를 취하면서 범한 잘못이라고 생각했다. 그는 또한 사회과학적 탐구에서 이상형과 같은 일반개념들을 구축하는 과정에서 더 많은 자의식을 가지는 것, 그리하여 체계적인 방법론을 진척시키는 것이 중요하다고 느꼈다.

베버의 개인주의

실재는 구체적인 독특한 개체들로 구성된다. 현실에 추상적 또는 일반적 실체란 전혀 존재하지 않는다. 우리는 이것을 베버의 '명목론(nominalism)'이라고 지칭해왔다. 그리고 이것은 실재의 다른 부분들에 대해서와 마찬가지로 사회적 삶에도 적용된다. 그러므로 사회적 삶은 개별 인간들로 구성된다. 이들 개인이 함께 결합하여 대규모의 복잡한 활동유형을 구성하기도 하며, 우리는 그것을 이를테면 '집단', '사회', '문명' 등으로 부른다. 하지만 오직 개인만이 실제로 존재한다. '집단', '사회' 같은 용어들은 개인과 그들의 행위 이외의 다른 실체를 지칭하는 것일 수 없다.

이 점에서 베버는 마르크스와 뒤르켐 모두와 날카롭게 대립된다. 우리가 지적했듯이, 마르크스는 이를테면 '계급'은 실제로 존재하는 어떤 것이고 그 성원들이 인식하는 것과는 다른 이해관계를 가질 수 있다고 가정했다. 뒤르켐은 사회는 그것을 구성하는 개인들의 합 이상의 것임에 틀림없다고 주장하며, 사회를 그 자신의 기능적 욕구를 갖는 '유기체'와 유추적으로 비교했다. 베버는 사회계급의 이해관계가 그 계급을 구성하는 개인들의 이해관계 이상의 어떤 것일 수 있다는 생각을 극력 거부했을 뿐만 아니라 '유기체론적' 사회관 역시 단호하게 거부했다.

베버의 개인주의가 '사회'나 '계급' 같은 용어가 사회학 어휘에서 제거되어야 한다는 것을 의미하지는 않는다. 그것은 단지 그 용어들이 지칭하는 바가 정확하게 이해될 필요가 있다는 것을 뜻한다. 그 용어들이 인간행위를 규제하는 역할을 하는 '초인간적' 현상을 지칭한다고 생각하게 하는 어떠한 유혹도 견뎌내야만 한다. 대신 그 용어들은 단지 개인의 행위만을 지칭한다고 인식되어야 한다. 이를테면 우리가 '국가'의 행동에 대해 말할 때, 우리는 사실 정치가, 공직자 및 여타의 다른 국가 공무원의 행동에 대해 말하는 것이다. 우리가 국가가 이러저러한 일을 했다고 말할 때, 실제로 그것이 의미하는 것은 어떤 정치가나 공무원이 그러한 일을 했다는 것이다. 이와 유사하게 우리가 '노동계급'의 행위에 대해 말할 때, 우리는 단지 이를테면 배관공, 기관사 등의 행위에 대해 말하는 것이다. 이를테면 '국가'는 다수의 개인들의 조정된 행위로 이루어진 복합체이며, 사회학적 과제의 일부는 그러한 다수 개인들의 행위유형이 어떻게 그러한 복합체를 구성하는지를 이해하는 것이다.

물론 '사회', '국가', '노동계급'과 같은 집합적 현상은 수많은 개인으로 구성된다. 그리고 우리는 일정한 행위 유형과 연루되어 있는 이 모든 사람의 활동을 묘사할 수 없다. (비록 우리가 이를테면 '영국 군대의 진군'이라고 말함으로써 군인들의 일정한 행위유형을 말하기는 하지만, 전투의 한편에 속한 모든 군인의 행위를 전부 묘사하기를 기대할 수는 없다.) 그러므로 우리가 이러한 집합적 용어를 사용하여 말할 때, 우리가 말하는 것은 일반적으로 **전형적인** 개인(typical individual)이다. 이를테면 '국가'가 특정한 일을 한

고전사회학의 이해

다고 말하는 것은 실제로는 전형적인 공무원이 하는 일에 대해 말하는 것이다. 그리고 물론 베버가 '칼뱅주의자'나 '자본가'에 대해 말할 때 그가 말했던 것도 바로 이것이다. 베버는 물론 칼뱅주의자들 사이에 그리고 자본가들 사이에도 상당한 다양성이 존재한다는 사실을 충분히 인식한 상태에서 그러한 개인들에 대한 일반화된 성격을 규정하려고 노력하고 있었다. 그리고 그들 모두가 그들에 대한 베버의 묘사와 동일하게 행동하는 것도 아니다. 그럼에도 불구하고 베버의 목적은 칼뱅주의자들 또는 자본가들에게 공통적인, 그리고 그들에게서 현저하게 드러나는 행동 특성을 갖는 대표적인 인물의 성격을 규정하는 것이었다.

베버의 주장은 '전체론(holism)' — '계급', '사회'와 같은 사회적 전체의 실질적 존재를 주장하는 관념, 특히 마르크스와 연관되는 견해 — 을 비난한 과학철학자 카를 포퍼(Karl Popper)와 같은 '방법론적 개인주의자(methodological individualist)'들의 관점을 예기한다. '방법론적 개인주의자'들은 전체론적 사고가 초개인적인 실체를 실재하는 것으로 그릇되게 제시한다는 점에서 지적으로 잘못일 뿐만 아니라 더 중요하게는 정치적으로 위험하다고 주장한다. 사회적 전체가 존재하며 그 자신의 욕구를 가진다는 관념은 그러한 전체가 개별 인간보다 더 위대하고 더 중요하며 따라서 전체의 필요가 개인에게 삶의 희생을 요구할 수도 있다는 또 다른 생각을 부추긴다.

이러한 비판은 특히 독일과 소련에서 전체주의(totalitarian) 체제가 출현한 이후인 1940년대에 대두되었다. 특히 소련 사회에서 드러난 체제의 전체주의적 성격과 무자비한 인간 학살 때문에 마르크스의 전체론적 사고가 비난받았다. 방법론적 개인주의자들이 '계급', '국가' 등과 같은 용어에 대한 전체론적 해석에 반대한 까닭은 베버가 그러한 해석에 반대한 것과 동일한 이유에서였다. 즉, 그러한 용어들은 실제로는 (전형적인) 개인들의 행위를 지칭하는 '요약적' 표현이며, 따라서 이 점을 늘 염두에 두지 않는다면 혼란을 초래한다는 것이었다. 하지만 방법론적 개인주의자들과 베버가 '방법론적'이라는 수식어로 나타내고자 하는 바는 달랐다. 방법론적 개인주의자들은 베버와 달리 개인들만이 실재한다는 주장을 꼭 하지는 않는다. 오히려 그들이 주장하는 방법론적 논점은 집합적 사건에 대한 설명은 그 사건을 개인의 행위와 관련하여 기술할 때 더 완전하고 더 효과적이라는 것이다. 분대가 어떻게 배치되어 있고 또 군인들이 무엇을 하는지에 대해서는 아무것도 말하지 않은 채 '군대의 진군'에 대해 이야기하는 것은 그것들을 얼마간 상세하게 언급하는 경우에 비해 전쟁의 진행 상황에 대해 제공하는 정보도 적고 그 상황을 적절하게 설명하지도 못한다. 물론 개별 행위를 상세하게 묘사하는 데에는 실제로 불가피하게 한계가 있을 수밖에 없지만, 일반화된 '전형적' 형태로나마 그러한 것들을 일부 언급하는 것은 '군대'라는 추상물에 대해 말하는 것보다는 더 설명력이 있다.

이해   베버는 개별 인간은 자연적 인과성의 영역과 가치, 관념, 신념의 세계 양편에 거주하는 존재라는 칸트의 생각을 받아들였다. 그러한 사실이 인간연구와 자연과학의 완전한 분리를 요구한다고 주장하는 사람들에 반대하여, 베버는 칸트의 생각은 인간과학에 독특한 성격을 부여하는 것 그 이상은 아니라고 주장했다. 사회과학자들은 자연과학자들이 할 수 없는 방식으로 자신들의 주제를 '이해'하고자 할 수 있다. 자연과학자들은 현상들 간의 인과적 상호작용이 어떻게 사건들을 만들어내는지를 확증하지만, 그 현상이 왜, 어떤 목적에서 그런 식으로 작동하는지를 묻고 이해할 필요는 없다. 다른 한편 사회과학자들은 그 설명이 적절하기 위해서는 그러한 질문을 해야만 한다. 사회적 행위자들은 자신들의 일에 착수할 때 일반적으로 특정한 목적을 추구한다. 그리고 그들은 자신들의 목적을 달성하는 데 효과적이라고 생각되는 수단을 이용하여 그 목적을 추구한다. 그들이 어떤 수단을 선택할지는 여러 복잡한 방식으로 작동하는 그들의 신념에 달려 있다. 또한 그러한 선택은 현실 세계 속에서 사태가 어떻게, 어떤 원인 때문에 발생하고 그러한 원인을 통제하고 조작하기 위해서는 무엇을 해야 하는지에 대해 그들이 가지고 있는 생각에 달려 있다. 따라서 우리가 인간행위의 경과를 적절하게 설명하고자 한다면, 우리는 그것을 '의미 수준(level of meaning)'에서 설명해야 한다. 다시 말해, 만약 우리가 어떤 '전형적인 개인'들의 행위유형을 이해하고자 한다면, 우리는 그들이 세계를 바라보는 방식에 호소하는 설명을 하고자 할 것이며, 그들이 우리가 바라보는 방식으로 세계를 파악하지 않을 경우에도 우리가 이해할 수 있는 설명을 하고자 할 것이다. 이를테면 우리는 종교개혁 시대의 칼뱅주의자들이 아니다. 그러나 그러한 개인들이 어떻게 '일반적으로' 진실하고 근면한 사업가로 행위하게 되었는지를 설명하려는 베버의 시도에는, 칼뱅주의의 복잡한 신념체계를 정리함으로써 우리가 그러한 믿음과 그들의 행동 간의 관계를 논리적으로 이해할 수 있게 해주는 것이 포함되어 있다. 베버의 설명은 우리에게 독신한 칼뱅주의자라면 실제로 자신들의 불멸하는 영혼의 운명에 대해 걱정하고 또 그러한 느낌 속에서 그들이 경험하던 긴장을 완화시키고자 한다는 것 등을 알려준다.

프로테스탄트 윤리와 그것이 자본주의의 발흥에서 행한 역할에 대한 베버의 설명은 우리가 방금 개관한 '이해'사회학에 대한 그의 주장을 적용한 것이다. 그러한 작업은 근대 자본주의의 등장에 대한 '인과성 수준에 적합한' 그의 분석을 경제활동과 프로테스탄트 지도자들의 명백한 가르침 — 소유의 사악함에 반대하는 — 간의 연관성을 포착하는 '의미 수준에 적합한' 분석으로 보완하려는 것이었다. 베버는 독실한 신자의 입장에서 문제를 바라보면서, 영혼의 구원에 대한 불안이 어떻게 세속세계에서의 행동에 대한 심적 태도 전체로 바뀔 수 있었는지를 보여주었다. 그는 신학적 교의의 논리와 그 교의로부터 도출된 교훈이 어떻게 자기부정과 경제적 이익추구 계획을 고무했는지를 보여주고자 했다.

우리가 칼뱅주의자는 체계적으로 규율된 건실한 사업관행들을 수행한다는 것을 하나의 입증된 사실로 받아들일 경우, 우리는 그것이 자본주의의 발흥에 인과적으로 기여했다는 것을 받아들일 수도 있다. 그러나, 그리고 이것이 베버의 입장인데, 우리가 그러한 인과관계를 종교 가입과 사업관행 간의 명백한 결합관계에 기초하여 완전하게 이해했다고 생각해서는 안 된다. 인과관계의 본질은 우리가 그 관계에 관련된 사람들의 관점에서 그 연관성을 이해할 때만 분명해진다. 칼뱅주의자가 세계를 바라보는 전형적인 방식을 묘사할 수 있어야 종교 가입과 사업관행 간의 연관성이 우리에게 분명해지고, 따라서 우리가 칼뱅주의자들의 신념이 어떻게 그들로 하여금 특정한 종류의 사업활동에 종사하게 했는지를 알 수 있게 된다.

베버가 볼 때, 이런 연유에서 사회과학에서는 이러한 독특한 이해(verstehen) 방법, 또는 때때로 대안적으로 '해석적'[또는 해석학적(hermen-eutic)] 접근방식이라고 불리는 방법을 사용할 것이 요구되었다. 사회과학자의 과제는 자주 탐구자와는 전혀 다른 가치와 신념을 갖거나 전혀 다른 일에 종사하는 다른 인간을 이해하는 것이다. 따라서 탐구자는 서로 다른 개인들이 자신을 둘러싼 세계를 '해석'하거나 이해하는 방식은 연구자에게 친숙하거나 일반적으로 당연한 것으로 간주되는 것과는 전혀 다르다는 가정하에 작업한다. 따라서 그러한 개인들이 자신을 둘러싸고 있는 세계를 '해석'하는 방식을 이해하는 것, 그리고 그들의 신념과 가치가 그들로 하여금 그러한 방식으로 행동하게 만드는 방식을 이해하고자 노력하는 것이 연구의 목적이다. 따라서 연구자는 또한 다른 사람들의 신념과 행동에 대한 '해석자' 역할을 하며, 비록 연구자가 연구하는 사람들이 연구자와 전혀 다른 문화적 전통에 속해 있다고 하더라도, 연구자는 연구 대상자들 스스로는 물론 그 연구결과를 읽을 사람들도 이해할 수 있는 방식으로 연구 대상자들을 설명하기 위해 노력한다.

베버는 사회학적 탐구에는 이러한 이해 또는 해석의 방법이 요구되기 때문에 사회학은 자연과학과 구분된다고 주장한다. 그러나 이것이 사회학의 방법론이 자연과학의 방법론보다 덜 과학적이거나 노력을 덜 요구한다는 것을 뜻하지는 않는다. '의미 수준에서의' 설명을 요구한다는 것이 엄격한 경험적 증명의 요구를 직관과 감정이입으로 대체한다는 것을 의미하지는 않는다. '의미 수준에서' 설명을 한다는 것은 연구대상이 되는 사람들의 활동, 신념, 가치 등에 관한 증거를 과학적으로 엄격하게 조사하는 것을 포함하며, 따라서 결코 덜 경험적인 시도를 하는 것은 아니다. 게다가 특정한 연관성을 이해하는 설명을 하는 것이 결코 설명의 최종 목표인 것도 아니다. 객관적 인과성의 수준에서 설명이 확증될 필요가 있다. 『프로테스탄트 윤리와 자본주의 정신』은 종교개혁 교파의 세계관과 자본주의적 기업활동 간의 연관성을 설명하는 데 성공을 거둔 것으로 보이기도 한다. 왜냐하면 사람들이 그 책을 통해 전자가 본의 아니게 후자를 인도한 방식을 알 수 있기 때문이다. 그러나 여전히 의문은 남아 있다. 그것이 실제로 연관되어 있었는가? 프로테스탄트 교파의 경제윤리가 자본주의에 필요한 활동 유형을 증대시켰는가? 이러한 의문은 단지 전형적인 칼뱅주의자의 관점을 해석하고 칼뱅주의와 규율 잡힌 사업활동과의 연관성을 이해하는 것 이상을 포함한다. 또한 그것은 관련 시기 서구세계의 매우 다양한 역사적 상황에 대한 검토를 요구한다. 즉, 서구세계의 경제적 토대의 발전, 법체계의 조직화, 도시의 성격, 정치문제의 본질 등에 대해 검토하는 것뿐만 아니라 그러한 상황과 관련하여 다른 문명들과 비교분석을 하는 것도 요구된다. 이것이 바로 우리가 살펴본 것처럼 베버가 자신의 생애 대부분을 바쳤던 과제이다.

일면적 설명에 대한 반감 우리가 앞서 강조했듯이, 베버의 방법론적 주장들은 그의 사회-역사적 연구를 보완하기 위한 것이었다. 베버는 그러한 연구들에서 특정한 역사적 '개인들'의 복합체 — 이를테면 중국과 인도의 전통문명 — 를 엄밀히 검토하고, 사회학적 분석을 위한 일반화된 개념도식을 구축했다. 그는 사회학의 일반화된 이론구성 자체를 역사적 탐구에 종속시켰다. 왜냐하면 역사적 탐구가 특정한 구체적 현상에 초점을 맞추고 있고, 또 그 현상을 통해 실재에 초점을 맞추기 때문이다. 베버가 볼 때, 실재는 구체적인 현상들로 구성되는 것이지, 추상 — 물론 사회학적 분석도식의 재료인 — 에 의해 직접적으로 표현될 수 있는 것이 아니었다. 베버는 그러한 연구를 통해 다음과 같은 기본적인 '사회상'을 산출해냈다. 사회는 개인들로 구성된 집단이 빈번히 서로 다른 수단을 가지고 다소 직접적으로, 때로는 폭력적으로 권력을 둘러싸고 경쟁하는 장이다. 그러한 경쟁 속에서 사회의 성격이 변하고 때로는 사회구조가 전면적으로 변화되기도 한다.

하지만 베버는 마르크스에게서 찾아볼 수 있는 관념, 즉 인류역사 전체가 단일한 양식 또는 목적을 갖는다는 관념을 받아들일 수 없었다. 인간사회의 역사는 하나의 통일된 역사가 아니었다. 상이한 문명들이 아주 상이한 경로를 밟아왔다. 이를테면 매우 안정적인 오랜 전통을 가지고 있는 중국과 인도의 제도는 불안정한 역동적 발전을 이루어온 서유럽과는 뚜렷하게 대비된다. 다양한 경제적·정치적·문화적 이해관계의 실제적 담지자인 사회집단들이 각기 독특하게 형성되듯이, 각각의 문명에서 그 문명의 경제적·정치적·문화적 구성요소들의 결합양식들이 그 문명을 하나의 독특한 복합체로 만든다. 이를테면 전통적인 중국 문명이 행정가인 만다린에게 중추적 역할을 맡겼던 방식과 인도의 카스트제도가 승려/교육자에게 중심적 역할을 부여했던 방식은 서로 대비된다. 이 두 문명 모두는 그러한 중요한 역할을 사업가에게 할당한 서구세계와 대비된다.

여기서 베버가 '문화', 특히 종교적 신념의 역할을 강조한 것이 그를 관념론자 — 관념을 역사의 유일한 추동력으로 믿는다는 의미에서 — 로 만들지는 않는다는 것을 상기시킬 필요가 있다. 그러한 입장은 베버가 비난했던 유형의 전망, 즉 '단일요인적' 설명관('single-factor' view of explanation)을 수반한다. 이를테면 그는 경제적 요소가 특히 역사의 경과를 틀짓는다는 당시 마르크스주의자들의 주장을 거부했다. 그러나 이것은 설명요인을 잘못 제시했다는 이유에서가 아니라 역사의 경과에 특히 책임이 있는 것은 문화라는 이유에서였다. 베버가 문화적 요소를 특히 부각시킨 것은 문화적 요소를 무시한 채 경제적 요소에만 사로잡혀 있는 것을 바로잡기 위한 하나의 저항이었다. 다시 말해 그것은 경제적·'물질적' 요소뿐만 아니라 문화적 요소 역시 중요하다는 것을 분명히 하기 위한 것이었다. 『경제와 사회』라고 불리는 베버의 주요 저작은 문화적 요소가 경제발전을 틀짓는다는 주장과 경제발전이 문화적 발전을 틀짓는다는 통속

271

적이고 끈질긴 주장을 균형 잡고자 했던 그의 탐구의 틀에 박힌 듯한 특징을 보여준다.

베버의 방법론적 저술의 목적 중 하나는 (이를테면 『인도의 종교』와 『중국의 종교』에 제시되어 있는) 어쩔 수 없이 과도하게 단순화한 묘사와 (그러한 저술들이 대상으로 하고 있는) 불가해할 정도로 복잡한 구체적 실재 간의 엄청난 간극을 우리에게 상기시키고자 하는 것이었다. 사회질서에 대한 일반적인 사회학적 묘사들에 비하면, 베버의 저술들에 제시되어 있는 묘사들은 복잡하고 매우 상세한 편이다. 그리고 그가 기획한 정교하고 매우 한정적인 설명은 실제의 역사적 배열에 연루된 다양한 힘의 상호작용에 대한 그의 기술이 실재에 대한 정칙적(formulaic) 표현에 저항하기 위한 것이었다는 점을 우리에게 상기시켜준다. 하지만 베버의 일반적인 방법론은 그러한 연구를 훨씬 더 상세하고 세밀하게 수행한다고 하더라도 우리가 실제로는 실재 '그 자체'의 본질이 어떠한지에 대한 완전한 묘사에 도달할 수 없다는 점 또한 우리에게 상기시킨다. 구체적인 사례의 복잡성은 가장 위대한 지적 능력을 가진 사람조차 설명할 수 없다.

베버의 방법론은 많은 점에서 지식의 중요성에 대한 과대평가를 교정하기 위한 것이었다. 그는 창백하고 간결한 지적 도식과 다양하고 복잡한 실재를 대비시키며, 실재에 대한 우리의 지적 역량은 한정되어 있기 때문에 과학의 진보를 통해서는 인간 삶의 엄청난 실제적 문제들과 대결할 수 없다는 칸트적 가정을 끊임없이 상기시킨다. 베버가 볼 때, 과학의 발전이 비록 '합리화'의 가장 뛰어난 성과 중 하나이기는 하지만, 합리화 과정 그 자체가 무합리적(non-rational) 뿌리를 가지고 있으며 또 사회-역사적 상황들이 특정하게 그리고 상황구속적으로 접합된 결과라는 것을 인식하고 또 계속해서 상기할 필요가 있었다. 뒤르켐과 마찬가지로 베버는 근대 서구 과학은 종교의 발전과 동기부여가 낳은 파생적 결과라고 주장한다. 과학의 더 큰 발전은 우리에게 우리의 목적을 달성할 수 있는 더 큰 실제적 능력을 부여해줄 수도 있지만, 그것이 여러 목표 가운데서 하나를 선택해야 하는 데 따르는 어려움을 줄여주거나 덜어주지는 않는다. 비록 과학이 많은 고통을 경감시켜줄 수 있는 잠재력을 지니고 있기는 하지만, 과학은 매우 불행하고 억압적인 사회를 창출하는 도구로, 또는 심지어 그러한 사회의 원천으로 작동할 수도 있다.

유산

베버가 영미 사회학에 미친 영향은 베버가 영미에 소개된 방식과 관련이 있다. 베버의 이론적 중요성이 주목받게 된 주요 계기 중의 하나는 탤콧 파슨스(Talcott Parsons, 1902~1979)가 『사회적 행위의 구조(The Structure of Social Action)』(1937)에서 베버를 네 명의 주요 인물 중의 하나에 포함시키면서였다(뒤르켐은 또 다른 한 명이었다). 이것은 베버가 파슨스의 해석을 통해서 이해되었음을 의미했다. 우리가 언급했듯이, 베버의 저작은 매우 늦게 아주 단편적으로 번역되었으며, 여전히 전혀 완전하지 못하다. 이러한 불리한 조건에도 불구하고, 베버의 저작은 여러 상이한 분과학문에 중요한 영향을 미쳤다. 이를테면 1980년대에는 법의 이해에서 그의 연구가 갖는 함의에 대해 관심이 증대했다(Kronman, 1983; Turner and Factor, 근간). 결론 부분인 여기에서 우리가 베버의 영향을 둘러싼 복잡한 주제들과 그 범위를 개관할 수는 없다. 우리는 단지 베버 저작이 갖는 사회학적 함의만을, 그것도 그중 일부만을 언급하고자 한다.

갈등이론

파슨스의 베버 해석은 자신의 이론적 문제들을 해명하는 것과 관련되어 있었다. 파슨스는 복잡한 사회에서 사회적 응집성이 발생하는 조건에 관심을 가지고 있었으며, 따라서 가치의 사회적 기원과 역할에 대한 베버의 강조는 파슨스의 그러한 작업에 매우 중요했다. 파슨스의 이론은 1940년대 후반과 1950년대 초에 크게 부각되었지만, 곧바로 '베버적' 관점을 취하고 있다고 생각하는 사람들로부터 비판을 받았다. 파슨스의 이론 — 자본주의 이론보다는 행위와 가치에 대한 일반이론에 훨씬 더 많은 관심을 가지고 있었다고 주장할 수 있는 — 에 대한 비판은 그 이론이 사회의 불평등과 부정의의 정도 및 그것들로부터 야기되는 적대감의 존재 정도를 최소화한다는 것이었다. 베버에 대한 파슨스의 해석은 베버가 가치 갈등과 집단 적대감에 대해 부여했던 중요성을 최소화한다고 비판받았다. 파슨스는 베버를 번역하면서 세부항목에서조차 그와 동일한 잘못을 범했다. 즉, 그는 베버가 사회관계에서 파악했던 '지배'의 요소를 경시하는 단어를 선택하는 잘못을 하기도 했다.

베버는 때때로 '부르주아 마르크스(bourgeois Marx)'로 불렸고, 우리는 마르크스와의 현저한 견해차에도 불구하고 베버가 마르크스와 많은 것을 공유하고 있다는 점을 지적해왔다. 결정적인 차이점 중의 하나가 '계급갈등'에 부여한 중요성이었다. 마르크스는 경제적 권력과 정치적 권력을 지나치게 동일시했다. 자본주의 형성기에는 그 두 권력이 사실상 일치되었을 수도 있지만, 선진자본주의 세계에서 그 둘은 분리되었다. 반면 베버는 언제나 경제적 권력과 정치적 권력은 계층을 결정짓는 서로 다른 요소라고 주장했다. 더구나 사회적 갈등에 대한 마르크스의 접근방식은 모든 중요한 사회적 갈등이 본질적으로 계급갈등으로 이해된다는 점에서 '환원주의적'이었다. 마르크스에게서 민족, 종족, 또는 종교와 같은 분할에 기초한 갈등은 **표면적** 현상으로 이해되거나, 심지어는 계급 지배를 위한 투쟁의 곡해된 표현으로 이해되었다. 따라서 지금은 마르크스주의 이론가들이 자신들의 기존 주장을 철회하고 있음을 볼 수 있다. 왜냐하면 그들은 현재 마르크스주의 이론이 허용하는 것 이상으로 민족주의를 사회적 투쟁의 중요하고도 진정한 원천으로 파악하기 때문이다(Cohen, 1988). 베버의 매력은 사회적 갈등이 발생하는 다차원적 원인과 집단들이 서로 대립하게 되는 다양한 기반을 강조하는 데 있다. 그 중 어떤 것은 근대 산업사회에서 '계급갈등'의 중요성이 감소하고 있음을 인식할 수 있게 해주고, 어떤 것은 현재 부상하고 있는 인종이나 젠더의 차이에 근거하는 투쟁과 같이 '신분'에 기초한 투쟁의 부상을 잘 설명할 수 있게 해준다.

따라서 파슨스의 '합의 기능주의(consensus functionalism)'와 '계급갈등'에 대한 병적 집착 — 마르크스주의를 무력하게 하는 것으로 보이는 — 사이에 위치하는 하나의 이론적 대안을 발전시키려는 시도가 있었다. 이처럼 베버는 사회에서 가치가 갖는 중요성을 인정하면서도('합의 기능주의'가 그런 것처럼) 가치는 다양하며 서로 적대적일 수 있다는 점 또한 똑같이 인정하는 '갈등이론'을 고무했다. 게다가 갈등이론은 사회적 삶이 지배를 위한 끊임없는 경쟁이라는 점을 인정하고, 또한 물질적·계급적 이해관계를 고려해야 한다는 점도 수용한다(Collins, 1975; Lockwood, 1956; Parkin, 1979; Rex, 1961 참조). 이 '갈등'이론은 정치투쟁 및 사회변동과 관련한 힘들을 계급적 이해관계와 관련하여 '정칙적'으로 해석하는 마르크스보다 더 유연한 해석을 할 수 있게 해준다고 칭찬받았다.

이러한 문제들에 대한 마르크스와 베버의 간의 견해 차이가 '계층'분석에서 중심적 쟁점이 되고 있음은 명백하다. 현대 계층이론에서 일고 있는 논란의 많은 것이 이 두 견해의 지지자들 사이에서 벌어지고 있다. 1950년대에는 계층에 대한 베버의 설명이 마르크스가 예언한 프롤레타리아 혁명이 왜 실패하게 되었는지를 가장 잘 설명해준다는 주장이 제기되었다(Lockwood, 1958). '계급'과 '신분'의 차이를 강조함으로써 급속히 확대되고 있던 '사무직' 노동자들(후에 '화이트칼라' 노동자라 칭해진) — 거칠게 말해 육체노동자와 동일한 계급위치를 점하고 있을 수도 있는 — 이 왜 자신을 자신들의 '동료 노동자'보다는 고용주와 더 동일시하는지를 설명할 수 있다는 주장도 제기되었다. 결정적인 것은 그들이 자신들과 육체노동자 사이에 존재한다고 인식한 **신분 차이**였다. 물론 그러한 견해가 그 문제를 해결한 것은 아니었다. 현 상황에서 '중간계급'의 지위가 기본적으로 마르크스주의적 용어와 관련하여 가장 잘 이해되는지, 아니면 베버적 용어에 의해 가장 잘 이해될 수 있는지는 여전히 뜨거운 논쟁거리로 남아 있다(Marshall et al., 1989; Wright, 1985 참조).

서구의 등장

지배와 갈등에 대한 베버의 생각은 일반이론, 특히 사회조직을 전체 사회 수준에서 인식하고자 하는 일반이론에 영향을 미쳤으며, 합의 기능주의와 마르크스주의 사이에 위치를 잡고자 하는 '제3의' 흐름을 형성하는 데 기여했다.

서구 사회의 등장과 관련한 (그리고 비교사회학의 구축을 수반한) 베버의 주요 관심사들이 일단의 중요한 후속 연구들을 촉발한 것은 아마도 당연한 일일 것이다. 베버의 이름은, 사회학은 무엇보다도 비교역사적 학문이어야 한다는 주장, 그리고 사회의 기원과 변화에 대한 일반적 조건을 검토하는 것에 관심을 기울여왔다는 주장 속에서 특히 많이 거론된다. 또 다시 베버의 구상은 초기에는 비교적 자비로우면서도 다소 자민족중심주의적인 사회발전관 속으로 채택되어가는 경향이 있었다. 그중에는 미국의 자본주의를 다른 모든 사회에 대한 표본으로 받아들이는 경향도 있었다. 근본적인 문제의식은 '국가형성과 시민권'(Bendix, 1977)의 조건들을 '저발전' 사회의 정치적·경제적 발전을 돕는 하나의 방법으로 이해하는 것이었다. 하지만 그러한 견해는 얼마간 좋지 않은 평판을 받게 되었다. 이를테면 그러한 견해가 '선진'자본주의 사회의 선한 동기를 과장하고, 그만큼 사회 간 및 사회 내 관계의 특징의 하나인 '지배를 위한 투쟁'을 과소평가한다는 비판을 받았다. 그리하여 사회발전을 보다 중립적으로 비교하는 견해, 즉 미국을 다른 모든 사회를 판단하는 잣대로 상정하지 않는, 그리고 더 나아가 변화를 촉진하는 데서 '문화적' 요소 ─ 특히 가치 ─ 의 중요성을 덜 배타적으로 강조하는 견해를 취하는 경향이 등장했다. 그러한 견해는 물론 베버가 주장했던 것처럼 문화 ─ 가치를 포함하여 ─ 가 정치적 관계와 사회적 투쟁 속에 뿌리내리는 정도를 인정했고, 또 그러한 문제에서 권력이 수행하는 역할을 보다 명시적으로 강조했다 (Moore, 1967; Bendix, 1977; Mann, 1986).

해석적 사회학

마르크스나 뒤르켐과 마찬가지로 베버의 사회학은 기본적으로 전체로서의 사회에 대한 역사적 분석에 관심을 가지고 있었다. 그러나 베버의 '개인주의', 그리고 그것에 입각하여 그가 사회학을 '사회적 행위'에 대한 연구로 개념화한 것은 전체로서의 사회에 대한 관심으로부터 자주 아주 멀리 떨어져 있는 사회학적 사고의 조류에 유력한 버팀대가 되었다. 사회학은 개인의 행위에 대한 연구라는 생각은 그러한 종류의 탐구에 하나의 구실을 제공한다. 우리가 앞서 개괄했듯이, 베버에게서 '전체로서의 사회'에 대한 연구는 상대적으로 긴 시간에 걸쳐 일어난 무수한 개인의 행위를 이해하고자 하는 시도로, 역사적 문건들로부터 재구성한 인물, 즉 '전형적' 개인을 다룬다. 하지만 실제 개인들의 행위를 연구할 가능성도 존재한다. 왜냐하면 특정한 개인들이 어떻게 자신들의 **상호**작용을 조직화하는지를 이해하기 위해 자신들의 일을 수행하는 특정 개인들을 관찰하고 조사할 수도 있기 때문이다.

베버는 또한 사회성원들이 자신들의 신념과 목적에 기초하여 자신들의 세계와 행위에 부여하는 의미를 포착함으로써 행위를 '이해'할 것을 강조했다. 베버는 또한 상징적 상호작용론(symbolic interactionism)을 연상시키는 것, 즉 '행위자의 관점취득', '상황정의' 등에 대해서도 똑같이 강조한다. 그러나 이러한 관념들은 베버가 저술한 지적 전통과는 상이한 지적 전통에서 나온 것이다.

사회학자들이 사회성원들의 '주관적 이해'를 얼마나 고려해야 하는지의 문제는 현대사회학에서 계속해서 뜨거운 쟁점이 되고 있는 또 다른 문제이다. 마르크스와 뒤르켐은 자주 행위자의 행동을 설명하는 데서 행위자의 관점을 충분히 고려할 필요가 없을 뿐만 아니라 그것을 고려하는 것은 실제로 바람직하지도 않다고 주장한 인물로 간주된다. 그 대신에 그들은 개인들이 자신들의 신념이나 이상, 그리고 목적을 실행할 때조차 그들이 왜 그러한 방식으로 행동하는지를 설명하기 위해서는 전체 사회의 상황을 그 역사 및 전반적 구조와 관련하여 훨씬 더 많이 언급할 필요가 있다고 주장한다. 이에 반해 '주관적 이해'에 훨씬 더 많은 중요성을 부여하고자 하는 사람들도 존재한다. 그들도 **모든 것**을 행위자 관점에서 이해할 수 있다고 상정하지는 않지만, 사회적 삶의 많은 것이 먼저 행위자 자신의 눈을 통해 이해되지 않을 경우 잘못 이해될 수 있다고 본다.

이처럼 사회학에는 기본적으로 전체 사회의 권력구조에 관심을 기울이는 지배적 전통에 반하는 대항전통(counter-tradition)에 무언가를 제공하는 연구들이 수도 없이 많다. 그러한 연구들은 사회관계 속에서 사람들이 서로의 행동을 '해석'하여 서로의 행위가 갖는 의미를 결정('규정')함으로써 자신들의 상호적 행위를 조직화하는 방식을 고찰하는 데 관심을 갖고 있기 때문에, 자주 '해석적' 전통으로 명명된다. 이 전통은 사람들이 실제 상황 속에서 서로를 지향하며 행동하는 방식을 경험적으로 연구할 것을 강조하고, 그들 각각의 관점과 그들이 상호작용에 참여하는 방식을 이해하는 것을 중심적인 탐구주제로 삼는다.

이러한 사고노선을 강력하게 주도한 인물이 바로 알프레트 슈츠(Alfred Schutz, 1899~1959, 독일)이다. 그는 1932년에 책 한 권 분량의 연구인 『사회세계의 현상학(The Phenomenology of the Social World)』을 발표했다. 그 책에서 슈츠는 사회적 행위에 관한 베버의 관념을 현상학적 철학의 관점 ─ 사물을 사람들이 그것에 대해 가지고 있는 의식을 통해 탐구할 것을 요청하는 ─ 에서 재고찰했다. 슈츠는 사회적 행위에 관한 베버의 관념이 적절하게 고찰되거나 명료화되지 않았다고 주장하고, 그것이 무엇을 의미하는지를 규명하는 것을 평생의 과제로 삼고 그것을 입증하는 작업에 착수했다. 슈츠는 1939년에 미국으로 망명하여, 거기서 많은 논문을

279

발표했지만 처음에는 사회학계에서 거의 주목받지 못했다. 하지만 1940
년대 슈츠의 연구는 해럴드 가핑클(Harold Garfinkel)에게 결정적인 영향
을 미쳤다. 슈츠는 자신의 연구를 베버에게서 발견되는 역사적 설명으로
서의 사회학이라는 개념과 양립시키고자 했다. 하지만 가핑클은 슈츠의
생각을 사회학이 어떠할 수 있는지에 대한 전혀 다른 개념을 만들어내는
쪽으로 끌고 나갔다. 즉, 그는 사회적 행위를 연구하고 그것의 의미를 '해
석'한다는 생각을 보다 극단적으로 취했다. 그리하여 가핑클은 도발적이
면서도 여전히 논쟁적인 접근방법인 '민속방법론(ethnomethodology)'을
창시했다. 그러나 1960년대에 이르러서야 가핑클의 연구가 상당한 관심
을 끌기 시작했고, 그리하여 슈츠 연구의 중요성이 부각되었다. 1960년
대에 이루어진 또 다른 연구, 특히 버거와 루크만(Berger and Luckmann,
1967)의 『실재의 사회적 구성(The Social Construction of Reality)』 역시 슈
츠가 자신의 생애 동안에 인정받았던 것 이상으로 사회학에서 더 광범하
게 (비록 자주 비판적으로 그러하긴 했지만) 인정받았음을 입증한다.

    앞서 지적했듯이, 미국에서는 1920년대와 1930년대에 상징적 상호작
용론이라는 형태로 자생적인 '해석적' 사회학의 전통이 형성되고 있었
다. 이는 조지 허버트 미드(George Herbert Mead, 1863~1931)의 철학사상
에 의거한 것으로, 허버트 블루머(Hebert Blumer)와 하워드 베커(Howard
Becker) 같은 사람들에 의해 분명하게 사회학적으로 표현되었다. 비록
베버로부터 직접 도출된 것은 아니지만, 그 접근방식은 슈츠 및 민속방
법론과 일정한 관심을 공유한다. 그리고 일찍이 1930년대에 블루머가
미국 사회학 내에서 주장했던 이단적 관점은 민속방법론이 추구했던 관
심의 일부를 제기하거나 예기하는 것이었다.

우리 시대의 사회학자?

(이른바) '포스트모더니즘'의 시대에 마르크스와 베버, 그리고 뒤르켐의 각축하는 주장들은 여전히 논란거리가 되고 있으며, 베버는 그를 '우리 시대의 사회학자'로 바라보는 옹호자들을 거느리고 있다(Lash and Whimster, 1987; Schroeder, 1992). 거기에는 적어도 세 가지 서로 관련된 이유가 존재한다.

첫째는, 사회학이론에 대한 베버의 회의주의이다. 베버의 명목론은 그가 사회학이론에 대해 별다른 기대를 하지 않았다는 것을 의미하며, 가치에 대한 그의 견해는 가장 성공적인 이론조차도 인간의 삶 속에서 벌어지는 갈등을 극복하거나 지배를 위한 투쟁을 종식시키는 수단을 제공할 수는 없을 것이라고 예상했다는 것을 뜻한다. 그러므로 베버는 처음부터 '미몽에서 깨어난' 사상가로, 마르크스주의가 제기한 유토피아적 기대나 뒤르켐의 추종자들이 품었을지도 모를 '기술관료제적' 야망을 지지할 수 없는 인물이었다. 이론이 실재를 포착할 수 없다는 생각은 그로 하여금 사회학이론의 개인적이고 잠정적인 특성을 강조하게 만들었다. 그리고 그것은 거대이론에 대한 확신과 신념이 붕괴된 시대에, 그리고 '상대주의적' 견해들이 지배하는 곳에서 그를 매력적이게 만드는 데 기여했다.

둘째로, 과학에 대한 불신은 '계몽주의'의 전통 속에서 주장되던 이성의 능력을 회의적으로 바라본다는 것을 의미한다. 포스트모더니즘은 계몽주의 전통에 대한 강력한 반발 가운데 하나이다. 베버는 그러한 반발에 기여했다. 그가 합리화로 언급했던 것, 즉 과학적/계산적 사고는 계몽주의 전통이 추구한 이상이었다. 하지만 베버는 세계의 구석구석까지, 더 많은 사회의 구석구석까지, 그리고 더 많은 삶의 영역의 구석구석까지

'합리성'이 확장된다는 것이 비합리성을 **소멸**시키는 결과를 낳는 것은 아니며 또 그럴 수도 없을 것이라고 일관되게 주장했다. '합리성' 자체가 비합리적인 고려에 근거하고 있으며 또 비합리적 고려에 의해 인도되고 있다는 것이 바로 베버의 역설에 가까운 주장이었다. 합리적 행위는 합리적으로 선택될 수 없는 가치에 기여하며, 합리화 자체는 비합리적으로 평가되었기 때문에 추구되는 어떤 것이었다.

셋째로, 1930년대와 그 후 '프랑크푸르트학파'로 알려진 일군의 독일 학자들이 사회과학에 아주 강력한 영향을 미친 일련의 사고를 촉발시켰고, 사회학에서 '비판적' 요소를 확장시키는 데 결정적으로 기여했다. 프랑크푸르트학파는 '과학'이라는 관념을 재평가하는 데서 특히 중요한 역할을 수행했다. 즉, 그들은 과학을 '도구적 이성(instrumental reason)'으로 해석했다. 그들은 자본주의 세계에서 실행되는 과학은 (그 자체를 목적으로 하여 사물을 발견하도록 규정되어 있는) 중립적인 객관적 형태의 탐구가 아니라 사회의 나머지 부분을 지배하고 또 순종적이고 통제 가능하게 만들려는 지배권력의 욕구와 결탁되어 있다고 주장했다. 그들에 따르면, 과학은 사회를 실제로 관리하는 데서 발생하는 문제를 해결하는 데 이용할 수 있는 지식을 제공하고자 노력했고, 기존 사회질서를 그러한 지식이 발생하는 틀로 받아들였다. 프랑크푸르트학파의 초기 시절 이후 사회비판 사업은 점차 물질적 불평등을 비난하는 문제에서부터, 문화가 사고방식과 대중매체 등의 형태 속에서 왜곡과 통제의 역할을 수행하며 순종적·예속적인 주민들을 만들어내는 것을 비판하는 문제로 이전했다. 베버의 '합리화' 관념은 과학관에 대한 이러한 재평가 작업의 선구자였다. 왜냐하면 그의 합리화 관념이 '도구적 이성'의 확장력이 자본주의 조직과 행정관료제 그 자체의 힘을 구축하는 정도를 강조하고 있기 때문이다.

고전사회학의 이해

게다가 베버는 지배를 위한 투쟁에서 '문화'가 수행하는 역할을 일관되게 강조해왔다. 그리고 이 같은 그의 견해는 근대 서구 사회의 포스트모던한 상황에 대한 오늘날의 많은 비판적 분석과 맥을 같이한다.

엄선한 참고문헌과 더 읽을거리

베버 저작의 전 범위를 두루 편집한 유용한 선집으로는 Hans Gerth and C. Wright Mills(eds), *From Max Weber: Essays in sociology*(Routledge, 1948), W. G. Runciman(ed.), *Max Weber: Selections*(Cambridge University Press, 1978), 그리고 J. E. T. Eldridge(ed.), *Max Weber: The interpretation of social reality*(Michael Joseph, 1971)가 있다. Julien Freund, *The Sociology of Max Weber*(Pantheon, 1968)와 Ralph Schroeder, *Max Weber and the Sociology of Culture*(Sage, 1992)는 베버 사회학의 특성을 비교적 간략하고 이해하기 쉽게 아주 잘 개관하고 있다. Randall Collins, *Max Weber: A skeleton key*(Sage, 1986), Martin Albrow, *Max Weber's Construction of Social Theory*(Macmillan, 1990), Dirk Kä sler, *Max Weber: An introduction to his life and work*(Polity, 1988), Wilhelm Hennis, *Max Weber: Essays in reconstruction*(Allen and Unwin, 1988), 그리고 Anthony Kronman, *Max Weber*(Edward Arnold, 1983)는 참고할 만한 가치가 있다. Scott Lash and Sam Whimster(eds), *Max Weber, Rationality and Modernity*(Allen and Unwin, 1987)는 베버의 현대적 중요성을 논의하고 있는 최근의 논문들을 모은 편집서이다. Friedrich H. Tenbruck, "Problems of thematic unity in the work of Max Weber"

(*British Journal of Sociology*, 31, 1980)는 베버 사상의 일관성 문제를 다루고 있다. Stephan Turner and Regis Factor, *Max Weber as Legal Scholar* (Routledge, 근간)는 베버의 이해에 중요한 기여를 할 것으로 보인다.

프로테스탄트 윤리 테제에 관한 일차 문헌으로는 Weber, *The Protestant Ethic and the Spirit of Capitalism*(Allen and Unwin, 1930) 외에도 베버가 자본주의 정신의 발생에서 프로테스탄트 교파 조직이 갖는 중요성을 검토하고 있는 "The Protestant sects and the spirit of capitalism" (Gerth and Mills, *From Max Weber*, pp.302~322에 수록), 그의 테제에 대한 일부 비판에 답변하고 있는 "The anti-clerical last word on the spirit of capitalism"(*American Sociological Review*, 83, 1978: 1105~1131), 그리고 그 테제를 서구경제사에 대한 설명의 맥락에서 훨씬 더 포괄적으로 논의하고 있는 *General Economic History*(Allen and Unwin, 1923; 특히 그 테제를 집중적으로 논의하고 있는 제4부)가 있다. 이 책에서 따온 짤막한 발췌문들이 Eldridge(ed.), *Max Weber: The interpretation of social reality*에 재수록되어 있다. 이 테제에 대한 탁월한 논의들로는 Gianfranco Poggi, *Calvinism and the Capitalist Spirit: Max Weber's Protestant ethic* (Macmillan, 1983), Gordon Marshall, *In Search of the Spirit of Capitalism: An Essay on Max Weber's Protestant ethic thesis* (Hutchinson, 1982), 그리고 Randall Collins, "Weber's last theory of capitalism: a systematisation"[*American Sociological Review*, 45, 1980: 925~942; 이 논문은 Collins, *Weberian Sociological Theory*(Cambridge University Press, 1986)에 재수록되어 있다]이 있다. 특히 콜린스는 『일반경제사』에 제시된 설명과 관련하여 이 테제를 검토하고 있다. 이 테제의 다양한 측면에 대한 논의들을 엮어놓은 최근의 편집서로는 Hartmut

Lehman and Guenther Roth(eds), *Weber's Protestant Ethic: Origins, evidence, context*(Cambridge University Press, 1993)가 있다. 거기에는 매키넌 테제(MacKinnon thesis)에 대한 논쟁도 포함되어 있다. 또한 루치아노 펠리카니(Luciano Pellicani)의 논문 "Weber and the myth of Calvinism"으로 촉발되어 연속적으로 진행된 논쟁(*Telos*, 1988~1989, no.75: 57~85; no.78: 71~95; 그리고 no.81: 63~90)도 수록되어 있다. Norbert Wiley(ed.), *The Marx-Weber Debate*(Sage, 1987)는 마르크스의 저작들과 관련하여 그러한 논의들을 다룬 논문들을 담고 있다.

베버의 종교에 대한 비교연구들은 *Ancient Judaism*(Free Press, 1952), *The Religion of China: Confucianism and Taoism*(Free Press, 1957), 그리고 *The Religion of India*(Free Press, 1958)라는 이름으로 출간되었다. 종교의 일반적 진화에 대한 그의 설명은 *The Sociology of Religion*(Methuen, 1965)에 제시되어 있다. 또한 그것은 Weber, *Economy and Society*(University of California Press, 1978) 제6장으로도 출간되었다. 그는 "The social psychology of the world religions"(Gerth and Mills, *From Max Weber*, pp.267~301에 수록)에서는 종교가 동기에 미치는 영향에 대한 중요한 진술들을 하고 있다. 두 중요한 '신분집단'의 역할을 개관하는 구절들은 Gerth and Mills, *From Max Weber*에 "India: the Brahman and the castes"(pp.396~410)와 "The Chinese literati"(pp.416~443)라는 제목으로 재수록되어 있다. 그 비교연구들은 Reinhard Bendix, *Max Weber: An intellectual portrait*(Heinemann, 1960) 제2부에 명쾌하게 요약되어 있고, 또 Wolfgang Schluchter, *The Rise of Western Rationalism: Max Weber's developmental history*(University of California Press, 1981)와 Ralph Schroeder, *Max Weber and the Sociology of Culture*(Sage, 1992)

285

의 제2장과 제3장에서도 광범위하게 논의되고 있다. Stephen Kalberg, *Max Weber's Comparative Historical Sociology*(Polity, 1994)는 베버가 수행한 비교연구의 방법론적 가정들을 현대사회학에서의 논쟁과 관련시키며 검토하고 있다.

베버의 권력, 계층, 지배에 대한 저술을 잘 보여주는 것이 "Class, status and party"(Gerth and Mills, *From Max Weber*, pp.180~195)와 Weber, *Economy and Society*의 제3장 "The types of legitimate domination"(특히 pp.212~270)이다. 『경제와 사회』의 제9장은 '관료제'에 대해 논의하고 있다. Reinhard Bendix, *Max Weber: An intellectual portrait*의 제8장 "Max Weber's image of society"(pp.265~286)는 사회를 갈등의 장으로 바라보는 베버의 사회관을 탁월하게 요약하고 있는 반면, 제3부 "Domination, organization and legitimacy: Max Weber's political sociology"는 제목에서 알 수 있듯이 그 근거들을 명백히 밝히고 있다. David Beetham, *Max Weber and the Theory of Modern Politics*(Allen and Unwin, 1974), Wolfgang Mommsen, *The Age of Bureaucracy: Perspectives on the political sociology of Max Weber*(Blackwell, 1974), 그리고 Anthony Giddens, *Politics and Society in Max Weber*(Macmillan, 1972)는 권력과 현대사회의 정치적 조건 및 운명에 대한 베버의 견해를 유용하게 개괄적으로 정식화하고 있다. Reinhard Bendix, *Nation Building and Citizenship*(University of California Press, 1977)은 Charles Tilly, "Historical sociology"[McNall and Howe(eds), *Current Perspectives in Social Theory*(JAI Press, 1980)에 수록]와 Barrington-Moore, *Social Origins of Dictatorship and Democracy*(Allen Lane, 1967)만큼이나 주목할 만한 가치가 있다. Michael Mann, *The Sources of Social Power*,

고전사회학의 이해

Vol.1(Cambridge University Press, 1986)은 권력에 대한 포괄적인 역사적 연구이다. David Lockwood, "Some remarks on 'The Social System'" (*British Journal of Sociology*, 7, 1956)과 그의 *The Blackcoated Worker* (Allen and Unwin, 1958)는 베버의 권력과 신분 개념을 발전시키고 있다. Randall Collins, *Conflict Sociology: Toward an explanatory science* (Academic Press, 1975)는 베버 저작에서 나타나는 갈등과 지배에 대한 관심을 강조한다.

이러한 문제들과 그것과 관련한 학자의 책임에 관한 베버의 견해는 그의 에세이 "Politics as a vocation"과 "Science as a vocation"(둘 다 Hans Gerth and C. Wright Mills, *From Max Weber*, pp.77~128에 수록되어 있다)에 얼마간 표현되어 있다. "Science as a vocation"은 새로 번역되어 관련 자료들과 함께 Peter Lassman and Irving Melody(eds), *Max Weber's 'Science as a Vocation'*(Unwin Hyman, 1989)에 실려 있다.

베버의 방법론적 테마와 윤리적 테마에 관한 논문들의 선집은 *The Methodology of the Social Sciences*(Free Press, 1949)라는 이름으로 출간되었다. 사회학을 '사회적 행위'의 연구로 규정하는 중요한 방법론적 논평은 Weber, *Economy and Society* 제1장의 서두(특히 pp.4~28)에 실려 있다. 베버의 방법론에 대한 논의의 고전적 전거에 해당하는 것이 Talcott Parsons, *The Structure of Social Action*(Free Press, 1937)이다. 좀더 최근의 논의로는 Roger Brubaker, *The Limits of Rationality: An essay on the social and moral thought of Max Weber*(Allen and Unwin, 1984), Thomas Burger, *Max Weber's Theory of Concept Formation*(Duke University Press, 1976), 그리고 Guy Oakes, *Weber and Rickert: Concept formation in the cultural sciences*(MIT Press, 1986)가 있다. Stephan

Turner, *The Search for a Methodology of Social Science*(Reidel, 1986)의 제3부 "Weber on action"은 베버의 방법론을 정교하게 고찰하고 있다.

Alfred Schutz, *The Phenomenology of the Social World*[Northwestern University Press, 1967(초판은 1932년)], Peter L. Berger and Thomas Luckman, *The Social Construction of Reality*(Allen Lane, 1967), 그리고 Harold Garfinkel, *Studies in Ethnomethodology*(Prentice Hall, 1967)는 베버 접근방식에 내재하는 '주관주의'가 어떻게 전개되어왔는지를 이해하는 데 중요한 자료이다.

- 베버가 사회학에 미친 영향은 아마도 마르크스보다는 덜 직접적이겠지만, 마르크스와 마찬가지로 베버도 오랫동안 해석과 재해석의 주제가 되어왔다.
- 베버의 주요한 실제적 영향은 정치사회학, 종교사회학, 법사회학, 조직이론과 같은 영역에서 발견된다. 몇몇 측면에서 그는 마르크스보다 더 너그러운 것으로 간주되었다. 이를테면 계층에 대한 그의 설명은 다양한 형태의 계층을 사회에서 발생하는 갈등의 원천으로 바라보는 관념을 포기하지 않으면서 더 섬세하고 유연하게 다루고 있는 것으로 간주된다.
- 보다 최근에 '쇠우리'로서의 '합리성'에 대한 베버의 성찰은 프랑크푸르트학파의 저작 및 푸코의 별반 다르지 않은 성찰을 통해 매개되며 상당한 관심을 끌었다.
- 방법론적으로 베버는 사회학의 대상은 주관적 의미를 통해 구성되는 행위라고 주장했다. 이것은 자연과학이 이용하는 것과는 다른 방법론이 필요하게 만들었다. 그것이 바로 사회적 행위자의 행위를 틀짓는 가치, 동기, 의미를 규명하기 위해 '상상적

제
3
장
요
약

고전사회학의 이해

재구성'을 이용하는 방법이다. 하지만 이것은 사회학이 인과적 과학일 수 없다는 것을 함의하지는 않았다.

• 베버는 과학은 세계의 여러 측면에 대한 부분적·선택적 관심이며 사회과학도 전혀 다르지 않다고 이해했다. 과학은 우리 사회를 지배하는 가치와 관심에 의해 인도되었다. 하지만 이것이 연구를 수행하는 데서 엄격한 학문적 기준을 포기한다는 것을 의미하지는 않았다. 그러한 목적을 위해 베버는 학자들이 자신들의 탐구에서 가치 중립적일 것을 주장했다.

• 베버의 이른바 '해석적 사회학'은 하나의 지속되는 줄기임이 입증되었다. 이를테면 사회적 행위에 대한 베버의 관념을 평생토록 탐구한 알프레트 슈츠는 민속방법론과 사회구성주의 사회학에 강력한 영향을 미쳤다.

에밀 뒤르켐 Emile Durkheim

비록 뒤르켐이 자주 '보수적인 이론가'로 간주되기는 하지만, 그리고 마르크스와는 달리 프랑스 지성계와 교육계에서 저명한 인물이 되었지만, 뒤르켐의 저작에는 중요한 비판적 날카로움이 존재한다. 이 장에서 우리는 그의 사회학적 사고의 다음과 같은 측면들을 논의할 것이다.

- 사회학을 특히 심리학과 구분되는 과학적인 강단 학문으로 수립하는 데 바친 뒤르켐의 헌신적 노력. 그러한 작업은 사회적인 것의 본성을 이해하기 위한 이론적 개념들뿐만 아니라 과학적 사회학을 위한 방법론적 원칙들을 산출했다.
- 뒤르켐에서는, 과학적 추론만이 유일하고도 타당한 이해의 형태였다. 만약 과학적 추론이 사회적 삶으로 확장되고 사회적 활동이 자연현상과 동일한 방식으로 원인과 결과에 종속된다면, 그것은 사회의 계획과 재구성을 위한 견고한 토대를 제공할 수 있었다.
- 뒤르켐이 볼 때, 사회는 개인들을 넘어서는 실체로, 사회적 사실이라는 도덕적 질서를 구성한다.
- 뒤르켐은 방법론, 사고와 사회의 관계, 종교사회학에 기여했을 뿐만 아니라 사회학을 사회병리현상들을 규명하고 그럼으로써 치유적 행위를 인도하는 데 관심을 갖는 진단적 학문으로 바라보는 관념에도 지속적으로 기여했다.

에밀 뒤르켐은 1858년 3월 15일 프랑스의 보스제(Vosges) 지방의 중심도시인 에피날(Épinal)에서 태어났다. 원래는 자신의 아버지와 할아버지, 그리고 증조할아버지처럼 랍비가 될 몸이었지만, 뒤르켐은 젊은 시절에 그러한 야심을 포기하고 아버지의 동의를 얻어 학문연구에 정진하기로 결심했다. 그는 마침내 파리의 명문학교인 고등사범학교(École Normale Supérieure)에 들어가, 후일 프랑스 지성계의 저명인사들이 된 동료학생들과 함께 공부를 시작했다. 그가 사회개혁과 국가재건에 관한 관심을 발전시킨 것도 바로 그곳에서였다. 그러나 뒤르켐은 고등사범학교의 분위기에 들떴음에도 불구하고, 그곳의 교육 스타일에 대해서는 비판적이었다. 그는 그곳의 교육방식이 그다지 과학적으로 엄밀하지 못하다고 느꼈다. 졸업 후 뒤르켐은 철학교사가 되었고, 박사학위 논문주제로 개인주의와 사회주의 간의 관계를 선택했다. 그 당시 프랑스에서 사회학은 그리 높게 평가되지 않고 있었고, 대체로 그것은 오귀스트 콩트(Auguste Comte, 1798~1857)의 추종자들과 관련되어 있었다. 콩트는 '실증'과학의 궤도 내에서 사회의 연구를 꾀하면서도 새로운 '인류교(religion of humanity)'를 창시하는 것과 관련한 기이한 생각을 하기도 했다. 당시 프레데릭 르 플레(Frédéric Le Play, 1806~1882)의 가족생활 연구를 제외하고는 사회학은 철학개론의 수준에 머물러 있었다. 1884년에서 1886년 사이에 뒤르켐의 생각들은 개인과 사회 간의 관계라는 문제를 축으로 응축되기 시작하여, 비교적 새로운 과학인 사회학만이 이 문제를 해명할 수 있으리라는 결론에 도달했다. 사회학이 사회변화의 과정과 사회질서의 조건을 규명하고, 그럼으로써 그 둘을 더욱 효과적으로 관리할 수 있을 것으로 보였다. 그 당시 프랑스의 많은 다른 학자와 마찬가지로 뒤르켐 역시 새로운 형태의 사회적 성원의식을 수립하고 자유주의에 바탕을 둔 새로운 세속적 시민도덕을 확립함으로써 공화국을 되살릴 필요가 있다는 데 관심을 집중했다. 그는 잠시도 그러한 관심을 잊은 적이 없었다. 그는 사회를 재조직하기 위한 시도는 단지 과학적 지식에 의해 인도될 때에만 효과적일 수 있다고 생각했다. 따라서 그는 사회 속에서 작동하는 인과적 힘에 대한 연구를 자신의 독특하고 독자적인 주제로 삼는 사회학을 견고한 과학적 토대 위에 자리 잡게 하는 것을 첫 번째 과업으로 삼았다.

1887년 뒤르켐은 보르도 대학교에서 교양교수직을 얻어 학자생활을 시작했으며 그 후 15년간 매우 생산적인 활동을 했다. 그 기간 동안에 뒤르켐은 평론과 부수적인 논문들 말고도『사회분업론(The Division of Labour in Society)』(프랑스어 초판은 1893년), 몽테스키외 연구,『사회학적 방법의 규칙(The Rules of Sociological Method)』(1895), 그리고 『자살론(Suicide)』(1897)을 발표했다. 1902년에는『사회학연보(Année Sociologique)』를 창간하여 편집을 맡았다. 그는 '사회적 연대', 도덕교육, 가족, 자살, 법사회학, 정치사회학, 범죄학, 종교, 사회주의 역사 등 광범위한 주제들에 대해 강의했다. 그는 또한 세속교육운동을 통해, 그리고 더 일반적으로는 교육개혁을 통해 대학행정에서도 적극적인 역할을 수행했다. 1902년 파리의 소르본 대학교 교육학과에서 자리를 얻을 수 있었던 것도 바로 교육에 대한 그의 연구 때문이었다.

그의 임용에 일부 반대가 있었음에도 불구하고, 뒤르켐은 매우 영향력 있는 인물이 되었다. 그의 교육학 강의는 소르본에서 철학, 역사, 문학, 어학분야의 교사자격증을 취득하려는 학생들에게 유일한 필수과목이었다. 그리고 그는 프랑스 교육계 내에서도 상당한 권위자가 되었다. 그 당시부터 그의 사회학적 작업은 보다 직접적으로 도덕에 초점을 맞추기 시작했다. 비록 뒤르켐이 도덕이라는 주제에 대해 자신이 기획했던 저서를 완성하지는 못했지만, 도덕에 대한 그의 집중적인 관심은 다양한 모습으로 그의 작업 도처에서 분명하게 드러난다. 철학의 중심적인 인식론적 문제들 중 일부를 자신이 과학적으로 더 적절하다고 간주한 용어로 재진술하고자 하기는 했지만, 그는 항상 철학에 대해 심원한 경의를 표했다. 그러한 작업은 1903년에 마르셀 모스(Marcel Mauss)와 함께 쓴『원시적 분류체계(Primitive Classification)』로 모습을 드러냈다. 또한 지식과 관련한 철학적 문제를 지식사회학의 문제로 전환시키고자 한 그의 시도는 1912년에 출간된 또 다른 주요 저작, 즉『종교생활의 기본형태(The Elementary Forms of Religious Life)』에서도 두드러지게 나타난다. 1914년 전쟁이 발발하자, 뒤르켐은 국민들을 전쟁에 동원하는 데 전력을 다했다. 그 일은 1916년 불가리아 전선에서 외아들이 전사했다는 소식을 접하고 좋지 않던 건강상태가 더욱 악화될 때까지 계속되었다. 바로 그 해 그는 자신이 관여하던 수많은 위원회 중 한 회의에 참석한 후 뇌졸중을 일으켜 몇 달 동안 요양했다. 뒤르켐은 1917년 11월 15일 도덕에 관한 주요 저작을 완성하지 못한 채 59세의 나이로 세상을 떠났다.

마르크스와 달리, 뒤르켐은 지성계와 교육계에서 저명한 인물이 되었다. 또한 그가 당시의 정치인들에게 적지 않은 경멸감을 드러냈음에도 불구하고, 그의 저작은 정치인들에게 광범위하게 영향을 미쳤다. 하지만 그것이 그의 저작의 많은 곳에서 드러나는 비판적 날카로움을 무뎌지게 한 것은 아니었다. 그리고 사회학에서 그가 자주 보수적인 이론가로 규정지어지는 것은 다소 아이러니하기도 하다. 뒤르켐의 연구에 대한 그러한 유형의 비판들은 대체로 그 당시의 마르크스주의자들에 의해 개진되었다. 이를테면 조르주 소렐(Georges Sorel, 1847~1922)은『사회학적 방법의 규칙』의 치밀함을 인정하면서도, 또한 그 책을 '보수적 민주주의'를 지지하는 저작으로 간주했다. 즉, 그 책이 계급투쟁의 역사적 중요성을 무시하고, 분석에서도 충분히 유물론적이지 못하다는 것이었다. 결코 마르크스주의적 사회주의자가 아니었음에도 불구하고, 뒤르켐은 경제관계를 보다 더 정의롭게 만드는 데 강한 관심을 가지고 있었으며, 그러한 견지에서 국민교육과 도덕적 발전을 촉구하고 산업이 더욱 과학적이 되기를 바랐다. 도덕적 전망을 놓고 볼 때, 뒤르켐은 자유주의적이었고, 반교권주의자였으며, 무엇보다도 도덕주의자였다. 그의 사회주의는 비마르크스주의적인 프랑스 전통의 이상주의와 정당정치에 대한 혐오에 기초한 것이었다. 따라서 그의 사회주의는 혁명적이라기보다는 개혁주의적이었고, 특정 계급에 초점을 맞추거나 경제적 유물론의 낡은 교리로 간주되는 것 — 즉, 가치이론과 계급갈등이론 — 에 초점을 두는 것이 아니라 그가 전체 사회에 대한 적절한 과학적 분석이라고 바라본 것에 초점을 맞추었다. 그는 사회주의사회에서도 국가는 다른 영향력 있는 기관들 — 국가의 지배를 받지만 그것에 전적으로 예속되지는 않는 강력한 기관들 — 과 함께 중요한 역할을 수행할 것이라고 보았다. 하지만 뒤르켐은 역사적으로 사회주의와 사회학이 서로 맞물려 발전하여왔음을 인정하면서도, 전자는 과학적 기획이 아니라고 보았다. 단지 과학적 사회학의 발전을 통해서만 사회주의의 발흥이 낳을 사회불안에 적절히 대처할 수 있었다. 그의 사회주의는 협동과 조직화라는 이상에 의해 고무되고, 사회에 대한 충분히 발전된 과학에 의해 뒷받침되는 사회주의였다. 뒤르켐의 추종자들 중 많은 사람이 또한 그러한 추상적이고 지적이며 개혁주의적인 사회주의를 지지했다. 요컨대 마르크스가 사회악을 치유할 수 있는 유일한 수단으로 혁명을 상정한 데 비해 뒤르켐은 보다 절실히 요구되는 사회변화를 이룩하기 위해 필요한 것은 적절한 지식에 입각하여 교육·도덕·사회적 성원의식을 개혁하는 것이라고 보았다.

하지만 뒤르켐은 정당정치에 관여하는 것은 학자가 할 일이 아니라고 느꼈다. 베버와 같이 뒤르켐은 한 시민이 공적·정치적 쟁점에 대해서는 특정한 입장을 취할 의무가 있지만, 정치적 목적을 위해서 학문의 권위가 이용되어서는 안 된다고 주장했다. 하지만 그러한 견해가 뒤르켐이 그 당시 프랑스에서 가장 큰 쟁점 중의 하나였던 드레퓌스 사건(Dreyfus Affair)에 관여하는 것을 가로막지는 못했다. 뒤르켐은 드레퓌스 사건을 파당적인 정치적 사건으로 간주했다. 그는 대체로 그러한 사건들을 혐오했지만, 드레퓌스 사건의 경우에는 프랑스 사회에 심대한 도덕적 결과를 가져올 사건으로 간주했다. 스파이 활동으로 고발당한 유대인 장교 드레퓌스에 대한 재판과 투옥은 군대, 교회, 법제도를 수호하고자 하는 한편의 사람들과, 위기를 초래한 바로 그 제도들을 공격함으로써 드레퓌스 판례의 부당성과 싸우고자 하는 다른 한편의 사람들로 프랑스사회를 사실상 양분시켰다. 뒤르켐은 드레퓌스 진영을 지지했고, '인권옹호연맹(Ligue pour la Défense des Droits de l'Homme)'의 회원이 되어 보르도 지부의 간사로 적극적으로 활동했다. 그 지부는 드레퓌스에 대한 유죄판결은 공화국의 정의를 희화화하는 것이며 반대세력을 제압하는 것이라는 견해를 견지하고 있었다.

뒤르켐이 볼 때, 프랑스 사회를 괴롭히는 불안상태는 도덕적 신념의 권위와 합의가 해체되었기 때문이었다. 진정한 사회문제는 사회주의가 불평하는 경제적 불평등이라기보다는 오히려 도덕적 해체였다. 따라서 사회학자의 임무는 원칙적으로 교육자들로부터 시작되는 교육체계의 개혁을 통하여 그러한 도덕적 신념을 재확립할 수 있는 방법을 발견하는 것이었다. 드레퓌스 사건이 한창일 때, 뒤르켐은 보르도에 대학 교수와 학생들이 정치적·이데올로기적 쟁점을 놓고 토론하는 단체인 '세속청년단 (La Jeunesse Laïque)'을 창립하는 것을 도왔다. 프랑스 전역에 걸쳐 있던 그와 유사한 단체들과 마찬가지로 '세속청년단'은 점점 더 정치적 성향을 띠었고, 사회주의적·반군국주의적 지향을 보였다. 교육과 관련하여 뒤르켐은 사회학과 교육학의 관계는 이론과 실천의 관계이며, 그러한 점에서 이 두 과학은 전통적 종교에 대한 좀 더 합리적인 대체물일 수 있다고 주장했다. 뒤르켐에 따르면, 아이들에게 사회와 사회의 도덕적 책무에 대해 생각하도록 가르쳐야만 하고, 그러한 수단을 통해 더욱 효과적이고 세속적인 도덕을 위한 토대가 마련되어야 했다. 1902년에 소르본 대학교에 임용되면서 그는 자유롭고 세속적인 국가교육체계의 형성에 주요한 영향을 미칠 수 있었다. 그리고 그 교육체계가 프랑스 사회의 도덕적 토대를 확보할 것으로 기대되었다.

우리가 다루는 세 명의 사상가 중에서 정치적으로 활동한 것은 마르크스와 베버였지만, 자신의 생애 동안 사회에 가장 즉각적인 영향을 미친 것은 아마 뒤르켐일 것이다. 하지만 사회학이라는 학문 내에서 그의 영향력은 그리 오래가지 못했다. 자주 그의 광범위한 저작은 무시된 채 자살연구만이 그의 주요 공헌으로 인식되어왔다. 그럼에도 불구하고 그가 사회학의 몇몇 핵심 문제를 규명하면서 이룩한 공헌과 그의 생각이 (자주 무단삭제된 형태로) 사회학의 일반적 전망의 일부가 되어온 방식을 과소평가하는 것은 잘못일 것이다. 우리는 어쩌면 오늘날 뒤르켐에 대한 구조주의적 독해의 견지에서는 놀랄 만한 주제일 수 있는 것, 즉 사회적 행위라는 테마로부터 논의를 시작할 것이다. 그가 계몽주의 이래로 사회사상을 지배해온 개인주의적 전제를 공격하기 시작한 것도 바로 이 주제를 다루면서였다.

사회적 행위의 연구

뒤르켐은 사회학을 특히 심리학과 구분되는 하나의 독자적인 탐구형태로서 자신의 존재를 정당화할 수 있는 강단 학문으로 확립하는 데 혼신의 노력을 기울였다. 어쨌든 하나의 연구주제로서의 '사회적'인 것(the 'social')이라는 관념은 베버 시대와 그 이전 시기의 독일에 비해 프랑스 지성계에서는 그다지 발전하지 않았었다. 하지만 뒤르켐에게도 몇몇 탁월한 선학이 있었는데, 그중 한 사람이 콩트였다. 서론에서 지적했듯이, 콩트는 '사회학'이라는 용어를 만들어냈으며, 과학적 지식이 근대사회에서 지배적인 사유양식이 되어 종교적·형이상학적 사고를 대체해야만 한다고 주장하는 '실증주의' 교의를 창시했다. 또 다른 사람은 몽테스키외(Montesquieu, 1689~1755)였다. 그는 『법의 정신(Spirit of Laws)』(1748)에서 사회의 법률과 사회조직의 다른 측면들 간에는 체계적 관계가 존재한다는 것을 보여주기 위해 노력했다. 뒤르켐은 몽테스키외의 그와 같은 작업을 사회학의 주제를 규정하는 데서 중요한 예비적 연구로 간주했다.

뒤르켐은 콩트의 공헌, 즉 "사회의 법칙은 자연의 나머지 부분들을 지배하는 법칙과 전혀 다르지 않으며, 그 법칙을 발견하는 방법 또한 다른 과학의 방법과 동일하다는 것을 입증한" 것(Lukes, 1973: 68에서 재인용)에 만족을 표했다. 그러나 과학적 방법의 단일성에 대한 뒤르켐의 견해가 빈번히 그를 '실증주의자'라고 칭하게 해왔지만, 그 스스로는 그렇게 생각하지 않았다. 콩트가 실증주의를 새로운 '인류교'의 토대로 삼고자 했지만, 뒤르켐은 그러한 관념과 몹시 거리를 두고 싶어 했다. 뒤르켐 사상의 실증주의적 측면은 그의 사상의 근원을 이루는 합리주의적 확신의 산물이었다. 뒤르켐이 볼 때, 과학적 추론만이 유일하고도 타당한 이해의 형태였다. 그는 과학적 추론이 사회적 삶에까지 확대된다면 사회적 활동도 자연현상과 동일한 방식으로 원인과 결과에 종속된다는 것을 보여줄 수 있을 것이라고 생각했다. 이러한 원인-결과 관계의 이해가 사회의 계획과 재구조화를 위한 유일하고도 견실한 토대였다.

현대사회학에서 사회학자들이 서로 대조되는 것으로 간주되는 두 가지 관심 — '사회적 행위'에 대한 관심과 '사회구조'에 대한 관심 — 중 어느 하나에 할당되는 것은 흔한 일이다. 일반적으로 베버는 전자 유형의 사회학적 관심의 전형적인 표본으로, 그리고 뒤르켐은 후자 유형의 전형적인 표본으로 간주된다. 그러한 분할의 기본 쟁점이 사회가 개인들의 집합체 이상의 어떤 것으로 이루어지는지의 여부에 관한 것이라면, 그러한 구분이 전적으로 부적절하다고는 할 수 없다. 베버는 그러한 생각을 거부하고, '사회', '계급', '사회구조' 등과 같은 집합적 용어들이 수많은 개인들의 행위의 약어적 표현에 지나지 않는다고 주장했다. 하지만 뒤르켐은 사회적 집합체는 개인들의 단순한 집합 이상의 것이라고 주장했다. 사회적 집합체들은 개별적인 개인들의 속성과는 다른 속성을 갖는 전체적인 (holistic) 현상이었다. 그러한 전체의 발전과 작동은 그 전체에 독특하게 적용되는 법칙의 산물이며, 그것을 확인하는 것이 사회학이라는 과학의 과업이었다. 하지만 뒤르켐은 사회학이라는 새로운 과학은 그가 뿌리 깊은 편견이라고 바라본 것, 즉 사회적 삶은 전적으로 개인들의 심리를 통해 이해되어야만 한다는 생각에 맞서, 사회적 전체의 독자성을 강력하게 주장할 필요가 있다고 생각했다. 그의 의도는 '개인'과 '사회' 간을 대비시키는 것이 그릇된 것임을 보여주는 것이었다. '개인'과 '사회'를 단순하게 대비시키는 것이 아니라 개인과 사회를 서로 연결시켜주는 요소를 규명하는 것이 바로 뒤르켐이 지속적으로 관심을 기울인 작업이었다.

299

우리가 앞에서 언급한 적이 있는 대단히 영향력 있는 연구인『사회적 행위의 구조』에서 탤콧 파슨스는 세기의 전환기에 저술활동을 했던 몇몇 경제학자와 사회학자 — 그가 지난 수세기 동안 사회적 삶에 대한 사고를 지배해온 준거틀과 단절하고 있다고 판단한 — 의 사상의 수렴점을 추적하고자 했다. 그러한 '수렴'에서 가장 중요한 두 인물이 뒤르켐과 베버이다. 대체로 검증되지 않은 가정들에 대해 불만을 가졌던 이 두 학자는 경제·정치·사회이론을 구축했다. 파슨스는 그러한 가정들은 토머스 홉스(Thomas Hobbes)의『리바이어던(Leviathan)』(1651)에까지 거슬러 올라갈 수 있는 공리주의적 전통에 터하고 있다고 주장했다. 뒤르켐이 공격한 표적의 많은 것이 19세기 영국 사회학자 허버트 스펜서(Herbert Spencer, 1820~1903)의 공리주의였다. 스펜서는 아마도 사회의 상태와 진보를 분석하는 데서 맨 먼저 진화론을 주장한 학자였을 것이다. 그의 진화론은 공리주의적 개인주의와 결합되어 있다. 그는 1874년에 출간된『사회학의 원리(Principles of Sociology)』에서 사회에 대한 유기체론을 개진했다. 그 이론에 따르면, '최적 형태(fittest form)'가 살아남을 수 있는 것은 그것이 사회체계에 기능적이기 때문이었다. 유기체와 마찬가지로 사회체계는 내적 분화와 통합의 과정을 통해 환경에 적응한다. 스펜서에 의하면, 사회진화의 초기 시기에는 생존을 위한 투쟁이 적응의 주요 메커니즘이었으나, 더 진보한 사회에서는 협동과 이타주의가 지배한다.

뒤르켐의 공리주의 비판

가장 단순하게 표현하면 공리주의는 인간 행동은 기본적으로 쾌락의 욕망과 고통의 회피에 의해 추동된다고 주장한다. 본질적으로 인간의 사고는 열망하는 것을 가장 효과적으로 획득할 수 있는 방식을 산정하는 계산의 형태를 취한다. 그리하여 개인들은 자신이 얻을 수 있는 쾌락의 양을 최대화하고, 그에 상응하여 자신이 경험할 고통을 최소화한다. 만약 우리가 다양한 원망이나 욕망을 가지고 있고 또 수입이 고정되어 있는 한 개인을 상상해본다면, 그 개인은 자신이 누릴 수 있는 만족의 양을 최대화할 수 있는 방식으로 수입을 배분하고자 할 것이고, 자신의 수입의 양으로 어떤 원망들의 조합이 가장 많은 쾌락을 산출할 것인지를 계산하는 식으로 수입을 배분할 것이다. 이러한 가정들은 경제학에 상당한 기여를 해왔다. 그 가정들은 '경제인(economic man)'이라는 이상화를 구성할 수 있게 했고, 그 위에 정교화된 이론체계가 구축될 수 있었다. 그러나 그러한 가정들이 경제학에 유용하다는 것이 입증되었다고 해도, 뒤르켐이 보기에 그것들은 신생 사회학의 창출에는 유용하지 않았다.

뒤르켐이 제기한 이의 중 하나가 공리주의가 개인의 행위를 묘사하는 방식이었다. 공리주의는 인간이 자기이익을 엄밀히 계산하여 그 이익에 기초하여 행동한다고 묘사한다. 뒤르켐은 개인들이 결코 그러한 방식으로 행동하지 않는다고 말하고 싶어 하지는 않았지만, 사람들이 대부분의 경우에 그렇게 행동한다고 생각하지 않았다. 어쨌든 그러한 묘사는 사회학에 별로 유용하지 않았다. 물론 공리주의가 사람들이 항상 합리적으로 행동한다고 주장하지는 않았다. 그와는 반대로 사람들은 빈번히 비합리적일 수도 있다. 공리주의는 '비합리성'을 인간 행동의 유감스러운 사태로 격하시키지만, 뒤르켐이 볼 때, 공리주의가 요구하는 엄격한 합리적 속성을 결여한 행동이 사회가 어떻게 작동하는지를 이해하는 데 매우 중요했다.

보편적 현상인 범죄를 예로 들어보자. 모든 사회가 법, 법정, 경찰 및

301

그와 유사한 제도를 갖추고 있는 것은 아니지만, 뒤르켐은 모든 사회는 허용되는 활동과 금지되는 활동을 구별하고 있고 또 구별해야만 한다고 주장했다. 우리 사회와 같은 사회에서는 법, 법정, 경찰이 그러한 구별을 강제하는 데서 중요한 역할을 수행한다. 허용되는 것과 금지된 것이 뒤섞이는 정도는 사회마다 다르지만, 모든 사회는 허용되는 활동과 금지되는 활동(즉, '범죄')을 구별하고 있다. 단순하게 말하면 공리주의는 범죄는 해롭기 때문에, 즉 고통의 원인이기 때문에 금지되고, 범죄활동의 처벌은 고통을 통해 잠재적 범죄자를 억제하는 역할을 한다고 주장한다. 뒤르켐은 그러한 분석에는 심각한 결함이 있다고 보았다. 무엇보다도 그는 범죄에 대한 사람들의 반발은 합리적·도구적·계산적 거래로부터 예견될 수 있는 것이 아니라고 지적한다. 왜냐하면 범죄에 대해 사람들이 느끼는 반감은 심층적이고 강하기 때문이다. 그러나 공리주의적 관점에서는 그러한 반발을 이해할 수 없다. 하지만 뒤르켐은 그러한 반발이 범죄를 사회학적으로 이해하는 열쇠이며, 사회 자체의 성격을 이해하는 데 주요한 요소라고 주장한다.

표출적 행위의 사회적 의미

범죄에 대한 우리의 반발은 '표출적(expressive)' 양태를 띤다. 다시 말해 그것은 직접적인 실제적 또는 '도구적' 목적을 가지지 않는 행위양식이다. 그러한 반발은 화의 폭발이나 감정 표출 등과 같은 우리의 느낌을 표현한다. 뒤르켐은 우리의 표출적 행동을 두 가지 유형으로 나눈다. 우리와 다른 사람들이 다름을 표현하는 행동과 우리와 그들이 하나임을 표현하는 행동이 바로 그것이다. 범죄에 대한 우리의 반발은 두 가지 행동 모두를 드러낸다. 우리의 격분은 범죄자의 **행위**에만 적용되는 것이 아니라 그 행위를 하는 **사람**도 지향한다. 우리는 그러한 행위들이 중단되기만을 원하는 것이 아니라 범인이 고통 받기를 원한다. 더욱 극단적인 경우 우리의 반발은 범죄자를 비열하고 끔찍한 사람, 즉 그 밖의 다른 사람들과는 전적으로 다른 사람으로 바라보게 한다. 이처럼 우리는 범죄자에 대해 반발하면서 우리와 그 사람을 분리시킨다. 실제로 우리는 '우리와 같은' '정상적인' 사람과 범죄자와 같은 '비정상적인' 사람을 구분하는 선을 긋고 있는 것이다. 그리고 그 선은 때로는 범죄자를 사회의 나머지로부터 격리시키는 교도소에 의해 물리적으로 표현되기도 한다.

하지만 이러한 구별은 또한 통합을 수반한다. 우리가 범죄자와 거리는 두는 것만큼, 우리는 자신을 '우리와 같은' 사회의 다른 성원들과 함께 위치시킨다. 우리의 격분은 단지 우리가 개인적으로 범죄자에 대해 우연히 느끼는 어떤 것이 아니다. 그것은 일반적으로 우리가 다른 사람들과 **공유**하는 어떤 것이다. 우리는 그 감정이 단지 우리에게 격분을 일으킨 범죄자에 대한 우리 자신의 변덕스러운 반발이라고 느끼지 않는다. 우리는 어떤 '정상적인' 인간이 느끼는 것을 느낀다. 그리고 우리가 어떤 느낌을 강하게 받는 이유는 부분적으로는 수많은 다른 사람들, 말하자면 우리 집단의 나머지 사람들이 동일한 방식으로 똑같이 느낄 것이라고 확신하기 때문이다. 우리는 우리와 범죄자의 차이를 표현하면서, 동시에 우리가 사회의 다른 성원들과 동질적이라는 것을 표현한다. 우리는 그들과 '연대'감, 일체감, 그리고 통일성을 갖는다.

따라서 뒤르켐은 범죄로 확인되는 행위들은 널리 강력하게 받아들여지는 감상(sentiment)을 거스르는 행위라고 제시한다. 이를테면 우리 사회에는 아동의 성적 불가침성과 관련한 강력하고 공통적인 감정이 존재한다. 이를테면 그러한 감정이 강력하고 광범위하게 퍼져 있기 때문에 소아성애적 활동은 그처럼 강력한 반발을 불러일으킨다. 사람들의 사유재산권과 관련한 감정 또한 광범하게 존재하고 있기 때문에, 도둑질 역시 소아성애만큼 강력한 반발을 불러일으키지는 않지만, 격분과 처벌을 야기한다. 범죄자가 처벌받는 것은 처벌이 범죄자의 공격 행동이 야기한 격노한 감정을 완화시켜주기 때문이다. 우리는 그들이 고통 받는 것을 보고 싶어 하고, 그들이 고통 받을 때 만족해한다. 이처럼 우리의 표출적 반응은 우리가 범죄를 이해하는 하나의 중요한 토대이다.

행위의 상징적 성격

하지만 뒤르켐이 볼 때, 거기에는 '상징적' 측면 또한 포함되어 있다. 아마도 범죄자는 처벌받고, 자유를 박탈당할 것이다. 그러나 거기에는 또 다른 측면이 존재한다. 즉, 처벌은 범죄사건에서 매우 중요한 역할을 수행한다. 처벌은 공동체의 불승인을 상징한다. 범죄자로 유죄판결을 내리는 것의 처벌 효과 중 하나는 다른 사람들의 불승인으로 인해 범죄자가 받게 되는 수치심이다. 뒤르켐은 우리가 범죄자가 처리되는 법적 절차의 매우 공적인 성격뿐만 아니라 범죄가 처리되는 방식, 즉 범죄의 발생과 범죄자의 신분확인과 처벌이 공동체 전체를 시끄럽게 만드는 방식이 갖는 매우 **공적인** 성격에도 주목하기를 원한다. 덜 딱딱하게 말하면, 공개재판과 범죄자에 대한 유죄판결은 하나의 굴욕적인 경험이다. 범죄자는 전체 공동체에서 승인받지 못하고 있다는 것을 느끼게 된다. 이처럼 범죄자 취급은 공동체의 불승인을 상징하고, 그와 동시에 공동체가 지지하지 않은 것, 다시 말해 범죄자가 행하는 행위와 공동체가 지지하는 것 간의 대립을 상징한다. 뒤르켐이 볼 때, 우리가 느끼는 강한 긍정적·부정적 느낌과 우리 사회의 상징화에 기여하는 것들 간에는 매우 강력한 관계가 존재한다. 우리가 앞으로 살펴볼 종교의 경우에서 그러한 관계가 갖는 엄청난 의미를 포착할 수 있을 것이다.

뒤르켐은 처음부터 공리주의가 제안한 종류의 '개인주의적' 이론들을 그 지적 내용 및 도덕적·정치적 함의의 측면 모두에서 그토록 철저하게 반대했다. 그러나 그가 사회만이 중요하다는 정반대의, 그러나 똑같이 극단적인 견해를 제시하지 않았다는 점을 깨달을 필요가 있다. 이를테면 공리주의자들이 개인과 개인들의 도구적 목적을 제외하고는 아무것도 실재하지 않는다고 인식하는 반면, 뒤르켐은 오직 사회만이 실재한다고 끊임없이 주장함으로써 정반대의 견해를 피력하는 것으로 때때로 독해되기도 한다. 우리가 뒤르켐의 개별 행위 개념에서 논의를 시작한 것도 바로 그의 입장에 대한 이 같은 독해를 피하기 위해서이다. 우리가 뒤이어 살펴보듯이, 뒤르켐의 목적은 개인 대 사회라는 식의 문제의식을 단호하게 거부하는 것이었다. 뒤르켐의 연구는 중요한 측면에서 이 문제를 수사학적으로 지적한 것이다. 처음에는 '개인'은 명백히 식별할 수 있는 유형의 실제적 단위인 반면 '사회'는 무형의 비실제적 단위인 것처럼 보일 수도 있기 때문에, 사회는 그 자체로 하나의 실체이고 개인은 사회의 창조물이라는 취지의 주장은 설득력이 없어 보일 것이다. 공리주의적 가정이 지배하는 풍토에서는 특히 더 그렇다. 따라서 뒤르켐은 자신의 주장을 입증할 책임이 자신에게 있는 만큼 그 논지를 보다 강력하고 설득력 있게 펼칠 필요가 있다고 생각했다. 그리하여 그는 사회의 실체성을 강조했고, 그 논리적 결과로 그의 주장에는 개인을 위한 여지가 전혀 존재하지 않는 것처럼 보일 수도 있었다. 하지만 이는 앞서도 언급했듯이 부분적으로는 뒤르켐이 자신의 입장을 강렬하게 진술할 필요가 있다고 느꼈기 때문이기도 하다. 우리는 뒤르켐이 자신의 입장을 지나칠 정도로 강하고 단호하게 진술했다는 것을 부인하지는 않는다. 그러나 우리는 그러한 뒤르켐의 주장은 뒤르켐의 본질적 논점을 과장해서 진술한 것일 뿐이라고 제시할 작정이다. 앞으로 우리가 보여주려고 노력하듯이, 뒤르켐의 주장은 자주 생각되는 것처럼 그렇게 설득력이 없는 것이 아니다. 뒤르켐은 개인의 실체를 부정하고자 한 것이 아니라 오히려 개인의 본질을 이해하고자 했으며, 오직 사회의 이해를 통해서만 개인을 이해할 수 있다고 느꼈다.

우리가 개별 행위의 개념이 뒤르켐을 이해하는 중요한 열쇠라고 강조해왔지만, 우리가 지적했듯이 그가 개별 행위에 주목하는 방식은 그의 원래의 주요 관심사 가운데 하나, 즉 개별 행위가 전체 사회의 응집성에 기여하는 방식에 의해 인도되고 있었다.

사회라는 실체

사회는 기본적으로 일정한 경계를 갖는 단위이다. 따라서 사회는 자주 영토라는 지역과 동일시되기도 하지만, 그럼에도 불구하고 사회 그 자체는 본질적으로 지리학적 단위가 아니다. 이를테면 오스트레일리아 원시사회 — 뒤르켐은 『종교생활의 기본형태』에서 그들의 의례를 중심적인 연구대상으로 삼았다 — 도 사회였지만, 그 사회는 우리의 사회와 같은 방식으로 영토에 기초하지는 않았다. 뒤르켐이 오스트레일리아 원주민들에게 관심을 갖는 이유는 부분적으로는 그들이 대부분의 시간을 소집단으로 흩어져서 광대한 오스트레일리아 대륙을 방랑하고 있었음에도 불구하고 어떻게 사회를 유지할 수 있었는가 하는 의문 때문이었다. 그는 이 문제를 해명함으로써 모든 사회의 사회적 연대의 근원을 밝혀낼 수 있을 것이라고 느꼈다. 사회는 본질적으로 성원의식, 즉 내부 사람과 외부 사람의 구별에 기초하여 규정된다. 우리가 살펴보았듯이, 뒤르켐에 따르면 그러한 구별이 범죄자 처리의 뿌리를 이루고 있었다. 이것이 바로 사회의 경계를 설정하는 문제이다. 다시 말해 사회의 경계가 한 사회의 성원인 사람들과, 그 경계 밖에 위치하여 그 사회의 정상적 생활의 일부를 이루지 못하고 실제로도 그 사회의 정상적인 성원들이 누릴 수 있는 특권을 부정당하는 사람들을 구별짓는다. 이 경우 사회의 경계는 **도덕적**인 것이고, 뒤르켐이 볼 때 사회는 본질적으로 도덕적 현상이다. 즉, 사회의 경계는 '그들'과 대립되는 것으로서의 '우리'를 규정하는 행동의 기준에 관한 것이다.

사회의 도덕적 성격

사회를 도덕적 현상으로 바라보는 관념은 개인들이 자신의 행위를 효율성과 관련하여 평가하는 공리주의적 묘사와 날카롭게 대비된다. 공리주의는 쾌락을 가져다주거나 고통을 피하게 해주는 정도에 따라 개인의 행위를 평가한다. 사람들이 그러한 문제에 자주 관심을 갖는다는 데에는 의심의 여지가 없지만, 사람들이 단지 효율성의 문제에만 관심을 갖는 것은 아니다. 사람들은 또한 옳고 그름을 숙고하여 자신의 행동의 방향을 설정한다. 즉, 사람들은 행동의 도덕적 성격에 관심을 갖는다. 뒤르켐이 볼 때, 이러한 사실은 그가 사회학을 도덕적 사실에 대한 과학이라고 말할 정도로 사회적 삶의 이해에 매우 중요하다. 우리가 '도구적' 목적을 가지고 있고 또 '공리주의적' 관심을 가지고 있기는 하지만, 우리가 전적으로 도구적 목적만 갖거나 전적으로 공리주의적 관심만을 갖는 것은 아니다.

이를테면 배고픔은 공리주의적 묘사로는 불쾌한 감각, 즉 고통스러운 감각으로 회피되어야 한다. 엄격히 도구적인 관점에서 보면, 사람들은 전적으로 음식물의 획득을 통해 배고픔이라는 불편을 줄이는 데 관심을 갖는다. 아기를 요리하여 먹는 것이 다른 음식을 통해 배고픔의 불편을 없애는 것만큼이나 효율적일 수도 있다. 물론 실제로 배고픔을 느낄 때 사람들은 부엌이나 냉장고, 또는 식품 저장실을 바라보지, 아기 방을 바라보지 않는다. 더 정확하게 말하면, 우리 중의 극소수가 굶주림을 해결하기 위한 방법으로 아기를 먹는 것마저 생각할 수도 있다. 하지만 실제로는 아기를 먹는다는 터무니없는 상상적 제안만으로도, 조너선 스위프트(Jonathan Swift)가 『겸손한 제안(A Modest Proposal)』(1729)에서 아일랜드의 기근이 아기를 먹는 관행에 의해 경감될 수 있을 것이라는 풍자적인 제안을 했을 때처럼 혐오감을 불러일으킬 것이다. 따라서 우리가 노골적으로 도구적·공리주의적 방식으로 행동할 때조차도, 우리는 실용적인 관점에서 그 행동이 우리의 목적에 도움이 된다고 할지라도, 우리가 어떤 일을 할 때 오직 효율성이라는 측면에서만 모든 것의 경중을 가늠하지는 않는다. 아기를 먹는 것은 하나의 선택지가 아니다. 왜냐하면 그것은 우리에게 잔인무도하고 비도덕적이고 사악한 행동이기 때문이다. 사회성원 대다수가 오랜 기간 동안 '합리적'인 것으로 간주한 행동도 우리 사회의 동료들이 승인하는 동일한 공간 내에서만 합리적이다. 마찬가지로 우리의 삶의 목표와 우리가 그 목표를 추구하기 위해 진지하게 검토할 수 있는 방법들도 다른 사람들의 그것과 대체로 유사할 것이다. 왜냐하면 **우리와 그들이 함께** 용인하는 행동의 유형들이 올바르고 허용할 수 있고

고전사회학의 이해

적절한 것 — 한마디로 **도덕적**인 것 — 들이기 때문이다. 공동체 내에서 금지된 행동이 비록 실용적으로는 효율적일지라도 실제로는 그러한 행동에 의지하는 일은 말할 것도 없고 그러한 행동방식을 고려하는 일도 좀처럼 없다.

뒤르켐이 볼 때, 공리주의적 묘사는 사회적 행동의 '합리적' 성격만을 배타적으로 강조하는 너무나도 편협한 것이었고, 그 결과 사회적 행위와 사회의 표출적·상징적·도덕적 측면이 갖는 중요성이 가려져버렸다. 하지만 지금까지 무시되어온 행위의 그러한 측면을 단지 공리주의적 견해에 대한 교정책으로 내세우는 것이 뒤르켐의 목적은 아니었다. 뒤르켐이 그렇게 한 것은 그러한 측면들이 사회 자체의 가능성과 본성을 이해하는 데 매우 중요하다고 느꼈기 때문이었다. 우리가 앞에서 언급했듯이, 뒤르켐의 표적은 특히 허버트 스펜서였다. 스펜서는 일련의 실제적인 연구들에서 사회는 마치 시장에서 개인들 간에 이루어지는 일련의 거래인 것처럼 이해될 수 있다고 주장했다. 홉스 및 그 이전의 다른 사회계약론자들처럼 스펜서는 사회는 계약에 의한 동의에 기초한 것으로 가장 잘 이해할 수 있다고 주장했다. 그에 따르면, 사회가 전적으로 각기 자신의 이익을 추구하는 무자비한 개인들 간의 갈등으로 점철되지 않는다는 사실은 사회성원들이 암묵적이기는 하지만 계약을 통해 타협하고 그 계약에 따라 삶을 살아왔고 또 살아가고 있다는 생각에 의해 설명될 수 있다. 그러므로 스펜서는 시장이 개인들 사이에서 작동하며 서로 간에 동의를 만들어내듯이 사회도 그 규모가 더 크고 방대하기는 하지만 시장과 동일한 방식으로 작동한다고 생각했다. 그에 따르면, 사회의 성원들은 자신들의 행동에 대한 특정한 제약을 감수하기로 동의한다는 것이다. 하지만 뒤르켐은 다르게 생각했다. 실제로 뒤르켐이 스펜서의 구상, 좀 더 일반적으

309

로는 공리주의적 가정에 반대한 것은 그 가정이 앞뒤가 바뀌어 있기 때문이었다. 즉, 모든 공리주의적 주장은 개인의 본성에 대한 가정으로부터 추론하여 사회를 이해하고자 한다는 것이었다. 뒤르켐이 볼 때, 사회는 사회를 구성하는 개인들의 합 이상의 것이었고, 그러한 '그 이상의 어떤 것'이 사회학이라는 과학의 독특한 연구영역이다.

물론 당시에는 사회학이라는 과학이 진정한 과학으로 존재하지 않는 상황이었고, 뒤르켐이 지적한 독자적인 영역 또한 그때까지 체계적으로 연구되지 않고 있었다. 뒤르켐은 사회학을 과학으로 끌어올리기 위해서는 몇 가지 근본적인 방법론적 문제, 특히 공리주의적 가정의 부적절성으로부터 비롯되는 문제들에 대처할 필요가 있다고 주장했다.

사회학의 영역

공리주의는 사회는 사회를 구성하는 개인들 그 이상의 것이 결코 아니라는 계몽주의적 관념을 보존한다. 그러한 견해에 따르면, '사회'는 단지 그러한 개인들 모두의 상호작용을 지칭하는 이름, 즉 개인들이 도구적인 공리주의적 목적에 기초하여 자신들의 일을 수행하는 것으로부터 결과하는 특정한 양상을 일컫는 이름일 뿐이다. 사회를 이해하는 것은 경제학에서 '가격'을 '수요'와 '공급'의 상호작용으로 이해하는 것과 다를 게 없다. 수요와 공급 그 자체는 개인들이 내린 의사결정의 결과이다. '수요'는 단지 개인들이 자기 수입의 일부를 특정 재화에 지출하기로 한 모든 결정의 총합이다. 마찬가지로 '공급'은 단지 개인들이 어떤 재화를 생산하여 시장에 내놓기로 한 모든 결정을 합한 것으로 규정된다. 이처럼 가격이 어떻게 결정되는가를 이해하는 것은 본질적으로 개인들이 어떻게 경제적 결정을 하는지에 대한 이해를 포함한다. 그리고 경제학에서 모델을 구성하기 위해 흔히 의존하는 것이 넓은 의미에서의 공리주의적 가정들이다. 이러한 방식으로 볼 때, '사회'는 개별 행위들의 집합적 유형을 지칭하는 이름일 뿐이고, 사회가 어떻게 작동하는가를 이해하기 위해서는 개인들이 행위를 조직하는 방식을 경제학과 유사하게 분석할 것이 요구된다.

뒤르켐은 이러한 주장은 사회학의 가능성을 부정하는 것이라고 보았다. 사회학이라는 과학이 존재하려면, 거기에는 사회학이 다룰 수 있는, 그리고 사회학만이 유일하게 다룰 수 있는 '수준'의 실체가 반드시 존재해야만 하기 때문이다. 사회학이 "사회에 대한 과학"이라면, 사회는 그자체로 하나의 실체여야만 한다. '사회'가 단지 개인들의 행위를 집합한 것을 지칭하는 이름일 뿐일 수는 없다. 왜냐하면 그렇다면 사회학은 단지 개인들의 사고과정과 행위에 대한 연구에 불과하게 되고, 그것은 이미 심리학에 속하는 영역이기 때문이다. 사회학의 프로젝트는 단순한 개인들의 집합체 '이상의' 것이자 사회학이라는 독특하고 독자적인 과학에 진정한 주제를 제공해주는, 실재하는 현상으로서의 사회를 요구했다. 뒤르켐은 그러한 수준의 실체가 존재한다고 확신했다. 하지만 그것을 확증하기 위해서는 가장 중요하게는 그가 공리주의적 가정의 헤게모니로 판단한 것을 파괴할 필요가 있었다. 그가 볼 때, 공리주의적 가정은 실체의 개인적 또는 심리적 수준과 집합적 또는 사회적 수준 간의 관계를 잘못 이해하고 있었다. 뒤르켐은 자신의 확신을 정당화하고 명료화하기 위해 얼마간 무리한 주장을 펼칠 수밖에 없었다.

1895년에 첫 출간된 뒤르켐의 『사회학적 방법의 규칙』이라는 책 — 이책에는 앞서 묘사한 범죄에 대한 설명이 들어 있다 — 은 사회에 대한 연구를 하나의 과학적 모험으로 바라보는 견해가 가져올 결과를 입증하고자 한 그의 초기 시도였으며, "사회적 사실(social facts)을 사물(thing)로 취급하라"라는 그의 훈령으로 매우 악명 높다. 뒤르켐이 볼 때, 과학의 지표는 그것이 사실을 다룬다는 것이다. 각기의 자연과학은 자연적 사실들(natural facts)을 연구한다. 따라서 사회학이 하나의 과학이 되기 위해서는 그것 또한 사실을 다루어야만 한다. 그러나 사회학이 다루는 사실은 자연과학이 다루는 사실 못지않게 사실이고 또 실재하지만, 그것과는 분명 다른 종류의 것이다. 사회학이 다루는 사실은 '사회적 사실'이다.

사회적 사실 "사회적 사실을 사물로 간주하라"라는 훈령은 실제로는 두 가지 중요한 요소로 이루어져 있다. 첫째는 사회적 사실은 자연적 사실처럼 바로 그 자체로 사실이며 그것만큼 실재한다는 주장이고, 둘째는 그러한 사실에 대한 과학을 구축하기 위해서는 자연과학이 자연적 사실에 대해 취하는 것과 동일한 탐구 자세를 취할 필요가 있다는 주장이다.

　뒤르켐은 우선 무엇이 어떤 것을 사실로 만드는가라는 일반적인 질문을 통하여 문제에 접근한다. 그의 답변은 자연적 사실은 두 가지 주요한 일반적인 특징을 갖는다는 것이다. 다시 말해 자연적 사실은 외재하며 구속적이라는 특징을 지닌다.

　사실의 외재성. 사실은 우리의 사고에 외재(external)하며, 인간인 우리가 생각할 수 있는 것과 무관하게 독자적으로 존재한다. 사실은 우리가 그것에 대해 올바르게 생각할 수도 또는 잘못 생각할 수도 있는 사물이다. 왜냐하면 그러한 사실은 인간이 그것에 대해 가질 수 있는 관념과는 무관하게 **존재**하기 때문이다. 과학에 의미를 부여하는 것, 다시 말해 과학이 사물을 탐구하여 그 사물이 실제로 무엇일 수 있는지를 알 수 있게 해주는 것이 바로 그러한 사물의 독자성이다. 과학의 독특한 특성 중의 하나는 인간이 이미 선입견을 가지고 있는 문제들을 탐구한다는 것이다. 그러나 과학은 사물에 대한 체계적인 탐구가 사물에 대해 우리가 상상했던 것과는 전혀 다른 사실을 밝혀줄 수도 있다는 가정에 근거하여 그렇게 한다. 자연에 대한 실제적인 사실, 이를테면 체계적인 탐구를 통해 입증된 이른바 행성의 운동과 관련한 사실은 이전에 믿던 것과는 매우 다른 것이었다. 마찬가지로 뒤르켐은 사회적 삶을 체계적으로 탐구할 경우 사회적 삶의 실제적 사실이 우리가 이전에 생각했던 것과는 다르다는 것을 입증할 수도 있을 것이라고 주장한다.

사실의 구속성. 사실은 또한 '구속적(constraining)'이다. 즉, 비록 우리가 항상 사실을 인지하지는 못하지만 사실은 인간 행동의 경과를 틀지을 수 있다. 아무리 애를 써도 우리는 단지 일정한 높이만큼만 공중으로 점프할 수 있다. 중력이 인간이 점프할 수 있는 정도를 제한하고 제약하기 때문이다. 우리는 실제로 우리의 활동과 행동을 근본적인 방식으로 구속하는 많은 자연적 사실이 존재한다는 것을 기꺼이 받아들이고 있다. 그러나 우리는 자연적 사실과 마찬가지로 우리를 구속하는 사회적 사실이 존재할 수 있다는 것을 덜 받아들이는 경향이 있다. 하지만 뒤르켐은 외재성과 구속성이라는 일반적 사실의 특성을 취하는 사회적 사실이 존재한다고 주장한다. 뒤르켐의 도전의식을 북돋운 것은 우리가 사회와의 관계에서는 다른 관계들에서 받아들이는 만큼 그러한 외재성과 구속성을 쉽게 받아들이려고 하지 않는다는 것이었다.

뒤르켐은 친숙하고 쉽게 이해할 수 있는 경험에 관심을 집중시키는 방식으로 자신의 논의를 시작한다. 인간은 많은 활동을 한다. 그것도 자신이 원해서 그러한 일을 한다. 그리고 인간은 또한 많은 시간 동안 자신이 하도록 되어 있는 일들을 한다. 이를테면 우리가 특정 직업을 갖는 것은 어쩌면 그것이 우리가 항상 원했던 종류의 일자리이기 때문일 수도 있다. 많은 소년이 군인이 되기를 원하고, 만약 그들이 성장하여 군인이 된다면, 그들은 자신이 원한 바를 성취하게 될 것이다. 하지만 그 소년들이 자신의 야망을 실현하기 위하여 군인이라는 직업을 만들어낸 것은 아니다. 그 직업은 이미 존재하고 있었다. 그리고 소년들이 군인이 되기를 원한 것은 그들이 군인이 하는 일이 흥미롭다고 생각했기 때문이다. 군인의 지위는 사회적으로 확립되어 표준화되어 있다. 군인은 군인의 지위에 부과된 특정한 의무적인 활동을 하게 된다. 만약 군인이 상관이 말하는 대로 하지 않거나 군대의 규칙 등에 따르지 않는다면, 그들은 곧 자신들이 군대의 범죄자로 처리되어 처벌받고, 어쩌면 전격적으로 강제 제대당할 수도 있다는 것을 알게 된다. 다른 사람들, 그리고 아마도 군인들을 통제하는 것이 자신의 의무인 사람들은 개별 군인들이 원하는 것을 마음대로 하지 못하게 간섭할 것이며, 그들은 모두에게 적용되는 강제된 비인격적 의무라는 이름으로 그렇게 할 것이다.

따라서 우리가 일상적 삶의 많은 것 속에서 '구속당하고' 있다고 느끼지 않거나 우리가 원하는 것을 자발적으로 하고 있다고 느낄 수도 있지만, 그러한 느낌들은 때로는 착각이다. 우리가 하는 일이 우리에게 표준적으로 요구되는 일과 일치하는 한, 우리는 구속당하고 있다고 느끼지 않는다. 우리가 차지하고 있는 다양한 사회적 지위에 부과된 표준적인 책임을 수행하고자 하는 동기를 우리가 가지고 있는 한, 우리는 구속당하고 있다고 느끼지 않는다. 그러나 만약 우리가 표준적인 요구를 벗어나고자 하는 동기를 가지고 있다면, 우리는 아마도 경찰차로 호송되고 독방에 감금되고 피고인석에 서는 것 등과 같은, 말 그대로의 물리적 유형의 구속을 경험하게 될 것이다. 물리적 사실과 사회적 사실 모두에 의해 구속된다는 것은 단지 구속당하고 있다는 느낌의 문제만이 아니다. 우리는 또한 숨을 쉬도록 강요당하고 있다. 비록 우리가 숨을 참기 위해 노력할 때에야 우리가 숨을 쉬도록 강요받고 있다는 것을 깨닫지만, 우리는 평상시에는 우리가 살기를 원한다면 우리가 계속해서 숨을 쉬도록 강요받고 있다고 인식하기는커녕 우리가 숨을 쉬고 있다는 사실조차 인식하지 않는다. 이를테면 표준적인 의무라는 사실은 우리가 의무를 만들지 않았다는 의미에서 우리의 집합적 삶의 산물이다. 그것들은 개인적 관계의 양식들로부터 발생한다. 게다가 우리가 그러한 의무와 개인적으로 마주치기도 하지만, 그 의무는 관련된 사회적 지위를 점하는 모든 사람에게 적용된다. 그리고 우리가 현재 의무에 구속당하고 있다고 느끼지 않는다고 할지라도, 우리가 의무를 다하지 않으려고 할 때면 우리는 의무가 우리를 구속하고 있다는 것을 알게 될 것이다.

우리가 "사회적 사실을 사물로 간주하라"라는 권고를 구성하는 것으로 확인한 두 가지 요소 중의 첫 번째 요소는, "사회적 사실을 사실로 취급하라"라는 언명으로도 이해할 수 있다. 즉, 우리가 앞으로 간략하게 지적하듯이, 사회적 사실은 그 자체로 물리적 사실이 아님에도 불구하고 자연적인 물리적 사실 못지않게 우리의 개별 행위들의 실제적이고 독자적인 조건을 이루고 있다.

우리가 확인한 두 번째 요소는 사회적 사실 역시 자연적 사실의 연구와 동일한 정신 또는 태도를 가지고 접근되어야 한다는 요청이었다. 자연과학자들이 견지해온 입장 또는 뒤르켐이 주장한 입장은 탐구를 수행할 때 자신들이 그것에 대해 무지하다는 입장에서 출발해야 한다는 것이었다. 그들은 현상 그 자체를 있는 그대로 연구할 것을 제안한다. 그 현상은 우리가 그 현상에 대해 가지고 있는 어떤 선입견과 부합할 수도 있고 그렇지 않을 수도 있다. 이처럼 자연과학자들은 연구를 개시하기에 앞서 특정 현상의 실제적이고 지금까지 알려지지 않은 속성들을 규명하기 위해 그 현상에 대한 선입견을 배제하고 현상을 체계적으로 고찰할 준비가 되어 있었다. 마찬가지로 사회학을 확립하기 위해서는 사회현상의 연구에서도 자연과학에서와 동일한 정신을 채택할 것이 요구된다. 우리는 사회적 사실은 우리에게 분명하게 드러나지 않으며 또 사회적 사실의 본질은 우리가 그 사실에 대해 가지고 있는 선입견과 합치하지 않을 수도 있다는 것을 받아들일 필요가 있다. 따라서 우리는 사회현상의 체계적인 탐구에 **앞서** 그 현상들에 대해 우리가 가지고 있는 확신을 배제할 필요가 있다. 우리가 개인으로서 우리의 다양한 지위에 부여된 표준화된 의무를 인식하고 있다고 하더라도, 뒤르켐의 말에 따르면, 그것이 우리가 그러한 친숙한 사회적 사실들을 적절히 그리고 충분히 알고 또 이해하고 있다는 것을 의미하지는 않는다. 우리는 가족의 성원으로서 우리와 다른 사람들이 무엇을 해야 하는지를 알고 있을 수는 있지만, 이는 가족이 어떻게 사회조직의 일부로서 성장해왔는지, 또는 가족 단위들이 전체 사회조직 속에서 어떤 역할을 수행하는지, 또는 가족 조직이 시간의 경과에 따라 어떻게 변화하는지, 그리고 가족 성원으로서 우리 각자에게 요구되는 것들이 어떻게 현재와 같이 되었고 그 결과는 어떠할지를 이해하는 것과는 상당한 거리가 있다. 우리는 사회학적 탐구 없이는 그러한 것들을 알 수 없다. 실제로 거기에는 하나의 중요한 측면이 있는데, 그것은 우리가 사회의 요소들이 왜 현재와 같은 상태에 이르게 되었는가에 대해 모르는 것만큼이나, 우리는 개인으로서 우리가 왜 현재 우리가 하고 있는 일을 하는지에 대해서도 같은 정도로 모른다는 것이다.

지금까지 뒤르켐은 우리에게 우리의 일상적인 사회생활 경험을 넘어서는 어떤 것을 받아들일 것을 요구하지 않는다(또는 요구하는 것으로 보이지 않는다). 대부분의 사람들은 우리가 현재와 같은 방식대로 행동하는 것은 우리가 그렇게 행동하도록 길들여졌기 때문이라는 것, 다시 말해 우리가 다른 사람들로부터 어떻게 행동해야 하는지를 배웠기 때문이라는 것을 인정하겠지만, 우리는 그렇게 표준적으로 요구되는 사회적 행동들이 어떻게 해서 그런 방식이 되었는지에 대해서는 거의 알지 못한다. 하지만 지금까지의 논의는 사실의 속성과 그 속성을 어떻게 연구해야 하는지에 관한 것이었다. 우리는 아직까지 **사회적** 사실들이 어째서 실체의 한 수준이고 또 그 사실들이 왜 사회학의 적절한 영역인지에 대해서는 입증하지 않았다.

사회적 사실의 발현적 속성 사회적 사실에 대한 뒤르켐의 주장은 오늘날 '발현성(emergence)' 논의라고 불리는 논증방식을 통해 이루어졌다. 그 주장에 따르면, 현상들의 상호작용은 그 현상들을 구성하는 현상과는 다른 특징을 갖는 새로운 현상을 발생시킬 수 있다. 가장 단순한 예가 산소와 수소라는 두 기체의 상호작용이다. 산소와 수소는 적절한 조건하에서 일정한 비율로 결합되면, 물이라는 새로운 현상을 산출한다. 물은 그것을 구성하는 현상들이 갖지 않는 속성을 지닌다. 그 예로 물은 기체인 산소에도 그리고 수소에도 없는 속성인 '액체성'을 갖는다. 따라서 만약 우리가 물리적 현상들이 결합하여 발현적 현상들을 발생시킨다는 생각을 받아들일 수 있다면, 개인들의 상호작용이 새로운 사회적 또는 집합적 현상을 발생시킨다는 생각 또한 적어도 설득력 있는 생각이 될 것이다.

사회현상이 개별적인 삶의 상호작용으로부터 '발현된다'는 사실은, 사회현상은 그 자체의 '수준'에서, 다시 말해 다른 집합적 삶의 사실들과 관

317

련된 현상으로 설명될 필요가 있다는 것을 의미한다. 이를테면 우리가 엎질러진 물의 작용은 기체의 특성과 관련해서가 아니라 물의 액체성과 관련하여 설명되어야 한다고 상정하는 것과 마찬가지로, 우리는 우리의 집합적 삶의 사실들 역시 개인들의 행동에 적용되는 법칙과 관련해서 설명되는 것 ─ 이것은 심리학의 일이다 ─ 이 아니라 집합체의 행동을 지배하는 법칙에 의해 설명되어야만 한다고 생각해야만 한다. 이와 관련하여 뒤르켐은 다음과 같이 강력하게 주장한다. 사회적 삶은 인간의 삶의 자연적 산물이다. "왜냐하면 그것은 개인들의 의식이 서로 결합하며 겪는 특별한 정교화과정에서 발생하여 새로운 존재형태로 진화하기 때문이다"(Durkheim, 1982: 144).

사회적 사실이 자연적인 물리적 사실이 아니라면, 그것은 대체 어떤 종류의 실체를 지니고 있는가? 뒤르켐이 사실의 특징은 그것이 개인의 의식과는 독자적으로 존재한다는 것이라고 말해놓고는, 그가 계속해서 개인의 의식과 관련하여 사회적 사실의 본질에 대해 이야기한다는 것은 처음에는 자기모순적인 것처럼 보일 수도 있다. 그러나 그것은 그가 그 사실의 본질에 대해 대부분의 사람들이 즉시 쉽게 받아들일 수 있고 또 표현할 수 있는 방식을 찾아내고자 하는 노력의 일환이었을 뿐이다. 사회적 사실은 물리적 사실이 아니라 **심적**(mental) 사실이다. 사회적 사실은 우리들의 집합적인 심적 삶에 관한 사실이다. 사회는 본질적으로 뒤르켐이 '집합표상(collective representation)'이라고 부른 것, 즉 "개인들의 의식 외부에 존재하는 주목할 만한 속성을 갖는 행위, 사고, 감정의 양식"(Durkheim, 1982: 51)으로 구성된다. 그는 하나의 예로 종교적 신념과 그것이 인지되는 방식을 거론한다.

고전사회학의 이해

신자들은 출생과 함께 이미 구축되어 있는 종교생활의 신념과 관행들을 발견하게 된다. 만약 그것들이 그가 태어나기 전에 이미 존재했다면, 그것들이 그의 외부에 존재한다는 것은 자명하다. 내가 생각을 표현하기 위해 사용하는 기호체계, 내가 빚을 갚기 위해 사용하는 화폐제도, 내가 상업적 관계에서 활용하는 신용수단들, 그리고 내가 직업에서 따르고 있는 관행 등은 모두 내가 그것들에 대해 생각하는 용도와는 무관하게 독자적으로 기능한다.(Durkheim, 1982: 54)

이 인용문에서 첫 번째로 지적할 중요한 논점은 그러한 행위, 사고, 감정의 양식들은 **단일** 개인의 의식 외부에 존재한다는 것이다. 그것은 다양한 개별 의식들에 공통적인 것이며, 실제로 오늘날 우리가 '공유된 의미(shared meaning)' 또는 '공통문화(common culture)'라고 아주 기꺼이 말할 수 있는 것이다. 그것은 당대의 일부 사람들이 추론했던 것처럼, 모종의 '집단심성(group mind)'이 존재한다는 것을 암시하는 것으로 오해할 만한 것이 아니다. 게다가 그것은 우리가 눈과 팔을 가지고 있다는 사실처럼 부수적인 공통점이 아니라 공유하고 있는 것이다. 이처럼 우리 가운데 어떤 사람이 말하는 언어는 단일 개인의 개별적인 소유물이 아니다. 왜냐하면 많은 개인들이 동일한 방식으로 말한다는 것, 개인들이 동일한 단어로 동일한 것을 나타낸다는 것 등이 언어의 본질이기 때문이다. 그들이 동일한 언어를 공유하게 되는 것은 어떤 신비한 과정 때문이 아니라 서로로부터 학습하기 때문이다. 따라서 언어는 어떤 개인의 의식의 일부를 이루지만, 그렇다고 그들 중의 어떤 사람의 소유물이 되는 것은 아니다. 언어는 언어공동체의 성원들에 의해 공유된다. 따라서 뒤르켐은, '언어'가 전체 공동체 내에 (언어학자들이 하나의 체계로서 묘사하는 언어조직체계로) 실재한다는 생각에 우리가 반발하지 않는 것처럼, 우리가 말하는 방식, 경제적 거래를 조직하는 방식, 직업활동을 정하는 방식, 종교적 행동을 하는 방식 등과 같은 관행들 역시 전체 공동체 내에 똑같이 실재한다는 생각에 어떤 어려움도 느낄 필요가 없다고 주장한다. 그러한 관행들을 '집합적' 현상으로 만드는 것도 바로 그러한 실재성이다.

뒤르켐이 여기서 언급하는 것은 '어떤 것을 행하는 방식'의 공유이다. 한 집합체의 성원들에게 공통적인 것은 그 성원들이 그 집합체의 행동 규정 ─ 사람들이 어떻게 행동해야 하는지를 묘사하거나 표현하는 규정 ─ 을 승인하고 있다는 것을 의미한다. 언어와의 유추가 여기서 다시 한 번 더 유용하다. 우리가 언어를 공유한다는 것은 우리가 단어를 어떻게 배치해야 하는지, 언제 어떻게 무엇이라 말해야 하는지 등을 규정하는 규칙을 공유한다는 것을 뜻한다. 마찬가지로 우리가 '행위양식'을 공유한다고 말한다면, 그것은 또한 개인들이 다양한 것을 행하는 규칙을 공유한다는 것을 뜻한다. 이처럼 사회적 실체는 특정 개인의 의식에 외재하며, 또 더 중요하게는 표준적인 이해력을 가진 많은 개인의 의식에 두루 퍼져 있다. '사회적 사실'은 그것이 개인의 의식에 존재하는 만큼 우리의 '심적 삶'의 사실이지만, 그것이 사회적 사실의 실체성을 감소시키는 것은 결코 아니다. 만약 우리가 다른 사람들과 대화하고자 한다면, 우리는 그들이 이해하는 언어를 사용할 것을 강요받는다. 그들이 특별한 대화방식을 사용한다면, 그들과 대화하기 위해서는 우리도 불가피하게 그 대화방식을 사용해야 한다. 그와 유사하게 만약 우리가 화폐를 이용하여 지불하고자 한다면, 우리는 그 공동체의 나머지 사람들이 승인하는 통화를 사용해야만 한다. 만약 우리가 특정한 종류의 주화만 사용하는 사람들과 거래해야 한다면, 우리 또한 어쩔 수 없이 그들이 사용하는 주화를 사용해야 한다. 뒤르켐이 '심적 삶'의 현상으로서의 사회적 삶에 대해 말하는 것은 단지 언어나 통화제도 같은 실체들이 공통의 이해의 산물이라는 것을 지적하는 것일 뿐이다. 그러나 그러한 실체들이 집합적인 심적 삶의 현상이라는 인식이 그것들의 실재성을 감소시키는 것은 결코 아니다. 왜냐하면 언어와 통화 제도라는 관례 그 자체가 특정 개인을 실제적으로 **강제**하기 때문이다.

뒤르켐의 생애과정 동안에 그가 관심을 가졌던 사회적 사실의 본성과 관련해서뿐만 아니라 사회적 사실이 강제력을 행사하는 방식에 대한 그의 개념화에서도 탐지할 만한 변화가 있었다. 우리가 마르크스와 베버와 관련하여 사용했던 것과 동일한 용어를 사용한다면, 뒤르켐은 사회를 '물질적' 요소와 '관념적' 요소 모두의 합성물로 보았다. 다시 말해 그는 오늘날 사회의 부분들 간의 '구조적 관계(structural relation)'로 불리는 것 ― 이를테면 사람들이 속해 있는 다양한 집단, 그들이 일상생활의 행동을 하는 데 필요한 제도 등 ― 과 '문화적 측면(cultural aspect)'으로 불리는 것 ― 이를테면 종교적 신념, 공유된 의미체계, 언어 등 ― 으로 사회가 구성된다고 보았다. 뒤르켐은 초기 저작에서는 사회조직의 '물질적 측면'을 더 많이 강조했지만, 점차 문화적 측면에 훨씬 더 많이 주목하기 시작했다. 심지어 그는 『종교생활의 기본형태』에서 문화적 측면에 지나치게 많은 중요성을 부여했다고 비난받기까지 했다.

그와 유사한 변화가 '구속성'이라는 개념과 관련해서도 발생한다. 그의 초기 저작에서 뒤르켐은 사회적 사실의 본질적 특징 중의 하나가 외재성이라는 자신의 주장과 일관되게 구속성을 개인에 대한 외적 제약으로 간주하고, 특히 사회적 규칙이 개인 환경의 주요한 특징이 되고 개인에 대한 통제가 제재에 의해 뒷받침되는 정도를 강조했다. 그러나 그는 1897년 『자살론』에 이르러서는 구속성을 '내적 현상', 즉 사회적 학습을 통해 사회적 규칙의 요구와 동일해진 개인들 자신의 신념(conviction)의 문제로 간주했다. 개인들이 사회적 규칙을 따르는 것은 일반적으로 일탈에 대한 처벌의 공포 때문이 아니라 그렇게 하는 것이 올바른 행동방식이라는 내적 신념 때문이었다.

사회적 사실의 연구

사회적 사실은 어떻게 연구되어야 하는가? 뒤르켐은 우선 사회적 사실은 과학적·객관적으로 연구되어야 한다고 짧게 답변한다. 즉, 사회적 사실은 관념이 아니라 외적 사물로 간주되어야만 한다는 것이다. 그에 따르면, 사회학자들은 "일반인들의 생각을 지배하는 그릇된 관념으로부터 자신을 해방"시켜야만 한다. 달리 표현하면 사회학자들은 혼란스럽고 단편적인 인간경험의 산물인 상식적 관념이나 신념보다는 체계적으로 그리고 일정한 규칙에 따라 주제에 새롭게 접근해야 한다.

> 그것들[상식적인 관념과 신념들 — 옮긴이]은 실체에 대한 선험적인 통찰에 근거하는 것이 아니라, 상황에 따라 무질서하게 비체계적으로 해석된 채 누적된 온갖 종류의 인상과 감정으로부터 결과한 것이다.(Durkheim, 1982: 33)

두 번째 단계는 사회학자에게 연구주제를 공통적인 외적 특징과 관련하여 정의할 것을 요구한다. 앞서 들었던 예를 다시 이용하면, 어떤 행위들은 처벌이라고 알려진 특정한 반발을 사회로부터 불러일으킨다는 공통적인 외적 특성을 갖는다. 이것이 범죄로 규정되고 범죄학의 대상이 된다.

우리는 또한 우리가 아는 모든 사회 내에서 혈연관계에 있는 그리고 법적 증서에 의해 결합되는 소집단들을 관찰할 수 있다. 그 소집단들은 가족으로 분류된다. 사실에 대한 이러한 범주화는 물론 시작일 뿐이다.

　그다음의 임무는 그러한 사회적 사실들을 설명하는 것이다. 그리고 여기서 뒤르켐은 사회적 사실을 궁극적으로는 심리상태와 관련하여 설명할 수 있다는 주장을 폐기하기 위해 무척 애를 쓴다. 그가 볼 때, 사회학은 심리학의 당연한 귀결이 아니다. 사회적 삶에 대한 설명은 사회 그 자체의 본성에서 찾아야만 하는데, 그 이유는 앞서 개관한 바와 같다. 그는 다음과 같은 방법론적 규칙을 제시한다.

> 하나의 사회적 사실을 결정하는 원인은 개인들의 의식상태가 아니라 그것에 선행하는 사회적 사실들 가운데서 찾아야만 한다.(Durkheim, 1982: 110)

특정한 사회적 사실이 다른 사회적 사실의 원인이라는 것을 입증하는 유일한 방법은 그러한 사실이 존재하는 사례와 그렇지 않은 사례들을 비교하여, 그 사례들의 상이한 조합 속에서 드러나는 변이가 하나의 사회적 사실이 다른 사회적 사실에 의존하고 있다는 것을 나타내는지의 여부를 파악하는 것이다. 이것이 뒤르켐의 비교방법이며, 연구자들이 사실의 결과를 통제하는 실험은 비교의 특별한 경우이다. 더 나아가 특정한 결과는 항상 단일 원인으로부터 비롯된다. 하나의 사례를 들어 달리 표현하면, 자살이 하나 이상의 원인에 의거하고 있다면 그것은 실제로 여러 유형의 자살이 존재하기 때문이다. 뒤르켐은 특히 '공변법(method of concomitant variation)'을 "사회학적 연구에 특히 탁월한 도구"라고 언급한다(Durkheim,

1982: 132). 만약 두 현상이 서로 함께 변한다면, 그것은 거기에 "하나의 법칙이 존재한다"는 것을 보여주는 강력한 지표이다(Durkheim, 1982: 133). 이 방법은 오늘날 사회연구에서 상관관계(correlation)라고 기술되는 것 ― 비록 그것이 일반적으로 법칙을 발견하는 방법이라는 함의를 갖고 있지는 않지만 ― 의 선조이다. 하지만 뒤르켐은 사회학이라는 과학은 사회적 사실들을 연결짓는 자연법칙을 수립하고자 해야만 한다는 것, 그리고 이러한 점에서 사회학은 보다 발전된 자연과학들과 나란히 설 수 있다는 것을 전혀 의심하지 않았다. 이 공변법에 대해서는 아래 자살에 대한 뒤르켐의 저작을 논하는 자리에서 보다 상세하게 살펴볼 것이다.

이처럼 사회는 사회를 구성하는 개인들의 합 이상의 것을 포함한다는 뒤르켐의 주장에서 그 '이상의 것'은 기본적으로 오늘날 우리가 주로 '공통의 문화'라고 기술하는 공유된 사고, 감정, 행위의 양식들이다. 따라서 사회는 일정한 표준화된 행위, 사고, 감정의 양식 ― 자신과는 다른 행위, 사고, 감정의 양식으로 결합된 개인들의 집합체들과 자신을 구별해주는 ― 을 공유하는, 계속 교체되는 개인들로 구성된 하나의 단위이다. 그러한 양식을 공유함으로써 결합된 사람들은 자신들에게 공통적인 것과 서로에 대해 긍정적으로 느끼게 하는 것이 무엇인지를 알고 있다. 이것이 바로 사회의 통일성(unity of society)의 근원에 대해 뒤르켐이 가졌던 가장 단순한 형태의 생각이다.

사회의 통일성

뒤르켐이 과학적 사회학을 증진시키는 것 자체에만 관심을 가졌던 것은 아니다. 그는 또한 사회의 '건강성' 수준을 더 높이 끌어올리기 위한 합리적 방식에 사회학이 실천적으로 개입해야 할 필요성도 인식하고 있었다. 자연과학의 발전이 자연을 우리의 목적에 맞게 변형시키는 힘을 크게 강화시켜준 것과 마찬가지로, 과학적 이해의 발전은 환경에 대한 우리의 자의식적 통제력을 보다 증대시켜줄 수 있다. 그것과 동일한 방식으로 사회의 본질에 대한 과학적 이해는 우리에게 우리의 사회적 삶에 대한 유사한 자의식적 통제력을 가지게 해줄 수 있다. 뒤르켐은 자신이 속한 사회조직이 심각한 문제를 안고 있기 때문에 지식에 입각한 신중한 사회재건이 심대하게 요청되고 있다고 확신했다. 따라서 그는 사회가 통일성을 지니고 유지하는 방식, 즉 '응집성'과 '연대'가 형성되는 방식을 이해하는 것이 사회에 대한 새로운 과학의 주요 과업이며, 그것은 전체 사회의 보전을 위협하는 것에 어떻게 대처할 수 있을 것인지를 이해하는 데 기여할 것이라고 생각했다.

뒤르켐은 근대세계에 존재하는 그러한 위험들 중 보다 중요한 하나가 사람들이 사회와 자신들의 관계를 적절히 이해하지 못하고 있다는 것이라고 생각했다. 우리가 앞에서 언급했듯이, 개인과 사회 간의 상호관계에 대한 그의 주장은 사회의 통일성에 대한 분석을 통해 이루어졌다. 뒤르켐은 자신의 다양한 연구에서 사회의 상이한 '기관들' 또는 제도들 간의 상호관계, 그것들이 '집합의식(conscience collective)'(또는 사회적으로 공유된 가치와 감상), 그리고 '집합표상'(또는 신념체계)과 갖는 관계, 그리고 그러한 것들이 사회에 대한 충성, 사회의 규칙에 대한 순응, 개별 성원들 간의 상호 연대의 정도를 요구하고 창출하거나 그것에 실패하는 방식을 분석했다. 뒤르켐은 그러한 요인들이 어떤 수준에서 통합을 이루는 것이 사회와 그 개별 성원들의 복리에 가장 적합한지를 규명하기 위해 노력했다. 그는 적절한 수준의 사회통합은 개인들이 사회적 삶 속에서 적극적인 역할을 수행하는 데, 그리고 그들 자신의 개인적 능력을 충분히 발휘하게 하는 데 필수적이라고 확신했다.

앞서 우리는 사회는 개인들 '이상의 어떤 것'을 포함한다는 뒤르켐 주장의 논지를 검토하며, '그 이상의 어떤 것'은 주로 공유된 행동양식 또는 보다 최근의 사회학에서 흔히 '공통의 문화'라고 불리는 것으로 이루어진다는 것을 보여주었다. 이것이 그 어떤 것의 전부는 아니지만, 의심의 여지없이 그것의 중요한 부분을 이루고 있다. 아래의 논의에서 우리는 뒤르켐의 또 다른 중요한 테마, 즉 '개인'이 진정으로 존재하는 것은 오직 사회 내에서일 뿐이며 개인이 진정으로 자유로운 것은 오직 사회의 '규율' 하에서일 뿐이라는, 외관상 역설적으로 보이는 주장을 개진할 것이다.

'사회'에 대해 말하는 것은 통일성과 분리성 모두를 지니는 실체에 대해 말하는 것이다. 한 사회는 다른 사회들과 구별되는 것 속에서 존재하고, 따라서 적어도 사회가 존재하려면 다른 집단들과 그들 사회 각각을 분리시켜주고 또 다른 집단들에 반하여 그들 사회를 통합시켜주는 경계가 있어야만 한다. 이는 전쟁의 경우에 매우 분명하게 드러난다. 전쟁은 적과 싸우기 위해 사회 내의 각각의 집단에게 내적 차이를 넘어 일치단결할 것을 극단적으로 강조한다. 이처럼 뒤르켐의 평가에 따르면, '응집성', '통합', '연대'의 개념은 사회라는 관념 자체에서 분리할 수 없는, 실제로 그 관념을 구성하는 요소들이다. 따라서 사회라는 실체를 이해하는 데서 중심적인 것은 그 사회에 전체성 또는 통일성을 제공하는 조건을 이해하는 것이라고 그가 생각할 수밖에 없었던 것은 놀랄 만한 일이 아니다. '한 사회'가 독특한 실체로 존재하기 위해서는, 첫째는 그 사회가 성원들 사이에서 연대를 창출하는 메커니즘을 가지고 있어야 하며, 둘째로 그 사회의 통일성을 보여주는 방식을 가지고 있어야 한다. 우리가 앞서 범죄에 대한 뒤르켐의 논평을 다루면서 이미 암시했듯이, 뒤르켐에게서 이 둘은 서로 연관되어 있다.

기계적 연대와 유기적 연대

범죄에 대한 앞서의 논의는 뒤르켐의 두 번째 저서 『사회학적 방법의 규칙』에서 따온 것이었다. 그 책에서 뒤르켐은 1893년 처음 출간한 첫 번째 주요 저작 『사회분업론』에서 추구했던 사회학적 탐구의 일반 규칙을 정교화할 작정이었다. 그는 『사회분업론』에서 두 가지 대조되는 사회 유형을 검토한다. 첫 번째 사회 유형은 스펜서와 공리주의자들이 상정한 사회 ― 개별 성원들의 집합체와 별반 다름없는 사회 ― 에 아주 근접한다. 그 사회는 소규모의 단순한 미분화된 사회로서, 그 성원들의 삶의 기본 조건들은 동질적이다. 그 사회에서 그들 거의 모두는 자신의 생존에 필요한 것을 공급하기 위해 자급농업에 종사한다. 각 개인은 실제로 서로 독립적으로 일하며, 동료들에게 설사 의지한다 해도 의존 정도는 미미하다. 그들 중 어떤 사람이 집단과의 관계를 끊고 떠나기로 결정한다 하더라도, 그것이 뒤에 남아 있는 사람들의 삶을 실질적으로 붕괴시키지는 않는다. 그들이 살고 있는 상황의 동질성 때문에, 그들은 많은 공통성을 지니게 되고 또 유사한 경험을 하게 되며, 그 결과 세계가 어떠할 것인가에 대해서도 유사한 관념들을 발전시킨다. 그러한 사회의 성원들의 사고와 전망은, 특정 유형의 감상 ― 앞서 우리가 논의한 바 있는, 허용되는 행동과 금지되는 행동을 엄격히 구분하고, 범죄자에 대해 격렬하게 반발하고, 범죄자가 처벌되기를 열망하는 것과 같은 ― 을 표준화하여 광범위하게 공유하고 강력하게 견지한다. 뒤르켐은 이러한 사회에서는 균일성의 유지를 매우 강조할 것이고 그것이 그 사회를 특징짓는 독특한 법 유형에 반영될 것이라고 주장한다. 그러한 법은 공유된 규칙, 표준화된 관념과 사고방식들로부터 벗어난 행동을 범한 사람을 가혹하게 처벌함으로써 그러한 행동을 억제할 것을 강조한다는 점에서 본질적으로 '억압적(repressive)' 성격을 가질 것이다. 뒤르켐은 고전물리학으로부터 숙고해서 도출한 유추를 통해, 특히 기체의 작용이 그것을 구성하는 분자들 간의 상호작용의 결과로 단순하게 고려되는 방식에 착안하여, 그러한 사회를 '기계적(mechanical)' 연대를 통해 통합된 사회라고 묘사한다. 다시 말해 그 사회는 성원들의 유사성에 의해 결속되고, 단지 공리주의적 원리에 의거하여 개인들의 집합체로 조직화된다.

이 지점에서 다시 거슬러 올라가서는 마르크스의 이론을, 그리고 앞으로 나아가서는 뒤르켐의 종교에 대한 저작뿐만 아니라 마르셀 모스와 공동 집필한 그의 후기 저작도 언급할 필요가 있다. 마르크스가 헤겔적 전통을 거부하는 데서 중요하게 부각되는 주장의 하나가 바로 '사회적 존재'가 '의식'을 결정하지, 그 역이 아니라는 마르크스의 주장이었다. 뒤르켐 또한 『사회분업론』에서 계속해서 매우 다른 방식으로 전개하기는 하지만, 그와 근본적으로 동일한 주장을 펼친다. 뒤르켐은 사고방식과 신념체계, 즉 의식이 발전할 가능성은 사회가, 다시 말해 사회적 존재가 조직되는 형태에 의해 제약된다고 주장한다. 철저하게 일률적인 견해가 사회성원들 사이에서 창출되고 유지되는 까닭은 바로 그러한 '기계적' 모델의 사회에는 일률적이고 미분화된 조직이 존재하기 때문이다. 이것은 다양한 사고방식과 복수의 신념체계는 단지 이질적이고 분화된 구조를 갖는 사회에서만 가능하다는 것을 분명하게 함축하고 있다. 사고의 성격이

사회구조에 의해 틀지어진다는 이러한 논지는 뒤르켐이 모스와 공동으로 집필하여『원시적 분류체계』(1903)라는 이름으로 출간한 후기 저작과 뒤르켐의 또 다른 후기 저작『종교생활의 기본형태』에서 펼쳐지고 있다. 그 저작들은 우리가 생각할 수 있는 매우 기본적인 '범주들' ― 시간과 공간의 관념과 같은 ― 조차도 인간정신의 일반적 특성으로 간주되는 것을 반영하기보다는 그러한 범주들이 출현하는 사회의 구조에 의해 틀지어진다는 것을 입증하고자 한 것이었다.

뒤르켐은『사회분업론』에서 더 크고 더 복잡한 두 번째 유형의 사회를 고찰한다. 그는 그러한 사회는 '유기적 연대(organic solidarity)'에 의해 통합된다고 주장한다. 그러한 사회는 정교화된 '사회적 분업'을 기반으로 하는 사회이다. 이러한 사회의 사회조직에서 하나의 역할을 수행하는 것은 하나의 전문화된 역할을 수행하는 것이다. 사람들은 전체 사회의 작동에 개별적으로 기여하는 하나의 단일한 업무를 수행하는 경향이 있다. 근대사회의 작업조직은 그러한 분업을 축으로 하여 대규모로 정교하게 조직되어왔으며, 그것의 가장 유명한 실례가 우리가 앞에서 논의한 바 있는 경제학자 애덤 스미스가 제시한 예이다. 그는 핀과 같은 아주 단순한 물건을 만들 때조차도 그 작업을 일련의 별개의 전문화된 과업으로 조직화하여 각각의 과업을 별개의 사람들이 수행하게 한다면, 핀의 생산이 증대될 것이라고 주장했다. 뒤르켐은 경제학으로부터 이러한 생각을 받아들여 그 생각을 전체로서의 사회에 적용하고, 복잡한 근대사회에서 경제적 전문화는 삶의 모든 영역에서 발생하는 전문화과정의 단 하나의 측면일 뿐이라고 주장한다.

애덤 스미스가 경제적 분업의 성격을 규정했다면, 뒤르켐은 '사회적 분업'에 대해 이야기하는 데 관심을 가졌다. 사회적 분업 속에서는 단지 물질적 생산활동만이 아니라 온갖 유형의 활동이 전문화된 과업이 된다. 이를테면 어린아이를 돌보고 교육하는 것도 전문화되고, 더 나아가 어린아이를 다루는 훈련을 받은 교사들도 나이와 교육 수준에 따라 그리고 교육 문제의 유형에 따라 나누어진다. 개인들이 전문화된다는 사실은 그들을 서로 의존하게 만든다. 어떤 상품생산에 대한 전문화된 기여는 그것 자체만으로는 의미를 갖지 못한다. 그것은 보다 복잡한 과정의 한 단계로서 다른 전문화된 활동들과의 상호관계 속에서만 존재할 수 있다. 게다가 직장에서 전문화된 특정한 일을 하는 사람들은 자신을 필요로 하는 사람들에게 의존한다. 우리가 홀로 단일한 업무를 수행하는 데에만 전념한다면, 우리는 그 단일 업무만을 통해서는 우리의 생존에 필요한 것을 다 공급할 수 없다. 우리가 우리 자신의 전문화된 일에 한결같이 열중할 수 있는 것은 오직 사회에서 우리의 활동을 보완해주는 다른 일을 하는, 즉 우리의 삶에 필요하지만 우리 스스로 공급할 수 없는 것을 공급해주기 위해 부지런히 일하는 다른 성원들에게 우리가 의지할 수 있을 때뿐이다.

물론 활동이 하나의 복합적 구조로 고도로 전문화된 사회는 '기계적' 유형의 사회에서 발견되는 동질성보다는 상당한 다양성을 지닌 사회일 것이다. 그러한 사회에서 개인들의 활동은 서로 다를 것이며, 개인들마다 서로 다른 경험을 하는 만큼 그들의 삶도 매우 다를 것이며, 궁극적으로는 다양한 전망들이 생겨날 것이다. 기계적 연대에 기초한 사회의 통일성과 순응성의 토대를 이루는 강력하게 공유된 형태의 감상은 전문화된 사회에서는 발견할 수 없을 것이다. 물론 거기에 아무런 균일성도 존재하지 않는 것은 아니다. 왜냐하면 거기에도 물론 언어, 통화제도 및 그 외의 다른 표준화된 제도들이 존재할 것이기 때문이다. 하지만 그 균일성의 정도는 훨씬 덜할 것이고, 엄청난 정도의 다양성과 뒤얽혀 있을 것이다.

이미 지적했듯이, 철저하게 동질적인 사회 내에는 그것에 상응하는 하나의 균일한 '집합의식'이 존재할 것이다. 그리고 그러한 집합의식이 범죄와 일탈에 대한 반발을 틀지을 것이고, 그 법은 '억압적'일 것이다. 하지만 매우 분화된 사회에서는 '집합의식'이 그리 동질적이지 않을 것이고, 또한 강력하게 공유되고 명확하게 규정된 감상을 뒷받침하지도 못할 것이다. 널리 공유된 뿌리 깊은 공통의 감상이 존재하지 않기 때문에 범죄를 규정하고 범죄자를 제재하고자 하는 반발도 분명 덜할 것이다. 근대사회의 법은 범죄를 억제하는 것보다는 상업적 관계, 대내관계 및 여타 관계들을 규제하는 것에 더 많은 관심을 둔다. 법은 개인들 간의 관계에서 배임이나 계약 위반에 의해 초래된 손해를 보상하고 문제를 다시 정상으로 돌려놓은 것을 지향하는 '배상적(restitutive)' 성격이 더 강하다.

'유기적 연대'는 고전물리학이 아닌 생물학으로부터의 유추에 의거한다. 유기적 연대란 유기체 — 인간의 육체가 최고의 예로, 분화되고 전문화된 부분들이 하나의 단일한 기능적 전체로 결합되어 있고 각 부분들의 작용이 전체에 의존하는 — 에서 발견되는 유형의 통일성을 의미한다. 다양성은 갈등을 의미한다고 생각할 수도 있지만, 반드시 그런 것은 아니다. '사회적 분업'을 통해 창출되는 다양성은 상호 의존과 상호 필요불가결성을 의미한다. 기계적 연대에 기초한 사회에서 한 부분의 상실은 다른 부분들에 대해 별다른 함의를 가지지 않지만, 내적으로 분화되고 기능적으로 상호 관련된 부분들로 구성된 전체에서 한 부분의 상실은 다른 부분들에 중대한 결과를 가져올 수 있다. 이를테면 한 손을 잃으면 다른 부분들이 순조롭게 작동한다고 하더라도 우리 삶의 많은 것이 어려워질 수 있다.

뒤르켐은 이 두 사회 유형은 역사적으로 관련되어 있다고 주장했다.

331

'유기적 연대'의 사회는 '기계적' 연대의 사회로부터 진화했다. 뒤르켐은 이 두 사회 유형을 계승관계로 설정하며, 마르크스와 스펜서, 그리고 19세기의 많은 사상가처럼 사회에 대한 진화론적 견해를 취했다. 즉, 사회를 역사적으로 덜 복잡한 '하위'의 조직형태에서 일련의 독특한 '단계들'을 통해 좀 더 복잡한 '상위'의 조직형태로 발전하는 실체로 보았다. 뒤르켐은 그러한 진화론적 견해를 평생 견지했다. 그리고 그의 마지막 위대한 저작은 오스트레일리아 원주민의 토템 관행을 종교의 진화적 발전에서 최초의 단계를 보여주는 것으로 볼 수 있다는 생각에 기초했다.

여담으로 하는 말이기는 하지만, 비록 19세기 사회과학의 진화론자들이 찰스 다윈(Charles Darwin, 1809~1882)과 똑같이 '진화'라는 용어를 사용하기는 했지만, 그들이 그것 외에는 다윈과 많은 것을 공유하지 않는다는 점을 지적할 필요가 있다. 다윈의 진화이론은 근대 생물학의 토대를 이루고 있다. 그의 이론은 공통의 기원으로부터 다양한 종이 출현한 것에 관한 것이다. 하지만 그러한 과정은 분명 그 단계들이 단선적으로 계승되면서 발생하지는 않는다(단선적 진화는 19세기 사회이론들이 공통적으로 가지고 있던 관념이었다). 다윈의 이론에서는 '하위' 형태에서 '상위' 형태로 진화하지 않는다.

기계적 연대의 사회에서 유기적 연대의 사회로의 발전에 대한 뒤르켐의 설명은 다윈의 생물학적 도식과 동일한 유형의 이론이 아니다. 하지만 뒤르켐이 그러한 발전을 추동하는 것으로 가정한 메커니즘은 다윈 역시 정치경제학자인 토머스 맬서스(Thomas Malthus, 1766~1834)로부터 취하여 자신의 이론에서 활용한 메커니즘이었다. 그 메커니즘이 바로 인구증가의 압력하에서 벌어지는 생존경쟁 과정이었다. 맬서스는 인구증가율이 그들을 부양할 환경의 능력을 언젠가는 넘어서게 될 것이라고 주장

고전사회학의 이해

했다. 이 원리는 다윈으로 하여금 동물의 종의 다양성이 환경에 대한 개체군 압력의 결과라고 바라보게 했다. 그의 주장에서 중요한 부분이, 이를테면 유기체들이 서로 종이 달라 그 형질(形質)이 다양하다면 수많은 유기체들이 주어진 환경 내에서 생명을 유지할 수 있을 것이라는 가정이다. 왜냐하면 상이한 종은 환경에 상이한 요구를 하게 되고, 따라서 서로 간에 직접적인 경쟁을 할 필요가 없게 되기 때문이다. 다윈은 생물이 환경을 고갈시키지 않고 오랫동안 성장할 수 있는 유일한 방법은 종을 다양화하는 것이라고 결론지었다. 뒤르켐도 그와 유사한 주장을 했다. 그에 의하면, 주어진 환경이 인구를 부양할 수 있는 능력은 모든 사람이 동일한 일을 할 때보다 모든 사람이 서로 다른 일에 종사하여 환경의 다양한 측면을 이용할 때 훨씬 클 수 있다. 이를테면 우리 모두가 자급농업에 의지하고 또 모두가 생존에 필요한 일정 정도의 토지를 요구한다면, 실제적인 인구증가는 곧 토지를 바닥내고 우리를 기아의 위협에 처하게 할 것이다. 뒤르켐의 주장에 의하면, 인구팽창은 기계적 연대에 기초한 사회의 상태가 무한정 안정적으로 유지될 수 없을 것이라는 것을 의미했다. 결국 인구팽창의 압력은 변화를 초래할 것이다. 다시 말해 주민들이 자신들의 욕구를 충족시키기 위해 환경의 잠재력을 고갈시키거나 사회가 그 구조에 적응할 필요가 있게 된다. 적응이란 동일한 환경 내에서 증가하는 인구를 부양하는 것을 의미하기 때문에, 그러한 적응을 할 수 있는 유일한 방법은 사회 내에서 다양성을 증진시키는 것뿐이다.

뒤르켐이 기계적 연대의 사회로부터 유기적 연대의 사회로의 변화 메커니즘을 설명하면서 인구팽창이라는 '생물학적' 사실에 의지하기 때문에, 많은 비판가가 뒤르켐이 자신의 최고의 방법론적 규칙, 즉 사실은 동일한 종류의 사실에 의해 설명되어야 한다는 규칙을 어기는 죄를 범하고 있다고 지적해왔다. 그 규칙은 달리 표현하면, 하나의 사회적 사실은 다른 사회적 사실에 의해 설명되어야 한다는 것이었다. 하지만 뒤르켐 자신도 그 자신의 규칙을 위반할 위험을 인식하고 있었으며, 따라서 『사회분업론』에서는 발전의 원인은 인구 그 자체가 아니라 인구증가의 당연한 결과로 발생하는, 그가 '도덕적 밀도(moral density)'라고 부른 것의 증대라고 주장함으로써 문제를 해결하고자 했다. 뒤르켐은 그러한 '도덕적 밀도'의 증가는 사회성원들 간의 상호작용이 강화되는 것과 관련된, 엄밀한 의미에서의 사회적 사실이라고 주장했다. 하지만 비판가들은 이러한 교묘한 조치는 단지 사회변화의 원인으로서의 인구압력을 우회적 방식으로 말하는 것이며, 또 사회적 사실이 생물학적 사실에 의해 설명되고 있다는 사실을 숨기려는 시도에 불과하기 때문에 설득력이 없다고 주장했다.

뒤르켐은 두 가지 사회유형을 대비시킴으로써 '개인주의적' 이론가들과의 싸움에서 보다 결정적인 조치들 중의 하나를 취하고 또 그렇게 함으로써 우리가 앞에서 언급한 주장, 즉 개인은 사회의 창조물이라는 주장에 의미를 부여한다.

개인과 사회

우리는 '기계적 연대'의 사회가 '유기적' 연대에 기초한 사회보다 공리주의자들이 상정한 사회와 더 유사하다고 말해왔다. 기계적 연대의 토대는 동질성이다. 즉, 사회성원들의 삶, 사고, 전망이 서로 유사하고, 그러한 유사함이 높이 평가된다. '억압적인' 법이 활동들을 면밀히 세세하게 규제하고, 균일성으로부터 일탈하는 것을 처벌한다. 이와는 대조적으로 '유기적 연대'의 사회는 다양성, 견해의 차이, 보다 복잡한 구조와 상호의존성에 의해 특징지어지고, '배상적인' 법이 상호작용을 규제하고 계약 위반과 신탁위반에 의해 초래된 개인들 간의 관계를 보정한다.

만약 우리가 '개인'을 단순히 개별적인 물리적 인간존재로 생각한다면, 모든 사회는 물론 개인들을 포함한다. 하지만 그러한 유형의 개인이 단 하나의 유형의 사회에서만 존재할 수 있다고 말할 수는 없다. 그리고 뒤르켐도 그렇게 말하지 않았다. 그러나 근대 서구 사회의 사상에서 나타나는 '개인'에 대한 관념은 물리적 존재 그 이상의 개인이다. 다른 상태로 변경할 수 없는 독특성의 소재지로서의 개별 인간존재, 즉 일단의 독특한 성격의 소유자이자 바로 그러한 사실 때문에 특별하고도 가치 있는 의미를 지니는 '개인'으로서의 인간존재라는 관념이 바로 그것이다. 우리는 그러한 '개체성'의 소유자일 뿐만 아니라, 또한 그러한 사실을 인식하고 있다. 우리는 우리 자신을 동료들과 아주 다르다고 생각하고, 그것에 대하여 스스로 자긍심을 갖는다. 뒤르켐이 논쟁의 대상으로 삼은 것도 바로 '개인'에 대한 후자의 개념이다. 다시 말해 이론가들이 이처럼 독특하고 사회적·역사적으로 구체적인 '개인' 개념을 모든 유형의 사회에서 발견되는 인간존재를 특징짓는 일반적인 개인 개념으로 잘못 인식하고 있다는 것이었다. 이러한 구체적인 '개인' 개념은 단지 특정한 유형의 사회에서만 발견되고 인식될 수 있기 때문에, 그것은 일반적인 사회학이론의 토대가 될 수 없다. 뒤르켐이 '기계적'-'유기적' 연대를 대비시킨 것은 '기계적 연대'의 사회에서는 인간존재가 '개인'으로 존재하는 것이 불가능하다는 것을 보여주기 위함이었다. 인간존재가 '개인'이 되는 것은 그것에 필수적인 특성을 갖는 사회, 즉 '유기적' 유형의 사회에서만 가능하다.

우리는 이미 뒤르켐이 "사회적 존재가 의식을 결정한다"는 마르크스의 생각과 동일한 생각을 가지고 있었고, '개인'의 본성에 대한 뒤르켐의 주장은 그러한 원칙을 적용한 것이라는 점을 지적한 바 있다. 뒤르켐은 특정한 관념은 일정한 사회적 조건하에서만 발생한다는 입장을 견지했다. 이를테면 기계적 연대에 기초한 유형의 사회성원들은 솔직히 스스로를 '개인'으로 생각할 수 없다. 그래도 그들이 그렇게 생각한다면, 그것은 잘못일 것이다. 그들은 그러한 개인이 아니다. 왜냐하면 그들 삶의 본질은 그들이 서로 유사하다는 데 있기 때문이다. 게다가 그들이 주입받은 사회의 '집합의식'과 '집합표상'은 균일성을 높이 평가한다. 사람들을 가치 있게 만드는 것은 자신이 동료들과 다르다는 것이 아니라 동료들과 유사하다는 것에 있다. '개성'은 사회적 연대의 토대가 변해야만 출현할 수 있다. 즉, 유기적으로 통합된 복잡한 사회체계의 맥락에서 상호의존성이 출현해야만 개성이 드러날 수 있다. 그러한 유기적 연대의 사회 내에서 개인의 삶, 활동, 경험이 다양해질 수 있고, 바로 그러한 다양성이 각 개인이 많은 중요한 측면에서 다른 사람들과 진정 다를 수 있는 다양한 가능성을 수반한다. 물론 거기에도 '억압적' 법의 요소들이 여전히 존재하지만, 그러한 요소들은 기계적 유형의 사회에서보다 그리 부각되지 않으며, 그에 상응하여 '배상적 법'의 원리들에 비해 덜 중요시된다. 개인행동에 대한 감시 또한 덜 면밀하고 덜 강력하며, 균일성을 얼마간 결여한 행동 또한 비난받기보다는 용인되고, 심지어 높이 평가되기도 한다.

그다음에 뒤르켐은 '개인'의 실체에 대한 논쟁은 뒤로 한 채, 무엇이 그러한 실체를 구성하는지를 보여주기 위해 노력한다. 근대 유기적 연대의 사회에서 우리가 그러한 구체적 의미에서의 개인이 된다는 것은 의심의 여지가 없다. 사회적 분업이 복잡하게 이루어져 있는 그러한 사회에서 우리의 '사회적 존재'는 우리가 매우 개별화된 인간들이라는 것을 의미한다. 그러한 사회에서 발전된 집합의식은 우리로 하여금 우리 자신을 기본적으로 다른 사람들과의 차이와 관련하여 생각하게 하고, 우리의 독특성 때문에 우리 자신과 서로가 가치 있다고 평가하게 한다. 그리고 이것이 우리의 사회적·정치적 사고에 반영된다. 따라서 근대사회에서는 우리의 개인적 자아보다 더 중요하거나 가치 있는 것 ― 우리가 하고자 하는 것을 방해하거나 제약하는 권리를 가질 수 있는 것 ― 은 존재하지 않는다는 신념에 근거하여, 우리의 개인적 권리와 자유가 강화되거나 제약되기까지 하는 경향이 있다. 하지만 뒤르켐은 과도한 개인주의의 발전에 대해 공포까지 느끼지는 않았지만 그것을 우려했다. 다시 말해 그는 개인주의가 너무 강력해져서 우리가 서로에게 완전히 별개가 될 정도로까지, 즉 근대의 유기적 연대의 사회에서조차 사회의 성원들은 집합적 삶에 의해 규제된다는 점을 간과할 정도까지 개인주의가 병리적으로 과대해지는 것을 걱정했다. 그는 그러한 사회의 삶과 그 사회가 직면할 문제들에 대해 숙고하면서, 개인주의가 전적으로 강조될 경우 사회를 분석하는 방법과 사회문제를 규명하고 그 문제에 대처하는 방법을 심각하게 왜곡할 수도 있다고 보았다. 우리가 너무 지나치게 강조할 수는 없지만, 뒤르켐은 이처럼 개인의 실재를 부정하지도, 그리고 개인주의를 공격하지도 않았다. 그의 표적은 개인주의 그 자체가 아니라 **과도한** 개인주의였고, 그가 바로잡고자 한 것도 바로 그것이었다.

따라서 근대사회에서 개인들 간에 차이가 존재한다는 것을 인정한다고 해서 그러한 개인들이 한 사회의 성원으로서 공유하는 것을 무시하는 데까지 나아가서는 안 된다. 뒤르켐이 볼 때, 구체적 개인들은 두 부분의 혼합물이다. 그 한 부분은 개인의 독특한, 어쩌면 유일무이한 경험의 산물이고, 다른 한 부분은 우리가 사회제도에 다른 사람들과 함께 참여함으

337

로써 창출된다. 따라서 근대적 개인 속에는 항상 사회의 요구와 독자적 개인의 요구 간에 긴장이 존재한다. 뒤르켐은 『사회학적 방법의 규칙』 제2판 서문에서 다음과 같은 방식으로 이 점을 지적한다.

> 우리가 사회적 사실에서 기인하는 것으로 보는 강제적 힘은 정반대의 특징도 똑같이 드러낼 수 있는 전체 속성의 아주 작은 일부만을 나타낸다. 왜냐하면 제도가 우리에게 압박을 가하지만, 그럼에도 불구하고 우리가 그것에 집착하기 때문이다. 제도가 우리에게 책임을 부과하지만, 우리는 그것을 사랑한다. 제도가 우리를 구속하지만, 우리는 그것이 작동하는 방식 속에서 그리고 바로 그러한 구속 속에서 만족을 발견한다.(Durkheim, 1982: 47)

하지만 사회학적 관점에서 볼 때, 근대사회의 개인주의가 공리주의적 원리로의 회귀를 예고하는 것은 결코 아니다. 비록 근대사회에서 개별 성원들이 서로 간의 관계를 자유롭게 계약하지만, 그렇다고 해서 계약이 사회가 수립되는 토대는 아니다.

계약제도　사람들은 사회와 그 사회를 구성하는 개인들을 동일시하고, 그러한 개인들이 서로 간에 경제적·사회적 관계를 자유롭게 계약하는 것으로 바라볼 수도 있다. 하지만 뒤르켐이 그러한 관점을 가지고 있던 스펜서를 비난했던 것처럼, 그러한 견해는 개인들이 서로 간의 구체적 관계를 통해 사회를 창조한다고 생각하도록 유혹한다. 이를테면 사업 영역에서 사람들은 자신이 함께 사업할 사람들, 즉 자신이 생각하기에 돈벌이가 될 활동을 함께할 파트너로 삼을 사람들을 결정하고, 자신의 미래관계의

고전사회학의 이해

조건을 구체화한 계약을 통해 상호 간의 합의를 공식화한다. 보다 일반적으로 사회적 삶에서도 사람들은 그와 마찬가지로 어떤 사람과 삶을 같이 하기로 결정하고 결혼이라는 '계약'에 들어가 자신의 가족단위를 창출한다. 따라서 사회를 개별 성원들 간에 맺는 계약적 합의의 산물로 생각할 수 있다는 관념은 얼마간 호소력을 지닌다. 기업이나 가족과 같은 사회적 단위들은 개별 성원들 간의 계약을 통해 구성**된다**. 하지만 뒤르켐이 특히 스펜서의 생각을 거부하며 '계약의 비계약적 요소'를 강조하고 나선 것도 바로 이 지점에서이다. 뒤르켐의 주장이 비록 특히 스펜서를 반대하는 방식을 취하고 있기는 하지만, 그것은 사회를 성원들 간의 계약에서 기원하는 것으로 보고자 하는 모든 시도에 반대하고, 그렇게 함으로써 사회에 관한 사고에서 나타나는 보다 광범위한 난점을 부각시키기 위한 것이었다. 사회가 어떻게 존재할 수 있는지를 이해하기 위하여, 설명하고자 하는 것을 이미 전제하고 다시 그것을 설명하는 방식은 널리 알려진 일반적인 문제에 직면한다. 계약관계의 형성은 근대사회의 매우 두드러지고 극히 중요한 특징**이지**만, 사회가 그 성원들 간에 맺는 계약관계의 **산물**이라는 생각은 지지되기 어렵다. 왜냐하면 계약관계의 형성은 이미 존재하는 사회 **내에서만 발생할 수 있는** 것이기 때문이다.

뒤르켐은 '계약'이 사회의 제도들 중 하나이기 때문에 그것이 사회의 토대일 수는 없다고 단호하게 주장한다. 유기적 연대 유형의 사회에서 사회의 개별 성원들이 비교적 자유롭게 온갖 종류의 계약을 맺고 또 계약을 통해 관계를 창출한다는 것은 사실이지만, 그들이 어떠한 종류의 계약도 자유롭게 맺을 수 있는 것은 아니다. 거기에는 그들이 체결할 수 있는 계약의 종류를 지배하는 규칙이 존재한다. 이를테면 우리 사회에서 사람들은 자신을 노예로 팔 수 없으며, 특정 연령 이하의 사람과는 결혼을 계약할 수 없다. 특정한 관계가 계약을 통해·이루어질 수는 있지만, 계약을 맺는 관행이 계약과 동시에 창출되는 것은 아니다. 계약을 맺는 개인들은 이미 존재하는 계약의 관행을 이용한다. 그러한 관행은 사회 전반에 존재한다. 개인과 개인이 계약을 체결할 때, 사람들은 그 계약에서 어떤 종류의 문제가 합법적으로 약속될 수 있는지를 규정해놓은 이미 널리 알려져 있는 협약과 규칙뿐만 아니라 계약조건을 이행하기 위해 사회적으로 조직된 어떤 방식들을 이용할 수 있는지를 규정한 협약들에도 의존한다. 두 사람이 계약을 체결하는 것의 요체는 일방이 의무를 이행하지 않을 때 다른 일방이 다른 사람들로부터, 궁극적으로는 법원으로부터 계약의 이행을 보장받기 위한 것이다. 적절히 성립된 계약은 양자를 계약으로 묶어놓을 뿐만 아니라 계약상의 권리가 지닌 정당성이 사회의 다른 성원들에 의해 공인되는 것 역시 요구된다. 요컨대 그리고 다시 말하면, '계약'은 하나의 사회제도이므로, 개인들 간의 계약관계와 관련하여 사회를 설명하는 것은 순환적이다. 왜냐하면 그것은 순진하게도 사회제도의 존재를 미리 전제하기 때문이다. 즉, 그것은 설명하려는 것 자체를 전제하고 있다.

『사회분업론』에서도 거듭되는 요점은 사회는 개인의 본질과 개인의 결정에 의해 설명될 수 있기는커녕, 오히려 그 반대가 사실이라는 것이다. 실제로 개인과 그 개인의 결정능력은 사회의 산물로서 이해되어야 한다. 근대사회의 '개인주의' 그 자체도 바로 사회구조의 결과이다. 우리의 독자성과 다양성을 찬양하는 개인주의 관념 그 자체는 사회적으로 공유되고 표준화된 하나의 이데올로기이다. 여기서 우리는 뒤르켐이 개인에 대한 사회의 우위성을 주장한 것이 아니라, 개인들 간에 확고하게 자리 잡은 자율성이 바로 사회적 분업 속에서 그 동일한 개인들의 상호의존성과 동시에 발생한다는 것을 우리에게 상기시킴으로써, '개인'과 '사회' 간의 잘못된 대비를 거부하고자 한 것뿐이라는 점을 강조할 필요가 있다. 그리고 이러한 개인과 사회 간의 관계를 균형 잡고자 하는 시도가 가장 분명하게 드러나는 저작이 바로 뒤르켐의 가장 유명한 (그렇다고 해서 악명 높다고까지 말할 수는 없는) 연구인 『자살론』(1893)이다.

자율성과 구속성

『자살론』은 과학적 학문으로서의 사회학의 모델을 진척시킴으로써 악평을 받았다. 그리고 그런 평판을 받은 이유는 대체로 『자살론』이 광범위하게 통계를 활용하고 있기 때문이다. 뒤르켐이 그 연구에서 잘 확립되어 있던 프랑스의 자살통계 연구전통에 의거하기는 했지만, 그의 통계 활용 방식은 선구적인 것이었다. 뒤르켐은 자살률의 안정성과 변화의 원인을 파악하고자 하면서 자신이 자연과학의 성공에 매우 결정적이었다고 느낀 실험방법이 사회적 삶의 연구에서는 이용될 수 없다는 사실을 인식했다. 실험방법은 자연과학에서 원인을 추출하는 데 결정적이다. 사회학이 하나의 과학이기 위해서는, 그리고 뒤르켐이 이해한 바대로 사회학이 현상을 인과적으로 설명하기 위해서는 실험에 대한 어떤 대안을 고안해내야만 했다. 뒤르켐은 통계의 조작을 통하여 원인을 분리해낼 수 있다고 생각했다. 『자살론』이 선구적인 저작이 된 이유는 그가 통계를 활용하여 기여원인(contributory cause)을 분리해내고자 시도했기 때문이다.

우리는 앞에서 "사회적 사실을 사물로 간주하라"라는 뒤르켐의 권고 속에는 사회학의 주제는 '사회적 사실'이며 사회학자들은 자연과학자들이 자연적 사실에 대해 취하는 것과 동일한 태도를 사회적 사실에 대해 취해야만 한다는 주장이 함축되어 있다고 지적했다. 이 후자의 주장은 사회적 사실은 공평하게 선입관 없이 연구되어야 한다는 것을 의미했다. 하지만 너무나도 많은 사람들의 마음속에서 '과학'의 개념이 '양화(量化)'의 관념 — 좀 더 조야하게 말하면 수(數)의 사용 — 과 밀접히 결합되어 있기 때문에, 뒤르켐이 그의 연구에서 통계를 광범위하게 사용했다는 사실이 그의『자살론』에서의 주장을 모범적인 과학의 지위에 올려놓은 주요한 특징으로 간주되었다.

파슨스는『사회적 행위의 구조』(1937)에서 뒤르켐과 베버의 또 다른 공통점을 지적했다. 그것은 바로 프로테스탄티즘이 서유럽 사회의 '심성(mentality)'에 미친 영향에 대한 그들의 주장이었다. 우리가 살펴보았듯이, 베버는 그러한 사회들을 두루 지배하던 자본주의적 경제조직의 기원을 프로테스탄트 교의, 특히 칼뱅주의 교의의 의도하지 않은 결과 — 이를테면 자본주의적 축적 동기를 창출하는 것과 같은 — 라는 측면에서 추적했다. 베버가 볼 때, 자본주의적 축적을 위해서는 단호한 동기, 즉 전통적인 사회적 결속에 대한 모든 애착을 포기하고 그들의 관습과 관행을 기꺼이 전복할 것이 요구되었다. 이처럼 프로테스탄트 개혁에 대한 베버의 견해는 그것이 개인주의를 엄청나게 고무했으며, 또 개인들로 하여금 전통의 명령에 따르기보다는 자신의 합리적 이익계산에 의해 인도되는 삶을 살아가야 한다는 생각을 하게 만드는 데 결정적으로 기여했다는 것이었다. 뒤르켐은 프로테스탄티즘이 개인주의의 근원이었다는 베버의 견해에 동의했고, 그것이 개인들을 협력적인 종교공동체로부터 분리시키는 방식을 특히 강조했다. 베버와 뒤르켐 모두는 또한 프로테스탄티즘이 사람들로 하여금 자신의 종교적 구원에 대해 개인적으로 책임지게 하는 방식은 각각의 신자들의 어깨에 무거운 짐을 지우고 각자가 신 앞에서 자신의 동료들로부터 고립감을 느끼게 만들었다고 주장했다. 베버의 『프로테스탄트 윤리와 자본주의 정신』이 성공한 기업가들 중에 프로테스탄트 신자가 많다는 관찰로부터 시작한다면, 뒤르켐은 자살한 사람들 중에 프로테스탄트 신자가 많다고 지적한다.

자살 연구

『자살론』은 사회적 사실이라는 수준이 실재한다는 점과 사회학적 설명이 사회적 사실에 의거해야만 하는 이유를 명확하게 증명하기 위해 쓰인 책이었다. 뒤르켐은 『자살론』에서 개인들에 대한 사실은 **전적으로** 그 개인들과 관련된 다른 사실에 의해서**만** 이해될 수 있다는 생각에 맞서 싸운다. 반대로 개인과 관련한 어떤 사실들은 **오직** 사회적 사실에 의해서**만** 이해될 수 있다. 자살은 그것을 결정적으로 입증해주는 사례였다. 왜냐하면 특히 자살은 다른 사람 또는 그 외에 다른 어떤 것과도 전적으로 무관하게 결정되는, 지극히 개인적인 것으로 흔히 이해되기 때문이다. 그렇다면 그러한 견해는 뒤르켐의 선임자들의 발견, 즉 자살률이 안정적으로 유지되고 있다는 사실을 어떻게 설명할 것인가? 특정 개인의 자살 여부가 그 개인의 문제라는 것을 부정하지 않는다고 하더라도, 우리는 그러한 통계에 따를 때 특정 모집단 내에서 자살한 개인들의 비율이 왜 오랜 기간 동안 비교적 안정적으로 유지되고 또 상이한 사회들 속에서도 유사한 유형을 보이는지를 설명해야만 한다. 설사 개인들이 자살을 결정한다고 하더라도 그들은 매우 규칙적인 통계치를 산출하는 방식으로 자살하고 있는 것이다. 이처럼 『자살론』에서 뒤르켐이 가졌던 목적은 개인들이 왜 자

343

살하는가를 설명하는 것이 아니라 자살률이 어떻게 그러한 안정성을 보이는지를 설명하는 것이었다는 점을 기억하는 것이 매우 중요하다.

『자살론』에서도 개인과 사회 간의 관계를 이해하고자 하는 뒤르켐의 주요한 관심은 계속된다. 뒤르켐이 『자살론』에서 제기하는 가장 기본적인 주장은 다음과 같이 진술될 수 있다. 사회에 대한 개인의 의존성과 독립성 간에는 어떤 적절한 균형이 존재한다. 양자 간의 균형이 개인의 행복을 증진시킨다. 사회로부터의 과도한 독립성과 의존성은 모두 해로운 것이다. 그렇다면 개인들이 자살해야만 하는 상황 이상으로 개인이 행복하지 않다는 것을 더 잘 보여주는 표지가 있을 수 있을까? 그렇다면 자살의 유형을 검토하는 것 이상으로 개인과 사회의 관계를 더 잘 평가해줄 수 있는 상황을 상정할 수 있을까?

『자살론』은 또한 사회적 사실을 사물로 취급하라는 훈령뿐만 아니라 그 훈령을 실행할 수 있는 방법까지를 증명한다. 통계치 그 자체는 사회적 사실이 아니라 오히려 사회적 사실의 지표였다. 자살률의 안정성은 '집단의 도덕적 구조'에 의해 유발되고, 따라서 그 비율은 "집단마다 다르고 각 집단 내에서 오랫동안 거의 동일수준을 유지한다"(Durkheim, 1951: 305). 자살률은 그 집단들 내의 '자살유발적 풍조'를 반영한다. 그러나 우리는 자살률을 사회 내의 관련 집단들의 특성과 비교해봄으로써 사회적 사실을 확인하고 인과관계를 규명할 수 있다. 뒤르켐의 방법은 두 가지 요소로 구성되어 있다. 첫째는 다양한 하위집단들 간의 자살률을 비교하는 것이고, 둘째는 자살률을 그것과 잠재적으로 관련된 다른 요소들의 비율과 비교하여 여러 대안적 설명을 하나씩 기각해나가는 것이다. 이를테면 그는 자살에 대한 하나의 설명으로, 자살은 정신질환에서 기인한다는 설명을 제시한다. 그런 다음 그는 정신이상과 자살률 간의 관계를 발견할 수 있는 통계를 적용시킨다. 어떤 측면에서는 그 둘 간에 일정한 관계가 존재한다. 자살과 정신이상 모두는 농촌지역보다 도시지역에서 더 빈번히 발생한다. 자살과 정신이상의 비율은 해마다 함께 상승하고 하락한다. 하지만 뒤르켐은 자살과 정신이상 간에는 강력한 관계가 존재하지 않는다는 것을 보여주는 또 다른 사실들을 제시한다. 이를테면 정신병원에 입원해 있는 여성의 수가 남성의 수보다 약간 많지만, 전체 모집단에서 여성의 자살률은 단지 약 20%만을 차지한다. 유대인들 가운데서 정신이상 비율은 평균 이상이지만 그들의 자살률은 매우 낮다. 가톨릭 신자들 사이에서 정신이상 비율은 평균보다 약간 낮지만, 자살하는 비율은 자주 그보다 훨씬 낮다. 또한 정신이상과 자살 경향 간의 관계에서 연령 간에 불일치가 존재한다. 자살률은 연령과 함께 증가하지만, 정신이상 비율은 30세에서 45세 사이에 가장 높다. 게다가 높은 정신이상 비율과 높은 자살률이 자주 함께 발견되지만, 몇몇 나라에서는 자살률이 낮은 데 비해 정신이상의 비율은 높다. 뒤르켐이 활용 가능한 자료들을 면밀하게 검토했을 때에도, 알코올중독과 자살 간에는 어떠한 일관된 관계도 드러나지 않았다. 뒤르켐은 이러한 방식으로 통계치와 다른 요인들 간을 면밀하게 상호연관시킴으로써 자살은 인종, 유전, 풍토, 모방 등과 같은 요인들과도 일관되게 관련되어 있지 않다는 것을 보여줄 수 있다고 느꼈다. 그리고 그는 비사회적 원인들을 만족스럽게 처리한다면 자살률의 변이는 사회적 원인에 기인하는 것이라는 자신의 주장을 성공적으로 입증할 수 있을 것이라고 생각했다.

뒤르켐은 네 가지 종류의 자살을 확인했다. 하지만 그는 네 번째 유형인 '숙명적(fatalistic)' 자살에 대해서는, 분류를 "완결하기 위해서는" 포함시키지만 "오늘날에는 그리 중요하지 않기 때문에 …… 상세하게 언급할 필요는 없을 것 같다"(Durkheim, 1951: 276)고 단지 잠깐 언급만 하고 지나간다. 하지만 '이기적(egoistic)' 자살과 '이타적(altruistic)' 자살이 서로 대조를 이루는 것과 유사한 방식으로 '숙명적' 자살은 '아노미적(anomic)' 자살과 서로 대조를 이룬다. 우리가 앞으로 살펴보듯이, '아노미적' 자살이 개인이 사회에 의해 충분히 규제되지 못할 때 발생한다면, '숙명적' 자살은 사회적 상황에 의해 과도하게 규제되어 그 속에서 개인들이 자신의 "미래가 무자비하게 봉쇄되고 열정이 심히 질식당하고 있다"는 것을 알게 될 때 발생한다. 노예의 자살이나 전제정치에 예속되어 있는 사람들의 자살이 후자의 예에 해당한다.

뒤르켐은 주로 나머지 세 가지 유형의 자살에 관심을 집중했다. 통계치는 대략 유사한 성격을 갖는 사회들에서 인구 100만 명당 자살한 사람들의 평균 수치가 가톨릭 신자들보다 프로테스탄트 신자들 사이에서 훨씬 높다는 것을 보여준다. 뒤르켐은 이러한 차이가 가톨릭의 강한 자살 금지에 기인한다는 가장 손쉬운 설명을 거부하고, 그 대신 '첫 번째 결론'으로 "프로테스탄티즘의 자살 경향은 그 종교를 고무한 자유로운 탐구정신과 관련되어 있는 것이 틀림없다"고 제시한다(Durkheim, 1951: 158). 하지만 그 관계는 '올바르게' 이해되어야만 한다. 왜냐하면 자유로운 탐구에 대한 어떤 고유한 열망이 프로테스탄티즘에 존재하는 것은 아니기 때문이다. 자유로운 탐구에 대한 요구는 "단지 또 다른 원인의 결과일 뿐"인 것으로 이해되어야만 한다. 즉, 탐구정신은 사회변동에 따라 필연적으로 야기된 어떤 것에 의해 발생한 것으로 이해되어야 한다. 뒤르켐은 실제로 다른 사람이었다면 당연히 인과적 순서로 생각했을 것을 뒤집어 놓았다. 자유로운 탐구정신이 전통적 신념을 붕괴시켰을 것으로 기대되었을 수도 있지만, 그는 자유로운 탐구의 요구가 발생한 것은 전통적 신념이 붕괴되었기 때문이라고 주장했다. 즉, 자유로운 탐구는 "이미 출현한 간극을 메우기 위해" 발생한 것이지, 자유로운 탐구가 "그 간극을 창출한 것은 아니다". 그는 후일 『종교생활의 기본형태』(1912)에서 진전시킨 핵심적 논지를 진술하는 구절에서 다음과 같이 주장한다.

> 만약 새로운 신념체계가 종래의 신념체계처럼 모든 사람들에게 논란의 여지가 없어 보이는 것으로 구성된다면, 어느 누구도 더 이상 그것을 논의할 생각을 하지 못할 것이며, 그것에 대한 논의는 더 이상 허용조차 되지 않을 것이다. 왜냐하면 전체 사회가 공유하고 있는 관념들은 그러한 합의로부터 권위를 얻게 되고, 그러한 권위가 그러한 관념들을 신성불가침의 것으로 만들어 그 관념들이 논쟁의 대상이 아니게 되기 때문이다. 그러한 관념들이 이견에 더 관대해지기 위해서는 우선 그 관념들이 덜 보편적이고 덜 완전한 동의의 대상이 되어야 하고 예비적인 논쟁을 통해 약화되어야만 한다. (Durkheim, 1951: 159)

우리가 나중에 더 적절한 시기에 이 구절을 다시 살펴보겠지만, 여기서 우리는 뒤르켐이 『사회분업론』에서 했던 논의, 즉 기계적 연대의 사회에서 유기적 연대의 사회로의 이행에 관한 논의가 반복되고 있음을 간파할 수 있다. 기계적 연대에서와 같이 감상과 신념의 동질성이 존재하는 곳에서는 그러한 감상과 신념은 엄격하게 강요될 것이며, 기존의 신념과 감상의 타당성에 대한 어떠한 논의도 그것들에 대해 의문을 제기하는 일이 될 것이다. 그리고 기존의 신념에 의문을 제기하는 것조차 그 자체로 일탈의 한 형태가 되어 금지되고 처벌받을 것이다. 따라서 그러한 의문을 제기할 수 있는 것은 오직 '집합의식'이 덜 동질적이고 더 분화된 상황에서뿐이다. 만약 어떤 신념을 놓고 토론하고 그 신념에 의문을 제기할 수 있다면, 그러한 신념을 획일적으로 받아들이는 일은 있을 수 없다. 그러므로 어떤 집단의 감상과 신념은 그것들에 대한 '자유로운 탐구'라는 관념을 생각조차 할 수 없었던 때에 비해 권위를 덜 지니고 있을 것임이 틀림없다. 따라서 자유로운 탐구의 존중은 사회변화의 원인이 아니라 그것의 결과임이 틀림없다.

뒤르켐은 서유럽의 종교만을 놓고 볼 때 가톨릭교회가 프로테스탄트교회보다 더 '기계적' 연대에 기초한 집단을 만들어낸다고 생각한다. 전자의 신념과 감상은 여전히 상당한 동질성을 지니고 있으며, 그러므로 **의문을 제기할 수 없는** 권위를 지니고 있다. 프로테스탄트교회가 개인적 판단을 '용인'하고 있다는 것은 거기에는 이제 더 이상 그 공동체의 권위로서 작용하는 어떠한 합의도 존재하지 않는다는 것을 의미한다. 하지만 프로테스탄트 신자들의 높은 자살 경향은 그들이 자유로운 탐구에 전념하는 데서가 아니라 "종교 사회의 응집력의 상실"(Durkheim, 1951: 169)에서 비롯된 지적 열망에서 기인한다.

그다음에 뒤르켐은 자신의 관심을 가족과 정치사회의 조직으로 돌린다. 그는 다시 통계적 관계들을 자세히 관찰하면서 비록 항상 그런 것은 아니지만 일반적으로 기혼자들이 미혼자들보다 덜 자살하는 경향이 있음을 발견한다. 그는 정치사회를 고찰하면서는 통계를 활용하여 정치적 위기는 자살자의 수를 증가시키기보다는 감소시킨다는 것을 보여준다. 이를테면 그는 "프랑스에서 금세기[19세기] 동안에 발생한 모든 혁명은 그 기간 동안에 자살자의 수를 감소시켰다"(Durkheim, 1951: 203)고 말한다. 뒤르켐은 개인들을 자살 경향으로부터 '보호하는' 것은 긴밀하게 결속된 사회집단에 대한 성원의식이라는 결론을 피력하기 위해 통계적 상관관계를 설정할 수 있는 다른 모든 가능한 원인들을 제거하고자 한다. '결혼 여부'가 자살률에 미치는 본질적 영향은 기혼자들의 가족 성원의식 — 즉, 기혼자들은 다른 개인들과 강력하고 실제적인 사회적 유대를 갖는다는 사실 — 이다. 그리고 정치적 불안이 자살률을 감소시키는 방식은 "대규모의 전면적 전쟁과 커다란 사회적 소요"가 낳는 사회적 효과에 의해 설명된다. 뒤르켐에 따르면, 그것들은 "집합감상을 고취하고 당파심과 애국심, 정치적·국가적 신념 등을 자극하며 활동을 단일한 목적에 집중시킴으로써 적어도 일시적으로나마 더 강력한 통합을 유발한다"(Durkheim, 1951: 208).

이처럼 이 모든 경우에서 자살을 막는 것은 개인이 사회집단 — 다른 개인들과의 강력하고 실질적인 유대가 존재하고 강력하게 공유된 감상과 신념이 존재하는 사회집단 — 의 일원이 되는 정도, 뒤르켐의 표현방식을 사용하자면 사회집단에 '통합되는' 정도이다.

자살과 사회적 연대 이와 관련하여 우리는 두 가지 측면을 강조해둘 필요가 있다. 하나는 강력하게 통합된 집단 내에서 개인을 통제하고 집단의 임의적 처분에 따라 개인의 삶을 희생시키는 것은 바로 집단 그 자체라는 점이다. 다른 하나는, 그리고 뒤르켐에서 보다 중요한 것은, '과도한 개인주의'는 사람들이 자살이라는 관념에 더욱 관대해지게 만들 뿐만 아니라 그 자체가 자살을 유발한다는 점이다. 개인주의적 사회에서는 사람들이 자신이 원하는 것을 하기 때문에 개인의 삶이 더 많이 실현될 것이라고 생각될 수도 있지만, 뒤르켐은 그것은 사실이 아니라고 주장한다. 우리를 최고로 만족시키는 것, 즉 우리의 삶에 가장 큰 의미를 부여하는 것들 중 일부는 우리가 집단 속에서 집단을 위한 행동에 열중하는 데서 비롯된다.

뒤르켐은 고도로 발전된 개인주의를 특징으로 하는 사회에서조차 개인들이 이기적인 활동에서 완전한 그리고 최고의 만족을 느끼는 것은 아니라고 주장한다. 그러한 사회에서조차 우리가 하는 그리고 우리에게 최고의 만족을 주는 일들 중 많은 것이 우리가 속한 집단들 ─ 우리 가족 또는 우리 나라와 같은 ─ 의 목적에 봉사하는 일, 그리고 다른 사람들을 위해 봉사하고 자기 자신을 희생해야 하는 일일 수도 있다.

우리는 개인주의의 발전이 많은 측면에서 유익하기는 하지만 개인주의를 사회적 규제와 정반대인 것으로 생각할 필요는 없다는 뒤르켐의 심오하고도 변함없는 논점을 다시 한 번 되풀이하고자 한다. 개인주의의 발전이 어떤 측면에서는 사회적 규제를 훼손할 것이 틀림없지만, 개인주의가 항상 그러한 비용을 초래하는 것은 아니다. 사회와 그 개별 성원들 모두의 안녕을 위해서는 그 성원들의 삶에 대한 사회적 규제가 필요하다. 뒤르켐이 문명화된 삶은 개인의 측면에서는 일정 정도의 구속을 승인하고 순전히 개인적인 만족을 다른 목적에 종속시키는 것을 대가로 한다고 주장했을 때, 어쩌면 매우 상이한 관점으로부터 도출된 것이기는 하지만, 우리는 뒤르켐이 정신분석학의 창시자인 지그문트 프로이트(Sigmund Freud)와 동일한 것을 말하고 있는 것으로 이해할 수도 있다.

'과도한 개인주의'는 개인들로 하여금 오직 자신의 중요한 관심사만을 자신의 목적으로 삼게 한다. 가족, 종교단체, 또는 정치집단과의 유대가 없다면, 즉 자신보다 규모가 큰 더 중요한 사회적 단위에 대한 애착이 없다면, 개인들은 실로 자신의 무의미성과 유한성을 절감하고, 자신이 진정한 의미나 더 큰 목적 없이 삶을 살아가고 있음을 발견할 수도 있다. 뒤르켐은 이처럼 삶이 "애써 살아야 할 가치가 없다면, 모든 것이 삶을 스스로 끝마치게 하는 구실이 될 수 있다"고 말한다(Durkheim, 1951: 213). '이기적' 자살은 그 원인의 성격 ─ 즉, 인간의 삶을 사회적으로 고립된 자아(ego)가 자신의 즉각적 관심을 표현하는 것에 지나지 않는 것으로 축소하는 것 ─ 으로부터 그 이름을 따온 것이다.

'이타적 자살'은 '이기적' 자살의 정반대이다. 그리고 앞서 지적했듯이, 그것은 강력한 연대의식을 지닌 사회집단이 개인들의 삶을 집단적으로 임의 처분하는 방식과 관련되어 있다. 일반적인 상황에서는 집단의 규칙이 개인들로 하여금 자신들의 삶을 보존할 것을 요구한다. 그러나 거기에는 개인의 삶이 박탈당하게 되는 상황이 존재한다. '이타적 자살'은 개인들 자신의 삶이 집단의 안녕보다 덜 가치 있는 것으로 보일 만큼 개인들이 집단에 매우 강하게 속박되어 있을 경우에만 가능하다. 개인의 중요성이 집단의 가치에 비해 너무 낮게 인식되는 상황에서 개인의 삶은 그 집단을 위해 희생해줄 것을 요구받을 수 있다. 뒤르켐은 자신이 나중에 '하위(lower)'사회라고 부른 것을 고찰한다. 그가 '하위'사회라고 칭한 까닭은 그 사회의 조직이 구조적으로 덜 복잡하고 또 전형적으로 '기계적' 유형의 연대를 이루고 있기 때문이었다. 그는 그러한 사회에서는 자살이 일어나지 않는 것으로 알려져 있다고 말한다(Durkheim, 1951: 217). 이는 공유된 신념과 감상에 의해 강력하게 통합된 기계적 연대의 사회에서는 자살이 금지된다는 뒤르켐 주장의 당연한 결과였을 수도 있다. 그런 까닭에 '이기적 자살'은 그러한 사회에서는 발견될 수 있는 것이 아니다. 하지만 그는 자살이 명예의 문제로 찬양받는 경우를 언급하며, 그러한 사회에서 자살은 세 가지 범주로 나누어진다고 제시한다. 노인과 병자에게 죽을 것이 요구되고, 미망인에게도 죽을 것이 요구되고, 지도자를 잃은 사람들에게도 지도자를 따라 죽을 것이 요구된다. 이러한 경우에 자살은 개인의 동기의 문제가 아니라 개인에게 요구된 것이다. 한마디로 말해 그것은 의무의 문제이다.

간단히 말하면, 여기에서 뒤르켐의 요점은 개인들의 삶 전체가 사회적으로 규정된 지위에 결박되어 있을 경우 그러한 지위를 상실하면 개인은 그 집단 내에서 아무런 가치도 지니지 못한다는 것이다. 이를테면 노인이나 병자는 유능한 전사(戰士)라는 남자로서의 지위를 박탈당한다. 그러한 사회에서는 아내라는 지위가 여성을 규정하기 때문에, 과부라는 사실은 그러한 중대한 지위를 제거해버린다. 지도자의 무리에 속해 있다는 것이 한 사람의 지위를 제공할 경우, 지도자의 죽음은 그 지위를 소멸시킨다. 한 사람의 삶을 유효하게 해주는 지위가 없을 경우, 그 사람은 스스로 사회를 떠날 것을 요구받는다. 이러한 '이타적' 자살은 우리 사회에서는 군대의 특정 부문과 같이 매우 긴밀한 연대를 이루고 있는 집단들을 제외하고는 일반적으로 발견되지 않는다. '이타주의'라는 이름은 자신들보다 집단을 우선시하는 개인들 덕분에 붙여졌다. 물론 뒤르켐의 이러한 논지의 전개에서 중요한 것은 '이타적' 자살은 개인들이 집단에 너무나도 강력하게 통합되어 있어서 개인들에게 자신이 독립적인 개별적 존재라는 의식이 전혀 존재하지 않는 경우에 발생한다는 것이다. 자아(self) 개념이 사회적 지위 및 집단 성원의식과 매우 강력하게 결부되어 있기 때문에, 거기에는 집단으로부터 독립된 개인이라는 의식은 거의 존재하지 않는다.

'이타적 자살'과 대조적으로 '이기적 자살'은 개인이 사회집단에 불충분하게 통합되어 있어서 자신이 자기 자신보다 중요한 어떤 것의 일부를 이루고 있다는 느낌으로부터 나오는 삶의 의미를 사회집단이 개인에게 제공해주지 못할 때 발생한다. 네 번째 유형의 자살, 즉 '아노미적 자살'은 앞서 언급한 '숙명적 자살'과 정반대이다. 숙명적 자살은 노예라는 강요된 지위가 그 개인의 삶을 절망적으로 만드는 것처럼 사회적 상황의 가혹함에 의해 개인의 희망과 목적이 질식당하는 경우 발생한다. 이에 비해 '아노미적 자살'은 개인의 희망과 열망을 사회가 통제하지 못하기 때문에 발생하는 것으로, 뒤르켐에게 상당히 중요한 의미를 지니는 유형이다.

욕구와 그 욕구를 충족시킬 수 있는 수단이 균형을 이루지 못하는 삶은 아마도 견디기 어려울 것이다. 만족할 줄 모르는 갈망을 상정해보자. 음주 욕망은 그 욕망이 경감될 전망이 없다면 아마 심한 고통이 될 것이다. 물론 인간의 삶에서 우리가 충족 가능성이 거의 없는 것을 원망하는 경우는 드물다. 다른 동물들과 마찬가지로 우리의 원망에도 자연적 한계가 존재한다. 우리의 갈망은 끝없이 증대되는 것이 아니며, 적절한 양의 음주는 그 욕망을 충족시켜줄 것이다. 하지만 다른 동물들과는 달리 우리의 원망은 물질적 욕구에만 한정되지 않는다. 우리는 이를테면 행복, 안락, 호사 등과 같은 다른 많은 욕망도 가진다. 그 욕망들에는 아무런 자연적·생물학적 한계가 없다. 따라서 뒤르켐이 보기에 그러한 욕망은 본질적으로 무한하다. 욕망은 보통 우리의 양식(良識), 즉 무엇이 옳고 그르며 무엇이 적절하고 부적절한지에 대한 우리의 내적 판단에 의해 규제된다. 그렇다면 왜 양식이라는 힘이 만족할 줄 모르는 잠재적 욕구들을 억누르는가? 그것은 설정된 한계가 정당한 한계라고 인식되기 때문이다. 즉, 개인들이 자신들보다 중요하고 우위에 있는 것으로 인식하는 전거로부터 파생된 권위가 그러한 한계를 설정한 것으로 인식하기 때문이다. 뒤르켐의 도식에서 사회적 삶을 규제하는 도덕성에 부여되는 존경을 불러일으킬 만큼의 위대성와 우위성을 지닌 전거는 단 하나뿐인데, 그것이 바로 사회이다. 그러므로 개인이 지닌 심성의 결정적 부분은 사회의 도덕적 규칙에 의해 구성된다.

도덕적 질서의 내면화　이처럼 사회의 규칙의 여러 측면이 우리 개인의 퍼스낼리티 특징이 되는 과정을 좀 더 현대적인 용어로는 '내면화(internalisation)'라고 부른다. 이것은 사회의 '외적' 요구들을 개인 자신의 '내적' 퍼스낼리티의 일부로 전환시킨다. 물론 이것이 사회적 사실이 외재적이고 구속적임에도 불구하고 왜 사회적 사실이 반드시 그 자체로서 직접 경험되지 않는지를 설명해준다. 오늘날 '내면화' 개념을 보완해주는 개념이 바로 '사회화(socialisation)'라는 개념이다. 사회화는 사회의 새로운 성원들이 자신이 속하게 되는 집단의 관습을 배우고 훈련받고 그 집단에 동화되는 과정을 의미한다. 이러한 학습을 통하여 새로운 성원들은 집단의 관습, 신념, 감상을 공유, 즉 내면화한다. 따라서 일반적인 경우 당연히 개인들은 자신들의 행동이 외적 요구의 강요에 의한 것이 아니라 그들 자신의 욕망으로부터 분출되는 자발적인 것이라고 느낀다. 개인들은 실제로 자발적으로 행동하지만, 그 행위가 기원하는 심적 구조 그 자체는 사회로부터 파생된 도덕적 감성으로 구성되어 있다. 내면화를 통해 사회의 요구가 개인 자신의 느낌, 태도, 확신, 반응으로 전화되고, 따라서 개인이 원하는 것과 사회가 요구하는 것은 하나가 된다. 이처럼 오늘날 우리가 '내면화'와 '사회화'라고 부르는 것을 강조함으로써 뒤르켐은 다른 사람들이 '자유롭게 행동하는' 개인과 '구속적인' 사회 사이에서 발견한 간극을 메우기 위해 노력한다.

　그렇다면 특정한 개인들의 원망을 규정하는 것은 바로 사회이다. 그러나 이것이 뒤르켐이 사회를 어떤 초자연적인 기관으로 지명한다는 것을 의미하지는 않는다. 이것은 단지 사회조직은 전형적으로 제도들로 이루어지며, 그 제도들 속에서 개인들의 원망과 열망의 기준이 그들의 만족과 양립할 수 있게 되고 그 기준들이 개인에 의해 '내면화'된다고 말하는 것

고전사회학의 이해

일 뿐이다. 뒤르켐이 펼친 주장의 논리를 감안할 때, 그러한 기준을 설정하는 주요한 양식들 중의 하나가 사회의 계층제도라는 것은 놀랄 만한 일이 아니다. 뒤르켐의 주장에 의하면, 우리의 원망은 그 원망을 충족시키는 데 필요한 자원에 비례할 것이지만, 사람들이 접근할 수 있는 자원은 불균등하게 배분되어 있다는 점이 중요하다. 이 불균등한 자원배분체계가 계층제도이다. 그러므로 당연히 그다음의 논리적 단계는 그 기준들이 상이한 계층별로 원망과 자원 간의 관계를 적절하게 균형 잡는다고 주장하는 것이다. 상층의 사람에게는 현실적인 열망이 하층의 사람에게는 비현실적일 수 있다. 따라서 자신이 속한 사회계급의 기준을 내면화한 개인들은 자신의 기대와 그 기대의 실현 가능성 간에 현실적인 관계를 설정할 수 있으며, 그 결과 계층질서 내에서 자신이 차지하는 위치에 따라 삶이 각기 다른 방식으로 즐거울 수도 그렇지 않을 수도 있다. 하지만 앞에서 암시했듯이, 그 고통이 영원한 것은 아니다. 뒤르켐은 일반적인 경우 계급체계와 관련된 기준들이 개인들로 하여금 자원배분과 삶의 조건들의 불평등이 **정당하다**고 느끼게 할 것이며, 그 결과 더 많은 자원과 더 좋은 조건을 갖고 있는 사람들은 당연히 그럴 만하다고 간주하게 한다고 주장한다. 하지만 그러한 정당성이 무조건적인 것은 아니다. 왜냐하면 뒤르켐 시대의 근대사회에서처럼 "귀족주의적 편견이 과거의 지배력을 상실하기 시작할 때"(Durkheim, 1951: 251), 사람들은 그러한 불평등의 공정성을 의심할 수도 있기 때문이다. 그러나 그러한 경우 제도들은 불안정해지고, "피상적으로 억제된 욕구들은 이미 반항을 준비한다".

우리는 앞에서 개인은 단지 사회의 '규율'하에서만 진정한 삶을 영위할 수 있다는 뒤르켐의 견해를 제시한 바 있다. 그리고 이것이 의미하는 바를 가장 잘 보여주는 사례 중의 하나가 (제도화되지 않았더라면 비현실적이고 만족할 수 없었을지도 모를) 욕망을 삶의 제도화된 규범들이 규율하는 방식에 대한 그의 설명이다. 만약 개인들이 전적으로 그들 자신에게 맡겨진다면, 그들은 완전히 통제 불가능한 욕망에 의해 지배될 것이고, 그리하여 뒤르켐의 주장대로 좌절된 열망 때문에 항상 고통 받을 것이다. 사람들이 적어도 일시적으로나마 욕망의 충족으로부터 만족을 얻을 수 있는 것은 그들이 자신의 원망에 대해 현실적 한계를 설정하는 어떤 틀 내에서 살아가기 때문이다.

따라서, 그리고 '아노미적 자살'에 대한 논의로 되돌아가면, 숙명적 자살이 개인의 열망에 대한 사회의 과도한 제약으로부터 초래되는 자살이라면, '아노미적 자살'은 개인의 열망에 대한 사회의 불충분한 규제로부터 초래된다. 개인은 사회의 계층제도 내에서 훈육되기 때문에, 일반적으로 거기에는 사람들이 개인의 원망을 사회적 지위에 맞게 현실적으로 '조정'하는 규제방식이 존재한다. 따라서 내면화를 통해 확립된 욕망의 규율이 붕괴될 때, 다시 말해 개인들의 양식(良識)의 일부가 된 기준이 외적 상황과 부합하지 않게 될 때, 아노미적 상황이 진전된다. 그러한 상황은 급격한 사회경제적 변화가 초래될 때, 사람들의 사회적 지위가 급격히 재조정될 때, 그리고 새로운 상황에 대한 사람들의 기대가 조정할 수 없을 정도로 급속히 높아질 때 발생할 수 있다. 그리고 그러한 상황은 개인들이 사회경제적 척도상에서 급격한 **등락**을 경험할 때 발생한다. 사회적 위기의 시기나 경제호황과 불황의 시기는 곧잘 아노미적 자살 경향을 산출하는 시기이다. 욕망을 규제하는 내면화된 기준들은 개인의 사회적·경제적 환경의 변화에 따라 적용할 수 없게 된다. 이는 욕망에 대한 제약이 풀리게 됨을 의미한다. 이제 개인들은 통제되지도 충족되지도 않는 욕망을 경험하며, 삶은 견딜 수 없는 것이 된다. 게다가 그러한 급격하고 격렬한 변화의 시기 동안에는 사회의 전체 질서가 동요하고, 개인들을 구속하고 그들이 냉정을 유지하게 하는 데 기여했던 사회적 삶의 다른 특징들 또한 작동하지 않으며, 그 최종 결과로 자살이 초래된다. 이처럼 '아노미적 자살'은 대체로 사회질서에서 주기적으로 발생하는 혼란의 산물이다. 그러나 산업사회 내에도 그러한 자살의 근원은 항상 존재한다. 경제활동이 바로 그것이다. 뒤르켐은 산업사회에서는 경제영역이 사회적 삶의 다른 영역들에 비해 너무나도 큰 독자성을 지니기 때문에, 사회의 나머지 부문의 활동결과와 무관하게 자신의 독자적인 길을 걸을 수 있게 되고 종교적 힘과 정치권력은 경제를 규제할 능력을 잃게 된다고 생각했다. 산업은 목적을 위한 하나의 수단으로 간주되기보다는 그 자체로 하나의 삶으로 여겨지며, 개인과 사회 모두에게 최고의 목적이 되었다(Durkheim, 1951: 255). 이처럼 경제활동의 엄청난 성공과 함께, 그리고 거의 환상에 가까운 광란적인 경제팽창의 분위기 속에서 규제가 상실되고 (다른 점에서 보면) 새로운 것을 무의미하게 추구하면서 경제활동의 가능성은 이제 무제한적인 것처럼 보인다. 그러한 상황 속에서 필연적으로 발생할 수밖에 없는 경기후퇴는 그러한 열광적 활동에 자신의 모든 삶을 투자한 개인들에게 그렇게 하지 않은 사람들에 비해 훨씬 더 커다란 충격과 좌절을 불러일으킨다.

뒤르켐은 인과적 특성에 따라 자살을 가기 '숙명적', '이기적', '이타적', 그리고 '아노미적' 자살이라는 네 가지 유형으로 구분하면서, 실제 자살의 실례에서는 아노미와 이타주의가 결합되어 있을 때처럼 하나 이상의 자살유형이 함께 수반될 수 있다는 점을 인정한다. 어떤 사람이 파산하여 자신의 환경과 아노미적 관계에 처하자, 나머지 가족이 그로 인해 사회적 수치를 당하지 않게 하려는 이타적 이유로 자살했을 경우가 그것의 실례일 수 있다.

앞에서 지적했듯이, 뒤르켐은 자신의 연구과정에서 우리가 일상적으로 자살의 동기로 고려할 수 있는 다양한 요인, 즉 억압, 재정적 파탄, 이혼, 빈곤 등을 모두 검토했다. 그가 그러한 요인들을 고찰한 까닭은 그것들이 항상 자살과 결부되어 있지 않으며, 그렇기에 자살의 진정한 원인일 수 없다는 것을 보여주기 위해서였다. 뒤르켐이 볼 때, 그러한 요인들이 자살과 결부되는 것은 단지 어떤 외적인, 따라서 사회적인 조건하에서뿐이다. 자살률은 결코 개인들의 특성에 의해 결정되는 것이 아니라 실제로는 집합적 삶의 조직의 속성에 의해 결정된다. 자살률이 뚜렷한 안정성을 보이는 것은 집합적 삶의 조직이 오랜 기간 동안 안정성을 유지하고 있기 때문이다. 그러한 조직의 속성들이 다양한 유형의 상황을 창출하고 그러한 상황이 개인들에게 영향을 미친다. 그러나 상황은 개인들에게 서로 다르게 영향을 미친다(그리고 어떤 사람들은 절망적인 상황에서 더 필사적인 경향이 있다). 그리고 그러한 힘들이 공동체 도처에서 작동하면서 개인들에게 영향을 미침에 따라 개인들은 더욱 자살이라는 방식으로 상황에 대응하려는 성향을 지니게 된다. 뒤르켐은 때때로 사회 전체를 엄습하는 '자살유발 경향'에 대해 논의한다. 그 결과는 나뭇잎을 떨어뜨리는 바람에 비유할 수 있다. 물론 나무에 약하게 붙어 있어 바람의 힘을 충분히 견딜 수 없는 나뭇잎이 바람에 더 쉽게 떨어지기는 하지만, 나뭇잎을 떨어뜨린 원인은 나뭇잎의 특성이 아니라 바람의 세기이다. 다시 한 번 더 강조하지만, 매우 이상하게 들리고 설득력이 없어 보이는 뒤르켐의 주장 중의 하나 ― 사회는 소정의 자살률을 '요구한다'는 주장 ― 는 일반적으로 인식되는 것처럼 터무니없는 것이 아니라, 단지 만약 자살을 유발하는 사회적 조건이 안정적이라면 그러한 조건이 유발하는 자살률 역시 안정적일 것이라는 점을 지적하는 것이다.

하지만 그렇게 주장함에도 불구하고, 뒤르켐은 동시에 개인과 사회 간의 관계에 대한 자신의 주장이, 마치 자신이 개인은 단지 초개인적인 사회적 힘에 좌우되는 꼭두각시일 뿐이라고 암시하는 것처럼, 너무 '결정론적으로' 받아들여지는 것에 대해 경계한다. 그는 그러한 인상에 대한 하나의 교정책으로, 우리는 이중적 존재로 살아간다고 주장한다. 즉, 우리의 퍼스낼리티가 한편에서는 공유된 규칙과 신념, 감상에 의해 형성되고, 다른 한편에서는 우리 자신의 독특한 개인적 경험에 의해 형성되기 때문에, 우리의 퍼스낼리티가 항상 사회적으로 표준화된 책무와 일치하지는 않는다는 것이다. 뒤르켐은 이것은 우리가 동시에 두 가지 방향으로 이끌린다는 것을 의미한다고 말한다. 우리는 한 집합체의 사회화된 성원으로서 집합체의 요구를 충족시킬 것을 요구받지만, 우리가 독특한 개인적 퍼스낼리티를 소유하고 있는 한, 우리는 또한 집합체의 구속에 대항하여 반발하기도 한다. 우리가 개인으로서 우리에게 부과된 구속에 반항할 때조차도, 우리는 다른 사람들이 우리에 대한 그들의 책무를 다해줄 것을 기대한다. 이 상호 압력이 개인들의 반란충동을 억제하는 데 중요한 요소로 작용하기는 하지만, 뒤르켐이 볼 때 상호 압력은 사회가 우리에게 그 사회의 도덕적 권위를 강요하는 방식보다는 훨씬 덜 중요하다. 달리 표현하면 우리가 사회의 규칙에 복종하는 것은 우리가 사회의 규칙이 우리에게 순종을 요구할 권한을 가지고 있는 것으로 간주하기 때문이다.

『자살론』의 말미를 향해 나아가며, 뒤르켐은 개인들의 특성에서 사회 제도의 기원을 찾고자 하는 어떠한 시도에도 시종일관 단호하게 반대하면서, 자신의 마지막 주요 저작인『종교생활의 기본형태』의 테마를 예비하는 진술을 한다. 그는 다음과 같이 말한다.

흔히 종교는 신비하고 무서운 존재가 사람들의 의식 속에 유발하는 공포나 존경의 감정에서 기인한다고 한다. 이러한 관점에서 볼 때, 종교가 단지 개인의 마음 상태와 사적 감정이 발전한 것인 것 같은 생각이 든다. 그러나 이같이 과도하게 단순화된 설명은 전혀 사실이 아니다. …… 만약 개인이 그 자신과 물리적 세계 외에는 아무것도 알지 못한다면, 개인은 자신과 자신의 환경을 훨씬 능가하는 힘의 개념을 결코 생각하지 못할 것이다. …… 그러므로 개인의 존경심을 강요하고 개인의 숭배의 대상이 된 힘은 바로 사회이다. 신은 단지 사회의 실체적 형태일 뿐이다. 한마디로 종교는 사회가 자신을 의식하게 되는 상징체계이다. 종교는 집합적 존재에 독특한 사고방식이다.(Durkheim, 1951: 312)

이 인용문에서 현재의 논의와 직접 관련되어 있는 논점은, 사회가 개인들에게 개인의 능력을 '훨씬' 능가하는 어떤 것으로, 최고의 숭배의 대상이라고 할 수 있을 정도까지 존경을 요구하는 어떤 것으로, 그리고 개인들로부터 도덕적 권위를 확실히 승인받을 수 있는 어떤 것으로 다가오는 방식이다.

사회의 연대

뒤르켐이 자살에 관한 연구 이후에 종교로 관심을 전환했음에도 불구하고, 그의 사회학의 주요 관심사는 변함없이 계속되었다. 『종교생활의 기본형태』는 종교가 사회의 도덕적 권위의 원천으로 기여하는 방식과 종교 의례를 통해서 사회적 연대를 창출하는 메커니즘이 되는 방식을 탐구한다. 뒤르켐은 또한 그 책에서 그가 나중에 발전시키고자 한 논지, 즉 우리가 사유를 통해 만들어낸 구성물들까지도 사회가 우리에게 부여한 것이라는 주장을 펼치기도 한다. 그 책 전체에서 뒤르켐은 자신이『자살론』에서 제기한 논평, 즉 신은 사회의 힘(power)을 보여주는 실체적 형태이고 종교는 사회가 자신을 의식하게 되는 상징체계라는 주장을 정교화한다.

종교연구

뒤르켐은 종교는 그 자체만으로는, 즉 세상에 존재하는 초자연적 힘에 대한 하나의 반응이라는 것만으로는 설명될 수 없다는 가정에서부터 출발한다. 사회의 힘 이외에 초인간적 힘이란 존재하지 않는다. 이러한 점에서 뒤르켐의 견해는 마르크스에게 아주 중요한 영향을 미친 포이어바흐의 견해와 유사하다. 포이어바흐는 신이 인류를 창조했다고 생각하는 것은 문제를 거꾸로 잘못 바라보는 것이라고 주장했다. 신은 인간의 창조물이다. 신이 존재하지 않을 수도 있지만, 뒤르켐은 종교를 단순한 오류나 완전한 환상으로 치부하고자 하지는 않았다. 그는 마르크스처럼 종교가 인간에게 미치는 위력을 이해하기 위해서는 종교의 사회적 역할을 탐구해야만 한다고 주장한다. 뒤르켐이 볼 때, 종교가 그렇게 광범위한 현상이라는 사실 그 자체는 종교에 무엇인가가 존재한다는 것이 틀림없다는 사실을 증명한다. 그러므로 문제는 종교가 표상하는 것은 진정 무엇인가를 확정하는 것이다. 이와 관련하여 뒤르켐은 마르크스와 아주 다른 방향을 취한다. 마르크스에서 종교는 기존의 사회적 조건들이 인간의 잠재력을 충분히 실현시켜줄 수 있는 능력을 가지지 못한다는 것을 이데올로기적으로 표현하는 것이라면, 뒤르켐에서 종교는 사회와 그 성원들 간의 관

361

계에 관한 심오한 진리를 표현하는 것이다. 뒤르켐의 탐구가 나갈 수 있었던 방향은 두 가지이다. 그중 한 가지는 우리가 이미 살펴본 대로 뒤르켐이 선호하지 않았던 것으로, 종교를 "개인의 마음 상태와 사적 감정의 발전"으로 바라보는 것이다. 다른 하나는 물론 종교를 집합적 삶의 산물로서 검토하는 것이다.

이러한 목적을 위해서는 종교에 대한 일반적인 설명이 요구된다. 그리고 그것의 첫 번째 단계가 종교라는 이름으로 포괄되는 현상의 범위를 확인하는 것이다. 우리가 종교적 현상이라고 부르고 싶어 하는 모든 것이 반드시 초자연적인 것에 대한 관념을 포함하고 있는 것은 아니며, 사물의 '자연적' 질서와 '초자연적' 질서를 구분할 수 있는 능력 자체도 일정한 유형의 사회들에서만 발견된다. 종교라고 해서 반드시 어떤 신성(神性)을 포함하는 것은 아니다. 부다(Buddha)는 숭배의 대상이지만, 그 자신이 신적 존재는 아니다. 종교는 대체로 두 가지 주요한 부분, 즉 신념(belief)과 의례(rite)를 포함한다. 종교적 신념은 세상을 두 가지 유형, 즉 '세속적인 것(profane)'과 '신성한 것(sacred)'으로 분리한다. 신성한 것은 우리의 삶 속에서 세속적인 것과는 별개의 것으로 인식되는, 매우 예외적인 존경의 대상이다. 우리는 경외감을 가지고 신성한 것을 바라본다. 의례는 신성한 측면을 가지면서, 우리를 신성한 것과 연결시켜주는 행위를 수행하는 활동이다. 뒤르켐은 신성한 것과 세속적인 것에 대한 이러한 구분이 보편적이라고 주장한다. 이처럼 신성한 것에 대한 일단의 신념과 우리를 신성한 것과 연결시켜주는 일단의 의례들이 종교의 핵심을 이룬다. 하지만 이러한 신념과 관행은 하나의 통일된 체계를 이루며, 게다가 뒤르켐이 '교회'라 부른 사회집단 ─ 그 집단이 어떠한 조직형태를 취하든 간에 그 조직과 관련된 일단의 신념과 의례를 공유하는 사람들의 집단 ─ 과 연관되어 있다.

두 번째 과업은 종교와 관련된 신념과 의례의 본질을 이해하는 것이다. 이러한 탐구를 위해 뒤르켐은 오스트레일리아 원주민의 종교에 초점을 맞추기로 결정했다. 이는 그들 사회의 구조가 매우 작고 단순하기 때문에 거기에서 발견되는 종교는 훨씬 더 복잡한 사회를 포함하여 **모든** 사회에서 발견되는 종교의 기본적인 형태일 것이 틀림없다는 생각에서였다. 우리는 앞에서 뒤르켐이 단순사회에서 복잡사회로의 발전이라는, 19세기를 특징짓던 진화론적 견해를 견지한다고 지적한 바 있다. 그러한 견해는 일반적으로 더 이상 받아들여지지 않으며, 어느 누구도 원주민 사회와 같은 기존의 어떤 사회가 구조적으로 더 복잡한 다른 사회들의 원시 진화론적 선조라고 생각할 수 있다고 보지 않는다는 것은 확실하다. 하지만 뒤르켐으로 하여금 가장 작고 가장 단순한 사회에서 발견되는 종교가 종교의 본질 – 종교의 '기본형태' – 을 포함하고 있음에 틀림없으며 모든 종교는 그러한 본질로부터 발전했을 것이라고 가정하게 한 것은 바로 그의 진화론적 관념이었다. 따라서 뒤르켐은 원주민들에 대한 인류학적 연구를 재검토하면서 자신이 사회와 종교의 초기 기원을 검토하는 중이라고 생각했다.

원주민들의 종교는 '토템' 종교였다. 사회는 여러 집단으로 분리되어 있었고, 각각의 집단은 하나의 '토템', 즉 특별한 태도와 대우를 받는 자연 대상과 결부되어 있었다. 그러한 자연현상은 이를테면 특정 바위나 연못 같은 어떤 장소 또는 앵무새나 왈라비 같은 어떤 동물 등 아주 평범한 것들이었다. 그 집단이 어떤 집단인가는 토템의 이름으로 확인할 수 있었다. 사실 그러한 토템 관행들은 뒤르켐의 주장에 아주 잘 부합했다. 그리하여 그는 토템 대상 자체는 어떤 경외감을 불러일으킬 수 있는 것이 전혀 아니라는 결정적 주장을 할 수 있었다. 토템은 토템집단이 그 토템에

363

접근하는 방식을 제외하고는 모든 측면에서 매우 평범하고 아주 세속적이었다. 토템을 존중할 만한 가치를 갖는 것으로 만들어주는 그 어떤 것도 토템 자체에 **내재하지** 않았다. 토템의 역할은 오히려 상징적인 것이었다. 토템은 그것이 표상하는 바가 존중받을 만한 가치가 있기 때문에 존중받았다.

토템 관행의 본질은 뒤르켐이 쉽게 또 다른 결정적 주장을 할 수 있게 했다. 토템은 하나의 집단과 결부되어 있었으며, 그 토템의 역할은 많은 점에서 우리 사회에서 집단을 '표상하는' 대상으로서 깃발이 수행하는 역할과 유사했다. 이렇게 뒤르켐은 종교적 상징주의(religious symbolism)와 집합적 삶을 연관짓는다. 토템은 그 토템과 연관된 집단을 상징한다. 왜냐하면 토템 물품 그 자체는 토템에 대한 경외감과 존중을 불러일으킬 수 있는 것이 아니기 때문이다. 그리고 토템이 상징하는 진정한 초자연적 현상의 수준이 전혀 존재하지 않는다면, 토템이 상징하는 것은 사회집단이기 때문에 토템과 결부된, 그리고 더 일반적으로는 신성한 것과 결부된 반응을 불러일으킬 수 있는 것은 사회집단임이 틀림없다.

앞서 인용한 구절에서 뒤르켐은 신을 사회의 '유일한 실체적' 형태, 즉 사실상 종교적 숭배의 진정한 대상을 표상하는 것이라고 말한다. 하지만 사회가 신성한 것과 결부된 반응을 불러일으킬 수 있는 종류의 실체라는 점을 인정한다고 하더라도, 왜 '사회의 숭배' ― 우리가 임시로 이런 식으로 표현해도 좋다면 ― 가 '실체화된' 형태를 취하는지, 즉 왜 그것이 종교적 의식의 표면적인 초점의 대상인 '신' 또는 '토템'에 의해 간접적인 상징적 방식으로 표현되는지의 문제는 여전히 남아 있다. 뒤르켐의 답변은 사회와 관련된 관념들은 상징적 형태가 아니라면 인간의 지력(知力)으로는 실제로 '이해할 수' 없는 것이라는 것이다. 인간정신은 그 인간정신이 사회

364

와 의존관계 및 종속관계에 있다는 사실을 직접 이해할 수 없다. 가장 기본적으로 표현하면, 뒤르켐의 주장은 종교적 신념체계는 하나의 실체를 표상하고 있다는 것이다. 종교적 신념체계가 인간 역사와 인간사회 도처에 어디에나 존재하고 있다는 사실은 그것이 전적으로 환상일 수는 없다는 것을 의미한다. 만약 종교가 환상이라면 그 정체가 폭로될 수밖에 없었을 것이며, 그 종교를 공공연하게 부정하는 현실에도 불구하고 그렇게 광범위하게 존속할 수 없었을 것이다. 하지만 종교는 광범위하게 지속되고 있다. 그러므로 종교는 사실과 대립되는 것으로 볼 수 없고, 그 사실과 양립하는 것으로 인식되어야만 한다(뒤르켐은 그렇게 주장했다). 종교와 합치하는 '초자연적' 실체란 존재하지 않기 때문에, 종교적 신념은 오직 자연적으로 존재하는 것과 합치되어야만 한다. 종교적 신념이 자연세계와는 다른 어떤 것을 전제하고 있는 것으로 보인다고 할지라도, 그것은 사실일 수 없다. 왜냐하면 그러한 종류의 것은 존재하지 않기 때문이다.

이러한 주장의 근간을 이루는 것은 인간정신의 주요 창조물들은 순수한 상상력의 산물일 수 없다는 뒤르켐의 가정이다. 관념은 갑자기 나타날 수 있는 것이 아니다. 뒤르켐이 볼 때, 관념은 어떤 외부 모델에 의해 영감을 받는 것임에 틀림없다. 따라서 우리가 만약 종교적 관념들 — 초인적이고 불멸하는 비인격적인 힘의 관념과 같은 — 이 어디에서 출현하는지를 설명하고자 한다면, 우리는 그러한 관념들이 도출되고 그 관념의 모델이 될 수 있는, 인간의 정신에 외재하는 세계 속의 그 무엇을 찾아야만 할 것이다. 그러므로 종교적 신념이 비록 자연적으로 발견할 수 없는 형태로 자신을 드러내고 있다고 하더라도, 그것은 자연적 실체를 모델로 하고 있음에 틀림없다. 따라서 종교적 표상들은 본래 존재하기는 하지만 간접적인 상징적 형태 속에서 자신을 표현하는 어떤 실체를 포착해야만 한다. 종교가 이해하고자 하는 실체의 한 후보로 무생물계 ― 그것이 지닌 능력과 그것에 대한 찬양 때문에 우리로 하여금 인간보다 더 큰 힘을 지닌 것으로 생각하게 하는 ― 가 자주 제시되어왔지만, 뒤르켐은 그 가능성을 부정했다. 자연현상들이 영감을 고무할 수도 있지만, 자연현상 내에는 그 현상이 더 고귀하고 실로 숭고한 수준의 실체라는 관념을 연상하게 하는 것은 아무것도 없다. 물론 종교적 신념의 본질 중의 하나가 바로 그러한 고귀하고 신성한 수준에 대한 관념이다. 만약 우리가 무생물적 자연현상의 세계에 기대를 걸 수 없다면, 자연현상의 세계 내에는 단지 하나의 여지만이 그 가능성으로 남게 된다. 우리가 기대를 걸 수 있는 것은 오직 사회적 실체 ― 즉, 사회 그 자체 ― 뿐이다. 왜냐하면 우리는 인간정신에 개인의 자아보다 더 고귀하고 숭고한 것에 대한 관념을 유발할 수 있는 어떤 것을 사회에서 발견할 수 있기 때문이다.

우리의 과학적 사고에서 매우 중요한 것들 중의 하나가 우리의 개별 행동을 통제하는 비인격적인 힘에 관한 관념이다. 우리의 행동이 물리학의 냉혹한 법칙들에 의해 지배되고 있다는 사실은 오늘날 쉽게 받아들여지고 있다. 뒤르켐은 과학이 그러한 비인격적 힘의 관념을 종교로부터 양도받았고, 따라서 자연을 과학적 법칙에 의거하여 이해하는 것은 그러한 비인격적 힘을 종교 속에서 그러므로 (우리가 앞으로 살펴보듯이) 사회를 모델로 하여 만들어진 관념에 의거하여 이해하는 것을 의미한다고 주장했다. 토테미즘이 특정한 토템 대상에 초점을 맞출 수도 있지만, 그것의 숭배 대상은 개인들과는 무관한 익명적이고 비인격적인 힘이다. 그러한 힘이 개인들의 존재방식 속에 그 자체로 존재하지는 않지만, 그러한 개인들 속으로 들어올 수는 있다. 토템 대상과 토템 집단의 성원들 모두는 그 힘을 함께 나누고 있으며, 개인들은 그 힘에 감명받아 그 힘이 숭고하고 매우 강력하다고 느끼게 된다. 게다가 그 힘은 추상적인 무형의 것으로, 단지 어떤 가시적인 대상의 형태, 즉 "그 무형의 실체를 상상적으로 표현하는 물질적 형태"(Durkheim, 1976: 189) 속에서만 현시될 수 있다. 추상적이고 보편적인 힘의 관념을 형성하는 능력 그 자체는 적절한 사회적 조건에서만 획득될 수 있는 것이다. 그런데 오스트레일리아 원주민 집단들은 그러한 적절한 사회적 조건을 갖추고 있지 못했다. 그들 사회는 특정 토템에 토대하여 조직된 하위집단들로 분할되어 있었고, 이것이 각 집단들로 하여금 자신들이 서로 본질적으로 구분되는 집단이라고 생각하게 했다. 각 집단은 자신을 각자의 토템과 동일시함으로써 서로를 별개의 존재로 인식했고, 따라서 자신들을 동일한 원리의 구현물이라고 생각할 수 없었다. 보편적이고 비인격적인 사회적 힘에 관한 관념을 발전시키는 능력은 다양한 집단을 더 광대한 하나의 통일체하에 포섭시킬 수 있는 형태의 조직이 출현할 때 가능해진다.

우리가 언급했듯이, 뒤르켐은 인간의 상상력은 무(無)에서는 어떤 것도 창조할 수 없다는 가정에 입각하여, 종교에 대한 자신의 논지를 전개한다. 다시 말해 인간의 상상력은 순전히 그 자신의 산물로서의 관념을 창출할 수 없다. 즉, 인간은 완전히 상상적인 것을 마음속에 그릴 수는 없다. 뒤르켐은, 상상력은 오히려 현존하는 관념들을 재조합하는 능력이며, 그 상상력은 그 모델이 되는 사물이 존재하는지에 달려 있다고 보았다. 이를테면 종교적 관념은 사회제도를 모델로 삼고 있으며, 한 사회에 있을 수 있는 종교적 관념은 그 관념을 표상하는 표본적인 사회조직의 사례들이 그 사회에 존재하는지에 의해 제약된다. 개별 원주민들이 일정한 유형의 표상만을 산출할 뿐 우리 사회에 유효한 표상을 만들어낼 수 없었던 것은 그들의 지능이나 상상력이 '원시적'이거나 '단순'해서가 아니다.

오히려 원주민들의 사회조직이 상대적으로 단순했기 때문이다. 우리는 잠시 후 관념이 어떻게 산출되는지를 살펴볼 것이다.

원주민들이 사회 속에 살고 있기 때문에 사회형태가 아무리 단순하고 초보적이라고 할지라도 그들은 사회를 경험하며, 따라서 사회가 개별적인 자아에 우선하고 초월해 있음을 체험한다. 그들은 사회를 개별적 존재인 자신들과는 독립적으로 존재하고 개별적 자아들보다 더 고귀하고 강하며, 자신들 모두를 비인격적으로 압도하는 어떤 것으로 경험한다. 그리고 그러한 경험은 자신들에 대한 느낌을 변화시켜 자신이 단순한 개인 이상의 강력한 힘을 갖는다고 느끼게 한다. 이러한 불멸성, 초월성, 우월한 힘, 그리고 개인의 삶을 통제하고 우리를 고양시킬 수 있는 능력 모두가 신성한 것의 특징이다. 원주민들이 사회의 이러한 특징들을 경험하기는 하지만, 그들은 추상적이고 보편적인 것으로서의 사회의 영향력을 이해할 수 있는 개념장치를 가지고 있지 않았다. 따라서 그들은 사회를 자신들이 이용할 수 있는 개념에 의거하여 이해할 수밖에 없었다. 구체적인 방식으로 사회의 관념을 표현하기 위해서는 뭔가 형태가 있는 것, 즉 물질세계의 사물을 차용해야만 했다. 토템이 바로 그것이다.

이처럼 뒤르켐이 볼 때, 종교적 관념이 상징하는 것은 바로 사회이다. 사회는 개인들보다 고귀하며 개인들을 지배하는 동시에 그들이 의존하는 어떤 것이라는 주장은 사실로 입증된 것으로 보인다. 하지만 사회가 개인들을 고양시킬 수 있다는 주장, 즉 그들을 새로운 수준의 존재로 끌어올린다는 주장은 한결 이해하기 어려운 것일 수 있다. 우리가 뒤르켐의 의례에 관한 분석을 검토하는 까닭도 바로 여기에 있다.

의례 사회는 우리의 감정에 영향을 미칠 수 있다. 즉, 사회는 우리로 하여금 각자가 고립된 개인으로서 느낄 때보다 자신을 훨씬 더 강력한 존재로 느끼게 할 수 있다. 우리가 협력하거나 한 집단의 지원을 받을 때, 우리가 자신을 훨씬 더 강력한 존재인 것처럼 느끼는 것은 꽤 흔하고 또 친숙한 일이다. 만약 사회가 우리로 하여금 더 유력하다고 느끼게 할 수 있다면, 그것은 또한 우리의 의식수준을 고양시킬 수도 있다. 뒤르켐이 원주민들의 의례를 거론하는 것도 바로 그러한 연관성 때문이다. 원주민 집단의 삶은 두 개의 국면으로 나뉜다. 하나는 생계를 유지하기 위하여 여기저기에 흩어져 있을 때이고, 다른 하나는 집단이 다시 모여 의례에 참여할 때이다. 집회가 열리는 시기는 사람들이 함께 모여 보다 흥분할 수 있는 시기이며, 뒤르켐이 '집합적 흥분(collective effervescence)'이라 부른 것이 서로 간의 결사와 상호작용을 통해 개인들 사이에서 창출되는 시기이다. 이러한 유형의 흥분은 군중 속에서, 파티에서, 그리고 다른 집단행사들에서는 가시화되지만 사람들이 홀로 있을 때에는 드러나지 않는 경향이 있다. 원주민들 사이에서 그러한 흥분은 그들의 합동의식(joint ceremonial)에 의해 창출된다.

따라서 뒤르켐은 우리가 집합적 활동에 참여하는 것이 사람들을 고양시킬 수 있다고 주장한다. 구체적으로 말하면, 의례에서 사용되는 가면과 장식이 참여자들로 하여금 그들 자신과는 다른 모습을 표현할 수 있게 해주는 것과 같은 방식으로, 의례과정 속에서 우리는 본래의 모습보다 전반적으로 고양되어 새로운 존재가 된 것처럼 느끼게 된다는 것이다. 의례는 자주 우리가 외부세계에서 오기나 한 것처럼 경험되는 특별하고도 강한 감정들을 유발한다. 그리고 의례는 신성한 대상에 초점을 맞추기 때문에, '집합적 흥분'에 의해 산출된 효과가 신성한 대상이 소유한 힘으로부터 기인하는 것으로 자연스럽게 생각하게 만든다. 이처럼 재차 간접적인 상징적 방식으로 진정한 실체가 포착된다. 의례 참여자들에게서 환희가 '집합적 흥분', 즉 사회적 관계에 의해 발생하고, 그 환희는 신성한 대상에 집중되고 귀속된다. 물론 신성한 대상은 사회를 상징한다. 그리고 의례 참여자들은 그 대상을 자신들의 감정을 고양시킨 근원으로 간주하면서, 뒤르켐의 용어로 그러한 감정을 산출하는 것이 바로 사회임을 상징적으로 인식하게 된다.

토템과 집단의 결합은 그 결합이 수반하는 공통의 성원의식을 표출하며, 또 그 집단에 공통적인 성원의식이 집단을 통합한다. 이처럼 토템은 원주민 사회의 조직을 구조화하고 집단을 통합시키는 데 중추적 역할을 수행한다. 토템이 다른 어떤 것에 비해 상대적으로 특별한 대우를 받는다는 것에서 알 수 있듯이, 토템은 경외감과 존중을 받는다. 토템은 사회를 의미하기 때문에, 사회는 경외감과 존중을 부여받는다. 그러나 신성한 것에 대한 반응은 특별한 경우에만 일어나는 것이다. 하지만 뒤르켐에게서는 사회가 다름 아닌 도덕적 규칙의 권위와 관련된 문제라는 점을 상기할 경우, 우리는 신성한 것에 대한 태도는 사회의 규칙을 존중하는 데서 드러난다고 말할 수 있다. 물론 도덕적 규칙에 대한 존중도 그러한 규칙이 일상의 세속적 행동들에서 준수될 때에만 존재하는 것이다. 게다가 우리의 종교적 신념과 의례는 우리와 사회의 관계를 상징적으로 표현한다. 그러나 그것들이 단지 우리의 사회적 삶, 집합체에 대한 우리의 의존 등과 관련한 사실들만을 나타내는 것은 아니다. 종교적 신념과 의례는 그 관계가 올바름을 칭찬하고, 그 도덕적 규칙에 대한 헌신을 **강화한다**. 뒤르켐이 보기에 사회의 규칙에 대한 우리의 애착은 쇠퇴할 것이다. 삶의 실제 문제들, 그러한 문제들이 유발하는 요구와 긴장들, 그리고 동료들과의 관계에서 초래되는 어려움 모두는 우리의 도덕적 감정에 격심

고전사회학의 이해

한 긴장을 유발할 가능성이 크다. 그러한 경우 사회의 규칙에 대한 우리의 충성심과 다른 성원들과의 연대의식은 오랜 시간을 거치며 점차 약화될 것이다. 만약 도덕성이 계속해서 사회의 규칙과 다른 성원들에 대한 개인들의 애착을 강화한다면, 충성심과 연대의식은 계속해서 약화되는 것이 아니라 재각성될 수도 있을 것이다. 그리고 뒤르켐이 의례의 주기적 성격에 대한 설명을 발견한 것도 바로 그러한 재각성의 필요성 속에서이다. 의례는 개인들이 자신이 속한 집단의 다른 성원들에 대한 애착과 그들 모두가 그 일부를 이루는 사회의 도덕적 질서에 대한 애착을 재생하는 역할을 한다.

근대세계에서의 종교 『종교생활의 기본형태』에서의 설명은 대부분 오스트레일리아 원주민의 토템 관행과 밀접하게 그리고 직접적으로 연계되어 있다. 그러나 제목이 드러내듯이, 그 책은 종교생활 일반의 근본원리들에 관한 것이다. 뒤르켐도 물론 서유럽 사회에서 조직화된 종교의 위력이 약화되고 있다는 것을 알고 있었다. 그러나 뒤르켐은 모든 사회는 필연적으로 신성한 것과 세속적인 것으로 분할된다는 자신의 주장이 우리 사회와 같은 사회들이 명백히 덜 종교적이라는 것과 자신의 시대 이후로 명백히 덜 종교적이 될 것이라는 사실로 인해 그 타당성을 상실했다고 생각하지는 않았다. 신에 의해 상징화된 신성한 것이 근대사회에서 점차 그 영향력을 상실하고 있음에도 불구하고, 그는 근대사회에서도 여전히 새로운 형태의 신성한 것이 발전하는 경향이 있다고 느꼈다. 그러한 수준까지 고양된 것이 바로 '개인'의 관념이다. 이는 물론 『사회분업론』에서의 논지와 매우 일치하는 주장이다. 근대사회에서 개인의 권리와 자유는 최고의 존중을 받고 있음에 틀림없다. 명시적으로 조직화된 종교의 퇴각은 뒤르켐이 과학진보의 불가피한 결과로 바라본 것 중의 하나이다.

그러나 이러한 구체적인 발전경로에 대한 뒤르켐의 견해가 과학과 종교의 **대립**관계를 상정하는 것은 아니다. 즉, 과학이 종교를 환상적 넌센스임을 폭로하기 때문에 종교가 퇴각하는 것으로 보는 것은 아니다. 뒤르켐의 책이 종교를 가장 진정하게 그리고 성공적으로 다룬 과학적 저작이며 종교가 본질적으로 오류에 빠져 있는 것은 아니라고 주장하고 있다는 점에 주목하라. 뒤르켐은 과학의 부상과 종교의 '퇴각'에 대해 "과학적 사고는 단지 종교적 사고의 보다 완전한 형태일 뿐"(Durkheim, 1976: 429)이라고 설명한다. 왜냐하면 과학의 경우가 덜 도그마적이고 방법론적으로 더 규율 잡힌 방식이기는 하지만, 과학적 사고도 종교와 동일한 기본적 사고원리에 근거하여 작동하기 때문이다. 종교적 사색은 인간의 사고, 자연, 인간, 그리고 사회라는 주제에 대한 하나의 탐구형태를 제공한다.

> 종교는 그러한 실체를 과학에서 사용하는 것과 본질적으로 다르지 않은 지적 언어로 해석하고자 한다. 그러한 시도는 과학과 종교 모두에 의해 이루어진다. 과학과 종교는 사물들을 서로 연관짓고 사물들 간의 내적 관계를 확립하고 사물들을 분류하고 체계화하고자 한다. 우리는 과학적 논리의 중요한 관념들이 종교에 기원을 두고 있다는 것까지도 살펴보았다. 그러한 관념들을 활용하기 위해 과학이 그것들을 새롭게 정교화한 것은 사실이다. 과학은 그러한 관념들로부터 모든 우연적 요소를 제거한다. 일반적으로 과학은 종교가 모르는 척하는 비판정신을 모든 작업 속에서 고취한다. 과학은 "경솔함과 편향성을 피하기 위해", 그리고 열정과 편견과 모든 주관적 영향을 떨쳐버리기 위해 특히 조심한다. 그러나 이러한

방법의 완벽성 추구만으로는 종교와 과학을 구분하는 데 충분하지 않다. 이러한 점에서 과학과 종교는 동일한 목적을 추구한다. 과학의 형식은 단지 종교적 사고의 좀 더 완전한 형태일 뿐이다.(Durkheim, 1976: 429)

실제로 과학의 성장 그 자체도 부분적으로는 기독교 신앙의 산물이다. 왜냐하면 세속적 실체의 진상을 파악하는 작업을 세속적 탐구의 작업에 양도할 수 있었던 것은 기독교가 물질을 세속적인 것으로 바라보았기 때문이다.

사고와 사회

뒤르켐의 주장은 종교의 기원에 대한 견해들을 전도시키고 있다. 그의 주장은 어쩌면 또한 우리의 모든 사고방식, 특히 과학에 대한 우리의 관념들을 전도시키고 있는지도 모른다. 그는 특히 종교적 사고가 자연현상을 자신의 모델로 삼고자 하는 노력에 의해 형성되었다고 전제하는 견해들을 논박하고, 그 대신 종교는 종교의 사회적 기원과 관련하여 이해되어야 한다고 주장하고자 했다. 그런 다음 그는 과학적 사고의 기본 요소들도 종교적 사고의 기본 요소들과 동일하다고 주장한다. 그러나 종교적 사고 그 자체는 사회로부터 파생하며 사회를 자신의 모델로 삼고 있다. 그러므로 우리가 자연세계에 대해 사고하는 방식, 즉 과학적 사고의 기본 범주와 절차들 그 자체도 사회의 구조를 모델로 하는 것, 다시 말해 사회구조로부터 파생된 것이다. 뒤르켐은 자연에 대한 우리의 분류체계 자체도 사회로부터 파생된다고 말한다. '시간'과 '공간'과 같이 우리가 모든 경험의 가장 기본적인 범주로 생각하는 것 자체도 사회구조를 모델로 하여 구성된 것이다.

앞에서 우리는 상상력이란 진정으로 창조적인 것이 아니라 주어진 요소들의 재조직일 뿐이라는 뒤르켐의 견해를 언급한 바 있다. 이것은 사유 장치(apparatus of thought) − 즉, 우리가 생각하는 데 활용하는 관념이나 개념들 − 가 우리가 경험한 현실에 토대하여 산출되어왔다는 것을 의미한다. 따라서 어떤 것을 추상적이고 비인격적인 것이라고 생각하는 사람들은 그것을 추상적이고 비인격적인 것으로 경험해왔고 그러한 경험을 표현하는 하나의 모델을 가지고 있음에 틀림없다. 원주민들은 사회의 추상적이고 비인격적인 실체를 경험했지만, 그들의 사회조직이 그러한 경험을 틀지을 수 있는 형식을 제공해주지 않았기 때문에 그 실체를 표현할 수 없었다. 뒤르켐이 우리의 생각의 장비(equipment for thinking) − 즉, 우리의 개념적 도구들 − 의 발전은 역사적 발전의 소산이며 그 장비들은 규칙적인 성격을 가지고 있다고 전제한 것은 합당하다. 인간 역사는 각 개인의 마음속에 새겨진 관념들을 완벽하게 축적한 후 시작하는 것이 아니라 시간이 경과하면서 그러한 관념들이 축적되는 것이다. 우리의 개념적 도구들은 무작위적인 방식으로 축적되어온 것이 아니다. 그것은 그 발전 과정을 제약했을 조건들하에서 누적되어온 것이다. 게다가 우리의 관념이나 개념의 일반성은 인간들 간의 의사소통에서 그것들이 사용된 결과이며, 따라서 그러한 관념과 개념은 우리가 의사소통할 때 우리 각자에게 동일한 의미를 지닌다. 이러한 의사소통 장치들은 단일 개인의 도구가 아니라 서로 다른 수많은 사람들이 발전시킨 결과이며, 그들 간의 의사소통의 필요에 의해 제약받는다. 이러한 전제들이 합당한 것으로 보일 때조차 논리, 시간, 공간이 사회 속에서, 사회에 의해, 사회를 모델로 하여 구축된다는 말은 여전히 이상하게 들린다. 이러한 점에서 뒤르켐은 시간과 공간 같은 기본 범주들이 우리의 정신 속에 내장된다고 주장하는 칸트와 같은 학자의 견해에 반대한다. 그러나 뒤르켐의 주장이 궁극적으로는 옳지 않을 수도 있지만, 그렇다고 처음에 생각되는 것처럼 전혀 설득력이 없는 것은 아니다.

뒤르켐은 우리가 시간과 공간 속에서 사물을 경험하는 것이 실제로 우리 인간의 타고난 자질이라는 것을 부정하지는 않는다. 우리는 사물의 세계와 그 세계와의 관계 속에서 우리 자신의 위치를 발견한다. 이를테면 우리는 사물들을 우리 가까이에 있거나 멀리 떨어져 있는 것으로, 또는 우리 위쪽에 있거나 아래쪽에 있는 것 등으로 경험한다. 또한 우리는 사물들을 순차적으로 발생하는 것으로 경험한다. 그리하여 우리로 하여금 시간과 공간에 대한 관념들을 발전시킬 수 있게 해주는 것은 기본적으로 우리가 동물적으로 경험한 이러저러한 사실들이라고 주장된다. 특히 뒤르켐이 문제 삼고자 한 것은 이 마지막 제안이었다. 그리고 뒤르켐은 그 과정에서 다른 중요한 철학적 이론에 근본적으로 이의를 제기하고, 칸트의 관념론, 이른바 지식에 대한 경험주의적 설명과 직접적으로 대결한다. 경험주의적 설명은 외부세계에 대한 우리의 지식은 오직 외부세계와의 감각적인 접촉을 통해 우리에게 다가올 뿐이며 '정신'에는 아무런 공헌도 하지 않는다고 주장한다. 그러한 견해에 반대하여, 뒤르켐은 우리가 가지고 있는 시간과 공간의 개념은 너무나도 복잡한 것이어서 솔직히 우리의 동물적인 감각적 경험으로는 파악할 수 없다고 주장한다.

우리의 공간경험은 개인적인 것이지만, 우리의 공간**개념**은 비개인적인 것이다. 우리는 우리 나름의 독자적 관점으로부터 각자가 공간을 경험하지만, 공간이 마치 우리 자신이 개별적으로 존재하는 곳에서부터 퍼져나가는 어떤 것이라는 듯이 공간이 우리의 독자적 관점을 중심으로 조직화되는 것으로 생각하지는 않는다. 우리 각자는 우리의 공간경험의 중심에 서 있지만, 우리는 공간 그 자체가 하나의 중심을 갖는 어떤 것이라고 생각하지 않는다. 오히려 우리는 공간을 모든 것 ─ 우리의 개별적 관점 각각과 모두를 포함하는 ─ 을 포괄하는 하나의 '총체'로 생각한다. 하지만 우리는 우리가 공간이라고 생각하는 총체를 직접 경험할 수 없으며, 따라서 공간에 대한 개인적 경험으로부터 우리가 갖는 공간개념을 도출할 수는 없다. 뒤르켐이 말하듯이,

> 내가 내 감각에 의해 알고 있는 공간, 즉 내가 중심에 있는 공간은 공간 일반일 수 없다. 일반적인 공간은 온갖 외연(外延)들을 포함하며, 그 속에서 그 외연들이 모든 사람에게 공통적인 개인적 기준에 의해 조정된다. (Durkheim, 1976: 441)

뒤르켐은 우리에게 우리의 개인적 공간이 개별화되어 있지만 공간과 그 공간 내에서의 우리의 위치에 대한 개념은 우리 모두에게 공통적이라는 점을 일깨운다. 그러한 개념은 우리의 감각경험으로부터 추출될 수 없기 때문에, (그럼에도 불구하고 뒤르켐이 생각할 때 우리의 개념은 궁극적으로 경험으로부터 도출되는 것이 틀림없지만) 우리 각각이 그러한 경험에 관련한 하나의 공통된 개념을 개별적으로 발전시켜왔어야 할 이유는 전혀 없다. 따라서 개념은 공통의 근원으로부터 도출될 경우에만 오직 동일할 것이다. 개념이 공간 그 자체의 경험일 수 없기 때문에, 뒤르켐의 도식에서 진정한 가능성은 단지 하나만이 존재한다. 즉, '총체'라는 관념이 도출될 수 있는 하나의 전체는 오직 사회뿐이다.

우리는 앞에서 우리의 관념들이 사회조직을 '모델로 하여 만들어지는' 방식에 대해 이야기했다. 그러나 이것이 논리의 기원과 우리의 사고범주에 대한 뒤르켐의 견해를 아주 정확하게 특징짓지는 않는다. 뒤르켐이 『종교생활의 기본형태』 후반부에서 제기하는 주장들은 그가 마스셀 모스와 공동으로 집필한 저작 『원시적 분류체계』(1903)에서 이미 예시된 바 있다. 뒤르켐은 "논리적 사고는 개념들로 구성되며", 따라서 논리가 어떤 사회적 기원을 갖는다는 것을 입증하는 것은 우리의 개념들의 집합체, 즉 분류체계가 어떤 사회적 기원을 갖는다는 것을 보여주는 것과 동일하다고 단언했다(Durkheim, 1976: 432). 『원시적 분류체계』는 그 제목이 말해주듯이, 뒤르켐 시대에 우리 사회보다 단순한 사회로 고려된 사회 ─ 오스트레일리아의 원주민사회와 수족(Sioux)과 같은 아메리카 원주민사회 등 ─ 의 분류 도식에 관한 책이다. 그 책의 목적은 최초의 논리적 범주들이 사회현상을 모델로 하여 만들어졌다고 주장하는 것이 아니라 그러한 논리적 범주들은 사회적 삶의 조직화 필요성으로 인해 창출된 사회적 범주 그 자체였다고 주장하는 것이었다. 사물들이 서로 명백히 구별될 경우, 사물들이 하나의 전체 ─ 논리의 언어로는 '하나의 유형' ─ 의 일부를 이루면서 상호 결합 또는 분리 가능한 것으로 고려될 경우, 그리고 마지막으로 사물들이 위계적 포섭관계 속에서 등급이 매겨질 수 있는 경우, 우리는 우리가 설정하는 논리적 관계에 따라 그 사물들을 분류할 수 있을 뿐이다. 이를테면 '침실' 가구와 '거실' 가구 같은 두 부류의 물건들은 한 부류에 포함되면 다른 부류로부터는 배제된다는 조항에 의해 서로 대비되는 것이 된다. 그러나 물론 '침실' 가구와 '거실' 가구는 '가정용 가구'라는 좀 더 상위의 포괄적인 유형 내에서는 함께 고려될 수 있다. 사고의 이러한 측면들은 우리에게 자연스러운 것으로 보일 수도 있다. 그러나 뒤르켐에 따르면, 그러한 사고체계가 모든 인간 사고에 불변적인 것은 아니다. 그리고 논리적 위계, 명확하게 구분되는 유형, 유형들의 통합과 분해, 이 모든 것에 대한 관념은 (비록 인간 역사의 매우 멀리까지 거슬러 올라가지만) 하나의 기원을 갖고 있음에 틀림없다. 그러한 관념들은 사회조직의 매우 기본적인 특성에서 기원하기 때문에, 비교적 오랜 기원을 가지고 있는 것임에 틀림없다.

우리가 이미 지적했듯이, 개인들을 하나로 묶고 분리시키는 것, 즉 개인들의 포함과 배제가 뒤르켐의 사회관 전반을 구성한다. 그러므로 그가 계속해서 논리적 관념 역시 그러한 관계의 산물 속에서 형성된다고 주장한다고 해서 그리 놀랄 만한 일은 아니다. 다시 말해 집단들은 그 성원의식을 통해 서로를 날카롭게 구별하고 배제한다. 거기서 분명하게 경계지어진 개인들로 구성된 전체라는 관념이 만들어지고, 그다음에 그 관념이 '특정 유형(the class)'이라는 논리적 개념으로 일반화될 수 있다. 개인들이 함께 집단화되고 서로 분리되는 방식은 물론 가변적이다. 어떤 한 시점에서는 반대편의 집단화에 포함되었던 개인들이 다른 시점에서는 더 크고 더 포괄적인 단위의 공동성원들로 통합되기도 한다. 시의 두 축구팀 중의 하나 ― 맨체스터 유나이티드나 맨체스터 시티 ― 를 응원하는 맨체스터 사람들은 축구 문제에서는 서로 격렬하게 대립하지만, 다른 맥락에서는, 말하자면 리버풀 사람들이나 '남부 사람들'과의 대결에서는 맨체스터 사람들로서 지역적 연대를 보일 것이다. 그리고 물론 리버풀 사람들, 그리고 심지어는 '남부 사람들'도 '외국인'에 대항해서는 '영국인'으로서 맨체스터 사람들과 일체감을 느낄 것이다. 논리적 위계의 관념, 즉 하위유형이 상위 유형에 포함된다는 관념은 논리적 위계를 사회적 위계의 한 측면으로 만드는 과정에서, 그리고 그 과정에 의해 창출된다.

게다가 뒤르켐은『원시적 분류체계』에서 자연세계가 분할되는 방식은 사회집단이 분할되는 방식과 관련되어 있다고 주장한다. 오스트레일리아 토템조직은 다시 중요한 실례를 제공한다. 왜냐하면 "토테미즘이 한편에서는 사람들을 자연대상 — 그와 결부된 토템 종들(species) — 에 의거하여 씨족으로 집단화하지만, 그것은 또한 역으로 사회집단에 의거하여 자연대상을 집단화하기 때문이다"(Durkheim and Mauss, 1963: 18). 실제로 사회집단, 특히 토테미즘과 연루된 종류의 사회집단은 자신들의 조직형태를 자연세계에 투영한다. 이를테면 어떤 집단이 자신의 집단을 두 부분으로 나눈다면, 그 분할은 똑같이 자연에도 적용된다. "모든 자연은 분류명(class name)으로 나누어지고, 남성과 여성으로 지칭된다. 해와 달과 별은 원주민 자신들처럼 남성과 여성으로 지칭되고, 그 유형에 속하는 것으로 지칭된다"(Durkheim and Mauss, 1963: 12). 또 다른 실례에서 한 부족은 '영가루(Youngaroo)'와 '우타루(Wootaroo)'로 분할되어 있었고, 그 밖의 자연의 모든 것 — 생물이든 무생물이든 간에 — 도 두 가지로 분류되어 있었다. 악어와 해는 영가루에 속하고, 캥거루와 달은 우타루에 속했으며, 모든 별자리, 나무, 그리고 식물들도 마찬가지였다. 뒤르켐과 모스는 인류학자 피슨(Fison)이 다음과 같이 말한 것으로 전한다. "그들에 따르면, 자연의 모든 것은 두 가지 유형으로 나뉜다. 바람은 그 하나에 속하고 비는 다른 하나에 속한다. …… 만약 당신이 하나의 별을 지적하면, 그들은 당신에게 그 별이 어디에 속하는지를 말해줄 것이다"(Durkheim and Mauss, 1963: 12). 이 상황은 시간과 공간이 구조화되는 방식에 대한 관념과 거의 동일하다. 왜냐하면 사회는 그들 자신의 사회구조를 전체 세계에 투영할 것이기 때문이다. 이를테면 뒤르켐은『종교생활의 기본형태』에서 시간과 공간의 관념들이 만들어지는 것은 집단들이 자신들의 조

379

제4장 에밀 뒤르켐

직체를 전 영토에 분포시키고 자신들의 활동 일정을 조정할 필요가 있기 때문이라고 주장했다. 그러므로 그러한 관념들이 자연스럽게 취하고 있는 형태들은 집단들이 발전시켜 조직화한 공간관계와 시간관계의 구조와 부합한다. 이를테면 공간을 원형(圓形)으로 바라보는 한 집단의 관념은 그 집단의 주거지역을 일반적으로 원형으로 배치한다.

뒤르켐의 주장은 다시 한 번 더 '기계적' 연대와 '유기적' 연대의 구분과 동일한 구분에 의거한다. 사고의 본질과 관련하여 그가 발전시킨 주장은 오스트레일리아 원주민 사회 및 그와 유사한 사회들의 토템 도식과 분류 도식은 가장 기본적이고 문자 그대로 가장 기초적인 형태의 종교와 사고를 표현하며 종교는 사물 일반의 본질에 대해 생각하는 가장 기초적인 도구라는 가정에 크게 의존한다. 그에 따르면, 원주민사회 및 그와 유사한 사회들은 사회조직의 가장 단순한 형태를 표현하고 있으며, 후일 그로부터 다른 모든 그리고 더욱 복잡한 사회형태들이 전개되었다. 그러한 사회들을 '단순'사회로 묘사하는 것과 그와 연관된 진화 관념은 오늘날 받아들여지지 않을 것이다. 그러나 뒤르켐의 주장을 그대로 취한다면, 그가 그러한 견해를 통해 말하고자 한 것은 원주민의 토테미즘과 분류도식에 대한 연구가 우리에게 종교와 사고의 본질에 관한 것을 가르쳐준다는 것이었다. 하지만 그의 연구가 우리에게 주는 교훈은 그러한 '기계적' 유형의 사회를 우리 사회와 같은 보다 '유기적' 유형의 사회로 곧바로 외삽할 수 없다는 것이다. 후자 유형의 사회로 이어지기까지의 긴 역사적 진화의 과정과 그러한 사회구조의 복잡성 모두는 또 다른 설명을 필요로 할 것이다.

요컨대 뒤르켐이 집단 간 분할을 시간과 공간에 직접적으로 투영한 것이 바로 우리의 '시간'과 '공간' 및 여타의 개념들이라고 가정한 것은 아니었다. '기계적' 연대에서 '유기적' 연대로의 변화는 공동체에 의거한 사고와 감상에 대한 사회적 통제가 점차 약화되고 간접적이 되고, 그리하여 범주와 사고도식 역시 공동체의 집단구조로부터 점점 벗어나서 독자적으로 정교화되면서 집단생활의 조직화를 위한 요청보다는 개인의 인지적 목적을 지향하게 된다는 것을 의미한다. 이러한 측면에서 우리는 이미 과학의 발전이 어떻게 종교로부터 점점 더 자율성을 확보하는지, 또한 사물의 작동방식 — 종교에 제시되어 있지만, 사회적 실체의 상징적 표현 속에서는 종교의 역할에 속하거나 그것에 종속되는 것으로 되어 있는 — 을 점점 더 자율적으로 이해할 수 있게 하는지를 지적한 바 있다.

사회에 대한 진단

지금까지 우리는 뒤르켐을 사회학적 분석가로 다루어왔지만, 이 책에서 논의한 다른 두 인물과 마찬가지로 그 또한 사회개혁의 학문적 토대를 구축하는 데 헌신해왔다. 사회를 분석하는 것이 뒤르켐의 목적 중에서 주요 부분을 차지했지만, 그는 또한 사회를 진단하고 사회에 대해 처방하기를 원했다. '기계적' 유형의 사회와 '유기적' 유형의 사회 간의 대비가 대체로 우리의 논의를 관류해왔다. 이것은 뒤르켐 자신의 논의에서도 마찬가지이다. 그리고 그러한 대비의 중요한 목적은 좀 더 '유기적' 유형의 사회, 즉 우리 사회와 같은 사회의 특성을 뚜렷이 밝히기 위한 것이었다. 그리고 그 작업은 유기적 유형의 사회가 얼마나 '병리적'이고 조정을 필요로 하는지를 평가하는 것과 함께 이루어졌다. 뒤르켐은 『사회학적 방법의 규칙』에서 사회의 '정상' 상태와 '병리' 상태를 대비하는 것의 유용성, 그리고 실제로는 그러한 대비의 필요성을 구체화했다. 그가 전제한 그러한 대비는 의학을 사회에 적용시킨 것으로, 이것이 의미하는 바는 건강한 유기체의 특성과 조건에 대한 의학적 지식 그 자체가 유기체에 대한 과학적 지식에 근거해야 하는 것과 마찬가지로, 사회에 대한 지식 역시 그와 유사한 방식으로 사회의 성격과 필요조건들에 대한 과학적 지식에 근거할 것이 요구된다는 것이었다.

뒤르켐이 『사회학적 방법의 규칙』에서 제시한 '범죄'에 대한 설명은 사회에서 무엇이 선한 것이고 무엇이 악한 것인지, 즉 무엇이 정상적이고 무엇이 병리적인지에 관한 선입견들은 과학적으로 재검토될 필요가 있다는 점을 예증하기 위한 것이었다. 아무튼 사람들이 사회에 해로운 것으로 범죄보다 더 쉽게 그리고 일반적으로 동의할 수 있는 것이 무엇이 있겠는가? 하지만 범죄에 대한 뒤르켐의 주장은 정확히 말하면 적어도 범죄의 총량이 일정 수준을 유지하는 한, 범죄는 '정상적'인 것이지 사회의 병리적 특성이 **아니**라는 것이다. 하지만 뒤르켐이 개인들이 범죄에 대한 태도를 당장 변화시켜 범죄를 무해하고 받아들일 수 있는 것으로 간주해야 한다는 뜻으로 말한 것은 아니었다. 왜냐하면 범죄는 실제로 개인들에게 해로울 수도 있고, 그들에게 대단히 공격적일 수도 있기 때문이다. 범죄에 대한 뒤르켐의 정의 자체는 강력한 공유된 감상을 공격하는 활동이었다는 점을 상기하라. 그리고 물론 이것은 범죄는 필연적으로 개인들을 공격하고 폭행하는 것을 포함하고 있음을 의미한다. 뒤르켐은 자신이 마치 사회의 해부학자인 것처럼, 그리고 사회가 유기체와 동등한 것인 것처럼 말한다. 그러므로 그는 범죄에 대해서도 전체 사회의 상태에 따라서는 '정상적' 현상인 것처럼 말한다. 그에 따르면, 모든 사회에 범죄가 존재한다는 점에서 범죄는 '정상적'이다. 이는 모든 유기체에 공통적인 것은 '비정상적'이라거나 '병리적'이라고 칭할 수 없는 것과 같은 이치이다. 게다가 모든 범죄가 반드시 사회에 해로운 것도 아니다. 그와는 반대로 범죄가 사회의 생존 자체에 결정적 기여를 하는 등 이로운 것일 수도 있다. 범죄는 사회적 경계를 강화하고 그 경계 내에서 연대를 강화하는 메커니즘일 수도 있다. 물론 한 유기체에서 정상적이었던 유기체의 특성이 병리적 형태로 진전될 수도 있고, 이것은 범죄와 분업의 경우에서도 마찬가지이다. 따라서 건강한 사회를 유지하기 위해서는 범죄를 만들어내기에 충분할 정도의 연대가 요구되고, 따라서 개인들 사이에서 도덕적 통합의식을 재생하고 강화하는 반발을 불러일으키기에 충분할 정도의 범죄가 요구됨에도 불구하고, 범죄가 사회를 손상시키지 않으면서 계속 발생할 수 있게 하기 위해서는 범죄의 양에 구체적인 한계가 설정되어 있어야만 한다.

분업의 발전 역시 사회발전의 정상적 특징 가운데 하나이다. 그러나 이미 지적했듯이, 병리적 현상은 정상적인 것으로부터 야기될 수도 있다. 그리고 뒤르켐 역시 유기적 연대의 진전이 비정상적 형태의 분업을 야기하기도 한다고 보았다. 그는 『사회분업론』에서 비정상적 분업의 세 가지 형태를 확인한다. 물론 그의 주장이 담고 있는 뜻을 감안할 때, 그러한 비정상적 형태의 분업들은 사회적 삶 속에 해체적, 모순적, 그리고 알려저인 요소들을 끌어들여 사회의 통합을 위협한다는 점에서 병리적이다.

아노미적 분업

아노미적 형태의 분업은 다름 아닌 사회적 분업의 본질 자체, 즉 전문화

(specialisation)로부터 초래되었다. 여기서 '아노미적(anomic)'이라는 단어는 유사한 이름의 자살유형에서와 마찬가지로 규칙에 의한 규제가 불충분하다는 의미에서의 무규범성(normlessness)을 뜻한다. 분업은 전문화를 낳는다. 그리고 분업은 그것의 진전과 함께 개인들에게 상호의존성을 인식시켜줌으로써 전문화된 과정의 개별 부분들 사이에 연대감을 창출할 수 있다. 그러나 전문화의 진전은 실제로는 개인을 자신의 전문분야에 가두거나 고립시킴으로써 그들로 하여금 전문화된 다른 개인들과 갖는 공통의 목적과 상호의존성에 의한 통일성을 인식하지 못하게 하는 상황을 초래할 수도 있다. 뒤르켐은 과학의 경우를 그러한 실례로 든다. 과학자들이 자신의 작업과 전문분야에만 너무 몰입한 나머지 과학에 전반적인 일관성이나 통일성이 존재하지 않게 될 수도 있다. 적절한 연대감이 창출되는 정도는 개인들 간의 상호작용에 달려 있다. 만약 개인들이 상호보완적인 다른 전문가들과 긴밀하게 그리고 항상 접촉하는 방식으로 사회에 전문적으로 기여한다면, 그들은 서로 간의 상호의존성을 인식하고 대체로 그것에 감사할 것이다. 그러나 그들이 그러한 과업을 수행하기 위해 다른 사람들과 별다른 직접적인 접촉을 하지 않은 채 단독으로 전문화된 활동을 수행한다면, 다른 사람들의 기여가 필요하다는 인식은 희박해질 것이다. 강렬하고 복잡한 사회적 분업의 진전은 그 자체가 복잡한 과정이며, 따라서 전문화가 연대의식에 기여할 수 있는 메커니즘들을 자동적으로 산출하리라고 확신할 수는 없다. 따라서 사회의 관점에서 볼 때, 분업의 증대는 사회조직의 일부로 전문적 조정기능을 필요로 하게 된다. 즉, 사회의 다양한 부분의 상호관계를 규제하는 것을 주요 역할로 하는 기능이 요구된다. 이러한 전문적인 기능은 전문적인 기구, 즉 국가에 의해 수행된다. 하지만 국가가 사회적 분업을 규제하는 임무를 수행할 수는 있지

만, 국가라고 해서 전혀 오류가 없는 것은 아니다. 뒤르켐이 볼 때, 국가는 경제영역 내에서 발생하는 병리적 상태를 방지하기에 충분한 조정형태를 갖춘 것도 아니고, 병리적 상태를 충분할 정도로 조정하지도 못했다. 경제적 삶 내에 존재하는 경제적·상업적 위기는 경제영역 내에 그러한 조정이 부재함을 증명해준다.

강제적 분업

두 번째 유형의 비정상적 분업은 개인들이 균일한 '집합의식'으로부터 점점 더 자율성을 가지게 됨에 따라 개인들의 사회적 지위와 그들의 원망 및 열망 간에 불일치가 발생함으로써 초래된다. 강력하고 균일한 '집합의식' 하에서도 개인들은 좌절, 실망, 부정의를 경험할 수 있지만, 그들이 집단에 크게 의존하고 그들의 삶이 집단에 매우 강하게 속박되어 있기 때문에, 그러한 불만이 그들로 하여금 집단에 대항하게 하지는 않는다. 분업의 진전과 함께 신념과 감상의 균일성은 상당히 약화되고, 앞서 지적한 바와 같이 개인은 전체 사회로부터 더 자율적이 될 뿐만 아니라, 개인들이 자신의 삶이 사회와 얽혀 있고 사회에 의존하고 있는 정도를 덜 의식하게 되는 조건이 생겨난다. 그 결과 그러한 불만이 사회로 전환되는 결과가 초래될 수 있고, 불만이 매우 광범위할 경우 사회질서에 대한 계급저항의 형태를 띨 수도 있다. 만약 고도로 분업화된 사회가 개인들을 사회 내의 역할에 적절히 배치하여 완전한 통합을 이룬다면, 지위의 배분은 정당하다고 인식될 것이 틀림없다. 만약 그렇지 않다면, 개인들은 자신들의 지위가 자신들의 성향과 능력에 맞지 않게 '강요'되었거나 본질적으로 부적절한 상황 또는 삶의 불평등의 결과라고 느끼게 될 것이다. 뒤르켐이 그러한 유형의 비정상적 분업을 '강제적 분업'이라고 부른 것은 바로 이러한 지위와 자질 간의 잘못된 결합관계 때문이다.

조정의 결여

뒤르켐이 확인한 세 번째 형태의 비정상적 분업은 각 노동자가 조정의 결여로 인해 기능적으로 기여할 수 없게 되어, 연대가 붕괴되고 비일관성과 혼란이 초래되는 경우이다. 뒤르켐이 볼 때, '정상적' 생산체계는 무용한 노동을 피하고 각 개인들이 충실히 노동에 종사하게 하여 직무활동을 증대시키는 것이었다. 기능이 더 전문화됨에 따라 적절한 수준의 연대를 유지하기 위해서는 직무들 간의 상호의존성과 의존성의 조정 또한 증대되어야 한다. 이는 호흡 곤란이 개구리에 비해 인간의 경우에서(이는 뒤르켐이 사용한 예이다) 다른 신체기능들을 매우 빠르게 중지시키는 것과 동일한 방식이다. 달리 표현하면, 인간에게서, 그리고 유추하자면 복잡한 분업 속에서 충분한 수준의 사회적 연대를 확보하기 위해서는 직무들이 보다 '지속적'이고 보다 활력적일 필요가 있다. 만약 조정과 조정의 성과가 적절치 못하다면, 그것은 '비정상적인' 형태의 분업을 야기할 수 있다.

사회주의를 넘어서

우리 사회와 같은 사회에서 평등과 정의에 강한 관심을 갖는 이유는 분업 내에서 지위가 정당하게 배치되어 있다는 인식을 확보할 필요가 있기 때문이다. 전인격적 존재가 되고자 하는 산업노동자들의 욕구를 존중하지 않고 마치 그들이 기계의 인간적 형태인 것처럼 취급하는 것은 분노를 강화할 것이 확실하다. 사회주의, 또는 뒤르켐이 『사회주의(Socialism)』라고 불린 자신의 연구 ─ 원래 제목은 『사회주의와 생시몽(Socialism and Saint-Simon)』(1926) ─ 에서 주장한 사회주의는 근대사회에서의 경제적 무정부 상태와 경제영역의 부정의(injustice)에 대한 인식을 전(前) 과학적으로 표현한 것이었다. 사회주의가 발흥한 것은 개인주의의 전면적 발전을 고무하고, 독단적인 불평등을 제거하고, 경제기업의 운용을 조정하고, 계약적 관계들을 규제하여 보다 평등한 계약적 관계를 형성하고, 개인에 대한 사회적 환경의 독단성과 가혹성을 완화하기 위함이었다.

강력하고 균일한 '집합의식'을 기반으로 하는 기계적 연대는 종교를 통해 그 통일성을 드러내지만, 분업의 증대는 그러한 표현의 토대를 종교적인 것에서 정치적인 것으로 이전시킨다. 국가의 발흥은 분업의 증대와 결부되어 있고, 그것에 의해 요구되었다. 국가는 사회의 통일성을 감독하는 역할을 하게 되었고, 따라서 국가는 사회 내에서 수행하는 그러한 역할 때문에 사회의 전반적 통일성을 표상하고 표현하게 되었다. 하지만 근대사회의 복잡성, 특히 경제활동 조직의 복잡성 때문에, 국가가 경제활동을 적절히 규제하여 그것을 통합하고 광범위한 아노미를 방지할 수 있을 정도로 경제활동을 충분히 면밀하게 감독하는 것은 불가능해졌다. 국가가 경제활동을 규제하는 것에 대해 동의를 획득할 수 있었던 것은 물론 사회의 대표자로서 국가가 지니는 도덕적 권위 때문이다. 따라서 만약 국가활동이 지역적으로 보다 면밀하게 규제활동을 수행하는 몇몇 다른 형태의 조직에 의해 보충되어야 한다면, 그 조직형태들 역시 권위의 담지자일 경우에만 효과적인 지배가 가능할 것이다.

뒤르켐은 『분업론』 '제2판 서문'(1902)에서 경제영역은 혼란이 난무하는 곳이자 가장 경쟁적이고 이기적인 행동이 정당화되는 곳이기 때문에,

자칫 경쟁에 빠질 사람들 사이에 연대를 형성할 수 있게 해주는, 그리고 그러한 경제생활의 규제를 정당화해주는 권위를 가지는 어떤 조직형태를 발전시킬 필요가 있다고 주장했다. 뒤르켐은 직업집단(occupational grouping), 즉 전문직 집단이 그러한 조직의 토대가 될 수 있을 것이라고 주장했다. 전문직 집단은 일체감을 가지며, 일반적으로 그 성원들의 직업행동을 규제하는 일단의 윤리를 가지고 있다. 그러므로 경제영역 내에 전문직 형태의 조직을 도입하는 것은 그 영역에 필요한 도덕적 권위의 토대를 제공할 수 있다. 게다가 그것은 개인이 즉각적으로 동일시할 수 있는, 그리고 또한 국가 형태 속에서 개인과 전체 사회의 관계를 매개할 수 있는 집단을 제공할 수도 있다.

사회적 분업의 진전이 가져온 또 다른 결과가 아이의 양육, 특히 교육을 위한 전문화된 기관의 발전이다. 단순하고 미분화된 사회에서 아이들은 주로 가정 내에서 학습하지만, 우리 사회와 같은 사회에서는 주로 교육제도를 통해 학습이 이루어진다. 사회의 관점에서 볼 때, 자라는 아이들이 학습하는 것 중에서 가장 중요한 부분은 사회의 도덕성이지 실제적인 기술과 정보가 아니다. 그러므로 학교는 도덕교육을 실시하는 데서 중요한 기관이다. 그리고 뒤르켐 생애의 후반기에 그의 관심을 끌었던 것도 사회의 공통의 도덕을 전하는 데서 (그리고 사회를 구성하는 서로 다른 집단들의 도덕적·문화적·실천적 다양성을 조정하는 데서) 학교가 수행하는 역할이었다. 세속화된 사회에서는, 즉 이성이 높이 평가되는 곳에서는 도덕이 종교적 계시보다는 오히려 이성에 근거하여 정당화되는 것이 중요하다. 뒤르켐은 사회에서 (그러므로 개인의 삶에 대해) 도덕이 갖는 중요성에 대한 사회학의 합리적·과학적 이해가 그러한 정당화에 기여할 것이라고 생각했다. 그리고 사회학 그 자체가 '도덕교육'에서 중요한 역할을 수행할 수 있다고 주장했다. 게다가 뒤르켐은 교습(敎習)이 어떻게 조직되어야 하는지에 대한 생각도 가지고 있었다. 이를테면 그는 교습이 보상과 처벌을 통해 이루어져야 한다고 생각했다. 그는 상(償)은 학업의 성취에는 대단히 중요하지만, 개인의 도덕발달에는 불충분하다고 보았다. 따라서 그는 도덕적 요소의 중요성에 어울리게 도덕을 보다 명백히 인식할 수 있는 방식으로 교육 내의 평가방식을 재구조화할 필요가 있다고 주장했다.

뒤르켐의 영향

사회학 내에서 마르크스, 베버, 뒤르켐에 대한 평판은 부침을 거듭했다. 아마도 현대사회학에서는 세 사람 중에서 뒤르켐의 지위가 가장 약할 것이다. 왜냐하면 지금까지 마르크스에게 주어졌던 애정이 뒤르켐보다는 베버에게 더 쉽게 전이될 수 있기 때문이다. 1960년대 이후 사회학의 풍토 속에서 뒤르켐은 수많은 죄목으로 비난받아왔다. 간략히 말해 실증주의, 구조주의, 기능주의, 물화(reification), 보수주의라는 이름으로 비판을 받아왔다.

실증주의

실증주의는 가장 단순하게 말하면 과학은 탐구하는 주제가 무엇이든 간에 동일한 방법에 의해 특징지어진다는 견해이다. 따라서 사회과학도 자연과학과 동일한 기본적인 방법을 따라야만 한다. 이것이 뒤르켐이 채택한 견해이다. 하지만 앞서 언급했듯이, 뒤르켐은 자신을 '실증주의자'가 아닌 '합리주의자'로 생각하기를 좋아했다. 보다 최근에 '실증주의'는, 사회학의 진보는 과학적 방법뿐만 아니라 양적 방법(quantitative method)의 채택 역시 포함한다는 신념과 결합해왔다. 이러한 기준에서 볼 때, 뒤르켐의 연구에서는 실증주의적 측면들이 부각된다. 특히 그의 자살 연구는 이론적 문제를 해명하기 위한 수단으로 통계처리를 이용하여 관계를 밝히는 방식을 취하고 있기 때문에, 특히 몇몇 사회학 분야에서 하나의 고전으로 간주된다. 하지만 뒤르켐의 선구적인 노력 이후 양적 방법이 많은 진전을 이루어왔음에도 불구하고, 뒤르켐의 위업을 능가하기는커녕 그것에 필적하기에도 어렵다는 것이 입증되었다. 『자살론』은 그러한 유형의 사회조사의 고전적 실례였으며, 여전히 그러하다. 그리고 뒤르켐을 본따서 수많은 자살연구가 수행되었을 뿐만 아니라 수많은 다른 사회현상에 대해서도 통계적 연구들이 끝없이 수행되어왔지만, 그 어떤 것도 『자살론』의 위업에 근접한다고 보기는 어렵다. 그렇지만 그러한 지위 때문에 뒤르켐은 사회학을 양적(量的) 과학으로 만들려는 열망에 회의적인 사회학자들의 대적(大敵)이 되었고, 그는 사회학에서 '실증주의'에 반대하는 운동의 표적이 되었다. 하지만 오늘날 경험적 사회조사에는 그러한 전통이 생생하게 그리고 훌륭하게 살아있다고 말하는 것 또한 온당하다. 그러나 이것은 뒤르켐보다는 오늘날 사회탐구에 사용되는 조사기법의 많은 것을 발전시킨 폴 라자스펠드(Paul Lazarsfeld)와 그의 동료들 같은 다른 사람들 덕분이기는 할 것이다. 그러나 그 속에서 뒤르켐이 자신의 연구에 바쳤던 강력한 이론적 목적은 상실되었다. 왜냐하면 뒤르켐이 사회학을 하나의 과학으로 만들고자 하는 생각에 매우 전념했고 또 그의 가장 유명한 경험적 연구인 『자살론』이 통계를 활용했지만, 그것이 우리로 하여금 뒤르켐이 과학적 지위는 단지 양화(量化)와 통계를 통해서만 성취될 수 있다고 주장한 것으로 간주하도록 오도하고 있기 때문이다. 우리가 이미 시사했듯이, 과학과 양화를 단순하게 등치시키기보다는 훨씬 더 합리주의적인 성향을 보여주는 뒤르켐의 다른 연구에서는 그러한 경향을 그리 찾아볼 수 없다.

구조주의, 기능주의, 물화, 그리고 보수주의

물화, 즉 실제로는 인간행동의 창조물인 사물들을 그것이 마치 그 자체로 실체인 것처럼 취급하는 것에 대한 불만은 뒤르켐의 사회학적 사고의 주요 테마들 중의 하나 — 즉, 사회는 개인들의 집합체 그 이상의 것으로, 하나의 독자적인 실체라는 관념 — 에서 비롯된다. 그의 연구의 대부분은 바로 '그 이상의 것'이 무엇인지를 밝히려는 노력으로 볼 수 있다. 하지만 그러한 노력이 아마도 사회의 '물화' — 즉, 전적으로 인간행위들의 산물인 어떤 것을 마치 그 자신의 존재와 삶을 갖는 것처럼 취급하는 것 — 를 수반하는 것 같다. 물화에 대한 가장 강력한 형태의 저항은 우리가 막스 베버의 사상에서 논의한 바 있는 '방법론적 개인주의'에서 드러난다. 방법론적 개인주의는 존재하는 것은 오직 개인뿐이며, '사회', '국가', '사회계급'과 같은 관념은 그 자체로 존재하는 어떤 것을 지칭하는 것이 아니라고 주장한다. 그것들은 단지 개인들의 행위를 지칭하는 추상적 표현들이라는 것이다. 비록 사회학에서 '구조주의자'라는 용어가 다양하게 사용되고 있기는 하지만, 그 용법들 중 하나는 뒤르켐과 같이 (그러나 이 문제에 대한 뒤르켐의 구체적인 견해를 반드시 공유하지는 않으면서) 사회는 하나의 구조 또는 제도로서 개인들의 행위의 산물 그 이상의 어떤 것이며 따라서 그 구조가 개인들의 삶을

391

통제하거나 결정하는 능력을 갖고 있다고 말하고자 하는 사회학자들과 관련된다. 사회학 내에서 '구조주의자' 진영과 '개인주의자' 진영 간에는 계속해서 논쟁이 있어왔지만, 그러한 논쟁에도 불구하고 그 차이가 무엇이며 그 차이가 어떤 의미를 갖는지는 항상 분명하지 않다. 뒤르켐은 이 혼란을 보여주는 좋은 사례의 하나이다. 비록 뒤르켐이 사회는 "그 부분들의 총합 이상의 어떤 것"이라는 관념을 강력하게, 때로는 웅변적으로, 때로는 결코 명확하지 않게 제기했지만, 그리고 때로는 동시대인들이 보기에 그가 '집단심성'의 존재를 제시하는 것처럼 자신을 표현하기도 했지만, 그리고 후일 일부 사회학자들에 의해 자주 마치 그가 철저하게 물화된 사회개념을 진척시키는 것처럼 받아들여져왔지만, 우리는 앞서의 설명에서 뒤르켐의 저작에 대한 이러한 해석은 결코 전혀 온당하지 않다고 주장했다.

이 문제는 뒤르켐의 기능주의, 앞서 제시한 의미로는 구조주의이론, 그리고 더 나쁘게는 이른바 정치적 보수주의 성향과 관계된다. 기능주의는 인간의 몸이 유기적 부분들의 통합된 집합체이듯이 사회도 마치 하나의 통일된 단일한 실체인 것처럼 이해하고자 하는 과정에서 물화를 진척시키는 분석양식이다. 간략히 그리고 다소 단순하게 표현하면, 기능주의는 사회의 부분들, 즉 사회의 제도들, 사회의 집단들, 그리고 사회과정들이 전체 사회의 생존에 기여하는 것으로 묘사하고, 그렇게 하면서 사회는 전체 사회의 기능을 충족시키는 방식으로 작동한다고 주장하는 위험을 무릅쓴다. 기능주의에 대한 몇몇 비판가들이 주장하듯이, 기능주의는 특정한 사회제도들은 그것들이 사회의 조화와 연속성에 기여하기 때문에 변화가 필요하지 않다는 생각을 불러일으킨다. 보다 근본적으로는 기능주의적 교의들은 현행 제도들이 수반할 수도 있는 불공정과 부정의는 고려하지 않고 사회의 조화와 통일성이 최고의 목적이라고 넌지시 비추고 있다고 비난받는다. 이러한 점에서 범죄의 발생은 사회를 통합시키기 위해 필요하다는 것을 보여주고자 한 뒤르켐의 범죄에 대한 설명과 종교가 연대의 형성에 어떻게 기여하는지에 대한 그의 분석은 모두 그러한 기능주의적 입장을 예증한다. 실제로 그러한 연구들은 사회학과 인류학에서 기능주의적 분석의 모델이 되었다. 1940년대와 1950년대 미국 사회학에서 가장 영향력을 발휘하며 '구조기능주의적(structural-functional)' 분석을 진척시킨 탤콧 파슨스의 경우가 특히 그러하다. 하지만 우리의 설명에서 분명해졌듯이, 뒤르켐의 기능주의가 그로 하여금 사회질서를 비판하거나 그 부정의와 불공정을 규명하는 것을 가로막은 것은 아니었다.

앞서 지적했듯이, 기능주의는 사회가 안정성과 일정한 성질을 유지하는 조건들을 확인하고, 사회의 '부분들', 즉 제도와 관행이 어떻게 사회를 결속시키고 또 계속해서 유지시키는 데 기여하는가에 초점을 둔 방법론을 발전시킨다. 그러한 관념은 본질적으로 보수적이라는 주장이 자주 제기된다. 왜냐하면 기능주의가 특히 사회의 주요 불평등, 즉 기회, 보상, 젠더, 인종, 권력 등의 불평등에 의해 발생하는 특유의 갈등과 투쟁 같은 사회의 명백한 사실들을 부정하기 때문이다. 따라서 기능주의는 현상(現狀)을 지지하는 사회이론이고, 따라서 본질적으로 과학적이기보다는 이데올로기적이라는 주장이 제기된다. 기능주의는 사회를 하나의 통합된 조화로운 전체로 묘사하며, 사회를 변화시키는 것은 필요하지도 바람직하지도 않다고 주장한다. 이와 같이 기능주의는 실제로 사회의 많은 측면이 부정적이고 파괴적이라는 사실을 외면하고, 사회의 조화 정도를 넘어 사회의 통합 정도까지 과대평가함으로써 제도와 관행들이 반생산적일 수도 있으며 변화를 필요로 한다는 점을 인식할 수 없게 한다.

뒤르켐이 보수적이라는 비난을 받는 것은 그의 명백한 정치적 견해 ― 자유주의적이고 사회주의 쪽으로 기울어져 있는 ― 보다는 일반적으로 그의 기능주의 때문이다. 그러한 비판은 매우 예리한 것도 아니고 전반적으로 보아 그리 정확한 것도 아니다. 우리가 뒤르켐의 사상에 보수적 요소들이 존재한다는 것과 그가 확실히 혁명적 변화를 반대했다는 점을 부정하지는 않지만, 그의 사상에도 급진적 요소들이 존재한다. 그는 사회주의에 동정적이었을 뿐만 아니라 이를테면 교육과 산업정책을 개혁하고자 하는 대의에도 중요성을 부여했다. 실제로 사회학은 하나의 진단도구라는 그의 전반적 관념은 그 당시 사회에서 많은 것이 변화될 필요가 있다는 생각에 입각한 것이었다. 하지만 그것은 보수적인 사회이론가들이 자주 주장하는 것과 달리 이른바 황금기로의 복귀에 의해서가 아니라 복잡한 산업사회에서 사회질서가 작동하는 방식에 대한 진지한 과학적 탐구에 의해 성취될 수 있었다. 사회질서에 대한 과학적 탐구가 바로 합리적 사회개혁의 토대였다.

하지만 뒤르켐을 사회학 비판의 한 표적으로, 또는 사회학적 사고에 대한 고전적 기여자들 중 그리 중요하지 않은 인물로 간단히 처리해버리는 것은 아주 잘못된 일일 것이다. 그는 최근 사회학에서 유행하고 있는 몇몇 접근방법에 널리 영향을 미쳤다. 우리는 그중 세 가지에 대해 언급할 것이다.

몇 가지 공헌: 고프먼, 낙인이론, 그리고 인간사고의 구조

사회적 경계의 설정에 대한 뒤르켐의 관심, 즉 사회적 삶의 행동에서 포함과 배제의 중요성에 대한 그의 강조는 다른 점에서는 뒤르켐의 영향을 전혀 받지 않았다고 생각할 수도 있는 사회학자들에게까지 영향을 미쳤다. 우리의 세 가지 실례 중 첫 번째 것은 통상적으로 뒤르켐 연구의 '구조주의적' 측면과 정반대되는 것으로 간주되는 사회학의 '상호작용론적(inter-actionist)' 전통으로부터 나온다. 대체로 '상호작용론적' 접근방법은 그 이름이 함축하듯이 사회적 삶은 개인들의 상호작용으로 구성된다고 주장하고, '사회'와 '사회구조'를 물화시킬 위험에 대항하여 그러한 주장을 발전시킨다. 하지만 뒤르켐의 영향은 상호작용론적 전통의 두 가지 주도적 실례, 즉 어빙 고프먼(Erving Goffman, 1922~1982)의 연구와 '일탈행동의 낙인이론(labelling theory of deviance)' 속에서도 강력하게 드러난다.

고프먼의 거의 유일한 관심사는 '공적 질서', 즉 '공존하는(copresent)' 개인들, 다시 말해 서로 간에 대면적 접촉을 하는 개인들 간의 상호작용 조직이었다. 고프먼의 분석에서 중심을 이루는 것으로 뒤르켐으로부터 직접적으로 파생된 것은 대면적 만남(face-to-face encounter)이 중단 없이 일관된 거래로 유지될 수 있는 조건들에 대한 관심 — 이는 뒤르켐적 관념을 명백히 보여준다 — 과 '상호작용 의례(rituals of interaction)'가 그러한 연대를 유지하는 데서 수행하는 역할에 대한 관심 — 이는 뒤르켐적 관념을 부분적으로 드러낸다 — 이었다. 고프먼의 관심 중에서 또 다른 뒤르켐적 테마는 고프먼이 근대사회에서 종교가 점차 '개인'의 숭배로 전화되고 있다는 뒤르켐의 견해, 즉 우리 개인의 신성함이 우리에게 가장 신성한 것이라는 견해를 견지한다는 것이다. 고프먼은 이러한 생각을 의례는 신성한 것과 관계 맺는 양식이라는 논지와 결합시켜, 개인들을 서로와 관련지우는 '상호작용 의례'가 개별 자아를 지향하는 의례, 즉 우리 자신의 가치에 대한 개인적 의식을 보존하고자 하는 의례이기도 하다는 점을 강조한다.

'일탈행동의 낙인이론' 또한 '상호작용론적 전통'으로부터 나온 것이다. 이 접근방식은 사람들이 '일탈자'로 '규정'되거나 '낙인찍히는' 방식에 관심을 갖는다. 그러한 연구 중 많은 것이 의도한 것 역시 범죄 및 여타 형태의 비행들에 대한 '구조주의적' 관념을 공격하는 것이었다. 사회의 구조적 조건이 사람들로 하여금 죄를 짓게 한다는 생각은 상호작용론적 전통에 속해 있는 사회학자들이 몹시 싫어하는 것이었다. 상호작용론자들은 사람들이 어떻게 거의 우연히 범죄 활동이나 다른 '일탈적' 활동, 그리고 실제로 '범죄의 삶'에 들어서게 되는지를 설명함으로써 구조주의적 개념을 대체하고자 했다. 하지만 그들은 사회 속에서 사람들을 '범죄자' 또는 다른 일탈자들로 지목하는 방식을 설명하는 과정에서 다음과 같은 점에서 뒤르켐의 범례에 매우 근접한다. 첫째, 그들은 사람의 신원을 확인하는 과정에 포함되어 있는 본질적으로 공적인 성격이 갖는 중요성과 그것이 초래하는 결과와 관련하여 뒤르켐이 했던 논평을 확증한다. 둘째로, 그러한 신원확인 — 또는 '낙인' — 이 사회의 도덕적 경계와 결합되어 있는 방식을 승인한다. 하워드 베커(Howard Becker)의 책 『아웃사이더 (Outsiders)』(1963)는 낙인이론의 고전이라고 할 수 있다. 이 책은 제목에서부터 뒤르켐의 연구를 승인하고 있음을 알 수 있다. 왜냐하면 제목이 관습적인 도덕적 경계 '외부에' 위치한 사람들에 관한 연구라는 것을 드러내고 있기 때문이다. 셋째, 그러한 연구들은 '낙인' 과정이 한 사람을 하나의 지위에서 그보다 낮은 다른 지위로 이전시키는 (실제로는 강등시키는) 의례를 수반하는 극적인 과정임을 크게 강조한다는 점에서, 범죄와 범죄자 취급이 갖는 공적 성격에 대한 뒤르켐의 강조를 계승하고 있다.

뒤르켐이 『종교생활의 기본형태』에서 제기한 사고범주의 사회적 기원에 관한 논의들은 그리 중요하게 취급되지는 않지만, 그의 연구에서 가장 영향력 있는 측면 중 하나가 되었다. 분류의 사회적 기원에 대한 그의 주장은 물론 '배제'와 '포함'에 대한 관심을 확장한 것으로, 분류체계가 하나의 범주에 특정 항목을 포함시키면 다른 범주로부터는 배제되는 방식에 관한 것일 뿐만 아니라 자연적 사물과 사회적 사물 모두에 대한 분류가 인간의 사회적 삶의 활동에 본질적인 것이 되는 방식에 관한 것이기도 했다. 분류체계는 사회적으로 조직된다는 뒤르켐의 대담한 주장은 뒤르켐 자신의 연구에 필적할 만한 위세를 지닌 두 부류의 연구에 엄청나게 중요한 영향을 미쳤다. 그 하나가 신화의 담론구조를 탐구함으로써 인간사고의 근본구조를 분석한 클로드 레비-스트로스(Claude Lévi-Strauss, 1908~)의 저술들이다.

레비-스트로스와 뒤르켐 간에는 중요한 차이가 있다. 특히 레비-스트로스는 사고의 기본형태가 사회에 의해서가 아니라 두뇌의 구조에 의해 결정된다고 보지만, 그가 발전시킨 '구조주의적' 분석양식 또한 분류에서 포함과 배제가 갖는 속성에 기초한다. 레비-스트로스의 연구 그 자체가 그에게 한 명의 고전이론가로서의 지위를 부여하기에 충분할 만큼 위력적인 자질을 가지고 있는 것은 아니지만, 그 연구는 사회학뿐만 아니라 다른 학문들에서도 역시 현대적 사고를 형성하는 데서 잠재적으로 중요한 역할을 해왔다. 그의 연구는 사회사상, 그리고 좀 더 일반적으로는 사회문화적 분석의 방향을 바꾸는 데서 극히 중요한 역할을 수행했다. 레비-스트로스의 '구조주의'와 앞서 논의한 유형의 '구조주의' 간에 일정한 관계가 있기는 하지만, 이 양자를 혼동해서는 안 된다. 레비-스트로스의 관심은 인간사고의 근본원리를 규명하는 것이었다. 그 원리들이 우리의 공통의 인간성을 표현하며, 우리의 문화유물과 제도들은 그 수단들을 통해 체계적으로 구조화된 방식으로 그 의미를 표현한다. 우리의 종교형태, 신화, 요리법, 친족체계들은 단지 역사의 우연적 상황의 산물이 아니라 인류의 집합의식의 일부이다. 레비-스트로스가 자신의 신화분석에서 주목하고자 한 것은 상이한 신화들이 드러내는 공통의 논리구조이다. 그의 방법론이 신화뿐만 아니라 보다 일반적으로 사회의 사상과 문화에도 적용될 수 있다고 인식된 것은 그리 오래되지 않았다. '구조주의적' 접근방식은 곧 프랑스와 유럽 사상에 크게 의존하여 발전했다. 최근 구조주의가 '후기구조주의(poststructuralism)'에 그 기반을 양보했음에도 불구하고, 레비-스트로스가 뒤르켐의 저작으로부터 받은 영향이 그러한 사회사상의 전통의 배후에서 중요한 추진력으로 여전히 작동하고 있다는 것은 사실이며, 현대사회학적 사고에서 중심적인 것으로 간주되는 쟁점들 중 많은 것이 그러한 프랑스 사회사상의 흐름으로부터 파생되고 있다.

인간사고의 사회적 기원에 대한 뒤르켐의 저작을 활용한 또 다른 주요한 학파는 과학에 대한 사회적 연구에서 출현한 연구 프로그램이다. 스트롱 프로그램(Strong Programme)이라고 알려진 이 연구는 영국 사회학에 기원을 두고 있는 전통이지만, 보다 국제적인 모습을 취해왔다. '자연' 현상을 분류하기 위해 사용되는 범주들이 사회적 기원을 갖는 것으로 이해해야 한다는 뒤르켐의 주장은 다소간 시들해지던 지식사회학을 재생시키고자 하는 시도에 영감을 제공했다. 지식사회학은 사회에 대한 우리의 사유방식 자체가 사회조직에 대한 우리의 경험 속에서 그리고 그 경험을 통하여 형성된다고 주장되면서도, 과학은 그러한 주장에서 대체로 면제되어왔다. 과학은 사회결정론에서 벗어나 있었다. 하지만 스트롱 프로그램에 따르면, 그러한 면제는 과학적으로 말해서 언어도단이었다. 과학적 탐구의 최우선적 필요조건은 유사한 현상을 동일한 방식으로 취급한다는 것이며, 따라서 자연세계에 대한 우리의 사유방식이 우리가 사회세계에 대해 생각하고 연구하는 방식과는 다르다는 견해에 동의할 아무런 이유가 없다. 둘 다에 대한 사회학적 분석이 가능하다. 따라서 자연과학의 내용, 이론, 연구결과도 사회학적 설명의 대상이 된다. 우리의 자연관은 "자연 자체가 어떻게 존재하는지"에 의존하는 것이 아니라 우리가 살고 있는 사회구조와 문화가 우리로 하여금 어떻게 생각하도록 요구하는지에 의존한다는 것이다. 뒤르켐과 모스의 원시적 분류체계에 관한 연구는 '새로운' 과학사회학의 방법을 주도하는 모델로 되살아났다.

우리가 이미 제시한 바와 같이, 뒤르켐은 마르크스나 베버보다는 덜 관대한 취급을 받았다. 많은 점에서 그는 사회학적 연구의 그릇된 방식의 축도(縮圖)로 취급받아왔다. 즉, 그는 우리가 이 절을 시작하면서 확인한 '죄악'을 범한 것으로 취급받았다. 뒤르켐이 많은 경우에 자신의 주장을 과도하게 진술하고 있기는 하지만, 이른바 그의 사회학적 비행(非行)에 관심을 집중하는 것은 그의 사상을 공정하게 대하는 것이라고 할 수 없다. 실제로 우리가 지적했듯이, 그러한 것에 관심을 집중하는 것은 은폐되어 있는 사실, 즉 그의 사상이 매우 상이한 많은 사회학 분야와 접근방식에 미친 다양한 영향 – 구조주의 사상과 구조주의가 사회구조뿐만 아니라 언어와 담론의 연구에 미친 광범위한 영향에서부터 상호작용론에 더욱 초점을 맞춘 어빙 고프먼과 낙인이론에 이르기까지 – 을 가려 덮어버리는 것이다. 뒤르켐은 단지 사회조사의 양적 방법을 발전시키고자 했던 학자가 결코 아니다. 사회와 사회적 삶의 본질, 사회적 연대의 원천, 우리 사고구조의 사회적 기원에 대한 뒤르켐의 보다 이론적인 관념 등 뒤르켐의 모든 테마가 현대사회학에서 중요한 쟁점이 되어왔다.

엄선한 참고문헌과 더 읽을거리

Stephen Lukes, *Emile Durkheim: His life and work, a historical and critical study*(Harmondsworth, Penguin, 1973)는 뒤르켐의 모든 저술에 대해 매우 포괄적이고 상세한 논의를 담고 있다. Peter Hamilton, *Emile Durkheim: Critical assessments*(4 vols, Routledge, 1990)에는 뒤르켐 저작의 전 분야와 관련한 방대한 논문들이 수록되어 있다. 뒤르켐의 저작에 대한 간결하고 이해하기 쉬운 개괄적인 개론서로는 오래 전에 출판되었지만 그 서론이 여전히 명쾌하고 유익한 H. Alpert, *Emile Durkheim and his Sociology*(Columbia University Press, 1939), 그리고 R. A. Jones, *Emile Durkheim: An introduction to four major works*(Sage, 1986), Kenneth Thompson, *Emile Durkheim*(Ellis Horwood, 1982), 그리고 Anthony Giddens, *Durkheim*(Fontana, 1978)이 있다. 기든스는 또한 *Emile Durkheim: Selected writings*(Cambridge University Press, 1972)와 *Emile Durkheim on Politics and the State*(Polity, 1982)를 편집했다.

뒤르켐의 주요 견해들은 다음과 같은 그의 저서들에 제시되어 있다. *The Rules of Sociological Method*(방법에 대한 절을 추가한 새로운 번역판; Macmillan, 1982); *The Division of Labour in Society*(새로운 번역판, Macmillan, 1984), *Suicide: A study in sociology*(Routledge, 1951), 그리고 *The Elementary Forms of Religious Life*(Allen and Unwin, 1976). 사고범주의 사회적 구조화에 대한 관심을 드러내고 있는 *Primitive Classi-fication*(Marcel Mauss와 공저; Cohen and West, 1963) 또한 중요한 저작이다. *Moral Education*(Free Press, 1961), *Professional Ethics and Civic Morals*(Routledge, 1957), 그리고 *Socialism*(Collier, 1962)은 뒤르켐의 접근

방식을 사회의 도덕적·정치적 문제에 적용한 저서들이다. 기든스가 편집한 선집 *Emile Durkheim on Politics and the State*에는 이 분야의 몇몇 글들이 수록되어 있다.

최근의 두 저서, 즉 Frank Pearce, *The Radical Durkheim*(Unwin Hyman, 1989)과 Mike Gane and Keith Tribe(eds), *The Radical Sociology of Durkheim and Mauss*(Routledge, 1992)의 제목은 뒤르켐이 자주 보수적 사상가로 오해되고 있음 — 이를테면 Robert A. Nisbet, *The Sociological Tradition*(Basic Books, 1966)과 Lewis Coser, "Durkheim's conservatism and its implications for his sociological theory"[in Kurt Wolff(ed.), *Emile Durkheim: Essays on sociology and philosophy*, Ohio State University Press, 1960]에서와 같이 — 을 보여준다.

뒤르켐에 대한 논의를 담고 있는 책들은 매우 많다. Talcott Parsons, *The Structure of Social Action*(Free Press, 1937)은 뒤르켐과 베버의 저작과 이 두 학자의 사상의 잠재적 유사성에 대한 매우 영향력 있는 해석을 제시하고 있다. 파슨스의 해석에 대해서는 많은 이견이 제기되어왔다. 이를테면 Whitney Pope, "Durkheim as a functionalist"(*Sociological Quarterly*, 16, 1975: 361~379)와 "Parsons on Durkheim, revisited" (*American Sociological Review*, 40, 1975: 111~115)가 그것이다. 휘트니 포프(Whitney Pope)는 또한 *Durkheim's Suicide: A classic analyzed* (University of Chicago Press, 1976)라는 책을 쓰기도 했다. 마이크 게인 (Mike Gane)은 *On Durkheim's Rules of Sociological Method*(Routledge, 1988)라는 책을 썼고, 피커링(W. S. F. Pickering)은 *Durkheim's Sociology of Religion*(Routledge, 1984)이라는 책을 썼다. 스티븐 룩스(Stephen Lukes)와 앤드류 스컬(Andrew Scull)은 흩어진 저술들을 모아 *Durkheim* and the Law(St Martin's Press, 1983)라는 책을 편집했다. 스티븐 P. 터너 (Stephen P. Turner)는 The Search for a Methodology of Social Science (Reidel, 1986)라는 자신의 책 제3부에서 "방법론자로서의 뒤르켐"에 대해 사려 깊은 논의를 했을 뿐만 아니라 뒤르켐에 대한 현대적 조망들을 모아 Emile Durkheim as Moralist and Critic(Routledge, 1993)이라는 책을 편집 했다. Steve Fenton, Durkheim and Modern Sociology(Cambridge University Press, 1984)는 뒤르켐의 사상을 현대사회사상과 연계짓는 논문 들을 모아놓은 것이다.

The Presentation of Self in Everyday Life(Doubleday Anchor, 1959)는 우리가 논의에서 언급한 어빙 고프먼(Erving Goffman)의 연구의 훌륭한 출발점이 되는 저작이다. Howard Becker, Outsiders: Studies in the sociology of deviance(Free Press, 1963)는 '낙인이론적 관점'의 훌륭한 저 작이다. Claude Lévi-Strauss, The Savage Mind(University of Chicago Press, 1966)와 Structural Anthropology(Penguin, 1968)는 사고의 사회적 기원에 대한 뒤르켐의 저술로부터 파생된 구조주의적 견해의 발전된 모 습을 보여준다. 스트롱 프로그램의 연구들은 매우 많지만, David Bloor, Knowledge and Social Imagery(Routledge, 1976), Barry Barnes, Scientific Knowledge and Sociological Theory(Routledge, 1974), 그리고 Interests and the Growth of Knowledge(Routledge, 1977)를 참고하라.

- 현대사회학에서 뒤르켐이 차지하는 지위는 아마도 세 사람 가운데 가장 낮을 것이다. 그는 실증주의, 구조주의, 기능주의, 물화, 보수주의라는 이름으로 비난받고 있다. 하지만 이 중 어떤 것도 전혀 비판가들 — 이들은 자주 뒤르켐에 대해 전혀 관대하지 않은 독해에 기초한다 — 이 이해하는 것처럼 파멸적이지 않으며, 그들이 자주 지적하는 것처럼 반드시 매우 심각한 사회학적 죄악인 것도 아니다.
- 뒤르켐의 영향은 고프먼, 낙인이론에서부터 인간사고의 구조에 대한 탐구에 이르기까지 광범한 영역에 걸쳐 있다.
- '대면적' 상호작용과 '공적 질서'에 대한 고프먼의 상호작용론적 설명은 그러한 만남이 의례를 통해 연대를 유지하게 되는 조건에 관한 뒤르켐의 테마에 분명하게 의지하고 있다. 근대사회는 '개인'을 숭배한다는, 그리고 의례는 신성한 것과 관계를 맺는 방식의 하나라는 뒤르켐의 생각 또한 고프먼에 의해 채택되었고, 이는 고프먼이 '상호작용 의례'가 개인 숭배의식을 지향하는 것이라고 강조하는 데서 나타난다.
- 일탈자를 낙인찍는 방식과 낙인의 적용을 둘러싼 드라마에 초점을 맞추는 낙인이론은 사회에 퍼져 있는 '배제'와 '포함'의 과정에 대한 뒤르켐의 생각에 크게 의존한다.
- 분류체계가 사회적으로 조직된다는 뒤르켐의 주장은 클로드 레비-스트로스의 신화에 대한 기념비적 분석에, 그리고 나중에는 과학사회학의 스트롱 프로그램에 영향을 미쳤다.

결론

5

이 장에서 우리는 마르크스, 베버, 뒤르켐에 대한 보다 최근의 재해석 가운데 일부를 현대사회사상의 관심에 견주어 논의한다. 이 장에서는 다음의 것들을 논의할 것이다.

- 근대사회의 본질 변화와 그 변화가 사회사상에 미친 영향
- 마르크스와 유럽 사회이론의 재발견, 그리고 포스트모더니스트와 후기구조주의자 들뿐만 아니라 글로벌 자본주의에 맞게 자신의 사고를 갱신하고자 하는 사람들 사이에서 출현하는 마르크스의 '영혼'
- 뒤르켐의 재해석과 그의 사상의 일부 — 특히 표상 관념 — 를 사고의 사회적 조직화에 관한 오늘날의 관심과 결부시키고자 하는 노력
- 비록 다양한 해석을 통해 매개되기는 하지만, 많은 영역에서 지속되고 또 증대하는 베버의 영향력
- 고전이론가들과 오늘날의 '포스트모던'한 관심의 관계

지금까지 우리는 앞서의 장들에서 마르크스, 베버, 뒤르켐의 사회학적 사고들을 가능한 한 명료하게 설명하기 위해 노력해왔다. 그러한 작업을 통해 우리가 추구한 목적의 대부분은 그들이 사회학의 전통에 미친 주요한 공헌들을 부각시키는 것이었다. 하지만 우리가 사회학적 사고를 지배하

는 하나의 교의를 밝혀내기 위해 그렇게 한 것은 전혀 아니었다. 결국, 그리고 유추하면, 위대한 종교적 전통들도 비록 그것들이 일반적으로는 이른바 정전(正典)의 해석을 둘러싼 주요한 논쟁에 의해 특징지어지지만, 자신들을 하나의 전통의 일부로 간주한다. 우리가 사회학과 종교 간의 이 유추를 너무 멀리까지 밀고 나가기를 원하지 않지만(하지만 이 유추가 매우 매혹적이기는 하다), 모든 현대사회학이 이 세 사상가에게 빚지고 있다고 주장하는 것은 너무 지나친 일일 것이다. 그럼에도 불구하고 사회학은 그 전통 내에서 움직이며 계속해서 상당 부분을 이 세 사상가에게서 끌어낸 지적 장치들을 사용하고 있다(그 장치들이 항상 직접 활용되거나 인정받는 것은 아니지만, 여전히 상당한 정도로 이용되고 있다).

하지만 그러한 지적 장치, 즉 분석틀이 하나의 고정된 분석틀로 자리하고 있다고 말하는 것은 아니다. 오히려 그것은 확증된 원리들이 아니라, 의문과 문제들을 포함하고 있는, 그리고 여전히 진화하고 있는 하나의 준거틀이라고 할 수 있다. 달리 표현하면 그러한 분석틀은 사회학적 전통이 무엇인지를 밝혀내는 과정에 있다. 그럼에도 불구하고 우리는 포스트모더니즘 사상처럼 계몽주의 관념과의 단절을 강조하기보다는 계몽주의 관념과 사회학의 연속성을 강조하기를 원했다. 다시 한 번 더, 그렇지만 얼마간 주저하며 우리가 앞서 이용한 종교와의 유추를 이용하면, 우리는 여기서 16세기 유럽의 프로테스탄티즘과 가톨릭교의 단절과 다르지 않은 '단절'을 이야기하고 있다. 비록 그것이 유럽 사람들과 정치에 엄청난 결과를 가져온 '단절'이었지만, 우리는 그것을 하나의 사상체계, 즉 유대교에서 가톨릭교를 거쳐 프로테스탄티즘에 이르는 수세기 동안 전개된 전통 **내에서** 일어난 하나의 논쟁으로 바라보는 데 (각 교파 내의 다양성을 염두에 두더라도) 별 어려움을 느끼지 않는다. 달리 말해 사회학은 19

세기의 세 인물의 사상 및 그들의 선조들의 사상에 대한 그들의 재정식화를 넘어설 수 없는, 독창성 없는 학문이 아니다. 오히려 사회학의 현 상황은 사회적인 것에 대한 연구와 탐구를 위한 하나의 합의된 틀을 정식화하기가 얼마나 어려운지를 보여주는 증거의 하나이다. 사회학이 자주 거의 끝없이 새로운 접근방법들을 산출하는 것으로 보이기도 하지만(우리는 그것들 대부분이 사상의 재순환이라고 제시하고자 했다), 그럼에도 불구하고 그것들 내에는 사회학의 전통을 특징짓는 문제와 의문들이 여전히 자리하고 있다. 우리는 어쩌면 현대의 접근방법들이 여전히 마르크스, 베버, 뒤르켐에 의해 형성된 담론 — 실제로는 비록 그들만이 그 담론을 형성한 것은 아니지만 — 에 얼마나 의지하고 있는지를 살펴봄으로써, 이 세 학자가 얼마나 중요하고 그들이 다루었던 문제들이 얼마나 어려운 것인지를 가늠해볼 수도 있을 것이다. 우리는 100년이라는 시간 동안 이 책과 맞먹는 책들이 전혀 다른 학자들의 사상을 정교화했을 수 있다는 것을 인정한다(하지만 우리는 그들에게 우리가 이 책에서 다룬 사람들에게만큼 상을 주지는 않을 것이다!).

우리가 서론에서 제시했듯이, 오히려 마르크스, 베버, 뒤르켐의 영향은 그 어느 때보다 강력하여, 사회학과 사회과학을 넘어 인문학에까지 널리 확장되고 있다. 어떤 분야에서는 그 영향력이 막대하여 학문들 간의 전통적 경계(이를테면 사회학과 문학비평 간의 경계)가 크게 허물어지기도 했다. 우리가 마르크스의 이데올로기 이론, 그리고 그 후 특히 그람시와 프랑크푸르트학파가 그 이론을 수용한 것을 설명하면서 언급했듯이, 그것은 문화연구와 미디어 연구의 현대적 접근방식의 가정들을 형성하는 데 중요한 역할을 해왔다. 이와 유사하게 뒤르켐의 사상은 근대 언어학의 창시자 중의 한 사람인 페르디낭 드 소쉬르(Ferdinand de Saussure,

1857~1913)가 발전시킨 언어개념에도 결정적인 영향을 미쳤다. 아이러니하게도 반세기 후에 클로드 레비-스트로스(Claude Lévi-Strauss)는 이 개념을 통해 인류학, 문학비평, 철학의 많은 부분을 변화시켰다. 레비-스트로스의 '구조주의'는 마르크스주의 학자 루이 알튀세(Louis Althusser, 1918~1990)의 저작에서 주요한 역할을 했고, 또 구조주의 운동의 주요한 두 인물, 즉 미셸 푸코(Michel Foucault, 1926~1993)와 자크 데리다(Jacques Derrida, 1930~)의 저작을 자극하며, '구조주의'에서 '후기구조주의'로의 발전을 재촉했다. 다음으로 베버는 '프랑크푸르트학파' ─ 이 학파의 사회분석과 사회비판은 문화연구의 지적 의제를 형성하는 데 중요한 역할을 수행했다 ─ 의 설립자 가운데 한 사람인 테오도르 아도르노(Theodor W. Adorno)의 저작과 오늘날 독일의 주도적인 사회이론가인 위르겐 하버마스(Jürgen Habermas, 1929~)의 저작에 상당한 영향을 미쳤다. 비록 직접적으로는 아니라고 하더라도, 우리의 세 '고전' 사상가는 현대 지적 삶의 중심에 자리하고 있다.

하지만 우리의 관심은 마르크스, 베버, 뒤르켐이 현대사회사상과 문화사상에 영향을 미친 모든 방식을 철저하게 추적하는 거창한 것이 아니었다. 우리가 다른 곳에서도 지적했듯이, 그러한 영향의 많은 것은 우리가 지적해온 보다 직접적인 공헌들 외에도 사회학적 심성(sociological mentality)이라 부를 수 있는 것을 형성해왔다. 우리의 관심은 기본적으로 그들 저작의 사회학적 측면과 그들 사상의 사회학적 중요성에 관한 것이었다. 그리고 그들의 이론이 사회학적 사고에서 계속되고 있는 주요 관심사들을 예시(豫示)해온 정도는 아무리 강조해도 지나치지 않다.

보다 최근의 현대사회사상에서 그들의 지위는 단지 예시의 지위뿐만 아니라 재해석의 지위를 차지하고 있었다. 그리고 우리는 그중 일부를 각 장의 마지막 절에서 이미 논의했다. 하지만 이 결론의 장에서 우리는 이 세 사상가와 관련하여 보다 최근에 이루어진 공헌들을 살펴보고, 또한 그러한 공헌들 각각이 현대사회사상에 기여한 바와 그와 관련하여 사회학 내에서 벌어진 논쟁들을 평가해보고자 한다. 물론 이것은 우리가 논의를 이 세 인물의 사망에서 현대사회학의 논쟁으로 엄청나게 건너뛰는 것이다. 그러나 우리가 그 기간 동안에 사회학에서 아무 일도 일어나지 않았다는 인상을 주려는 의도는 추호도 없다. 왜냐하면 그 시기 동안에 많은 일이 일어났고, 그것이 바로 이 책의 자매서인 『현대사회학의 이해』의 주제이기 때문이다.

이 세 이론가가 자신들의 주요 저작을 쓴 후에 '변화한' 중요한 것 중 하나는 물론 세계 자체이다. 하지만 20세기 전반에 일어났던 변화들은 많은 점에서 마르크스, 베버, 뒤르켐이 그토록 강조했던 사회적 변화가 계속된 것이라고 할 수 있다. 서유럽의 주요 국가들과 미국의 산업경제는 계속 확장일로를 걸었고, 제조업이 경제를 훨씬 더 지배하게 되었으며, 그들 경제는 그 범위에서 훨씬 더 지구화되었다. 이 세 이론가가 그토록 강조했던 분업은 대량생산의 발전 속에서 그 정점에 달했고, 이를 예증하는 것이 자동차산업에서 매우 전형적으로 이용되는 컨베이어 벨트 생산방식이었다. 컨베이어 벨트 방식에 의해 지배되는 산업조직의 시대를 산출한 것은 바로 분업이었고, 그 분업이 그 세기의 3분기까지 확장되면서 '포드주의(fordism)'를 특징지었다. 포드주의체계하에서 노동조직은 집중화되고 엄격하게 규율되었다. 일은 아주 작은 부분들로 세분화되었으며, 그러한 체계에 고용된 사람들은 기계의 부속품으로 기능할 수 있도록 복종과 규율을 강요받았다. 많은 위대한 사회학자들이 느끼기에, 대량생산에 의해 지배되고 대규모의 산업노동계급이 존재하는 그러한 종류의 사회는 우리의 세 이론가 중 어느 한 사람이 개발한, 또는 그들 이론의 일정한 조합을 통해 도출한 분석 도구가 여전히 적용될 수 있는 사회였다. 왜냐하면 그러한 사회와 19세기 산업자본주의 사회 간에는 중요한 점에서 연속성이 존재했기 때문이다.

그러나 최근 들어 산업사회에 상당한 변화가 있었다. 지난 10여 년 동안 제조업 부문의 경제적 중요성은 확실히 전후 시대에 계속해서 확장일로에 있는 서비스 노동 및 그 고용에 비해 크게 감소했다. 생산체계로서의 '포드주의'는 세계의 다른 부분들로 수출되었다. 현재의 생산체계를 상징하는 것은 더 이상 컨베이어 벨트가 아니라 컴퓨터이고, 생산라인이 아니라 전자기기로 자동화된 사무실이며, 물리적 재화가 아니라 정보이다. 기계의 부속품으로서의 노동자가 아니라, 높은 교육수준과 고도의 숙련을 갖춘 자율적인 의사결정자로서의 노동자가 점점 더 강조되고 있다. 이러한 경제의 변화는 또한 사회의 다른 영역 도처로 파급된 것으로 보이고, 마르크스라면 당연히 주장했을 변화, 즉 문화에서도 변화가 일어나고 있다.

물론 방금 언급한 것과 같은 변화들이 사회학에 영향을 미쳤다. 실제로 사회학적 사고는 그 같은 변화를 확인하고 다양하게 분석하는 데서 중요한 역할을 수행해왔다. 그러한 변화는 사회학 자체의 성격에도 영향을 미쳤다. 중요한 변화 중의 하나가 사회학이 점점 더 전문화되었다는 것이다. 특히 미국에서 사회학은 점점 더 대학의 학문이 되었고, 그리하여 사회학의 이론적·방법론적 커리큘럼도 표준화되었다. 1950년대경에는 기능주의, 그리고 사회조사에 근거한 다양한 분석방법이 (비록 사회학 내에서 보편적으로 받아들여지지는 않았지만) 사회학을 지배했다. 한동안 사회학은 훨씬 덜 급진적인 입장 쪽으로 이동하고 다원주의적 민주주의와 혼합경제를 '모든 가능한 세계 중 최선'으로 받아들임으로써 자신의 비판적 추동력의 많은 것을 상실했다. 우리가 앞서 지적했듯이, 1960년대경에는 이러한 움직임에 대한 얼마간의 저항이 가장 주목할 만하게는 프랑크푸르트학파의 비판이론이 소생하면서, 그리고 보다 특이하게는 프랑스에서 구조주의 운동으로부터 일어났다.

이 책에서 논의한 세 이론가 중에서 마르크스가 우리가 간략히 언급한 사회변화 속에서 사회학적 분석가로서는 주요한 패자였다고 쉽게 결론 내릴 수 있을지도 모른다. 결국 그는 산업사회의 주요한 성격변화를 예견하는 데 실패했다. 자본주의는 붕괴하지 않았다. 어쨌든 노동계급은 성장한 것이 아니라 그 규모와 중요성 모두에서 쇠퇴했다. 더구나 마르크스주의자들은 1968년에 일어난 소요에서 별다른 역할을 수행하지 못했다. 그리고 소련의 강제노동 수용소에 대한 폭로는 하나의 정치적 교의로서의 마르크스주의에 대한 환멸을 더욱 증대시켰다. 하지만 마르크스에 대한 결론의 절에서 우리가 보여주었듯이, 마르크스의 도식은 오늘날 여전히 간접적으로 (그러나 종종 직접적으로) 엄청난 영향력을 발휘하고 있으며, (가장 최근에는 비록 그의 영향의 상속자들인 다른 이론가들과 학파를 통해 매개되는 매우 희석된 형태를 취하고 있기는 하지만) 세 사람 중 가장 큰 영향력을 행사하고 있는 것으로 보인다.

포스트모던한 마르크스를 향하여?

마르크스의 영향력은 이제 매우 희석되었고 또 간접적이라는 입장을 취하여 그의 유산은 이론적으로나 정치적으로도 불신받는 빈약한 모습을 하고 있다고 지적하는 것도 충분히 가능하다. 고등교육이 팽창하고 유럽과 영국의 몇몇 대학이 아닌 모든 대학에서 하나의 학문으로서의 사회학을 도입한 것과 함께, 1960년대에 일어난 정치적 사건들은 처음에는 마르크스를 근대 산업사회의 분석에 적절한 인물로 바라보는 인식을 활성화시키다가 그다음에는 이러한 인식을 점차 부식시켰다. 1950년대와 1960년대에 이르자 많은 사회이론가들[레몽 아롱(Raymond Aron)과 탤콧 파슨스 같은]은 '산업사회'에 대해 말하기 시작하면서, 이제 '자본주의' 사회에 대해 이야기하는 것은 부적절하다는 결론을 표명했다. 왜냐하면 서구 사회의 구조에서 엄청난 변화가 일어났고, 또한 동유럽의 이른바 '사회주의' 사회를 동일한 개념으로 포괄할 필요가 있었기 때문이다. 마르크스의 재발견은 '자본주의'라는 용어 — '반(反)자본주의'를 선언한 당시의 저항운동들이 주기적으로 사용하던 용어 — 를 복원하여 다시 유통시켰다.

하지만 1960년대 후반과 1970년대 초반에 마르크스의 저작이 재발견되고 있을 때조차 상황은 악화되고 있었다. 영국에서 재발견된 마르크스는 많은 점에서 유럽 사회이론의 발견물이었다. 파리의 학자 루이 알튀세의 난해한 이론적 저작이 영어로 번역되자 영국 학계는 처음에는 그의 생각에 열광했다. 그러나 게오르크 루카치(Georg Lukács)의 사상, 프랑크푸르트학파 및 여타 학자들 — 알튀세처럼 훨씬 더 세련된 방식으로 마르크스를 표현하는 — 에서 기원하는, 오랜 전통의 '서구 마르크스주의'의 발견물들도 소개되었다. 하지만 영국에서 알튀세의 영향이 감지되고 있을 때조차, 프랑스 이론에 대한 알튀세의 지배력은 직접적으로는 그가 (그리고 그가 속해 있던 공산당이) 1968년의 학생 '폭동'에 참여하기를 거부하면서, 그리고 부수적으로는 미셸 푸코와 같은 곧 영향력 있는 이론가가 될 다른 학자들을 직접적으로 자극함으로써 비참하게 약화되었다. 그러한 학자들은 비마르크스주의적인 사회비판 방법을 발전시켰고, 이것은 후일 후기구조주의를 발흥시켰다.

아마도 독자들은 더 최근인 1970년대에 어째서 진지한 사회이론가들이 상대적으로 가까운 미래에 노동계급 혁명이 일어날 것으로 예견했는지를 이해하기 어려울 것이다. 우리가 이미 지적했듯이, 전후 경제호황에 따른 서유럽과 미국의 장기적 번영, 노동계급의 중요성과 정치적 지위를 약화시킨 직업구조의 변화, 소련의 강제노동 수용소에 대한 폭로, 1980년대 영국에서의 대처리즘의 지배, 1980년대 말 베를린 장벽의 붕괴 모두가 정치적으로나 지적으로 마르크스를 불신하게 했기 때문이다.

물론 마르크스주의의 부활은 상당 부분 그것이 지닌 정치적 중요성 때문이기보다는 학문적으로 고무된 것이었다. 그러나 학계 내에서는 이전에 마르크스의 이론과 맺고 있던 강한 제휴관계가 여러 방면에서 약화되기 시작했다. 이를테면 1978년에 마르크스 역사이론의 경제결정론적 해석을 충실하고 세련되게 방어하는 작업을 했던 코헨(G. A. Cohen)은 자신의 입장을 철회했다. 그전까지 코헨은 서구 마르크스주의가 통속적이고 아둔한 것으로 간주해왔던 입장, 즉 마르크스의 이론이 경제적 토대와 이데올로기적 상부구조 간의 결정론적 관계를 포함한다는 입장을 방어하고자 했다. 그것이 바로 알튀세가 밝혀내기 위해 전력을 다했던 해석이었다. 코헨은 마르크스주의에 영미 분석철학을 엄격하게 적용하고자 했고, 이러한 시도는 '분석 마르크스주의(analytic Marxism)' 또는 '합리적 선택 마르크스주의(rational choice Marxism)'를 발전시켰다. 분석 마르크스주의는 경제적 모델과 게임이론에서 발견되는 공식적 분석도구들을 이용하여 마르크스의 사상을 설득력 있게 그리고 차별적인 방식으로 다루고자 했다. 매우 간략한 예를 하나 들면, 분석 마르크스주의는 '착취'와 같은 핵심 개념을 공식적으로 정의하고자 한다(Carver and Thomas, 1995). 코헨의 철회는 민족주의가 마르크스와 마르크스주의 이론이 허용하는 것보다 훨씬 더 자율적이고 결정적인 힘이라는 사실을 깨달은 결과였다. 후자는 민족주의를 단연코 계급이 가장 중요한 자본주의 내에서 자기파괴적인 힘들이 초래하는 하나의 부수 현상으로 얼버무리는 경향이 있었다.

비록 후기구조주의와 포스트모더니즘(그리고 특히 푸코에 이르기까지) 같은 보다 최근의 경향과 운동으로 지적 충성심이 이동해왔지만, 모든 사람이 마르크스를 포기한 것은 아니었다. 일부 학자들은 사회사상에서 마르크스주의를 주변화시킨 정치적·지적 발전은 마르크스주의가 대응할 필요가 있는 하나의 도전이라고 주장한다. 마르크스주의에 또 한 번의 수정이 요구되고 있다.

스튜어트 심(Stuart Sim)은 『포스트마르크스주의(Post-Marxism)』(2000)에서 1970년대 이후 마르크스주의 사상에 가해진 압박에 대한 마르크스주의자들의 대응, 특히 힌데스(Hindess)와 허스트(Hirst), 라클라우(Laclau)와 무페(Mouffe), 홀(Hall), 바로(Bahro), 그리고 지제크(Zizek)가 그러한 압박에 대응해온 '지적 역사'를 살피고 있다. 이를테면 라클라우와 무페는 마르크스주의가 단일한 올바른 행위 지침을 제공할 수 있는, 하나의 독특하고 적절한 자기충족적 사고도식을 제공한다는 관념을 공격했다. 마르크스주의는 자신이 붕괴에 직면할 수도 있다는 것을 아주 철저하게 재고하고, 정치적 행동에 대해 보다 다원주의적인 접근방식을 취하여 마르크스주의자들이 그러한 행동에 특히 페미니스트, 생태학자, 다문화주의자와 동등하게 참여할 수 있게 할 필요가 있었다. 라클라우와 무페는 현대 마르크스주의 사상의 핵심 관념의 하나가 된 '헤게모니' 관념을 말하자면 마르크스주의의 실패에 대한 하나의 변명이라고 공격한다. 그들은 '헤게모니' 개념이 마르크스의 사상이 통합적이고 포괄적이라는 그릇된 인상을 키운다고 주장한다. 우리가 그러한 방식으로 표현해보면, 헤게모니 개념은 어떤 치명적인 위협적 반대에 의해 도전받지 않으면서 번영하는 자본주의의 발전을 얼버무려 설명하는 방식에 더 가깝다. 노동계급이 혁명의지를 거의 보이지 않아왔는데, 헤게모니 관념은 그것을 노동계급이 부르주아 이데올로기에 의해 심적·문화적으로 현혹되었기 때문이라고 제시하는 식으로 얼버무려 설명한다. 이것을 마르크스주의가 자본주의의 역동성을 이해하고 혁명의 잠재력을 규명하고 또한 자본주의가 그러한 위협을 어떻게든 저지해온 방식을 설명한 것으로 볼 수도 있지만, 누군가는 어쩌면 그러한 설명은 마르크스주의가 자본주의를 이해하지 **못했다**는 것을 보여주는 것이라고 주장할 수도 있다. 자본주의가 왜 그러한 방식으로 발전해왔는지는 실제로 이해되지 않았다. 인류학자 에반스-프리차드(Evans-Prichard)의 표현을 빌리면, '헤게모니'는 마르크스주의의 중심적 교의의 실패를 얼버무려 설명하기 위해 덧붙여진 '이차적 정교화'이다. 1960년대와 그 후 명성을 얻은 또 다른 파리 사람 자크 라캉(Jacques Lacan)에 의해 해석된 정신분석학 이론에 의지하는 슬라보이 지젝(Slavo Zizek)는, (헤게모니로서의) 이데올로기 관념이 알튀세뿐만 아니라 마르크스의 사상마저 오해하고 있다고 주장한다. 이데올로기는 하나의 환상, 즉 우리 자신이 구성한 환상으로, 우리가 심리적으로 필요로 하는, 그리고 우리가 현실 속에서 살아갈 수 있게 해주는 어떤 것이다. 그것은 사회의 이데올로기적 장치에 의해 우리에게 부여된 어떤 것이 아니며, 개인으로서의 우리가 행하는 것을 결정하지도 않는다. 우리는 앞서 제2장의 결론적 논평에서 욘 엘스터(Jon Elster)의 주장 — 마르크스 사상에서 발견되는 광범한 기능주의가 제거되었다는 주장 — 과 관련하여 다음과 같은 문제를 제기한 바 있다. 마르크스와 관련된 것으로 여겨지는 것을 유지하면서도 마르크스의 얼마나 많은 것이 수정될 수, 심지어는 폐기될 수 있는가? 그러한 지적 수술을 거친 이후에도 마르크스에게 남아 있는 것은 많은 것이 분명 사회학적 (또는 심지어는 진부한) 상투어에 지나지 않을 수도 있다. 만약 우리가 마르크스의 지적 도식을 총체화 도식이라는 이유로 폐기하고, '역사적 필연성' 개념을 거부하고, '자본주의의 발전법칙'으로 상정된 것을 제거하고, 그 도식의 '결정론적 정명'이 실제로는 결정론적인 것이 아니라 그 방향이 바뀔 수 있다는 것을 이해하지 못했다고 비난하고, 그 도식이 개인을 그 또는 그녀의 사회적 존재로 환원하고자 하는 잘못된 시도를 하는 '본질주의'라고 매도하고, 더 나아가 역사적·정치적으로도 대단히 오류가 많다고 비난한다면(Sim, 2000: 16~19), 분명 마르크스의 이름으로 불러낼 수 있는 가치 있는 것은 거의 남아 있지 않을 것이다. 마르크스의 이름은 그보다는 미해결된 일련의 광범위한 철학적·이론적·경험적 쟁점들에 대한 하나의 표제가 되어왔다.

배리 힌데스(Barry Hindess)와 폴 허스트(Paul Hirst)의 주장도 거의 동일한 문제를 제기한다. 그들은 처음에는 알튀세의 이론에 열광했지만 곧 냉정해졌다. 하지만 그들은 비록 후일 바뀌기는 했지만 얼마 동안은 "본질적으로 추상적인 모험"으로서의 사회사상에 대해 자신들이 가지고 있던 강렬한 열의를 유지했고, 결국은 그러한 생각을 가지고 마르크스주의적 입장을 대했다. 마르크스주의는 역사에 관한 과학이 아니다. 그들이 볼 때, 역사학은 본질적으로 사실을 '액면 그대로' 받아들이는 경험주의적 연구를 추구하며, 따라서 실제의 현상이 단지 이론을 통해서만 알려진다는 것을 인정할 수 없다. 마르크스주의가 자신의 목적론적 야망에 집착한다면, 그것은 하나의 보편 과학이 아니다. '목적론(teleology)'은 거칠게 말하면 어떤 것이 '목적에 의해 추동된다'는 것을 의미한다. 그리고 경험적으로 유발된 사건이 그 사건을 유발한 목적에 의해 설명될 수 있다는 관념은 일반적으로 비과학적인 것으로 간주된다. 마르크스주의가 역사가 어떤 목적을 향해 나아간다고 가정한다면, 그것은 비과학적이다. 하지만 마르크스주의 사상에서 목적론적 요소를 거부하는 것은 마르크스주의를 파괴하는 위험한 지경에까지 이르게 만든다. 마르크스주의로부터 목적론(특히 역사에는 연속되는 단계들이 존재한다는 생각), 결정론, 경제주의(사회는 그것의 경제적 토대에 의해 결정된다는 관념), 관념론(비록 마르크스주의자들이 맹세코 부인하지만, 마르크스가 감염되어 있는, 대체로 인정되지 않는 헤겔적 유산), 잉여가치 이론과 그와 관련된 잉여가치와 착취 같은 개념(그것들이 실질적인 양적·계산적 정체성을 부여받을 수 없기 때문에), 그리고 마르크스주의가 어떤 예측적 가치를 갖는다는 관념을 제거한다면, 마르크스주의에 과연 무엇이 남는가? 이러한 요소들은 반마르크스주의자들이 수년 동안 마르크스주의에 대해 때때로 제기해온 여러 유형의 비판이지만, 지금은 마르크스주의 '내부'에서도 그러한 비판이 증가하고 있다. 심이 힌데스와 허스트의 분석에 대해 논평하듯이, 그들은 "마르크스주의 이론공동체의 한 저급한 해석"을 보여주고 있다. "그 공동체 성원의 대부분이 마르크스주의적 고전들을 오해하는 죄를 범하고 있다"(Sim, 2000: 57).

포스트마르크스주의는 마르크스주의를 '포스트모던'한 방향으로 이동시키고자 하는 노력이며, 포스트마르크스주의의 주요한 요소 가운데 하나는 사회적 실재의 모든 것을 아우르는 이론의 가능성을 부정한다는 것이다. 리오타르(Lyotard, 1984)는 포스트모더니즘을 '거대서사에 대한 불신' ― 즉, 그러한 이론들을 더 이상 믿을 수 없음 ― 으로 정의했다. 그리고 그가 특히 염두에 두었던 것이 바로 마르크스주의였다. 그러한 결론의 근거는 실재 자체가 다양하고 불연속적이고 솔직히 너무나도 변화무쌍해서 하나의 통합된 단일 이론 ─ 심의 표현으로는 하나의 '거대 관념(big idea)' (Sim, 2000: 171) ─ 내에서 포괄적으로 포착될 수 없다는 것이다. 이것이 바로 무페와 라클라우가 마르크스주의 이론들 속에서 발견한 결함이다. 그리고 이것이 우리에게 남겨놓은 것이 다시 한 번 더 심의 표현을 빌리면, "거의 혼돈상태에 있는 혼란스럽고 복잡한 현실"이다. 이러한 입장은 일종의 상대주의를 초래했고, 이것이 (현실을 포괄적으로 파악할 수 있는 어떤 단일 이론도 존재하지 않기에) 우리에게 남겨놓은 것이 바로 부분 이론들, 더 나아가 복수(複數)의 이론들이다. 리오타르는 '디퍼런드(differend)' 개념 ─ 해소할 수 없는 차이를 뜻하는 ─ 을 이용하여 다양한 사유방식이 존재한다는 것을 보여준다. 무페와 라클라우가 마르크스주의를 자신의 관점과는 다른 관점을 인정할 수 있는 다원주의적 정치로 전환시키고자 한 것도 이로부터 연유한다.

하지만 '포스트모더니즘'은 자주 한 걸음 더 나아간다. 포스트모더니즘은 언어의 기능(그리고 언어로 표현되는 이론들)은 외적 현실을 표현하는 것이라는 관념을 거부한다. 그 대신 포스트모더니즘은 우리에게 이론의 텍스트적 성격을 인정할 것을 요구하고, 포스트모더니즘의 슬로건화된 방식으로 표현하면 텍스트 바깥에는 아무것도 존재하지 않는다고 가정한다. '거대서사'에 대한 리오타르의 맹렬한 비난은 바로 그러한 전환을 조장한다. 왜냐하면 바로 거대서사라는 용어 자체가 그러한 큰소리치는 이론들은 단지 **이야기들**, 즉 서사일 뿐이라는 것을 인정할 것을 요구하기 때문이다. 즉, 그러한 이론들은 우리의 삶의 방식들을 관련짓고 그것들에 의미를 부여하고 정당화하는 서사일 뿐이고, 따라서 그 자체가 검토를 필요로 하는 것이라는 것이다.

　'텍스트' 접근방식의 핵심 창시자이자 주창자인 자크 데리다는 나중에 마르크스의 저술로 자신의 관심을 돌렸다. 그는 문학과 철학의 분리를 거부하고, 이전에는 마르크스 저작의 '문학적' 측면으로 간주될 수 있던 것, 특히 마르크스의 저술에서 '망령'과 '유령'이 언급되는 빈도에 관심을 기울였다. 데리다는 마르크스의 그러한 문학적 표현들을 독해하며, 그 것들은 마르크스가 언어와 실재의 관계에 대한 하나의 생각을 표현한 것이고 마르크스는 전자는 항상 후자를 표현하는 데 불충분하다고 인식하고 있었다고 파악한다. 그러한 불연속성이 항상 우리를 또 다시 '괴롭힐' 것이다. 게다가 망령 이야기는 우리가 우리 자신을 놀라게 하고 또 안심시키기 위해 사용하는 발명품이다. 이를테면 마르크스가 말하는 유령은 때로는 부르주아가 '적색 위협(red menace)'이 단지 하나의 환상일 뿐이라고 자신들을 안심시키기 위해 스스로 만들어낸 유령이다. 마르크스주의자인 테렐 카버(Terrel Carver)는 자신이 '온화한 포스트모더니즘(mild postmodernism)'이라고 간주한 것 속에서만 마르크스를 '텍스트화'할 필요가 있다고 본다(Carver, 1998). 카버는 비록 마르크스의 '유령' 은유에 대한 데리다의 구체적 독해에 대해 반대하지만, 그가 볼 때 공산주의에 대한 '적색 공포'적 견해, 즉 '유령'이라는 것은 반동세력들이 그것에 겁먹어서 마녀사냥에 나서게 하기 위해 창조한 것이었다. 그럼에도 불구하고 그는 마르크스에 대한 하나의 올바른 해석이 존재하거나 언젠가 존재할 수 있을 것이라는 견해를 포기할 필요가 있다는 견해를 받아들인다(Carver, 1998: 13). 우리는 마르크스의 저작을 독해하여 '복수의 마르크스들(multiple Marxes)'을 발견할 필요가 있다. 이를테면 카버는 자본가들에 대한 마르크스의 이야기 속에서 우리는 마르크스가 자본가의 지위를 차

419

지하고 있는 개인들은 그 지위의 생활방식에 책임이 없다고 제시히고 있음을 발견할 수 있다고 주장한다. 마르크스가 『자본론』에서 추구하는 목적과 관련하여 볼 때 자본가들이 그 지위를 차지하고 있다는 사실과 그 개인의 생활방식의 다른 측면들 — 그들이 도덕적으로 얼마나 잘 또는 잘못 행동하는지를 포함하여 — 은 무관하다는 것을 의미한다. 카버에 따르면, 그 프로젝트는 개인들은 어떤 실제적인 생활방식도 가지지 않는다는, 즉 도덕과 윤리가 아무런 의미도 지니지 않는 행위자는 결코 존재하지 않는다는 급진적인 주장을 수반하지는 않는다. 그가 보여주듯이, 마르크스는 신중하게 불가지론적 입장을 취하고 있으며, "그러한 영역 모두"를 탐구했다고 주장하지도 않으며, "비록 암묵적으로나마 어떤 포괄적인 이론을 제시하지도 않는다"(Carver, 1998: 52~53). 하지만 그 프로젝트는 '합리적 선택 마르크스주의'를 마르크스의 저작에 대한 오독에 기초한 것으로 보고 거부한다. '합리적 선택 모델'은 마르크스주의자들, 그리고 보다 일반적으로는 사회학자들이 그간 잘못된 형태의 경제학적 이론화와 연관시켜온 종류의 몰역사적인 합리성 개념 — 카버는 바로 그 개념 자체가 "마르크스가 경멸한 스미스, 리카도 및 무수한 여타 경제학자들"과 연관된 하나의 '사회적 구성물'이라고 주장한다(Carver, 1998: 56) — 으로부터 설명을 도출하고자 한다.

이처럼 마르크스에 대한 독해전략이 존재하는 만큼의 많은 마르크스들이 존재한다. 이를 인정하는 것은 비록 논쟁이 계속될지라도 "폐쇄와 배제의 시도, 또는 단순하게 표현하면 '우리가 옳고 너는 틀렸다'는 방식의 논의는 거부되어야만 한다"는 것을 뜻한다(Carver, 1998: 234). 그 대신에 우리가 추구할 필요가 있는 것은 자의식적으로 구성된 마르크스, 즉 우리가 살고 있는 세계를 구성하는 데서 어떤 개념이 우리에게 중요한지,

그리고 우리가 얼마나 그리고 어떻게 그 과정을 변화시키고 그 과정에 영향을 미칠 수 있는지와 관련한 질문을 우리에게 제기할 마르크스이다.

모든 사람이 포스트모던한 마르크스로 전향한 것은 아니었다. '비판적 실재론(critical realism)'은 그것에 강력한 저항을 시작하고자 한다. 그 이름이 시사하듯이, '비판적 실재론'은 과학적 담론이 외적 실재를 참고할 수 있는 능력을 강조하고, 그 능력을 마르크스가 수행하고자 한 것의 환원할 수 없는 정수로 해석한다. 이 입장 자체는 롬 하레(Rom Harré, 1975)가 개진한 '실재론적' 과학관에서 비롯된다. 하지만 비판적 실재론에서 보다 결정적인 것은 로이 바스카(Roy Bhaskar, 1978)의 저작이다. 바스카의 저작은 자연과학과 사회과학은 대체로 연속적일 수 있다는 것을 확증하고자 하는 노력이지만, 실증주의 ― 뒤르켐이 실증주의 사회학을 구축하기 위해 노력한 이래로 많은 그리고 점점 더 많은 수의 사회학자들이 경멸해온 ― 가 상정해온 방식에서 그러하다는 것은 아니라는 점을 강조할 필요가 있다. 실재론은 과학은 지금까지 인간의식에 알려지지 않은 실제 구조를 발견한다고 주장한다. 과학이 그렇게 할 수 있는 이유는 실재 자체가 '층화'되어, 즉 여러 수준으로 분화되어 있기 때문이다. 그중 일부는 인간의식의 범위 내에 있고, 다른 것들은 그렇지 않다. 따라서 사회과학에서 인간존재의 의식수준은 단지 초개인적 구조의 수준 ― 특히 불평등과 억압의 수준 ― 을 언급하는 보다 복잡한 설명도식의 일부로서만 고려될 필요가 있다. 과학에 대한 주장과 그러한 작업에 필요한 보완물로서의 언어의존적 실재 모두는 포스트모더니즘의 관점에서 볼 때 역행하는 움직임이다. 하지만 비판적 실재론자들은 그것들이 철학적으로 방어될 수 있고 정치적으로 필요하다고 주장한다.

그러한 모험적인 표제에서 '비판적'이라는 말은 마르크스주의 ― 원래

421

하나의 '비판적' 학문으로서의 사회학에서 지배적 지위를 부여받은 마르크스주의 ― 와 긴밀하게 연결되어 있다. 그리고 비판적 실재론이 보존하고자 하는 것이 바로 마르크스 사상의 본질적 요소들이다. 이를테면 숀 크레이븐(Sean Craven)은 자신의 책『마르크스주의와 실재론(Marxism and Realism)』(2001)에서 '발현(emergence)' 개념을 이용하여 토대/상부구조 모델을 구하고자 시도한다.

> …… 나는 급진화된 형태의 실재론적 사회이론에 부합하는 방식으로 사회체계의 유기체적, 주관주의적, 상호작용적, 그리고 구조적 속성들 간의 접점을 이론화하고자 해왔다. …… 첫째로, 사회학적 발현론(sociological emergentism)(그리고 그것이 수반하는 방법론적 실재론)은 사회세계에 대한 반환원론적 이해 ― 즉, 인간 행위자들을 사회구조나 사회화 또는 문화적응 과정으로 환원하지 않고 사회구조나 사회적 관행을 인간 행위자로 환원하지도 않는 ― 를 구축하는 데서 불가결하다. 둘째로, 사회문화적 발현론의 '유물론적' 해석은 이론가로 하여금 인간과 사회적 실재의 독특한 층위들의 환원불가능성에 관한 실재론적 테제를 사회속의 '관념적' 요인과 '물질적' 요인의 상호 **자율성**을 구체화하는 주장으로 전환시키는 오류를 피할 수 있게 해준다.
>
> 이것은 분석가로 하여금 문화적 실재를 단지 이질적인 관행의 구조들이나 '권력중심지'들 ― 그중 어떤 것도 어떠한 필연적 관계를 가지거나 서로 간의 관계를 결정하지 않는 ― 의 변화무쌍한 결합으로 바라보는, 현재 유행하는 신베버적·포스트모던적 이해에 저항할 수 있게 해준다.(Craven, 2001: 277)

그러나 어쩌면 이 입장은 이해관계가 수행하는 핵심적인 설명적 역할을 강조하는 것이 자신의 입장을 역시 (물질적 **그리고** 관념적) 이해관계를 중요한 것으로 상정하는 베버적 접근방식과 구별해주지 않는다는 것을 애써 외면하고 있는지도 모른다. 크레이븐이 자신의 접근방식과 관련하여 주장하는 장점은 실제로는 사회학의 많은 영역에서 전통적으로 중요한 것으로 간주하는 것이다. 발현, 비환원, 유물론, 그리고 사회적 실재의 물질적 측면과 관념적 측면의 최소한 양방통행의 인정, 또는 심지어는 두 측면 간의 뚜렷한 구별에 대한 부정은 수년 동안 무수한 사회이론이 각기 자신들의 도식이 지닌 장점으로 주장해온 것이다. 그러한 장점들은 자주 마르크스 자신의 사상 속에서 또는 그의 해석자들 중 하나 이상의 사상에서 그 앞의 내용들을 분명하게 부정하는 입장에 맞서서 선언되었다.

마르크스를 재고하고 있는 논의들 중 많은 것이 마르크스주의 전통에 대해 가해진 오랜 비판을 승인하는 것에 불과한 것으로 보인다. 그러한 승인은 표면적으로는 그러한 비판이 오늘날 마르크스주의자들 스스로에 의해 진전되고 있다는 사실에서 비롯되는 것처럼 보인다. 그리고 마지못해 하는 그러한 승인이 마치 얼마간은 마르크스주의의 미덕인 것처럼 제시되기도 한다. 포스트마르크스주의의 아이러니는 그것이 마침내 (그것이 그토록 오랫동안 경멸해온) 자유주의적인 다원주의의 가치 쪽으로 기울어져온 것처럼 보이지만, 비마르크스주의 사회이론의 많은 개념들을 결합하는 방식으로 그렇게 한다는 것이다. 카버가 포스트모던한 마르크스가 제기한 것으로 간주한 문제는 분명 수십 년 동안 구조주의자들과 개인주의자들을 분할시킨 문제, 그리고 (자신들이 설정한) 두 극단적 입장을 중재하고자 해온 수많은 이론가들의 관심의 초점이 되어온 문제와 동일하다. 포스트모던한 마르크스가 어떤 다른 그리고 보다 나은 종합을 제시할 수 있을까? 포스트모던한 마르크스와 비판적 실재론적 마르크스를 분명하게 괴롭히고 있는 문제들 역시 종래의 해석의 문제들과 밀접하게 관련되어 있다. 일단 마르크스가 자기 사상에서 결함 있는 요소들과 함께 잘못된 해석과 오해에서 벗어난다면, 과연 무엇이 현대사회사상에 그가 독특하고 현저하게 기여한 것으로 실제로 남아 있을 것인가?

하지만 일부 사람들은 마르크스가 19세기에 규명한 과정을 마침내 완수한 것으로 볼 수도 있는 현대사회를 이해하는 데서, 그리고 헤겔식의 논리에 의거하여 그 과정을 완결할 해방을 완수하는 데서 마르크스 사상이 갖는 갱신된 잠재력을 발견하기도 한다. 마셜 버먼(Marshall Burman)의 책 『견고한 모든 것은 공기 속으로 용해된다(All that is Solid Melts into Air)』(1983)는 포스트모던한 것을 특징짓는 것으로 간주되는 여러 경향을 분명하게 드러내기 위해 일부러 그 책의 제목을 마르크스의 표현으로부터 따왔다. 프레데릭 제임슨(Frederic Jameson, 1991)은 포스트모더니즘을 '후기자본주의의 문화논리'의 산물로, 따라서 마르크스가 확인한 논리 — 다시 말해 문화와 정보를 포함하여 모든 것을 상품형태로 철저하게 전환시키는 것 — 의 연속으로 파악했다. 그 후 이러한 관념들이 수용되어 오늘날의 정보기술과 지구화 과정의 발전에 적용되며 확대되었다. 닉 다이어-위데포드(Nick Dyer-Witherford, 1999)는 '전자연결망 사회(wired society)'의 등장을 사회변화의 주요한 잠재력으로 파악하는 '정보 급진주의자들(information radicals)'을 마르크스의 구상과 친화성을 가지는 것으로 바라본다. 마이클 하트(Michael Hardt)와 안토니오 네그리(Antonio Negri)는 자신들의 베스트셀러 『제국(Empire)』(2000)에서 제국주의에 대한 마르크스의 일부 논평을 지구화의 혁명적 잠재력을 설명하는 데 적용하고자 한다. 그들의 설명은 분명 많은 '고전' 마르크스주의적 확신에 위배되고

424

고전사회학의 이해

질 들뢰즈(Gilles Deleuze)와 펠릭스 가타리(Felix Guattari) 같은 의식적으로 포스트모던한 인물들에 크게 의존한다.

다이어-위데포드는 기술이 노동자를 탈인간화한다는 마르크스의 논평에만 의존하는 마르크스주의자들에 동조하지 않는다. 왜냐하면 그러한 입장은 기술이 해방에 대해 갖는 잠재력, 특히 기술이 항상적인 자기변혁 ─ 마르크스가 자본주의의 현저한 특징으로 보았던 ─ 에서 수행하는 역할을 강조하는 마르크스의 다른 논평들을 무시하기 때문이다. 소련의 붕괴는 마르크스주의의 종말, 그리고 보다 결정적으로는 계급투쟁의 종말을 특징짓는 것이 아니었다. 오히려 그것은 실제로 대안을 억압해온 형태의 마르크스주의를 끝장내고 해체함으로써 하나의 대안적 형태의 마르크스주의가 발전할 기회를 제공하는 것이었다. 다이어-위데포드는 1970년대와 1980년대에 이탈리아에서 발전한 '자율주의적(autonomist)' 마르크스주의 ─ 그중 저명한 인물이 『제국』의 공저자인 네그리이다 ─ 에 의지한다. 다이어-위데포드가 파악하듯이, 자본주의를 끝장내기 위해 계급투쟁 형태를 변화시킨 것은 실수이다. 자율주의의 '투쟁 주기(cycles of struggle)' 관념은 계급투쟁은 그 자체로 투쟁과정의 일부임을 강조한다. 대항집단의 구성도 자본주의가 끝임없이 팽창을 추구함에 따라 재구성된다. 그리고 그와 함께 각 집단의 상대적 위치가 변화함에 따라, 그리고 각 집단의 전략이 통히지 않게 되거나 보다 효과적인 진략이 출현함에 따라 대항 속에 수행하는 그들의 주도적인 역할도 하나의 집단에서 다른 집단으로 넘어간다. 전통적인 노동계급 갈등의 소멸(또는 적어도 최소화)은 단지 계속되는 투쟁의 한 국면일 뿐이다. 왜냐하면 전통적인 노동계급은 자본주의의 지속에 본질적인 것이 아니기 때문이다. 지구화는 그러한 변화가 발생해온 맥락이다. 지구화 자체는 자신의 힘을 확장하고자 하는 자본주의의 노력의 일환이고, 노동세력의 파편화는 그러한 확장을 달성하는 수단의 하나이다. 자본주의는 20세기 중엽의 계급투쟁에 의해 그것의 이전의 분할방식, 이른바 세계자본주의체계의 '본국' 국가와 '주변부' 국가 간의 분할을 극복할 것을 특히 자주 강요받았다. '제1'세계와 '제3'세계 간 분할의 종식은 이윤창출과정을 강화했을 것이고, 또한 노동계급을 파편화하는 데에도 일조했을 것이다. 하지만 이것은 다만 대항세력을, 그것도 그들에게 새로운 잠재력을 부여하는 방식으로 재구조화하는 것일 뿐이다. 자본주의적 팽창을 용이하게 하는 지구적 커뮤니케이션 네트워크는 자본주의 자체에 저항하는 데 이용할 수 있는 새로운 커뮤니케이션 망 역시 제공한다. 고전 마르크스주의적 틀에서 볼 때도 인터넷이라는 새로운 기술은 기존의 소유형태를 폐지할 수 있는 잠재력을 창출한다. 하나의 가능한 선택지가 "일반화된 전자재산권의 위반을 통해 상품형태를 근본적으로 약화"시키는 것이다(Dyer-Witherford, 1999: 203). 동시에 인터넷은 점점 더 노동의 상호연관성을 증진시키고 인터넷을 '반대용도'로 전유할 수 있는 전자자원을 제공한다. 다시 고전적 틀 속에서 다이어-위데포드는 이러한 경향을 자본과 전 지구적으로 대결하는 노동이 집중화되어가는 움직임으로 파악한다.

네그리와 하트는 자본주의가 '다중(multitude)'의 부활하는 모반적인 힘을 저지하기 위해 얼마나 반동적으로 움직이는지를 강조한다. '다중'은 한동안 노동계급에 의해 대표되었지만 오늘날 자주 '지식노동자'로 불리는 것에 의해 크게 대체된, 모두를 포괄하는 대항세력에 부여된 이름이다. '다중'은 노동하는 사람들뿐만이 아니라 어머니와 학생을 비롯하여 자본주의의 재생산에 필요한 모든 사람을 포함한다. 네그리와 하트는 '제국'의 완전하고 최종적인 발전이 그러한 다중을 만들어내고 '제국' 자체가 모든 경계, 분화, 차별을 폐지하기 때문에 다중이 전례 없는 방식으로 단결하고 (자본주의가 지구화됨에 따라 점점 더 불안정해지는) '명령구조'가 폐기됨에 따라 제국 자체가 찬탈당할 수 있다고 주장한다. 이처럼 노동계급을 자본주의적 지배에 전적으로 예속되는 것으로 파악하던 전통적인 마르크스주의가 전도됨에 따라, 네그리와 하트는 지구화의 발전은 저지되는 것이 아니라 환영받는다고 주장한다. 이는 '농촌 백치'와 농민의 반동적 성격에 대한 마르크스의 경멸과 반대될 뿐만 아니라 지구화에 저항함으로써 지역 공동체를 보존할 것을 주장하는 오늘날 마르크스주의의 입장과도 반대되는 생각이다. 제국주의가 자본주의의 최고 단계라는 레닌의 관념 역시 거부된다. 제국주의는 네그리와 하트가 '제국'이라고 부른 것의 발전에서 적어도 고대 로마 시대로까지 수세기를 거슬러 올라가는 매우 장기적인 과정의 단지 한 단계일 뿐이다. 이 관념은 다시 끊임없이 팽창주의적인 자본주의의 성격을 구체적인 사회적·문화적 형태를 능가하는 하나의 현상으로 파악한다.

네그리와 하트의 표현으로 '제국'은 특정 사회에 자신의 중심을 두거나 영토에 복속되지 않는다. 그것은 자본주의적 형태와 관계를 팽창시키는 과정이다. 국민국가와 제국주의는 '제국'의 과정에서 단지 일시적으로 중요한 요소들이다. 제국주의는 국경을 확립하고 규정하고자 하는 하나의 시도였다. 하지만 제국의 이 나중의 단계는 그 자신의 완전하고 철저하게 지구적인 팽창의 외적 경계를 분명하게 설정하는 국경을 제외하고는 국경들을 폐지하기 위해 노력한다. 따라서 현재의 발전은 실제로는 미국의 힘의 산물이자 미국의 이익을 위한 것처럼 보인다. 하지만 미국의 현재의 역할은 미국의 이익에 봉사하는 것이 아니라 보편적 가치를 증진시키는 훨씬 더 일반적인 과정의 이익에 봉사하는 것이다. 마찬가지로 전통적인 노동계급과 국민국가가 자신의 중요성을 상실한다는 것은 투쟁의 종말을 의미하는 것이 아니다. 실제로 비조직화된 미국의 노동계급은 노동조합에 속한 집중화된 유럽의 노동세력보다 더 진보적인 형태이다. 제국은 도래하고 있는 철저하게 지구적인 제국의 일부로서 일반화된 인권을 발전시킨다.

포스트모던한 마르크스가 존재하는가? 늘 그렇듯이 그것은 포스트모더니즘이 어떻게 이해되는지뿐만 아니라 마르크스의 저작에 대한 매우 다양한 해석들에 달려 있다. 아마도 보다 분명한 것은 마르크스를 우리가 살고 있는 새로운 시대에 더 이상 쓸모없는 존재로 덮어버리고자 하는 시도들에도 불구하고 사람들은 그의 이름과 유산을 완전히 버리기를 꺼려한다는 것이다. 여러 면에서 마르크스는 사회사상에서 너무나도 중요한 인물이기 때문에 단순하게 부적절한 것으로 치부할 수 없으며, 따라서 마르크스 및 그의 저작과 관련한 논쟁은 계속될 것이다.

뒤르켐주의의 유산

뒤르켐이 실증주의적인 사회학을 옹호했다는 이유로 그렇게 오랫동안 사회학의 많은 영역으로부터 일반적으로 경멸받아왔음에도 불구하고, 그가 사망하고 약 80년 동안 그의 사상은 여전히 재해석의 주제가 되고 있다. 현재 영국 뒤르켐주의 연구소(British Centre for Durkheimian Studies)는 뒤르켐을 현대식으로 갱신하기 위해 일련의 출판물들을 기획하고 있다. 『오늘의 뒤르켐(Durkheim Today)』이라는 책이 출간될 예정이며, 종교, 표상, 자살에 관한 그의 생각과 관련한 책들이 이미 출간되었다. 이 모든 것이 그의 저작을 재평가하기 위한 시도이다. 물론 어떠한 평가도 그의 사상에 대한 해석과 이해에 달려 있을 것이다.

'표상'에 관한 글 모음집은 주로 1930년대에 탤콧 파슨스가 『사회적 행위의 구조』(1937)에서 진척시킨 해석을 논박한다. 파슨스는 그 책에서 사회적 실재에 대한 뒤르켐의 인식이 '실재론적' 강조에서 '관념론적' 강조로 이동해왔다고 주장했다. 파슨스가 보기에 뒤르켐은 자신의 입장을 옳게 바꾸어서 자신의 사상에서 실증주의적 요소들을 축소시켰지만, 특히 『종교생활의 기본형태』에서는 관념론의 방향으로 너무 나아갔다. 이 관념론은 사회적 실재가 개인들의 결합에 의해 창출되어 그들의 삶을 규제하게 되는 집합'표상'(또는 관념체계) 속에서 심적 현상으로 구성되는 것으로 파악한다. 피커링(Pickering)의 편집서는 뒤르켐의 사고방식에서 이러한 변화는 환상에 불과하다고 주장한다. 그 책은 '표상'은 뒤르켐의 사상에서 줄곧 지극히 중요했다고 주장한다. "뒤르켐은 자신의 초기 저술에서부터 표상 개념을 이용했다. 그가 갑자기 그쪽으로 나아간 것은 아니었다. 하지만 그가 해가 갈수록, 특히 물론 『종교생활의 기본형태』에서 더 빈번히 그 개념을 사용한 것은 사실이다"(Pickering, 2000a: 111). 하지만 파슨스가 지적하고자 한 것은 뒤르켐이 단지 '표상' 개념을 채택함으로써 관념론자가 되었다는 것이 아니라, 뒤르켐이 사회의 종교적 성격을 설명하면서, 즉 사회를 신성한 것의 원천과 대상으로 설명하면서 표상 관념에 부여한 지위와 관련한 것이다. 그 편집서에 포함된 현대 학자들은 비록 표상 관념이 뒤르켐의 생애 내내 중요했다는 데에는 합의를 보고 있지만, 그 개념이 뒤르켐의 사상에서 수행하는 실제적 역할이 무엇인지, 또는 그 개념이 유지할 만한 가치가 있는지에 대해서는 동의할 수 없었다. [그 편집서에 실려 있는 워런 슈마우스(Warren Schmaus)와 데이비드 블로

어(David Bloor)의 글을 보라.]

토의의 실제적인 부분은 다음의 문제를 놓고 벌어졌다. 표상이 묘사하고자 하는 것은 무엇인가? 표상은 실제로 실재를 표현하는가? 뒤르켐은 확실히 종교 속에 담겨 있는 표상은 어떤 직접적인 의미에서는 아니지만 실재와 관련된 어떤 것을 가지고 있음이 틀림없다고 주장했다(그것은 단지 환상에 불과한 것이 아닐 수 있다). 종교적 표상이 표현하는 초자연적인 것은 전혀 존재하지 않는다. 과학에 의해 알려진 또는 알려질 수 있는 자연적 실재가 존재할 뿐이고, 그것은 사회적 실재를 포함한다. 종교적 표상과 관련되어 있는 것은 사회적 실재였지만, 그 종교적 표상은 상징적 방식으로 사회적 실재를 '표현'한다. 많은 점에서 종교적 표상들이 표현하는 것은 사회가 그 성원들보다 더 큰 어떤 것, 그 성원들이 의지하는 어떤 것, 그들에게서 강력한 초월적인 느낌을 유발할 수 있는 어떤 것, 그들에게 책임감을 부여할 수 있는 힘을 갖는 어떤 것으로서 성원들에게 미치는 영향이다. 우리는 뒤르켐이 사회가 실제로 그리고 구체적으로 어떠한 것인지를 묘사하기보다는 실제로는 종교적 표상이 사회의 실체를 표현한다고, 즉 사회가 개인들에게 영향을 미치기에 충분할 정도로 실재한다고 말하고 있다는 데 동의할 것이다. 이러한 책들이 대체로 뒤르켐에 대한 우리의 이해를 주변적으로 수정하고 있으며 현대사회사상에 별다른 영향을 주지 않을 것이라고 말하는 것은 공정해 보인다.

뒤르켐의 『자살론』에 대한 '100년의 연구 및 논쟁'과 관련한 글 모음집(Pickering, 2000b)은 『자살론』을 비록 결함은 있지만 강의를 하는 데에는 여전히 많은 장점을 지닌 사회학적 고전의 하나로 간주한다. 실제로 그 글 모음집의 흥미로운 특징 가운데 하나는 100년이 지난 후에도 그렇게도 많은 논문이 골동품을 수집하는 것과 같은 관심의 대상이 되고 있다는 것이다. 그중에서 뒤르켐 이론이 갖는 경험적 지위의 문제를 제기하고 있는 것은 열 번째와 열한 번째 장뿐이다. 베스나르(Besnard)가 쓴 장은 자살에 대한 최근의 많은 연구가 "결혼과 이혼이 자살에 미치는 영향을 수없이 언급하고 있고, 모든 경우에 뒤르켐의 연구가 인용되고 그 연구에 의지하고 있으며, …… 자주 그러한 연구들의 결론은 뒤르켐의 이론을 지지하는 것처럼 보이지만, 분석단위들이 너무나도 조악하여 …… 그 이론을 충분히 검증한다고 볼 수 없다"고 말한다(Pickering, 2000b: 135). 그 책의 편집자들의 말에 따르면, 베스나르의 연구는 "혼인 여부에 관한 뒤르켐의 이론 ─ 하나의 제도로서의 결혼이 여성보다 남성을 자살위험으로부터 보호한다 ─ 을 확증하는 경향이 있다는, 단편적이지만 수렴하는 결과를 제시한다"(Pickering, 2000b: 8). 불행하게도 '사회통합과 결혼지위'에 관한 브로(Breault)와 포사(Kpowsa)의 공동연구는 뒤르켐의 사회통합이론이 거의 지지되지 않는다는 것을 발견한다. 이를테면 "뒤르켐은 미혼을 자살의 가장 위험한 지위로 바라보지만, 이 연구는 일반적으로 정반대의 또는 무의미한 결과를 보여준다"(Pickering, 2000b: 173). 하지만 그 연구는 그들로 하여금 뒤르켐의 이론을 포기하게 하는 것이 아니라 사회학에서 자주 그러하는 것처럼 추가적인 연구를 요구하게 한다.

하지만 『자살론』이 갖는 그러한 훌륭한 지위와 관련한 핵심 질문은 제기되지 않았다. 그렇다면 어째서 그 책은 오늘날 그러한 시위를 유지힐 수 있는가? 『자살론』이 원래는 사회에 대한 강력한 과학이 어떻게 구축될 수 있는지를 보여주기 위한 하나의 사례로 의도되었지만, 오늘날 그 책은 사회학을 공부하는 학생들에게 사회학의 한 가지 접근방식 ─ 더구나 다른 어느 누구도 발전시킬 수 없었던 접근방식 ─ 의 기본 관념을 보여주는 좋은 전거들 중의 하나로 제시되고 있다. 자살에 대한 사회학적 연구의 사례들은 무수히 많지만, 실제로 뒤르켐의 사례를 기반으로 하여 신선되기는커녕 뒤르켐의 연구에 미치지도 못하는 실정이다. 그리고 뒤르켐의 연구에 필적하는, 그리고 그 이상으로 진척된 여타 사회현상에 관한 연구들이 존재하기나 하는가? 뒤르켐의 추종자들은 매우 많았지만, 그들이 뒤르켐의 유산을 가지고 많은 일을 하지는 못했다. 따라서 뒤르켐이 제시한 개념이나 그의 일반적 접근방식에 방어적인 태도를 취하기보다는 그의 연구가 그가 초기에 구상했던 과학의 빌딩블록이 되지 못했다고 인식한 것이 오히려 다행일지도 모른다. 뒤르켐은 후학들이 받아들인 교의로 인해 그들로부터 신중한 존경을 표명받는 인물은 아니었다. 그렇다면 뒤르켐이 그의 매력적이고 도발적인 저작을 통해 표현한 사회학 개념이 작동하지 않는 이유를 근본적으로 그리고 철저하게 탐구하는 영광을 왜 뒤르켐에게 베풀지 않는가? 누군가는 마르크스와 베버에게도 역시 동일한 말을 할지도 모른다.

뒤르켐을 꽤나 대담하게 그리고 보다 급진적으로 재평가하고자 한 것 중의 하나가 앤 롤스(Anne Rawls)의 시도이다. 흥미롭게도 롤스는 『종교 생활의 기본형태』의 몇몇 부분에서 거의 원형적인 민속방법론자의 모습을 하고 있는 뒤르켐을 발견할 수 있음을 보여주기 위해 애쓴다(Rawls, 1996). 이것은 적어도 사고의 기본 범주의 사회적 기원에 관한 그간 '무시된' 인식론적 주장을 취함으로써, 그리고 사회적 표상은 '실행된 사회적 관행'에서(즉, 의례행사에 구현되어 있는 활동에서) 연원하기 때문에 사회의 기본 구조가 아니라는 견해를 취함으로써 80년간의 뒤르켐 연구를 전복하고자 하는 시도이다. 뒤르켐이 사고가 사회에서 기원하는 것으로 보았다는 것은 오랫동안 지속되어온 해석이지만, 사고가 관행에서 기원한다는 생각은 지난 반세기 동안 또는 이른바 '언어적 전환(linguistic turn)' 이후에나 사회학에서 부각되었다. 그리고 민속방법론은 그러한 구상을 가장 극적으로 구체화한 이론 가운데 하나이다. 롤스는 그러한 견해가 뒤르켐의 사상에 줄곧 존재했다고 주장한다.

뒤르켐과 민속방법론의 화해는 민속방법론이 뒤르켐의 사상, 특히 사회적 사실에 대한 그의 관념에 항상 무자비하게 적대적이었던 것으로 보인다는 점에서 이목을 끈다. 따라서 뒤르켐이 민속방법론을 예기한다는 롤스의 주장은 민속방법론의 창시자도 공감하고 있던 것이라고 지적한다면, 특히 더 놀랄 수도 있다. 1967년 이후 자신의 첫 번째 책(롤스가 편집하고 서문을 쓴) 『민속방법론의 프로그램(Ethnomethodology's Program)』을 펴낸 해럴드 가핑클(Harold Garfinkel)은 그 책에 "뒤르켐의 금언 해독하기 (Working Out Durkheim's Aphorism)"라는 부제를 달았다. 이는 민속방법론이 항상 뒤르켐의 '사회적 사실'의 속성 – 이를테면 그 성원들의 변화를 뛰어넘는 관행의 불변성 – 이 사회 속에서 산출되는 방식을 보여주어왔음을 시사한다. 따라서 가핑클은 이전에 리처드 힐버트(Richard Hilbert, 1993)가 민속방법론의 지적 뿌리와 관련하여 발전시킨 주장의 적어도 일부를 공식적으로 인정하고 있는 것으로 보인다.

로버트 앨런 존스(Robert Alun Jones, 1999)의 해석방식은 그보다는 덜 극단적이다. 존스는 뒤르켐의 사상에 대한 우리의 이해에 영향을 미칠 만한, 뒤르켐주의 학문에 대한 엄청난 태도 변화를 제안한다. 그는 실제로 퀀틴 스키너(Quentin Skinner), 리처드 로티(Richard Rorty) 등의 사고를 통해 정치철학에서 시작된 방법을 채택하고자 한다. 그 방법은 텍스트에 대한 이해가 그것이 이해되는 맥락에 따라 어떻게 변화되는지를 강조한다. 관행 관념처럼 맥락 관념은 지난 반세기 동안의 '언어적 전환'의 산물이며, 이를테면 토머스 쿤(Thomas Kuhn, 1970)의 저작이 자연과학의 역사에 결정적 영향을 미치면서 그러했던 것만큼이나 정치철학을 넘어 매우 널리 유포되었다. 하지만 맥락 관념에 포함되어 있는 생각은 학자들이 자신들의 죽은 지적 선조와 대화를 계속하는 가운데 선조들의 사상을 자주 오독한다는 것이다. 학자들은 그 선조들이 너무나도 자주 마치 우리와 맥락을 공유하는 것처럼, 그리고 그들이 우리와 동일한 단어를 사용할 경우 그 단어를 통해 우리와 동일한 것을 말하고자 하는 것처럼 이해한다. 그러나 선조들은 우리와 맥락을 공유하지 않으며, 만약 그들이 공유한다고 하더라도 그것은 당연한 것으로 여겨지기보다는 검증될 필요가 있다. 우리는 우리의 지적 선조들이 우리가 생각하는 것보다 우리와 아주 크게 다를 수 있다는 것, 그리고 지적으로 가깝다는 그릇된 인상이 그들이 생각하고 저술하던 실제 맥락에 대한 무지로부터 초래될 수 있다는 것을 인정할 필요가 있다. 우리는 기껏해야 그들의 동시대인들이 누구이고 그들이 그들의 시대와 어떤 지적 관계에 있는지에 대한 얕은 생각을 가지고 있을 뿐이다. 이 프로그램을 시행하고자 하는 존스의 시도는 실제로 웬만한 지성사가 수행했을 것보다 우리를 그리 진전시키지 못한다. 이를테면 존스가 『자살론』과 관련하여 밝혀낸 것은 뒤르켐이 초기에 했던 강의의 노트들이 남아 있고, 그 강의에서 뒤르켐이 『자살론』에서는 경멸적인 것으로 취급한 것과는 대조적으로 이타주의를 인간성의 자연적 특징으로 말하고 있다는 것이다. 게다가 이기주의적 자살과 아노미적 자살을 막기 위한 뒤르켐의 개혁은 "프랑스 정치의 행정적 탈집중화라는 더 큰 역사 내에 있다"(Pickering, 2000b: 190)는 것은 뒤르켐 사상에서 좀처럼 변화가 없는 해석이다.

우리는 이미 사회학의 역사적 유산이 안고 있는 주요한 문제는 강의가 만들어내는 문제라고 시사한 바 있다. 수잔 스테드먼 존스(Susan Stedman

Jones)는 『뒤르켐 재고찰(Durkheim Reconsidered)』(2001)에서 뒤르켐을 새롭게 인식한다. 그가 생각하는 뒤르켐은 사회학 내에서 해석된 뒤르켐과 다르다. 그녀의 뒤르켐은 "그로 묘사되는 전체론자 뒤르켐도 아니고 실증주의자 뒤르켐도 아니다". 그녀의 뒤르켐은 "사회의 복잡한 역사적 형성에 관심을 둔 합리주의자이다. 비록 뒤르켐이 긴밀하게 상호 관련된 영역들이 개인을 에워싸서 그 안에 개인들을 가두어버린다는 것을 인정하기는 하지만, 그는 질서 속에 개인을 예속시키는 것에는 관심이 없었다. 이러한 다원적인 관계적 상호의존성은 개별 행위가 자율성을 가질 수 있게 해준다"(Jones, 2001: 218). 그렇다면 뒤르켐에 호의적인 해석자가 이것 말고 어떤 뒤르켐을 상정할 수 있었겠는가?

이때 강의에서 발생하는 문제는 사회사상에 대한 입문적 묘사로 간주되어야만 하는 내용이 너무나도 자주 마치 진지한 지적 작업을 수행하는 데 충분한 수준의 지식처럼 유포된다는 것이다. 그 결과 조잡하다고까지 할 수는 없지만 원초적인 정형적 관념들이 보다 복잡하고 난해한 연구들에 우선하여 유포되어 참고된다. 사회학에서는 그 주제에 자격을 갖춘 어떤 사람이 무한하게 넓은 범위의 인물들 ― 그중 많은 사람이 다작하는 저술가이고 그들의 저술을 이해하기는 결코 쉽지 않다 ― 에 정통할 것으로 기대받는다는 사실에 의해 사태가 더욱 악화된다. 그들에게도 이를테면 파슨스와 가핑클의 진지한 비평은 쉽게 이해할 수 있는 것이 아니었다. 그것은 마르크스, 베버, 뒤르켐의 경우 역시 마찬가지이다. 이 광범하고 다양하고 난해한 지적 자원들에 대해 '정통함'을 보여줄 것을 압박받는 그들이 그 광범위한 지식세계를 현실적으로 섭렵할 수 있는 방법은 피상적 친숙함뿐이다. 극단적으로 단순한 해석이 가장 널리 유포되는 경향이 있다는 것은 아마도 전혀 놀랄 만한 일이 아닐 것이다. 사회학계에는 정평 있는 이론가들에게만 심취하고 인정받지 못한 풋내기 이론가들은 악마화하는 경향이 널리 퍼져 있다. 사회학적 테마와 밀접하게 관련된 주제를 탐구해온 역사학자인 리처드 해밀턴(Richard Hamilton, 1996)은 현대사회학이 경험적 증거와 관련하여 이중적인 기준을 가지고 있다고 불평했다. 싫어하는 테제를 평가할 때에는 가장 엄중한 기준을 적용하는 반면, 호의적인 테제에 대해서는 관대하게 평가한다는 것이다. 그의 지적은 이론적 선호에도 그대로 적용된다. 이를테면 수잔 스테드먼 존스는 뒤르켐을 경멸적으로 취급하는 데 대해 우려를 표명하면서도 그녀 자신 또한 민속방법론을 경멸적으로 공격하는 과오를 범한다. 즉, 그녀는 또한 민속방법론이 자신 역시 경멸적으로 취급한 푸코적 사유방식과 포스트모더니즘적인 사유방식에 길을 열어주었다고 비난한다. 그녀는 뒤르켐이 구조적, 역사적, 개인적 현상을 포용하는 균형 잡힌 사회학 관념을 가지고 있는 것으로 파악하는 반면, 다른 입장들은 사회학을 그러한 본질적 요소들의 전 범위를 다룰 수 없는 단지 부분적인 견해들로 축소시킨다고 주장한다. 하지만 그러한 견해들에 대한 그녀의 단언은 그러한 대안들 역시 뒤르켐과 마찬가지로 타당한 근거를 가지고 있을 수 있다는 것에 주의를 기울이지 않은 채 그 대안들을 매우 일반화된 방식으로 그리고 피상적으로 매정하게 비난한다. 그리고 그녀 역시 뒤르켐이 무자비하게 해석되어 왔다는 견해에서부터 뒤르켐이 현대사회학의 상태에 대한 만병통치약이라는 주장으로 나아갈 수 있게 해주는 관점을 가지고 있지 못하다는 것은 분명하다.

여기서 보다 일반적인 성격과 관련하여 몇 가지 지적할 것이 있다. 첫째는 우리가 거듭 강조해온 것으로, 사회학이 제시한 다양한 이론들에 대한 관대한 해석은 사회학이 하나의 단일한 학문이 아님을 보여주게 될 것이다. 사회학에는 사회학이 과연 어떤 학문인지에 대한 매우 다른 구상들이 존재한다. 따라서 어떤 하나를 다른 것들을 판단하는 기준으로 삼고자 하는 경향은 그러한 대안들을 (마치 그 대안들이 알지도 못하는 기준에 대한 응답이거나 응답이어야 하는 것처럼) 잘못 묘사하는 것은 물론, 그 대안들의 많은 주장이 담고 있는 타당하고 설득력 있는 내용들을 과소평가할 가능성이 있다. 하지만 서로 다른 접근방식들이 사회학에 사려 깊고 풍부한 상상력을 제공할 수 있다는 사실이 그들의 프로젝트가 실현될 수 있다는 것을 뜻하지는 않는다. 사회학의 문제가 서로 다른 접근방식들의 '장점'을 조합함으로써 해결될 수 있을 것이라고 생각하는 것은 아마도 하나의 환상일 것이다. 왜냐하면 그러한 접근방식들은 현대 과학철학의 언어로 통약불가능하기 때문이다. 실제로 서로 다른 접근방식들은 자주 동일한 일을 하려고 노력하는 서로 다른 방식들이 아니라 서로 다른 일을 하는 서로 다른 방식들이다. 이것이 바로 우리가 사회학은 하나의 단일한 주제가 아니라는 말로 나타내고자 하는 바의 중요한 부분이다. 이것은 마치 우리가 '다원주의적' 관념을 제창하고 있는 것처럼 독해될 수 있는, 선호에 관한 진술이 아니다. 오히려 그것은 하나의 공통의 목적으로 간주되는 "하나의 사회학 구축하기"라는 관념은 모호하고 공허할 뿐이라는 사실을 지적하고자 하는 것이다. 서로 다른 접근방식들이 사회학이 어떤 학문인지를 보여주려는 동일한 목적을 실현하고자 한다는 것은 사실이 아니다. 각각의 접근방식은 사회학이 어떤 학문일 수 있는가에 대한 그것 나름의 구상을 가지고 있으며, 그 구상을 실현하기 위해 노력한다. 그 접근방식들이 그 구상을 실현하기 위해 발전시키는 수단은 다른 목적에 기여하기 위해 다른 사고도식으로 (비록 전혀 이식될 수 없는 것은 아니지만) 쉽게 이식될 수 없다. 이것이 바로 '통약불가능성'이 의미하는

437

것이다. 사브(Saab)에서 완벽하게 작동하도록 설계된 카뷰레터가 BMW에서는 전혀 작동하지 않을 수도 있다.

하나의 접근방식을 그간 그것이 능가한다고 추정되어온 다른 쇠퇴하는 입장과 대비시킴으로써 정당화하는 것은 단지 진보의 환상을 만들어낼 뿐이다. 뒤르켐 ─ 그리고 마르크스와 베버 ─ 도 특별한 경우에, 그리고 만약 진지하고 관대하게 고려된다면(하지만 이것이 무비판적임을 뜻하지는 않는다), 자신들의 선조를 자주 잘못 해석해온 (그리고 그러한 해석 때문에 이론적 상황을 진전시킬 필요가 있는 것으로 자주 과소평가되어온) 현대 이론의 인기 있는 지도자들보다 철학적/이론적으로 더 앞선 것으로 입증될 수 있을지도 모른다. 이를테면 R. 키스 소이어(R. Keith Sawyer, 2001)는 개인과 사회의 관계에 대한 뒤르켐의 논의에서 나타나는 애매한 측면을 잘못 규명했다는 이유에서 앤서니 기든스(Anthony Giddens), 제프리 알렉산더(Jeffrey Alexander), 스티븐 룩스(Steven Lukes) 같은 현대의 이론적 지도자들에게 반론을 제기한다. 일반적으로 뒤르켐은 개인들이 함께 모여 사회적 결사체를 형성하고 그리하여 사회현상을 낳는다는 관념과 개인들이 사회에 의해 만들어지는 것으로 파악하는 관념 사이에 끼어 있다고 주장된다.

소이어는 뒤르켐에게는 어떠한 딜레마도 존재하지 않는다고 주장한다. 뒤르켐의 사유방식은 최근에 철학에서 출현한 보다 세련된 발현 개념을 예기했다는 것이다. 이를테면 '정신'이 뇌의 산물에 불과하더라도, 그럼에도 불구하고 정신의 분석은 뇌보다는 '더 높은' 수준에서 이루어져야만 한다는 것은 사실이다. 정신의 구조는 뇌의 작동의 인과적 결과이지만, 그것이 뇌의 작동으로 환원되거나 그것과 동일시될 수는 없다. 정신의 구조는 현실의 '독특한 수준'을 구성한다. 게다가 그 인과관계는 일방적이 아니다. 정신 또한 뇌에 인과적 영향을 미친다. 그것이 바로 '하향인과(downward causation)'이다. 마찬가지로 뒤르켐도 사회적 실재가 인간의 결합으로부터 출현한다고 주장하지만, 사회가 개인들의 상호작용으로부터 발현한다는 관념은 개인들이 '하향인과'를 통해 사회에 의해 틀 지어진다는 관념과 모순되지 않는다.

많은 점에서 뒤르켐은 실제로 그의 사상을 재평가하고자 하는 현대의 논평자들에 의해 제대로 대접받지 못해왔다. 그들은 자주 뒤르켐의 입장을 서툴게 모방하거나 희화화한 것들에 근거하여 그를 재평가했다. 게다가 마르크스와 뒤르켐에 관한 광범한 문헌들은 산만한 경향이 있고, 이는 베버의 경우에도 역시 사실이다.

어떤 베버?

"베버주의자들이 존재하는 만큼의 베버들이 존재한다. 근대성의 대변자, 문화이론가, 자유주의적 개인주의자, 미몽을 깨우친 상대주의자, 탈근대성의 선구자, 사회학의 창시자, 보편적 역사가로서의 베버가 그중 몇 가지 예이다." 마틴 앨브로(Martin Albrow, 2001: 167)는 이렇게 기술하고 나서, 또 다른 두 베버, 즉 '현재의 역사가'로서의 베버와 '분석적 이론가'로서의 베버를 논의할 것을 제안한다. 따라서 이 표현에 따르면, 베버의 사회사상에 대한 현대의 논평들이 아주 많이 존재하는 것처럼 보일 수도 있다.

콜린 캠벨(Colin Campbell)은 자신의 저작 『사회적 행위의 신화(Myth of Social Action)』(1996)에서 베버에서 연원하는 사회적 행위 접근방식(social action approach)은 현대사회학에서 지배적인 이론적 접근방식이

439

되었으며, 기든스, 하버마스, 민속방법론 등의 저작들을 통해 이어지고 있다고 주장한다. 캠벨이 보기에 그것은 해로운 추세였고, 더 나아가 베버 자신에게 충실하지도 않은 것이다. 그는 베버가 제시한 '사회학의 기본 개념들'에서는 행위와 사회적 행위가 구분되어 있지만, 이 구분이 스스로를 베버의 계승자라고 생각하는 사람들에 의해 실제로 소실되었다고 주장한다. 캠벨에 따르면, 사람들의 활동의 (상호작용적으로 규정되는) 공적 정체성이 점점 더 강조되면서, 행동의 내적인 심리적 결정요인들은 완전히 무시되었다. 따라서 이러한 무시를 바로잡기 위해서는 현재 아주 주목받고 있는 '언어학적' 강조에서 퇴각하여 정신작용(the working mind)에 관한 이론적 모델을 구성하기 위해 인지심리학과 더 긴밀한 협력을 할 필요가 있을 것이다.

베버의 행위와 사회적 행위의 구분에 관한 캠벨의 논의에 만족하든 그렇지 않든 간에, 사람들은 사회적 행위에 초점을 맞추기로 한 협정이 캠벨의 지배적 패러다임을 구성하는 다양한 접근방식과 이론가들을 실제로 하나로 묶을 수 있을지에 대해 여전히 의구심을 가질 수도 있다. 정반대로 메리 풀브룩(Mary Fulbrook)과 랄프 슈뢰더(Ralf Schroeder) 같은 학자들은 베버 자신은 그의 경험적 연구에서 그 자신의 '사회적 행위' 접근방식에 각별히 헌신하지 않았다고 주장한다. 베버의 개인주의와 그의 사회적 행위에 대한 강조를 놓고 볼 때, 구조 대 행위의 분할 — 최근 사회학 이론의 주요 문제들 중의 하나로 설정되어온 — 에서 베버를 '행위' 측에 위치시키는 것은 겉으로 보기에 타당해 보인다. 하지만 풀브룩 같은 비판가들은 베버가 개인의 행위보다는 대규모의 구조와 집단화와 관련하여 역사적 변동을 설명한다는 점에서 그는 실제로는 그 분할의 구조주의 쪽에 속한다고 주장한다. 슈뢰더는 다음과 같이 말한다. "사회가 '개별 사회적

고전 사회학의 이해

행위'와 관련되어 있다는 베버의 강령적 선언은 사회과학의 일반적 안내서에 소개글을 쓰는 맥락에서 만들어진 진술이다. [그러나] 사회현상에 대한 그의 **실제적** 분석들에서 그는 다른 사회학자들(또는 적어도 거시사회학과 비교역사사회학에 관심을 가지고 있는 사회학자들)과 마찬가지로 '전체론적', 결정론적, 그리고 심지어는 '구조기능주의적'이다"(Schroeder, 2001: 120). 하지만 이러한 해석은 베버를 자신의 연구에서 자신이 무엇을 하고 있는지를 판단하지 못할 만큼 대단히 무지한 존재로 만들어버린다. 그렇다면 베버가 자신의 사회학을 위한 지침으로 설정한 바로 그 교의를 자신이 수행한 실제 연구에서 스스로 부정하고 있다는 것을 인지하지 못했다는 말인가?

아마도 이러한 해석들은 그러한 비교를 추동하는 구조 대 행위의 조야한 대비와 그것에 맞추어 이론가들을 한편 또는 다른 편에 소속시킬 것을 요구하는 과잉단순화를 반영하고 있을 것이다. 베버의 명목론, 그리고 실재를 구성하는 요소로서의 개인에 대한 그의 강조를 감안할 때, 그러한 조직과 집단화(중화제국, 그것의 전통적인 행정관료제 등)가 구조주의자들이 원하는 의미에서의 '구조'가 아니라고 생각하는 데에는 충분한 이유가 존재한다. 우리는 이미 소이어의 '발현'에 대한 논의를 뒤르켐과 관련하여 언급한 바 있다. 그것은 사회적 실재는 개인들의 행위로 환원할 수 없는 실재의 한 수준이라는 뒤르켐의 주상을 강화하기 위한 시도이고, 베버(그리고 그 전통에 속하는 많은 다른 사람들)가 주장하는 견해, 즉 사회적 실재는 개인들의 행위 이상의 그 어떤 것도 아니라는 주장에 반하는 것이다. 분명 많은 경우에 이야기는 매우 많은 개인들의 행위에 관한 것이고 원칙적으로 사람들은 어떤 국가, 어떤 계급, 어떤 제국에 관한 묘사도 평균적인 또는 전형적인 개인들의 행동에 관한 묘사 이상의 그 어떤 것도 아니라고 주장할 수도 있지만, 실제로 더 큰 집단이나 조직을 지칭하는 용어들을 사용하는 이야기를 그냥 무시할 수는 없다. '사회적 행위'의 관념을 채택할 경우에도 그 관념의 사용자들이 반드시 사회학을 이른바 '미시사회학'에서 구체적 개인들의 지엽적 상호작용을 묘사하는 것으로 간주한다고 생각하는 것은 잘못이다. 하지만 일부 사람들은 상징적 상호작용론과 민속방법론이 이러한 입장을 취해왔다고 생각한다.

베버 자신이 그렇게 했듯이, 사회적 행위 전통을 실제 개인들의 행위를 구체적으로 확인할 수 없는 대규모의 역사적 상황을 연구하는 데에도 적용할 수 있는 것으로 이해하는 것도 충분히 가능하다. 프리츠 링커(Fritz Ringer, 1997)가 말하듯이,

> 실제로 베버는 평균적인 또는 대략적인 의미를 거의 활용하지 않았다. 그러나 이상형의 구성은 확실히 그가 사회**집단**, 그리고 심지어는 전체 **문화**의 신념을 다루는 데 도움을 주었다. 이상형의 기능들 중의 하나는 **집합적** 행위를 주어진 상황에 대한 거의 합리적인 반응으로 가설적으로 규정짓고, 그럼으로써 실제 집단행동의 **측면들**을 이상형에 의해 '포착된' 상황에서 기인하는 것으로 인과적으로 설정하는 것이었다.(Ringer, 1997: 158. 강조는 원저자)

그는 계속해서 베버가 '사회적 행위'에서부터 자연스럽게 그리고 아무 문제없이 '사회적 관계', '사회구조', '사회질서'로 나아간다고 지적한다. "어쨌든 베버의 분석 노선은 그로 하여금 방법론적 개인주의에서 복잡한 사회적 상호작용과 조직의 연구로 나아갈 수 있게 한다." 하지만 베버의 구상이 "협소한 도그마적 의미에서의 '방법론적 개인주의'와 등치될 수 없

고전사회학의 이해

다"는 것을 염두에 두어야만 한다(Ringer, 1997: 158). 홀튼과 터너(Holton and Turner, 1989: 42) 역시 몇 년 전에 지적했듯이, 베버는 "제도의 실체를 부정할" 책임도 없었고, "행위자들이 제도적 제약하에서 행위한다는 관념이나 그러한 제약이 하나의 외적인 강제적 힘 또는 정명으로 경험될 수도 있다는 관념을 부정할" 책무도 없었다. 그가 주장할 필요가 있던 것이라고는 사회적 삶은 개인들이 자신들의 행위에 부여하는 의미의 인과적 결과를 언급하지 않고는 설명될 수 없다는 것, 그리고 제도는 "내켜하지 않는 행위자들에게 규칙이나 제약을 구조적으로 강요하는 유기적 실체로서 인과적으로 작용하지 않을뿐더러 그러한 행위자의 행위와 무관하게 작용하지도 않는다"는 것뿐이다(Holton and Turner, 1989: 42).

베버의 역사적 연구가 그의 강령적 선언에서 벗어나 있다고 주장하는 것만큼이나 그 선언과 전적으로 부합한다고 타당하게 주장할 수 있기 때문에 베버가 자신의 역사적 연구에서 '개인주의자'의 편에 있는지 아니면 '구조주의자'의 편에 있는지를 결정하기가 어렵다면, 누군가는 당연히 구조-행위 분할을 구성하는 것의 실제 내용은 주장되는 것만큼 많지 않다고 결론내릴 수도 있다. 어쩌면 차이는 결국 용어법의 차이일 수도 있으며, 따라서 '구조주의'에 대해 말하기를 원하는 사람들의 경우에 그것은 단지 "협소하거나 도그마적이 아닌" 방법론적 개인주의와 전적으로는 아니지만 거의 동일한 어떤 것을 의미할 수도 있다.

베버의 '역사적' 연구 가운데 가장 저명한 것은 물론 '프로테스탄트 윤리 테제'이다. 이 테제는 베버 사상의 현대적 평가에서 계속해서 주목을 받아왔다. 우리는 선호하는 테제에 불리한 역사적 자료를 무시하는 사회학의 능력에 대해 리처드 해밀턴이 터트린 불평을 이미 언급한 바 있다. 그리고 프로테스탄트 윤리 테제는 그가 아주 좋아하는 사례이다. 그는 그 테제에 불리한 자료들이 무수히 많다고 주장한다. 이는 "프로테스탄트 테제의 가장 주목할 만한 특징은 그것이 경험적 뒷받침을 받지 못한다는 것"이라는 이안스콘(Iannscone)의 논평을 뒷받침한다(Blum and Dudley, 2001: 217). 들라크루아와 닐슨(Delacroix and Nielsen, 2001)은 적어도 "막스 베버의 것으로 널리 간주되는" 테제, 즉 프로테스탄티즘이 산업자본주의의 발흥에 기여했다는 테제와 관련해서는 해밀턴의 편을 든다. 그들은 자신들이 검증한 테제가 베버의 저술에서 발견될 수 있는 테제는 전혀 아니고 단지 사회학에서 널리 회자되는 견해일 뿐이라고 조심스럽게 주장한다. 그들은 자신들이 수행한 다섯 가지의 경험적 검증은 "그 테제를 경험적으로 뒷받침하는 데 실패했고" 그 테제는 단지 여전히 하나의 '소중한 학문적 신화'로 남아 있을 뿐이라고 결론짓는다. 그들은 부와 저축액, 증권거래소 설립 자료, 남성 노동력의 농업에서 공업으로의 이동, 철도의 확장과 유아사망률 같은 척도를 이용하여 가톨릭 국가와 프로테스탄트 국가를 비교한 결과, 프로테스탄트 국가가 더 발전했음을 보여주는 어떤 일관된 증거도 존재하지 않는다는 것을 발견한다. 이를테면 프로테스탄트 국가가 가톨릭 국가보다 더 검약적이었음에도 불구하고, "프로테스탄트 국가들이 가톨릭 국가들보다 ……일관되게 더 부유하지 않았다는 것은 주목할 만한 가치가 있다"(Delacroix and Nielsen, 2001: 544).

블럼과 두들리는 그간 무시된 『프로테스탄트 윤리와 자본주의 정신』 제4장을 독해함으로써 베버의 생각을 '네트워크 외부효과'와 '진화론적 게임이론' 같은 보다 최근의 경제학의 전문 개념들과 연결짓고자 한다. 『프로테스탄트 윤리와 자본주의 정신』에 대한 그들의 독해는 장기간의 경제성장을 위해 중요한 것은 개별 프로테스탄트 신자들의 노동과 검약

경향이 아니라 "가톨릭 집단에 비교한 프로테스탄트 **집단**의 상호작용 방식"임을 시사한다(Blum and Dudley, 2001: 217. 강조는 원저자). 베버는 가톨릭 신자들 가운데서는 단지 수사(修士)와 성직자에게만 진정한 종교적 삶을 살아갈 책무가 있었다고 지적했다. 그 결과 신앙심의 강화는 가톨릭 신자들로 하여금 세속적 관계로부터 멀어지게 했다. 반면 프로테스탄트 신자들은 서로 간의 세속적 관계에 몰두하며 서로에게 도움이 되는 경제적 관계의 네트워크를 창출했다. 수학적 모델을 통해 1500년부터 1700년까지의 유럽 도시 인구 자료에 근거하여 검증한 결과, 그들은 개인들의 경제적 행동이 아니라 프로테스탄트 신자들 사이에서 경제적 이익을 제공하는 네트워크가 성장한 것이 그 시기 북서유럽의 '대약진'을 설명한다는 결론에 도달한다. 따라서 그 저자들은 베버가 지지되었다고 주장한다.

프로테스탄트 윤리 테제는 계속해서 사회학자들을 자극하고 있다. 실제로 『프로테스탄트 윤리와 자본주의 정신』이라는 에세이의 첫 번째 판에 대한 베버의 답변이 번역되면서, 그 에세이의 나중 판들과의 면밀한 비교가 가능해졌다. 그러한 비교를 통해 몇몇 핵심적인 해석적 쟁점을 해결할 수 있는 결정적 증거가 제시된 것으로 주장되기도 한다. 그중 하나가 헤니스(Hennis, 1988)가 텐브룩(Tenbruck, 1980)의 주장을 기각한 것을 뒷받침한다. 텐브룩은 베버 저작의 중심적 문제는 합리화과정과 탈주술화의 문제라고 주장했다. 헤니스의 주장은 그러한 문제는 『프로테스탄트 윤리와 자본주의 정신』과 무관하기 때문에 텐브룩의 주장은 지지될 수 없다는 것이었다. 그 연구는 베버가 그 에세이를 쓸 때 관심을 가지고 있던 것은 합리화 과정 일반의 어떤 것이 아니라 오히려 "합리화가 근대성의 쇠우리에 갇힌 인간들의 삶의 구체적 행동에 미친 영향"이었다는

445

것을 보여준다(Chalcraft and Harrington, 2001: 12).

마르크스와 마르크스주의가 격하된 이후, 베버의 계층분석이 다시 얼마간 인기를 끌었다. 이를테면 존 스콧(John Scott, 1996)은 베버의 계층 관념에 대한 우리의 이해를 교정할 경우 그의 저작이 현대사회학에 훨씬 더 적실해질 것이라고 주장한다. 스콧은 사회계층의 차원으로 보통 열거되는 "계급, 신분집단, 파당"이라는 세 가지 차원을 지지하지 않는다. 그 대신 그는 계층의 세 번째 차원이어야 하는 것은 '파당'이 아니라 '권위'여야 한다고 주장한다. 스콧은 베버의 계층 관념은 그러한 차원들에서 사람들이 차지하는 위치가 삶의 기회를 결정하는 방식과 관련되어 있다고 주장한다. 따라서 한 사람이 시장 — 계급 — 및 위세서열 — 신분 — 과 맺는 관계가 그 또는 그녀의 삶의 기회를 결정하는 것과 마찬가지로, 어떤 사람은 '명령상황의 위계' — 권위 — 속에서도 위치지어진다. '권위 차원'은 이를테면 국가와 같은 '사회적 블록(social blocs)'에 의한 서열짓기를 포함한다. 따라서 스콧은 경제적 불평등과 계급, 위세불평등과 신분집단 같은, 베버가 설정한 계층과 집합적 조직 간의 관계를 권위에서도 끌어내고자 한다. 그런 다음 스콧은 베버가 규명한 유형, 즉 계급사회와 신분사회에 옛 소련과 같은 '명령사회'를 덧붙일 것을 제안한다. 스콧은 그러한 차원들이 개인의 전반적 삶의 기회에 기여하는 정도는 사회마다 다르지만, "그 차원들은 항상 구체적인 상황에서 함께 작동하며, 사회학자들은 그것들 각각의 효과와 연합 효과 모두를 밝혀내야만 한다"고 강조한다(Scott, 1996).

스콧의 접근방식은 베버의 분석에서 사회구조의 집합적 조직과 계층 간의 관계 — 즉, 우리가 제3장에서 계급, 신분집단, 파당에 대해 논의하면서 애써 지적하고자 했던 관계 — 를 부각시킨다. 스콧의 관점에서 볼 때, 우리의 논의는 계급, 신분집단, 파당에 대한 논의를 있는 그대로 정리하여 제시하는 것이겠지만, 우리는 베버가 그러한 차원을 발전시킨 것은 각각의 차원에서 집합행위의 잠재력 — 즉, 공통의 의식과 분명한 목적의식을 지닌 '파당'을 형성할 수 있는 잠재력 — 을 확인하기 위한 시도를 포함하고 있다고 지적했다. 이 맥락에서 기억할 필요가 있는 것은 '파당'은 하나의 정당이 아니라 권력을 획득하기 위해 형성된 모든 종류의 집합체 — 크든 작든 간에 — 라는 것이다. 계급은 기꺼이 공유된 의식을 산출하고 단합된 행동을 벌일 잠재력을 가장 적게 지니고 있다. 반면 신분집단은 어떤 구체적인 분명한 의식보다는 공통의 이해관계에 대한 널리 확산되어 있는 의식에 의해 특징지어지고, 사회적 배제에 의해 자신들의 지위를 유지하고 특정한 삶의 양식을 위해 자원을 독점하는 경향이 있다. 파당은 계급과 동일한 의미에서의 사회집단이 아니다. 파당은 하나의 특정한 목적 — 이를테면 권력 획득 — 에 전적으로 헌신하는 매우 구체적인 형태의 사회조직으로, 어떤 다른 종류의 집단 속에 자연적 토대를 전혀 가지고 있지 않다. 파당은 서로 다른 계급과 신분집단의 참여자들에 의해 형성될 수 있고 또 자주 형성된다. 하지만 파당은 그러한 집단들 가운데 하나 또는 다른 집단을 대신하여 권력을 획득하기 위해 기획될 수도 있다. 계급 또는 신분집단이 파당으로 발전할 수 있는지는 전적으로 그들의 구체적인 문화적 특성과 사회 속에서 그들이 처한 상황, 그리고 그들에게 영향을 미칠 수 있는 여타 상황들에 달려 있다. 비록 계급이 공통의 의식을 가지고 파당조직을 형성할 가능성은 낮지만, 이것이 계급이 권력을 추구하는 집단을 형성할 수 없다는 것을 뜻하지는 않는다. 단지 계급이 그렇게 하기 위해서는 더 많은 것이 필요할 뿐이다. 신분집단은 정의상 이미 공통의 의식을 가지고 있고 공통성을 인식하고 있기 때문에 훨씬 쉽게 집합적 행위를

447

발전시킬 수 있다.

스콧이 베버의 노력에 대체로 호의적인 반면, 캐서린 브레넌(Catherine Brennan)은 훨씬 덜 그렇다. 그녀는 계층에 대한 베버의 접근방식이 "현대 '후기' 자본주의사회에서 출현하는 새로운 형태의 불평등"을 이해하는 데 부적절하다는 것을 보여줌으로써 베버를 '탈영웅화'하고자 한다(Brennan, 1997: 278). 브레넌은 규범적 질문은 합리적으로 판결될 수 없다는 이유에서 베버주의 사회과학은 실제로 그러한 질문을 인정하지 않는다고 주장한다. 그녀에 따르면, 베버의 "가치자유의 옹호는 근대 자본주의경제의 권력불평등, 봉건적 신분질서, 독일 국민국가에 대해 실제로 사회학적 비판을 할 수 없게 만든다"(Brennan, 1997: 273). 하지만 이것은 베버의 윤리적 중립성 교의에 대한 유력한 비판이기보다는 그것에 대한 그릇된 설명인 것처럼 보인다. 베버는 규범적 질문이 합리적으로 판결될 수 있다는 것을 부정하고, 그러한 질문은 **경험적 연구자인 사회학자**의 능력 바깥의 영역에 위치한다고 주장한다. 하지만 이것이 윤리적 문제를 사회학자의 삶으로부터 제거하지는 않는다. 사회학자는 시민이나 활동가의 자격으로 불평등을 비판하고 폐지하는 일에 자신의 과학적 전문지식을 이용하기로 단호하게 결심할 수도 있다. 만약 다른 한편 사회학자가 계층의 경험적 속성을 순수하고 철저하게 이해하는 것을 목적으로 한다고 하더라도, 누군가가 그의 전문지식을 불평등을 유지하는 데 이용하려 할 경우, 그에게는 윤리적 책무를 지는 것 말고는 그것을 막을 수 있는 방법이 전혀 없다. 윤리적 문제는 윤리적으로 중립적인 사회학자의 삶으로부터 결코 사라지지 않는다. 적어도 베버는 이렇게 생각했다.

브레넌은 베버가 상정하는 윤리적으로 중립적인 사회학자는 근대 시장경제에서 "'자본'이 임금노동을 부당하게 또는 착취적으로 이용한다는 것만큼이나 단지 그것을 합리적인 이윤추구 활동의 도구로 이용"한다는 것을 인정할 수 없다고 불평한다(Brennan, 1997: 28). 하지만 무엇이 사회학자들에게 사회학자의 자격으로 그것을 인정할 권한을 부여하는지가 불분명하다. 우리가 여기서 브레넌의 주장을 괴롭히는 난점 전부를 다룰 수는 없지만, 다음과 같이 물을 수는 있다. 이를테면 착취가 부당하다는 것을 인정하는 데 사회학자가 필요하다는 것인가? 사회학자들만이 "자본이 임금노동을 합리적 이윤추구의 도구로 이용한다는" 것과 관련하여 다른 사람들이 알지 못하는 어떤 것을 알고 있다고, 심지어 사회학자들은 자본의 임금노동 이용이 부당하다는 것을 보여주는 확고한 경험적 증거를 어쨌든 확증해왔다고 생각하고 있는 것인가? 만약 이것들이 브레넌의 주장이 함의하는 것이라면, 우리가 그러한 함의에 의구심을 가지는 이유를 베버의 가치자유와 윤리적 중립성 관념을 통해 설명해야만 한다. 그런데 브레넌의 비판과 같은 비판들은 이 문제에 대해 베버가 정확히 어떻게 생각했는지를 설명하지 않은 채 단지 그러한 것들을 함의하지 않는다고 부정하기만 한다. 우리가 이 문제에서 무비판적으로 베버의 편에 서는 것은 아니지만, 사회학의 가치자유와 관련된 견해들에 대해 반론을 제기하는 것은 확실히 가능하다는 점을 지적할 필요가 있다. 그러나 이것은 또한 사회학은 과학적이라는 베버의 생각 ― 수년 전 러치(Louch, 1966)가 개진한 주장 ― 을 공격하는 것이기도 할 것이다.

보다 실제적으로는 브레넌은 무엇보다도 특히 베버의 계층개념과 그것의 계급, 신분집단, 파당으로의 분화는 아래로부터 집합적 조직화와 저항이 발생할 가능성을 부정한다고 주장한다. 그녀에 따르면, 베버는 "근대사회에 법적-합리적 지배와 관련하여 '아래로부터' 저항(집합행위)이 일어날 가능성을 부정한다. 요컨대 베버는 '아래로부터'보다는 '위로부터'의 지배사회학을 진전시킨다"는 것이다(Brennan, 1997: 273). 또 다시 어떤 것이 베버의 도식에서 배제된 것으로 추정되는 "'아래로부터'의 저항(집합행위)"의 유형의 사례일 수 있는지가 불분명하다. 프랑스혁명이 그러한 사례로 간주될 수 있는가? 만약 그렇다면 베버가 프랑스혁명이 실제로 발생했다는 사실을 어떻게 부정할 수 있는가? 아니면 노동조합의 조직화나 도시 폭동 또는 둘 다가 그러한 사례일 수 있는가? 그렇다면 베버의 접근방식이 그 둘을 배제해야 하는 이유는 무엇인가? 우리가 스콧을 논의하면서 말했듯이, 베버는 분명히 자신이 이해한 바대로 자본주의의 구체적 조건들이 노동자들 사이에서 집합적 조직화가 이루어지는 것을 어렵게 만들거나 가능하지 않아 보이게 한다고 주장한다. 계급은 '파당' 조직을 결성할 가망성이 가장 적은 토대이지만, 많은 것은 상황에 달려 있다. 비록 가망성은 없지만, 조건들이 갖추어진다면 그러한 발전이 일어날 수 있을 것이라고 생각할 수 있다. 하지만 브레넌은 베버가 자신이 관심을 가지고 있던 문제에 자신의 개념을 이용한 것과 그 개념이 베버가 이용한 방식과는 다른 방식으로 이용될 가능성을 혼동하는 것으로 보인다.

자본주의사회에서 계급연대와 계급조직의 발전 가능성을 가로막는 조건에 대한 베버의 분석에 전적으로 동의하지 않는 것 역시 가능하다. 이 경우에 논란은 관련 조건들에 대한 베버의 이해를 둘러싸고 벌어질 것이다. 베버의 분석이 틀렸는가? 노동계급 조직의 수준은 베버가 예견한 것보다 실제로 더 건실하고 정치적으로 더 효력이 있었는가? 아니면 노동계급 조직이 베버의 도식하에서 허용되는 것과는 다른 형태를 취해왔는가? 우리는 이러한 질문들에 대한 긍정적인 답변들을 배제하지는 않지만, 그러한 질문들을 경험적으로 판결하고자 한 어떤 진지한 시도도 알지 못한다. 브레넌의 비판은 베버의 개념적 장치에 치명타보다는 기껏해야 빗나간 펀치를 날린 것으로 인식될 수 있을 뿐이다.

브레넌은 때때로 베버와 대립되는 견해를 제시하는 인물로 위르겐 하버마스를 인용한다. 그러나 조지 매카시(George E. McCarthy)는 자신의 저작『객관성과 이성의 침묵(Objectivity and the Silence of Reason)』(2001)에서 둘 사이에는 유사성이 훨씬 더 많이 존재한다는 것을 밝혀낸다. 그는 베버의 사상에는 적어도 세 가지 종류의 해소되지 않는 긴장이 존재한다고 주장한다. 첫 번째 긴장은 사회학을 주관성과 문화적 의미를 다루는 해석적 과학으로 제시하는 방법론적 저술과 '실증주의'의 측면에서 과학적 설명과 인과성을 보다 더 강조하는 것 사이에 존재한다. 두 번째 긴장은 사회학적 관점에서 수행된 그의 초기의 종교 분석과 그의 후기의 합리화 분석 사이에 존재한다. 마지막 긴장은 가치자유와 객관성에 대한 베버의 강조와 도구적 이성에 의해 지배되는 탈주술화된 근대세계에 대한 그의 비판 사이에 존재한다. 그다음에 매카시는 하버마스의 사상을 프랑크푸르트학파의 비판적 추동력을 물려받은 도식을 통해, 그리고 방법론적 쟁점이 정치적·윤리적인 것이 아니라는 것을 받아들이기를 거부하는 것을 통해 그러한 긴장들을 해소하고자 하는 것으로 검토한다.

우리가 여러 번 지적했듯이, 우리는 베버의 사상을 구성하는 요소들 간의 이러한 개략적인 대비가 그의 구상들을 해석하는 가장 세심한 방법이라고 믿지 않으며, 따라서 그러한 긴장이 주장되는 것만큼 심하다고 생각하지도 않는다. 하버마스는 오늘날 가장 널리 인정받는 사회·정치사상가 가운데 한 사람일 뿐만 아니라 매우 다작을 하는 작가이기도 하다. 그리고 그가 베버 사상의 구성요소들을 재구성한 것도 그가 끌어 모은 복잡한 도식의 보다 광범한 맥락 속에 위치시켜 검토해볼 필요가 있다. 하지만 우리는 유감스럽게도 그렇게 할 시간도 공간도 가지고 있지 못하다.

사회학자들은 최근에 경제사회학을 (매우 많은 경제이론의 밑에 깔려 있는 '개인주의'에 대해 사회학자들이 느낄 수밖에 없는 불만을 다시 한 번 더 표현하면서) 발전시키는 데 관심을 기울여왔다. 베버가 그러한 경제사회학의 일반적 성격을 규정할 수 있는 잠재적 능력을 가지고 있는 것으로 간주된다는 것은 아마도 놀랄 일이 아닐 것이다. 보에케와 스토(Boettke and Storr, 2002)는 베버의 '사회경제학'과 그와 1920년대와 1930년대의 오스트리아 경제학파(Austrian School of Economics)[루드비히 폰 미제스(Ludwig von Mises)와 하이예크(F. A. Hayek)에 의해 주도되고 알프레트 슈츠(Alfred Schutz)에 의해 영향을 받은] 간의 관계는 경제학의 문제들을 재고하는 데에서 마크 그라노베터(Marc Granovetter)와 같은 '신제도주의자들(new institutionalists)'보다 더 유망하다고 주장한다. 베버가 더 유망한 까닭은 그가 사건(event)과 제도(institution) — 즉, '엄격한 의미에서의 경제적인 것'과 경제현상에 의해 영향을 받는 것 — 를 구별하기 때문이다. 전자는 경제활동에 영향을 미칠 수 있는 관행과 가치(이를테면 종교의 노동윤리) 같은 '경제와 관련된' 현상 및 '경제적으로 조건지어진' 현상에 당연히 더 관심을 가지는 사회학자들과 별 관련이 없다. 후자는 본질적으로 경제적인 것이 아니지만 계약법처럼 경제조직의 필요에 의해 영향을 받기 때문에 경제현상에 의해 영향을 받는 것들이다. '신제도주의자들'은 경제적 행동을 사회적 현상에 의해 영향을 받은 것으로 바라보는 반면, 베버의 구분은 경제적인 것, 사회적인 것, 정치적인 것을 별개의 영역이 아니라 서로에 착근되는 것으로 바라보는 전망을 제공한다. 거기에는 정체(政體), 경제, 사회 모두가 서로 중첩될 수 있는 '삼각 착근(triple embeddness)'이 존재할 수도 있다. 리처드 스웨드버그(Richard Swedberg)는 베버의 사망 이후 그의 '경제사회학'에 거의 주의가 기울여지지 않았지만, 그것은 "오늘날의 미시경제이론의 기본 접근방식에 아주 잘 부합할 수 있다"고 주장했다(Swedberg, 1998: 162). 스웨드버그는 베버가 정리한 경제사회학의 기본 원리를 다음과 같이 규명한다.

1. 분석 단위는 효용성과 타자의 행동을 지향하는 이윤추구적인 행위로 규정되는 경제적인 사회적 행위이다.

2. 경제적 행위는 달리 입증되지 않은 한 합리적인 것으로 추정된다.

3. 투쟁과 지배는 경제적 삶에 특유한 것이다.

4. 경제적 삶은 경제적 행동뿐만 아니라 경제와 관련된 것과 경제적으로 조건지어진 행동도 분석해야만 한다.

5. 경제사회학은 경제이론, 그리고 경제학(사회경제학)의 광범한 형태의 틀 내의 여타 접근방식과 협력해야만 한다.(Swedberg, 1998: 163)

현 단계에서는 이 프로젝트가 경제학자들에 의해 어떻게 받아들여질지는 말할 것도 없이 그것이 어떻게 진행될지도 파악하기 어렵다. 이와는 별개로 경제에 대한 베버 저술의 주요한 특징들 중의 하나이자 권위의 형태와 합리성에 대한 베버의 논의와 밀접한 관계에 있는 것이 바로 관료제에 관한 관념이었다. 그리고 관료제 역시 현대사회학의 논쟁에서 주목을 받아왔다는 것은 놀랄 일이 아닐 것이다.

이안 헌터(Ian Hunter, 1994)는 베버가 설명한 관료제의 도덕적 성격을 오해하고 있는, 사회학적 사고의 주요한 '비판적' 경향들에 대해 강력하게 비판한다. 그는 또한 베버의 도구합리성과 가치합리성의 구분 사이에서 불일치가 확인되어왔다고 주장하면서, 관료제의 도구주의를 비난하거나 그것의 불편부당성을 찬양하는 방식으로, 즉 그것의 부도덕성을 비난하거나 효율성을 찬양하는 방식으로 관료제의 도덕성을 판단하는 것은 별 의미가 없다고도 주장한다(Hunter, 1994: 157). 헌터가 이러한 견해를 피력하는 까닭은 이른바 관료제의 구조와 사람을 구별하고자 하는 시도가 실제적·분석적으로 무의미하다는 것과 관련되어 있다. 절차 ― 관료제의 위계적·기술적 조직 ― 는 신속하고 효율적인 행정의 조건뿐만 아니라 또한 "사람이 행하는 특별한 행동의 윤리적 조건"도 제공한다. "좋은 관료[의 윤리적 속성] ― 절차 엄수, 위계질서의 승인, 소속감, 개인적인 도덕적 열의의 포기, 공직의 목적에 대한 헌신 ― 은 사람이 행하는 '전체' (이기적이고 자기실현적인) 행동에서 부적절한 행동을 뺀 것이 아니다"(Hunter, 1994: 56~57). 그러한 속성들은 하나의 긍정적인 도덕적 성과로, 윤리적 환경과 관료제적 관행들의 숙달을 필요로 하는 것이다.

헌터는 도구합리성과 가치합리성의 구분은 베버가 하나의 일반적 구분으로 제시한 것이지만 그것이 마치 하나로 통합되어 도덕적으로 완전한 퍼스낼리티를 이루어야만 하는 것의 두 가지 요소를 구별하고 있는 것처럼 보인다고 주장한다. 이는 '인간주의적'·'비판적' 지식인들로 하여금 관료제에 대한 베버의 설명을 마치 이 두 가지 요소의 구별과 분리가 두 유형의 사람을 표현하는 것처럼 해석하게 한다. 한편에는 행위의 궁극적 목적이어야만 하는 가치를 안다고 주장하지만 그 가치를 실현하는 기술적 능력을 결여하고 있는 인간주의적 지식인들이 존재하고, 다른 한편에는 기술적 능력을 소유하고 있지만 도덕적 인식을 결여하고 있는 관료들이 존재한다. 하지만 헌터는 계속해서 베버의 역사적 연구는 개인들이 가장 열성적으로 추구하는 가치들 외에는 어떠한 일반적인 '궁극적' 가치도 존재하지 않는다는 것을 보여주고자 하는 것이라고 주장한다. 개인들

454

이 추구하는 가치들은 그 가치들이 출현하는 복잡한 사회-역사적 상황의 창조물이기에 크게 다르다. "윤리적 관심과 능력은 보편적인 도덕적 퍼스낼리티의 표현이 아니다. 그것들은 역사적으로 특수한 다수의 윤리가 만들어낸 창조물들이다. ……그러므로 가치합리적 행위의 목적은 다수이며 삶의 특수한 영역들 — 종교적, 심미적, 군사적, 정치적, 카스트에 기초한 영역 — 에 따라 다르다"(Hunter, 1994: 149). 합리적-법적 유형의 관료제는 특정한 문화적 위치에 특유한 독특한 도덕적 에토스를 발전시킬 뿐만 아니라 긍정적인 도덕적 효과 — 이를테면 사람들 사이에서 민주적 평등화를 증진시키는 것 또는 공직자들이 자신들의 권한 아래에 있는 사람들에 대해 관심을 가지고 자신들의 업무를 수행하는 것 — 를 낳을 수도 있다.

폴 두 가이(Paul Du Gay, 2000)는 이러한 논지를 이용하여 관료제를 현대사회가 도덕적으로 붕괴된 원인으로 바라보는, 그리고 헌터가 지적한 종류의 베버 오독에 기초해 있는 두 명의 저명한 비판가를 논박해왔다. 알래스데어 매킨타이어(Alasdair MacIntyre, 1985)는 근대사회는 도덕적으로 일관되지 않다고 주장한다. 초기 사회는 하나의 도덕적 통일성을 가지고 있어 개인이 도덕적으로 통일된 삶을 살 수 있었지만, 근대사회에서 개인들은 그러한 종류의 삶을 살 수 있는 능력을 박탈당해왔다. 그것의 극단적인 사례가 관리적 또는 행정적 개인의 일면적 삶에서 발견된다. 지그문트 바우만(Zygmunt Bauman, 1992)은 도구적 행위와 가치합리적 행위의 분리가 관료제적 조직 속에서 분명하게 나타나는 것으로 간주하고, 다시 극단적인 경우에 그것이 성실한 관리자, 즉 최종 해결책으로서 살인임무를 수행하는 개인들을 만들어냄으로써 홀로코스트가 가능하게 되었다고 보았다. 두 가이는 도덕적 통일의 상태는 결코 실제로 존재하지 않으며 그것은 베버가 적절한 실재로 생각한 어떤 것이 분명 아니라고

455

지적함으로써 그러한 주장에 반대한다. 실제로 윤리적으로 통일된 방식으로 자신들의 삶을 조직화하고자 하는 개인들이 존재하지만, 그들은 규칙이기보다는 예외이다. 게다가 복잡사회와 같은 사회 속에서 그렇게 하고자 하는 시도는 비현실적일 것이다. 분명 엄격하게 체계화된 윤리적 이상을 추구하고자 하는 시도와 실제 현실의 요구가 낳는 희석화 효과 간의 긴장은 베버 저작에서 계속되는 테마의 하나이다. 근대 복잡사회에서는 사회집단들, 현재의 논점에서 중요한 것으로는 서로 다른 전문화된 삶의 영역들이 윤리적으로 다양화된다. 그러한 맥락에서 사람들이 도덕적으로 미분화된 방식으로 사회집단들이나 전문화된 영역들을 넘나들며 참여할 수 있다고 가정하는 것은 솔직히 비현실적이다. 행정가들이 일반적으로 그리고 그 본성상 도덕적으로 결함이 있다거나 다른 집단의 사람들보다 결코 더 그렇지 않다는 주장은 전혀 사실이 아니다.

결론적 논평

우리는 이것으로 현대사회사상에서 계속되고 있는 마르크스, 베버, 뒤르켐의 영향을 개관하는 작업은 마무리하고자 한다. 비록 제한적이기는 했지만, 우리는 대체로 세 사람의 개념에 대한 엄격하고 분명하고 자주 사려 깊은 논의라고 간주되는 것들을 조명해왔다. 많은 작업을 했지만, 우리는 우리의 작업이 광범위한 쟁점들을 산만하게, 그것도 이질적인 방식으로 다루었다는 느낌을 지울 수 없다.

어떤 점에서 우리의 작업은 매우 경쟁적인 시장과 유사하다. 경쟁 시장에서는 구매자가 본질적으로는 동일한 제품을 심층적으로 비교하는 수고를 하지 않게 하기 위해 제품들 간의 추정상의 차이를 과장함으로써 동일 제품의 브랜드들을 차별하고자 한다. 따라서 광고는 "X보다 치아를 더 잘 깨끗이 해주는 치약은 없다"고 주장하지만, 아마도 그것은 치약을 성심껏 만들었다는 주장일 것이다. 그러나 시장에 진출한 각 치약 브랜드들은 치약을 똑같이 성심껏 만들었을 것이고, 따라서 그 주장의 이면은 "X가 어떤 다른 치약과 매한가지로 치아를 깨끗하게 해준다"는 것이다.

우리가 거기 어딘가에 모종의 부정직한 짓이 관여되어 있음을 제시하고자 하는 것은 결코 아니다. 다른 사람들과 마찬가지로 대학의 사회학자들도 자신들의 생각을 가능한 한 멋지게 제시하고자 하며, 영감을 얻고 이의를 제기하고 심지어는 불명예를 피하기 위해 자신들의 분야에서 가장 뛰어난 인물들을 이용한다. 하지만 우리는 이 장에서 앞서 지적한 리처드 해밀턴의 불평 — 사회학자들은 자신들에게 중요한 경험적 테제를 자신들이 반감을 가지는 (그렇지만 자주 자신들이 받아들이는 테제보다 증거가 전혀 불충분하지 않는) 테제들에 비해 얼마간 관대하게 다루는 모순적 행동을 지속한다는 불평 — 에 공감하는 경향이 있다. 몇 년 전에 우리는 이론과 사회학적 접근방식이 취급되는 방식과 관련하여 유사한 주장을 한 바 있다 (Anderson et al., 1985). 그것은 바로 하나의 입장을 평가하는 데서 작용하는 관용은 평가하는 사람들의 선호에 따라 자주 다르다는 것이었다. 그 결과 선호하는 이론을 그 경쟁상대와 구분시켜주는 독특성은 자주 과도하게 진술되는 반면, 경쟁상대는 공정하게 해석되기보다는 실제보다 더 단순하게 해석된다. 따라서 두 입장의 비교평가는 얼마간 옹졸해질 것이다. 선호하는 입장과의 깊은 또는 동정적인 친숙함은 그 저술을 관대하게 해석하게 하는 반면, 덜 선호하는 입장에 있는 저술들은 정반대로 해석하게 한다. 경쟁상대 이론가들의 특성은 자주 개론서에서 그들이

457

말한 것으로 상투적으로 언급되는 정도에 근거하여 간략하게 묘사되는 경향이 있다. 이들 고전 이론에 대한 정교한 갱신과 재독해가 모두에게 동일한 종류의 향상으로 받아들여지는 일은 아마도 드물 것이다.

그렇기에 우리가 지금까지 기술해온 작업의 많은 것이 의심할 바 없이 학문적으로 그리고 사려 깊게 이루어졌지만, 종합적으로 생각해보면, 우리의 작업이 '고전들'을 공명정대하게 현대적으로 비교하는 데, 또는 고전들 각각이 오늘날 갖는 적실성을 보다 정확하게 판결하는 데 어떤 기여를 했는지는 여전히 불확실한 채로 남아 있다. 여기서 문제의 중요한 부분은 아마도 그들의 사상이 철저하게 사회사상에 침투하여 실제로 사회학의 진부한 문구가 되었지만 그 사상의 기원 — 비록 전혀 알려지지 않은 것은 아니지만 — 이 좀처럼 아주 철저하게 탐구되지 않았다는 것에서 기인할 것이다. 따라서 어떤 점에서는 이들 고전사회학적 사상가의 사상을 이해하려고 노력하는 것은 하나의 발견이고, 그러한 노력은 오늘날의 주요한 관심사들에 의거하여 이루어져왔다.

이것의 한 사례가 계급연구가 서구 사회에서의 '노동계급'의 중요성 감소를 받아들이는 방식이다. 앞서 지적했듯이, '포스트-포드주의(post-fordism)'의 도래와 함께 전통적인 산업노동은 점점 더 사라지거나 '제3세계'로 이전되고 있다. 이것은 노동계급이 자본주의체계에 의해 어떻게 지배되고 그 체계에 어떻게 통합되는가라는 문제가 더 이상 중요하지 않게 되었다는 것을 의미할 수도 있지만(그리고 이것은 논쟁의 여지가 있지만), 이것이 지배의 문제 자체가 사라졌다는 것을 의미하지는 않는다. 그와는 반대로 사회학자들 — 그리고 모든 부류의 여타 사회분석가들과 문화분석가들 — 은 이전과 다름없이, 어쩌면 그 이상으로 억압의 정체를 파악하고 분석하는 데 몰두하고 있다. 계급이 사회학에서 점점 더 중요성을 잃어가고 있지만(그리고 그 계급에 대한 논쟁이 존재하기는 하지만), 마르크스와 베버가 개념을 가지고 사회변동, 갈등, 지배에 대한 분석의 일부로서 달성하고자 했던 목적들은 여전히 폐기되지 않은 채 현대사회학의 보다 지배적인 관심사들 가운데 남아 있다. 사회의 다양한 측면이 억압적이라는 것을 입증해야겠다는 결의는 여느 때 못지않게 여전히 결연하다. 이를테면 당시 푸코의 광범한 영향력도 바로 그런 결의에서 비롯된 것이다. 비록 푸코의 사상 속에는 다른 요인이 혼재되어 있지만, 푸코의 중요한 측면들 또한 뒤르켐과 베버의 테마에서 변이되어 구축된 것이다.

푸코는 뒤르켐과 베버 모두 강조했던 주장, 즉 사고체계와 분류양식은 사회조직에 의해 틀지어진다는 입장을 고수한다. 이것은 근대세계에서 합리화가 갖는 중요성에 대한 베버의 강조와 연결되어 있다. 푸코는 한 집단의 다른 집단에 대한 직접적인 정치적 지배가 더 간접적인 억압수단들에 의해 대체되었음을 묘사한다. 합리화된 사고체계와 행정절차들은 규제와 사회통제의 망이 널리 퍼져 구석구석까지 침투할 수 있게 해준다. 푸코가 오늘날 광범위한 영향력을 행사하고 있다는 사실은 지배라는 관념이 사회사상의 영역에서 과거 어느 때 못지않게 중요하며, 어떤 면에서는 근대세계를 개인들의 영혼을 가두는 '쇠우리'로 바라본 베버의 인식을 정교화한 것으로 볼 수도 있다는 것을 확인시켜준다.

사회학적 관점에서 볼 때, 앞서 언급한 경제적·사회적 변화들로부터 이끌어낼 수 있는 가장 중대한 함의 중의 하나는 그 변화들이 근대 시대와의 단절을 특징으로 하는 시대, 즉 '포스트모던' 시대의 시작을 나타낸다는 것이다. 포스트모던 시대의 개막은 사회의 연속성에서 일어난 단절뿐만 아니라 지식(사회학을 포함하여)이란 무엇이며 지식을 통해 무엇을 얻을 수 있는지와 관련한 기대의 측면에서 일어난 변화 또한 의미한다. 이러한 생

459

각을 더욱 적극적으로 제시한 대표적 학자들 가운데 한 사람인 리오타르는 자신의 저서『포스트모던의 조건(The Postmodern Condition)』(1984)에 "지식에 대한 하나의 보고서(a report on knowledge)"라는 부제를 붙였다. '모던한' 전망과 '포스트모던한' 전망은 전혀 다른 전망이다. 모던한 전망은, 컨베이어 벨트의 은유를 사용하자면, 중앙집중화된 통합적 체계, 즉 마스터플랜(master plan)을 통해 작업을 조정하는 관리센터에 의해 확립되고 지도되는 제도를 구현한다. 따라서 사회를 이해한다는 것은 하나의 전체로서의 사회에 대한 지식을 얻는다는 것, 다시 말해 하나의 단일한 통일된 틀, 즉 하나의 마스터플랜을 제공한다는 것이다. 모더니스트들이 보기에 사회학적 지식의 획득은 역사와 현대세계 전부를 이해할 수 있는 포괄적인 사고도식, 즉 '거대서사'를 만들어낼 것을 요구한다. 이러한 '거대서사'를 거부하는 것이 바로 지식의 조건에 대한 포스트모더니즘적 견해의 특징이다. 이것은 또한 마르크스와 뒤르켐에 의해(그리고 베버에 의해서는 그보다는 훨씬 덜) 대변되는 종류의 야망을 거부하는 것이기도 하다. 포스트모더니즘은 사회학적 일반이론과 세계에 대한 포괄적 관념을 제공하려는 시도는 실패할 수밖에 없다고 주장한다.

우리가 보기에 사회사상의 이러한 움직임이 이들 19세기의 '창시자'를 쓸모없게 만들어왔다는 생각은 이 책이 조금이나마 보여주고 싶어 했듯이 잘못된 것이다. 실제로 이 책의 원래 집필 동기는 사회과학의 역사와 전통을 점점 더 제대로 인식하지 못하는 상황을 바로잡기 위한 것이었다. 특히 현대적인 것으로 자주 간주되는 생각들은 사실은 이미 전에 정교화된 바 있는 것들이다. 우리가 지금까지 논의해온 세 인물이 이전의 모더니즘적 사상에 결정적 기여를 했던 것과 마찬가지로 포스트모던 사상의 기본 구조에도 가장 결정적인 기여를 했다는 것은 실로 아이러니하다. 모던 사상과 포스트모던 사상의 본질 및 양자 간의 차이에 대한 논의는 여기서 우리의 관심사가 아니다. 우리의 주된 목적은 포스트모더니스트들은 그들이 주장하는 것만큼 19세기 및 20세기 초반의 그들의 선조들로부터 그리 멀리 떨어져 있지 않다는 점을 상기시키는 것이다. 이제 포스트모던한 비판이 어떤 중요한 측면에서 그러한 19세기적 전거들로부터 직접 파생된 것인지를 간략하게 언급하고자 한다.

마르크스, 베버, 뒤르켐과 같은 사람들의 지적 열망이 실패한 것처럼 보일 수도 있지만(하지만 그러한 판단은 그동안 아주 일관성 없이 제기되어왔다), 그들이 발전시킨 분석방법이 오늘날 그들을 공격하고 있다는 것은 아이러니가 아닐 수 없다. 왜냐하면 포스트모더니스트들이 그들을 비판할 때 바로 그 분석방법을 그대로 사용하고 있기 때문이다. 사회에 대한 포스트모던한 분석은 현대사회의 조건, 특히 서구 사회의 조건들을 분석한다는 목적을 공유하며, 마르크스, 베버, 뒤르켐이 주의를 기울였던 근대 산업사회의 핵심적 제도와 구조의 해체, 그리고 그러한 사회 내에서 갈등이 수행하는 역할 변화가 '거대서사'의 사멸을 초래했음을 보여주기 위해 노력한다. 하지만 마르크스주의의 영향을 받은 '탈조직 자본주의(disorganized capitalism)'라는 개념은 그와 동일한 사회적·경제적·정치적 발전의 많은 것 — 산업생산을 종래의 산업사회로부터 전 세계적 규모로 확산시키고, 산업사회의 핵심적 특징이던 계급갈등을 일소하고, 베버가 신분집단과 파당이라 부른 것들 간의 갈등을 전면에 부각시킨 — 에 관심을 기울이기 위해서도 이용될 수 있다. 따라서 현대사회학에서도 억압과 갈등의 토대로서의 젠더와 민족, 그리고 저항의 수단으로서의 '새로운 사회운동' — 현재 생태학적 문제를 둘러싸고 형성되고 있는 것과 같은 — 의 역할이 많이 강조되고 있다.

실제로 경제구조의 측면에서 '모던한' 사회와 '포스트모던한' 사회를 구분하고 생산 및 노동조직에서 일어난 변화가 보다 광범한 사회와 그 사회의 문화적 전망에서 변화를 초래했다고 제시하는 것은 분명 그것을 마르크스식으로 조명하는 것이다. 포스트모더니스트들이 근대세계의 출현과 그 경과를 하나의 통합된 이야기로 서술하고자 한 마르크스의 목적을 거부하지만, 그들도 자신의 테제를 구성하면서는 마르크스의 분석양식에 마르크스만큼이나 의존하고 있다. 나아가 '거대서사'에 대한 비판 그 자체도 정도의 차이는 있지만 우리가 논의해온 세 이론가 각각으로부터 영향을 받고 있다. 이를테면 세 이론가는 각기 사고는 사회적 위치와 함수관계에 있으며 사회조직 내에서 사고가 수행하는 역할과 관련하여 이해될 필요가 있다는 관념에 중요한 기여를 했다. 특히 마르크스와 베버는 이론이 어떻게 지배와 자주 긴밀한 관계에 있게 되는지를 검토해야 한다고 강조했다. 우리가 지적했듯이, 마르크스와 베버는 계층개념을 사회분석의 도구로 발전시켰을 뿐만 아니라 사회관계가 지배관계를 수반하는 정도를 강조한 중요한 인물들 가운데 두 사람이었다.

마르크스와 베버는 또한 당대의 사회에서 입수한 가정들에 입각하여 사회를 분석하고자 한 편협한 생각들에도 반대했다. 비록 유럽중심주의적이라는 비난에서 완전히 벗어날 수는 없지만, 마르크스, 베버, 뒤르켐은 유럽중심주의에 대한 선구적 비판자들에 속한다. 사회학이 산업화가 진행 중이던 서유럽 사회, 특히 프랑스와 독일에서 시작되었다는 것은 상투적이기는 하지만, 사회학의 역사에서 피할 수 없는 논평이다. 사회학은 자본주의적 산업체계의 출현 및 그와 결부된 긴장과 사회변동에 대한 반응으로 크게 발전했다. 마르크스, 베버, 뒤르켐의 유럽중심주의는 새로운 산업문명은 '세계사적인' 것이며, 그 속에 살고 있는 사람들뿐만 아니라 그 세력권하에 있는 사람들에게도 영향을 미칠 수 있다는 가정에 얼마간 의존하고 있었다. 그리고 그러한 산업문명 사회에 내재하는 팽창주의적이고 '세계 지향적'인 경향을 감안할 때, 그 가정이 의미하는 것은 지구 전체일 수도 있다. 이 세 이론가가 볼 때, '서구세계'는 하나의 특별한 현상이었다. 하지만 그들이 서구세계가 찬미할 만한 세계라고 말한 것은 아니다. 산업체계의 출현과 그 사회적·경제적 조직형태들은 전례 없이 역동적이었으며, 거대한 규모로 사회관계를 지속적으로 교란시키고 재구조화할 능력을 가지고 있었다. 이 세 사상가 모두가 비교·역사적 관심을 가지고 있었지만, 그들은 (비록 그 정도가 서로 다르기는 하지만) 자신이 속한 사회가 겪고 있는 발전을 이해하는 것을 기본적인 목적으로 삼고 있었다.

포스트모더니즘의 관념에 따르면, 현재 서구의 지적 전통이 지닌 문제점 — 특히 인간경험의 모든 영역에 이성을 체계적으로 적용할 것을 주장하는 것 — 의 원천은 바로 계몽주의이다. 이성은 사회질서를 재구성하는 도구, 즉 '마스터플랜'으로 간주되었다. 왜냐하면 통제의 가능성을 만들어내는 것이 바로 이성이기 때문이었다. 만약 우리가 어떤 것의 작동방식을 이해할 수 있다면, 우리는 그것의 작동을 통제할 수 있다. 사회에 대한 합리적 이해는 합리적 재구조화를 전망할 수 있게 했다. 세 고전 사상가 모두는 그들의 동시대인들뿐만 아니라 그들의 많은 선조처럼 사회와 사회변화에 이성을 적용하지 않는다면 인간의 삶은 계속해서 불행의 연속일 것이라고 확신하고 있었다. 마르크스와 뒤르켐은 모두 확신에 찬 계몽주의의 후손이었으며, 비록 규모 면에서 인류의 전면적 해방에 대한 마르크스의 야망이 뒤르켐의 제도적 개혁에 대한 설계에 비해 훨씬 더 거대했지만, 두 사람 모두 과학의 발달과 그것의 인간사회에 대한 적용이 가져다줄 미래를 크게 신뢰했다. 베버와 계몽주의적 유산과의 관계는 마르크스나 뒤르켐에 비해 훨씬 불분명하다. 그로 인해 베버는 최소한 포스트모더니스트들의 정신에 더 가까운 사람으로 간주된다. 그는 과학적 지식의 추구는 가치 있는 목표이고 통제를 더욱 강화시켜줄 것이라고 생각했다. 하지만 그는 이성의 능력에도 한계가 있으며, 과학이 인간조건을 개선시킬 수 있는 능력도 그 과학이 어떤 목적을 위해 응용되느냐에 달려 있다고 인식했다. 과학은 인간에게 자유의 도구로 기여할 수 있는 만큼, 억압의 도구로도 사용될 수 있었다. 이처럼 이 세 사상가 모두는 하나같이 갈등과 박탈뿐만 아니라 정신적 황폐의 문제까지도 포함하는, 당시 출현하고 있던 근대세계의 문제들을 해결하는 데 기여하기 위해 사회학적 이해를 진전시키기 위한 노력을 경주하고 있었다.

물론 우리가 이 세 고전사상가가 포스트모더니스트들의 사상을 완전히 예견했다고 주장하는 것은 아니다. 우리가 주장하고자 하는 것은 앞서 말했듯이 현재의 사회분석이 이 세 학자에 의해 광범하게 영향을 받았고, 현재 진행되고 있는 논쟁들 중 많은 것이 자주 그들의 중심적 관심사를 보다 최근에 표현한 것일 뿐이라는 것이다. 포스트모던 이론가들이 무엇에 관심을 갖고 있는지를, 그리고 그들의 저작을 둘러싼 논쟁을 틀짓고 있는 용어들을 더 깊이 이해하기 위해서는 포스트모더니즘과 마르크스, 베버, 뒤르켐의 저작 간의 강력하고도 여전히 극히 중요한 관계를 인식할 필요가 있다.

우리가 마르크스, 베버, 뒤르켐의 지속적인 영향력을 강조하지만, 그렇다고 그들의 저작이 후대를 지적으로 질식시켰다거나 그들이 집필한 이후에 어떠한 일도 일어나지 않았다고 주장하는 것은 아니다. 그와는 반대로 우리가 강조하는 것은 그들 사상의 지속력과 그들 사상이 산업사회의 발전과 함께 초래된 문제들 — 오늘날까지도 여전히 중요한 공적·지적 관심이 되고 있는 — 에 관심을 촉발한 정도이다. 우리는 또한 그들이 지닌 강점 중의 하나가 사고방식과 상황의 변화에도 견딜 수 있는 그들의 구체적 사상들이 아니라 그들이 취한 광범위한 접근방식의 본질이라고 암시한 바 있다. 이 사상가들이 우리에게 유산으로 남겨준 것은 사회학적 접근방식을 취한다는 것이 무엇을 의미하는지에 대한 폭넓은 생각들이다. 물론 이러한 생각들 내에도 변화의 여지는 아주 많다. 그리고 그러한 생각들은 극단적 변종이 나올 수도 있고 또 때로는 그러한 생각을 정면으로 거부하는 도식이 생겨날 수도 있는 풍부한 원천임이 입증되었다. '고전이론'의 사상들을 바탕으로 많은 작업이 이루어졌다. 그리고 비록 우리가 과거부터 현재까지 이어지는 많은 사상의 연속성을 강조했지만, 그것은 단지 그러한 연속성에 대해 주의를 집중시키기 위해서였다. 하지만 우리가 최근의 이론사회학에서 이루어진 발전 가운데서 많은 것이 이들 선조와 멀리 떨어져 있는 정도를 과소평가하는 것은 아니다. 한 가지 예를 들면 구조주의적 이론들은 뒤르켐을 전거로 하고 있기는 하지만, 최근에 그들의 연구가 취하고 있는 형태는 뒤르켐이 상상도 하지 못했던 특성과 정교함을 갖춘 언어학적 이론화에 의해 크게 영향을 받아 형성되었다.

세 이론가의 사상에 대한 우리의 설명은 또한 긍정적 측면을 부각시켜 왔다. 그러나 우리가 그들에게 절대로 오류가 없다고 보는 것은 아니다. 실제로 우리는 그들 간에 존재하는 차이 — 사주 심내한 — 를 밝히고자 에썼다. 실제로 그들을 비판한 문헌들도 방대할 것이다. 하지만 비판이 "먼저 쏘고 나중에 묻는" 것으로 기술될 수 있는 종류의 비난과 자주 혼동되고 있다는 것은 사회학의 불행이다. 이를테면 뒤르켐에 대한 논의에서 우리는 뒤르켐이 일종의 '집단심성'을 상정하고 있다는 비난이 지속되자 뒤르켐이 그것이 자신과 아무런 관련이 없음을 분명히 하기 위해 얼마나 지속적으로 애썼는지에 대해 언급한 바 있다. 베버의 테제를 둘러싼 오늘날의 논쟁 중 많은 것에서도 우리는 베버가 그 논제와 관련하여 1920년에 발표한 반론「반교권주의적 최후 진술(Anti-clerical last word)」에서 자신과는 무관하다고 분명히 밝힌 입장을 베버의 입장으로 보고 비판하는 사람들을 여전히 발견할 수 있다. 실제로, 그리고 매키넌(MacKinnon, 1994)이 시사하듯이, 이 논쟁이 오랫동안 계속된 데에는 베버의 테제가 지속적으로 와전된 것이 큰 몫을 하고 있다. 이와 유사하게 1960년대와 그 후, 그리고 최근 다시 쇠퇴하기 전까지 마르크스주의적 학문이 부활할 수 있었던 것은 그 이전에 널리 회자되던 '속류' 마르크스주의적 견해에 반발하여 마르크스의 이론을 재해석하고자 하는 시도들이 빈번히 일어났기 때문이었다.

우리가 이들 이론가의 사상을 우호적으로 설명하고자 한 것은 바로 이처럼 지나칠 정도로 성급하고 무분별한 비판 경향을 고려한 처사였으며, 따라서 우리는 보다 통속적인 희화화와 조야한 비판들 중 일부를 불식시킬 수 있도록 그들의 생경한 일부 주장을 더욱 합리적이고 설득력 있게 해석하고자 했다. 우리는 마르크스, 베버, 뒤르켐도 자주 중대한 오류를 범했을 수도 있다는 것을 부인하고 싶지는 않다. 다만 우리는 그렇게 순진한 실수를 범한 사람들이라는 비난으로부터 그들을 방어하고 싶을 뿐이다.

이 고전 이론가들은 다방면에 영향을 미쳤으며, 서로 통합되어 수많은 전망과 이론틀을 낳았다. 그들의 생각은 현대 사회학자들이 다루고 있는 주제들과 끝없이 그물처럼 얽혀 있다. 따라서 그들의 사상을 깨닫는 것은 우리가 현대 이론가들이 말하는 바가 무엇인지를 더 잘 이해하는 데 도움을 줄 것이다. 마르크스, 베버, 뒤르켐은 엄밀한 의미에서 사회학의 창시자들은 아니다. 중요한 측면들에서 그들의 저작 역시 다른 사람들의 저작에서 파생되었거나 그것에 의존했다. 그들에게도 수많은 선조와 동시대인들이 있었다. 거기에는 그들이 미처 고려하지 못했던 중요한 혁신적 사고들뿐만 아니라 그들과는 매우 다른 사회학적 작업에 도움이 될 만한 개념들도 많이 존재한다. 그러나 우리는 이 세 사람이 근대사회학 내의 지배적 전통의 창시자들이며 그들의 사고도식이 오늘날의 사유에 결정적이고 현저한 영향을 미치고 있다고 말할 수 있을 것이다. 우리가 그들을 논의의 대상으로 선정한 것은 바로 이 때문이다. 그들의 기본 사상을 이해함으로써 비로소 우리는 현대사회학의 많은 담론의 근저를 이루는 논리를 진정으로 포착하기 시작할 수 있을 것이다.

- 마르크스, 베버, 뒤르켐은 비록 그들 시대의 산물이기는 하지만 현대사회사상을 사로잡고 있는 이슈들 중 많은 것을 예견했다. 세 사람은 모두 공히 그들 세계에서 출현하고 있던 문제들 — 갈등, 박탈, 정신적 황폐 — 에 기여할 수 있는 사회학적 이해를 발전시키기 위해 노력했다.
- 현재의 사회분석은 그들로부터 광범한 영향을 받았으며, 그들의 저작과 긴밀한 관계를 유지하고 있다. 그들은 우리가 살고 있는 세계를 사회학적으로 이해한다는 것이 무엇을 의미하는지에 관한 광범위한 관념들 — 비록 자주 희미하고 재구상되기는 하지만 여전히 비옥한 관념들 — 을 남겼다.

제 5 장 요 약

참고문헌

Abercrombie, N., Hill, S. and Turner, B. S.(1980), *The Dominant Ideology Thesis*, London, Allen and Unwin.

Abercrombie, Nicholas and Urry, John(1983), *Capital, Labour and the Middle Classes*, London, Allen and Unwin.

Adorno, Theodor W. and Horkheimer, M.(1979), *Dialectic of Enlightenment*, London, Allen Lane.

Albrow, M.(2001), "Max Weber and Globalisation", *Sotsiolicheski Problemi*, 33.

Althusser, Louis(1969), *For Marx*, London, Allen Lane.

Althusser, Louis(1971), "Ideology and ideological state apparatuses", in his *Lenin and Philosophy and Other Essays*, London, New Left Books, pp.121~173.

Anderson, R., Hughes, J. A. and Sharrock, Wes W.(1985), *Sociology Game: An Introduction to Sociological Reasoning*, London, Longman.

Baran, Paul and Sweezy, Paul(1968), *Monopoly Capital*, Harmondsworth, Penguin.

Bauman, Zygmunt(1992), *Modernity and the Holocaust*, Ithaca, New York, Cornell University Press.

Bendix, Reinhard(1977), *Nation Building and Citizenship: Studies of our changing social order*, Berkeley, California University Press.

Bhaskar, Roy(1978), *A Realist Theory of Science*, Hassocks: Harvester Press.

Bendix, Reinhard(1977), *Nation Building and Citizenship: Studies of our changing social order*, Berkeley, California University Press.

Berle, Adolf and Means, Gardiner C.(1991), *The Modern Corporation and Private Property*, New York, Harcourt, Brace and World.

Blum, U. and Dudley, L.(2001), "Religion and Economic Growth: Was Weber Right?" *Journal of Evolutionary Economics*, 11, 207~230.

Boettke, Peter J. and Storr, Virgil Henry(2002), "Post Classical Political Economy", *American Journal of Economics and Sociology*, 61, 1, 161~191.

Bottomore, Thomas and Brym, Robert J.(eds)(1989), *The Capitalist Class: An international study*, Hemel Hempstead, Harvester Wheatsheaf.

Bowles, Samuel and Gintis, Herbert(1976), *Schooling in Capitalist America: Educational reform and the contradictions of economic life*, London, Routledge.

Bradley, Dick(1992), *Understanding Rock 'n' Roll: Popular music in Britain, 1955~64*, Milton Keynes, Open University Press.

Braudel, Fernand(1984), *Civilization and Capitalism, 15th~18th Century*(3 Volumes), London, Collins.

Braverman, Harry(1974), *Labour and Monopoly Capital*, New York, Monthly Review Press.

Brennan, C.(1997), *Max Weber on Power and Social Stratification*, Aldershot, Ashgate.

Burman, M.(1983), *All that is Solid Melts into Air*, London, Verso.

Burnham, James(1941), *The Managerial Revolution*, New York, Doubleday.

Campbell, C.(1996), *The Myth of Social Action*, Cambridge, Cambridge University Press.

Carver, Terrell(1982), *Marx's Social Theory*, Oxford, Oxford University Press.

Carver, Terrell(1983), *Marx and Engels: The intellectual relationship*, Brighton, Harvester Press.

Carver, T. and Thomas, P.(eds)(1995), *Rational Choice Marxism*, London, Macmillan.

Chalcraft, D. and Harrington, A.(eds)(2001), *The Protestant Ethic Debate*, Liverpool, Liverpool University Press.

Cohen, G. A.(1978), *Karl Marx's Theory of History: A defence*, Oxford, Oxford

469

University Press.

Cohen, G. A.(1988), "Reconsidering historical materialism: themes from Marx", in his *History, Labour and Freedom*, Oxford, Oxford University Press, pp.132~154.

Collins, Randall(1975), *Conflict Sociology: Toward an explanatory science*, New York, Academic Press.

Collins, Randall(1985), *Three Sociological Traditions*, New York, Oxford University Press.

Collins, Randall(1986), *Weberian Sociological Theory*, Cambridge, Cambridge University Press.

Creaven, S.(2000), *Marxism and Realism*, London, Routledge.

Dahrendorf, Ralf(1959), *Class and Class Conflict in an Industrial Society*, London, Routledge.

Dallmayr, Fred R.(1993), *G. W. F. Hegel: Modernity and Politics*, London, Sage.

Delacroix, J. and Nielsen, F.(2001), "The beloved myth: Protestantism and the rise of industrial capitalism in nineteenth-century Europe", *Social Forces*, 80, pp.509~553.

Du Gay, Paul(2000), *In Praise of Bureaucracy: Weber, Organization, Ethics*, London, Sage.

Dulman, Richard von(1988~1989), "Weber's thesis in the light of recent social history", *Telos*, 78: 71~80.

Durkheim, Émile(1951), *Suicide: A study in sociology*, London, Routledge.

Durkheim, Émile(1976), *Elementary Forms of Religious Life*, London, Allen and Unwin.

Durkheim, Émile(1982), *The Rules of Sociological Method*, London, Macmillan.

Durkheim, Émile and Mauss, Marcel(1963), *Primitive Classification*, London, Cohen and West.

Dyer-Witherford, Nick(1999), *Cyber-Marx: Cycles and Circuits of Struggle in High Technology Capitalism*, Urbana, University of Illinois Press

Eagleton, Terry(1991), *Ideology*, London, Verso.

고전사회학의 이해

Engels, Friedrich(1844), "Outlines of a critique of political economy" reprinted in Karl Marx(1959), *Economic and Philosophical Manuscripts of 1844* ("The Paris Manuscripts"), Moscow, Progress Publishers, pp.161~191.

Engels, Friedrich(1878), *Anti-Duhring*, Peking, Foreign Languages Press(1976).

Engels, Friedrich(1884), *The Origin of the Family, Private Property, and the State*, Peking, Foreign Languages Press(1978).

Etzioni, Amitai(ed.)(1998). *The Essential Communitarian Reader*, Boston, Rowman & Littlefield.

Friedman, Milton(1962), *Capitalism and Freedom*, Chicago, University of Chicago Press.

Fukuyama, F.(1999), *The Great Disruption: Human nature and the reconstitution of social order*, London, Profile Books.

Fulbrook, M.(1980), "Max Weber's 'interpretative sociology': a comparison of conception and practice", *British Journal of Sociology*, 31, pp.71~82.

Galbraith, John K.(1967), *The New Industrial State*, London, Hamish Hamilton.

Glasgow University Media Group(1980), *More Bad News*, London, Routledge.

Godelier, Maurice(1978), "System, structure and contradiction in Capital", in D. McQuarie(ed.), *Marx: Sociology, Social Change, Capitalism*, London, Quartet Books.

Hall, Stuart and Jefferson, Tony(eds)(1976), *Resistance Through Rituals: Youth subcultures in post-war Britain*, London, Hutchinson.

Hamilton, Richard(1996), *The Social Misconstruction of Reality: Validity and Verification in the Scholarly Community*, New Haven, Yale University Press.

Hardt, M. and Negri, A.(2000), *Empire*, London, Harvard University Press.

Harré Rom and Edward Madden(1975), *Causal Powers*, Oxford, Basil Blackwell.

Hayek, Friedrich(1949), *Individualism and Economic Order*, London, Routledge.

Hegel, George Wilhelm Friedrich(1991), *Elements of the Philosophy of Right*, Cambridge, Cambridge University Press.

471

Hegel, George Wilhelm Friedrich(1975), *Lectures on the Philosophy of World History*, trans. H. B. Nisbet, Cambridge, Cambridge University Press.

Hennis, Wilhelm(1988), *Max Weber: Essays in reconstruction*, London, Allen and Unwin(trans. Keith Tribe).

Hilbert, Richard(1992), *The Classic Roots of Ethnomethodology: Durkheim, Weber and Garfinkel*, Chapel Hill, University of North Carolina Press.

Holton, Robert and Turner, Bryan(1989), *Max Weber on Economy and Society*, London, Routledge.

Hunley, J. D.(1991), *The Life and Thought of Friedrich Engels: A reinterpretation*, New Haven, Yale University Press.

Hunter, Ian(1994), *Rethinking the School: Subjectivity, bureaucracy, criticism*, St. Leonards, Allen & Unwin.

Jameson, F.(1991), *Postmodernism*, London, Verso.

Jones, Robert Alun(1999), *The Development of Durkheim's Social Realism*, Cambridge, Cambridge University Press

Jones, Susan Stedman(2001), *Durkheim Reconsidered*, Cambridge, Polity.

Käsler, Dirk(1988), *Max Weber: An introduction to his life and work*, Cambridge, Polity Press.

Kolakowski, Leszek(1978), *Main Currents of Marxism: Vol. 1, the founders*, Oxford, Oxford University Press.

Kuhn, Thomas(1970), *The Structure of Scientific Revolutions*, Chicago, Chicago University press

Kronman, Anthony T.(1983), *Max Weber*, London, Edward Arnold.

Langford, Paul(1989), *A Polite and Commercial People: England 1727~83*, Oxford, Oxford University Press.

Lash, Scott and Whimster, Sam(eds)(1987), *Max Weber: Rationality and modernity*, London, Allen and Unwin.

Lockwood, David(1956), "Some remarks on 'The Social System'", *British Journal of Sociology*, 7: 134~146.

Lockwood, David(1958), *The Blackcoated Worker*, London, Allen and Unwin.

Louch, A. R.(1966), *Explanation and Human Action*, Oxford, Blackwells.

Lukes, Stephen(1973), *Émile Durkheim, his Life and Work: A historical and critical study*, Harmondsworth, Penguin.

Lyotard, Jean-François(1984), *The Postmodern Condition: A report on knowledge*, Manchester, Manchester University Press.

Lyotard, Jean-François(1988), *The differend: Phases in dispute*, Manchester, Manchester University Press.

Macfarlane, Alan(1978), *The Origins of English Individualism: The family, property and social transition*, Oxford, Blackwell.

Macfarlane, Alan(1986), *Marriage and Love in England: Modes of reproduction, 1300~1840*, Oxford, Blackwell.

MacIntyre Alasdair(1985), *After Virtue: A Study in Moral Theory*, London, Duckwort.

MacKinnon, Malcolm H.(1994), "The longevity of the thesis: A critique of the critics", in Hartmut Lehman and Guenther Roth(eds), *Weber's Protestant Ethic: Origins, evidence, contexts*, Cambridge, Cambridge University Press, pp.211~243.

Mandel, Ernest(1983), "Economics", in David McLellan(ed.) *Marx: The first hundred years*, London, Fontana.

Mann, Michael(1986), *The Sources of Social Power*, Vol. 1, Cambridge, Cambridge University Press.

Marshall, Gordon, Rose, David and Newby, Howard(1989), *Social Class in Modern Britain*, London, Unwin Hyman.

Marx, Karl(1843a), "On the Jewish Question", in David McLellan(ed.), *Karl Marx: Selected writings*, Oxford, Oxford University Press(1977), pp.39~57.

Marx, Karl(1843b), "Critique of Hegel's Philosophy of Right", in David McLellan(ed.), *Karl Marx: Selected writings*, Oxford, Oxford University Press(1977), pp.26~35.

Marx, Karl(1844a), "Towards a critique of Hegel's Philosophy of Right: Introduction", in David McLellan(ed.), *Karl Marx: Selected writings*,

Oxford, Oxford University Press(1977), pp.63~74.

Marx, Karl(1844b), *Economic and Philosophical Manuscripts of 1844*, Moscow, Progress Publishers(1959).

Marx, Karl(1845), "Theses on Feuerbach", in David McLellan(ed.), *Karl Marx: Selected writings*, Oxford, Oxford University Press(1977).

Marx, Karl(1847), *The Poverty of Philosophy*, Moscow, Progress Publishers (1955).

Marx, Karl(1852), "The Eighteenth Brumaire of Louis Bonaparte", in David McLellan(ed.), *Karl Marx: Selected writings*, Oxford, Oxford University Press(1977), pp.300~325.

Marx, Karl(1859), Preface and Introduction to "A contribution to the critique of political economy", in David McLellan(ed.), *Karl Marx: Selected writings*, Oxford, Oxford University Press(1977).

Marx, Karl(1909), *Capital, Vol 3: Capitalist production as a whole*, Chicago, Charles H. Kerr and Co.(first published 1884).

Marx, Karl(1954), *Capital, Vol 1: A critical analysis of capitalist production*, London, Lawrence and Wishart(first published 1867).

Marx, Karl(1973), *Grundrisse: Foundations of the critique of political economy*, Harmondsworth, Penguin(originally written 1857~1858).

Marx, Karl and Engels, Friedrich(1948), *The Communist Manifesto*, in David McLellan(ed.), *Karl Marx: Selected writings*, Oxford, Oxford University Press(1977), pp.221~247.

Marx, Karl and Engels, Friedrich(1974), *The German Ideology*, London, Lawrence and Wishart(written 1846~1847).

McCarthy, G. E.(2001), *Objectivity and the Silence of Reason*, New Jersey, Transaction

McLellan, David(ed.)(1976), *Karl Marx: His life and thought*, Oxford, Oxford University Press.

McLellan, David(ed.)(1977), *Karl Marx: Selected writings*, St Albans, Paladin.

McLellan, David(1980), *The Thought of Karl Marx: An introduction*, London,

고전사회학의 이해

Macmillan.

McLemore, Lelan(1984), "Max Weber's defense of historical inquiry", *History and Theory*, 23: 277~295.

Merquior, J. G.(1986), *Western Marxism*, London, Paladin.

Miliband, Ralph(1969), *The State and Capitalist Society*, London, Weidenfeld and Nicolson.

Mills, C. Wright(1956), *The Power Elite*, New York, Oxford University Press.

Moore, Barrington(1967), *Social Origins of Dictatorship and Democracy: Lord and peasant in the making of the modern world*, London, Allen Lane.

Nelson, Cary and Grossberg, Lawrence(eds)(1988), *Marxism and the Interpretation of Culture*, London, Macmillan.

Oakes, Guy(1988~1989), "Farewell to the Protestant Ethic?", *Telos*, 78: 81~94.

Parkin, Frank(1979), *Marxism and Class Theory*, London, Tavistock Publications.

Parkin, Frank(1992), *Durkheim*, Oxford, Oxford University Press.

Parsons, Talcott(1937), *The Structure of Social Action*, New York, McGraw-Hill.

Pellicani, Luciano(1988), "Weber and the myth of Calvinism", *Telos*, 75: 57~85.

Pickering, W. S. F.(ed.)(2000a), *Durkheim and Representations*, London: Routledge.

Pickering, W. S. F.(ed.)(2000b), *Durkheim's Suicide: a century of research and debate*, British Centre for Durkheimian Studies.

Pinkard, Terry(2000), *Hegel: A Biography*, Cambridge, Cambridge University Press.

Poggi, Giafranco(1972), *Images of Society*, Stanford, Stanford University Press.

Poulantzas, Nicos(1973), *Political Power and Social Classes*, London, New Left Books.

Rattansi, Ali(1982), *Marx and the Division of Labour*, London, Macmillan.

Rawls, Anne(1996), "Durkheim's epistemology: the neglected argument", *American Journal of Sociology*, Vol. 102, No.2, Sep, pp.430~482.

Rex, John(1961), *Key Problems of Sociological Theory*, London, Routledge.

Rigby, S. H.(1992), *Engels and the Formation of Marxism*, Manchester, Manchester University Press.

Ringer, Fritz(1997), *Max Weber's Methodology*, Cambridge, Mass, Harvard University Press.

Sawyer, R. Keith(2001), "Emergence in sociology: Contemporary philosophy of mind and some implications for sociological theory", *American Journal of Sociology* 107, 3, 551~585.

Sayer, Derek(1991), *Capitalism and Modernity: An excursus on Marx and Weber*, London, Routledge.

Schroeder, Ralph(1992), *Max Weber and the Sociology of Culture*, London, Sage.

Schroeder, Ralph(2001), "Weber and economic change", *History of the Human Sciences*, 14, 1, pp.119~123.

Scott, John(1991), *Who Rules Britain?*, London, Polity Press.

Scott, John(1996), *Stratification and Power: Structures of class, status and command*, Cambridge, Polity.

Scott, John(2001), "Social class and stratification", *Acta Sociologica*, 54, 1, pp.23~35.

Sharrock, W. W., Hughes, J. A. and Martin, P.(2003), *Understanding Modern Sociology*, London, Sage.

Sim, Stuart(2000), *Post-Marxism: an intellectual history*, London, Routledge.

Smith, Adam(1995[1776]), *Wealth of Nations*, London, W. Pickering.

Swedberg, R.(1998), *Max Weber and the Idea of Economic Sociology*, Princeton, NJ, Princeton University Press.

Tenbruck, Friedrich H.(1980), "Problems of thematic unity in the work of Max Weber", *British Journal of Sociology*, 31: 313~351.

Thomas, P.(1991), "Critical reception: Marx then and now", in Terrell Carver (ed.), *The Cambridge Companion to Marx*, Cambridge, Cambridge University Press, pp.23~54.

Thompson, E. P.(1978), *The Poverty of Theory*, London, Merlin Press.

고전사회학의 이해

Turner, Stephan P. and Factor, Regis A.(forthcoming), *Max Weber as Legal Scholar*, London, Routledge.

Weber, Max(1930), *The Protestant Ethic and the Spirit of Capitalism*, London, Allen and Unwin(trans. Talcott Parsons).

Wheen, F.(1999), *Karl Marx*, London, Fourth Estate.

Wright, Olin(1985), *Classes*, London, Verso Books.

Zaret, David(1994), "The use and abuse of textual data", in Hartmut Lehman and Guenther Roth(eds), *Weber's Protestant Ethic: Origins, evidence, contexts,* Cambridge, Cambridge University Press, pp.245~272.

찾아보기

주제어

ㄱ

479

고전사회학의 이해

481

고전사회학의 이해

483

인명

고전사회학의 이해

485

488

제2판을 옮기고 나서

이 책의 저자들 역시 암시하듯이, 사회학은 '위기시대'의 산물이다. 사회학의 세 거장으로 불리는 마르크스, 베버, 뒤르켐은 19세기 위기적 상황의 한복판에서 치열한 학문적·실천적 삶을 영위한 인물들이다. 그들은 계몽주의에 기대어 그러면서도 또한 그것에 반발하며 자신들이 살던 사회를 '비판하기'와 '끌어안기'를 거듭했고, 오늘날 이것이 사회학의 전통이 되었다.

하지만 20세기 말 사회학계의 일부에서는 포스트모더니즘이라는 이름 하에 바로 이 세 거장이 기초했던 이성 그 자체가 당시 위기의 근원이라고 진단하기도 했다. 그리하여 포스트모더니스트들은 이 세 거장의 사상을 해체할 뿐만 아니라 사회 '해체하기'에 몰두하는 듯이 보이기도 했다. 따라서 마르크스, 베버, 뒤르켐을 이해하려는 노력들은 단지 과거로의 도피 내지는 편협한 훈고학적 시도로 치부되기도 했다. 학계의 이러한 분위기에 대한 반발이 바로 이 책의 저자들로 하여금 이 책을 집필하게 하기도 했다.

우리 학계 역시 그러한 경향으로부터 자유롭지 않았다. 한동안 사회 '비판하기'만이 난무하더니, 그다음에는 사회 '해체하기'에 여념이 없었다. 어떤 경우에는 이성적이지 않은 사회를 이성의 잣대로 평가하더니, 또 어떤 경우에는 이성 없는 사회를 이성에 의해 파괴된 사회로 묘사하기도 했다. 어쩌면 당시 우리 학계기 노정했던 위기의 모습 또한 이것 때문이었는지도 모른다. 우리는 사회를 비판하고 해체하기를 원했지 끌어안지는 않았던 듯하다. 따라서 당시에 우리에게 필요했던 것은 사회학의 세 거장이 가지고 있던 근본적인 문제의식 중의 하나인 사회 '끌어안기', 더 정확하게는 그 안에 살고 있는 '사람 끌어안기'였는지도 모른다. 그리고 이는 지금도 여전히 유효한, 아니 더 절실한 것으로 보인다.

또한 사회 비판과 해체를 위해서도 그 사회를 틀지었던 방식을 이해하는 것은 필수적이다. 마르크스, 베버, 뒤르켐은 그러한 작업을 사회학이라는 이름하에 가장 치열하게 전개한 학자들이다. 물론 그들의 사상 역시 각기 자신의 선학들의 논의를 창조적으로 비판하고 해체함으로써 가능한 것이었다. 그리고 이 책의 저자들이 지적하듯이 포스트모더니스트들이 이 세 거장의 '거대서사'를 해체하는 작업 역시 마르크스, 베버, 뒤르켐의 어깨 위에서 이루어진 것이었다. 그러나 그들의 시도는 거장의 어깨를 넘어서기는커녕 자신들의 생존을 위해 거장들의 옷 가닥을 움켜잡고 그것에 의지하여 그 거장들과 씨름하고 있는 것으로 보인다. 이는 고전이론의 진가를 보여주고도 남는다. 고전은 바로 풍부한 '지식의 바다'이다.

우리가 마르크스, 베버, 뒤르켐을 이해하기 어려운 것도 그들의 저작들에는 이처럼 무한한 사고의 토대들이 함께하고 있기 때문이다. 이 책에서 우리는 이 세 거장이 때로는 서로 다른 문제의식에서 출발하여 동일한 결론에 도달하기도 하고, 반대로 때로는 동일한 문제의식에서 출발하여 서로 다른 결론에 도달하는 것을 볼 수 있다. 이는 이들 사상의 보편성과 독자성을 보여줄 뿐만 아니라 사회의 보편적 구조와 다양한 구성 원리들을 반영한다. 또한 이 세 고전학자의 논의는 결코 하나의 완결된 해답이 아니라 시대적인 문제에 대한 끊임없는 탐구였다는 사실도 발견하게 된다. 그리고 여기에서 우리는 그들이 제기한 문제의식뿐만 아니라 문제에 접근하는 방법도 배울 수 있을 것이다.

이 책은 마르크스, 베버, 뒤르켐 간의 넘을 수 없는 간극뿐만 아니라 연속성 또한 보여주며, 그들이 제기한 문제의식과 사고에 의지하여 후대의 학자들이 어떻게 독자적인 관점들을 창안해낼 수 있었는지도 보여준다. 그리고 이 세 사상가를 극복하고자 했던 포스트모더니즘이 어떻게 그들과 단절해나갔는지뿐만 아니라 양자 간의 연속성도 보여준다.

이 책은 바로 이 세 거장의 사회에 대한 '비판하기'와 '끌어안기'를 통해 근대세계의 양태를 보여주고, 또한 그들 사상에 대한 다양한 해체와 재차 끌어안기의 모습을 보여줌으로써 고전으로의 여행을 인도한다. 하지만 이 책은 단지 고전으로의 여행을 위한 안내서일 뿐이다. 공허한 여행이 되지 않기 위해서는 그것의 진원지로 뛰어들 필요가 있다. 그래야만 우리도 이들 세 학자를 자유롭게 비판하고 해체할 수 있을 것이며, 그들과 다른 우리식의 결론을 내릴 수 있을 것이다. 또한 그래야만 우리 사회로의 자유로운 학문적 여행을 떠날 수 있을 것이다.

지금까지의 서술은 옮긴이가 꼭 20년 전에 학문의 동료이자 절친한 친구인 김용규 박사와 이 책 제1판을 옮기고 나서 썼던 글을 오늘의 시점과 맥락에 맞게 살짝 바꿔 써서 전재한 것이다. 20년이라는 긴 시간이 흘렀지만, 이제 서구나 우리 사회의 이론적 논의에서 포스트모더니즘이라는 용어는 어딘가로 숨어버리고 그 흐름을 주도하던 이론가들 각각의 이름이 전면에 부상하여 사회학이론을 더욱 다채롭게 하고 있다는 것 외에는 앞서의 묘사에 커다란 이의를 제기할 수는 없어 보인다. 차이가 있다면, 이

491

책의 저자들도 제2판에서 확인하고 있듯이 서구에서 고전학자들에 대한 관심이 얼마간 부활되었다는 것 정도일 것이다. 고전사회학에 대한 관심의 부활은 우리 출판계를 살펴보더라도 역시 사실인 것으로 보인다. 옮긴이가 이 책을 다시 번역하는 쪽으로 마음이 기울게 된 것도 아마도 이러한 분위기 때문일 것이다.

사실 옮긴이는 이 책의 제1판을 출간하고 나서 얼마 안 되어 제2판이 출간되었다는 사실을 확인했지만, 이 책의 결론 이외는 큰 변화가 없다는 점과, 또 다른 좋은 교과서들이 그간 출간된 점, 같이 번역했던 동료가 학계를 떠나 이국에 거주하고 있다는 점(그는 이번 번역을 옮긴이에게 일임해 주었다), 그리고 제1판을 독자들이 여전히 입수 가능하다는 점 등이 제2판의 번역을 끝없이 미루게 했다. 하지만 한국어판 제1판이 국내 출판사의 사정으로 출판이 중단되자, 교재로서의 이 책의 가치를 인정한 동료 연구자들로부터, 그리고 교과서의 필요성을 절감하는 학생들로부터 제2판을 번역해줄 것을 자주 요구받았다.

하지만 옮긴이의 입장에서는 제2판이라고 하더라도 동일한 책을 다시 번역하는 데 시간을 할애하기에는 너무나도 시간이 부족했고, 다른 한편으로는 옮긴이가 고전사회학자들의 이성에 기초한 사회학보다는 감정에 초점을 맞추는 사회학을 구축하는 데 더 관심을 기울이고 있고 더 나아가 이들 고전사회학자를 감정사회학적으로 해석하기로 마음을 먹고 있는 터라 제2판 번역을 망설일 수밖에 없었다. 그러나 또 다른 한편으로는 제1판을 번역할 당시 꽤나 노력을 기울였던지라 이 책에 추가된 부분만 새로 번역한다면 많은 시간이 걸리지 않을 수도 있다는 생각(실제로는 착각)에 다시 이 책을 번역하기로 작정했다.

하지만 제2판 어디에서 구체적인 변화가 있었는지를 세세하게 확인하는 것은 이번 작업에서 가장 기본적인 일이었기에, 한 줄 한 줄을 기존의 번역과 대조하는 것은 불가피했다. 그리고 그 과정에서 거친 표현을 넘어 잘못 번역된 부분들을 발견할 때마다 얼굴이 붉어질 수밖에 없었다. 결국 옮긴이는 새로 번역한다는 마음으로 임해야 했고, 따라서 작업은 예상보다 훨씬 더 고되고 길어질 수밖에 없었다. 그 결과 과거의 오류를 얼마간 바로잡았다는 안도감에 마음이 조금 홀가분해지기는 했지만, 그간 옮긴이의 미흡한 번역 때문에 고생했을 독자들에게 드는 미안한 마음에서는 여전히 벗어날 수 없다.

이 책의 출간에서도 한울엠플러스(주)는 지원을 아끼지 않았다. 출판사는 이미 출간된 책을 다시 출간하는 데 따르는 위험을 감수해주었을 뿐만 아니라 독려해주기까지 했다. 출판사를 움직이는 사람들 역시 또 다른 지식의 바다를 꿈꾸는 것으로 보인다. 특히 항상 기꺼이 편집 파트너가 되어주는 신순남 씨는 옮긴이의 서투름과 부족함을 메워주기 위해 부단히 노력했다. 게다가 촉박한 출판일정은 그녀가 휴일을 쪼개가며 일을 하게 만들기도 했다. 이 책을 새로운 모습으로 다시 출간하는 데 도움을 준 모든 사람에게 감사한다. 또한 이 책의 재번역은 옮긴이에게 보다 겸허하게 번역에 임해야 함을 체득하게 했고, 독자에 대한 옮긴이의 책임 역시 다시 한 번 더 되새기게 했다. 여전히 남아 있을 잘못에 대한 독자의 양해와 질타를 바란다.

2018년 설날 연휴 마지막 날에

박 형 신

493

지은이

존 A. 휴즈(John A. Hughes)는 랭커스터 대학교 사회학 교수이다. 저서로 *Understanding Modern Sociology*(공저), *Theory and Methods in Sociology: An Introduction to Sociological Thinking and Practice*(공저)가 있다.

웨스 W. 샤록(Wes W. Sharrock)은 맨체스터 대학교 사회학 교수이다. 저서로는 *Understanding Modern Sociology*(공저), *Theory and Methods in Sociology*(공저), *The Ethnomethodologists*(공저)가 있다.

피터 J. 마틴(Peter J. Martin)은 맨체스터 대학교 사회학 교수이다. 저서로는 *Sounds and Society: Themes in the Sociology of Music*, *Understanding Modern Sociology*(공저), *Music and the Sociological Gaze*가 있다.

옮긴이

박형신은 고려대학교 대학원 사회학과에서 석사와 박사학위를 취득했다. 현재 연세대학교 사회발전연구소 연구교수로 일하고 있다. 사회이론, 감정사회학, 음식과 먹기의 사회학에 관심을 가지고 연구를 진행하고 있다. 지은 책으로는 『정치위기의 사회학』, 『감정은 사회를 어떻게 움직이는가』(공저), 『오늘의 사회이론가들』(공저) 등이 있고, 옮긴 책으로는 『사회학적 야망』, 『탈감정사회』, 『사회이론의 역사』(공역), 『현대 사회이론의 흐름』(공역), 『감정사회학으로의 초대』, 『감정과 사회관계』 등이 있다.

한울아카데미 2061

고전사회학의 이해(제2판)
마르크스, 베버, 뒤르켐

지은이 존 A. 휴즈, 웨스 W. 샤록, 피터 J. 마틴
옮긴이 박형신
펴낸이 김종수
펴낸곳 한울엠플러스(주)
편집 신순남

초판 1쇄 인쇄 2018년 3월 2일
초판 1쇄 발행 2018년 3월 15일

주소 10881 경기도 파주시 광인사길 153 한울시소빌딩 3층
전화 031-955-0655
팩스 031-955-0656
홈페이지 www.hanulmplus.kr
등록번호 제406-2015-000143호

Printed in Korea.
ISBN 978-89-460-7061-5 93330(양장)
          978-89-460-6428-7 93330(학생판)

※ 책값은 겉표지에 표시되어 있습니다.
※ 이 책은 강의를 위한 학생판 교재를 따로 준비했습니다.
   강의 교재로 사용하실 때에는 본사로 연락해주십시오.